PREMIUM

D1654984

DAS LERNPROGRAMM FÜR DIE
BESCHLEUNIGTE GRUNDQUALIFIKATION
GÜTERKRAFTVERKEHR

- Immer und überall:
  Online lernen mit stets neuen Inhalten
- Einfache Bedienung
- Kennzeichnung der Prüfungsreife
- Umfangreiche Lernfunktionen
- Prüfungssimulationen
- Perfekte Vorbereitung auf die IHK-Prüfung
- Individuelle Fragenfilter:
  Falsche Antworten & Bildfragen

SO EINFACH GEHT'S:

1. Rufen Sie www.bkf-trainer-360.de auf.

2. Klicken Sie auf „Registrieren" und geben Sie Ihre Daten ein. Benutzername und Passwort sind frei wählbar.
   Ihr Lizenzcode:

   # BGG-30462A22

   Datenschutzbestimmungen akzeptieren (Klick ins Kästchen) und Registrierung bestätigen (Klick auf „Senden") – fertig!

3. Sie können sich nun mit Ihrem Benutzernamen und Passwort jederzeit anmelden.

4. Der Fahrschulcode verbindet Sie mit Ihrer Fahrschule (z.B. Lernstandskontrolle):

Hinweis/Systemvoraussetzungen:
Sie benötigen einen aktuellen Internet Browser für dieses Programm.
Es wird eine Bildschirmauflösung von mindestens 1024 x 768 Pixeln empfohlen.

Support:
Sie haben Fragen oder Anmerkungen zum
BKF-Trainer 360°?
Innerhalb des Programms haben Sie die Möglichkeit, mit unserem Support-Team Kontakt aufnehmen. Oder schicken Sie eine E-Mail an helpdesk@bkf-trainer-360.info

Das kommerzielle Verleihen der Zugangsdaten entgeltlich oder unentgeltlich ist ein Verstoß gegen das Urheberrecht. Dies ist daher gesetzlich verboten und wird geahndet. Es besteht ein zeitlich begrenztes Nutzungsrecht. Sie können diese Software 6 Monate ab Zeitpunkt der Registrierung nutzen.

Die BKF-Bibliothek

Beschleunigte Grundqualifikation
Güterkraftverkehr

Das Aus- und Weiterbildungssystem für EU-Berufskraftfahrer

Auflage 5a

Auflage 5a, September 2018

Degener Verlag GmbH
Ikarusallee 34, 30179 Hannover
Tel. 0511/96360-0
Fax 0511/635122

Gewährleistungsausschluss: Die Inhalte dieses Buches sind mit größter Sorgfalt unter Berücksichtigung anerkannter Richtlinien, neuester wissenschaftlicher Erkenntnisse und großen praktischen Erfahrungen erarbeitet worden. Dennoch kann weder Anspruch auf Vollständigkeit noch eine Garantie auf die Richtigkeit der Darstellung übernommen werden. Eine Gewährleistung seitens der Autoren ist in jeder Hinsicht ausgeschlossen. Andere, mindestens gleichwertige Ladungssicherungstechniken, die hier nicht aufgeführt werden, sind ebenfalls zulässig.

Alle Rechte vorbehalten. Jede Verwertung ohne Zustimmung des Verlages verstößt gegen das Urheberrecht und wird gerichtlich verfolgt. Das gilt insbesondere für Vervielfältigungen jeder Art, Übersetzungen, Mikroverfilmung und die Einspeicherung in elektronische Systeme einschließlich Weiterverarbeitung.

Haftungsausschluss: Gesetzliche Änderungen vorbehalten. Eine Haftung, die über den Ersatz fehlerhafter Druckexemplare hinausgeht, ist ausgeschlossen.

ISBN 978-3-936071-52-8
Artikel-Nr. 41152

Vorwort

Liebe Berufskraftfahrerin, lieber Berufskraftfahrer,

dieses Fachbuch **„Beschleunigte Grundqualifikation"** wurde speziell für die Aus- und Fortbildung von Teilnehmerinnen und Teilnehmern zum Erwerb der beschleunigten Grundqualifikation entwickelt, die die 130 Theoriestunden plus 10 Praxisstunden absolvieren müssen.

Die Themen sind genau abgestimmt auf die Liste der Kenntnisbereiche gemäß der Anlage 1, laut Paragraph 2 des Berufskraftfahrerqualifikationsgesetzes und der Berufskraftfahrer-qualifikationsverordnung. Jedes Kapitel ist farbig gekennzeichnet und beinhaltet zu Beginn ein eigenes Inhaltsverzeichnis zur besseren Orientierung.

Das Lernen soll Ihnen Spaß machen. Aus diesem Grund haben unsere BKF-Fachautoren alles daran gesetzt, fundiertes Fachwissen mit sehr viel Praxiserfahrung so zu kombinieren, sodass auch schwer zu vermittelnde Gesetzestexte und technische Zusammenhänge leicht zu verstehen sind. Die Degener-Redaktion hat jedes Kapitel mit zahlreichen Grafiken und großformatigen Bildern versehen, damit die Texte noch verständlicher werden. Arbeitsaufgaben und Arbeitsblätter bereichern die fachlichen Inhalte und festigen das Wissen. Außerdem finden Sie im letzten Kapitel die IHK-Musterprüfungen.

Das Werk ist immer auf dem aktuellsten Stand, so dass Sie zuversichtlich Ihrer IHK-Prüfung entgegen sehen können. Mit dieser kontinuierlichen Vorbereitung auf Ihre Prüfung werden Sie weniger Schwierigkeiten haben, als Sie vielleicht noch zu Beginn Ihrer Ausbildung dachten. Seien Sie offen für neue Themen, verwenden Sie dieses Werk auch zu Haus und benutzen Sie es gleichzeitig als Wissensspeicher und Ratgeber.

Wir bedanken uns, dass wir Sie auf Ihrem Weg durch die Ausbildung zur Berufskraftfahrerin oder zum Berufskraftfahrer begleiten dürfen!

Der Degener Verlag aus Hannover wünscht Ihnen viel Spaß und viel Erfolg beim Lernen.

Ihr DEGENER-Redaktionsteam

Besuchen Sie uns im Internet unter **www.degener.de**

NIX FÜR SCHATTENPARKER.

Gesucht: Echte Lkw-Retter (m/w)

 **Deine Aufgabe:** Als Lkw-Pannenhelfer Autobahn-Riesen wieder ins Rollen bringen.

 Dein Einsatzort: Dein eigenes PS-Mobil – eine hochmoderne Werkstatt auf vier Rädern auf den Straßen rund um Deinen Vergölst Stammbetrieb.

 Deine Vorteile:
» Attraktives Branchengehalt
» Gesonderte Vergütung für Panneneinsätze in der Nacht und am Wochenende
» 30 Tage Jahresurlaub
» Betriebliche Altersvorsorge
» Urlaubsgeld und Jahresleistung

Jetzt bewerben unter:
bewerbung@vergoelst.de

Vergölst. Nix für jeden. Viel für alle.

Mehr Infos unter: www.vergoelst.de/job

Inhaltsübersicht

Band 1 Gesundheit und Fitness
1. Gesundheitsvorsorge
2. Ergonomie – Gesundheitsgerechte Bewegungen und Haltungen
3. Physische Kondition und individueller Schutz
4. Gute körperliche und geistige Verfassung
5. Auswirkung von Alkohol, Medikamenten, Drogen und anderen Stoffen
6. Müdigkeit
7. Stress

Band 2 Kinematische Kette, Energie und Umwelt
1. Allgemeines zum Thema Nutzfahrzeuge
2. Motor
3. Kraftübertragung
4. Wirtschaftliches Fahren
5. Streckenplanung

Band 3 Bremsanlagen
1. Grundbegriffe
2. Arten der Bremsanlagen
3. Druckluftbeschaffungsanlage
4. Betriebsbremse – Zweikreis-Bremsanlage
5. Arbeitsweise der Druckluftbremse
6. Dauerbremsen
7. Bremsanlagen bei Lastzügen und Gelenkomnibussen
8. Elektronische Bremsunterstützung
9. Kontrolle, Wartung, Pflege

Band 4G Ladungssicherung
1. Rechtliche Grundlagen
2. Physikalische Grundlagen
3. Arten der Ladungssicherung
4. Berechnungen
5. Fahrzeugaufbauten
6. Lastverteilungsplan
7. Hilfsmittel zur Ladungssicherung
8. Sammelgut
9. Praxisbeispiele Ladungssicherung
10. Arbeitssicherheit und Umschlag

Band 5 Sozialvorschriften
1. Sozialvorschriften
2. Kontrollgeräte im Straßenverkehr
3. Arbeitszeit – 2002/15/EG – ArbZG
4. Kontrollrichtlinie
5. Sonntagsfahrverbot
6. Ferienreiseverordnung
7. Rechte und Pflichten des Berufskraftfahrers im Bereich der Grundqualifikation und Weiterbildung

Inhaltsübersicht

Band 6G Vorschriften für den Güterkraftverkehr
1. Güterkraftverkehrsgesetz – GüKG (Nationale Verkehre)
2. Handelsgesetzbuch (HGB)
3. Allgemeine Deutsche Spediteursbedingungen (ADSp 2017)
4. Verkehre innerhalb und mit der Gemeinschaft – VO (EG) Nr. 1072/2009 (Grenzüberschreitender Güterkraftverkehr)
5. Abkommen EG – Schweiz über den Güterverkehr
6. Verordnung über den grenzüberschreitenden Güterkraftverkehr und den Kabotageverkehr – GüKGrabotageV (Internationale Verkehre)
7. Internationale Vereinbarung über Beförderungsverträge auf Straßen (CMR)
8. Transports Internationaux Routiers – „TIR"-Übereinkommen
9. Abfalltransport – Verordnung (EG) 1013/2006 und Abfallverbringungsgesetz (AbfVerbrG)
10. Gewerblicher Tiertransport – gesetzliche Grundlagen
11. Der Lkw in der Straßenverkehrs-Zulassungs-Ordnung (StVZO)

Band 7 Pannen, Unfälle, Notfälle und Kriminalität
1. Kriminalität und Schleusung illegaler Einwanderer
2. Risiken und Arbeitsunfälle
3. Pannen, Unfälle und Notfälle
4. Ersthelfer-Ausbildung
5. Fahrsicherheit und Sicherheitssysteme

Band 8G Unternehmensbild und Marktordnung im Güterkraftverkehr
1. Unternehmensbild und Marktordnung im Güterkraftverkehr
2. Kommerzielle und finanzielle Konsequenzen eines Rechtsstreits
3. Gesundheit und Fitness

Band 9 Fahrpraktische Übungen, Wartung & Pflege
1. Fahrpraktische Übungen im Güterkraftverkehr
2. Fahrpraktische Übungen im Personenverkehr
3. Wartung und Fahrzeugpflege

IHK Musterprüfungen
1. Güterkraftverkehr
2. Personenverkehr

Anhang
1. Rahmenplan-Übersicht für die beschleunigte Grundqualifikation Güterkraftverkehr
2. Liste der Kenntnisbereiche

Nicole Eckelmann · Olaf Köhler · Egon Matthias · Hans-Dieter Pauli · Harald Westdörp

Gesundheit & Fitness

Band 1

Bildnachweis –
wir danken folgenden Firmen und Institutionen für ihre
Unterstützung:

aid-Infodienst
Berufsgenossenschaft für Transport und Verkehrswirtschaft
Dr. Richard Herrmann Unternehmensgruppe
MAN Nutzfahrzeuge AG
Pixelio.de
Scania
xWell – Praxis für Ernährungsberatung
Fotolia
AOK-Archiv
DEGENER-Archiv
Christian Bayer
Dagmar Bucher
Tayfun Eser
Mike Frajese
Götz Friedrich
Marion Löffler
Yvonne Mathies
Paul-Georg Meister
Ralf Möller
Verena N. native.picture
Edith Ochs
N. Schmitz

Autoren:
Nicole Eckelmann, Harald Westdörp, Olaf Köhler, Egon Matthias,
Hans-Dieter Pauli

Lektorat und Beratung:
Rolf Kroth

Band 1

Gesundheit & Fitness

Inhalt

Die Berufskraftfahrer sind im Rahmen ihrer Tätigkeit großen Belastungen ausgesetzt, müssen aber nicht ständig körperlich schwer arbeiten. In diesem Band erfährt der Fahrer, was er für die Erhaltung seiner Gesundheit im Alltag unternehmen kann und wie er Gesundheitsschäden vermeidet.

Die Autoren

Nicole Eckelmann, Jahrgang 1969, Diplom-Ökotrophologin (Ernährungswissenschaft).
Seit 1995 Ernährungstherapeutin und Dozentin für Ernährung, Gesundheit und Betriebliches Gesundheitsmanagement u.a. für die AOK Niedersachen. Fachautorin für Berufsschullehrbücher.

Olaf Köhler, Jahrgang 1963, Diplom-Sportlehrer und Physiotherapeut.
Physiotherapeutische Ausbildung, Studium der Sportwissenschaft und der Arbeitswissenschaft. Langjährige Berufserfahrung als Sportpädagoge. Seit 1995 für die AOK Niedersachsen in den Handlungsfeldern Prävention, Gesundheitsförderung und Gesundheitsmanagement, sowie in der Selbsthilfe tätig.

Egon Matthias, Jahrgang 1942, Ausbildung zum Techniker für Kraftfahrzeugtechnik, Studium zum Dipl.-Ing. für Kraftfahrzeugtechnik und Ingenieur für Arbeitssicherheit.
Langjährige Berufserfahrung u.a. in der Ausbildung von Fahrschülern, Berufskraftfahrern und Fahrlehrern. Moderator im Auftrag der BGF in Omnibusbetrieben zu Gesundheit und Sicherheit am Arbeitsplatz Omnibus.

Hans-Dieter Pauli, Jahrgang 1944, Verw. Oberrat und Berater für Betriebliches Gesundheitsmanagement bei der AOK Niedersachsen.
Begann seine berufliche Laufbahn bei der AOK in Niedersachsen. Sein Engagement für den Aufbau von Gesundheitsprogrammen führte ihn in das AOK-Institut für Gesundheitsconsulting, innerhalb dessen er bis zur Pensionierung zahlreiche Gesundheitsprojekte in kleineren wie größeren Betrieben beratend begleitet hat.

Harald Westdörp, Jahrgang 1954, Diplom-Soziologe, Studium der Soziologie, Psychologie und Politik. Langjährige Berufserfahrung als Berater für Betriebliches Gesundheitsmanagement bei der AOK – Die Gesundheitskasse. Coaching, Supervision, Therapie und Organisation in einer psychotherapeutischen Praxis.

Inhaltsverzeichnis — Band 1

Gesundheitsschäden vorbeugen

1.	Gesundheitsvorsorge	7
1. 1.	Besondere Belastungen der Berufskraftfahrer	7
1. 2.	Gesundheitliche Anforderungen an den Fahrer und Maßnahmen des Arbeitsschutzes	8
1. 2. 1.	Gesetzliche Voraussetzungen	8
1. 2. 2.	Gesetzliche Unfallversicherung	9
1. 2. 3.	Angebote	11
1. 3.	Gesundheitsvorsorge in der gesetzlichen Krankenversicherung	12
1. 3. 1.	Früherkennungs- und Vorsorgeuntersuchungen	12
1. 3. 2.	Impfschutz	13
1. 3. 3.	Krankenversicherung	13
	Arbeitsblatt 1 – Gesundheitsvorsorge	15
2.	Ergonomie – Gesundheitsgerechte Bewegungen und Haltungen	16
2. 1.	Die Wirbelsäule	16
2. 2.	Körperhaltung	18
2. 3.	Körperliche Arbeit und Ergonomie	20
2. 3. 1.	Sitzende Tätigkeit	20
2. 3. 2.	Fahrersitz richtig einstellen	22
2. 4.	Umgang mit Lasten	26
3.	Physische Kondition und individueller Schutz	29
3. 1.	Übungen	29
3. 1. 1.	Übungen im Fahrzeug	29
3. 1. 2.	Übungen außerhalb des Fahrzeugs	34
3. 1. 3.	Übungen für zu Hause oder im Hotelzimmer	38
3. 2.	Sportliche Betätigung	41
3. 3.	Individueller Schutz	43
	Arbeitsblatt 2 – Ergonomie	44
	Arbeitsblatt 3 – Ergonomie	45

Gute körperliche und geistige Verfassung

1.	Bedeutung des Themas	46
2.	Grundsätze einer gesunden und ausgewogenen Ernährung	46
2. 1.	Ernährung unterwegs	46
2. 2.	Energie aus der Nahrung	50
2. 3.	Wichtige Nährstoffe	52
2. 4.	Zehn Regeln der Deutschen Gesellschaft für Ernährung (DGE)	56
2. 5.	Zusammenfassung	59
	Arbeitsblatt 4 – Ernährung	60
	Arbeitsblatt 5 – Ernährung	61
	Arbeitsblatt 6 – Ernährung	62
3.	Auswirkungen von Alkohol, Medikamenten, Drogen und anderen Stoffen	63
3. 1.	Illegale Drogen	63
3. 2.	Legale Drogen	63
3. 2.1.	Nikotin	64
3. 2.2.	Medikamente	64
3. 2.3.	Alkohol	65
3. 2.4.	Koffein	67
3. 3.	Rechtliche Grundlagen	67
4.	Müdigkeit	69
4. 1.	Ursachen, Symptome und Auswirkungen	69
4. 2.	Zyklus von Aktivität und Ruhezeit	71

Inhaltsverzeichnis — Band 1

5.	Stress	72
5.1.	Einleitung	72
5.2.	Drei Phasen der Stressreaktion	72
5.3.	Belastungsfaktoren	73
5.4.	Symptome	74
5.5.	Stresstreppe	78
5.6.	Anti-Stress-, Vermeidungs- und Bewältigungsstrategien	79

Arbeitsblatt 7 – Stress 83
Arbeitsblatt 8 – Stress 84
Lösungen Arbeitsblätter 85

5.7.	Glossar	90

Schlagwortverzeichnis 93

Gesundheitsschäden vorbeugen — Band 1

1. Gesundheitsvorsorge

„Gesundheit ist nicht alles, aber ohne Gesundheit ist alles nichts" (Arthur Schopenhauer)
Nichts ist uns so wichtig wie die Gesundheit. Jeder Geburtstagswunsch verbindet sich mit Gesundheit. Was heißt das aber für Sie als Berufskraftfahrer? Bekanntermaßen ist Ihr Beruf besonders belastend. Um den Belastungen des Berufskraftfahrers gewachsen zu sein, ist es wichtig, dass Sie fit und gesund sind. Deshalb müssen Sie die gesundheitsbeeinträchtigenden Faktoren kennen und wissen, wie Sie Gesundheitsschäden vorbeugen können, fit bleiben und wie Sie gegebenenfalls die richtigen Gegenmaßnahmen ergreifen können.

Ohne Ihr eigenes Wollen geht nichts!

1. 1. Besondere Belastungen der Berufskraftfahrer

Besondere Belastungen der Berufskraftfahrer werden deutlich, wenn man sich die Daten über Krankenstände ansieht. So zeigt sich, dass mit fortschreitendem Alter die Krankentage stark ansteigen. In den vergangenen Jahren ist in allen Altersgruppen und insgesamt bei den Berufskraftfahrern ein Anstieg des Krankenstandes zu verzeichnen.

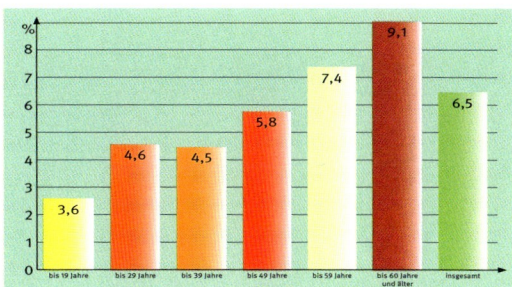

Krankenstände der AOK-versicherten Berufskraftfahrer in Deutschland 2014
Quelle: AOK – Die Gesundheitskasse für Niedersachsen (2015)

In den jüngeren Altersgruppen überwiegen eher Krankheitsausfallzeiten durch Erkrankungen der Atmungsorgane (Erkältungskrankheiten) und Verletzungen, aber schon in der Altersgruppe der bis 29-Jährigen dominieren, neben Krankheitstagen durch Verletzungen, die Muskel-/Skeletterkrankungen. Durchschnittlich sind 24,7 % der Arbeitsunfähigkeitstage auf Muskel-/Skeletterkrankungen zurückzuführen.

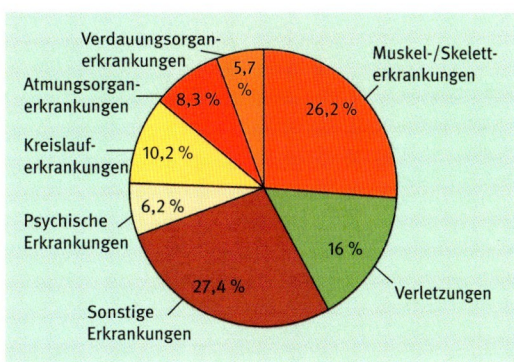

Arbeitsunfähigkeitstage nach Krankengruppen für AOK-versicherte Berufskraftfahrer in Deutschland 2014
Quelle: AOK – Die Gesundheitskasse für Niedersachsen (2015)

Gesundheitsschäden vorbeugen — Band 1

1. 2. Gesundheitliche Anforderungen an den Fahrer und Maßnahmen des Arbeitsschutzes

Seit langem beschäftigt auch den Gesetzgeber, wie den Berufskraftfahrern geholfen werden kann, ihre Gesundheit zu erhalten. Im folgenden Teil wird Ihnen vermittelt, welche Untersuchungen gesetzlich vorgeschrieben sind, und welche zusätzlichen Maßnahmen Ihnen als Berufskraftfahrer empfohlen werden.
Gleichzeitig müssen Sie wissen, auf welche Art und Weise der Gesetzgeber und der Unternehmer für Ihre Gesundheit Verantwortung tragen.
In den nachfolgenden Auszügen von Gesetzen, Verordnungen und Angeboten lernen Sie die verschiedenen Ansätze zur Erhaltung Ihrer Gesundheit als Berufskraftfahrer kennen.

1. 2. 1. Gesetzliche Voraussetzungen

Im Straßenverkehrsgesetz (StVG) § 2 (4) Satz 1 wird grundsätzlich gefordert:

> „Geeignet zum Führen von Kraftfahrzeugen ist, wer die notwendigen körperlichen und geistigen Anforderungen erfüllt und nicht erheblich oder nicht wiederholt gegen verkehrsrechtliche Vorschriften oder gegen Strafgesetze verstoßen hat."

Diese hier allgemein gehaltene Forderung wird in der Fahrerlaubnisverordnung (FeV) weiter präzisiert:
Nach der FeV hat sich jeder Bewerber und Inhaber einer Fahrerlaubnis der Klassen C, C1, D, D1 und der zugehörigen Anhängerklasse E sowie der Fahrerlaubnis zur Fahrgastbeförderung einer Eignungsuntersuchung und einer Untersuchung des Sehvermögens zu unterziehen. In der Eignungsuntersuchung werden folgende Daten über Sie und Ihren Gesundheitszustand erfasst:

- Personalien,
- Krankengeschichte,
- allgemeiner Gesundheitszustand,
- Körperbehinderungen,
- Herz/Kreislauf,
- Blut,
- Erkrankungen der Niere,
- Zuckerkrankheiten (endokrine Störungen),
- Nervensystem,
- psychischen Erkrankungen,
- Gehör.

Für die Beurteilung des Sehvermögens reicht ein Sehtest beim Optiker nicht aus. Die Untersuchung muss durch einen Augenarzt oder einen anderen dazu befähigten Arzt erfolgen (FeV Anlage 6, 2.1).
Geprüft werden:
- Tagessehschärfe,
- Gesichtsfeld,
- Farbensehen,
- Stereosehen,
- Beweglichkeit.

Bei Korrekturen des Sehens mit Gläsern von mehr als plus 8,0 Dioptrien (sphärisches Äquivalent) wird eine Fahrerlaubnis der Klassen C und D nicht erteilt.

Gesundheitsschäden vorbeugen   Band 1

Bewerber um die Erteilung oder Verlängerung einer Fahrerlaubnis der Klassen D, D1, DE, D1E sowie einer Fahrerlaubnis zur Fahrgastbeförderung müssen außerdem besondere Anforderungen erfüllen. (FeV Anl. 5 Nr.2)
Die Prüfung dieser Anforderungen wird allgemein als „Reaktionstest" bezeichnet:
- Belastbarkeit
- Orientierungsleistung
- Konzentrationsleistung
- Aufmerksamkeitsleistung
- Reaktionsfähigkeit.

Diese Untersuchung darf nur von bestimmten Ärzten durchgeführt werden. Bei Nichtbestehen kann der Test in der Regel wiederholt werden.
Die Nachweise dürfen bei Antragstellung nicht älter als ein Jahr sein, der Nachweis über das Sehvermögen nicht älter als 2 Jahre. Bei Antragstellung zur Verlängerung der Fahrerlaubnis, alle fünf Jahre, müssen diese neu erbracht werden.
Die hier genannten Untersuchungen, die für Sie als Berufskraftfahrer gesetzlich festgelegt sind, dienen in erster Linie der Verkehrssicherheit. Durch die regelmäßige Untersuchung erfahren Sie, ob sich Ihr Gesundheitszustand verändert hat. Dabei geht es nicht nur darum, ob Grenzwerte überschritten wurden. Wichtig ist auch, dass Sie frühzeitig geringfügige Veränderungen erkennen und rechtzeitig Gegenmaßnahmen ergreifen.

1. 2. 2. Gesetzliche Unfallversicherung

Die Berufsgenossenschaften sind die Träger der gesetzlichen Unfallversicherung. Das ist im VII. Buch des Sozialgesetzbuchs geregelt.
Die Berufsgenossenschaften haben folgende Aufgaben:

- **Verhütung von Arbeitsunfällen**
  Arbeitsunfälle sind Unfälle, die Sie als Versicherter infolge Ihrer Tätigkeit als Berufskraftfahrer erleiden. Versichert ist auch der unmittelbare Weg von Ihrer Wohnung zum Arbeitsort und zurück.

- **Vorbeugung von Berufskrankheiten**
  Berufskrankheiten sind Krankheiten, die in der Berufskrankheiten-Verordnung verzeichnet sind und die Sie sich während Ihrer beruflichen Tätigkeit zugezogen haben, z. B. bandscheibenbedingte Erkrankung der Lendenwirbelsäule bei Fahrern von Baustellen-Lkw.

Gesundheitsschäden vorbeugen — Band 1

- **Heilbehandlung und Rehabilitation**
  Bei Verletzungen durch Arbeitsunfälle und bei Berufskrankheiten leistet die Berufsgenossenschaft Heilbehandlung mit dem Ziel, den durch den Unfall verursachten Gesundheitsschaden zu beseitigen oder zu bessern, seine Verschlimmerung zu verhüten und seine Folgen zu mindern.

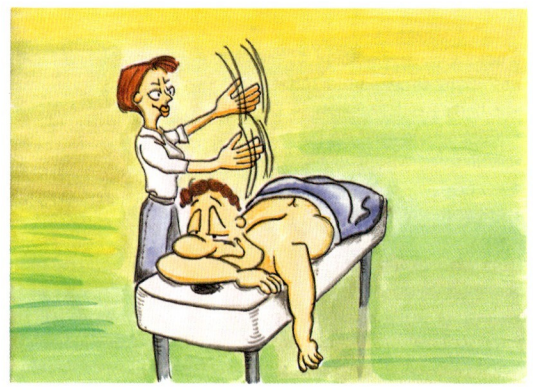

- **Durchführung von Präventionsmaßnahmen**
  Technische Prävention und Prävention z. B. durch Aufklärung und Schulung.

- **Entschädigung durch Geldleistungen**
  Leistungen an den Versicherten sind z. B.:
  - Verletztengeld bei Arbeitsunfähigkeit
  - Übergangsgeld während der Berufshilfe
  - Versichertenrente
  - Hinterbliebenenbeihilfe

Jedes Unternehmen ist Mitglied einer branchenspezifischen Berufsgenossenschaft. Fragen Sie Ihren Arbeitgeber nach der zuständigen Berufsgenossenschaft.
Jeder Arbeitnehmer ist demzufolge automatisch bei der Berufsgenossenschaft gegen das Risiko von Arbeitsunfällen versichert.

Für Sie als Berufskraftfahrer ist in den meisten Fällen die Berufsgenossenschaft für Transport und Verkehrswirtschaft (BG Verkehr) zuständig.

Gesundheitsschäden vorbeugen — Band 1

1. 2. 3. Angebote

Eine wichtige Aufgabe der gesetzlichen Unfallversicherung ist die Verhinderung von Arbeitsunfällen und Berufskrankheiten sowie arbeitsbedingten Erkrankungen.

Verordnung zur Arbeitsmedizinischen Vorsorge (ArbMedVV)

§ 3 Allgemeine Pflichten des Arbeitgebers

(1) Der Arbeitgeber hat (...) für eine angemessene arbeitsmedizinische Vorsorge zu sorgen. (...)
Für Berufskraftfahrer kommen in erster Linie Untersuchungen nach dem berufsgenossenschaftlichen Grundsatz 25 (G 25) für Fahr-, Steuer- und Überwachungstätigkeiten in Betracht.
Diese Untersuchungen sind für Sie freiwillig. Es ist aber möglich, dass in einigen Unternehmen in den Arbeitsverträgen oder im Tarifvertrag die Teilnahme an den Vorsorgeuntersuchungen festgeschrieben ist.
Sie sind alle drei Jahre zu wiederholen, um Veränderungen im Gesundheitszustand rechtzeitig zu erkennen und Maßnahmen zum Schutz Ihrer Gesundheit einzuleiten.
(3) Arbeitsmedizinische Vorsorgeuntersuchungen sollen während der Arbeitszeit stattfinden. Sie sollen nicht zusammen mit Untersuchungen zur Feststellung der Eignung für berufliche Anforderungen (...) durchgeführt werden, es sei denn, betriebliche Gründe erfordern dies; in diesem Falle sind die unterschiedlichen Zwecke der Untersuchungen offenzulegen.
Diese Vorsorgeuntersuchungen werden von dazu ermächtigten Ärzten durchgeführt. Die Kosten dafür trägt der Unternehmer.

Arbeitssicherheitsgesetz
Das Arbeitssicherheitsgesetz verpflichtet den Unternehmer zur Bestellung eines Betriebsarztes.
Dieser sorgt sich um Ihre arbeitsmedizinische Betreuung und um den Gesundheitsschutz an Ihrem Arbeitsplatz.

Arbeitsschutzgesetz
Das Arbeitsschutzgesetz verpflichtet den Unternehmer, seinen Arbeitnehmern eine regelmäßige arbeitsmedizinische Untersuchung anzubieten. Er trägt die Verantwortung für den Gesundheitsschutz seiner Arbeitnehmer am Arbeitsplatz.

Gesundheitsschäden vorbeugen — Band 1

1. 3. Gesundheitsvorsorge in der gesetzlichen Krankenversicherung

1. 3. 1. Früherkennungs- und Vorsorgeuntersuchungen

Der Gesunderhaltung dienen auch Früherkennungsuntersuchungen und allgemeine Gesundheitsvorsorgeuntersuchungen, die die Krankenkassen anbieten. Versicherte haben nach Vollendung des 35. Lebensjahrs jedes zweite Jahr Anspruch auf eine ärztliche Gesundheitsuntersuchung zur Früherkennung von Krankheiten, insbesondere zur Früherkennung von Herz-, Kreislauf- und Nierenerkrankungen sowie Zuckerkrankheit. Einmal jährlich haben Sie Anspruch auf eine Untersuchung zur Früherkennung von Krebserkrankungen, Frauen frühestens vom 20. Lebensjahr an, Männer frühestens vom Beginn des 45. Lebensjahres an.

Früherkennung- und Vorsorgeuntersuchungen

Diese Labortests gehören dazu:
- Blutzuckerwerte
- Cholesterinspiegel
- Urinwerte (Eiweiß, Zucker, rote und weiße Blutkörperchen, Nitrit)

Weitere Untersuchungen sind:
- Blutdruckmessen
- Inspektion von Mundhöhle und Rachen
- Tastuntersuchung des Körpers
- Abhören der Lunge und des Herzens
- Prüfung der Reflexe

Übrigens: Diese Leistungen erhalten Sie als gesetzlich Versicherter kostenlos. Hier gilt der Grundsatz, dass früh erkannte Krankheiten grundsätzlich besser heilbar sind.

Deshalb ist es sinnvoll, regelmäßig zur Vorsorgeuntersuchung zu gehen.

Untersuchung	Frauen	Männer	Wie oft
Krebsfrüherkennung			
Gebärmutterhals	ab 20		jedes Jahr
Brust (Tastuntersuchung)	ab 30		jedes Jahr
Gesundheits-Check-up			
Schwerpunkte: Herz-, Kreislauf- und Nierenerkrankungen sowie Diabetes	ab 35	ab 35	alle 2 Jahre
Prostatakrebs		ab 45	jedes Jahr
Darmkrebs			
Blut im Stuhl	von 50 bis 54	von 50 bis 54	jedes Jahr
Darmspiegelung*	ab 55*	ab 55*	Wiederholung nach 10 Jahren
Brustkrebs			
(Mammographie)	von 50 bis 69		alle 2 Jahre

*Ab 55 kann zwischen einer Darmspiegelung oder einem zweijährlichen Stuhlbluttest gewählt werden.

Vorsorgekalender

Gesundheitsschäden vorbeugen — Band 1

1. 3. 2. Impfschutz

Auch im Erwachsenenalter ist ein umfassender Impfschutz wichtig, vor allem, wenn Sie öfter im Ausland sind.

Prüfen Sie doch einmal Ihren Impfschutz. Ist Ihr Impfbuch auf dem neuesten Stand? Auch nach den neuesten Empfehlungen der Impfkommission sollten Sie z. B. einen Impfschutz gegen Wundstarrkrampf (Tetanus), Masern und Scharlach haben. Auch empfehlen sich unter bestimmten Umständen Impfungen gegen Hepatitis A und B.

Übrigens: Seit dem 1.4.2007 haben Sie bei bestimmten Impfungen, die die Impfkommission empfohlen hat, Anspruch auf Kostenübernahme durch Ihre Krankenkasse.

Am besten fragen Sie Ihren Arzt.

1. 3. 3. Krankenversicherung

Gesetzliche Vorschriften regeln nicht nur Verpflichtungen, sondern sichern auch Ansprüche. Sie als Versicherter einer gesetzlichen Krankenkasse haben nach dem Sozialgesetzbuch Teil V Anspruch auf Gesundheitsleistungen.
Die Krankenkassen arbeiten mit den Berufsgenossenschaften zur Verhütung von arbeitsbedingten Gesundheitsgefahren zusammen. Sie können in ihrer Satzung bestimmte Leistungen zur Gesundheitsvorbeugung im betrieblichen Zusammenhang vorschreiben. Mit diesem Hintergrund bieten verschiedene Krankenkassen Maßnahmen der betrieblichen Gesundheitsförderung und des Gesundheitsmanagements an. Betriebe können unter fachkundiger Begleitung von Beratern für betriebliches Gesundheitsmanagement Projekte durchführen, die in einer umfassenden Analyse die betriebsspezifischen Belastungen erkunden und dann gezielt Maßnahmen entwickeln und umsetzen. Dabei gehen sie davon aus, dass die Ursachen von Krankheiten nicht nur in körperlichen Belastungen oder nicht gesundheitsgerechtem Verhalten begründet sind, sondern auch betriebliche Umstände und Arbeitsbedingungen, z. B. das Betriebsklima, Einfluss ausüben.

Folgende Gesundheitsfördermaßnahmen sind denkbar:

- Durchführung von Gesundheitsförderaktionen im engeren Sinne wie z. B. Workshops „Ergonomie und Motorik", Rückenzirkel, Fitnesstests, Ergonomieschulung am Arbeitsplatz, Stressbewältigungsseminare, Ernährungsberatung „Richtige Ernährung am Arbeitsplatz".

Gesundheitsschäden vorbeugen — Band 1

- Verbesserung der Zusammenarbeit in Arbeitsgruppen („Teamentwicklung").

- Schulung von Führungskräften hinsichtlich eines kooperativen und gesundheitsförderlichen Führungsstils.

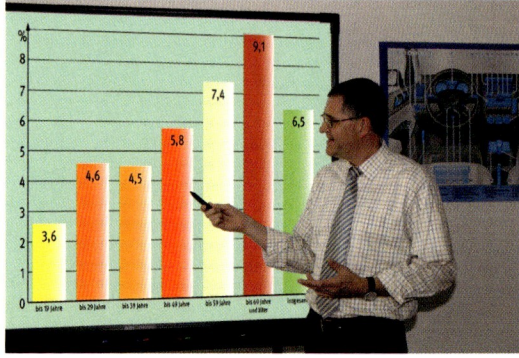

Wenn Sie interessiert sind und Sie Ihrem Arbeitgeber Anregungen zur Durchführung solcher Maßnahmen geben wollen, sprechen Sie mit Ihrer Krankenkasse.

Die AOK bietet solche Projekte und weitere betriebliche Gesundheitsfördermaßnahmen an. Nachfolgend ihre Adressen: Den AOK-Bundesverband erreichen Sie unter folgender Adresse:
AOK-Bundesverband
Rosenthaler Straße 31
10178 Berlin
Tel.: 030 34646   -2228
    -2348
    -2671

AOK

AOK Baden-Württemberg
Presselstr.19
70191 Stuttgart
Tel.: 0771 2593-0

AOK Bayern
Carl-Wery-Str. 28
81739 München
Tel.: 089 62730-0

AOK Bremen/Bremerhaven
Bürgermeister-Schmidt-Str. 95
28195 Bremen
Tel.: 0421 1761-0

AOK NordWest
Kopenhagener Str. 1
44269 Dortmund
Tel.: 0231 4193-0

AOK PLUS
Sternplatz 7
01067 Dresden
Tel.: 0351 8149-0

AOK Nordost
Behlertstr. 33a
14467 Potsdam
Tel.: 0800 2650800

AOK Landesdirektion Schleswig-Holstein
Edisonstr. 70
24145 Kiel
Tel.: 0431 605-0

AOK Rheinland-Pfalz/Saarland
Virchowstr. 30
67304 Eisenberg
Tel.: 06351 403-0

AOK Sachsen-Anhalt
Lüneburger Str. 4
39106 Magdeburg
Tel.: 0391 2878-0

AOK Niedersachsen
Hildesheimer Str. 273
30519 Hannover
Tel.: 0511 8701-0

AOK Rheinland/Hamburg
Kasernenstr. 61
40213 Düsseldorf
Tel.: 02211 8791-0

AOK Hessen
Basler Str. 2
61352 Bad Homburg
Tel.: 06172 272-0

Stand: August 2014

Arbeitsblatt 1 – Gesundheitsvorsorge

Band 1

Gesundheitliche Anforderungen an den Berufskraftfahrer

1. Wo sehen Sie besondere gesundheitliche Belastungen für Berufskraftfahrer?

   1 _____
   2 _____
   3 _____
   4 _____

2. Welche gesetzlichen Bestimmungen kennen Sie, die gesundheitliche Anforderungen an den Fahrer und Maßnahmen des Arbeitsschutzes regeln?

   1 _____
   2 _____
   3 _____
   4 _____

3. Was wird bei der Eignungsuntersuchung augenärztlich neben dem Sehvermögen zusätzlich untersucht? Nennen Sie vier Punkte!

   1 _____
   2 _____
   3 _____
   4 _____

4. Bewerber um die Erteilung oder Verlängerung einer Fahrerlaubnis müssen einen so genannten Reaktionstest machen. Was wird dort untersucht? Nennen Sie drei Punkte!

   1 _____
   2 _____
   3 _____

*Die Lösungen zu den Arbeitsblättern finden Sie am Ende des Buches.

Gesundheitsschäden vorbeugen — Band 1

2. Ergonomie - Gesundheitsgerechte Bewegungen und Haltungen

Die Zahl der Menschen mit Rückenschmerzen und Rückenerkrankungen steigt seit vielen Jahren weiter an. Jede fünfte Krankschreibung erfolgt auf Grund von Rückenproblemen, bei Berufskraftfahrern sogar jede Vierte. Der Rückenschmerz stellt für den Betroffenen eine Einschränkung von Lebensqualität in Beruf und Alltag dar. Für das Gesundheitssystem entstehen enorme Kosten. Hauptgründe von Rückenschmerzen sind u. a.:
- allgemeiner Bewegungsmangel,
- schlechte Körperhaltung,
- ungenügende Rumpfmuskulatur,
- muskuläre Dysbalancen,
- psychische Dauerbelastungen,
- eingeschränkte Erholungszeiten.

> Die meiste Zeit verbringen Sie als Berufskraftfahrer angespannt sitzend. Beim Lenken müssen Sie hochkonzentriert sein und sind Schwingungen und Stößen ausgesetzt, die Muskeln und Gelenke belasten. Auch Heben, Tragen und Transportieren bilden einen wichtigen Bestandteil Ihrer Arbeit – ein rückenschonender Umgang mit Lasten erleichtert Ihren Berufsalltag somit erheblich.

Durch einen sensibleren Umgang mit dem eigenen Körper, z. B. Heben mit geradem Rücken und eine ergonomische Anpassung des Arbeitsplatzes, können Belastungsspitzen abgebaut werden. Stress und psychische Dauerbelastungen können die Schmerzwahrnehmung verstärken. Deshalb belastenden Stress abbauen, z. B. durch die konsequente Einhaltung der gesetzlich vorgeschriebenen Pausen.

2.1. Die Wirbelsäule

Bau und Funktion
Die Wirbelsäule sorgt für eine aufrechte und stabile Körperhaltung und ermöglicht gleichzeitig vielseitige Bewegungen: Neigung des Oberkörpers nach vorne, nach hinten und zur Seite sowie die Drehung des Rumpfes. Sie schützt das Rückenmark, das alle Nervenimpulse vom Gehirn in den Körper überträgt.

Die Wirbelsäule besteht aus 24 beweglichen Wirbeln mit zwischengelagerten Bandscheiben. Sie ist harmonisch geschwungen, was sie beweglich macht. Dadurch können Erschütterungen, Sprünge und Stöße abgefangen werden. Unsere Wirbelsäule besteht aus folgenden Abschnitten:
- Halswirbelsäule (HWS) mit sieben Wirbeln,
- Brustwirbelsäule (BWS) mit zwölf Wirbeln,
- Lendenwirbelsäule (LWS) mit fünf Wirbeln,
- Kreuz- und Steißbein (knöchern zusammengewachsen).

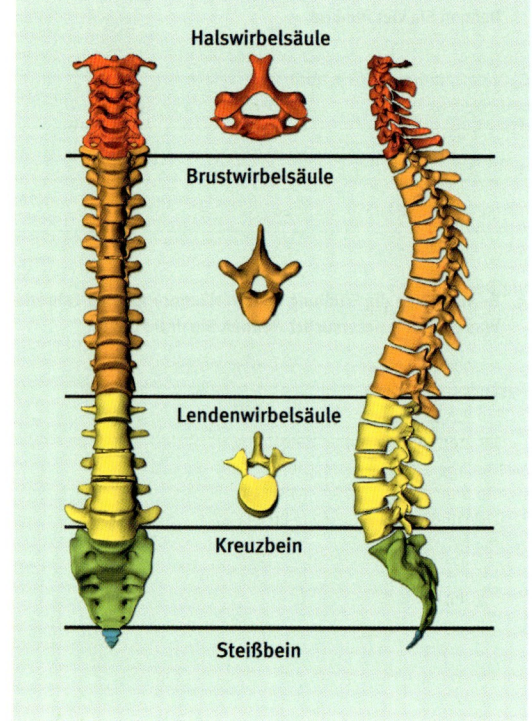

Schematische Darstellung der Wirbelsäule

Gesundheitsschäden vorbeugen

Band 1

Wirbel
Der einzelne Wirbel besteht aus dem Körper, der das Gewicht des Menschen und Zusatzlasten trägt, und dem nach hinten folgendem Wirbelbogen. Am Wirbelbogen befinden sich die Querfortsätze und der Dornfortsatz, an ihnen setzen Bänder und Muskeln an. Des Weiteren befinden sich dort die Gelenkfortsätze, die die Wirbelkörper beweglich miteinander verbinden. Zwischen dem Wirbelkörper und dem Wirbelbogen befindet sich der Wirbelkanal, in dem sich das Rückenmark befindet. Aus den Zwischenwirbellöchern treten die Spinalnerven zur Versorgung der einzelnen Muskeln hervor.

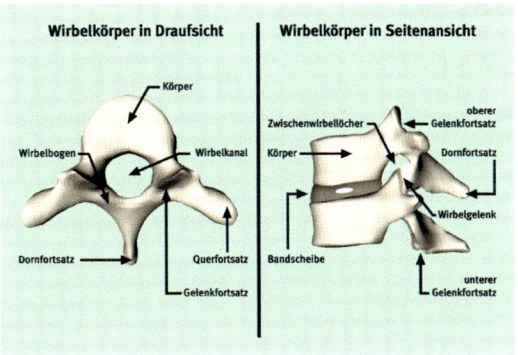

Wirbel

Bandapparat
Der Bandapparat der Wirbelsäule, z. B. das vordere und hintere Längsband, verbindet alle Wirbel miteinander und ist für die Stabilität der Wirbelsäule wichtig.

Muskeln
Neben den Wirbeln und dem Bandapparat spielt die Muskulatur zur Stabilisierung der Wirbelsäule eine wichtige Rolle. Die bauchwärts und rückenwärts liegenden Muskeln bilden ein muskuläres Korsett. Durch Bewegungsmangel und Fehlbelastungen verkürzen sich einige Muskeln oder werden abgeschwächt. Muskuläre Dysbalancen sind die Folge. Ein Ungleichgewicht der Muskeln im Schultergürtelbereich ergibt als äußeres Erscheinungsbild meist einen Rundrücken. Eine Dysbalance im unteren Rücken und im Becken-Hüftbereich führt zur Beckenkippung nach vorn und zu einem verstärkten Hohlkreuz. Die Folge sind Fehlbelastungen und beginnende Beschwerden. Durch geeignete Kräftigungs-, Dehnungs- sowie Lockerungsübungen kann man ein muskuläres Gleichgewicht und gut entwickeltes Muskelkorsett wiederherstellen.

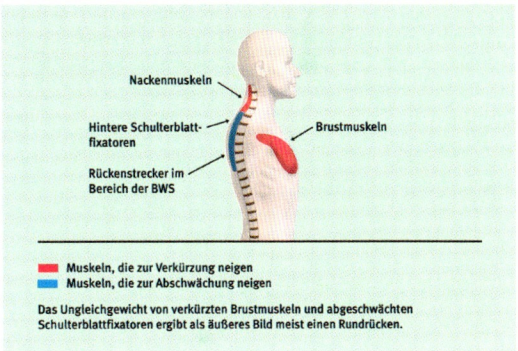

Ausgewählte Muskeln, die auf die Halswirbelsäule und Schultergürtel wirken.

Der Beckenboden
Eine wichtige Muskelgruppe des menschlichen Körpers ist der Beckenboden, der auch Auswirkungen auf die Wirbelsäule und die Körperhaltung hat. Er schließt den knöchernen umrahmten Ausgang der Beckenhöhle ab, vom Schambein zum Steißbein und zu den Sitzbeinhöckern. Seine Funktionen bestehen im Stützen der inneren Organe und im reflektorischen Gegenhalten beim Husten, Niesen, Lachen, Hüpfen und Tragen von schweren Lasten. Des Weiteren im Schließen und Entspannen von After, Scheide und Harnröhre, sowie im Erweitern, z. B. beim Geburtsvorgang.
Beckenbödenübungen gehören somit in jedes Haltungs- und Bewegungsprogramm.

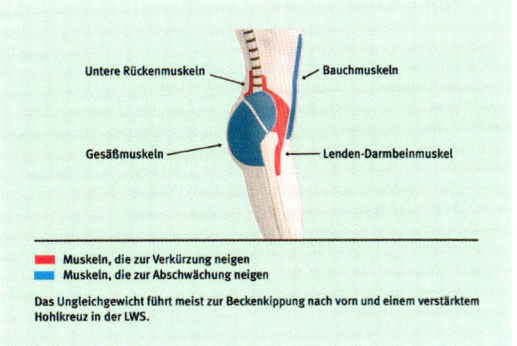

Ausgewählte Muskeln, die auf die Lendenwirbelsäule, Becken und Hüftgelenke wirken.

Gesundheitsschäden vorbeugen — Band 1

Bandscheiben

Die Bandscheiben liegen wie Polster zwischen den Wirbelkörpern. Durch ihre Beschaffenheit können sie bei jeder Bewegung elastisch nachgeben. Sie bestehen aus einem Gallertkern und einem Faserring. Zur optimalen Ernährung der Bandscheiben ist ein ständiger Wechsel von Be- und Entlastung notwendig.

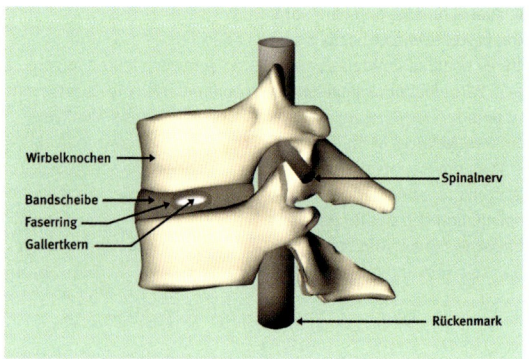

System Wirbel und Bandscheibe

Die menschliche Bandscheibe lebt also von abwechslungsreicher Bewegung und ausreichenden Entlastungsphasen. In der Entlastungsphase gelangen Nährstoffe und Flüssigkeit in den Gallertkern. Einseitige Zwangshaltungen und dauerhafte Belastungen sind für die Bandscheibenversorgung schädlich.

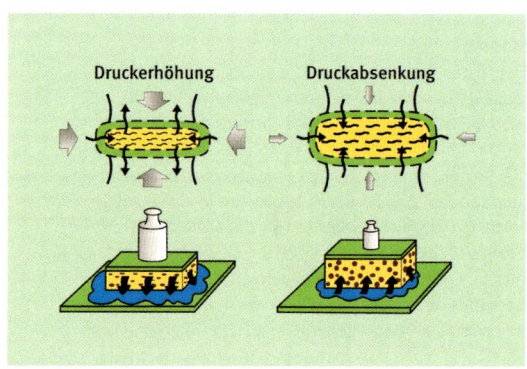

Das Schwammsystem

2. 2. Körperhaltung

Eine schlechte Körperhaltung kann zur Entstehung von Rückenschmerzen beitragen. Die menschliche Wirbelsäule ist von der Seite gesehen doppelt S-förmig. Die Biegung der Hals- und Lendenwirbelsäule nach innen wird als Lordose bezeichnet, die Biegung der Brustwirbelsäule nach außen heißt Kyphose. Nur in dieser Krümmungsform, also in der aufrechten Körperhaltung, ist die Wirbelsäule maximal belastbar.

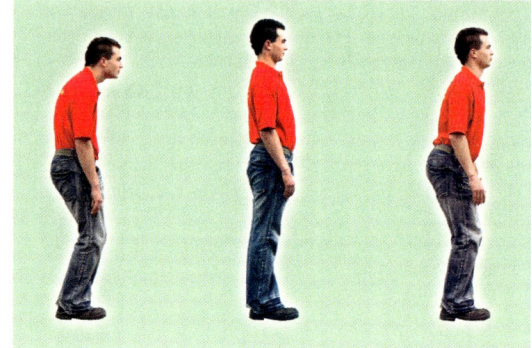

Haltungstypen von links: Rundrücken, aufrechte Körperhaltung, Hohlkreuz

Gesundheitsschäden vorbeugen — Band 1

Schlüssel für eine optimale Körperhaltung ist die Stellung des Beckens. Eine verstärkte Beckenkippung (bauchwärts) führt zu einem Hohlkreuz bzw. eine zu starke Beckenaufrichtung (rückenwärts) hat einen Rundrücken zur Folge.
Nur eine aufrechte Körperhaltung belastet die Bandscheiben gleichmäßig, eine abweichende Körperhaltung geht mit einer stärkeren Belastung der Wirbelsäule und Bandscheiben einher.

Unterschiedliche Haltungen belasten die Wirbelsäule auch unterschiedlich. Beim Liegen wird die Wirbelsäule entlastet, beim Anheben von Lasten mit rundem Rücken sind die Bandscheiben einer erheblichen Druckbelastung ausgesetzt.

Ziel muss also sein, die aufrechte Körperhaltung möglichst häufig einzunehmen, um eine zu starke Belastung für Bandscheiben und Wirbelsäule und daraus eventuell entstehende Rückenschäden zu verhindern.

Körperhaltung und Bandscheibenbelastung, nach Wilke, Universität Ulm (1998)

2. 3. Körperliche Arbeit und Ergonomie

In vielen Berufen ist trotz modernster Technik noch Körperkraft gefragt. Starke und einseitige Belastungen wie häufiges schweres Heben und Tragen, starke Erschütterungen oder auch das Arbeiten in Zwangshaltungen, z. B. Dauersitzen, können zu Abnutzungserscheinungen an Gelenken und Wirbelsäule führen. Um so wichtiger ist die ergonomische Gestaltung des Arbeitsplatzes. Der Arbeitsplatz muss an die Körpermaße des Benutzers angepasst werden.

2. 3. 1. Sitzende Tätigkeit

„So sitze ich richtig, das ist bequem so". So oder ähnlich lauten sehr oft die Antworten der Kraftfahrer, wenn sie nach der richtigen Sitzposition gefragt werden. Dabei beziehen sie sich in der Regel nur auf den Moment der Befragung, ohne daran zu denken, dass sie in dieser Position bis zu viereinhalb Stunden verharren müssen. Natürlich beeinflussen auch die Nebentätigkeiten der Fahrer die Sitzdauer, die je nach Einsatz sehr unterschiedlich sind (Lieferverkehr, Güterfernverkehr, Reiseverkehr, Linienverkehr). Dennoch bestimmt das Sitzen mit einem überwiegenden Zeitanteil Ihre Berufskraftfahrertätigkeit.
Bequem sitzen bedeutet nicht immer auch rückengerecht und belastungsarm sitzen.

Wie Sie aus der Funktion der Wirbelsäule erkennen konnten, stützt diese den Körper um eine aufrechte Haltung einzunehmen. Bei einer vermeintlich bequemen, entspannten Sitzhaltung verlässt Ihre Wirbelsäule die Idealform und die Bandscheiben werden stärker belastet. Sie muss also mit Hilfsmitteln wie Becken- und Lendenstütze wieder in Form gebracht werden. Das ist die Grundvoraussetzung dafür, dass Sie Ihre Bandscheiben gleichmäßig belasten, und Vorsorge, um Schädigungen der Wirbelsäule zu vermeiden.
Eine aufrechte, wirbelsäulengerechte Sitzhaltung kann also nur auf einem entsprechenden Fahrersitz eingenommen werden, der über die notwendigen Einstellmöglichkeiten verfügt.
Das allein reicht aber nicht aus um für eine längere Zeit beschwerdefrei sitzen zu können.
Genauso wichtig ist es, die richtigen Winkel zwischen den unterschiedlichen Körperbereichen einzuhalten.
Wer entspannt und sicher fahren will, muss entspannt und sicher sitzen können!
Die günstigsten Winkel zwischen
- Kopf und Rumpf,
- Oberarm und Unterarm,
- Oberarm und Rumpf,
- Oberschenkel und Rumpf,
- Oberschenkel und Unterschenkel,
- Unterschenkel und Fuß

sind in vielen Untersuchungen ermittelt worden. Sie bringen den Körper in die ergonomisch günstigste Position.

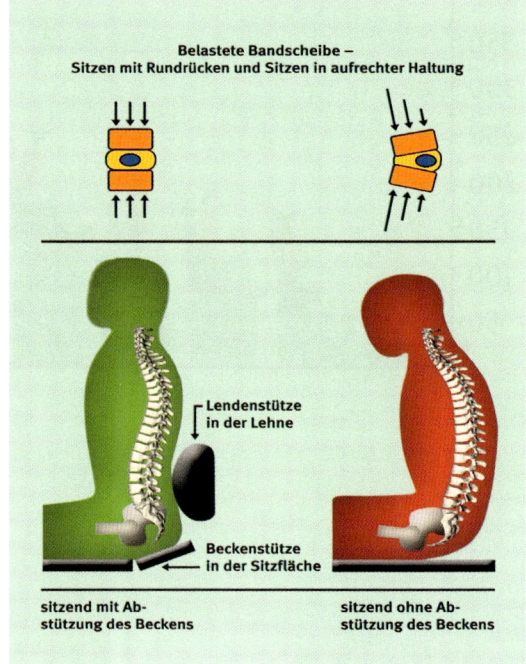

Wirbelsäule in verschiedenen Sitzpositionen

Gesundheitsschäden vorbeugen — Band 1

Die Berufsgenossenschaft für Transport und Verkehrswirtschaft hat dafür eine Sitzschablone entwickelt, mit der Sie Ihre Sitzposition einfach bestimmen können. Sehr viele Sitzkonstruktionen gestatten es heute, den Sitz auf Ihr Gewicht einzustellen.
Das ist wichtig, um kritische, mechanische Schwingungen, die auf den Fahrersitz wirken, soweit wie möglich auszugleichen.

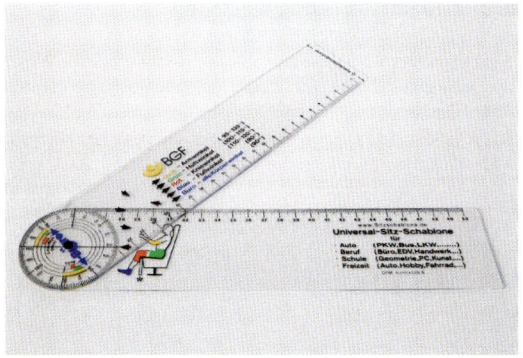

Sitzschablone der Berufsgenossenschaft

Der beste Sitz ist der, von dem Sie auch nach viereinhalb Stunden ununterbrochener Fahrt ohne Beschwerden aufstehen können. Leicht zurückgelehnt und entspannt soll Ihre Sitzposition sein. Richten Sie sich von Anfang an nach diesen Einstellwinkeln, sie ermöglichen Ihnen ein optimales Sitzen.

Optimale Sitzposition

Durch eine längere und einseitige Belastung können sich die Muskeln zu sehr verspannen und verringern somit die Blutzirkulation in den Gefäßen. Eine schnellere Ermüdung und Einschränkung der Leistungsfähigkeit ist die Folge.
Beim Unter- bzw. Überschreiten dieser Sitzwinkelbereiche können in Abhängigkeit von der Sitzdauer Beschwerden entstehen durch:
- Behinderung des Blutstroms,
- Belastung der Wirbelsäule durch Einnahme eines Rundrückens,
- Muskelverspannungen im Hals- und Schultergürtelbereich bis hin zu Kopfschmerzen durch vorn übergeneigte Haltung,
- Erschlaffung der Bauchmuskeln,
- Druck auf innere Organe (u. a. Atmungs- und Verdauungsorgane).

Negative Folgen einer falschen Sitzhaltung

2. 3. 2. Fahrersitz richtig einstellen

Beim Einstellen des Sitzes empfiehlt sich ein schrittweises Vorgehen. Ausgangsstellung: Lenkrad und Instrumententräger in vorderer Position.
Da diese Position das Ein- und Aussteigen mit geschwenktem Sitz wesentlich erleichtert, sollte sie auch beim Verlassen des Arbeitsplatzes eingestellt werden.

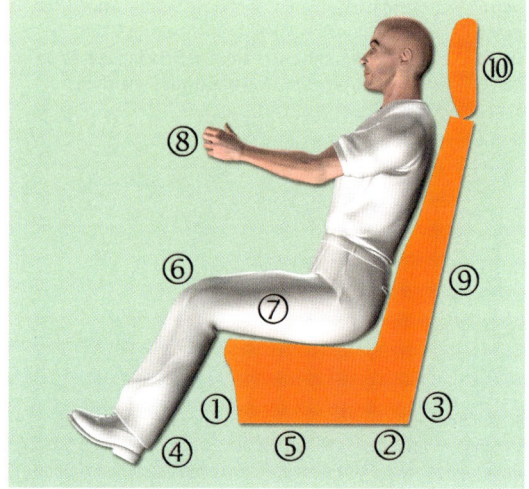

Fahrersitz richtig einstellen.
(1) Sitzflächentiefe
(2) Neigung der Sitzfläche
(3) Neigung der Rückenlehne
(4) Pedalwinkel
(5) Sitzhöhe und Sitzlängsverstellung
(6) Kniewinkel
(7) Lage der Oberschenkel
(8) Lenkrad und Instrumententräger
(9) Lendenwirbelstütze
(10) Kopfstütze

1. Sitzflächentiefe (= Länge der Sitzfläche) einstellen
   - Abstand zur Kniekehle etwa eine halbe Handbreite.

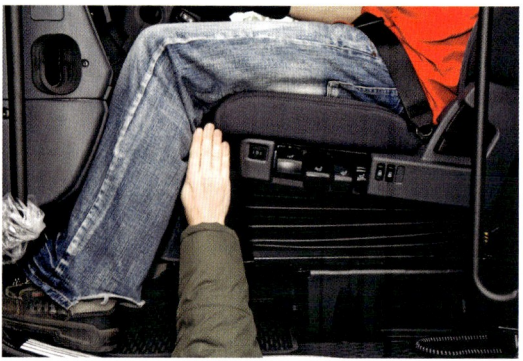

Gesundheitsschäden vorbeugen

Band 1

2. Neigung der Sitzfläche einstellen
   - Ca. 5 Grad leicht nach hinten abfallend.

3. Auf den Sitz ganz nach hinten setzen, Neigung der Rückenlehne einstellen
   - Ca. 15 – 20 Grad.
   - Rücken soll ganz an der Rückenlehne anliegen.
   - Winkel zwischen Oberkörper und Oberschenkel im neuen Linienbus: 100 – 105 Grad, im Reisebus und im Lkw: 100 – 115 Grad.
   - Kein Druckgefühl und keine Beengtheit im Bauchbereich.

4. Mittleren Pedalwinkel zwischen Ruhestellung und Vollausschlag bestimmen
   - Ferse soll aufstehen.
   - Fußwinkel 90 Grad.
   - Fuß muss beim Betätigen auf der gesamten Pedalfläche aufstehen.

Gesundheitsschäden vorbeugen — Band 1

5. Sitzhöhe und Sitzlängsverstellung (= Abstand zu Pedale) einstellen
   - Pedale müssen gut erreichbar sein.
   - Oberschenkel sollen auf der Sitzvorderkante aufliegen.

6. Kniewinkel überprüfen
   - Reisebus und Lkw: 110 – 120 Grad.
   - neuer Linienbus: 110 – 130 Grad; falls nötig, Sitzhöhe und Längseinstellung korrigieren.
7. Lage der Oberschenkel überprüfen
   - Oberschenkel liegen leicht auf der Sitzvorderkante auf.
   - Kein Druck der Vorderkante auf die Oberschenkel, falls nötig, zuerst Sitztiefe, dann nochmals Sitzhöhe und Längseinstellung überprüfen.

8. Lenkrad und Instrumententräger richtig einstellen
   - Leicht angewinkelte Arme beim Lenken.

Gesundheitsschäden vorbeugen — Band 1

9. Lendenwirbelstütze einstellen
   - Fühlbare Stützwirkung ohne unangenehmen Druck.

10. Kopfstütze einstellen (falls möglich)
    - Oberkante über Augenhöhe (keine „Nackenstütze").

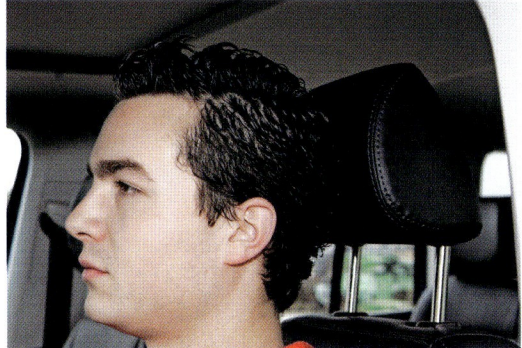

Zusammenfassung:
Der menschliche Organismus ist für Bewegung konzipiert, d. h. für den Wechsel zwischen sitzender, stehender, liegender und laufender Körperhaltung. Sie sollten Ihre Haupttätigkeit, das Sitzen, möglichst durch kleine Pausen unterbrechen und aktiv mit Bewegungsübungen auflockern. Ein aktiver Bewegungsausgleich in der Freizeit ist darüber hinaus zu empfehlen. Ein wesentlicher Faktor in der Vorbeugung von Rückenerkrankungen ist die richtige Einstellung Ihres Arbeitsplatzes.

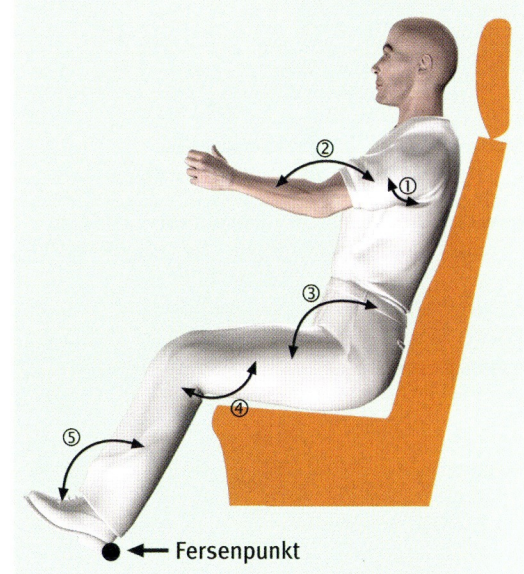

Ergonomisch günstige Winkel:
① Oberarmwinkel 10–40°
② Ellenbogenwinkel 95–135°
③ Hüftwinkel 100–105°
④ Kniewinkel 110–130°
⑤ Fußgelenkwinkel 90°

2.4. Umgang mit Lasten

Bücken, Heben und Tragen sind Tätigkeiten, die von Ihnen zusätzliche Anstrengungen zu Ihrer eigentlichen Arbeit, dem Führen von Fahrzeugen, erfordern. Natürlich kommt hier der Linienbusfahrer besser weg als alle anderen. Fahrer bei Möbelspeditionen haben sicherlich die schwereren Lasten zu tragen. Sie sind aber meistens mit bester Hebetechnik vertraut und geübt.

Rückenbeschwerden und vorzeitiger Verschleiß können neben langem, einseitigem und unbequemem Sitzen auch durch falsches Bücken, Heben und Tragen entstehen. So wirkt beim Heben eines Gewichts mit Rundrücken ein Vielfaches des Körpergewichts auf die untere Lendenbandscheibe. Durch die Krümmung der Wirbelsäule und des Zusatzgewichtes wird der vordere Anteil der Bandscheibe überlastet und regelrecht zusammengequetscht.

Beachten Sie daher die folgenden Grundregeln:
1. Alle Lasten möglichst aus der Hocke aufnehmen und somit mit Hilfe der Beinmuskulatur heben.
2. Den Rücken beim Anheben gerade halten und die Bauchmuskeln anspannen sowie den Blick nach vorne richten.

Gesundheitsschäden vorbeugen — Band 1

3. Die Last langsam und nicht ruckartig anheben.
4. Die Last nahe am Körper halten und tragen.
5. Kein Hohlkreuz bilden.

6. Den Oberkörper nicht zur Seite drehen, Wirbelsäulenrotationen unter Belastung meiden.
7. Den ganzen Körper mit den Füßen drehen.

8. Das Gewicht nach Möglichkeit gleichmäßig rechts und links verteilen oder abwechselnd rechts/links tragen.

9. Nutzen Sie beim Heben und Tragen technische Hilfsmittel.

Gesundheitsschäden vorbeugen

Band 1

Heben und tragen Sie Gewichte mit geradem Rücken, so dass die Bandscheiben gleichmäßig und deutlich geringer belastet werden. Der Gallertkern bleibt so auch in der Mitte der Bandscheibe liegen. Bei geradem Rücken ist die Belastung im Vergleich zum runden Rücken deutlich geringer, während gleichzeitig die Belastbarkeit am größten ist. Ziel muss also sein, möglichst häufig eine aufrechte Arbeitshaltung, vor allem unter Belastung, einzunehmen und eine zu starke Belastung der Bandscheiben und Wirbelsäule zu verhindern.

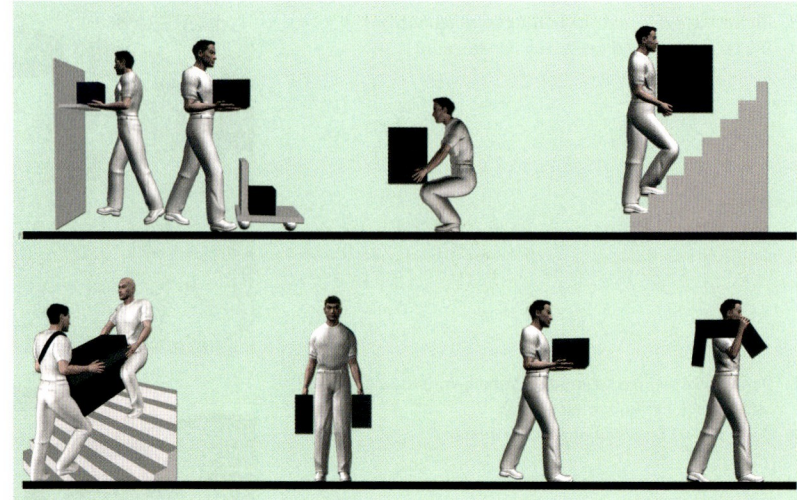

Die wichtigsten Regeln beim Tragen von Lasten

Als Folge der hohen Druckentwicklung im vorderen Bandscheibenbereich wird der Gallertkern nach hinten verschoben, was einen Hexenschuss oder sogar einen Bandscheibenvorfall auslösen kann. Ein Hexenschuss ist ein plötzlich einschießender Schmerz mit einhergehender starker Muskelverspannung und -verhärtung, so dass der Betroffene sich kaum bewegen kann. Beim Bandscheibenvorfall reißt der äußere Faserring der Bandscheibe und das gallertartige Material fließt aus und verengt den Spinalkanal und drückt auf den Nerv. Folgen können starke Schmerzen, Bewegungseinschränkungen, Taubheitsgefühle und sogar Lähmungserscheinungen sein.

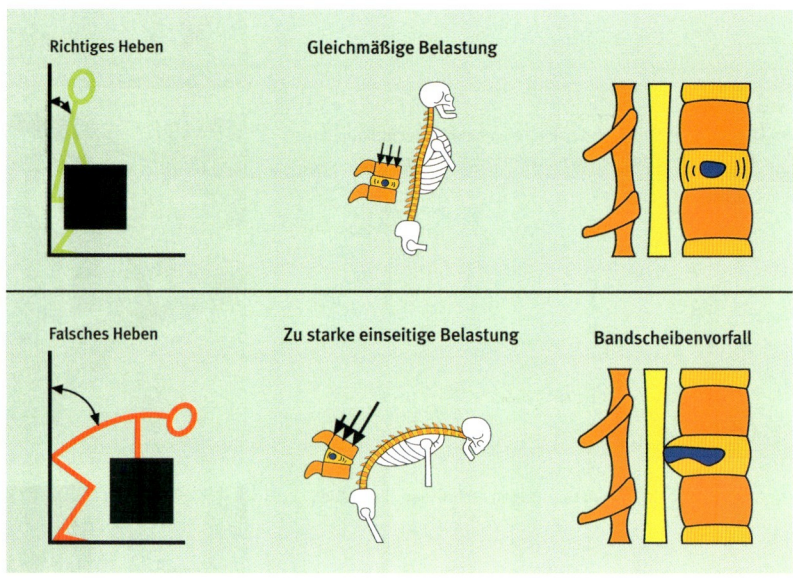

Hebetechnik

Gesundheitsschäden vorbeugen — Band 1

3. Physische Kondition und individueller Schutz

Unter physischer Kondition versteht man die Ausdauer und Körperkraft, die zur Bewältigung einer Arbeitstätigkeit notwendig ist. Eine gute Fitness ist daher Vorraussetzung für das Ausüben beruflicher Tätigkeiten.
Ihre verantwortungsvolle Aufgabe des Führens von Fahrzeugen erfordert ein hohes Maß an körperlichem und geistigem Wohlbefinden.

Halten Sie sich fit!
Nutzen Sie jede Gelegenheit, um sich in den Pausen an der frischen Luft zu bewegen, sich zu dehnen, zu strecken oder einfach ein wenig zu gehen. Mit Entspannungsübungen in den Pausen können Sie Anspannung und Stress abbauen. Um den Kreislauf anzuregen, genügen schon kurze Übungen, die Sie mehrmals wiederholen können.

3. 1. Übungen

3. 1. 1. Übungen im Fahrzeug

Entspannungsübungen im Sitzen
- **Atemübung:**
  Nehmen Sie eine angenehme Sitzposition ein und schließen Sie die Augen. Legen Sie die Hände auf den Bauch und spüren Sie den Bauchbewegungen beim Ein- und Ausatmen nach, lassen Sie ihre Atmung fließen. Genießen Sie für einige Minuten ihre Atembewegungen.

- **Progressive Muskelentspannung im Sitzen:**
  Setzen Sie sich entspannt hin, atmen Sie tief ein und aus, schließen Sie die Augen. Nun spannen Sie wechselweise einzelne Körperpartien an, atmen dreimal ruhig ein und aus und spüren die Anspannung. Danach lösen Sie die Muskelkontraktion und folgen der Muskelentspannung. Lassen Sie sich für die Entspannungsphase ca. 40 Sekunden Zeit.

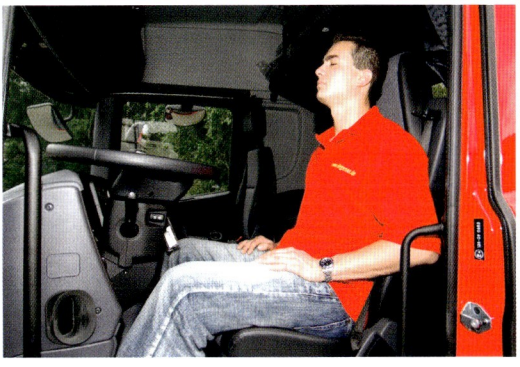

Gesundheitsschäden vorbeugen — Band 1

- Beginnen Sie mit dem Drücken des Kopfes gegen die Kopfstütze und ziehen Sie die Schultern zu den Ohren an. Spüren Sie die Anspannung in Hals- und Schultermuskulatur, anschließend wieder entspannen. Sie können die An- und Entspannungsphase jeder Muskelregion zwei- bis dreimal wiederholen.

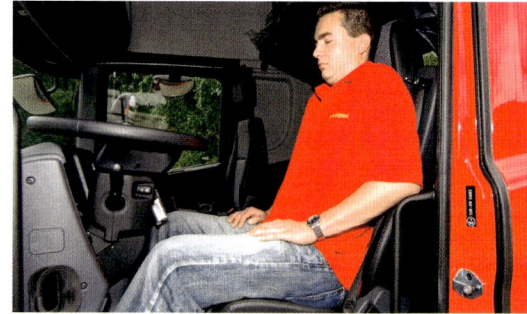

- Drücken Sie den Rücken in die Sitzlehne, ziehen Sie dabei Ihren Bauch ein und spüren die Anspannung in Bauch- und Gesäßmuskulatur. Danach folgt wieder die Entspannungsphase.

- Als nächstes ballen Sie Ihre Hände zu Fäusten und drücken die Unterarme gegen Ihre Oberschenkel und spüren die Anspannung in Hand- und Armmuskeln, danach wieder die Muskelkontraktion lösen.

- Zum Abschluss ziehen Sie die Fußspitzen zu den Schienbeinen und drücken die Fersen in den Boden und spüren die Anspannung in Bein- und Gesäßmuskeln, danach folgt wieder die Entspannungsphase.

Lassen Sie sich Zeit beim Üben. Sie müssen bei Zeitknappheit nicht alle vier Körperregionen trainieren.

Gesundheitsschäden vorbeugen — Band 1

Entlastungsübungen für die Augen

- **Palmieren (Augenentspannung):**
Palmieren bedeutet, beide Augen mindestens eine Minute lang mit den Handflächen zu bedecken.
Setzen Sie sich bequem hin, entspannen Sie sich und atmen Sie zwei- bis dreimal ruhig durch. Legen Sie dann Ihre Hände so über die Augen, dass diese unter den Handflächen liegen. Die Finger kreuzen sich dabei über der Stirn, die Handkanten liegen an der Nase. So bilden die Innenflächen Ihrer Hände eine Höhle für die Augen, ohne sie zu berühren. Schließen Sie die Augen und lassen Sie sie in der Dunkelheit ruhen. Atmen Sie entspannt weiter und genießen Sie den Unterschied zu Licht, Farben und Kontrasten.
Wenn Sie nach einer oder mehreren Minuten die Übung beenden, öffnen Sie zuerst die Augen, nehmen dann ganz langsam die Hände immer weiter nach vorne und folgen diesen mit den Augen. Bewegen Sie die Hände so langsam, dass Sie zu keinem Zeitpunkt eine unangenehme Blendung verspüren.

- **Augenwandern**
Schauen Sie in die Ferne und suchen Sie sich einen feststehenden Gegenstand, zum Beispiel einen Baum, Schornstein oder Fensterrahmen. Schauen Sie diesen Gegenstand nun für einige Sekunden an und folgen Sie dann mit den Augen möglichst genau seinen Konturen, als wollten Sie ihn mit den Augen nachzeichnen.
Diese Übung sollten Sie mehrmals täglich durchführen – Suchen Sie sich immer wieder neue Gegenstände.

- **Fingertrommeln**
Schließen Sie Ihre Augen und trommeln Sie mit den Fingerspitzen beider Hände ganz sanft und leicht über Ihr Gesicht. Stellen Sie sich das Trommeln als dicke, warme, weiche Regentropfen vor. Beginnen Sie mit dem Trommeln über Ihren Augenbrauen, führen Sie es langsam um das Auge herum und trommeln Sie weiter über Ihre Schläfen in Richtung Kiefergelenk. Dehnen Sie das Trommeln mehr und mehr auf Ihr ganzes Gesicht aus und achten Sie darauf, an welchen Stellen es das größte Wohlbefinden nach sich zieht. Zum Schluss streichen Sie leicht mit den Händen von der Mitte nach außen über Ihr Gesicht.

- **Malerübung**
Schließen Sie Ihre Augen und stellen Sie sich vor, dass an Ihrer Nase ein langer Pinsel befestigt ist. Nachdem Sie den Pinsel in einen Farbtopf getaucht haben, bemalen Sie eine Wand mit waagrechten und senkrechten Pinselstrichen. Lassen Sie Ihren anfänglich kleinen Bewegungen nach und nach immer größer werden.
Malen Sie nun von innen nach außen Spiralen auf Ihre Wand. Verfolgen Sie den Pinselstrich dann wieder von außen nach innen bis die Bewegungen kaum mehr spürbar sind. Gönnen Sie sich noch ein paar Sekunden Pause, bevor Sie erfrischt weiterarbeiten.

Gesundheitsschäden vorbeugen — Band 1

Lockerungsübungen im Sitzen
- Halbkreisbewegungen des Kopfes langsam von links nach rechts und zurück.

- Schulterkreisen rückwärts

- Beckenkreisen und Achterkreisen im Uhrzeigersinn und anschließend in die andere Richtung.

- Abwechselnd Fußspitzen und Fersen belasten und danach die Beine ausschütteln.

Jeweils 10-20 Wiederholungen.

Gesundheitsschäden vorbeugen

Dehnungsübungen im Sitzen
- Streckübung, Arme über den Kopf, Hände gefaltet, Handflächen zeigen zum Himmel, nach oben lang strecken.

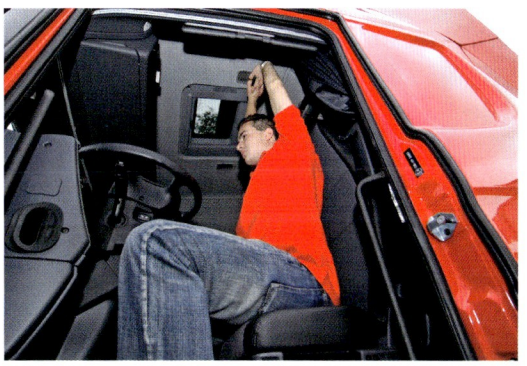

- Paketsitz, Arme umfassen die Fußknöchel außen, Brustkorb ruht auf den Oberschenkeln, Kopf locker hängen lassen.

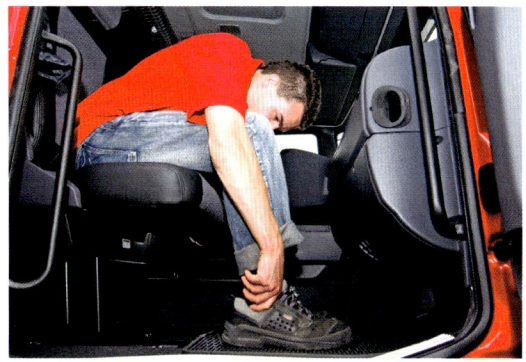

- Rotationssitz, rechtes Bein überschlägt linkes Knie, linke Hand hält rechtes Knie, Oberkörper nach rechts drehen, rechte Hand stützt auf dem Sitz, Position halten; danach Seitenwechsel.

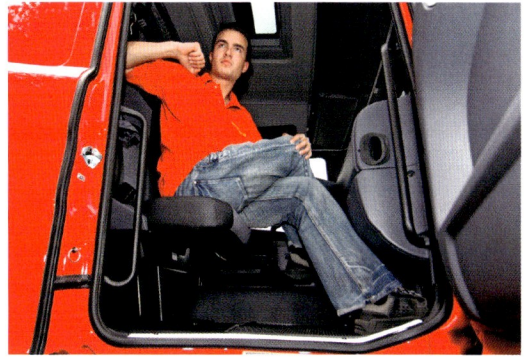

Gesundheitsschäden vorbeugen

Band 1

- Rotationssitz, einfache Variante

In allen Endpositionen mindestens dreimal tief ein- und ausatmen, danach langsam diese Position wieder verlassen.

3. 1. 2. Übungen außerhalb des Fahrzeugs

Lockerungsübungen im Stehen
- Im Stehen Armschwungübungen mit leichten Kniebeugebewegungen.

Gesundheitsschäden vorbeugen **Band 1**

- Im Einbeinstand kombiniertes diagonales Bein- und Armschwingen.

- Im Einbeinstand kombiniertes Arm-Schultergelenks- und Bein-Hüftgelenkskreisen.

Jeweils 10-20 Wiederholungen.

Kräftigungsübungen aus dem Stand
- Kniebeugen mit Festhalten am Fahrzeug.

Gesundheitsschäden vorbeugen **Band 1**

- Ausfallkniebeuge mit Armbewegungen.

- Liegestützbewegungen in 45°-Position.

Jeweils 7-15 Wiederholungen.

Dehnungsübungen im Stand
- Dehnung der Muskeln der Oberschenkelrückseite.

Gesundheitsschäden vorbeugen — Band 1

- Dehnung der Oberschenkelinnenseite.

- Dehnung der Brust- und Wirbelsäulenmuskulatur mit überkreuzten Beinen.

- Dehnung der Nackenmuskulatur

Halten Sie die Endpositionen mindestens 7 Sekunden und atmen Sie bewusst dreimal ein und aus.

3. 1. 3. Übungen für zu Hause oder im Hotelzimmer

- Päckchenlage bauch- und rückenwärts

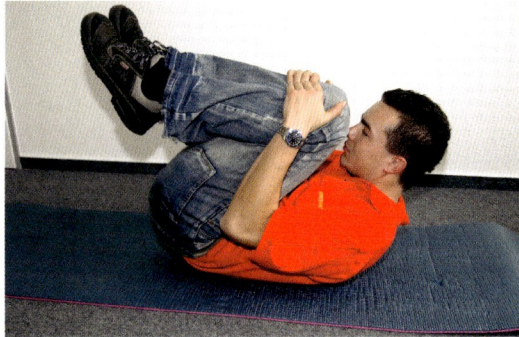

- Sphinxposition

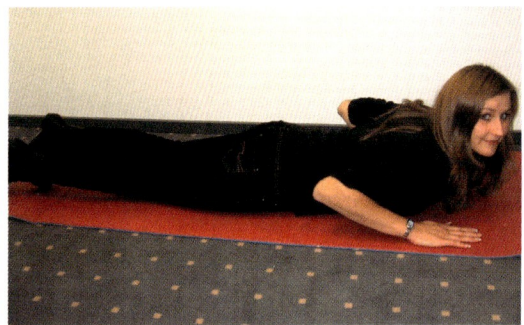
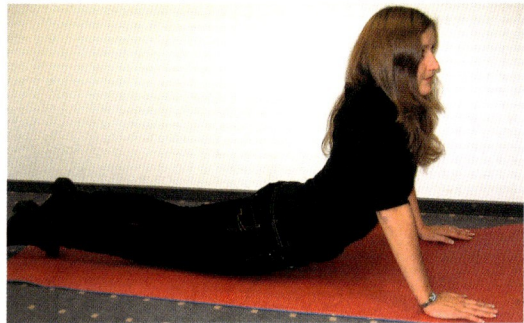

- Drehdehnlage

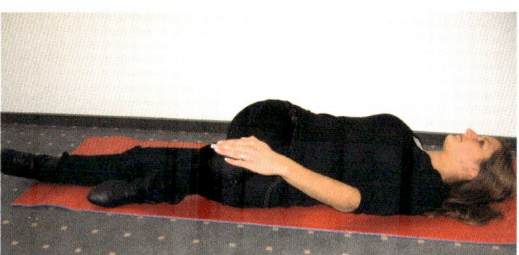

Halten Sie die Positionen und atmen Sie bewusst dreimal tief ein und aus.

Gesundheitsschäden vorbeugen — Band 1

- Unterarmstütz

- Seitlagenstütz

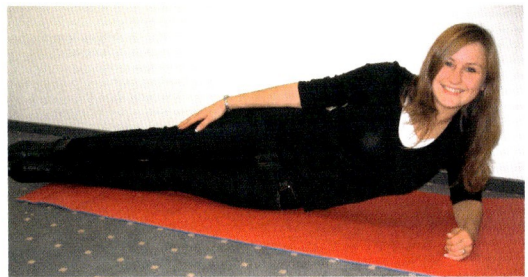 

- Bridging beid- und einbeinig

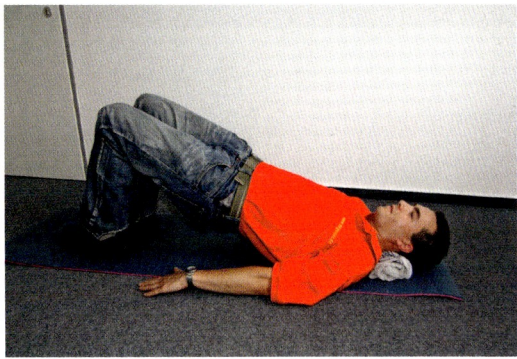

Führen Sie die Bewegung in den Stütz langsam durch und halten Sie die Position 1 bis 2 Sekunden, wiederholen Sie jeweils drei- bis fünfmal die Übung.

Gesundheitsschäden vorbeugen **Band 1**

- Käfer bauchwärts

- Käfer rückenwärts

- Libelle

Gesundheitsschäden vorbeugen

Band 1

- Halbe Situps

Jeweils 7-15 Wiederholungen.

Tipp: Weniger ist mehr, suchen Sie sich anfangs nur drei oder vier Übungen aus und trainieren Sie diese bewusst. Ein zwei- bis dreimaliges Üben in der Woche mit einem Umfang von 10 bis 15 Minuten ist ein guter Einstieg.

3. 2. Sportliche Betätigung

Darüber hinaus empfehlen Mediziner und Sportwissenschaftler dreimal wöchentlich Herz und Kreislauf je 30 Minuten zu trainieren. Das Amerikanische College für Sportmedizin (ACSM) empfiehlt allerdings folgendes Mindestmaß an körperlichen Aktivitäten, um gesund und fit zu bleiben:
- **5 x Ausdauertätigkeiten pro Woche (insgesamt 2,5 Stunden)**
- **2 x Krafttraining pro Woche (insgesamt 1 Stunde)**
- **2 x Beweglichkeitsübungen pro Woche (insgesamt 0,5 Stunden)**

Das bedeutet, dass Sie als Berufskraftfahrer 5-mal pro Woche eine halbe Stunde eine Bewegung bzw. Tätigkeit dauerhaft ausführen sollten, die Sie leicht ins Schwitzen bringt. Neben schnellem Gehen kann das auch Treppen steigen, Holz hacken, Gartenarbeit oder Ähnliches sein. Falls es mal eine halbe Stunde am Stück nicht klappt, können Sie diese auch in drei Teile splitten. Frühmorgens 10 Minuten strammes Gehen zu Ihrem Kraftfahrzeug, möglicherweise mit einem kleinen Umweg, in der gesetzlich vorgeschriebenen Pause wiederum 10 Minuten Gehen, danach erst essen und nach Abstellen ihres Kraftfahrzeuges wiederum 10 Minuten schnelles Gehen.

Für das Krafttraining eignen sich hervorragend Übungen mit dem eigenen Körpergewicht. Liegestütze, Kniebeugen und Übungen für die Rumpfmuskulatur finden Sie auf den Seiten 34 und 35 sowie 38 bis 40. Dehnungsübungen um die Gelenke beweglich und die Muskeln locker zu halten, sind jederzeit und überall möglich. Beispiele dazu finden Sie auf den Seiten 32 und 35 bis 37.

Bauen Sie also Bewegung in Ihren Alltag ein. Legen Sie z. B. eine möglichst große Strecke des Wegs zur Arbeit zu Fuß oder mit dem Fahrrad zurück. Erledigen Sie auch kleine Besorgungen mit dem Fahrrad. Machen Sie einen Bogen um Fahrstühle und Rolltreppen, gehen Sie zu Fuß und treiben Sie regelmäßig Sport.

Folgende Sportarten sind besonders fitnessorientiert und rückenfreundlich:

Für das Herz-Kreislauftraining
- Walken,
- Laufen,
- Wandern,
- Schwimmen,
- Radfahren,
- Reiten,
- Tanzen,
- Skilanglauf,
- Inline-Skaten,
- Low-Impact Aerobic (Aerobic ohne Sprünge).

Gesundheitsschäden vorbeugen — Band 1

Für Kraftausdauer- und Körperbalancetraining
- Wirbelsäulengymnastik,
- Wassergymnastik,
- medizinisches bzw. physiotherapeutisches Krafttraining.

© Kzenon/Fotolia

Entspannungsübungen
- Autogenes Training,
- Progressive Muskelentspannung,
- Feldenkrais,
- Yoga,
- Pilates,
- Tai Chi und Qi Gong.

© WavebreakMediaMicro/Fotolia

Folgende Sportarten sind rückenfeindlich und deshalb nicht zu empfehlen:
- Sportarten, in denen Maximalkraft gefragt wird (z. B. Gewichtheben),
- Schnellkraftsportarten wie Sprintläufe, sowie Übungen, die Sprünge (z. B. Weitsprung) beinhalten,
- Spiele, die schnelle Richtungswechsel (u. a. Fußball) erfordern,
- gelenkbelastende Sportarten (z. B. Fallschirmspringen),
- Sportarten mit starkem Verletzungsrisiko (z. B. Rugby).

Gesundheitsschäden vorbeugen — Band 1

Weitere Sportangebote

Wollen Sie in Ihrer Freizeit noch aktiver werden, ist es ratsam, in einer Gruppe zu trainieren. Mit Freunden oder im Sportverein macht es mehr Spaß. Folglich sind Sie auch motivierter. Darüber hinaus bieten Krankenkassen, Berufsgenossenschaften, Volkshochschulen und andere Institutionen eine Vielzahl von Bewegungskursen an, in denen Sie ohne viel Aufwand die Muskelgruppen, die speziell durch Ihre Berufstätigkeit beansprucht werden, in Form halten können.

In Rückenschulen erlangen Sie in einem meist zehnwöchigen Kurs Inspirationen zu rückengerechtem Verhalten in allen Lebenslagen:

- Ihre Körperwahrnehmung verbessert sich.
- Sie trainieren in der Gruppe gemeinsam Gymnastik und Entspannung.
- Sie tauschen sich mit den Teilnehmern zu alternativen Entlastungstechniken aus.

© Monkey Business/Fotolia

3. 3. Individueller Schutz

Empfehlungen zur Vorbeugung von Rückenbeschwerden nochmals in Kürze:
Eine gute Präventionsmaßnahme besteht darin, die arbeitsbedingten Bewegungsabläufe möglichst rückengerecht und belastungsarm zu gestalten. Genügend kurze Pausen, in denen sich der Körper erholen kann, und ausreichend ausgleichende Bewegung in der Freizeit sind ebenfalls besonders wichtig.
Je besser Ihr Körpergefühl und je kräftiger Ihre Rumpfmuskulatur ist, desto wirkungsvoller können Sie Rückenverschleiß vorbeugen.

Führen Sie Ausgleichsübungen durch, die Ihnen auch Spaß bereiten, aber übertreiben Sie es nicht:
1. Bewegen Sie sich so oft es geht rückengerecht und meiden Sie dauerhaft belastungsstarke Bewegungen und Haltungen.
2. Trainieren Sie gymnastische Ausgleichsübungen. Mit speziellen Lockerungs-, Dehnungs- und Kräftigungsübungen halten Sie Ihre Muskeln und ihren Körper in Balance.
3. Vermeiden Sie dauerhafte Zwangshaltungen. Bewegen Sie sich auch während Ihrer Arbeitstätigkeit so gut es geht ausreichend. Halten Sie sich in der Freizeit mit Herz-Kreislauftraining und/oder Entspannungsübungen fit.
4. Nutzen Sie am Arbeitsplatz alle ergonomischen Einstellmöglichkeiten, damit Ihre Rückenbelastung so gering wie möglich ist.
5. Bei körperlich schweren Tätigkeiten nutzen Sie technische Hilfsmittel und Hebehilfen.

Einseitige Tätigkeiten und Belastungen im Beruf erfordern wohldosierte, abwechslungsreiche und regelmäßige körperliche Betätigungen in der Freizeit. Bewegung unterstützt die lebenswichtigen Umbauprozesse, die fortlaufend im Körper stattfinden, um alle Körperregionen problemlos mit Sauerstoff und Nährstoffen zu versorgen. Zudem werden durch Sport vermehrt Kalorien verbraucht, die helfen, das eigene Körpergewicht zu halten oder sogar zu verringern. Durch regelmäßige Muskelbetätigung kann Stress abgebaut, das körperliche und seelische Wohlbefinden gesteigert und letztendlich die Leistungs- und Arbeitsfähigkeit verbessert werden.

Führen Sie pro Woche folgendes Mindestmaß an Bewegung durch:

1. 2,5 Stunden ausdauerorientierte Tätigkeiten mit leichtem Schwitzen
2. 1 Stunde Krafttraining
3. 0,5 Stunden Beweglichkeitsübungen

Teilen Sie die 4 Stunden in mindestens drei Bewegungseinheiten pro Woche auf.

Sportanfänger über 35 Jahre und Untrainierte mit chronischen Krankheiten sollten ihren Hausarzt aufsuchen und sich beraten lassen, bevor sie mit Bewegungstraining beginnen.

Arbeitsblatt 2 – Ergonomie

Band 1

Pausengestaltung

1. Welche Übungen zur aktiven Pausengestaltung können Sie im Fahrzeug während einer Ruhezeit durchführen?

_____

_____

_____

_____

2. Beschreiben Sie mögliche Folgen und Beschwerden einer eher ungünstigen, nicht ergonomischen Sitzposition!

1 _____

_____

2 _____

_____

3 _____

_____

4 _____

_____

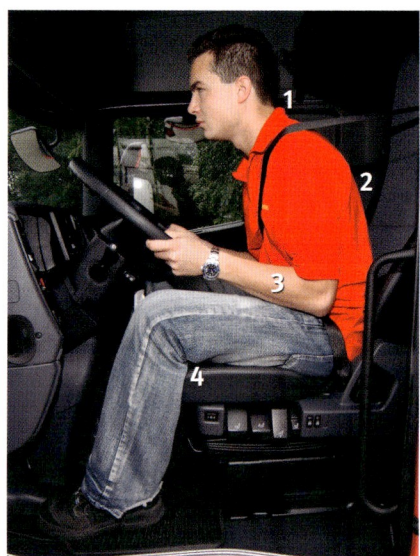

*Die Lösungen zu den Arbeitsblättern finden Sie am Ende des Buches.

Arbeitsblatt 3 – Ergonomie

Band 1

Freizeit

1. a) Wie gestalten Sie aktiv (bewegt/sportlich) Ihre Freizeit?

_____

_____

_____

b) Was finden Sie gut und haben Sie schon ausprobiert? Was wollen Sie an Ihrer Freizeitgestaltung beibehalten? Diskutieren Sie über Ihre Freizeitaktivitäten mit den anderen Teilnehmern!

_____

_____

c) Was würden Sie gern mehr in Ihrer Freizeit unternehmen? Was wollen Sie an Ihren Freizeitgwohnheiten ändern? Wann können Sie beginnen? Haben Sie einen Ansprechpartner, mit dem Sie Ihre Ideen und Aktivitäten reflektieren können?

_____

_____

2. Betrachten Sie nachfolgende Fotos und diskutieren Sie in der Teilnehmergruppe, wie Sie die unten dargestellten Arbeitssituationen cleverer und belastungsärmer gestalten können! Notieren Sie Ihre Ergebnisse.

*Die Lösungen zu den Arbeitsblättern finden Sie am Ende des Buches.

Gute körperliche und geistige Verfassung — Band 1

1. Einleitung

In diesem Kapitel erfahren Sie, wie und warum Sie sich wohler fühlen, wenn Sie sich gut ernähren, welche Auswirkungen eine falsche Ernährung hat und wie Sie Ihre Essgewohnheiten an die ganz speziellen Erfordernisse Ihrer Tätigkeit als Berufskraftfahrer anpassen können.
Sie erhalten Hinweise für eine gesunde Ernährung beim Fahren und für Ihre Freizeit. Im zweiten Teil erfahren Sie, wie berauschende Mittel Änderungen Ihres Verhaltens bewirken.
Zum Schluss lernen Sie, den Rhythmus zwischen Arbeit und Ruhezeit bewusst so zu gestalten, dass negative Auswirkungen auf die Lebensqualität deutlich vermindert werden. Sie lernen verschiedene Stressoren kennen und verschiedene Wege, Stress zu vermeiden, zu reduzieren oder zu bewältigen.

2. Grundsätze einer gesunden und ausgewogenen Ernährung

„Essen und Trinken hält Leib und Seele zusammen."
„Wenn der Mensch etwas leisten soll, dann braucht er etwas zum Beißen."
Diese und ähnliche Sprichwörter bergen, wie alle anderen auch, eine Volksweisheit in sich, die auf Lebenserfahrungen beruht.
Sie müssen also essen und trinken, um zu leben und um eine Leistung zu erbringen.

2. 1. Ernährung unterwegs

Sie als Berufskraftfahrer im Güterverkehr oder im Personenverkehr haben nicht immer gute Möglichkeiten, entsprechend den Ernährungsregeln zu essen.
Fahrpläne, Schichtzeiten, Anlieferdruck bei Sammelfahrten, Reiserouten, Termine zur Bahnverladung oder auf Fähren und mangelnde Parkmöglichkeiten stehen einer geregelten Nahrungsaufnahme oftmals entgegen.

Da gesunde Ernährung und ausreichende Flüssigkeitsaufnahme sehr wichtig sind, sorgen Sie schon vor Antritt der Fahrt dafür, dass Sie während der Fahrt ausgewogen essen und trinken können.

Gute körperliche und geistige Verfassung — Band 1

Frühstück

Wie Sie in den Tag starten, können Sie oft selbst bestimmen. Mit einem kohlenhydratreichen Frühstück können Sie die über Nacht geleerten Energiespeicher füllen. Je größer der Anteil an Vollkornprodukten ist, desto länger wird Sie das Frühstück sättigen. Daher sollten Vollkornbrote oder Müsli einen festen Platz am Frühstückstisch haben. Um das Eisen in den Produkten gut verwerten zu können, ergänzen Sie das Frühstück mit frischen Früchten oder einem Glas Fruchtsaft. Mit Milchprodukten wie einem Joghurt können Sie gut gestärkt in Ihren Alltag starten. Können Sie morgens nicht ausgiebig frühstücken, trinken Sie zumindest ein Glas Fruchtsaft oder Milch und nehmen sich ein fettarm belegtes Vollkornbrot, Obst oder Gemüse und einen Joghurt für eine spätere Pause mit, oder bereiten Sie das Frühstück ggf. am Abend vorher zu.

Zwischenmahlzeit

Zwischenmahlzeiten am Morgen bzw. am Nachmittag helfen Ihnen, Leistungstiefs zu vermeiden und konzentriert und leistungsfähig zu bleiben.

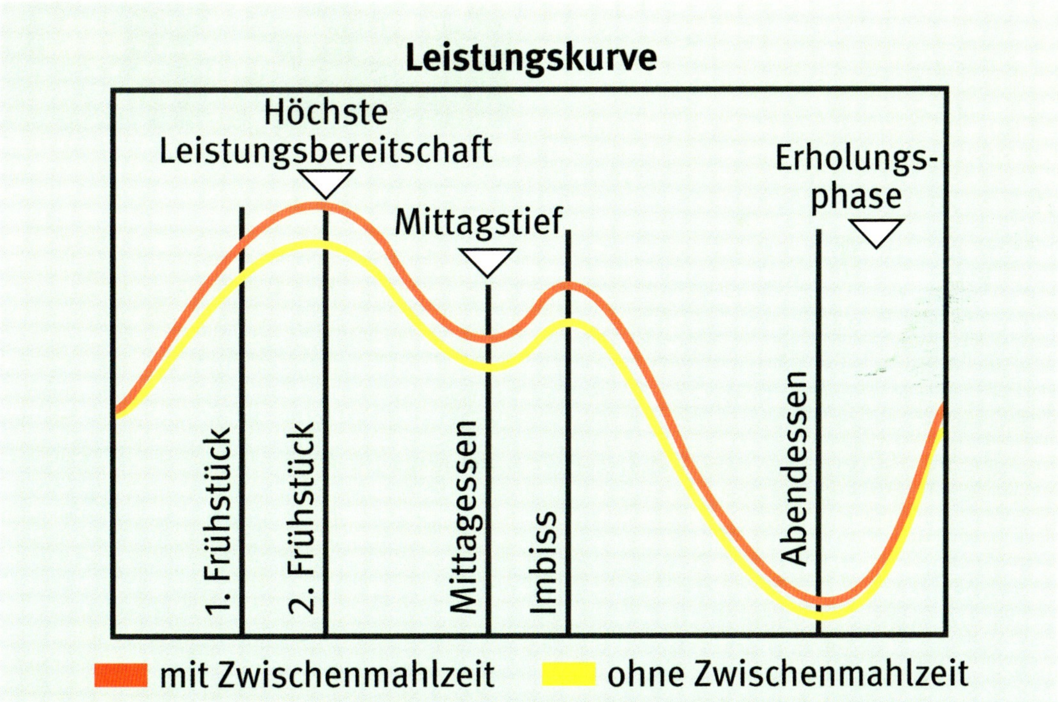

Leistungskurve

- Höchste Leistungsbereitschaft
- Mittagstief
- Erholungsphase
- 1. Frühstück
- 2. Frühstück
- Mittagessen
- Imbiss
- Abendessen

■ mit Zwischenmahlzeit   ■ ohne Zwischenmahlzeit

Gute körperliche und geistige Verfassung — Band 1

Es ist von Vorteil, die erste Zwischenmahlzeit schon zu Hause vorzubereiten. Dadurch sind Sie nicht auf das Imbissangebot angewiesen und können dann etwas zu sich nehmen, wenn Sie Hunger haben, z. B. während einer kleinen Pause am Endhaltepunkt.
- Obst und Gemüsestreifen lassen sich in einer Kunststoffbox gut und frisch lagern.
- Milchprodukte wie Buttermilch, Kefir oder Joghurt sind für die erste Pause noch ausreichend gekühlt. Für spätere Pausen brauchen Sie für diese Snacks eine Kühlmöglichkeit.
- Nüsse oder Laugengebäck wie z.B. Salzstangen sind ebenfalls als kleine Zwischenmahlzeit geeignet. (Vorsicht: Nüsse sind sehr fett- und kalorienreich, daher nur eine Handvoll essen.)

Mittags

Mittags haben Sie es nicht immer in der Hand, das geeignete Essen auszusuchen, sondern sind auf das Angebot der Kantinen, Autobahnraststätten oder „Imbissbuden" angewiesen.
Dabei ist gerade ein „Kraftfahrerteller" oft nicht geeignet, weil er meist fettreich und zu üppig ist. Nach einem schweren Essen neigen Sie zu Müdigkeit und die Konzentration lässt nach. Wenn möglich, stellen Sie sich die einzelnen Komponenten selbst zusammen.
Folgende Tipps erleichtern Ihnen die Zusammenstellung einer ausgewogenen Hauptmahlzeit außer Haus:

Unser Tagesangebot

Jägerschnitzel ⊖ mit Champignonrahmsauce und Pommes frites	€ 9,80
Schweinshaxe ⊖ mit großen Kartoffelknödeln und Kraut	€ 10,50
Putensteak ⊕ mit Salzkartoffeln und frischem Marktgemüse	€ 9,30
Salatteller ⊕ mit Putenstreifen, Tomaten, Mais und Joghurt-Dressing	€ 6,20

Gute körperliche und geistige Verfassung — Band 1

- Unpaniertes Fleisch oder Fisch in der Größe Ihres Handtellers, gegrillt oder gedünstet.
- Sichtbares Fett können Sie einfach wegschneiden. Lassen Sie sich die Soße in einem Extraschälchen geben, damit Sie selber die Menge bestimmen können.
- Dazu kommt eine sättigende Beilage wie Nudeln, Reis oder Kartoffeln. Geben Sie dabei Salz- oder Pellkartoffeln den Vorzug und vermeiden Sie die zusätzliche Fettportion in gebratenen, überbackenen oder frittierten Varianten.
- Eine große Portion können Sie sich bei Gemüse oder Salat gönnen, wobei ebenfalls die Zubereitung entscheidend für die Ausgewogenheit des Essens ist. Pures Gemüse oder mit nur wenig Soße ist dem Rahmgemüse gegenüber vorzuziehen.
- Einen großen Salat können Sie mit einem Vollkornbrot ergänzen.

Sind Sie auf Fast-Food-Produkte angewiesen, können Sie die Qualität des oft einseitigen und fettreichen Imbisses durch
- Salat,
- Obst,
- Fruchtsaft oder
- Vollkornbrot

ergänzen.

Reduzieren Sie den Anteil an Remouladensoße, Mayonnaise oder anderen fetten Soßen. Wenn Sie die Soßen nicht weglassen können, versuchen Sie, möglichst wenig davon zu essen und lassen den Rest auf dem Teller. Eine gute Alternative sind oft Suppen mit einem Vollkornbrot und/oder Salat als Ergänzung.

Als Nachtisch bieten sich Obst oder fettarme Desserts an. In Schwung kommen Sie besonders gut, wenn Sie nach dem Essen noch ein wenig Zeit für etwas Bewegung im Freien haben.

Abends

Am Abend können Sie das ausgleichen, was den Tag über zu kurz gekommen ist.
Haben Sie bisher wenig Obst oder Gemüse gegessen, ergänzen Sie Ihr Vollkornbrot durch
- Salat,
- Tomaten- oder Gurkenscheiben.

Sind Milchprodukte zu kurz gekommen, bieten sich
- Quark,
- Frischkäse oder
- anderer Käse

als Brotbelag an.
Falls Sie noch keine warme Mahlzeit hatten, können Sie am Abend eine leichte Mahlzeit essen. Am Abend kurz über die Ernährung vom Tag nachzudenken, hilft dabei sehr. Schon kleine Änderungen der Essgewohnheiten haben eine große Wirkung.

© karepa/Fotolia

Grundsätzlich sollten Sie zu jeder Mahlzeit und immer wieder zwischendurch etwas trinken, um genügend Flüssigkeit aufzunehmen.
Essen Sie nicht nebenbei, sondern genießen Sie Ihr Essen und nehmen Sie sich dafür Zeit. Sie werden sonst dazu verleitet, zu schnell, zu fettreich und zu viel zu essen.

© sebra/Fotolia

2. 2. Energie aus der Nahrung

Der Motor Ihres Fahrzeuges braucht Energie, um Leistung zu erbringen. Diese bezieht er aus dem Kraftstoff.
Ihr eigener Kraftstoff ist die Nahrung, die Ihnen die Energie zuführt.

Eine gesunde Ernährung und ausreichendes Trinken versorgen Ihren Körper mit Energie und allen Nährstoffen. So erhält er alles, was er braucht, damit Sie gesund und fit bleiben. Ihr Wohlbefinden hängt davon ab und natürlich auch Ihre Leistungs- und Konzentrationsfähigkeit.

Gute körperliche und geistige Verfassung — Band 1

Stoffwechselvorgang
Die Energie, die Sie über die Nahrung aufnehmen, ist nicht sofort nutzbar. Das Essen muss erst verdaut, in die Blutbahn abgegeben und in den Körperzellen in Wärme und Energie umgewandelt werden.
Dabei wird die Nahrung im Magen-Darm-Trakt so abgebaut, dass der Körper die Nährstoffe aufnehmen und verarbeiten kann. Dadurch entsteht Energie, die Ihr Körper für Bewegung, Wachstum oder die Erhaltung von Körperfunktionen wie eine konstante Körpertemperatur nutzen kann.

Wie viel Energie benötigen Sie?
Den größten Teil der Energie verbrauchen Sie, um die lebensnotwendigen Körperfunktionen wie Atmung, Herz- oder Verdauungstätigkeit in Gang zu halten (Grund- oder Ruheumsatz). Darüber hinaus benötigen Sie Energie, um körperliche Leistungen im Beruf und in der Freizeit zu erbringen (Leistungsumsatz).

> Grundumsatz
> + Leistungsumsatz
> = Gesamtenergiebedarf

Grundumsatz
Männer verbrauchen mehr Energie als Frauen bei gleichem Körpergewicht. Der Bedarf ist abhängig:
- von der Körpergröße,
- vom Alter,
- von der körperlichen Aktivität,
- vom Gesundheitszustand,
- von der genetischen Veranlagung.

Der Verbrauch an Energie wird in Kilokalorien (kcal) angegeben.

So verbraucht ein Mann im Alter zwischen 25 und 51 Jahren ca. 1740 kcal innerhalb von 24 Stunden.
Eine Frau gleichen Alters benötigt im selben Zeitraum nur ca. 1340 kcal.

Leistungsumsatz
Zum Grundumsatz kommt der Energieverbrauch für jede körperliche Aktivität. Das betrifft berufliche ebenso wie alltägliche Tätigkeiten. Je nach Berufsgruppe sind zusätzlich zwischen 600 und 1600 kcal anzurechnen. In Abhängigkeit von der speziellen Tätigkeit am Arbeitsplatz variiert der Energieverbrauch zwischen den einzelnen Berufen erheblich.

> **Leistungsumsatz ist abhängig von:**
> - Aktivität der Muskeln (z. B. Sport, gehen, Fahrrad fahren)
> - Wachstum (bei Kindern und Jugendlichen)
> - Aufrechterhaltung einer konstanten Körpertemperatur (bei Kälte oder Hitze)
> - Ausmaß von Verdauungstätigkeiten (nach einer Mahlzeit größer)
> - geistiger Tätigkeiten (geringfügiger Einfluss)

Ihre Tätigkeit als Berufskraftfahrer – unabhängig davon, ob Sie im Güterverkehr oder im Personenverkehr eingesetzt sind – zählt nicht zu den Tätigkeiten mit einem hohen Energieverbrauch wie zum Beispiel bei einem Stahlwerker, Waldarbeiter oder Fliesenleger.
Natürlich gibt es auch Unterschiede bei den Berufskraftfahrern. Ein Busfahrer im modernen Reisebus übt eine leichte Tätigkeit aus, während der Energieverbrauch eines Kraftfahrers im Lieferverkehr, zu dessen Aufgaben auch das Be- und Entladen gehört, eher einer mittelschweren Tätigkeit entspricht.

Zu viel Energie begünstigt Übergewicht
Da Sie als Berufskraftfahrer im Verhältnis zu den oben genannten Arbeitern keinen besonders hohen Energieverbrauch haben, ist die Wahrscheinlichkeit einer Überversorgung an Energie sehr groß. Sie würden schnell mehr Energie aufnehmen, als Sie benötigen. Der Überschuss wird dann als Reserve in Fettzellen gelagert.
Übergewicht wird sichtbar!

leichte Tätigkeit	mittelschwere Tätigkeit	schwere Tätigkeit	schwerste Tätigkeit
Büroangestellte	Schlosser	Maurer	Hochofenarbeiter
Hausfrau	Maler	Leistungssportler	Arbeiter im Steinkohlebau
Lehrer	Gärtner	Masseur	Hochleistungssportler
Schneider	Verkäufer	Dachdecker	Waldarbeiter
Berufskraftfahrer	Autoschlosser	Zimmermann	Stahlarbeiter

Energieverbrauch bei verschiedenen Berufen

Übergewicht ist eines der Hauptprobleme in Deutschland, das auch viele Berufskraftfahrer betrifft.
Ein hohes Körpergewicht belastet die Gelenke und ist ein Risiko u. a. für
- Herz-Kreislauferkrankungen,
- Bluthochdruck,
- Diabetes Typ II,
- Fettstoffwechselstörungen.

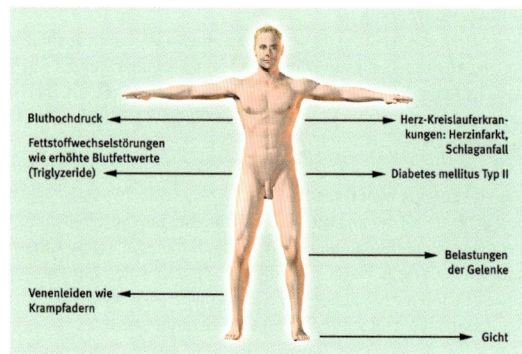

Auswahl an Krankheitsrisiken durch Fehlernährung

Für einen Berufskraftfahrer kann es bedeuten, dass er seinen Beruf nicht so lange ausüben kann wie bei Normalgewicht.
Deshalb gilt:

Werden Sie sich Ihrer Essgewohnheiten bewusst!

Überlegen Sie,
- was Sie essen,
- wann Sie essen und
- wie viel Sie essen.

2. 3. Wichtige Nährstoffe

Nährstoffe
Die Nährstoffe werden über die Nahrung aufgenommen. Die Zusammensetzung der Nahrung ist dabei für die Menge der Energie und Nährstoffe entscheidend. Die wichtigsten Nährstoffe sind:
- Flüssigkeit,
- Kohlenhydrate,
- Ballaststoffe,
- Fette,
- Proteine,
- Vitamine,
- Mineralstoffe.

Gute körperliche und geistige Verfassung — Band 1

Flüssigkeit

Der Mensch kann eine gewisse Zeit ohne Nahrung auskommen, aber ohne eine ausreichende Flüssigkeitszufuhr kommt es bereits nach wenigen Tagen zu gesundheitlichen Schäden.
Erste Anzeichen für einen Flüssigkeitsmangel sind Müdigkeit, Konzentrationsschwäche, Kopfschmerzen sowie eine verminderte Leistungsfähigkeit.

Ungesund		Alternative	
Limo, Cola und Eistee		Wasser, Saftschorle und Früchtetee	
	© Maren Winter/Fotolia		© Dzha/Fotolia

Wasser ist also ein wichtiger Nährstoff. Bis zu 2,5 l Flüssigkeit innerhalb von 24 Stunden sind erforderlich, um eine einwandfreie Funktion der Körperorgane zu gewährleisten.
Das Wasser, das wir über Haut, Lunge, Urin und Stuhl ständig abgeben, muss ersetzt werden.
Trinken hat eine zentrale Bedeutung für Ihre körperliche und geistige Leistungsfähigkeit. Warten Sie daher nicht, bis Sie Durst haben, sondern trinken Sie zu jeder Mahlzeit und zwischendurch. Gerade bei Stress verspüren Sie meist keinen Durst, deshalb ist es wichtig, dass Sie feste Trinkgewohnheiten haben.
Entscheidend ist aber auch, was Sie trinken. Zuckerreiche Getränke wie Cola, Limonade oder Eistee liefern viel Energie und führen zu Übergewicht. Besser sind zuckerarme Durstlöscher wie Wasser, Fruchtsaftschorle oder Früchtetees. Softdrinks leisten einen nicht zu unterschätzenden Beitrag für Übergewicht!

Energiegehalt ausgewählter Getränke (je 200 ml)

	Kalorien
• Wasser	0
• Früchtetee	0
• Saftschorle	46
• Fruchtsaft (100% Fruchtgehalt)	92
• Fruchtsaftgetränk (20% Fruchtgehalt)	98
• Cola, Limonade, Eistee	95
• Bier	94
• Wein	140

Kohlenhydrate

Kohlenhydrate sind vor allem in Getreideprodukten, Obst, Gemüse und Kartoffeln enthalten.
Besonders Getreideprodukte aus Vollkorn geben ihre Energie langsam ab und sorgen für einen gleichmäßigen Blutzuckerspiegel. So können Sie sich gut konzentrieren und sind leistungsfähig. Gleichzeitig sind Getreideprodukte meist ballaststoffreich und machen lange satt. Ungünstige Quellen für Kohlenhydrate sind Süßwaren und Limonaden.
Aus einem Gramm Kohlenhydrate werden ca. vier Kilokalorien gewonnen.

Energiegehalt der einzelnen Hauptnährstoffe

• 1 g Kohlenhydrate	4,1 kcal
• 1 g Proteine	4,1 kcal
• 1 g Fett	9 kcal
• 1 g Alkohol	7 kcal

Ballaststoffe

Ballaststoffe sind unverdauliche Bestandteile in pflanzlicher Nahrung. Sie besitzen keinen Nährwert, erfüllen jedoch wichtige Funktionen im Verdauungstrakt, sättigen lange, senken den Cholesterinspiegel und helfen bei der Vorbeugung bestimmter Krankheiten wie Darmkrebs.
Sie sind vor allem in Obst und Gemüse und in Vollkornprodukten enthalten. Empfohlen wird eine tägliche Ballaststoffzufuhr von ca. 30 Gramm. Damit die Ballaststoffe gut quellen und so ihre Funktion erfüllen können, ist es unbedingt notwendig, viel zu trinken.

Ballaststoffe in Lebensmitteln

• Vollkornbrot (1 Scheibe)	4 g
• Haferflocken (1 Esslöffel)	1-1,5 g
• Feige (1 Stück)	2 g
• Apfel (1 Stück)	3 g
• Kartoffeln (1 Stück)	2 g
• Brokkoli (1 Portion)	5-6 g
• Erbsen (1 Portion)	8 g
• Weizenkeime (1 Esslöffel)	5-6 g
• Leinsamen (1 Esslöffel)	4-5 g

Fette

Fette sind die langfristigen Energiespeicher des Körpers und enthalten die meisten Kalorien.

Ein Gramm Fett erzeugt ca. neun Kilokalorien. Gehen Sie deshalb sparsam mit der Verwendung von Fett um und bevorzugen Sie fettarme Lebensmittel. Versteckt kommt Fett besonders in verarbeiteten Lebensmitteln vor, wie in vielen Wurst- und Käsesorten, Soßen, frittierten Speisen, Kuchen oder Fertiggerichten wie Pizza.

Anstatt	Fettgehalt in Gramm	Alternative	Fettgehalt in Gramm
1 Bratwurst, 150 g	42	1 Putenbrust, 150 g	1,5
1 Scheibe Fleischwurst	30	1 Scheibe roher Schinken	1,7
1 Portion Pommes frites oder 1 Portion Bratkartoffeln, je 200 g	13,5 oder 14	1 Portion Pellkartoffeln oder 1 Portion Kartoffelpüree	0 oder 0,5 (ohne Butterzusatz)
1 Stück Käsesahnetorte, 100 g	14	1 Stück Obstkuchen aus Hefeteig	6,5
1 Becher Joghurt, 3,5% Fett	5	1 Becher Joghurt, 1,5% Fett	2
1 Portion Kartoffelchips, 50 g	20	1 Portion Salzstangen, 50 g	0,3

Fettreiche Lebensmittel und ihre Alternativen

Pflanzliche Fette sind den tierischen vorzuziehen. Sie enthalten positive ungesättigte Fettsäuren. Ein gutes Pflanzenöl ist z. B. das Rapsöl, das Sie für Salate ebenso wie zum Braten verwenden können.

Ernährungsrichtlinien empfehlen einen Fettanteil in der Nahrung von nicht mehr als 30%.

Ungesund	Alternative
Pommes frites, Reibekuchen, Bratkartoffeln, Kroketten ©ExQuisine/Fotolia	Salz- oder Pellkartoffeln, Blechkartoffeln mit wenig Fett ©VRD/Fotolia

Proteine

Proteine sind Eiweiße, die in der Nahrung vorhanden sind, und in erster Linie zum Aufbau und Erhalt von Zellen dienen. Sie sind in tierischen und pflanzlichen Produkten enthalten.

Hochwertige Proteinquellen sind fettarme Milch- und Milchprodukte, Fleisch- und Fleischwaren, Fisch sowie Eier. In pflanzlichen Produkten sind sie in Getreideprodukten, Kartoffeln und Hülsenfrüchten zu finden.

Lebensmittel mit vielen Proteinen
- 1 Glas Vollmilch .... 7 g
- 1 Becher Joghurt .... 5 g
- 1 Scheibe Käse .... 7-8 g
- 1 Portion Kartoffeln .... 4-5 g
- 1 Portion Bohnen .... 3-4 g
- 1 Portion Seefisch (Lachs) .... 25 g

Etwa 10 bis 15 Prozent des täglichen Energiebedarfs sollten Sie als Proteine zu sich nehmen.

Hochwertige pflanzliche Proteinquellen
- **Kartoffeln und Ei** z. B. Senfeier mit Kartoffeln
- **Kartoffeln und Milchprodukte** z. B. Pellkartoffeln mit Kräuterquark
- **Getreide und Hülsenfrüchte** z. B. Bohneneintopf mit Brot
- **Getreide und Milchprodukte** z. B. Vollkornbrot mit Käse

Gute körperliche und geistige Verfassung — Band 1

Vitamine

Vitamine sind für uns lebensnotwendig, weil unser Körper sie nicht selber herstellen kann. Sie werden für den Stoffwechsel im Energiehaushalt, Zellaufbau und -schutz sowie für das Nervensystem benötigt.
Viele Vitamine sind empfindlich gegen Wärme. Am günstigsten ist es, sie als Rohkost (Obst, Gemüse) zu sich zu nehmen. Dabei sind saisonale und regionale Produkte besonders wertvoll. Eine gute Alternative im Winter können auch Tiefkühlprodukte sein.

Vitaminreiche Lebensmittel

Spinat, Brokkoli, Blattsalate, Tomate, Gurken, verschiedene Kohlsorten

Orangen, Kartoffeln, Vollkornprodukte, Weizenkeime, Sojabohnen, Fleisch, Milchprodukte

Mineralstoffe

Zu den Mineralstoffen, die der Körper für einen reibungslosen Stoffwechsel braucht, gehören u. a. Eisen, Calcium, Magnesium, Jod und weitere so genannte Spurenelemente.
Sie sind in verschiedenen Lebensmitteln wie Fleisch, Fisch, Gemüse, Obst, Hülsenfrüchte und in Milchprodukten enthalten.

Gute Quellen für kritische* Mineralstoffe und Spurenelemente

Eisen (zusammen mit Vitamin C-Quelle bessere Aufnahme): Fleisch, Innereien, Vollkornprodukte, Hülsenfrüchte und bestimmte Gemüsesorten wie Spinat

Calcium: Milch und Milchprodukte, calciumreiches Mineralwasser, Gemüse und Samen, calciumangereicherte Sojaprodukte oder Orangensaft

Jod: Seefisch, Milchprodukte, Ei, Jodsalz

* Mineralstoffe, die häufig zu wenig aufgenommen werden.

Aus der aid-Ernährungspyramide können Sie entnehmen, wie Sie eine ausgewogene Ernährung gestalten können. Sie stellt eine verlässliche Grundorientierung für die Lebensmittelauswahl dar. Die Basis bildet der Baustein Getränke mit einer empfohlenen Menge von sechs Gläsern pro Tag (davon ein Saft), gefolgt von Obst bzw. Gemüse mit fünf und Getreide mit vier Portionen. Tierische Lebensmittel wie Milch und Milchprodukte haben einen wichtigen Platz in der Pyramide. Sie sollten sie aber nicht mehr als dreimal am Tag essen.
Die anderen tierischen Lebensmittel werden pro Woche betrachtet:
- 2-3 Portionen Fleisch und Wurst,
- 1-3 Eier und
- 1-2 Portionen Fisch.

Die Spitze der Pyramide bilden die Streichfette und Öle mit zwei Portionen und Süßigkeiten, Kuchen o. ä. mit einer Portion pro Tag.

Ampelfarben bei der Lebensmittelpyramide

Anhand der Ampelfarben erkennen Sie leicht, welche Lebensmittel für Ihre ausgewogene Ernährung günstig sind:

Sparsam: Fette und fettreiche Lebensmittel zum genießen und verfeinern.

Mäßig: Tierische (fettarme) Produkte zum maßvollen Genuss.

Reichlich: Pflanzliche Lebensmittel und Getränke zum Sattessen und Durstlöschen.

2. 4. Zehn Regeln der Deutschen Gesellschaft für Ernährung (DGE)

Die Deutsche Gesellschaft für Ernährung hat die folgenden zehn Regeln für eine vollwertige Ernährung aufgestellt, die Sie ohne Mühe in Ihr Essverhalten einbauen können.

1. Vielseitig essen
Genießen Sie die Lebensmittelvielfalt. Merkmale einer ausgewogenen Ernährung sind abwechslungsreiche Auswahl, geeignete Kombination und angemessene Menge nährstoffreicher und energiearmer Lebensmittel.

2. Reichlich Getreideprodukte und Kartoffeln
Brot, Nudeln, Reis, Getreideflocken, am besten aus Vollkorn, sowie Kartoffeln enthalten kaum Fett, aber reichlich Vitamine, Mineralstoffe, Spurenelemente sowie Ballaststoffe und sekundäre Pflanzenstoffe. Verzehren Sie diese Lebensmittel möglichst frisch und mit fettarmen Zutaten zubereitet.

3. Gemüse und Obst - Nimm „5 am Tag"
Genießen Sie 5 Portionen Gemüse und Obst am Tag, möglichst frisch, nur kurz gegart, – idealerweise zu jeder Hauptmahlzeit und auch als Zwischenmahlzeit: Damit werden Sie reichlich mit Vitaminen, Mineralstoffen sowie Ballaststoffen und sekundären Pflanzenstoffen (z. B. Carotinoiden, Flavonoiden) versorgt. Eine Portion Obst können Sie auch in Form von frisch gepresstem Saft genießen. Das ist das Beste, was Sie für Ihre Gesundheit tun können.

Gute körperliche und geistige Verfassung

Band 1

4. Täglich Milch und Milchprodukte; ein- bis zweimal in der Woche Fisch; Fleisch, Wurstwaren sowie Eier in Maßen

Diese Lebensmittel enthalten wertvolle Nährstoffe wie z. B. Calcium in Milch, Jod in Seefisch. Fleisch ist wegen des hohen Eisenanteils und wegen der Vitamine B1, B6 und B12 vorteilhaft. Mengen von 300 – 600 g Fleisch und Wurst pro Woche reichen aus. Bevorzugen Sie fettarme Produkte, vor allem bei Fleischerzeugnissen (z. B. Bratenaufschnitt, Kasseler roh oder gekochter Schinken) und Milchprodukten (z. B. fettarmer Joghurt, Buttermilch oder Magerquark).

5. Wenig Fett und fettreiche Lebensmittel

Fett liefert lebensnotwendige Fettsäuren und fetthaltige Lebensmittel enthalten auch fettlösliche Vitamine. Fett ist aber auch besonders energiereich, daher kann zu viel Nahrungsfett Übergewicht fördern. Zu viele gesättigte Fettsäuren fördern langfristig die Entstehung von Herz-Kreislauf-Krankheiten. Bevorzugen Sie pflanzliche Öle und Fette (z. B. Raps- und Olivenöl und daraus hergestellte Streichfette). Achten Sie auf unsichtbares Fett, das meist in Fleischerzeugnissen, Milchprodukten, Gebäck und Süßwaren sowie in Fast-Food- und Fertigprodukten enthalten ist. Insgesamt 70 – 90 g Fett pro Tag reichen aus. Meist liegt der tatsächliche Verbrauch bei 110 – 180 g.
Nehmen Sie pro Tag nicht mehr als 1,5 – 2 EL Butter oder Magarine und 1,5 – 5 EL Pflanzenöl zu sich.

© karepa/Fotolia

6. Zucker und Salz in Maßen

Verzehren Sie Zucker und Lebensmittel bzw. Getränke, die mit verschiedenen Zuckerarten (z. B. Glucosesirup) hergestellt wurden, nur gelegentlich. Würzen Sie kreativ mit Kräutern und Gewürzen und wenig Salz. Bevorzugen Sie jodiertes Speisesalz.

© Nataliia Pyzhova /Fotolia

7. Reichlich Flüssigkeit

Wasser ist absolut lebensnotwendig. Trinken Sie rund 1,5 l Flüssigkeit jeden Tag. Bevorzugen Sie Wasser und andere kalorienarme Getränke. Alkoholische Getränke sollten nur gelegentlich und nur in kleinen Mengen konsumiert werden.

© sebra/Fotolia

8. Schmackhaft und schonend zubereiten

Garen Sie die jeweiligen Speisen bei möglichst niedrigen Temperaturen, soweit es geht kurz, mit wenig Wasser und wenig Fett – das erhält den natürlichen Geschmack, schont die Nährstoffe und verhindert die Bildung schädlicher Verbindungen.

Tipp: Zubereitung
- Beim Garen können Nährstoffe verloren gehen, daher schonend garen (dünsten) oder als Rohkost essen.
- Möglichst frisch verwerten (wenig Lagerung)
- Saisonale Sorten bevorzugen, Alternative: Tiefkühlprodukte (ohne Zusätze)
- Erst gründlich waschen, dann schälen und schneiden
- Obst und Gemüse als Zwischenmahlzeit einplanen

9. Nehmen Sie sich Zeit, genießen Sie Ihr Essen

Bewusstes Essen hilft, richtig zu essen. Auch das Auge isst mit. Lassen Sie sich Zeit beim Essen. Das macht Spaß, regt an vielseitig zuzugreifen und fördert das Sättigungsempfinden.

10. Achten Sie auf Ihr Gewicht und bleiben Sie in Bewegung

Ausgewogene Ernährung, viel körperliche Bewegung und Sport (30 bis 40 Minuten pro Tag) gehören zusammen. Mit dem richtigen Körpergewicht fühlen Sie sich wohl und fördern Ihre Gesundheit.

Essen Sie also wenig Fette wie Margarine, Butter, Öl und Süßigkeiten, maßvoll Proteine wie Fleisch, Eier, Milch und Milchprodukte wie Käse, Joghurt und ausreichend Fisch, viele Kohlenhydrate wie Vollkornerzeugnisse (Brot, Reis, Nudeln) und trinken Sie viele gesunde Getränke!

2. 5. Zusammenfassung

Versuchen Sie morgens vor der Arbeit zu frühstücken oder planen Sie eine Frühstückspause ein. Es ist immer gut, für die erste Zwischenmahlzeit schon zu Hause vorzusorgen. Dadurch sind Sie nicht auf das Imbissangebot angewiesen und können dann etwas zu sich nehmen, wenn der Magen Ihnen das Signal dazu gibt.
Prüfen Sie, ob der „Kraftfahrerteller" auch wirklich als Hauptmahlzeit für Sie geeignet ist.
Es ist immer besser, sich selbst das „Menü" zusammenzustellen, was in den meisten Raststätten durchaus möglich ist.
Wählen Sie anstelle von paniertem besser unpaniert gebratenes Fleisch.
An Bratwurst, Currywurst, Mayonnaise, Pommes frites, Salami, Vollfettkäse und Sahnesoßen gehen Sie lieber vorbei.
Nehmen Sie dafür Nudeln, Kartoffeln, Reis, Gemüse und Salate oder Brötchen mit magerem Belag, z. B. Schinken.
Als Getränke sind Limonaden nicht geeignet. Wasser oder Obstsäfte eignen sich besser, um den Durst zu löschen. Auch Früchte- und Kräutertee in verschiedenen Varianten ist zu empfehlen.
Beim Abendessen können Sie gezielt bei den Lebensmittelgruppen zugreifen, die während des Tages zu kurz gekommen sind.

Arbeitsblatt 4 – Ernährung

Band 1

Ernährung

1. Beschriften Sie die Ernährungspyramide.

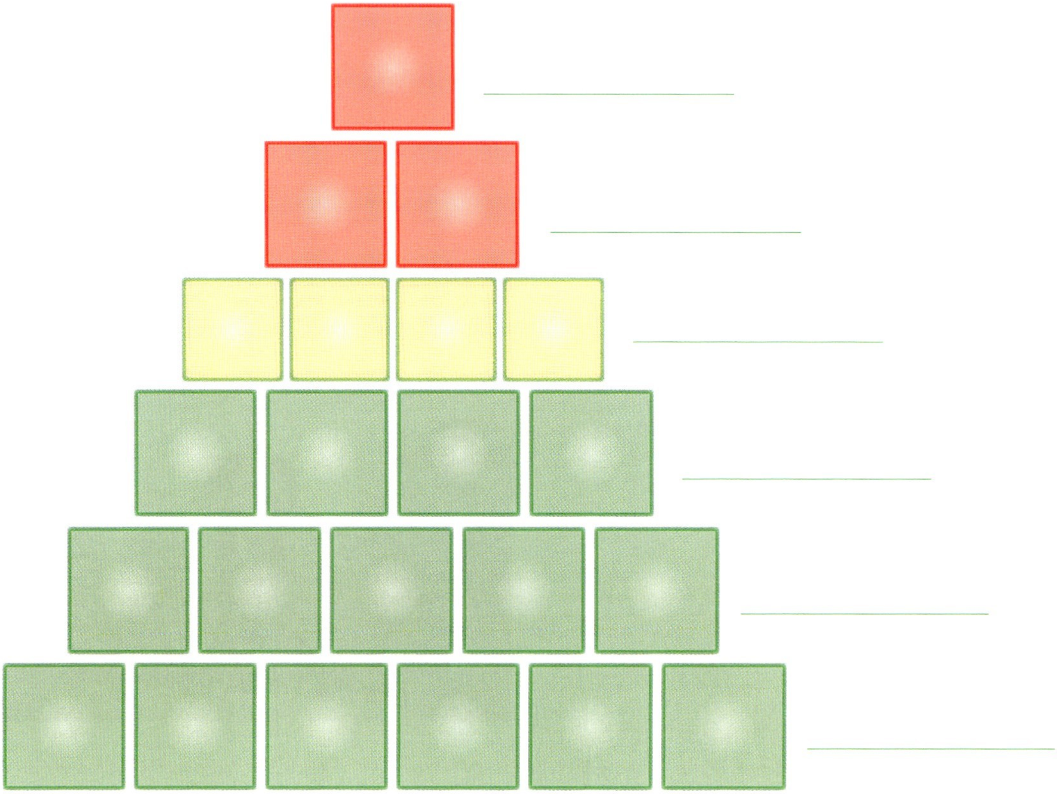

a) Ordnen Sie die Lebensmittel den empfohlenen Portionsgrößen zu (Mehrfachnennung möglich):

Brot   Fleisch   Getränke   Salat   Nudeln   Obst

2 Hände   1 Glas   handvoll   Handteller   ganze Hand

Arbeitsblatt 5 – Ernährung — Band 1

1. Beispiel
Frühstück: 2 Scheiben Brot mit Käse und Wurst, 1 Becher Kaffee
Mittagessen: 2 Teller Spaghetti mit Champignonsoße, Eis, 1 Glas Sprite
Nachmittags: 1 Apfel, 1 Joghurt, 1 Glas Saftschorle
Abendessen: 4 Scheiben Brot mit Wurst und Käse, 1 Glas Mineralwasser

weniger tierische Lebensmittel (Fleisch/Wurst) und Getreide

(Kohlenhydrate), dafür mehr Obst/Gemüse und Getränke

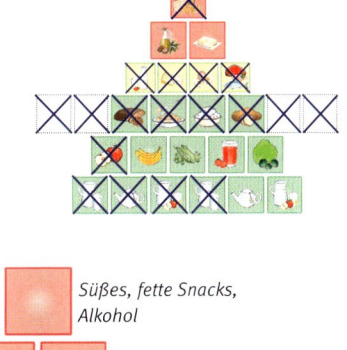

2. Überlegen Sie, was Sie gestern gegessen haben und tragen Sie es in die Pyramide ein.
   Streichen Sie gemeinsam mit einem Partner die Portionskästen der jeweiligen Ernährungspyramide ab, malen Sie ggf. Kästen dazu und entscheiden Sie zusammen, wie Sie den Tagesplan verbessern können.

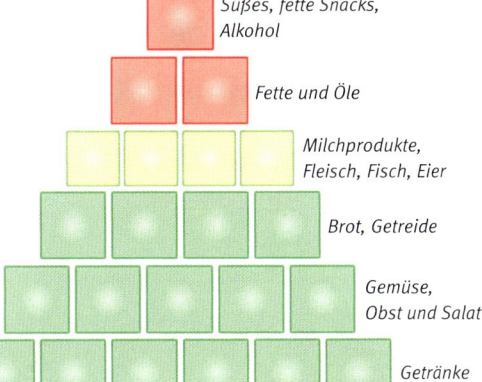

Süßes, fette Snacks, Alkohol

Fette und Öle

Milchprodukte, Fleisch, Fisch, Eier

Brot, Getreide

Gemüse, Obst und Salat

Getränke

3. Wie beurteilen Sie folgende Tagespläne:
   - Sind sie ausgewogen, die Portionen ausreichend/zu viel, genügend Zwischenmahlzeiten und Getränke enthalten?
   - Streichen Sie gemeinsam mit einem Partner die Portionskästen der jeweiligen Ernährungspyramide ab, malen Sie ggf. Kästen dazu und entscheiden Sie zusammen, wie Sie den Tagesplan verbessern können.

1. Plan
Frühstück: 2 Tassen Kaffee
Mittagessen: 1 großes Schnitzel, 2 Portionen Pommes, 1 kleine Portion Erbsen, 2 Cola
Abendessen: 4 Scheiben Brot mit Salami, Leberwurst
Abends: Bier, 1 Joghurt

2. Plan
Frühstück: 1 Scheibe Brot mit Käse, 1 Becher Kaffee, 1 Glas Fruchtsaft
Vormittags: Obst, Snickers, 1 Glas Mineralwasser
Mittagessen: 1 Portion Kartoffelauflauf mit Salat, 1 Glas Saftschorle
Abendessen: 2 Strammer Max mit 1 Glas Mineralwasser
Abends: 1 Joghurt, Nüsse

Arbeitsblatt 6 – Ernährung

Band 1

Typische Menüauswahl in Rasthöfen

1. Wie würden Sie wählen ...

a) ... wie Sie es normalerweise machen würden?   b) ... wenn es ausgewogen sein soll?

a) _____

b) _____

2. Was könnte Ihnen eine gesunde Auswahl erschweren? Wie können Sie trotzdem eine ausgewogene Zusammenstellung wählen?

_____
_____
_____
_____
_____

Gute körperliche und geistige Verfassung — Band 1

3. Auswirkungen von Alkohol, Medikamenten, Drogen und anderen Stoffen

Berauschende Mittel, welcher Art auch immer, gelangen über das Blut zum Gehirn, beeinflussen die Informationsübertragungen zwischen den Nervenzellen und stören dadurch Funktionen unseres Nervensystems im Gehirn.

Die Wurzeln (oder Ursachen) des Verlangens nach Mitteln, die einen schwierigen Gefühlszustand eines Menschen zum vermeintlichen besseren führen, können vielseitig sein.

In der Hauptsache liegen sie
- in demotivierenden Arbeitsbedingungen (Überforderung, Unterforderung, Überstunden, wenig Anerkennung, geringe Gratifikationen),
- im sozialen Umfeld, das geprägt ist von Ereignissen, mit denen Eltern, Geschwister und nahe Verwandte überfordert wurden,
- in der Persönlichkeit des Einzelnen, wenn ihm nicht gelehrt wurde, wie man aus schwierigen Situationen wieder zurückfindet zur Normalität im Leben.

3.1. Illegale Drogen

Die Einnahme von Drogen und die gleichzeitige Teilnahme am Straßenverkehr schließen einander aus.
Illegale Drogen beeinträchtigen auch in kleinsten Mengen die Fahrtüchtigkeit.

Aufputschmittel:
Kokain, Amphetamine, Ecstasy, Crack, Designerdrogen

Halluizinogene:
Cannabis, Marihuana, Haschisch, LSD, Designerdrogen

Opiate:
Opium, Heroin, Designerdrogen

© eyetronic/Fotolia

3.2. Legale Drogen

Zu den Drogen zählen nicht nur die illegalen, sondern auch jene, die in die Gesellschaft integriert sind und deren Gebrauch nicht strafbar ist.
Wenn sie aber missbräuchlich genutzt werden, können sie abhängig machen.
Dazu gehören:
- Nikotin,
- Arzneimittel/Medikamente,
- Alkohol,
- Koffein.

© Photographee.eu/Fotolia

3. 2. 1. Nikotin

Nikotin ist der chemisch aktive Hauptbestandteil des Tabaks.

Wirkungen
Nikotin wirkt in kleinen Dosen auf das zentrale Nervensystem anregend und lähmt in größerer Menge das vegetative Nervensystem.

Risiken
- Schwächegefühl
- Herzklopfen
- Übelkeit
- Schweißausbrüche

Langzeitfolgen
- Schädigungen des Herzkreislaufsystems
- Schädigung der Atmungsorgane, Lungenkrebs und andere Krebsarten
- Verminderte körperliche Leistungsfähigkeit
- Verminderte geistige Leistungsfähigkeit

3. 2. 2. Medikamente

Arzneimittel oder Medikamente dienen zur Vorbeugung und Behandlung von Krankheiten.
Medikamente, die über das zentrale Nervensystem die seelische und körperliche Verfassung des Menschen beeinflussen, beeinträchtigen auch die Fahrtüchtigkeit.
Sie stellen außerdem eine hohe Missbrauchs- und Suchtgefahr dar.
Dazu gehören nicht nur rezeptpflichtige, sondern auch rezeptfreie Medikamente.

Die Einnahme von Beruhigungs- und Schlafmitteln führt häufig zu verminderter Leistungsfähigkeit.
Dauerhafter missbräuchlicher Konsum von Schmerzmitteln kann zu individuellen psychischen Veränderungen führen, z. B.:
- Wahnideen,
- verminderter Denkfähigkeit,
- mangelndem Selbstvertrauen,
- akut auftretenden Psychosen.

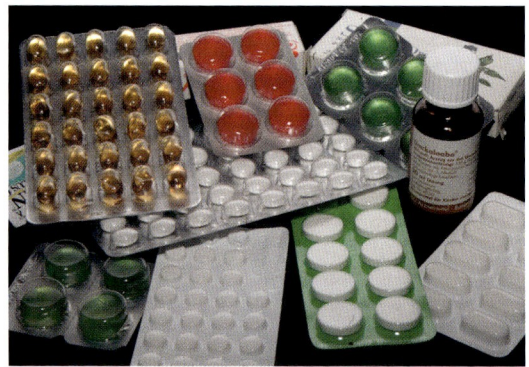

3. 2. 3. Alkohol

Unbedenkliche Mengen
Maximal 10 g Alkohol täglich bei Frauen und 20 g bei Männern gelten als gesundheitlich verträglich. Trinken Frauen mehr als 20 g und Männer mehr als 40 g regelmäßig pro Tag, steigt das Risiko einer alkoholischen Schädigung der Leber, aber auch anderer Organe wie Bauchspeicheldrüse, Herz und Gehirn deutlich an.

Bei Missbrauch sind die Risiken:
- erhöhte Unfallgefahr,
- Vergiftungen,
- Atemstillstand,
- Gewaltbereitschaft durch niedrige Hemmschwelle.

Langzeitfolgen
Bei regelmäßigem und langfristigem Missbrauch drohen massive Gesundheitsschäden vor allem an Gehirn und Leber.

Alkoholgehalt in Gramm bei "gängigen" Getränken
Bier (0,5 l) mit 5 Vol. % .... 20 g
Bier (0,3 l) mit 5 Vol. % .... 12 g
Wein (0,2 l) mit 11,5 Vol. % .... 18,4 g
Sekt (0,2 l) mit 9,6 Vol. % .... 15,4 g
Doppelkorn (0,02 l) mit 38 Vol. % .... 6,08 g
Doppelter Whisky (0,04 l) mit 40 Vol. % .... 12,8 g

Beeinträchtigung des Fahrverhaltens

Aus den vorherigen Kapiteln kennen Sie die Einflüsse von verschiedenen Mitteln auf das Gehirn und auf den Körper. Das Führen eines Fahrzeuges erfordert komplexe Handlungen. Aus wahrgenommenen Informationen müssen die für das Verhalten im Straßenverkehr und für die richtige Bedienung des Fahrzeuges notwendigen Reaktionen entstehen.

Über 90 % der Informationen nehmen Sie mit den Augen wahr.

Fahren unter Alkoholeinfluss
Verkehrsteilnahme trotz alkoholbedingter Verkehrsuntüchtigkeit ist sehr gefährlich. Mindestens 30% aller tödlichen Verkehrsunfälle sind Alkoholunfälle.

Gute körperliche und geistige Verfassung — Band 1

Unter dem Einfluss von berauschenden Mitteln ist die Funktionstüchtigkeit des Auges stark beeinträchtigt. Die Augenmuskulatur ist erschlafft, die Pupillen weiten und verengen sich nur langsam. Das heißt, dass bereits die Aufnahme von Informationen, die an das Gehirn weitergeleitet und dort verarbeitet werden müssen, entscheidend gestört wird.
Daraus ergeben sich Fehlsteuerungen des Sehvermögens wie:
- „Tunnelblick",
- Doppelsehen,
- Rotlichtschwäche,
- Gesichts- und Blickfeldeinschränkung,
- verstärkte Blendung,
- eingeschränkte Nachtsichtfähigkeit,
- verzögerter Nachführmechanismus und
- Verlust der räumlichen Wahrnehmung.

Im Folgenden erhalten Sie einen Überblick darüber, wie sich die Störungen im Gehirn auf für den Straßenverkehr relevante Verhaltensweisen auswirken können:

0,3 Promille
Das Wahrnehmungsvermögen für bewegte Lichtquellen verschlechtert sich. Sie können nachts die Entfernungen entgegenkommender Fahrzeuge nicht mehr ausreichend sicher abschätzen.
Die Raumtiefenschätzung wird beeinträchtigt. Sie beurteilen Entfernungen nicht mehr richtig.

0,5 Promille
Bei diesem Wert ist die Gefährlichkeit des alkoholisierten Kraftfahrers gegenüber dem Nüchternen bereits auf das Doppelte angestiegen. Anvisierte Objekte liegen für Sie weiter entfernt als in Wirklichkeit. Dadurch sehen Sie den Beginn einer Kurve weiter entfernt, als er tatsächlich ist. Die Empfindlichkeit der Augen für rotes Licht lässt nach, die Rotschwäche tritt ein. Die Umstellung von einem optischen Reiz zum anderen geht langsamer vor sich. Es fällt Ihnen schwerer, sich den unterschiedlichen Lichtverhältnissen anzupassen. Die Reaktionsfähigkeit und die Aufmerksamkeit lassen bereits erheblich nach, der Anhalteweg wird länger. Gleichgewichtsstörungen treten ein.

0,8 Promille
Verminderung der Sehleistung um ca. 20–25 %, besonders das räumliche Sehvermögen ist eingeschränkt, die Blickfeldverengung beginnt. Die Konzentrationsfähigkeit lässt deutlich nach und die Reaktionszeit verlängert sich um bis zu 50 %.

> Die Einnahme von bestimmten Medikamenten entspricht einem durchschnittlichen BAK-Wert von 0,3 - 0,4 ‰. Mit einem Glas Bier kann man also schon die 0,8 ‰ Grenze erreichen.

Alkoholabbau und Restalkohol
Der aufgenommene Alkohol wird im Körper wieder abgebaut. Diese Aufgabe übernimmt zu 95–98 % die Leber. 2–5 % des Alkohols werden über Atemluft, Schweiß und Urin ausgeschieden. Durch Kaffee, Cola, Tee oder andere Hausmittel sowie durch pharmazeutische Präparate wird der Alkoholabbau nicht beeinflusst.

Im Durchschnitt verbrennt die gesunde Leber ca. 0,15 ‰ je Stunde. Das bedeutet, dass nur die Zeit der wesentliche Faktor ist, der wieder nüchtern macht.

Da der Abbau des Alkohols im Körper wesentlich langsamer vor sich geht als die Alkoholaufnahme im Blut, haben zwar nach einer bestimmten Zeit die Ausfallserscheinungen abgenommen, die Leistungsfähigkeit jedoch reicht nicht aus, um sicher am Straßenverkehr teilnehmen zu können.
Schuld daran ist der Restalkohol, der durch Schlafen nicht beseitigt wird. Wenn Sie sich mit 1,0 ‰ schlafen legen, benötigen Sie ca. 7 Stunden (7 x 0,15 ‰ = 1,05), um wieder nüchtern zu sein. Warten Sie also, bis Ihr Körper die Entgiftung abgeschlossen hat.

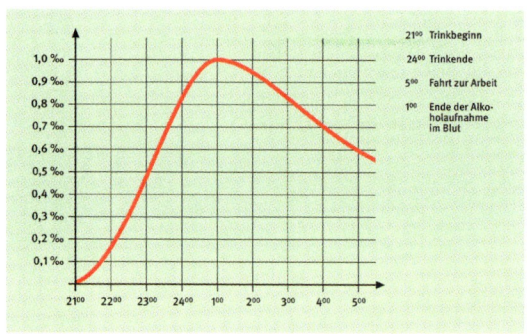

Resorptionsphase

3.2.4 Koffein

Kaffee hat sich als Getränk zum Frühstück, am Nachmittag oder nach Mahlzeiten fest etabliert und ist als Genussmittel kaum wegzudenken. Koffein ist in Kaffee, Tee und einigen Kaltgetränken enthalten.

Wirkungen
Koffein
- regt das Atem- und Kreislaufzentrum an,
- verbessert die Durchblutung im Gehirn,
- steigert die Aufmerksamkeit,
- erhöht die Konzentrationsfähigkeit,
- steigert die Stimmung.

Diese positiven Wirkungen sind jedoch nur von kurzer Dauer. Danach fällt die Leistungskurve stark ab, da die Wirkung des Koffeins nachlässt. Auch schwarzer Tee enthält Koffein (Tein). Seine anregende Wirkung tritt jedoch später ein, da es langsamer auf das Gehirn und damit auf das Nervensystem wirkt. Tein ist in seiner Wirkung milder.
Meiden Sie die Aufnahme von koffeinhaltigen Getränken ab dem späten Nachmittag.
Kaffee oder andere koffeinhaltige Getränke oder Speisen sind nicht geeignet, um der Müdigkeit entgegen zu wirken.

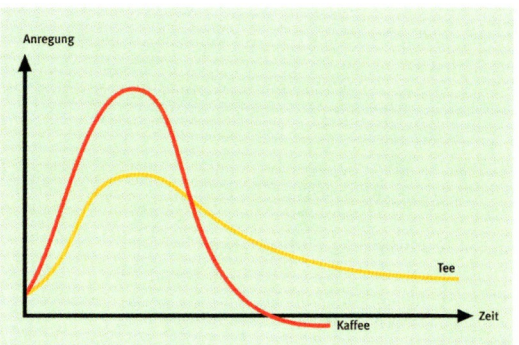

Wirkung von Koffein

3.3. Rechtliche Grundlagen

§ 316 StGB Trunkenheit im Verkehr

(1) Wer im Verkehr ein Fahrzeug führt, obwohl er infolge des Genusses alkoholischer Getränke oder anderer berauschender Mittel nicht in der Lage ist, das Fahrzeug sicher zu führen, wird mit Freiheitsstrafe bis zu einem Jahr oder mit Geldstrafe bestraft, wenn die Tat nicht in (...) § 315c mit Strafe bedroht ist.
(2) Nach Absatz 1 wird auch bestraft, wer die Tat fahrlässig begangen hat.

§ 315c StGB Gefährdung des Straßenverkehrs

(1) Wer im Straßenverkehr
1. ein Fahrzeug führt, obwohl er
a) infolge des Genusses alkoholischer Getränke oder anderer berauschender Mittel (...) nicht in der Lage ist, das Fahrzeug sicher zu führen (...) und dadurch Leib oder Leben eines anderen Menschen oder fremde Sachen von bedeutendem Wert gefährdet, wird mit Freiheitsstrafe bis zu fünf Jahren oder mit Geldstrafe bestraft.
(2) In den Fällen des Absatz 1 Nr. 1 ist der Versuch strafbar.

Gute körperliche und geistige Verfassung — Band 1

§ 323a StGB

(1) Wer sich vorsätzlich oder fahrlässig durch alkoholische Getränke oder andere berauschende Mittel in einen Rausch versetzt, wird mit Freiheitsstrafe bis zu fünf Jahren oder mit Geldstrafe bestraft, wenn er in diesem Zustand eine rechtswidrige Tat begeht und ihretwegen nicht bestraft werden kann, weil er infolge des Rausches schuldunfähig war oder weil dies nicht auszuschließen ist.

§ 24a StVG

(1) Ordnungswidrig handelt, wer im Straßenverkehr ein Fahrzeug führt, obwohl er 0,25 mg/l oder mehr Alkohol in der Atemluft oder 0,5 Promille oder mehr Alkohol im Blut oder eine Alkoholmenge im Körper hat, die zu einer solchen Atem- oder Blutalkoholkonzentration führt.
(2) Ordnungswidrig handelt, wer unter der Wirkung eines in der Anlage zu dieser Vorschrift genannten berauschenden Mittels im Straßenverkehr ein Kraftfahrzeug führt. Eine solche Wirkung liegt vor, wenn eine in dieser Anlage genannte Substanz im Blut nachgewiesen wird. Satz 1 gilt nicht, wenn die Substanzen aus der bestimmungsgemäßen Einnahme eines für einen konkreten Krankheitsfall verschriebenen Arzneimittels herrührt.

§ 40 FeV, Anlage 13 (Auszug)
Punktbewertung nach dem Punktsystem

Sieben Punkte für folgende Straftaten:
- Gefährdung des Straßenverkehrs (§ 315c StGB),
- Trunkenheit im Verkehr (§ 316 StGB),
- Vollrausch (§ 323a StGB).

Vier Punkte für folgende Ordnungswidrigkeiten:
- Kraftfahrzeug geführt mit einer Atemalkoholkonzentration von 0,25 mg/l oder mehr oder einer Blutalkoholkonzentration von 0,5 Promille oder mehr oder einer Alkoholmenge im Körper, die zu einer solchen Atem- oder Blutalkoholkonzentration geführt hat,
- Kraftfahrzeug geführt unter der Wirkung eines in der Anlage zu § 24a des Straßenverkehrsgesetzes genannten berauschenden Mittels.

§ 44 StGB

(1) Wird jemand wegen einer Straftat, die er bei oder im Zusammenhang mit dem Führen eines Kraftfahrzeuges oder unter Verletzung der Pflichten eines Kraftfahrzeugführers begangen hat, zu einer Freiheitsstrafe oder einer Geldstrafe verurteilt, so kann ihm das Gericht für die Dauer von einem Monat bis zu drei Monaten verbieten, im Straßenverkehr Kraftfahrzeuge jeder oder einer bestimmten Art zu führen.

§ 29 BtMG

(1) Mit Freiheitsstrafe bis zu fünf Jahren oder mit Geldstrafe wird bestraft, wer
1. Betäubungsmittel unerlaubt anbaut, herstellt, mit ihnen Handel treibt, sie, ohne Handel zu treiben, einführt, ausführt, veräußert, abgibt, sonst in den Verkehr bringt, erwirbt oder sich in sonstiger Weise verschafft,
2. (…)
3. Betäubungsmittel besitzt, ohne zugleich im Besitz einer schriftlichen Erlaubnis für den Erwerb zu sein, (…)

§ 8 (3) BOKraft

(3) Im Omnibusverkehr sowie im Linienverkehr mit Kraftfahrzeugen ist dem im Fahrdienst eingesetzten Betriebspersonal untersagt,
1. während des Dienstes und der Dienstbereitschaft alkoholische Getränke oder andere die dienstliche Tätigkeit beeinträchtigende Mittel zu sich zu nehmen oder die Fahrt anzutreten, obwohl es unter der Wirkung solcher Getränke oder Mittel steht.
(4) Im Gelegenheitsverkehr mit Kraftomnibussen finden die Vorschriften des Absatzes 3 Nr. 1 (…) entsprechende Anwendung.

Gute körperliche und geistige Verfassung — Band 1

§ 37 GGVSEB Ordnungswidrigkeiten

(1) Ordnungswidrig im Sinne des § 10 Absatz 1 Nr. 1 des Gefahrgutbeförderungsgesetzes handelt, wer vorsätzlich oder fahrlässig (…)
20. entgegen § 28 (…)
m) Nummer 13 die Einnahme alkoholischer Getränke oder dort genannter Mittel nicht unterlässt oder die Fahrt unter Wirkung solcher Getränke oder Mittel antritt, (…)

§ 28 GGVSEB Pflichten des Fahrzeugführers im Straßenverkehr

Der Fahrzeugführer im Straßenverkehr hat (…)
13. während der Teilnahme am Straßenverkehr mit kennzeichnungspflichtigen Beförderungseinheiten die Einnahme von alkoholischen Getränken und sämtlichen die dienstliche Tätigkeit beeinträchtigenden Mitteln nach der Anlage zu § 24a des Straßenverkehrsgesetzes in der jeweils geltenden Fassung zu unterlassen oder die Fahrt mit diesen Gütern nicht anzutreten, wenn er unter der Wirkung solcher Getränke oder Mittel steht; (…)

4. Müdigkeit

4.1. Ursachen, Symptome und Auswirkungen

Ermüdungserscheinungen, die Ihnen als Berufskraftfahrer begegnen können, sind in erster Linie:
- Augenermüdung,
- Ermüdung durch Eintönigkeit,
- körperliche Ermüdung.

Starker Lärm

Wenn Sie ständig starkem Lärm ausgesetzt sind, werden Sie ihn mit der Zeit weniger wahrnehmen, weil das Innenohr ermüdet.
Langzeitfolgen:
Herz-Kreislauf-Erkrankungen bis hin zum Herzinfarkt.

Rote Fläche

Wenn Sie länger auf eine rote Fläche starren, ohne die Augen zu bewegen, ermüdet die Netzhaut und Sie erkennen die Farbe nicht mehr als rot, sie erscheint Ihnen grau.

Gute körperliche und geistige Verfassung — Band 1

Ursachen

Nicht jeder Berufskraftfahrer hat eine regelmäßige Arbeitszeit zwischen 08.00 und 18.00 Uhr, um anschließend in die ganz normale Erholungsphase übergehen zu können. Nachtfahrten sind im Transportgewerbe und auch im Reiseverkehr mit Omnibussen an der Tagesordnung. Schichtarbeit im öffentlichen Personenverkehr ist Normalität.
Auch in den Zeiten mit eingeschränkter Leistungsfähigkeit müssen Sie Ihr Fahrzeug sicher beherrschen.
Die Auffassung vieler Fahrzeugführer, lieber in den Abendstunden oder nachts zu fahren, weil zu dieser Zeit mit weniger Verkehr zu rechnen ist und man gut vorankommt, hat jedoch den Nachteil, dass Ihre biologische Uhr, Ihr Tagesrhythmus, durcheinander kommt.
Die Nacht ist für den Körper als Erholungsphase im Gehirn programmiert.
Demzufolge ist Müdigkeit die natürliche Reaktion des Körpers.

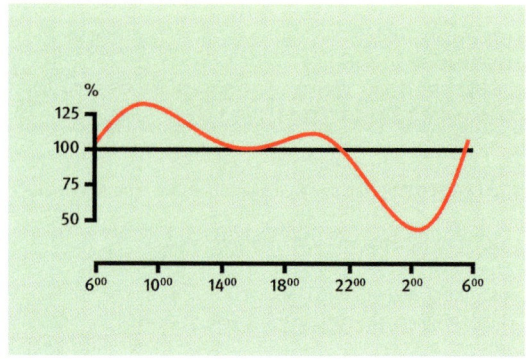

Leistungsfähigkeit (% vom Tagesdurchschnitt)

Dauernachtarbeit führt häufig zu Erkrankungen. Der Körper kann sich an Nachtarbeit nicht vollständig gewöhnen. Die Leistungsfähigkeitskurven fallen von Mensch zu Mensch unterschiedlich aus: Morgentypen sind am leistungsfähigsten in der Zeit von 6:00 bis 16:00 Uhr, Abendtypen von 10:00 bis 20:00 Uhr.
Ursache für die Müdigkeit ist aber nicht nur die Verlagerung der Arbeitszeit in die Nachtstunden. Eine Vielzahl verschiedenster Faktoren, die sich in ihrer Wirkung addieren, fordert letztendlich die Erholungsphase, wenn die Energiereserven erschöpft sind. Dazu zählen:
- Arbeitszeit (Wochenbeginn oder am Ende der Woche, welcher Tagesabschnitt, Schichtarbeit, Lenkzeit ausgenutzt),
- Bedingungen im Verkehr (Verkehrsdichte, Stau, Autobahn, Landstraße, Großstadt, Wetterbedingungen),
- Umgebungsbedingungen (Temperatur, Lärm, Gegenlicht, Fahrgäste, Monotonie, Straßenverhältnisse),
- körperlicher Zustand (Ernährung, Schmerzen, ausgeruht),
- seelischer Zustand (Sorgen in der Familie, Verantwortung, Arbeitsklima im Unternehmen).

Symptome und Auswirkungen

Jeder Fahrzeugführer, ob im Pkw, Lkw oder KOM, hat Situationen erlebt, in denen er Müdigkeit empfunden hat.

Im Folgenden ist eine Auswahl von Symptomen und Auswirkungen aufgeführt, die Ihnen Müdigkeit signalisieren:

- Gähnen,
- brennende Augenlider,
- Blendempfindlichkeit,
- häufiges Augenzwinkern,
- Verspannungen der Schulter- und Rückenmuskulatur,
- leichte Kopfschmerzen,
- erhöhte Reizbarkeit,
- Blickstarre (Bilder laufen wie im Film ab),
- tunnelförmige Einengung des Blickfeldes,
- Wahrnehmungsfehler bis hin zu Halluzinationen,
- schlechtes Abschätzen von Abständen zur Seite und zum vorausfahrenden Fahrzeug,
- permanentes Fahren am oder auf der Leitlinie,
- ruckartige und unnötige Lenkbewegungen,
- häufiges Verschalten,
- unangemessen heftige Bremsmanöver,
- verlangsamte Reaktionen,
- Entscheidungsunfreudigkeit,
- Konzentrations- und Orientierungsschwierigkeiten,
- übermäßige Euphorie.

Nehmen Sie auch nur eines dieser Symptome wahr, machen Sie sofort eine Pause!

Wenn Ihre Augen brennen, Sie plötzlich hochschrecken, Trugbilder vor sich sehen, ständig gähnen, stellt sich der „Sekundenschlaf" umgehend ein. Ihr Körper gibt kurzzeitig dem Verlangen nach, sich zu entspannen, zu schlafen, um danach wieder aufzuschrecken. Ihre Fahrt war eine Blindfahrt – bei eingeschaltetem Tempomat sogar mit gleichbleibender Geschwindigkeit!

Übermüdung steht bei Unfällen mit Lkw und KOM in den Statistiken an vorderster Stelle. Besonders problematisch sind dabei die Nachtfahrten.

Befragungen unter Berufskraftfahrern haben ergeben, dass sich innerhalb eines Zeitraumes von drei Monaten ca. 68 % mehr als einmal „schläfrig" gefühlt haben. Dabei spürten Sie die stärksten Folgen der Übermüdung in den Abend- und Nachtstunden in der Zeit zwischen 0:00 und 04:00 Uhr, die geringsten zwischen 20:00 – 24:00 Uhr.

So genannte „Wachmacher" wie Kaffee, Rauchen, Energy-Drinks, Traubenzucker, Fenster öffnen, laute Musik und Aufputschmittel können nur kurzzeitig gegensteuern. Bestimmte Maßnahmen im Verlauf der Fahrtätigkeit können individuell allenfalls den

Gute körperliche und geistige Verfassung — Band 1

Ermüdungsprozess verlangsamen. Hier sind einige Empfehlungen:

- Legen Sie alle 2 Stunden eine Pause ein.
- Bewegen Sie sich in der Pause.
- Trinken Sie viel Wasser.
- Setzen Sie Entspannungstechniken ein.

Was ist zu tun, um sich zu erholen? Die Antwort ist einfach: Schlafen, schlafen, schlafen! Nur so erholt sich der gesamte Organismus.

Das Schlafbedürfnis des Einzelnen ist unterschiedlich. Das allgemeine Schlafbedürfnis des erwachsenen Menschen liegt zwischen sieben und acht Stunden und konzentriert sich auf die Zeit zwischen 23:00 und 07:00 Uhr.

4. 2. Zyklus von Aktivität und Ruhezeit

Ohne ausreichende Ruhezeit schaffen Sie es nicht, die in ihrem Beruf erforderlichen Leistungen zu erbringen. Der Körper braucht diese Zeit, um verbrauchte Energiereserven wieder aufzufüllen. Ruhezeit in diesem Sinne bedeutet nicht, sich nur auszuruhen. Es bedeutet in erster Linie, zu schlafen. Schlafen ist ein biologisches Bedürfnis und damit unverzichtbar.

Der Rhythmus von Aktivität und Ruhezeit richtet sich im Grundsatz nach der biologischen Uhr des Menschen. Im Einklang mit der Natur ist er nach dem Tag-Nacht-Rhythmus ausgerichtet. Fehlt Schlaf, geht Ihre „innere Uhr" nicht richtig.

Das Arbeitszeitgesetz fordert im § 5 (1):

> „Die Arbeitnehmer müssen nach Beendigung der täglichen Arbeitszeit eine ununterbrochene Ruhezeit von mindestens elf Stunden haben."

Die heutige Industriegesellschaft mit ihren zeitlichen Zwängen macht es Ihnen als Lkw- oder Busfahrer nicht immer leicht, das Gleichgewicht zu halten. Durch Schichtarbeit im ÖPNV, aber auch im Güter- und Reiseverkehr bleiben Nachtfahrten nicht aus. Dadurch kann der normale Rhythmus oftmals nicht eingehalten werden. Umso wichtiger ist es für Sie, alle Möglichkeiten zu nutzen, bei der Dienstplanung im ÖPNV oder bei der Planung von Reiserouten Ihre eigenen Erfahrungen mit einzubringen.
Die Schichtfolge „Frühschicht – Spätschicht – Nachtschicht" ist für den Rhythmuswechsel folglich besser geeignet als die umgekehrte Reihenfolge.

Diese Forderung sichert zwar die Erholungsphase zur Regenerierung, aber nicht die Einhaltung des natürlichen Tagesablaufes. Deshalb sind alle am Transport beteiligten Personen gefragt, die Entscheidungen zugunsten eines ausgeglichenen Zyklus von Aktivität und Ruhezeit zu treffen haben. Führen Sie ein Leben gegen Ihre innere Uhr, vermindern Sie Ihre Leistungsfähigkeit.

> - Versuchen Sie nach Möglichkeit immer, ungefähr zur gleichen Zeit schlafen zu gehen.
> - Halten Sie Ihre biologische Uhr im Rhythmus, indem Sie sich einen regelmäßigen Tagesablauf zulegen.

Sie werden nicht immer alle Hinweise beachten können. Ihre Tätigkeit als Kraftfahrer wird Sie zu Kompromissen zwingen. Überprüfen Sie Ihre Schlafgewohnheiten anhand der gemachten Aussagen und versuchen Sie, diese so weit wie möglich in Ihren Lebensrhythmus einzubauen.

5. Stress

5. 1. Einleitung

Ein straffer Zeitplan, Baustellen, Stau – Stress pur. Aber auch eine berufliche Beförderung oder Hochzeit sind wissenschaftlich gesehen „Stress", jedoch auf eine positive, angenehme Weise. Eines haben beide Energiephänomene gemeinsam: Stress bringt uns immer aus dem Gleichgewicht.
Das seit Jahrhunderten gleich ablaufende „Überlebensprogramm Stress" kann unser Leben retten. Noch immer spult unser Körper exakt dasselbe Notfall-Reaktionsmuster wie zu Zeiten der Höhlenmenschen ab. Verändert haben sich vor allem die Auslöser, die „Stressoren". Termindruck, viele Aufgaben auf einmal, Vorgesetzte und Kollegen oder schwierige Kunden haben die Raubtiere der Höhlenmenschen ersetzt.

5. 2. Drei Phasen der Stressreaktion

Stress lässt sich in drei Phasen unterteilen:

Alarmreaktion
Der Körper erkennt die Stresssituation und „rüstet auf", um zu handeln. Hormone werden ausgeschüttet.
Körperreaktionen, die für das unmittelbare Überleben unwichtig sind wie z. B. die Verdauung, werden heruntergefahren. Alle Signale stehen auf „Abwehr" und der Mensch ist zur Höchstleistung bereit – zum Kampf oder zur Flucht.

Widerstandsphase
Die in der Alarmbereitschaft ausgeschütteten Stresshormone müssen wieder abgebaut werden. Kann die Stresssituation nicht entschärft werden, können schädliche Folgen auftreten und der Körper bleibt im Alarmzustand. Dauert der Widerstand an, tritt die dritte Phase ein.

Erschöpfung
Wenn dem Körper nicht die Möglichkeit gegeben wird, den „Akku" aufzuladen, kann eine stressbedingte Gesundheitsstörung entstehen.

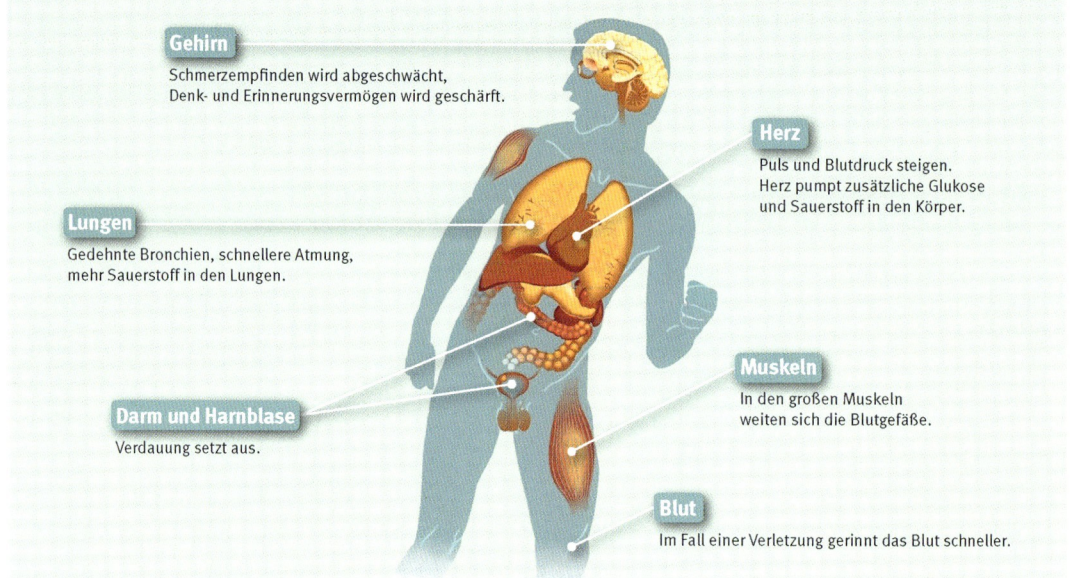

Gute körperliche und geistige Verfassung — Band 1

Körperregion	Folgen von Dauerstress
Herz-Kreislauf	Essentielle Hypertonie (Bluthochdruck) Koronare Herzerkrankung, Herzinfarkt
Muskulatur	Kopf-, Rückenschmerzen „Weichteilrheumatismus"
Verdauung	Störungen der Verdauung Magen-Darm-Geschwüre
Stoffwechsel	Erhöhter Blutzuckerspiegel/Diabetes Erhöhter Cholesterinspiegel
Immunsystem	Verminderte Immunkompetenz gegenüber Einflüssen von außen (Infektionen) und innen (Krebs) Übersteigerte Immunreaktionen gegenüber Einflüssen von außen (Allergien) und innen (Autoimmunkrankheiten)
Schmerz	Verringerte Schmerztoleranz
Sexualität	Libidoverlust, Zyklusstörungen Impotenz, Störungen der Samenreifung, Infernalität

Stress kann in allen Lebensbereichen auftreten, im Gegensatz zu früher tritt er auch dann auf, wenn gar keine akute Notfallsituation vorliegt. Ob der Chef oder die Kollegen im Büro, Arbeiten am Fließband oder der Verkehr auf der Straße – all diese Stressoren können uns aus dem Gleichgewicht bringen und „stressen".
Ist der Akku dauerhaft leer, droht die „Burn-out-Spirale". Im Extremfall kann sogar der Tod eintreten.

5. 3. Belastungsfaktoren

Störende und stressige Faktoren können überall auftreten. Als Berufskraftfahrer haben sie es vor allem mit Stressoren von außen zu tun, zum Beispiel:

- aus dem Verkehrsalltag,
- aus der Arbeitsorganisation im Betrieb,
- aus dem Zusammentreffen mit Personen,
- aus der Familiensituation.

Auch psychosoziale Belastungen im Arbeitsumfeld spielen eine Rolle:

- Fehlende oder unzureichende Informationen durch Vorgesetzte und Kollegen
- Unklare Zielvorgaben
- Mangelnde Anerkennung der Leistung
- Mit Aufgaben überhäuft werden, ohne Prioritäten setzen zu können
- Keine oder zu wenig Gespräche
- Unvorhergesehene Änderungen ohne vorherige Absprache
- Bei wichtigen Entscheidungen vor „vollendete Tatsachen gestellt werden"
- Mangelndes Verständnis von Vorgesetzten oder Kollegen für Schwierigkeiten im beruflichen und privaten Bereich

Gute körperliche und geistige Verfassung — Band 1

Zusammengefasst gelten für Sie als Berufskraftfahrer vor allem folgende Stressoren:

Stressoren Verkehrsalltag
z. B.
- Stau / Baustellen / Umleitungen
- Verkehrsdichte
- Suchfahrten
- Wetterbedingungen
- rücksichtslose Verkehrsteilnehmer
- Kontrollen Polizei und BAG
- zugeparkte Haltestellen / Busspur
- Abgase

Stressoren Arbeitsorganisation
z. B.
- schlecht geplante Touren
- unnötige Umladungen
- eng kalkulierte Reisen
- überraschende Schichtplanwechsel
- Fahrpläne
- Fahrzeugwechsel (ungewohnte Typen)

„Ob etwas Gift oder Heilmittel ist, bestimmt allein die Dosis." (Hippokrates) Wenn Sie genügend Ressourcen haben, werden Sie diese Anforderungen bewältigen können. Denn dann sind Stressoren und Ressourcen im Gleichgewicht.

Stressoren personeller Art
z. B.
- Fahrgäste / Nörgler / Hotelpersonal
- Lager- und Verladepersonal
- ungeduldige Kunden
- Ärger mit Kollegen / Mitarbeitern
- Druck durch den Unternehmer
- Telefon / Betriebs- und Verkehrsfunk
- Ärger in der Familie

5. 4. Symptome

Wenn Ihr Körper die Stresssituation nicht bereinigen kann, weil seine persönlichen Ressourcen nicht ausreichend aufgebaut wurden, können körperliche Symptome auftreten. Körperliche Symptome wie Übelkeit, Kreislaufprobleme, Verspannungen oder Kopfschmerz und Stress bedingen sich gegenseitig – sie führen in einer Spirale abwärts, bis hin zu einem Dauer-Erschöpfungszustand.

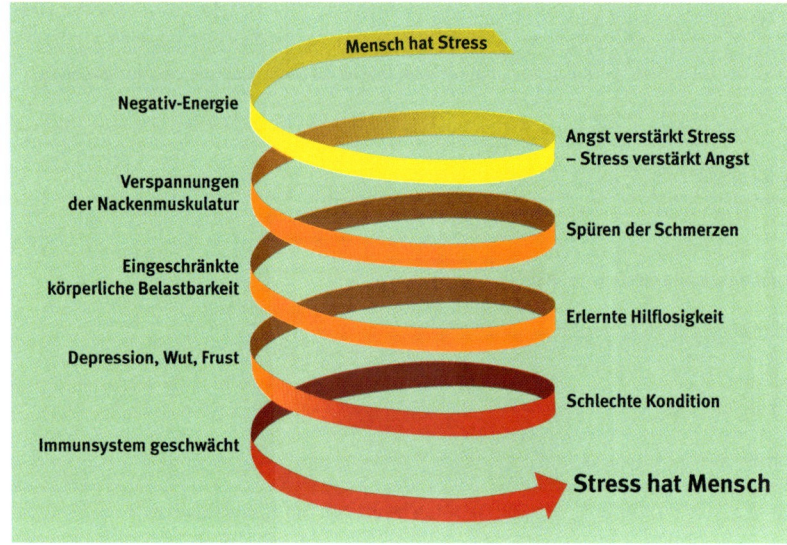

Stressspirale: Körperliche Symptome verstärken den Stress und umgekehrt.

Stressreaktionen wirken immer auf den ganzen Menschen – das Denken, das Handeln, den Körper!

Gute körperliche und geistige Verfassung — Band 1

Lkw	Reisebus	Linienbus
Fahrtätigkeit	Fahrtätigkeit	Fahrtätigkeit
Ausführung von Zusatztätigkeiten	Ausführung von Zusatztätigkeiten	Ausführung von Zusatztätigkeiten
Umgebungseinflüsse (Lärm, Klima)	Umgebungseinflüsse (Lärm, Klima)	Umgebungseinflüsse (Lärm, Klima)
Unregelmäßige Arbeitszeiten	Unregelmäßige Arbeitszeiten	Schichtdienst
Zeitdruck (Rush Hour, Stau, Anlieferzeiten)	Zeitdruck (Rush Hour, Stau)	Fahrplan einhalten
Verantwortung/Gefahrenabwendung	Verantwortung/Gefahrenabwendung	Verantwortung/Gefahrenabwendung
Unzulänglichkeiten des Fahrerarbeitsplatzes	Unzulänglichkeiten des Fahrerarbeitsplatzes	Unzulänglichkeiten des Fahrerarbeitsplatzes
Monotonie	Monotonie	Monotonie
	Kommunikation mit Fahrgästen	Kommunikation mit Fahrgästen
Wachsende Konkurrenz		
Berufsbedingte soziale Situation	Berufsbedingte soziale Situation	Berufsbedingte soziale Situation

Stressauslöser für Berufskraftfahrer

Gerade im Straßenverkehr steigt das Gefährdungspotenzial, wenn Sie Informationen unter Stress nicht mehr genügend analysieren können. Die Folge sind Fehlreaktionen. Erkennungsfehler und Entscheidungsfehler. Es sind Alarmsignale, derer Sie sich in den meisten Fällen jedoch nicht bewusst sind.

Daraus entstehen Verhaltensweisen, die das Entstehen von Aggressionen begünstigen.

Bestimmte Handlungsmuster und „Denkstile" verschärfen den Stress zusätzlich. Zum Beispiel:

- Selektive Wahrnehmung von negativen Ereignissen/Erfahrungen
- Selektive Verallgemeinerung von negativen Ereignissen/Erfahrungen
- „Katastrophisieren": Folgen negativer Ereignisse werden überbewertet
- Personalisieren: Alles auf sich beziehen
- Muss-Denken: Wünsche werden zu absoluten Forderungen übersteigert

Bestimmte Persönlichkeitsmuster tragen ebenfalls zur Verstärkung des Stresses bei:

- Eigene Grenzen missachten: Alles auf einmal wollen
- Perfektionismus
- „Einzelkämpfer"-Mentalität
- „Feste" Vorstellungen: „Es ist eine Katastrophe, wenn die Welt nicht so ist, wie sie sein sollte."
- „Das brave Kind": „Es allen recht machen wollen."
- Unrealistische Erwartungen an andere Menschen
- Einstellungen der Hilflosigkeit und Hoffnungslosigkeit („Opferhaltung")
- Der Anspruch, alles selbst machen zu wollen
- Auf der Flucht: Stress als Ablenkung von innerer Leere, vor Gefühlen der Sinnlosigkeit und Einsamkeit

Stress wirkt sich wie bereits erwähnt auf den gesamten Menschen aus. Stress zeigt sich auf der Ebene des Denkens (ich muss das schaffen), in Form von körperlichen Symptomen sowie auf der Ebene des Fühlens (ich fühle mich hilflos). Wie ausgeprägt die Stresssymptome auf den jeweiligen Ebenen sind, hängt von Ihren persönlichen Schwachstellen und Stärken ab. Anhand der „Stress-Ampel" (siehe Seite 83) können Sie nachvollziehen, wo Ihre persönlichen „Stressoren" liegen und wie Sie mit ihnen umgehen.

Gesundheitsschäden vorbeugen

Band 1

In einer Stresssituation beschränken sich Denk- und Wahrnehmungsprozesse auf die Reize, die den Stress ausgelöst haben.
Symptome der **kognitiven Ebene:**

- Akut kann es zu einem Black-Out kommen
- Denkblockaden und Gedächtnisstörungen
- Sich im Kreise drehende Gedanken
- Konzentrationsstörungen
- „Scheuklappeneffekt" durch eingeschränkte Wahrnehmung
- Albträume

Unter Stress steht der Körper unter „Hochspannung".
Symptome auf der **muskulären Ebene:**

- Nackenverspannungen
- Rückenschmerzen
- Spannungskopfschmerzen
- Zähneknirschen
- Zucken des Lidwinkels oder anderer Körperteile
- Fuß- oder Beinwippen

Auch das Nervensystem und die Hormone spielen in einer Stresssituation eine große Rolle. Diese Körperreaktionen können Sie nicht willkürlich kontrollieren. Symptome auf der **vegetativ-hormonellen Ebene:**

- Flaues Gefühl in der Magengegend bis hin zur Übelkeit mit Erbrechen und Durchfall
- Magenschleimhautentzündungen und Auftreten von Magen-Darm-Geschwüren
- Kloß oder Frosch im Hals
- Weiche Knie, als wenn der Boden unter den Füßen verschwindet
- Herzklopfen, Herzrhythmusstörungen
- Trockener Mund
- Schwitzen
- Kurzatmigkeit
- Schwindelanfälle
- Infektanfälligkeit

Gesundheitsschäden vorbeugen — Band 1

Was passiert bei Ihnen, wenn Sie in eine Stresssituation geraten? Was denken, fühlen Sie? Anhand der Stressampel können Sie selbst analysieren, welche Reaktion auf welcher Ebene dem Stress folgt.

Um zu signalisieren, dass etwas nicht in Ordnung ist, sendet unser Körper SOS-Signale. Übersetzt bedeutet SOS „Save our souls", rettet unsere Gefühle. Denn nur wenn wir auf sie hören, können wir die Abwärtsspirale „umkehren" in eine Aufwärtsspirale.

Aufwärtsspirale. Die Stress-Schmerz-Situation kann durch das Akzeptieren der Situation unterbrochen werden. „Es ist so wie es ist."

5. 5. Stresstreppe

Stress und Aggression stehen in engem Zusammenhang. Die Stressreaktion des Körpers schafft durch übermäßige Ausschüttung von Adrenalin Angriffsimpulse, die durch das Fehlen der Erholungsphasen nicht abgebaut werden. Der Straßenverkehr bringt Staus, Fahrzeugschlangen, Lärm, Abgase und die unterschiedlichsten Charaktere der Fahrzeugführer auf viel zu engem Raum mit, das bedingt die Entstehung von Aggressionshandlungen.

Das folgende Beispiel zeigt, wie sich eine harmlose Situation aufschaukeln kann:

Gefühlswelt - Emotionen

Es ist Freitagmorgen, ein anstrengender Tag wartet auf mich. Aber heute Abend treffe ich mich mit Freunden zum Fußball. Jetzt erstmal in Ruhe frühstücken und Zeitung lesen. Doch die Zeitung ist nicht im Briefkasten. Ich bin schon etwas geladen.

Der Verkehr ist eine einzige Katastrophe: Regen, dichter Verkehr und die Ampeln haben sich auch noch alle gegen mich verschworen. Obwohl ich rechtzeitig losgefahren bin, gerate ich langsam unter Zeitdruck.

Am Betrieb angekommen erfahre ich, dass mein Fahrzeug in der Nacht eine Panne hatte und ich auf ein Ersatzfahrzeug ausweichen muss, das auf einem anderen Parkplatz steht. Darüber hätte man mich schon früher informieren können. Nun habe ich schon eine halbe Stunde verloren, obwohl ich noch gar nicht losgefahren bin.

Glücklicherweise ist die Autobahn frei und ich komme noch rechtzeitig bei der Ladestelle an. Dort fahre ich mein Fahrzeug an die Rampe und trinke einen Kaffee in der Kantine.

Als ich zu meinem Fahrzeug zurückkomme, trifft mich fast der Schlag. Wer hat denn die Paletten gepackt? So kann ich die Ladung jedenfalls nicht sichern und auch nicht dafür sorgen, dass sie unbeschadet beim Kunden ankommt. Sie muss umgepackt werden!

Mit einer Stunde Verspätung fahre ich vom Hof. Wie soll ich das wieder reinholen?

Bei der Abladestelle komme ich verspätet an und habe deshalb noch drei andere Lkw vor mir. Es dauert ewig, bis ich abladen kann.

Und einen blöden Kommentar darf ich mir auch noch anhören. Als ich losfahren will, ruft der Disponent an. Er hat für mich noch einen wichtigen Auftrag eines guten Kunden.

Auf der Rückfahrt ist die Autobahn dicht, Auffahrunfall in einer Baustelle. Zum Fußball schaffe ich es nicht mehr. Ich bin schon richtig sauer. Wenn jetzt nicht alles beim Abladen der Ladung klappt, dann ...

Am grünen Pfeil müssen Sie spätestens etwas tun, sonst nimmt das Unheil seinen Lauf. Wenden Sie hierzu Entspannungstechniken an, z. B. eine Atemübung.

Wenn der rote Pfeil erreicht ist, ist es für Maßnahmen meist zu spät. Die Stresshormone haben sich aufgebaut und es dauert mehrere Stunden, bis sie wieder abgebaut sind.

5. 6. Wenn der Akku dauerhaft leer ist – das „Burn-out-Syndrom"

Burn-out, der Körper und die Psyche sind ausgebrannt, es gibt keine Erholungsphasen mehr. Als Burn-out-Syndrom wird eine extreme Form von Dauerstress bezeichnet, eine Selbstausbeutung über die Grenzen einer einfachen Gesundheitsschädigung hinaus. Die Lust an Unternehmungen mit der Familie oder mit Freunden fehlt, jedes Telefonklingeln wird als zu viel empfunden. Burn-out-Betroffene beuten sich weiter aus, bis nichts mehr geht. Rien ne va plus – der Akku ist leer, ausgebrannt.
Der Prozess vom Stress zum „Burn-out" vollzieht sich schleichend. Betroffene geraten in eine Abwärtsspirale, deren Windungen nicht klar voneinander abgegrenzt sind. Aber in der Burn-out-Spirale gibt es für Betroffene ohne fremde Hilfe oft nur einen Weg – abwärts.

Burn-out-Spirale: Vom Frust zur Depression

Anhand der Aussagen können Sie die einzelnen Windungen der Burn-out-Spirale nach Burisch, Koch und Kühn ableiten. Nicht jede Windung muss zwangsläufig durchlaufen werden. Einige verharren länger in der Rückzugsphase in zynischer, depressiver Verstimmung. Aber alle Burn-out-Betroffenen fahren auf der Rolltreppe unweigerlich nach unten. Je tiefer, desto schwieriger wird es, den Prozess der Selbstzerstörung wieder umzukehren.

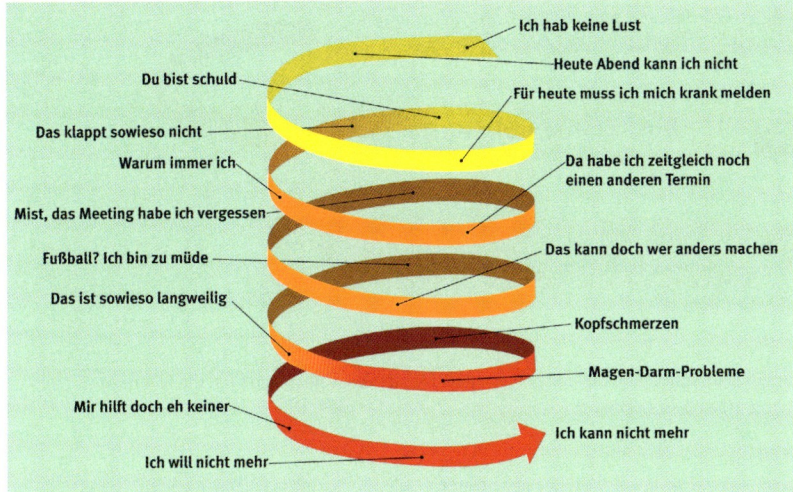

Der Einstieg in die Spirale erfolgt oft schleichend und ist im Nachhinein schwierig nachzuvollziehen. Kennzeichnend ist jedoch, dass alle Betroffenen trotz chronischer Müdigkeit und Erschöpfung weitermachen, das Gefühl haben nicht aufhören zu können, für nichts Zeit zu haben und unentbehrlich zu sein.

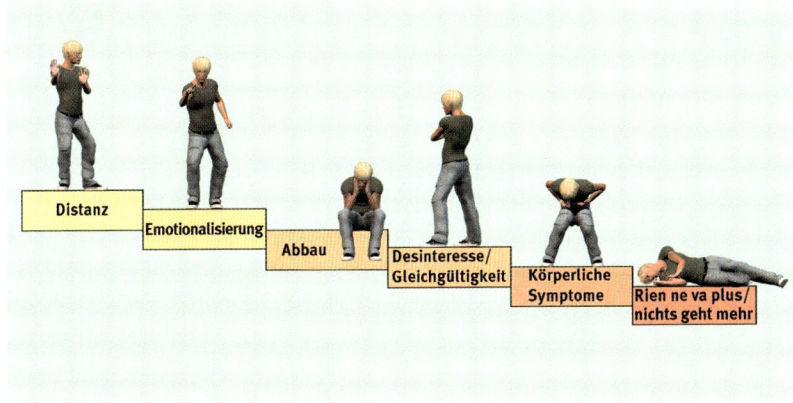

Gesundheitsschäden vorbeugen — Band 1

Der Weg nach unten – die einzelnen Windungen

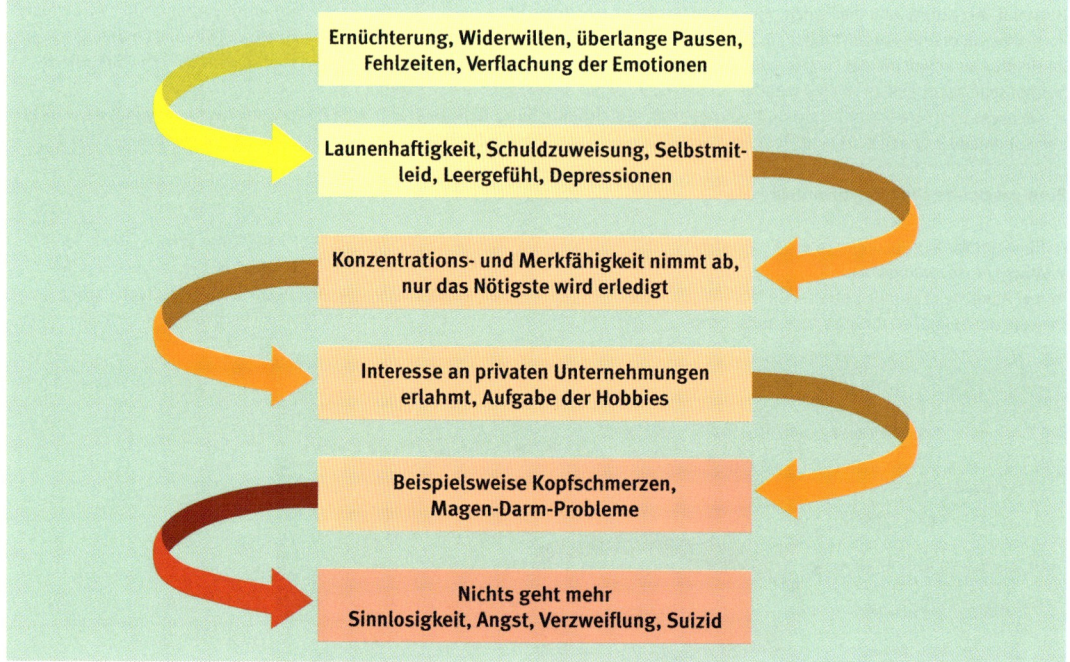

Windung 1 – Distanz
Ernüchterung und Widerwillen am Arbeitsplatz setzen ein. Überlange Pausen und Fehlzeiten werden häufiger. Die Emotionen im Umgang mit Kollegen verflachen, Kontakte werden ganz gemieden.

Windung 2 – Emotionalisierung
Betroffene in dieser Phase sind einerseits aggressiv und reizbar. Sie geben anderen die Schuld und machen Vorwürfe. Andererseits sind sie launenhaft. Gefühle wie Selbstmitleid, Abstumpfung, Leergefühl, Angst und Depressionen begleiten diese Phase des Burnouts.

Windung 3 – Abbau (körperlich, seelisch, geistig)
Es wird nur noch das Nötigste erledigt, die Konzentrations- und Merkfähigkeit schwindet. Kreativität und Initiative bleiben auf der Strecke.

Windung 4 – Desinteresse/Gleichgültigkeit
Ist mir egal – an privaten Unternehmungen besteht kein Interesse mehr, Hobbys werden aufgegeben. Die Emotionen sind auf dem Nullpunkt.

Windung 5 – Körperliche Symptome
Alle Körperregionen können betroffen sein. Ohrgeräusche, Schlafstörungen, Muskelschmerzen, Magen- und Darmprobleme, Sehstörungen, Schwindel, Herzrhythmusstörungen, Enge-Gefühl in der Brust, veränderte Essgewohnheiten – all diese Symptome können durch ein Burn-out-Syndrom hervorgerufen werden.

Windung 6 – Rien ne va plus – nichts geht mehr
Es geht nicht mehr weiter, ein Ausweg ist für den Betroffenen nicht mehr in Sicht. Sinnlosigkeit, Angst, Verzweiflung können sogar in den Suizid treiben.

Gesundheitsschäden vorbeugen — Band 1

Bestimmte Wertvorstellungen und Einstellungen verstärken die Gefahr, in das Burn-out zu rutschen. Besonders gefährdet sind:
- Perfektionisten
- Menschen, die sich mehr vornehmen, als sie eigentlich schaffen können
- Personen, die die Messlatte der Ansprüche an sich selbst und andere viel zu hoch legen
- Persönlichkeiten, die sehr starr und dogmatisch in ihren Ansichten sind
- Menschen, die nie NEIN sagen können und sich für andere aufopfern
- Menschen, die überoptimistisch in die Zukunft sehen und so die Aussichten auf Erfolge zu hoch einschätzen, ohne Risiken realistisch mit einzubeziehen

Stress zeichnet sich immer durch ein Ungleichgewicht aus, durch das Gefühl, dass Leben sei außer „Balance" geraten. Vier Bereiche bestimmen unser Leben.
- **Sinn** – Selbstverwirklichung, Erfüllung, Philosophie, Zukunftsfragen, Religion, Liebe
- **Körper** – Gesundheit, Ernährung, Erholung, Entspannung, Fitness, Lebenserwartung
- **Leistung, Arbeit** – Schöner Beruf, Geld, Erfolg, Karriere, Wohlstand, Vermögen
- **Kontakt** – Freunde, Familie, Zuwendung, Anerkennung

Wie die Gewichte auf einer Waage sind die einzelnen Lebensbereiche voneinander abhängig. Wird der eine zu stark betont, entstehen in allen anderen zwangsläufig Probleme. Die Waage wird einseitig belastet und gerät aus dem Gleichgewicht – es entsteht Stress.

Der Arzt und Psychotherapeut Nossrath Peseschkian unterteilt die vier Lebensbereiche in eine klare Rangordnung:

Rang 1 – Die Leistung
Engagement, Verantwortungsgefühl und der Wunsch nach beruflicher Weiterentwicklung gehören im Berufsleben dazu und führen allein noch nicht zu einer Stresssituation. Keine oder unrealistische Planung, „sich verzetteln", Zeitdruck und ein schlechtes Gewissen verhindern den „Feierabend nach Dienstschluss". Der Berufsalltag wird mit nach Hause genommen und die erholsame Freizeit bleibt auf der Strecke.

Rang 2 – Die Gesundheit
Wie wichtig Gesundheit ist, merken wir meist erst dann, wenn sie uns im Stich lässt. Gesund zu sein und auch zu bleiben kostet Zeit, die wir uns nehmen müssen.

Rang 3 – Die Kontakte
Flucht in die Arbeit, Überstunden, Sport und Computer- oder Fernsehsitzungen sind Zeitfresser und nagen an unserer Kontaktpflege.

Rang 4 – Warum und wieso?
Was möchten wir in unserem Leben noch erreichen? Woran glauben wir? Wie wird unsere Welt in Zukunft aussehen? Fragen, mit denen wir uns beschäftigen wollen und müssen.

Alle vier Bereiche kosten Zeit – mit ganzheitlichem Zeit-Management können Sie Ihre Zeit effektiv nutzen und Ihr Leben in Balance halten.
Eine Überbetonung zum Beispiel des Berufs kann zu psychosomatischen Störungen und Konflikten im sozialen Umfeld führen. Wer sich zu sehr auf die Leistung und den Körper konzentriert, läuft Gefahr zu vereinsamen. Und wer permanent nach dem Sinn des Lebens sucht, wird ihn irgendwann in Frage stellen.

Gesundheitsschäden vorbeugen — Band 1

Schon der römische Philosoph Seneca wusste bereits vor 2000 Jahren: „Es ist nicht die Zeit, die uns fehlt – es ist die, die wir nicht nutzen." Oder wir nutzen sie für die falschen Dinge. Ziele, die uns wirklich wichtig sind, können wir auch umsetzen. Anhand des (Arbeitsblattes 7) können Sie Ihre persönlichen Ziele formulieren. Halten Sie sich vor Augen, was Sie erreichen wollen und wie. Ausbalanciert zu leben heißt nicht, in starre Prinzipien zu verfallen. Eine junge Mutter wird dem Bereich „Kontakte" mehr Zeit einräumen als ein junger Berufskraftfahrer direkt nach der Ausbildung. Das Gleichgewicht richtet sich vor allem auch nach Ihren persönlichen Zielen und Wertvorstellungen im Leben.

20 Tipps zur ganz persönlichen Stressvorbeugung:

- Organisieren Sie sich und Ihre Arbeit.
- Behalten Sie Ihre Ziele im Auge.
- Seien Sie vorsichtig mit E-Mails, sie dürfen nicht zum Treiber werden.
- Setzen Sie Prioritäten.
- Machen Sie das, was Sie am besten können. Delegieren Sie das, was andere besser können.
- Nehmen Sie nicht jede Einladung an.
- Bleiben Sie gelassen – auch bei Hektik.
- Setzen Sie klare Erwartungen.
- Machen Sie nichts, nur weil Sie sich verpflichtet fühlen.
- Lernen Sie, NEIN zu sagen.
- Haben Sie den Mut, andere auch mal zu enttäuschen.
- Bleiben Sie dran, wenn Sie zu etwas JA gesagt haben.
- Respektieren Sie das NEIN anderer.
- Sagen Sie NEIN zur Sache, nicht zur Person.
- Überdenken Sie Ihre Ansprüche.
- Schaffen Sie Zeiträume für sich selbst („stille Stunden").
- Drosseln Sie Kaffee-, Alkohol- und Zigarettenkonsum.
- Achten Sie darauf, nicht zum Workaholic zu werden (freie Abende, Wochenenden schaffen).
- Schlafen Sie regelmäßig und ausreichend.
- Machen Sie Pausen, auch kurze Pausen bringen enorm viel.

Was Sie noch tun können, um dem Stress wirkungsvoll zu begegnen:

- Erlernen einer Entspannungsmethode wie zum Beispiel „Autogenes Training" oder „Muskel-Relaxations-Training" nach Jacobson
- Yoga-Kurs besuchen (z.B. an der der VHS)
- die eigenen „Antreiber" erkennen (z. B. „ich gebe immer 100 Prozent!"" „Ich muss alles aushalten können – immer stark sein") und verändern. Sagen Sie sich, gut ist gut genug. Gestehen Sie sich ein, wie jeder Mensch Schwächen zu haben und diese auch zeigen zu dürfen.
Entsprechende Seminare zum Beispiel an der Volkshochschule oder Trainings bei einem entsprechenden Coach (zum Beispiel Harald Westdörp) helfen Ihnen dabei.

Arbeitsblatt 7 – Stress

Band 1

Die Stress-Ampel

Füllen Sie die Kästchen in der Stressampel aus.
Rot: Eine Situation, die bei Ihnen Stress auslöst. Beispiel: Ärger mit dem Disponenten.
Gelb: Was denken und fühlen Sie? Was passiert in Ihrem Körper? (Ich werde rot und unsicher, mir wird übel)
Grün: Was tun Sie dann? (Brüllen, schreien, schimpfen, mit dem Kollegen sprechen)

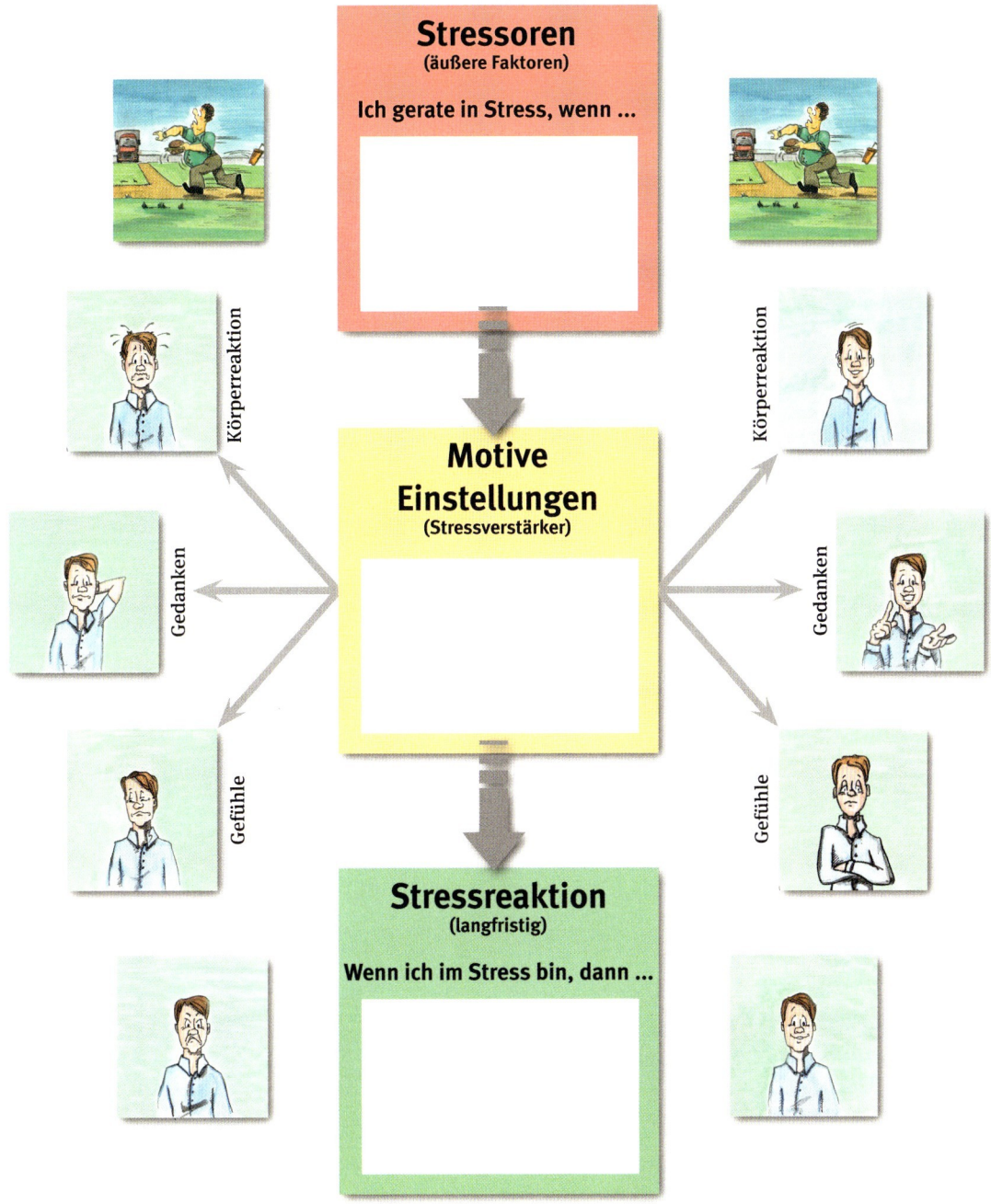

Arbeitsblatt 8 – Stress **Band 1**

Was können Sie persönlich für Ihre Gesundheit tun? Formulieren Sie ein realistisches Ziel, z. B. joggen. Was bringt Ihnen das?
Was könnte Ihnen im Weg stehen? Wie schaffen Sie es, Ihr Ziel auch wirklich zu erreichen? Und wer könnte Ihnen dabei helfen?

Persönliches Gesundheitsprojekt

Mein Ziel:

(bitte möglichst konkret formulieren)

Vorteile:	Hindernisse:
1.	
2.	
3.	
4.	
5.	

Die nächsten Schritte:

was?	(bis) wann?
1.	
2.	
3.	
4.	

Wer könnte mein „Coach" sein?

Lösungen Arbeitsblätter

Band 1

Arbeitsblatt 1 – Gesundheitsvorsorge

1. Wo sehen Sie besondere gesundheitliche Belastungen für Berufskraftfahrer?
1. *sitzende Tätigkeit und daraus resultierender Bewegungsmangel*
2. *Stress, Termindruck, Müdigkeit*
3. *Zwangshaltungen (falsch eingestellter Fahrersitz)*
4. *unausgewogene Ernährung*

2. Welche gesetzlichen Bestimmungen kennen Sie, die gesundheitliche Anforderungen an den Fahrer und Maßnahmen des Arbeitsschutzes regeln?
1. *Straßenverkehrsgesetz*
2. *Gesetzliche Unfallversicherung*
3. *Arbeitssicherheitsgesetz*
4. *Arbeitsschutzgesetz*

3. Was wird bei der Eignungsuntersuchung augenärztlich neben dem Sehvermögen zusätzlich untersucht? Nennen Sie vier Punkte!

Tagessehschärfe, Gesichtsfeld, Farbensehen, Stereosehen, Beweglichkeit

4. Bewerber um die Erteilung oder Verlängerung einer Fahrerlaubnis müssen einen so genannten Reaktionstest machen. Was wird dort untersucht? Nennen Sie drei Punkte!

Belastbarkeit, Orientierungsleistung, Aufmerksamkeitsleistung, Reaktionsfähigkeit

Arbeitsblatt 2 – Ergonomie

1. Welche Übungen zur aktiven Pausengestaltung können Sie im Fahrzeug während einer Ruhezeit durchführen?
- *Atemübungen*
- *Progressive Muskelentspannung im Sitzen*
- *Augenübungen*
- *Lockerungsübungen im Sitzen*
- *Dehnungsübungen im Sitzen*

2. Beschreiben Sie mögliche Folgen und Beschwerden einer eher ungünstigen, nicht ergonomischen Sitzposition!
1. *Durch nach vorn übergeneigte Kopfhaltung können Muskelverspannungen im Hals- und Schultergürtelbereich, Nackenschmerzen bis zu Kopfschmerzen entstehen.*
2. *Durch die Einnahme eines Rundrückens wird die Wirbelsäule belastet und es kann zu Rückenbeschwerden kommen.*
3. *Durch das nicht rückengerechte Sitzen werden innere Organe (Atmungs- und Verdauungsorgane) gedrückt und können nicht optimal arbeiten. Ein eingeklemmter Magen z. B. und möglicherweise Verdauungsstörungen können die Folge sein.*
4. *Durch beengtes Sitzen und Druckstellen am Oberschenkel kann die Blutversorgung, der Blutstrom, sowohl arteriell als auch venös, behindert werden.*

Lösungen Arbeitsblätter **Band 1**

Arbeitsblatt 3 – Ergonomie

1. a) Wie gestalten Sie aktiv (bewegt/sportlich) Ihre Freizeit?

z. B. Fußball spielen, Spaziergang mit Hund, sehe viel fern

b) Was finden Sie gut und haben Sie schon ausprobiert? Was wollen Sie an Ihrer Freizeitgestaltung beibehalten? Diskutieren Sie über Ihre Freizeitaktivitäten mit den anderen Teilnehmern!

ich möchte weiter Fußball spielen, aber weniger fernsehen

c) Was würden Sie gern mehr in Ihrer Freizeit unternehmen? Was wollen Sie an Ihren Freizeitgwohnheiten ändern? Wann können Sie beginnen? Haben Sie einen Ansprechpartner, mit dem Sie Ihre Ideen und Aktivitäten reflektieren können?

z. B. mehr schwimmen, Rad fahren, 2 mal statt 1 mal in der Woche trainieren

2. Betrachten Sie nachfolgende Fotos und diskutieren Sie in der Teilnehmergruppe, wie Sie die unten dargestellten Arbeitssituationen cleverer und belastungsärmer gestalten können! Notieren Sie Ihre Ergebnisse.

1. Bild: ungünstige Haltung. Richtig: aufrechter sitzen, Sitz anpassen, ...
2. Bild: er hebt mit rundem Rücken. Richtig: gestreckte Beine, in die Knie gehen
3. Bild: er dreht nur den Rücken. Richtig: ganzen Körper einschließlich Beine drehen

Arbeitsblatt 4 – Ernährung

1. Beschriften Sie die Ernährungspyramide.

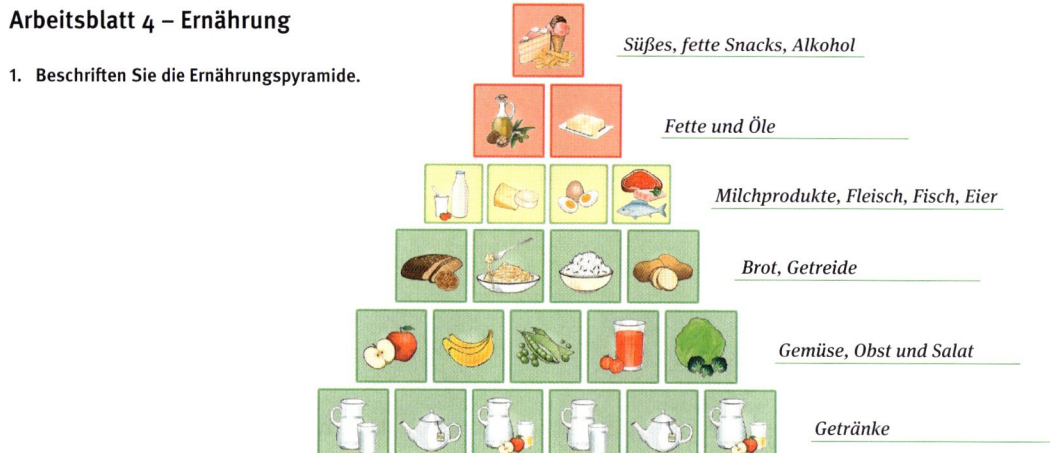

Süßes, fette Snacks, Alkohol
Fette und Öle
Milchprodukte, Fleisch, Fisch, Eier
Brot, Getreide
Gemüse, Obst und Salat
Getränke

a) Ordnen Sie die Lebensmittel den empfohlenen Portionsgrößen zu (Mehrfachnennung möglich):

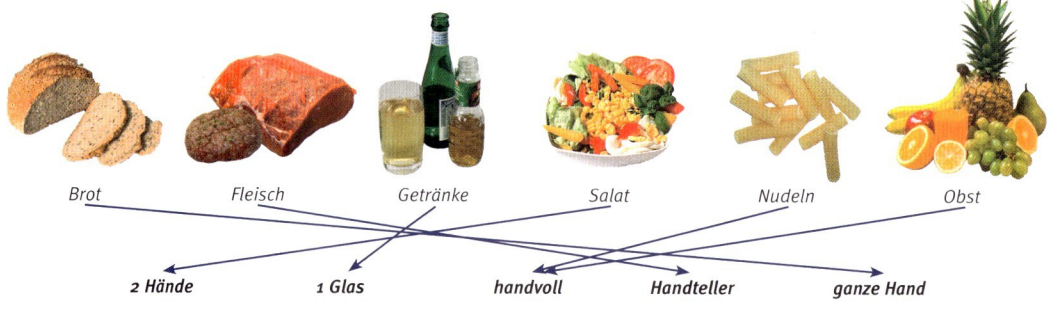

Brot — 2 Hände
Fleisch — Handteller
Getränke — 1 Glas
Salat — 2 Hände
Nudeln — handvoll
Obst — ganze Hand

Arbeitsblatt 5 – Ernährung

2. Überlegen Sie, was Sie gestern gegessen haben und tragen Sie es in die Pyramide ein.
Streichen Sie gemeinsam mit einem Partner die Portionskästen der jeweiligen Ernährungspyramide ab, malen Sie ggf. Kästen dazu und entscheiden Sie zusammen, wie Sie den Tagesplan verbessern können.

z. B.

Frühstück: 2 Scheiben Brot mit Käse und Wurst, 1 Becher Kaffee

Mittagessen: 2 Teller Spaghetti mit Champignonsoße, Eis, 1 Glas Sprite

Nachmittags: 1 Apfel, 1 Joghurt, 1 Glas Saftschorle

Abendessen: 4 Scheiben Brot mit Wurst und Käse, 1 Glas Mineralwasser

weniger tierische Lebensmittel (Fleisch/Wurst) und Getreide (Kohlen-

hydrate), dafür mehr Obst/Gemüse und Getränke

3. Wie beurteilen Sie folgende Tagespläne?
1. Plan
mehr Frühstück, weniger Softgetränke, Pommes zählen extra!, mehr sinnvolle Getränke, mehr Obst/Gemüse, weniger Wurst

2. Plan
abends noch ein Getränk mehr

Arbeitsblatt 6 – Ernährung

1. Wie würden Sie wählen ...

a) ... wie Sie es normalerweise machen würden?   b) ... wenn es ausgewogen sein soll?

a) *Trucker Toni bestellt Schnitzel paniert mit Jägersoße und Pommes, Cola*

b) *Besser wäre Schnitzel natur mit Gemüse und Kartoffeln, Saftschorle*

2. Was könnte Ihnen eine gesunde Auswahl erschweren? Wie können Sie trotzdem eine ausgewogene Zusammenstellung wählen?

Ich stehe unter Zeitdruck, eine Currywurst geht am schnellsten

Ich esse lieber, was ich gewohnt bin, z. B. Schnitzel

Nehmen Sie sich die Zeit und portionieren Sie Soßen selbst,

Kartoffeln statt Pommes, Wasser oder Saftschorle statt Cola oder Sprite.

Lösungen Arbeitsblätter

Band 1

Die Stress-Ampel

Füllen Sie die Kästchen in der Stressampel aus.
Rot: Eine Situation, die bei Ihnen Stress auslöst. Beispiel: Ärger mit dem Disponenten.
Gelb: Was denken und fühlen Sie? Was passiert in Ihrem Körper? (Ich werde rot und unsicher, mir wird übel)
Grün: Was tun Sie dann? (Brüllen, schreien, schimpfen, mit dem Kollegen sprechen)

Stressoren
(äußere Faktoren)

Ich gerate in Stress, wenn …

… ich merke, dass ich meinen Zeitplan nicht einhalten kann. Ich stelle mir vor, wie der Chef wieder tobt, obwohl ich nichts dafür kann.

Körperreaktion

Körperreaktion

Motive Einstellungen
(Stressverstärker)

Gedanken

Gedanken

Gedanken: Mein Chef ist doch völlig unfähig. Der kann einfach nichts organisieren.
Gefühle: Ich bin stinksauer auf ihn.
Körper: Ich fühle mich total angespannt.

Gefühle

Gefühle

Stressreaktion
(langfristig)

Wenn ich im Stress bin, dann …

… brülle ich meine Gesprächspartner an, auch am Telefon.

… kann ich keinen klaren Gedanken fassen.

Lösungen Arbeitsblätter — **Band 1**

Was können Sie persönlich für Ihre Gesundheit tun? Formulieren Sie ein realistisches Ziel, z. B. joggen. Was bringt Ihnen das? Was könnte Ihnen im Weg stehen? Wie schaffen Sie es, Ihr Ziel auch wirklich zu erreichen? Und wer könnte Ihnen dabei helfen?

Persönliches Gesundheitsprojekt

Mein Ziel:

Zweimal pro Woche joggen gehen.

(bitte möglichst konkret formulieren)

Vorteile:

1. *fit fühlen*
2. *Abwechslung/Entspannung*
3. *an der frischen Luft sein*
4. *abnehmen*
5. *Abwehrkräfte steigern*

Hindernisse:

keine Zeit

fühle mich abends müde

bei Regen gehe ich nicht gerne raus

unregelmäßige Arbeitszeiten

morgens noch früher aufstehen?

Die nächsten Schritte:

was?	(bis) wann?
1. *Schuhe und Kleidung kaufen*	*Ende des Monats*
2. *Laufstrecke aussuchen*	*Ende des Monats*
3. *ggf. Arzt zur Kontrolle*	*nächste Woche*
4. *1. Lauf*	*Anfang nächster Monat*

Wer könnte mein „Coach" sein?

Mein Kumpel Peter Meier

Glossar — Band 1

Adrenalin (Stresshormon)	Stresshormon, das bei Aufregung oder emotionalen Belastungen in größerer Menge durch die Nebenniere ausgeschüttet wird und den Körper auf Anstrengungen vorbereitet.
Aggression	Verhaltensweise, bei der Menschen oder Tiere einen oder mehrere Menschen oder Tiere bedrohen.
aid	Auswertungs- und Informationsdienst für Ernährung, Landwirtschaft und Forsten e. V.
Arbeitszeitgesetz	Gesetzliche Grundlage der Arbeits- und Pausenzeiten zum Schutz der Arbeitnehmer.
ArbSchG (Arbeitsschutzgesetz)	Gesetz über die Durchführungen von Maßnahmen des Arbeitsschutzes zur Verbesserung der Sicherheit und des Gesundheitsschutzes der Beschäftigten bei der Arbeit.
Autogenes Training	Meditative Konzentrationsübungen, die zur Entspannung führen.
BGV	Berufsgenossenschaftliche Vorschriften
Biologische Uhr	Physiologisches System, mit dem der Mensch z. B. im Einklang mit dem Rhythmus von Tag und Nacht lebt.
Blutalkoholkonzentration (BAK)	Die im Blut festgestellte Alkoholmenge. Sie wird in Promille angegeben, was der Alkoholmenge in Gramm pro 1000 g Blut entspricht.
Burn-out-Syndrom	Ausgebrannt sein; stressbedingte Gesundheitsstörung, wovon Personen betroffen sind, die im Beruf einem sehr hohen Leistungsdruck ausgesetzt sind (Termindruck, Nachtfahrten, Schichtdienst, extreme Belastung).
Disstress	Negativer Stress; wird meistens mit Stress gleichgesetzt.
Entzugssymptome	Die beim Absetzen einer zur Abhängigkeit führenden Substanz auftretenden körperlichen und psychischen Erscheinungen.
Eustress	Positiver Stress
Ergonomie	Lehre von der Belastung der Arbeit. Hier: Körpergerechte Gestaltung des Arbeitsplatzes.
Ermüdungssyndrom CFS	CFS – chronic fatigue syndrome Erkrankung, die sich durch anhaltende oder ständig wiederkehrende Müdigkeit äußert.
FeV (Fahrerlaubnis-Verordnung)	Verordnung über die Zulassung von Personen im Straßenverkehr
GGVSEB	Gefahrgutverordnung Straße, Eisenbahn und Binnenschifffahrt
Kleinhirn	Das Kleinhirn ist verantwortlich u. a. für das Gleichgewicht und für alle Tätigkeiten unserer Gliedmaßen. Für den Griff zum Schalthebel genauso wie für den Tritt auf das Bremspedal oder auf das Kupplungspedal.

Glossar

Motorik	Bewegungsabläufe, Muskelanspannungen, alle Bewegungen der Gliedmaße und anderer Körperteile.
Nachführmechanismus	Das Auge kann einen Punkt noch fixieren, obwohl der Kopf sich schon weiterbewegt hat. Unter Alkoholeinfluss verzögert sich dieser Prozess, und führt zu einer Sinnestäuschung.
Nervensystem	Ein System miteinander verbunder Neuronen, das für die Aufnahme und für die Weiterleitung von Signalen für die Aufrechterhaltung der Organfunktionen, die Aktivierung der Muskeln und für die Erregungsverarbeitung verantwortlich ist.
Opiate	Stark wirkende Schmerz- und Betäubungsmittel mit hohem Suchtpotenzial.
Persönliche Ressourcen	– Belastbarkeit bei Unregelmäßigkeiten im Arbeitsablauf – Erfahrungen aus dem Arbeitsleben – Koordinierungsvermögen – Situationen vorhersehen zu können
Physiologie	Lehre von den physikalischen und chemischen Prozessen, die im Organismus ablaufen.
Progressive Muskelentspannung	Entspannungsverfahren, bei dem man in einer bestimmten Reihenfolge einzelne Muskelgruppen anspannt und anschließend wieder entspannt.
Psychosen	Seelische Störungen, die oft mit Angst und Horrorvorstellungen einhergehen.
Rehabilitation	Wiederherstellung, Wiedereingliederung in den Arbeitsprozess und in die Gesellschaft z. B. nach Unfällen (Verkehrsunfälle/Arbeitsunfälle).
Resorption	Die Aufnahme von Alkohol in das Blut. Sie dauert ca. 30 bis 60 Minuten. Sie ist unter anderem abhängig vom Füllungszustand des Magens und von der Alkoholkonzentration in den Getränken.
Ressourcen	Zentraler Begriff für alles, was der Organismus in verschiedensten Formen verbraucht oder für sich nutzt.
SGB (Sozialgesetzbuch)	Das SGB fasst die einzelnen Gesetze des Sozialrechts zusammen. Es besteht aus mehreren Teilen. Gesetze, die noch nicht im SGB enthalten sind, sind in besondere Bücher des SGB eingebettet, z. B. VII. Buch (Unfallversicherung), V. Buch (Krankenversicherung).
Sinnesorgane	Organe, die Signale in Form von Reizen aus der Umwelt empfangen und an das Nervensystem weiterleiten.
Spinalnerven	Nerven, die aus dem Rückenmark entspringen und zwischen den einzelnen Wirbeln austreten.
StGB (Strafgesetzbuch)	Das StGB fasst die wesentlichen Gesetze des Strafrechts zusammen. Es besteht aus einem „allgemeinen Teil" und einem „besonderen Teil".

Glossar — Band 1

Stressbedingte Gesundheitsstörungen	Krankheiten, die durch psychologischen Stress verursacht oder verschlimmert werden. Dazu gehören hoher Blutdruck, Magengeschwüre, bestimmte Kopfschmerzen, das Burn-out-Syndrom und andere.
Symptome	Anzeichen, Kennzeichen, Merkmale oder Vorboten für eine kommende Entwicklung.
Synapse	Der Bereich zwischen zwei Nervenzellen, in dem Signale von einer Nervenzelle zu einer anderen übertragen werden.
Vegetatives Nervensystem	Ein System miteinander verbundener Neuronen, das für die Aufnahme und für die Weiterleitung von Signalen für die Aufrechterhaltung wichtiger Organfunktionen verantwortlich ist.
Volumenprozent	Anzahl der in 100 cm^3 einer Lösung enthaltenen cm^3 eines gelösten Stoffes.
Wahrnehmung	Verarbeitungsprozess der von den Sinneskanälen Sehen, Hören, Riechen und Tasten aufgenommenen Informationen.
Zyklus	Kreislauf, immer wiederkehrendes Geschehen in bestimmten Abständen

Schlagwortverzeichnis — Band 1

Aktivität	51, 71
Alarmreaktion	72
Alkohol	63, 65, 66, 68, 82, 89
Arbeitsschutzgesetz	11, 88
Arbeitssicherheitsgesetz	11
Arbeitsunfälle	9, 10, 89
Ballaststoffe	52, 53, 56
Bandscheiben	16, 18, 19, 20, 27
Belastungsfaktoren	73
Berufskrankheiten	9, 10, 11
Bewältigungsstrategien	79
Burn-out-Syndrom	79, 80, 88, 92
Dehnungsübungen	33, 36, 41
Depressionen	80
Drogen	63
Energie aus der Nahrung	50
Entspannungsübungen	29, 42, 43
Entspannungsverfahren	89
Ergonomie	13, 16, 20, 44, 45, 88
Erschöpfung	72, 79
Fahrersitz	20, 21, 22
Fette	52, 54, 57, 59
Flüssigkeit	18, 50, 52, 53, 58
Frühstück	47, 67
Gesetzliche Unfallversicherung	9
Gesundheitsschäden	7, 65
Gesundheitsvorsorge	7, 12, 15
Herz-Kreislauftraining	41, 43
Impfschutz	13
Koffein	63, 67
Kohlenhydrate	52, 53, 59
Körperbalancetraining	42
Körperhaltung	16, 17, 18, 19, 25
Krankenversicherung	12, 13, 89
Lockerungsübungen	32, 34
Mineralstoffe	52, 55, 56
Nährstoffe	18, 51, 52, 57, 58
Nikotin	63, 64
Physische Kondition	29
Präventionsmaßnahmen	10
Proteine	52, 54, 59
Rehabilitation	10, 89
Ruhezeit	46, 71
Sitzende Tätigkeit	20
Sportliche Betätigung	41
Stoffwechselvorgang	51
Stress-Ampel	75, 83
Stressbewältigung	79
Stressreaktion	72, 78
Stresstreppe	78
Umgang mit Lasten	16, 26
Vitamine	52, 55, 56, 57
Vorsorgeuntersuchungen	11, 12
Wirbelkörper	17
Wirbelsäule	16, 17, 18, 19, 20, 21, 26, 27
Zwischenmahlzeit	47, 48, 56, 59

Jochen Seifert

Kinematische Kette Energie & Umwelt

Band 2

Bildnachweis –
wir danken folgenden Firmen und Institutionen für ihre Unterstützung:

Alcoa Wheel Products Europe
Baumot AG
Bosch GmbH
Braunschweiger Verkehrs GmbH
Continental AG
Daimler AG
Eberspächer GmbH
EDAG Engineering GmbH
Erlau AG
IAV GmbH
MAN Nutzfahrzeuge AG
Motorpresse
Mutschler media-office
NEOPLAN Bus GmbH, Plauen
Fa. RUD Ketten
Scania Deutschland GmbH
Siemens AG
Tessloff Verlag, Nürnberg
VDO Automotive AG (Continental-Konzern)
Vergölst GmbH
Vieweg Verlag
Volvo
WABCO
Zahnradfabrik Friedrichshafen AG

Autor: Jochen Seifert

Band 2

Kinematische Kette / Energie & Umwelt

Inhalt

Das Grundwissen über die Technik Ihres Fahrzeugs gehört ebenso zum Handwerkszeug des Berufskraftfahrers wie die Kenntnisse über energiesparende Fahrweise und Umweltschutz.

Dieser Band beinhaltet neben der grundlegenden Nutzfahrzeugtechnik auch aktuelle Entwicklungen in Technik und Gesetzgebung, insbesondere im Bereich Kraftstoffe und Emissionen.

Der Bereich Energie & Umwelt vermittelt Kenntnisse, wie der Kraftstoffverbrauch optimiert werden kann, wie der Drehmomentverlauf des Motors zu verstehen ist und wie das Fahrzeug im Hinblick auf den Umweltschutz richtig bedient wird.

Abschließend wird das Thema Streckenplanung, Lesen von Straßenkarten und Navigation behandelt.

Der Autor

Jochen Seifert, geboren 1960, studierte Allgemeinen Maschinenbau in Karlsruhe und trat anschliessend als Trainee bei der Daimler AG ein. Im Laufe seiner achtzehnjährigen Betriebszugehörigkeit lernte er die Nutzfahrzeuge aus den Blickwinkeln Produktionsvorbereitung, Produktion, Qualitätsmanagement und Versuch/Entwicklung intensiv kennen. So war er u.a. in der Entwicklungsverantwortung für Schlüsselkomponenten der SCR-Abgasreinigungstechnologie. Zu seinen beruflichen Stationen gehörten mehrjährige Einsätze in den neuen Bundesländern (nach der Einheit) und in der Türkei.
Seit 2006 ist Jochen Seifert Geschäftsführer des EDAG Kompetenzzentrum, vormals Rücker Nutzfahrzeuge in Arbon (Schweiz). Dort werden für verschiedene Hersteller anspruchsvolle Chassis-Konzepte und Nfz-Komponenten entwickelt. Jochen Seifert hat einen CE-Führerschein und fährt zeitweise selbst begeistert Lkw. Er ist weiter Autor des WAS IST WAS-Buches Lkw, Bagger und Traktoren (Band 129), leitet eine Nutzfahrzeug-Jahrestagung und hält öffentliche Vorträge um die Wahrnehmung von Nutzfahrzeugen zu verbessern.

Inhaltsverzeichnis — Band 2

Kinematische Kette

Allgemeines zum Thema Nutzfahrzeuge

1.1	Der Güterverkehr	8
1.2	Wichtige Neuerungen von Seiten des Gesetzgebers	8
1.3	Technik: Entwicklungen und Trends	9
1.4	Definition der Nutzfahrzeuge	10
1.5	Anforderung an Nutzfahrzeuge	10
1.6	Das Gesamtpaket entscheidet: TCO	11
1.7	Die kinematische Kette	12

Motor

1.	Einleitung	13
2.	Dieselmotor	14
2.1	Technische Daten eines Dieselmotors	16
2.2	Aufbau eines Dieselmotors	18
2.2.1	Kurbeltrieb	18
2.2.2	Zylinder	19
2.2.3	Ventiltrieb	20
2.3	Arbeitsweise eines Viertakt-Motors	21
2.4	Einspritzverfahren	22
2.5	Kraftstoffanlage	24
2.5.1	Aufbau	24
2.5.2	Arten der Einspritzpumpen	25
2.5.3	Entlüften der Kraftstoffanlage	28
2.5.4	Störungen und Fehler an der Kraftstoffanlage	29
2.6	Aufladung der Motoren	29
2.7	Luftfilter	30
2.8	Motorkühlung	31
2.9	Motorschmierung	34
2.10	Abgasanlage	36
2.11	Motorsteuerung (Motormanagement)	38
2.12	Nebenverbraucher	39
3.	Alternative Antriebe	39
3.1	Erdgasmotor	39
3.2	Wasserstoffmotor	39
3.3	Brennstoffzellenantrieb	40
3.4	Hybridantrieb	40
3.5	Elektromobilität	40
4.	Motorkennlinien	42
4.1	Volllastkennlinien	42
5.	Eigenschaften und Arten von Kraftstoffen	44
5.1	Diesel-Kraftstoffe	44
5.2	Benzin-Kraftstoffe	45
5.3	Alternative Kraftstoffe	45
6.	Emissionen	47
6.1	Abgaszusammensetzung	47
6.2	Abgas- und Diagnosegesetzgebung	48
6.3	Abgasreinigung beim Diesel-Nutzfahrzeugmotor	52
6.3.1	Innermotorische Maßnahmen	52
6.3.2	Externe Maßnahmen/Abgasnachbehandlung	52
6.4	Strategien zur Abgasnachbehandlung	55

Inhaltsverzeichnis

Band 2

Kraftübertragung

1. Antriebskonzeptionen ... 56
1.1 Radformel – Antriebskombinationen ... 56
2. Kupplung ... 57
2.1 Funktion ... 57
2.2 Störungen und Fehler an der Kupplung ... 58
2.3 Wandler ... 58
3. Getriebe ... 59
3.1 Aufbau eines 4-Gang-Wechsel-Getriebes (Schaltmuffengetriebe) ... 60
3.2 Getriebebauarten ... 62
3.2.1 Unsynchronisierte Getriebe ... 62
3.2.2 Synchrongetriebe ... 62
3.3 Getriebeschaltungen ... 65
3.3.1 Herkömmliche Schaltungen ... 65
3.3.2 Gestängelose Schaltungen ... 66
3.4 Automatisierte Schaltgetriebe ... 66
3.5 Automatikgetriebe ... 67
4. Gelenkwelle, Achsantrieb, Radantrieb ... 68
4.1 Gelenkwelle ... 68
4.2 Achsantrieb ... 68
4.2.1 Differenzial – Ausgleichsgetriebe ... 69
4.3 Radantrieb ... 71

Fahrwerk

1. Fahrwerk ... 71
1.1 Rahmen im Lkw-Bau ... 71
1.2 Rahmen und Fahrgestelle im Omnibusbau ... 72
1.2.2 Rahmenkonstruktionen ... 73
1.3 Radaufhängung ... 74
1.3.1 Einleitung ... 74
1.3.2 Sonderformen der Achskonstruktion ... 75
1.4 Rad- und Achsstellungen ... 77
1.5 Federung und Dämpfung ... 79
2. Lenkung ... 83
2.1 Vorbemerkung ... 83
2.2 Funktion der Hilfskraftlenkung (Servolenkung) ... 83
2.3 Überprüfung und Wartung ... 84
3. Räder und Reifen ... 86
3.1 Räder ... 86
3.2 Reifen ... 88
3.3 Reifenkennzeichnungen ... 90
3.4 Überprüfung von Rädern und Reifen ... 92
3.5 Reifenschäden ... 94
3.6 Radwechsel ... 96
3.7 Radabdeckungen ... 97
3.8 Schneeketten ... 98

Energie & Umwelt

Wirtschaftliches Fahren

1. Einleitung ... 100
2. Optimierung des Kraftstoffverbrauchs ... 100
2.1 Einleitung ... 100

Inhaltsverzeichnis — Band 2

2.2	Kenntnisse über den Drehmomentverlauf des Motors	101
2.3	Energiesparende Fahrweise	103
2.4	Fahrzeugbedienung	104
2.5	Nutzfahrzeuge und Umweltschutz	107

Streckenplanung

1.	Straßenkarten	111
1.1	Straßenkarten lesen	111
1.2	Spezialkarten	114
1.3	Fahrtplanung – Streckenplanung – Zeitplanung	115
	Schlusswort	118
	Schlagwortverzeichnis	121

Band 2

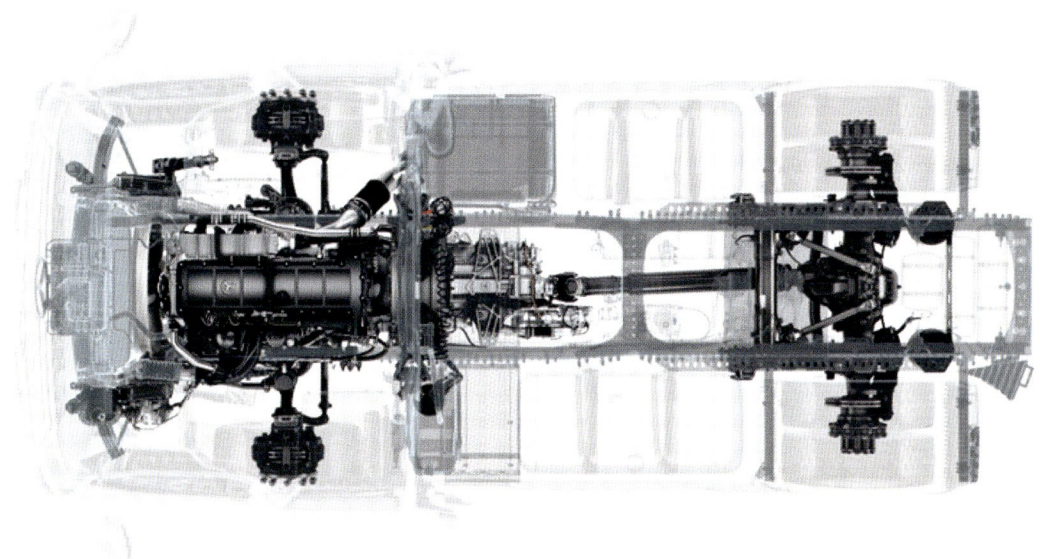

Quelle: Daimler AG

Kinematische Kette

Allgemeines zum Thema Nutzfahrzeuge

1.1 Der Güterverkehr

Unser tägliches Leben ist ohne einen zuverlässigen und flexiblen Güteraustausch nicht denkbar. Der weltweite Warenverkehr ist in den letzten 50 Jahren auf das 70-fache angestiegen und aktuelle Prognosen deuten auf dessen weitere Zunahme hin. Gründe dafür sind neben dem steigenden Lebensstandard die Globalisierung der Wirtschaft, der Wegfall von Handelsschranken innerhalb der EU, der internationale Fertigungsverbund sowie der boomende e-commerce (Internet-Handel). Neben der Luftfracht sind als Hauptverkehrsträger das Binnenschiff, die Bahn und der Lkw zu nennen. Die „Punkt zu Punkt"-Eigenschaft des Lastwagens und der mit den Lkw kombinierte flexible Einsatz wendiger Transporter auf der sogenannten „letzten Meile" zum Endverbraucher machen den Individualverkehr auf Rädern absolut unschlagbar. Er ist anpassungsfähig hinsichtlich Fahrtzeiten, Ladungsmenge/-art sowie der Be- und Entladeorte und erreicht eine vergleichsweise hohe Durchschnittsgeschwindigkeit. Es kann auch festgestellt werden, dass der Lastwagen „seine Hausaufgaben" gründlich gemacht hat. In Sachen Kraftstoffverbrauch, Schadstoffausstoß, Transporteffizienz und Sicherheit hat er heute einen hervorragenden Platz eingenommen. Eine hohe Transporteffizienz, der niedrige Verbrauch pro Tonnen-Kilometer und die bestmögliche Abgasqualität moderner Euro 6 Motoren zeigen den erreichten Entwicklungsstand eindrucksvoll auf. Das ist leider in der öffentlichen Wahrnehmung noch nicht überall angekommen. Die Forderung „Güter auf die Bahn" ist jedoch oft Wunschdenken und wird meist reflexartig ausgesprochen. Auf bestimmten Strecken jedoch oder bei der Durchquerung extrem langer Tunnel (NEAT) macht die Bahnverladung durchaus Sinn. Auch im intermodalen Verkehr (Lkw/Bahn) gibt es aktuell Fortschritte und Innovationen zu beobachten. Aber vor allem muss es gelingen, den Anteil der teilausgeladenen Fahrten oder Leerfahrten zu reduzieren und die Logistikprozesse noch flexibler zu vernetzen. So hat der Güterkraftverkehr in seiner Kombination mit andern Verkehrsträgern eine aussichtsreiche Zukunft vor sich. Werfen wir hier einen kurzen Blick auf die jüngste und in den nächsten Jahren zu erwartende Entwicklung aus Sicht Gesetzgebung und Technik:

1.2 Wichtige Neuerungen von Seiten des Gesetzgebers

Der Europäische Rat hat Anfang 2015 Anpassungen an der Richtlinie über die zulässigen Abmessungen und Gewichte von Nutzfahrzeugen angenommen. Zuvor hatte das Europäische Parlament dem unten erläuterten Gesetzesvorschlag zugestimmt. Die EU-Mitgliedstaaten müssen diesen jetzt bis zum 7. Mai 2017 auf nationaler Ebene umsetzen. Die Richtlinie erlaubt die Verlängerung von Fahrerkabinen, um dadurch eine bessere Aerodynamik und einen reduzierten Kraftstoffverbrauch (= geringerer CO_2-Ausstoss) zu erreichen. Durch die damit möglichen konstruktiven Änderungen an der Kabine kann auch das Sichtfeld der Fahrer vergrößert werden um schwächere Verkehrsteilnehmer wie Radfahrer und Fußgänger besser zu schützen. Weiter machen es Ausnahmeregelungen möglich, einziehbare oder ausklappbarer aerodynamische Luftleiteinrichtungen am Fahrzeugheck (Rear Flaps) anzubringen, um damit die Aerodynamik des Lastzuges weiter zu verbessern.
Auch für den Lang-Lkw (im Volksmund Giga-Liner genannt) wurde nach Abschluss des Feldversuches eine eingeschränkte Verkehrsfreigabe erteilt. Diese Fahrzeugkombinationen dürfen ab dem 1. Januar 2017 mit einer Länge von bis zu 25,25 m im streckenbezogenen Dauerbetrieb auf Basis einer definierten Streckenliste verkehren. Das Streckennetz erstreckt sich aktuell über 15 Bundesländer und wird laufend angepasst.
Für den intermodalen Container-Verkehr (Lkw-Bahn) gilt, dass Auflieger für 45-Fuß-Container im Rahmen des multimodalen Betriebs 15 Zentimeter länger sein können. Dies ermöglicht eine bessere Vernetzung unter den Verkehrsträgern Lkw und Bahn.
Um alternative Antriebsarten zu fördern wurde weiter beschlossen, dass bei Fahrzeugen, die ganz oder teilweise mit einem alternativen Kraftstoff (Strom, Wasserstoff, Erdgas einschließlich Biomethan, Flüssiggas, Hybrid) betrieben werden, das höchstzulässige Gesamtgewicht um maximal eine Tonne erhöht werden darf um das Mehrgewicht der zusätzlichen technischen Ausrüstung zu kompensieren.
Eine Anhebung des höchstzulässigen Gesamtgewichts für zweiachsige Reisebusse von 18 auf 19,5 Tonnen wird in Deutschland diskutiert und ist in vielen europäischen Ländern bereits umgesetzt. Wegen der über die Jahre zunehmenden technischen Fahrzeugausrüstung sowie dem steigenden Gewicht von Fahrgästen und deren Gepäck müsste sonst die ursprüngliche Beförderungskapazität pro Bus reduziert werden. Seit November 2015 sind automatische Notbremsassistenten in neuen LKWs über 8 Tonnen zulässigem Gesamtgewicht gesetzlich vorgeschrieben. Derzeit müssen diese Systeme im Notfall aber lediglich eine Geschwindigkeitsverringerung um 10 km/h bewirken. Ab November 2018 muss diese Technologie die Geschwindigkeit im Notfall um 20 km/h drosseln können. Aufgrund der sich immer wieder ereignenden dramatischen Auffahrunfälle mit Lkws fordern diverse Institutionen und die Medien neben einer weiteren Verschärfung dieser Werte auch eine technische Anpassung, durch welche sich die Notbremsassistenten grundsätzlich nicht abschalten lassen, beziehungsweise nach manueller Deaktivierung selbstständig wieder zuschalten müssen.
In Zukunft wird sich die Gesetzgebung verstärkt mit den Themenkreis des (teil-)autonomen Fahrzeugbetriebs auseinandersetzen. Erste Schritte in diese Richtung sind durch das sogenannte „Platooning" vorgezeichnet (Platoon: engl. Kolonne). Es handelt sich hierbei um ein einen eng aufgeschlossenen Zug von mehreren Fahrzeugen, wobei nur der Fahrer des ersten Fahrzeuges steuert. Die anderen Fahrzeuge sind über eine „virtuelle Deichsel" elektronisch zusammengekoppelt und fahren im Platoon autonom.

Vorteil des Platoons ist eine signifikannte Kraftstoffeinsparung für alle Fahrzeuge. Erste Versuche mit dem Platooning-Betrieb laufen schon. Auf Betriebshöfen, auf dem Hafengelände oder auf Flugfeldern werden schon heute (Nutz-)fahrzeuge und Maschinen teilautonom betrieben. Denkbar ist zukünftig, dass der Fahrer seinen Lastzug an der Pforte einer zubeliefernden Firma „abgibt" und dieser vollständig autonom auf dem Gelände rangiert und ent-/beladen wird. Er würde ihn dann wieder zur Weiterfahrt an der Pforte in Empfang nehmen und zuvor seine Ruhezeit nehmen. Auf bestimmten Autobahnstrecken ist zwischen großen Logistikcentern in Autobahnnähe (Hub to Hub) in weiterer Zukunft auch ein völlig fahrerloser Verkehr denkbar. Diese Lkw bräuchten dann keine Fahrerhäuser mehr.

Für alle diese zukünftigen Visionen ist natürlich der flächendeckende breitbandige Ausbau einer digitalen Infrastruktur (5G) unerlässlich.

1.3 Technik: Entwicklungen und Trends

Die Luftqualität im Zentrum größerer und großer Städte hat sich in den letzten Jahren durch das gestiegene Verkehrsaufkommen aber auch durch die Hausfeuerungen stark verschlechtert (Stichwort Feinstaubalarm). Aus diesem Grund sind Bestrebungen im Gang, in Innenstädten künftig möglichst emisionsfrei zu verkehren. Selbstverständlich werden die Emissionen nur verlagert, denn die Energie für diese Fahrzeuge muss ja auch erzeugt werden (sollten hier nicht regenerative Energiequellen zum Einsatz kommen). Neben dem Individualverkehr sind damit auch neuartige Nutzfahrzeugkonzepte gefragt. Vollelektrische Antriebsstränge benötigen in letzter Konsequenz auch andere Chassis-Konzepte wie den bisherigen Leiterrahmen. Auch müssen neben der Reichweitenfrage und der Ladeinfrastruktur Themen wie Einsatz von Nebenabtrieben und die Gewährleistung der Motorbremsfunktionen bei Wegfall des Dieselmotors beachtet werden.

Da die Abgasreinigung bei Lkw mit der Einführung der Euro 6-Grenzwerte eine sehr hohe Wirksamkeit erreicht hat, konzentrieren sich die die weiteren technischen Bemühungen auf eine Reduzierung der CO_2-Emmisonen (Kohlendioxyd), welches ein Treibhausgas darstellt. CO_2 lässt sich anders als Partikel oder Stickoxyd (NOX) nicht durch einen Katalysator umwandeln oder wegfiltern. Die Emisonen stehen in direkter Relation zum Kraftstoffverbrauch. Werden beispielsweise durch eine moderne Zugmaschine pro Jahr 1.100 Liter Kraftstoff weniger verbraucht, erspart dieses der Umwelt rund drei Tonnen des Treibhausgases CO_2. Daher ist derzeit die Reduzierung des Kraftstoffverbrauchs ein vordringliches Thema um die globalen CO_2-Ziele zu erreichen. Denn die EU-Klimapolitik sieht vor, bis 2050 in der EU die Treibhausgasemissionen um 80 % gegenüber dem Stand von 1990 zu senken.

Mit der Zielsetzung der Kraftstoffeinsparung sind moderne Fahrzeuge mit folgenden technischen Eigenschaften entwickelt worden:

- Reduzierung des Rollwiderstandes durch spezielle Leichtlauf-Reifen und Eco-Roll-Getriebe
- Reduzierung von Verlusten durch geringere innere Reibung in Motor, Getriebe und angetriebene Achsen durch fortschrittliche Materialpaarungen und Leichtlauföle
- Bedarfsgerechte Steuerung von Motor-Nebenverbrauchern wie Luftpresser, Wasser-/Lenkölpumpe, Klimakompressor
- Absenkung des Drehzahlniveaus durch eine längere Achsübersetzung bei zugleich höheren Antriebs-Drehmomenten
- Höhere Einspritzdrücke, stärkere Verdichtung, effizientere Turbolader, Feinschliff an Kolben und Einspritzdüsen
- Einstz von „Rückgewinnungskomponenten" am Motor wie Turbo-Compound-Systeme
- Vorschlag einer kraftstoffsparenden Fahrstrategie z.B. durch einen vorrausschauenden Tempomat (predictive cruise control)
- Aerodynamischer Feinschliff an Zugfahrzeug und der gesammten Zug-Kombination.
- Hybrid-Komponenten im Antriebsstrang, die eine Rückgewinnung (Rekuperation) von Energie z.B. bei Bergabfahrten oder beim Bremsen/Ausrollen ermöglichen

Dazu kommen noch weitere, durch den Fahrer zu beeinflussende Maßnahmen, die später ausführlich erläutert werden.
Ein ganz wichtiger Stellhebel für die Reduzierung des Kraftstoffverbrauchs pro Tonnen-Kilometer ist das Zusammenspiel der drei „T`s" (Truck-Trailer-Tire). Die Hersteller der gezogenen Einheiten gestalten das Zusammenspiel des kompletten Lastzugs in Sachen Konnektivität und Emissionsverminderung zum Wohle des Gesamtsystems der Logistik aber auch der Umwelt in hohem Maße mit. Weiter sind Telematiksysteme einer völlig neuen Schlagkraft nötig, um die Ausladungsquote von derzeit nur ca. 25% weiter zu steigern, denn 100 km Leerfahrtvermeidung entspricht einer Verbrauchsoptimierung von 3%. Die Lösung liegt in einem nahtlosen Logistikprozess dank umfassender und durchgängiger Digitalisierung.

1.4 Definition von Nutzfahrzeugen

Durch die EG-Richtlinie 2007/46/EG werden Pkw und Nutzfahrzeuge in Fahrzeugklassen eingeteilt. Diese bilden die Grundlage für die Anwendung entsprechender EG-Vorschriften (z.B. Beleuchtungs- und Abgasvorschriften), nach welchen Nutzfahrzeuge entwickelt und für den Verkehr zugelassen werden dürfen. Auch das Fahrerlaubnisrecht bezieht sich auf diese Einteilung. Hier eine grobe Übersicht der in diesem Band behandelten Fahrzeugklassen:

Busse:
Klasse M2: Fahrzeuge zur Personenbeförderung mit mehr als acht Sitzplätzen außer dem Fahrersitz und einer zulässigen Gesamtmasse bis zu 5 Tonnen (Kleinbusse)

Klasse M3: Fahrzeuge zur Personenbeförderung mit mehr als acht Sitzplätzen außer dem Fahrersitz und einer zulässigen Gesamtmasse von mehr als 5 Tonnen (übrige Busse)

Lastwagen:
Klasse N2: Fahrzeuge zur Güterbeförderung mit einer zulässigen Gesamtmasse von mehr als 3,5 Tonnen bis zu 12 Tonnen (leichte bis mittelschwere Lkw)

Klasse N3: Fahrzeuge zur Güterbeförderung mit einer zulässigen Gesamtmasse von mehr als 12 Tonnen (schwere Lkw)

Nur der Vollständigkeit halber:
Klasse O: Anhänger, einschließlich Sattelanhänger

Als Nutzfahrzeuge werden oft auch Betonpumpen, Mobilkrane, Übertragungswagen, Schienenreinigungsfahrzeuge und Hebebühnenfahrzeuge (Steiger) bezeichnet. Diese Fahrzeuge sind jedoch selbstfahrende Arbeitsmaschinen, da sie keine wechselnde Nutzlast (Transportgut) befördern.
Im vorliegenden Band bezeichnen wir Nutzfahrzeuge nur dann als solche, wenn sie dem Transport von Gütern und Personen dienen und hauptsächlich auf öffentlichen Straßen fahren (On-Highway-Fahrzeuge im Gegensatz zu Off-Highway-Fahrzeuge wie z.B. Dumper, Bulldozer oder Radlader).

1.5 Anforderungen an Nutzfahrzeuge

Die wesentlichen Anforderungen an ein Nutzfahrzeug sind:
- Zuverlässigkeit
- Wirtschaftlichkeit (hier: geringe Gesamtkosten über die gesamte Lebensdauer, siehe TCO)
- Hohe Nutzlast (Effizienz)
- Attraktiver Fahrerarbeitsplatz
- Sicherheit und Partnerschutz bei Unfällen

Die Anforderungen an Wirtschaftlichkeit und Zuverlässigkeit können nur durch eine konsequente Anpassung des Fahrgestelles und des Antriebsstranges (der kinematischen Kette) an die spätere Transportaufgabe des Lkw (sein Einsatzgebiet) erfüllt werden. Daher sind alle Lastwagen „Maßanzüge", entwickelt und speziell gebaut für ihren jeweiligen Verwendungszweck. Die großen Lkw-Hersteller produzieren mehrere hundert Fahrzeuge pro Tag und keines davon gleicht dem anderen. Wenn man es dem Lastwagen auch nicht ansieht, es handelt sich um einen komplett anderen Antriebsstrang, wenn ein Lkw zum Beispiel Pflanzen von Holland nach Frankreich befördert oder Stahl-Coils aus Deutschland nach Italien. Einige Hersteller bieten mittlerweile konsequent auf das jeweilige Einsatzgebiet abgestimmte Grundbaumuster an und orientieren sich noch zusätzlich mit darauf abgestimmten Ausstattungspaketen an den drei Profilen:
- „Loader": maximale Gewichtszuladung bei kleinem Ladungsvolumen (z.B. Coils, Profilstahl, Baustoffe) › spezielle Achskonfiguration, Leichtbaukonzepte für hohe Nutzlast
- „Volumer": maximales Ladungsvolumen bei niedriger Gewichtszuladung (z.B. Dämmstoffe, Möbel) › Voll-Luft-Federung, Niederquerschnittsbereifung, Niedrigrahmenkonzepte z.B. für AMX-Container
- „Grounder": kompromisslose Auslegung für leichten bis schweren Baustelleneinsatz › Robustheit, Allrad, Bodenfreiheit, Geländefahrwerk

Die Bezeichnungen sind Beispiele von Mercedes-Benz Trucks.

Durch diese in der Automobilwelt einzigartige Anpassung an den Einsatzzweck und die daraus entstehenden Varianten (die auch in der Entwicklung und der Produktion beherrscht werden müssen), können Lastwagen eine hohe Laufleistung bei enormer Zuverlässigkeit erreichen. Diese ist aufgrund der heutigen Abhängigkeit der Produktionsprozesse (just in time) von einer pünktlichen Belieferung seine wichtigste Eigenschaft.

Eine natürlich jederzeit angestrebte hohe Nutzlast kann bei einem gesetzlich vorgegeben maximalen Gesamtgewicht nur durch eine geringe Leermasse des Fahrzeugs erreicht werden. Hierfür werden bei der Entwicklung Leichtbaukonzepte verfolgt und neuartige Werkstoffe eingesetzt. Diese erreichen trotz eines geringeren Gewichts dennoch die geforderte Festigkeit. Auch im Hinblick auf elektrische Antriebskonzepte mit schweren Batterien werden Leichtbausätze immer wichtiger. Abschließend lasst sich sagen, dass ein Lastwagen im Hinblick auf seine Entwicklung und seine Produktion ein sehr anspruchsvolles Fahrzeug ist. Viele bahnbrechende Innovationen haben vor allem über das Nutzfahrzeug ihren Weg auf die Straße gefunden wie z.B. ABS und Notbremsassistent).

1.6 Das Gesamtpaket entscheidet: TCO

Egal, ob Sie als „Selbstfahrender Eigentümer" (engl. owner operator) Besitzer eines stolzen Lastzuges oder Reisebusses sind und diesen selbst chauffieren, oder ob Ihnen Ihr Arbeitgeber sein wertvolles Fahrzeug anvertraut hat. Es interessieren im gewerblichen Kraftverkehr immer die „Total Costs of Ownership" (TCO). Das sind die Gesamtkosten eines Fahrzeuges betrachtet über seine gesamte Lebensdauer. Diese Gesamtkosten setzen sich aus mehreren unterschiedlichen Kostenarten zusammen: Anschaffungspreis/Kapitalkosten, Unterhaltskosten wie Kraftstoff, AdBlue®, Schmierstoffe und Reifen, Wartung und Reparaturen (Ersatzteilverfügbarkeit, geringe Arbeitswerte), Fahrerlöhne, Fahrzeugmanagement, Steuern und Versicherung sowie Maut. So kann ein in der Anschaffung vergleichsweise teurer Lkw durch geringen Kraftstoffverbrauch, lange Wartungsintervalle und geringe Reparaturanfälligkeit unter dem Strich das wirtschaftlichere Fahrzeug sein. Dem folgenden Diagramm ist zu entnehmen, wie sich im deutschen Marktumfeld die TCO beim Lastwagen typischer Weise zusammensetzen.

Beispiel Kraftstoffverbrauch:
Im Fernverkehr gibt es Einsatzfälle, bei welchen die Kraftstoffkosten in zwei Jahren genauso hoch zu Buche schlagen, wie der Anschaffungspreis einer Sattelzugmaschine selbst.

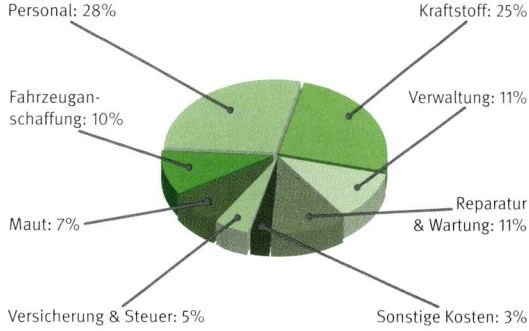

Kinematische Kette **Band 2**

1.7 Die kinematische Kette

Der Motor ist das Herzstück jedes Kraftfahrzeuges. Er stellt die zur Fortbewegung benötigte Leistung zur Verfügung. Auch Nebenantriebe für Klimakompressoren und Hydraulikpumpen für beispielsweise Fahrmischerantriebe werden durch ihn angetrieben.

Die vom Motor abgegebene Leistung P, (engl. power) wird gemessen in Kilowatt (kW). Sie wird jedoch in der Nfz-Branche noch „inoffiziell" mit PS angegeben und ist das Produkt aus der Drehzahl n, (Umdrehungen/Minute) und dem Drehmoment M (Newton x Meter, Nm). Während man sich den Begriff der Drehzahl gut vorstellen kann, hilft zum Verständnis des Drehmoments folgendes Bild: Ein Mechaniker versucht mit einem Radschlüssel eine Radmutter zu lösen. Es findet zwar kurz vor dem Losbrechen der Mutter an dieser „keine Drehzahl statt", aber es wird dort ein hohes Drehmoment aufgebracht. Das Drehmoment könnte man daher stark vereinfacht mit „die Kraft etwas gegen einen Widerstand zu drehen" bezeichnen. Sobald die Mutter sich löst beginnt sie sich zu drehen und die Kraft im Radschlüssel nimmt ab. Ein Motor kann die gleiche Leistung abgeben, wenn er entweder schnell und mit wenig Durchzugsvermögen läuft (Beispiel Motorrad, es sind viele Schaltvorgänge nötig, um die Drehzahl hoch zu halten) oder eher langsam dreht aber dafür eine hohe Durchzugskraft hat (zum Beispiel ein Dieselmotor, den man untertourig fahren kann).
Der Motor steht am Anfang der Kinematischen Kette, welche auch als Kraftstrang, Antriebsstrang oder engl. powertrain bezeichnet wird. An deren Ende sind die Räder, welche die Antriebsleistung an die Fahrbahn weitergeben und das Fahrzeug letztendlich in Fahrt bringen.

Ein Verbrennungsmotor (engl. engine oder motor), und einen solchen Typ betrachten wir jetzt wegen seiner überwiegenden Verwendung in Kraftfahrzeugen, kann aus dem Stillstand heraus nicht arbeiten. Er muss sich bei Betrieb mindestens mit seiner Leerlaufdrehzahl (engl. idle oder idle speed) drehen. In der kinematischen Kette braucht es daher zunächst:

- Die **Kupplung** (engl. clutch), mit welcher die Kurbelwelle des Motors vom restlichen Antriebsstrang getrennt werden kann. Gefühlvoll betätigt, verbindet sie Motor und Getriebe, ohne dass der Motor abrupt abgewürgt wird. Wie beim Schalten der Gänge gleicht die Kupplung beim „einkuppeln" die unterschiedlichen Drehzahlen an.

- Das **Getriebe** (engl. gearbox oder transmission) ist durch die Auswahl bestimmter Zahnradkombinationen in der Lage, unterschiedliche Drehzahlen zwischen Motor und dem restlichen Antriebsstrang einzustellen. Für die jeweilige Fahrsituation und den benötigten Zugkraftbedarf kann der Fahrer die für ihn günstigste Motordrehzahl durch das Einlegen der entsprechenden Gänge wählen. (hohe Drehzahl bei geringerem Drehmoment oder umgekehrt). Durch ein Zwischenrad im Schaltgetriebe wird auch das Rückwärtsfahren ermöglicht, da die Motordrehrichtung im Getriebe umgekehrt wird. Allradfahrzeuge haben nach dem Schaltgetriebe zusätzlich ein Verteilergetriebe (engl. transfer box), welches nicht schaltbar ist. Es verteilt die eingehende Leistung auf zwei „Ausgänge" für jeweils die Vorder- und Hinterachse (engl. front axle, rear axle).

- Die **Gelenkwelle/Kardan-Welle** (engl. prop shaft) überträgt die Motorleistung vom Getriebe zur Hinterachse oder bei Allradfahrzeugen zum Verteilergetriebe. Ihre kardanischen Gelenke (Kreuzgelenke) machen sie flexibel und ermöglichen während der Kraftübertragung ein Federn des Fahrzeugs oder ein Verschränken dessen Achsen bei unebener Fahrbahn. In manchen Situationen darf beim Abschleppen eines Lkw das Getriebe nicht durch die mitlaufende Hinterachse angerieben werden. Dazu trennt man den Antriebsstrang am Einfachsten durch das Abflanschen der Gelenkwelle an der Hinterachse.

- Der **Achsantrieb** (engl. axle drive) im Hinterachsgehäuse lenkt den Kraftfluss vom Motor kommend rechtwinklig auf die Antriebsräder um. Hierzu werden ein Ritzel und ein Tellerrad eingesetzt, die meist eine spezielle geräuscharme (Hypoid)Verzahnung aufweisen. Wenn zum Beispiel bei Baustellenfahrzeugen (Kippern) beide Hinterachsen angetrieben werden, befindet sich im Achsantrieb der ersten Hinterachse noch ein Durchtrieb. Eine kurze Gelenkwelle verbindet diesen dann mit dem Achsantrieb der zweiten
Hinterachse.

- Das **Differential** (-getriebe) (engl. differential) sitzt ebenfalls direkt hinter dem Achsantrieb, im Achsgehäuse und gleicht die unterschiedlichen Drehzahlen der angetriebenenRäder bei der Kurvenfahrt aus. Eine Kurve kann nur gefahren werden, wenn sich das kurvenäußere Rad schneller dreht als das kurveninnere. So gesehen ist das Differential eine Art stufenloser Leistungsverteiler und notwendig in allen angetriebenen Achsen. Im Verteilergetriebe der Allradfahrzeuge gibt es ebenfalls ein Differential (Längsdifferential) um bei Kurvenfahrten auftretende Drehzahlunterschiede an der Vorder- und Hinterachse auszugleichen. Im schweren Geländeeinsatz, wenn aufgrund des rutschigen Untergrunds an jedem angetrieben Rad Zugkraft ankommen soll, können Längs- und Querdifferentiale einzeln und zusammen mechanisch gesperrt, also unwirksam gemacht werden (Differentialsperre). Auf griffiger Fahrbahn würde eine eingelegte Differenzialsperre allerdings bei der Kurvenfahrt schnell zur Beschädigung des Antriebsstrangs führen.

Kinematische Kette — Band 2

- Die **Steckachsen/Achswellen** (engl. axle shaft) übertragen die Leistung vom Differential kommend (ähnlich wie die Gelenkwellen) zu den Rädern. Weil sie sich innerhalb des Achsgehäuses nicht verschränken müssen, brauchen sie keine Kreuzgelenke.

- Das **Außenplanetengetriebe** (engl. planetary gear) oder der Radantrieb an der gleichnamigen Außenplaneten-Hinterachse ist vor allem bei Baustellenfahrzeugen unmittelbar an der Radaufnahme (Wheelend) angeordnet. Durch ein untersetzendes Planetengetriebe werden die vom Achsantrieb per Achswellen ankommenden Drehzahlen direkt am Rad in ein hohes Antriebsdrehmoment „umgewandelt". Vorteil: Der ganze Antriebsstrang kann bis unmittelbar vor die Räder verhältnismäßig leicht ausgelegt werden (keine hohen Drehmomente). Es „kommen dafür höhere Drehzahlen an den Rädern an". Das am Rad benötigte hohe Drehmoment wird direkt am „Einsatzort" durch eine Untersetzung erzeugt. Ein weiterer Vorteil liegt darin, dass der vorgelagerte Achsantrieb weniger stark untersetzt werden muss und dadurch kleinere Tellerräder verwendet werden können. Das führt zu einem kleiner bauenden Hinterachsgehäuse und zu besseren Bodenfreiheit im Gelände.

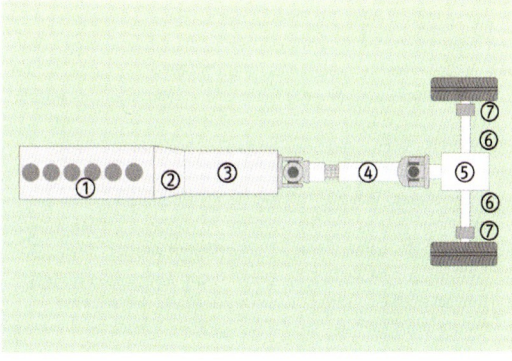

① Motor
② Kupplung
③ Schaltgetriebe/Automatikgetriebe
④ Gelenkwelle
⑤ Achsantrieb und Differential
⑥ Steckachsen/Achswellen
⑦ Außenplanetengetriebe

Motor

1. Einleitung

Beim Nutzfahrzeug hat sich seit den 30er Jahren der Dieselmotor durchgesetzt. Er ist robust, langlebig und braucht für die gleiche Leistung weniger und billigeren Kraftstoff, als ein Benzin- (Otto-) Motor. Durch das Fehlen einer seinerzeit noch anfälligen Zündanlage war er für robuste Anwendungen gut geeignet. Er weist auch einen für Nutzfahrzeuganwendungen günstigen Drehmomentverlauf auf. Schon bei niedrigen Drehzahlen stellt er ein hohes Drehmoment zur Verfügung und hält dieses über einen breiten Drehzahlbereich annähernd konstant.
Der Dieselmotor ist eine Wärmekraftmaschine, in der chemische Energie (Kraftstoff) durch Verbrennung in mechanische Energie (Drehzahl, Drehmoment) umgewandelt wird. Die Vollständigkeit dieser Umwandlung wird mit dem Wirkungsgrad angegeben. Leider kann nicht die komplette chemische Energie für den Antrieb ausgenutzt werden. Es entstehen bei der Umwandlung

(der Verbrennung) Verluste, die sowohl das Kühlwasser aufheizen und auch mit dem heißen Abgas überwiegend ungenutzt entweichen. Moderne 4-Takt-Dieselmotoren haben einen Wirkungsgrad von 0,44. D.h. es kommen pro Liter Dieselöl nur 0,44 l dem Antrieb zugute. 0,25 l werden durch die Kühlanlage abgeführt und 0,31 l entweichen mit der Abgaswärme. Zum Vergleich: Ottomotoren erreichen einen noch günstigeren Wirkungsgrad von 0,3.
Bei der Verbrennung des Kraftstoff-Luftgemisches dehnt sich dieses explosionsartig aus und treibt dadurch die Kolben in den Zylindern an. Diese sind mit dem Pleuel mit der Kurbelwelle verbunden. Die Kurbelwelle wandelt die Auf- und Abbewegung der Kolben in eine Drehbewegung um.

Motor — Band 2

Moderne Motorengenerationen in der 12- bis 13-Liter-Klasse weisen heute ein beeindruckendes Drehmoment bei niedriger Drehzahl auf. Hier werden Leistung und Drehmoment für unterschiedliche Leistungsstufen einer aktuellen Motorengeneration gezeigt.

Spitzenmotorisierungen erreichen somit hubraumbezogene Kenngrößen wie 30,5 kW (41,4 PS) pro Liter Hubraum als auch ein Drehmoment von 203 Nm pro Liter Hubraum.
In der letzten Zeit ist der Dieselmotor im Hinblick auf sein Abgasverhalten in der Öffentlichkeit stark kritisiert worden. Sogar Einfahrverbote von Dieselfahrzeugen in Innenstädte werden gefordert. Es ist hierzu zu sagen, dass heute sämtliche schwere

Leistung	Drehmoment
310 kW (421 PS) bei 1.600 U/min	2.100 Nm bei 1.100 U/min
330 kW (449 PS) bei 1.600 U/min	2.200 Nm bei 1.100 U/min
350 kW (476 PS) bei 1.600 U/min	2.300 Nm bei 1.100 U/min
375 kW (510 PS) bei 1.600 U/min	2.500 Nm bei 1.100 U/min
390 kW (530 PS) bei 1.600 U/min	2.600 Nm bei 1.100 U/min

Lkw-Dieselantriebe mit einer leistungsfähigen Abgasreinigung ausgerüstet sind (SCR-Technologie mit AdBlue®). Der erreichte und vom Gesetzgeber vorgeschriebene Euro 6-Emmissionsstandard macht den im Lkw und Bus eingesetzten Dieselmotor zukunftssicher. Die aktuellen Diskussionen betreffen daher ausschließlich Dieselmotoren in Pkw.

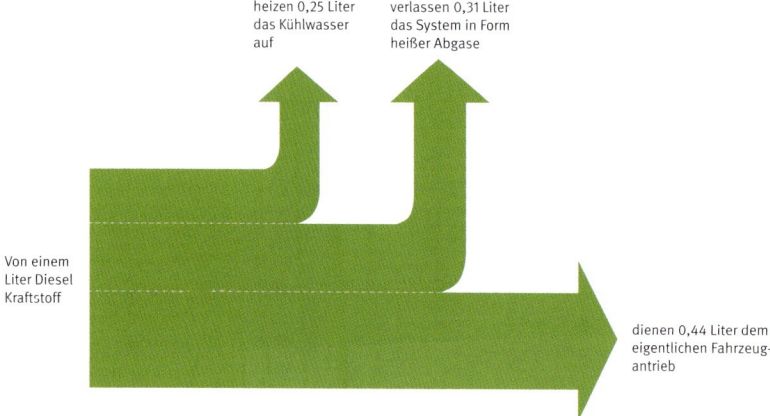

Neben den Dieselmotoren werden in einigen Nutzfahrzeugen auch eingebaut:
- **Gasmotoren** für den Betrieb durch LPG, CNG (Liquefied Petroleum Gas, Compressed Natural Gas). Das sind Hubkolbenmotoren nach dem Otto-Prinzip, die eine Zündanlage (!) benötigen. Durch ein günstiges Abgasverhalten und durch ihren leisen Lauf (fehlende Einspritzung) eignen sich diese Antriebe gut für den innerstädtischen Verteilerverkehr.
- In Stadtbussen: **Wasserstoffmotoren**. Das sind ebenfalls gasbetriebene Kolbenmotoren mit Zündungsanlage.
- Selten bei Stadtbussen: Brennstoffzellen mit **Elektromotoren**.
- Verteilerverkehr in Ballungsräumen: **Hybrid-Antrieb** (Kombination von Verbrennungs- und Elektromotoren).

2. Dieselmotor

Neben den zuvor beschrieben Eigenschaften wie
- **Wirtschaftlichkeit** durch
- **geringen spezifischen Kraftstoffverbrauch**, sowie
- **Robustheit/Zuverlässigkeit**,
- **günstiger Drehmomentverlauf**, sind es auch die

- **hohe Lebensdauer** und der
- in Verbindung mit einer Abgasreinigungsanlage geringe **Schadstoffausstoß**, die den Dieselmotor für Nutzfahrzeuge trotz der stürmischen Entwicklung des Elektroantriebs noch für lange Zeit so attraktiv machen und ist auch hinsichtlich seines Potentials den Kraftstoffverbrauch zu reduzieren noch nicht am Ende. Hierbei sind in der Nutzfahrzeugbranche langfristige Fortschritte von etwa 1,0 bis 1,5 Prozent im Jahr üblich.

Motor   Band 2

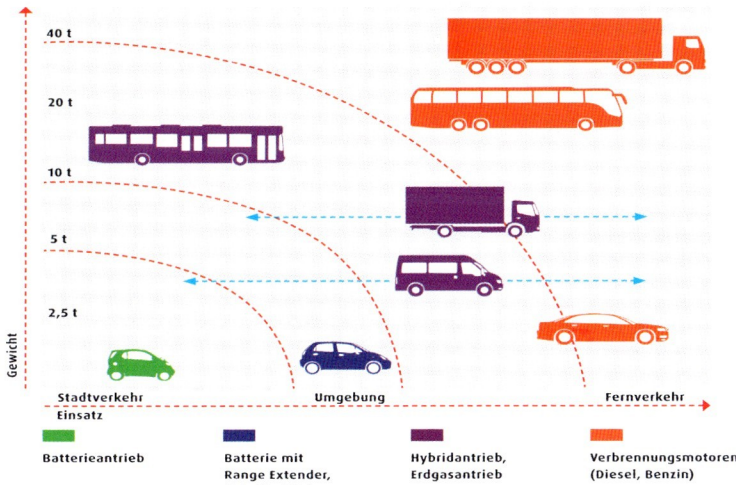

Diese Grafik zeigt den aktuell sinnvollen Einsatz von Antriebskonzepten im Zusammenhang des Gesamtfahrzeuggewichts und der Transportaufgabe.

Illustration von Johannes Blendinger aus WAS IST WAS Bd. 129, Lkw, Bagger und Traktoren, Copyright © 2010 TESSLOFF VERLAG, Nürnberg

Anmerkung:

In Verbindung mit der modernsten Euro 6-Abgasreinigungsnalage sind die Abgaswerte eines modernen Dieselmotors für Stickoxide (NO_x) und Partikel kaum noch messbar. Allerdings stößt jeder Verbrennungsmotor das Treibhausgas CO_2 aus, welches sich nicht wegfiltern lässt. Die ausgestoßene CO_2-Menge steht in einem festen Verhältnis zum Kraftstoffverbrauch und lässt sich daher nur durch verbrauchssenkende Maßnahmen mindern. Neben den unter 1.3) beschriebenen technischen Maßnahmen haben Sie es als Fahrer/Halter ebenfalls in der Hand den Kraftstoffverbrauch günstig zu beeinflussen. Neben einer
- optimalen Fahr- und Schaltstrategie sind vor allem der
- richtig eingestellte (und ständig überwachte) Reifenluftdruck, die
- korrekte Einstellung des Dachspoilers,
- eine stets fest gespannte, nicht flatternde Plane und ein
- optimal eingestelltes Fahrwerk (kein „Dackellauf", kein Schräglauf einzelner Achsen)

Ihre persönlichen „Stellschrauben" um Ressourcen und Umwelt zu schonen.

Downsizing (engl. für Verkleinerung, Verringerung, Schrumpfung)

Der Begriff „Downsizing" ist in der Automobilbranche mittlerweile häufig zu hören. Ein Ansatz dabei ist, den Hubraum der Motoren zu verkleinern, dessen Zylinderanzahl zu verringern und durch effizienzsteigernde Maßnahmen in etwa die gleiche Leistung zu erreichen, wie bei den größeren Motoren zuvor.

Maßnahmen können sein:
- Verbesserungen der Motorsteuerung,
- Bedarfsgerechte Steuerung von Motor-Nebenverbrauchern wie Luftpresser, Wasser-/Lenkölpumpe, Klimakompressor
- Absenkung des Drehzahlniveaus durch eine längere Achsübersetzung bei zugleich höheren Antriebs-Drehmomenten
- Höhere Einspritzdrücke, stärkere Verdichtung, effizientere Turbolader, Feinschliff an Kolben und Einspritzdüsen
- Verringerung der inneren Reibung von Motorenteilen,
- Verringerung der bewegten Massen (z.B. leichtere Pleuelstangen oder Nockenwellen),
- Reduktion der Zylinderanzahl. Heute findet man im schweren Lkw überwiegend 6-Zylinder-Reihenmotoren. Früher wurden die oberen Leistungsklassen mit V8-Motoren abgedeckt.

Der Verbrauch eines Verbrennungsmotors hängt bei gleicher Belastung überwiegend von seinem Hubraum ab. Ein kleinerer Hubraum hat eine kleinere Oberfläche, über die geringere Energieverluste durch Abwärme entstehen. Ebenso sinken die Reibungsverluste mit sinkendem Hubraum. Wenn im Teillastbetrieb Zylinder abgeschaltet werden, spricht man von dynamischem Downsizing. Darüber hinaus ist ein kleinerer Motor zumeist auch leichter. Da sich folglich das Gesamtgewicht des Fahrzeugs entsprechend verringert, sinkt die Belastung des Motors. Das Fahrzeug kommt mit weniger Motorleistung auf vergleichbare Fahrleistungen.

2.1 Technische Daten eines Dieselmotors

Hubraum (engl. displacement)

Der Hubraum V_H ist der Raum zwischen dem oberen und unteren Totpunkt eines Zylinders. (OT, UT)
Der gesamte Hubraum V_H eines Motors ist der addierte Hubraum aller einzelnen Zylinder V_h. Der Hubraum eines Motors bestimmt dessen mögliche Motorleistung maßgeblich. Der Hubraum wird in Litern angegeben. V_C ist der Verdichtungsraum.

Formel:

$$V_H = \frac{d^2 \cdot \pi \cdot s \cdot z}{4} \; [cm^3]$$

d = Bohrung, Durchmesser des Zylinders
s = Hub, Weg des Kolbens zwischen den Totpunkten
z = Anzahl der Zylinder
π = 3,14 (Kreiskonstante Pi)

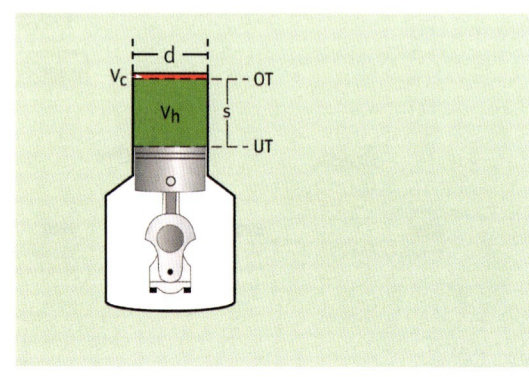

Beispiel: Ein 6-Zylinder-Dieselmotor hat folgende Daten:
Bohrung d = 128 mm
Hub s = 166 mm
z = 6 Zylinder

$$V_H = \frac{(128 \text{ mm})^2 \cdot 3,14 \cdot 166 \text{ mm} \cdot 6}{4}$$

$V_H = 12809994 \text{ mm}^3$

$V_H = 12809,9 \text{ cm}^3$

$V_H = 12,8 \text{ l}$

Verdichtungsverhältnis

Unter dem Verdichtungsverhältnis versteht man das Verhältnis zweier Räume eines Zylinders.
Der gesamte Zylinderinhalt, bestehend aus Hubraum plus Verdichtungsraum, wird in das Verhältnis zum Verdichtungsraum gesetzt. Je größer der Zylinderinhalt im Verhältnis zum Verdichtungsraum ist, umso höher ist das Verdichtungsverhältnis. Ein höheres Verdichtungsverhältnis bedeutet auch einen besseren Wirkungsgrad des Motors.
Ergänzung: Das Verdichtungsverhältnis hängt eng zusammen mit dem Kompressionsdruck – aber ein Verdichtungsverhältnis von zum Beispiel 10:1 bedeutet nicht, dass die eingebrachte Luft genau auf den zehnfachen Druck komprimiert wird, da mit der Kompression auch die Temperatur stark steigt und zur weiteren Ausdehnung der Luft führt. Bei Dieselmotoren liegt das Verdichtungsverhältnis ohne Aufladung bei etwa 19:1 bis 23:1. Aufgeladene Motoren sind meist niedriger verdichtet, etwa 14:1 bis 18:1.

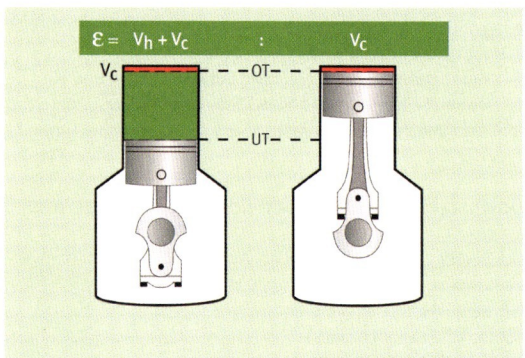

Formel:

$$\varepsilon = \frac{V_h + V_c}{V_c}$$

V_h = Hubraum eines Zylinders
V_c = Verdichtungsraum eines Zylinders (wird ausgelitert, also messtechnisch bestimmt)

Beispiel:
Hubraum $V_h = 2134 \text{ cm}^3$
Verdichtungsraum $V_c = 130 \text{ cm}^3$ (ausgelitert)

$$\varepsilon = \frac{2134 \text{ cm}3 + 130 \text{ cm}3}{130 \text{ cm}^3}$$

$\varepsilon = 17,4$

Das Verdichtungsverhältnis beträgt 17,4 : 1.

Motor

Band 2

Drehmoment (M) (engl. torque)

Zur Berechnung des Drehmoments multipliziert man die Kraft [F] mit dem Hebelarm r. Das Drehmoment entsteht an der Kurbelwelle des Motors. Die Kraft [F] des abwärtsgehenden Kolbens wirkt durch die Pleuel auf die Hubzapfen (auch Kurbelzapfen) und die Kurbelwangen der Kurbelwelle, die einen Hebelarm bilden. Das Drehmoment wird in Newtonmeter [Nm] angegeben. Das Drehmoment eines Motors wird an einem Prüfstand gemessen und verändert sich über die Motordrehzahl. Nutzfahrzeug-Dieselmotoren haben über einen weiten Drehzahlbereich einen annähernd gleichen und hohen Drehmomentverlauf. Dadurch können sie sich bei Steigungen „am Berg festbeißen" und den Lastzug auch dort noch konstant kräftig antreiben.

Leistung (P) (engl. power)

Leistung ist Arbeit in einer bestimmten Zeit und wird in Watt [W] oder Kilowatt [kW] angegeben.
Die Leistung wird aus dem Drehmoment und der Drehzahl errechnet.
Die frühere Messeinheit für die Leistung war Pferdestärke „PS". Allerdings werden auch heute noch in der LKW-Branche Leistungsangaben, obwohl nicht „normgerecht", immer noch in PS angegeben. Auch in der Typenbezeichnung vieler Hersteller findet sich diese Einheit wieder. Beispielsweise bedeutet bei Mercedes der Typ 1844: 18t zul. Zug-Gesamtgewicht bei 440 PS Motorleistung.

1 PS = 0,736 kW
oder
1 kW = 1,36 PS

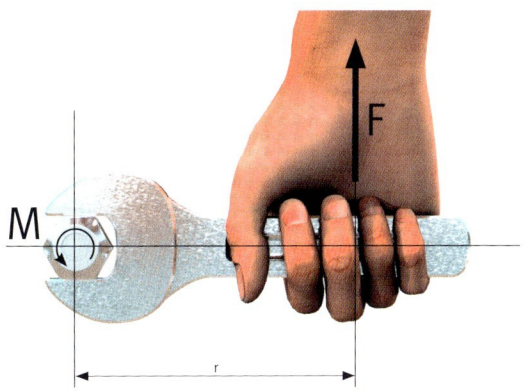

Motor — Band 2

2.2 Aufbau eines Dieselmotors

2.2.1 Kurbeltrieb

Der Kurbeltrieb setzt die Auf- und Abwärtsbewegung des Kolbens in eine Drehbewegung der Kurbelwelle um.

Bauteile des Kurbeltriebes

① **Kolben mit Kolbenringen (engl. piston, piston ring)**
Auf den Kolben wirkt die Kraft, die aus dem Explosionsdruck im Brennraum resultiert. Die Kolbenringe bilden eine bewegliche Abdichtung gegenüber der Zylinderwand und leiten den größten Teil der vom Kolbenboden aufgenommenen Wärme an den Zylinder weiter.

② **Kolbenbolzen**
Der Kolbenbolzen bildet zusammen mit dem Pleuel das erste Gelenk im Kurbeltrieb. Die Achse des Kolbenbolzens ist konstruktiv um ca. 0,5–1,5 mm aus der Kolbenmitte zur druckbelasteten Seite hin versetzt. Ohne diese sogenannte Desachsierung würde der Kolben seine ständig wechselnde Anlageseite zur Zylinderwand nach Durchlauf des Oberen Totpunkts (OT) also unter vollem Verbrennungsdruck wechseln. Infolge der Desachsierung tut er dies bereits vor dem OT, wenn der Kompressionsdruck erst im Aufbau ist. Das verringert den Verschleiß des Kolbens und reduziert die Motorgeräusche.

③ **Pleuel (engl. con rod, piston rod)**
Das Pleuel überträgt die Kraft auf die Kurbelwelle. Es besteht aus oberen und unteren Pleuelauge sowie der Pleuelstange. Das untere Pleuelauge bildet mit dem Hubzapfen der Kurbelwelle das zweite Gelenk.

④ **Kurbelwelle (engl. crank shaft) mit Gegengewichten und Schwungrad**
Die Kurbelwelle bildet mit ihren Kurbelarmen (Hubzapfen und Wangen) den Hebelarm, an dem die Kraft des Kolbens angreift. Die Kolbenkraft wird hier in ein Drehmoment umgesetzt (Kraft x Hebelarm = Drehmoment). Die Kurbelwelle ist mit ihren Wellenzapfen in mehreren Gleitlagern im Motorblock gelagert (Hauptlager). Die Gegengewichte sorgen für einen schwingungsfreien Lauf. Sie gleichen die Masse der versetzt angeordneten Hubzapfen und Kurbelwangen aus. Das an ihrem Ende montierte Schwungrad (Schwungscheibe) überwindet die Leertakte und die Totpunkte und sorgt für die Laufruhe des Motors.

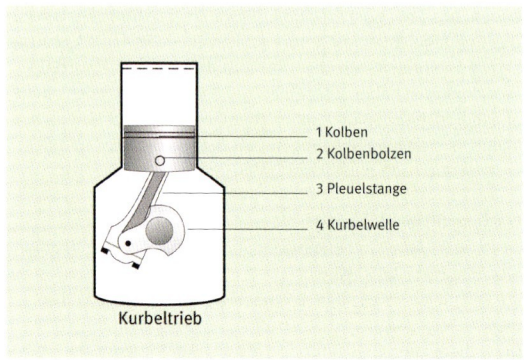

Kurbeltrieb

1 Kolben
2 Kolbenbolzen
3 Pleuelstange
4 Kurbelwelle

Kurbeltrieb bestehend aus Kurbelwelle, Pleuel und Zylinder eines 6-Zylindermotors

2.2.2 Zylinder (engl. cylinder)

In den Zylindern laufen die Kolben auf und ab. Den oberen Abschluss der Zylinder bildet die Unterseite des Zylinderkopfes. In dem von Kolbenoberseite, Zylinderwand und Zylinderkopf gebildeten Raum findet die Verbrennung statt. Meist kommen Zylinder mit einer eingepressten Laufbuchse im Motorblock zum Einsatz. D.h. in die Motorblöcke aus Grauguss oder Leichtmetalllegierungen werden Laufbuchsen aus hochwertigem Material eingezogen. Sogenannte „nasse" Laufbuchsen werden seitlich vom Kühlmittel umströmt. Bei „trockenen" Laufbuchsen befindet sich zwischen dieser und dem Kühlmantel des Kühlkreislaufs noch eine Wand des Motorblocks.

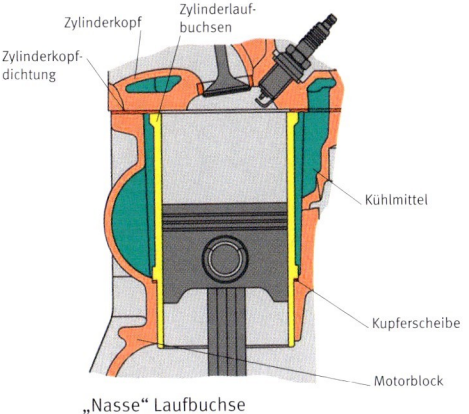

„Nasse" Laufbuchse

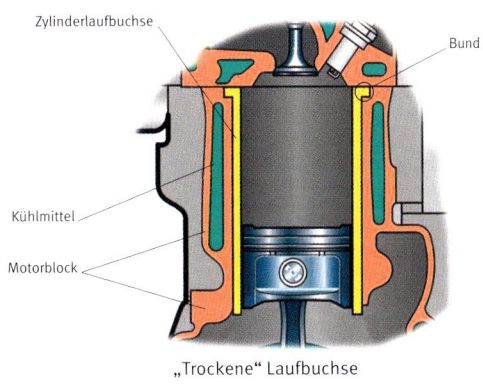

„Trockene" Laufbuchse

Zylinderanordnung

Reihenmotoren
2, 3, 4, 5 oder 6 Zylinder werden in einer Reihe angeordnet.

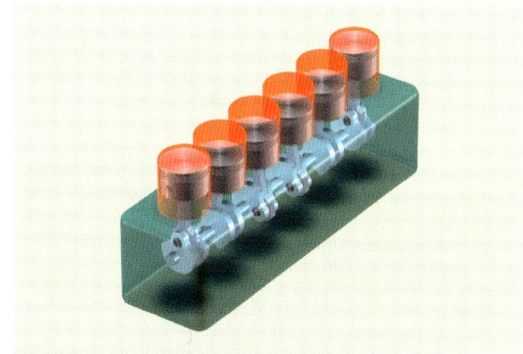

V-Motoren
Die Anordnung erfolgt in zwei Ebenen, die häufig in einem Winkel von 90° zueinander stehen. 6, 8, 10 oder 12 Zylinder sind üblich. Jeweils zwei Pleuel wirken auf einen gemeinsamen Kurbelzapfen.

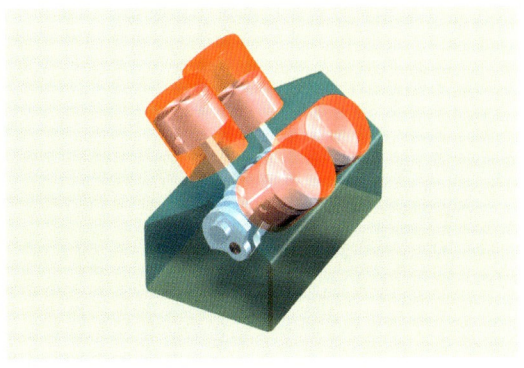

Boxermotor
Die Zylinder liegen einander gegenüber.
Jeder Pleuel wirkt auf einen eigenen Kurbelzapfen. Sie „boxen"
beim Lauf miteinander.

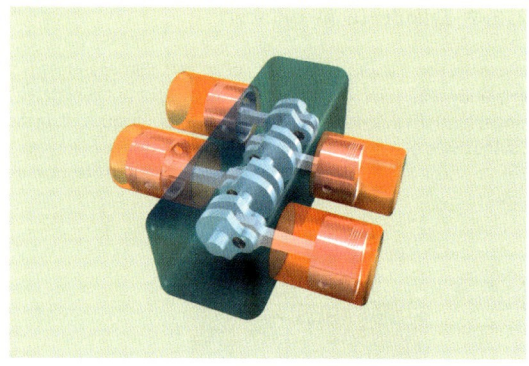

2. 2. 3 Ventiltrieb (engl. valve train)

Der Ventiltrieb steuert die Ein- und Auslassventile des Motors.
Bauteile:

- **Nockenwellenantrieb**
  Die Nockenwelle wird beim Lkw meist über Zahnräder durch die Kurbelwelle angetrieben (beim Pkw durch eine Kette bzw. Zahnriemen) und läuft synchron mit dieser, aber mit doppelter Drehzahl. Sie muss beim 4-Takt-Motor die Ventilstellungen für zwei Takte pro Kurbelwellenumdrehung steuern.

- **Nockenwelle (engl. camshaft)**
  Mit den entsprechend zueinander versetzten Nocken öffnet die drehende Welle abwechselnd die Ventile gegen die Schließkraft der Ventilfedern. Moderne Nockenwellen werden nicht aus einem Werkstoff gegossen und dann geschliffen, sondern aus verschiedenen Werkstoffen zusammengesetzt, also „gebaut". Vorteile gebauter Nockenwellen sind geringere Kosten, niedrigeres Gewicht und höherfeste Nockenwerkstoffe. Aber auch neue Nockengeometrien wie etwa negative Radien der Nocken sind einfacher umzusetzen.

- **Ventilstößel und Kipphebel (engl. valve tappet, rockerarm)**
  Sie übertragen die Kräfte vom Nocken zu den Ventilen.

- **Ein- und Auslassventile (engl. inlet valve, outlet valve)**
  Über das Einlassventil gelangt die Frischluft in den Zylinder. Über das Auslassventil verlassen die verbrannten Gase den Brennraum.

Um den Füllungsgrad im Zylinder zu erhöhen und um einen schnelleren Gaswechsel zu erreichen, wird in modernen Motoren die 4-Ventiltechnik eingesetzt. Die Füllung erfolgt über zwei Einlassventile. Über zwei Auslassventile strömen die verbrannten Gase durch das Abgasrohr in die Abgasreinigungsanlage.

Motor

Band 2

Je nach der Lage der Nockenwelle und der Ventilansteuerung werden die Motoren bezeichnet als:

OHV Motor (**O**ver**h**ead **V**alves)
Eine unten liegende Nockenwelle (engl. camshaft) steuert über Stoßstangen und Kipphebel im Zylinderkopf hängende Ventile

OHC Motor (**O**ver**h**ead **C**amshaft)
Eine oben liegende Nockenwelle steuert hängende Ventile an.

DOHC Motor (**D**ouble **O**ver**h**ead **C**amshaft)
Zwei oben liegende Nockenwellen steuern je eine Ventilreihe an. Moderne Bauweise.

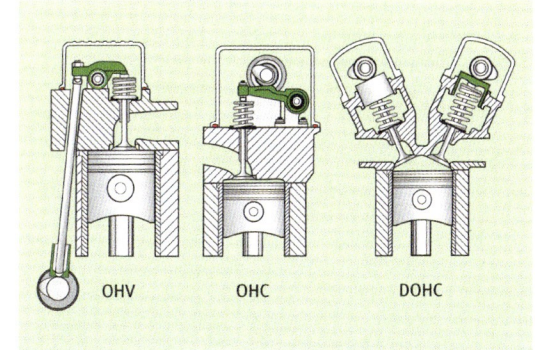

2.3 Arbeitsweise eines Viertakt-Motors

Alle vier Takte laufen während zwei Umdrehungen der Kurbelwelle ab.

Erster Takt – Ansaugen
Der Kolben bewegt sich abwärts. Das Auslassventil ist geschlossen. Über das geöffnete Einlassventil wird reine Luft in den Zylinder gesaugt.

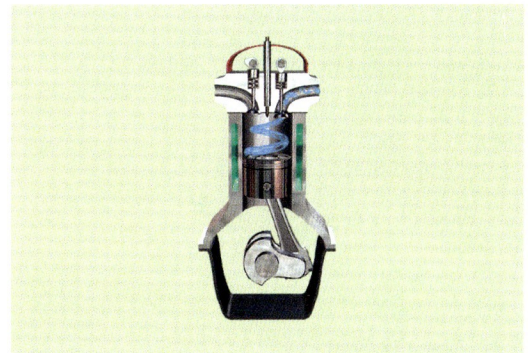

Zweiter Takt – Verdichten
Der Kolben hat den unteren Totpunkt durchlaufen und bewegt sich aufwärts. Einlass- und Auslassventil sind jetzt geschlossen. Die angesaugte Luft wird auf ca. 50 bar verdichtet. Durch das Zusammenpressen erhitzt sie sich auf ca. 800 °C (Fahrradpumpen-Effekt). Der Kolben durchläuft den Oberen Totpunkt.

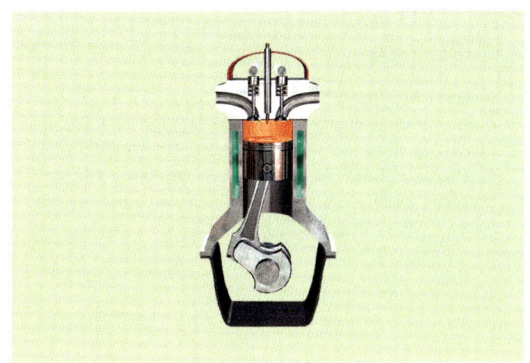

Dritter Takt – Arbeiten
Unmittelbar danach wird Dieselkraftstoff mit hohemDruck (aktuell mit max. 2700 bar) in den Verbrennungsraum eingespritzt. Der Kraftstoff entzündet sich selbstständig und explosionsartig an der heißen Luft. Daher auch die Bezeichnung „Selbstzündermotor", denn es sind keine Zündkerzen notwendig. Die bei der Verbrennung entstehende Wärme bewirkt einen raschen Druckanstieg im Zylinder. Der Kolben wird kraftvoll abwärts geschoben, und übt über den Pleuel (Pleuelstange) eine hohe Kraft auf den Hebelarm der Kurbelwelle aus. Es entsteht ein Drehmoment und die Kurbelwelle dreht sich. Die Zeit vom Einspritzbeginn bis zum ersten Druckanstieg durch die Zündung des Kraftstoffes wird als Zündverzug bezeichnet. Ein Zündverzug von 0,001 Sekunden ist wünschenswert, da hierdurch ein ruhiger Motorlauf gewährleistet ist. Bei 0,002 Sekunden Zündverzug ist der Motorlauf hart (z. B. Nageln im Kaltlauf). Extremer Zündverzug kann Motorschäden verursachen. Jeder Viertakt-Dieselmotor hat nur bei jeder zweiten Kurbelwellenumdrehung einen Arbeitstakt.

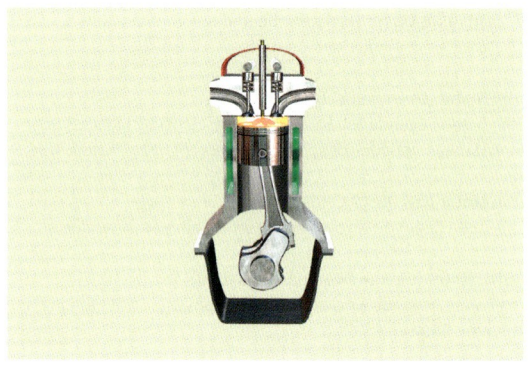

Vierter Takt – Ausstoßen
Der Kolben bewegt sich nach dem Unteren Totpunkt von der Kurbelwelle angetrieben wieder aufwärts. Das Einlassventil ist geschlossen. Das Auslassventil ist geöffnet. Die verbrannten Gase werden in die Abgasanlage hinausgepresst.

Zündfolgen bei Motoren mit mehreren Zylindern
Die Zündfolge ist die Reihenfolge, in der in den Zylindern nacheinander die Zündung erfolgt.
Übliche Zündfolgen:
Bei Vierzylinder-Reihenmotoren: 1-3-4-2 oder 1-2-4-3
Bei Sechszylinder-Reihenmotoren: 1-5-3-6-2-4 oder 1-2-4-6-5-3
Bei Sechszylinder-V-Motoren: 1-4-2-5-3-6
Bei Achtzylinder-V-Motoren: 1-5-7-2-6-3-4-8

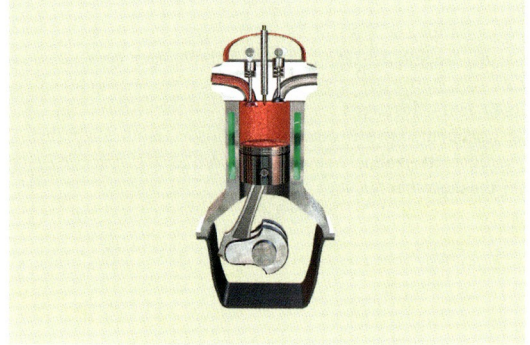

2. 4 Einspritzverfahren

Dieselmotoren werden unter anderem nach der Form des Brennraums unterschieden. Es gibt Motoren mit direkter oder indirekter Einspritzung.

- **Direkte Einspritzung**
  Die Einspritzung erfolgt direkt in den Brennraum. Bei Nutzfahrzeugen haben sich Motoren mit direkter Einspritzung durchgesetzt. Direkteinspritzer haben zwar ein lautes Verbrennungsgeräusch, sind aber sparsam im Verbrauch und haben einen einfachen Aufbau.

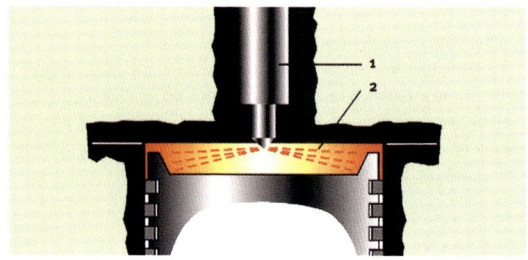

- **Indirekte Einspritzung** (Wirbelkammer, Vorkammer)
  Motoren mit indirekter Einspritzung (Wirbelkammer, Vorkammer) benötigen mehr Kraftstoff als solche mit direkter Einspritzung. Sie haben darüber hinaus schlechtere Kaltstarteigenschaften. Mit der Verfügbarkeit moderner Einspritzsysteme mit Drücken bis 2200 bar hat die indirekte Einspritzung beim Nutzfahrzeug stark an Bedeutung verloren. Bei niedrigen Außentemperaturen verschlechtert sich generell das Startverhalten des Dieselmotors.

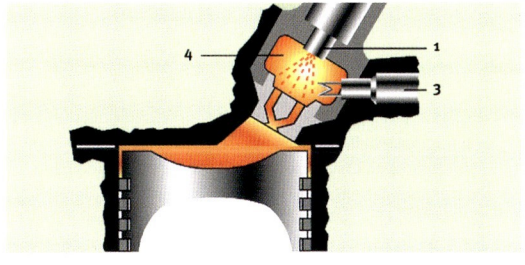

Daher müssen fremde Wärmequellen oder der Zusatz eines zündwilligen Mittels sein Startverhalten verbessern.
Solche Kaltstarthilfen sind:
- Glühstiftkerzen,
- Heizflansch,
- Flammstartanlage,
- Motor-Standheizung
- Startpilot.

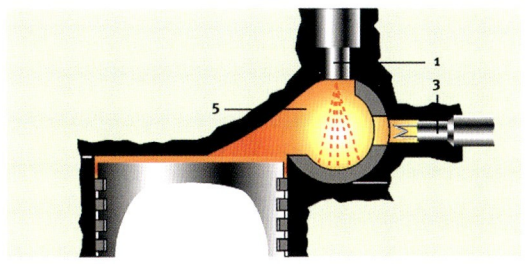

Achten Sie bei der Benutzung der Kaltstarthilfen unbedingt auf die Angaben in der Betriebsanleitung Ihres Fahrzeugs!
In der Startphase muss das Glühsystem die Glühstiftkerzen (engl. glow plug, heater plug) in kurzer Zeit auf ca. 850 °C erwärmen, um ein sicheres Anspringen des Motors zu gewährleisten.

Glühsysteme bestehen aus:
- Glühstiftkerzen,
- Glühzeitsteuergerät,
- Glühsoftware in der Motorsteuerung.

1 Einspritzdüse
2 Brennraum
3 Glühstiftkerze
4 Vorkammer
5 Wirbelkammer

Turbo Compound-System
Ein Turbo-Compound-Motor ist ein Verbrennungsmotor, bei welchem die Energie des Abgases außer zum Antrieb des Turboladers über die Abgasturbine auch noch durch eine nachgeschaltete Nutzturbine verwertet wird. Beim Öffnen der Auslassventile hat das Abgas einen höheren Druck als die Umgebungsluft. Bei einem Turbomotor wird ein Teil dieses Druckgefälles zum Antrieb eines Turboladers genutzt, der mit dieser Energie die Luft im Ansaugtrakt des Motors komprimiert. Bei einem Turbo-Compound-Motor wird das Abgas zusätzlich von einer zweiten Turbine genutzt, welche die erhaltene Energie über ein mechanisches oder hydraulisches Getriebe mit einer Untersetzung von etwa 20:1 bis 30:1 auf die Kurbelwelle überträgt. Dies führt durch die Ausnutzung der Wärmeenergie im Abgas zu einer Erhöhung des Motor-Wirkungsgrades.

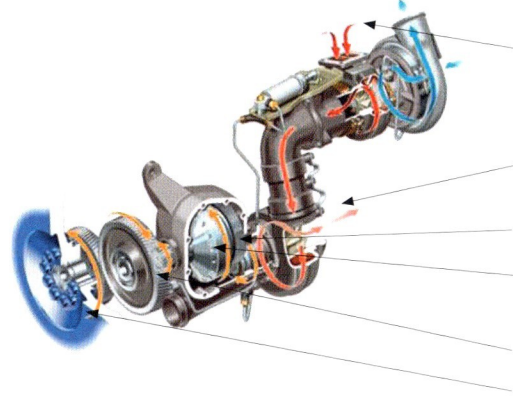

Abgase verdichten über Turbolader die Ansaugluft

Weiterleitung der Abgase zur zweiten Gasturbine (50.000 U/min)

Gasturbine wirkt nach Untersetzung

auf hydrodynamischen Wandler,

der über Untersetzungsgetriebe

auf die Kurbelwelle wirkt.

2.5 Kraftstoffanlage (engl. fuel system)

2.5.1 Aufbau

- der Förderpumpe mit dem Vorfilter (1), die den Kraftstoff zum Einspritzsystem fördert,
- der Filteranlage (2) mit Haupt- und Feinfilter. Es sind Filter mit besonders hohem Abscheidegrad notwendig, damit sich die Präzisionsteile der Einspritzanlage nicht vorzeitig abnutzen. Eine zweite wesentliche Funktion des Diesel-Kraftstofffilters ist die Abscheidung von Wasser zur Verhinderung von Korrosionsschäden im Einspritzsystem.
- das Einspritzsystem (3), welches den Einspritzdruck erzeugt, die Einspritzabfolge und die Einspritzmenge bestimmt und den Einspritzzeitpunkt festlegt,
- dem Drehzahlbegrenzer (4), der verhindert, dass die Drehzahl unbegrenzt bis hin zur Selbstzerstörung des Motors ansteigt,
- dem Spritzzeitversteller (5), der den Einspritzbeginn entsprechend der Drehzahl anpasst,
- den Einspritzdüsen (6), die den Kraftstoff in den Verbrennungsraum einspritzen,
- dem Überlauf (7), der den überflüssigen Kraftstoff aus der Filteranlage und aus den Einspritzdüsen in den Tank zurückbringt,
- dem Kraftstofftank (8) als Vorratsbehälter.

Die Kraftstofftanks sind häufig aus Stahlblech gefertigt. Im Rahmen der Gewichtsoptimierung der Fahrzeuge werden vermehrt Aluminium- oder bei kleineren Typen Kunststoffbehälter eingesetzt. Größere Kraftstoffbehälter sind durch gelochte Trennwände (Schwallwände) in mehrere Raume unterteilt. Diese Bauweise verhindert eine plötzliche Kraftstoffverlagerung (schwappen) beim Anfahren, Bremsen und bei Kurvenfahrten.

AdBlue®-Tanks und ELAFIX-Magnetadapter
Der für die Abgasnachbehandlung benötigte Harnstoff wird in separate Behälter getankt. Sie sind häufig in Kunststoff aufgeführt, immer beheizt und eisdruckfest ausgelegt. Manchmal befindet sich auch im Gehäuse des Diesel-Haupttanks eine zusätzliche Tankblase für AdBlue®. Um eine Dieselbetankung in diese Behälter zu verhindern, sind sie mit einem blauen Verschlussdeckel versehen und es ist ein hülsenformiger ELAFIX-Magnetadapter im Tankstutzen integriert. Das AdBlue®-Zapfventil lässt die Befüllung der Harnstofftanks nur in Verbindung mit dem Magnetadapter zu. Das definierte Magnetfeld im Adapter betätigt einen Magnetschalter im Auslaufrohr der Zapfpistole und gibt dadurch den Austritt des Harnstoffs frei. Auch ist umgekehrt eine Befüllung von Dieseltanks mit AdBlue® unmöglich, da der Austritt der Dieselzapfpistole nicht in den engeren ELAFIX-Magnetadapter passt.

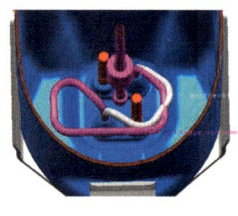
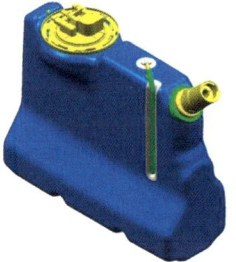

Schnittbild zeigt aufgeschnittenen AdBlue®-Tank mit Tankheizung

Kombitank: Rechter Tankdeckel (blau): AdBlue® Linker Tankdeckel: Diesel

Motor — Band 2

2. 5. 2 Arten der Einspritzpumpen (engl. fuel injection pump)

- **Reiheneinspritzpumpe (REP)**
Bei einer Reiheneinspritzpumpe sind die, den jeweiligen Zylindern zugeordneten Pumpenelemente in einem Gehäuse zusammengefasst. Die REP regelt Drehzahl, Einspritzmenge und Einspritzzeitpunkt (Spritzversteller). Die einzelnen Pumpenelemente sind als Hubkolbenpumpen gebaut, deren Hub nicht änderbar ist, Um eine variable Einspritzmenge zu erreichen sind die Kolben im laufenden Betrieb simultan drehbar ausgeführt (Zahnstange). Der Zylindermantel des Pumpenkolbens ist mit schraubenlinienförmigen Vertiefungen versehen, die - je nach Drehungsstellung des Kolbens früher bzw. später - die Zulaufbohrung in der Pumpenzylinderwand überfährt und verschließt. Der Verschluss der Zulaufbohrung ist der Förderbeginn des Pumpenelements. Die REP benötigt eine externe Schmierung, die meist durch die Anbindung an den Motorölkreislauf gewährleistet wird. Durch die Trennung von Schmierung und gefördertem Diesel gelten REP gegenüber Verteilereinspritzpumpen (VEP) als robuster in Bezug auf Verschleiß und Kraftstoffqualität. Die REP ist in modernen Dieselmotoren weitestgehend durch Common-Rail-, Pumpe-Leitung-Düse- oder Pumpe-Düse-Systeme abgelöst worden.

- **Verteilereinspritzpumpe (VEP)**
Verteilereinspritzpumpen bestehen aus einem kompakten Aggregat, in dem Förderpumpe, Hochdruckpumpe und Regelung integriert sind. Wegen ihrer kleinen Bauform ist die VEP für Anwendungen in Pkw, leichten Nutzfahrzeugen, Bau- und Landmaschinen geeignet. Axialkolben-Verteilereinspritzpumpen für Motoren mit indirekter Einspritzung (IDI) erzeugen Drücke bis 350 bar an der Einspritzdüse. Für Motoren mit direkter Einspritzung (DI) werden sowohl Axial- als auch Radialkolben-Verteilereinspritzpumpen mit Spitzendrücken von ca. 1950 bar eingesetzt. Verteilereinspritzpumpen werden mit Kraftstoff geschmiert und sind wartungsfrei.

Motor — Band 2

- **Pumpe-Düse-Einheit (PDE oder UIS)**
  Einspritzpumpe und Einspritzdüse sind zu einem Modul zusammengefasst (Unit Injector System -UIS) und eignet sich für Pkw leichte Lkw bis rd. 300 PS. Jede Einheit ist einem Zylinder zugeordnet. Das Pumpenelement wird von der Motornockenwelle angetrieben. Ein elektronisches Steuergerat steuert ein schnell schaltendes Magnetventil an. Dadurch werden der Einspritzbeginn und die Spritzdauer bestimmt. Es sind Einspritzdrücke bis zu 2.000 bar möglich. Durch die Direktmontage in den Motorblock wird bei der Einspritzung ein niedriges Geräuschniveau erreicht.

Legende:
1. Gleitscheibe
2. Rückstellfeder
3. Pumpenkolben
4. Pumpenkörper
5. Stecker
6. Hochdruckraum (Elementraum)
7. Zylinderkopf
8. Kraftstoffrücklauf
9. Kraftstoffzulauf
10. Federhalter
11. Druckbolzen
12. Zwischenscheibe
13. Integrierte Einspritzdüse
14. Spannmutter
15. Anker
16. Spule des Elektromagneten
17. Magnetventilnadel
18. Magnetventilfeder

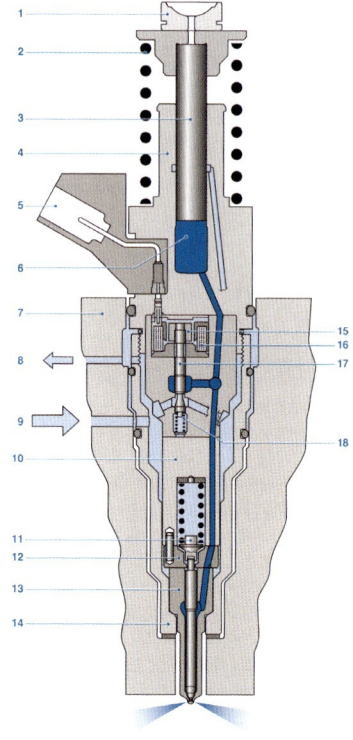

Unit Injector (UI) für Lkw. — Quelle: Bosch

- **Pumpe-Leitung-Düse-Einheit (PLD bzw. UPS)**
  Beim Pumpe-Leitung-Düse-System (engl. Unit Pump System) ist jedem Zylinder eine durch die Nockenwelle betätigte, einzelne Einspritzpumpe zugeordnet. Über eine kurze Leitung wird der Kraftstoff von der Pumpe in das Einspritzventil geführt, während die Pumpe-Düse-Einheit PDE ohne Verbindungsleitung auskommt. Der Unterschied zur Einzelpumpe bei REP und VEP liegt wiederum darin, dass bei PLD die Pumpe über ein zusätzliches Magnetventil verfügt, welches die Einspritzdauer gegenüber einem rein nockengesteuerten System variabel verkürzen oder auch unterbrechen kann. Auch die PLD-Systeme wurden weitgehend durch Common-Rail verdrängt.

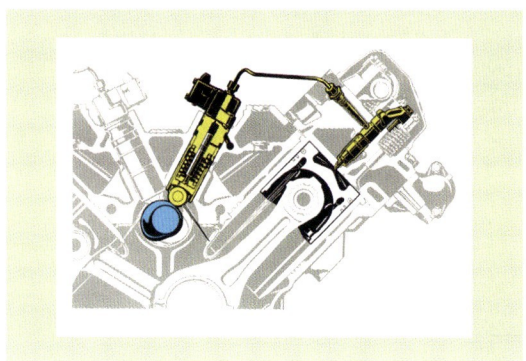

Unit Pump System (UPS) — Quelle: Bosch

Motor — Band 2

Legende:
1. Zylinderkopf
2. Düsenhalter
3. Düse
4. Magnetventil
5. Zulauf
6. Hochdruckpumpe
7. Nocken

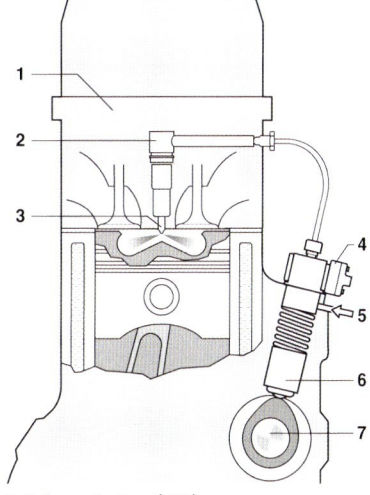

Unit Pump System (UPS) — Quelle: Bosch

- **Common-Rail-System (CDI-Technologie, heute bei modernen Motoren gebräuchlich)**
Diese Systeme sind modular aufgebaut. Die Druckerzeugung und die Einspritzung sind getrennt. Alle Zylinder werden über eine gemeinsame („common") Verteilerschiene („rail") mit Kraftstoff versorgt. Eine Hochdruckpumpe (bis 2.200 bar) (1) erzeugt den Einspritzdruck, der in der Verteilerschiene (2) als Systemdruck ständig allen Einspritzdüsen (Injektoren) (3) zur Verfügung steht. Der Einspritzdruck wird unabhängig von der Drehzahl und der Einspritzmenge „auf Vorrat" erzeugt. Die Elektronik (4) öffnet das Magnetventil der jeweiligen Injektoren und der unter hohem Druck stehende Kraftstoff wird durch bis zu 8 Austrittslöchern in den Zylinder eingespritzt. Der Injektor kombiniert die Einspritzdüse, einen sogenannten Aktor bei Piezo-Injektoren oder ein Magnetventil

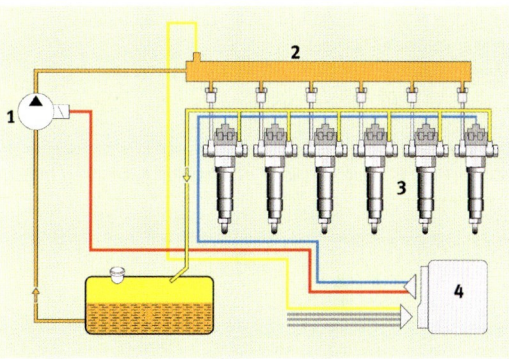

bei Magnetventil-Injektoren sowie die hydraulischen und elektrischen Anschlüsse zur Ansteuerung der Düsennadel in einem Bauteil. Er wird in jeden Motorzylinder eingebaut und ist über eine kurze Hochdruckleitung mit der Verteilschiene verbunden. Der Injektor wird von der Electronic Diesel Control (EDC) gesteuert. Sie sorgt für ein Öffnen oder Schließen der Düsennadel. Die Betätigung der Düsennadel kann mit extrem kurzen Schaltzeiten erfolgen (im Millisekundenbereich) und ermöglicht daher eine Vor-, Haupt- und Nacheinspritzung während der Kolben sich dem oberen Totpunkt nähert und diesen durchläuft.
Die Vor- und Nacheinspritzung lassen den Verbrennungsablauf „weicher" und schadstoffärmer verlaufen. Modernste Common-Rail-Systeme arbeiten mit Druckverstärkung im Injektor. Der maximale Einspritzdruck kann Werte von 2.700 bar erreichen.

Die Öffnungszeitpunkte der Magnetventile können extrem präzise gesteuert werden und sehr klein sein (Millisekundenbereich). So können beispielsweise während des Verdichtungshubs der Kolben kurz vor deren oberen Totpunkt mehrfach kleinste Dieselmengen eingespritzt werden, um die komprimierte Luft zusätzlich vorzuwärmen und um den Verbrennungsablauf „weicher" verlaufen

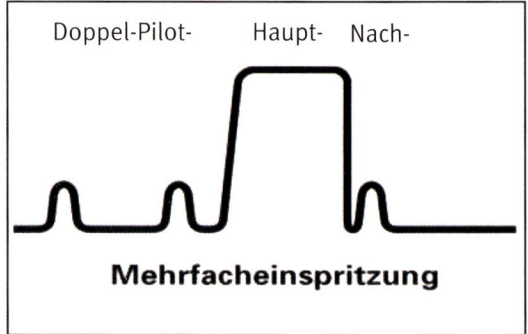

Einspritzverlaufsdiagramm eines modernen Common-Rail-Dieselmotors (Zeitverlauf)

2.5.3 Entlüften der Kraftstoffanlage

Wird der Tank leer gefahren, wird ein Filter erneuert oder werden Leitungen ausgetauscht, gelangt Luft in die Anlage.
Folge: Der Motor springt nicht an, er läuft unregelmäßig oder er verliert an Drehzahl.
Abhilfe: Die Einspritzanlage muss entlüftet werden.

Das geschieht, während der Motor durch den Startermotor gedreht wird. Das Einspritzsystem entlüftet sich sozusagen selbst.

Zum Entlüften der Einspritzpumpe und der Leitungen zu den Einspritzdüsen ist die Betriebsanleitung zu beachten. Entweder entlüften diese Bauteile von selbst oder die Druckleitungen müssen an das Düsenhaltern abgeschraubt werden.

Bei einigen Fahrzeugen muss zur Entlüftung eine verbaute Handpumpe betätigt werden.

Motor — Band 2

2.5.4 Störungen und Fehler an der Kraftstoffanlage

Störung/Fehler	Ursache	Behebung
Motor qualmt	Mängel in der Einspritzanlage. Die eingespritzte Kraftstoffmenge ist zu groß.	Werkstatt aufsuchen
	Luftfilter verstopft	Luftfiltereinsatz erneuern
Motor läuft unregelmäßig, verliert an Leistung	Kraftstoff- oder Vorfilter verschmutzt	Kraftstofffilter erneuern Vorfilter reinigen
Motor bleibt trotz vollen Tanks stehen	Luft in der Kraftstoffanlage	Kraftstoffanlage entlüften
Motor springt nicht an	Kraftstofffilter verstopft	Kraftstofffilter erneuern
Motor "nagelt" (hoher Verschleiß)	Betriebstemperatur wird nicht erreicht	Werkstattaufsuchen

2.6 Auflading der Motoren

Im Nutzfahrzeugbau werden Abgasturbolader verwendet, um die Leistung der Motoren zu erhöhen.

Turbolader (engl. turbocharger) oder vereinfacht „Turbo"

In den 1930er-Jahren wurden von der Adolph Saurer AG aus Arbon (CH) Diesel-Lastwagen als erste Straßenfahrzeuge mit Turbolader produziert. Der Turbolader steigert die Motorleistung bei gleichbleibendem Hubraum durch eine erhöhte Frischluftzufuhr für die Verbrennung.
Eine vom Abgasstrom angetriebene Turbine treibt ein Verdichterrad an. Beide Bauteile sitzen auf einer gemeinsamen Welle. So wird die angesaugte Luft durch das Verdichterrad unter höherem Druck in den Zylinder gedrückt, als bei einem Sauger-Motor. Der Motor erhält umso mehr Aufladung, d.h. zusätzlichen Sauerstoff, je schneller der Turbolader dreht.
Moderne Turbos gleichen das sogenannte „Turboloch" (geringer Ladedruck bei niedriger Turbinendrehzahl) durch eine spezielle Turbinengeometrie aus. Diese muss jedoch variabel sein (verstellbare Turbinengeometrie, VTG-Lader) um wiederum den Ladedruck bei höherer Drehzahl zu begrenzen, da er sonst den Motor beschädigen könnte. Einige Typen haben dafür ein sogenanntes „Waste Gate", einen gesteuerten Überdruckauslass, um den Ladedruck tw. abzulassen wenn er zu stark ansteigt. Modernste Turbo-Bauformen weisen einen asymmetrischen Aufbau auf. Zum schnellen Aufbau des Ladedrucks mit entsprechend raschem Anstieg von Leistung und Drehmoment werden beispielsweise bei einem 6-Zylinder-Reihenmotor die Abgase der Zylinder vier bis sechs ohne Umweg direkt in die Turbine geleitet. Von den Abgasen der Zylinder eins bis drei wird dagegen zur Regelung eine definierte Abgasmenge für die Abgasrückführung abgezweigt (siehe dazu später EGR). Sie dient der Senkung der NO_x-Emissionen.

Ein Turbolader ergibt
- mehr Leistung (durch mehr Sauerstoff)
- geringeren Verbrauch als bei einem Saugmotor gleicher Leistung,
- bessere Abgasqualität,
- leiseres Auspuffgeräusch (Dämpfungseffekt der Turbine).

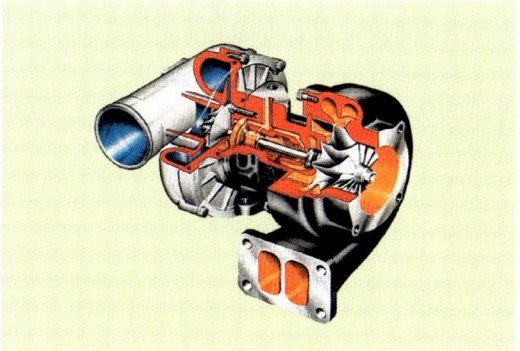

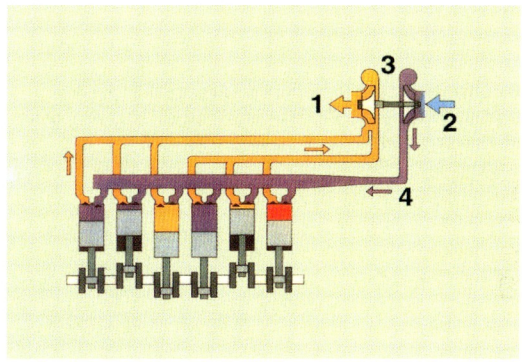

Legende:
1. Abgase
2. Ansaugluft
3. Turbolader
4. vorverdichtete Verbrennungsluft

Motor

Ladeluftkühlung (engl. intercooler)

Eine weitere Leistungssteigerung erreicht man durch die Ladeluftkühlung. Durch einen separaten Kühler wird die vom Turbolader durch die Verdichtung erwärmte Luft (Fahrradpumpeneffekt) wieder abgekühlt, bevor sie in die Zylinder gelangt. Da kalte Luft eine höhere Dichte als warme Luft hat, steht dann bei der Verbrennung im Zylinder noch mehr Sauerstoff zur Verfügung als bei verdichteter warmer Luft. Die Verbindungsschlauche zum/vom Ladeluftkühler und dieser selbst müssen druckfest sein. Wird ein solcher an seinen Stahl-Verstärkungsringen gut erkennbarer Schlauch abgerissen (abgedrückt), gibt es einen deutlich hörbaren Knall und die Motorleistung sinkt stark ab.

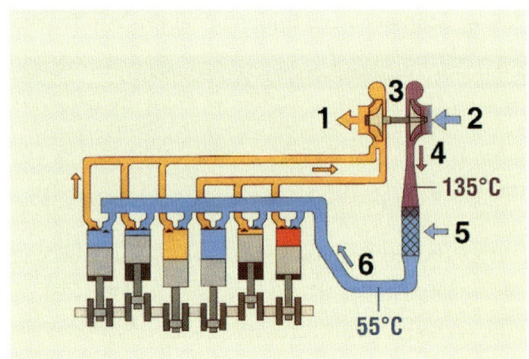

1   Abgase
2   Ansaugluft
3   Turbolader
4   vorverdichtete Verbrennungsluft
5   Ladeluftkühler, wird vom Fahrtwind durchströmt
6   abgekühlte, vorverdichtete Verbrennungsluft

2.7 Luftfilter (engl. air intake filter)

Die Luftfilteranlage reinigt die Ansaugluft des Motors und dämpft die Ansauggeräusche. Der Wartungsbedarf für den Luftfilter wird im Fahrerdisplay angezeigt.

Ein Sensor misst den Unterdruck der Ansaugluft hinter dem Luftfilter. Fällt der Druck zu stark ab, ist der Luftfilter verunreinigt und der Sensor meldet eine Störung.

Wird ein verschmutzter Luftfilter nicht rechtzeitig gewartet oder der Filtereinsatz nicht rechtzeitig ausgetauscht,
- erhält der Motor zu wenig Luft und neigt zum Qualmen,
- erhöht sich der Schadstoffanteil im Abgas,
- steigt der Kraftstoffverbrauch an,
- sinkt die Motorleistung,
- nimmt der Motorverschleiß zu.

Arten von Luftfiltern
- Trockenluftfilter
  Das Filterelement ist ein spezialbehandeltes Filterpapier.
  Der Ausscheidungsgrad liegt bei fast 100%.
  Der verschmutzte Luftfiltereinsatz wird als Ganzes ausgetauscht und muss fachgerecht entsorgt werden.
- Ölbadfilter
  Die angesaugte Luft wird über ein Ölbad gelenkt und vorentstaubt. Ölbadfilter werden heute kaum noch verwendet.
- Nassluftfilter
  Ein mit Öl benetztes Metallgewebe soll den Staub der angesaugten Luft binden.
  Diese Art der Luftreinigung findet im Nutzfahrzeugbau keine Anwendung mehr.
- Zyklonluftfilter
  Die angesaugte Luft wird in Rotation versetzt, sodass grober Staub durch die Zentrifugalkraft ausgeschieden wird. Der übrig gebliebene feine Staub wird anschließend über einen normalen Trockenluftfilter gefiltert.
  Für den Motoreinsatz in sehr staubhaltiger Luft, z.B. im Baustellenverkehr oder in Ländern mit überwiegend unbefestigten Straßen. Die Staubsammelkammer im Zyklon muss regelmäßig durch das Staubventil entleert werden (Bedienungsanleitung).

2.8 Motorkühlung (engl. cooling system)

Das Kühlsystem führt die Wärme ab, die die Motorbauteile während der Verbrennung aufgenommen haben.
Eine zu hohe Temperatur führt zu unkontrollierter Verbrennung, lässt den Schmierfilm abreißen und zerstört den Motor.
Ca. 30 % der nutzbaren Wärmemenge des Kraftstoffs gehen durch die Kühlung verloren. Die Wärme wird an die Umwelt abgegeben.
Eine gut auf den Motor abgestimmte Kühlung ermöglicht:
- erhöhte Zylinderfüllung,
- hohe Verdichtung,
- höhere Leistung bei niedrigem Kraftstoffverbrauch.

Der Kühlbedarf von modernen Lkw-Motoren ist durch moderne Abgasnachbehandlungssysteme und Downsizing in den letzten Jahren stark angestiegen.

Luftkühlung

Die an den zahlreichen Kühlrippen der (freistehenden) Zylinder vorbeiströmende Luft entzieht dem Motor die Wärme. Ein angetriebenes Gebläse sorgt für ausreichende Luftbewegung.
In modernen Nutzfahrzeugen ist diese Kühlmethode nicht mehr üblich.

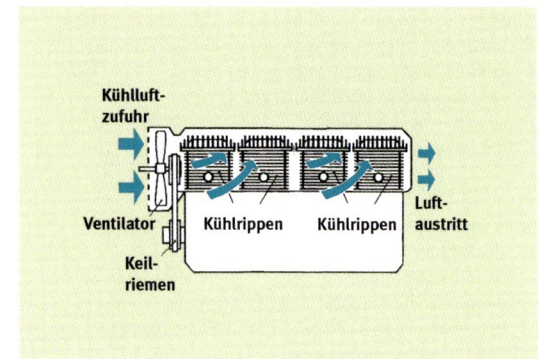

Wasserkühlung

Das Kühlmittel, engl. coolant,(Wasser gemischt mit Frostschutzmittel, engl. antifreeze) durchströmt den Motorblock und den Kühler und leitet die Wärme von den Zylinderwänden ab. Eine Kühlmittelpumpe (Wasserpumpe) halt die Flüssigkeit in Umlauf. Im Kühler wird die Wärme an die Umgebung abgegeben. Im Kühlkreislauf des Motors ist ein Thermostat eingebaut. Er regelt die Betriebstemperatur durch das Ab- und Zuschalten des großen Kreislaufs. Ist die Betriebstemperatur noch nicht erreicht, durchströmt die Kühlflüssigkeit nämlich nur einen kleinen Kreislauf, um den Motor schneller auf seine optimale Betriebstemperatur zu bringen. Die Kühlflüssigkeit wird von der Wasserpumpe über den Kühlmantel der Zylinder bis zum Zylinderkopf gedrückt. Das Thermostat sperrt den Zulauf zum Kühler, die Flüssigkeit erreicht wieder die Pumpe. Dem Kühlmittel ist ein Frostschutzmittel beigemischt. Es bleibt das ganze Jahr über im Kühlsystem und schützt

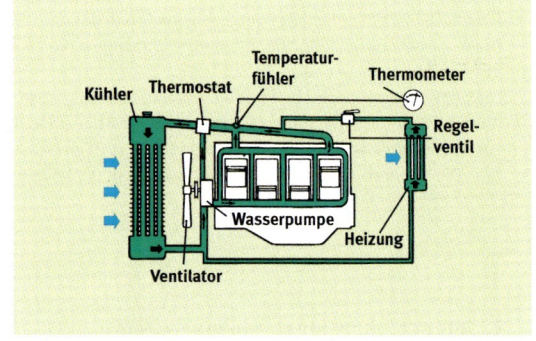

- das System im Winter vor dem Einfrieren und
- die Anlage vor Korrosion.

Ein Ventilator oder Lüfterrad (engl. cooling fan) erhöht den Wärmeaustausch im Kühler. In der Regel wird ein Viscolüfter (engl. viscous cooling fan) eingesetzt. Dieser schaltet sich automatisch je nach Kühlmitteltemperatur zu oder ab oder passt seine Drehzahl an, um nicht unnötig Energie zu verbrauchen. Der Lüfter sitzt direkt auf der Kurbelwelle oder wird über einen Riementrieb bzw. (oft bei Bussen) über eine Antriebswelle angetrieben. Bei manchen Fahrzeugen erfolgt der Antrieb auch hydrostatisch, das heißt durch Öldruck. Das Lüfterrad kann im Notfall (beispielsweise bei Ausfall der nicht starren Visco-Kupplung) verriegelt werden und läuft dann entsprechend mit der Motordrehzahl. Im Zuge der Reduzierung von Verlustleistung sind derzeit auch weitere Konzepte geregelter Lüfter mit elektronisch gesteuerten Kupplungen in Erprobung oder schon im Einsatz.
Der Wasserkühler und das meist davor angebrachte Fliegenschutzgitter sind besonders in der warmen Jahreszeit regelmäßig von groben Verunreinigungen zu säubern, um die optimale Kühlleistung zu erhalten. Vorsicht mit dem Dampfstrahler: Um die empfindlichen Lamellen des Kühlers nicht zu beschädigen, mit der Düse nicht zu dicht herangehen (minimum 40 cm) und immer rechtwinklig zur Kühlerfront abdampfen.

Motor — Band 2

Hinweise

Während der Fahrt:
- Kühlmittel-Temperaturanzeige beobachten. Die Temperatur des betriebswarmen Motors soll zwischen 80° und 105° C liegen.
  Ursachen für zu hohe Temperatur können sein:
    - fehlendes Kühlmittel,
    - lockerer Keilriemen, oder defekter anderweitiger Lüfterantrieb,
    - defekte Visco-Kupplung (Lüfter dreht nicht ausreichend schnell mit),
    - defektes Thermostat,
    - defekte Wasserpumpe,
    - verschmutzter Kühler.
- Displaymeldungen überwachen.
- Steigen bei der Kontrolle hinter der Wartungsklappe bei laufendem Motor Luftblasen im Ausgleichsbehälter hoch, deutet dies auf eine schadhafte Zylinderkopfdichtung hin.
- Das elektronische Motormanagement überwacht die Kühlmitteltemperatur. Bei Überschreitung eines festgelegten Grenzwertes wird ggf. die Motorleistung reduziert. Dem Fahrer wird die Reduzierung der Leistung angezeigt.

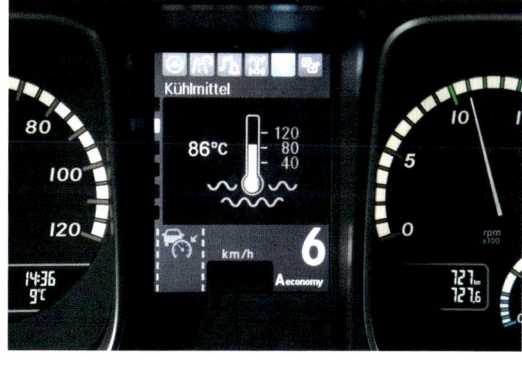

Kontrollen:
- Der Kühlmittelstand wird beim Einschalten der Zündung automatisch überwacht. Bei zu niedrigem Kühlmittelstand erfolgt eine Anzeige über das Fahrerdisplay. (Fehlendes Kühlmittel kann zu kapitalen Motorschäden führen).
- Bei der Sichtkontrolle vor allem prüfen, ob das Kühlsystem dicht ist. Am Ausgleichsbehälter, am Kühler, aus den Kühlleitungen und an den Verbindungsstellen darf keine Kühlflüssigkeit austreten (feuchte Stellen suchen, Leitungen abtasten). Mängel müssen umgehend beseitigt werden.
- Nach längerer Standzeit unter das Fahrzeug schauen und auf Flecken achten.
- Keilriemenspannung prüfen. Eine einfache Prüfmethode für unterwegs: Die längste Riemenstelle zwischen zwei Umlenkungen suchen und den Riemen mit kräftigem Daumendruck belasten. Er sollte nicht mehr als 1-2cm nachgeben. Wäre er zu locker, würde sich das auch durch Quietschen bemerkbar machen. Achtung: Der Motor ist bei der Prüfung aus und der Zündschlüssel befindet sich am besten in der Hosentasche des Prüfenden.

Wichtig beim Nachfüllen von Kühlmittel:
Das Kühlmittel nur unter 50° Betriebstemperatur nachfüllen. Anschließend den Motor in verschiedenen Drehzahlbereichen laufen lassen und abstellen. Dann den Kühlmittelstand erneut prüfen. Der Kühlflüssigkeitsstand im Ausgleichsbehälter muss sich zwischen den Markierungen MIN und MAX befinden.

Bei warmem Motor steht das Kühlsystem unter Druck (Verbrühungsgefahr!). Vor dem Öffnen des Ausgleichsbehälters erst den Überdruck durch vorsichtiges drehen des Verschlussdeckels nur bis zur ersten Raste vorsichtig entweichen lassen. Erst anschließend vollständig öffnen. Ggf. einen Lappen verwenden.
Wird bei heißem Motor kalte Kühlflüssigkeit zu schnell nachgefüllt, besteht die Gefahr eines Motorschadens.

Vor der kalten Jahreszeit die Frostschutzgrenze des Kühlmittels mit einem Prüfgerät kontrollieren. Zu geringer Frostschutz kann zu Schäden durch die gefrierende Kühlflüssigkeit führen.

2.9 Motorschmierung (engl. lubrication)

Das Schmiersystem transportiert das Motoröl an Bauteile, die sich gegeneinander bewegen und verringert die Reibung zwischen ihnen. Das Öl schmiert alle beweglichen Teile wie Kolben und Lagerstellen und verhindert ein Festlaufen des Motors. Es mindert den Verschleiß. Zwischen Lager und Welle bildet sich ein Schmierfilm, auf dem die Welle „schwimmt". Der Ölfilm sorgt dafür, dass sich die „rauen" Oberflächen nicht berühren. Als weitere wichtige Funktion führt das Öl die Wärme des Verbrennungsvorgangs ab und kühlt somit den Motor.

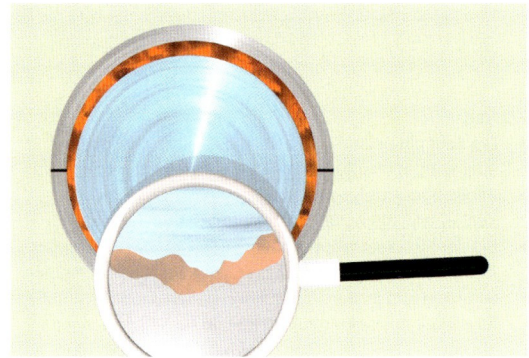

Druckumlaufschmierung
Üblicherweise wird eine Druckumlaufschmierung verwendet, die das Motoröl mit ca. 5 bar durch einen Kreislauf durch die Leitungen an die Schmierstellen drückt. Die von der Kurbelwelle angetriebene Ölpumpe pumpt das Öl aus der Ölwanne über Leitungen und Bohrungen zu den einzelnen Schmierstellen. Ein Ölfilter reinigt das Öl von mechanischen Verunreinigungen (Abrieb, Späne) welche aus dem Motor vom Ölstrom fortgespült werden. Von den Schmierstellen tropft das Öl ab und fließt in die Ölwanne zurück. In hoch belasteten Motoren tritt eine starke Erwärmung des Öls auf. Durch einen Ölkühler wird dessen Temperatur wieder herabgesetzt, da zu heißes Öl schneller altert. Wärmetauscher, im Ölkreislauf angeordnet, werden vom Kühlmittel umströmt und nützen dieses einerseits zum Kühlen des Motoröls, aber auch zu dessen schnelleren Erwärmung nach einem Kaltstart. Manche Motoren haben auch (zusätzlich) einen außenliegenden Ölkühler, der von Luft umströmt wird.

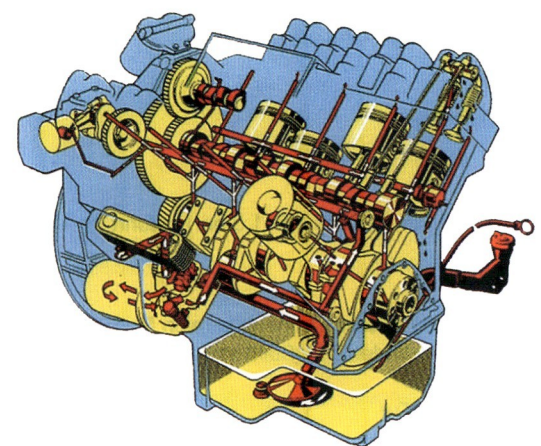

Motor — Band 2

Motoröl

Das Motoröl hat vielfaltige Aufgaben:
- Schmieren
- Kühlen
- Abdichten zwischen Kolben und Zylinderwand
- Reinigen, d.h. das Befreien des Motors von Schmutzpartikeln
- Geräuschdämpfung
- Korrosionsschutz.

An das Motoröl von Dieselmotoren werden besondere Anforderungen gestellt. Es muss hohen Drücken standhalten und temperaturbeständig sein. Bei hohen Temperaturen darf es nicht zu dünnflüssig sein, damit der Ölfilm nicht reißt. Bei Kälte darf es nicht zu dickflüssig sein, damit die Fließfähigkeit erhalten bleibt.

Das Grundöl für diese Hochleistungsschmierstoffe wird in einem speziellen Syntheseverfahren hergestellt wobei die Grundlagen für die bei allen Temperaturen optimale Viskosität und das ideale Fließverhalten gelegt werden. Dem Grundöl werden spezielle Wirkstoffe, sogenannte Additive, beigemischt. Dies sind zum Beispiel Antioxidantien sowie Mittel für den Verschleiß- und Korrosionsschutz. Zur Vermeidung von Verschmutzungen im Motor werden sogenannte Dispergentien und Detergentien eingesetzt.

Klassifizierung der Motoröle

Welches Öl für welchen Zweck? Motoröle für Otto- und Dieselmotoren werden in unterschiedliche Viskositätsklassen und nach Merkmalen für die Güte eingeteilt.

Die **SAE-Viskositätsklasse** ist ein Merkmal für die Zähflüssigkeit bzw. für das Fließverhalten des Motoröls bei unterschiedlichen Temperaturen.
- Einbereichsöle sind auf die Jahreszeit abgestimmt:
  SAE 10 ist ein dünnflüssiges Winteröl,
  SAE 40 ist ein dickflüssiges Sommeröl.
- Mehrbereichsöle sind ganzjährig einsetzbar, weil sie einen größeren Temperaturbereich abdecken.
  SAE 10W–50 ist ein Öl, das sowohl im Winter (10W) als auch im Sommer (50) verwendet werden kann.

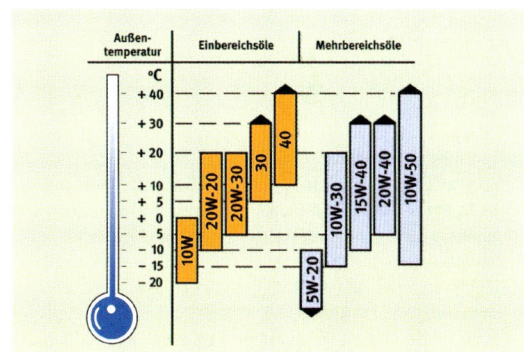

Die **ACEA-Spezifikation** ist eine europäische Norm für die Güte des Öls:
- A für Ottomotoren
- B für Pkw-Dieselmotoren
- E für Nutzfahrzeug-Dieselmotoren.

Die **API-Spezifikation** ist eine amerikanische Norm für die Qualität des Öls:
- S-Klassen-Öl für Ottomotoren
- C-Klassen-Öl für Dieselmotoren.

Der Motorhersteller schreibt teilweise eine bestimmte Ölsorte vor oder gibt nur bestimmte Ölsorten frei. Wird eine andere Ölsorte verwendet, erlischt die Garantie.

Getriebeöl

Anforderungen an das Getriebeöl
- hohes Druckaufnahmevermögen zur Übertragung der Kräfte an den Zahnflanken der Getrieberäder
- geringe Temperaturabhängigkeit für optimalen Kaltstart und sicheren Heißlaufbetrieb
- hohe Alterungsbeständigkeit für lange Ölwechselzeiten
- geringe Neigung zur Schaumbildung
- Schutz vor Korrosion, Verschleiß und Ablagerungen.

Motor Band 2

Viskosität nach SAE-Klassen
- Einbereichsgetriebeöle: SAE 80, SAE 90, SAE 140, SAE 250
- Mehrbereichsgetriebeöle: SAE 75W-90, SAE 80W-90, SAE 85-140.

API-Spezifikation von Getriebeölen
- GL 4 Getriebeöle für mäßig beanspruchte Schaltgetriebe und Achsantriebe
- GL 5 Getriebeöle für hochbeanspruchte Schaltgetriebe, besonders für niedrige Drehzahlen und hohe Drehmomente sowie für hochbeanspruchte Achsantriebe.

Kontrollinstrumente
- Der Ölstand wird durch einen Sensor überwacht und im Fahrerdisplay angezeigt.

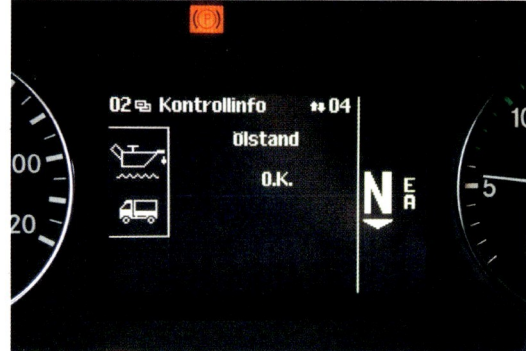

Überprüfung und Wartung
- Fällt der Öldruck ab, erscheint automatisch eine Meldung im Fahrerdisplay. Sofort sicher anhalten! Ein Motor, der mit zu wenig oder ohne Öl betrieben wird, geht in kürzester Zeit kaputt.
- Sichtprüfung auf Dichtheit täglich vor der Fahrt durchfuhren.
- Ölwechsel und Ölfilterwechsel in vorgeschriebenen Intervallen nach Herstellerangabe vornehmen. Durch Rußbildung und Oxidation tritt eine Ölverdickung auf, das Öl muss erneuert werden.

Folgen eines zu geringen Ölstandes
- Die Öltemperatur wird zu hoch, dadurch kann der Ölfilm abreißen.
- Die Betriebstemperatur des Motors erhöht sich.
- Bei einer Kurvenfahrt kann die Motorschmierung ausfallen.

2.10 Abgasanlage (engl. exhaust system)

Die Abgasanlage hat die Aufgaben:
- die heißen Verbrennungsabgase gefahrlos ins Freie zu leiten,
- die Auspuffgeräusche zu dämpfen,
- die Abgase von Schadstoffen zu reinigen, wenn eine Abgasnachbehandlungstechnologie verwendet wird.

Zur Abgasanlage gehören folgende Bauteile:
- Auspuffkrümmer, u.U. Turbolader, Rohre und Schwingungsentkoppelelement (Faltenbalg)
- Schalldämpfer,
- Bauteile der Abgasnachbehandlungsanlage.

Euro6-Abgasnachbehandlungsanlage

Motor — Band 2

Auspuffkrümmer (engl. exhaust manifold)
Im Auspuffkrümmer vereinigen sich die Abgaskanäle der einzelnen Zylinder zu einem gemeinsamen Auslass.

Schalldämpfer (engl. muffler)
Schalldämpfer mindern die Auspuffgeräusche gemäß den gesetzlichen Vorschriften.

Reflexionsdämpfer
Das Abgas wird durch unterschiedlich große Kammern geleitet. Die entstehenden Resonanzen sorgen für ein gegenseitiges Aufheben der Schallwellen. Reflexionsdämpfer werden als Hauptschalldämpfer eingesetzt.

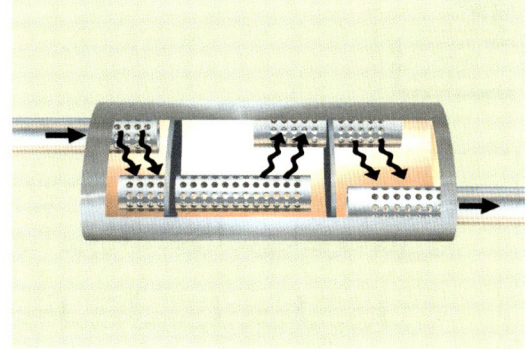

Absorptionsdämpfer
Die Schallwellen treten durch ein perforiertes Rohr in das Dämpfungsmaterial ein. Die Schallumwandlung erfolgt durch Reibung im Absorptionsmaterial (Dämpfungsmaterial).

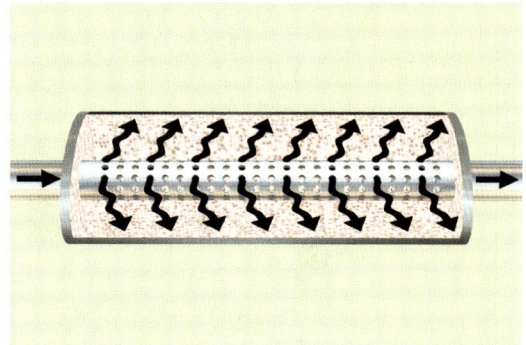

Bauteile der Abgasnachbehandlung
Abgasnachbehandlungskomponenten:
- Diesel-Oxidationskatalysator
- SCR-Katalysator
- Diesel-Partikelfilter.

Näheres zur Wirkungsweise der Abgasnachbehandlungssysteme im Kapitel „Abgasreinigung beim Diesel-Nutzfahrzeugmotor".

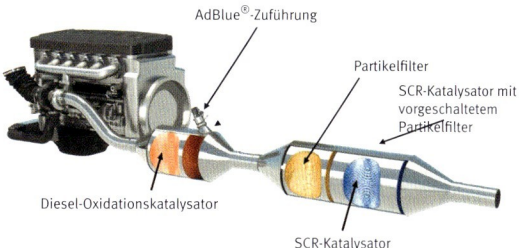

2.11 Motorsteuerung (Motormanagement) (engl. engine management system)

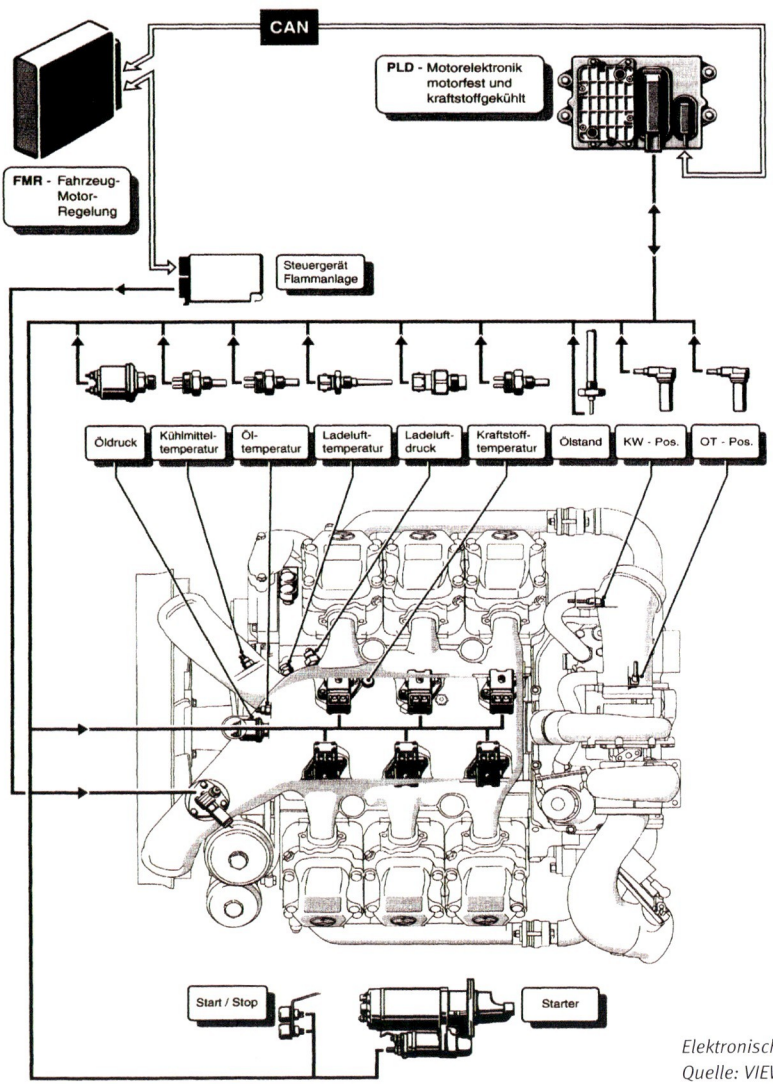

Elektronisches Motormanagement.
Quelle: VIEWEG Nutzfahrzeugtechnik

Die strengen gesetzlichen Anforderungen an die Abgasqualität lassen sich nur mit Hilfe elektronischer Motormanagementsysteme erfüllen (z. B. EDC = Electronic Diesel Control), welche die früheren mechanischen Einspritzsysteme ersetzt haben.

Die EDC ermöglicht in Verbindung mit modernen Einspritzsystemen eine optimale Regelung der eingespritzten Kraftstoffmasse, des Einspritzbeginns, des Ladedrucks sowie der Steuerung der Abgasrückführrate. Weitere EDC-Funktionen sind die Fahrzeugdiagnose, Drehzahl- und Fahrgeschwindigkeitsregelung sowie die Steuerung und Regelung der Abgasnachbehandlungssysteme wie z. B. Dieselpartikelfilter (DPF) und selektive katalytische Reduktion (SCR).

In Nutzfahrzeugen werden Fahrregelungen eingesetzt. Die Fahrregelung (FR) steuert die Leistung des Antriebsstrangs über Funktionen wie z. B. Tempomat, Fahrpedal, Motorbrems- und Retarderbetätigung, ABS oder ASR. Die Fahrregelung ist über einen **CAN**-Datenbus (**C**ontroller **A**rea **N**etwork), einer Datensammelleitung, mit dem Motorsteuergerät und z. B. Getriebesteuergerät und Bremssteuergerät verbunden.

Die Fahrregelung ermittelt für jede Fahrsituation die optimalen Einstellungen für Motor, Getriebe und Bremssysteme. Daraus resultieren geringer Kraftstoffverbrauch emissions- und verschleißarmer Betrieb sowie ein komfortables Fahrverhalten.

Motor

Band 2

2. 12 Nebenverbraucher

Der Motor treibt nicht nur das Fahrzeug an sondern auch eine ganze Reihe von Nebenverbrauchern:
- Wasserpumpe
- Lenkhelfpumpe
- Generator/Lichtmaschine
- Luftpresser
- Klimakompressor für Kabine und ggf. den Kühlkoffer

Auf der Suche nach den letzten Prozent Kraftstoffeinsparung werden einige Nebenverbraucher bei modernen Fahrzeugen permanent geregelt und strategisch angesteuert.
Die Wasserpumpe wird bei manchen Herstellern elektrisch angetrieben und wälzt immer nur so viel Kühlwasser um, wie notwendig. Die Lenkhelfpumpe wird nur bei einer beabsichtigten Lenkbewegung aktiv. Bei Geradeauslauf des Fahrzeugs arbeitet sie auf Sparflamme. Der Luftpresser füllt (wenn aus Sicherheitsgründen möglich) den Luftvorrat in den Luftkesseln bevorzugt im Schubbetrieb des Lkw auf und wirkt dabei ähnlich wie eine Motorbremse. Auch der Klimakompressor wird so gesteuert, dass er im Schubbetrieb „mehr Kälte produziert". All diese Maßnahmen bewirken in der Summe eine weitere Kraftstoffeinsparung.

3. Alternative Antriebe

3. 1 Erdgasmotor

Der Erdgasmotor ist ein Ottomotor. Er verfügt im Gegensatz zum Dieselmotor über Zündkerzen und eine Hochspannungszündanlage. Aktuell erzeugen Lkw mit LNG-Antrieb (engl. liquefied natural gas), also flüssig tankbares Erdgas eine gewisse Aufmerksamkeit. Von den fossilen Energieträgern hat Erdgas die geringsten Umweltauswirkungen. Es erzeugt bei der Verbrennung knapp 25% weniger CO_2 als Dieselkraftstoff und die Stickoxydemmissionen sind im Vergleich um 70% geringer. Rußpartikel sind kaum noch nachweisbar.
Als „Fremdzünder" zeichnet sich dieser Motor durch einen weichen Verbrennungsablauf und dadurch einen leisen Lauf aus. Nachteile sind die geringe Reichweite und der große Platzbedarf der hochisoliert ausgeführten Gasspeicher (Gasflaschen). Die Technologie befindet sich bereits bei einigen Speditionen im staatlich geförderten Erprobungsstadium.

Quelle: Daimler AG

3. 2 Wasserstoffmotor

Der Wasserstoffmotor ist ebenfalls ein Ottomotor, bei dem der Kraftstoff, also hier das Wasserstoff-Gas elektronisch geregelt in den Ansaugtakt eingeleitet wird. Der Motor arbeitet sozusagen emissionsfrei. Dem Auspuff entweicht lediglich Wasserdampf. Die Speicherung des flüssigen Wasserstoffs bei extrem niedrigen Temperaturen erfordert eine komplizierte Technologie.

Quelle: MAN

3.3 Brennstoffzellenantrieb (engl. fuel cell)

Bei dieser Bauart verwandeln die Brennstoffzellen-Module die im Wasserstoff enthaltene chemische Energie in elektrische Energie um. Der elektrische Strom wirkt über Elektromotoren auf den Antrieb. Für den hoch verdichteten Wasserstoff sind aufwändige und hochisolierte Tanks erforderlich.

Quelle: Daimler AG

3.4 Hybridantrieb

Das Fahrzeug hat mehrere Antriebsquellen. Der Antrieb kann mit einem Dieselmotor oder auch mit einem Elektromotor erfolgen. Beide Motoren können auch zusammen wirken (Boost-Betrieb). Eine rein elektrische (batteriebetriebene) Fahrt ist über kurze Distanzen möglich. Die Speicherung der elektrischen Energie erfolgt in Batterien oder Kondensatorenspeicher „Ultracaps". Ein mit „Ultracaps" ausgerüsteter Stadtbus hat einen diesel-elektrischen Antrieb und speichert die Bremsenergie in den „Ultracaps"." Beim Anfahren oder Beschleunigen wird die Energie wieder eingespeist. Ein vorwiegend im elektrisch angetrieben Pkw eingebauter „Range-Extender" (Reichweiten-Erhöher) ist ein kleinvolumiger Verbrennungsmotor, der nur dann anläuft, wenn die

Quelle: Daimler AG

Fahrbatterien erschöpft sind. Er lädt den Akku wieder auf und ermöglicht zugleich eine Fahrt mit mittlerer Geschwindigkeit. Da dieser Motor geschwindigkeitsunabhängig stets im optimalen Drehzahlbereich (Bestpunkt) betrieben werden kann (die Getriebefunktion erfolgt über die elektrische Regelung), arbeitet er kraftstoffsparend und emissionsarm.

3.5 Elektromobilität

Die Rolle der Elektromobilität nimmt eine zentrale und zukunftweisende Rolle bei vielen Unternehmen des ÖPNV ein. Viele Unternehmen haben die Kraftstoffeinsparung und Emissionsreduzierung bereits beim Einsatz von Hybridantrieben in ihren Bussen erkannt und setzen diese Fahrzeuge im Nahbereich ein. Der Linienbus der Zukunft fährt jedoch zu 100 Prozent elektrisch. Die Busse fahren fast geräuschlos und völlig emissionsfrei. Elektrobusse mit induktiver Ladetechnik, kurz „emil" ist der Schritt in ein neues Zeitalter. Die Ladung der E-Busse erfolgt induktiv und berührungslos über Schnellladestationen an ausgewählten Haltestellen auf dem Linienweg während des Fahrgastwechsels.
Beispielhaft sei hier die Braunschweiger Verkehrs GmbH genannt.

Spezielle Haltestelle mit einer Schnellladestation am Braunschweiger Hauptbahnhof

Das Aufnahmepad des Busses senkt sich über das Ladepad.

Die Elektromobilität gibt es auch für Lastkraftwagen. Im Jahr 2016 hat Scania ein völlig neues Antriebskonzept vorgestellt. Der Hybrid-Lkw kann bei Bedarf mit einem montierten Stromabnehmer die Oberleitungen als Energiequelle nutzen. Der Euro-6-zertifizierte Lkw fährt entweder mittels Elektromotor oder mit Biokraftstoff, ganz ohne auf fossile (herkömmliche) Kraftstoffe angewiesen zu sein.

Der zwei Kilometer lange Autobahnabschnitt E16 in Schweden.

Motor — Band 2

4. Motorkennlinien

4.1 Volllastkennlinien

Um einen Vergleich der Verbrennungsmotoren zu erhalten, nutzt man die Hauptgrößen
- Drehmoment,
- Leistung,
- spezifischer Kraftstoffverbrauch bezogen auf die Drehzahl des Motors (hier Mercedes-Benz OM 501 mit 320 kW)

Motordrehmoment (M)

Das Motordrehmoment (M), gemessen in Newtonmeter [Nm], wird auf einem Prüfstand ermittelt, der Motor wird dabei „abgebremst". Im Abstand von jeweils 100 Umdrehungen/Minute erfolgt eine Messung. Werden die Messpunkte miteinander verbunden, entsteht die Drehmomentkurve. Im unteren Drehzahlbereich erreicht ein Nfz-Dieselmotor bereits sein maximales Drehmoment. Bei steigender Drehzahl sinkt das Drehmoment, weil bedingt durch die hohen Kolbengeschwindigkeiten die Zeit nicht mehr ausreicht, um den Motor genügend Kraftstoff zuzuführen und diesen effizient und schadstoffarm zu verbrennen.

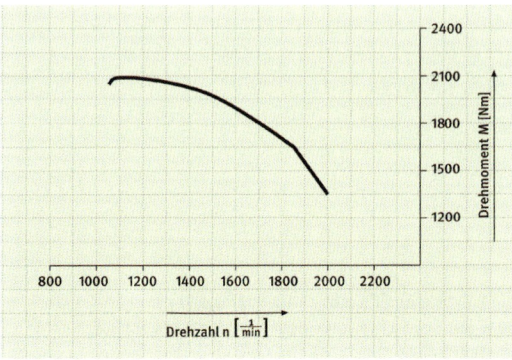

*Das maximale Drehmoment von **2100** Nm liegt bei diesem Motor in einem Drehzahlbereich zwischen **1080** 1/min.*

Leistung (P)

Die Leistung (P), gemessen in Kilowatt [kW], kann nicht direkt gemessen werden und wird daher errechnet. Das Produkt aus Motordrehmoment und Motordrehzahl ergibt die Motorleistung.

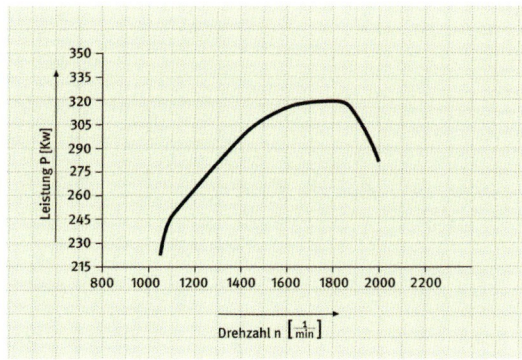

*Die maximale Leistung von **320** kW erreicht dieser Motor bei **1800** 1/min.*

Spezifischer Kraftstoffverbrauch (b)

Der spezifische Kraftstoffverbrauch (b) wird in Gramm/Kilowattstunde [g/kWh] angegeben. Er wird durch Messungen am Motorprüfstand ermittelt. Eine prinzipbedingte schlechte Durchmischung von Kraftstoff und Luft im unteren Drehzahlbereich ergibt ebenso einen höheren Verbrauch, wie im oberen Drehzahlbereich die unvollkommene Verbrennung Ursache für einen Verbrauchsanstieg ist. Der geringste spezifische Kraftstoffverbrauch wird daher nur in einem definierten Drehzahlbereich erreicht.

Quelle: IAV GmbH

Motor

Band 2

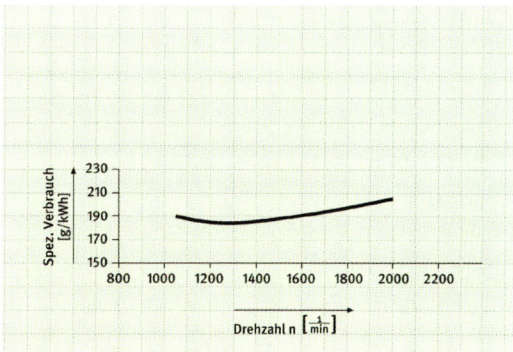

*Bei einer Drehzahl von **1100** bis ca. **1500** 1/min liegt der spezifische Kraftstoffverbrauch bei Volllast unter **190** g/kWh. Das entspricht dem grünen Drehzahlbereich.*

Leistungsdiagramm
Das Leistungsdiagramm eines Motors ist die Zusammenfassung der drei Größen Drehmoment, Leistung und spezifischer Kraftstoffverbrauch.

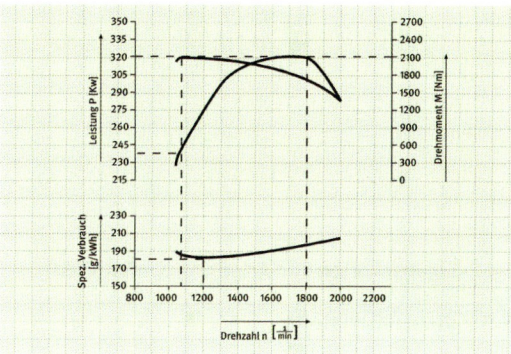

*Der elastische Bereich eines Motors liegt zwischen dem maximalen Drehmoment und der maximalen Leistung. Der am Prüfstand abgebremste Motor weist einen Elastizitätsbereich zwischen **1080** und **1800** 1/min auf.*

Ermittlung des Kraftstoffverbrauchs
Um Nutzfahrzeuge wirtschaftlich und umweltschonend einzusetzen, sollte der Kraftstoffverbrauch des Fahrzeugs bezogen auf 100 km Fahrstrecke grundsätzlich nach jedem Tanken ermittelt werden. Liegt die Abweichung des Verbrauchs höher als 10–15 % deutet das auf ein Problem hin, dessen Ursache ergründet werden muss.
Beispiel:
Getankte Menge Kraftstoff l = 390 Liter
Gefahrene Strecke s = 1450 km

$$\text{Verbrauch} = \frac{\text{getankte Kraftstoffmenge (l)} \cdot 100}{\text{gefahrene Strecke (km)}}$$

$$\text{Verbrauch} = \frac{390\,l \cdot 100}{1450\,km}$$

$$\text{Verbrauch} = 26{,}9\,l\,/\,100\,km$$

Einfacher ist die Verbrauchsermittlung durch einen Verbrauchsrechner, welcher bei modernen Nutzfahrzeugen installiert ist. Im Display kann der momentane Verbrauch sowie der Durchschnittsverbrauch bezogen auf 100 km Fahrstrecke abgerufen werden. Der Rechner zeigt dem Fahrer auch die noch mögliche Fahrstrecke mit dem vorhandenen Kraftstoffvorrat an.

Kraftstoff-Verbrauchskennfeld

Das Kraftstoff-Verbrauchskennfeld wird aufgrund der Linienführung auch als Muscheldiagramm bezeichnet. Dieses Diagramm zeigt den Zusammenhang von Drehzahl, Leistung, Drehmoment und spezifischem Kraftstoffverbrauch zu jedem Betriebspunkt eines Verbrennungsmotors. Es dient vor allem dem Motorenkonstrukteur, um konstruktive Änderungen am Motor vergleichend zu überprüfen.

Eine Auswertung des Muscheldiagramms kann aber auch Ihnen als Fahrer helfen, verbrauchsgünstig zu fahren. An der dicken 100 kW Linie ist zu erkennen, dass die beiden Betriebspunkte P1 und P 2 zwar auf der gleichen Linie liegen (der Motor also 100 KW abgibt) dennoch einen unterschiedlichen Verbrauch bewirken. Es ist also geboten herunterzuschalten um eine verbrauchsgünstigere Motordrehzahl von ca. 1360 Umdrehungen pro Minute zu erreichen.

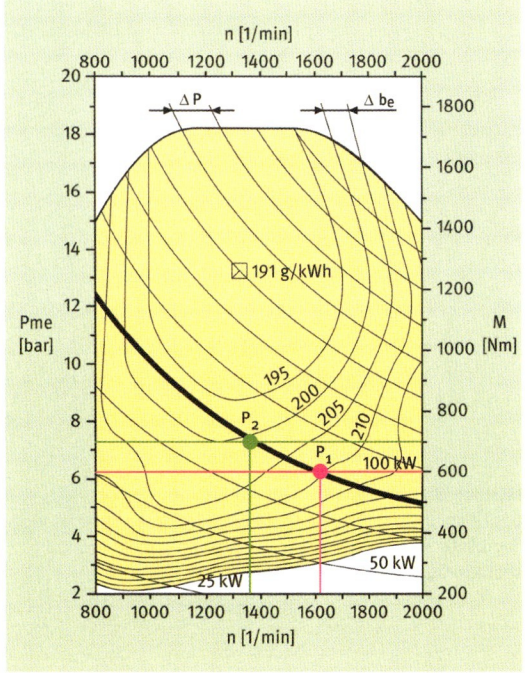

5. Eigenschaften und Arten von Kraftstoffen

5.1 Diesel-Kraftstoffe

Zündwilligkeit
Dieselkraftstoffe sind Kohlenwasserstoffverbindungen, und werden aus Erdöl gewonnen. Der Siedebereich der Verbindungen liegt zwischen 180 °C und 370 °C. Da der Dieselmotor ohne Fremdzündung (Zündkerzen) arbeitet, muss sich der Kraftstoff unmittelbar nach dem Einspritzen in die heiße, komprimierte Luft im Verbrennungsraum von selbst entzünden. Der Dieselkraftstoff muss „zündwillig" sein. Das Maß für die Zündwilligkeit ist die Cetan-Zahl (CZ). Für einen störungsfreien Betrieb des Dieselmotors ist eine CZ von 48 – 52 notwendig.

Wintereigenschaften
Bei Wintertemperaturen unter -10 °C fallen Paraffinkristalle aus dem Kraftstoff aus. Der Kraftstofffilter verstopft (versulzt), die Kraftstoffzufuhr wird unterbrochen, der Dieselmotor springt nicht mehr an. Es muss Winter-Diesel getankt werden. Diese Kraftstoffe sind besonders aufbereitet. Sie erhalten in der Raffinerie einen Zusatz von Fließverbesserern. Dadurch wird ein störungsfreier Betrieb in der kalten Jahreszeit gewährleistet. Zur Verbesserung der Kältebeständigkeit wurde früher dem Dieselkraftstoff häufig Petroleum bzw. Normalbenzin zugemischt. Das ist heute bei normgerechten Kraftstoffen nicht mehr notwendig bzw. nicht mehr zulässig, da moderne Einspritzsysteme durch Einsatz von Benzin beschädigt werden können.

Schwefel
Um die Funktion der Abgasnachbehandlungssysteme wie Partikelfilter und SCR-Katalysator störungsfrei zu gewährleisten, muss der Schwefelgehalt des Dieselkraftstoffes niedrig sein. Die Grenzwerte für den Schwefelgehalt des Dieselkraftstoffes in Europa betragen in den Jahren:
- 2005 bis 2008: 50 mg/kg (schwefelarm),
- ab 2009: nur noch 10 mg/kg (schwefelfrei).

Achtung: Im osteuropäischen Ausland, Nordafrika oder Kleinasien ist der Kraftstoff möglicherweise nicht flächendeckend mit dem erforderlichen niedrigen Schwefelanteil erhältlich.

5.2 Benzin-Kraftstoffe

Auch Otto-Kraftstoffe sind Kohlenwasserstoffverbindungen, die aus Erdöl gewonnen werden. Der Siedebereich dieser Verbindungen liegt zwischen 30 °C und 210 °C. Im Gegensatz zum Dieselkraftstoff ist Otto-Kraftstoff klopffest. Das heißt, das Kraftstoffluftgemisch muss sich sehr hoch verdichten (komprimieren) lassen, ohne dass es sich selbst entzündet. Die ROZ (Research Oktanzahl) ist das Mass für die Klopffestigkeit.
Die drei verschiedenen Otto-Kraftstoffe unterteilen sich wie folgt, wobei der Super-Plus-Kraftstoff die höchste Klopffestigkeit aufweist.
Normal-Benzin min. 91 ROZ
Super min. 95 ROZ
Super Plus min. 98 ROZ

5.3 Alternative Kraftstoffe

Bio-Diesel
Bio-Diesel trägt zum Schutz der Erdatmosphäre bei. Er ist biologisch abbaubar und vermindert die Gefährdung von Boden und Gewässern. Bio-Diesel stellt daher besonders für ökologisch sensible Bereiche eine umweltschonende Alternative dar. Die geringeren Emissionen bei der Verbrennung machen ihn zu einem interessanten Kraftstoff für hoch belastete Stadtgebiete. Agrarflächen werden zur Erzeugung dieses „nachwachsenden" Kraftstoffs genutzt. Reines Rapsöl ist als Kraftstoff für Dieselmotoren nicht geeignet. Durch entsprechende Aufbereitung des Pflanzenöls entsteht der so genannte Bio-Diesel (Raps-Methyl-Ester – RME). Dieser Kraftstoff ist dem normalen Dieselöl fast gleichwertig. Nahezu alle Fahrzeughersteller haben Bio-Diesel zum Betrieb ihrer Dieselmotoren freigegeben.

Reines Rapsöl ist als Kraftstoff für Dieselmotoren nicht besonders geeignet. Durch entsprechende Aufbereitung des Pflanzenöls entsteht der so genannte Bio-Diesel (Raps-Methyl-Ester – RME). Dieser Kraftstoff ist dem normalen Dieselöl fast gleichwertig.
Nahezu alle Fahrzeughersteller haben Bio-Diesel zum Betrieb ihrer Dieselmotoren freigegeben.

Der praktische Einsatz

Beim Einsatz von Bio-Diesel in serienmäßigen Dieselmotoren sind einige Hinweise zu beachten, um einen reibungslosen Betrieb dauerhaft zu gewährleisten. So sollte nach einigen Tankfüllungen Bio-Diesel, die nach bisheriger Verwendung von herkömmlichem Diesel getankt wurden, der Kraftstofffilter ausgewechselt werden. Da sich Bio-Diesel wie ein Lösungsmittel verhält, können gelöste Kraftstoffrückstände zu Filterverstopfungen führen. Mit Bio-Diesel in Berührung gekommenen Lackflächen sollten umgehend abgewischt werden. Manche Gummi- oder Kunststoffmaterialien sind bei älteren Fahrzeugen unter Umständen bei längerem Gebrauch nicht beständig gegenüber Bio-Diesel (Aufquellen von Dichtungen und Kraftstoffschläuchen). Abhilfe können Kunststoffe aus Fluorkautschuk sein. Auskunft über die verwendeten Materialien kann die zuständige Fachwerkstatt geben. In seltenen Fällen kann es zu einer Verdünnung des Motoröls mit Kraftstoff kommen. Das tritt in der Regel nur dann auf, wenn der Motor über längere Zeit mit schwacher Belastung gefahren wird. Ölwechselintervalle sollten daher entsprechend den Herstellerangaben eingehalten werden.

Erdgas

Edgas kann zum Energieträger der Zukunft werden. Erdgas ist ein ökologisch wertvoller Treibstoff, denn bei seiner Verbrennung im Fahrzeugmotor entstehen nahezu keine Partikelemissionen. Die Abgase sind geruchsfrei. Mit einem geregelten Dreiwege-Katalysator wird der Ausstoß von Schadstoffen auf extrem niedrige Werte reduziert.

Der Erdgasmotor ist ein Ottomotor. Er verfügt über Zündkerzen und eine Zündanlage. Als „Fremdzünder" zeichnet sich dieser Motor durch einen besonders weichen Verbrennungsablauf und einen leisen Lauf aus. Das ist z.B. beim (Kommunal-)Fahrzeugeinsatz in Wohngebieten vorteilhaft. Der Nachteil dieses Systems ist das benötigte große Volumen der technisch anspruchsvollen Gasspeicher um eine Reichweite von derzeit bis zu 1.500 km zu erreichen. Erdgasmotoren werden aktuell in bescheidenem Umfang im Fernverkehr in Lkw bis 350 PS eingesetzt und als Antriebsmotor für Stadtbusse verwendet.

6. Emissionen

6.1 Abgaszusammensetzung

Um bei der Verbrennung von Dieselkraftstoff wenig Schadstoffe entstehen zu lassen, arbeitet der Dieselmotor mit Luftüberschuss. Zur Verbrennung von 1 kg Kraftstoff werden 14,5 kg Luft benötigt.
Abgasbestandteile, ihre Zusammensetzung und Eigenschaften:
Das Abgas besteht überwiegend aus den ungiftigen Bestandteilen Stickstoff, Kohlendioxid, Wasserdampf und Sauerstoff. Kohlendioxid wird in Bezug auf die Abgasemissionen von Kraftfahrzeugen nicht als Schadstoff eingestuft. Es gilt jedoch als Mitverursacher des Treibhauseffektes und die dadurch verursachte globale Klimaerwärmung.

Die im Dieselabgas enthaltenen wesentlichen Schadstoffe sind:

- **Kohlenmonoxid CO**
  Farb-, geruch- und geschmackloses Gas. 0,3 Vol.-% CO in der Atemluft können innerhalb von 30 Minuten tödlich wirken. Kohlenstoffmonoxid ist ein gefährliches Atemgift. Da das Gas nicht reizend ist, wird es kaum wahrgenommen. Einmal über die Lunge in den Blutkreislauf gelangt, behindert es den Sauerstofftransport im Blut, was zum Tod durch Ersticken führen kann. Auch ein Verbringen eines Verletzten in die frische Luft bewirkt keine Besserung, weil der Sauerstoff im Körper durch die „CO-blockierten" Blutplättchen nicht mehr in ausreichender Menge verteilt werden kann.

- **Stickoxide NO$_x$**
  Verbindungen aus Sauerstoff und Stickstoff
  – Stickstoffmonoxid NO: Farb-, geruch- und geschmackloses Gas, wandelt sich in der Luft langsam in NO$_2$ um.
  – Stickstoffdioxid NO$_2$: In reiner Form ein rotbraunes, stechend chlorartig riechendes, giftiges Gas. Die im Abgas auftretenden Konzentrationen können die Schleimhäute und Lunge reizen.

- **Kohlenwasserstoffe HC**
  Sie sind in großer Vielfalt im Abgas vorhanden. Aromatische HC gelten als krebserregend. Ungesättigte HC sind Hauptverursacher von Smogbildung und reizen die Schleimhäute.

- **Rußpartikel**
  Sehr kleine Teilchen, die „lungengängig" sind und so Giftstoffe in den Körper transportieren. Die Partikel stehen im Verdacht, krebserregend zu sein.

Frischgas			
Dieselkraftstoff		Luft	
Kohlenstoff CO	Wasserstoff H	Sauerstoff O	Stickstoff N

Abgas				
Stickstoff (66 %) N$_2$	Kohlendioxid (12 %) CO$_2$	Wasserdampf (11 %) H$_2$O	Sauerstoff (10 %) O$_2$	Schadstoffe und Partikel

Zusammenhang zwischen Kraftstoffverbrauch und Emissionen:
Einspritzbeginn, Einspritzverlauf und die Zerstäubung des Kraftstoffes beeinflussen die Schadstoffemission. Durch späte Einspritzung des Kraftstoffs in den Brennraum kann die NO$_x$-Emission vermindert werden. Gleichzeitig steigen bei späterer Einspritzung der Kraftstoffverbrauch und die HC-Emission an.

6.2 Abgas- und Diagnosegesetzgebung

Die Richtlinien der europäischen Abgasgesetzgebung unterscheiden nach Fahrzeugklassen.

Pkw und leichte Nutzfahrzeuge:
- zGM unter 3,5 t,
- Pkw zum Personentransport mit höchstens 8 Fahrgastplätzen,
- leichte Nutzfahrzeuge (**L**ight **D**uty **T**ruck) für den Gütertransport.

Die Emissionsvorschriften sind in der Richtlinie 70/220/EG festgelegt.
Die Emissionsprüfung (Zertifizierung) wird auf einem Fahrzeug-Rollenprüfstand durchgeführt.

Schwere Nutzfahrzeuge (Heavy **D**uty **T**ruck**):**
- zGM über 3,5 t,
- Busse mit mehr als 8 Fahrgastplatzen.

In der Richtlinie 88/77/EWG sind die Emissionsvorschriften (Euro-Normen) festgelegt.
Die Emissionsprüfung wird mit dem nicht eingebauten Motor auf einem Motorprüfstand durchgeführt.
In den Euro-Normen sind für Lkw-Dieselmotoren Grenzwerte für Kohlenwasserstoffe (HC), Kohlenmonoxid (CO), Stickoxide (NO_X), Partikel und die Abgastrübung festgelegt. Die Grenzwerte werden auf die Motorleistung bezogen in g/kWh angegeben.
Seit Einführung der Emissionsgesetzgebung in Deutschland im Jahre 1982 wurden die Grenzwerte stufenweise verringert.

Bestimmungen	Euro III	Euro IV	Euro V	Euro VI
Einführung	Euro III 2000/2001	Euro IV 2005/2006	Euro V 2008/2009	Euro VI 2013/2014
Test Zyklus	ESC, ELR, (ETC)	ESC, ELR, ETC	ESC, ELR, ETC	WHCD
Emissions-obergrenze	NO_X = 5.0 g/kWh PM = 0.10 g/kWh	NO_X = 3.5 g/kWh PM = 0.03 g/kWh 1)	NO_X = 2.0 g/kWh PM = 0.03 g/kWh)	NO_X = 0.46 g/kWh PM = 0.010 g/kWh PN = 6x10E11 1/kWh
OBD (On Board Diagnose)	–	Summe Funktionsfehler (und NO_X Überwachung seit 2007	Emissions-schwellenwert	Neu = › WWH-OBD
Plausibilität AdBlue-Verbrauch	–	NO_X Überwachung seit 2007 = › Reduzierung des Drehmoments	NO_X Überwachung = › Reduzierung des Drehmoments	Bestimmungen zur Reagenzkontrolle
Standfestigkeit des Systems	–	500.000 km/ 200.000 km	500.000 km/ 200.000 km	700.000 km/ 300.000 km
Emissionsmessprozedere	Teilstrom (ESC) CVS (ETC); PM gravimetrisch	Teilstrom-Verdünnung PM gravimetrisch	Teilstrom-Verdünnung PM gravimetrisch	Zählung der Partikel-Anzahl PN, NH_3

WHDC (World Harmonized Duty Cycle)
ESC Stationär-Zyklus im Hauptfahrbereich
ELR Lastaufnahme-Zyklus
ETC Transient-Zyklus
WWH-OBD World Wide Harmonized On-Board-Diagnostic

Quelle: ACEA

Emissionsstandards für Nutzfahrzeugmotoren im Laufe der Zeit.

Die heute gültige Euro-6-Norm ist für alle neuen Nutzfahrzeuge seit 1. Januar 2014 in Kraft. Für alle neuen Fahrzeugtypen gilt sie schon seit 1. Januar 2013.

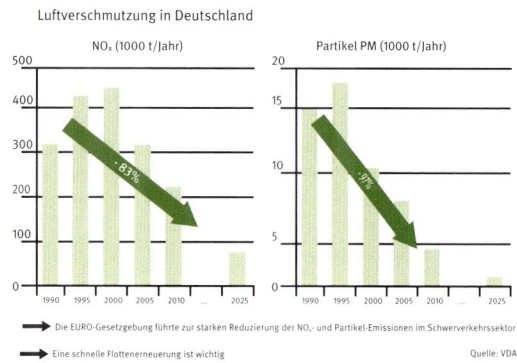

Luftverschmutzung in Deutschland

➤ Die EURO-Gesetzgebung führte zur starken Reduzierung der NO_X- und Partikel-Emissionen im Schwerverkehrssektor
➤ Eine schnelle Flottenerneuerung ist wichtig

Quelle: VDA

Verbote, die zur Verminderung von Luftverschmutzungen beitragen

Verkehrsverbote für Kraftfahrzeuge sollen lokal schädliche Luftverschmutzungen vermindern. Die Maßnahmen beruhen auf dem Bundes-Immissionsschutzgesetz (BImSchG) und sind durch Luftreinhalte- oder Aktionspläne der Länder geregelt. Die zuständigen Behörden können den Kraftfahrzeugverkehr einschränken, wenn er maßgeblich zur Überschreitung festgelegter Grenzwerte (z. B. Feinstaub) beiträgt.

Beginn und Ende eines Verkehrsverbots zur Vermeidung schädlicher Luftverunreinigungen in einer Zone.

Ausnahmen sind vorgesehen für schadstoffarme Kraftfahrzeuge, die mit einer amtlichen Plakette versehen sein müssen. Es gibt vier unterschiedliche Schadstoffgruppen, die sich an den Abgasnormen orientieren:

- ohne Plakette = Schadstoffgruppe 1:
  Fahrzeuge ohne geregelten Katalysator und ältere Diesel-Fahrzeuge
- rote Plakette = Schadstoffgruppe 2:
  Fahrzeuge entsprechen der Abgasnorm EURO 2
- gelbe Plakette = Schadstoffgruppe 3:
  Fahrzeuge entsprechen der Abgasnorm EURO 3
- grüne Plakette = Schadstoffgruppe 4:
  Fahrzeuge entsprechen der Abgasnorm EURO 4 und besser

Mit der geplanten Ausweitung von Umweltzonen ist eine blaue Plakette derzeit in Diskussion. Sie würde zugeteilt bei:
- Benzin-Pkw ohne Direkteinspritzung ab Euro 3
- Benzin-Pkw mit Direkteinspritzung ab Euro 6b
- Elektro-Fahrzeuge ohne Verbrennungsmotor
- CNG/LPG-Fahrzeuge als Pkw, Lkw und Busse ab Euro 3
- Diesel-Pkw und leichte Diesel-Nutzfahrzeuge mit nachgerüsteter $DeNO_2$-Technik, sofern diese die NO_X-Werte der Euro 6 einhalten
- Diesel-Lkw und Busse > 2,61 t mit nachgerüsteter $DeNO_2$-Technik, sofern diese die NO_X-Werte der Euro 6 einhalten

Da es noch keine gesetzlichen Vorgaben in Deutschland gibt, welche Fahrzeuge eine Blaue Plakette bekommen sollen, können vorgenannte Vorschläge der Deutschen Umwelthilfe DUH nur ein grober Hinweis sein.

Ohne Plaketten dürfen Umweltzonen grundsätzlich nicht befahren werden, auch wenn das Fahrzeug eine günstige Schadstoffeinstufung hat. Die kostenpflichtigen Plaketten werden von Zulassungsbehörden, Reorganisationen wie DEKRA oder TÜV und in Werkstatten ausgegeben, die zur Abgasuntersuchung zugelassen sind. Die Plakette muss so beschaffen und angebracht sein, dass sie sich beim Ablösen von der Windschutzscheibe selbst zerstört. Welche Fahrzeuge in der Umweltzone jeweils zugelassen sind, regelt ein Zusatzzeichen. Seit 2018 darf man auch mit der grünen Umweltplakette nicht mehr unbegrenzt in jede Stadt und Kommune Deutschlands einfahren, da entweder Diesel-Fahrverbotszonen oder Blaue Umweltzonen eingerichtet sein werden. Da diese Zonen nicht nur ständig gültig sind, sondern auch zeitlich beispielsweise in Abhängigkeit von der Wetterlage, sollte die jeweils aktuelle Einfahrberechtigung einer grünen Umweltplakette oder blauen Plakette z.B. über die Green-Zones-App in Echtzeit abgerufen werden.

Künftig ist mit weitergehenden Einfahrtbeschränkungen für nicht emissionsfreie Fahrzeuge (z.B. Nicht-Elektrofahrzeuge) in Innenstädte oder Ballungsgebiete zu rechnen.

Zusatzzeichen: Freistellung vom Verkehrsverbot nach § 40 Abs. 1 BImSchG

In einem aktuellen Bundesverwaltungsgerichtsurteil vom Februar 2018 können Städte, in denen die Grenzwerte für Stickoxide nicht eingehalten werden, Dieselfahrzeugen die Einfahrt verwehren
Derzeit vom Verkehrsverbot ausgenommen sind z. B.
- Arbeitsmaschinen,
- land- und forstwirtschaftliche Zugmaschinen,
- zwei- und dreirädrige Kraftfahrzeuge,
- Krankenwagen und andere Fahrzeuge zur medizinischen Betreuung,
- Fahrzeuge mit Sonderrechten (z. B. Bundeswehr, Feuerwehr, Polizei) und weitere Exoten

EOBD (Europäische On-Board-Diagnose)
Damit die vom Gesetzgeber geforderten Emissionsgrenzwerte auch im Alltag eingehalten werden, müssen das Motorsystem und die Komponenten ständig überwacht werden. Deshalb wurden Regelungen zur Überwachung der abgasrelevanten Systeme und Komponenten erlassen. Damit wird die Europäische On-Board-Diagnose zur Überwachung emissionsrelevanter Komponenten und Systeme standardisiert und weiter ausgebaut.

Alle Systeme und Komponenten im Kraftfahrzeug, deren Ausfall zu einer Verschlechterung der im Gesetz festgelegten Abgasprüfwerte führt, müssen vom Motorsteuergerät durch geeignete Maßnahmen überwacht werden. Führt ein Fehler zum Überschreiten der OBD-Emissionsgrenzwerte, wird dem Fahrer das Fehlverhalten über die **MIL** (**M**alfunction **I**ndicator **L**amp = Fehleranzeigelampe) angezeigt.
Seit Einführung der Euro 4 muss die Bordelektronik schwere Funktionsstörungen der Abgasnachbehandlung erkennen.
Ein ausgebauter Partikelfilter oder SCR-Kat sowie der Ausfall von elektronischen Bauteilen oder eine verstopfte AdBlue®-Dosiereinheit werden gemeldet. Bei einem Füllstand von 14% des AdBlue®-Tanks erscheint eine Warnung im Fahrerinformationssystem (FIS).

Im Oktober 2007 wurde eine verschärfte Überwachung (NO_x-Control) eingeführt. Wenn die NO_x-Konzentration im Abgas den gesetzlichen Grenzwert um mehr als 1,5 g/kWh übersteigt, wird die MIL aktiviert.
Für Euro 4 und 5 gilt:
Bei mehr als 7g/kWh wird das Drehmoment des Motors um 40 % bzw. 25% reduziert. Bei Beschleunigung und Bergfahrt wird die Reduzierung deutlich spürbar und man macht sich bei den Kollegen, die möglicherweise nicht überholen dürfen extrem unbeliebt.

Euro 6:
Mit Einführung der EURO 6 ist eine erweiterte und weiter verschärfte Überwachung des Motors bzw. der Abgasreinigungssysteme eingeführt worden. Ziel der Überwachung ist es, mögliche Fehler, Fehlbedienungen, Manipulationen am System oder Mängel in der Wartung im Sinne der Luftreinhaltung, zu verhindern.

	Stufe	Abgas-Grenzwert [g/kWh]	NO_x-Control Fehlermeldung [g/kWh]	NO_x-Control Drehmomentreduzierung [g/kWh]
NO_x	Euro IV	3,5	5,0	7,0*)
	Euro V	2,0	3,5	7,0*)
	Euro VI	0,46	**)	**)
Partikel	Euro IV	0,03	0,1	–
	Euro V	0,03	0,1	–
	Euro VI	0,01	**)	**)

*) 40 % Drehmomentreduzierung bei Fahrzeugen > 16 to und 25 % Drehmomentreduzierung bei Fahrzeugen < 16 to
**) In der EURO VI NO_x-Control werden keine Grenzwerte wie in EURO IV u. V angewendet

Motor — Band 2

Die in der EURO 6 vorgeschriebenen Überwachungssysteme gliedern sich in OBD (On-Board-Diagnose) und NO_x-Control (Überwachung der Einrichtungen des Motorsystems zur Begrenzung der NO_x-Emissionen).

OBD

Die EURO 6-OBD stellt für den Nutzfahrzeugbereich hohe Anforderungen an die Diagnose. Alle Motorkomponenten, die das Abgasverhalten beeinflussen, sind zu überwachen:
- Elektrische/elektronische Komponenten, z. B. Temperatur und Drucksensoren, Luftmassenmesser, Abgassensoren
- Partikelfilter: Überschreitung der zulässigen Rußbeladung, Effizienz, Totalausfall
- SCR: Dosiersystem, Katalysator, AdBlue®-Level und -Qualität
- DOC: HC-Konvertierung, Totalausfall
- AGR: Funktion, Kühlung
- Kraftstoffsystem: Druck und Einspritzzeitpunkt
- Turbolader: Ladedruck, Ansprechverhalten, Kühlung

Das OBD-System bewertet auftretende Fehler nach Fehlerklassen hinsichtlich des potentiellen Emissionseinflusses. Bei Fehlern wird die MIL aktiviert und der Fahrer somit aufgefordert den Fehler beheben zu lassen.
Zudem kann bei Fahrzeugkontrollen das Bundesamt für Güterverkehr (BAG) die OBD-Werte auslesen und bei Verstößen ahnden, wenn der Fahrer erkennbar über längere Zeit die MIL-Anzeige ignoriert hat. Auch die Funktion des OBD-Systems selbst, wird überwacht. Es wird ein so genannter IUPR (**I**n **U**se **P**erformance **R**atio) ermittelt, ein Kennwert der die Einsatzbereitschaft des OBD-Systems wiedergibt.

AdBlue®-Füllstand	Reaktion der NO_x-Control	Stufen des Fahrerwarnsystems (Inducement level)
unter 10%	Warnhinweis z. B. „niedriger AdBlue®-Pegel"	Fahrerwarnung (Driver Warning)
unter 2,5%	Drehmomentreduzierung um 25%	Schwache Aufforderung (Low level Inducement)
leer	Geschwindigkeitsbegrenzung auf 20 km/h (Kriechgang)	Starke Aufforderung (Severe Inducement)

NO_x-Control

Die NO_X-Control überwacht insbesondere die Systemkomponenten, die die NO_X-Emissionen maßgebend begrenzen. Im Gegensatz zur oben beschriebenen OBD werden im Fehlerfall stufenweise Warnungen und Fahreraufforderung (Drehmomentreduzierung) ausgelöst. Der Fahrer wird hiermit direkter angesprochen und zum Eingreifen aufgefordert.

Bei der NO_x-Control werden überwacht:
- AdBlue®-Füllstand und -Qualität
- Plausibilisierung des AdBlue®-Verbrauchs
- Unterbrechung der AdBlue®-Dosierung
- Einfrierschutz des AdBlue®-Tank- und Dosiersystems
- AGR-Ventil (blockiert oder geschlossen)

Zur Überwachung der Emissionen kommen im Fahrzeug unter anderem NO_X-Sensoren, die in der Abgasleitung eingebaut sind, zum Einsatz. Das OBD-System speichert alle Fehlercodes von überhöhten NO_X-Werten mindestens 400 Tage oder 9600 Betriebsstunden lang. Die Schnittstellen zum Auslesen des OBD-Status sind genormt. Somit sind die technischen Voraussetzungen gegeben, die den Zugriff auf Diagnosedaten bei Verkehrskontrollen ermöglichen.

Die Tabelle zeigt als Beispiel die Überwachung des AdBlue®-Füllstands.

Die Warnhinweise der NO_X-Control werden nicht über die MIL angezeigt, sondern über das Fahrerinformationssystem (FIS).

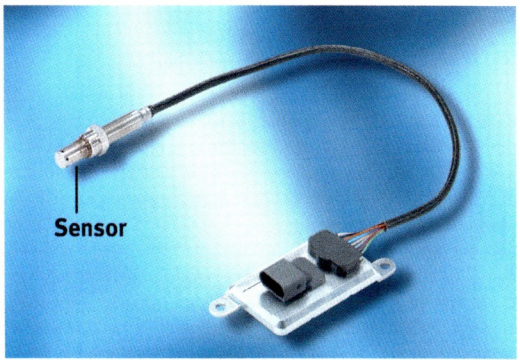

Quelle: Siemens-Presse

Motor — Band 2

6.3 Abgasreinigung beim Diesel-Nutzfahrzeugmotor

6.3.1 Innermotorische Maßnahmen

Als innermotorische Maßnahmen sind die optimale Brennraumgestaltung, d.h. die Ausformung der Kolben und des Zylinderkopfes sowie die eingesetzte Dieseleinspritztechnik zu nennen. Letzterer kommt eine besondere Bedeutung zu.

6.3.2 Externe Maßnahmen zur Abgasnachbehandlung

Abgasrückführung (AGR)
Die NO_X-reduzierende Wirkung der AGR-Systems (Abgasrückführung, engl. exhaust gas recirculation, EGR) beruht auf der Senkung der Sauerstoffkonzentration bei der Zylinderladung durch den Zumischung von Abgas zur Ansaugluft. Das bewirkt eine Absenkung der Verbrennungstemperatur. Das Abgas wird vor der Turbine des Abgasturboladers abgezweigt und der Ansaugluft zwischen Ladeluftkühler und Luftsammler (Saugrohr) wieder zugeführt.

Die Dosierung erfolgt über ein pneumatisch oder elektrisch betätigtes AGR-Ventil. Die Wirkung der AGR wird verbessert, indem die zurückgeführte Abgasmenge zunächst gekühlt wird. Das übernimmt ein mit Motorkühlmittel durchströmter direkt am Motorblock montierter Wärmetauscher, der als AGR-Kühler bezeichnet wird. Dadurch steigt der Kühlleistungsbedarf des Antriebs an.

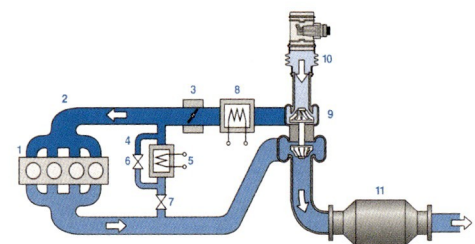

Quelle: Bosch

1	Motor	7	AGR-Ventil
2	Saugrohr	8	Ladeluftkühler
3	Drossel	9	Abgasturbolader
4	Bypass	10	Luftmassenmesser
5	AGR-Kühler	11	Oxidationskatalysator
6	Bypass-Ventil		

Selektive katalytische Reduktion (SCR)
Das SCR-Verfahren (engl.: selective catalytic reduction) beruht auf dem Prinzip der Einspritzung von Harnstoff (AdBlue®) in den Abgasstrom. AdBlue® ist ein Markenname für eine wässrige Harnstofflösung, bestehend aus 32,5 Prozent Harnstoff und 67,5 Prozent demineralisiertem Wasser. Im anglo-amerikanischen Sprachraum wird diese Substanz als Diesel Exhaust Fluid (DEF) bezeichnet. Die Harnstofflösung wird durch einen Injektor mit 4,5 bis 8,5 bar Überdruck in den Abgasstrom eingespritzt. Im heißen Abgasrohr entsteht durch eine Hydrolysereaktion Ammoniak (NH_3) und Kohlendioxyd CO_2. Im titanbeschichteten SCR-Katalysator reduziert das so erzeugte Ammoniak bei bestimmten Temperaturen Stickstoffmonoxid (NO) und Stickstoffdioxid (NO_2) in Stickstoff (N_2) und Wasserdampf (H_2O). Die Reaktion $4\,NH_3 + 4\,NO + O_2 \rightarrow 4\,N_2 + 6\,H_2O$ wird auch „Standard SCR-Reaktion" genannt. Als Abgas bleiben die unschädlichen Luftbestandteile Stickstoff (N_2) und Wasser (H_2O) sowie Partikel (PM) übrig. PM steht für die englische Sammelbezeichnung für Schwebstoffe (engl. particulate matter). Die Dosierung der Harnstofflösung AdBlue® erfolgt in Abhängigkeit von Motordrehzahl, Einspritzmenge und Motortemperatur. Sie wird von der Motorsteuerung beeinflusst. Wird mehr Harnstofflösung dosiert als bei der Reduktion mit den Stickoxyden (NO_X) umgesetzt wird, kann es zum sogenannten unerwünschten NH_3-Schlupf kommen. Das macht sich durch einen „beißenden" Geruch des Abgases bemerkbar. Aus diesem Grund kommt teilweise ein zusätzlicher Oxidationskatalysator hinter dem SCR-Kat zum Einsatz. Dieser sogenannte „Sperrkat" oxidiert NH_3 zu N_2 und H_2O und vermeidet damit die Geruchsbelästigung.

Das Abgasnachbehandlungssystem (beschrieben wird hier die BlueTec® / SCR Diesel Technology)* ist modular aufgebaut. Über einen Injektor (Düse) wird AdBlue® präzise (meist direkt hinter der Motorbremsklappe) in den Abgasstrom eingedüst. Weitere Komponenten sind das SCR-Steuergerät, der beheizte AdBlue®-Behälter, die beheizten Leitungen, Tankgeber und Sensoren sowie die Förderpumpe der Dosiereinheit.

Motor Band 2

Das im Schaubild dargestellte System ist eine Kombination von intermotorischen Maßnahmen – Abgasrückführung (AGR) – in Verbindung mit einem Abgasnachbehandlungssystem – katalytische Reduktion (SCR) und Diesel-Partikelfilter (DPF). Es wird zur Erfüllung der aktuellen Euro 6 – Norm eingesetzt. *BlueTec®. Eine Blue Efficiency Power Technologie der Marke Mercedes-Benz.

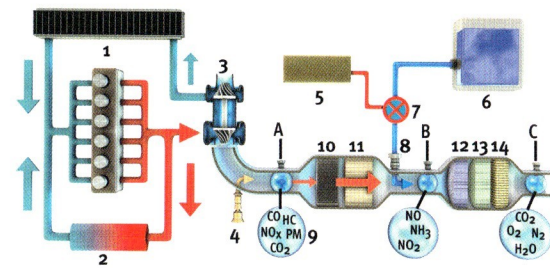

1	Ladeluftkühler	11	Diesel-Partikelfilter
2	AGR-Kühler	12	Hydrolyse-Katalysator
3	Abgasturbolader	13	SCR-Katalysator
4	Kraftstoffeindüsung	14	Ammoniak-Sperrkatalysator
5	SCR-Steuergerät		
6	AdBlue®-Tank	A	NO_x-, Abgasdruck- u. Temperatursensor
7	Dosier-Einheit/Regler		
8	Sprühkopf	B	Abgasdruck- u. Temperatursensor
9	Rußpartikel (PM)		
10	Diesel-Oxidationskatalysator (DOC)	C	NO_x- u. Temperatursensor

AdBlue®

AdBlue® ist ungiftig, jedoch stark alkalisch. Haut- und Augenkontakt sind zu vermeiden. Spritzer auf Kleidung und lackierte Oberflächen sollten sofort entfernt werden. AdBlue® wird in Deutschland von BASF, den SKW Stickstoffwerken Piesteritz, Finke Mineralölwerk sowie t-chem produziert. Es wird von vielen Tankstellenunternehmen, unter anderem Agip, Aral, Avia, Classic, Hoyer, JET, Raiffeisen-Tankstellen, Shell, Tank & Rast, team energie, Total, Westfalen AG entweder an Zapfsäulen oder im Kanister angeboten. Die Verfügbarkeit liegt aktuell bei 6.717 Tankstellen und 10.902 Kanisterstandorten in Europa.[12] Auch in vielen Einzelhandelsmärkten kann AdBlue® mittlerweile erworben werden.

Die Hinweise im Bordbuch zum Umgang mit AdBlue® sind zu beachten. Der Gefrierpunkt von AdBlue® liegt bei -11,5 °C. Beim Einfrieren entsteht eine Volumenausdehnung von 10 %. Deshalb sind alle Systembauteile (Leitungen, Pumpenkammern, Tank) beheizt und zusätzlich eisdruckfest ausgelegt. Der AdBlue®-Verbrauch liegt im Bereich von 3 – 5 % des Diesel-Kraftstoffverbrauchs. Bei einem Diesel-Durchschnittsverbrauch von 30 l/100 km läge der AdBlue®-Verbrauch folglich bei 0,9 – 1,5 l.

Gezeigt wird eine AdBlue®-Zapfpistole mit einem aufgestecktem ELAFIX-Magnetadapter *Quelle: M.Kern/lastauto omnibus*

Motor — Band 2

Dieselpartikelfilter (DPF)
Die im Dieselabgas enthaltenen Rußpartikel können mit einem DPF effizient gefiltert werden, diese Filtersysteme erreichen einen Rückhaltegrad von über 95 %.

Keramische Partikelfilter
Keramische Partikelfilter bestehen aus einem Wabenkörper, der eine große Anzahl von parallelen Kanälen enthält. Benachbarte Kanäle sind an den jeweils gegenüberliegenden Seiten durch Keramikstopfen verschlossen, so dass das Abgas durch die porösen Keramikwände hindurchströmen muss. Dabei werden die Partikel zurückgehalten.

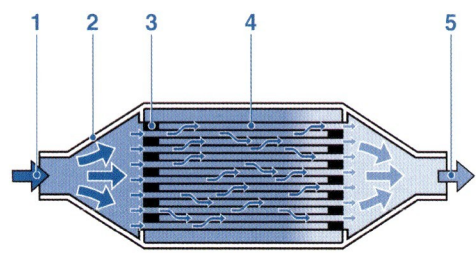

Keramischer Partikelfilter *Quelle: Bosch*

1 einströmendes Abgas
2 Gehäuse
3 Keramikpfropfen
4 Wabenkeramik
5 ausströmendes Abgas

Partikel aus Sintermetall
Beim Sintermetallfilter bestehen die Filterflächen aus metallischen Gewebeplatten, deren Maschen durch Sintermetallpulver aufgefüllt sind. Die Filterflächen bilden konzentrisch angeordnete, keilförmige Filtertaschen, die vom Abgas durchströmt werden. Da die Lamellen hinten verschlossen sind, muss das Abgas die Wände der Filtertaschen passieren. Dabei lagern sich die Partikel gleichmäßig an den porösen Wänden ab.

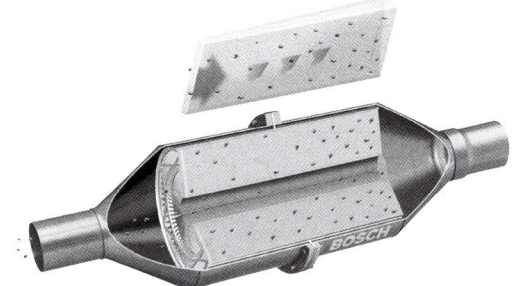

Sintermetall-Partikelfilter *Quelle: Bosch*

Regeneration
Durch die anwachsende Rußbeladung des Filters steigt der Abgasgegendruck stetig an. Der Partikelfilter muss daher regelmäßig regeneriert werden.
Die Regeneration erfolgt durch Abbrennen des Rußes im Filter. Dazu wird eine Abgastemperatur von mindestens 600 °C benötigt. Solche hohen Temperaturen werden nur im hohen Lastbereich des Motors erreicht. Daher müssen Maßnahmen ergriffen werden, um die Rußabbrand-Temperatur zu senken oder die Abgastemperatur zu erhöhen:

- Additivsystem
  Durch Zugabe eines Additivs in den Dieselkraftstoff kann die Rußabbrand-Temperatur auf ca. 350 – 400 °C gesenkt werden.
- CRT-Prinzip
  Das Prinzip beruht darauf, dass Ruß mit NO_2 bereits bei 300 – 400 °C verbrannt werden kann. Dazu wird ein Diesel-Oxidationskatalysator, der NO zu NO_2 oxidiert, vor dem DPF angeordnet.
- Katalytisch beschichteter Rußfilter (CDPF)
  Durch eine Beschichtung des Filters mit Edelmetall (meist Platin oder Palladium) wird der Abbrand der Rußpartikel verbessert.
- Motorische Maßnahmen zur Anhebung der Abgastemperatur
  Durch eine spätere Haupteinspritzung oder durch das Einspritzen einer kleinen Einspritzmenge Diesel im Anschluss an die Hauptverbrennung (Nacheinspritzung) kann die Abgastemperatur erhöht werde

Diesel-Oxidationskatalysator (DOC)
Der DOC kann mehrere Funktionen erfüllen:
- CO und HC (unverbrannte Kohlenwasserstoffe, hier Dieselkraftstoff) werden zu CO_2 und H_2O (Wasser) oxidiert.
- Die Partikel im Abgas bestehen z. T. aus Kohlenwasserstoffen, die bei steigenden Temperaturen vom Partikelkern gelöst werden. Durch Oxidation dieser Kohlenwasserstoffe wird die Partikelmasse reduziert.
- Oxidation von NO zu NO_2. Ein hoher NO_2-Anteil ist Voraussetzung für die Funktion von SCR und Partikelfilter.
- Der DOC kann zur Anhebung der Abgastemperatur z. B. bei der Partikelfilter-Regeneration eingesetzt werden.

Oxidationskatalysatoren bestehen aus einem Trägerkörper aus Keramik oder Metall, einer oberflächenvergrössernden (da porösen) Beschichtung dem washcoat, sowie aus katalytisch aktiven Edelmetallkomponenten (Platin, Palladium, Rhodium), welche im washcoat eingelagert sind. Diese bewirken die eigentliche Abgas-„Reinigung". Der Trägerkörper ist mittels temperaturfester Matten im Katalysatorgehäuse (canning) stoßsicher gelagert.

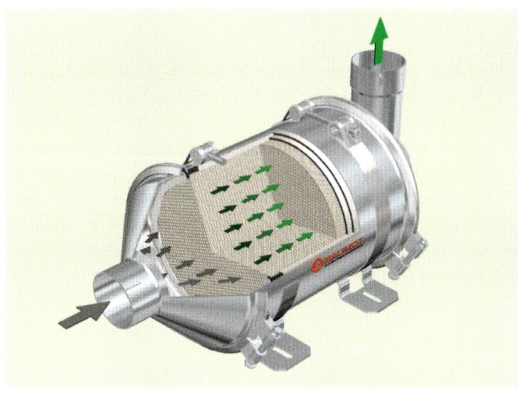

Quelle: © Baumot AG

6.4 Strategien zur Abgasnachbehandlung

Die oben genannten Systeme wurden und werden einzeln und in strategischer Kombination zur Erreichung der bisherigen und der aktuellen Euro 6-Abgasstufe eingesetzt.

Strategie 1 (Euro 4 + 5)
NO_X- und Partikelreduktion über innermotorische Maßnahmen und Verwendung gekühlter Abgasrückführung.

Strategie 2 (Euro 4 + 5)
Partikelreduktion durch motorinterne Maßnahmen und NO_X-Absenkung durch SCR-Systeme.

Strategie 3 (Euro 4 + 5)
NO_X-Reduktion über gekühlte und optimierte Abgasrückführung, Partikelreduktion mittels DPF.

Strategie 4 (Euro 6)
NO_X-Reduktion mittels SCR und AGR Partikelreduktion mittels DPF.

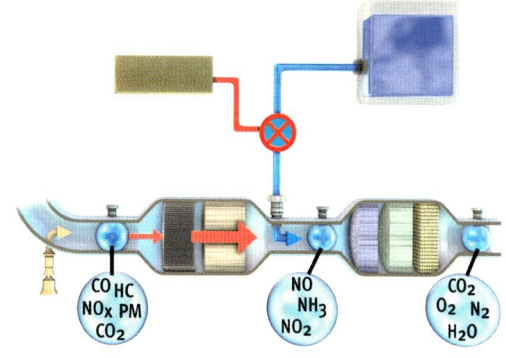

Abgasnachbehandlungssystem mit SCR, AGR und DPF

Kraftübertragung

Band 2

1. Antriebskonzeptionen

Je nach der Position von Motor, Getriebe und Antriebsachsen unterscheidet man folgende Antriebskonzeptionen:
- Heckantrieb: Die Hinterräder wirken als Antriebsräder.
- Frontantrieb:. Hier wirken die Vorderräder bilden die Antriebsräder. Diese Antriebskonzeption ist vorwiegend bei Pkw und Transportern zu finden. Als Sonderfall gibt es auch bei Lastwagen den Frontantrieb beim sogenannten „Triebkopf", welcher in Hubwagen zum Einsatz kommt. Vom Wendegetriebe, angeordnet direkt hinter dem Schaltgetriebe, führt eine Gelenkwelle wieder nach vorne zur angetriebenen Vorderachse. Der rückwärtige Fahrzeugteil kann beispielsweise beim Hubwagen zu Be- und Entladezwecken stufenlos an die Rampenhöhe angepasst und bis auf die Fahrbahn abgesenkt werden.
- Mehrachsantrieb: Beide Hinterachsen sind Antriebsachsen.
- Allradantrieb: Alle Fahrzeugachsen sind angerieben.

1.1 Radformel – Antriebskombinationen

Speziell im Lkw werden die Fahrzeuge je nach Größe und Masse mit unterschiedlich vielen Achsen ausgerüstet, da die maximale Tragfähigkeit der einzelnen Achse gesetzlich beschränkt ist. Die Radformel N x Z gibt Auskunft über die jeweilige Ausführung. Dabei ist N die Anzahl der Rader und Z die Anzahl der angetriebenen Räder. Beispiel: Ein Lkw führt die Bezeichnung 6 x 4. Bedeutung: Der Lkw ist mit 6 Rädern bestückt, 4 sind angetrieben. Auch ein Zwillingsrad gilt hier als ein Rad.

Kombination 4 x 2

Kombination 4 x 4

Kombination 6 x 4

Kombination 6 x 6

Kraftübertragung — Band 2

Kombination 8 x 4

Kombination 8 x 8

Wenn sich mehr als eine Lenkachse am Fahrzeug befindet, werden alle gelenkten Räder zusätzlich mit einer Zahl nach einem Schrägstrich angegeben. Eine Sattelzugmaschine mit einer angetriebenen Hinterachse sowie einer davor montierten nicht angetriebenen und gelenkten Vorlaufachse wird als 6 x 2/4 bezeichnet. Die gleiche Radformel bezeichnet auch einen Pritschenwagen mit einer gelenkten und antriebslosen Nachlaufachse hinter der Antriebsachse.

2. Kupplung

Zwischen Motor und Getriebe befindet sich die Kupplung. Sie dient zum
- sanften, ruckfreien Anfahren,
- Trennen des Kraftflusses zwischen Motor und Getriebe während des Gangwechsels und
- Trennen des Kraftflusses zwischen Motor und Getriebe beim anhalten – ohne den Trennvorgang würde der Motor „abgewürgt" werden.

Zur Langsamfahrt (kriechen) bzw. zum Rangieren, ist die Kupplung nur mit Einschränkung und für kurze Zeit geeignet, weil der Verschleiß bei schleifender Kupplung sehr hoch ist. Deshalb sollte im Stau bei Schrittgeschwindigkeit immer im kleinsten möglichen Gang und möglichst ohne längeren Einsatz einer schleifenden Kupplung gefahren werden.

2.1 Funktion

Bringt man eine sich drehende Scheibe mit einer gegenüberliegenden stehenden Scheibe allmählich in flächige Berührung, wird diese durch die -Reibung an den Kontaktflächen „mitgenommen" und fängt an, sich ebenfalls zu drehen. Solange jedoch Reibung herrscht wird auch Wärme erzeugt. Daher ist dieser schleifende Übergangszustand möglichst kurz zu halten. Bei vollständig anliegendem Anpressdruck ist die Drehzahl der Scheiben identisch, es tritt keine Schlupfreibung mehr auf. Die Verbindung ist hergestellt und ein Drehmoment kann übertragen werden. Werden die Scheiben wieder getrennt, erlischt sofort die Übertragungsfunktion und es entsteht wieder ein Drehzahlunterschied, z.B. bei stehendem Fahrzeug mit laufendem Motor. Bei der technischen Ausführung wird der notwendige Anpressdruck zwischen den beiden Kupplungsscheiben durch eine starke Tellerfeder erzeugt. Eine der Scheiben ist mit einer Verschleißschicht, dem Kupplungsbelag belegt. Es kommen bei der Zweischeibenkupplung auch mehrere Beläge zum Einsatz. Die Betätigung der Kupplung (das aus- und einrücken oder trennen/kuppeln) erfolgt normalerweise hydraulisch, bei manchen Fahrzeugen auch hydraulisch mit Druckluft Unterstützung.

Das Kupplungspedal loslassen heißt einkuppeln.

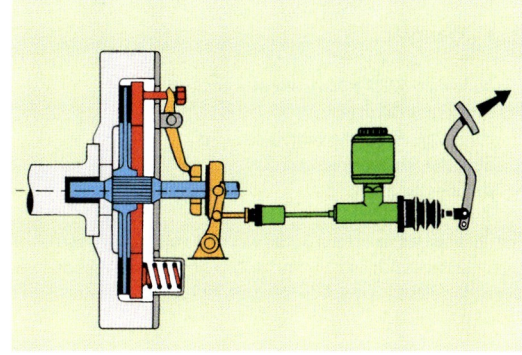

Kraftübertragung — Band 2

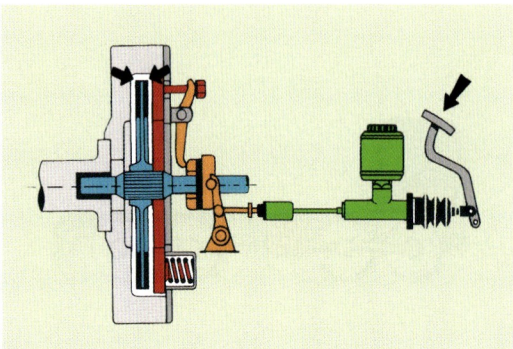

Das Kupplungspedal durchtreten heißt auskuppeln. Die Verbindung ist unterbrochen.

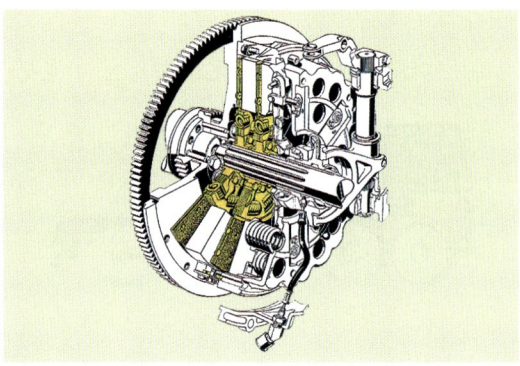

In schweren Nutzfahrzeugen werden häufig Zweischeibenkupplungen verwendet.

2.2 Störungen und Fehler an der Kupplung

Störung/Fehler	Ursache	Behebung	Prüfung
Kupplung trennt nicht	Zu viel Kupplungsspiel	Kupplungsspiel nachstellen	Bei laufendem Motor muss sich der Rückwärtsgang geräuschlos einlegen lassen.
	Defektes Übertragungsteil	Werkstatt aufsuchen	
Kupplung rutscht	Verölte Kupplungsscheiben	Werkstatt aufsuchen	Mit höchstem Gang bei eingelegter Feststellbremse anfahren: Wird der Motor abgewürgt, ist die Kupplung in Ordnung
	Verschlissene Beläge		
Kupplung rupft	Beginnende Verölung	Werkstatt aufsuchen	Unter Last mit schleifender Kupplung anfahren: Ruckfreies Anfahren muss möglich sein
	Unebenheiten auf den Kupplungsscheiben		

2.3 Wandler

Der hydrodynamische Drehmomentwandler dient bei automatischen Getrieben
- zur Erhöhung des Motordrehmoments,
- als Anfahrkupplung sowie
- als Überlastungsschutz.

Er besteht aus den drei Hauptteilen:
- Pumpenrad,
- Turbinenrad,
- Leitrad.

Das Pumpenrad ist mit der Kurbelwelle des Motors fest verbunden. Läuft der Motor, versetzt das mitlaufende Pumpenrad ein dünnflüssiges Öl in eine Strömung. Das gegenüberliegende Turbinenrad nimmt die Strömung auf. Das Leitrad verstärkt die Strömung. Ein verschleißfreies weiches Anfahren ist damit gewährleistet.

Kraftübertragung

Wandler-Schaltkupplung (WSK)
Bei Getrieben mit einer Wandler-Schaltkupplung wird ein konventionelles Schaltgetriebe mit einem Drehmomentwandler kombiniert, der sich zwischen Motor und Kupplung befindet. Dieser ermöglicht das vom Automatikgetriebe her bekannte komfortable und verschleißfreie anfahren und rangieren. Um die Gänge zu wechseln, muss der Fahrer wie bei einem normalen Schaltgetriebe die konventionelle Kupplung betätigen, um den Kraftfluss zu unterbrechen und auch manuell schalten. Diese Bauart wird vor allem bei Schwerlastzugmaschine eingesetzt, da eine normale Kupplung beim Anfahren überfordert wäre.
Er besteht aus den drei Hauptteilen:
- Pumpenrad,
- Turbinenrad,
- Leitrad.

Turbo-Retarder-Kupplung (VIAB)
Dieses besonders bei Schwerlastzugmaschinen und bei Einsatz in schwierigem Gelände eingesetzte Bauteil ist ein neues Anfahr- und Bremssystem. Es vereint mit einer ölfüllungsgeregelten, hydrodynamischen Turbokupplung als Hauptkomponente die Funktionen hydrodynamisches Anfahren und hydrodynamisches Bremsen in einem Element. Beim Anfahren überträgt der Motor die Leistung über den hydrodynamischen Kreislauf sowie einen nachgeschalteten Freilauf auf die Getriebeeingangswelle. Parallel zum Kreislauf ist eine konventionelle Reibkupplung als Überbrückungskupplung angeordnet. Beim Bremsen setzt die Turbinenbremse das Turbinenrad fest: Das System wird zum leistungsstarken Primärretarder.

3. Getriebe

Das Schaltgetriebe dient dazu,
- den Motor in verschiedenen Fahrsituationen im günstigsten Drehzahlbereich zu halten,
- die Zugkraft auf Kosten der Geschwindigkeit zu vergrößern,
- die Geschwindigkeit auf Kosten der Zugkraft zu erhöhen,
- die Drehrichtung des Kraftverlaufs beim Rückwärtsfahren zu ändern.

Die Wirkung des Getriebes beruht darauf, dass mindestens zwei verschieden große Zahnräder ineinander greifen. Ein kleines Zahnrad treibt ein großes Zahnrad an. Bedingt durch den großen Durchmesser hat das große Zahnrad mehr Kraft – dafür aber auch weniger Drehzahl.
Aus den unterschiedlichen Drehzahlen des kleinen und des großen Zahnrades ergibt sich ein Übersetzungsverhältnis (i). In einem Getriebe werden viele solcher Zahnradpaare mit unterschiedlichen Übersetzungsverhältnissen angeordnet.
Schalten ist also nichts anderes als das Auswählen eines anderen Zahnradpaares im Getriebe.
Alle Schaltgetriebe sind nach dem gleichen Prinzip gebaut – Bildung von Übersetzungen mit verschieden großen Zahnrädern. Die einzelnen Getriebebauarten unterscheiden sich darin, wie die Zahnradpaare angeordnet sind und wie die Gänge geschaltet werden.

Kraftübertragung — Band 2

3.1 Aufbau eines 4-Gang-Wechsel-Getriebes (Schaltmuffengetriebe)

Leerlauf
Arbeitsweise eines Wechselgetriebes. Die Antriebswelle leitet das Drehmoment in das Getriebe ein.
Das linke Zahnradpaar wird die Antriebskonstante genannt. Es bleibt stets im Eingriff und treibt die Nebenwelle an. Diese beiden Zahnräder bilden das erste Übersetzungsverhältnis. Alle übrigen Zahnradpaare sind im Eingriff aber die Hauptwelle dreht sich nicht, weil die Gangräder auf dieser Welle drehbar gelagert sind.

Legende:
1 Antriebswelle mit der Antriebskonstanten
2 Nebenwelle oder auch Vorgelegewelle genannt. Die Zahnräder auf der Nebenwelle sind fest mit der Welle verbunden.
4 Hauptwelle mit den Gangrädern.
3 Die Gangräder sind auf der Hauptwelle drehbar gelagert.
5 Schiebemuffen sind auf der Hauptwelle radial fest, axial jedoch verschiebbar gelagert.
6 Rückwärtsgang.

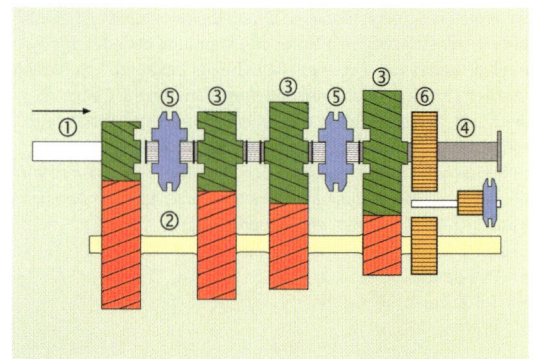

1. Gang
Über den Schalthebel kann die rechte Schiebemuffe in Richtung 1 so verschoben werden, dass eine formschlüssige Verbindung zwischen dem größten Gangrad und der Hauptwelle entsteht. Die linke Schiebemuffe ist nicht im Eingriff.
Der 1. Gang ist geschaltet.
Das Übersetzungsverhältnis des 1. Ganges ergibt sich aus der Z_A mal der Übersetzung Z1.

Beispiel: Z_A = 2:1
Z1 = 4:1

Das Übersetzungsverhältnis $Z1_{ges}$ beträgt 8:1.
Dies bedeutet: Das Motordrehmoment wurde um das 8-fache erhöht, die Drehzahl aber um das 8-fache verringert.

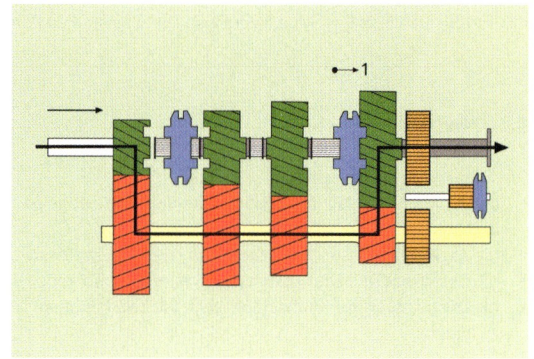

2. Gang
Schiebt man die rechte Schiebemuffe in Richtung 2, wird der 2. Gang geschaltet. Auch hier ist die linke Schiebemuffe nicht im Eingriff.

Beispiel: Z_A = 2:1
Z2 = 3:1

Das Übersetzungsverhältnis $Z2_{ges}$ beträgt 6:1.

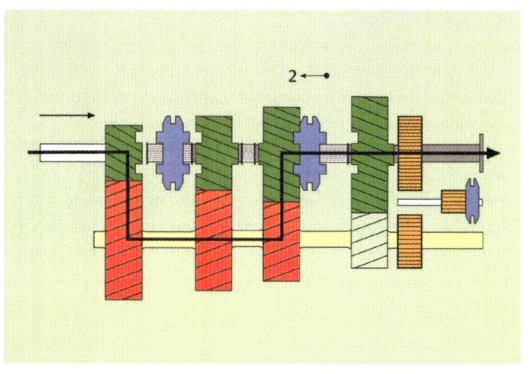

Kraftübertragung

Band 2

3. Gang

Die linke Schiebemuffe wird in Richtung 3 verschoben, der 3. Gang ist geschaltet. Die rechte Schiebemuffe ist nicht im Eingriff.

Beispiel: Z_A = 2:1
Z_3 = 2:1

Das Übersetzungsverhältnis $Z3_{ges}$ beträgt 4:1.

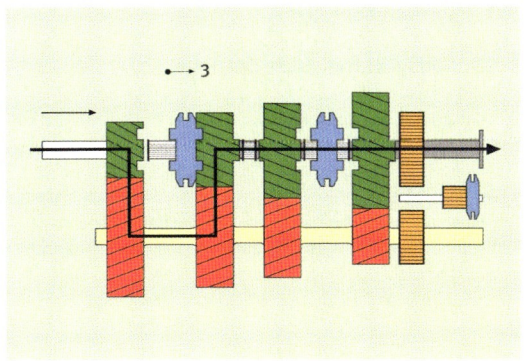

4. Gang

Die linke Schiebemuffe wird in Richtung 4 verschoben, der 4. oder der „direkte" Gang ist eingelegt. Die Antriebswelle und die Hauptwelle sind miteinander verbunden. Es findet keine Übersetzung statt.

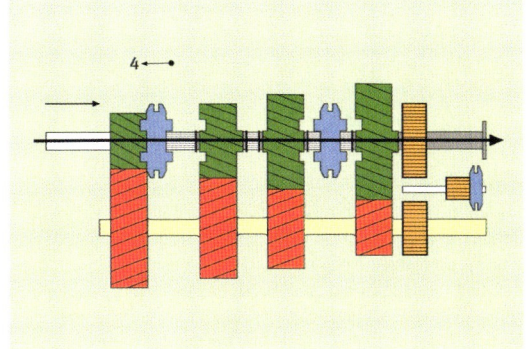

Rückwärtsgang

Um rückwärts zu fahren, muss die Drehrichtung des Kraftverlaufs geändert werden. Zwischen einem Zahnrad auf der Nebenwelle und einem fest mit der Hauptwelle verbundenen Gangrad sorgt ein eingelegtes Zwischenrad für die Änderung der Drehrichtung.

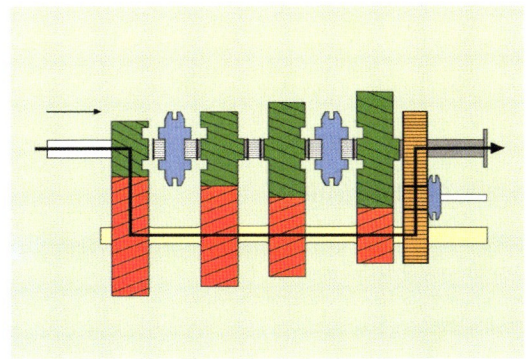

3.2 Getriebebauarten

3.2.1 Unsynchronisierte Getriebe

Das Klauen-Getriebe und das Fuller-Getriebe sind nicht synchronisiert. Beide sind sehr robust. Das Schalten dieser Getriebe erfordert allerdings eine gewisse Übung.

Klauen-Getriebe
Um ein Klauengetriebe zu schalten, müssen die miteinander zu verbindenden Getriebeelemente zunächst auf gleiche Drehzahl gebracht werden. Dazu muss man beim Hochschalten doppelt kuppeln und beim Zurückschalten Zwischengas geben.

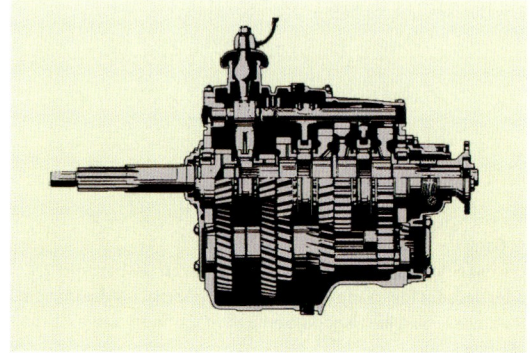

Fuller-Getriebe
Ein Fuller-Getriebe (9, 13 oder 18 Gänge) benötigt nur zum Anfahren und im Rangierbetrieb die Kupplung. Die eigentlichen Gangwechsel erfolgten ohne kuppeln, d.h. ohne eine Unterbrechung des Kraftflusses. Das hat speziell auf Baustellen oder an Steigungen Vorteile. Möglich wird dies durch zwei Vorgelegewellen. Man muss beim schalten jedoch die Drehzahlen der einzelnen Gänge anpassen, was eine gewisse Übung voraussetzt. Das Fuller-Getriebe wird vor allem bei amerikanischen Lkw-Typen eingesetzt.

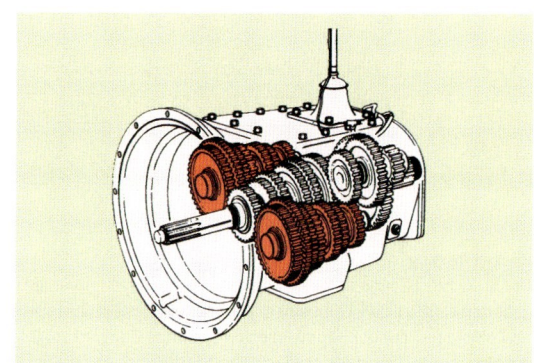

3.2.2 Synchrongetriebe

In Omnibussen mit Schaltgetriebe werden synchronisierte Getriebe verwendet mit meist
- 6 Gängen bei Stadt- und Linienbussen,
- 8 Gängen bei Reisebussen.

In Lkw mit Schaltgetriebe werden synchronisierte Getriebe verwendet mit meist
- 8 Gängen im Lieferverkehr und Baustellenbetrieb,
- 12 oder 16 Gängen im Fernverkehr.

Kraftübertragung — Band 2

Synchroneinrichtung
Beim synchronisierten Getriebe übernimmt eine kleine Reibungskupplung (die gelben und dunkelblauen, konischen Bauteile im Bild) durch Anlegen bei der Einleitung des Schaltvorgangs das Anpassen der Zahnraddrehzahlen. Ein schnelles, leichtes und komfortables Schalten ist gewährleistet. Es wird empfohlen den Gangwechsel nicht zu ruckartig vorzunehmen, also die Gänge nicht durch brutales Reißen am Schalthebel „reinzuhämmern". Die Synchronisierung benötigt nämlich etwas Zeit zur Drehzahlanpassung.

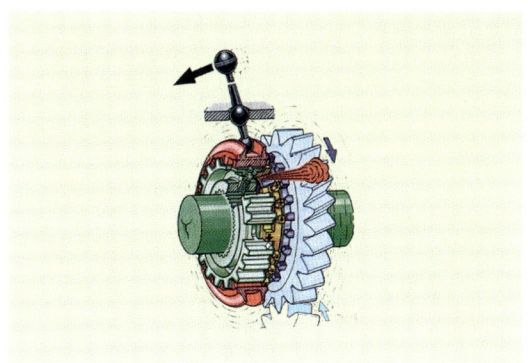

Schaltbeginn – synchronisieren

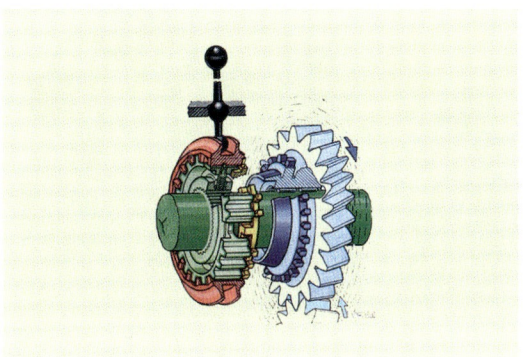

Leerlaufstellung

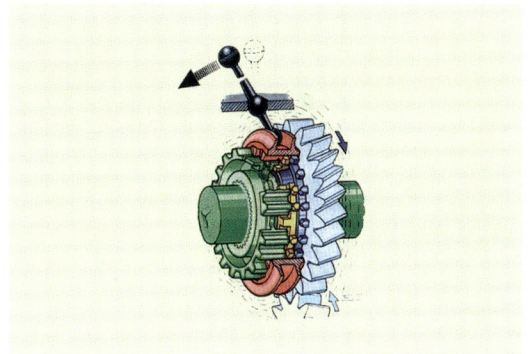

Schaltende – Gang ist eingelegt

Gruppengetriebe
Hauptgetriebe mit Vor- und Nachschaltgruppe werden als Gruppengetriebe bezeichnet. Die Schaltgruppen dienen der Feinabstufung des Hauptgetriebes (Zwischengänge).

Vorschaltgruppe
Vor das eigentliche Getriebe, in der Regel ein Synchrongetriebe, wird ein Zahnradpaar als Vorgetriebe gebaut. Aus einem Viergang-Getriebe wird somit ein Achtgang-Getriebe. Das Schalten dieser „Vorübersetzung" – der Vorschalt- oder Splitgruppe – geschieht häufig mit dem pneumatischen Vorsteuerventil am Schalthebel.

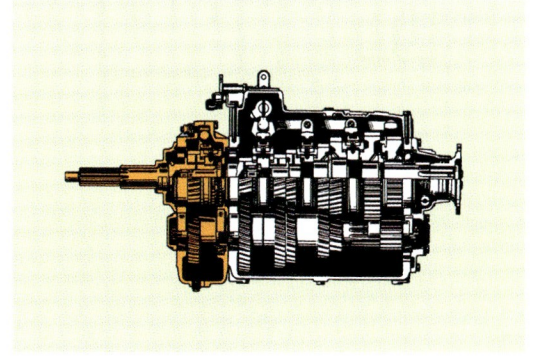

Kraftübertragung — Band 2

Nachschaltgruppe
Ähnlich wie bei einer Vorschaltgruppe verhält es sich bei der Nachschaltgruppe. Aus einem Viergang-Getriebe wird durch diese „Nachübersetzung" ein Achtgang-Getriebe.

Moderne Getriebe
Bei modernen Getrieben handelt es sich um automatisierte, unsynchronisierte Schaltgetriebe wie zum Beispiel das „Mercedes Power Shift®","MAN TipMatic® sowie die ZF-AS Tronic, ZF-TraXon®- oder das Volvo-I-Shift®. Diese verzichten auf verschiedene mechanische Elemente – beispielsweise Synchronringe, die bei Synchrongetrieben erforderlich sind. Die Drehzahlanpassung zwischen den Zahnrädern erfolgt stattdessen durch intelligente Motor-, Kupplungs- und Getriebesteuerung. Das Bild zeigt ein speziell für den Fernverkehr ausgelegte Direktganggetriebe in 12-Gangausführung.

Auch Doppelkupplungsgetriebe (Dual Clutch) finden mittlerweile Einzug beim schweren Nutzfahrzeug. Diese bestehen aus zwei Teilgetrieben, die auf einen gemeinsamen Getriebeausgang (Abtriebsflansch) wirken. In einem der beiden Teilgetriebe ist der bereits gewünschte und passende Anschlussgang eingelegt. Durch eine Doppelkupplung wird dieser beim Schaltvorgang ohne Zugkraftunterbrechung aktiviert.

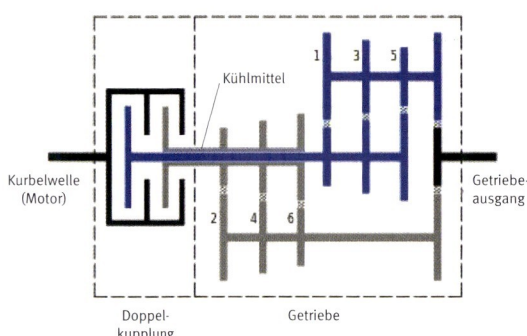

Schematische Darstellung eines Doppelkupplungsgetriebes

Kraftübertragung — Band 2

3.3 Getriebeschaltungen

Die größere Anzahl von Gängen macht besondere Arten der Getriebeschaltung notwendig. Herkömmliche mechanische Schaltungen werden den Anforderungen an Ergonomie, Geschwindigkeit, Sicherheit und Wirtschaftlichkeit oft nicht mehr gerecht. Um das Schalten möglichst schnell, sicher und komfortabel zu machen, verwendet man heute elektronische, pneumatische und hydraulische Komponenten. Moderne Bauarten sind elektro-pneumatische und hydrostatische Getriebeschaltungen oder die elektronisch gesteuerte automatisierte Schaltung. Wer zum ersten Mal auf ein Fahrzeug mit einer ungewohnten Schaltung umsteigt, muss sich in der Betriebsanleitung über die Besonderheiten informieren oder einweisen lassen.

3.3.1 Herkömmliche Schaltungen

Bei herkömmlichen Getriebeschaltungen wird das Hauptgetriebe mechanisch über ein Gestänge betätigt. Vorschalt- und/oder Nachschaltgruppe werden elektrisch bzw. pneumatisch dazugeschaltet.

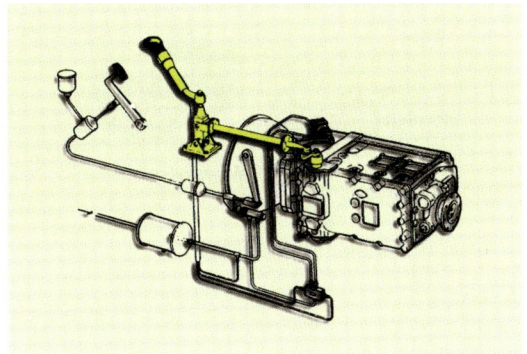

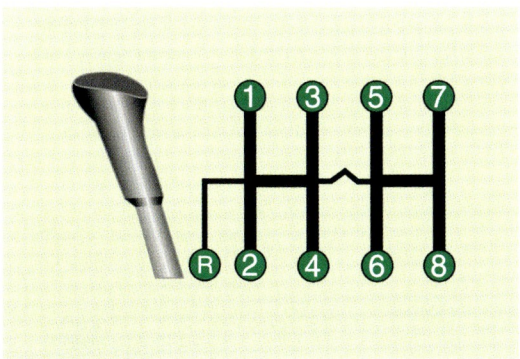

Doppel-H-Schaltung
Beim Schalten von der „langsameren" in die „schnelle" Bereichsgruppe muss eine Schaltsperre überwunden werden (H – Druckpunkt – H).

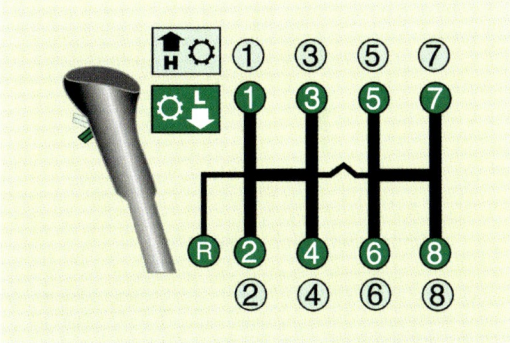

Ecosplit-Schaltung
Das „Splitten" der Gänge erfolgt bei den meisten Ausführungen pneumatisch über einen Kippschalter am Schalthebel, der ein Pneumatikventil betätigt. Das Getriebe besteht aus einem 8-Gang-Grundgetriebe und einer Vor- oder einer Nachschaltgruppe.

3.3.2 Gestängelose Schaltungen

Kennzeichnend für elektro-pneumatische bzw. hydrostatische Getriebeschaltungen ist die fehlende mechanische Verbindung zwischen Schalthebel und Getriebe. Das Getriebe wird „gestängelos" geschaltet.

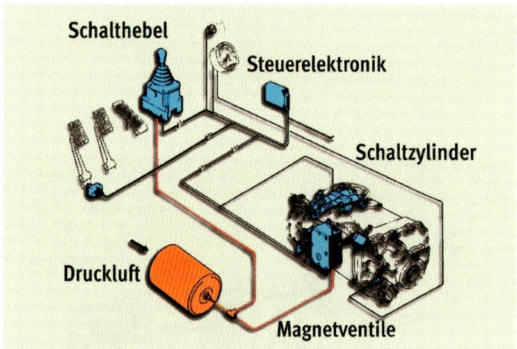

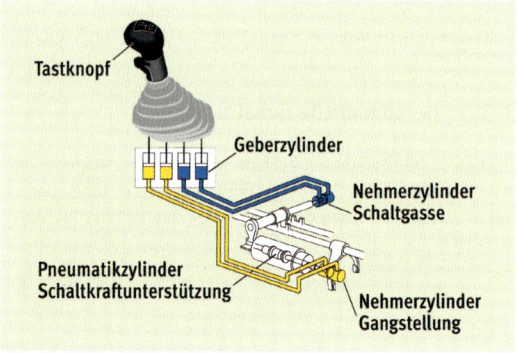

Elektro-pneumatische Schaltung (EPS)
Bei der elektro-pneumatischen Schaltung EPS werden vom Schalthebel aus elektrische Impulse an die Steuerelektronik gegeben. Die Steuerelektronik gibt elektrische Schaltbefehle an die Magnetventile. Diese steuern die Schaltzylinder am Getriebe pneumatisch an. Um Fehlschaltungen zu vermeiden, führt die Steuerelektronik nach einer logischen Überprüfung einen Schaltbefehl nicht aus, wenn Motordrehzahl, Getriebedrehzahl und Fahrgeschwindigkeit nicht zueinander passen. So werden Fehlschaltungen vermieden und der Motor gegen Überdrehen geschützt.

Hydrostatische Getriebeschaltung (HGS)
Bei der hydrostatischen Getriebeschaltung HGS erfolgt die Kraftübertragung vom Schalthebel zum Getriebe über Hydraulikleitungen. Der Geberzylinder sitzt am Schalthebel, die Nehmerzylinder sitzen am Getriebe. Die hydrostatische Schaltung ist zusätzlich mit einem Pneumatikzylinder zur Unterstützung der Schaltkraft kombiniert. Bei einigen EPS-/HGS-Systemen kann während des Schaltvorgangs auch die Kupplung elektro-pneumatisch betätigt werden – durch einen Tastknopf am Schalthebel.
Info: Bei Transportern werden die Schalthebel oft im Armaturenbrett verbaut. Diese sind per Seilzüge/Bowdenzüge mit dem Getriebe verbunden (Seilzugschaltung).

3.4 Automatisierte Schaltgetriebe

Der automatisierte Schaltvorgang entspricht prinzipiell dem manuellen schalten. Die Gänge werden durch Antippen des „Schalthebels" (ein Gebergerat, es ist oft in der Armlehne eingebaut, siehe Bilder) gewechselt, ohne dass man die Kupplung betätigen oder den Fuß vom Gas nehmen muss. Bei entsprechender Automatik-Stellung des Wahlschalters arbeitet das System auch vollautomatisch, d.h. ohne ein Mitwirken des Fahrers. Hauptkomponenten hierbei sind ein Schaltgetriebe mit elektropneumatischer Trockenkupplung und ein Getriebesteuergerat, das die gewünschten Abläufe koordiniert. Bei manuell ausgelösten Schaltimpulsen erhält das Getriebesteuergerat den Schaltbefehl vom Gebergerät und erteilt die Anweisung zur Drehzahlreduzierung, zum Öffnen der Kupplung und für den eigentlichen Gangwechsel. Wenn die eingebauten Sensoren melden,

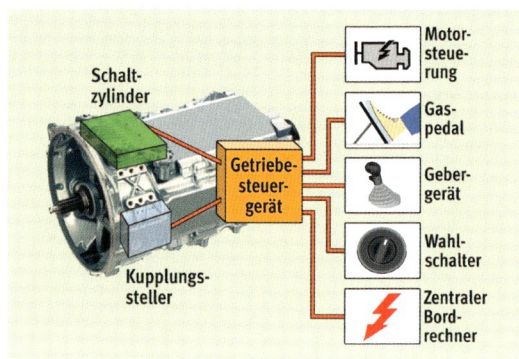

dass der Gang eingelegt ist, wird die Kupplung wieder geschlossen und die Drehzahl wieder erhöht. Im Automatikmodus erkennt das Getriebesteuergerät aus der Gaspedalstellung/dem Leistungsbedarf und aus den Signalen der Motorsteuerung und des zentralen Bordrechners den idealen Gang für den jeweiligen Betriebszustand. Bei modernen automatisierten Schaltgetrieben ist das Getriebesteuergerät häufig mit den Schaltzylindern zu einer integrierten „Mechatronik"-Einheit zusammengefasst.

Kraftübertragung

Damit werden sonst aufwendige Steck- und Kabelverbindungen minimiert und Störungsquellen reduziert. Für den Automatikmodus wird seitens der Hersteller viel Aufwand getrieben, eine optimale und zugleich flexible Schaltstrategie zu entwickeln und im Steuergerät zu „hinterlegen". Die Fähigkeit des Lastwagens, automatisch jederzeit genauso gut wie ein geübter Fahrer (oder sogar besser) zu schalten ist oft ein wichtiges Verkaufsargument. Auch das Doppelkupplungsgetriebe ist eine Bauform der automatisierten Schaltgetriebe.

Quelle: Daimler AG   *Quelle: Daimler AG*

3.5 Automatikgetriebe

Automatische Getriebe wechseln die Gänge ohne Eingriff des Fahrers. Die Kupplung entfällt, alle Schaltvorgänge erfolgen selbsttätig. Stadt- und Linienbusse sind häufig mit automatischen Getrieben ausgerüstet, weil
- der Fahrer entlastet wird,
- die Motoren wirtschaftlicher arbeiten,
- der Verschleiß in den Aggregaten der Kraftübertragung geringer ist,
- der Schadstoffausstoß und die Geräuschentwicklung sinken,
- das weiche Anfahren den Fahrkomfort erhöht.

Über einen Wählhebel oder über Drucktasten kann der Fahrer bestimmte Schaltprogramme einstellen bzw. Übersetzungsbereiche vorwählen.

Der Wirkungsgrad von automatischen Getrieben mit hydrodynamischen Wandlern ist geringer als von handgeschalteten Getrieben und von automatisierten Schaltgetrieben mit Trennkupplung. Eine aufwändige elektronische Steuerung ermöglicht es jedoch, den Motor durchweg im verbrauchsgünstigen Bereich zu betreiben.

Wer erstmalig auf einem Kraftfahrzeug mit automatischem Getriebe eingesetzt ist, sollte unbedingt die Bedienungs- und Fahrhinweise der Betriebsanleitung lesen und beachten.

1 Wandler-Überbrückungskupplung,
2 Drehmomentwandler
3 Lamellenkupplungen bzw. -bremsen
4 Planetensätze
5 Elektro-hydraulische Steuereinheit

Kraftübertragung

Band 2

4. Gelenkwelle, Achsantrieb, Radantrieb

4.1 Gelenkwelle (engl. prop shaft)

Die Gelenk- oder Antriebswelle stellt die Verbindung zwischen dem Getriebe und dem Achsantrieb oder zwischen zwei angetriebenen Achsen her. Die Gelenke und das Schiebestück sind nach Herstellerangaben regelmäßig abzuschmieren.

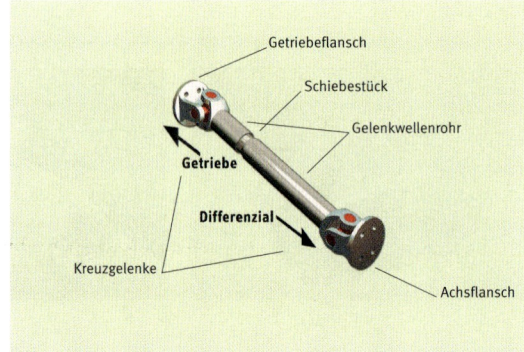

Die Gelenkwelle besteht aus:
- der eigentlichen Welle, einem Stahlrohr,
- zwei Kreuzgelenken zum Ausgleich der Winkeländerung beim Ein- und Ausfedern,
- einem Schiebestück zum Längenausgleich.

Hinweis:
Da die Gelenkwellen nach ihrer der Montage als fertige Komponente gewuchtet werden, muss nach einer Reparatur beim erneuten Zusammenbau der Gelenkwelle die Markierung am Schiebestück beachtet werden. Schiebestück und Rohr müssen wieder in der alten Position zusammengebaut werden, um die Entstehung einer Unwucht zu verhindern. Vor dem Zerlegen diese Markierung im Zweifelsfall selbst anbringen.

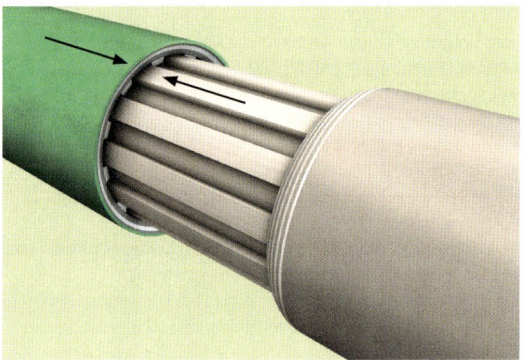

4.2 Achsantrieb (engl. axle drive)

Der Achsantrieb hat die Aufgabe, die Zugkraft durch eine Übersetzung zu erhöhen und den Kraftfluss um 90° umzulenken.

Der Achsantrieb besteht in der Regel aus einem Kegelrad und einem Tellerrad.
Das Übersetzungsverhältnis liegt zwischen 3:1 und 10:1.

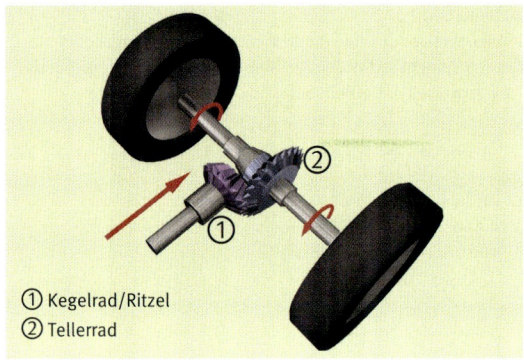

Kraftübertragung — Band 2

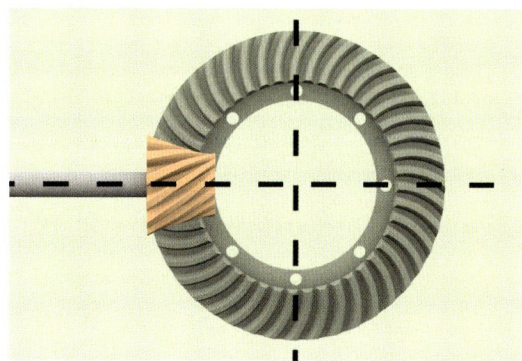

Einfacher Achsantrieb
Einfacher Achsantrieb (Antriebskegelrad/Ritzel=rot, Tellerrad=grau)

Im Nutzfahrzeugbau wird der Achsantrieb vorwiegend als Hypoidantrieb ausgeführt. Die Achse von Kegelrad und Tellerrad ist hierbei versetzt.
Der Vorteil ist, dass mehrere Zähne gleichzeitig im Eingriff sind. Das ergibt:
- höhere Lebensdauer und
- große Laufruhe.

Hypoid-Antriebe stellen besondere hohe Anforderungen an die Schmierung und erfordern daher spezielle „druckfeste" Hypoid-öle.

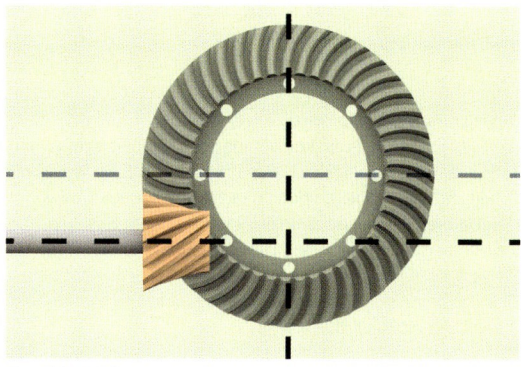

Hypoidantrieb

4.2.1 Differenzial – Ausgleichsgetriebe (engl. differential)

In Kurven legt das kurvenäußere Rad einen weiteren Weg zurück als das kurveninnere Rad. Die dadurch auftretenden Drehzahlunterschiede können auch bei unebener oder bei rutschiger Fahrbahn auftreten. Das Differenzial (Ausgleichsgetriebe) gleicht diese Drehzahlunterschiede aus.

Wirkungsweise des Kegelrad-Differentialgetriebes
Bei der Geradeausfahrt sind die Drehzahlen an den Antriebsrädern gleich. Es muss kein Ausgleich stattfinden. Das Antriebskegelrad (Ritzel) (1) treibt das Tellerrad (2) an, welches mit dem Ausgleichsgehäuse (3) - auch Käfig bzw. Korb genannt - fest verbunden ist. Die beiden gegenüberliegenden Ausgleichskegelräder (4) kreisen zusammen mit dem Ausgleichsgehäuse, in welchem sie eingebaut und drehbar gelagert sind. Sie selbst drehen sich dabei jedoch nicht um ihre eigene Achse, sondern übertragen das Antriebsdrehmoment bei Stillstand. Während der Kurvenfahrt sind die Drehzahlen der Antriebsräder unterschiedlich. Das kurveninnere Rad legt eine kürzere Wegstrecke zurück. Es wird dadurch gegenüber der Geradeausfahrt abgebremst. Das kurvenäußere Rad legt eine längere Wegstrecke zurück. Es wird gegenüber der Geradeausfahrt beschleunigt. Die Ausgleichskegelräder (4) werden dadurch gezwungen, sich zum Ausgleich der

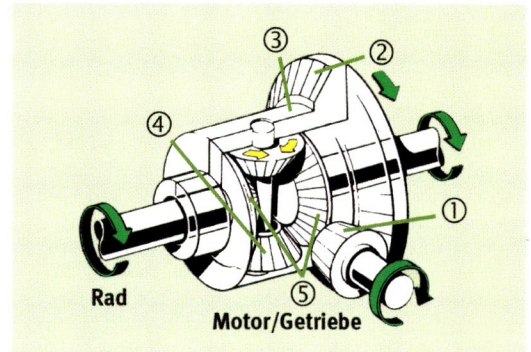

Drehzahlen um die eigene Achse zu drehen um dadurch die aufgezwungenen Drehzahlunterschiede der beiden Achswellenkegelräder (5) auszugleichen. Die Umdrehungsgeschwindigkeit des Ausgleichsgehäuses nimmt dabei ab.

Kraftübertragung — Band 2

Gedankenspiel zur besseren Vorstellung der komplizierten Funktion:
- Würde sich bei stillstehenden Fahrzeug ein Rad der Achse vorwärts und das andere Rad mit gleicher Drehzahl rückwärts drehen, so wurde das Ausgleichsgehäuse völlig stillstehen und nur die beiden Ausgleichskegelräder (4) würden sich drehen.
- Würde bei einem Fahrzeug bei gleichmäßiger Geschwindigkeit ein Rad der Achse blockiert werden, so würde sich das gegenüberliegende Rad mit doppelter Drehzahl drehen, wenn es z.B. auf Glatteis steht.
- Dreht bei einem sich bewegenden Fahrzeug plötzlich ein Rad einer Achse ohne Widerstand hoch, z.B. weil es auf Glatteis steht, so kommt das gegenüber liegende Rad zum Stillstand, wenn es auf griffigen Untergrund steht.

Differenzialsperre – Ausgleichssperre (engl. differential lock)

Dreht ein Rad durch, z. B. auf einseitig glatter Fahrbahn oder auf unbefestigtem Untergrund, kann das gegenüberliegende Rad aufgrund des oben beschriebenen Differenzialeffektes zum Stillstand kommen und das Fahrzeug bleibt stehen (siehe Gedankenspiel). Die Differenzialsperre stellt mit Hilfe einer Klauenkupplung eine starre Verbindung zwischen den Antriebsrädern her – beide drehen sich mit gleicher Drehzahl und der Antrieb ist gewährleistet. Die Sperre darf nur bei geringer Geschwindigkeit und nur im Gelände benutzt werden, weil sonst der Triebstrang bei Kurvenfahrt beschädigt werden kann.

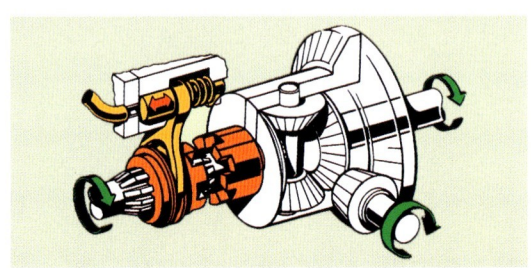

Nebenantriebe (engl. auxiliary drive)

Der Nebenantrieb ist eine Vorrichtung zur Kraftübertragung vom Fahrzeugmotor auf eingebaute Zusatzaggregate. Er ist in das Schaltgetriebe integriert. Der Antrieb erfolgt über einen separaten Antriebsflansch am Getriebe (im Bild silbern zu sehen), welcher beispielsweise einen Hydromotor antreibt. Auf diese Weise werden Pumpen, Krane oder Betonmischer angetrieben. Nebenabtriebe sind in unterschiedlichen Drehzahl- und Drehmomentabstufungen erhältlich.

Verteilergetriebe (engl. transfer box)

Das Verteilergetriebe verteilt die Antriebskraft auf mehrere Achsen. Meist wird es für Allradantrieb eingesetzt. Zeitweise benötigt das Verteilergetriebe bei starker Belastung eine eigene Ölkühlung.

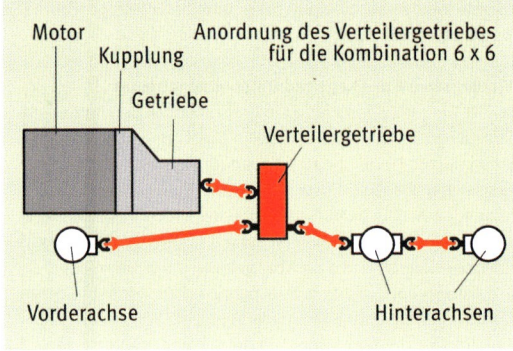

Hinweis:
Ein Vorderradantrieb kann, wenn nicht permanent gefordert, sondern nur zeitweise beim Ein- und Ausfahren in Baustellen oder Kiesgruben, beim Befahren von unbefestigten Wald- und Feldwegen oder an Steigungen und auf rutschigen Fahrbahnen, auch über ein hydraulisches Antriebssystem erzeugt werden. Unter dem Namen HydroDrive® oder Hydraulic Auxillery Drive (HAD) bieten Hersteller einen per Knopfdruck zuschaltbaren Vorderradantrieb an. Die wesentlichen Komponenten des Systems bestehen aus Hochdruckpumpe, Vorderachse mit Radnabenmotoren, einem Steuermodul und einem Ventilblock. Die hydraulischen Komponenten sind über ein Leitungssystem mit unterschiedlichem Drücken miteinander verbunden. Ein Verteilergetriebe und Gelenkwellen benötigt das System nicht und wiegt daher nur ca. halb so viel wie ein klassischer permanenter Vorderradantrieb.

Kraftübertragung Band 2

4.3 Radantrieb (engl. wheel drive)

Der Radantrieb ist ein in die Radnaben eingebauter Planetenradsatz, der die Drehzahl noch einmal verringert und die Zugkraft erhöht (Außenplanetenachse). Dadurch können die Bauteile des Antriebs für kleinere Drehmomente ausgelegt werden.

1. Fahrwerk (engl. chassis)

Ein für bestimmte Transportaufgaben gefertigter Aufbau und ein gut abgestimmtes Fahrwerk sind ein Beitrag für die aktive Sicherheit. Das bedeutet Fahrsicherheit durch ein optimales Verhalten des Fahrzeugs in allen Situationen.

1.1 Rahmen im Lkw-Bau

Der Rahmen ist die wichtigste Baugruppe des Lastwagens, da sie ihm die Gesamtstabilität gibt. Er bildet als „Rückgrat" das eigentliche Tragwerk und hat die Aufgabe die einzelnen Komponenten zu einer Einheit zu verbinden sowie alle am Fahrzeug angreifenden Kräfte aufzunehmen und zu übertragen. Der Leiterrahmen eines Lkw ist sehr biegesteif (geringe Durchbiegung bei Beladung), aber zugleich verdrehweich (gute Anpassung der Achsverschränkung an die Form der Straße). Er besteht aus zwei parallelen Langsträgern, die durch mehrere Querträger verbunden werden.

Die Längsträger haben einen C-förmigen Querschnitt. Bei Querträgern gibt es C-Profile, U-Profile, Rohrquerträger und weitere aus unterschiedlichen Blechprofilen zusammengebaute Formen. Die Auslegung des Rahmens muss sehr sorgfältig erfolgen, da sie das Fahrverhalten des Lastwagens in besonderem Maße

beeinflusst. Mit dem Rahmen verbunden sind auch der vordere, der hintere und der seitliche Unterfahrschutz. Diese Bauteile dienen der passiven Verkehrssicherheit. Der vordere Unterfahrschutz verhindert ein „durchtauchen" eines Pkw bei einer Frontalkollision und der hintere Unterfahrschutz soll bei einem Auffahrunfall verhindern, dass die Ladefläche bzw. der Aufbau unterfahren wird. Der seitliche Unterfahrschutz soll vor allem verhindern, dass Fußgänger und Zweiradfahrer in den Freiraum zwischen Rahmen und Fahrbahn geraten und möglicherweise von der Hinterachse überrollt werden. Für die Auslegung dieser Bauteile gibt es gesetzliche Vorschriften.

Hinweise: Ein Lkw-Rahmen ist sehr empfindlich in Bezug auf Schweiß- und Bohrarbeiten. Hier sind unbedingt die Aufbau-Richtlinien der Hersteller zu beachten, um keinen Rahmenbruch zu riskieren. Durch schwere Unfälle kann der Rahmen verzogen werden. Es ist heute möglich, selbst stark deformierte Rahmen mit computergesteuerten hydraulischen Richtbänken wieder in Herstellerqualität instand zu setzen.

Fahrwerk — Band 2

Fest mit dem Rahmen verbunden sind der hintere und der seitliche Unterfahrschutz. Beide Maßnahmen dienen der passiven Verkehrssicherheit.

Der hintere Unterfahrschutz soll bei einem Auffahrunfall verhindern, dass die Ladefläche bzw. der Aufbau unterfahren wird.

Der seitliche Unterfahrschutz soll vor allem verhindern, dass Fußgänger und Zweiradfahrer in die Freiräume zwischen Rahmen und Fahrbahn geraten.

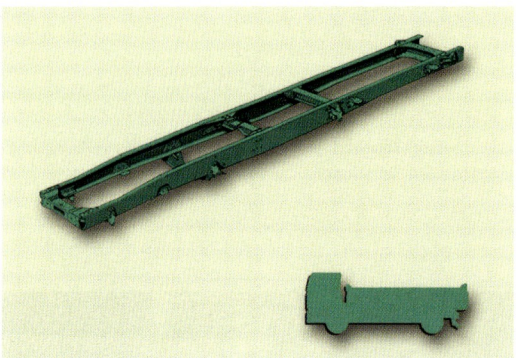

Rahmen für schwere Lkw

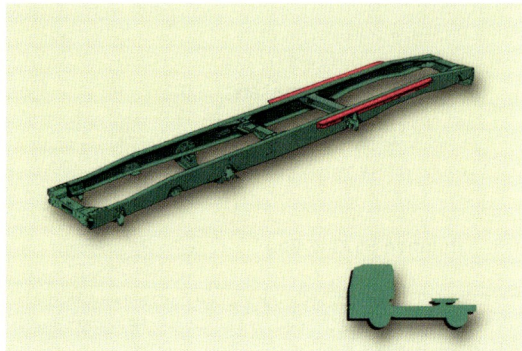

Rahmen für Sattelzugmaschinen

1.2 Rahmen und Fahrgestelle im Omnibusbau

Omnibusse haben meist einen mittragenden oder komplett selbsttragenden Aufbau (vgl. Kässbohrer SETRA, **SE**lbst**TRA**gend). Der Aufbau muss steif und verwindungsfest sein um alle auf ihn einwirkenden Kräfte aufnehmen zu können. Meist werden einzelne Baugruppen zu einer selbsttragenden Einheit verbunden. Die großflächigen Busscheiben sind ebenfalls als tragende Elemente ausgelegt. Insbesondere bei kleineren Omnibussen mit weniger als 20 Sitzplätzen sind der Rahmen bzw. das Fahrgestell und der eigentliche Aufbau voneinander getrennt (kein selbsttragender Aufbau). Passive Sicherheit: Eine hohe Festigkeit des Buskörpers bei Omnibussen wird unter anderem durch umlaufende Ringspannten aus hochfestem Stahlen gewährleistet. Die Festigkeit wird gemäß der gesetzlichen Regelung zur Aufbausteifigkeit ECE-R 66.02 (Umsturzversuch) definiert. Sie definiert den Überlebensraum, der durch die Konstruktion bei einem Umsturz für die Businsassen gewährleistet sein muss. Gleichzeitig soll der Aufbau ein geringes Eigengewicht haben, um eine hohe Nutzlast zu ermöglichen (Reisende und deren Gepäck).

Fahrwerk — Band 2

1.2.1 Rahmenkonstruktionen

Leiterrahmen
Zweiachsige und dreiachsige Leiterrahmen-Fahrgestelle sind sehr stabil, aber auch verhältnismäßig schwer. Sie eignen sich hervorragend für den Einsatz in Regionen mit unbefestigten Straßen. Spezialisierte Aufbauhersteller „schneidern" darauf einen Busaufbau nach speziellem Kundenwunsch.

Gitterrahmen *Quelle: MAN*
Hierbei handelt es sich um eine Leichtbauweise durch Verwendung eines selbsttragenden Käfigs. Oberbau- und Unterbaugerippe sind miteinander verschweißt. Bodengruppe und Aufbauteile bilden eine Einheit. Die Gitterkonstruktion besteht aus Vierkantrohren mit Pressteilelementen. Die einzelnen Aggregate wie Motor, Getriebe und Achsen sind mit der Bodengruppe an verstärkten Eckpunkten (sog. Knoten) verbunden. Vorteile dieser Konstruktion sind geringes Eigengewicht, große Sicherheit für die Fahrgäste und leichter Einstieg durch geringe Fußbodenhöhe über der Fahrbahn.

Aufbau
Die das Gerippe umhüllenden Beplankungsbleche können verschweißt oder geklebt sein. Im Bereich von Fenstern, Türen und Klappen sind Verstärkungen angebracht.

Besondere Konstruktionsmerkmale
Durch besondere Konstruktionsmerkmale und die Verwendung von Leichtmetall und Kunststoffen lässt sich Gewicht einsparen.

Fahrwerk — Band 2

1.3 Radaufhängung

1.3.1 Einleitung

Die Radaufhängung verbindet die Räder des Fahrzeugs mit dem Fahrzeugrahmen. Im Lkw-Bau werden als Vorder- und als Hinterachse immer noch Starrachsen verwendet.

Starre Achsen oder Starrachsen
Starre Achsen als Lenkachse sind preisgünstig zu produzieren. Sie weisen aber schlechtere Fahr- und Federungseigenschaften auf, da beim Ein- und Ausfedern eines Rades das gegenüberliegende Rad immer mit beeinflusst wird.

Achsführung bei Starrachsen
Bei blattgefederten Achsen geben die fest eingespannten Blattfedern die Achseinbaulage im Rahmen vor und führen damit auch die Achsen beim Einfedern. Flexible Luftfederbälge können diese Funktion nicht erfüllen. Hier benötigen die Achsen bewegliche Lenker zur präzisen Führung. Um ein Verdrehen der Achsen beim Einfedern zu vermeiden (bzw. stark zu verringern) werden eine obere und untere Lenkerebene erforderlich. Die Achsen werden in ihrer Bewegung so annähernd parallel verschoben und nicht gekippt. Oben werden häufig Dreieckslenker oder X-Lenker verbaut. Damit wird ein Pendeln der Achse ermöglicht, welches zur Anpassung an die Straßenoberfläche erwünscht ist. Unten werden häufig die Lenkerstreben von den Lenkerböcken parallel zur Straße an Achskörper oder an Luftbalgträger herangeführt.

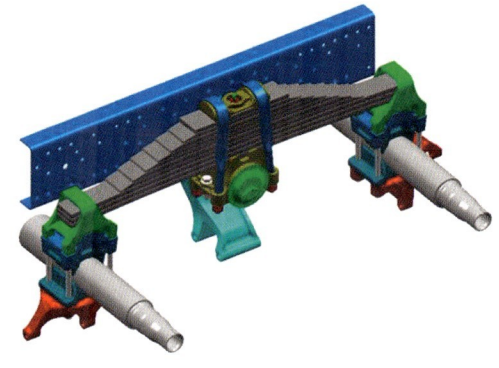

Fahrwerk — Band 2

Einzelradaufhängungen

Diese aus ebenfalls zwei Lenkerebenen bestehende Radaufhängung wird bevorzugt an der Lenkachse von Omnibussen eingebaut. Die Konstruktion zeichnet sich durch ein stabiles Fahrverhalten, hohen Komfort am Fahrerarbeitsplatz und sehr gute Federeigenschaften aus.

Einzelradaufhängung für Reisebusse
© ZF Friedrichshafen AG

1. 3. 2 Sonderformen der Achskonstruktion

Nachlaufachse

Diese meist einzelbereifte Achse wird bei dreiachsigen LKW verwendet. Sie läuft hinter der Antriebsachse ist zuweilen lenkbar und kann bei einigen Fahrzeugen angehoben werden (Liftachse). Als NUMMEK-Achse wird eine doppelt bereifte, nicht lenkbare Nachlaufachse bezeichnet, die vereinzelt bei schweren Dreiachsern eingesetzt wird. Auch sie kann auf Wunsch angehoben werden.

Fahrwerk

Band 2

Vorlaufachse
Diese meist einzelbereifte Achse wird bei Sattelzugmaschinen verwendet. Sie ist vor der Antriebsachse montiert. Bei Einzelbereifung ist sie zuweilen lenkbar (Radformel (6x2/4) und kann angehoben werden.

Liftachse
Wie beschrieben kann die Liftachse beim Zugfahrzeug sowohl Vorlauf- als auch Nachlaufachse sein. Sie wird mittels einer Vorrichtung (Hebe-/Liftbalg oder -bälge) angehoben, wenn bei Teilbeladung die Tragfähigkeit der zweiten Hinterachse ausreicht. Die Liftachse kann auch als Anfahrhilfe bei voll beladenem Fahrzeug kurzzeitig angehoben oder entlastet werden und so den Anpressdruck der angetrieben Hinterachse auf die Fahrbahn erhöhen. So wird das Anfahren besonders auf rutschigem Untergrund erleichtert. Anschließend senkt sie sich wieder automatisch ab. Wird die zulässige Achslast der Antriebsachse überschritten, senkt sich die Liftachse automatisch ab um Schäden am Fahrzeug zu vermeiden. Liftachsen sind vor allem bei Sattelanhängern und Motorfahrzeugen verbreitet und bieten dort in angehobenen Zustand folgende Vorteile:

- Erhöhung der Reifenlebensdauer an der Liftachse
- Verminderung des Rollwiderstandes und damit Kraftstoffeinsparung.
- Verringerung des „Radierens" der am Boden verbleibenden Reifen von benachbarten Achsen bei Kurvenfahrten. Damit erfolgt eine Erhöhung auch deren Lebensdauer.

Bei Sattelanhängern ist es am sinnvollsten, die letzte Achse zu liften, da sich der Drehpunkt in der Kurve nach vorne verschiebt, womit sich der Kurveninnenradius vergrößert. Bei nicht gelifteten Achsen radieren zudem die Reifen der letzten Achse am meisten.

Fahrwerk — Band 2

1.4 Rad- und Achsstellungen

Die Achsgeometrie der Vorderachse beeinflusst das Fahrverhalten des Fahrzeugs. Vorspur, Sturz, Spreizung und Nachlauf werden optimal miteinander kombiniert und auch durch die Lenkergeometrie erzeugt.

Vorspur (engl. toe-in)
Die Vorspur ist der Einzug der Vorderräder in Fahrtrichtung. Die Räder laufen leicht aufeinander zu (l1 < l2). Durch dieses geringfügige Verspannen der Lenkgestänge werden auf Kosten eines geringfügig höheren Reifenverschleiß das jeweilige Spiel in den Gelenken minimiert und ein „flattern" vermieden, was besonders bei älteren und „abgenutzten" Fahrzeugen von Vorteil ist.

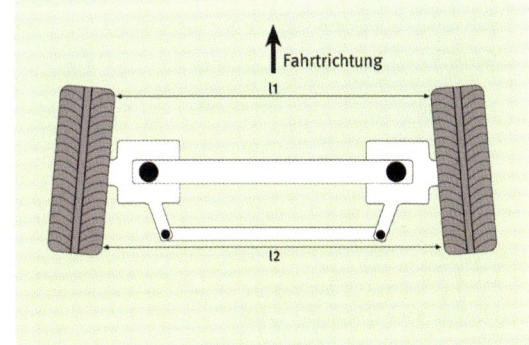

Sturz (α) (engl. camber)
Der Sturz ist die Schrägstellung der Vorderräder zu einer Senkrechten.

Positiver Sturz verbessert den Geradeauslauf des Fahrzeugs. Nutzfahrzeuge haben einen ca. 1 – 2° positiven Sturz an den Vorderrädern. Hinterräder haben keinen Sturz.

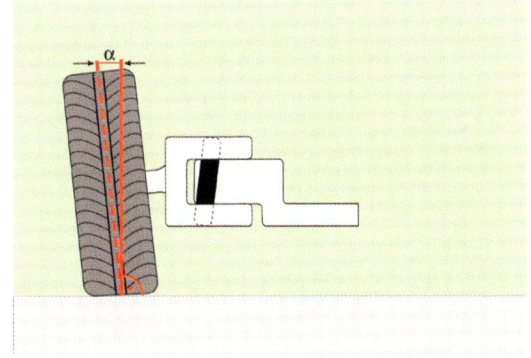

Negativer Sturz verbessert die Seitenführung bei Kurvenfahrt. Verwendung im Pkw-Bau.

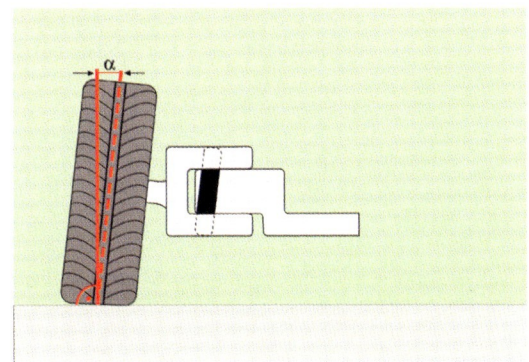

Fahrwerk

Band 2

Spreizung (β) (engl. inclination)
Die Spreizung ist die Schrägstellung des Achsschenkels zu einer Senkrechten oben nach innen. Es entstehen Rückstellkräfte die nach der Kurvenfahrt die Vorderräder (z.B. beim lockern des Griffs am Lenkrad) wieder in die Geradestellung bringen.

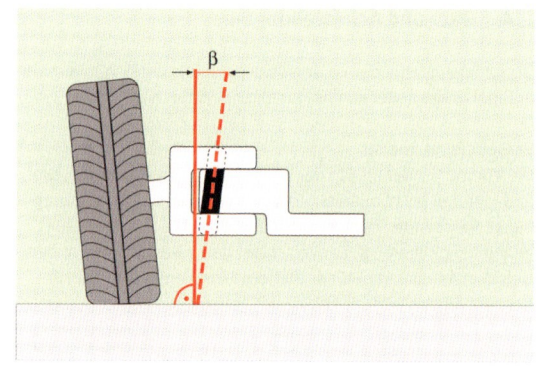

Nachlauf (γ) (engl. castor oder caster)
Der Nachlauf ist die Schrägstellung des Achsschenkels zu einer Senkrechten oben nach hinten. Dadurch werden die Vorderräder „gezogen", die Räder laufen nach und stabilisieren sich (Teewageneffekt).

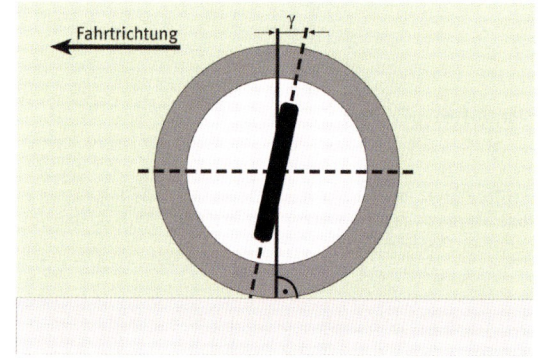

Fahrwerk — Band 2

1.5 Federung und Dämpfung (engl. suspension and damping system)

Die Federung verarbeitet und dämpft Fahrbahnstöße und Aufbauschwingungen. Das Federung-Dämpfungs-System sorgt dafür, dass die Räder zu jeder Zeit den Fahrbahnkontakt behalten (und sich nicht bei Fahrbahnstößen kurzzeitig in der Luft befinden). Das ist für die für Fahrstabilität enorm wichtig. Natürlich sorgt die Federung/Dämpfung auch für den Fahrkomfort.

Schraubenfedern (engl. coil spring)
Diese Federn werden im Lkw-Bau kaum verwendet. Anwendung finden sie selten nur bei leichten Lkw und wegen der langen möglichen Federwege in hochgeländegängigen Fahrzeugen wie z.B. dem Unimog oder bei speziellen Militärfahrzeugen.

Blattfedern (engl. leaf spring)
Blattfedern waren früher im Lkw am weitesten verbreitet. Einzelne Federblätter werden übereinander zu einem Federpaket geschichtet, das durch einen gemeinsamen Herzbolzen und Federklemmen zusammengehalten wird. Die Blattreibung zwischen den Lagen durch die Langenänderung beim Einfedern bewirkt eine gewisse Eigendämpfung.

Beim Nutzfahrzeug gibt es im Wesentlichen zwei Bauarten: Die Trapezfeder (größtenteils durch die Parabelfeder abgelöst), findet ihren Einsatz insbesondere in Baustellenfahrzeugen. Sie ist einfach und kostengünstig herzustellen, leicht zu reparieren und zu verstärken. Die konstant dicken Einzelblätter berühren sich auf voller Länge und verschieben sich bei Federbewegung gegeneinander.

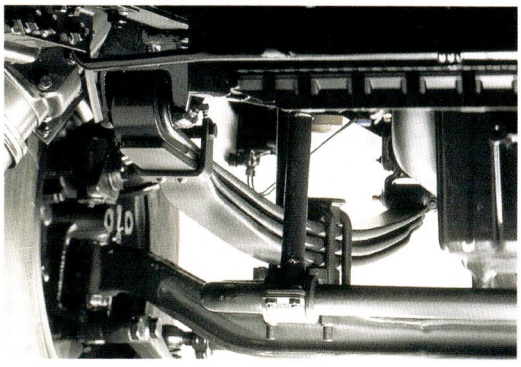

Durch zwischengelegte Kunststoffstreifen oder Schmierung mit Fett kann die Reibung bei der Verschiebung vermindert werden. Wegen der durch die ständige Realtivbewegung der einzelnen Federblätter entstehenden stärkeren Korrosionsbelastung und dem relativ hohen Eigengewicht folgte die Weiterentwicklung der Trapezfeder zur Parabelfeder. Bei Parabelfedern sind die einzelnen Lagen parabolisch ausgewalzt und können je nach Beanspruchung angepasst werden. Die Dicke der Feder variiert und erreicht somit eine optimale Spannungsverteilung. Zwischen den einzelnen Lagen ist ein Luftspalt, so dass zwischen ihnen beim ein- und ausfedern keine Reibung stattfindet. Die Lagen können so besser gegen Korrosion geschützt werden. Die Parabelfeder ist insgesamt leichter und dünner gestaltet und erreicht eine Gewichtseinsparung von ca. 30% gegenüber der Trapezfeder. Im Bild wird eine Parabelfeder dargestellt.

Vorteile der Blattfeder:
- Es können große Gewichtskräfte ertragen werden.
- Längs- und Querkräfte können bauartbedingt ebenfalls übertragen werden. D.h. die Feder kann die Achse führen.
- Es findet (bei Trapezfedern) eine Eigendämpfung statt.
- Die Feder passt sich dem Belastungszustand an. Sie wird bei steigender Belastung „härter".

Nachteile der Blattfeder:
- Geräuschentwicklung, u.U. quietschen,
- (bei Trapezfedern) Oberflächenverschleiß, dadurch wird Pflege und Wartung notwendig.

Pflege und Wartung bei Trapezfedern:
- Bei allen Blattfedertypen: Federlagen auf Brüche und Korrosion kontrollieren.
- Federbolzen abschmieren.
- Federblätter regelmäßig säubern und mit Kriechöl einsprühen.

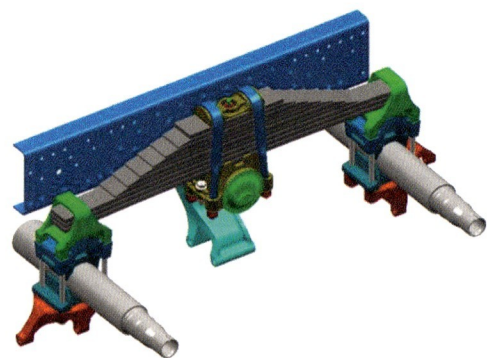

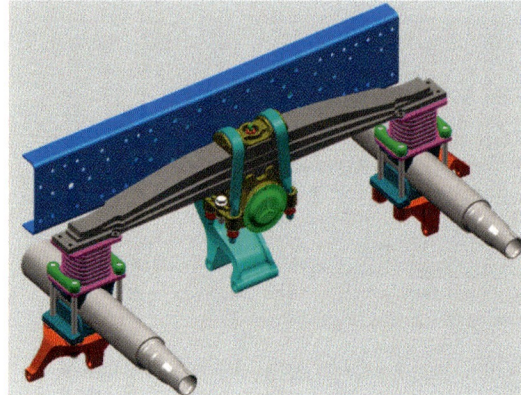

Fahrwerk — Band 2

Luftfederung (engl. air suspension)
Dieses Federungssystem findet bei Lkw und Anhängern immer mehr Verwendung. Das Fahrwerk von Omnibussen ist aus Komfortgründen grundsätzlich luftgefedert.
Eine in einem Federbalg eingeschlossene Luftmenge wird als Federung verwendet.

Vorteile:
- eine konstant gleiche Höhe des Aufbaus, mit oder ohne Belastung, wird selbstständig geregelt
- damit stets gleich großer Federweg,
- Niveauverstellung z.B. an Rampen möglich,
- möglicher Einsatz von Wechselbrücken bei Vollluftfederung,
- wartungsfreundliches Konzept.

Nachteile:
- großer Bauaufwand wegen zusätzlicher Achsführung erforderlich.

Die Federungsluft wird am Mehrkreisschutzventil der Druckluftanlage abgezweigt. Ein Niveau-Regelventil misst den Abstand zwischen Aufbau und Achsträger. Ändert sich dieser Abstand durch Be- oder Entladen, steuert das Niveau-Regelventil mehr oder weniger Druckluft in die Federbälge. Durch die Variation des Druckes in den Federbälgen kann der Lkw beim Be- oder Entladen abgesenkt oder angehoben werden. Die Werte können gespeichert werden, um das Heranfahren an unterschiedlich hohe Rampen zu erleichtern. In modernen Nutzfahrzeugen werden das Fahrniveau, die Achslastverteilung bei Vor- und Nachlaufachsen und auch das Anheben (liften) von Liftachstypen elektronisch gesteuert. Dem Fahrer steht dazu meist eine (Kabel-) Fernbedienung zur Verfügung gesteuert. Dem Fahrer steht dazu meist eine (Kabel-) Fernbedienung zur Verfügung.

Quelle: Daimler AG

Pflege und Wartung:
- Leitungen, Luftbehälter und Federbälge auf Dichtheit prüfen.
- Federbälge auf äußere Beschädigungen hin kontrollieren.

Hinweis: Platzt ein Federbalg bei einem Lkw oder Omnibus, ist die Rad- bzw. Achsführung nicht mehr gewährleistet.

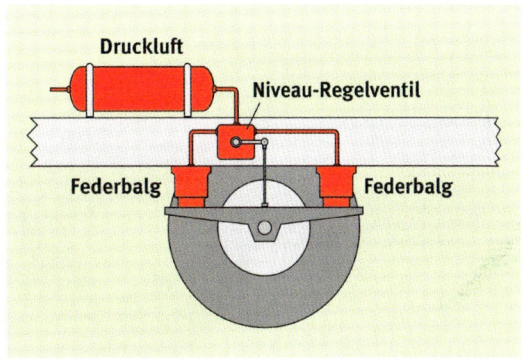

Fahrwerk — Band 2

Dämpfung – Stoßdämpfer (engl. shock absorber)

Die Schwingungsdämpfer oder Stoßdämpfer wandeln die Schwingungen der Federn durch Reibung in Wärme um. Sie verbessern die Fahrsicherheit und erhöhen den Fahrkomfort. Ein hydraulischer Stoßdämpfer ist ein teleskopartig verschiebbares Bauteil welches die Schwingungen der gefederten Massen (Chassis mit Aufbau) schnell abklingen lässt. Sie werden zwischen dem Rahmen und dem Achskörper eingebaut. Die Dämpfungswirkung wird erzielt, indem Öl durch eine kleine Öffnung bzw. Ventile zwischen zwei Kammern hin – und her strömt und dabei jeweils einen Durchflusswiderstand überwinden muss. Es gibt unterschiedliche Dämpfungswirkungen in der Zug- und Druckstufe. Diese werden zur Erreichung eines optimalen Fahrverhaltens speziell festgelegt. Die Dämpfer müssen regelmäßig auf Öldichtheit und sichere Befestigung geprüft werden. Mangelhafte Stoßdämpfer sind an folgenden Merkmalen zu erkennen:

- Stoßdämpfer ist außen verölt,
- mehrfaches auffälliges nachschwingen beim Überfahren von Unebenheiten,
- Poltergeräusche auf schlechten Straßen bei niedriger Geschwindigkeit,
- ungleichmäßige Abnutzung von Reifen und erhöhter Reifenverschleiß,
- flatternde Lenkung oder vielfach unterbrochene Bremsspur nach einer Vollbremsung wegen springender Räder,
- schwammiges Kurvenfahrverhalten. Bei welliger Fahrbahn driftet das Fahrzeug in Abhängigkeit von der Anregung der Vertikalschwingungen nach außen,
- steigende Seitenwindempfindlichkeit.

Stabilisator (engl. anti-roll bar)

Der Stabilisator (Stabi) ist ein Federelement, welches durch seine Funktion zur Verbesserung der Straßenlage beiträgt. Er wirkt der Fahrzeugneigung (Wankneigung) bei Kurvenfahrt oder bei spontanen Ausweichmanövern entgegen. Die Hebelarme des Stabilisators werden beim Wanken einander entgegengesetzt mitgenommen und der Stabilisator-Mittelteil wird dadurch federnd verdreht. Die aus dieser elastischen Verdrehung stammenden, auf den Aufbau wirkenden Kräfte sind dem Wank-Moment entgegengerichtet. Sie mindern das "Einfedern" am kurvenäußeren und das "Ausfedern" am kurveninneren Rad und reduzieren damit das Wanken. Beim gleichsinnigen Ein- und Ausfedern beider Räder einer Achse, z.B. beim „Bremsnicken", hat der Stabilisator keine Wirkung, da seine beiden Hebelarme in die gleiche Richtung mitgenommen werden. Fahrzeuge mit „Hochlast"-Aufbau, wie zum

Beispiel Fahrmischer oder Kipper zeigen in Kurven eine ausgeprägte Wankneigung und erfordern daher verstärkte und/oder mehrere Stabilisatoren. Es kommen meist Bügelstabilisatoren zum Einsatz. Teilweise werden aber auch Bauteile zur Achsführung (Lenker) mit einer integrierten Stabilisatorfunktion verwendet.

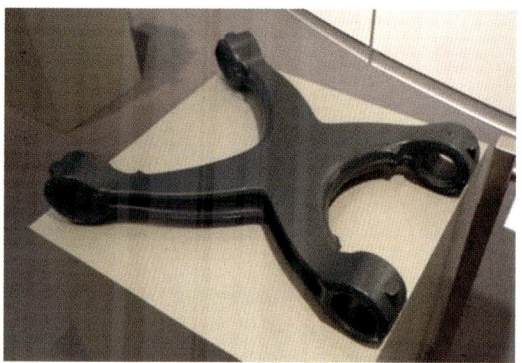

Fahrwerk

2. Lenkung (engl. steering gear)

2.1 Vorbemerkung

Die Lenkung hat die Aufgabe, dem Fahrzeug Fahrtrichtungsänderungen zu ermöglichen und zu rangieren. Sie setzt die Drehbewegung am Lenkrad in eine Schwenkbewegung der gelenkten Räder um. Die präzise, zuverlässige und störungsfreie Funktion der Lenkung ist eine der wichtigsten Voraussetzungen für die Verkehrssicherheit eines Kraftfahrzeugs. In Nutzfahrzeugen werden stets Servolenkungen verwendet. Bei der Servolenkung unterstützt ein hydraulischer Druck die Muskelkraft des Fahrers. Durch diese Kraftverstärkung wird der Kraftaufwand für den Fahrer geringer. Omnibusse mit einer zulässigen Vorderachslast über 4,5 t müssen mit einer Servolenkung ausgerüstet sein. Fällt die Lenkhilfe aus, bleibt der mechanische Teil der Lenkung zwar funktionstüchtig, das Lenken erfordert aber einen erheblich größeren Kraftaufwand. Gängige Bauformen sind die Kugelumlauf- oder auch Blocklenkung und die Zahnstangenlenkung.
Eine gut ausgelegte Lenkung ist gekennzeichnet durch:

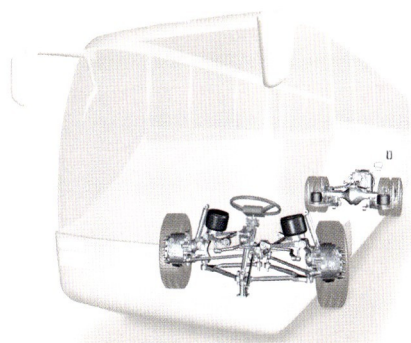

- präzise Umsetzung der Lenkbewegung
- gute Rückstellung in einen stabilen Geradeauslauf
- leichte Bedienbarkeit, ausgewogene Lenkkräfte
- gute Fahrer-Rückmeldung zum Fahrzustand
- Dämpfung von Stößen und Geräuschen
- keine Beeinflussung durch Antriebs-, Brems- und Beschleunigungskräfte
- Verhinderung einer Verletzung des Fahrers bei einem Auffahrunfall durch Lenksäule und Lenkrad
- geringer Bauraumbedarf
- geringer Verschleiß

2.2 Funktion der Hilfskraftlenkung (Servolenkung, engl. power steering)

Dreht der Fahrer am Lenkrad, wird die Kraft über die Lenkspindel auf das Lenkgetriebe übertragen. Die Muskelkraft des Fahrers wird in diesem Getriebe bereits durch die Übersetzung verstärkt. Ein mit dem Lenkgetriebe verbundenes Steuerventil (2) lenkt den Öldruck, den eine vom Motor angetriebene Hydraulikpumpe (1) erzeugt, in einen Arbeitszylinder (3). Der Öldruck wirkt je nach Drehrichtung des Lenkrades vor oder hinter dem Kolben. Die Muskelkraft und die Hilfskraft bewegen zusammen das Lenkgestänge und erzeugen den gewünschten Lenkeinschlag.

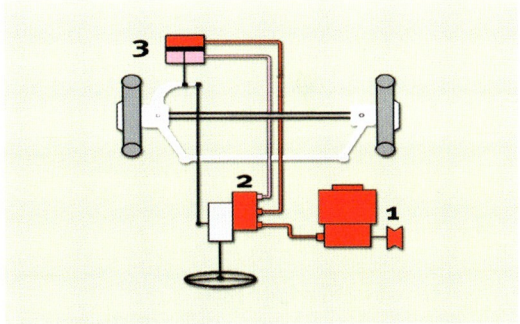

Die Anordnung der Teile des Lenkgestänges hat eine Trapezform (Lenktrapez). Dadurch kann beim Lenken das kurveninnere Rad weiter einschlagen als das kurvenäußere Rad und dadurch einen kleineren Radius befahren.
So ist gewährleistet, dass alle Räder um einen gemeinsamen Mittelpunkt laufen und nicht radieren.

Sonderformen
Bei Vierachsern sind beide Vorderachsen lenkbar, was die serienmäßige Servolenkung überfordern würde. Hier ist noch ein zweiter Ölkreislauf vorhanden, der einen Hydraulikzylinder antreibt. Dieser wirkt auf die zweite Vorderachse.
Bei gelenkten Nachlaufachsen wird der Lenkeinschlag meist über ein Geber-/Nehmerzylindersystem übertragen.

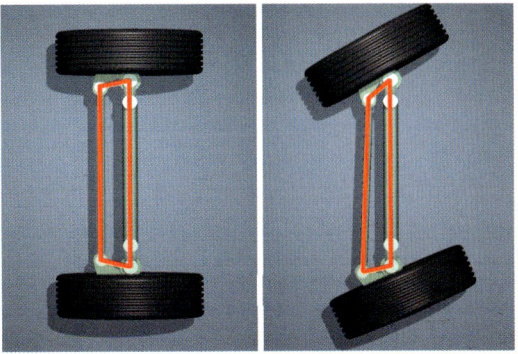

Die Vorderachse betätigt bei Lenkausschlägen einen angeschlossenen Zylinder, welcher durch Ölleitungen mit einem Betätigungszylinder an der Nachlaufachse verbunden ist. Dieser bewegt sich simultan und lenkt so die Nachlaufachse.

So ist gewährleistet, dass alle Räder um einen gemeinsamen Mittelpunkt laufen (Ackermann-Bedingung). Das Lenktrapez ergibt beim Verstellen unterschiedliche Winkelgrößen und damit den gewünschten Effekt.

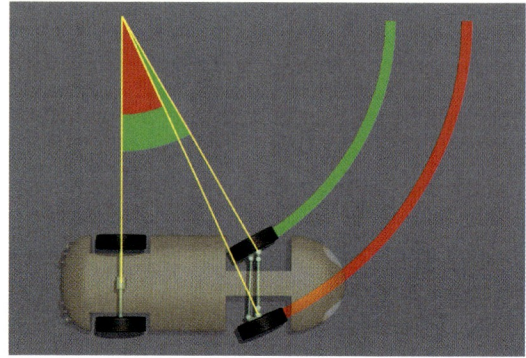

2.3 Überprüfung und Wartung

Prüfen des Lenkspiels
Durch die Kontrolle des Lenkspiels wird der Verschleiß von Lenkgetriebe und Kugelgelenken geprüft. Zu großes Spiel verschlechtert die Spurhaltung.
Bei stehendem Fahrzeug und laufendem Motor (oder stehendem Motor – siehe Betriebsanleitung) drehen Sie das Lenkrad leicht hin und her.
Beobachten Sie die gelenkten Räder. Der Leerweg am Lenkradumfang darf höchstens 15° (ca. 3 cm) betragen, ohne dass sich die gelenkten Räder bewegen.

Füllstand der Hydraulikflüssigkeit prüfen
Durch regelmäßige Kontrolle lassen sich Undichtigkeiten am Lenksystem erkennen. Bei laufendem Motor und Geradeausstellung der Vorderräder muss sich der Flüssigkeitsstand zwischen den Markierungen „MIN" und „MAX" befinden. Fehlt Hydraulikflüssigkeit, kann die Lenkung extrem schwergängig werden. Das Fahrzeug ist nicht mehr ausreichend verkehrssicher.

Fahrwerk — Band 2

Weitere Prüfungen:
- Dichtheit von Leitungen, Schläuchen und Anschlüssen,
- fester Sitz aller Lenkungsteile,
- Keilriemenspannung an der Hydraulikpumpe.

Schmierung

Im modernen Nutzfahrzeugbau werden nur noch wartungsfreie Gelenke und Lager verwendet.

Hat das Fahrzeug eine Zentralschmieranlage,
- den Schmiermittelstand im Vorratsbehälter überprüfen.

Bei manueller Schmierung
- die vorgesehenen Stellen mit einer Fettpresse abschmieren.

Hinweise:
- Eine vorherige Reinigung der Schmiernippel ist unbedingt erforderlich, damit kein Schmutz in die Schmierstelle gelangt.
- Fettpressen arbeiten mit hohem Druck – zu hohe Drücke können zu Schäden an Dichtungen, Lagern und Gelenken führen.

Fahrwerk

3. Räder und Reifen (engl. wheel, tire)

3.1 Räder

Die Räder stellen die Verbindung zwischen Fahrzeug und Fahrbahn her. Das Rad besteht aus:
- Radnabe,
- Radschüssel/Radscheibe,
- Felge,
- Reifen.

Die Räder übertragen:
- Gewichtskräfte,
- Seitenführungskräfte,
- Beschleunigungskräfte,
- Bremskräfte.

An Nutzfahrzeugen kommen folgende Arten von Rädern zum Einsatz:

Stahlscheibenrad

Stahlscheibenrad mit Schrägschulter- oder Steilschulterfelge

Eine um 15 Grad geneigte Felgenschulter ermöglicht den Einsatz von schlauchlosen Reifen. Schrägschulter- oder Steilschulterfelgen ermöglichen eine gute Zentrierung und Abdichtung des Reifens auf der Felge. Bei sinkendem Reifendruck wird verhindert, dass der Reifen in das Tiefbett abrutscht.

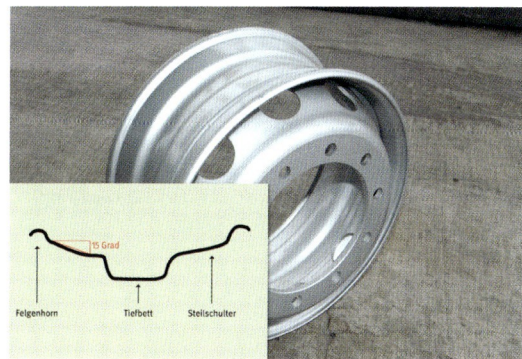

Leichtmetallrad (Aluminium)

Geschmiedetes Aluminiumrad mit Steilschulterfelge

Quelle: Alcoa Wheel Products Europe

3.2 Reifen (engl. tire)

Der Reifen baut die Haftreibung zwischen Rad und Fahrbahn auf. Er übernimmt darüber hinaus ca. 50 % der Federwirkung des Fahrzeugs.

Folgende Eigenschaften kennzeichnen einen guten Reifen:
- guter Kraftschluss zwischen Reifen und Fahrbahn, auch bei Nässe
- hohe Formstabilität bei Geradeausfahrt und Kurvenfahrt,
- hohe Lenkgenauigkeit,
- lange Lebensdauer,
- guter Federungskomfort,
- geringe Geräuschentwicklung,
- geringer Rollwiderstand.

Die Aufstandsfläche des Reifens auf der Straße wird „Latsch" genannt. Sie ist beim Lkw fast so groß wie dieser DEGENER-Band. Ausschließlich über den Latsch werden alle Kräfte zwischen Fahrzeug und Straße übertragen. Es wird zwischen den Traktionsreifen an den angetriebenen Achsen, den Lenkreifen an den Lenkachsen und den Trailerreifen am Anhänger unterschieden. Sie alle weisen ein unterschiedliches Profil auf.

Diagonalreifen
Diese Bauart kommt heute kaum noch zum Einsatz. Die Gewebelagen des Unterbaus liegen in einem bestimmten Winkel übereinander.
Diagonalreifen dürfen an einem Fahrzeug mit einer zulässigen Gesamtmasse über 3,5 t zusammen mit Radialreifen verwendet werden. Voraussetzung für diese Mischbereifung ist, dass die Reifen achsweise von gleicher Bauart sind.

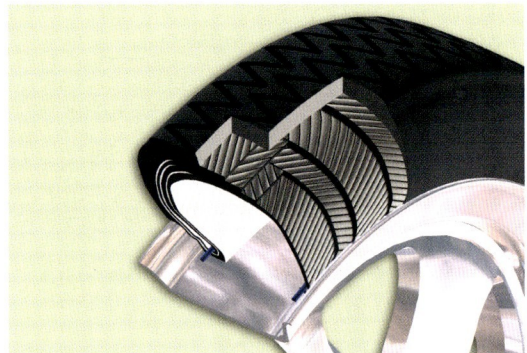

Radialreifen
Heute sind schlauchlose Radialreifen die bevorzugte Standardbereifung.

Radialreifen haben
- geringen Rollwiderstand,
- niedrigen Verschleiß,
- hohe Laufleistung,
- gutes Kurvenverhalten.

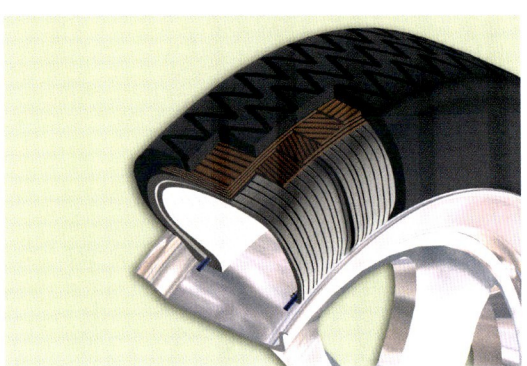

Die Gewebelagen des Unterbaus verlaufen radial von Wulst zu Wulst. Diese Radialkarkasse wird im Bereich der Lauffläche von einem Gürtel umgeben, der dem Reifen die Festigkeit verleiht. Im Bestreben den Kraftstoffverbrauch weiter abzusenken kommt dem Reifen eine besondere Bedeutung zu. Es werden von den Herstellern vermehrt spezielle Energiesparreifen bzw. ECO-Reifen mit optimiertem Rollwiderstand entwickelt und angeboten.

Super-Single-Reifen (SUSI)

Die angetriebene Hinterachse eines Lkw oder Omnibusses ist normalerweise mit Zwillingsbereifung ausgerüstet. Alternativ werden so genannte Super-Single-Reifen angeboten. Das sind sehr breite Radialreifen mit einer geringen Bauhöhe („Niederquerschnittreifen").

Super-Singles haben einige Vorteile gegenüber Zwillingsbereifung:
- Gewichtsersparnis,
- geringerer Rollwiderstand,
- breitere Durchgänge im Niederflurbus möglich.

Bei einer Reifenpanne bieten Einzelreifen vom Prinzip her weniger Sicherheit als Zwillingsreifen. Um diesen Nachteil auszugleichen, sind Super-Singles mit einem Reifendruck-Kontrollsystem und einem integrierten Notlaufelement konstruiert. Das Notlaufelement wirkt wie ein extrem fester Schlauch, der sich bei Druckverlust in der äußeren Luftkammer ausdehnt und den gesamten Reifen schlagartig ausfüllt. Das Notlaufelement sorgt nur für die Sicherstellung der Beherrschbarkeit des Fahrzeuges bei einem Reifenschaden. Der Reifenwechsel muss dennoch möglichst schnell erfolgen.

Runderneuerte Reifen (engl. retread tire oder remould tire)

Auf abgefahrene Reifen, das heißt auf Reifen mit einer Profiltiefe unter 1,6 mm, wird in einem Fachbetrieb auf die Karkasse eine neue Lauffläche aufvulkanisiert. An 100 km/h-Bussen dürfen runderneuerte Reifen (Aufschrift „RETREAD") nur an den Achsen mit Zwillingsbereifung verwendet werden.

Nachschneiden des Profils

Neue Nutzfahrzeugreifen haben eine Profiltiefe bis zu 20 mm. Ist das Profil bis auf etwa 3 mm abgefahren, kann durch Nachschneiden noch ca. 4 mm zusätzliche Profiltiefe gewonnen werden.
Es dürfen nur Reifen nachgeschnitten werden, die mit der Aufschrift „REGROOVABLE" gekennzeichnet sind. Das Nachschneiden darf nur von qualifizierten Fachkräften mit Spezialwerkzeugen durchgeführt werden.
Auf der Lenkachse von 100 km/h-Bussen dürfen nachgeschnittene Reifen nicht verwendet werden.

Fahrwerk — Band 2

3.3 Reifenkennzeichnungen

Zulässige Reifengrößen
Bei Fahrzeugen, die bis zum 30. September 2005 zugelassen wurden, sind Angaben über Art und Größe der Reifen im Fahrzeugbrief und im Fahrzeugschein eingetragen. Dort finden sich gegebenenfalls auch Angaben zur erlaubten Alternativbereifung. Es dürfen nur die dort angegebenen Reifen verwendet werden.
In der seit 1. Oktober 2005 ausgegebenen Zulassungsbescheinigung Teil I (Fahrzeugschein) ist nur noch eine Angabe zur Bereifung enthalten, im nebenstehenden Beispiel für einen dreiachsigen Bus. In der Zulassungsbescheinigung Teil II (Fahrzeugbrief) fehlen die Angaben gänzlich. Welche Alternativbereifung erlaubt ist, lässt sich über die „Allgemeine Betriebserlaubnis" ermitteln. Auskünfte dazu können Fahrzeughersteller, Reifenhersteller, Fachwerkstätten oder autorisierte Technische Prüfstellen geben.

Kennzeichnungen am Reifen
Reifenkennzeichnungen an der Seitenwand des Reifens erfolgen nach den Normen der ECE-Regelung.
Die Erklärung der Bezeichnung erfolgt am Beispiel folgender Reifengröße:

315/80 R 22,5 154/150 J TUBELESS M+S 90 PSI

315/80 R 22,5 = Reifengröße
315 = Reifenbreite in mm
80 = Höhen-Breiten-Verhältnis, die Reifenhöhe beträgt 80 % der Reifenbreite
R = Bauart des Reifens, Radialreifen (Gürtelreifen)
22,5 = Felgendurchmesser in Zoll (1 Zoll = 25,4 mm)
12/80 R 22,5 = Reifengröße alternativ in Zoll

154/150 M = Tragfähigkeitskennzahlen für Einzel- und Zwillingsbereifung
154 = 3750 kg bei Einzelbereifung
150 = 3350 kg bei Zwillingsbereifung

M = Geschwindigkeitskennbuchstabe
Gibt die Einstufung in die zugelassene Geschwindigkeitskategorie an.
M = 130 km/h

156/150 L = Alternative Tragfähigkeit bei veränderter Geschwindigkeit
156 = 4000 kg bei Einzelbereifung
150 = 3350 kg bei Zwillingsbereifung
L = 120 km/h

TUBELESS = Reifen ohne Schlauch

Regroovable oder der umgedrehte griechische Buchstabe Omega = das Profil ist nachschneidbar

M+S = Winterreifen („Matsch und Schnee")

90 PSI = Reifendruckangabe (**P**ounds per **S**quare **I**nch)
90 PSI ~ 6,2 bar/1 bar ~ 14,5 PSI

0514 = Herstellungsdatum 05. Woche im Jahr 2014

FABRIKAT = Hersteller, Reifenart, Profiltyp
z. B. Continental HSR 1

Fahrwerk — Band 2

Tragfähigkeits-kennzahlen	Tragfähigkeit in kg maximal
140	2500
141	2575
142	2650
143	2725
144	2800
145	2900
146	3000
147	3075
148	3150
149	3250
150	3350
151	3450
152	3550
153	3650
154	3750
155	3875
156	4000
157	4125
158	4250
159	4375
160	4500
161	4625
162	4750
163	4875

Tragfähigkeitskennzeichnung der Reifen

Geschwindigkeits-kennbuchstaben	Zulässige Höchstgeschwindigkeiten
F	80 km/h
G	90 km/h
J	100 km/h
K	110 km/h
L	120 km/h
M	130 km/h
N	140 km/h

Geschwindigkeitskennzeichnung der Reifen

Hinweis:
Die Geschwindigkeitskategorie des Kennbuchstabens muss über der durch die Bauart bestimmten Höchstgeschwindigkeit des Fahrzeugs liegen.

Hinweis:
Eine höhere Tragfähigkeit bewirkt eine geringere Geschwindigkeit und umgekehrt. Höhere Tragfähigkeiten oder höhere Geschwindigkeiten als vom Fahrzeughersteller angegeben sind zulässig, niedrigere Werte sind nicht zulässig.

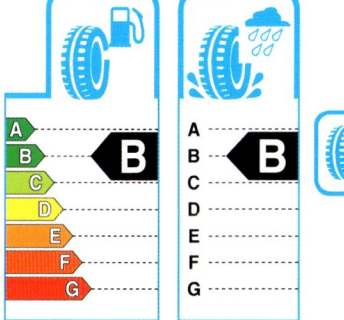

Weitere Reifenkennzeichnungen
Zukünftig müssen Reifen auch hinsichtlich ihres Rollwiderstands (Energieeffizienz), der Griffigkeit bei Nässe und ihres Abrollgeräusches gekennzeichnet sein. Energieeffizienz und Griffigkeit werden auf einer Skala mit den Buchstaben A–G wiedergegeben. Ein grünes A kennzeichnet hier den besten und ein rotes G den schlechtesten Wert.
Abrollgeräusche werden mit einer Angabe in Dezibel (dB) und einem Schallwellenpiktogramm auf dem Reifen gekennzeichnet. Reifen, die die Anforderung an ein niedriges Abrollgeräusch erfüllen, tragen schon jetzt „S" für „Sound" hinter ihrer E-Genehmigungsnummer.

Fahrwerk — Band 2

3. 4 Überprüfung von Rädern und Reifen

Zu niedriger Reifendruck erhöht den Rollwiderstand enorm. Der Reifen wird ständig zusammengedrückt – er walkt. Die Lauffläche kann sich dadurch ablösen. Es kommt weiter zu Überhitzung, wodurch Reifenbrandgefahr entstehen kann! Außerdem nimmt die Fahrstabilität ab, der Reifenverschleiß und der Kraftstoffverbrauch nehmen zu. Auch zu hoher Reifendruck ist schädlich. Er nutzt die Reifen ungleichmäßig ab und verschlechtert die Fahreigenschaften. Das Fahrzeug federt hart, die Bodenhaftung auf schlechten Straßen und in Kurven lässt nach, die Fahrgeräusche werden lauter. Bei ungleichem Reifendruck verschlechtert sich die Straßenlage ebenfalls. Bei unterschiedlichem Druck in den Vorderrädern wird der Geradeauslauf schlechter. Das Fahrzeug zieht zur Seite des geringeren Druckes, weil dort der Rollwiderstand größer ist. Der Reifeninnendruck soll wöchentlich nach Angaben des Fahrzeugherstellers bei kalten Reifen kontrolliert werden. Bei Zwillingsreifen auch den inneren Reifen überprüfen. Zwillingsreifen müssen immer den gleichen Druck haben. Beim Reserverad ebenfalls regelmäßig den Luftdruck prüfen um keine unliebsamen Überraschungen in einer ohnehin schon unangenehmen Situation zu erleben.

Bei modernen Fahrzeugen messen Sensoren an den Felgen kontinuierlich den Reifendruck und übertragen ihn per Funk über Empfänger am Fahrgestell an das Fahrerdisplay. Dort können die Werte aller Reifen abgelesen werden. Druckabfall meldet das System mit einem optischen und akustischen Warnsignal. Er muss anschließend sofort richtig gestellt werden.

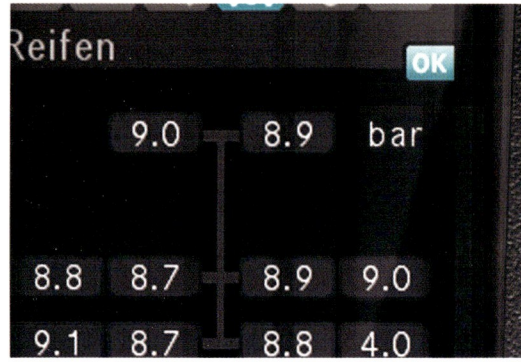

Quelle: Daimler AG

Die Profiltiefe sollte man ebenfalls regelmäßig kontrollieren. Wenn der Reifen neu ist hat er eine Profiltiefe bis zu 20 mm. Der Gesetzgeber in Deutschland und der Schweiz schreibt eine Mindestprofiltiefe von 1,6 mm vor. Die Tiefe der Hauptprofilrillen darf in der Sommer- und Winterperiode an keinem Punkt des Reifens 1,6 mm unterschreiten. Für Österreich gilt, dass die Tiefe der Hauptprofilrillen an keinem Punkt des Reifens in der Sommerperiode 2 mm unterschreiten darf. In der Winterperiode (Lkw: 01.11. -15.04. und Bus: 01.11. bis 15.03.) darf die Mindestprofiltiefe 5 mm für Radialreifen bzw. 6 mm für Diagonalreifen nicht unterschreiten. Sicherheitshalber sollten Reifen mit weniger als 3 mm Restprofil gewechselt werden.
Sonst lässt die Haftung nach und es besteht erhöhte Schleuder- und Aquaplaning-Gefahr. Die Brems- und Lenkfähigkeit des Fahrzeugs geht verloren. Auch die Profiltiefen von Zwillingsreifen sollten annähernd gleich sein, damit beide Reifen in etwa die gleiche Last tragen.

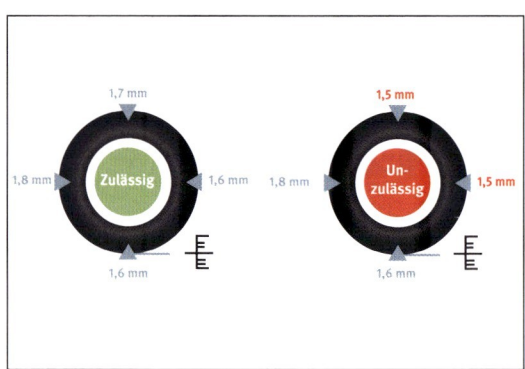

Aquaplaning bedeutet: Ein „Wasserkeil" schiebt sich zwischen Straße und Lauffläche. Es können keine Kräfte (kurvenfahren, bremsen) mehr übertragen werden. Ein im Zustand des Aquaplanings abgebremstes Rad wird sich auch nach vollständigem Lösen der Bremse von alleine nicht mehr in Drehung versetzen.

In der Lauffläche sind TWI-Anzeiger (Tread Wear Indicator) einvulkanisiert. Das sind kleine Stege in den Profilrillen, die beim Erreichen der gesetzlichen Mindestprofiltiefe hervortreten, den Abnutzungsgrad anzeigen und auf einen Austausch des Reifens hinweisen.

Vor Antritt der Fahrt Räder und Reifen kontrollieren auf:
- sichtbare Beschädigungen,
- genügend Profiltiefe,
- Fremdkörper im Profil oder zwischen Zwillingsreifen,
- ausreichenden Reifendruck, auch beim Ersatzrad,
- Vorhandensein von Ventilkappen zum Schutz der Ventile gegen Verschmutzung

Hinweis: Zur Sichtkontrolle des festen Sitzes von Radmuttern haben sich Radmutterindikatoren bewährt. Besonders an den Lenkachsen sind diese optisch auffälligen und kostengünstigen „Kunststoffpfeile" nützlich. Sie werden nach dem korrekten Anzug der Radmuttern auf diese aufgeschoben Die Pfeilspitzen müssen stets zueinander zeigen.

Beim Ersatzrad ist auch auf eine sichere Befestigung zu achten. Fällt ein Lkw-Reserverad ab, so sind schwere Unfälle oft die Folge.

Einseitig abgefahrene Reifen beeinflussen das Fahrverhalten negativ. Mögliche Ursachen:
- falsche Einstellung von Spur und Sturz,
- Schäden an der Federung,
- schadhafte Schwingungsdämpfer (Stoßdämpfer).

3.5 Reifenschäden

Örtlicher Abrieb in Größe der Aufstandfläche entsteht bei einer Blockierbremsung. Das Überbremsen eines Rades kann an einem Fehler in der Bremsanlage (ABS) liegen. Bremssystem überprüfen lassen!

Muldenförmige Auswaschungen
Diese Verschleißerscheinungen können auf Defekte am Fahrwerk des Fahrzeugs (zu große Lagerspiele, mangelhafte Federung/Dämpfung) zurückzuführen sein. Bei Zwillingsreifen können unterschiedliche Luftdrücke oder Durchmesserdifferenzen die Ursache sein. Schadhafte Reifen müssen sofort ausgewechselt werden, wobei auf zueinander „passende" Zwillingsreifen geachtet werden muss.

Einseitig stärkerer Abrieb
Dieses Abriebbild entsteht durch eine Zwangsführung des Reifens schräg zur Fahrtrichtung. Häufig ist eine schuppig aufgeraute Lauffläche bzw. Gratbildung an den Profilkanten festzustellen. Einseitiger Abrieb ergibt sich z. B. durch zu große Vorspurwerte oder durch schräg stehende Achsen. Eine Achsvermessung und gegebenenfalls die Korrektur der Rad- bzw. Achsstellung ist erforderlich!

Beidseitig stärkerer Schulterkantenabrieb
Derartige Abrieberscheinungen treten vorwiegend an den Reifen der Vorderachse auf. Sie werden durch hohe Querbeanspruchungen, z. B. bei schneller Kurvenfahrt, und durch zu geringen Reifendruck verursacht.
Ein hoher Schwerpunkt des Aufbaus begünstigt diese Abnutzungstendenz.
Zur Stabilisierung des Reifenquerschnitts ist der Reifeninnendruck dem Belastungszustand anpassen!

Aufbruch der Karkasse
Wenn sich Fremdkörper (z. B. Steine) zwischen Zwillingsreifen verklemmt haben, kann es zu starken Flankenbeschädigungen oder zum Bruch der Karkasse kommen.

Kontrollieren Sie regelmäßig den Zwischenraum der Zwillingsreifen und entfernen Sie Fremdkörper!

Wulstverschmorungen
Als Ursache kommt eine übermäßige Erwärmung der Bremse oder der Felge in Betracht. Ein technischer Defekt, z. B. an einer Radbremse, kann beispielsweise zu einer solchen übermäßigen Erwärmung führen. Häufig ist aber ein lang anhaltender Bremsvorgang Auslöser für die starke Erhitzung. Solche Bremsungen sollten Sie nach Möglichkeit unterlassen. Vorausschauende Fahrweise und geschickter Einsatz von Motorbremse und Retarder helfen Ihnen, eine Überbeanspruchung der Technik und daraus entstehende Stress-Situationen zu vermeiden.

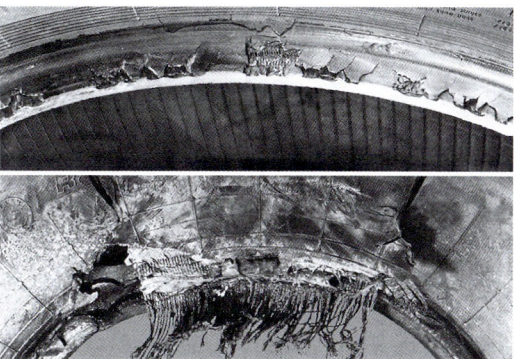

3.6 Radwechsel

Bei Nutzfahrzeugen ist ein Radwechsel ohne Helfer kaum durchführbar.
Ist der Radwechsel dennoch nötig, richten Sie sich aus Sicherheitsgründen stets nach den Vorschriften des Herstellers. Beachten Sie das Betriebshandbuch.
Muss der Radwechsel auf der Fahrbahn oder auf dem Seitenstreifen einer Autobahn durchgeführt werden, muss das Fahrzeug abgesichert werden durch:
- die Warnblinkanlage,
- das Warndreieck, das in mindestens 100 m Entfernung am rechten Fahrbahnrand aufzustellen ist,
- die Warnleuchte, die in halber Entfernung zwischen Warndreieck und Fahrzeug steht.
- Besser sind mehrere auffällige Warnleuchten (Funktion regelmäßig prüfen, Batterien!)

Bei allen Tätigkeiten müssen Fahrer und Helfer eine Warnweste tragen. Vor dem Radwechsel sollten Sie unbedingt das notwendige Werkzeug und das Ersatzrad zurechtlegen. Folgende Reihenfolge ist bei der Demontage eines defekten Rades einzuhalten:
- Fahrzeug gegen Wegrollen sichern.
- Wagenheber an der in der Betriebsanleitung festgelegten Stelle ansetzen.
- Radmuttern lösen.
- Fahrzeug anheben.
- Radmuttern herausdrehen.

Muss zum Beispiel das rechte Vorderrad gewechselt werden, wird das linke Hinterrad durch zwei Keile, jeweils einem vor und hinter dem Rad, gesichert.

Bei der Montage:
- Reserverad mit einem Montiereisen auf den Radbolzen ausrichten.
- Radmuttern leicht handfest anschrauben.
- Fahrzeug abbocken.
- Radmuttern nach Herstellerangabe mit dem vorgeschriebenen Drehmoment anziehen.
- Nach ca. 50 km Fahrstrecke die Radmuttern nachziehen.

Reifenpannen auf offener Strecke müssen zügig und sicher behoben werden. Daher sollte der Pannendienst gerufen werden. Bei einem Reifenschaden an einer Liftachse ist der Radwechsel unbedingt gemäß der Betriebsanleitung durchzuführen

Fahrwerk — Band 2

Hinweis: Ein Radwechsel auf der zur Straßenmitte gerichteten Seite des Fahrzeuges an einer dichtbefahrenen Straße/Autobahn ist in hohem Maß lebensgefährlich. Das gilt besonders bei Dämmerung/Dunkelheit und/oder an Abschnitten ohne Geschwindigkeitsbeschränkung. Auch eine Warnweste ist kein sicherer Schutz. Bedenken Sie dies und fordern Sie besser einen Lkw-Pannendienst an. Der kann auch wirksamere Warnmaßnahmen ergreifen.

Quelle: Vergölst

3.7 Radabdeckungen

Radabdeckungen sollen verhindern, dass andere Verkehrsteilnehmer durch Spritzwasser in der Sicht behindert werden. Bei Sattelzugmaschinen müssen die abgenommenen oder aufgerollten Radabdeckungen bei Fahrten ohne Auflieger wieder angebracht oder geschlossen werden.

Beider Bilder zeigen Überführungskotflügel für Fahrgestelle ab Werk, spätere Kotflügel sind im Aufbau integriert.

Fahrwerk — Band 2

3.8 Schneeketten

Im Winterbetrieb sind Schneeketten oft unentbehrlich. Die Haftreibung zwischen Reifen und Fahrbahn reicht nicht aus, um bei Schnee und Eis
- Beschleunigungskräfte,
- Bremskräfte und
- Lenkkräfte

sicher zu übertragen.

Vor allem in Steigungen und Gefällen werden Schneeketten notwendig.

Schneeketten sind vorgeschrieben
Ist dieses Vorschriftzeichen aufgestellt, dürfen Fahrzeuge ohne montierte Schneeketten diese Straße nicht befahren, auch wenn sie mit Winterreifen ausgerüstet sind.

Montage der Ketten
Ketten sind nach Vorschrift des Herstellers zu montieren. Eine „Probemontage" auf dem Betriebshof vermeidet böse Überraschungen in Stress-Situationen.
Hinweise:
- Die Fahrgeschwindigkeit mit Schneeketten beträgt max. 50 km/h.
- Es ergibt sich ein verlängerter Bremsweg auf schnee- und eisfreier Fahrbahn.
- Die Fahrgeräusche werden erheblich lauter.

Zuschaltbare Ketten
Als Anfahrhilfe auf winterlicher Fahrbahn dienen zuschaltbare Ketten, z.B. so genannte Schleuderketten. Diese Systeme sind jedoch kein vollwertiger Ersatz für Schneeketten.

Band 2

Energie & Umwelt

Wirtschaftliches Fahren — Band 2

1. Einleitung

Wirtschaftliches Fahren bedeutet:
Senkung der Betriebskosten bei gleichzeitiger Erhöhung der Transportleistung. Die wichtigsten Voraussetzungen für eine wirtschaftliche Fahrweise sind genaue Kenntnisse der Betriebskosten der eingesetzten Fahrzeuge.

Am System Straßengüterverkehr und Straßenpersonenverkehr sind beteiligt:

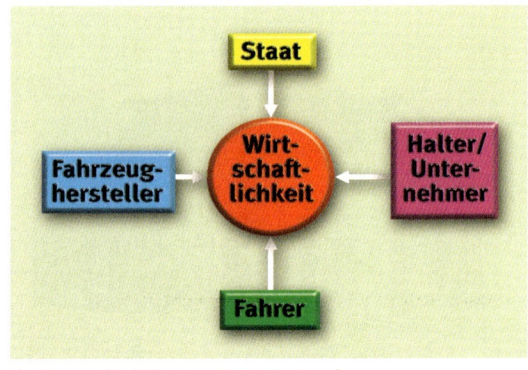

Der Staat (als Gesetzgeber)
Er nimmt Einfluss auf die Wirtschaftlichkeit durch:
- Gesetze,
- Steuern und Abgaben,
- den Bau von Straßen und Parkplätzen,
- den Bau von Infrastruktur wie Telematik und Kommunikationseinrichtungen (Mobilfunkgestützte Systeme)
- Verbesserungen der Verkehrsführung.

Zum Beispiel „belohnt" der Staat zuweilen Halter von Fahrzeugen mit einer besseren Schadstoffklasse bereits vor deren obligatorischen Einführung durch eine geringere Maut.

Die Fahrzeughersteller
Sie nehmen Einfluss auf die Wirtschaftlichkeit durch:
- Optimierung der Fahrzeuge,
- Verbesserungen der Motoren, Getriebe, Achsen und Reifen.
- Innovationen, wie z.B. Telematikdienste wie Fleetboard (Daimler), RIO (MAN).

Unternehmer und Halter
Sie nehmen Einfluss auf die Wirtschaftlichkeit durch:
- den Einsatz geeigneter Fahrzeuge für die entsprechenden Transportaufgaben,
- den Einsatz von geeigneten Navigations-, Telematik- und Fuhrpark-Managementsystemen,
- Schulung und Weiterbildung des Fahrpersonals (z.B. Profi-Training),
- Schulung und Weiterbildung der Disponenten.

Der Fahrer
Er nimmt Einfluss auf die Wirtschaftlichkeit durch:
- energiesparende und umweltschonende Fahrweise,
- die Wahl gut geeigneter Fahrtstrecken und Fahrzeiten,
- frühzeitiges Erkennen eventueller Schäden am Fahrzeug,
- durch das Einhalten der Service- und Inspektionsintervalle.

2. Optimierung des Kraftstoffverbrauchs

2.1 Einleitung

Bei den Betriebskosten beträgt der Anteil der Kraftstoffkosten ca. 25%.
Kenntnisse über die
- Fahrzeugtechnik,
- vorausschauende Fahrweise,
- Fahrzeugbedienung,

helfen diese Kosten zu senken und die Umwelt zu entlasten.

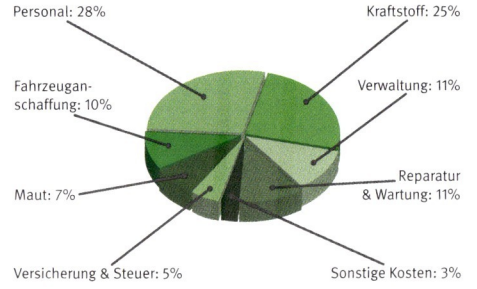

2.2 Kenntnisse über den Drehmomentverlauf des Motors

Der Fahrer soll die Bedeutung der Motorkennlinien praktisch umsetzen. Er erkennt, bei welcher Motordrehzahl der spezifische Kraftstoffverbrauch am geringsten und das Motordrehmoment am höchsten ist.

Beispiel zur Nutzung des Kennliniendiagramms
Erklärung der Größenachsen:
- Motordrehzahl n in 1/min (x-Achse),
- Motordrehmoment M in Nm (y-Achse rechts),
- Nutzmitteldruck p_{me} in bar (y-Achse links).

Der Nutzmitteldruck verhält sich proportional zum Drehmoment. Im gezeigten Beispiel entsprechen M = 700 Nm einem Nutzmitteldruck von p_{me} = 7,3 bar. Erklärung der gezeigten Werte:
- Spezifischer Kraftstoffverbrauch b_e in g/kWh
Die so genannten „Muschellinien" zeigen die Effizienz des Motors in der Umsetzung des Kraftstoffes. Im gezeigten Beispiel liegt der Bestpunkt bei 191 g/kWh. Mit 191 g Dieselkraftstoff kann der Motor in diesem Betriebspunkt (1320 U/min, 1250 Nm) eine Antriebsenergie von 1 kWh erzeugen.
- Leistung P in kW
Es sind Linien mit konstanter Leistung dargestellt, z. B. 100 kW. In dieser Diagrammform werden die Linien konstanter Leistung auch als Leistungshyperbel bezeichnet.

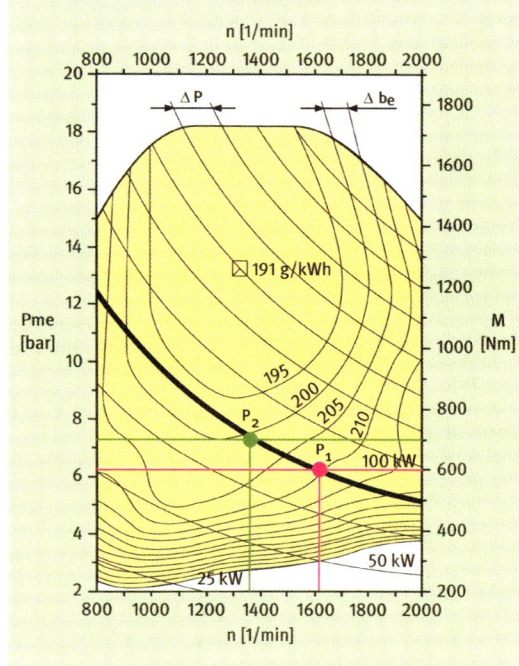

Was kann man aus dem Diagramm ablesen?
Beispiel:
Wenn Sie ein Kraftfahrzeug bei konstanter Drehzahl (1600 U/min) fahren, beträgt die Motorleistung 100 kW. Im gezeigten Beispiel (Ablesepunkt P_1 – rote Linie) entspricht das einer Konstantfahrt auf der Autobahn mit 80 km/h. Der spezifische Kraftstoffverbrauch liegt dann bei 210 g/kWh.

Wie errechnen Sie den Kraftstoffverbrauch in Liter auf 100 km?
Das Fahrzeug wird mit 80 km/h betrieben. Um eine Strecke von 100 km zurückzulegen, müssen Sie also 1,25 Stunden fahren. Die Motorleistung beträgt konstant 100 kW. Wenn Sie 1,25 Stunden mit 100 kW gefahren sind, wurde vom Motor eine Antriebsenergie von 125 kWh umgesetzt.
Der spezifische Kraftstoffverbrauch des Motors liegt bei 210 g/kWh. Multiplizieren Sie diese Werte, erhalten Sie die Masse des auf 100 km verbrauchten Kraftstoffs in Gramm:

$$125 \text{ kWh} \cdot 210 \text{ g/kWh} = 26250 \text{ g}$$

Um den Kraftstoffverbrauch in Liter zu ermitteln, müssen Sie die Dichte des Kraftstoffs berücksichtigen. Die Dichte von Dieselkraftstoff liegt bei ca. 830 g/l.

$$\frac{26250 \text{ g}}{830 \text{ g/l}} = 31,63 \text{ l}$$

Es wurden also ca. 31,6 l/100 km Dieselkraftstoff verbraucht.

Was passiert, wenn Sie in einem höheren Gang fahren?
Die Leistung ist definiert durch den Fahrwiderstand. Die Leistung bleibt also konstant, auch wenn Sie im höheren Gang 80 km/h fahren. Die Motordrehzahl sinkt dann aber z. B. auf 1360 U/min. Wenn Sie der 100-kW-Linie nach links bis 1360 U/min folgen, können Sie feststellen (Ablesepunkt P_2 – grüne Linie), dass der spezifische Kraftstoffverbrauch jetzt bei 200 g/kWh liegt. Rechnen Sie den Kraftstoffverbrauch (wie oben) in l/100 km um, erhalten Sie:

$$125 \text{ kWh} \cdot 200 \text{ g/kWh} = 25000 \text{ g}$$
$$\frac{25000 \text{ g}}{830 \text{ g/l}} = 30,12 \text{ l}$$

Der Motor wird also nun in einem Betriebspunkt (P_2) mit fast 5 % niedrigerem Verbrauch betrieben.
Auf 100 km werden 1,5 l weniger Kraftstoff verbraucht.

Runter mit der Drehzahl, rauf mit der Last – so lautet die verbrauchsoptimierte Fahrphilosophie.

Wirtschaftliches Fahren — Band 2

Kenntnisse über das Getriebe

Generell: Der Fahrer sollte unnötige Schaltvorgänge vermeiden. Jede Schaltung unterbricht (außer bei verschiedenen modernen Getrieben) den Kraftfluss, das bedeutet Zeitverlust und Verschleiß. Gänge überspringen: Sowohl beim Hochschalten als auch beim Zurückschalten können, wenn sinnvoll, Gänge übersprungen werden und dadurch die Anzahl von Schaltungen reduziert werden.

Gänge überspringen
Sowohl beim Hochschalten als auch beim Zurückschalten können, wenn sinnvoll, Gänge übersprungen werden und dadurch die Anzahl von Schaltungen reduziert werden.

Gänge splitten (teilen, engl. to split)
An langen, gleichmäßigen Steigungen kann durch das Splitten, d.h. betätigen der Vor- oder Nachschaltgruppe, der Motor im „grünen Drehzahlbereich" gehalten werden.

Allgemeiner Hinweis:
Vermeiden Sie bei synchronisierten Getrieben doppelt zu kuppeln und Zwischengas zu geben. Diese Getriebe gleichen die unterschiedlichen Drehzahlen selbsttätig an. Sie erzielen dadurch lediglich einen höheren Verbrauch und in manchen Fällen auch einen höheren Verschleiß.

Automatikgetriebe

Im normalen Fahrbetrieb ist immer die höchste Gangstufe zu wählen. Das Getriebe ist so programmiert, dass es den Motor immer im wirtschaftlichsten Drehzahlbereich hält. Bei ungünstigen Streckenverhältnissen passt das Getriebe ständig die Gangauswahl an. Durch zeitweises Beeinflussen des Getriebes mittels des Gebergerätes für manuellen Betrieb kann dieses u.U. ungünstige „Pendeln" vermieden werden. Bei Wandlerüberbrückungskupplungen ist erst nach dem Schaltstoß Vollgas zu geben. Jetzt ist die Kupplung geschlossen. Der Energieverlust durch den Schlupf der Kupplung verringert sich. Auch bei kurzen Stopps Wahlhebelstellung „N" einlegen. Zwischen dem Pumpen- und Turbinenrad der Kupplung findet auch bei Leerlauf des Motors eine kraftstoffzehrende Strömung der Flüssigkeit statt. Bei Stellung „N" ist der Kraftfluss unterbrochen.

1 Wandlerüberbrückungskupplung
2 Drehmomentwandler
3 Lamellenkupplungen bzw. -bremsen
4 Planetensätze
5 Elektro-hydraulische Steuereinheit

Wirtschaftliches Fahren — Band 2

2.3 Energiesparende Fahrweise

Fahren Sie nicht nach Gehör, sondern richten Sie sich nach dem Drehzahlmesser. Dort ist ein grüner Bereich markiert, der Ihnen zeigt, wann Sie optimalen, Kraftstoff sparenden Betriebsbereich des Motors unterwegs sind.
Bei Volllastfahren kann dies einer Fahrpedalstellung von über 75 % entsprechen.
Bei Teillastfahrten sollten Sie mit dem höchsten möglichen Gang bei möglichst niedriger Drehzahl noch ruckelfrei fahren können.

© Daimler AG

Vorausschauend fahren
Eine gleichmäßige Fahrweise ohne Geschwindigkeitsschwankungen erhöht die Durchschnittsgeschwindigkeit und gleichzeitig sinkt der Kraftstoffverbrauch. Der Tempomat unterstützt bei einer gleichmäßigen Fahrweise. Vermeiden Sie unnötiges Anhalten. Zeigt die Ampel rot, verringern Sie rechtzeitig die Geschwindigkeit, so dass Sie möglichst ohne anzuhalten die Rotphase durch Rollen überbrücken können. Denn beim Abbremsen wird Energie abgegeben und beim Beschleunigen wird neue Energie eingesetzt.

© Daimler AG

Dauerbremsen benutzen
Setzen Sie nach Möglichkeit die verschleißfreien Bremsen wie Motorbremse und Retarder ein, bevor Sie die Betriebsbremse benutzen. Durch diese gefühlvolleren Anpassungsbremsungen vernichten Sie nicht so viel Schwung.

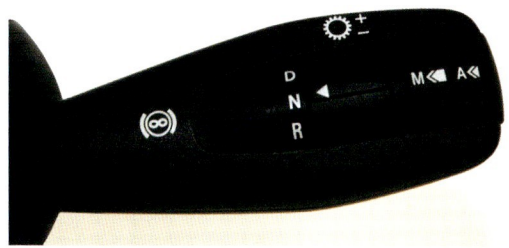

Schwung nutzen
Lösen Sie bei Talfahrten die Bremse kurz vor der Talsohle und nutzen Sie den Schwung für die Fahrt bergauf.

Wirtschaftliches Fahren — Band 2

Rechtzeitig Gas wegnehmen
Bis zu 100 m vor einer Bergkuppe können Sie das Gas bereits wegnehmen. Der Schub eines schweren Kraftfahrzeugs reicht aus, um die letzten Höhenmeter zu überwinden. Etwa 500 m vor dem Verlassen der Autobahn können Sie auf das Gas geben verzichten. Der Schub reicht bis zur Ausfahrt. Genau diese Fahrstrategien macht sich der „Vorrausschauende Tempomat" (predictive cruise control) zunutze. Dank GPS-Daten „kennt" er den Straßenverlauf und die Geländebeschaffenheit und steuert entsprechend die Gaspedalstellung.

Abstand halten
Der Abstand zu einem vorausfahrenden Fahrzeug soll die Strecke betragen, die in ca. 3 Sekunden zurückgelegt wird.

$$\text{Abstand (m)} = \frac{\text{Geschwindigkeit (km/h)} \cdot 3s}{3{,}6}$$

Beispiel:
$$\text{Abstand (m)} = \frac{80 \text{ km/h} \cdot 3s}{3{,}6}$$
$$\text{Abstand (m)} = 67 \text{ m}$$

Eine gleichmäßige Geschwindigkeit setzt immer einen entsprechenden Abstand voraus. Achtung: Nutzfahrzeuge mit > 3,5 t zul. Ges. Gewicht auf Autobahnen müssen bei einer Geschwindigkeit ab 50 km/h einen Abstand von mindestens 50 m einhalten.

Zur Kontrolle: Die Leitpfosten an der Autobahn stehen in einem Abstand von 50 m.

Spurrillen nach Möglichkeit vermeiden
Bei nasser Fahrbahn sammelt sich Wasser in den Spurrillen der Fahrbahn. Darin zu fahren bedeutet einen steigenden Rollwiderstand und damit auch einen höheren Kraftstoffverbrauch. Darüber hinaus verringern Sie damit die Gefahr des Aquaplaning.

2.4 Fahrzeugbedienung

In der Betriebsanleitung oder im Fahrer-Handbuch des Lkw stehen viele Hinweise über die Besonderheiten des Fahrzeugs, die richtige Bedienung und zur Pflege und Wartung.

Wirtschaftliches Fahren — Band 2

Die tägliche Sicherheitskontrolle vor Antritt der Fahrt ist eine Voraussetzung für das rechtzeitige Erkennen von Störungen und Schäden.

Reifendruck
Niedriger Reifendruck erhöht die Walkarbeit des Reifens. Der Reifenverschleiß erhöht sich, der Kraftstoffverbrauch nimmt zu, das Fahrverhalten des Fahrzeugs verschlechtert sich.
Ein zu niedriger Reifendruck kann auch einen Reifenbrand verursachen.

Windleitflächen und Planen
Passend zur Oberkannte von Aufbau bzw. auf die Auflieger eingestellte Windleitkörper verringern den Kraftstoffverbrauch um bis zu 7%. Allerdings sollten diese Dachspoiler konsequent entfernt werden, wenn eine Zugmaschine beispielsweise ständig mit einem Kippsattel, einem Tank- oder Siloauflieger betrieben wird (oder in vergleichbaren Fällen). Er ist dann wirkungslos und erhöht lediglich Gewicht und Luftwiderstand.

© Daimler AG

Wirtschaftliches Fahren — Band 2

Die Planen am Motorwagen und Anhänger immer fest verzurren. Eine flatternde Plane erhöht den Kraftstoffverbrauch um bis zu 10 %, die Lebensdauer der Plane verringert sich und es entsteht eine unnötige Geräuschbelastung.

Nebenbei:
Drucklufthörner, Kuhfänger und Lampenbügel sehen zwar „cool" aus, haben aber einen schädlichen Einfluss auf die Fahrzeugaerodynamik. Eigentlich ist es schade, dass die guten Resultate welche die Hersteller in umfangreichen Windkanalmessungen und mit viel Detailarbeit erreicht haben, anschließend durch solche im Grunde unnötige Anbauteile wieder vernichtet werden.

Kontrolle des Kraftstoffverbrauchs
Nach jedem Tanken sollten Sie den Kraftstoffverbrauch in Liter/100 km ausrechnen.
Erhöht sich der Verbrauch um mehr als 15 %, muss die Ursache für diese Erhöhung gesucht werden.

Beispiel:
Bei Antritt der Fahrt war der Tank vollgefüllt.
Nach 1450 km Fahrstrecke wird erneut getankt.
390 l Kraftstoff fasst der Behälter.
Wie hoch war der Durchschnittsverbrauch in l/km?
Berechnung:

$$\text{Verbrauch} = \frac{\text{getankte Kraftstoffmenge (l)} \cdot 100}{\text{gefahrene Strecke (km)}}$$

$$\text{Verbrauch} = \frac{390\,l \cdot 100}{1450\,km}$$

$$\text{Verbrauch} = 26{,}9\,l / 100\,km$$

© Daimler AG

Würde bei der nächsten Kontrollrechnung der Durchschnittsverbrauch mehr als 30 l/100 km betragen, sollten die Ursachen für den erhöhten Verbrauch ergründet werden.

„Spritrechner" finden Sie z. B. im Internet. Hier können Sie Ihren Dieselverbrauch auf 100 km bequem ermitteln. Geben Sie die gefahrene Strecke, die getankte Menge Diesel und den Preis pro Liter in die dafür vorgesehenen Felder ein.

Wirtschaftliches Fahren — Band 2

Moderne Lkw und Omnibusse sind mit einem Bordcomputer ausgerüstet. Der Durchschnittsverbrauch erscheint im Display. Nutzen Sie diese Informationsquelle.

Quelle: Daimler AG

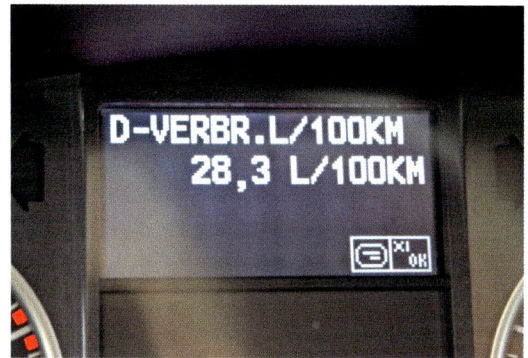

2.5 Nutzfahrzeuge und Umweltschutz

Kraftfahrzeuge belasten die Umwelt.
Die Belastungen ergeben sich aus
- dem Bedarf an Straßen und Stellflächen,
- der Erzeugung von Abgasen,
- dem Ausstoß von Partikeln,
- der Erzeugung von Feinstaub,
- der Erzeugung von Lärm beim Betrieb,
- der Entsorgung von Betriebsstoffen/Verbrauchsmaterialien (z. B. Reifen, verbrauchte Öle und Filter).

Straßen und Stellflächen
Das Straßennetz und die Parkplätze der Bundesrepublik Deutschland umfassen eine Größe von etwa 2700 km^2.
Das entspricht der Fläche des Saarlandes.
Nicht mitgezählt sind bei dieser Angabe die vielen privaten Park- und Stellflächen.

Wirtschaftliches Fahren — Band 2

Schädliche Abgase

Bei der Verbrennung von Kraftstoffen in Dieselmotoren entstehen schädliche Abgase. Die Euro-Norm, eine EU-weite Emissionsrichtlinie für Straßenfahrzeuge, wurde beginnend mit Euro 0 stufenweise verschärft. Damit wurden die Schadstoffe Stickoxid und Kohlenmonoxid und die unverbrannten Kohlenwasserstoffe schrittweise reduziert. Die aktuelle Norm Euro 6 ist seit dem 1. Januar 2014 für alle Neufahrzeuge vorgeschrieben.

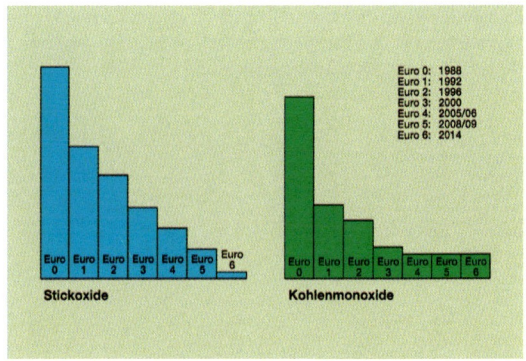

Feinstaub oder Schwebestaub

Rußpartikel aus dem Abgas, Reifenabrieb, Abrieb der Brems- und Kupplungsbeläge, Abrieb des Straßenbelags und Staubaufwirbelungen belasten besonders den Verkehrsraum der Innenstädte.

Aus gesundheitlicher Sicht ist neben dem Schadstoffgehalt die Größe der Staubpartikel entscheidend. Partikel mit einem Durchmesser größer als 10 µm (Mikrometer: 1 µm = 0,001 mm), der so genannte Grobstaub, bleiben mehr oder weniger gut an den Schleimhäuten des Nasen-Rachenraums hängen. Kleinere und kleinste Staubpartikel (Feinstaub, ultrafeine Partikel) können über die Luftröhre und die Bronchien bis tief in die Lunge vordringen. Daher wird der Feinstaub auch als inhalierbarer bzw. als lungengängiger (alveolengängiger) Feinstaub bezeichnet. Allgemein anerkannte Bezeichnungen für Feinstaub existieren nicht. In der Regel wird unter Feinstaub Staub mit einer Partikelgröße kleiner als 10 µm (PM10) verstanden. PM steht für die Sammelbezeichnung für Schwebstoffe (engl. **p**articulate **m**atter). Die Staubfraktion mit einer Partikelgröße kleiner als 0,1 µm wird als ultrafeine Partikel bezeichnet.

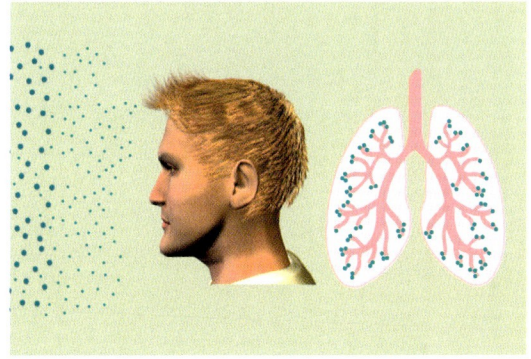

In der Grafik sind die Größenbereiche verschiedener Partikel dargestellt. Abgase und Abrieb von Kraftfahrzeugen liegen im Größenbereich von 0,01 bis ca. 20 µm.

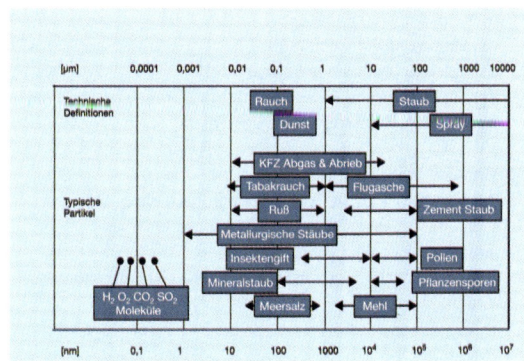

Größenbereiche verschiedener Partikel   Quelle: Eberspächer

Global betrachtet stammt der Feinstaub in der Luft überwiegend aus natürlichen Quellen (z. B. Bodenerosion, Pflanzenpollen). Lokal betrachtet, z. B. in einer Stadt, ist der Feinstaub größtenteils vom Menschen verursacht (Industrie, Verkehr, Heizung).

Wirtschaftliches Fahren — Band 2

Ein Beispiel für die Zusammensetzung des Feinstaubs im städtischen Bereich zeigt die Grafik, die anhand von Analysewerten von einer Straße in Berlin entstanden ist.
Ein Viertel des Feinstaubs wird dort durch den lokalen Verkehr verursacht. Dieses Viertel setzt sich zusammen aus Motoremissionen (9 % Pkw und 33 % Lkw) sowie Abrieb und Aufwirbelung (30 % Pkw und 28 % Lkw).

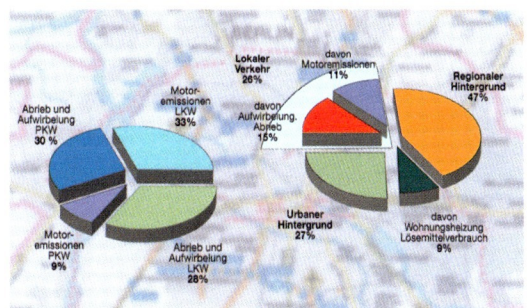

Quelle: Eberspächer

Die nachfolgende Tabelle zeigt die aktuell gültigen Grenzwerte für den Feinstaub:

Grenzwert für den Schadstoff Feinstaub (PM10)

Bezeichnung	Mittelungszeitraum	Grenzwert	Zeitpunkt, ab dem der Grenzwert einzuhalten ist
Grenzwert für den Schutz der menschlichen Gesundheit	24 Stunden	500 µg/m³ PM10 dürfen nicht öfter als 35mal im Jahr überschritten werden	seit 1.1.2005 einzuhalten
Grenzwert für den Schutz der menschlichen Gesundheit	Kalenderjahr	40 µg/m³ PM10	seit 1.1.2005 einzuhalten

Grenzwert für den Schadstoff Feinstaub (PM2,5)

Bezeichnung	Mittelungszeitraum	Grenzwert	Zeitpunkt, ab dem der Grenzwert einzuhalten ist
Grenzwert für den Schutz der menschlichen Gesundheit	Kalenderjahr	25 µg/m³ PM2,5	seit 1.1.2005 einzuhalten

Quelle: 39. Verordnung zur Durchführung des Bundes-Immissionsschutzgesetzes (BImSchG): Verordnung über Luftqualitätsstandards und Emissionshöchstmengen vom 02.08.2010 (BGBl. I S 1065)

Um diese Grenzwerte einhalten zu können, wurden mehrere Maßnahmen eingeführt:
- Einführung der Feinstaubplakette, die eine Einteilung der Fahrzeuge in Schadstoffklassen kennzeichnet. Die deutschen Kommunen dürfen in Ballungsräumen Umweltzonen einrichten, die nur von Fahrzeugen bestimmter Schadstoffklassen befahren werden dürfen.
- Subventionierung der Partikelfilter-Nachrüstung.
- Lokale Maßnahmen wie Sperrung für den Lkw-Verkehr oder Einführung von Tempolimits.

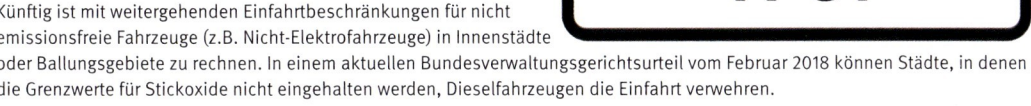

Künftig ist mit weitergehenden Einfahrtbeschränkungen für nicht emissionsfreie Fahrzeuge (z.B. Nicht-Elektrofahrzeuge) in Innenstädte oder Ballungsgebiete zu rechnen. In einem aktuellen Bundesverwaltungsgerichtsurteil vom Februar 2018 können Städte, in denen die Grenzwerte für Stickoxide nicht eingehalten werden, Dieselfahrzeugen die Einfahrt verwehren.

Lärmbelastung
Ständiger Verkehrslärm macht krank. Nicht nur konstruktive Maßnahmen im Fahrzeugbau wie Kapselung der Motoren, verbesserte Abgasschalldämpfer oder besondere Gummimischungen der Reifen sind notwendig, um den Verkehrslärm zu verringern. Genauso wichtig ist eine lärmarme Fahrweise zur Schonung der Umwelt. Richten Sie Ihre Geschwindigkeit nach den Gegebenheiten, besonders Innerorts und auf schlechter Fahrbahn. Auch längeres Laufenlassen des Motors beim Warten an einem Bahnübergang oder im Stau ist eine Belastung der Umwelt. Immer wieder ist zu beobachten, dass Busfahrer beim Ein- und Aussteigen ihrer Fahrgäste und beim Hantieren mit deren Gepäck unnötiger weise den Fahrzeugmotor laufen lassen. In dicht besiedelten Wohngebieten, in Kurgebieten sowie in der Nähe von Krankenhäusern und Seniorenwohnheimen soll die Motorbremse möglichst nicht eingesetzt werden. Defekte Abgasanlagen müssen sofort instand gesetzt werden. Regelmäßige Wartung ist die Voraussetzung für einen möglichst kraftstoffsparenden, umweltschonenden, störungsfreien und verkehrssicheren Betrieb der Nutzfahrzeuge. Einige Aufbauarten (Absetz-/Abrollmulden, Rungen, …) können durch schlagende Ketten und klappernde Scharniere/ Bügel/Klappen sehr viel Lärm verursachen

Wirtschaftliches Fahren — Band 2

der nicht sein müsste. Im Fahrtwind knatternde Spanngurte verursachen ebenfalls eine unnötige Lärmbelästigung. Tun Sie bitte etwas für das Image unserer Branche und vermeiden Sie diese unnötigen Belastungen.

Umweltgerechtes Entsorgen von Betriebsmitteln und Abfällen
Abfälle entstehen beim Ergänzen oder Wechseln von flüssigen Betriebsstoffen.
Umweltgerecht entsorgt werden müssen:
- Kraftstoffreste,
- Motoröle,
- Hydrauliköle,
- Bremsflüssigkeit,
- Frostschutzmittel,
- Luft- und Ölfilter,
- Bremsbeläge.
- und oftmals deren Verpackungen und Gebinde.

Die oben genannten Flüssigkeiten dürfen nicht miteinander vermischt werden.
Die fachgerechte Entsorgung erfolgt über autorisierte Betriebe.

Omnibusse, die im Gelegenheitsverkehr eingesetzt sind, führen zum Sammeln des anfallenden Mülls entsprechend gekennzeichnete Sammelbehälter mit. Papier, Plastikverpackungen, Blech/Aluminium und Glas werden getrennt gesammelt. Die Entsorgung erfolgt umweltgerecht auf Rastplätzen in bereitstehende Container bzw. am Ende der Fahrt auf dem Betriebshof.

Reisebusse im Gelegenheitsverkehr oder im Linienfernverkehr sind häufig mit einer Bordtoilette ausgerüstet. Eine umweltgerechte Entsorgung der Fäkalien ist nur auf einer dafür vorgesehenen Anlage auf dem Betriebshof oder auf einer gekennzeichneten Station auf Autohöfen oder Autobahnraststätten möglich. Das Ablassen der Fäkalien in die Landschaft ist verboten.

Streckenplanung

Band 2

1. Straßenkarten

1.1 Straßenkarten lesen

Karten und Atlanten dienen zur Orientierung und Navigation. Sie sollen möglichst aktuell sein, damit sie den tatsächlichen Gegebenheiten entsprechen.
Da immer wieder Straßen umgebaut oder neu angelegt werden, können Karten schon kurz nach der Veröffentlichung überholt sein.

Eine Karte besteht aus dem Kartenbild in einem bestimmten Maßstab und der Legende. Diese erklärt die verwendeten Symbole und Zeichen und enthält ein Streckenlineal zur schnellen Entfernungsbestimmung.
Spezialkarten enthalten zusätzliche Informationen.

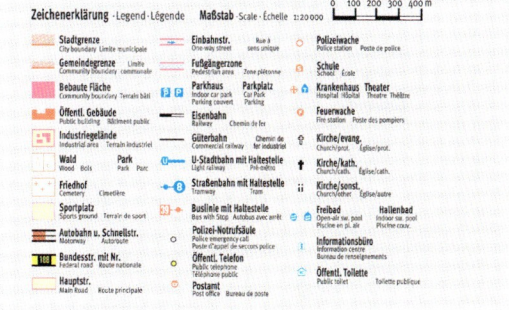

Der Maßstab gibt das Verhältnis von cm auf der Karte zu cm in der Natur an:

Maßstab	Tatsächliche Entfernung		
1 : 20.000	1 cm =	20.000 cm =	200 m
1 : 50.000	1 cm =	50.000 cm =	500 m
1 : 100.000	1 cm =	100.000 cm =	1 km
1 : 150.000	1 cm =	150.000 cm =	1,5 km
1 : 300.000	1 cm =	300.000 cm =	3 km
1 : 1.000.000	1 cm =	1.000.000 cm =	10 km
1 : 3.000.000	1 cm =	3.000.000 cm =	30 km

Streckenplanung — Band 2

Der Maßstab entscheidet über die Aussagekraft und den Verwendungszweck einer Karte:

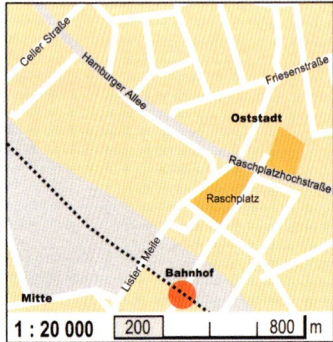

Stadtplan
Maßstab 1 : 20 000

Umgebungskarte
Maßstab 1 : 150 000

Straßenkarte
Maßstab 1 : 300 000

Reisekarte
Maßstab 1 : 1 000 000

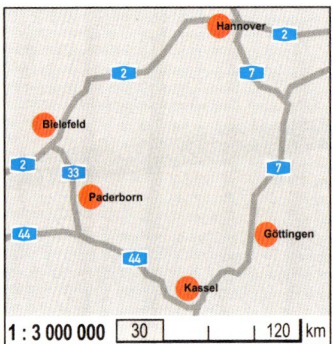

Planungskarte
Maßstab 1 : 3 000 000

Streckenplanung — Band 2

Beispiele für die Berechnung von Maßstäben und Strecken:

1. Die Strecke Ehingen–Ulm beträgt S_N = 26 km. Auf der Karte wird ein Abstand von S_k = 7,4 cm gemessen. Welchen Maßstab M hat diese Karte?

$$M = \frac{S_N \cdot 100000}{S_k}$$

$$M = \frac{26 \text{ km} \cdot 100000}{7,4 \text{ km}}$$

$$M = 350000$$

M = Maßstab
S_t = tatsächliche Strecke
S_k = Strecke auf Karte

Die Karte hat den Maßstab 1:350 000.

2. In einer Straßenkarte mit dem Maßstab M = 1:300 000 erscheint eine bestimmte Strecke S_k = 5,2 cm lang. Wie lang ist die tatsächliche Strecke S_N in Kilometern? Berechnung:

$$S_N = \frac{M \cdot S_k}{100000}$$

$$S_N = \frac{300000 \cdot 5,2 \text{ cm}}{100000}$$

$$S_N = 15,6 \text{ km}$$

Die tatsächliche Strecke S_N beträgt 15,6 km.

3. Ein Unternehmer plant eine Tour mit drei Abladestellen. Die dazu benutzte Karte hat den Maßstab M = 1:450 000. Die Teilstücke auf der Straßenkarte betragen:

$$S_N = 1,4 + 4,3 + 2,7 + 9,4 + 2,1 \text{ cm}$$
$$S_N = 19,9 \text{ cm}$$
$$M = 1 : 450000$$
$$S_N = \frac{M \cdot S_k}{100000}$$
$$S_N = \frac{450000 \cdot 19,9 \text{ cm}}{100000}$$
$$S_N = 89,6 \text{ km}$$

Die gesamte Tour hat eine Länge von 89,6 km.

4. In einer Straßenkarte mit dem Maßstab M = 1:250 000 ist die Strecke von Flensburg bis Schleswig-Schuby mit S_N = 24 km angegeben. Welcher Strecke S_k in cm entspricht das auf der Straßenkarte? Berechnung:

$$S_k = \frac{S_N \cdot 100000}{M}$$

$$S_k = \frac{24 \text{ km} \cdot 100000}{250000}$$

$$S_k = 9,6 \text{ km}$$

Auf der Straßenkarte entspricht die Strecke 9,6 cm.

Streckenplanung — Band 2

Nummerierung der Autobahnen
Die Autobahnen in Deutschland sind nach einem System nummeriert.
Alle Nord-Süd-Autobahnen führen ungerade Zahlen.
Ost-West-Autobahnen führen gerade Zahlen.
Regionale Autobahnen führen zwei- und dreistellige Zahlen.

Nummerierung der Bedarfsumleitungen für den Autobahnverkehr
Bedarfsumleitungen in nördlicher oder östlicher Richtung führen ungerade Zahlen, südliche und westliche Umleitungen werden mit geraden Zahlen bezeichnet.

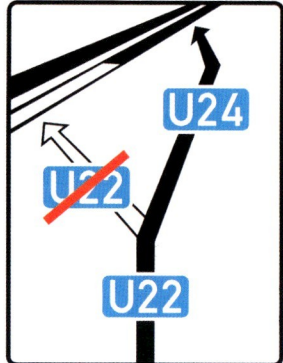

1.2 Spezialkarten

Spezialkarten
Für Bus- und Fernfahrer werden Spezialkarten angeboten, z. B. der „Truckeratlas". Im Detailmaßstab 1:160 000 enthalten die Karten sämtliche Informationen, um große Fahrzeuge wie Busse und Lkw sicher und schnell ans Ziel zu bringen. Verzeichnet sind zum Beispiel:

- Durchfahrtshöhen und -breiten von Unterführungen,
- Gefällstrecken,
- Verkehrsverbote,
- Brückentragfähigkeiten,
- Rasthöfe und Autohöfe.

Streckenplanung — Band 2

Ein Beispiel:
Der Fahrer eines 3,65 m hohen Busses muss eine Schülergruppe vom Parkplatz am Maschsee-Strandbad zum Sportplatz an der Brückstraße fahren.
Anhand der Karte erkennt er, dass die Unterführung des Südschnellweges mit 3,50 m zu niedrig ist.
Er muss also folgende Strecke fahren: Riepestraße – Hildesheimer Straße – Abelmannstraße – Brückstraße.

1.3 Fahrtplanung – Streckenplanung – Zeitplanung

Bei der Fahrtplanung sind zu berücksichtigen:
- Ort und Zeit der Abfahrt,
- Anzahl der Fahrgäste (KOM),
- gewünschte Fahrtroute (KOM),
- Be- und Entladestellen (Lkw),
- geeignete Parkplätze, Autohöfe,
- geeignete Tankstellen,
- Zielort.

Bei der Streckenplanung sind folgende Überlegungen einzubeziehen:
- Informationen über besondere Beschränkungen für Lkw und Bus, z. B. Gefällstrecken,
- eingeschränkte Durchfahrtshöhen,
- Ausweichstrecken für bekannte Baustellen,
- Ausweichstrecken für bekannte Staustrecken,
- Umgehungsstrecken für Städte und größere Orte,
- unterschiedliche Feiertagsregelung in den einzelnen Bundesländern.

Bei der Zeitplanung sind folgende Faktoren zu berücksichtigen:
- Durchschnittsgeschwindigkeit der Fahrzeuge,
- Lenk- und Ruhezeiten,
- Zeitverlust durch Stau oder Umleitungen,
- Zeitverlust bei mehreren Zusteigestellen (KOM),
- Zeitverlust bei mehreren Be- und Entladestationen (Lkw).

Mit Hilfe der Planungskarte und der Umgebungskarte lässt sich ein Routenplan („Spickzettel") anfertigen. Dort können alle für die Tour wichtigen Fahrtrichtungen, die Nummern der Bundesstraßen und Autobahnen, die Autobahnanschlussstellen, -knotenpunkte und -ausfahrten sowie wichtige Kreuzungen vermerkt werden. Es empfiehlt sich, den Zeitbedarf für die Strecke einschließlich der Pausen mit einzuarbeiten.

Streckenplanung — Band 2

Beispiel:
Ein Fahrer erhält den Auftrag, acht Paletten Papier von einem Lagerort im Nordwesten Hannovers nach Unterbach zu transportieren. Die Entladestation liegt im Südosten der Ortschaft Unterbach an der Erkrather Straße. Die Ladung soll dort um ca. 13:30 Uhr ankommen.

Fahrauftrag Hannover – Unterbach

Streckenpunkte	Straße	Richtung	Zeit	km
Hannover Stöcken	B 6	A 2	ab 9:00	
AS Hann. Herrenhausen	A 2	Dortmund		
Raststätte Gütersloh			an ca. 11:00	130
PAUSE			ab 11:15	
AK Kamener Kreuz	A 1	Köln		
AK Wuppertal-Nord	A 46	Düsseldorf		
gleich hinter AK Hilden:				
Ausfahrt D'dorf/Erkrath	Erkrather Str.	Unterbach	an ca. 13:30	270

Um auf direktem Weg das Ziel in Unterbach zu erreichen, kann der Fahrer die Autobahn nur an der Ausfahrt Düsseldorf/Erkrath verlassen.

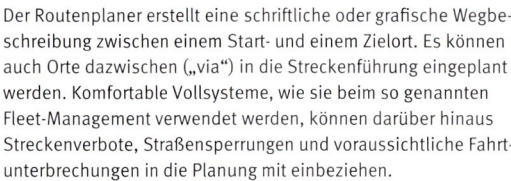

Routenplaner
Überwiegend werden Computerprogramme zur Streckenplanung verwendet. Elektronische Routenplaner werden zum größten Teil im Internet von verschiedenen Anbietern zur Verfügung gestellt bzw. werden bereits auf Smart-Phones verwendet. Durch Angabe der Abfahrtszeit und der Fahrzeugart bzw. der Durchschnittsgeschwindigkeiten auf Autobahnen, Landstraßen und in Ortschaften lässt sich der Zeitbedarf berechnen. Wünsche hinsichtlich der schnellsten Strecke, der kürzesten Entfernung, der Benutzung von Autobahnen oder Mautstraßen werden ebenfalls berücksichtigt.

Der Routenplaner erstellt eine schriftliche oder grafische Wegbeschreibung zwischen einem Start- und einem Zielort. Es können auch Orte dazwischen („via") in die Streckenführung eingeplant werden. Komfortable Vollsysteme, wie sie beim so genannten Fleet-Management verwendet werden, können darüber hinaus Streckenverbote, Straßensperrungen und voraussichtliche Fahrtunterbrechungen in die Planung mit einbeziehen.

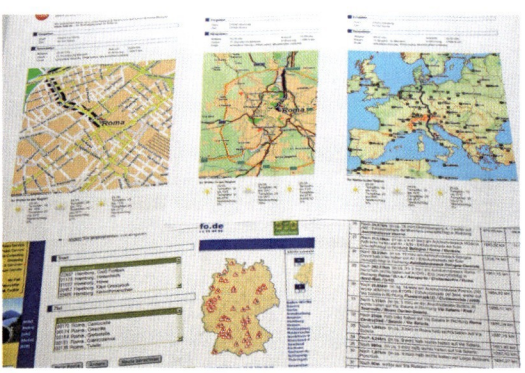

Streckenplanung — Band 2

Elektronische Navigationssysteme sind „intelligente Beifahrer", die den Fahrer mittels Satellitennavigation (**GPS** = **G**lobal **Po**sitionen **S**ystem) und einer speziellen Navigationssoftware auf CD, DVD oder SSD-Karten direkt zur eingegebenen Zieladresse lotsen. Diese Systeme verarbeiten auch Staumeldungen und empfehlen Ausweichrouten. Da zuweilen auch die aktuellen Bewegungsdaten von Mobiltelefonen anderer Verkehrsteilnehmer genutzt werden, bilden die angezeigten Abschnitte mit Stau und stockendem Verkehr vielfach die Realität ab. Für die Navigation kann zwischen einer Routenkarte in verschiedenen Maßstäben und der Information per Richtungspfeil gewählt werden. Wahlweise erfolgt eine Unterstützung durch Sprachhinweise. Die aktuelle Fahrzeugposition wird auf 10m genau durch Wegstreckensensoren und Satellitensignale ermittelt. Die Informationen werden auf Straßenkarten projiziert, die auf der Navigationssoftware gespeichert sind. Ähnlich wie Straßenkarten muss die Software mit dem tatsächlichen Straßennetz übereinstimmen und regelmäßig aktualisiert werden.

Vorteile eines Navigationssystems:
- kein Suchen nach Strecken,
- Auswahl und schnelle Prüfung alternativer Routen
- kein Blättern in Karten und Atlanten,
- geringe Ablenkung, entspanntes Fahren,
- laufende Anpassung der Ankunftszeit
- zielgenaues Ankommen.

Sicherheitstipps:
- Geben Sie das Ziel nur bei stehendem Fahrzeug ein.
- Bedienen Sie das Gerät nur, wenn die Verkehrslage es zulässt.
- Ignorieren Sie verkehrswidrige und unsinnige Anweisungen.

Die Verantwortung liegt immer bei Ihnen – nicht beim System!

Und noch ein wichtiger Hinweis:
Die Fahrgäste erwarten bei Fehlern oder Ausfall des Systems, dass Sie die Reise trotzdem korrekt durchführen. Darauf sollten Sie beispielsweise durch das Mitführen von aktuellem Kartenmaterial vorbereitet sein.

Schlusswort

Band 2

Bemerkungen zu Sattelzug- und Lastzugkombinationen

Unter den „gezogenen Einheiten" ist der Sattelanhänger oder (Sattel-) Auflieger (engl. semi trailer, trailer) am häufigsten anzutreffen. Da er mit dem Zugfahrzeug mittels des Königszapfens nur ein Gelenk bildet (der Deichselanhänger eines Gliederzugs hat je ein Gelenk durch den Drehschemel und mit der Anhängerkupplung) ist er bei Rückwärtsfahrt leichter zu steuern. Nicht zuletzt die Schäden, die durch Unfälle beim Rückwärtsfahren mit Gliederzügen entstehen können, waren für viele Speditionen seit den 80er-Jahren der Grund, vermehrt auf Sattelzüge zu setzen.

Dazu sind als weitere Vorteile zu nennen:
- Die komplette Ladung ist schneller auf und abgeladen. Der Fahrer eines Lastzugs hingegen muss seinen Solo-Lkw (Maschinenwagen) vom Anhänger abkuppeln und getrennt davon abstellen.
- Soll diese Flexibilität auch bei einem Lastzug erreicht werden, müssen sogenannte „Wechselbrücken" genutzt werden, also Systeme, bei denen auch der Lastzug seine Ladefläche ohne fremde Hilfe abstellen und eine andere aufnehmen kann. Aber diese Wechselbrückenfahrzeuge haben gegenüber Fahrzeugen mit festen Aufbauten ein signifikant höheres Leergewicht, was deren Nutzlast vermindert. Weiter benötigen sie sehr geübte Fahrer.
- Fällt das Solo-Fahrzeug wegen eines technischen Defektes aus, kann auch die Fracht in dessen Laderaum nicht weiter befördert werden. Eine defekte Sattelzugmaschine kann jedoch abgeschleppt werden. Der Auflieger wird dann von einer anderen Zugmaschine übernommen.
- Um eine Ladung komplett zu be- oder entladen, sind zwei Rampenanfahrten mit entsprechenden Zeitaufwand erforderlich. Eine Ausnahme ergibt sich bei gegebener Durchlademöglichkeit, wenn eine Tür vorne am Anhänger und eine Klappbrücke zwischen den Einheiten vorhanden sind.
- Anhänger müssen zeitweise unbeaufsichtigt abgestellt werden.

Dem gegenüber stehen die Vorteile des Gliederzuges:
- Bessere Wendigkeit der Kombination. Möglichkeit der Ladungsbewegung nur mit Solo-Lkw oder „Überkopf-Rangieren" des Anhängers mit dem Koppelmaul am Motorwagen wenn die Verhältnisse sehr eng sind.
- Die Ladefläche von 15,65 m ist beim Lastzug um 2,03 m länger als beim Sattelzug. Die Ladefläche wird allerdings zwischen dem Heck des Lkws und der Front des Anhängers unterbrochen. Dadurch kann ein EURO-Lastzug bis zu fünf Europaletten mehr Fracht laden als ein EURO-Sattelzug mit seiner Ladeflächenlänge von 13,6 m.
- Es ist ein Einsatz von Wechselbrücken bzw. -behältern mit Stützbeinen zum eigenständigen Aufnehmen und Tauschen durch den Fahrer möglich. Dadurch wird keine Rampe zum Umladen benötigt und der Begegnungsverkehr begünstigt.

Beim Sattelauflieger gibt es folgende hauptsächliche Ausführungsvarianten:
- Containerchassis: Nimmt einen oder mehrere ISO-Container über „Twistlock"- Verriegelungen auf.
- Plateau (Flatbed): Auflieger-Plattform ohne Wände zum Verzurren der Ladung (oft Baumaschinen und großes Stückgut).
- Sattelkoffer: Geschlossener Kofferaufbau. Guter Wetterschutz, hohe Diebstahlsicherheit.
- Tautliner: Aufbau mit Schiebeplanen.
- Schiebe-/Schubbodenaufbau (engl.: walking floor): Feste Güter und Schüttgut (z.B. Pellets) werden im Auflieger hydraulisch bewegt oder abgeladen.
- Tankauflieger/Siloauflieger: Für flüssige Güter oder bestimmtes Schüttgut (Mehl, Gips, Pellets, Chemikalien, ...).
- Muldenkipperauflieger/Kippsattel: Kippbare Mulde für beispielsweise Aushub, Fels oder Kies.
- Megatrailer: Die lichte Innenhöhe beträgt 3 m (drei Gitterboxen). Gezogen von „Low-Liner"-Zugmaschinen ergibt diese Kombination einen „Jumbo-Lkw".
- Edscha-Aufbau: Planenwände und Dach werden miteinander nach hinten geschoben. Eine Kranbeladung von oben (z.B. für Coils) ist einfach möglich.
- Kühlgutauflieger: Isolierter Thermokoffer. Darf wg. der zusätzlichen Isolierung 2,6 m breit sein.
- Innenlader: Auflieger mit Einzelradaufhängung. Da er ohne Starrachsen auskommt, kann die Ladehöhe zwischen den Rädern maximiert werden.

Auch die Sattelanhänger „gehen mit der Zeit" was sich insbesondere durch folgende z.T. in der Entwicklung befindliche aber auch schon erhältliche Innovationen zeigen:
- Aerodynamische Seitenverkleidungen und geschwindigkeitsabhängig gesteuerte Endkantenklappen.
- „Teardrop"-Auflieger in windschlüpfiger Tropfenform (vor allem in England anzutreffen, da in Deutschland für diese Fahrzeuge die lichte Brückenhöhe nicht ausreicht.
- Gelenkte Achsen und elektronische Balgdruckregelsysteme.
- Schnellöffnungssysteme (z.B. Easytarp der Fa. Krone) durch wesentlich weniger Verschlüsse für die Plane, teilweise pneumatisch betätigt.
- Ausgeklügelte Multitemperaturaufbauten für die Kühllogistik.

Schlusswort

- Telematik-Systeme, wie z.B. Ladegut- und Temperaturüberwachung
- Branchenspezifische Trailerkonzepte wie z.B. „Coil-Liner" und „Paper-Liner".

Hinweise zur Ladungssicherung

Verkehrssicherheit und Ladungssicherung gehören untrennbar zusammen. Die Ladungssicherung kann jedoch nur dann korrekt ausgeführt werden, wenn das notwendige Wissen um die physikalischen Kräfte, die Zurrmittel, die Arten der Ladungssicherung und die rechtlichen Bestimmungen vorhanden sind. Verantwortlich für die Ladungssicherung sind Fahrer, Verlader, Fahrzeughalter aber auch Absender und Frachtführer. Jedoch Sie als Fahrer führen üblicherweise die Maßnahmen zur Ladungssicherung durch und sind auch bei Unfällen der erste Ansprechpartner der Polizei oder anderer Kontrollorgane. In der StVO werden die Einzelheiten unter den §§ 22 und 23 allgemein geregelt. Entsprechend weiterer Gerichtsurteile ist der Fahrer auch verpflichtet:

- Sich ständig über die in der Praxis anerkannten Ladungssicherungsmaßnahmen zu informieren.
- Die Ladungssicherung und Lastverteilung vor Antritt der Fahrt zu kontrollieren.
- Die Ladungssicherungsmaßnahmen während des Transportes zu kontrollieren und ggf. nachzubessern.
- Sein Fahrverhalten auf die Ladungssituation einzurichten.

Vom Grundsatz her gibt es drei Arten um eine Ladung zu sichern:
- Formschlüssige Ladungssicherung, z.B. lückenloses Verstauen, Sperrstangen, Netze, Keile.
- Kraftschlüssige Ladungssicherung, z.B. niederzurren auf Antirutschmatten – Reibung.
- Die Kombination beider Verfahren.

Da es zum weiten Feld der Ladungssicherung entsprechende Literatur und vielfältige Seminarangebote gibt, soll das Thema hier zunächst abgeschlossen werden. Ein Hinweis noch: Der Besen ist ein wichtiges Hilfsmittel zur Ladungssicherung. Nur auf einer sauberen Ladefläche können die auf Reibung basierenden Sicherungsmaßnahmen auch effektiv wirken.

Gefahren im Winter

Eis ist nicht nur auf der Straße gefährlich, sondern auch auf dem Anhänger/Aufbau. Während der Fahrt herabgleitende Eisplatten haben schon schwere Unfälle verursacht. Leider ist es für den Fahrer sehr schwer, ohne Hilfsmittel diese Gefahr vor Fahrtantritt zu bannen. Um nicht gravierende Haftungsprobleme zu bekommen – denn als Fahrer sind Sie hier in der Verantwortung – nutzen Sie die Galerien, die auf dem Speditionshof, vor Tunneleinfahren oder manchen Autohöfen bereitstehen, um das gebildete Eis zu entfernen. Es gibt auch sinnreiche Systeme auf dem Markt, die bei Planenaufbauten stehender Fahrzeuge durch einen aufblasbaren Schlauch eine Art Satteldach erzeugen, so dass sich erst gar kein Eis bilden kann.

Gesund im Beruf

Der Beruf des Kraftfahrers ist aus gesundheitlicher Sicht nicht unproblematisch. Es sind hier folgende belastende Faktoren zu nennen:
- Bewegungsmangel
- Rückenprobleme
- Einseitige und ungesunde Ernährung
- Schlafmangel
- Vereinsamung
- Belastende Lebenssituationen in Partnerschaft/Familie durch häufige Abwesenheit
- Blutdrucksteigernde Stresssituationen z.B. in langen Staus und durch Termindruck
- Unfallgefahr bei „Kletteraktionen" auf Fahrzeug und Anhänger

Während einige Aspekte leider „zum Job gehören", haben Sie als Fahrer die Themen Ernährung, erholsame Pausengestaltung und Bewegung selbst in der Hand. Ein Expander oder ein elastisches Thera-Band in der Kabine, ein Fahrrad im Anhänger, ein paar Fitnessübungen, gesunde und vielseitige Kost sowie geistig anspruchsvollere Medien zu Entspanung können viel bewirken. Auch ein lässiges Abspringen von Fahrerhaus anstatt bieder die Trittstufen zu benutzen hat schon manche schmerzhafte Knöchelverstauchung bewirkt. Denken Sie an Ihre Gesundheit und körperliche Leistungsfähigkeit.

Noch ein Hinweis zum Thema „medizinische Unterwegsversorgung". Die segensreiche Einrichtung „docstop" können auch Sie nutzen. Informieren Sie sich bei www.docstoponline.eu.

Rücklicht: Das Nutzfahrzeug in der öffentlichen Wahrnehmung

Am Ende dieses Bandes sind Sie liebe Leserin, lieber Leser, mit umfangreichem Wissen nun gut für Ihren verantwortungsvollen Beruf gerüstet.
Gestatten Sie mir bitte noch zum Abschluss ein paar Anmerkungen zur Wahrnehmung der Nutzfahrzeuge in der Öffentlichkeit. Leider ist es so, dass dem Lastwagen auf der Straße nicht sonderlich viel Sympathie entgegengebracht wird. Und das, obwohl gerade der indivi-

Schlusswort — Band 2

duelle Güterverkehr unser modernes und komfortables Leben erst ermöglicht. Grund dafür sind vor allem Vorurteile, die schon seit Langem nicht mehr gelten:

- „Stinker" › mit moderner Abgasnachbehandlung gehört der Lkw zu den schadstoffärmsten Fahrzeugen
- „Dieselschlucker" › moderne Lastwagen sind so effizient, dass im maßstäblichen Vergleich ein Mittelklasse-Pkw nur ca. 1,4 l Kraftstoff /100km verbrauchen würde
- „Lkw sind ja so schwer, bremsen schlecht und verursachen schlimme Unfälle" › mit seiner leistungsfähigen Bremsanlage verzögert ein 40t-Zug so gut wie ein Personenwagen. Weiter sind äußerst wirkungsvolle Sicherheits- und Assistenzsysteme vom Gesetzgeber teilweise vorgeschrieben oder lieferbar (ABS, Stabilitätsregelung, Spurassistent, adaptiver Tempomat, Notbremssystem, ...)
- „Lkw machen die Straße kaputt" › Moderne luftgefederte Fahrwerke sind viel straßenschonender als früher. Aber eine Straße ist nun mal auch ein „Verbrauchsgegenstand" der nicht ewig hält
- „Lkw verursachen lange Staus" › Der Lastwagen gehört zu den zuverlässigsten Fahrzeugen. Wenn er häufig liegen bleiben würde, käme der Warenterminverkehr in große Bedrängnis. Bereits bei der Entwicklung der Fahrzeuge hat deren höchste Verfügbarkeit absolute Priorität
- „Immer diese Elefantenrennen" ...

... dieser letzte Kritikpunkt ist leider berechtigt und verärgert die anderen Verkehrsteilnehmer in besonderem Maß. Hier haben Sie es in der Hand, die Wahrnehmung unseres Berufsstandes positiv zu beeinflussen. Daher mein persönlicher Appell: Sie sind der Stärkere - denken Sie mit und nehmen Sie Rücksicht auf Ihr Verkehrsumfeld. Sie bekommen es gedankt und fahren auch selbst entspannter.

Besuchen Sie bei Interesse im Internet Timocom mit ihrem Motto „Hand in Hand durchs Land". Aus dieser Quelle möchte ich abschließend zitieren:

Behandele andere genauso, wie du selbst behandelt werden möchtest!
Nur wer sich anderen gegenüber zuvorkommend und rücksichtsvoll verhält, kann das auch vom anderen umgekehrt erwarten. Dabei kann es eine sinnvolle „Investition" sein, selbst mal in Vorlage zu treten, also beispielsweise jemanden vor- oder vorbeizulassen, von dem man vermutet, dass er oder sie es umgekehrt nicht täte. Erstens muss diese Vermutung ja gar nicht stimmen und zweitens gilt auch hier: Vorbildliches Verhalten wird abgeguckt und führt langfristig zum Umdenken.

Hand in Hand - Mit anderen Verkehrsteilnehmern:
Profi sein heißt auch, mit den Unzulänglichkeiten anderer rechnen! Die Fahrerin oder der Fahrer im Pkw vor Dir könnte Fahranfänger sein. Es könnte auch jemand sein, dem Du mit Deinem großen Fahrzeug Angst einjagst, jemand mit schlechter Laune, ohne Ortskenntnisse, mit wenig Erfahrung, in hohem Alter, mit Liebeskummer oder wer auch immer. Natürlich sollten die alle aufpassen im Straßenverkehr, aber Du als Profi kannst auch ein wenig mit für die anderen aufpassen und deren mögliche Fahrfehler gleich mit einkalkulieren.

Hand in Hand - Mit anderen Lkw-Fahrern:
Auch unter uns Lkw-Fahrern gibt es nicht nur gute, sondern auch schlechte Fahrer – beispielsweise die Cowboys und die Hektiker. Wenn Dich so einer mal mit einem Stundenkilometer mehr auf der Uhr ewig lang überholt, dann sei Du doch der Klügere, der nachgibt. Stelle einfach dein Tempomat für ein paar Sekunden etwas runter und das Problem ist für alle zufriedenstellend gelöst. Erziehen kannst Du den armen Rüpel in den wenigen Sekunden sowieso nicht – es ist sinnlos und obendrein gefährlich.

Hand in Hand durchs Land:
Wir Lkw-Fahrer haben leider ein schlechtes Image. Das liegt zum Teil an Dingen, die wir nicht zu verantworten haben. Aber wir können unseren Teil dafür beitragen: Es liegt an uns, den toten Winkel zu beachten, nur dann zu überholen, wenn man eindeutig schneller ist, ausreichend Abstand zu halten, rechtzeitig den Blinker zu setzen und jederzeit zu bedenken, dass Du jemandem Angst machen könntest, wenn Du ihr/ihm zu nahe kommst. Es ist Deine Aufgabe, jederzeit den Überblick zu behalten. Das kannst Du jedoch nur, wenn Du Deine Scheiben nicht zuhängst mit unnötigen Dingen wie Troddeln, Wimpel, Namensschilder, Plüschtiere usw. Die Einhaltung der Bestimmungen zu Ladungssicherung, Lenk- und Ruhezeiten, Fahrverboten und Höchstgewichten dient der Sicherheit aller und damit auch unserem persönlichen Schutz. Keine Ladung und kein Zeitgewinn können so wichtig sein, dass man gegen diese Bestimmungen verstößt und Leben und Gesundheit aufs Spiel setzt. Wenn alle Verkehrsteilnehmer aufeinander Rücksicht nehmen und sich partnerschaftlich verhalten, kommen wir alle schneller, sicherer und entspannter an unser jeweiliges Ziel.
Hand in Hand durchs Land!

Hier beende ich das Zitat und wünsche Ihnen viel Erfolg bei Ihrer weiteren Ausbildung und allzeit gute Fahrt.

Herzlichst Ihr
Jochen Seifert

Schlagwortverzeichnis — Band 2

Abgasanlage	22, 36, 109
Abgase	23, 29, 30, 36
Abgasnachbehandlung	24, 31, 36, 50, 52, 55, 120
Abgasrückführung (AGR)	29, 52, 53, 55
Abrieb	34, 94, 108, 109
Absorptionsdämpfer	37
Achsantrieb	12, 13, 36, 56, 68, 69
Achsstellungen	77
AdBlue®	11, 14, 24, 37, 48, 50-53
Alternative Kraftstoffe	45
Antriebskombinationen	56
Antriebskonzeptionen	56
API-Spezifikation	35, 36
Auslassventile	20, 21, 22, 23
Auspuffkrümmer	36, 37
Automatikgetriebe	13, 59, 67, 102
Bio-Diesel	45, 46
Blattfedern	74, 79
BlueTec® / SCR Diesel Technology	52, 53
Boxermotor	20
Brennstoffzellenantrieb	40
Common-Rail-System	27
Dämpfung	79, 82, 83, 94
Diagonalreifen	88, 92
Diesel-Kraftstoffe	44
Dieselmotor	9, 12, 13-18, 22, 23, 25, 28, 35, 39, 40, 42, 44-47, 108
Drehmoment (M)	9, 12, 13, 14, 15, 17, 18, 22, 29, 36, 42, 43, 44, 48, 50, 51, 57, 60, 71, 96
Drehmomentverlauf	13, 14, 17, 101
Ecosplit	65
Einlassventil	20, 21, 22
Einspritzpumpen	25
Einzelradaufhängungen	75, 118
Elektro-pneumatische Schaltung	62
energiesparende Fahrweise	103
Erdgas	8, 39, 46
Erdgasmotor	39, 46
Euro VI	49, 50
Fahrtplanung	115
Fahrwerk	10, 15, 71, 81, 94, 120
Fahrzeugbedienung	100, 104
Federung	10, 79, 81, 93, 94
Feinstaub	49, 107, 108, 109
Kipphebel	20, 21
Gelenkwelle	12, 13, 56, 68, 70
Getriebe	9, 12, 23, 38, 56, 57, 58, 59, 60, 62-70, 73, 83, 100, 102
Getriebebauarten	59, 62
Gitterrahmen	73
Hilfskraftlenkung	83
Hubraum	14, 15, 16, 29
Hybridantrieb	40
Hydraulikflüssigkeit	84
Hydrostatische Getriebeschaltung (HGS)	65, 66
Indirekte Einspritzung	23
Kaltstarthilfe	23
Karkasse	89, 94
Katalysator	9, 37, 49, 51, 52
Kolben	9, 13, 15, 16, 17, 18, 19, 21, 22, 25, 27, 28, 34, 83

Schlagwortverzeichnis — Band 2

Kontrollinstrumente	36
Kraftstoffanlage	24, 28, 29
Kraftstoffverbrauch	8, 9, 11, 15, 31, 38, 42, 43, 44, 47, 53, 88, 92, 100, 101, 103-106
Kraftstoff-Verbrauchskennfeld	44
Kupplung	12, 13, 32, 33, 57, 58, 59, 62, 64, 66, 67, 102
Kurbeltrieb	18
Kurbelwelle	12, 13, 17, 18, 20, 21, 22, 23, 32, 34, 58, 64
Ladeluftkühlung	30
Lang-Lkw	8
Leistung (P)	17, 24
Leistungsdiagramm	43
Leiterrahmen	9, 71, 73
Lenkung	82, 83, 84
Liftachse	75, 76, 96
Luftfederung	81
Luftfilter	29, 30, 31
Luftkühlung	32
Montage der Ketten	98
Motordrehmoment (M)	42
Motoren	8, 15, 16, 20, 21, 22, 23, 25, 27, 29, 31, 34, 40, 67, 100, 109
Motorkennlinien	42, 101
Motorkühlung	31
Motoröl	34, 35, 46, 110
Motorschmierung	34, 36
Nachlauf	76, 78
Nachlaufachse	57, 75, 76, 81, 83, 84
Nachschaltgruppe	63, 64, 65, 102
Nachschneiden des Profils	89
Nassluftfilter	31
Navigationssysteme	117
Nebenantriebe	12, 70
Nebenverbraucher	9, 15, 39
Notbremssystem	120
Nockenwelle	15, 20, 21, 26
OHC Motor	21
Ölbadfilter	31
Optimierung des Kraftstoffverbrauchs	100, 128
Planen	100, 128
Platooning	8, 9
Pleuelstange	15, 18, 22, 127
Pumpe-Leitung-Düse-Einheit (PLDE)	26
Radabdeckungen	97
Radantrieb	13, 68, 71
Radaufhängung	74, 75
Räder	8, 12, 13, 56, 57, 74, 77, 78, 79, 82, 83, 84, 86, 92, 93, 118
Radformel	56, 57, 76
Radialreifen	88, 89, 90, 92
Rahmenkonstruktionen	73
Reflexionsdämpfer	37
Reifen	9, 11, 76, 78, 82, 86, 87, 88, 90, 91, 92, 93, 94, 98, 100, 107, 109
Reifendruck	87, 89, 90, 92, 93, 94, 105
Reifenschäden	89, 94, 96
Reiheneinspritzpumpe (REP)	25
Reihenmotoren	15, 19, 22
Routenplaner	116
Schaltgetriebe	12, 13, 36, 56, 59, 55, 62, 64, 66, 67, 70
Schneeketten	98

Schlagwortverzeichnis — Band 2

Schraubenfedern	79
Schulterkantenabrieb	94
Schwebestaub	108
Servolenkung	83
Spezialkarten	111, 114
Spreizung	77, 78
Starre Achsen	74
Straßenkarten	111, 117
Streckenplanung	111, 112, 113, 115, 116
Sturz	72
Synchroneinrichtung	63
Synchrongetriebe	62, 63, 64
TCO	11
Technische Daten eines Dieselmotors	16
Trockenluftfilter	31
Turbolader	9, 15, 23, 29, 30, 36, 51
Umweltschutz	107
Ventilstößel	20
Ventiltrieb	20
Verdichtungsverhältnis	16
Verteilereinspritzpume (VEP)	25
Verteilergetriebe	12, 70
Vorlaufachse	52, 72
Vorschaltgruppe	57, 76
Vorspur	77
Wandler	23, 58, 67
Wandler-Schaltkupplung	59
Wasserkühlung	32
Wasserstoffmotor	14, 39
Windleitflächen	105
Wirtschaftliches Fahren	100ff
Wulstverschmorungen	95
Zylinder	13, 15-22, 25, 26, 27, 29, 30, 32, 37, 84

Dipl.-Ing. Immanuel Henken

Bremsanlagen

Band 3

Bildnachweis –
wir danken folgenden Firmen und Institutionen für ihre
Unterstützung:

Bosch GmbH
Daimler AG
MAN Nutzfahrzeuge AG
Markus Göppel GmbH & Co.
NEOPLAN Bus GmbH, Plauen
Scania Deutschland GmbH
WABCO

Autor:
Dipl.-Ing. Immanuel Henken

Lektorat und Beratung:
Rolf Kroth
Egon Matthias

Band 3

Bremsanlagen

Inhalt

Die Bremsanlage ist das komplexeste Sicherheitssystem eines Nutzfahrzeugs bzw. Busses und unterliegt ständigen technischen Änderungen und strengen gesetzlichen Vorgaben.

Die Berufskraftfahrer müssen die Bauvorschriften, sowie die Funktionsweise und Bedienungselemente einer Bremsanlage nicht nur kennen, sondern auch wissen, wie die verschiedenen Systeme auch unter schwierigen Bedingungen arbeiten und wie die unterschiedlichen Komponenten einzusetzen sind.

Dieser Band beinhaltet neben verschiedenen Arten der Bremsanlagen auch aktuelle Entwicklung im Bereich der Assistenzsysteme, insbesondere deren Grenzen und Möglichkeiten.

Es wird gezeigt welche Bremsanlage bei Omnibussen, Lastkraftwagen oder Lastzügen mit Anhänger Anwendung findet. Die Arbeitsweise der Bremse wird bebildert dargestellt und zeigt somit nicht nur wie sie funktioniert, sondern auch welchen Anforderungen sie standhalten muss.

Außerdem wird das Thema Wartung und Pflege der Bremsanlage behandelt und mit Arbeitsblättern und Aufgaben zur Wissensvermittlung sehr gut unterstützt.

Der Autor

Dipl.-Ing. Immanuel Henken war von 1990 bis 2014 in Unternehmen der Automobilzulieferindustrie tätig und verantwortlich an der Entwicklung von Fahrzeugregelsystemen für Nutzfahrzeuge beteiligt. Als Unternehmensberater unterstützt er heute Unternehmen der Branche in technischen und organisatorischen Themen, insbesondere auch im Bereich der Produktentwicklung.

Inhaltsverzeichnis — Band 3

Bremsanlagen

1. Grundbegriffe 6
1.1 Einleitung 6
1.2 Reaktionsweg – Bremsweg – Anhalteweg 6
Arbeitsblatt 1 – Reaktionsweg – Anhalteweg – Bremsweg 8
1.3 Gesetzliche Vorschriften 9
1.4 Aufgaben der Bremsanlage 11
1.5 Grundaufbau einer Bremsanlage 11

2. Arten der Bremsanlagen 13
2.1 Mechanische Bremsanlage 13
2.2 Hydraulische Bremsanlage 13
2.3 Hilfskraft-Bremsanlagen 14
2.4 Fremdkraft-Bremsanlagen 14

3. Druckluftbeschaffungsanlage 16
3.1 Kompressor 16
3.2 Luftaufbereitungseinheit – APU 17
3.2.1 Druckregler 18
3.2.2 Lufttrockner 19
3.2.3 Mehrkreisschutzventil 20
3.2.4 Frostschutzeinrichtungen 21
3.3 Druckmesser 22
3.4 Druck-Warneinrichtungen 22
3.5 Luftbehälter 23

4. Betriebsbremse – Zweikreis-Bremsanlage 25
4.1 Zweikreis-Motorwagenbremsventil 25
4.2 Automatisch-lastabhängiger Bremskraftregler (ALB) 27
4.3 Druckluftbremszylinder 29
4.4 Radbremsen 31
4.5 Feststellbremse 32
4.6 Hilfsbremse 35
4.7 Haltestellenbremse 35

5. Arbeitsweise der Druckluftbremsanlage 36
Arbeitsblatt 2 – Druckluftbremse 39

6. Dauerbremsen 40
6.1 Motorbremsen 41
6.2 Retarder 43

7. Bremsanlagen bei Lastzügen und Gelenkomnibussen 45
7.1 Bremsanlagen bei Lastzügen 45
7.1.1 Bauteile im Motorwagen 46
7.1.2 Bauteile im Anhänger 47
7.1.3 Arbeitsweise der Zweileitungs-Bremsanlage im Anhänger 50
7.1.4 Abgestellter Anhänger 51
7.1.5 Automatisch-lastabhängige Bremskraftregelung 52
7.1.6 Feststellbremse am Anhänger 53
7.2 Bremsanlagen beim Gelenkomnibus 55
7.2.1 Zweikreis-Bremsanlage eines Gelenkbusses 55
7.2.2 Wirkung der Gelenkomnibus-Bremsanlage 56
7.3 Anhänger hinter Omnibussen 57

Inhaltsverzeichnis — Band 3

8.	Elektronische Bremsunterstützung	58
8.1	Antiblockiersystem (ABS)	58
8.1.1	ABS im Kraftfahrzeug	58
8.1.2	ABS im Anhänger	59
8.2	Antriebsschlupfregelung (ASR)	61
8.3	Elektronisches Bremssystem (EBS)	63
Arbeitsblatt 3 – Elektronische Bremsunterstützung		65
9.	Fahrerassistenzsysteme	66
9.1	Elektronische Stabilitätsregelungen	66
9.2	Stabilitätsregelsysteme	67
9.3	Spurverlassenswarner (LDWS)	68
9.4	Notbremssysteme	68
10.	Kontrollen, Wartung und Pflege	70
10.1	Kontrolle der Druckluftbremsanlage	70
10.2	Hydraulische Bremsanlage	71
10.3	Kontrolle der Druckluftbremsanlage	72
10.4	Grenzen des Einsatzes der Bremsanlagen und der Dauerbremse	73
Lösungen Arbeitsblätter		74
	Schlagwortverzeichnis	77

Grundbegriffe — Band 3

1. Grundbegriffe

1.1 Einleitung

Bewegt sich ein Fahrzeug, steckt in ihm eine bestimmte Bewegungsenergie, die von der Fahrgeschwindigkeit und von der Masse abhängt. Dabei steigt die Bewegungsenergie im Quadrat zur Geschwindigkeit. Beim Bremsen wird die Bewegungsenergie in Wärmeenergie (Reibungswärme) umgewandelt. Die Reibungswärme entsteht durch Anpressen der Bremsbeläge gegen die Bremstrommel oder gegen die Bremsscheibe.
Je stärker der Anpressdruck, desto mehr nimmt die Geschwindigkeit ab – und desto größer ist die Reibungswärme.

1.2 Reaktionsweg – Bremsweg – Anhalteweg

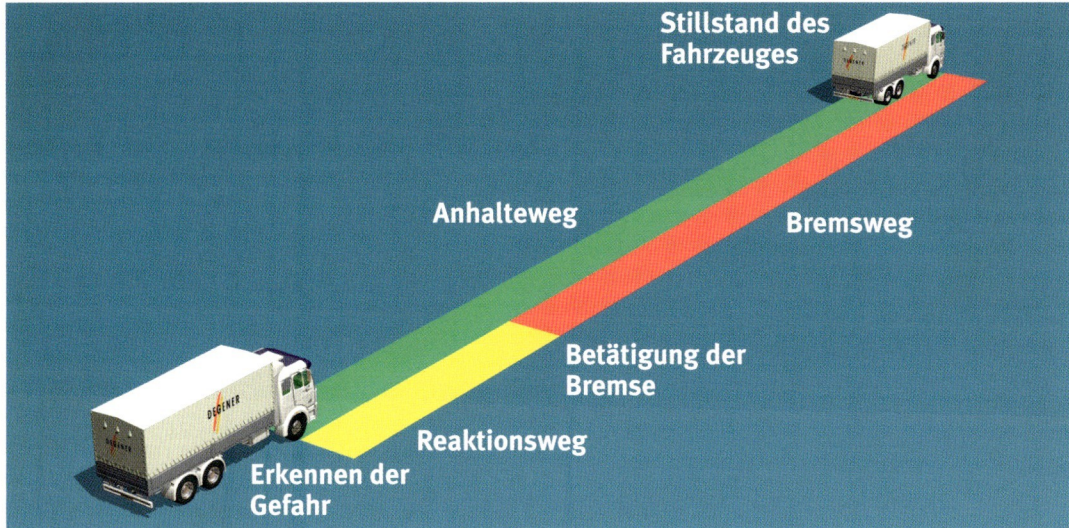

Reaktionsweg
Der Reaktionsweg ist der Weg, der nach dem Erkennen der Gefahr bis zum Betätigen der Bremse zurückgelegt wird.
Er ist abhängig von der gefahrenen Geschwindigkeit und der Reaktionszeit des Fahrers.

Bei der Führerscheinausbildung wird der Einfachheit halber mit der Faustformel gerechnet.
Dabei wird als Reaktionszeit 1 Sekunde angenommen.

$$S_R = \frac{V}{10} \cdot 3 \; [m]$$

Beispiele:
Geschwindigkeit V = 50 km/h

$$S_R = \frac{50}{10} \cdot 3 = 15 \; m$$

Geschwindigkeit V = 100 km/h

$$S_R = \frac{100}{10} \cdot 3 = 30 \; m$$

Bei Verdoppelung der Geschwindigkeit verdoppelt sich der Reaktionsweg.

Grundbegriffe — Band 3

Bremsweg

Der Bremsweg ist der Weg, der vom Betätigen der Bremse bis zum Stillstand des Fahrzeugs zurückgelegt wird. Er ist abhängig von der Geschwindigkeit und der Verzögerung (Abbremsung). Bei der Führerscheinausbildung wird der Einfachheit halber mit der Faustformel gerechnet. Dabei wird als Bremsverzögerung 3,85 m/s² angenommen.

Faustformel:

$$S_B = \frac{V}{10} \cdot \frac{V}{10} \; [m]$$

Beispiele:
Geschwindigkeit V = 50 km/h

$$S_B = \frac{50}{10} \cdot \frac{50}{10} = 25 \; m$$

Geschwindigkeit V = 100 km/h

$$S_B = \frac{100}{10} \cdot \frac{100}{10} = 100 \; m$$

Bei Verdoppelung der Geschwindigkeit vervierfacht sich der Bremsweg.

Exakte Berechnung:
Die Berechnung insbesondere des Bremsweges nach der Faustformel ist physikalisch **recht ungenau.** Exakter kann man den Bremsweg mit folgender Formel berechnen. Hierzu muss die Bremsverzögerung a_m bekannt sein.

$$S_B = \frac{v^2}{2 a_m} \; [m]$$

Rechenbeispiele:
V = 50 km/h
v = 13,89 m/s
a_m = 6 m/s²

$$S_B = \frac{v^2}{2 \cdot a_m}$$

$$S_B = \frac{13,89 \; m/s \cdot 13,89 \; m/s}{2 \cdot 6 \; m/s^2}$$

$$S_B = \frac{192,93}{12}$$

$$S_B = 16,08 \; m \approx 16 \; m$$

Rechenbeispiele:
V = 100 km/h
v = 28 m/s
a_m = 6 m/s²

$$S_B = \frac{v^2}{2 \cdot a_m}$$

$$S_B = \frac{27,78 \; m/s \cdot 27,78 \; m/s}{2 \cdot 6 \; m/s^2}$$

$$S_B = \frac{771,73}{12}$$

$$S_B = 64,33 \; m \approx 64 \; m$$

Anhalteweg

Der Anhalteweg ist der Weg, der nach dem Erkennen der Gefahr bis zum Stillstand des Fahrzeugs zurückgelegt wird. Er setzt sich aus Reaktionsweg und Bremsweg zusammen.

Faustformel:

$$S_A = \frac{3 \cdot V}{10} + \frac{V}{10} \cdot \frac{V}{10} \; [m]$$

Beispiele:
Geschwindigkeit V = 50 km/h

$$S_A = \frac{50}{10} \cdot 3 + \frac{50}{10} \cdot \frac{50}{10} = 40 \; m$$

Geschwindigkeit V = 100 km/h

$$S_A = \frac{100}{10} \cdot 3 + \frac{100}{10} \cdot \frac{100}{10} = 130 \; m$$

Arbeitsblatt 1 – Reaktionsweg – Anhalteweg – Bremsweg **Band 3**

1. Wie nennt man die grün, gelb und rot markierten Streckenabschnitte? Tragen Sie die Lösung in die jeweiligen Kästen in der Abbildung ein:

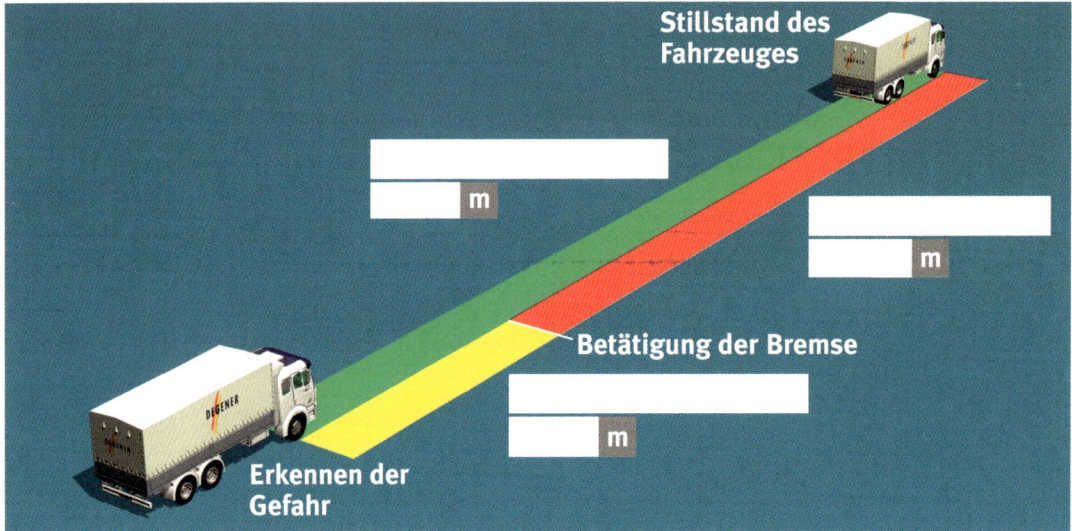

2. **Berechnungen**
   Der Anhalteweg setzt sich aus Bremsweg und Reaktionsweg zusammen. Berechnen Sie die Wege wie im vorhergehenden Beispiel nach der physikalischen Formel bei einer Geschwindigkeit von 80 km/h und tragen Sie Ihre Ergebnisse in die Abbildung ein.

   a) Reaktionsweg

   b) Bremsweg

   c) Anhalteweg

3. Wie lang ist der Bremsweg bei einer Geschwindigkeit von 80 km/h mit einer Verzögerung von 8 m/s²?

1.3 Gesetzliche Vorschriften

Nach den EU-Richtlinien 71/320 und ECE-Regelung 13 werden die Fahrzeuge in die Klassen M, N und O eingeteilt. M sind Fahrzeuge zur Personenbeförderung. N sind Fahrzeuge zur Güterbeförderung und O sind die Anhänger.

M1	M2	M3
Fahrzeuge zur Personenbeförderung mit höchstens 8 Sitzplätzen außer dem Fahrersitz.	Fahrzeuge zur Personenbeförderung mit mehr als 8 Sitzplätzen außer dem Fahrersitz und einer zulässigen Gesamtmasse bis zu 5 t.	Fahrzeuge zur Personenbeförderung mit mehr als 8 Sitzplätzen außer dem Fahrersitz und einer zulässigen Gesamtmasse von mehr als 5 t.

Klasse M – Kraftfahrzeuge zur Personenbeförderung mit mindestens 4 Rädern

N1	N2	N3
Fahrzeuge zur Güterbeförderung mit einer zulässigen Gesamtmasse bis zu 3,5 t.	Fahrzeuge zur Güterbeförderung mit einer zulässigen Gesamtmasse von mehr als 3,5 t bis zu 12 t.	Fahrzeuge zur Güterbeförderung mit einer zulässigen Gesamtmasse von mehr als 12 t.

Klasse N – Kraftfahrzeuge zur Güterbeförderung mit mindestens 4 Rädern

O1	O2	O3	O4
Anhänger mit einer zulässigen Gesamtmasse bis zu 0,75 t.	Anhänger mit einer zulässigen Gesamtmasse von mehr als 0,75 t bis zu 3,5 t.	Anhänger mit einer zulässigen Gesamtmasse von mehr als 3,5 t bis zu 10 t.	Anhänger mit einer zulässigen Gesamtmasse von mehr als 10 t.

Klasse O – Anhänger einschließlich Sattelanhänger

Die Betriebsanlage (BBA) verringert die Geschwindigkeit des Fahrzeuges beziehungsweise bringt das Fahrzeug bei einer Gefahrenbremsung mit möglichst kurzem Bremsweg zum Stehen. Die mittlere Bremsverzögerung muss bei einer Ausgangsgeschwindigkeit von 80 km/h und ausgekuppeltem Motor mindestens 5 m/s^2 betragen. Als Betriebsbremsanlage sind gemäß StVZO und EG-Richtlinien Zweikreisbremsanlagen vorgeschrieben.

Die Hilfsbremsanlage (HBA) muss beim Versagen der Betriebsbremsanlage deren Aufgaben zumindest mit geminderter Wirkung erfüllen. Die HBA braucht keine unabhängige Bremsanlage sein, der zweite Kreis einer Zweikreisanlage erfüllt die Anforderungen. Bei einer dosierten Bremswirkung muss die mittlere Bremsverzögerung mindestens 2,2 m/s^2 betragen, das Fahrzeug darf bei Bremsung seine Spur nicht verlassen.

Die Feststellbremsanlage (FBA) muss das Fahrzeug mit mechanischen Mitteln an einer Steigung oder an einem Gefälle von 18 % am Abrollen hindern. Die maximale Betätigungskraft darf 600 N bei Handbetätigung und 700 N bei Fußbetätigung nicht überschreiten.

Die Dauerbremsanlage (DBA) vorgeschrieben bei Kraftomnibussen der Klasse M3 mit einer zulässigen Gesamtmasse über 5 t, Kraftfahrzeugen der Klasse N3 wenn sie zum Ziehen von Anhängern der Klasse O4 zugelassen sind und Kraftfahrzeuge der Klasse N3 mit einer zulässigen Gesamtmasse über 16 t. Die Dauerbremse ist eine Einrichtung die länger andauerndes Bremsen ermöglicht ohne in ihrer Bremsleistung nachzulassen. Die Dauerbremswirkung muss so angelegt sein, dass das vollbeladene Fahrzeug in einem Gefälle von 7 % auf einer Strecke von 6 km die Geschwindigkeit von 30 km/h halten kann.

Grundbegriffe — Band 3

Zweikreisbremsanlagen

Zweikreisbremsanlagen als Betriebsbremse sind für alle Kraftfahrzeuge zur Personen- und Güterbeförderung vorgeschrieben, wenn sie nach EG-Richtlinien zugelassen sind. Die Aufteilung in zwei getrennte Betriebsbremskreise erhöht die Betriebssicherheit wesentlich.

Fällt ein Bremskreis aus, kann mit dem intakten Kreis gebremst werden – allerdings mit verminderter Bremswirkung.

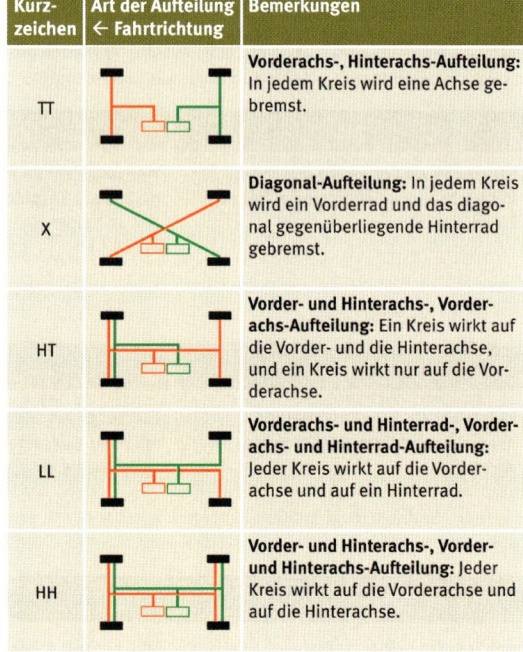

Kurz-zeichen	Art der Aufteilung ← Fahrtrichtung	Bemerkungen
TT		**Vorderachs-, Hinterachs-Aufteilung:** In jedem Kreis wird eine Achse gebremst.
X		**Diagonal-Aufteilung:** In jedem Kreis wird ein Vorderrad und das diagonal gegenüberliegende Hinterrad gebremst.
HT		**Vorder- und Hinterachs-, Vorderachs-Aufteilung:** Ein Kreis wirkt auf die Vorder- und die Hinterachse, und ein Kreis wirkt nur auf die Vorderachse.
LL		**Vorderachs- und Hinterrad-, Vorderachs- und Hinterrad-Aufteilung:** Jeder Kreis wirkt auf die Vorderachse und auf ein Hinterrad.
HH		**Vorder- und Hinterachs-, Vorder- und Hinterachs-Aufteilung:** Jeder Kreis wirkt auf die Vorderachse und auf die Hinterachse.

Das Antiblockiersystem (ABS), in Vorschriften als Automatischer Blockierverhinderer (ABV) bezeichnet, ist vorgeschrieben für folgende Fahrzeuge mit einer bauartbedingten Höchstgeschwindigkeit von mehr als 60 km/h.

1. Pkw
2. Lkw und Sattelzugmaschinen mit einer zulässigen Gesamtmasse von mehr als 3,5 t
3. Anhänger mit einer zulässigen Gesamtmasse von mehr als 3,5 t; dies gilt für Sattelanhänger nur dann, wenn die um die Aufliegelast verringerte zulässige Gesamtmasse 3,5 t übersteigt.
4. Kraftomnibusse
5. Zugmaschinen mit einer zulässigen Gesamtmasse von mehr als 3,5 t
6. Motorräder mit mehr als 125cm³, ab 2017.

Diese Vorschrift gilt auch für andere Fahrzeuge mit ähnlichen Baumerkmalen des Fahrgestells.
Sie gilt nicht für Fahrzeuge mit Auflaufbremse und nicht für Kraftfahrzeuge mit mehr als vier Achsen.
Anhänger mit ABS (ABV), dürfen nur mit Kraftfahrzeugen verbunden werden, die die Funktion von ABS (ABV) im Anhänger sicherstellen.

Das ABS hat die Aufgabe, das Blockieren der Räder beim Bremsen zu verhindern. Dadurch bleiben Fahrstabilität und Lenkfähigkeit erhalten. Bei mehrgliedrigen Fahrzeugkombinationen hilft das ABS den Zug gestreckt zu halten. Das gilt insbesondere bei nasser Fahrbahn.

Grundbegriffe

1.4 Aufgaben der Bremsanlage

Die Bremsanlage hat folgende Aufgaben:
- Sie soll die Geschwindigkeit des Fahrzeugs verringern. Die Geschwindigkeitsabnahme in einer bestimmten Zeit nennt man Verzögerung.
- Sie soll das Fahrzeug zum Stillstand bringen und es bei einer Gefahrbremsung mit einer möglichst hohen Verzögerung abbremsen können, um einen möglichst kurzen Bremsweg zu erzielen.
- Sie soll das Fahrzeug am Wegrollen hindern. Zu diesem Zweck muss eine feststellbare Bremseinrichtung vorhanden sein.

1.5 Grundaufbau einer Bremsanlage

Jede Bremsanlage besteht aus
- Energiequelle,
- Betätigungseinrichtung,
- Übertragungseinrichtung,
- Radbremsen.

Energiequelle

Hier entsteht die zum Bremsen benötigte Energie durch:
- Fremdkraft
  - Druckluft
  - Unterdruck
  - Federkraft
- Muskelkraft des Fahrers

Betätigungseinrichtung

An der Radbremse wird die Wirkung der Bremse gesteuert durch:
- Fußpedal,
- Handhebel,
- Druckknopf oder Schalter.

Übertragungseinrichtung

Hier wird die Bremskraft von ihrer Betätigungseinrichtung bis zur Radbremse transportiert:
- mechanisch (Seile, Gestänge),
- hydraulisch (Bremsflüssigkeit),
- pneumatisch (Druckluft),
- elektrisch pneumatisch gemischt.

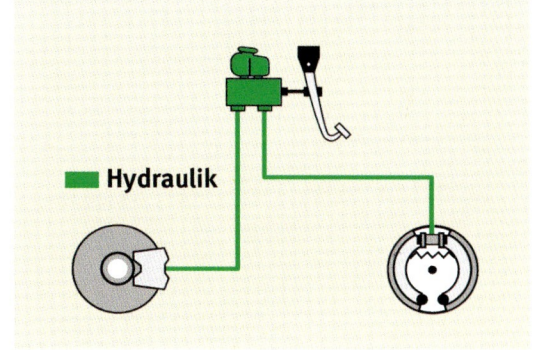

Grundbegriffe

An der Radbremse findet die eigentliche Umwandlung der Bewegungsenergie in Wärmeenergie statt. Bei modernen Nutzfahrzeugen werden sowohl an der Vorderachse als auch an der Hinterachse Scheibenbremsen eingebaut.

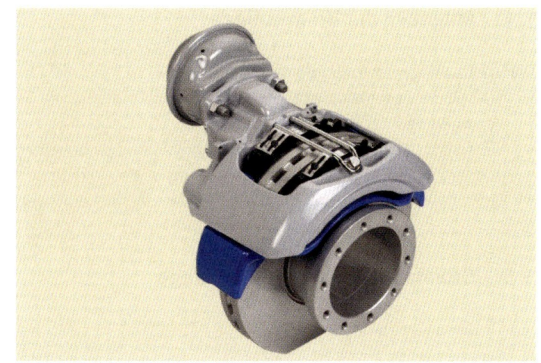

Scheibenbremse
Zwei Bremsklötze werden von beiden Seiten gegen die Bremsscheibe gedrückt.

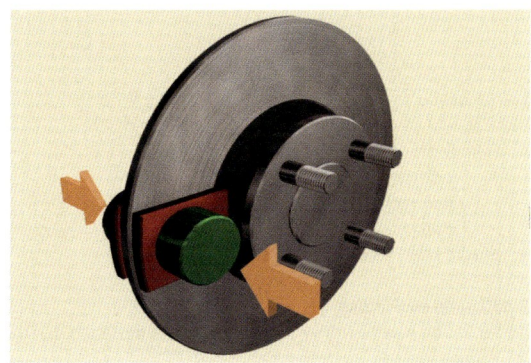

Trommelbremse
Zwei Bremsbacken werden von innen gegen die Bremstrommel gepresst.

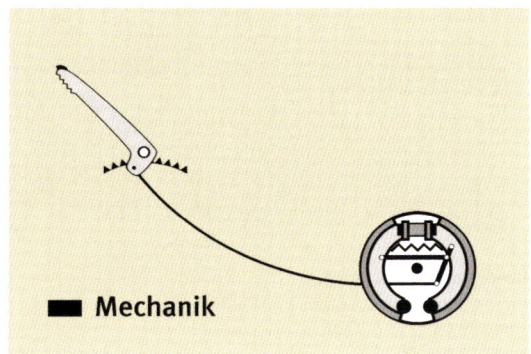

Arten der Bremsanlage

2. Arten der Bremsanlagen

Bremsanlagen werden nach der Art der Bremskrafterzeugung und Bremskraftübertragung eingeteilt. Man unterscheidet:
- mechanische Bremsanlagen (betätigt mit Muskelkraft),
- hydraulische Bremsanlagen (betätigt mit Muskelkraft),
- Hilfskraft-Bremsanlagen (unterstützt durch Unterdruck oder Druckluft),
- Fremdkraft-Bremsanlagen (gebremst durch Druckluft und Hydraulik oder nur durch Druckluft).
- Fremdkraft-Bremsanlagen mit elektronischer Steuerung

2.1 Mechanische Bremsanlage

Leichte Kraftfahrzeuge wie zum Beispiel Mofas werden durch Muskelkraft abgebremst. Die Übertragung erfolgt mechanisch durch Seile und Gestänge.
Mechanische Bremsanlagen findet man zum Beispiel als Feststellbremse im Pkw.

Muskelkraft mechanisch

2.2 Hydraulische Bremsanlage

Die Bremskraft wird durch Muskelkraft erzeugt. Die Übertragung erfolgt hydraulisch durch Bremsflüssigkeit.
Fällt ein Bremskreis aus, kann das Fahrzeug noch mit dem anderen Bremskreis abgebremst werden.

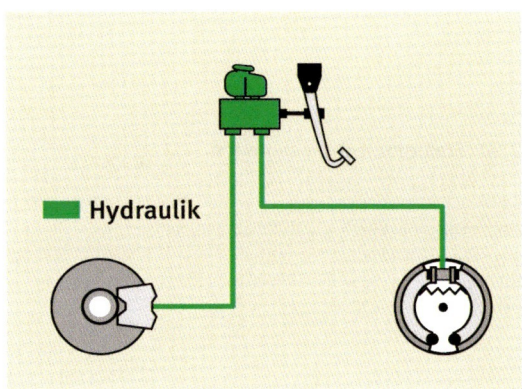

Muskelkraft hydraulisch

2.3 Hilfskraft-Bremsanlagen

Pkw und mittelschwere Kraftfahrzeuge werden durch Muskelkraft abgebremst, die durch eine Hilfskraft (Unterdruck/Druckluft) unterstützt wird.
Fällt die Hilfskraft aus, kann auch mit erhöhter Fußkraft noch eine geringe Bremswirkung erreicht werden.

Der Unterdruck wird in Pkw mit Ottomotor durch dessen Saugwirkung erzeugt. Dieselmotoren erzeugen dagegen i.d.R. keinen ausreichenden Unterdruck. Dann werden zusätzliche Vakuumpumpen verwendet.
Mithilfe von Vakuumpumpen können Hilfskraftbremsanlagen mit Vakuumverstärker auch noch in schweren Transportern eingesetzt werden.

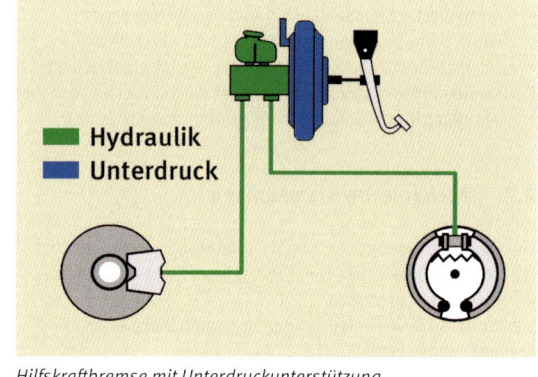
Hilfskraftbremse mit Unterdruckunterstützung

Fahrzeuge mit druckluftunterstützter Hilfskraftbremse sind in Europa unüblich geworden.

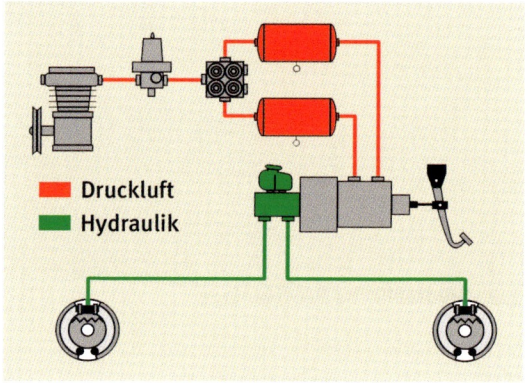
Hilfskraftbremse mit Druckluftunterstützung

2.4 Fremdkraft-Bremsanlagen

Schwere Kraftfahrzeuge werden durch die Fremdkraft Druckluft abgebremst. Die Übertragung erfolgt pneumatisch/hydraulisch oder überwiegend rein pneumatisch.
Fällt die Druckluft in beiden Bremskreisen aus, kann mit der Betriebsbremse nicht mehr gebremst werden.

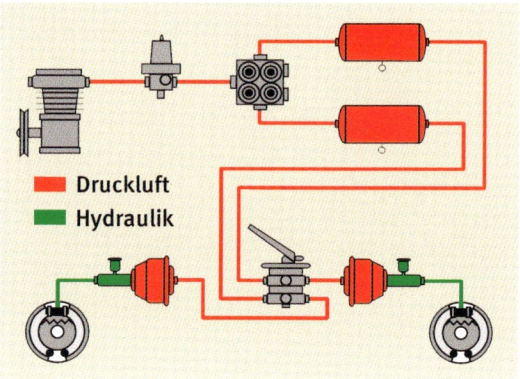
Fremdkraftbremse pneumatisch/hydraulisch

Arten der Bremsanlage — Band 3

Die früher vorwiegend in mittelschweren Nkw verwendete Kombination aus druckluftbetätigter Bremse mit hydraulischer Kraftübertragung ist bei modernen Nutzfahrzeugen durch die rein pneumatische Druckluftbremsanlage ersetzt worden. Der Vorteil der kombinierten Bremsanlagen, die kürzere Ansprechzeit, ist durch die elektronische Regelung der Druckluftbremsanlagen weitgehend aufgehoben.

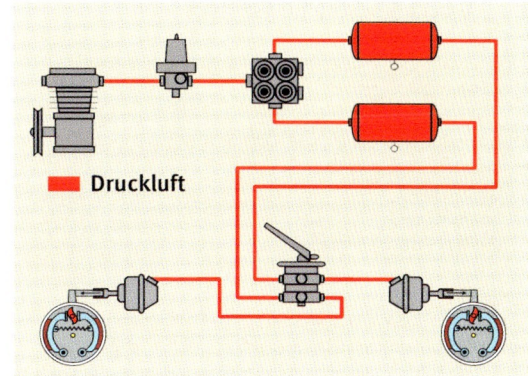

Fremdkraftbremse pneumatisch

Bauteile der Druckluftbremsanlage
Die Druckluftbremsanlage besteht aus vielen Einzelaggregaten. Erkennen von Fehlern und Störungen und das Ergreifen entsprechender Maßnahmen setzt Kenntnisse in der Funktion der einzelnen Bauteile voraus.

Grundaufbau einer Druckluftbremsanlage
Bei mittleren und schweren Nutzfahrzeugen reicht die Muskelkraft des Fahrers nicht mehr aus, um die erforderliche Bremskraft zu erzeugen. Eine Fremdkraft wird gebraucht: Die Druckluft. Diese Energie wird in der Druckluftbeschaffungsanlage erzeugt und gespeichert. Nachgeschaltete Gerätegruppen können dadurch mit Druckluft versorgt werden.

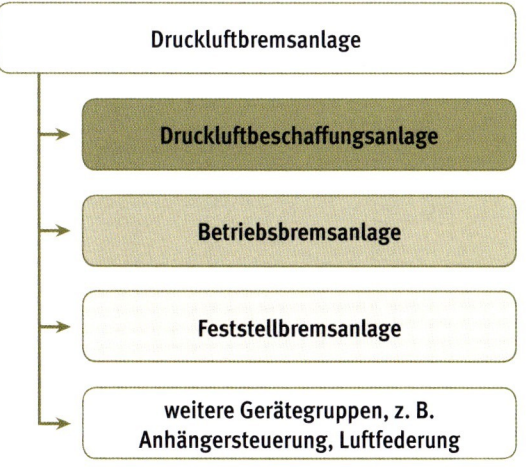
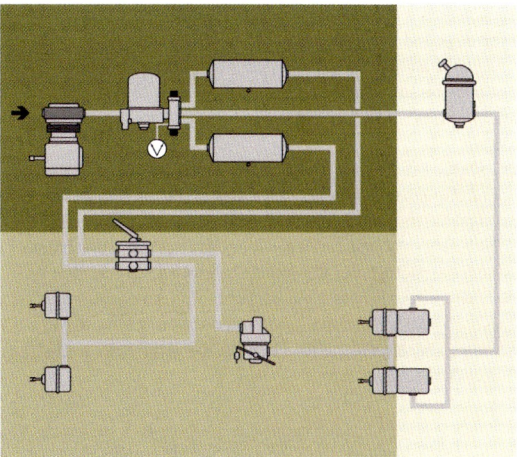

Aggregate und Baugruppen der Druckluftbremsanlage

3. Druckluftbeschaffungsanlage

Zur Druckluftbeschaffungsanlage gehören folgende Bauteile:
- Kompressor,
- Druckregler,
- Frostschutzeinrichtung oder Lufttrockner,
- Mehrkreisschutzventil,
- Luftbehälter,
- Druckmesser,
- Druck-Warneinrichtungen.

Hinweis:
In modernen Nutzkraftwagen sind einige Funktionen zu integrierten Kombi-Geräten zusammengefasst. Üblich ist die Kombination von Lufttrockner und Druckregler sowie ggf. Mehrkreisschutzventil und Druckmesser, siehe rechtes Bild.

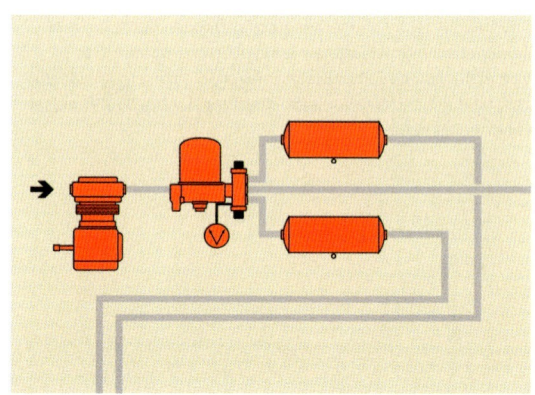

3.1 Kompressor

Der „Luftpresser" versorgt die Druckluftbremsanlage mit der erforderlichen Druckluftmenge.

Wirkungsweise:
Der Kompressor saugt über den Filter des Fahrzeugmotors oder über einen eigenen Luftfilter Frischluft an, presst sie zusammen und drückt sie in das Rohrleitungssystem. Je nach Größe des Fahrzeugs und des davon abhängigen Druckluftbedarfs oder der Druckhöhe werden 1- oder 2-Zylinder-Kompressoren verwendet. Der Kompressor ist eine Kolbenpumpe. Die Kurbelwelle des Kompressors wird in der Regel vom Fahrzeugmotor direkt angetrieben.
Bei älteren Fahrzeugen erfolgt der Antrieb über Keilriemen oder über Zahnriemen. Bei modernen Nutzfahrzeugen wird der Kompressor mittels Zahnrädern direkt vom Motor angetrieben. Die Schmierung erfolgt in der Regel über das Druckumlaufschmiersystem des Motors. Bei modernen Linienbussen mit Hybrid-Antrieb wird der Kompressor ggf. elektromotorisch angetrieben. Zwischen Kompressor und Druckregler ist häufig eine so genannte „Kühlschlange" eingebaut, um die verdichtete heiße Druckluft abzukühlen.

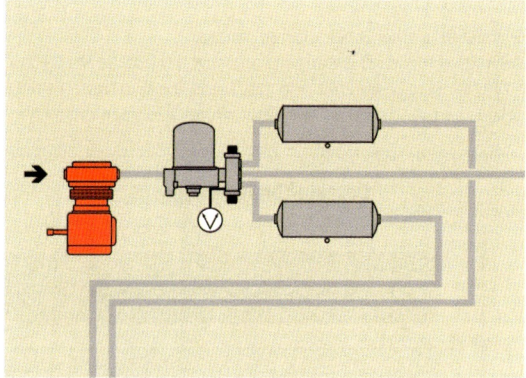

Druckluftbeschaffungsanlage

Band 3

Kontrollen:
- Keilriemen:
  - Spannung prüfen (Daumenprobe, Verdrehprobe – lässt sich um 45° verdrehen),
  - Verschleiß prüfen,
  - Sitz prüfen.

- Luftfilterkontrollanzeige des Motors beachten, eventuell Ansaugfilter nach Betriebsanleitung reinigen.
- Rohrleitungsanschlüsse auf festen Sitz prüfen.
- Bei luftgekühlten Kompressoren auf saubere Kühlrippen achten.

Hinweise:
Wird die vom Hersteller angegebene Zeitdauer für das Auffüllen der Vorratsbehälter überschritten, ist entweder die Förderleistung des Kompressors zu gering oder das System ist undicht. Zu geringe Förderleistung kann folgende Ursachen haben: rutschender Keilriemen, verschmutzter Luftfilter, schadhafte Ventile des Luftpressers oder zu weit fortgeschrittener Kolbenverschleiß.
Ist die Füllzeit dagegen erheblich kürzer, kann man darauf schließen, dass sich in den Luftbehältern zu viel Kondenswasser angesammelt hat. Also entwässern!

3.2 Luftaufbereitungseinheit – APU

Die APU (Air-Processing Unit) ist ein Multifunktionsgerät, das aus aus mehreren Gerätefunktionen und Baugruppen besteht. Eingeschlossen in diese Einheit ist ein Lufttrockner mit Druckregler, inklusive eines Sicherheitsventils und eines Reifenfüllanschlusses. An diesen Lufttrockner angeflanscht ist ein Mehrkreisschutzventil mit einem oder zwei integrierten Druckbegrenzungsventilen und zwei integrierten Rückschlagventilen. Zusätzlich ist bei einigen Versionen ein Doppeldrucksensor zur Messung der Vorratsdrücke der Betriebsbremskreise auf das Mehrkreisschutzventil montiert.

In modernen Lkw werden inzwischen weitergehend integrierte APUs eingesetzt. Diese enthalten auch elektronische Steuerungen und elektromechanische Druckregler und Mehrkreisschutzventile anstelle der bisher mechanischen Baugruppen (Elektronische Air Processing Unit, E-APU).

Druckluftbeschaffungsanlage — Band 3

3.2.1 Druckregler

Der Druckregler sorgt dafür, dass der Druck in der Bremsanlage innerhalb des vorgegebenen Betriebsdrucks gehalten wird. Über einen optionalen Reifenfüllanschluss kann Druckluft entnommen werden, z. B. um einen Reifen zu befüllen.

Wirkungsweise:
Füllstellung
Die Druckluft strömt durch den Druckregler über Leitungen in die Luftbehälter. Es erfolgt ein Druckanstieg. Sobald der festgelegte Abschaltdruck (Betriebsdruck) erreicht ist, schaltet der Druckregler auf „Leerlauf". Die vom Kompressor geförderte Druckluft wird ins Freie „abgeblasen". Das Erreichen des Abschaltdrucks ist durch Zischgeräusche hörbar und an den Zeigern der Druckmesser ablesbar.

Hinweis:
Wird beim „Abblasen" Ölschlamm ins Freie befördert, könnte die Ursache ein schadhafter Luftpresser sein.

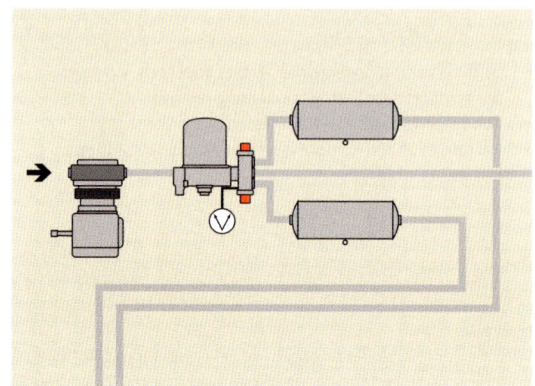

Leerlaufstellung
Ein Rückschlagventil sichert den Vorratsdruck. Die vom Kompressor erzeugte Druckluft strömt über den Abblasestutzen ins Freie. Eventuell vorhandene Öltröpfchen bzw. Wassertröpfchen werden dabei mitgerissen. Da die Druckluft ohne nennenswerten Widerstand ins Freie strömt, kühlt sich der Kompressor ab.
Sinkt der Druck im Luftbehälter durch das Betätigen der Bremse oder durch andere Verbraucher bis auf den Einschaltdruck ab, schaltet der Druckregler wieder in die Füllstellung. Der Bereich zwischen Abschaltdruck und Einschaltdruck ist die so genannte Schaltspanne.

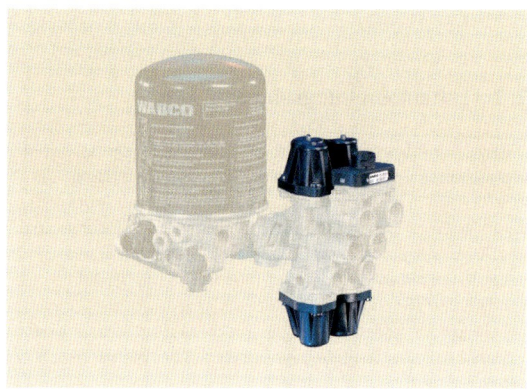

Hinweis:
Betriebsdruck ca. 8 bar
Abschaltdruck ca. 8 bar
Schaltspanne ca. 1 bar
Einschaltdruck ca. 7 bar
Reifenfülldruck ca. 12 bar

Reifen füllen
Über den Reifenfüllanschluss können, nach Anschluss eines Reifen-Füllschlauchs, die Reifen des Fahrzeugs im Notfall befüllt werden. Das Reifenfüllen ist nur in der Füllstellung des Reglers, also unterhalb des Einschaltdrucks, möglich.
Der Reifenfüllanschluss kann auch zum Befüllen der Bremsanlage des Fahrzeugs durch eine fremde Druckluftquelle genutzt werden (Betriebsanleitung beachten).

Druckluftbeschaffungsanlage

3. 2. 2 Lufttrockner

Ein Lufttrockner entwässert und reinigt die Druckluft.

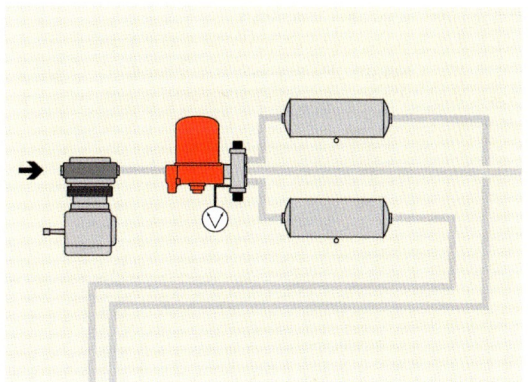

Durch den Einbau eines Lufttrockners – heute üblich als Lufttrockner mit integriertem Druckregler – entfallen andere Frostschutzeinrichtungen und der separate Druckregler.

Wirkungsweise:
Die Druckluft durchströmt ein Granulat (Trockenmittel) und gibt dabei Luftfeuchtigkeit ab. Getrocknete und gesäuberte Luft wird den Luftbehältern und einem Regenerationsbehälter zugeführt. Ist der Abschaltdruck erreicht, strömt getrocknete Druckluft aus dem Regenerationsbehälter zurück durch das Granulat, entzieht ihm die Feuchtigkeit und entweicht über ein Ventil ins Freie.

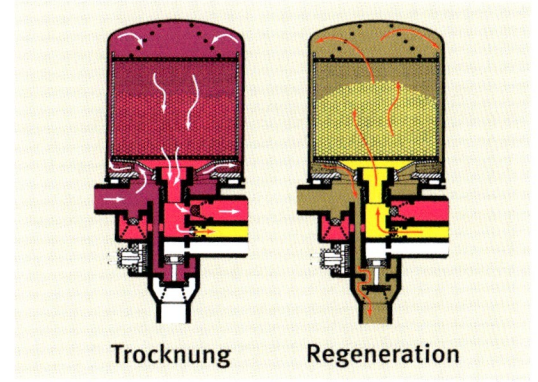

Trocknung   Regeneration

Druckluftbeschaffungsanlage — Band 3

Hinweise:
Funktion des Lufttrockners an den Entwässerungsventilen der Luftbehälter regelmäßig überprüfen.
Hat sich Wasser angesammelt, muss die Granulatkartusche ausgetauscht werden. Unabhängig davon muss die Kartusche in regelmäßigen Abständen nach Wartungsanleitung erneuert werden.

3. 2. 3 Mehrkreisschutzventil

Das Mehrkreisschutzventil, meist als Vierkreisschutzventil ausgeführt, sichert die anderen Kreise gegen einen undicht gewordenen Druckluftkreis („Kreisausfall") ab. Die Druckluftversorgung wird dadurch in den intakten Kreisen sichergestellt.
Das Fahrzeug kann trotz Ausfalls eines Druckluftkreises noch mit reduzierter Bremswirkung gebremst werden.

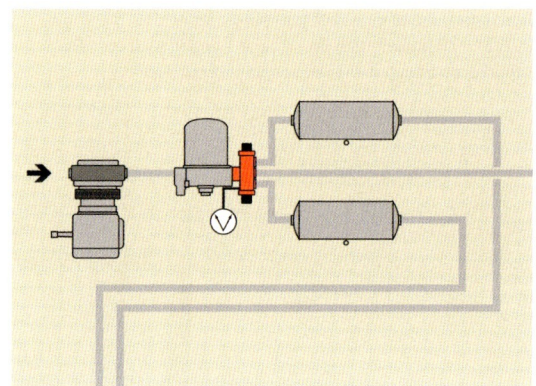

Wirkungsweise:
Das Mehrkreisschutzventil ist eine „Aneinanderreihung" mehrerer Überströmventile mit begrenzter Rückströmung. Ein Überströmventil mit begrenzter Rückströmung öffnet erst, wenn sich der eingestellte Öffnungsdruck (ca. 7 bar) aufgebaut hat. Dadurch werden die Druckluftbehälter in einer bestimmten Reihenfolge befüllt. Fällt der Druck ab, bleibt das Ventil zunächst geöffnet. Es schließt erst wieder, wenn der Druck bis auf den Schließdruck (ca. 4,5 bar) abgefallen ist. Dazwischen ist eine begrenzte Rückströmung der Druckluft möglich.
Rückströmung in andere Druckluftbehälter möglich.

Druckluftbeschaffungsanlage

Band 3

Das Vierkreisschutzventil verteilt die Druckluft auf die zwei Betriebsbremskreise und zwei Nebenverbraucherkreise. Wird einer der Kreise undicht, kann dessen Luftvorrat vollständig entweichen. Ist der Druck im undichten Kreis unter den Schließdruck gefallen, schließt sich dessen federbelastetes Überströmventil. Der defekte Kreis ist abgesichert, die anderen Kreise werden weiter mit einem Sicherungsdruck (ca. 6,5 bar) versorgt.

Hinweis:
In elektro-pneumatischen Mehrkreisschutzventilen, z.B. in E-APUs, werden die (Überström-)Ventile durch Magnetventile – statt durch Federkräfte – gesteuert.

Fördert der Kompressor ununterbrochen Druckluft und wird der Abschaltdruck nicht erreicht, kann ein Defekt am Kompressor vorliegen, z. B. starker Kolbenverschleiß, oder ein am Mehrkreisschutzventil angeschlossener Druckluftkreis ist undicht geworden.

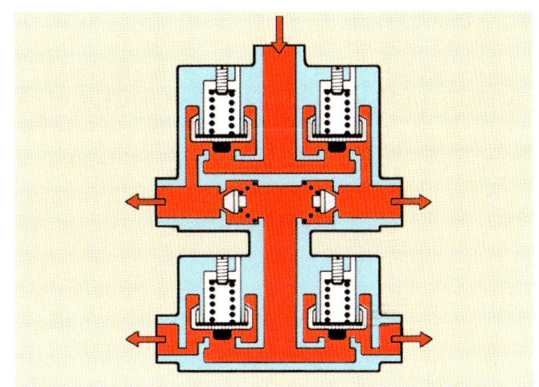

3. 2. 4 Frostschutzeinrichtungen

Alte Fahrzeuge, die noch keinen Lufttrockner haben, verfügen über eine Frostschutzpumpe, die im Winter einen Ausfall der Bremsanlage durch Eisbildung verhindern soll. Die Frostschutzpumpe muss mittels eines Handhebels auf Winterbetrieb umgestellt werden. Im Winter sollte der Flüssigkeitsstand täglich kontrolliert werden. Zum Schutz vor Korrosion sollte die Frostschutzeinrichtung auch im Sommer mit Frostschutzmittel befüllt sein. Nur vom Hersteller freigegebene Frostschutzmittel verwenden.

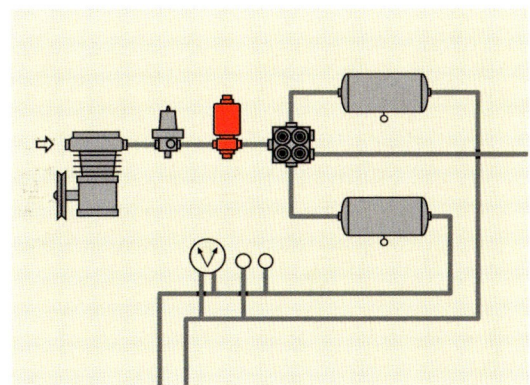

Frostschutzpumpen
Die Frostschutzpumpe spritzt das Frostschutzmittel in das Leitungssystem ein, wo es von der vorbeiströmenden Luft als feiner Nebel in die Bremsleitung mitgenommen wird. Die automatische Frostschutzpumpe wird durch Druckanstieg gesteuert und spritzt nur bei Lastlauf des Kompressors ein. Das Gerät wird durch Verdrehen eines Handhebels auf Winterbetrieb eingestellt.

Druckluftbeschaffungsanlage — Band 3

3.3 Druckmesser

Druckmesser oder Manometer dienen zur Überwachung des Vorratsdrucks in beiden Bremskreisen in der Bremsanlage.

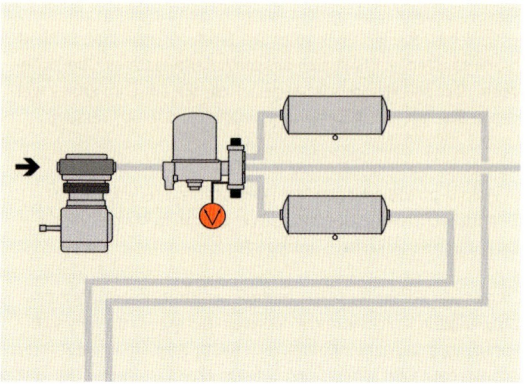

Bei modernen Nutzfahrzeugen wird der Vorratsdruck digital im Display angezeigt.

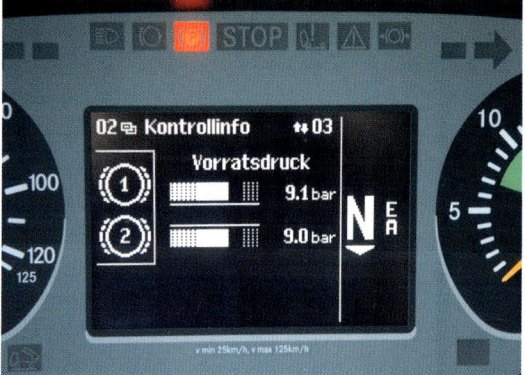

3.4 Druck-Warneinrichtungen

Warnlampen bzw. Warndruckzeiger als optische Warneinrichtungen signalisieren dem Fahrzeugführer, dass der Vorratsdruck nicht ausreichend ist. Nach dem Starten des Motors darf das Fahrzeug erst losfahren, wenn der Sicherungsdruck erreicht und die Warneinrichtung erloschen ist.

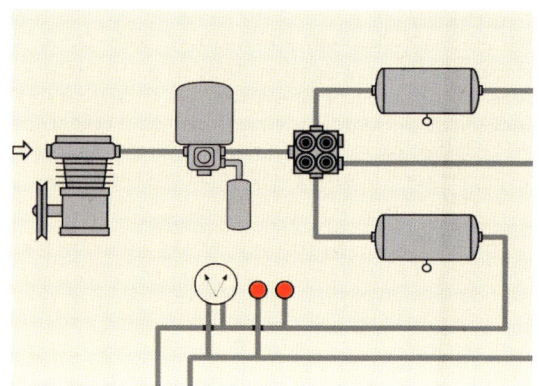

Druckluftbeschaffungsanlage   Band 3

Weisen während der Fahrt die Warneinrichtungen auf einen gefährlichen Druckabfall hin, liegt ein Defekt in der Bremsanlage vor.

3.5 Luftbehälter

Die Luftbehälter, auch Vorratsbehälter genannt, speichern die vom Kompressor erzeugte Druckluft.

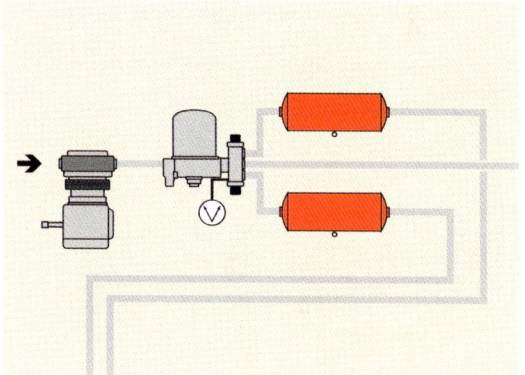

Das Volumen der Luftbehälter muss so bemessen sein, dass nach vier Vollbremsungen mit der Betriebsbremsanlage noch eine fünfte Bremsung mit der für die Hilfsbremsanlage in der vorgeschriebenen Wirkung möglich ist. Der Druckabfall im Vorrat soll bei einer Vollbremsung nicht höher als 0,7 bar sein. Diese Prüfung soll bei stehendem Fahrzeug im beladenen Zustand ohne Anhänger durchgeführt werden. Ein erheblicher größerer Druckabfall lässt auf angesammeltes Kondenswasser schließen. Die Gefahr eines hohen Druckabfalls bei einer Vollbremsung besteht darin, dass der Luftpresser den Vorratsdruck für weitere Bremsvorgänge nicht schnell genug ergänzen kann.
Die Behälter sind mit einem Entwässerungsventil versehen, das entweder von Hand bedient wird oder automatisch arbeitet.

Hinweis: Für Fahrzeuge mit ABS bestehen weitergehende Anforderungen für das Volumen der Luftbehälter.

Druckluftbeschaffungsanlage

Band 3

Das automatische Entwässerungsventil ist unten im Luftbehälter eingeschraubt.

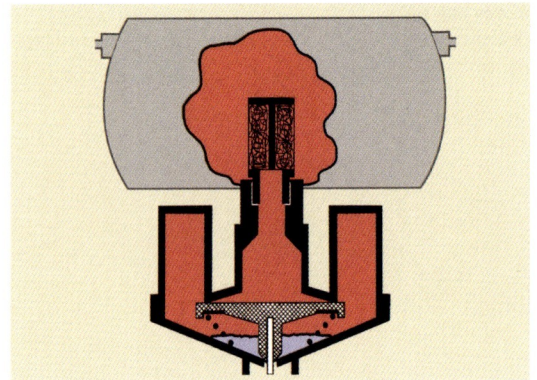

Bei einem Druckabfall im Luftbehälter, z. B. bei einer stärkeren Bremsung, entwässert das Ventil selbsttätig – bedingt durch den Druckunterschied zwischen Ventilkammer und Luftbehälter.

Die Funktion der automatischen Entwässerung ist regelmäßig zu überwachen.

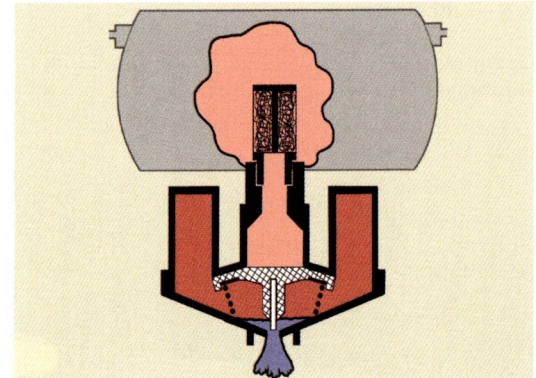

Hinweis:
Bei älteren Fahrzeugen sind die Vorratsbehälter nach Betriebsanleitung zu entwässern. Während der kalten Jahreszeit besteht die Gefahr, dass die Bremsanlage durch Eisbildung einfriert, daher täglich entwässern, sofern kein Lufttrockner vorhanden ist.

Betriebsbremse – Zweikreis-Bremsanlage

Band 3

4. Betriebsbremse – Zweikreis-Bremsanlage

- Motorwagenbremsventil
- automatisch-lastabhängiger Bremskraftregler
- Druckluftbremszylinder
- Radbremsen

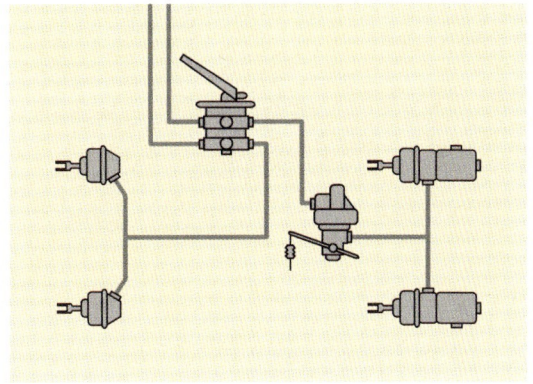

4.1 Zweikreis-Motorwagenbremsventil

Das Zweikreis-Motorwagenbremsventil, hier als Trittplattenbremsventil dargestellt, ermöglicht dosierbares Bremsen. Außer der Trittplattenbauart ist auch die Betätigung durch hängende oder stehende Pedale verbreitet.
Die zweikreisige Bauart besteht aus zwei nebeneinander oder übereinander angeordneten Ventilsystemen. Jedes System versorgt einen Bremskreis.

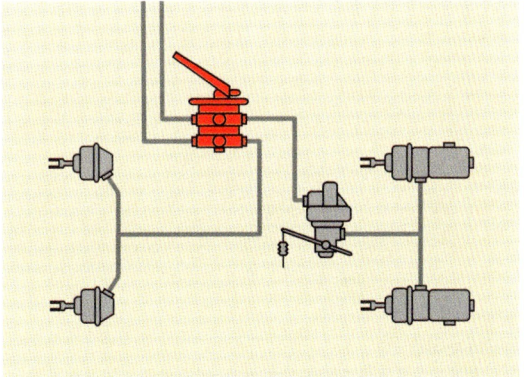

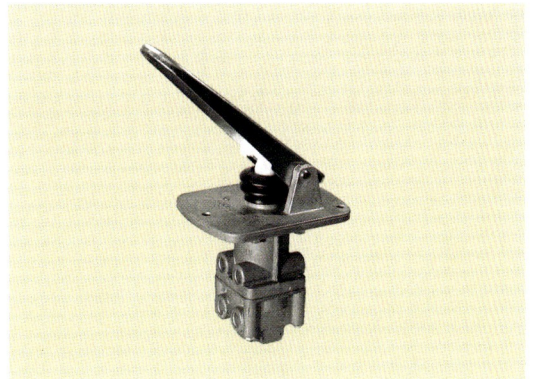

Betriebsbremse – Zweikreis-Bremsanlage

Wirkungsweise:

Fahrstellung
Die Betriebsbremse ist gelöst, die Bremszylinder sind mit der Außenluft verbunden.

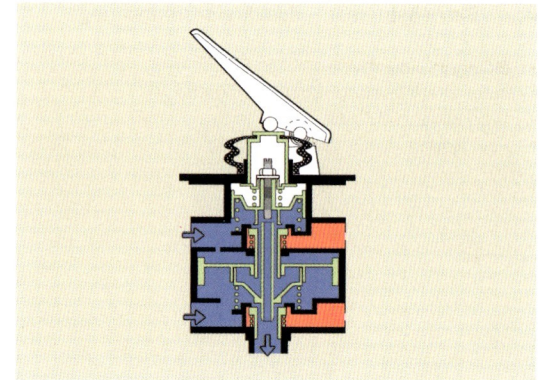

Teilbremsstellung
Bei teilweiser Betätigung des Trittplattenbremsventils werden die Bremszylinder mit Teildruck belüftet. Der Druck, der in den Bremszylindern wirkt, erzeugt im Trittplattenbremsventil eine Reaktionskraft, die den Einlass wieder schließt (Bremsabschlussstellung). Der Bremsdruck lässt sich feinfühlig abstufen.

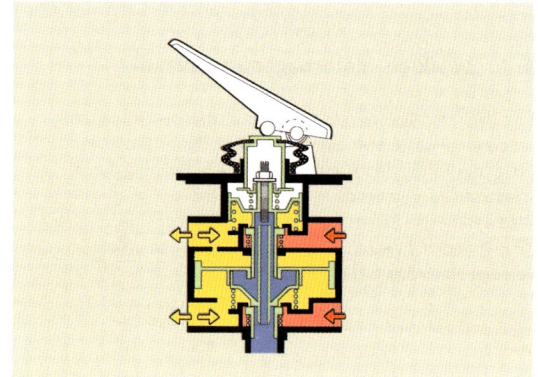

Vollbremsstellung
Bei vollständigem Niederdrücken des Trittplattenbremsventils wirkt in den Bremszylindern der volle Vorratsdruck. Der Einlass bleibt geöffnet, die Reaktionskraft kann nicht wirksam werden.

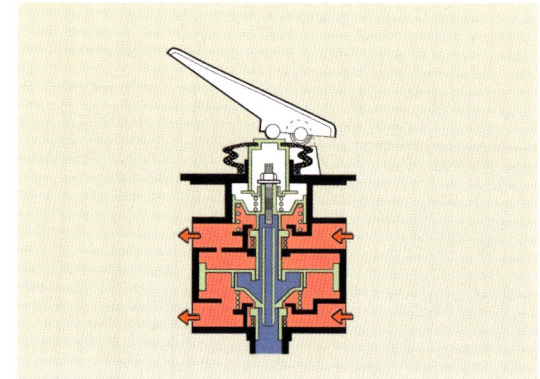

Betriebsbremse – Zweikreis-Bremsanlage

Ausfall eines Bremskreises
Beim Ausfall eines Bremskreises wird der andere Bremskreis durch Herabdrücken des Kolbens mechanisch angesteuert.

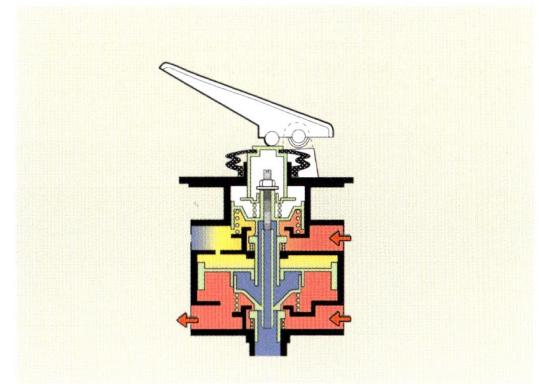

4.2 Automatisch-lastabhängiger Bremskraftregler (ALB)

Um die vorgeschriebenen Bedingungen für die Bremskraftverteilung an Vorder- und Hinterachsen sowie zwischen Zug- und Anhängefahrzeugen zu erfüllen, müssen Lastkraftwagen und Omnibusse mindestens an der Hinterachse mit automatisch-lastabhängigem Bremskraftregler ausgestattet sein, sofern das Fahrzeug nicht mit einem ABS (ABV) ausgestattet ist, siehe unten.
Der automatisch-lastabhängige Bremskraftregler passt die Bremskraft einer Achse selbsttätig dem Belastungszustand an:
- Bei leeren oder teil beladenen Fahrzeugen wird der Bremsdruck reduziert.
- Bei voll beladenen Fahrzeugen wird der Bremsdruck ungemindert durchgesteuert.

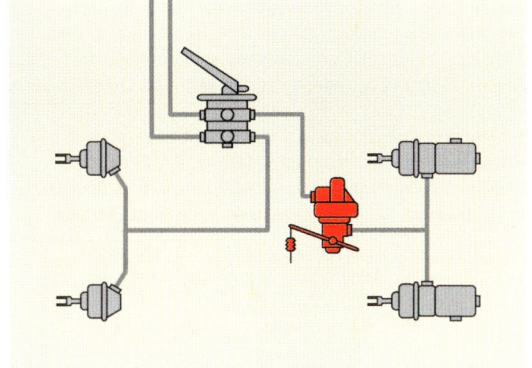

Der automatisch-lastabhängige Bremskraftregler ist am Fahrzeugrahmen befestigt und über ein Gestänge mit der Achse verbunden. Der Abstand zwischen Achse und Rahmen wird als Einstellgröße zur feinen Abstufung der Bremskraft herangezogen. Bei einem defekten oder falsch eingestellten ALB sowie bei einem Federbruch an der Achse wird die Bremskraft nicht mehr richtig reduziert – die Räder dieser Achse werden bei unbeladenem oder teilbeladenem Fahrzeug überbremst.

Hinweis:
Um einen schnelleren Druckaufbau in den Bremszylindern an den Hinderrädern zu erzeugen, sind ALB-Regler i.d.R. mit Relaisventilen kombiniert. Diese sind in den nebenstehenden Bildern oben zu sehen.

Betriebsbremse – Zweikreis-Bremsanlage

Bei Nutzfahrzeugen mit Luftfederung regelt ein pneumatisch angesteuerter ALB die Bremskraft abhängig vom Druck in den Federbälgen und damit von der Beladung des Fahrzeugs.

Hinweise:
Bei leerem oder teilweise beladenem Fahrzeug kann der Fahrer die Bremskraft nicht über die vom ALB durchgesteuerten Druck erhöhen, auch wenn er kräftiger auf das Pedal tritt. Denn auch die stärkste Bremsung wird immer der tatsächlichen Achslast angepasst.
Bei glatter oder rutschiger Fahrbahn müssen Fahrzeuge ohne ABS trotz ALB mit Gefühl gebremst werden. Denn die Bremskraft wird nicht automatisch dem witterungsbedingten Zustand der Fahrbahn angepasst.
Fällt ein Federbalg aus oder bricht das Gestänge, stellt sich der ALB-Regler automatisch auf „Halblast" ein.

Für Fahrzeuge mit ABS (ABV) sind ALB nicht vorgeschrieben. In solchen Fahrzeugen ist die ABS-Funktion aber häufig um eine elektronische Regelung der Bremskraftverteilung (E-ALB) ergänzt.
In modernen Nutzfahrzeugen mit elektro-pneumatischem Bremssystem (EBS) sorgt die EBS-Elektronik in Kombination mit Druckregelventilen sowohl für die lastabhängige Bremskraftverteilung als auch für die ABS-Funktion.

Betriebsbremse – Zweikreis-Bremsanlage

4.3 Druckluftbremszylinder

Die Bremszylinder wandeln den über das Trittplattenbremsventil eingeleiteten Druck in Anpresskraft um.

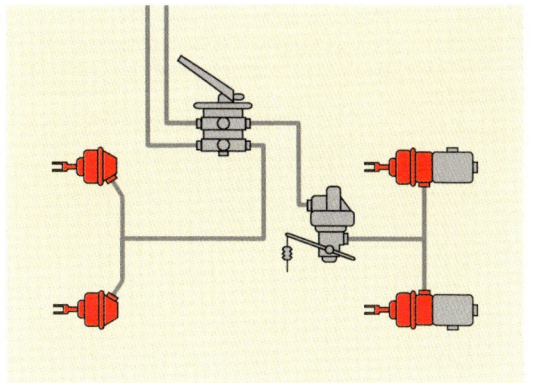

Für die Bremszylinder gibt es folgende Bauarten:

Kolbenbremszylinder
Diese Bauart wird kaum noch verwendet.

Membranbremszylinder
Heute üblicher Standard.

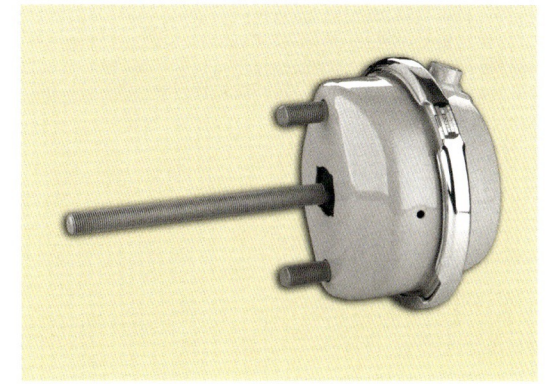

Betriebsbremse – Zweikreis-Bremsanlage

Wirkung:
Die vom Trittplattenbremsventil eingesteuerte Druckluft wirkt auf die Membran. Die Membran wölbt sich durch. Über die Druckstange und das Bremsgestänge werden die Radbremsen betätigt. Der Gestängewinkel darf im gebremsten Zustand nicht 90° überschreiten.

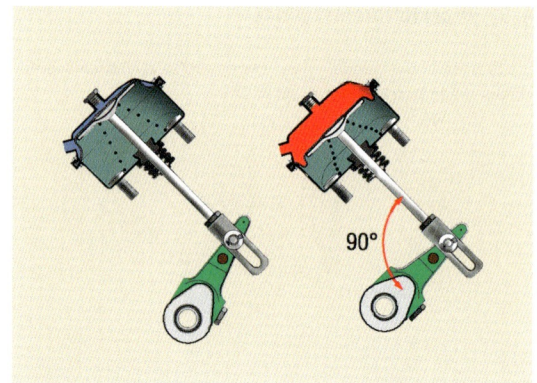

Hinweis:
Ursachen für zu großen Arbeitshub der Bremszylinder können sein:
- abgenutzte Bremsbeläge,
- verschlissene Bremstrommeln,
- ausgeschlagene Bremsgestänge.

Die Folgen sind erhöhter Luftverbrauch und geringere Bremsleistung. Zusätzlich besteht die Gefahr, dass bei überhitzten Bremstrommeln die Bremswirkung unzulässig abfällt oder sogar ausfällt.

Gestängesteller
Um den Verschleiß der Bremsbeläge ausgleichen zu können, müssen an der Betriebsbremse selbsttätige Nachstelleinrichtungen wirken.
Ein Verschleiß der Bremsbeläge muss von außen oder von der Unterseite des Fahrzeuges nachprüfbar sein. Geeignete Inspektionsöffnungen oder optische Verschleißanzeiger im Display am Armaturenbrett die einen notwendigen Belagwechsel anzeigen sind zulässig.

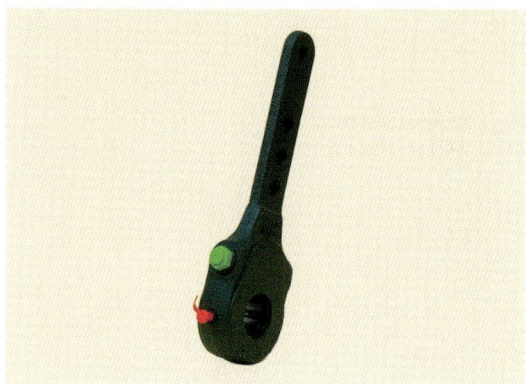

Betriebsbremse – Zweikreis-Bremsanlage

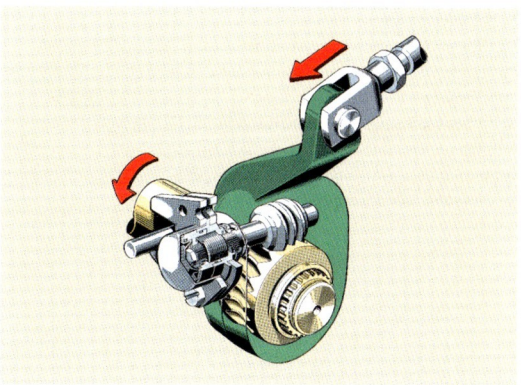

Automatische Gestängesteller gleichen den Bremsbelagverschleiß selbsttätig aus, so dass die Bremszylinder stets im annähernd gleichen Hubbereich arbeiten.

Der automatische Gestängesteller verdreht den Bremshebel je nach Bremsbelagverschleiß selbsttätig auf der Bremswelle.

4.4 Radbremsen

Die Radbremsen wandeln die Bewegungsenergie des Fahrzeugs in Wärmeenergie (Reibungswärme) um.
Es gibt Trommelbremsen und Scheibenbremsen.

Trommelbremsen

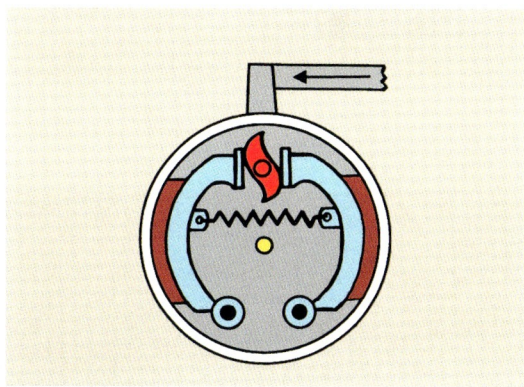

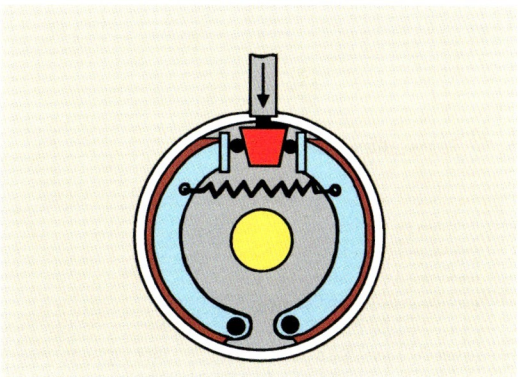

S-Nocken-Bremse

Spreizkeilbremse

Wirkungsweise:
Das Bremsgestänge verdreht einen Nocken oder verschiebt einen Keil. Die Bremsbacken mit den Bremsbelägen werden gespreizt und dadurch an die Bremstrommel angepresst.

Hinweis:
Durch die entstehende Reibungswärme dehnen sich die Bremstrommeln aus.
Der Arbeitshub des Bremszylinders reicht bei überhitzter Bremstrommel nicht mehr aus, um die Bremsbacken anzupressen.
Die Bremswirkung lässt stark nach (Bremsfading).

Scheibenbremsen

Der konstruktive Aufwand ist höher als bei Trommelbremsen. Im Nutzfahrzeugbau kommen immer häufiger Scheibenbremsen zum Einsatz.
Scheibenbremsen sind hinsichtlich Bremsfading weniger empfindlich als Trommelbremsen. Außerdem sind Bremsbelagwechsel und andere Wartungsarbeiten weniger aufwändig und damit kostengünstiger durchzuführen.

Wirkungsweise:
Die Bremskraft wird vom Bremszylinder auf einen Hebel übertragen. Dieser drückt über einen Exzenter-/Brücken-Mechanismus auf den Bremsbelag. Der gegenüberliegende Belag wird durch die auf den Schwimmsattel wirkende Reaktionskraft des Hebels gegen die Bremsscheibe gepresst. Eine selbsttätige Nachstellvorrichtung ist integriert.

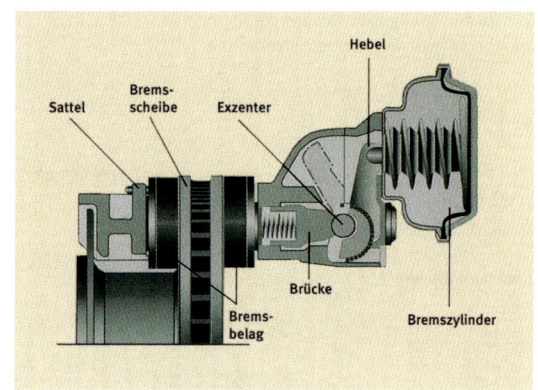

4.5 Feststellbremse

Die Feststellbremse verhindert, dass das Fahrzeug im Stand – vor allem auf geneigter Fläche – wegrollt.
Es werden zwei Arten unterschieden:
- mechanische Feststellbremse,
- gestängelose Feststellbremse.

Die Feststellbremse muss das Fahrzeug an einer Steigung oder an einem Gefälle von 18 % am Abrollen hindern.
Ist das Fahrzeug zum Ziehen von Anhängern eingerichtet, muss die Feststellbremse die Kombination bei einer Steigung oder an einem Gefälle von 12 % halten.
Bei leichten Nutzfahrzeugen wird die Feststellbremse wie beim Pkw durch Körperkraft betätigt. Die Bremskraft wird mechanisch mit einem Handbremshebel über Gestänge oder Seilzüge auf die Radbremsen der Hinterachse übertragen.
Bei druckluftgebremsten Fahrzeugen nutzt man die Spannkraft einer starken Feder (Speicherfeder) als Bremskraft. Diese „gestängelose" Feststellbremse wird mit Druckluft gelöst.

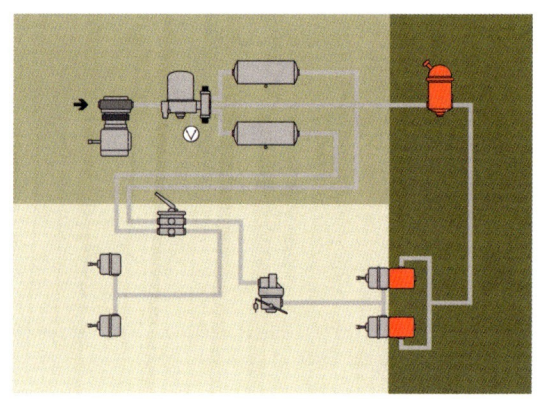

Feststellbremse

Band 3

Federspeicher-Bremszylinder
In der Lösestellung drückt die Vorratsluft einen Kolben zurück und hält dadurch die Feder gespannt. Beim Betätigen des Feststellbremsventils wird der Druck im Federspeicherzylinder abgesenkt, die Federkraft betätigt die Radbremse. Der Federspeicherzylinder kann mit einem Kolbenzylinder oder mit einem Membranzylinder kombiniert werden (Kombi- oder Tristop-Bremszylinder).

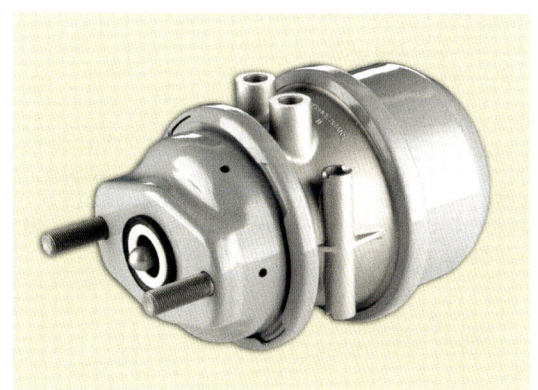

Steht der Handbremshebel in Bremsstellung und fällt die Druckluft aus, reagiert der Federspeicherzylinder nicht mehr auf das Feststellbremsventil. Die Bremse kann dann nur noch durch mechanische, hydraulische oder pneumatische Hilfslöseeinrichtungen gelöst werden.

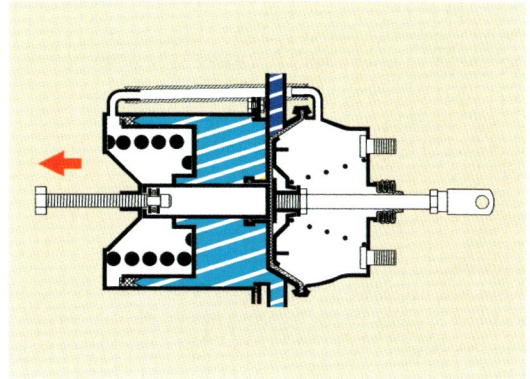

Feststellbremse

Feststellbremsventil
Mit dem Feststellbremsventil können die Federspeicher-Bremszylinder belüftet oder entlüftet werden.

Hinweis:
Die Feststellbremse wirkt bei den meisten Fahrzeugen nur auf die Hinterachsen, darum soll sie nur bei stehendem Fahrzeug benutzt werden. Während der Fahrt bringt die Feststellbremse die Hinterräder zum Blockieren. Die Hinterräder verlieren die Seitenführung, das Fahrzeug bricht aus.

Fahrstellung
Die Federspeicherzylinder sind mit Druckluft versorgt.
Die Feder ist zusammengedrückt, die Bremse ist gelöst.

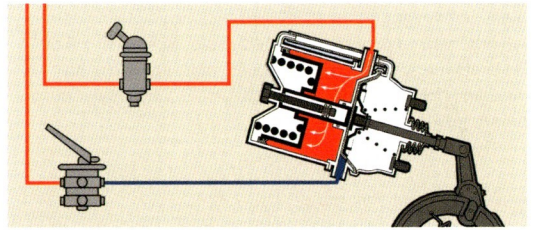

Bremsstellung
Die Federspeicherzylinder sind vollständig entlüftet.
Die Feder ist entspannt. Die Federkraft betätigt die Radbremsen der Hinterachse.

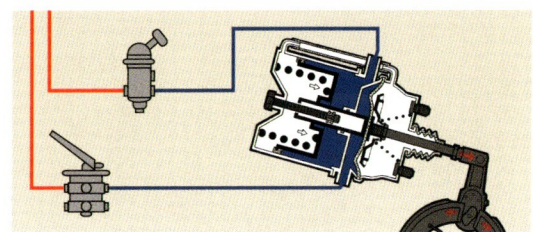

Teilbremsstellung
Die Federspeicher können teilweise entlüftet werden.
Die Federkraft wird für ein gefühlvolles Abbremsen eingesetzt.
Die Teilbremsstellung wird nur dann verwendet, wenn die Betriebsbremse ausgefallen ist.

Prüfstellung
Diese Hebelstellung ist für einen druckluftgebremsten Zug vorgesehen. Die Federspeicherzylinder des Zugfahrzeugs sind entlüftet (gebremst), die Anhängerbremse ist entlüftet (gelöst).
Die Prüfstellung dient zur Kontrolle, ob die Feststellbremse des Zugfahrzeugs den gesamten Zug auf abschüssiger Fahrbahn bei Druckverlust im Anhänger halten kann.

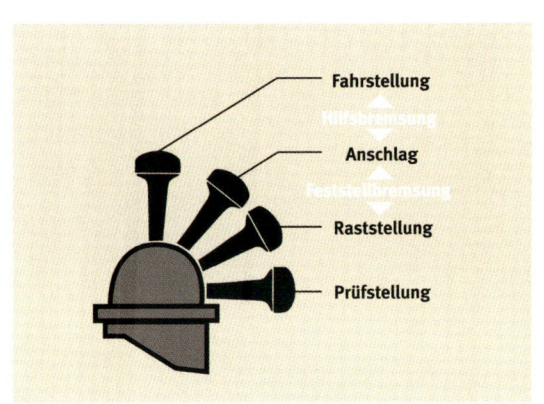

Hilfsbremse/Haltestellenbremse — Band 3

Relaisventil

Relaisventile sorgen für eine schnelle Be- und Entlüftung von Druckluftgeräten sowie zu einer Verkürzung der Ansprech- und Schwelldauer bei Druckluftbremsanlagen. Insbesondere dienen sie zur schnellen Be- und Entlüftung der Federspeicherzylinder.

Weitere Ausführungsformen dienen der Vermeidung einer Bremskraftaddition in kombinierten Federspeicher-Membranzylindern (Tristop®-Zylinder). Bei gleichzeitiger Betätigung der Betriebs- und Feststellbremsanlage kann das Relaisventil die mechanischen Übertragungsteile wirksam gegen eine Überbeanspruchung schützen.

4.6 Hilfsbremse

Die Hilfsbremse soll das Fahrzeug bei Ausfall der Betriebsbremse zum Stillstand bringen. Die Hilfsbremse stellt keine eigene Bremsanlage dar. Sie ist ein Bestandteil der Betriebsbremse. Fällt bei einer Zweikreis-Bremsanlage ein Kreis aus, ist der noch intakte Kreis die Hilfsbremse. Bei Ausfall der Luftbeschaffungsanlage dient die dosierbare Feststellbremse als Hilfsbremse.

4.7 Haltestellenbremse

Diese Bremsanlage wird in Stadt- und Linienbussen sowie in Kommunalfahrzeugen beispielsweise für die Müllabfuhr eingebaut. Mit dieser Einrichtung kann der Bus an Haltestellen schnell und mit geringem Luftbedarf am Wegrollen gehindert werden. Die Haltestellenbremse wirkt mit einem Druck von ca. 3,5 bar auf den Membranteil des Tristopzylinders, also auf die Betriebsbremse der Hinterräder.

Aufbau:
1. Druckminderer
2. Elektropneumatisches Belüftungsventil
3. Zweiwegeventil
4. Schalter

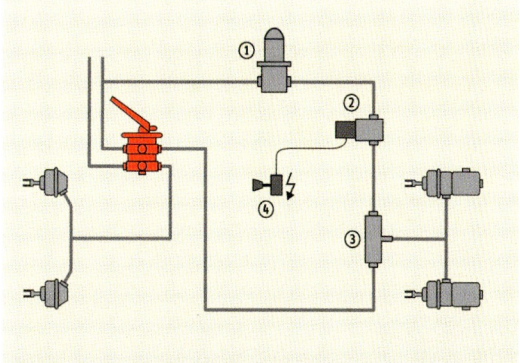

Die Betätigung erfolgt elektropneumatisch über einen Schalter in der Instrumententafel. Als Sonderausführung kann die Haltestellenbremse mit dem Öffnen der Fahrgasttüren kombiniert sein.

Betriebsbremsanlage – Arbeitsweise

Band 3

Hinweise zur Benutzung:
- Haltestellenbremse nur während des Haltens an Haltestellen benutzen.
- Beim Verlassen des Busses immer die Feststellbremse betätigen.
- Statt der Haltestellenbremse die Feststellbremse benutzen, wenn in einer Steigung oder in einem Gefälle von über 10% angehalten wird.

An einer Kontrollleuchte oder im Display können Sie sehen, ob die Haltestellenbremse eingelegt ist.

5. Arbeitsweise der Druckluftbremsanlage

Fahrstellung
Die Druckluft wird vom Kompressor erzeugt. Sie strömt über das Mehrkreisschutzventil in die voneinander getrennten Kreise. Die Vorratsbehälter des Motorwagens sind gefüllt.
Die Druckluftbremszylinder im Motorwagen sind drucklos. Die Federspeicher-Bremszylinder sind belüftet.

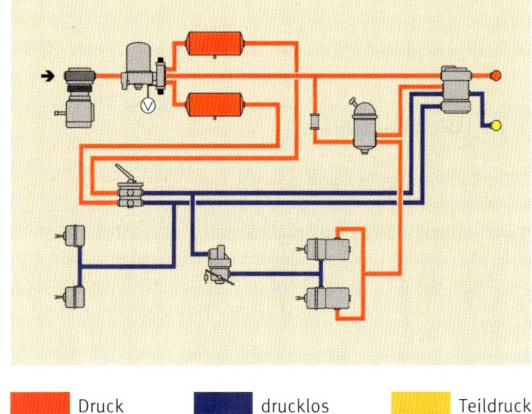

Druck   drucklos   Teildruck

Vollbremsstellung
Das Motorwagenbremsventil wird voll getreten. Druckluft strömt in die Bremszylinder des Motorwagens. Es erfolgt eine Vollbremsung. Vorratsdruck und Bremsdruck sind gleich.

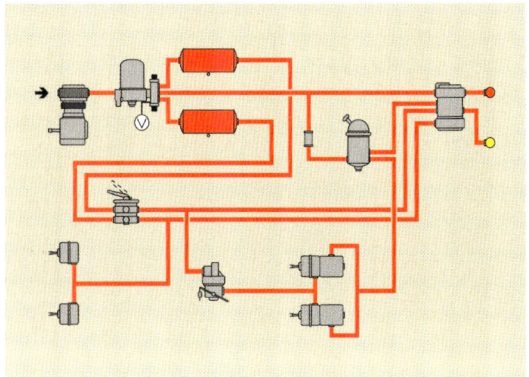

Betriebsbremsanlage – Arbeitsweise

Teilbremsstellung
Das Motorwagenbremsventil ermöglicht eine feinfühlige Abstufung der Betriebsbremse. Bei teilweisem Durchtreten des Pedals gelangt nur ein Teildruck zu den Bremszylindern des Motorwagens. Die Abstufung erfolgt auf eine Genauigkeit von 0,1 bis 0,2 bar.

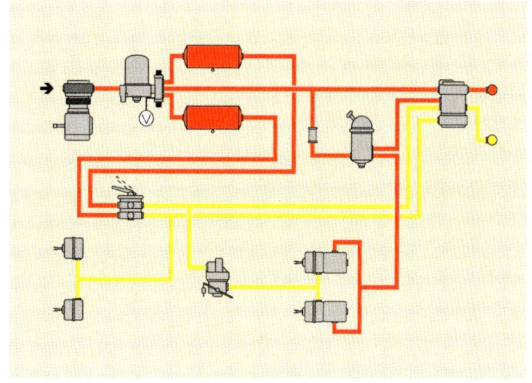

Lösen der Betriebsbremse
Beim Loslassen des Bremspedals entlüften die Bremszylinder des Motorwagens über das Relaisventil.kann der Motorwagen nur noch mit dem intakten Bremskreis abgebremst werden. Die Bremswirkung ist geringer.

Ausfall eines Vorratskreises
Bricht während der Fahrt eine Leitung am Vorratsbehälter – z. B. der für den Bremskreis der Vorderachse –, ist der Defekt sofort an den Druckmessern bzw. Warneinrichtungen zu erkennen. Der defekte Kreis wird drucklos. Das Mehrkreisschutzventil sichert den anderen Kreis bis auf den Sicherungsdruck ab. Beim Bremsen kann der Motorwagen nur noch mit dem intakten Bremskreis abgebremst werden. Die Bremswirkung ist geringer.

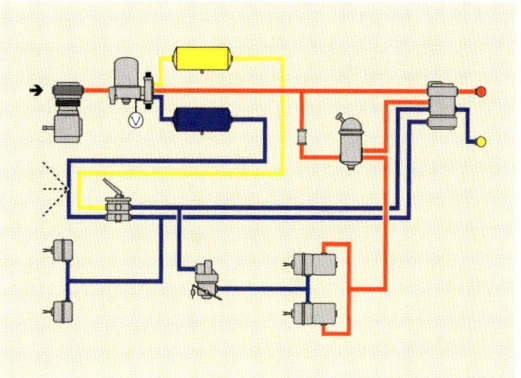

Ausfall eines Bremskreises
Ist die Leitung zu einem Bremszylinder der Vorderachse gebrochen, kann man den Schaden ohne zu bremsen nicht erkennen. Beim Bremsen ist der Schaden an den Druckmessern bzw. Warneinrichtungen zu erkennen. Der defekte Bremskreis wird drucklos. Das Mehrkreisschutzventil sichert den anderen Kreis bis auf den Sicherungsdruck ab. Der Motorwagen wird nur noch mit einer Achse gebremst.
Die Bremswirkung ist geringer, der Bremsweg verlängert sich entsprechend.

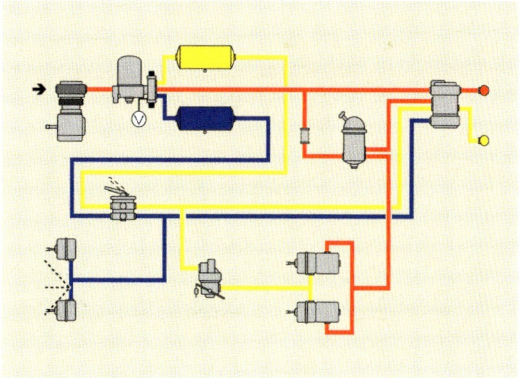

Feststellbremse

Feststellbremse in Fahrstellung
In Fahrstellung sind die Federspeicher-Bremszylinder über das Feststellbremsventil belüftet. Die Federn in den Federspeicher-Bremszylindern werden durch die Druckluft zusammengedrückt. Die Feststellbremse ist gelöst.

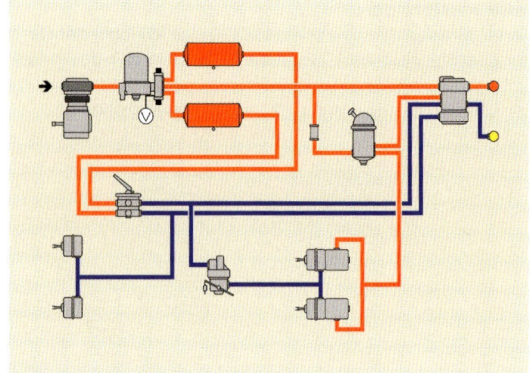

Feststellbremse in Bremsstellung
Beim Betätigen der Feststellbremse entlüften die Federspeicher-Bremszylinder über das Feststellbremsventil. Die Federkräfte der Speicherfedern lösen die Bremsung aus. Der Motorwagen wird mechanisch gebremst.

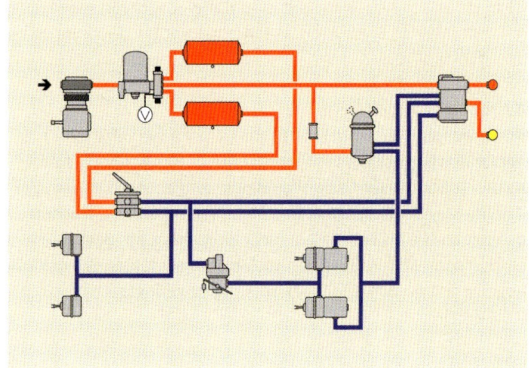

Arbeitsblatt 2 – Druckluftbremsanlage   Band 3

Arbeitsweise der Druckluftbremse

Zeichnen Sie „Druck" und „drucklos" wie folgt ein:

🟥 Druck   🟦 drucklos   🔴 Vorrat   🟡 Bremse

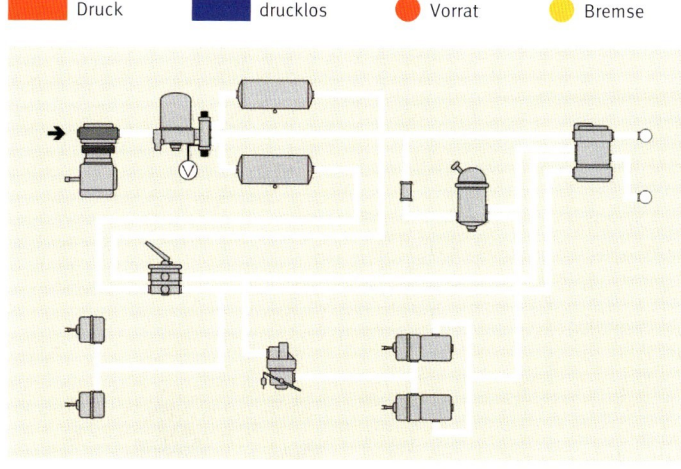

Zeichnen Sie die Druckverhältnisse bei **Fahrstellung** farbig ein.

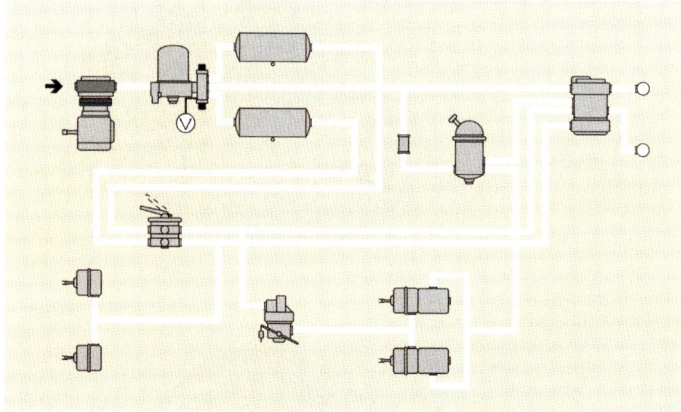

Zeichnen Sie die Druckverhältnisse bei **Vollbremsstellung** farbig ein.

Membranzylinder der Betriebsbremse:
Das ist ein Membranzylinder in vereinfachter Darstellung. Zeichnen Sie „Druck" und „drucklos" wie oben abgebildet farbig ein und kreuzen Sie an.

Radbremse
☐ gelöst
☐ in Bremsstellung

Radbremse
☐ gelöst
☐ in Bremsstellung

Betriebsbremse und Feststellbremse haben Bremszylinder mit unterschiedlicher Wirkung:

Bei der **Betriebsbremse** werden Membranzylinder verwendet. **Druckluft bewirkt** _____

Bei der **Feststellbremse** werden Federspeicherzylinder verwendet. **Druckluft bewirkt** _____

Dauerbremsen

Band 3

6. Dauerbremsen

Die Dauerbremsanlage ist vorgeschrieben bei Kraftomnibussen mit einer zulässigen Gesamtmasse über 5,5 t sowie anderen Kraftfahrzeugen mit einer zulässigen Gesamtmasse über 9 t. Die Dauerbremse ist eine Einrichtung die länger andauerndes Bremsen ermöglicht, ohne in ihrer Bremsleistung nachzulassen. Die Dauerbremswirkung muss so ausgelegt sein, dass das vollbeladene Fahrzeug in einem Gefälle von 7 % auf einer Strecke von 6 km die Ausgangsgeschwindigkeit von 30 km/h halten kann.

Dauerbremsen erhöhen die Sicherheit und die Wirtschaftlichkeit, denn sie
- halten die Geschwindigkeit in Gefällstrecken,
- arbeiten verschleißfrei,
- schonen die Radbremsen,
- verhindern das Nachlassen der Bremswirkung,
- senken Wartungs- und Instandsetzungskosten für die Betriebsbremse,
- ermöglichen ohne größeres Sicherheitsrisiko höhere Durchschnittsgeschwindigkeiten.

Es gibt:
- Motorbremsen (Auspuffklappenbremse, Konstantdrossel),
- Retarder (Wirbelstrombremse, Strömungsbremse).

Dauerbremsanlagen sollen die Betriebsbremse vor allem in Gefällestrecken entlasten. Diese so genannten „Dritten Bremsen" können allein oder mit der Betriebsbremse zusammen betätigt werden. Nimmt die Geschwindigkeit trotz eingeschalteter Dauerbremse merklich zu, muss mit der Betriebsbremse abgebremst werden, damit ein Zurückschalten möglich wird.

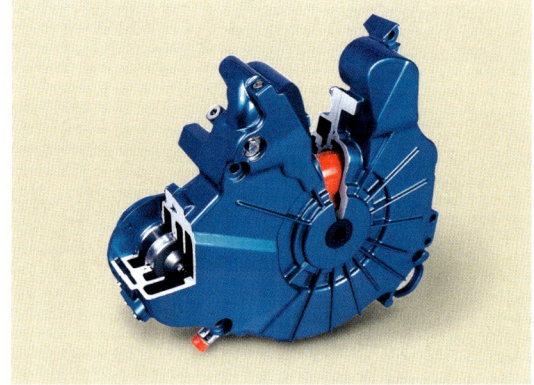

Aquatarder Quelle: Voith Turbo GmbH & Co. KG

Magnettarder Quelle: Voith Turbo GmbH & Co. KG

Dauerbremsen

6.1 Motorbremsen

Die Motorbremse mit Auspuffklappe sind einfach aufgebaut und haben ein geringes Gewicht. Sie sind die am meisten verwendeten Dauerbremsen. Die Betätigung erfolgt über einen Bedienhebel oder bei älteren Fahrzeugen über einen Fußschalter.

Fußknopf

Fußschalter

Motorbremse mit Auspuffklappe
Beim Betätigen der Motorbremse schließt ein Arbeitszylinder eine Klappe im Auspuffkrümmer. Dadurch können sich die verbrannten Gase im 4. Takt des Dieselmotors nicht mehr entspannen. Gleichzeitig wird die Einspritzpumpe auf Minimal- oder Nullförderung gestellt. Die Bremswirkung wird durch das Aufstauen der Abgase (Motor-Staudruckbremse) und durch Drosseln der Kraftstoffzufuhr erreicht.
Die Bremsleistung entspricht etwa einem Zurückschalten in den nächstniedrigeren Gang.

Motorbremse mit Konstantdrossel
Ein Arbeitszylinder betätigt ein kleines Ventil, das einen Verbindungskanal zwischen Verbrennungsraum und Auspuffkrümmer freigibt. Durch diese geöffnete „Konstantdrossel" drückt der aufwärts gehende Kolben im 2. Takt die verdichtete Luft in die Abgasanlage.
Im 3. Takt ist kein Überdruck mehr vorhanden, der den abwärts gehenden Kolben beschleunigt. Dadurch erfolgt zusätzlich zur geschlossenen Auspuffklappe und zur gedrosselten Kraftstoffzufuhr eine gesteigerte Bremswirkung, die etwa dem Zurückschalten um zwei Gänge entspricht.

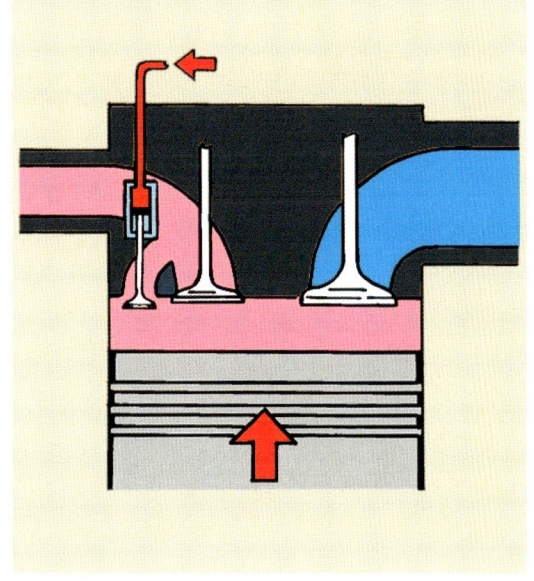

Kipphebelbremse

Diese auch EVB (Exhaust Valve Brake – Auslassventilbremse) genannte Bauart folgt dem Prinzip der Konstantdrossel, nur dass die verdichtete Luft über das leicht geöffnete Auslassventil in die Abgasanlage gedrückt wird. Das Auslassventil wird durch einen Hydraulikzylinder im Kipphebel geöffnet. Bei der neuesten, elektronisch geregelten Bauart ist eine abgestufte Bremswirkung möglich.

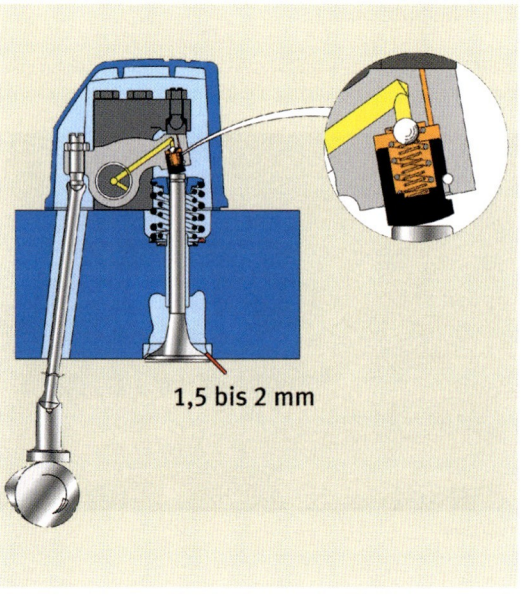

1,5 bis 2 mm

Hinweis:
- Motorbremsen älterer Bauart sind nicht abstufbar. Wird die Motorbremse auf nasser oder glatter Fahrbahn eingesetzt, kann der Motor abgewürgt werden und die Antriebsräder können blockieren. Sie bleiben blockiert, auch wenn die Motorbremse wieder gelöst wird.
- Wenn bei getätigter Dauerbremse zusätzlich mit der Betriebsbremse gebremst wird, werden die Räder der Antriebsachse stärker abgebremst und können blockieren.
- Bei ABS ist die Motorbremse häufig in das Regelsystem eingebunden. Sie wird ausgeschaltet, sobald die Räder zu blockieren drohen. Ist die Blockierneigung vorbei, wird die Motorbremse wieder zugeschaltet.
- Die Wirkung der Motorbremse ist vom Hubraum des Motors abhängig. Je größer der Hubraum, desto höher die Bremsleistung. Saugmotoren sind gleich starken Turbolader-Motoren in der Dauerbremsleistung überlegen.
- Wegen starker Geräuschentwicklung sollte die Motorbremse besonders bei Nacht nicht innerorts benutzt werden.

Dauerbremsen — Band 3

6. 2 Retarder

Immer häufiger werden Retarder als Dauerbremse eingesetzt. Diese „Verzögerer" bieten gegenüber den Motorbremsen zusätzliche Vorteile:
- abstufbare Wirkung und
- geringe Geräuschentwicklung.

Retarder sind als separates Bauteil am Getriebeausgang oder im Antriebsstrang eingebaut. Die Strömungsbremse kann auch als „Intarder" in das Getriebegehäuse integriert sein.

Wirbelstrombremse (elektrodynamischer Retarder)
Eine Weicheisenscheibe (Rotor) dreht sich mit gleicher Drehzahl wie die Gelenkwelle. Ein Elektromagnet (Stator), der seinen Strom aus der Batterie bezieht, bremst den Rotor durch ein Magnetfeld weich und ruckfrei ab.

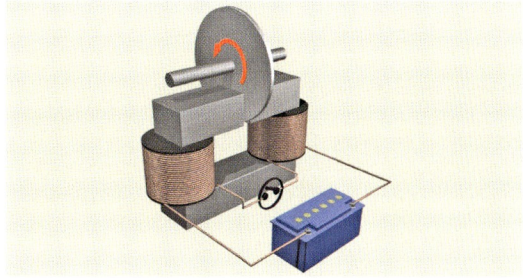

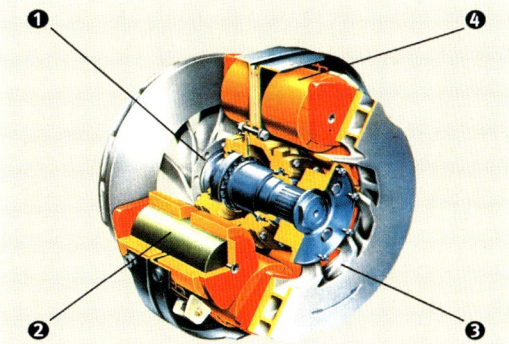

(1) Rotor
(2) Stator
(3) Kühlschaufeln
(4) Elektromagnetische Spulen

Dauerbremsen — Band 3

In der Regel wird die Wirbelstrombremse über einen Handhebel betätigt. Dieser Stufenschalter erhöht die Stromstärke in den Elektromagneten und damit die Bremswirkung. Die Bremsleistung darf nur stufenweise gesteigert werden, ohne den Hebel „durchzureißen". Das Lösen ist in einem Zug möglich.

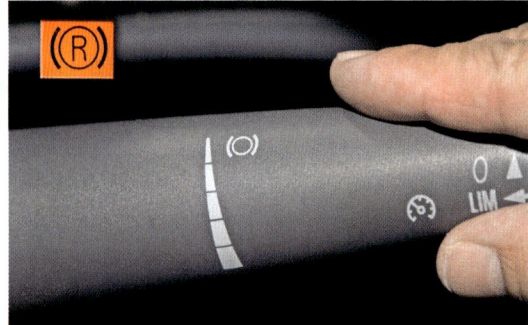

Strömungsbremse (hydrodynamischer Retarder)
Ein Schaufelrad (Rotor) ist mit der Antriebswelle verbunden. Ihm gegenüber ist ein zweites Schaufelrad (Stator) fest mit dem Gehäuse verbunden. Beim Bremsen wird Hydrauliköl zwischen Stator und Rotor gebracht. Der Rotor bringt das Öl in Bewegung, der Stator bremst den Ölstrom wieder ab. Dabei entsteht Wärme, die über einen Wärmetauscher abgeführt wird.

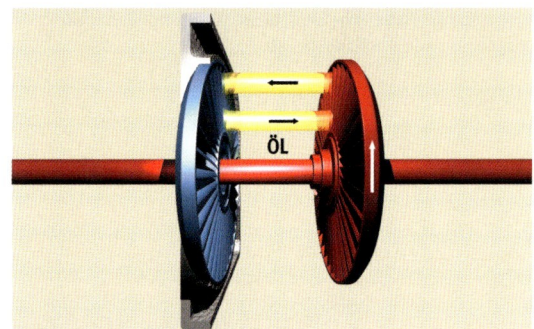

Die Bremswirkung wird durch mehr oder weniger Öl zwischen Stator und Rotor geregelt. Die Ölmenge wird durch ein Ventil bemessen, das der Fahrer z. B. mit einem Handhebel ansteuert.

Der „Aquatarder" (Wasserretarder) sitzt an der Stirnseite des Motors direkt auf der Kurbelwelle. Gebremst wird mit Kühlwasser, das zwischen Rotor (Kurbelwelle) und Stator (Gehäuse) geleitet wird. Entstehende Wärme wird direkt an den Motorkühlkreislauf abgegeben. Der Aquatarder hat bei hoher Bremsleistung ein geringeres Gewicht als der Öl-Retarder.

Hinweise für alle Retarder:
- Wenn der Retarder stark verzögert und die Betriebsbremse zusätzlich betätigt wird, werden die Räder der Antriebsachse stärker gebremst. Blockiergefahr!
- Bei ABS sind die Retarder im allgemeinen in das Regelsystem eingebunden. Sie werden ausgeschaltet, sobald die Räder zu blockieren drohen. Ist die Blockierneigung vorbei, wird der Retarder wieder zugeschaltet.
- Retarder können auch durch ein kombiniertes Motorwagenbremsventil eingeschaltet werden. Beim Betätigen der Trittplatte bzw. des Bremspedals wird zuerst die Dauerbremse und dann die Betriebsbremse ausgelöst.
- Retarder können auch mit dem Tempomat kombiniert sein. Wird die gespeicherte Geschwindigkeit überschritten, schaltet sich der Retarder selbständig ein und hält das Tempo.

7. Bremsanlagen bei Lastzügen und Gelenkomnibussen

7.1 Bremsanlagen bei Lastzügen

Anhänger über 750 kg zulässiger Gesamtmasse müssen mit einer eigenen Bremse ausgestattet sein.
Außer bei der Auflaufbremse erfolgt die Betätigung der Anhängerbremse über die Bremsanlage des Zugfahrzeugs. Die Vorratsbehälter von Anhängern mit Druckluftbremsanlage müssen auch während des Betätigens der Betriebsbremsanlage nachgefüllt werden können (Zweileitungs-Bremsanlage mit Vorratsleitung und Bremsleitung).

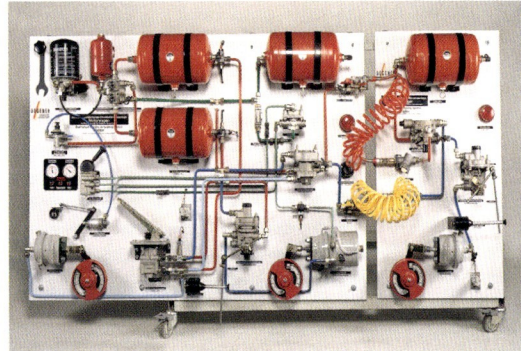

Wird ein Anhänger hinter einem Lkw mitgeführt, ist die Höhe der Anhängelast von mehreren Faktoren abhängig:
- Die Anhängelast darf die zulässige Gesamtmasse des Zugfahrzeugs nicht überschreiten.
- Bei einem Anhänger hinter einem Lkw darf die Anhängelast das 1,5-fache der zulässigen Gesamtmasse des Zugfahrzeugs betragen, wenn die Bremsanlage „durchgehend" ist.
- Der amtlich angegebene Wert darf nicht überschritten werden.

Eine „durchgehende Bremsanlage" ist dann gegeben, wenn
- die Bremsen am Motorwagen und am Anhänger vom Fahrersitz aus durch dieselbe Einrichtung abstufbar betätigt werden können und
- die hierfür erforderliche Energie von derselben Kraftquelle geliefert wird.

Bremsanlagen bei Lastzügen und Gelenkomnibussen — Band 3

Der Betriebsdruck der Anhänger-Bremsanlage muss mit dem Druck am Bremsanschluss des Zugfahrzeugs übereinstimmen. Der Druck am Bremsanschluss steht im Fahrzeugschein und auf dem Typenschild.
In der neuen Zulassungsbescheinigung Teil I fehlt diese Angabe.
Die Anhänger-Bremsanlage besteht aus der Anhänger-Steuerung im Motorwagen und aus der Bremsanlage im Anhänger selbst.

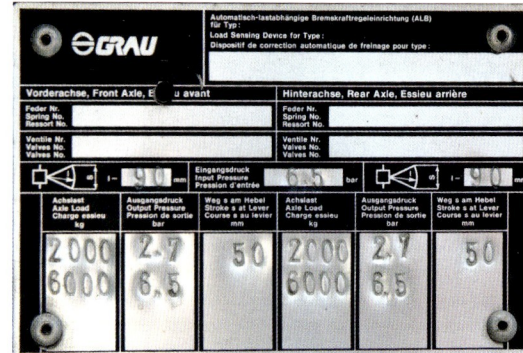

Im Motorwagen gehören folgende Bauteile zur Anhänger-Steuerung:
- Anhänger-Steuerventil,
- Kupplungsköpfe.

Am Anhänger gehören folgende Bauteile zur Bremsanlage:
- Schlauchverbindungen mit Kupplungsköpfen und Leitungsfiltern
- Anhänger-Bremsventil,
- Bremskraftregler,
- Vorratsbehälter,
- Bremszylinder,
- Radbremsen.

7.1.1 Bauteile im Motorwagen

Anhänger-Steuerventil
Das Anhänger-Steuerventil hat die Aufgabe, durch stufenloses Druckerhöhen, -halten und -senken das Anhänger-Bremsventil und damit den Bremsvorgang des Anhängers zu steuern.

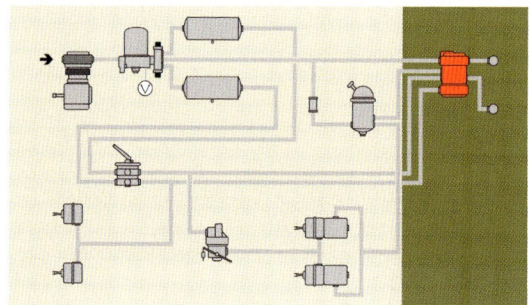

Wirkungsweise:
Das Anhänger-Steuerventil wird von beiden Betriebsbremskreisen und vom Feststellbremskreis angesteuert. Beim Bremsen mit der Betriebsbremse wird das Anhänger-Steuerventil durch Druckanstieg und beim Lösen der Bremse durch Druckabfall angesteuert. Beim Bremsen mit der Feststellbremse reagiert das Steuerventil auf Druckabfall und beim Lösen wieder auf Druckanstieg. Diese Druckveränderungen bewirken, dass das Anhänger-Steuerventil beim Bremsen Druckluft in die Bremsleitung einströmen und beim Lösen wieder ins Freie entweichen lässt. Durch diese Druckluft wird das Anhänger-Bremsventil im Anhänger angesteuert, das seinerseits die Anhängerbremse betätigt.

Bremsanlagen bei Lastzügen und Gelenkomnibussen — Band 3

Kupplungsköpfe

Die Kupplungsköpfe verbinden die Bremsleitung und die Vorratsleitung des Zugwagens mit den entsprechenden Leitungen des Anhängers.
Eine Verwechslung der Köpfe ist durch unterschiedliche Farb- und Formgebung ausgeschlossen.

Bremse – Gelb (links von der Anhängekupplung)
Vorrat – Rot (rechts von der Anhängekupplung)

Duomatik oder Duplexkopf

Vorrats- und Bremsanschluss sind zusammengebaut. Beide Leitungen werden gleichzeitig verbunden oder getrennt. Eine falsche Bedienung ist ausgeschlossen. Das An- und Abkuppeln wird besonders an schwer zugänglichen Stellen erleichtert.

7. 1. 2 Bauteile im Anhänger

Schlauchverbindungen mit Kupplungsköpfen und Leitungsfiltern.
Als Verbindungsleitungen zum Anhänger werden Gummischläuche oder gewendelte Kunststoffschläuche verwendet.
Die Kupplungsköpfe am Anhänger haben freien Durchgang. Die Gummischläuche müssen so lang sein, dass auch enge Kurven gefahren werden können.

Bremsanlagen bei Lastzügen und Gelenkomnibussen — Band 3

Bei Sattelkraftfahrzeugen sind die Verbindungsschläuche an der Zugmaschine befestigt. Dort haben die Kupplungsköpfe ein automatisches Absperrventil, am Sattelanhänger haben sie freien Durchgang. Die Schläuche sind bei Solofahrten in die dafür vorgesehenen Halterungen einzuhängen.

Gewendelte Kunststoffschläuche können sich bei Abstandsänderungen ausdehnen und wieder zusammenziehen. Die Schläuche sind oft eingefärbt:
Vorratsleitung = rot,
Bremsleitung = gelb.

Zur sicheren Unterbringung der Kupplungsköpfe sind Blindhalterungen an der Zugeinrichtung des Anhängers vorgesehen.

Leitungsfilter schützen die Bremsanlage vor Verschmutzungen. Die Filtereinsätze müssen nach Angaben der Betriebsanleitung gereinigt werden.

Anhänger-Bremsventil
Das Anhänger-Bremsventil hat die Aufgaben,
- die Vorratsluft ungehindert in den Anhänger-Vorratsbehälter strömen zu lassen,
- beim Betätigen der Motorwagenbremse Druckluft aus dem Anhänger-Vorratsbehälter in die Bremszylinder des Anhängers zu leiten und
- bei Abriss des Anhängers eine Notbremsung des Anhängers auszulösen.

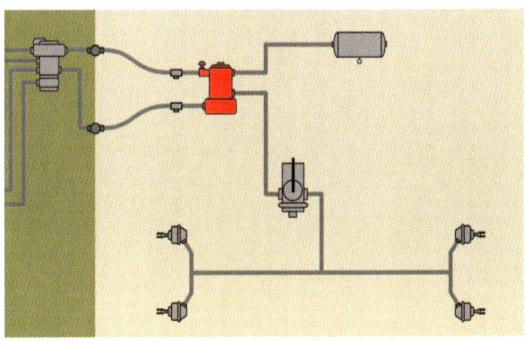

Hinweis:
Ob das Anhänger-Bremsventil richtig arbeitet, lässt sich nach dem Lösen der Feststellbremse wie folgt feststellen (Luftbehälter des Motorwagens und des Anhängers sind gefüllt):
- Bei angekuppelten Druckluftschläuchen müssen die Anhänger-Bremszylinder beim Betätigen des Motorwagenbremsventils in Bremsstellung gehen.
- Wird die Vorratsleitung abgekuppelt, muss ebenfalls eine Bremsung des Anhängers ausgelöst werden.

Löseventil
Beim Abkuppeln der Vorratsleitung geht die Anhängerbremse in Vollbremsstellung. Wenn der Anhänger rangiert werden soll, muss die Betriebsbremse des Anhängers durch Betätigen der Löseventile an der Vorder- und Hinterachse gelöst werden. Moderne Anhänger haben zwei Löseventile.

Vorratsbehälter, Bremszylinder, Radbremsen
Diese Bauteile haben im Anhänger die gleichen Aufgaben wie im Motorwagen. Sie müssen die gleichen Anforderungen erfüllen und sind auch in ihrer Ausführung mit den Teilen im Zugfahrzeug vergleichbar.

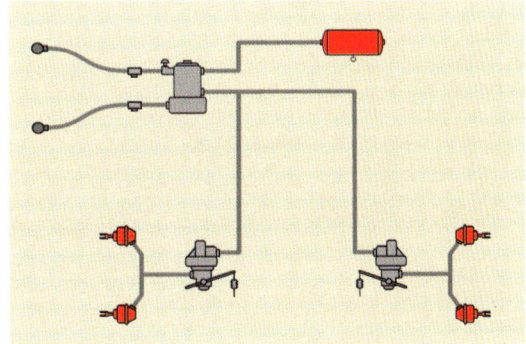

7.1.3 Arbeitsweise der Zweileitungs-Bremsanlage im Anhänger

Fahrstellung
Die Druckluft wird vom Kompressor erzeugt. Sie strömt über das Mehrkreisschutzventil in die voneinander getrennten Kreise. Die Vorratsbehälter des Motorwagens und die des Anhängers sind gefüllt. Die Druckluftbremszylinder im Motorwagen und im Anhänger sind drucklos. Die Federspeicher-Bremszylinder sind belüftet.

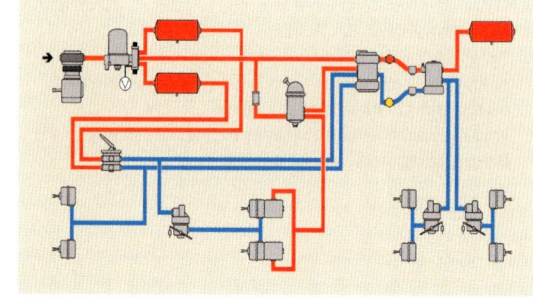

 Druck    drucklos    Teildruck

Vollbremsstellung
Das Motorwagenbremsventil wird voll getreten. Druckluft strömt in die Bremszylinder des Motorwagens. Es erfolgt eine Vollbremsung. Gleichzeitig steuern beide Betriebsbremskreise das Anhänger-Steuerventil an. Vorratsdruck strömt in die Bremsleitung (Steuerung durch Druckanstieg).
Das Anhänger-Bremsventil steuert daraufhin um. Druckluft aus dem Vorratsbehälter des Anhängers strömt in die Anhänger-Bremszylinder. Auch im Anhänger wird eine Vollbremsung ausgelöst.

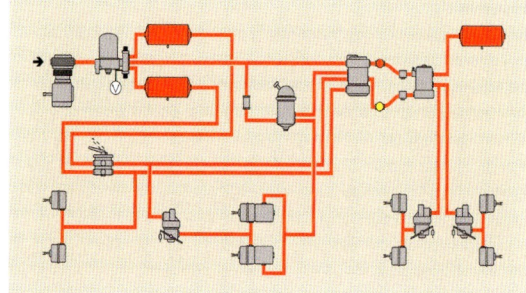

Teilbremsstellung
Das Motorwagenbremsventil ermöglicht eine genaue Abstufung der Betriebsbremse. Bei teilweisem Durchtreten des Pedals gelangt nur ein Teildruck zu den Bremszylindern des Motorwagens.

Dem Anhänger-Steuerventil wird von beiden Betriebsbremskreisen ebenfalls nur ein Teildruck zugeführt. Der Impuls, der über die Bremsleitung das Anhänger-Bremsventil umschaltet, wird ebenfalls von einem Teildruck erzeugt.

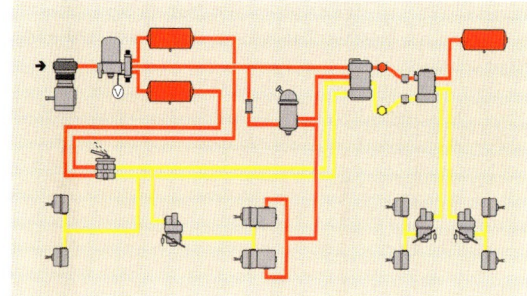

Das Anhänger-Bremsventil lässt gleichfalls nur einen Teildruck vom Vorratsbehälter des Anhängers zu den Bremszylindern durchströmen.

Lösen der Betriebsbremse
Beim Loslassen des Bremspedals entlüften die Bremszylinder des Motorwagens und die Ansteuerung des Anhänger-Steuerventils über das Motorwagenbremsventil.
Die Bremsleitung wird über das Anhänger-Steuerventil drucklos.
Die Bremszylinder des Anhängers entlüften über das Anhänger-Bremsventil.

Bremsanlagen bei Lastzügen und Gelenkomnibussen — Band 3

Ausfall eines Bremskreises
Ist die Leitung zu einem Bremszylinder im Motorwagen gebrochen, kann man dies beim Fahren ohne zu bremsen nicht feststellen. Beim Bremsen ist der Schaden an den Druckmessern bzw. Warneinrichtungen zu erkennen. Der defekte Bremskreis wird drucklos. Das Mehrkreisschutzventil sichert den anderen Kreis bis auf den Sicherungsdruck ab. Der Motorwagen wird nur noch mit einer Achse gebremst. Das Anhänger-Steuerventil bleibt funktionsfähig, obwohl es nur durch einen Betriebsbremskreis angesteuert wird. Der Ausfall eines Motorwagen-Bremskreises beeinflusst die Anhängerbremse im Prinzip nicht.

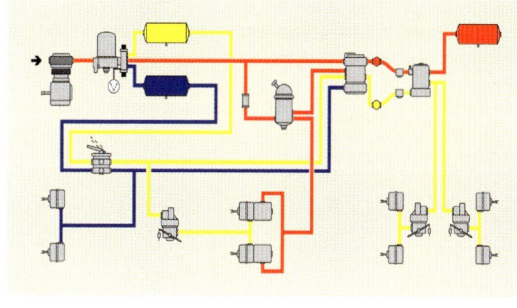

■ Druck   ■ drucklos   ■ Teildruck

Bruch der Vorratsleitung
Bei einem Bruch der Anhänger-Vorratsleitung, z.B. Schlauch oder Wendelleitung, entlüftet diese schlagartig.
Das Anhänger-Bremsventil löst automatisch eine Vollbremsung der Anhängerbremse aus. Gleichzeitig sichert es den Anhänger-Luftvorrat gegen die unterbrochene Vorratsleitung ab.
Im Motorwagen sorgt das Mehrkreisschutzventil für die Erhaltung des Sicherungsdrucks.

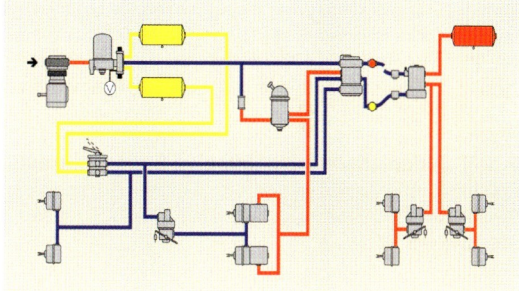

Bruch der Bremsleitung
Reißt die Anhänger-Bremsleitung oder bricht sie während der Fahrt, bemerkt der Fahrer zunächst nichts. Erst beim Bremsen entweicht Druckluft an der Bruchstelle. Da diese Druckluft aus der Vorratsleitung kommt, findet dort ein Druckabfall statt. Der Druckabfall löst eine Vollbremsung des Anhängers aus, genau wie beim Bruch der Vorratsleitung. Im Motorwagen sorgt das Mehrkreisschutzventil für die Erhaltung des Sicherungsdrucks.

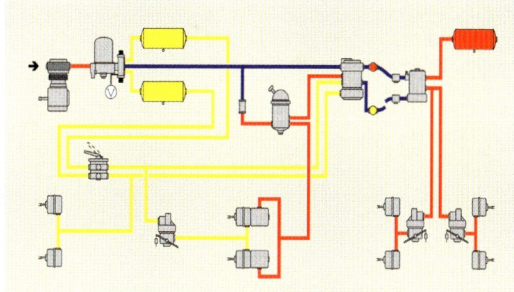

7.1.4 Abgestellter Anhänger

Beim Abkuppeln des Anhängers muss zuerst die Vorratsleitung (roter Kupplungskopf) getrennt werden. Dadurch wird automatisch die Betriebsbremse des Anhängers wirksam. Beim Ankuppeln darf die Vorratsleitung dagegen erst zuletzt verbunden werden. Die Anhängerbremsung würde sonst durch das Belüften der Vorratsleitung aufgehoben werden.
Die Wirkung der Betriebsbremse des abgestellten Anhängers geht durch allmählichen Druckabfall verloren. Aus diesem Grund muss der Anhänger zusätzlich mit Unterlegkeilen und durch das Anziehen der mechanischen Feststellbremse gegen Wegrollen gesichert werden.

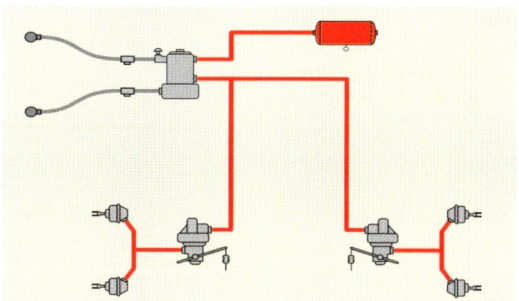

Soll der abgestellte Anhänger bei gefüllten Vorratsbehältern rangiert werden, muss das Löseventil betätigt werden. Vorher die Unterlegkeile entfernen und die mechanische Feststellbremse lösen.

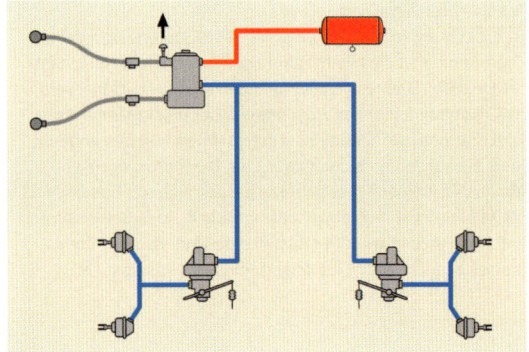

Mit dem Löseventil können die Bremszylinder eines Anhängers bzw. Sattelanhängers be- und entlüftet werden. Der Lösevorgang kann höchstens acht- bis zehnmal wiederholt werden. Fällt der Vorratsdruck unter 3 bar ab, kann die Betriebsbremse des Anhängers durch das Löseventil nicht mehr gelöst werden. Um diese Bremse zu lösen, müssen die Vorratsbehälter entlüftet werden. Beim Wiederankuppeln des Vorratsschlauches schaltet das Ventil selbsttätig wieder in Fahrtstellung.

7.1.5 Automatisch-lastabhängige Bremskraftreglung

Der automatisch-lastabhängige Bremskraftregler (ALB) hat die Aufgabe, die Bremskraft einer Achse selbsttätig dem Beladungszustand anzupassen.

Beim Beladen eines Anhängers mit Blattfederung verändert sich der Abstand zwischen Achse und Aufbau. Diese Abstandsänderung wird über ein Gestänge zum Bremskraftregler übertragen. Der Regler passt die Bremskraft dem Beladungszustand an:
geringe Last = geringer Bremsdruck,
volle Last = voller Bremsdruck.

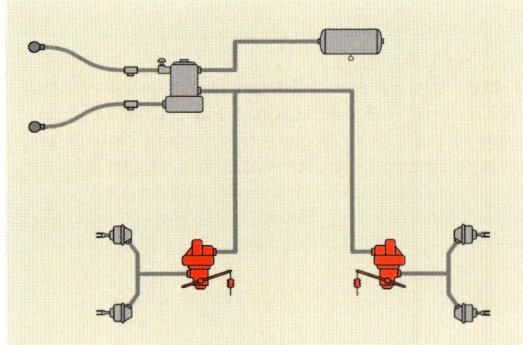

Bremsanlagen bei Lastzügen und Gelenkomnibussen — Band 3

Bei einem Gestängebruch springt der Bremskraftregler automatisch um, je nach Bauart meist auf Halblast. An der Achse wird ein Bremsdruck eingesteuert, der nicht mehr lastabhängig geregelt werden kann. Bei einem Federbruch verringert sich der Abstand zwischen Achse und Rahmen. Dem Bremskraftregler wird dann eine höhere als die tatsächlich vorhandene Last angezeigt, die Achse wird überbremst.
Wenn an einem unbeladenen Fahrzeug die Räder einer Achse bei jeder stärkeren Bremsung blockieren, kann der jeweilige Bremskraftregler defekt bzw. falsch eingestellt sein, oder es sind Federblätter gebrochen.

Bei einem luftgefederten Anhänger wird der Druck in den Federbälgen als Einstellgröße für die Bremskraft herangezogen. Der Bremskraftregler wird pneumatisch angesteuert.

Beim automatisch-lastabhängigen Bremskraftregler ist ein separates Löseventil nötig, um den abgekuppelten Anhänger bei gefüllten Luftbehältern rangieren zu können.

7.1.6 Feststellbremse am Anhänger

Der Anhänger ist mit einer mechanischen Feststellbremse ausgerüstet. Beim Betätigen der Feststellbremse des Motorwagens wird der Anhänger mit der Betriebsbremse abgebremst.

Mechanische Feststellbremse
Anhänger herkömmlicher Bauart besitzen, anders als der Motorwagen, eine Feststellbremse, die rein mechanisch von Hand betätigt wird. Die Radbremsen der Hinterachse werden dann z. B. über Spindel, Seile und Umlenkrollen angezogen.

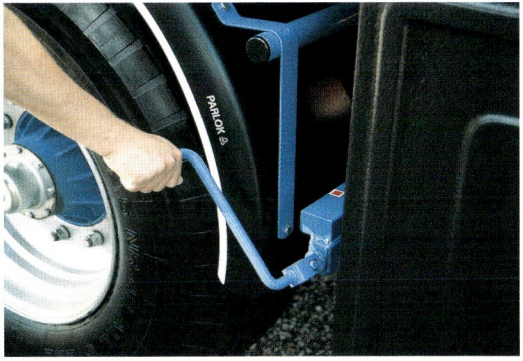

Bremsanlagen bei Lastzügen und Gelenkomnibussen — Band 3

Federspeicher-Feststellbremse

Anhänger neuerer Bauart können wie der Motorwagen mit einer Federspeicher-Feststellbremse ausgerüstet sein. Die dazugehörigen Tristop-Bremszylinder haben ein eigenes Betätigungsventil. Mit dem roten Knopf wird die Federspeicher-Feststellbremse betätigt oder gelöst, der schwarze Knopf ist das Löseventil der Betriebsbremse.

Motorwagen Feststellbremse – Anhänger Betriebsbremse

Bremsstellung

Beim Betätigen der Feststellbremse des Motorwagens wird durch Druckabfall das Anhänger-Steuerventil angesteuert. Das Ventil schaltet um, belüftet die Bremsleitung und betätigt dadurch die Betriebsbremse des Anhängers – der Anhänger wird mit Druckluft gebremst, das Zugfahrzeug mechanisch durch die Federkraft.

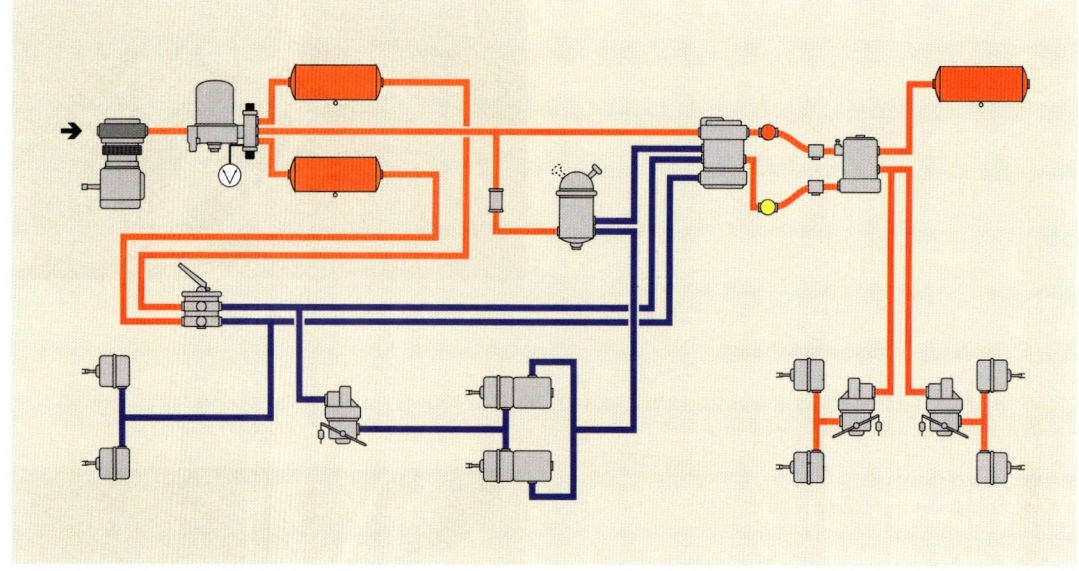

Bremsanlagen bei Lastzügen und Gelenkomnibussen — Band 3

Prüfstellung
Um sicher zu sein, dass bei Druckluftverlust im Anhänger der Zug auch auf abschüssiger Straße von den Federspeicherbremsen des Motorwagens am Abrollen gehindert wird, hat das Handbremsventil eine Prüfstellung. In der Prüfstellung sind die Federspeicher des Motorwagens entlüftet, also in Bremsstellung. Die Anhänger-Bremsanlage ist gelöst.

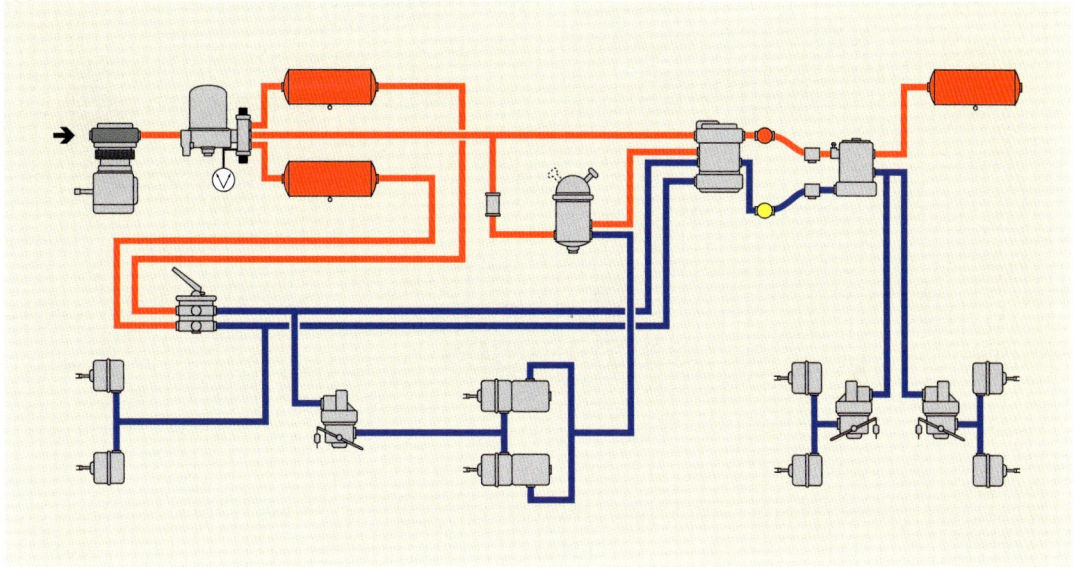

7.2 Bremsanlagen beim Gelenkomnibus

Die Bremsanlage des Gelenkbusses entspricht der Bremsanlage eines Lkw mit einem druckluftgebremsten Anhänger.

7.2.1 Zweikreis-Bremsanlage eines Gelenkbusses

Der Kompressor und der Lufttrockner mit integriertem Druckregler befinden sich – wie der Motor – im Nachläufer. Die Drucksicherung, die Vorratsbehälter und die Steuerung der Bremse sind im Vorderwagen eingebaut.
Die Vorderachse und die Nachläuferachse sind mit Membranzylindern, die Hinterachse ist mit Kombi- bzw. Tristopzylindern ausgerüstet. Die Bremskraftregelung an jeder Achse übernimmt in konventionellen Bremsanlagen ohne ABS (ABV) ein Bremskraftregler, der vom Druck in den Federbälgen angesteuert wird.

Bremsanlagen bei Lastzügen und Gelenkomnibussen — Band 3

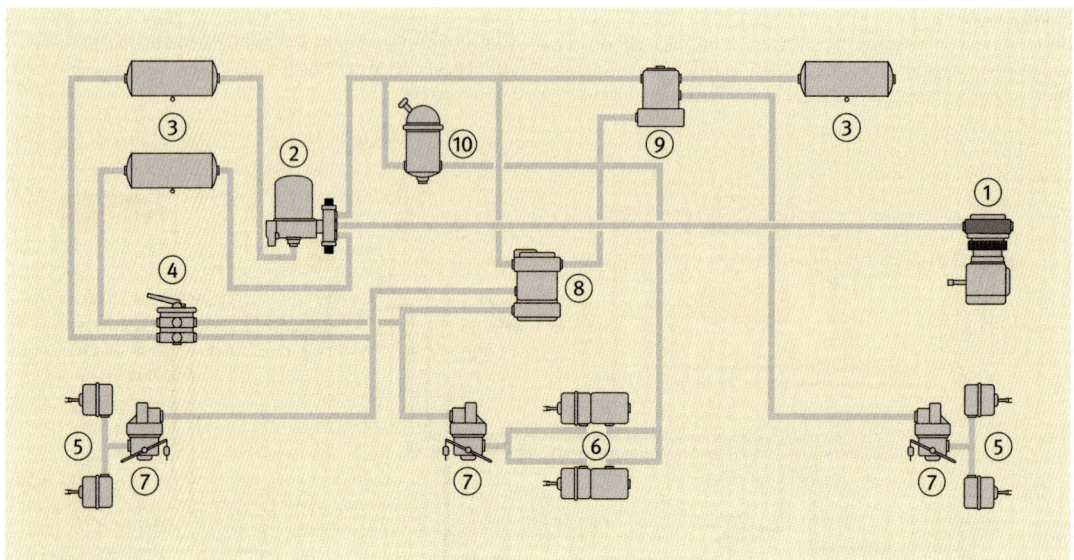

Bauteile
1 Kompressor
2 APU (Lufttrockner mit integriertem Druckregler und Mehrkreisschutzventil)
3 Luftbehälter
4 Trittplattenbremsventil
5 Membranzylinder
6 Kombizylinder
7 Automatisch-lastabhängiger Bremskraftregler
8 Anhängersteuerventil
9 Anhängerbremsventil
10 Feststellbremsventil

Hinweis:
In Gelenkbussen mit ABS (ABV) entfallen die ALB-Regler 7.

7.2.2 Wirkung der Gelenkomnibus-Bremsanlage

Fahrstellung
Die Druckluft wird vom Kompressor erzeugt. Sie strömt über das Mehrkreisschutzventil in die getrennten Kreise. Die Vorratsbehälter des Vorderwagens und die Vorratsbehälter des Nachläufers sind gefüllt. Die Betriebsbremszylinder sind drucklos. Die Federspeicherteile der Kombizylinder an der Hinterachse sind belüftet.

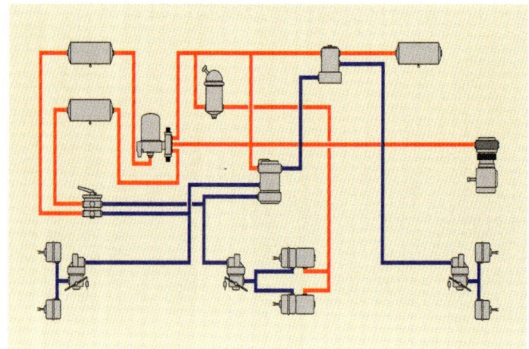

Vorderwagen *Nachläufer*

Bremsanlagen bei Lastzügen und Gelenkomnibussen — Band 3

Vollbremsstellung
Das Trittplattenbremsventil wird voll getreten. Druckluft strömt in die Bremszylinder des Vorderwagens. Gleichzeitig steuern beide Betriebsbremskreise das Steuerventil an. Dieses steuert mit Vorratsdruck das Bremsventil an. Das Bremsventil lässt Druckluft aus dem Nachläufer-Luftbehälter zu den Membranzylindern der Nachläuferachse strömen. Alle Räder werden gebremst.

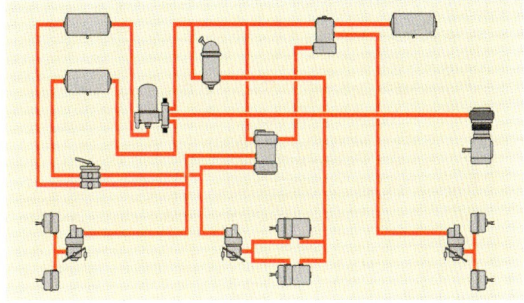

Vorderwagen *Nachläufer*

Teilbremsstellung
Das Trittplattenbremsventil ermöglicht eine feinfühlige Abstufung der Betriebsbremse. Bei teilweise getretenem Pedal werden die Membranzylinder des Vorderwagens und das Steuerventil mit Teildruck belüftet. Der Impuls, der das Bremsventil umschaltet, ist ebenfalls ein Teildruck. Das Bremsventil lässt deshalb auch nur einen Teildruck in die Membranzylinder des Nachläufers strömen.

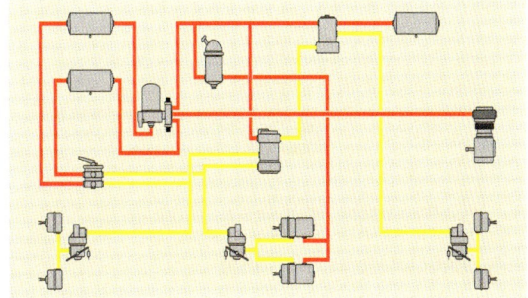

Vorderwagen *Nachläufer*

Bezüglich der Bremse behandelt man aus Sicherheitsgründen den Nachläufer wie einen Anhänger. Damit ist gewährleistet, dass bei einem Bruch der Verbindung zwischen Vorderwagen und Nachläufer die Bremswirkung erhalten bleibt.

7.3 Anhänger hinter Omnibussen

Vorschriften
Hinter Kraftomnibussen (KOM) darf nur ein Anhänger, lediglich zur Gepäckbeförderung, mitgeführt werden.
Die höchstzulässige Länge einer Fahrzeugkombination, bestehend aus einem Omnibus und einem Gepäckanhänger, beträgt 18,75 m.

Neuerdings kommen vereinzelt Personenanhänger zum Einsatz, die während stark frequentierter Zeiten ein hohes Fahrgastaufkommen bewältigen können.
Für diese Fahrzeugkombinationen ist eine Ausnahmegenehmigung erforderlich!

Bremsanlagen bei Lastzügen und Gelenkomnibussen — Band 3

Hinweise zum Anhängerbetrieb
- Die Anhängelast darf den vom Hersteller angegebenen Wert nicht überschreiten
- Auflaufgebremste Anhänger dürfen maximal 3,5 t zulässige Gesamtmasse aufweisen
- Fahrzeugkombinationen mit durchgehender Druckluftbremsanlage müssen zueinanderpassen
- Der Betriebsdruck der Anhängerbremsanlage muss mit dem Druck am Bremsanschluss des Zugfahrzeuges übereinstimmen.
- Die Angaben stehen auf dem Typenschild des Anhängers und im Fahrzeugschein des Zugfahrzeuges.
  (In der Zulassungsbescheinigung Teil I fehlt diese Angabe)
- Die Einzelachslast eines Anhängers beträgt maximal 10 t. Die Doppelachslast (Achsabstand weniger als 1 m) beträgt maximal 11 t.
- Für einachsige Anhänger und doppelachsige Anhänger (Achsabstand weniger als 1 m) die eine zulässige Gesamtmasse von mehr als 750 kg haben sind zwei Unterlegkeile vorgeschrieben.

Fahrerlaubnis	zulässige Gesamtmasse Anhänger
Klasse D1	max. 750 kg
Klasse D1E	KOM der Klasse D1 und Anhänger über 750 kg zulässige Gesamtmasse.
Klasse D	max. 750 kg
Klasse DE	mehr als 750 kg

Der Busfahrer muss über den Geltungsbereich seiner Fahrerlaubnis Bescheid wissen.

8. Elektronische Bremsunterstützung

8.1 Antiblockiersystem (ABS)

8.1.1 ABS im Kraftfahrzeug

ABS (auch bekannt als Automatischer Blockierverhinderer, ABV) verhindert das Blockieren der Räder, und zwar unabhängig von der Masse der Ladung und vom Fahrbahnzustand.

Das ABS leistet bei Vollbremsungen sowie bei Teilbremsungen auf glatten Fahrbahnen einen hohen Sicherheitsbeitrag.
Das elektronische Regelsystem des ABS
- gewährleistet stabiles Fahrverhalten auch auf unterschiedlich griffigem Untergrund,
- verkürzt den Bremsweg bei bestimmten Fahrbahnverhältnissen,
- vermindert den Reifenverschleiß,
- schont den Antriebsstrang.

ABS-Regelkreis
Das System besteht aus:
- Radsensor (1) und Impulsrad (2), die die Drehgeschwindigkeit des Rades messen,
- einem elektronischem Steuergerät (3), das die gemessenen Daten auswertet und
- dem ABS-Magnetregelventil (4), das den Bremsdruck zwischen Motorwagenbremsventil und Bremszylinder regelt.

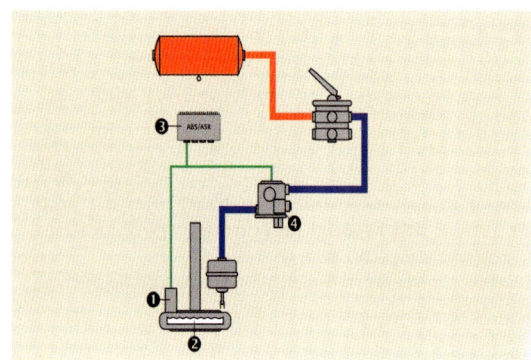

Bremsanlagen bei Lastzügen und Gelenkomnibussen — Band 3

Wirkungsweise:
Die Radsensoren erfassen die Drehbewegung der einzelnen Räder. Das elektronische Steuergerät wertet die von den Radsensoren gemessenen Drehgeschwindigkeiten anhand vorgegebener Ansprechwerte aus. Tritt an einem Rad Blockierneigung auf, gibt das elektronische Steuergerät den Befehl an das Drucksteuerventil, den Druckaufbau im Bremszylinder zu stoppen bzw. den Druck abzubauen, bis die Blockiergefahr beseitigt ist.
Damit die Bremswirkung an diesem Rad nicht zu gering wird, muss der Bremsdruck erneut erhöht werden. Während eines Bremsvorganges wird ständig die Radbewegung kontrolliert und durch zyklische Folgen von Druckabbau, Druckhalten und Druckaufbau eine maximale Bremskraft übertragen. Anders als in Pkw mit hydraulischen Verstärkerbremsanlagen bemerkt der Fahrer kein „Pulsieren" des Bremspedals beim Einsetzen der ABS-Regelung.

Funktionskontrolle
Eine Sicherheitsschaltung kontrolliert das System bei Fahrtantritt und während der Fahrt. Kontrolllampen informieren den Fahrer über die Betriebsbereitschaft. Eine rote Warnlampe ist für die Überwachung des Motorwagen-ABS zuständig. Sie leuchtet nach dem Einschalten der Zündung auf. Eine zweite rote Warnlampe dient zur Überwachung des Anhängers. Sie leuchtet nach dem Einschalten der Zündung aber nur auf, wenn ein Anhänger angekuppelt ist.

Das Erlöschen der Warnlampen nach dem Losfahren zeigt an, dass die Anlage voll funktionsfähig ist. Erlischt die Lampe nicht oder leuchtet sie während der Fahrt auf, liegt eine Störung vor. Der Fahrer muss sich dann darauf einstellen, dass der Lkw auf herkömmliche, ungeregelte Art gebremst wird und dass die Räder beim Bremsen blockieren können.

Hinweis:
Trotz Blockierverhinderer muss sich der Fahrer bei der Wahl seiner Geschwindigkeit und seines Sicherheitsabstandes weiterhin den gegebenen Fahrbahn- und Verkehrsverhältnissen anpassen. Die Verantwortung für die Verkehrssicherheit kann ihm das ABS nicht abnehmen.

8.1.2 ABS im Anhänger

ABS im Anhänger entspricht prinzipiell dem ABS im Motorwagen. Es ist ein eigenes selbständiges System.
Das System besteht aus:
- Radsensor (1) und Impulsrad (2), die die Drehgeschwindigkeit des Rades messen,
- einem elektronischem Steuergerät (3), das die gemessenen Daten auswertet, und
- einem ABS-Magnetregelventil (4), das den Bremsdruck zwischen Anhängerbremsventil und Bremszylinder regelt.

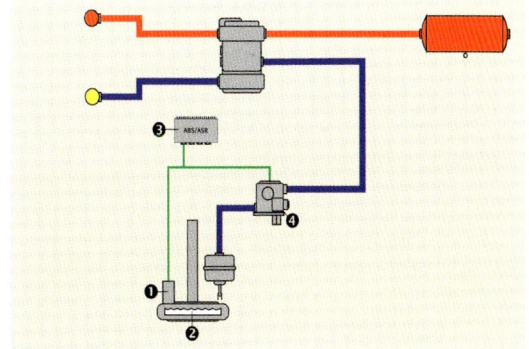

Das elektronische Steuergerät ist in einem wassergeschützten Gehäuse entweder am Fahrzeugrahmen montiert oder mit den ABS-Regelventilen zu einer Einheit kombiniert.
Die Stromversorgung dieser Anlage erfolgt über einen eigenen Anschluss vom Motorwagen her.

Wirkungsweise:
Die Wirkungsweise des ABS im Anhänger beruht ebenso wie im Motorwagen darauf, dass bei einer Blockierneigung eines Rades das Steuergerät dem Drucksteuerventil einen Befehl gibt, den Druckaufbau im Bremszylinder zu stoppen bzw. Druck abzubauen.

Elektronische Bremsunterstützung — Band 3

Blockierverhinderer in Fahrzeugkombinationen
Beste Lösung für eine Fahrzeugzusammenstellung

Hinweis:
Da ABS sowohl für Motorwagen als auch für Anhänger seit vielen Jahren vorgeschrieben sind, ist dies heute die häufigste bzw. übliche Kombination. In Ländern der EU und in vielen weiteren Ländern ist nur diese Kombination, also die ABS-Vollausstattung (für Neu-Fahrzeuge), zulässig.

Bei einer Vollbremsung können die Räder des Anhängers blockieren. Insbesondere auf nasser oder glatter Fahrbahn kann der Anhänger aufschieben und ins Schleudern kommen. Der Bremsweg wird länger.

Hinweis:
Diese Kombination liegt auch vor, wenn der Anhänger zwar ABS hat, die elektrische Spannungsversorgung aber fehlerhaft nicht hergestellt, d.h. das entsprechende Kabel nicht angeschlossen worden ist. Der Betrieb dieser Kombination ist in der EU u.a. nicht zulässig.

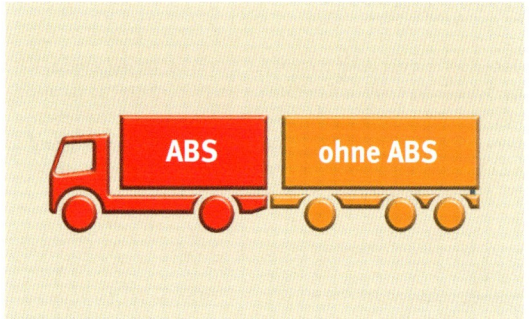

Anhänger mit ABS und ALB dürfen in einem Zug mitgeführt werden, auch wenn die Stromversorgung für den Blockierverhinderer im Anhänger nicht hergestellt ist.

Hinweis:
Diese Aussage trifft nur zu für Fahrzeugkombinationen in Ländern außerhalb der EU ohne ABS-Verordnung. Sonst kann es sich allenfalls um sehr alte Fahrzeuge handeln, die beide noch vor der ABS-Verordnung zugelassen worden sind.

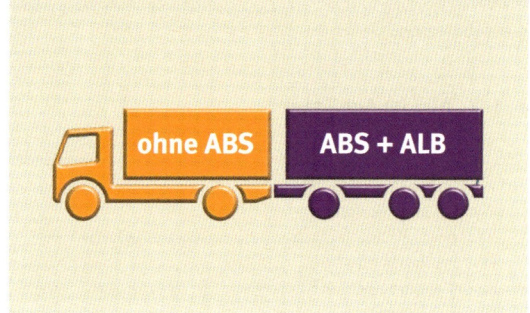

Anhänger mit ABS, aber ohne ALB, dürfen nur dann in einem Zug mitgeführt werden, wenn die Stromversorgung für den Blockierverhinderer im Anhänger und damit dessen Funktion sichergestellt ist.

Hinweis:
Diese Kombination ohne ABS im Zugfahrzeug betrifft nur sehr alte Zugfahrzeuge, die vor der ABS-Verordnung zugelassen worden sind. Bei neueren Zugfahrzeugen mit ABS ist ein defektes ABS umgehend zu reparieren.

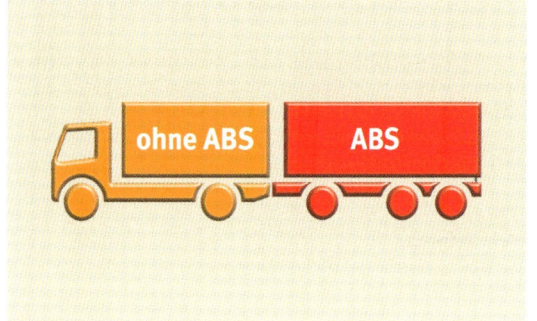

Elektronische Bremsunterstützung — Band 3

Funktionskontrolle des Anhänger-ABS
Sicherheitsschaltungen kontrollieren die Systeme des Motorwagens und und des Anhängers bei Fahrtantritt und während der Fahrt. Eine zusätzliche rote Warnleuchte dient zur Überwachung des Anhänger-ABS. Sie befindet sich neben der Warnleuchte des ABS des Motorwagens. Sie leuchtet nach dem Einschalten der Zündung nur auf, wenn ein Anhänger angekuppelt ist.
Das Erlöschen beider Warnleuchten nach dem Losfahren des Zuges zeigt an, dass die Gesamtanlage voll funktionsfähig ist.

Eine optional vorhandene gelbe Informationslampe zeigt dem Fahrer an, dass der Anhänger bzw. Sattelanhänger nicht mit einem Blockierverhinderer ausgerüstet ist oder dass die ABS-Verbindungsleitung nicht angeschlossen ist. Dann ist das ABS des Anhängers nicht betriebsfähig. Die Informationslampe leuchtet nach dem Einschalten der Zündung ständig. Sie leuchtet nicht auf, wenn das Anhängefahrzeug einen Blockierverhinderer hat oder wenn der Motorwagen allein fährt.

8. 2 Antriebsschlupfregelung (ASR)

Die Antriebsschlupfregelung (ASR) verhindert das Durchdrehen der Antriebsräder beim Anfahren auf glatter Fahrbahn, in Steigungen und in Kurven. Nur wenn die Räder nicht durchdrehen, lassen sich Vortriebs- und Seitenführungskräfte übertragen. Die Fahrstabilität bleibt erhalten. Die ASR ist eine Fortentwicklung und Ergänzung des ABS. Es werden die gleichen Bauteile verwendet. Darüber hinaus sind lediglich ein erweitertes elektronisches Steuergerät und einige zusätzliche Komponenten erforderlich.

Elektronische Bremsunterstützung

Band 3

Konventionelle pneumatische Bremsanlage

1. Druckluftbeschaffungsanlage
2. Motorwagenbremsventil
3. Feststellbremsventil
4. Anhängersteuerventil
5. Kupplungskopf Vorrat
6. Kupplungskopf Bremse
7. Relaisventil
8. ALB-Regler
9. Membranzylinder
10. Tristop-Zylinder

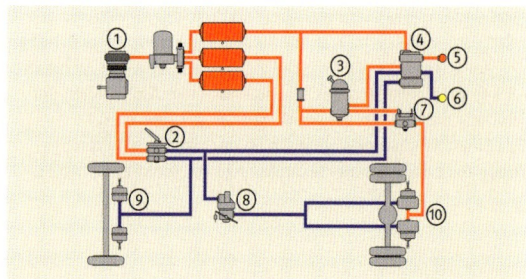

Aufbau Bremsanlage mit ABS/ASR

11. ABS-Magnetregelventil
12. ASR-Magnetventil
13. Zweiwegeventil
14. Impulsrad + Sensor
15. ABS-Steckverbindung für Anhänger-ABS
16. ABS-Steuergerät

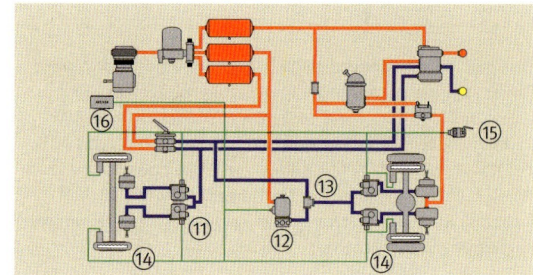

ASR-Wirkungsweise:
Die ASR-Regelung besteht aus einem Bremsregelkreis und einem Motorregelkreis. Das elektronische Steuergerät vergleicht die von den Radsensoren gemessenen Drehzahlen der angetriebenen und der nicht angetriebenen Räder.
Die Bremsregelung setzt ein, wenn ein Antriebsrad durchdreht. Dann wird so viel Bremsdruck aufgebaut, dass das betreffende Rad nicht mehr durchdrehen kann. Durch das Kräftegleichgewicht im Achsdifferentialgetriebe erhält so das andere Antriebsrad ein höheres Antriebsmoment. Die Motorregelung setzt ein, wenn beide Antriebsräder durchdrehen. Dann wird die Motordrehzahl unabhängig von der Gaspedalstellung reduziert.
Sobald sich die Raddrehzahlen wieder angeglichen haben, werden Bremse und Motordrehzahl in kleinen Stufen wieder freigegeben.

Hinweis:
Die ASR-Motorregelung kann bei Geschwindigkeiten bis 15 km/h ausgeschaltet bzw. auf höhere Regelschwellen umgeschaltet werden, wenn es zweckmäßig ist, mit Antriebsrädern im hohen Schlupfbereich zu fahren, z.B. im Tiefschnee oder mit Gleitschutzketten.

Funktionskontrolle:
Das System überwacht sich selbst und informiert den Fahrer mittels Signalleuchte oder Displayanzeige über den Betriebszustand:
- Beim Einschalten der Zündung zeigt die Funktionskontrolle an, dass das System betriebsbereit ist.
- Während der Fahrt zeigen kurze Signale der Funktionskontrolle an, dass die Antriebs-Schlupf-Regelung einsetzt.
- Ein Dauersignal zeigt an, dass eine Störung vorliegt.

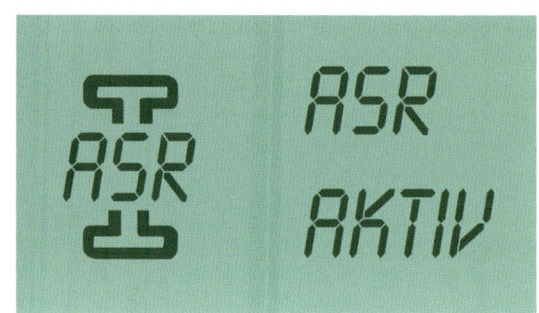

Elektronische Bremsunterstützung — Band 3

8.3 Elektronisches Bremssystem (EBS)

Das EBS ist heute die Standard-Betriebsbremsanlage bei modernen Lkw. Es handelt sich um eine zweikreisige Druckluftbremsanlage mit integrierter ABS (ABV)- und ASR-Funktion. Bedingt durch die elektronischen Komponenten verkürzen sich die Reaktions- und die Druckaufbauzeiten, was zu einer wesentlichen Verkürzung des Bremsweges beiträgt.
Bei einer Störung der Elektronik wird die Bremsung auf herkömmliche pneumatische Art gesteuert.

Vorteile:
- schnelleres Ansprechen, vor allem der Anhängerbremsen
- kürzerer Bremsweg
- gleichmäßigere Bremswirkung
- gleichmäßigerer Belagverschleiß
- einfachere Wartung
- größere Wirtschaftlichkeit
- Stufbarkeit, „Pedalgefühl", wie im Pkw
- bessere Bremsabstimmung im Zug

Dank EBS kommt der schwarze Lkw früher zum Stehen als der gelbe Lkw. Ein entscheidender Vorteil in Notsituationen.

Das System besteht aus:
- Radsensor (1) und Impulsrad (2), welche – wie bei ABS/ASR – die die Drehgeschwindigkeit des Rades messen,
- dem elektronischen Bremswertgeber (6), der den Verzögerungswunsch des Fahrers aufnimmt, und die Regelventile/Druckmodulatoren ansteuert,
- einem elektronischen Steuergerät (3), das die gemessenen Daten auswertet,
- zwei ABS-Magnetregelventilen (4), die die Bremsdrücke an den Vorderrädern regeln
- einem Proportional-Relaisventil oder Druckmodulator (5) für die Vorderachse und einem Achsmodulator für die Hinterachse (s. nächste Seite). Diese werden direkt aus den Vorratsbehältern versorgt. Dadurch verkürzen sich die Ansprech- und Schwellzeiten der Radbremsen im Vergleich zu einer konventionellen Bremsanlage, da die nachfolgenden Bremsleitungen und -zylinder schneller aufgefüllt werden.
- und eine EBS-Steckverbindung für die Datenübertragung zwischen Motorwagen und Anhänger.

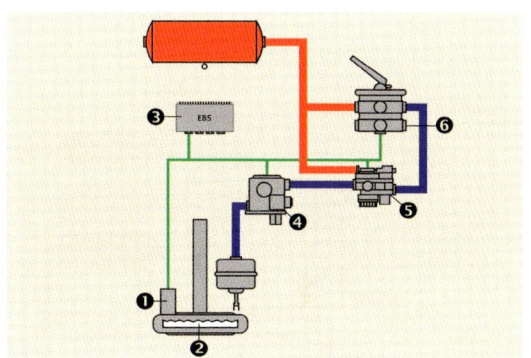

Je nach Hersteller und System-Generation können die aufgeführten EBS-Geräte unterschiedlich gestaltet und kombiniert sein. So können der Bremswertgeber (6), das Proportional-Relaisventil (5) und das Steuergerät (3) zu einer „Zentralen Bremseinheit (CBU)" integriert und in der Pedalplatte des Bremswertgebers angeordnet sein. Bei anderen Systemen befindet sich das Steuergerät (3) im Fahrerhaus, jedoch sind Funktionen ausgelagert in das Elektronikmodul des Vorderachs-Modulators, der dann das Proportional-Relaisventil (5) ersetzt. Der Hinterachs-Modulator hat „immer" ein integriertes Elektronik-Modul und ist i.d.R. 2-kanalig, jedoch bei mittelschweren Lkw ggf. 1-kanalig ausgeführt. Das zentrale Steuergerät kommuniziert mit dem/den Achsmodulator/en, dem Anhänger-EBS sowie der Motorelektronik und anderen Fahrzeugsystemen über separate Datenbusse (CAN).
In Sattelzugmaschinen einiger Hersteller entfallen pneumatische Redundanz und das Redundanzventil für die Hinterachse.

Auch die Ausstattungs- und Funktionsmerkmale des EBS können je nach Hersteller variieren. Die folgende Aufzählung zeigt einige dieser, zum Teil optionalen Funktionen.

Elektronische Bremsunterstützung — Band 3

- Verzögerungsgegelung/Bremskraftregelung
- Bremskraftverteilung
- Bremsbelagverschleißregelung
- Dauerbremsintegration
- Bremsassistent
- Integrierte ABS-Funktion
- Integrierte Antriebs-Schlupf-Regelung (ASR)
- Rollsperre (ARB) / Berganfahrhilfe
- Motorschleppmomentregelung
- Anhängersteuerung mit Kompatibilitätsregelung

Funktionsweise des EBS:
Das EBS arbeitet mit elektronischen Signalen. Über diese Signale steuert die EBS-Elektronik das System und kann jederzeit mit den einzelnen Bauteilen Verbindung aufnehmen und Informationen austauschen.
Die Ventile an den Bremszylindern generieren den Steuersignalen entsprechend Bremsdruck, das heißt der Bremsdruck in den Zylindern wird durch elektronische Steuersignale ausgelöst, erhöht oder verringert.
Über Drehzahlsensoren, die für die integrierte ABS-Funktion an den Fahrzeugrädern montiert sind, erhält das EBS permanent aktuelle Informationen über die Radgeschwindigkeiten. Verschiedene integrierte Bremsmanagementfunktionen erkennen Abweichungen vom normalen Fahrzustand und greifen bei Gefährdungen in das Fahrgeschehen ein. Neben dem Sicherheitsgewinn werden durch bestimmte Funktionen Fahrkomfort und Belagverschleiß optimiert.
Für den etwaigen Ausfall des elektronischen Steuerungssystems arbeiten alle Ventile gleichzeitig wie in einem konventionellen pneumatischen System zusammen. So werden Bremsdrücke redundant zu den Bremszylindern geführt. Das bedeutet, dass jetzt über das Motorwagenbremsventil die Bremszylinder mit Druck beaufschlagt werden. Das pneumatische System wirkt aber mit zeitlicher Verzögerung.
Da aber dieses pneumatische, parallele Sicherungssystem nicht mit einem lastabhängigen Bremskraftregler arbeitet, besteht die Gefahr der Überbremsung der Hinterachse. Bei Sattelzugmaschinen einiger Hersteller entfällt die pneumatische „Rückfallebene" für die Hinterachse, sodass bei EBS-Ausfall keine Überbremsung, allerdings bei beladenem Fahrzeug eine Unterbremsung entstehen kann.

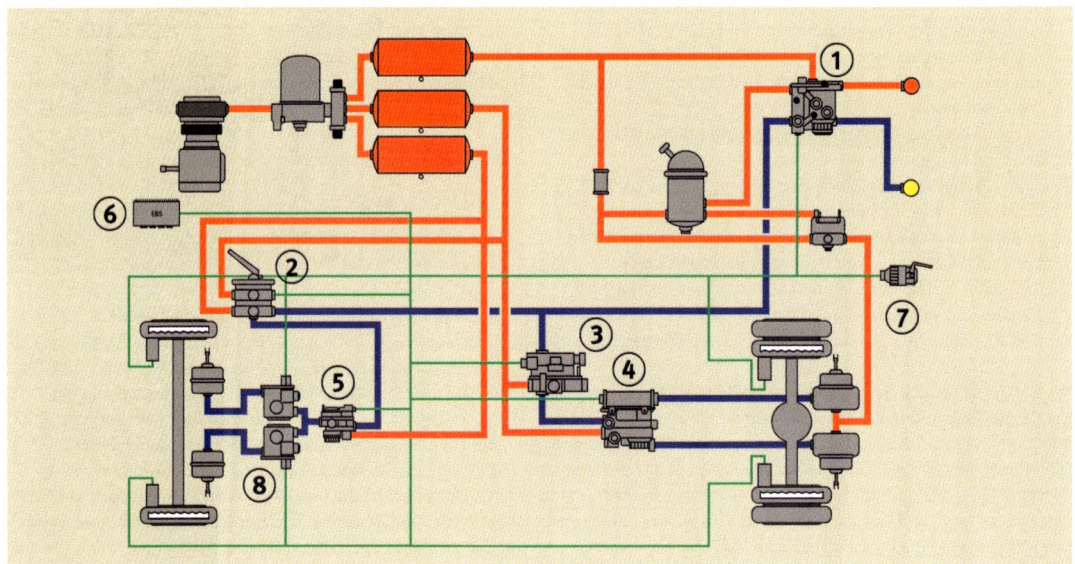

1 Anhängersteuerventil EBS
2 Bremswertgeber
3 Redundanzventil
4 Achsmodulator
5 Proportional-Relaisventil bzw. Vorderachs-Modulator
6 Steuergerät mit Datenbus (CAN)
7 EBS-Steckverbindung mit Datenbus (CAN)
8 ABS-Magnetregelventile, VA

Arbeitsblatt 3 – Elektronische Bremsunterstützung

Band 3

1. Ordnen Sie den Bauteilen jeweils eine Ziffer aus der Abbildung zu.

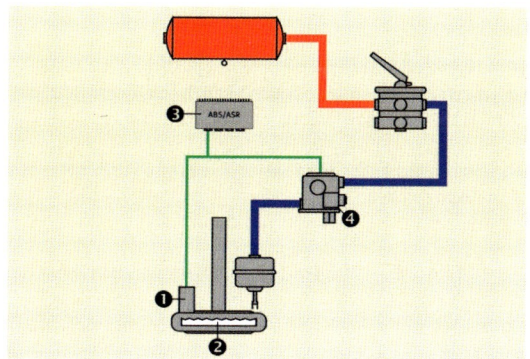

Elektronisches Steuergerät _____

Radsensor _____

ABS-Magnetregelventil _____

Impulsrad _____

2. Tragen Sie die Bauteile des EBS-Systems hinter den jeweiligen Ziffern aus der Abbildung ein.

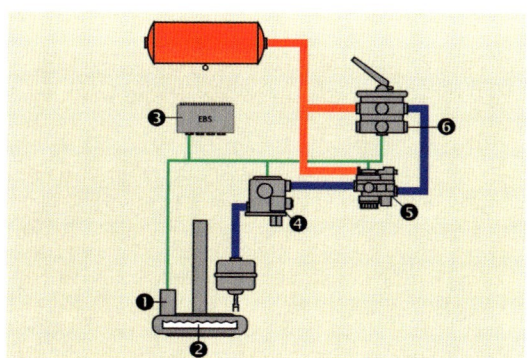

1 _____
2 _____
3 _____
4 _____
5 _____
6 _____

3. Ordnen Sie den Bauteilen eine Ziffer aus Abbildung 2 zu.

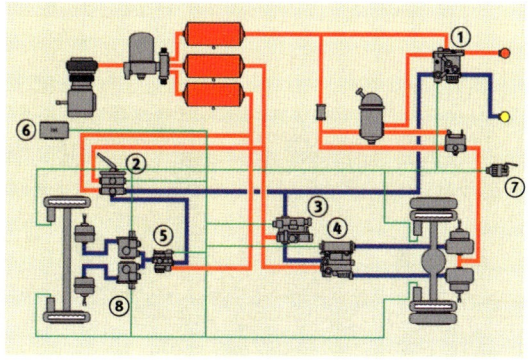

1 _____
2 _____
3 _____
4 _____
5 _____
6 _____
7 _____
8 _____

Fahrerassistenzsysteme — Band 3

9. Fahrerassistenzsysteme

9.1 Elektronische Stabilitätsregelung

Fahrzeuge können durch nicht angepasste Geschwindigkeit oder plötzlich auftretende Fahrsituationen in stabilitätskritische Zustände gelangen. Aufgrund der hohen Massen, der hohen Schwerpunkte und der durch Anhängerbetrieb besonderen Dynamik sind Nutzfahrzeuge besonders kritisch. Stabilitätsregelsysteme sind in Europa seit dem 01.11.2014 in Nutzfahrzeugen vorgeschrieben.

In der Praxis gibt es aber noch viele Fahrzeuge, insbesondere Anhänger, die noch nicht über diese Systeme verfügen. Vor Fahrtantritt muss immer überprüft werden, welche Systeme in der Kombination zur Verfügung stehen.

Stabilitätskritische Zustände – Untersteuern und Übersteuern
Von „Untersteuern" spricht man, wenn das Fahrzeug der Lenkbewegung nicht ausreichend folgt und beispielsweise in einer Kurve zum Fahrbahnrand schiebt.
Ein übersteuerndes Fahrzeug bricht über die Hinterachse aus und steuert stärker in eine Kurve hinein als vom Fahrer gewünscht. Beim Übersteuern besteht bei Fahrzeugkombinationen große Gefahr des Einknickens.

Je nach Erfahrung des Fahrers werden diese Situationen eher früher oder eher später erkannt. Beide Situationen sind gleichermaßen gefährlich und schwer beherrschbar. Das Fahrzeug folgt nicht mehr der Lenkvorgabe, weil die Reifen keine Seitenführungskräfte mehr aufbauen können. Häufig wechselt das Fahrzeug auch vom Übersteuern zum Untersteuern oder umgekehrt, z. B. bei schnellen Spurwechseln.

Kombination in Untersteuer- und Übersteuersituationen

Umkippen
Ein großer Anteil von Unfällen mit Nutzfahrzeugen ist auf das Umkippen des Fahrzeugs zurückzuführen. Ob und wie schnell ein Fahrzeug oder eine Kombination umkippt, hängt von Aufbau und Ladung ab. Davon wird die Lage des Schwerpunkts verändert. Die Umkippsituation ist auch deswegen so schwer beherrschbar, weil bei Kombinationen, je nach Beladungszustand, das Anhängefahrzeug schon an die Kippgrenze kommt, bevor im Zugfahrzeug überhaupt etwas zu spüren ist.
Zum Umkippen kommt es meistens, weil eine Kurve bei trockener oder durch leichten Regen feuchter Straßenoberfläche mit unangepasster Geschwindigkeit durchfahren wird. Ist die Strecke dagegen durch Regen, Schnee oder Eis glatt, kommt es meistens zum Untersteuern und das Fahrzeug schiebt zur Kurvenaußenseite.

Umkippen

9.2 Stabilitätsregelsysteme

Stabilitätsregelsysteme sind, je nach Hersteller, als „ESC" oder „ESP" bekannt („Directional Control" in der ECE-Regelung 13). Die Funktion, die dem Umkippen des Fahrzeugs entgegenwirken soll, heißt „RSC", „ROP" oder in Anhängersystemen auch „RSS" („Roll Over Control" in der ECE-Regelung 13).
Stabilitätsregelsysteme erhöhen die Sicherheit, indem sie die Abweichung des Verhaltens des Fahrzeugs vom gewollten Zustand erfassen und es innerhalb der physikalischen Grenzen wieder näher an das gewünschte Verhalten heranbringen. Dieser Sicherheitsgewinn ist erheblich und die Regelqualität hoch. Es sollte jedoch immer bedacht werden, dass es auch diesen Systemen nicht möglich ist, die physikalischen Grenzen zu erweitern.

Hinweis:
Trotz Stabilitätsregelsystemen muss sich der Fahrer bei der Wahl seiner Geschwindigkeit, seines Sicherheitsabstandes und seines Lenkverhaltens weiterhin den gegebenen Fahrbahn- und Verkehrsverhältnissen anpassen. Die Verantwortung für die Verkehrssicherheit kann ihm das System nicht abnehmen.

Stabilitätsregelung im Kraftfahrzeug
Die Stabilitätsregelsysteme im Kraftfahrzeug können auf beide stabilitätskritischen Zustände reagieren: Unter-/Übersteuern und Umkippgefahr.

Wirkungsweise
Zusätzlich zu den Radsensoren, die aus dem ABS bereits bekannt sind, verfügt das ESC/ESP-System über zwei weitere wichtige Sensoren. Der Lenkradsensor erfasst die aktuelle Position des Lenkrades und damit die Lenkvorgabe des Fahrers. Der Dreh- oder Gierratensensor erfasst die Drehbewegung des Kraftfahrzeugs. Weiterhin ist ein Beschleunigungsaufnehmer verbaut, der die Querbeschleunigung des Fahrzeugs misst.

In seinen weiteren Komponenten basiert das System meistens auf dem in Kapitel 8.3 beschriebenen EBS. Es gibt aber auch Fahrzeuge, deren ESC/ESP mit einem konventionellen pneumatischen Bremssystem mit ABS kombiniert ist. Die grundsätzliche Funktion ist jedoch identisch, so dass hier von einem EBS ausgegangen wird.

Wenn das System aktiv wird, wird dies dem Fahrer mithilfe einer Anzeige signalisiert. Auf den möglichen Ausfall des Systems wird ebenso hingewiesen. Häufig ist die ESP-Anzeige mit der ASR-Anzeige kombiniert.

Untersteuern und Übersteuern:
Das System erkennt das Untersteuern an der Abweichung der Fahrzeugdrehbewegung von dem vom Fahrer vorgegebenen Lenkwinkel. In dieser Situation begrenzt das System das Motormoment, um weiteren Geschwindigkeitsaufbau zu verhindern.

Die Ausrichtung des Fahrzeugs wird durch einen Bremseingriff an der Hinterachse korrigiert. Hierbei werden entweder eine oder beide Seiten der Hinterachse gebremst. Bei Fahrzeugkombinationen wird zusätzlich das Anhängefahrzeug eingebremst, um die Kombination gestreckt zu halten und die Geschwindigkeit wirkungsvoll zu verringern. Der Fahrer spürt den Bremseingriff an dem Verzögern der Kombination.

Auch das Übersteuern wird an der Abweichung der oben beschriebenen Signale erkannt. Der Bremseingriff erfolgt an einem der beiden Vorderräder. Zusätzlich wird, wie beim Untersteuern, das Anhängefahrzeug gebremst. Je nach Auslegung des Systems ist die Bremsung eines Vorderrades unterschiedlich stark spürbar. Wichtig ist, auf diese Situation vorbereitet zu sein.

Kombination in Untersteuer- und Übersteuer-Situation mit Bremseingriff

Umkippen:
Mit der im Fahrzeug verbauten Sensorik ermittelt die Stabilitätsregelung eine in der jeweiligen Situation angemessene Geschwindigkeit, mit der eine Kurve durchfahren werden kann. Zudem hilft die Überwachung der Radgeschwindigkeiten, einen kritischen Zustand zu erkennen und Maßnahmen einzuleiten.
Sobald ein kritischer Zustand erkannt wird, wird in jedem Fall das Motormoment begrenzt. So wird das Fahrzeug leicht verzögert und kann durch den Fahrer nicht mehr beschleunigt werden. Ist die Abweichung jedoch groß, wird das Fahrzeug an allen Rädern eingebremst, bei Kombinationen auch das Anhängefahrzeug. Dieser Systemeingriff ist für den Fahrer deutlich spürbar.

Stabilitätsregelung im Anhängefahrzeug
Das Stabilitätsregelsystem im Anhänger ist in seiner Funktion eingeschränkter als das System im Kraftfahrzeug, weil ihm weniger Informationen und Eingriffsmöglichkeiten zur Verfügung stehen. Heute im Markt befindliche Systeme können daher nur Maßnahmen gegen das Umkippen einleiten. Sie können allerdings nicht auf die Systeme im Zugfahrzeug zugreifen, so dass eine Reaktion nur über die Anhängerbremse möglich ist.
Das Anhängersystem verfügt über einen Querbeschleunigungsaufnehmer, mit dem die Fahrsituation eingeschätzt wird. Im Falle zu hoher Querbeschleunigung wird dann ein Bremseingriff im Anhängefahrzeug ausgelöst.

9.3 Spurverlassenswarner (LDWS)

Für Nutzfahrzeuge mit einer zulässigen Gesamtmasse von mehr als 3,5 t sind Spurverlassenswarner („Lane Departure Warning System (LDWS)") vorgeschrieben, sofern Sie ab dem 1. November 2015 neu zugelassen wurden. Ältere Fahrzeuge können aber auch schon mit einem solchen System ausgerüstet sein.

Der Spurverlassenswarner weist den Fahrer darauf hin, dass er seine Fahrspur ohne Absicht verlässt. Die Absicht erkennt das System daran, dass der Fahrer den Blinker betätigt. Bleibt dies aus und das Fahrzeug verlässt seine Spur, wird der Fahrer durch ein Signal darauf hingewiesen. Je nach Fahrzeughersteller kann dies auf verschiedene Arten erfolgen. Die Anleitung des Fahrzeugs gibt Aufschluss darüber, auf welche Art das System den Fahrer warnt.

Das LDWS ist ein reines Warnsystem, es erfolgt kein weiterer Eingriff.

9.4 Notbremssysteme

Eine Vielzahl schwerer Lkw-Unfälle könnte vermieden werden, wenn der Fahrer rechtzeitig langsame oder stehende Hindernisse erkennen und frühzeitig bremsen würde. Täglich ereignen sich Auffahrunfälle am Stauende, die sehr häufig mit dem Tod Unfallbeteiligter enden. Der Fahrer des Nutzfahrzeugs trägt hier eine sehr hohe Verantwortung. Er muss durch geeigneten Sicherheitsabstand immer dafür sorgen, dass er sein Fahrzeug rechtzeitig zum Halten bringen kann.

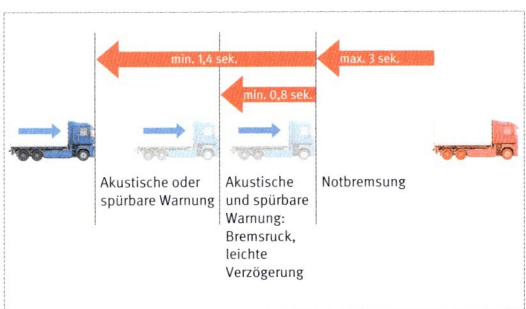

Zur Unterstützung haben viele Nutzfahrzeughersteller Systeme entwickelt, die automatisch einen geeigneten Abstand zum vorausfahrenden Fahrzeug einstellen. Sie werden in der Regel als „Adaptive Geschwindigkeitsregelung", „Abstandsregeltempomat" (ART) oder „Adaptive Cruise Control" (ACC) bezeichnet. Diese Systeme tragen erheblich zur Sicherheit bei. Trotzdem hat der Fahrer weiterhin die Pflicht, auf ausreichenden Abstand zu achten.
Aufbauend auf diese Form des Geschwindigkeitsreglers hat die Fahrzeugindustrie Notbremssysteme entwickelt. Seit einiger Zeit gibt es eine gesetzliche Verpflichtung, diese Systeme in druckluftgebremste Fahrzeuge einzubauen, wobei die Einführung zeitlich gestaffelt erfolgte. In Europa müssen praktisch alle druckluftgebremsten Fahrzeuge, die seit dem 1. November 2015 neu zugelassen werden, mit einem „Notbrems-Assistenzsystem" („Advanced Emergency Braking System (AEBS)") ausgerüstet sein. Ältere Fahrzeuge können mit Systemen ausgerüstet sein, die nicht die aktuellen gesetzlichen Anforderungen erfüllen.
Der Fahrzeugführer muss sich in jedem Fall über die Ausrüstung seines Fahrzeugs informieren und sich mit der Wirkungsweise vertraut machen. Die Verantwortung für die Vermeidung von Unfällen liegt weiterhin bei ihm.

Fahrerassistenzsysteme

Entsprechend der derzeitigen Gesetzeslage muss die AEBS-Funktion nach Fahrtantritt automatisch aktiv sein, wenn die Fahrzeuggeschwindigkeit über 15 km/h liegt. Je nach Ausstattung des Fahrzeugs kann die Funktion aber auch abgeschaltet werden, damit der Fahrer in besonderen Fahrzuständen (z. B. Baustellenverkehr) nicht durch Fehlauslösungen des Systems behindert wird. Wird das System abgeschaltet, wird der Fahrer durch eine gelbe Warnlampe darauf hingewiesen.

Erkennt AEBS ein vorausfahrendes oder stehendes Hindernis von der Mindestgröße eines üblichen PKW, muss es vor der eigentlichen Bremsung zunächst eine erste Warnung abgeben, die bei den meisten Systemen akustisch (z. B. durch einen Warnsummer) und/oder optisch erfolgt (z. B. Warnlampe). Diese erste Warnung erfolgt mindestens 1,4 Sekunden vor der Einleitung der Bremsung. Wenn der Fahrer reagiert, erfolgt eine zweite Warnung mindestens 0,8 Sekunden vor der automatischen Bremsung. Diese Warnung erfolgt in der Regel auch spürbar, z. B. durch einen Bremsruck. Die Notbremsphase beginnt dann höchstens 3 Sekunden vor dem vom System berechneten Aufprall. Allerdings bremsen Systeme, die der hier beschriebenen Gesetzeslage entsprechen, nicht mit hohen Verzögerungen ab. Sie leiten nur eine Teilbremsung ein. Somit sind diese Systeme in der Regel nicht in der Lage, einen Aufprall auf ein stehendes Objekt zu verhindern. Auch Unfälle mit vorausfahrenden Fahrzeugen können nicht zuverlässig vermieden werden. Der Fahrer kann das System jederzeit „übertreten" und stärker bremsen als das AEBS.

Es wird deutlich, dass auch ein AEBS dieser Bauform höchstens Unfallfolgen mildern kann. Der Fahrer bleibt ausdrücklich in der Pflicht, sein Fahrzeug so zu führen, dass er es jederzeit rechtzeitig zum Stehen bringen kann. Trotzdem trägt das System natürlich zur Sicherheit bei, indem es den Fahrer frühzeitig warnt, bei der Bremsung unterstützt und so Unfallfolgen mildern kann. Es ist daher keinesfalls ratsam, das System aus Bequemlichkeit abzuschalten.

Die Fahrzeugindustrie und der Gesetzgeber arbeiten an leistungsstärkeren Systemen, die Entwicklung bleibt abzuwarten.

Kontrollen, Wartung und Pflege

Band 3

10. Kontrollen, Wartung und Pflege

10.1 Kontrolle der Druckluftbremsanlage

Bauteil	Kontrolle	Wartung und Pflege
Luftpresser	Luftfilterkontrollanzeige beobachten. Anschlüsse der Leitungen auf Dichtheit prüfen. Keilriemenspannung prüfen. Bei eigener Ölschmierung Ölstand prüfen. Fülldauer beachten.	Luftfilter reinigen. Betriebsanleitung beachten. Kühlrippen des Luftpressers sauber halten.
Druckregler	Abschaltdruck kontrollieren – das Erreichen des Abschaltdrucks lässt sich an den Zeigern des Druckmessers ablesen.	Eventuell vorhandene Filter reinigen.
Frostschutzeinrichtung	Einstellung auf Sommer- oder Winterbetrieb kontrollieren. Flüssigkeitsstand im Winter täglich prüfen.	Frostschutzpumpen müssen zum Schutz vor Korrosion auch im Sommer mit Frostschutzmittel befüllt sein. Nur vom Hersteller freigegebene Frostschutzmittel verwenden.
Lufttrockner	Funktion des Lufttrockners an den Entwässerungsventilen der Vorratsbehälter überprüfen. Hat sich Wasser angesammelt, muss die Kartusche ausgetauscht werden.	Austausch der Granulatkartusche nach Vorschriften des Herstellers. Betriebsanleitung beachten.
Luftbehälter	Sichtprüfung auf Verformung, Risse, Korrosion durchführen.	Behälter regelmäßig entwässern (im Winter täglich).
Membran-Bremszylinder	Fahrzeuge mit Membran-Bremszylinder haben meist automatische Gestängesteller. Kontrolle der Belagstärke besonders wichtig. Staubmanschetten überprüfen.	Ohne automatische Gestängesteller das Bremsgestänge regelmäßig nachstellen lassen.
Kolbenzylinder	Hub der Kolbenstange prüfen. Bei einer Vollbremsung dürfen die Kolbenstangen maximal zwei Drittel des gesamten Hubs ausfahren. Staubmanschetten überprüfen.	Kolbenstangen sauber halten, verbogene Kolbenstange auswechseln. An den vorgesehenen Stellen abschmieren.
Bremsbeläge	Stärke der Bremsbeläge regelmäßig an allen Rädern kontrollieren. Mindeststärke der Beläge 5 mm.	Bei Erreichen der Mindestbelagstärke müssen die Bremsbeläge sofort erneuert werden.
Druckluftbeschaffungsanlage	Dichtheitsprüfung: Motor laufen lassen, bis Druckregler abschaltet. Motor abstellen. Anlage kann als dicht angesehen werden, wenn der Druckabfall innerhalb von 10 Minuten nicht mehr als 0,1 bar beträgt.	
Betriebsbremsanlage	Bei einer Teilbremsung – ca. 1/2 Pedalweg – darf der Druckabfall nach 3 Minuten höchstens 0,3 bar betragen.	

10.2 Hydraulische Bremsanlage

Nur bei älteren Fahrzeugen und bei Kleinbussen können Hydraulik und Druckluft zusammenwirken, entweder als Hilfskraft-Bremsanlage (Servobremsgerät) oder als kombinierte druckluft-hydraulische Bremsanlage (Vorspannzylinder). In diesem älteren Omnibus sind die unteren Bremsflüssigkeits-Vorratsbehälter für die beiden Vorspannzylinder und der obere für die hydraulische Kupplungsbetätigung vorgesehen.

Sichtprüfung:
- Bremsanlage auf Dichtheit überprüfen.
- Leitungen und Schläuche auf Korrosion, Scheuerstellen und Alterung überprüfen.
- Bremsflüssigkeitsstand überprüfen.

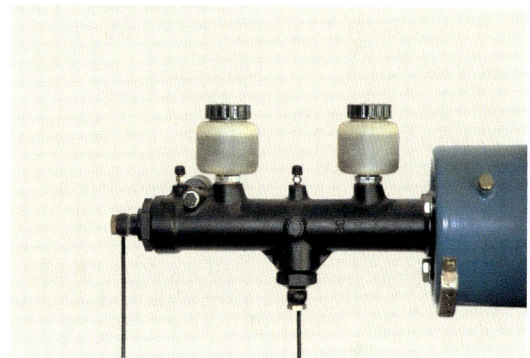

Achtung:
Bremsflüssigkeit ist hygroskopisch. Das heißt, sie zieht Wasser an.
Ein Wechsel der Bremsflüssigkeit ist daher unbedingt nach den Vorschriften des Herstellers vorzunehmen – spätestens nach zwei Jahren.

Funktionsprüfung:
Bremspedal bei stehendem Fahrzeug durchtreten.
- Bei 1/3 bis 1/2 Pedalweg muss sich ein Widerstand aufbauen.
- Verkürzt sich der Pedalweg durch „Pumpen", ist Luft im System.
- Gibt der Druck langsam nach, ist eine Undichtigkeit vorhanden.

Vor jeder Fahrt: Bremsprobe durchführen!

Kontrollen, Wartung und Pflege — Band 3

10.3 Kontrolle der Druckluftbremsanlage

Aggregat	Störung	Ursache	Beseitigung
Kompressor	Geringe Förderleistung, lange Füllzeit	Rutschender Keilriemen verschmutzter Luftfilter undichte Anschlüsse Kolbenverschleiß	Keilriemen spannen Luftfilter reinigen Anschlüsse abdichten Werkstatt aufsuchen
	Sehr kurze Füllzeit	Kondenswasser im Vorratsbehälter	Vorratsbehälter entwässern Lufttrockner überprüfen
Frostschutzeinrichtungen	Vereisung der nachgeschalteten Bauteile	Kein Frostschutzmittel in der Anlage	Frostschutzmittel auffüllen und Frostschutzeinrichtungen nach Angaben des Herstellers betätigen.
Lufttrockner	Ansammlung von Wasser in den Vorratsbehältern	Granulatkartusche hat keine Wirkung.	Kartusche austauschen.
Mehrkreis-Schutzventil	Abschaltdruck wird nicht erreicht.	Ein am Mehrkreisschutzventil angeschlossener Druckluftkreis ist undicht.	Anschlüsse abdichten. Werkstatt aufsuchen.
Vorratsbehälter	Hoher Druckabfall bei einer Bremsung	Wasser in den Behältern	Vorratsbehälter entwässern.
ALB	Geringe Bremswirkung bei voll beladenem Fahrzeug	Federbalg gerissen, Gestänge zwischen Bremskraftregler und Aufbau gebrochen.	Werkstatt aufsuchen.
Bremszylinder	Zu großer Arbeitshub	Abgenutzte Bremsbeläge, verschlissene Bremstrommeln, ausgeschlagene Bremsgestänge	Bremse muss überholt werden.
ABS	ABS-Warnleuchte des Motorwagen erlischt nach Fahrtantritt nicht oder leuchtet während der Fahrt auf	Fehler im ABS; Einzelne oder alle Räder können beim Bremsen auf glatter Fahrbahn blockieren; Normaler Bremsdruck kann beeinträchtigt sein	Werkstatt baldmöglich aufsuchen
Rote Bremswarnleuchte	Rote Bremsenwarnleuchte bzw. EBS-Warnleuchte erlischt nach Motorstart nicht oder leuchtet während der Fahrt auf	Druck in den Vorratsbehältern zu gering oder Bremskreisausfall oder anderer schwerwiegender Fehler in der Bremsanlage	Nach Motorstart abwarten, bis Druckbehälter aufgefüllt sind und Leuchte erlischt; erlischt diese nicht, Fahrzeug stehen lassen und Fehlerursache beseitigen lassen. Bei Aufleuchten während der Fahrt Fahrzeug anhalten und Fehlerursache beseitigen lassen.

10.4 Grenzen des Einsatzes der Bremsanlagen und der Dauerbremse

Trommelbremsen galten lange Zeit als optimale Radbremse für Nutzfahrzeuge. Die Bauweise der Bremse ist geschlossen. Sie sind gegen Nässe und Schmutz geschützt.
Zum Vergleich der Effektivität der Radbremsen verwendet man den Bremsenkennwert C*.
Je höher der Bremsenkennwert C* ist, umso weniger Spannkraft ist für einen Bremsvorgang notwendig.
Die Spannkraft (F_{Sp}), die Kraft, mit der die Bremsbacken an die Trommel gepresst werden, setzt man ins Verhältnis zur Bremskraft (F_U):

$$C^* = \frac{F_U}{F_{Sp}}$$

(U steht für Umfang, weil die Bremskraft am Radumfang gemessen wird.)

Der Bremsenkennwert liegt bei Trommelbremsen:
C* ~ 2,5

Bei starker Erwärmung verringert sich der Reibungswert zwischen Bremsbelag und Bremstrommel.
Die Wärme kann nicht schnell genug abgeführt werden. Der Bremsenkennwert C* fällt ab.
Das führt zum Nachlassen der Bremswirkung, dem Fading.

Bei der Scheibenbremse ist der Bremsenkennwert C* wesentlich niedriger:
C* ~ 0,8

Das bedeutet, dass die Spannkraft (F_{Sp}) bei einer vergleichbaren Bremsung mit einer Scheibenbremse höher sein muss als mit einer Trommelbremse.

Das Kennwertverhalten der Scheibenbremse ist relativ konstant, daher ist die Fadingneigung gering.
Scheibenbremsen bewältigen die bei hohen Geschwindigkeiten auf Autobahnen erforderlichen Anpassungsbremsungen besser, d.h. mit weniger Fading und geringerer Rissbildungstendenz.
Sie haben meist höhere Anschaffungskosten. Die früher ebenfalls höheren Betriebskosten und geringeren Belagstandzeiten haben sich mit höheren Stückzahlen und neuen Generationen ausgeglichen.

Dauerbremse
Auch bei Dauerbremsanlagen liegt das Hauptproblem in der Abführung der Wärme beim Bremsvorgang.

Motorbremse mit Auspuffklappe
Zur Steigerung der Bremsleistung im unteren und mittleren Drehzahlbereich sorgt ein Druckregelventil im Bypass der Abgasleitung.
Bei höheren Drehzahlen verhindert das Druckregelventil den Druckanstieg, der zu einer Gefährdung der Ventile bzw. des Ventiltriebes führen könnte.

Hydrodynamischer Retarder
Hohe thermische Belastung. Die Bewegungsenergie muss in Wärme umgewandelt werden, diese wiederum wird über den Kühlkreislauf abgeführt.
Bei niedrigen Drehzahlen fällt das Bremsmoment stark ab.

Elektrodynamischer Retarder
Bei starker Erwärmung des Rotors nimmt die Bremsleistung deutlich ab. Im Gegensatz zum hydrodynamischen Retarder steht im unteren Drehzahlbereich ein hohes Bremsmoment zur Verfügung, das sich aber im oberen Drehzahlbereich verringert.

Lösungen Arbeitsblätter — Band 3

Arbeitsblatt 1

1. Wie nennt man die grün, gelb und rot markierten Streckenabschnitte? Tragen Sie die Lösung in die jeweiligen Kästen in der Abbildung ein:

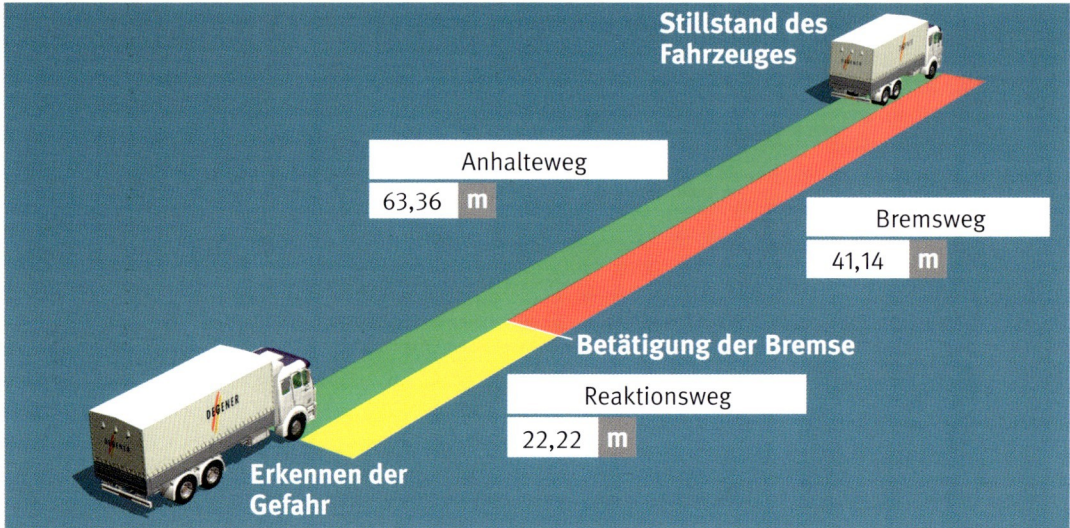

- Anhalteweg: 63,36 m
- Bremsweg: 41,14 m
- Reaktionsweg: 22,22 m
- Erkennen der Gefahr
- Betätigung der Bremse
- Stillstand des Fahrzeuges

2. Berechnungen:

Anhalteweg = **Reaktionsweg** + **Bremsweg**

Formel:

Reaktionsweg: $\dfrac{\text{Geschw.}}{3{,}6}$

Bremsweg: $S_B = \dfrac{V^2}{2 \cdot a_m}$

Beispiel: Sie fahren 80 km/h. Wie lang ist der Anhalteweg?

a) Reaktionsweg: $\dfrac{80 \text{ km/h}}{3{,}6} = 22{,}22 \text{ m/s}$

$s = v \cdot t$
$s = 22{,}22 \text{ m/s} \cdot 1 \text{ s}$
$s = 22{,}22 \text{ m}$

b) Bremsweg: $\dfrac{22{,}22 \text{ m/s} \cdot 22{,}22 \text{ m/s}}{2 \cdot 6 \text{ m/s}^2} = 41{,}14 \text{ m}$

c) Anhalteweg: $22{,}22 \text{ m} + 41{,}14 \text{ m} = 63{,}36 \text{ m}$

3. Berechnung des Bremswegs:

$S_B = \dfrac{V^2}{2 \cdot a_m}$

$S_B = \dfrac{22{,}22 \text{ m/s} \cdot 22{,}22 \text{ m/s}}{2 \cdot 8 \text{ m/s}^2} = 30{,}86 \text{ m}$

Lösungen Arbeitsblätter — Band 3

Arbeitsblatt 2

Zeichnen Sie „Druck" und „drucklos" wie folgt ein:

▬ Druck   ▬ drucklos   ● Vorrat   ● Bremse

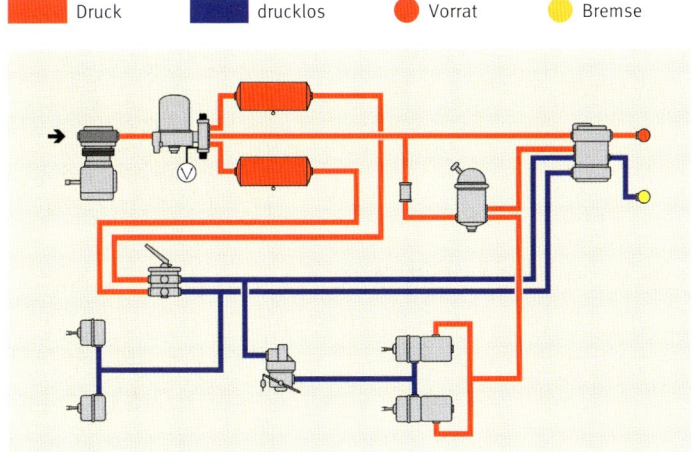

Zeichnen Sie die Druckverhältnisse bei **Fahrstellung** farbig ein.

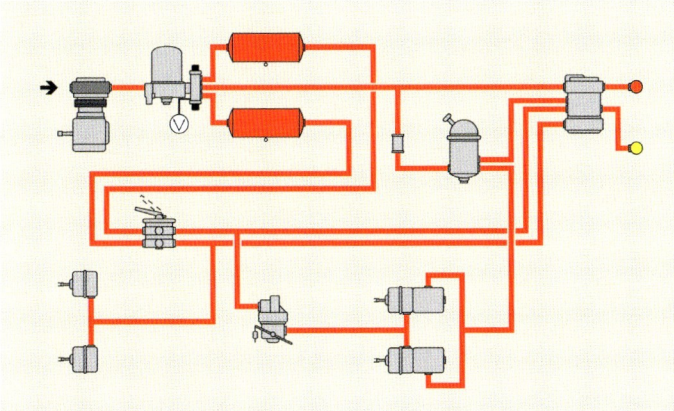

Zeichnen Sie die Druckverhältnisse bei **Vollbremsstellung** farbig ein.

Membranzylinder der Betriebsbremse:
Das ist ein Membranzylinder in vereinfachter Darstellung. Zeichnen Sie „Druck" und „drucklos" wie oben abgebildet farbig ein und kreuzen Sie an.

Radbremse
☐ gelöst
☒ in Bremsstellung

Radbremse
☒ gelöst
☐ in Bremsstellung

Betriebsbremse und Feststellbremse haben Bremszylinder mit unterschiedlicher Wirkung:

Bei der **Betriebsbremse** werden Membranzylinder verwendet. **Druckluft bewirkt** Bremsen

Bei der **Feststellbremse** werden Federspeicherzylinder verwendet. **Druckluft bewirkt** lösen

Lösungen Arbeitsblätter — Band 3

Arbeitsblatt 3

1. Ordnen Sie den Bauteilen jeweils eine Ziffer aus der Abbildung zu.

Elektronisches Steuergerät   3

Radsensor   1

ABS-Magnetregelventil   4

Impulsrad   2

2. Tragen Sie die Bauteile des EBS-Systems hinter den jeweiligen Ziffern aus der Abbildung ein.

1. Radsensor
2. Impulsrad
3. elektronisches Steuergerät
4. ABS-Magnetregelventil
5. Proportional-Relaisventil bzw. Vorderachs-Modulator
6. Bremswertgeber

3. Ordnen Sie den Bauteilen eine Ziffer aus Abbildung 2 zu.

1. Anhängersteuerventil EBS
2. Bremswertgeber
3. Redundanzventil
4. Achsmodulator
5. Proportional-Relaisventil bzw. Vorderachs-Modulator
6. Steuergerät mit Datenbus (CAN)
7. EBS-Steckverbindung mit Datenbus (CAN)
8. ABS-Magnetregelventile, VA

Schlagwortverzeichnis

Band 3

ABS	10, 42, 45, 59, 60, 61, 62, 63, 64, 65, 66, 73
Advanced Emergency Braking System (AEBS)	68
Anhalteweg	6, 7, 8, 71
Antriebsschlupfregelung (ASR)	62
APU	17, 57
Automatisch-lastabhängiger Bremskraftregler (ALB)	27
Bremskraftregelung	52, 56, 64
Bremsweg	6, 7, 8, 9, 11, 37, 59, 61, 64, 71
Dauerbremse	9, 40, 42, 43, 45, 70
Druckluftbremsanlage	15, 16, 36, 39, 40, 45, 64, 67, 69
Druckluftbremszylinder	25, 29, 36, 50
Druckmesser	16, 18, 22
Druckregler	16, 17, 18, 19, 56, 57
Elektronisches Bremssystem (EBS)	64
Elektronische Stabilitätsregelung	66
Fahrerassistenzsystem	66
Federspeicher-Bremszylinder	33, 34, 36, 38, 50
Federspeicher-Feststellbremse	55
Feststellbremsventil	33, 34, 38, 57, 63
Frostschutzeinrichtungen	19, 21
Haltestellenbremse	35, 36
Hilfsbremse	35
Kippgrenze	66
Kolbenbremszylinder	29
Kompressor	16, 18, 21, 23, 36, 56, 57
Kontrolle	34, 67, 69
Kupplungsköpfe	46, 47, 48
Luftbehälter	16, 18, 20, 23, 24, 49, 57, 58
Lufttrockner	16, 17, 19, 21, 24, 56, 57
Mehrkreisschutzventil	16, 17, 20, 21, 36, 37, 50, 51, 57
Membranbremszylinder	29
Motorbremsen	40, 41, 42, 43
Notbremssystem	68
Pflege	67, 68, 69
Reaktionsweg	6, 7, 8, 71
Retarder	40, 43, 44, 45, 70
Strömungsbremse	40, 43, 44
Spurverlassenswarner	68
Umkippen	66, 67, 68
Übersteuern	66, 67
Untersteuern	66, 67
Wartung	64, 67, 68, 69
Zweikreis-Motorwagenbremsventil	25

Rolf Dänekas · Dr. Thomas Goedecke

Ladungssicherung

Bildnachweis –
wir danken folgenden Firmen und Institutionen für ihre
Unterstützung:

BSW-Berleburger Schaumstoffwerke GmbH
Bundesamt für Güterverkehr (BAG)
Dolezych GmbH & Co KG
Fahrzeugwerk Bernard Krone GmbH
Mercedes-Benz
Schwandner Logistik
Sommer Road Cargo Solutions GmbH & Co KG
SpanSet

Autoren:
Rolf Dänekas
Dr. Thomas Goedecke

Band 4

Ladungssicherung (Güterkraftverkehr)

Inhalt

Band 4 „Ladungssicherung" vermittelt dem Berufskraftfahrer praxisrelevantes Wissen rund um das Thema Ladung und Ladungssicherung und versetzt ihn so in die Lage, die Beförderung sicher, sinnvoll und ökonomisch richtig durchzuführen. Das Ziel ist es, den Berufskraftfahrer zu befähigen, die Sicherheit der Ladung unter Anwendung von Sicherheitsvorschriften, Normen und Richtlinien und durch die richtige Auswahl und Benutzung des Kraftfahrzeugs und den richtigen Sicherungsmitteln zu gewährleisten.

Die Autoren

Rolf Dänekas, Jahrgang 1956
Von der Industrie- und Handelskammer zu Aachen öffentlich bestellter und vereidigter Sachverständiger für Ladungssicherung und Anschlagtechnik im Landverkehr. Fachkraft für Arbeitssicherheit, Gefahrgutbeauftragter, Ausbilder für Staplerfahrer und Kranfahrer und Havariekommissar. Seit 1987 Mitglied im VDI-Fachausschuss B6 „Ladungssicherung auf Straßenfahrzeugen". Obmann von VDI-Richtlinien 2700 Blatt 1 „Ausbildung und Ausbildungsinhalte", 2700 Blatt 4 „Lastverteilungsplan", 2700 Blatt 11 „Ladungssicherung von Betonstahl", 2700 Blatt 19 „Gewickeltes Band aus Stahl, Bleche und Formstahl". Seit mehr als 20 Jahren im Seminarwesen als Seminarleiter tätig.

Dr. Thomas Goedecke, Jahrgang 1957
Seit 1991 Mitarbeiter der Bundesanstalt für Materialforschung und -prüfung und Leiter des Fachbereichs „Gefahrgutverpackung" in Berlin. Seit mehr als zehn Jahren Mitglied im VCI-Arbeitskreis Ladungssicherung. Mitglied der deutschen Delegation des UN Sub-Committee of Experts on the Transport of Dangerous Goods. Präsident der „International Association of Packaging Research Institutes". Mitglied im EDITORIAL BOARD der Zeitschrift „Packaging Technology and Science", John Wiley & Sons Ltd., London, UK.

Inhaltsverzeichnis — Band 4

Ladungssicherung

1.	Rechtliche Grundlagen	7
1.1	Einleitung	7
1.2	Straßenverkehrs-Ordnung (StVO)	7
1.3	Straßenverkehrs-Zulassungs-Ordnung (StVZO)	8
1.4	Ordnungswidrigkeitengesetz (OWiG)	8
1.5	Gefahrgutrecht/Vorschriften	10
1.6	Gefahrgutverordnung Straße, Eisenbahn und Binnenschifffahrt (GGVSEB) in der jeweils aktuellen Fassung	11
1.6.1	RSEB – Richtlinien zur Durchführung der Gefahrgutverordnung Straße, Eisenbahn und Binnenschifffahrt (GGVSEB) – GGVSEB-Durchführungsrichtlinien	11
1.7	CTU-Packrichtlinien	11
1.8	Strafgesetzbuch (StGB)	12
1.9	Bürgerliches Gesetzbuch (BGB)	12
1.10	Handelsgesetzbuch (HGB)	12
1.11	Unfallverhütungsvorschriften (UVV) der Berufsgenossenschaft für Fahrzeughaltungen (BGF)	12
1.12	Übereinkommen über den Beförderungsvertrag im internationalen Straßengüterverkehr (CMR)	14
1.13	Überwachung	14
1.14	Übersicht der wichtigsten Normen und VDI-Richtlinien	14
1.15	Bußgeld	15
1.15.1	Bußgeldkatalog	16
2.	Physikalische Grundlagen	18
2.1	Masse	18
2.2	Massenkraft	18
2.3	Gewichtskraft	19
2.4	Geschwindigkeit	20
2.5	Beschleunigung	20
2.6	Fliehkraft	22
2.7	Bewegungsenergie	23
2.8	Reibung	23
2.9	Standsicherheit des Ladegutes	25
2.10	Dynamische Beanspruchung im Straßenverkehr	30
3.	Arten der Ladungssicherung	31
3.1	Einleitung	31
3.2	Kraftschlüssige Ladungssicherung	31
3.3	Formschlüssige Ladungssicherung	32
4	Berechnungen	36
4.1	Einleitung	36
4.2	Reibkraft	37
4.3	Verbleibende Sicherungskraft	37
4.4	Niederzurren	39
4.5	Schrägzurren	42
4.6	Diagonalzurren	44
4.7	Berechnung der Nutzlast und der zulässigen Gesamtmasse	46
4.8	Auswirkung der Überladung auf die Fahrstabilität	48
5.	Fahrzeugaufbauten	50
5.1	Einleitung	50
5.2	Festigkeit von Fahrzeugaufbauten	51
5.3	Zurrpunkte	55

Inhaltsverzeichnis — Band 4

6.	Lastverteilungsplan	57
6.1	Einleitung	57
6.2	Anwendung des Lastverteilungsplanes	60
7.	Hilfsmittel zur Ladungssicherung	61
7.1	Rutschhemmendes Material	61
7.2	Zurrgurte	62
7.3	Zurrketten	64
7.4	Zurrdrahtseil	65
7.5	Staupolster	67
7.6	Sperrbalken	67
7.7	Kantenschutzwinkel	68
8.	Sammelgut	68
9.	Praxisbeispiele Ladungssicherung	70
10.	Arbeitssicherheit und Umschlag	78
11.	Abkürzungsverzeichnis	79
	Schlagwortverzeichnis	80

Hauptsache sicher!

EN 12195-1:2010 oder VDI Richtlinie 2700 ff? Ladungssicherung – aber nach welchen Richtlinien?

Es ist richtig, dass die EN 12195-1 in Teilbereichen von der VDI Richtlinie 2700 ff abweicht.
Die EN-Norm wird im Gefahrgutrecht in Bezug genommen und kann damit in Europa beim Transport von Gefahrgut angewendet werden. Die deutschen Vollzugsbehörden kontrollieren aber noch nach der alten Norm bzw. der VDI Richtlinie. Was muss nun mindestens umgesetzt werden? Ist die Richtlinie VDI 2700 ff richtig oder ist die EN richtig? Welche dieser beiden Regelungen spiegelt die größere Sicherheit wider?

Richtlinie VDI 2700 Blatt 2 „Berechnung von Sicherungskräften, Grundlagen...".

Die in Blatt 2 aufgeführten Formeln, sind Näherungsformeln, das heißt komplexe Vorgänge werden in vereinfachten Formeln gebündelt dargestellt. Dabei wurde in der Vergangenheit versucht die dynamischen Komponenten zu berücksichtigen. Dies geschah zum Beispiel mit der Verwendung des Gleitreibbeiwertes und nicht des Haftreibbeiwertes. Dass beim Niederzurrverfahren Reibung zwischen dem Gurtband und der Ladung besteht, ist unstrittig. Wie groß die Reibung im Einzelfall ist, kann nur durch Messungen ermittelt werden. Wirkt sich diese Reibung immer negativ aus oder kann sie sich negativ auswirken? Im Einzelfall kann sich diese Reibung sogar positiv auf die Ladungssicherung auswirken. Bei der Erstellung der Richtlinie VDI 2700 Blatt 2 haben unter anderem Sachverständige mitgewirkt, die ihr Fachwissen durch umfangreiche und zahlreiche Fahrversuche und deren Auswertung gewonnen haben. Weil eben die Ladungssicherung auch vom Fahrzeug und von der Ladung selbst mitbestimmt wird, können allgemeingültige Regelungen nur annäherungsweise und sehr vereinfacht aufgestellt werden.

Die DIN EN 12195-1 Ladungssicherung auf Straßenfahrzeugen-Teil 1:

Betrachten wir nur die Berechnung von Sicherungskräften, so können wir feststellen, dass im Vergleich zur Richtlinie VDI 2700 Blatt 2 sich die Berechnungsformeln nicht wesentlich unterscheiden.

Aufgrund durchgeführter Angleichungen in beiden Werken kann festgestellt werden, dass das Endergebnis wenn überhaupt nicht mehr weit auseinanderliegt.

Die Haftreibung ersetzt die Gleitreibung, dies wird mit einem Sicherheitsfaktor berücksichtigt. Die Reibung zwischen Zurrgurt und Ladung wird ignoriert, was nicht nachvollziehbar ist.

Was tun?

Gehen wir vernünftig mit der Ladungssicherung um, können wir Kosten und Zeit sparen. Egal ob wir die DIN EN 12195-1 oder die Richtlinie VDI 2700 Blatt 2 heranziehen, ohne die Verwendung von rutschhemmendem Material, müssen in beiden Fällen sehr viele Zurrgurte eingesetzt werden. Wird rutschhemmendes Material mit einem Reibbeiwert von mindestens 0,6 eingesetzt, wird die durchzuführende Ladungssicherung viel einfacher und die zu treffenden Maßnahmen können auf ein Minimum beschränkt werden. Das nachfolgende Beispiel soll das verdeutlichen. Bei einem Reibbeiwert von 0,2 und einer Gewichtskraft von 1.000 daN ist eine zusätzlich vertikale Kraft von rund 3.000 daN erforderlich. Beträgt im gleichen Beispiel der Reibbeiwert 0,6 sind es vergleichbar geringe 350 daN. In Zurrgurte ausgedrückt bedeutet das, dass bei einer S_{TF} von 300 daN, einem Zurrwinkel von 90°, einer möglichen Vorspannkraft von rund 540 daN (K = 1,8) und einem Reibbeiwert von 0,2 sechs Zurrgurte und bei einem Reibbeiwert von 0,6 nur ein Zurrgurt erforderlich sind. Der Unterschied ist enorm und man kann sich vorstellen, dass eine Ladungssicherung ohne Reibwerterhöhung der Vergangenheit angehören muss.

Rechtliche Grundlagen — Band 4

Ladungssicherung

1. Rechtliche Grundlagen

1.1 Einleitung

Die Ladungssicherung auf Straßenfahrzeugen wird durch Gesetze und Verordnungen geregelt. Der für die Ladungssicherung verantwortliche Personenkreis umfasst zwei Bereiche:
1. Im Bereich Absender/Verlader sind zum Beispiel Geschäftsführer, Versandleiter, Lademeister und mit der Beladung beauftragte Personen verantwortlich.
2. Im Bereich Frachtführer/Spediteur tragen zum Beispiel Geschäftsführer, Fahrzeughalter, Fuhrparkleiter, Disponent und Fahrer die Verantwortung.

Nachfolgend sind die wesentlichen für die Ladungssicherung geltenden Gesetze, Verordnungen, Richtlinien und Normen aufgeführt.

1.2 Straßenverkehrs-Ordnung (StVO)

In der Straßenverkehrsordnung sind die Verhaltensregeln für sämtliche Teilnehmer am Straßenverkehr aufgeführt. Hier werden unter anderem Regeln über die Durchführung der Ladungssicherung und die Pflichten des Fahrzeugführers beschrieben.

§ 22 Ladung
(1) Die Ladung einschließlich Geräte zur Ladungssicherung sowie Ladeeinrichtungen sind so zu verstauen und zu sichern, dass sie selbst bei Vollbremsung oder plötzlicher Ausweichbewegung nicht verrutschen, umfallen, hin- und herrollen, herabfallen oder vermeidbaren Lärm erzeugen können. Dabei sind die anerkannten Regeln der Technik zu beachten.

§ 22 StVO richtet sich an Verlader und Fahrzeugführer. Anerkannte Regeln der Technik sind zum Beispiel:
- Nationale Normen DIN,
- Europäische Normen EN,
- Internationale Normen ISO,
- VDI-Richtlinien.

§ 23 Sonstige Pflichten von Fahrzeugführenden
(1) Wer ein Fahrzeug führt, ist dafür verantwortlich, dass seine Sicht und das Gehör nicht durch die Besetzung, Tiere, die Ladung, Geräte oder den Zustand des Fahrzeugs beeinträchtigt werden. Wer ein Fahrzeug führt, hat zudem dafür zu sorgen, dass das Fahrzeug, der Zug, das Gespann sowie die Ladung und die Besetzung vorschriftsmäßig sind und dass die Verkehrssicherheit des Fahrzeugs durch die Ladung oder die Besetzung nicht leidet. Vorgeschriebene Beleuchtungseinrichtungen müssen an Kraftfahrzeugen und ihren Anhängern auch am Tage vorhanden und betriebsbereit sein.

§ 23 StVO Abs. 1 richtet sich an den Fahrzeugführer auch dann,
- wenn er nicht bei der Beladung anwesend war oder
- wenn er ein anderes Fahrzeug zur weiteren Verwendung übernimmt.

Auch in diesen Fällen muss er die Ladungssicherung überprüfen. Weitere Kontrollen unterwegs, die auch ein notwendiges Nachspannen der Zurrmittel einschließen, muss er in selbst festgelegten Intervallen durchführen.

Merksatz: Der Fahrer muss nach Übernahme eines Fahrzeugs und/oder neuer Ladung die Ladungssicherung überprüfen. Eine Unterwegskontrolle der Ladungssicherung ist erforderlich, damit eine Aufrechterhaltung der Ladungssicherung über den gesamten Transportweg gewährleistet bleibt.
Wenn der Lkw ungewöhnliches Fahrverhalten bei Lenk- und Bremsmanövern zeigt, ist die Ladungssicherung zu überprüfen.
Bei Fahrzeugen, die mit einer Zollplombe versehen sind, ist die Überprüfung der Ladungssicherung nur im Beisein einer autorisierten Person des Zolls zulässig.

Rechtliche Grundlagen — Band 4

1.3 Straßenverkehrs-Zulassungs-Ordnung (StVZO)

Die Straßenverkehrs-Zulassungs-Ordnung regelt die Zulassung von Fahrzeugen für den Verkehr auf öffentlichen Straßen, Wegen und Plätzen. Das Reichseinheitliche Verkehrsrecht begann mit dem Gesetz über den Verkehr mit Kraftfahrzeugen vom 3. Mai 1909. Zuvor galt lediglich Ortsrecht. Auf Grund dieses Gesetzes hat der Bundesrat die Verordnung über den Verkehr mit Kraftfahrzeugen vom 3. Februar 1910 erlassen. Diese Verordnung enthielt erste Anforderungen an die Beschaffenheit und Ausrüstung der Fahrzeuge, wie zum Beispiel Bremsen, Lenkung und Beleuchtung. Auch der Umweltschutz wurde seinerzeit schon berücksichtigt.

Zitat: „Die Kraftfahrzeuge müssen verkehrssicher und insbesondere so gebaut, eingerichtet und ausgerüstet sein, dass Feuers- und Explosionsgefahr sowie jede vermeidbare Belästigung von Personen und Gefährdung von Fuhrwerken durch Geräusch, Rauch, Dampf oder üblen Geruch ausgeschlossen ist."
Über Jahrzehnte hinweg wurde die Verordnung weiterentwickelt. Sicherheit und Umweltschutz standen dabei stets im Vordergrund.

§ 30 Beschaffenheit der Fahrzeuge
(1) Fahrzeuge müssen so gebaut und ausgerüstet sein, dass
1. ihr verkehrsüblicher Betrieb niemanden schädigt oder mehr als unvermeidbar gefährdet, behindert oder belästigt,
   ...
2. die Insassen insbesondere bei Unfällen vor Verletzungen möglichst geschützt sind und das Ausmaß und die Folgen von Verletzungen möglichst gering bleiben.

§ 30 StVZO richtet sich an den Fahrzeughalter.

Halter eines Fahrzeugs ist derjenige, der das Fahrzeug auf eigene Rechnung in Gebrauch hat und die Verfügungsgewalt darüber besitzt.

§ 31 StVZO Verantwortung für den Betrieb der Fahrzeuge
(1) Wer ein Fahrzeug oder einen Zug miteinander verbundener Fahrzeuge führt, muss zur selbstständigen Leitung geeignet sein.
(2) Der Halter darf die Inbetriebnahme nicht anordnen oder zulassen, wenn ihm bekannt ist oder bekannt sein muss, dass der Führer nicht zur selbstständigen Leitung geeignet oder das Fahrzeug, der Zug, das Gespann, die Ladung oder die Besetzung nicht vorschriftsmäßig ist oder dass die Verkehrssicherheit des Fahrzeugs durch die Ladung oder die Besetzung leidet.

Durchführungsanweisung (DA) zu § 31
(2) Bei unvorschriftsmäßigem Zustand eines Fahrzeugs oder der Ladung sind stets Ermittlungen anzustellen, ob neben dem Fahrer auch den Halter ein Verschulden trifft. Ist ein solches nicht nachzuweisen, so ist bei mehrfach festgestellten Mängeln dem Halter aufzugeben, in Zukunft für Abhilfe zu sorgen (durch Einrichtung einer geeigneten Aufsicht, durch Fahrerwechsel oder dergleichen).

1.4 Ordnungswidrigkeitengesetz (OWiG)

Das Ordnungswidrigkeitengesetz (OWiG) gibt den Verwaltungsbehörden des Bundes, der Länder und der Gemeinden sowie auch anderen Körperschaften und Anstalten des öffentlichen Rechts die gesetzliche Grundlage zur Verhängung und Durchsetzung von Bußgeldern. Die Ordnungswidrigkeit ist eine mit einer Geldbuße bedrohte Handlung. In minderschweren Fällen können auch Verwarnungen unter Erhebung eines Verwarnungsgeldes oder mündliche Verwarnungen ohne Verwarnungsgeld ausgesprochen werden.

Rechtliche Grundlagen — Band 4

§ 9 Handeln für einen anderen
(1) Handelt jemand
1. als vertretungsberechtigtes Organ einer juristischen Person oder als Mitglied eines solchen Organs,
2. als vertretungsberechtigter Gesellschafter einer rechtsfähigen Personengesellschaft oder
3. als gesetzlicher Vertreter eines anderen,
so ist ein Gesetz, nach dem besondere persönliche Eigenschaften, Verhältnisse oder Umstände (besondere persönliche Merkmale) die Möglichkeit der Ahndung begründen, auch auf den Vertreter anzuwenden, wenn diese Merkmale zwar nicht bei ihm, aber bei dem Vertretenen vorliegen.
(2) Ist jemand von dem Inhaber eines Betriebes oder einem sonst dazu Befugten
1. beauftragt, den Betrieb ganz oder zum Teil zu leiten, oder
2. ausdrücklich beauftragt, in eigener Verantwortung Aufgaben wahrzunehmen, die dem Inhaber des Betriebes obliegen,
und handelt er auf Grund dieses Auftrages, so ist ein Gesetz, nach dem besondere persönliche Merkmale die Möglichkeit der Ahndung begründen, auch auf den Beauftragten anzuwenden, wenn diese Merkmale zwar nicht bei ihm, aber bei dem Inhaber des Betriebes vorliegen. Dem Betrieb im Sinne des Satzes 1 steht das Unternehmen gleich. Handelt jemand auf Grund eines entsprechenden Auftrages für eine Stelle, die Aufgaben der öffentlichen Verwaltung wahrnimmt, so ist Satz 1 sinngemäß anzuwenden.
(3) Die Absätze 1 und 2 sind auch dann anzuwenden, wenn die Rechtshandlung, welche die Vertretungsbefugnis oder das Auftragsverhältnis begründen sollte, unwirksam ist.

In § 9 OWiG werden die Personen in die Pflicht genommen, die für einen anderen handeln und auch dazu bestimmt sind. Es wird eine Lücke geschlossen, die bei einer Ordnungswidrigkeit möglich ist.

Beispiel:
Der Fahrzeughalter – eigentlich der Betroffene nach § 31 Abs. 2 StVZO – hat nicht gehandelt, weil er einen Verantwortlichen eingesetzt hat. Der eingesetzte Verantwortliche – hier ein Prokurist – ist jedoch in der Bußgeldkette des 31 Abs. 2 StVZO nicht benannt.
Voraussetzung für die Einsetzung einer verantwortlichen Person ist deren Fachkompetenz sowie Entscheidungsbefugnis für den entsprechenden Bereich. Der Fahrzeughalter wird bei der Einsetzung einer verantwortlichen Person nicht ganz aus seiner Verantwortung gelassen – das ist generell nicht möglich. Er muss die eingesetzte Person stichprobenartig kontrollieren.

§ 14 Beteiligung
(1) Beteiligen sich mehrere an einer Ordnungswidrigkeit, so handelt jeder von ihnen ordnungswidrig. Dies gilt auch dann, wenn besondere persönliche Merkmale (§ 9 Abs. 1), welche die Möglichkeit der Ahndung begründen, nur bei einem Beteiligten vorliegen.

§ 130
(1) Wer als Inhaber eines Betriebes oder Unternehmens vorsätzlich oder fahrlässig die Aufsichtsmaßnahmen unterlässt, die erforderlich sind, um in dem Betrieb oder Unternehmen Zuwiderhandlungen gegen Pflichten zu verhindern, die den Inhaber als solchen treffen und deren Verletzung mit Strafe oder Geldbuße bedroht ist, handelt ordnungswidrig, wenn eine solche Zuwiderhandlung begangen wird, die durch gehörige Aufsicht verhindert oder wesentlich erschwert worden wäre. Zu den erforderlichen Aufsichtsmaßnahmen gehören auch die Bestellung, sorgfältige Auswahl und Überwachung von Aufsichtspersonen.
(2) Betrieb oder Unternehmen im Sinne des Absatzes 1 ist auch das öffentliche Unternehmen.
(3) Die Ordnungswidrigkeit kann, wenn die Pflichtverletzung mit Strafe bedroht ist, mit einer Geldbuße bis zu einer Million Euro geahndet werden. § 30 Absatz 2 Satz 3 ist anzuwenden. Ist die Pflichtverletzung mit Geldbuße bedroht, so bestimmt sich das Höchstmaß der Geldbuße wegen der Aufsichtspflichtverletzung nach dem für die Pflichtverletzung angedrohten Höchstmaß der Geldbuße. Satz 2 gilt auch im Falle einer Pflichtverletzung, die gleichzeitig mit Strafe und Geldbuße bedroht ist, wenn das für die Pflichtverletzung angedrohte Höchstmaß der Geldbuße das Höchstmaß nach Satz 1 übersteigt.

Rechtliche Grundlagen — Band 4

1.5 Gefahrgutrecht/Vorschriften

Für den sicheren Transport gefährlicher Güter wurde ein international gültiges Regelwerk geschaffen, mit dem der sichere Transport gewährleistet ist. Das internationale Regelwerk wird durch nationale Regelungen, die unter anderem Zuständigkeiten, Pflichten und Ordnungswidrigkeiten für den Bereich Ladungssicherung festlegen, ergänzt.

(ADR) – Anlage B
Europäisches Übereinkommen über die internationale Beförderung gefährlicher Güter auf der Straße (ADR), Anlage B in der jeweils aktuellen Fassung.

> **Kapitel 7.5**
> **Vorschriften für die Be- und Entladung und die Handhabung**
> **7.5.7 Handhabung und Verstauung**

7.5.7.1
Die Fahrzeuge oder Container müssen gegebenenfalls mit Einrichtungen für die Sicherung und Handhabung der gefährlichen Güter ausgerüstet sein. Versandstücke, die gefährliche Güter enthalten, und unverpackte gefährliche Gegenstände müssen durch geeignete Mittel gesichert werden, die in der Lage sind, die Güter im Fahrzeug oder Container so zurückzuhalten (z.B. Befestigungsgurte, Schiebewände, verstellbare Halterungen), dass eine Bewegung während der Beförderung, durch die die Ausrichtung der Versandstücke verändert wird oder die zu einer Beschädigung der Versandstücke führt, verhindert wird. Wenn gefährliche Güter zusammen mit anderen Gütern (z.B. schwere Maschinen oder Kisten) befördert werden, müssen alle Güter in den Fahrzeugen oder Containern so gesichert oder verpackt werden, dass das Austreten gefährlicher Güter verhindert wird. Die Bewegung der Versandstücke kann auch durch das Auffüllen von Hohlräumen mit Hilfe von Stauhölzern oder durch Blockieren und Verspannen verhindert werden.
Wenn Verspannungen wie Bänder oder Gurte verwendet werden, dürfen diese nicht überspannt werden, so dass es zu einer Beschädigung oder Verformung des Versandstücks kommt.
Die Vorschriften dieses Unterabschnitts gelten als erfüllt, wenn die Ladung gemäß der Norm EN 12195-1:2010 gesichert ist. [1]
[1] Anleitungen für das Verstauen gefährlicher Güter können den von der Europäischen Kommission veröffentlichten „European Best Practice Guidelines on Cargo Securing for Road Transport" (Europäische Leitlinien für optimale Verfahren der Ladungssicherung im Strassenverkehr) entnommen werden. Weitere Anleitungen werden auch von zuständigen Behörden und Industrieverbänden zur Verfügung gestellt.

7.5.7.2
Versandstücke dürfen nicht gestapelt werden, es sei denn, sie sind für diesen Zweck ausgelegt. Wenn verschiedene Arten von Versandstücken, die für eine Stapelung ausgelegt sind, zusammen zu verladen sind, ist auf die gegenseitige Stapelverträglichkeit Rücksicht zu nehmen. Soweit erforderlich müssen gestapelte Versandstücke durch die Verwendung tragender Hilfsmittel gegen eine Beschädigung der unteren Versandstücke geschützt werden.

7.5.7.3
Während des Be- und Entladens müssen Versandstücke mit gefährlichen Gütern gegen Beschädigung geschützt werden.
Anmerkung: Besondere Beachtung ist der Handhabung der Versandstücke bei der Vorbereitung zur Beförderung, der Art des Fahrzeugs oder Containers, mit dem die Versandstücke befördert werden sollen, und der Be- und Entlademethode zu schenken, so dass eine unbeabsichtigte Beschädigung durch Ziehen der Versandstücke über den Boden oder durch falsche Behandlung der Versandstücke vermieden wird.

7.5.7.4
Die Vorschriften des Unterabschnitts 7.5.7.1 gelten auch für das Verladen, Verstauen und Absetzen von Containern, sowie für das Entladen von Tankcontainers, ortsbeweglichen Tanks und MEGC auf bzw. von Fahrzeugen.

7.5.7.5
Mitglieder der Fahrzeugbesatzung dürfen Versandstücke mit gefährlichen Gütern nicht öffnen.

Rechtliche Grundlagen — Band 4

7.5.8 Reinigung nach dem Entladen
7.5.8.1
Wird nach dem Entladen eines Fahrzeugs oder Containers, in dem sich verpackte gefährliche Güter befanden, festgestellt, dass ein Teil ihres Inhaltes ausgetreten ist, so ist das Fahrzeug oder der Container so bald wie möglich, auf jeden Fall aber vor erneutem Beladen, zu reinigen.
Ist eine Reinigung vor Ort nicht möglich, muss das Fahrzeug oder der Container unter Beachtung einer ausreichenden Sicherheit bei der Beförderung der nächsten geeigneten Stelle, wo eine Reinigung durchgeführt werden kann, zugeführt werden. Eine ausreichende Sicherheit bei der Beförderung liegt vor, wenn geeignete Maßnahmen ergriffen wurden, die ein unkontrolliertes Freiwerden der ausgetretenen gefährlichen Güter verhindern.

7.5.8.2
Fahrzeuge oder Container, in denen sich gefährliche Güter in loser Schüttung befanden, sind vor erneutem Beladen in geeigneter Weise zu reinigen, wenn nicht die neue Ladung aus dem gleichen gefährlichen Gut besteht wie die vorhergehende.

7.5.9 Rauchverbot
Bei Ladearbeiten ist das Rauchen in der Nähe der Fahrzeuge oder Container und in den Fahrzeugen oder Containern untersagt. Das Rauchverbot gilt auch für die Verwendung elektronischer Zigaretten und ähnlicher Geräte.

1.6 Gefahrgutverordnung Straße, Eisenbahn und Binnenschifffahrt (GGVSEB) in der jeweils aktuellen Fassung

Die Gefahrgutverordnung Straße, Eisenbahn und Binnenschifffahrt ist die deutsche Vorschrift für den Gefahrguttransport auf der Straße, Schiene und auf Binnenwasserstraßen. Auch hier sind die Pflichten zur Ladungssicherung festgelegt.

§ 19 Pflichten des Beförderers
(...)
(2) der Beförderer im Straßenverkehr hat
(...)
(15.) dem Fahrzeugführer die erforderliche Ausrüstung zur Ausführung der Ladungssicherung zu übergeben;

1.6.1 RSEB – Richtlinien zur Durchführung der Gefahrgutverordnung Straße, Eisenbahn und Binnenschifffahrt (GGVSEB) – GGVSEB-Durchführungsrichtlinien

Zur Gewährleistung einer einheitlichen Anwendung und Auslegung der Vorschriften für die Gefahrgutbeförderung wurden von Bund und Ländern die GGVSEB-Durchführungsrichtlinien erstellt. Sie enthalten Anwendungshinweise, unter anderem auch zur Ladungssicherung, sowie den Buß- und Verwarnungsgeldkatalog.

Zu § 28 (der GGVSEB) Pflichten des Fahrzeugführers
28.1
Belädt der Fahrzeugführer nicht selbst, so bleibt er im Rahmen der zumutbaren Einwirkungsmöglichkeiten neben demjenigen, der tatsächlich belädt, verantwortlich. Von dem Fahrzeugführer ist zu verlangen, dass er vor Abfahrt die Ladungssicherung durch äußere Besichtigung prüft und während der Fahrt erkennbare Störungen behebt oder beheben lässt.

Zu Unterabschnitt 7.5.7.3 (ADR/RID)
7 – 7 Die Bedingungen des Unterabschnitts 7.5.7.3 ADR/RID gelten als erfüllt, wenn z. B. die BG-Vorschrift Fahrzeuge (DGUV V70), die berufsgenossenschaftlichen Informationen BGI 599 (Sicheres Kuppeln von Fahrzeugen) und BGI 649 (Ladungssicherung auf Fahrzeugen) sowie das Arbeitsschutzgesetz (§§ 5, 6 – Gefährdungsbeurteilung) umgesetzt werden.

1.7 CTU-Packrichtlinien

Richtlinien für das Packen von Ladung außer Schüttgut in oder auf Beförderungseinheiten (CTU = Cargo Transport Unit) bei Beförderung mit allen Arten von Verkehrsmitteln zu Wasser und zu Lande sowie für die gesamte intermodale Transportkette. Bei dieser Richt-

Rechtliche Grundlagen — **Band 4**

linie handelt es sich zwar um eine Bekanntmachung der Internationalen Seeschifffahrts-Organisation (IMO), sie gilt aber auch für die Beförderung auf Straßenfahrzeugen und den Zu- und Ablauf zu den Häfen. Für den Bereich des Straßentransportes werden Frachtcontainer, Wechselbehälter und auch Fahrzeuge erfasst.

1.8 Strafgesetzbuch (StGB)

§ 222 Fahrlässige Tötung
Wer durch Fahrlässigkeit den Tod eines Menschen verursacht, wird mit Freiheitsstrafe bis zu fünf Jahren oder mit Geldstrafe bestraft.

§ 229 Fahrlässige Körperverletzung
Wer durch Fahrlässigkeit die Körperverletzung einer anderen Person verursacht, wird mit Freiheitsstrafe bis zu drei Jahren oder mit Geldstrafe bestraft.

1.9 Bürgerliches Gesetzbuch (BGB)

§ 823 Schadensersatzpflicht
(1) Wer vorsätzlich oder fahrlässig das Leben, den Körper, die Gesundheit, die Freiheit, das Eigentum oder ein sonstiges Recht eines anderen widerrechtlich verletzt, ist dem anderen zum Ersatze des daraus entstehenden Schadens verpflichtet.

1.10 Handelsgesetzbuch (HGB)

§ 412 Verladen und Entladen
(1) Soweit sich aus den Umständen oder der Verkehrssitte nicht etwas anderes ergibt, hat der Absender das Gut beförderungssicher zu laden, zu stauen und zu befestigen (verladen) sowie zu entladen. Der Frachtführer hat für die betriebssichere Verladung zu sorgen.

„Verkehrssitte" ist die im Verkehr der beteiligten Kreise herrschende Anschauung und tatsächliche Übung. Sie stellt (im Gegensatz zum Gewohnheitsrecht) keine Rechtsnorm dar, ist jedoch bei der Auslegung von Verträgen und bei der Bestimmung des Inhalts eines Schuldverhältnisses nach Treu und Glauben zu berücksichtigen.

„Beförderungssicher" bedeutet in diesem Zusammenhang, dass das Ladegut im Beförderungsmittel oder auf der Ladefläche so zu verstauen oder zu befestigen ist, dass es einen normal verlaufenden Transport unbeschadet übersteht.

„Betriebssicher" ist eine Verladung des Gutes, wenn einerseits ein ausreichender Schutz für das Ladegut selbst besteht und andererseits das Ladegut niemanden gefährdet oder schädigt.

1.11 Unfallverhütungsvorschriften (UVV) der Berufsgenossenschaft für Transport und Verkehrswirtschaft (BG Verkehr)

Berufsgenossenschaftliche Vorschriften DGUV V70 Fahrzeuge

III. Bau und Ausrüstung

§ 22 „Fahrzeugaufbauten, Aufbauteile, Einrichtungen und Hilfsmittel zur Ladungssicherung"
1) Fahrzeugaufbauten müssen so beschaffen sein, dass bei bestimmungsgemäßer Verwendung des Fahrzeuges die Ladung gegen Verrutschen, Verrollen, Umfallen, Herabfallen und bei Tankfahrzeugen gegen Auslaufen gesichert ist oder werden kann. Ist eine Ladungssicherung durch den Fahrzeugaufbau allein nicht gewährleistet, müssen Hilfsmittel zur Ladungssicherung vorhanden sein. Pritschenaufbauten und Tieflader müssen mit Verankerungen für Zurrmittel zur Ladungssicherung ausgerüstet sein. Satz 3 gilt nicht für Fahrzeuge mit Kippbrücken mit mehr als 7,5 t zulässiger Gesamtmasse.

Rechtliche Grundlagen — Band 4

Durchführungsanweisung (DA) § 22 Abs. 1
Diese Forderung schließt auch Fahrzeugaufbauten und Ladeflächen von Pkw-Kombi und Kastenwagen (Transportern) ein.
Einrichtungen und Hilfsmittel zur Ladungssicherung können z. B. sein

- Stirnwandverstärkungen oder Prallwände zum Schutz der Führerhausinsassen,
- Rungen,
- Zahnleisten,
- Lademulden (eventuell abdeckbar),
- Zurrwinden (in Verbindung mit Gurten oder Seilen),
- Ankerschienen (in Verbindung mit z. B. Zurrgurten, Seilen, Sperr- oder Ladebalken),
- Zurrpunkte (fest oder beweglich),
- Befestigungsbeschläge für Container,
- Ladehölzer (Keile, Bretter, Kanthölzer,
- rutschhemmende Unter- und Zwischenlagen,
- Ketten, Seile (Natur-, Kunstfaser-, Stahlseile), Zurrgurte,
- Spannschlösser, Spindelspanner,
- Seil- und Kantenschoner,
- Füllmittel (z. B. Aufblaspolster),
- Aufsatzbretter, Rungenverlängerungen,
- Ladegestelle,
- Planen und Netze.

Siehe auch DIN EN 12640 „Ladungssicherung auf Straßenfahrzeugen; Zurrpunkte an Nutzfahrzeugen zur Güterbeförderung; Mindestanforderungen und Prüfung", DIN EN 12642 „Ladungssicherung auf Straßenfahrzeugen; Aufbauten an Nutzfahrzeugen; Mindestanforderungen", DIN 75 410-1 „Ladungssicherung auf Straßenfahrzeugen; Teil 1: Zurrpunkte an Nutzfahrzeugen zur Güterbeförderung mit einer zulässigen Gesamtmasse bis 3,5 t; Mindestanforderungen", DIN 75 410-2 „Ladungssicherung auf Straßenfahrzeugen; Teil 2: Ladungssicherung in Pkw, Pkw-Kombi und Mehrzweck-Pkw" und DIN 75 410-3 „Ladungssicherung auf Straßenfahrzeugen; Teil 3: Ladungssicherung in Kastenwagen". Hinsichtlich der Einrichtungen zur Ladungssicherung beim Transport von Langmaterial, z. B. Rohre, Profile, Masten, Holzstämme, siehe auch „Richtlinie für die Prüfung von Langholzfahrzeugen" zu § 30 StVZO.

IV. Betrieb

§ 37 „Be- und Entladen"
1) Fahrzeuge dürfen nur so beladen werden, dass die zulässigen Werte für
1. Gesamtgewicht,
2. Achslasten,
3. statische Stützlast und
4. Sattellast
nicht überschritten werden. Die Ladung hat so zu erfolgen, dass das Fahrverhalten des Fahrzeugs nicht über das unvermeidbare Maß hinaus beeinträchtigt wird.
(2) Beim Be- und Entladen von Fahrzeugen muss sichergestellt werden, dass diese nicht fortrollen, kippen oder umstürzen können.
(3) Das Be- und Entladen von Fahrzeugen hat so zu erfolgen, dass Personen nicht durch herabfallende, umfallende oder wegrollende Gegenstände bzw. durch ausfließende oder ausströmende Stoffe gefährdet werden.
(4) Die Ladung ist so zu verstauen und bei Bedarf zu sichern, dass bei üblichen Verkehrsbedingungen eine Gefährdung von Personen ausgeschlossen ist.

Rechtliche Grundlagen — Band 4

(5) Die über den Umriss des Fahrzeuges in Länge oder Breite hinausragenden Teile der Ladung sind erforderlichenfalls so kenntlich zu machen dass sie jederzeit wahrgenommen werden können.
(6) Beim Be- und Entladen müssen Durchfahrthöhen und -breiten des Transportweges berücksichtigt werden.

1. 12 Übereinkommen über den Beförderungsvertrag im internationalen Straßengüterverkehr (CMR)

Dieses Übereinkommen gilt für jeden Vertrag über die entgeltliche Beförderung von Gütern auf der Straße mittels Fahrzeugen, wenn der Ort der Übernahme des Gutes und der für die Ablieferung vorgesehene Ort, wie sie im Vertrag angegeben sind, in zwei verschiedenen Staaten liegen, von denen mindestens einer ein Vertragsstaat ist. Dies gilt ohne Rücksicht auf den Wohnsitz und die Staatsangehörigkeit der Parteien.

Artikel 17
1. Der Frachtführer haftet für gänzlichen oder teilweisen Verlust und für Beschädigung des Gutes, sofern der Verlust oder die Beschädigung zwischen dem Zeitpunkt der Übernahme des Gutes und dem seiner Ablieferung eintritt, sowie für Überschreitung der Lieferfrist.

1. 13 Überwachung

Alle Vorschriften und ihre Einhaltung sind nur so gut wie ihre Überwachung. In Deutschland sind die Polizei, der Zoll und das Bundesamt für Güterverkehr (BAG) zuständig. Die zuständigen Mitarbeiter dieser Behörden sind im Bereich der Ladungssicherung entsprechend ausgebildet, damit sie Mängel zuverlässig erkennen.
Wird aufgrund mangelhaft gesicherter Ladung ein Unfall mit Personenschaden verursacht, ist schnell ein Straftatbestand – wie beispielsweise der des Strafgesetzbuch (StGB) § 229 „Fahrlässige Körperverletzung" – erfüllt.

Quelle: BAG

1. 14 Übersicht der wichtigsten Normen und VDI-Richtlinien

	Normen und VDI-Richtlinien
DIN EN 12195	Ladungssicherung auf Straßenfahrzeugen – Sicherheit Teil 1: Berechnung von Sicherungskräften Teil 3: Zurrketten Teil 2: Zurrgurte aus Chemiefasern Teil 4: Zurrdrahtseile
DIN EN 12640	Ladungssicherung auf Straßenfahrzeugen – Zurrpunkte an Nutzfahrzeugen zur Güterbeförderung – Mindestanforderungen und Prüfung
DIN EN 12462	Ladungssicherung auf Straßenfahrzeugen – Aufbauten an Nutzfahrzeugen – Mindestanforderungen
ISO 1496-1	Frachtcontainer der Serie 1 – Spezifikationen und Prüfungen – Allgemeine Frachtcontainer für allgemeine Anwendung
DIN 75410	Ladungssicherung auf Straßenfahrzeugen – Teil 1: Zurrpunkte an Nutzfahrzeugen zur Güterbeförderung mit einer zulässigen Gesamtmasse bis 3,5 t; Mindestanforderungen
DIN ISO 27955	Straßenfahrzeuge – Ladungssicherung in Pkw, Pkw-Kombi und Mehrzweck-Pkw – Anforderungen und Prüfverfahren
DIN ISO 27956	Straßenfahrzeuge – Ladungssicherung in Lieferwagen (Kastenwagen) — Anforderungen und Prüfmethoden
VDI 2700	Ladungssicherung auf Straßenfahrzeugen
VDI 2700a	Ausbildungsnachweis Ladungssicherung
VDI 2700 Blatt 1	Ladungssicherung auf Straßenfahrzeugen – Ausbildung und Ausbildungsinhalte
VDI 2700 Blatt 2	Ladungssicherung auf Straßenfahrzeugen – Berechnung von Sicherungskräften – Grundlagen
VDI 2700 Blatt 3.1	Gebrauchsanleitung für Zurrmittel
VDI 2700 Blatt 3.2	Einrichtungen und Hilfsmittel zur Ladungssicherung
VDI 2700 Blatt 3.3	Netze zur Ladungssicherung
VDI 2700 Blatt 4	Lastverteilungsplan

Rechtliche Grundlagen — Band 4

VDI 2700 Blatt 5	Qualitätsmanagementsysteme
VDI 2700 Blatt 6	Zusammenladung von Stückgütern
VDI 2700 Blatt 7	Ladungssicherung auf Straßenfahrzeugen – Ladungssicherung im Kombinierten Ladungsverkehr (KV)
VDI 2700 Blatt 8.1	Sicherung von Pkw und leichten Nutzfahrzeugen auf Autotransportern
VDI 2700 Blatt 8.2	Sicherung von schweren Nutzfahrzeugen auf Fahrzeugtransportern
VDI 2700 Blatt 9	Ladungssicherung von hart gewickelten Papierrollen
VDI 2700 Blatt 10.1	Ladungssicherung beim Transport von Betonfertigteilen
VDI 2700 Blatt 10.3: 2017-02-Entwurf	Ladungssicherung auf Straßenfahrzeugen – Betonfertigteilen – Paketierte Betonwaren
VDI 2700 Blatt 11	Ladungssicherung von Betonstahl
VDI 2700 Blatt 13: 2010-05	Ladungssicherung von Getränkeprodukten
VDI 2700 Blatt 13	Ladungssicherung auf Straßenfahrzeugen – Großraum- und Schwertransporte
VDI 2700 Blatt 13.1	Ladungssicherung auf Straßenfahrzeugen – Großraum- und Schwertransporte – Datenblatt zur Transportplanung von Großraum- und Schwertransporten – Längenberechnung
VDI 2700 Blatt 13.2	Ladungssicherung auf Straßenfahrzeugen – Großraum- und Schwertransporte – Datenblatt zur Transportplanung von Großraum- und Schwertransporten – Winkelberechnung
VDI 2700 Blatt 14	Ermittlung von Reibbeiwerten
VDI 2700 Blatt 15	Rutschhemmende Materialien
VDI 2700 Blatt 16	Ladungssicherung bei Transportern bis 7,5 t zGM
VDI 2700 Blatt 17	Ladungssicherung von Absetzbehältern auf Absetzkipperfahrzeugen und deren Anhängern
VDI 2700 Blatt 18	Ladungssicherung auf Straßenfahrzeugen – Sichern von Schüttgütern in flexiblen Verpackungen (Säcke, FIBC)
VDI 2700 Blatt 19	Gewickeltes Band aus Stahl, Bleche und Formstahl

1.15 Bußgeld

Fehlende oder mangelhafte Ladungssicherung ist kein Kavaliersdelikt! Unfälle mit Personenschaden können den Straftatbestand der fahrlässigen Körperverletzung oder der fahrlässigen Tötung erfüllen!

Nichtbeachtung der Ladungssicherungspflicht kann bei Kontrollen als **Ordnungswidrigkeit** (StVO § 49 Abs. 1 Nr. 21 und 22) geahndet werden. Dem Verantwortlichen kann ein Bußgeld auferlegt werden.
Im **Gefahrgutrecht** ist mangelnde Ladungssicherung auch eine **Ordnungswidrigkeit**.
Im **Zivilrecht ist die Verantwortlichkeit für die Verladung** z. B. im § 412 HGB geregelt. Die durch mangelhafte oder fehlende Ladungssicherung entstandenen Schäden sind zu ersetzen (z. B. § 823 BGB).
Bei Unfällen mit Personenschaden durch fehlende oder mangelhafte Ladungssicherung können auch die **Straftatbestände** der fahrlässigen Körperverletzung oder der fahrlässigen Tötung erfüllt sein:

§ 222 Fahrlässige Tötung
Wer durch Fahrlässigkeit den Tod eines Menschen verursacht, wird mit Freiheitsstrafe bis zu fünf Jahren oder mit Geldstrafe bestraft.

§ 229 Fahrlässige Körperverletzung
Wer durch Fahrlässigkeit die Körperverletzung einer anderen Person verursacht, wird mit Freiheitsstrafe bis zu drei Jahren oder mit Geldstrafe bestraft.

Die Polizei, der Zoll oder das Bundesamt für Güterverkehr (BAG) können bei mangelnder oder falscher Ladungssicherung unter anderem auch die Weiterfahrt so lange untersagen, bis die Ladung ordnungsgemäß gesichert wurde.
Das kann **zu erheblichem** Zeitverlust und anderen zusätzlichen Kosten für die Nachsicherung oder Umladung führen.

Rechtliche Grundlagen — **Band 4**

1.15.1 Bundeseinheitlicher Tatbestandskatalog Straßenverkehrsordnungswidrigkeiten

Das Ziel des neuen Fahreignungs-Bewertungssystems ist die Verbesserung der Verkehrssicherheit. Alle Verkehrsordnungswidrigkeiten die keinen direkten Einfluss auf die Sicherheit im Straßenverkehr haben werden nicht mehr im neuen Fahreignungsregister (FAER) erfasst.
Die aufgeführten Bußgelder sind Regelsätze, die bei zusätzlicher Gefährdung oder Sachbeschädigung zu einer Erhöhung führen. Im nachfolgenden Auszug aus dem Tatbestandskatalog sind die Regelsätze aufgeführt. Eine Gewähr für die Richtigkeit und Vollständigkeit ist ausgeschlossen. Der amtliche Tatbestandskatalog kann von der Internetseite des Kraftfahrt-Bundesamtes (www.kba.de) heruntergeladen werden.

Auszug aus dem aktuellen Bußgeld- und Punktekatalog:

Tatbestandsnummer des Bundeseinheitlichen Tatbestandskataloges (TBNR)	Verkehrsordnungswidrigkeit:	Verletzte Vorschrift:	Bußgeld:	Punkte gemäß Anlage 13 Fahrerlaubnis-Verordnung
Pflichten des Beförderers - § 19 Abs. 2 GGVSEB				
519500	Als Beförderer entgegen § 19 Abs. 2 Nr. 15 GGVSEB dem Fahrzeugführer die erforderliche Ausrüstung zur Durchführung der Ladungssicherung nicht übergeben.	§§ § 19 Abs. 2 Nr. 15, § 37 Abs. 1 Nr. 6o GGVSEB; § 10 Abs. 1 Nr. 1, Abs. 2 GGBefG; Anl. 7 Nr. 1 Lfd.Nr. 47 RSEB	800 Euro	1
Ladung - § 22 Abs. 1, 2, 3 StVO				
122600	Sie unterließen es, die Ladung/ Ladeeinrichtung des Lastkraftwagens/ Kraftomnibusses bzw. dessen Anhängers verkehrssicher zu verstauen oder gegen Verrutschen, Umfallen, Hin- und Herrollen oder Herabfallen besonders zu sichern.	§ 22 Abs. 1, § 49 StVO; § 24 StVG; 102.1 BKat	60 Euro	1
122602	Sie unterließen es, die Ladung/ Ladeeinrichtung des Lastkraftwagens/ Kraftomnibusses bzw. dessen Anhängers verkehrssicher zu verstauen oder gegen Verrutschen, Umfallen, Hin- und Herrollen oder Herabfallen besonders zu sichern, und gefährdeten dadurch andere.	§ 22 Abs. 1, § 1 Abs. 2, § 49 StVO; § 24 StVG; 102.1.1 BKat; § 19 OWiG	75 Euro	1
122603	Sie unterließen es, die Ladung/ Ladeeinrichtung des Lastkraftwagens/ Kraftomnibusses bzw. dessen Anhängers verkehrssicher zu verstauen oder gegen Verrutschen, Umfallen, Hin- und Herrollen oder Herabfallen besonders zu sichern. Es kam zum Unfall.	§ 22 Abs. 1, § 1 Abs. 2, § 49 StVO; § 24 StVG; 102.1.1 BKat; § 3 Abs. 3 BKatV, § 19 OWiG	100 Euro	1

Rechtliche Grundlagen — Band 4

Tatbestandsnummer des Bundeseinheitlichen Tatbestandskataloges (TBNR)	Verkehrsordnungswidrigkeit:	Verletzte Vorschrift:	Bußgeld:	Punkte gemäß Anlage 13 Fahrerlaubnis-Verordnung
Ladung - § 22 Abs. 1, 2, 3 StVO				
122106	Sie unterließen es, die Ladung/Ladeeinrichtung gegen vermeidbaren Lärm besonders zu sichern.	§ 22 Abs. 1, § 49 StVO; § 24 StVG; 103 BKat	10 Euro	
122606	Sie führten das Fahrzeug, obwohl es mit Ladung höher als 4,20 Meter war.	§ 22 Abs. 2, § 49 StVO; § 24 StVG; 104 BKat	60 Euro	1
122130	Sie führten das Fahrzeug, obwohl dessen Ladung unzulässig nach vorne hinausragte	§ 22 Abs. 3, § 49 StVO; § 24 StVG; 105 BKat	20 Euro	
Sonstige Pflichten von Fahrzeugführenden - § 23 StVOw				
123100	Sie führten das Fahrzeug, obwohl Ihre Sicht beeinträchtigt war.	§ 23 Abs. 1, § 49 StVO; § 24 StVG; 107.1 BKat	10 Euro	
123118	Sie führten das Fahrzeug, obwohl die Ladung/Besetzung nicht vorschriftsmäßig war.	§ 23 Abs. 1, § 49 StVO; § 24 StVG; 107.2 BKat	25 Euro	
123606	Sie führten das Fahrzeug, obwohl die Ladung nicht vorschriftsmäßig war, wodurch die Verkehrssicherheit wesentlich litt.	§ 23 Abs. 1, § 49 StVO; § 24 StVG; 108 BKat	80 Euro	1

Physikalische Grundlagen — Band 4

2. Physikalische Grundlagen

Für die Berechnung und zum besseren Verständnis der Ladungssicherung sind auch einige Kenntnisse der Physik notwendig.

2.1 Masse

Die physikalische Einheit für Masse ist Kilogramm [kg]. In der Physik wird die Masse mit „m" bezeichnet.
Die Masse ist die Menge eines Stoffes oder eines Körpers. Vereinfacht ausgedrückt ist sie ein Maß dafür, aus wie viel Materie ein Körper besteht. Zum Beispiel haben Atome einer Sorte die gleiche Masse. Die Gesamtmasse eines Körpers ergibt sich dann, wenn man die Massen seiner atomaren Bestandteile zusammenzählt.

Die Masse eines Körpers ist überall gleich groß und unabhängig vom Ort.
Die Masse eines Körpers wird oft mit dem Gewicht verwechselt.
Das Gewicht ist aber keine Masse, sondern eine Kraft.

Die Masse eines Körpers ist auf der Erde und auf dem Mond gleich.

2.2 Massenkraft

Die physikalische Einheit für die Massenkraft ist Newton N, sie wird als F_M angegeben.

$$N = kg \cdot m/s^2$$

Die Kraft, die eine Masse von 1 kg mit 1 m/s² beschleunigt, wird als 1 N bezeichnet.

1 Dekanewton (daN) = 10 N (Deka bedeutet zehn)

Die Formel für die Massenkraft lautet:

$$F_M = m \cdot a$$

F_M = Massenkraft [N]
m = Masse [kg]
a = Beschleunigung [m/s²]

Eine Kraft erkennt man nur an ihrer Wirkung. Wirkt eine Kraft auf einen bewegten Körper, so ändert sich sein Bewegungszustand. Das führt entweder zu einer Änderung der Geschwindigkeit – der Körper wird langsamer oder schneller – oder zu einer Änderung der Bewegungsrichtung – der Körper wird aus seiner Bahn abgelenkt.
Eine Kraft kann auch einen Körper verformen, z. B. elastisch oder bleibend.
Entscheidend für die Wirkung einer Kraft sind die Größe, die Richtung und der Angriffspunkt.

Beispiel:
Wie groß ist die Massenkraft bei einer Beschleunigung von 0,8 g und einer Masse von 1000 kg?

$$1 g = 9{,}81 \, m/s^2$$

$$0{,}8 \, g = 0{,}8 \cdot 9{,}81 \, m/s^2 \approx 7{,}9 \, m/s^2$$

Daraus folgt: $a = 7{,}9 \, m/s^2$

Zur Vereinfachung kann „g" auf 10 [m/s²] aufgerundet werden, sodass 1 daN = 1 kg entspricht. Nachfolgend wird mit $g = 9{,}81 \, m/s^2$ gerechnet.

Physikalische Grundlagen — Band 4

Gesucht wird F_M:
Masse m = 1000 kg
Beschleunigung a = 7,9 m/s²

$F_M = m \cdot a$
$F_M = 1000 \text{ kg} \cdot 7{,}9 \text{ m/s}^2$
$F_M = 7900 \text{ N} = 790 \text{ daN} (\approx 790 \text{ kg})$

2.3 Gewichtskraft

Eine spezielle Kraft ist die Gewichtskraft (F_G), diese bezeichnet die Kraft, mit der ein Körper von der Erde angezogen wird.
Die physikalische Einheit für die Gewichtskraft ist Newton [N]

$N = kg \cdot m/s^2$

Die Erde besitzt eine Anziehungskraft. Diese Anziehungskraft wirkt auf jeden Körper. Je größer die Masse eines Körpers, desto größer ist auch die Gewichtskraft.
Die Fallbeschleunigung beschleunigt einen Körper mit 1 g. Es wirkt die einfache Gewichtskraft. Demzufolge entsprechen 2 g dem Zweifachen der Fallbeschleunigung und damit verdoppelt sich auch die Gewichtskraft.

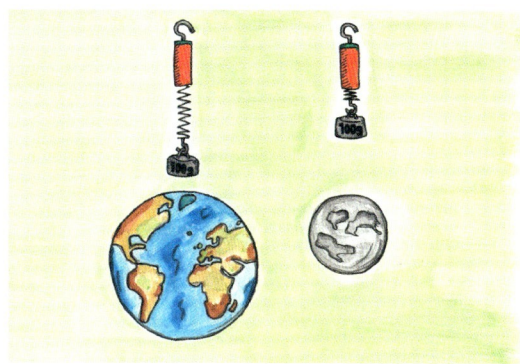

Auf dem Mond beträgt diese Anziehungskraft nur 1/6 g.

$1 \text{ g} = 9{,}81 \text{ m/s}^2$

Fallbeschleunigung

Formel für Gewichtskraft

$F_G = m \cdot g$

m = Masse [kg]
g = Fallbeschleunigung [m/s²]

Beispiel: Wie groß ist die Gewichtskraft F_G:
g = 9,81 m/s²
m = 1000 kg

$F_G = 1000 \text{ kg} \cdot 9{,}81 \text{ m/s}^2$
$F_G = 9810 \text{ N}$
$F_G = 981 \text{ daN}$

Die Gewichtskraft eines Körpers kann sich verändern, aber die Masse eines Körpers bleibt überall gleich. Die Gewichtskraft gibt an, welche Kraft ein Körper auf seine Aufstandsfläche ausübt.

Physikalische Grundlagen — Band 4

2.4 Geschwindigkeit

Die physikalische Einheit für die Geschwindigkeit (v) ist [m/s], ist die von einem Körper (z. B. Fahrzeug) zurückgelegte Wegstrecke pro Zeiteinheit. Die Geschwindigkeit ist also der Quotient aus Weg und Zeit.

$$v = \frac{s}{t}$$

s = Weg (m)
t = Zeit (s)

Im Allgemeinen wird die Geschwindigkeit in [km/h] angegeben. Für Berechnungen kann dieser Wert auch in [m/s] umgerechnet werden:

1 km = 1000 m
1 h = 3600 s
10 m/s · 3,6 = 36 km/h

Geschwindigkeit in km/h = Geschwindigkeit in m/s mal 3,6

Beispiel:
Ein Fahrzeug legt in einer 1 Stunde eine Strecke von 100 km zurück. Wie viele Meter legt es dabei pro Sekunde zurück?

v = 100 km/h
t = 1 h

$$v = \frac{100000 \text{ m}}{3600 \text{ s}} = 27{,}8 \text{ m/s}$$

Umrechnung der Geschwindigkeit in km/h:

v = 27,8 m/s · 3,6 = 100 km/h

Geschwindigkeit in km/h

2.5 Beschleunigung

Die physikalische Einheit für die Beschleunigung (a) ist [m/s²].
Beschleunigung ist die Änderung der Geschwindigkeit eines Körpers.
Die Beschleunigung ist jede Änderung der Geschwindigkeit, also eine Beschleunigung oder Verzögerung oder eine Richtungsänderung.

Dieses Phänomen können Sie z. B. bei einer Kurvenfahrt feststellen.
In einer sogenannten Hundskurve kann man dies besonders stark wahrnehmen.

Hundskurve

Physikalische Grundlagen — Band 4

Formel Beschleunigung

$$a = \frac{v}{t}$$

Beispiel Bremsvorgang:
Anfangsgeschwindigkeit 80 km/h

$$\frac{80 \text{ km/h}}{3{,}6} = 22{,}22 \text{ m/s}$$

$$a = \frac{22{,}22 \text{ m/s}}{6 \text{ s}} = 3{,}7 \text{ m/s}^2 \qquad\qquad a = \frac{22{,}22 \text{ m/s}}{4 \text{ s}} = 5{,}6 \text{ m/s}^2$$

Dauer der reinen Bremsung ohne Reaktionszeit: 6 Sekunden.   Dauer der reinen Bremsung ohne Reaktionszeit: 4 Sekunden.

> Bei gleicher Ausgangsgeschwindigkeit nimmt die Beschleunigung zu, wenn gleichzeitig die Bremszeit kürzer wird.

Berechnung der Kurvenbeschleunigung a_K:
a_K = Kurvenbeschleunigung [m/s²]
v_K = Kurvengeschwindigkeit [m/s]
r = Kurvenradius [m]

$$a_K = \frac{v_K^2}{r}$$

Kurvengeschwindigkeit v_K = 30 km/h

$$30 \text{ km/h} = \frac{30000 \text{ m}}{3600 \text{ s}} = 8{,}33 \text{ m/s} \qquad\qquad 30 \text{ km/h} = \frac{30000 \text{ m}}{3600 \text{ s}} = 8{,}33 \text{ m/s}$$

$$a_K = \frac{(8{,}33 \text{ m/s})^2}{30 \text{ m}} \qquad\qquad a_K = \frac{(8{,}33 \text{ m/s})^2}{15 \text{ m}}$$

$$a_K = 2{,}31 \text{ m/s}^2 \qquad\qquad a_K = 4{,}63 \text{ m/s}^2$$

Kurvenradius 30 m   *Kurvenradius 15 m*

Bei gleicher Geschwindigkeit nimmt die Beschleunigung zu, wenn der Kurvenradius abnimmt.

Beschleunigung einer rutschenden Ladung zum Zeitpunkt des Aufpralls (Unfall) an die Stirnwand vorne
Beispiel:
Eine Ladung mit einer Masse von 10 t rutscht auf der Ladefläche gegen die vordere Stirnwand.
Die Ladung kommt innerhalb von 0,15 s zum Stillstand. Die freistehende 10 t schwere Ladung wird in Fahrtrichtung beschleunigt.

Rutschgeschwindigkeit 20 km/h (5,55 m/s)   Rutschgeschwindigkeit 50 km/h (13,89 m/s)

$$a = \frac{5{,}55 \text{ m/s}}{0{,}15 \text{ s}} = 37 \text{ m/s}^2 \approx 3{,}78\,g \qquad\qquad a = \frac{13{,}89 \text{ m/s}}{0{,}15 \text{ s}} = 92{,}6 \text{ m/s}^2 \approx 9{,}44\,g$$

Die Wirkung der beschleunigten Ladung beim Aufprall ist vergleichbar mit dem 3,78-fachen Ladungsgewicht.   Die Wirkung der beschleunigten Ladung beim Aufprall ist vergleichbar mit dem 9,44-fachen Ladungsgewicht.

37 m/s² · 10000 kg = 370000 N = 37000 daN (≈ 37 t)   92,6 m/s² · 10000 kg = 926000 N = 92600 daN (≈ 93 t)

Physikalische Grundlagen

2.6 Fliehkraft

Die physikalische Einheit für die Fliehkraft (F_y) ist Newton.

$$N = kg \cdot m/s^2$$

Die Fliehkraft ist eine radial nach außen wirkende Trägheitskraft, wie sie z. B. bei Kurvenfahrten auftritt.
Sie entsteht, weil sich jede Masse, z. B. auch die Ladung, einer Bewegungsänderung widersetzen will.
Sie ist der Bewegungsänderung, z. B. einer reinen Kurvenbewegung oder einer Ausweichbewegung, entgegengerichtet.
Bei einem Einschwenken des Fahrzeugs in eine Kurve oder bei einem Ausweichmanöver wird die Ladung aufgrund ihrer Trägheit zum Kurvenaußenradius beschleunigt.

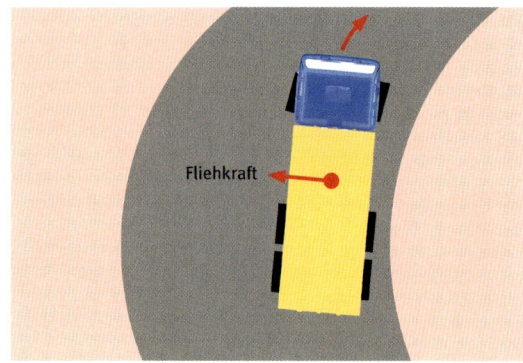

Die Fliehkraft (Querkraft) berechnet sich aus folgender Formel:

$$F_Y = m \cdot v^2/r$$

m = Masse [kg]
v = Geschwindigkeit [m/s]
r = Kurvenradius [m]

Die Fliehkraft wird größer, wenn:
- die Masse m größer wird,
- die Kurvengeschwindigkeit v größer wird oder
- der Kurvenradius r kleiner wird.

Beachten Sie, dass eine Verdopplung der Geschwindigkeit von z. B. 25 km/h auf 50 km/h zu einer Vervierfachung der Fliehkraft führt.

Beispiel 1
m = 1000 [kg]
v = 25 [km/h] ≈ 6,94 [m/s]
r = 40 [m]

$$F_Y = 1000 \text{ kg} \cdot \frac{(6{,}94 \text{ m/s})^2}{40 \text{ m}}$$

$$F_Y = 1204 \text{ N} \approx 120 \text{ daN}$$

Beispiel 2
m = 1000 [kg]
v = 50 [km/h] ≈ 13,89 [m/s]
r = 40 [m]

$$F_Y = 1000 \text{ kg} \cdot \frac{(13{,}89 \text{ m/s})^2}{40 \text{ m}}$$

$$F_Y = 4823 \text{ N} \approx 482 \text{ daN}$$

Bei Verdopplung der Geschwindigkeit vervierfacht sich die Fliehkraft (Querkraft).

2.7 Bewegungsenergie

Die physikalische Einheit für die kinetische Energie (Bewegungsenergie) ist Joule J (1 J = 1 Nm).

$$E_{Kin} = \frac{1}{2} \cdot m \cdot v^2$$

Die kinetische Energie steckt in der Masse eines bewegten Körpers. Die Energie ist sowohl von der Masse des Körpers als auch quadratisch von der Geschwindigkeit abhängig.
Wird die Geschwindigkeit verdoppelt, wird die Energie vervierfacht.
Die Einwirkdauer der Energie wird nicht berücksichtigt. Eine genaue Berechnung ist mit einfachen Mitteln nicht möglich.
Vereinfacht veranschaulichen folgende Faustregeln die Wirkung der Energie.

Ein Aufprall bei 50 km/h auf eine Wand entspricht einem Sturz aus 9 m Höhe oder ungefähr dem 3. Stock eines Gebäudes.
Ein Aufprall bei 100 km/h auf eine Wand entspricht einem Sturz aus fast 40 m Höhe oder ungefähr dem 13. Stock eines Gebäudes.

Die Belastung auf das Fahrzeug und auf die Ladung werden so hoch, dass es zur Zerstörung des Fahrzeugaufbaus oder der Ladung führen kann.

2.8 Reibung

Reibung ist ein wichtiger Bestandteil der Ladungssicherung. Ohne Reibung würde sich der Aufwand für die Ladungssicherung erheblich vergrößern. Generell unterscheiden wir zwei Arten der Reibung:

- Haftreibung ist die Reibung, die einen ruhenden Körper auf einer Oberfläche daran hindert zu rutschen. Sie sorgt also dafür, dass der Körper auf der Oberfläche seine Position beibehält.
Je rauer dabei die Oberflächen beider Körper sind, desto schwieriger wird es, den ruhenden Körper auf der Oberfläche in Bewegung zu setzen.
- Gleitreibung ist die Reibung, die bei einem schon rutschenden Körper auftritt und das Weiterrutschen erschwert. Der Körper, der auf einer Oberfläche bereits rutscht, führt diese Bewegung nie reibungsfrei aus.

Wenn wir eine Kiste auf der Ladefläche verschieben, muss dazu eine Kraft aufgebracht werden. Die Kraft, die aufgewendet werden muss, ist zunächst zur Überwindung der Haftreibung notwendig und wird deshalb Haftreibungskraft genannt.

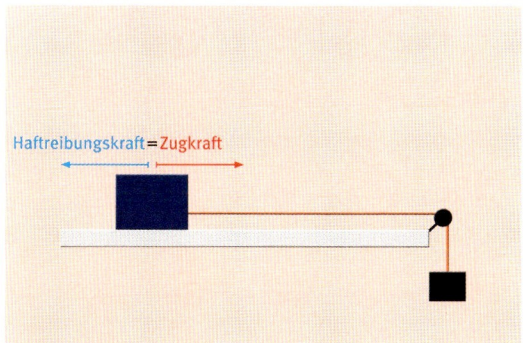

Körper ist noch in Ruhe.

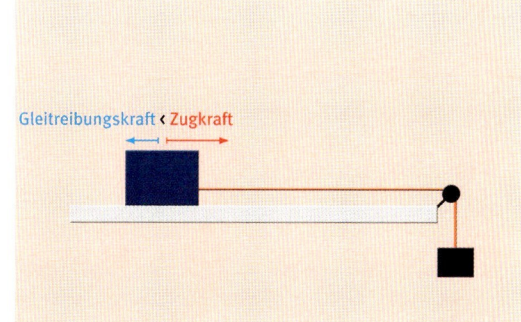

Körper rutscht bereits.

Die Haftreibungskraft ist bei gleichen Randbedingungen grundsätzlich größer als die Gleitreibungskraft.

Ein Maß für die Reibung ist die Reibungszahl. Sie hat keine Dimension und liegt immer zwischen 0 und 1. Die Formel, mit der die Reibungszahlen berechnet werden, wird Coulomb'sches Reibungsgesetz genannt. Die Reibungszahlen hängen von der Reibkraft und der Gewichtskraft ab.

Physikalische Grundlagen — Band 4

μ = Reibbeiwert
Den Reibbeiwert bezeichnen wir mit dem griechischen Buchstaben μ, der „mü" ausgesprochen wird.
$μ_S$ ist der statische Reibbeiwert für die Haftreibung zwischen der Ladung und der Ladefläche.
$μ_D$ ist der dynamische Reibbeiwert für die Gleitreibung zwischen der Ladung und der Ladefläche während der Bewegung der Ladung.

F_F = Reibungskraft [N]
ist die Kraft, die durch Reibung zum Beispiel zwischen Ladung und Ladefläche eines Fahrzeugs gegen die Bewegung der Ladung wirkt.
F_G = Gewichtskraft [N]
ist die Kraft, mit der die Ladung auf die Ladefläche drückt.

$$F_F = F_G \cdot μ$$

Die Reibung zwischen Ladung und Ladefläche kann durch Vibrationen und Stöße, die bei allen Transporten auftreten, stark vermindert werden. Auch durch Nässe, Öl, Fett oder Eis wird sie in jedem Fall vermindert!

Das ist der Grund, warum wir für die Berechnung der Ladungssicherung ausschließlich den dynamischen Reibbeiwert verwenden.

Beispiel:
Ein Mann schiebt eine Kiste einmal auf Eis und einmal auf der Ladefläche eines Lkw.

F_F = 1000 daN · 0,01 = 10 daN

F_F = 1000 daN · 0,3 = 300 daN

Der Reibbeiwert μ ist unabhängig von dem Gewicht der Ladung, er ist eine Konstante für eine bestimmte Materialpaarung, der hauptsächlich durch die „Oberflächenrauheit" zustande kommt.
Je höher der Reibbeiwert ist, desto geringer ist die noch verbleibende Sicherungskraft!

Physikalische Grundlagen — Band 4

Der Reibbeiwert µ ist unabhängig von der Größe der sich berührenden Flächen, er ist eine Konstante bei gleichen Materialpaarungen und gleicher Rauigkeit.

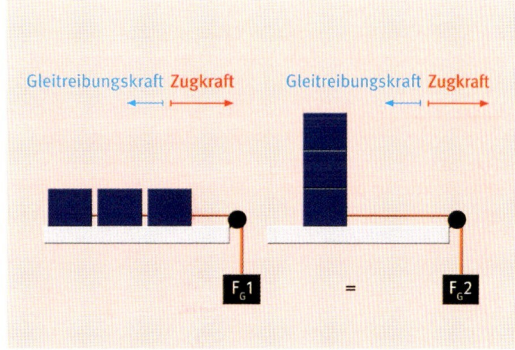

Die Gleitreibungskraft ist in beiden Fällen gleich groß

In beiden Fällen muss bei gleichem dynamischen Reibbeiwert die gleiche Kraft F aufgewendet werden, um die Körper aus der Ruhelage heraus in Bewegung zu halten. Durch Reibung allein ist eine Ladungssicherung nicht möglich.
Die in der Literatur angegebenen Reibwerte gelten in der Regel für ideale d. h. saubere und trockene Oberflächen.
Mit den Werten ist nur eine grobe Abschätzung der realen Reibwerte möglich.
Die nebenstehende Tabelle zeigt eine kleine Auswahl von Ladegut-Ladeflächen-Kombinationen und deren dynamischen Reibbeiwerte.

Reibpaarung		Empfohlener dynamischer Reibbeiwert μ_D
Ladefläche	Ladungsträger/Ladegut	
Sperrholz, melaminharzbeschichtet, glatte Oberfläche	Europaletten (Holz)	0,20
	Gitterboxpaletten (Stahl)	0,25
	Kunststoffpaletten (PP)	0,20
Sperrholz, melaminharzbeschichtet, Siebstruktur	Europaletten (Holz)	0,25
	Gitterboxpaletten (Stahl)	0,25
	Kunststoffpaletten (PP)	0,25
Aluminiumträger in der Ladefläche – Lochschienen	Europaletten (Holz)	0,25
	Gitterboxpaletten (Stahl)	0,35
	Kunststoffpaletten (PP)	0,25

Quelle: BGI 649 Ladungssicherung auf Fahrzeugen
Ein Handbuch für Unternehmer, Einsatzplaner, Fahr- und Ladepersonal

2.9 Standsicherheit des Ladegutes

Die durch Bremsen, Beschleunigen und Kurvenfahren entstehenden Kräfte können das Ladegut zum Kippen bringen.
Hier hat die Lage des Schwerpunktes der Ladegüter einen großen Einfluss.
Der Schwerpunkt ist der Massenmittelpunkt der Ladegüter. Bei Kisten mit gleichmäßiger Verteilung der Masse oder gleichmäßig beladenen Paletten ist der Schwerpunkt in etwa im geometrischen Mittelpunkt des Ladegutes.

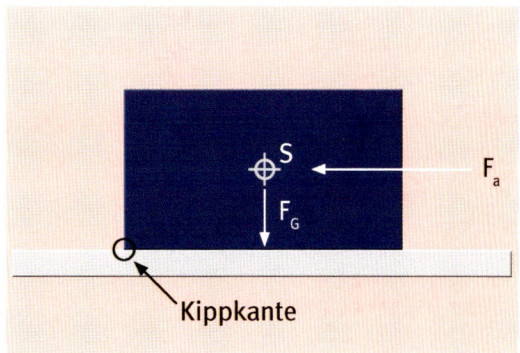

Physikalische Grundlagen

Band 4

Wenn der Schwerpunkt der Ladegüter erkennbar im geometrischen Mittelpunkt liegt, wird keine Kennzeichnung aufgebracht.
Liegt der Schwerpunkt in einer Überseekiste nicht im geometrischen Mittelpunkt, muss er durch ein grafisches Symbol gekennzeichnet sein.
Das Symbol ist an mindestens zwei benachbarten Seiten des Ladegutes sichtbar anzubringen.
Die Kennzeichnung des Schwerpunktes ist vom Absender anzubringen.

Symbol Schwerpunkt nach DIN 55402-1

Je höher der Schwerpunkt der Ladung, desto größer ist die Kippgefährdung.

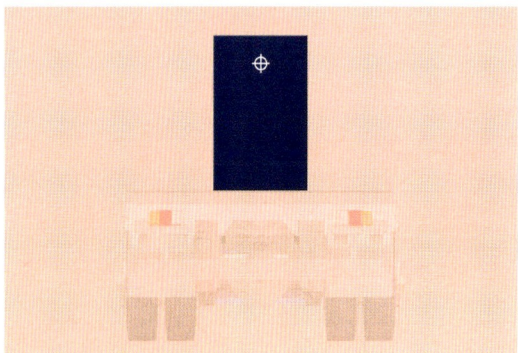

Hoher Schwerpunkt

Niedriger Schwerpunkt

Bei mittigem Schwerpunkt der Ladung lässt sich die Standsicherheit der Ladung einfach errechnen.
Die Ladung ist dann als standsicher zu betrachten, wenn das Verhältnis L/H nach vorne größer als 0,8, entgegen der Fahrtrichtung größer als 0,5 und quer zur Fahrtrichtung das Verhältnis Breite zu Höhe größer als 0,6 ist (DIN EN 12195-1 und VDI 27000 Blatt 2).
Das bedeutet:

Eine nicht standsichere Ladung muss gegen Rutschen und Kippen, eine standsichere Ladung nur gegen Rutschen gesichert werden.

Berechnung der Standsicherheit:
L = Länge der Ladung in Fahrtrichtung
B = Breite der Ladung quer zur Fahrtrichtung
H = Höhe der Ladung

Physikalische Grundlagen **Band 4**

Standsicherheit in Fahrtrichtung = L/H › 0,8 nach vorne bzw. › 0,5 nach hinten: keine Kippgefährdung

Standsicherheit quer zur Fahrtrichtung = B/H › 0,6: keine Kippgefährdung

1. Beispiel in Fahrtrichtung:
In Fahrtrichtung erforderlich: L/H › 0,8 sonst Kippgefährdung
Länge der Ladung: 1 m,
Höhe der Ladung: 2 m,
Breite der Ladung: 1 m

$$\frac{1\,m}{2\,m} = 0{,}5$$

0,5 ist kleiner als 0,8.
Die Ladung ist kippgefährdet, somit ist zusätzlich eine Sicherung gegen Kippen erforderlich.

2. Beispiel quer zur Fahrtrichtung:
Quer zur Fahrtrichtung erforderlich: B/H › 0,6
sonst Kippgefährdung
Länge der Ladung: 1 m,
Höhe der Ladung: 2 m,
Breite der Ladung: 1 m

$$\frac{1\,m}{2\,m} = 0{,}5$$

0,5 ist kleiner als 0,6
Die Ladung ist kippgefährdet, somit ist zusätzlich eine Sicherung gegen Kippen erforderlich.

3. Beispiel entgegen der Fahrtrichtung:
Entgegen der Fahrtrichtung erforderlich: L/H › 0,5
sonst Kippgefährdung
Länge der Ladung: 2 m,
Höhe der Ladung: 2 m,
Breite der Ladung: 2 m

$$\frac{2\,m}{2\,m} = 1$$

1 ist größer als 0,5
Die Ladung ist nicht kippgefährdet, somit kann auf eine Sicherung gegen Kippen entgegen der Fahrtrichtung (nicht aber gegen Rutschen) verzichtet werden.

Physikalische Grundlagen — Band 4

Standsicherheit bei außermittiger Schwerpunktlage

Liegt der Schwerpunkt nicht in der geometrischen Mitte der Ladegüter, lässt sich die Kippgefährdung wie folgt berechnen:
Jede horizontale Beschleunigungskraft versucht das Ladegut zu kippen. Es entsteht ein Kippmoment (M_K).
Dem entgegen wirkt das Standmoment (M_S).
Ist das Kippmoment größer als das Standmoment, führt dies zum Kippen des Ladegutes.
$M_K > M_S$ → kippgefährdet
$M_K < M_S$ → standsicher

Beispiel:
F_a = Beschleunigungskraft
F_G = Gewichtskraft
b_S = Abstand Schwerpunkt-Kippkante
h_S = Höhe Schwerpunkt

$M_K = F_a \cdot h_S$
$M_S = F_G \cdot b_S$

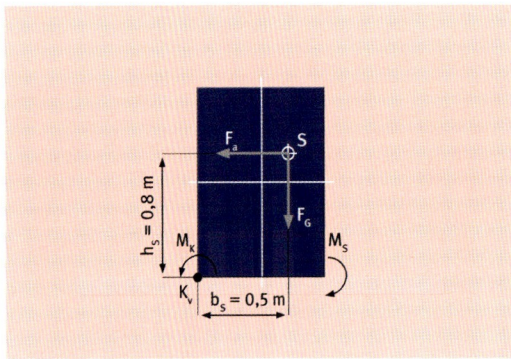

Masse der Ladung = 1000 kg
Höhe Schwerpunkt = 0,8 m
Entfernung Schwerpunkt-Kippkante = 0,5 m
Breite der Ladung = 0,7 m
Beschleunigungsbeiwert c_x = 0,8

$M_K = F_a \cdot h_S$
$M_K = (1000 \text{ kg} \cdot 9{,}81 \text{ m/s}^2 \cdot 0{,}8) \cdot 0{,}8 \text{ m}$
$M_K = 6278 \text{ Nm}$

$M_S = F_G \cdot b_S$
$M_S = (1000 \text{ kg} \cdot 9{,}81 \text{ m/s}^2) \cdot 0{,}5 \text{ m}$
$M_S = 4905 \text{ Nm}$

Physikalische Grundlagen

Band 4

Das Kippmoment ist größer als das Standmoment → **Kippgefährdung**

Ladungssicherungshilfsmittel, die zur Kippsicherung eingesetzt werden, sind möglichst hoch, mindestens in Höhe des Massenschwerpunktes der Ladung, anzubringen.
Die Kippgefährdung wird bei der Berechnung der Ladungssicherung durch einen Sicherheitsfaktor berücksichtigt, der zu der maximalen Querbeschleunigung addiert wird. In der DIN EN 12195 wird dieser Wert mit 0,1 angegeben.
Zum Beschleunigungsbeiwert quer zur Fahrtrichtung = 0,5 wird im Straßenverkehr ein Sicherheitsfaktor von 0,1 addiert:
(0,5 + 0,1 = 0,6).

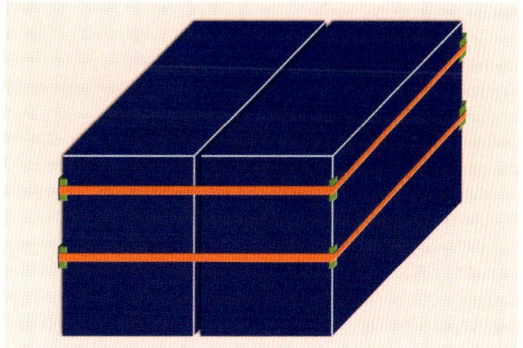

Umreifte Ladegüter
Durch Umreifung von einzeln kippgefährdeten Ladegütern, z. B. mit Spanngurten, können größere Ladeeinheiten gebildet werden, die dann standsicher sind.

Die Standsicherheitsberechnungen, auch bei außermittiger Schwerpunktlage, sind vom Absender durchzuführen, weil nur er über die notwendigen Informationen verfügt.

Physikalische Grundlagen — Band 4

2.10 Dynamische Beanspruchung im Straßenverkehr

Beschleunigungsbeiwerte

Die Transportbelastungen im Straßenverkehr werden durch Bremsen, Beschleunigen, Kurvenfahren und zusätzlich durch Unebenheiten der Straße, wie zum Beispiel Bahnübergänge und Schlaglöcher, hervorgerufen.

Die im Straßenverkehr maximal auftretenden Belastungen sind im Bild schematisch dargestellt und entsprechen den in der EN 12195-1 aufgeführten Beschleunigungsbeiwerten.

Ein Beschleunigungsbeiwert von 0,8 für die Sicherung in Längsrichtung vorwärts bedeutet, dass 80 % des Gewichtes der Ladung in Fahrtrichtung gesichert werden müssen.

Der Beschleunigungsbeiwert von 0,5 entgegen der Fahrtrichtung bedeutet, dass 50 % des Gewichtes der Ladung entgegen der Fahrtrichtung gesichert werden müssen. Der Beschleunigungsbeiwert von 0,5 (quer zur Fahrtrichtung) bzw. 0,6 (bei kippgefährdeter Ladung) bedeutet, dass 50 % bzw. 60 % des Gewichtes der Ladung quer zur Fahrtrichtung gesichert werden müssen.

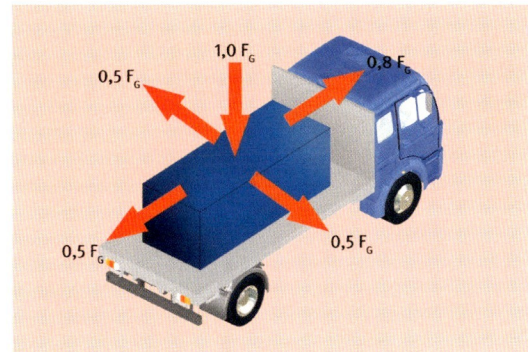

Transportbeanspruchungen im Straßenverkehr nach DIN EN 12195-1 und VDI 2700 ff.

Sicherung in	Beschleunigungsbeiwerte				
	c_{x1} längs		c_{y1} quer		c_{z1} vertikal nach unten
	vorwärts	rückwärts	nur Rutschen	Kippen	
Längsrichtung	0,8	0,5[b]	–	–	1,0
Querrichtung	–	–	0,5	0,5 + 0,1[a]	1,0

[a] +0,1 nur für instabile Ladungen (EN 12195-1)
[b] +0,1 nur für instabile Ladungen (VDI 2700 Blatt 2)

Arten der Ladungssicherung

3. Arten der Ladungssicherung

3.1 Einleitung

In der Ladungssicherung unterscheiden wir im Wesentlichen zwischen formschlüssiger und kraftschlüssiger Ladungssicherung. Eine schnelle und wirtschaftlich sinnvolle Ladungssicherung erzielen Sie in der Praxis durch eine Kombination aus Form- und Kraftschluss.
Nachfolgend sind sie unterschiedlichen Sicherungsarten beschrieben. Generell muss die Ladung in alle Richtungen gesichert sein.

3.2 Kraftschlüssige Ladungssicherung

Kraftschlüssige Ladungungssicherung wird durch Nierderzurren der Ladung auf die Ladefläche erreicht.
Beim Niederzurren wird das Ladegut mit einem oder mehreren Zurrmitteln auf die Ladefläche gepresst. Hierbei wird die wirksame Reibkraft erhöht, die ein Verrutschen der Ladung verhindern soll. Die Zurrmittel können im Zurrpunkt bzw. an geeigneten Stellen am Außenrahmenprofil eingehängt werden.

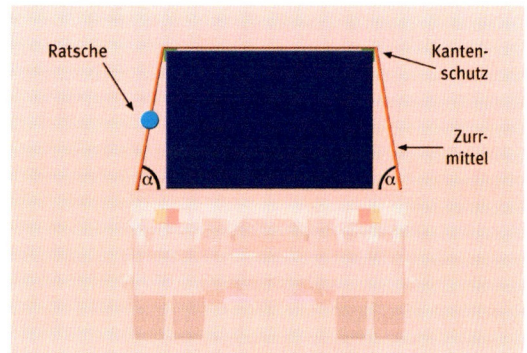

Niederzurren

Werden mehr als zwei Zurrmittel bei einem Ladegut eingesetzt, sollten die Spannelemente (z. B. Ratsche) wechselseitig eingesetzt werden.

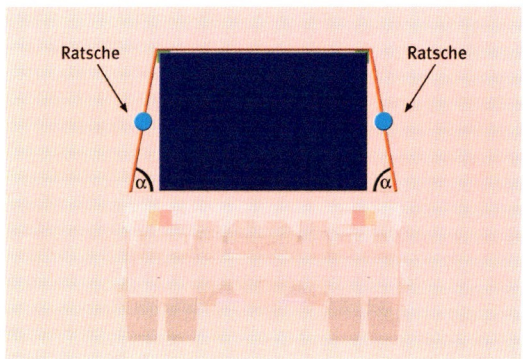

Zwei Ratschen in einem Zurrstrang

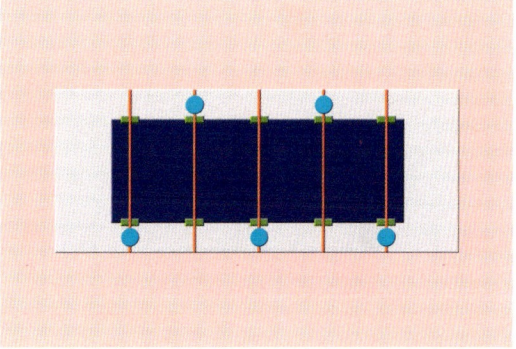

Ratschen wechselseitig eingesetzt

Beim Einsatz von zwei Ratschen in einem Zurrstrang haben wir auf beiden Seiten die gleiche Vorspannkraft. Der Übertragungsbeiwert „k" beträgt damit 2.

Beim Einsatz von einer Ratsche im Zurrstrang (das ist der Normalfall) haben wir auf der Ratschenseite eine höhere Vorspannkraft als auf der gegenüberliegenden Seite. Der Übertragungsbeiwert „k" beträgt 1,8. Das liegt an der Reibung zwischen Gurtband und Ladegut bzw. Kantenschutzwinkel im Bereich der Umlenkung.

Arten der Ladungssicherung — Band 4

3.3 Formschlüssige Ladungssicherung

Beim Formschluss muss die Ladung bündig an der Stirnwand, der Bordwand oder an Steckrungen anliegen. Formschluss kann auch durch Abstützen mit gesicherten Kanthölzern erreicht werden. In den nachfolgenden Beispielen ist nur eine Sicherung in Fahrzeuglängsachse nach vorn dargestellt. Die Ladung muss selbstverständlich in alle Richtungen gesichert werden.

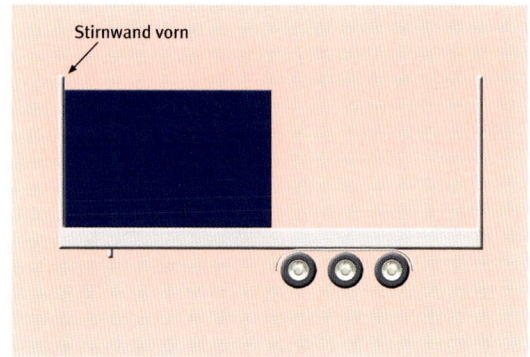

Formschluss durch die Stirnwand vorn

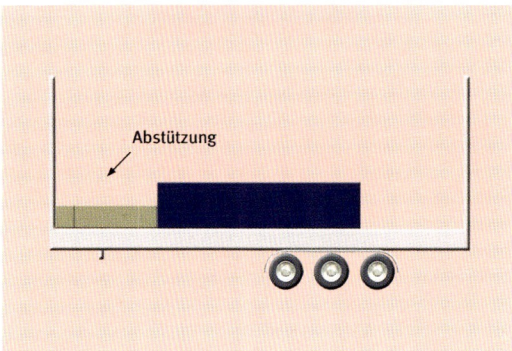

Formschluss nach vorn durch Abstützen an der Stirnwand

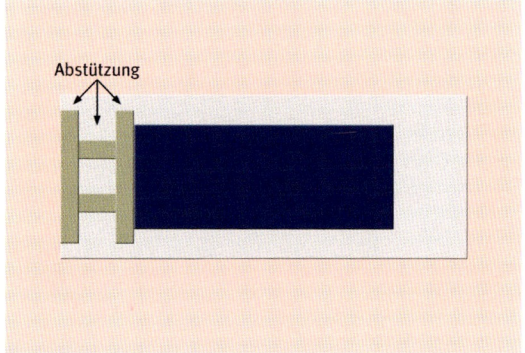

Formschluss nach vorn durch Abstützen an der Stirnwand

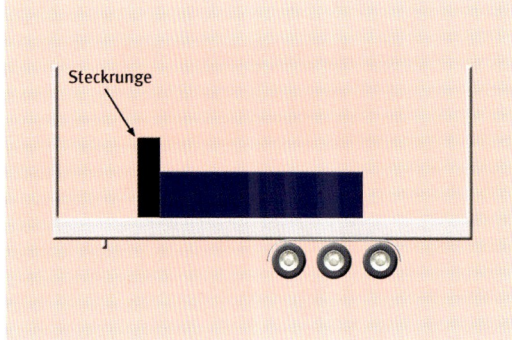

Formschluss nach vorn durch Abstützen an den Steckrungen

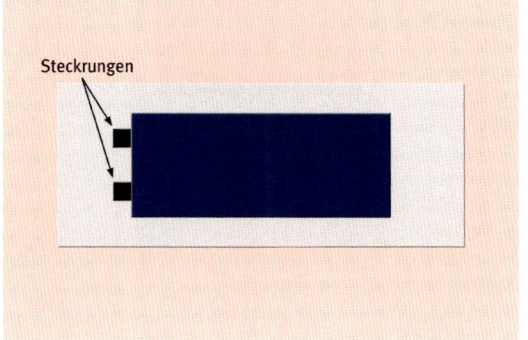

Formschluss nach vorn durch Abstützen an den Steckrungen

Kombinierte Ladungssicherung
Die Ladung steht formschlüssig an den Steckrungen vorne an. Zur Seite und nach hinten wird die Ladung zusätzlich gesichert, zum Beispiel durch Niederzurren.

Arten der Ladungssicherung

Band 4

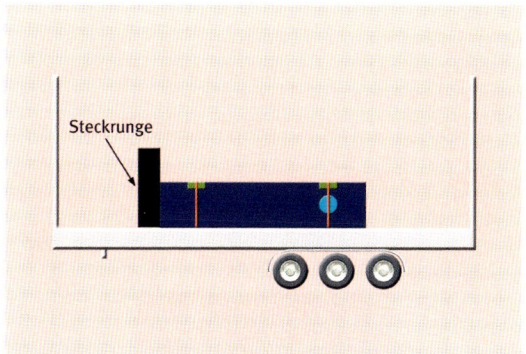

Kombinierte Ladungssicherung, Seitenansicht

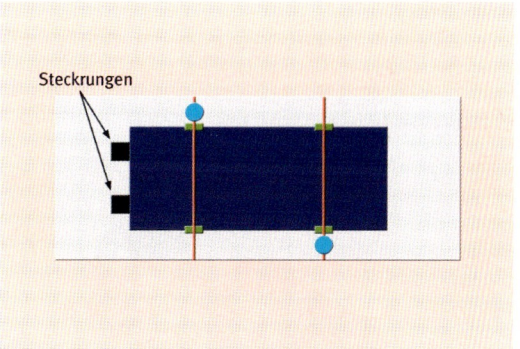

Kombinierte Ladungssicherung, Draufsicht

Direktzurren

Beim Direktzurren wird die Ladung mit Zurrmitteln „festgehalten". Bei dieser Sicherungsmethode werden Zurrpunkte am Fahrzeug benötigt. Nachfolgend werden die gängigen Direktzurrmethoden vorgestellt. Beim Direktzurren, mit Ausnahme der Rückhaltesicherung, handelt es sich um eine kombinierte Ladungssicherung aus Form- und Kraftschluss.

Untersuchungen zum Einfluss der Vorspannkraft beim Direktzurren haben ergeben, dass sich die Vorspannkraft und die Trägheitskraft bis zu 100 % addieren. Das führt dazu, dass die mit dem Spannmittel aufgebrachte Vorspannkraft von der jeweiligen max. zulässigen Zugkraft (LC) des Zurrmittels in Abzug zu bringen ist. Ist die LC des Zurrmittels größer als die zulässige Belastung des Zurrpunktes bzw. des Befestigungspunktes an der Ladung, ist die Vorspannkraft vom schwächsten Glied in Abzug zu bringen. Der so ermittelte Differenzbetrag stellt die noch zur Verfügung stehende Sicherungskraft, die bei der Berechnung zugrunde gelegt werden muss, dar.

Rückhaltesicherung nach vorne

Die Rückhaltesicherung kann auch als Abschlusssicherung gegen Verrutschen der Ladung nach hinten eingesetzt werden.

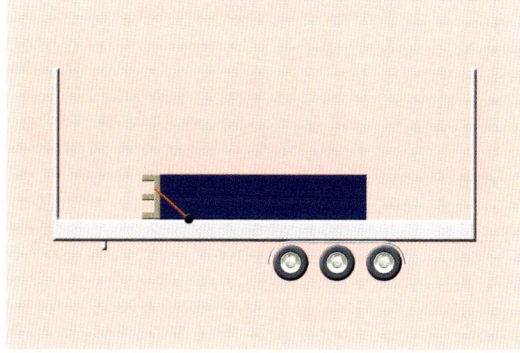

Rückhaltesicherung zur Sicherung der Ladung nur nach vorn, Seitenansicht

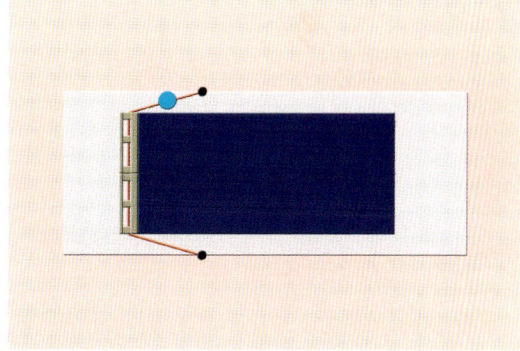

Rückhaltesicherung zur Sicherung der Ladung nur nach vorn, Draufsicht

Arten der Ladungssicherung

Band 4

Schrägzurren

Beim Schrägzurren quer zur Fahrzeuglängsachse werden neben den Zurrpunkten am Fahrzeug auch Befestigungspunkte an der Ladung benötigt. Die Ladung muss im vorliegenden Beispiel noch in Fahrzeuglängsachse nach vorn und hinten gesichert werden. Bei dieser Sicherungsmethode handelt es sich um eine kombinierte Ladungssicherung aus Form- und Kraftschluss.

Beim Schrägzurren werden mindestens vier Zurrmittel benötigt, um die Ladung gegen seitliches Verrutschen zu sichern.

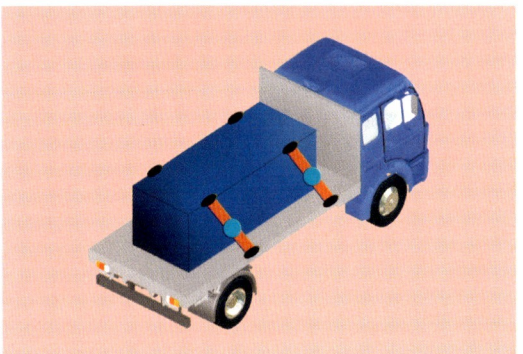

Schrägzurren mit Zurrgurten

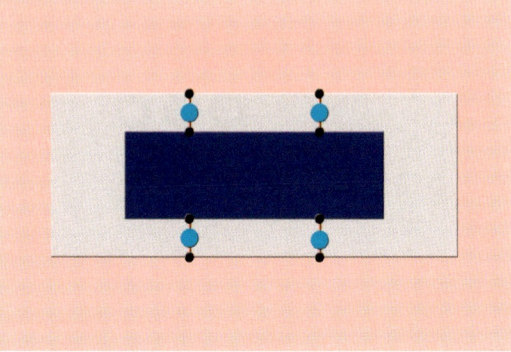

Schrägzurren mit Zurrgurten, Draufsicht

Soll eine Ladung nur mittels Schrägzurren gesichert werden, müssten acht Zurrmittel zum Einsatz kommen.

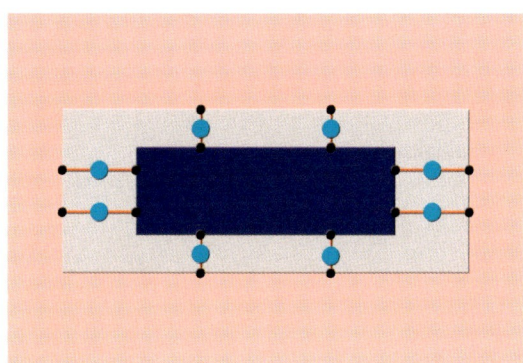

Schrägzurren mit acht Zurrmitteln

Arten der Ladungssicherung

Band 4

Diagonalzurren

Beim Diagonalzurren werden wie beim Schrägzurren Zurrpunkte am Fahrzeug sowie Befestigungspunkte an der Ladung benötigt. Die Ladung wird mit mindestens vier Zurrmitteln gesichert.

Heckansicht

Sicht von oben

Weitere Ausführungen der Diagonalzurrungen

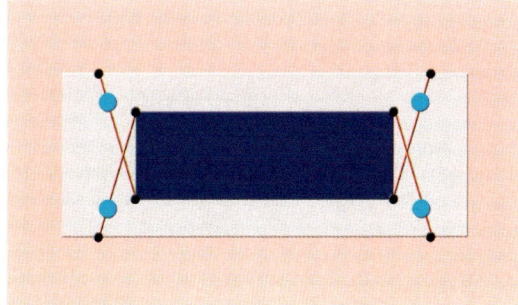

Diagonalzurren

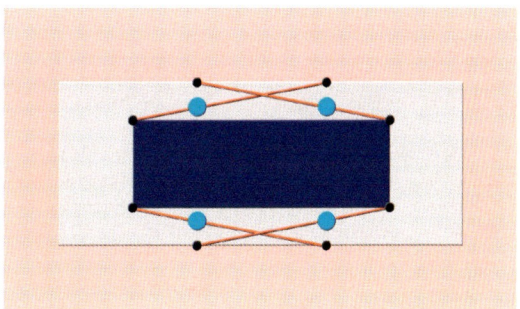

Diagonalzurren

Schlingenzurren

Beim Schlingenzurren werden die Zurrmittel um die Ladung herum gelegt und an Zurrpunkten befestigt.
Bei dieser Zurrmethode müssen Zurrpunkte benutzt werden, die eine Belastung bei kleinstem Zurrwinkel erlauben. Die zulässige Belastung der Zurrpunkte in den jeweiligen Winkelbereichen ist im Kapitel Zurrpunkte aufgeführt. Das unten aufgeführte Schlingenzurren ist erst wirksam, wenn mindestens drei Zurrmittel mit ausreichender zulässiger Zurrkraft eingesetzt werden, damit auch ein Verdrehen der Ladung ausgeschlossen wird.

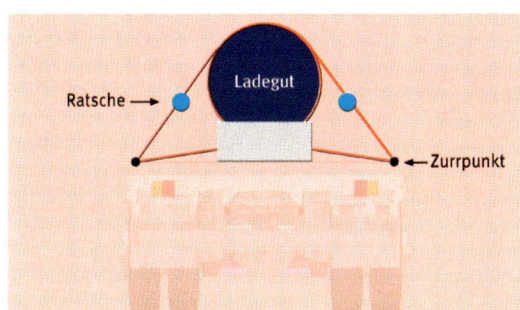

Sicherung quer zur Fahrzeuglängsachse

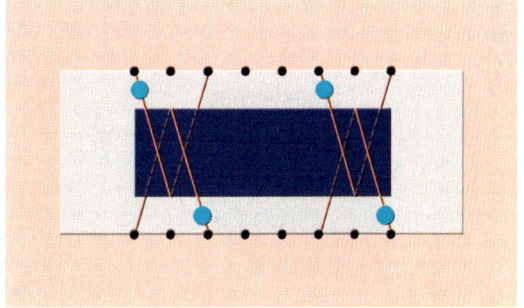

Sicht von oben: Gestrichelte Linie, Zurrmittel liegt unter der Ladung. Die Ladung muss zusätzlich nach vorne und hinten gesichert werden.

Berechnungen

4 Berechnungen

4.1 Einleitung

Sie übernehmen eine neue Ladung. Dazu wollen Sie überprüfen, ob die vom Verlader vorgegebene Ladungssicherungsmaßnahme die bei einem normal verlaufenden Transport auftretenden Kräfte sicher aufnehmen kann.
Die Ladung besteht aus Kunststoffkanistern, die ein Einzelgewicht von 20 kg haben.
Insgesamt 18 Kanister stehen auf einer Palette in drei Lagen zu je sechs Kanistern. Die Ware auf der Palette ist mit Wickelfolie zu einer transportsicheren Ladeeinheit zusammengefasst. Nun steht die einzelne Palette mitten auf der Ladefläche und soll gesichert werden.
Wie gehen Sie vor?
Mit einem Zurrgurt niederzurren?
Das wird wohl schiefgehen, weil die Ware zerdrückt wird!
Formschlüssig sichern? Das könnte funktionieren. Womit können Sie den Formschluss herstellen?
Wie hoch sind die auf die Ladung einwirkenden Kräfte?

Einige Fragen können Sie nicht alleine beantworten. Hier müssen Sie den Absender um die notwendigen Informationen bitten, wie z. B.
- Gewicht der Ladung,
- erlaubte Ladungssicherungsmethode.

> Unabhängig von der Art der Ladungssicherung gilt immer:
> Ware und Ladungssicherungshilfsmittel müssen für die Ladungssicherungsmaßnahme geeignet sein.

Damit Sie eine Ladungssicherung berechnen können, haben Fachleute in der Vergangenheit zahlreiche Fahrversuche durchgeführt und Berechnungsformeln entwickelt. Diese Berechnungsformeln sind in der Norm DIN EN 12195 „Ladungssicherungseinrichtungen auf Straßenfahrzeugen – Sicherheit – Teil 1: Berechnung von Zurrkräften" und darüber hinaus in Deutschland in der VDI Richtlinie 2700 Blatt 2 Ladungssicherung auf Straßenfahrzeugen, Zurrkräfte zusammengefasst.

Erschrecken Sie nicht vor den Formeln, sie sehen auf den ersten Blick komplizierter aus, als sie es tatsächlich sind.

Die DIN EN 12195-1 und die VDI-Richtlinie 2700 Blatt 2 gehen bei ihren Berechnungsformeln von folgenden Parametern aus:
- Die Schwerpunktlage ist in der Mitte der Ladung.
- Die Zurrmittel sind immer gleich lang.
- Die eingesetzten Zurrmittel haben die gleiche Dehnung.
- Die eingesetzten Zurrmittel sind gleich fest angezogen.
- Die Zurrmittel haben einen gleichen Zurrwinkel.
- Das Ladungsgut ist formstabil.

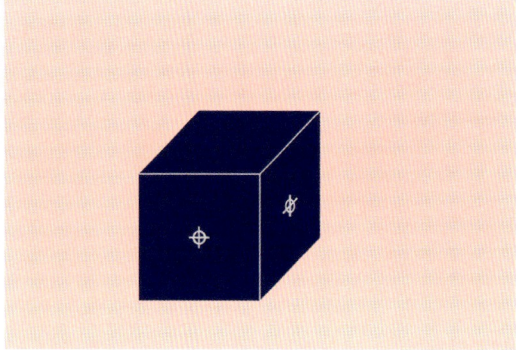

Schwerpunkt ist mittig.

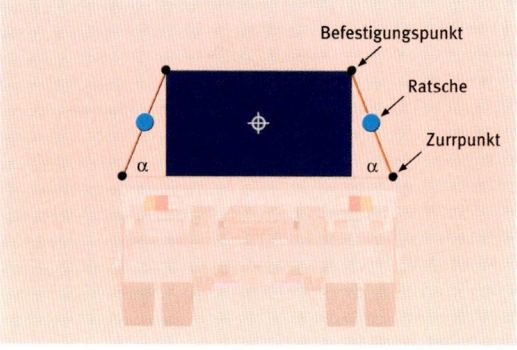

Ladung ist formstabil, der Schwerpunkt ist mittig.

Berechnungen — Band 4

4.2 Reibkraft

Wir beginnen mit der Sicherung der Ladung nur über die Reibung.
Eine Ladung wiegt 500 kg. Wir berechnen, wie groß die Kraft ist, die die Ladung am Rutschen hindert.

Diese Kraft nennt man Reibkraft (F_r). Zur Berechnung der Reibkraft benötigen wir den dynamischen-Reibbeiwert (μ_D) und das Gewicht der Ladung.
Wir nehmen einmal den Wert 0,6 bei rutschhemmendem Material an.

$$F_F = m \cdot g \cdot \mu_D$$
$$F_F = 500 \text{ kg} \cdot 9{,}81 \, \frac{m}{s^2} \cdot 0{,}6 = 2943 \text{ N}$$
$$F_F = 294{,}3 \text{ daN}$$

Die Reibkraft beträgt knapp 300 daN oder knapp 300 kg.

Auch wenn die Reibkraft durch das rutschhemmende Material sehr groß ist, können wir die Ladung nicht ausschließlich dadurch sichern. Sie muss noch durch weitere Maßnahmen gegen Verrutschen gesichert werden.

> Eine Sicherung der Ladung alleine durch Reibung reicht nicht aus. Vertikale Beschleunigungen während des Transportes reduzieren die Reibkraft, wodurch ein Verrutschen der Ladung begünstigt wird.

4.3 Verbleibende Sicherungskraft

Aus den physikalischen Grundlagen kennen wir die maximal zu erwartenden Massenkräfte. Welche Kraft von der Ladungssicherung noch zu übernehmen ist, können wir nun wie folgt berechnen:

Verbleibende Sicherungskraft (F_{verbl}) = Massenkraft (F_M) - Reibungskraft (F_r)

Eine Ladeeinheit mit einem Gewicht von 10 t (10000 kg) steht auf rutschhemmendem Material, das einen Gleit-Reibbeiwert von 0,6 hat. Die Ladung soll auf einem Straßenfahrzeug von Hamburg nach München transportiert werden. Die maximale Massenkraft erhalten wir bei einer Vollbremsung. Die negative Beschleunigung beträgt hierbei 0,8 g. Das sind ca. 7,9 m/s².

Massenkraft F_M:

$F_F = 10000 \text{ kg} \cdot 7{,}9 \text{ m/s}^2$
$F_F = 79000 \text{ N} = 7900 \text{ daN (ca. 7,9 t)}$

$F_F = 10000 \text{ kg} \cdot 9{,}81 \text{ m/s}^2 \cdot 0{,}6$
$F_F = 58860 \text{ N} = 5886 \text{ daN (ca. 5,9 t)}$

Die Reibkraft F_F errechnet sich aus der Gewichtskraft F_G ($F_G = m \cdot g$) mal dem dynamischen-Reibbeiwert μ_D.

Berechnungen

Band 4

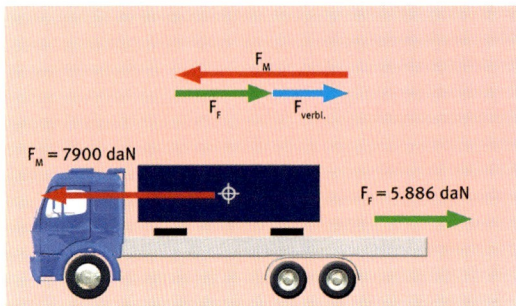

$F_{verbl.}$ = 7900 daN - 5886 daN

$F_{verbl.}$ = 2014 daN (ca. 2 t)

Die Ladung wird formschlüssig an der vorderen Stirnwand gesichert. Diese muss die verbleibende Sicherungskraft [F_{verbl} = 2014 daN (ca. 2 t)] sicher aufnehmen können.

Rechnen Sie jetzt einmal aus, welche Kraft die Stirnwand aufnehmen muss, wenn kein rutschhemmendes Material eingesetzt wird und der Gleit-Reibbeiwert 0,2 beträgt.

$F_{verbl.}$ = 7900 daN - _____ daN

$F_{verbl.}$ = _____ daN

Die Stirnwand hat ein zulässiges Kraftaufnahmevermögen von 4000 daN (Blockierkraft BC). Wie schwer darf die Ladung maximal sein, damit sie noch von der Stirnwand gesichert werden kann, wenn der Gleit-Reibbeiwert 0,2 beträgt?
In der nebenstehenden Tabelle suchen Sie unter BC den Wert 4000, beim Gleit-Reibbeiwert suchen Sie den Wert 0,2.
Die gedachten Linien treffen sich bei dem Zahlenwert 6,6. Die Ladung darf 6,6 t schwer sein.

	Gleit-Reibbeiwert μ_D				
BC in daN	**0,2**	**0,3**	**0,4**	**0,5**	**0,6**
5.000	8,3	10	12,5	16,6	25
4.000	6,6	8	10	13,3	20
3.000	5	6	7,5	10	15
2.000	3,3	4	5	6,6	10
1.000	1,6	2	2,5	3,3	5

Hier sind beispielhaft die maximalen Ladungsgewichte (in t) bei den jeweiligen Blockierkräften (in daN) in Fahrzeuglängsachse nach vorn und den unterschiedlichen Gleit-Reibbeiwerten dargestellt.

In diesem Beispiel darf die Gewichtskraft 6,6 t betragen.
Die Sicherung der Ladung zur Seite und nach hinten muss auch noch durchgeführt werden.

Berechnungen

4.4 Niederzurren

Das Niederzurren ist die wohl am häufigsten angewandte Art der Ladungssicherung. Die Ladung wird mit Hilfe von Zurrmitteln auf die Ladefläche gepresst, man spricht von Kraftschluss.
Wie viele Zurrmittel eingesetzt werden müssen, um eine ausreichende Anpressung zu erzielen, hängt auch vom Gleit-Reibbeiwert ab.
Je geringer der Gleit-Reibbeiwert ist, desto mehr Zurrmittel müssen eingesetzt werden.

Niederzurren, prinzipielle Darstellung

Die mit der Ratsche eingeleitete Vorspannkraft S_{TF} kommt nicht auf der anderen Seite an. Schuld daran ist die Reibung zwischen Zurrmittel und zum Beispiel dem Kantenschutzwinkel. In zahlreichen Versuchen konnte festgestellt werden, dass bis zu 20 % der Vorspannkraft durch diese Reibung verloren geht.
Wenn rutschhemmendes Material oder gummierte Schutzschläuche als Kantenschutzwinkel eingesetzt werden, ist der Kraftverlust besonders groß, sodass mehr als 20 % der Vorspannkraft verloren gehen können.

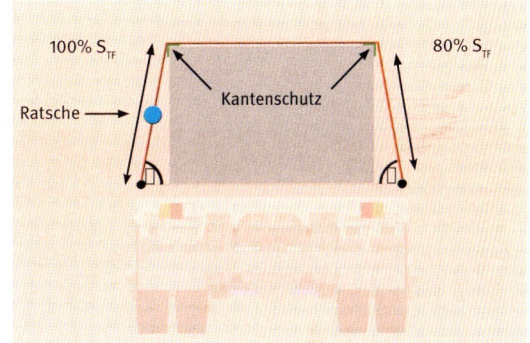

Kraftverteilung beim Niederzurren – Zurrgurt mit einer Ratsche
S_{TF} = Normale Vorspannkraft, α = Neigungswinkel,
Übertragungsbeiwert k = 1,8

Berechnungen   Band 4

Wie viele Zurrmittel eingesetzt werden müssen, können wir berechnen oder den nachfolgenden Tabellen entnehmen. Die Tabellenwerte sind gerundete Werte und gelten für auf der Ladefläche freistehende Ladegüter.

Beispiel: Eine Ladung wiegt 3000 kg. Wir unterlegen die Ladung mit rutschhemmendem Material, das einen Reibbeiwert von 0,6 hat. Der Zurrwinkel α beträgt 90° und die mögliche Vorspannkraft S_{TF} der Ratsche beträgt 250 daN.
Sie gehen in Tabelle 3, die für die Ladungsmasse 3000 kg aufgebaut worden ist, und suchen folgende Werte:
Gleit-Reibbeiwert 0,6, S_{TF} 250 daN.
Sie finden den Wert 3. Das bedeutet, Sie benötigen drei Zurrmittel.

Sie stellen nun die Ladung auf den Lkw, ohne sie mit rutschhemmendem Material zu unterlegen. Der Gleit-Reibbeiwert beträgt nun nur noch 0,2. Wie viele Zurrmittel müssten Sie nun einsetzen, wenn die Vorspannkraft S_{TF} der Ratsche 250 daN beträgt?
Reibbeiwert 0,2, S_{TF} 250 daN.
Sie finden den Wert 20.

Merke: Das Niederzurren einer freistehenden Ladung macht keinen Sinn, wenn der Reibbeiwert nicht mindestens 0,6 beträgt.

Reib-beiwert	Masse in kg	Zurrwinkel α				S_{TF} in daN				
		90°	60°	45°	30°	250	300	400	500	750
0,2	1000	x				7	6	5	4	3
0,2	1000		x			8	7	5	4	3
0,2	1000			x		10	8	6	5	4
0,2	1000				x	14	11	9	7	5
0,6	1000	x				1	1	1	1	1
0,6	1000		x			1	1	1	1	1
0,6	1000			x		2	1	1	1	1
0,6	1000				x	2	2	1	1	1

Tabelle 1

Etikett Spanngurt

Reib-beiwert	Masse in kg	Zurrwinkel α				S_{TF} in daN				
		90°	60°	45°	30°	250	300	400	500	750
0,2	2000	x				14	11	9	7	5
0,2	2000		x			16	13	10	8	6
0,2	2000			x		19	16	12	10	7
0,2	2000				x	27	22	17	14	9
0,6	2000	x				2	2	1	1	1
0,6	2000		x			2	2	2	1	1
0,6	2000			x		3	2	2	2	1
0,6	2000				x	3	2	2	2	1

Tabelle 2

Reib-beiwert	Masse in kg	Zurrwinkel α				S_{TF} in daN				
		90°	60°	45°	30°	250	300	400	500	750
0,2	3000	x				20	17	13	10	7
0,2	3000		x			23	19	15	12	8
0,2	3000			x		28	24	18	14	10
0,2	3000				x	40	33	25	20	14
0,6	3000	x				3	2	2	2	1
0,6	3000		x			3	3	2	2	1
0,6	3000			x		4	3	3	2	2
0,6	3000				x	5	4	3	3	2

Tabelle 3

Empfehlung: Mindestens zwei Zurrmittel einsetzen.

Berechnungen

Band 4

Will man eine Ladung durch Niederzurren sichern, muss vorher geprüft werden, ob die Ladung für diese Sicherungsmethode geeignet ist und nicht durch die hohen Vorspannkräfte beschädigt werden kann. Es wird empfohlen, mindestens zwei Zurrmittel einzusetzen, damit ein Verdrehen der Ladung verhindert werden kann.

Weitere Tabellen zum Niederzurren: dynamischer Reibbeiwert 0,6
Übertragungsbeiwert k= 1,8

Masse in kg	Zurrwinkel α				S_{TF} in daN					
	90°	60°	45°	30°	250	300	350	400	450	500
1000	X				1	1	1	1	1	1
1000		X			1	1	1	1	1	1
1000			X		2	1	1	1	1	1
1000				X	2	2	2	1	1	1
2000	X				2	2	2	1	1	1
2000		X			2	2	2	2	1	1
2000			X		3	2	2	2	2	2
2000				X	3	3	3	2	2	2
3000	X				3	2	2	2	2	2
3000		X			3	3	2	2	2	2
3000			X		4	3	3	2	2	2
3000				X	5	4	4	3	3	3
4000	X				3	3	3	2	2	2
4000		X			4	3	3	3	2	2
4000			X		5	4	3	3	3	3
4000				X	6	5	4	4	4	3
5000	X				4	4	3	3	3	2
5000		X			5	4	3	3	3	3
5000			X		6	5	4	4	3	3
5000				X	8	7	6	5	5	4
6000	X				5	4	4	3	3	3
6000		X			6	5	4	4	3	3
6000			X		7	6	5	4	4	4
6000				X	9	8	7	6	5	5
7000	X				6	5	4	4	3	3
7000		X			6	5	5	4	4	3
7000			X		8	6	6	5	4	4
7000				X	11	9	8	7	6	6
8000	X				6	5	5	4	4	3
8000		X			7	6	5	5	4	4
8000			X		9	7	6	6	5	5
8000				X	12	10	9	8	7	6
9000	X				7	6	5	5	4	4
9000		X			8	7	6	5	5	4
9000			X		10	8	7	6	6	5
9000				X	14	11	10	9	8	7
10000	X				8	7	6	5	5	4
10000		X			9	7	6	6	5	5
10000			X		11	9	8	7	6	6
10000				X	15	13	11	10	9	8

Empfehlung: Mindestens zwei Zurrmittel einsetzen.

Berechnungen

Band 4

4.5 Schrägzurren

Schrägzurren wird meist zur Sicherung der Ladung quer zur Fahrzeuglängsachse angewandt.
Beim Schrägzurren handelt es sich um eine kombinierte Sicherung, bestehend aus Kraftschluss und Formschluss.
Der Formschluss wird durch das direkte Halten der Ladung mit dem Zurrmittel hergestellt. Bei dieser Sicherung müssen Zurrpunkte am Fahrzeug und Befestigungspunkte an der Ladung vorhanden sein. Beim Schrägzurren kommt es darauf an, einen möglichst kleinen Winkel α jedoch mindestens einen Neigungswinkel von 30° im Sicherungsstrang zu ermöglichen. Der Winkel 30° orientiert sich an der DIN EN 12640 „Zurrpunkte an Nutzfahrzeugen zur Güterbeförderung" und liegt damit innerhalb der Winkelbereiche 30° bis 90°, die durch die Norm festgelegt sind.

Schrägzurren mit vier Zurrmitteln

Schrägzurren mit acht Zurrmitteln

Beim Schrägzurren werden mindestens vier Zurrmittel benötigt, um die Ladung gegen seitliches Verrutschen zu sichern.

Soll eine Ladung nur mittels Schrägzurren gesichert werden, müssen acht Zurrmittel eingesetzt werden.

Wird rutschhemmendes Material verwendet, das einen Gleit-Reibbeiwert von mindestens 0,6 hat, kann der Zurrwinkel deutlich größer ausfallen. Beim reinen Straßentransport wird eine maximale Beschleunigung quer zur Fahrzeuglängsachse von 0,5 g zugrunde gelegt. Ist der Gleit-Reibbeiwert gleich oder größer 0,5, wäre rein rechnerisch die Ladung allein durch die Reibung gesichert. Aufgrund der vertikalen Beschleunigungen, beispielsweise durch Fahrbahnunebenheiten, wird jedoch die wirksame Reibkraft reduziert, wodurch die Ladung verrutschen könnte.

Beim Schrägzurren sollte der Neigungswinkel α größer 30° sein und nach Möglichkeit ca. 60° nicht übersteigen. Das Schrägzurren eignet sich auch hervorragend als Sicherung gegen Kippen.

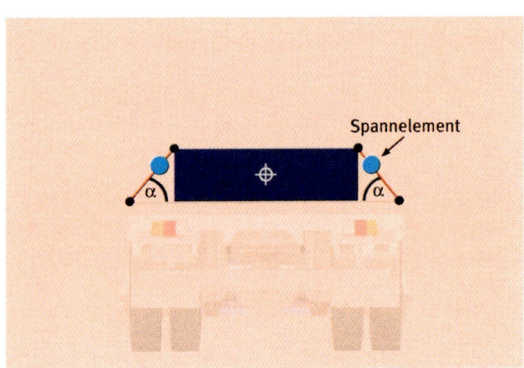

Schematische Darstellung des Zurrwinkels α

Generell gilt: DIN EN 12640 „Zurrpunkte an Nutzfahrzeugen zur Güterbeförderung", beachten.

Berechnungen — Band 4

In den nachfolgenden Tabellen sind die mindestens erforderlichen zulässigen Zurrkräfte des einzelnen Zurrmittels in daN aufgeführt. Sie ergeben sich aus dem jeweiligen Gewicht der Ladung, des Zurrwinkels und des Gleit-Reibbeiwertes. Die Tabellen beziehen sich auf standsichere (nicht kippgefährdete) und freistehende Güter, die quer zur Fahrzeuglängsachse für den reinen Straßentransport gesichert werden sollen.

Beispiel:
Sie sollen eine Ladung durch Schrägzurren sichern.
Ladungsmasse = 15 t,
Zurrwinkel α = 45°,
Gleit-Reibbeiwert = 0,1.

Winkel α	Gleit-Reibbeiwert				
	0,1	0,2	0,3	0,4	0,5
30°	3250	2300	1500	700	0
45°	3800	2650	1650	750	0
60°	5050	3300	1950	900	0
80°	10850	6000	3150	1300	0

Ladungsmasse 15 t

Wie groß muss die zulässige Zugkraft des einzelnen Zurrmittels mindestens sein?
Sie gehen in Tabelle „Ladungsmasse 15 t" und suchen Zurrwinkel α 45° und ziehen gedanklich eine Linie nach rechts. Dann suchen Sie den Gleit-Reibbeiwert 0,1 und ziehen gedanklich eine Linie nach unten. Im Schnittpunkt der gedachten Linien finden Sie die Zahl 3800 daN.

Was machen Sie nun mit diesem Wert?
Sie vergleichen ihn mit der zulässigen Zugkraft des Zurrpunktes am Transportfahrzeug, der zulässigen Zugkraft des Befestigungspunktes an der Ladung und der zulässigen Zugkraft LC des Zurrmittels. Wird das Zurrmittel mit seiner S_{TF} vorgespannt, muss diese Kraft von der zulässigen Zugkraft des Zurrpunktes, des Befestigungspunktes an der Ladung und der LC des Zurrmittels abgezogen werden. Anschließend werden die Werte mit den Tabellenwerten verglichen. Ist der ermittelte Wert gleich oder kleiner als die Zugkraft des Zurrpunktes, des Befestigungspunktes an der Ladung bzw. der zulässigen Zugkraft des Zurrmittels, ist die Ladung ausreichend gesichert. Ist der ermittelte Wert größer, ist die Ladung nicht ausreichend gesichert.

Winkel α	Gleit-Reibbeiwert				
	0,1	0,2	0,3	0,4	0,5
30°	2150	1550	1000	470	0
45°	2550	1750	1100	500	0
60°	3350	2200	1300	600	0
80°	7250	4000	2100	900	0

Ladungsmasse 10 t

Winkel α	Gleit-Reibbeiwert				
	0,1	0,2	0,3	0,4	0,5
30°	3250	2300	1500	700	0
45°	3800	2650	1650	750	0
60°	5050	3300	1950	900	0
80°	10850	6000	3150	1300	0

Ladungsmasse 15 t

Merke: „Bei Verdopplung der Masse, verdoppelt sich die Sicherungskraft."

4.6 Diagonalzurren

Beim Diagonalzurren handelt es sich um eine kombinierte Sicherung, bestehend aus Kraftschluss und Formschluss. Der Formschluss wird durch das direkte Halten der Ladung durch das Zurrmittel erreicht. Bei dieser Sicherung müssen sowohl Zurrpunkte am Fahrzeug als auch Befestigungspunkte an der Ladung vorhanden sein. Beim Diagonalzurren kommt es darauf an, einen möglichst kleinen Neigungswinkel α, jedoch mindestens 30° und einen Horizontalwinkel ß$_x$ zwischen ca. 20° und 45° zu ermöglichen. Der Winkel α 30° orientiert sich an der DIN EN 12640 „Zurrpunkte an Nutzfahrzeugen zur Güterbeförderung" und liegt damit innerhalb der Winkelbereiche, die durch die Norm festgelegt sind. Beim Diagonalzurren werden mindestens vier Zurrmittel benötigt, um die Ladung gegen allseitiges Verrutschen zu sichern.

Schematische Darstellung einer Diagonalzurrung

Der Horizontalwinkel ß$_{x,y}$ ist in der folgenden Draufsicht dargestellt:

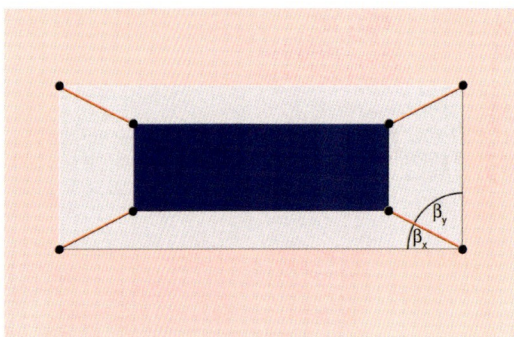

Lkw-Draufsicht: Winkel ß$_x$ und ß$_y$ *Seitenansicht: Neigungswinkel α*

Das Diagonalzurren eignet sich hervorragend zur Sicherung von schweren Lasten wie Maschinen, Raupen etc.

> Die Zurrmittel dürfen nicht gemischt werden (z. B. 2 Zurrgurte und 2 Zurrketten!) Werden vier Zurrmittel eingesetzt, so können vier Zurrketten oder vier Zurrgurte zum Einsatz kommen. Setzt man vier Zurrgurte ein, so sollten diese die gleiche Dehnung haben. Kombiniert man Zurrmittel miteinander – Zurrgurt und Zurrkette in einem Zurrstrang –, so müssen alle vier Zurrstränge gleich sein.

In den folgenden Tabellen ist die jeweilige zulässige Zurrkraft des einzelnen Zurrmittels in daN aufgeführt. Die Werte sind in Abhängigkeit der Zurrwinkel, der Gleit-Reibbeiwerte und der Ladungsgewichte aufgebaut.

Beispiel:
Eine Ladung mit einem Gewicht von 25 t soll durch Diagonalzurren gesichert werden. Es wird rutschhemmendes Material mit einem Gleit-Reibbeiwert von 0,6 unterlegt. Winkel α = 30° und Winkel ß$_x$ = 40°.
Wie groß muss die zulässige Zugkraft eines Zurrmittels mindestens sein?
Gehen Sie zur Tabelle „Masse der Ladung 25 t", suchen den Winkel ß$_x$ 40° und ziehen eine gedachte Linie nach rechts. Suchen Sie den Gleit-Reibbeiwert 0,6 und ziehen eine gedachte Linie nach unten. Beide gedachten Linien kreuzen sich bei der Zahl 2550 daN.

α = 30°	\multicolumn{12}{c}{Gleit-Reibbeiwert}
Winkel	\multicolumn{2}{c}{0,1}	\multicolumn{2}{c}{0,2}	\multicolumn{2}{c}{0,3}	\multicolumn{2}{c}{0,4}	\multicolumn{2}{c}{0,5}	\multicolumn{2}{c}{0,6}
ß$_x$	längs	quer	längs	quer	längs	quer	längs	quer	längs	quer	längs	quer
20°	9950	14200	8100	9300	6400	5500	4850	2500	3500	–	2250	–
30°	10750	10200	8700	6950	6850	4250	5200	1950	3700	–	2350	–
40°	12050	8100	9650	5650	7550	3500	5700	1650	4050	–	2550	–
50°	14150	6900	11250	4850	8700	3050	6500	1450	4600	–	2900	–
60°	17800	6150	13850	4350	10550	2750	7750	1300	5400	–	3350	–

Masse der Ladung 25 t

Berechnungen

Band 4

Was machen Sie nun mit diesem Wert?
Sie vergleichen ihn mit der zulässigen Zugkraft des Zurrpunktes am Transportfahrzeug, der zulässigen Zugkraft des Befestigungspunktes an der Ladung und der zulässigen Zugkraft LC des Zurrmittels. Wird das Zurrmittel mit seiner S_{TF} vorgespannt, muss diese Kraft von der zulässigen Zugkraft des Zurrpunktes, des Befestigungspunktes an der Ladung und der LC des Zurrmittels abgezogen werden. Anschließend werden die Werte mit den Tabellenwerten verglichen. Ist der ermittelte Wert gleich oder kleiner als die Zugkraft des Zurrpunktes, des Befestigungspunktes an der Ladung bzw. der zulässigen Zugkraft des Zurrmittels, ist die Ladung ausreichend gesichert. Ist der ermittelte Wert größer, ist die Ladung nicht ausreichend gesichert.

> Die ermittelte, mindestens erforderliche Rückhaltekraft des einzelnen Zurrmittels muss stets gleich oder kleiner sein als die zulässige Zugkraft des Zurrpunktes am Fahrzeug, des Befestigungspunktes an der Ladung und die zulässige Zugkraft (LC) des Zurrmittels.

α = 30°

Winkel $β_x$	Gleit-Reibbeiwert 0,1		0,2		0,3		0,4		0,5		0,6	
	längs	quer	längs	quer	längs	quer	längs	quer	längs	quer	längs	quer
20°	4000	5700	3250	3750	2550	2200	1950	1000	1400	–	900	–
30°	4300	4100	3500	2800	2750	1700	2100	800	1500	–	950	–
40°	4850	3250	3900	2250	3050	1400	2300	650	1650	–	1050	–
50°	5700	2800	4500	1950	3500	1250	2600	600	1850	–	1150	–
60°	7150	2500	5550	1750	4250	1100	3100	550	2200	–	1350	–

Masse der Ladung 10 t

α = 45°

Winkel $β_x$	Gleit-Reibbeiwert 0,1		0,2		0,3		0,4		0,5		0,6	
	längs	quer	längs	quer	längs	quer	längs	quer	längs	quer	längs	quer
20°	4700	6300	3700	3850	2800	2200	2100	950	1450	–	950	–
30°	5050	4650	3950	3000	3000	1750	2200	800	1550	–	950	–
40°	5650	3750	4350	2500	3300	1500	2400	700	1650	–	1050	–
50°	6550	3250	4950	2200	3700	1350	2700	600	1850	–	1150	–
60°	8100	2900	5950	2000	4350	1200	3100	550	2100	–	1300	–

Masse der Ladung 10 t

α = 60°

Winkel $β_x$	Gleit-Reibbeiwert 0,1		0,2		0,3		0,4		0,5		0,6	
	längs	quer	längs	quer	längs	quer	längs	quer	längs	quer	längs	quer
20°	6200	7650	4600	4300	3400	2300	2450	950	1650	–	1000	–
30°	6650	5850	4900	3500	3550	1950	2550	850	1700	–	1050	–
40°	7350	4850	5300	3000	3850	1700	2700	750	1850	–	1100	–
50°	8450	4200	6000	2650	4250	1550	2950	700	2000	–	1200	–
60°	10250	3800	7000	2450	4850	1450	3300	650	2200	–	1300	–

Masse der Ladung 10 t

> **Merke:** „Bei Verdopplung der Masse, verdoppelt sich die Sicherungskraft."

4.7 Berechnung der Nutzlast und der zulässigen Gesamtmasse

Nach § 42 Abs 3 der StVZO berechnet sich das Leergewicht wie folgt: Das Leergewicht ist das Gewicht des betriebsfertigen Fahrzeugs ohne austauschbare Ladungsträger (Behälter, die dazu bestimmt und geeignet sind, Ladungen aufzunehmen und auf oder an verschiedenen Trägerfahrzeugen verwendet zu werden, wie Container, Wechselbehälter), aber mit zu 90 % gefüllten eingebauten Kraftstoffbehältern und zu 100 % gefüllten Systemen für andere Flüssigkeiten (ausgenommen Systeme für gebrauchtes Wasser) einschließlich des Gewichts aller im Betrieb mitgeführten Ausrüstungsteile (z. B. Ersatzräder und -bereifung, Ersatzteile, Werkzeug, Wagenheber, Feuerlöscher, Aufsteckwände, Planengestell mit Planenbügeln und Planenlatten oder Planenstangen, Plane, Gleitschutzeinrichtungen, Belastungsgewichte), bei anderen Kraftfahrzeugen als Kraftfahrzeugen nach § 30 a Abs. 3. Hinzu kommen 75 kg als Fahrergewicht.
Austauschbare Ladungsträger, die Fahrzeuge miteinander verbinden oder Zugkräfte übertragen, sind Fahrzeugteile.

Aus § 34 Abs. 2 Satz 2 StVZO:

> Das technisch zulässige Gesamtgewicht ist das Gewicht, das unter Berücksichtigung der Werkstoffbeanspruchung und nachstehender Vorschriften nicht überschritten werden darf:
> § 35 (Motorleistung)
> § 41 Abs. 10 und 18 (Auflaufbremse)
> § 41 Abs. 15 und 18 (Dauerbremse)

Sattelkraftfahrzeug mit 40 t zulässiger Gesamtmasse

Berechnung der zulässigen Nutzlast: 40 t minus Leermasse des Sattelkraftfahrzeugs

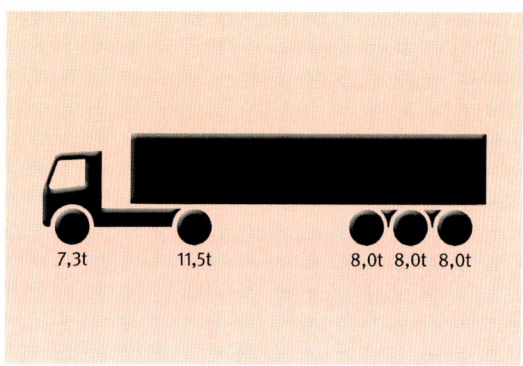

Sattelkraftfahrzeug

Die Leermasse wurde durch Wiegen ermittelt und beträgt 14,5 t. Die zulässige Nutzlast beträgt in diesem Fall 40 t − 14,5 t = 25,5 t.

Berechnung der zulässigen Gesamtmasse:
Summe der zulässigen Gesamtmassen der Sattelzugmaschine und des Sattelanhängers, vermindert um den jeweils höheren Wert
- der zulässigen Sattellast der Sattelzugmaschine,
- der zulässigen Aufliegelast des Sattelanhängers bei gleichen Werten um diesen Wert.

Berechnungen

Band 4

Lkw mit Anhänger

40 t minus Leermasse des Zuges
Die Leermasse wurde durch Wiegen ermittelt und beträgt 15,5 t.
Die zulässige Nutzlast beträgt in diesem Fall:
40 t − 15,5 t = 24,5 t.

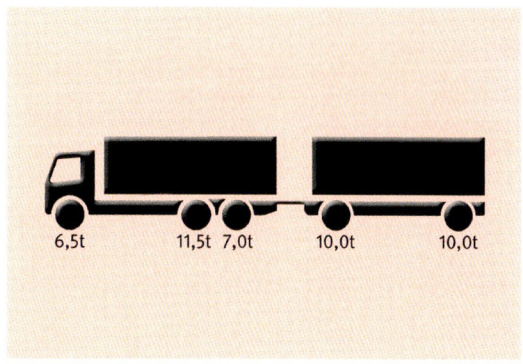

Lkw mit Anhänger

Lkw mit Starrdeichselanhänger

40 t minus Leergewicht des Lkw-Zuges
Die Leermasse wurde durch Wiegen ermittelt und beträgt 16,5 t.
Die zulässige Nutzlast beträgt in diesem Fall:
40 t − 16,5 t = 23,5 t.

Lkw mit Starrdeichselanhänger

Berechnung der zulässigen Gesamtmasse.
Summe der zulässigen Gesamtmasse des Lkw und des Anhängers vermindert um den jeweils höheren Wert
- der zulässigen Stützlast des ziehenden Fahrzeugs,
- der zulässigen Stützlast des Starrdeichselanhängers, bei gleichen Werten um diesen Wert.

Die Nutzlast des Lkw verringert sich um die tatsächliche Stützlast des Starrdeichselanhängers/Zentralachsanhängers.

Bei allen Solofahrzeugen gilt:
Zulässige Gesamtmasse (nach Straßenverkehrs-Zulassungs-Ordnung) minus Leermasse gleich maximal zulässige Nutzlast.

Berechnungen

Band 4

4.8 Auswirkung der Überladung auf die Fahrstabilität

Eine Überschreitung der Achslasten kann zu einem längeren Bremsweg führen.
Ob eine Überschreitung der zulässigen Achslast gleichzeitig zu einem nicht mehr verkehrssicheren Fahrzeug führt, ist davon abhängig, ob mit der Überschreitung der zulässigen Achslast nach StVZO auch eine Überschreitung der technisch zulässigen Achslast erfolgt.

> Wird die technisch zulässige Achslast überschritten, ist das Fahrzeug nicht mehr verkehrssicher! Die technisch zulässige Achslast ist die vom Fahrzeughersteller freigegebene maximal zulässige Belastung der Achse.
> Die zulässige Achslast ist zum Beispiel die vom Gesetzgeber in der StVZO als maximal zulässig erklärte Achslast.

Bei einer Überschreitung der technisch zulässigen Gesamtmasse des Fahrzeugs werden sich das Fahrverhalten des Fahrzeugs und damit auch die Fahrstabilität verschlechtern.

Das kann durchaus dazu führen, dass ein Fahrzeug, das gleichmäßig beladen (jedoch insgesamt überladen ist) und dessen Ladung entsprechend den Regeln der Technik gesichert wurde, frühzeitig bei einer Kurvenfahrt die Spur nicht mehr hält.

Ein Fahrzeug, das nicht überladen wurde, könnte die gleiche Situation dagegen sicher meistern.
Dieses negative Fahrverhalten ist eine Folge der größeren Masse und der dadurch auftretenden Kräfte, die über die Reifen auf die Straße übertragen werden müssen.

Fahrstabilität

Band 4

Je nach Reifenquerschnitt können die Auswirkungen unterschiedlich ausfallen. Bei einem Standard-Radialreifen wird die Schulter des Reifens stärker nach innen nachgeben als bei einem Niederquerschnittsreifen.

Fahrzeug neigt eher zum Rutschen.

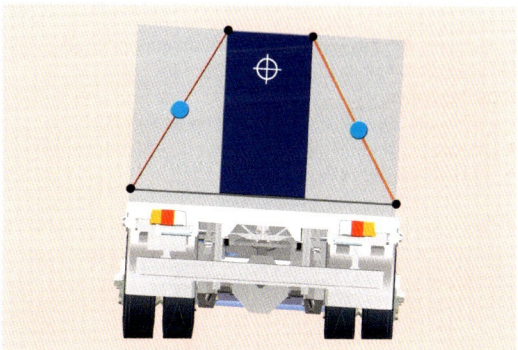

Fahrzeug neigt eher zum Kippen.

Je höher die Schwerpunktlage des Systems Fahrzeug und Ladung ist, desto schneller kann das Fahrzeug bei Kurvenfahrt in den Grenzbereich des Kippens gelangen.

Ist die Schwerpunktlage sehr hoch, muss der Fahrer seine Fahrweise besonders bei Kurvenfahrt an die besonderen Gegebenheiten anpassen. Das bedeutet in der Regel, dass er die Kurvenfahrgeschwindigkeit deutlich reduzieren muss. Das Kippen des Fahrzeugs kann durchaus in einem Bereich um 0,3 g beginnen.

Die 0,3 g entsprechen einer Beschleunigung von rund 3 m/s^2.
Die Frage ist:
Wie hoch ist die Fahrgeschwindigkeit des Fahrzeugs?
Um das näher zu veranschaulichen wollen wir ein Fahrzeug durch eine Kurve mit einem Radius von 25 m fahren lassen.

$$v = \sqrt{a \cdot r}$$

$$v = \sqrt{3 \text{ m/s}^2 \cdot 25 \text{ m}} = 8{,}66 \text{ m/s}$$
$$v = 8{,}66 \text{ m/s} \cdot 3{,}6 \approx 31{,}2 \text{ km/h}$$

Diese Berechnung soll veranschaulichen, dass ein Fahrzeug selbst bei eigentlich sehr niedrigen Fahrgeschwindigkeiten seine physikalischen Grenzen überschreiten kann und dann umkippt.

Bei Übernahme eines beladenen Fahrzeugs muss sich der Fahrer über die Ladung informieren. Bei verplombten Fahrzeugen Zollplombe) ist die Überprüfung der Ladungssicherung nur im Beisein einer autorisierten Person des Zolls zulässig. Die Zollplombe darf nicht vom Fahrer geöffnet werden.

Fahrstabilität — Band 4

5. Fahrzeugaufbauten

5.1 Einleitung

Je nachdem, welches Ladungsgut transportiert werden soll, können unterschiedliche Fahrzeugaufbauten eingesetzt werden.
Die gängigsten Aufbauarten sind
- Kofferaufbau,
- Plane- und Spriegelaufbau (Hamburger Verdeck),
- Aufbau mit seitlicher Schiebeplane,
- Pritsche mit Bordwänden.

Die unterschiedlichen Aufbauarten können auch als Wechselbehälter hergestellt werden.

Kofferaufbau

Plane- und Spriegelaufbau

Aufbau mit seitlicher Schiebeplane

Pritsche mit Bordwänden

Container

Wechselbehälter

Fahrzeugaufbauten

Band 4

5.2 Festigkeit von Fahrzeugaufbauten

Fahrzeugaufbauten können, je nach ihrer Bauart, unterschiedlich große Kräfte aufnehmen. Die zur Ladungssicherung dauerhaft nutzbaren Werte sind über den Fahrzeughalter beim Hersteller zu erfragen.

Eine formschlüssige Ladungssicherung kann auch allein durch den Fahrzeugaufbau erreicht werden, wenn das Ladegut und die Laderaumbegrenzungen die auftretenden Kräfte sicher aufnehmen können. Hierfür sind jedoch Kenntnisse über den Fahrzeugaufbau erforderlich. Die nachfolgenden Angaben entsprechen den zurzeit gültigen Prüf- und Herstellernormen für Wechselbehälter und Fahrzeugaufbauten. Die Normen richten sich an die Hersteller.

Die genannten Prüfwerte sind nicht gleichzusetzen mit einer dauerhaft nutzbaren zulässigen Belastung der Fahrzeugaufbauten während des Betriebs, weil Materialermüdungen bzw. Beschädigungen nicht ausgeschlossen werden können.

DIN EN 12642 „Ladungssicherung auf Straßenfahrzeugen – Aufbauten an Nutzfahrzeugen – Mindestanforderungen"

Standardaufbauten nach Code L und Wechselbehälter

Bei den Angaben in der Tabelle handelt es sich um die maximalen Prüfkräfte für den Bau von Wechselbehältern und Fahrzeugaufbauten nach der jeweiligen Herstellernorm. Die Prüfkräfte sind nicht gleichzusetzen mit zulässigen Ladungssicherungskräften.

	Aufbauten von Wechselbehältern DIN EN 283	Aufbauten an Nutzkraftwagen und Anhängern mit einer zulässigen Gesamtmasse über 3,5 t DIN EN 12 642 Code L
Stirnwand bzw. die in Fahrtrichtung vorne abschließende Laderaumbegrenzung	0,4 · Nutzlast	0,4 · Nutzlast jedoch maximal 5.000 daN
Seitenwand bzw. die seitlich abschließende Laderaumbegrenzung	0,3 · Nutzlast	0,3 · Nutzlast (gilt nicht für seitliche Schiebeplane. Gemäß DIN EN 12642 Code L Ausgabedatum März 2017 ist eine Prüfung der Seitenwandfestigkeit vorgesehen. Für Schiebeplanenausführung ohne Bordwände gilt 0,15 P)
Rückwand bzw. die in Fahrtrichtung hinten abschließende Laderaumbegrenzung	0,4 · Nutzlast	0,25 · Nutzlast jedoch maximal 3.100 daN

Es sind die Werte anzunehmen, die vom jeweiligen Fahrzeug-/Aufbauhersteller zu Ladungssicherungszwecken freigegeben werden. Diese Werte sollten Sie von Ihrem Chef erhalten.
Generell gilt: Nur bei einer flächigen Krafteinleitung kann die maximale Sicherungskraft vom Aufbau aufgenommen werden.

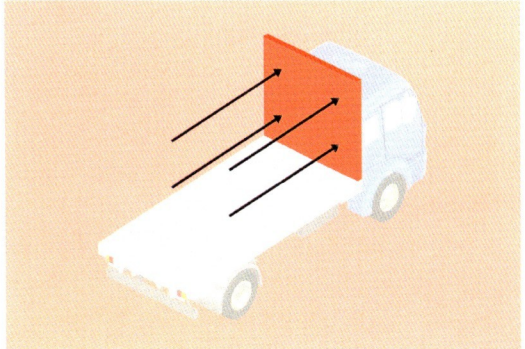

Flächige Krafteinleitung Stirnwand vorn

Flächige Krafteinleitung Stirnwand hinten

Fahrzeugaufbauten — Band 4

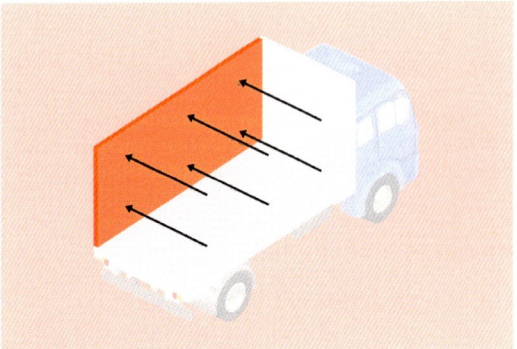

Flächige Krafteinleitung: Kofferaufbau, Seitenwand: 0,3 P, kein maximales Limit.

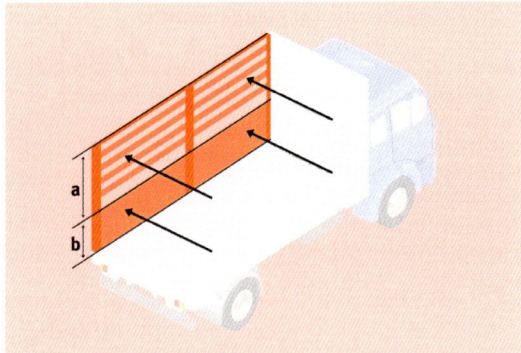

Flächige Krafteinleitung: Aufbau mit Plane und Spriegel: Nach DIN EN 12642 Code L teilen sich die Prüfkräfte wie folgt in zwei Bereiche auf: a = 0,06 x Nutzlast, b = 0,24 x Nutzlast

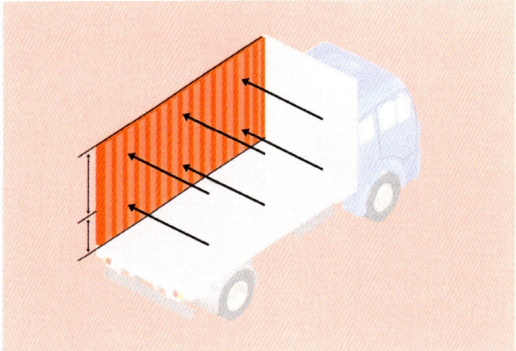

Seitliche Schiebeplane: Gemäß DIN EN 12642 Code L Ausgabedatum März 2017 ist eine Prüfung der Seitenwandfestigkeit vorgesehen. Für Schiebeplanenausführung ohne Bordwände gilt 0,15 P.

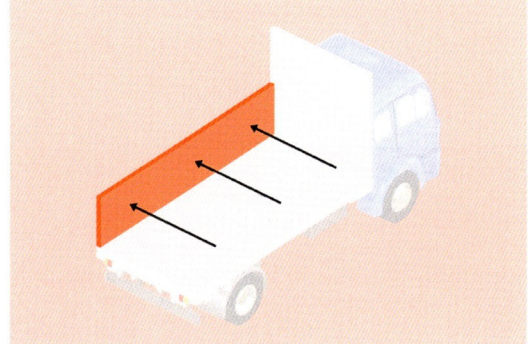

Flächige Krafteinleitung: Pritsche mit Bordwand: 0,3 P, kein maximales Limit.

Ladeboden: Eine Prüfung des Ladebodens ist bei DIN EN 12642 Code L und XL nicht vorgesehen.

Fahrzeugaufbauten

Verstärkte Fahrzeugaufbauten nach Code XL

Aufbauten, die nach Code XL gefertigt sind, werden mit deutlich höheren Prüfkräften geprüft, als dies bei Standardaufbauten nach Code L der Fall ist.

Die nebenstehenden Angaben entsprechen der Prüf- und Herstellnorm DIN EN 12642 Code XL für Fahrzeugaufbauten. Die Norm richtet sich an die Hersteller. Die genannten Prüfwerte sind nicht gleichzusetzen mit einer zulässigen Belastung der Fahrzeugaufbauten, die dauerhaft zur Ladungssicherung genutzt werden können. Die zulässigen Werte sind vom Hersteller anzugeben. Sind die Prüfwerte auch gleichzeitig der maximalen Belastung der Aufbauten hinsichtlich der Nutzung zur Ladungssicherung gleichzusetzen, muss der Hersteller die Randbedingungen festlegen, die zur regelmäßigen Prüfung der Aufbauten heranzuziehen sind.

Eine Prüfung des Ladebodens ist bei DIN EN 12642 Code XL nicht vorgesehen.

	Gesamtmasse über 3,5 t DIN EN 12 642 XL
Stirnwand bzw. die in Fahrtrichtung vorne abschließende Laderaumbegrenzung	0,5 · Nutzlast ohne maximales Limit
Seitenwand bzw. die seitlich abschließende Laderaumbegrenzung	0,4 · Nutzlast ausgenommen Doppelstockausführung
Rückwand bzw. die in Fahrtrichtung hinten abschließende Laderaumbegrenzung	0,3 · Nutzlast ohne maximales Limit

Prüfung nach DIN EN 12642 Code XL

Fahrzeugaufbauten, die den Anforderungen der DIN EN 12642 Ausgabedatum März 2017 entsprechen, müssen wie folgt gekennzeichnet werden
a) Herstellername;
b) Bestätigung, dass der Fahrzeugaufbau der Norm EN 12642 entspricht;
c) Angabe des zugrunde liegenden Anforderungsprofils, Code L odr XL, ergänzt durch:
   1) die Prüf-Nutzlast P in kg bei Aufbauten gemäß Code L und XL (gegebenenfalls auch bei Doppelstockausführungen oder anderen Konstruktionen);
   2) die bei der Prüfung der Stirnwand bis zu einer Höhe von 200 mm, 800 mm und bis zur gleichmäßig als Flächenkraft aufgebrachte Prüftkraft;
   3) die bei der Prüfung der Rückwand bis zur maximalen Höhe gleichmäßig als Flächekraft aufgebrachte Prüfkraft;
   4) die bei der Prüfung der Seitenwände bis zu einer Höhe von 800 mm und bis zur maxmimalen Höhe.

DIN EN 283 „Wechselbehälter Prüfung"

Die Prüfung der Stirn- und Seitenwände erfolgt wie bei den Fahrzeugaufbauten, welche nach Code L gefertigt wurden.

	Wechselbehälter Prüfung nach DIN EN 283
Stirnwand vorne und hinten	0,4 · Nutzlast flächig eingeleitet
Seitenwand – Kofferbauart	0,3 · Nutzlast flächig eingeleitet
Seitenwand – Bordwand und Planengestell	0,30 · Nutzlast, davon 0,24 · Nutzlast und 0,06 · Nutzlast
Seitenwand – Schiebeverdeck bis 0,8 m oberhalb des Ladebodens oberhalb 0,8 m bis zum Dach	0,30 · Nutzlast, davon 0,24 · Nutzlast und 0,06 · Nutzlast

Prüfung Wechselbehälter nach DIN EN 283

Fahrzeugaufbauten — Band 4

Eine Besonderheit stellt hier lediglich die Prüfung der Seitenwand bei der Bauform mit seitlichem Schiebeverdeck (Schiebeplane), sowie der Prüfung des Ladebodens dar.
Wechselbehälter mit seitlichem Schiebeverdeck, die Prüfkräfte werden wie in EN 283 beschrieben wie folgt aufgebracht:
- im Bereich b 24 % der Nutzlast
- im Bereich a 6 % der Nutzlast

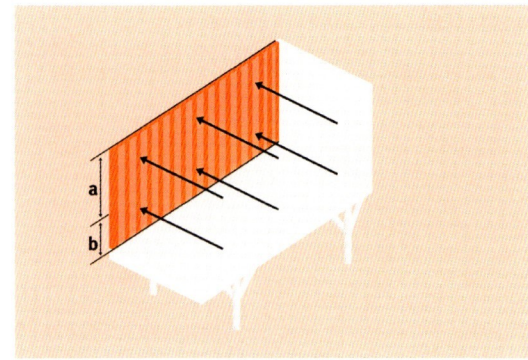

Prüfung der Seitenwand bei Wechselbehältern mit seitlicher Schiebeplane

Die Durchbiegung von maximal 300 mm ist nur als ein Prüfkriterium zu verstehen und keinesfalls ein zulässiger Wert für die Verformung des Schiebeverdecks durch verrutschende Ladung.

Bei Wechselbehältern (DIN EN 283) ist eine Prüfung des Ladebodens wie unten beschrieben vorgesehen.
Prüffahrzeug gummibereift
- Achslast 4400 kg
- Radlast 2200 kg
- Nennmaß der Radbreite 180 mm
- Mittenabstand 760 mm
- Berührungsfläche je Rad 185 mm x 100 mm innerhalb der genannten Fläche 142 cm²
- Bei CSC-Prüfung erhöht sich die Achslast auf 5460 kg und die Radlast auf 2730 kg

Für Wechselbehälter, die mit oberen Eckbeschlägen versehen sind, ist die CSC-Prüfung verbindlich.

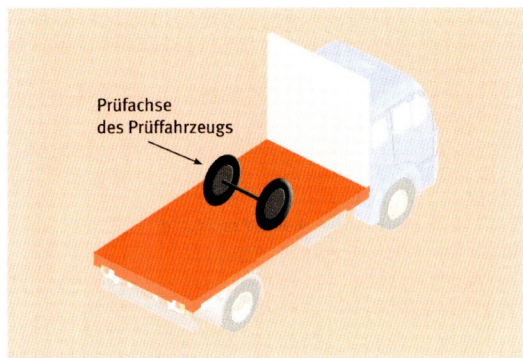

Prüfung des Ladebodens

Fahrzeugaufbauten   **Band 4**

Für Sie als Fahrer ist es wichtig zu wissen, wie der neue Fahrzeugaufbau geprüft wird. Mit welchen Kräften die Aufbauten dauerhaft zur Sicherung von Ladung belastet werden dürfen, ist aber vom Hersteller anzugeben. Nur diese Werte sind zu Ladungssicherungszwecken uneingeschränkt zu verwenden.

5.3 Zurrpunkte

Zur Sicherung der Ladung können zum Beispiel Zurrmittel (Zurrgurte, Zurrketten und Zurrdrahtseile) eingesetzt werden. Die Zurrmittel werden beim Diagonalzurren am Zurrpunkt auf dem Lkw und am Befestigungspunkt der Ladung befestigt. Der einzelne Zurrpunkt muss die Sicherungskraft, für die er vom Fahrzeug- und/oder Aufbauhersteller freigegeben wurde, sicher und ohne Beschädigung in den Fahrzeugaufbau einleiten. Die Zurrpunkte dürfen in Ruhelage nicht über die Horizontalebene der Ladefläche nach oben hinausragen, damit keine Stolpergefahr besteht.
Die jeweilige Zurrpunktenorm beschreibt Mindestanforderungen an Zurrpunkte.

DIN EN 12640 beschreibt die Anforderungen an Zurrpunkte, die an Fahrzeugen mit einer zulässigen Gesamtmasse von mehr als 3,5 t angebracht werden müssen, wenn der Aufbau mit diesen Zurrpunkten bestellt wurde.
Die Norm gilt für Lastkraftwagen, Anhänger und Sattelanhänger mit Pritschenaufbauten.

Die zulässige Belastbarkeit der Zurrpunkte beträgt:
- 2000 daN bei Fahrzeugen mit einer zulässigen Gesamtmasse von mehr als 12 t,
- 1000 daN bei Fahrzeugen mit einer zulässigen Gesamtmasse von mehr als 7,5 t und nicht mehr als 12 t,
- 800 daN bei Fahrzeugen mit einer zulässigen Gesamtmasse von mehr als 3,5 t und nicht mehr als 7,5 t.

Die oben genannten Zurrkräfte müssen in unterschiedlichen Winkelbereichen eingeleitet werden können, damit sie eine Ladung auch zum Beispiel durch Diagonalzurren sichern können. Die zulässigen Winkelbereiche werden nachfolgend aufgeführt.

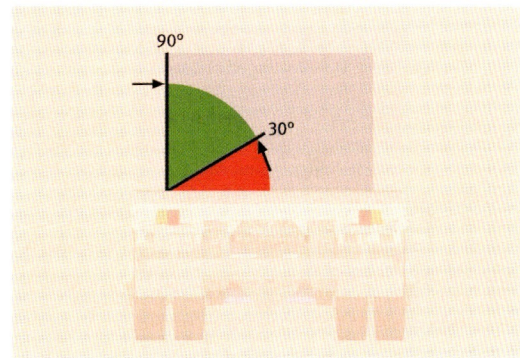

Neigungswinkel α 90° bis 30°

Fahrzeugaufbauten

Band 4

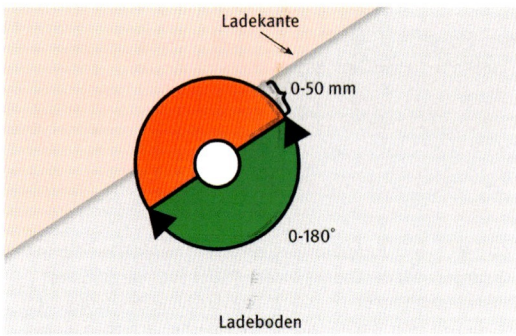

Horizontalwinkel ß 0° bis 180°

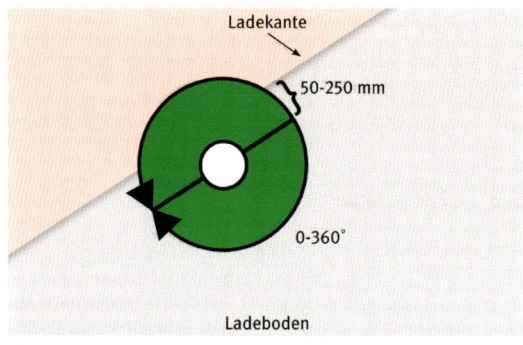

Horizontalwinkel ß 0° bis 360°

Kennzeichnung der Zurrpunkte
Wie groß die zulässige Belastung der Zurrpunkte ist, kann nur der Hersteller bescheinigen. Hierzu bringt er ein Hinweisschild am Fahrzeugaufbau an, aus dem alle notwendigen Informationen entnommen werden können.

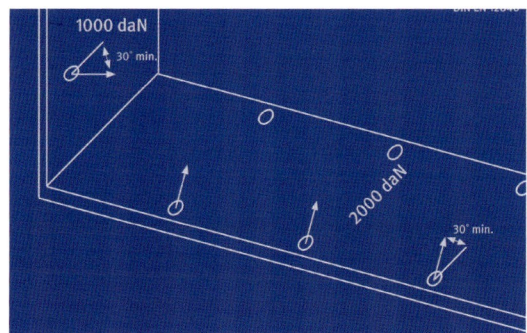

Hinweisschild

ISO beschreibt die Anforderungen an Zurrpunkte, die an Nutzfahrzeugen zur Güterbeförderung mit einer zulässigen Gesamtmasse bis 3,5 t angebracht werden müssen.
Die zulässige Belastbarkeit der Zurrpunkte beträgt:
- 400 daN bei Fahrzeugen mit einer zulässigen Gesamtmasse von nicht mehr als 3,5 t
  Es gelten die gleichen zulässigen Winkelbereiche, wie sie in der DIN EN 12640 beschrieben sind.

Hinweisschild

Wie groß die zulässige Belastung der Zurrpunkte ist, kann nur der Hersteller bescheinigen. Auf dem Hinweisschild können Sie sehen, dass der Hersteller Zurrpunkte nach DIN montiert hat, und die zulässige Belastung mit 800 daN angibt. Höhere Werte sind möglich, da eine Norm nur Mindestanforderungen beschreibt, die Zurrpunkte müssen jedoch entsprechend gekennzeichnet sein.

DIN ISO 27956:2011-11 (Kastenwagen)
Die Norm gilt für fahrzeugseitige Einrichtungen zur Ladungssicherung in Kastenwagen mit einer zulässigen Gesamtmasse bis 7,5 t. Ein Kastenwagen ist ein Fahrzeug, dessen Führerhaus und Laderaum aufbauseitig eine Einheit bilden, unabhängig davon, ob dieses Fahrzeug als Pkw oder Lkw zugelassen ist. Alle Zurrpunkte einer Ladefläche müssen für die gleiche Nennzugkraft ausgelegt sein. Diese richtet sich nach der zulässigen Gesamtmasse:
Folgende Standardprüfkräfte sind in der Norm festgelegt:
- 800 daN bei Fahrzeugen mit einer zulässigen Gesamtmasse von mehr als 5 t und nicht mehr als 7,5 t
- 500 daN bei Fahrzeugen mit einer zulässigen Gesamtmasse von mehr als 2 t und nicht mehr als 5 t
- 400 daN bei Fahrzeugen mit einer zulässigen Gesamtmasse bis 2 t.

Fahrzeugaufbauten

Band 4

Die Zurrkraft muss in einem vorgegebenen Winkelbereich vom Zurrpunkt aufgenommen und in den Fahrzeugaufbau eingeleitet werden können. Der Fahrzeugaufbau muss die resultierenden Kräfte sicher aufnehmen.

Bei Kastenwagen wird der zulässige horizontale Winkelbereich wie folgt definiert: Die Prüfkraft muss schräg nach oben unter einem beliebigen Winkel bis max. 60° zur Vertikalen (α 30° bis 90°) und in Richtung eines diagonal gegenüberliegenden Zurrpunktes hin wirken (Strecke 1).

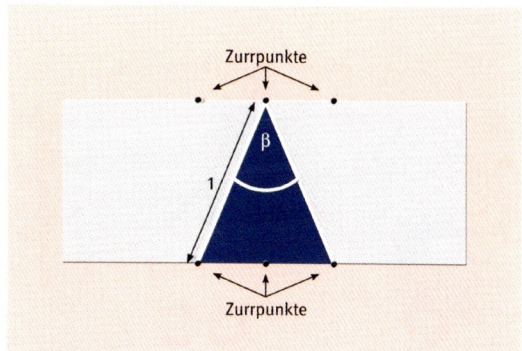

Horizontalwinkel β bei Kastenwagen

Andere, nicht normgerechte Zurrpunkte

Eine zulässige Belastbarkeit des einzelnen Zurrpunktes kann nicht von seiner Kennzeichnung (hier „8") abgeleitet werden. Die zulässige Zugkraft des Zurrpunktes ist vom Fahrzeug- bzw. Aufbauhersteller anzugeben.

> Wenn zum Beispiel „3" (t) auf dem Zurrpunkt steht, ist seine zulässige Zugkraft nicht mit 6 t anzunehmen. Es gelten nur die Angaben, die der Aufbau- bzw. Fahrzeughersteller freigibt.

Ohne die eindeutige Kennzeichnung des Zurrpunktes ist eine Aussage über seine Festigkeit/Belastbarkeit nicht möglich.

6. Lastverteilungsplan

6.1 Einleitung

Für die Einhaltung der zulässigen Achslasten und der zulässigen Gesamtmasse sind auch Sie als Fahrer verantwortlich.
Die Einhaltung der zulässigen Achslasten und der zulässigen Gesamtmasse eines Transportfahrzeugs ist erforderlich, damit das Fahrzeug verkehrssicher am Straßenverkehr teilnehmen kann. Der Lastverteilungsplan unterstützt Sie bei der vorschriftsmäßigen Beladung des Fahrzeugs. Er hilft Ihnen, die Ladung so auf der Ladefläche abstellen zu können, dass beispielsweise eine Überschreitung der Hinterachslast vermieden wird.
Neben den maximal zulässigen Achslasten ist auch die Mindestlenkachslast für die Verkehrssicherheit des Fahrzeugs von großer Bedeutung! Wird sie unterschritten, schiebt z. B. das Fahrzeug bei Kurvenfahrt über die Vorderachse. Das Fahrzeug ist dann nicht mehr spurtreu und somit nicht mehr verkehrssicher.
Wird die Lenkachslast überschritten, ist mit einem längeren Bremsweg zu rechnen.
Die mindestens erforderliche Lenkachslast wird vom Fahrzeughersteller durch entsprechende Fahrversuche ermittelt.
Die Mindestlenkachslast muss zwischen 20 und 35 % des Fahrzeugmomentangewichtes betragen.
Beträgt das momentane Gewicht des Fahrzeugs 10 t, muss an der Lenkachse eine tatsächliche Achslast zwischen 2 t und 3,5 t vorliegen.

> Der Lastverteilungsplan ist fahrzeugspezifisch und muss Ihnen als Fahrer zur Verfügung gestellt werden, damit das Fahrzeug den Vorschriften entsprechend beladen werden kann.

Lastverteilungsplan

Band 4

Beispiele für Lastverteilungspläne

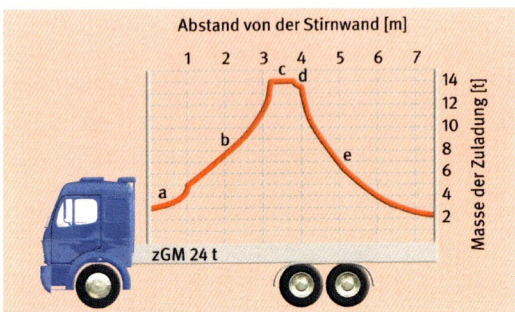

3-Achs-Lkw
a: mindestens erforderliche Antriebsachslast(en)
b: maximal zulässige Vorderachslast
c: maximale Zuladung
d: maximale zulässige Hinterachslast(en)
e: mindestens erforderliche Lenkachslast

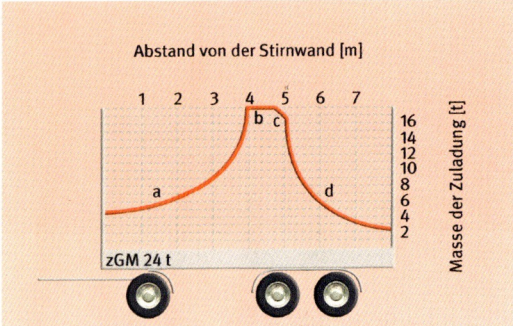

Anhänger mit Gelenkdeichsel
a: maximal zulässige Vorderachslast
b: maximale Zuladung
c: maximal zulässige Hinterachslast(en)
d: mindestens erforderliche Vorderachslast

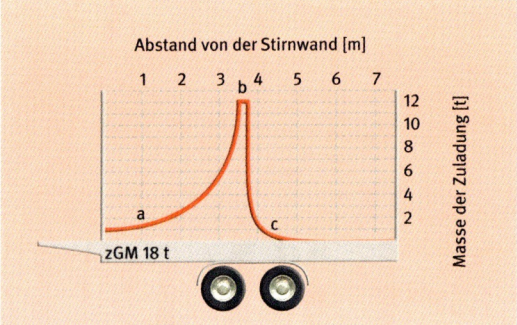

Zentralachsanhänger
a: maximal zulässige Stützlast
b: maximale Zuladung
c: mindestens erforderliche Vorderachslast

Sattelanhänger
a: maximal zulässige Aufliegelast
b: maximale Zuladung
c: mindestens erforderliche Aufliegelast

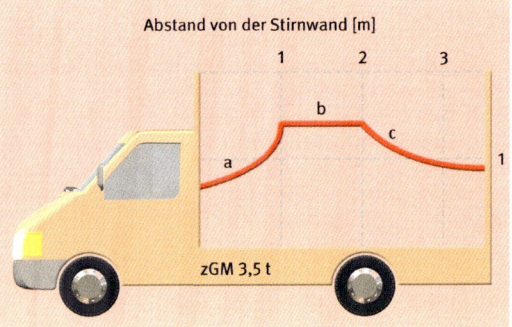

Kleintransporter
a: maximal zulässige Vorderachslast
b: maximale Zuladung
c: mindestens erforderliche Lenkachslast

Lastverteilungsplan — Band 4

Beim Betrieb eines Lkw-Zuges mit Zentralachsanhänger sollte die Beladereihenfolge so gewählt werden, dass der Lkw zuerst beladen wird, wenn das Fahrzeug mit dieser Teilladung zu einem anderen Kunden fährt.
Wird die Reihenfolge nicht beachtet, kann es passieren, dass durch die maximal zulässige Stützlast des Zentralachsanhängers, die auf die Anhängerkupplung des unbeladenen Lkw wirkt, die Mindestlenkachslast des Lkw nicht erreicht wird. Die Folge hiervon wäre, dass der Zug nicht mehr verkehrssicher ist und bei Kurvenfahrt der Lkw über die Vorderachse schiebt. Das Gespann ist nicht mehr spurtreu und damit nicht mehr verkehrssicher.

Außermittige Beladung quer zur Fahrzeuglängsachse
Sie bekommen den Auftrag, eine 8 t schwere Kiste mit den Abmessungen Länge: 5 m, Breite: 2,5 m und Höhe: 2 m zu transportieren. Der Schwerpunkt liegt nicht mittig.

Seitenansicht

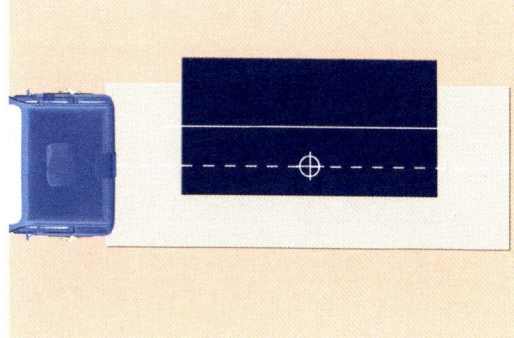

Draufsicht

Bei richtiger Beladung des Fahrzeugs wird der Schwerpunkt der Ladung mittig auf dem Fahrzeug positioniert. Das führt dazu, dass die Ladung wie in diesem Beispiel seitlich über die Fahrzeugbegrenzung hinausragt. Das Fahrzeug mit Ladung hat nun aber Überbreite! Dafür wird eine Ausnahmegenehmigung benötigt.

Eine außermittige Beladung des Fahrzeugs quer zur Fahrzeuglängsachse ist nur in einem sehr engen Bereich zulässig. Es wird dringend empfohlen, die Ladung mit ihrem Schwerpunkt bzw. die Gesamtschwerpunktlage mittig zu stellen. Der nachfolgende Lastverteilungsplan zeigt beispielhaft auf, in welchem engen Rahmen die Beladung stattfinden muss, um alle erforderlichen Randbedingungen einzuhalten. Diese Randbedingungen sind:

1. Einhaltung der maximal zulässigen Achslasten
2. Einhaltung des maximal zulässigen Gesamtgewichtes
3. Einhaltung der Mindestlenkachslast
4. Einhaltung der Mindestantriebsachslast
5. Einhaltung der maximal zulässigen Radlastdifferenz

Die maximal zulässige Radlastdifferenz ist vom Fahrzeughersteller festzulegen. Sie beschreibt die maximal zulässige außermittige Beladung des Fahrzeugs quer zur Fahrtrichtung.

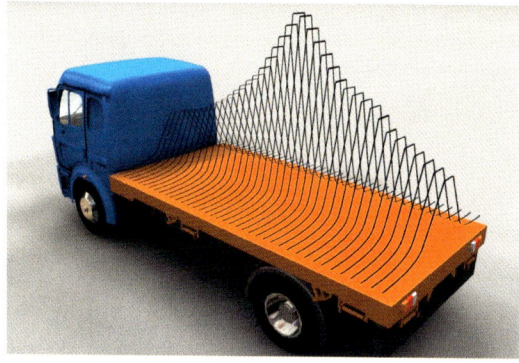

Dreidimensionaler Lastverteilungsplan

Lastverteilungsplan

Band 4

6.2 Anwendung des Lastverteilungsplanes

Berechnung der Gesamtschwerpunktlage
Damit Sie den Lastverteilungsplan richtig einsetzen können, müssen Sie zunächst die Gesamtschwerpunktlage der kompletten Ladung berechnen.

Beispiel 1:
Die Kisten sollen an der Stirnwand vorn beginnend, hintereinander auf den Sattelanhänger geladen werden:
1 Kiste Länge 3 m, Masse 5000 kg
2 Kiste Länge 5 m, Masse 8000 kg
3 Kiste Länge 3 m, Masse 5000 kg
4 Kiste Länge 2 m, Masse 7000 kg

Die Schwerpunktlage ist in unserem Beispiel jeweils in der Mitte der Kisten.

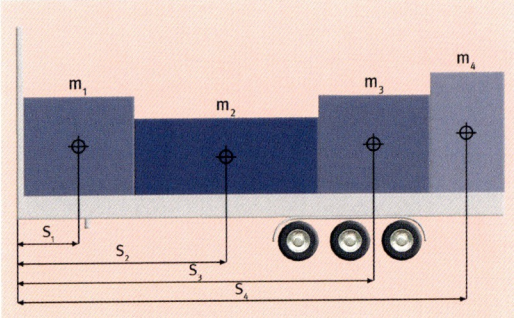

$$S_{res} = \frac{S_1 \cdot m_1 + S_2 \cdot m_2 + S_3 \cdot m_3 + S_4 \cdot m_4}{m_1 + m_2 + m_3 + m_4}$$

$$S_{res} = \frac{1{,}5\,m \cdot 5000\,kg + 5{,}5\,m \cdot 8000\,kg + 9{,}5\,m \cdot 5000\,kg + 12\,m \cdot 7000\,kg}{5000\,kg + 8000\,kg + 5000\,kg + 7000\,kg}$$

$$S_{res} = 7{,}32\,m$$

Das Ergebnis 7,32 m beschreibt die Lage des Gesamtladungsschwerpunktes. Gemessen wird von der Stirnwand vorn und dann als Linie 1 in den Lastverteilungsplan eingezeichnet. Die Masse der Ladung beträgt 25 t und wird als Linie 2 in den Lastverteilungsplan eingezeichnet. Beide Linien kreuzen sich unterhalb der eingezeichneten Kurve. Das bedeutet, dass die Ladung sachgerecht geladen wurde und die zulässigen Achslasten eingehalten werden.

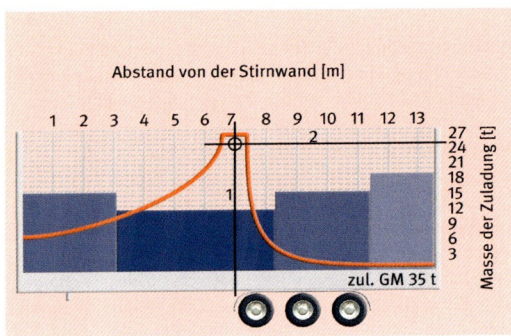

Zulässige Lastverteilung

Beispiel 2:
Ein Sattelanhänger wird mit einer Maschine beladen. Die Maschine hat eine Masse von 20 t. Die Maschine ist 12,5 m lang und 2,5 m breit. Der Schwerpunkt, gemessen von einer Stirnseite der Maschine, liegt bei 2 m.

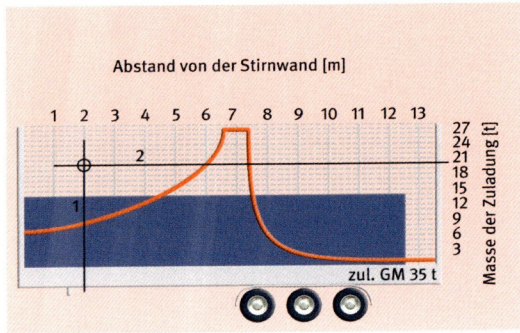

Unzulässige Lastverteilung

Die BKF-Bibliothek | Ladungssicherung

Lastverteilungsplan — Band 4

Der Schnittpunkt der Linien 1 und 2 liegt oberhalb des vorderen Kurvenverlaufs. Bei dieser Beladung werden die Aufliegelast des Sattelanhängers, die zulässige Sattellast und die zulässige Gesamtmasse der Sattelzugmaschine überschritten. Dieser Transport ist so nicht zulässig. Die Ladung muss also umgestellt werden.
Die Maschine wurde um ca. 4 Meter nach hinten versetzt. Der Schnittpunkt der Linien 1 und 2 liegt jetzt am vorderen Kurvenverlauf an. Die Achslasten werden wieder eingehalten. Die Lücke zur Stirnwand vorne muss nun in der Ladungssicherung berücksichtigt werden. Der Ladungsüberhang nach hinten beträgt nun 2,9 m. Es ist nun zu prüfen, ob für diesen Transport eine Ausnahmegenehmigung erforderlich ist.

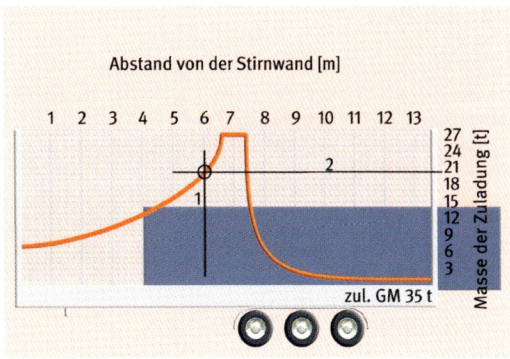

Zulässige Lastverteilung

Der Gesamtladungsschwerpunkt muss unterhalb der Kurve liegen. Er darf auch auf der Kurve liegen. Damit ist sichergestellt, dass zulässige Achslasten sowie die zulässige Gesamtmasse nicht überschritten werden. Die Mindestlenkachslast sowie die Mindestantriebsachslast werden so auch nicht unterschritten.

7. Hilfsmittel zur Ladungssicherung

Einleitung

Um die Ladung vorschriftsmäßig zu sichern, können verschiedene Hilfsmittel eingesetzt werden. Die gebräuchlichsten Mittel sind:

- Zurrgurte
- Zurrketten
- Zurrdrahtseile
- Rutschhemmendes Material (Antirutschmatte)
- Klemmbalken
- Sperrbalken
- Staupolster/Airbags
- Kantenschoner

7.1 Rutschhemmendes Material

Rutschhemmendes Material (RHM), häufig auch Antirutschmatten genannt, dienen zur Erhöhung des Reibbeiwertes.
Durch den Einsatz von marktüblichen Antirutschmatten besteht die Möglichkeit, den Reibbeiwert bis auf 0,6 zu erhöhen. Der erforderliche Ladungssicherungsaufwand lässt sich damit erheblich verringern.
Das rutschhemmende Material wird z. B. aus Gummi hergestellt und ist in verschiedenen Dicken und Größen lieferbar.
Sie müssen nicht die gesamte Auflagefläche der Ladung abdecken, sondern können auch teilflächig eingesetzt werden. Hierbei ist darauf zu achten, dass der Auflagedruck nicht zu groß wird, da das rutschhemmende Material sonst zerquetscht wird.
RHM sollte z. B. folgende Anforderungen erfüllen:
- dynamischer Reibbeiwert $\mu_D \geq 0{,}6$ (nass und trocken),
- hohe Einpress- und Druckfestigkeit.

Das Ladegut muss durch das RHM von der Ladefläche getrennt werden, da sonst die gewünschte Reibwerterhöhung nicht in vollem Umfang zur Verfügung steht.

7.2 Zurrgurte

Zurrgurte aus Kunstfasern sind die meist verwendeten Hilfsmittel zur Ladungssicherung und werden nach DIN EN 12195-2 „Zurrgurte aus Chemiefasern" hergestellt und geprüft. Die maximal zulässige Dehnung des Gurtbandes beträgt 7 % (das heißt 7 cm Dehnung auf 1 m Bandlänge) bei Erreichen der Zurrkraft (LC).
Grundsätzlich gibt es zwei unterschiedliche Zurrgurtarten für die verschiedenen Anwendungsbereiche.
Die wichtigsten sind:

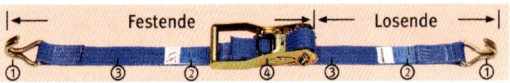

Zweiteiliger Zurrgurt

Einteiliger Zurrgurt

Bei zweiteiligen Zurrgurten ist jeder Teil mit einem Etikett gekennzeichnet.
Zweiteilige Zurrgurte bestehen im Wesentlichen aus folgenden Komponenten:

- Endbeschlagteil(1) bzw. Verbindungselement
- Etikett (2)
- Spannmittel (3)
- Spannelement (4)

Einteilige Zurrgurte haben nur ein Etikett.

Folgende Kennzeichnungen der Spanngurte sind nach DIN EN 12195-2 Pflicht:

- zulässige Zurrkraft LC (Lashing Capacity)
- Länge in m
- Normale Handkraft S_{HF} (Standard Hand Force) 50 daN
- Normale Vorspannkraft (S_{TF} Standard Tension Force) (daN) oder Windenkraft, für die die Ausrüstung typgeprüft wurde, wenn sie zum Niederzurren ausgelegt ist
- Warnhinweis, dass der Gurt nicht zum Heben verwendet werden darf
- Werkstoff des Gurtbandes (Spannmittel)
- Name oder Symbol des Herstellers oder Lieferers
- Rückverfolgbarkeitscode des Herstellers
- Hinweis auf die geltende Norm: DIN EN 12195-2
- Herstellungsjahr
- Dehnung des Gurtbandes in % bei LC

Die Farbe des Etiketts gibt Auskunft über den Werkstoff:

- blau = PES-Gurtband (Polyester)
- grün = PA-Gurtband (Polyamid)
- braun = PP-Gurtband (Polypropylen)
- weiß = andere Werkstoffe

 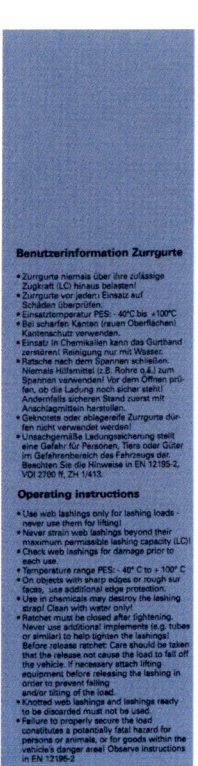

Etikett

Hilfsmittel zur Ladungssicherung

Band 4

Auch die Endbeschlagteile, Spannelemente, Gurtbandklemmen und Vorspannanzeigen bei Gurten mit einer zulässigen Zurrkraft (LC) von ≥ 5 kN müssen mindestens mit dem Namen oder Symbol des Herstellers oder Lieferanten und mit der zulässigen Zurrkraft (LC) gekennzeichnet sein.

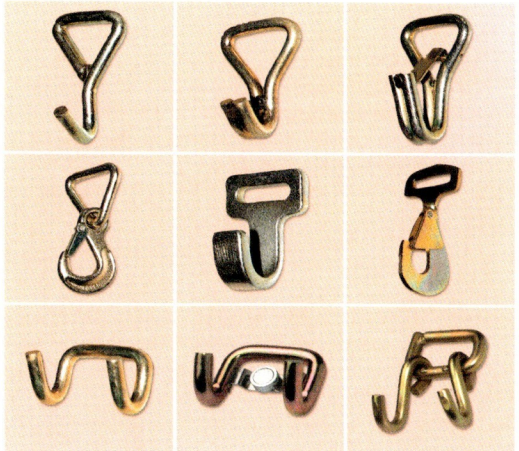

Die Endbeschläge können sehr unterschiedlich und auf den jeweiligen Einsatz abgestimmt sein. In der Abbildung sind einige Varianten dargestellt.

Ein Bestandteil der Zurrgurte ist die Ratsche, mit der die Vorspannkraft aufgebracht wird. Hier unterscheiden wir zwischen

Kurzhebelratsche

Langhebelratsche

Die Vorspannkraft (S_{TF}) bei den Kurzhebelratschen beträgt ca. 200 bis 300 daN und bei den Langhebelratschen bis ca. 500 daN. Durch die fast doppelte Vorspannkraft beim Einsatz der Langhebelratsche benötigen Sie beim Niederzurren gleicher Ladung nur etwa die Hälfte der Anzahl an Zurrgurten, um diese zu sichern.

Ablegereife von Zurrgurten aus Chemiefasern
Zurrgurte müssen mindestens einmal jährlich durch eine befähigte Person überprüft werden. Die Prüfungen sind zu dokumentieren. Zusätzlich sind die Zurrgurte aber auch vor und nach jedem Einsatz durch den Verwender zu prüfen.
In der DIN EN 12195, Teil 2 und in den VDI 2700, Blatt 3.1 und 3.2 sind detaillierte Beschreibungen über die Ablegereife der Zurrgurte aufgeführt. Daraus geht hervor, wann der Zurrgurt nicht mehr verwendet werden darf.
Gurte aus Chemiefasern z. B. sind abzulegen bei:
- Beschädigungen der Webkanten oder des Gewebes und Garnbrüche oder Garnschnitte von mehr als 10 % des Gewebes,
- Verformungen durch Wärme wie zum Beispiel innere oder äußere Reibung oder Hitzeeinwirkung,
- Beschädigung tragender Nähte,

Hilfsmittel zur Ladungssicherung — Band 4

- Schäden an Spann- oder Verbindungselementen,
- Schäden durch aggressive Medien, die eine Schwächung der Festigkeit hervorrufen,
- Verformung der Schlitzwelle und Verschleiß der Zahnkränze,
- Aufweitung oder bei bleibender Verformung der Endbeschlagteile,
- nicht mehr vorhandener oder unleserlicher Kennzeichnung.

Ablegereifer Gurt

7.3 Zurrketten

Zurrketten werden auf Grund ihrer hohen mechanischen Festigkeit überwiegend zur Ladungssicherung von schwereren Ladegütern wie zum Beispiel Maschinen, Betonteilen, selbstfahrenden Arbeitsmaschinen (z. B. Baggern) eingesetzt.
Die maximale Dehnung beim Erreichen der zulässigen Zurrkraft (LC) liegt bei nur etwa 1 %. Das heißt, eine Zurrkette von einem Meter Länge wird sich ca. einen Zentimeter dehnen.

Zurrkette

Zurrketten müssen nach DIN EN 12195-3 gekennzeichnet werden. Von einem Metallanhänger müssen folgende Informationen entnommen werden können:
- zulässige Zurrkraft LC (Lashing Capacity) in kN (1 kN = 100 daN),
- normale Vorspannkraft STF in daN, für die die Ausrüstung ausgelegt ist,
- bei Mehrzweck-Ratschzügen: Angabe der maximalen Handkraft zur Erreichung der angegebenen Tragfähigkeit (WLL= Working Load Limit) in kg oder t,
- Art der Zurrung,
- Warnhinweis „Darf nicht zum Heben verwendet werden", ausgenommen sind Mehrzweck-Ratschzüge,
- Name oder Kennzeichen des Herstellers oder Lieferers,
- Rückverfolgbarkeits-Code des Herstellers,
- die Norm, nach der die Zurrkette hergestellt und geprüft wurde (EN 12195-3).

Zurrkettenanhänger Vorderseite

Zurrkettenanhänger Rückseite

Hilfsmittel zur Ladungssicherung — **Band 4**

Auch die Spannelemente selbst müssen mindestens mit dem Namen oder Kennzeichen des Herstellers oder Lieferanten gekennzeichnet sein.

Ablegereife von Zurrketten
Zurrketten müssen mindestens einmal jährlich durch eine befähigte Person überprüft werden, die Prüfungen sind zu dokumentieren. Je nach Verwendung, z. B. bei häufigem Einsatz, erhöhtem Verschleiß oder Korrosion, können Prüfungen in kürzeren Abständen als einem Jahr erforderlich sein. Zusätzlich sind die Zurrketten aber auch vor und nach jedem Einsatz durch den Verwender zu prüfen.

Die Kriterien für die Ablegereife der Zurrketten sind in der DIN EN 12145-3 Anhang B festgelegt.

Zurrketten z. B. sind abzulegen, wenn:
- die Kennzeichnung auf dem Anhänger unleserlich ist oder fehlt,
- bei Verwindung, Verformung und Bruch von Ketten und Bauteilen,
- bei einer Abnahme der Glieddicke an irgendeiner Stelle um mehr als 10 % der Kettennenndicke,
- bei einer Längung eines Kettengliedes durch bleibende Verformung über 3 %,
- bei Anrissen, groben Verformungen und Korrosion,
- bei mehr als 10 % Aufweitung im Hakenmaul.

Verbindungsteile und Spannelemente sind z. B. abzulegen bei:
- Verformungen,
- Rissen,
- starken Anzeichen von Verschleiß,
- Anzeichen von Korrosion.

Wenn auch nur eines der Kriterien für die Ablegereife erfüllt ist, muss die Zurrkette ausgesondert werden und darf nicht weiterverwendet werden.

7.4 Zurrdrahtseil

Zurrdrahtseile werden für die Ladungssicherung auf Straßenfahrzeugen selten eingesetzt. Die weiteste Verbreitung haben fest am Fahrzeug montierte Seilwinden mit Zurrdrahtseilen. Zurrdrahtseile sind durch ihre hohe Steifigkeit schwer zu handhaben. Sie werden bevorzugt für schwere Ladungsgüter bzw. beim Langholztransport eingesetzt. Zurrdrahtseile und Zurrdrahtseilgurte müssen nach DIN EN 12195-4 gekennzeichnet werden.
Von einem Metallanhänger müssen folgende Informationen entnommen werden können:
- zulässige Zurrkraft LC (Lashing Capacity) in kN,
- normale Vorspannkraft S_{TF} in daN oder Windenkraft, für die die Ausrüstung ausgelegt (typgeprüft) ist,
- bei Mehrzweck-Seilzügen und Seilwinden: Angabe der maximalen Handkraft zur Erreichung der Zurrkraft LC,
- Warnhinweis: „Darf nicht zum Heben verwendet werden",
- Name oder Kennzeichen des Herstellers oder Lieferanten,
- Rückverfolgbarkeits-Code des Herstellers,
- die Norm, nach der die Zurrkette hergestellt und geprüft wurde (EN 12195-4).
- Auch die Spannelemente selbst müssen mindestens mit dem Namen oder Kennzeichen des Herstellers oder Lieferanten und der Zurrkraft LC gekennzeichnet sein.

Zurrdrahtseil in der Anwendung

Die Mindestbruchkraft eines neuen Drahtseiles oder Drahtseilgurtes muss 3 LC (Lashing Capacity) betragen.

Beispiele für Zurrdrahtseile:

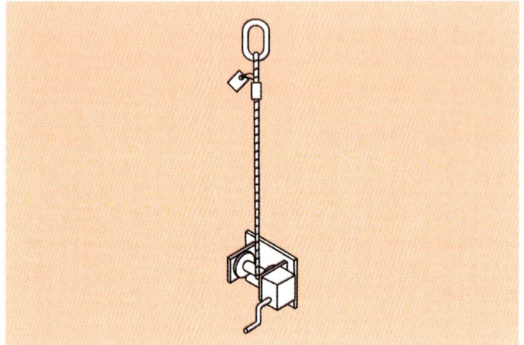

Seilwinde mit Zurrdrahtseil

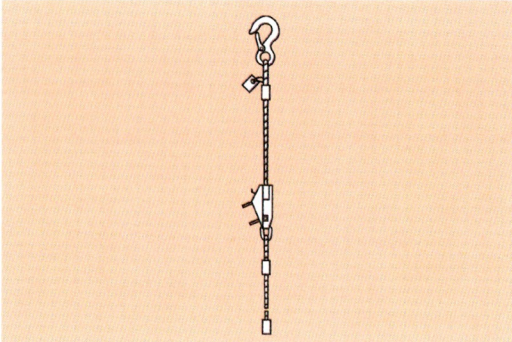

Seilzug

Die Kriterien für die Ablegereife der Zurrdrahtseile sind in der DIN EN 12195-4 Anhang B festgelegt.
Ablegereife der Zurrdrahtseile ist z. B. erreicht bei:
- mangelnder oder fehlender Kennzeichnung auf dem Anhänger,
- starkem Verschleiß durch Abrieb von mehr als 10 % der Seildicke,
- Beschädigung einer Pressklemme bzw. eines Spleißes (Seilverbindung),
- Quetschungen, bei denen das Seil um mehr als 15 % plastisch verformt wurde,
- starker Korrosion,
- Knicken und Verdrehungen,
- sichtbarem Drahtbruch:
   – mehr als 4 Drähte auf einer Länge von 3 d oder
   – mehr als 6 Drähte auf einer Länge von 6 d oder
   – mehr als 16 Drähte auf einer Länge von 30 d
      (d = Seilnenndurchmesser),
- schadhaften Stellen an den Klemmbacken von Seilzügen.

Verbindungsteile und Spannelemente sind z. B. abzulegen bei:
- plastischen Verformungen,
- Rissen,
- starken Anzeichen von Verschleiß,
- Anzeichen von Korrosion.

Wenn eines der Kriterien für die Ablegereife erfüllt ist, muss das Zurrdrahtseil ausgesondert werden und darf nicht weiterverwendet werden.
Reparatur oder Austausch von Bauteilen darf nur unter der Verantwortung des Herstellers durchgeführt werden.

7.5 Staupolster

Wenn eine Ladung nicht durch Zurrmittel gesichert werden kann, gibt es auch alternative Sicherungsmethoden wie zum Beispiel den Formschluss. Er kann unter Verwendung eines Staupolsters hergestellt werden. Staupolster (Airbags) gibt es in unterschiedlichen Größen. Sie bestehen zum Beispiel aus Beuteln oder Säcken mit mehreren Lagen Papier und einem innen liegenden Folienbeutel oder -sack aus Kunststoff.

Staupolster werden zum Ausfüllen von Freiräumen auf der Ladefläche eingesetzt, um die Ladung gegen Verrutschen und Kippen zu sichern. Es handelt sich also um eine formschlüssige Ladungssicherung. Staupolster werden sowohl für die Einfachnutzung als auch für die Mehrfachnutzung angeboten.

Bei der Verwendung ist besonders auf eine flächige Belastung und ausreichende Festigkeit der Ladung und der Ladebordwände zu achten.
Der übliche Arbeitsdruck beträgt je nach Festigkeit 0,2 bis 0,6 bar. Hier ist unbedingt auf die Herstellerangaben zu achten.

Wird der vorgeschriebene Befüllungsdruck überschritten, kann dies zur Zerstörung der Ladung und des gesamten Aufbaus führen!

7.6 Sperrbalken

Zur Ladungssicherung werden Rund- und Vierkantsperrbalken aus Aluminium oder Stahl eingesetzt. Sie können senkrecht oder waagerecht eingebaut werden. Die Fixierung erfolgt über Lochschienen. Bei dieser formschlüssigen Ladungssicherung ist auf die vom Hersteller angegebene maximale Belastbarkeit zu achten.

Sperrbalken in der Anwendung

7.7 Kantenschutzwinkel

Spanngurte, Zurrketten und Zurrdrahtseile werden häufig über Kanten der Ladung geführt und können die Kanten beschädigen oder verformen. Empfindliche Ladungsgüter können durch die eingeleitete Spannkraft auch beschädigt oder zerstört werden.
Aus diesem Grund werden Kantenschützer verwendet, die z. B. den Spanngurt vor Beschädigung schützen und den auftretenden Spanngurtdruck gleichmäßig auf das Ladegut verteilen.
Kantenschützer gibt es speziell für Zurrgurte, Zurrketten und Zurrdrahtseile.

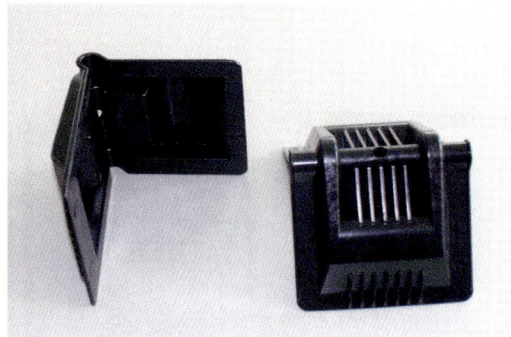

8. Sammelgut

Unter Sammelgut versteht man unterschiedliche Ladegüter, die gemeinsam z. B. auf einem Lkw transportiert werden. Eine typische Sammelgutladung besteht zum Beispiel aus palettierten Gütern, Fassware, Kartonage, Kisten, IBC, Teppichrollen, Gitterboxen etc. Diese Ladungsart ist häufig im Verteilerverkehr zu finden.

Der Transport von Sammelgut ist wohl als der schwierigste anzusehen.
Sie erhalten den Auftrag, eine bestimmte Anzahl von Firmen anzufahren und die bereitgestellte Ware zu übernehmen.
Häufig ist Ihnen dabei gar nicht bekannt, welche Ladegüter Sie zu befördern haben.

Wie müssen Sie sich verhalten, wenn Sie solch ein Ladegut transportieren sollen?
Die Verantwortung des Absenders liegt auch darin, eine transportsichere Ladeeinheit bereitzustellen.
Dies beinhaltet auch eine Ladeeinheitensicherung, die in Verbindung mit der Ladungssicherung, den zu erwartenden Transportbeanspruchungen (z. B. Vollbremsung) sicher standhält.

Dies ist bei dem Ladegut hier nicht der Fall. Diese Ladung müssen Sie stehen lassen.

Nicht transportsichere Ladeeinheit – der Transport muss verweigert werden.

Hilfsmittel zur Ladungssicherung   Band 4

Dass dies in der Praxis Schwierigkeiten nach sich ziehen kann, liegt auf der Hand.
Häufig bilden Sie als Fahrer das schwächste Glied in der Transportkette und werden mit diesem Problem allein gelassen.

Hier sind sehr schlecht gestaute Ladungen zu erkennen. Das Fahrzeug, hier speziell die Fahrzeugaufbauten, der Kofferaufbau, ist für den Transport von Sammelgut hervorragend geeignet. Leider wurden die Ladungen nicht sachgerecht gestaut und gesichert.

Nicht sachgerecht gestaute Ladungen

Hier kommt ein Zwischenwandverschluss zum Einsatz.

Sicherung nach hinten mit einem Zwischenwandverschluss

Der am besten geeignete Fahrzeugaufbau für den Transport von Sammelgut ist der Kofferaufbau mit Hubladebühne. Die Ladung sollte stets bündig zu den Wänden und zueinander stehen, damit sie insgesamt durch Formschluss gesichert werden kann. Die Abschlusssicherung nach hinten kann bei Pritschenfahrzeugen mit einem Zwischenwandverschluss durchgeführt werden, wenn die erforderlichen Sicherungskräfte sehr gering sind.

Kofferaufbau mit seitlich montierten Ankerschienen zur Aufnahme von Sperrbalken

9. Praxisbeispiele Ladungssicherung

Praxisbeispiele

Im nachfolgenden Kapitel werden Verladebeispiele und die dafür geeigneten und praxisgerechten Ladungssicherungsmaßnahmen behandelt. Diese Beispiele werden bereits bei vielen Verladern umgesetzt. Der Absender bzw. Verlader wird Ihnen als Lkw-Fahrer vorgeben, wie die zu übernehmende Ladung gesichert werden muss. Deshalb ist es wichtig, dass Ihr Disponent schon vor dem Transport die Ladungssicherung mit dem Verlader bespricht. Das versetzt Sie in die Lage, alle erforderlichen Ladungssicherungshilfsmittel mitzubringen.

Sicherung von Blechpaketen

Die auf den Paletten gesicherten Blechpakete werden nach vorn bündig an die Stirnwand angelegt und auf rutschhemmendes Material gestellt. Die nachfolgenden Blechpakete werden bündig an die vorderen Pakete angelegt.
Alternativ kann die Ladung auch durch Abstützungen wie Steckrungen, Holzbalken etc. gesichert werden.
Gegen Verrutschen zur Seite und nach hinten wird die Ladung durch Niederzurren gesichert.

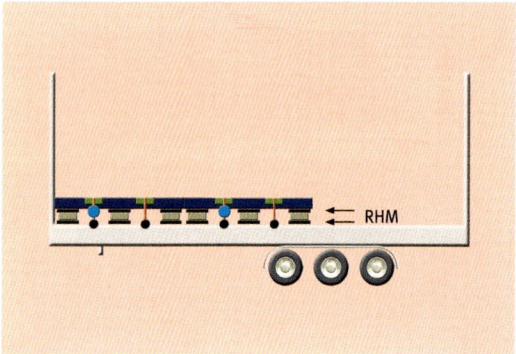

Blechpakete auf RHM, Formschluss vorne

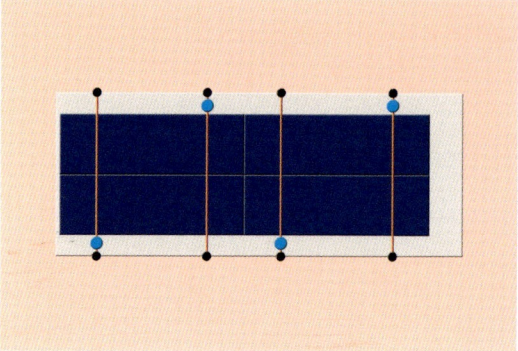

Blechpakete form- und kraftschlüssig gesichert

Sicherung von lose geladenen Grobblechen

Die Grobbleche werden nach vorn bündig an die Stirnwand angelegt und auf rutschhemmendes Material gelegt. Alternativ kann die Ladung durch Abstützen an Steckrungen, Holzbalken etc. und/oder Direktzurren nach vorn gesichert werden.

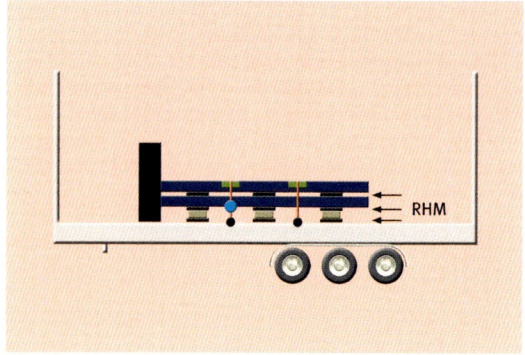

Grobbleche auf RHM, Formschluss an den Steckrungen vorn

Gegen Verrutschen zur Seite und nach hinten wird die Ladung durch Niederzurren gesichert.

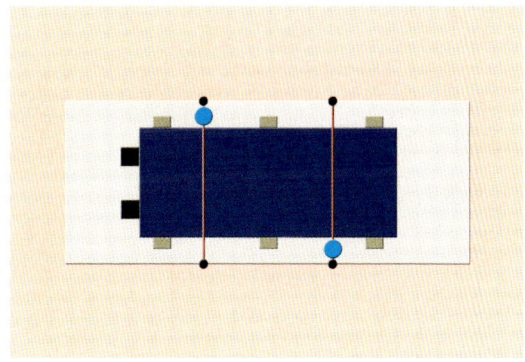

Die Grobbleche werden zusätzlich durch Niederzurren gesichert.

In diesem Beispiel wurden die Bleche bündig zueinander geladen. Die Sicherung der Bleche erfolgt durch Direktzurren nach vorne sowie durch Kraftschluss. Der Kraftschluss wird durch Niederzurren der Bleche erreicht.

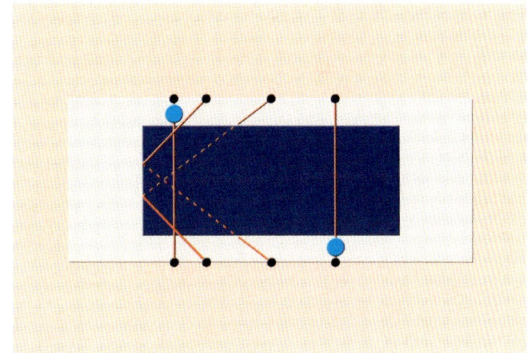

Grobbleche form- und kraftschlüssig gesichert

Spaltband
Das Ladegut Spaltband ist nicht standsicher, es muss auch gegen Kippen gesichert werden!

Spaltband

Praxisbeispiele Ladungssicherung

Band 4

Sie erhalten vom Auftraggeber das Gewicht der Ladung und können nun bestimmen, an welcher Stelle auf dem Sattelanhänger die Ladung abgesetzt werden soll. Hierzu können Sie den Lastverteilungsplan nutzen. Häufig ist aber auch der Lastschwerpunkt am Fahrzeug gekennzeichnet. In diesem Bereich befinden sich in der Regel auch die Taschen, in die Sie die Steckrungen setzen können. Die Coilmulde wird mit rutschhemmendem Material ausgelegt.

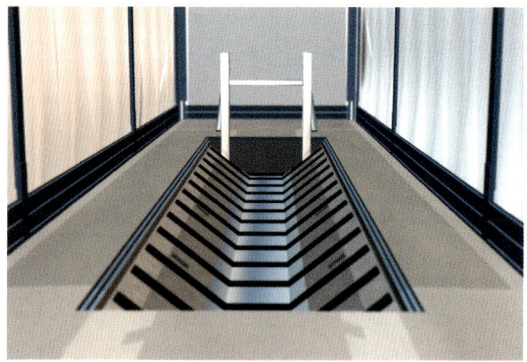

Der erste Spaltring wird bündig an die Steckrungen angesetzt, alle weiteren Spaltbänder werden danach bündig an das jeweils vordere Spaltband gestellt.

Die Sicherung nach hinten erfolgt über eine Zurrkette. Hierbei wird die Zurrkette mit der Stütze hinten verbunden. Die Mulde sorgt dafür, dass die Spaltbänder bei Kurvenfahrt auf dem Fahrzeug gehalten werden. Werden die Durchmesser zu groß, müssen die Spaltbänder noch gegen Herausrollen gesichert werden.
Das kann zum Beispiel durch Niederzurren oder Direktzurren der Ladung erreicht werden. Viele Verlader bestehen ab einem Durchmesser von 1,80 m auf eine Sicherung gegen Herausrollen der Spaltbänder aus der Coilmulde. Das liegt an den unterschiedlich breiten Coilmulden der Sattelanhänger.

Welche zulässige Zurrkraft das zum Einsatz kommende Zurrmittel haben muss und ob die Spaltbänder noch niedergezurrt werden müssen, kann Ihnen der Absender sagen, weil er das Ladegut genau kennt.

Die Ladungssicherung muss zwischenzeitlich kontrolliert werden, da sich während des Transportes die Zurrmittel lockern können.

Praxisbeispiele Ladungssicherung — Band 4

Beton-Stabstahl

Bei Stabstahl handelt es sich um einzelne Stäbe, die in der Regel mit Umreifungsband aus Stahl zu Bunden zusammengefasst werden. Sie werden in der Praxis durch eine Kombination aus Form- und Kraftschluss gesichert. Vor der Beladung des Fahrzeugs muss der Ladeboden überprüft werden. Er muss besenrein und frei sein von zum Beispiel:

- Eis
- Reif
- Schnee
- Öl und Fett

Werden Unterleghölzer eingesetzt, sind die rutschhemmenden Materialien jeweils unter die Unterleghölzer abgelegt und formschlüssig nach vorne an zum Beispiel die Stirnwand angelegt.

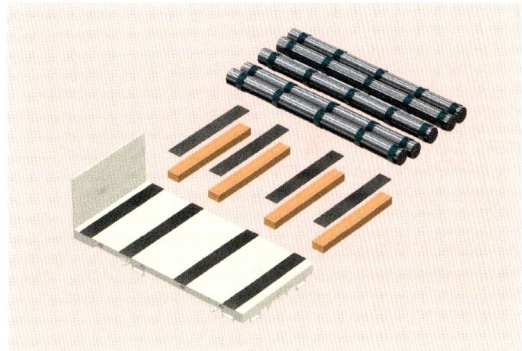

Schematischer Aufbau der Beladung des Fahrzeugs mit Stabstahl

Wird eine zweite Lage Stabstahl verladen, werden aus Gründen der vereinfachten Be- und Entladung zur Trennung der Lagen weitere Unterleghölzer eingesetzt. Auch bei der zweiten Lage sind rutschhemmende Materialien jeweils unter die Unterleghölzer und auf die Unterleghölzer zu legen. Auf die oberste Lage werden Kanthölzer gelegt, über die das Ladegut mit den Zurrmitteln niedergezurrt wird. Hierbei ist auch auf eine ausreichende Dimensionierung der Zurrpunkte des Fahrzeugs zu achten. Gegebenenfalls sind auch Kantenschutzwinkel einzusetzen.

Gesicherte Komplettladung

Der Empfänger der Ladung kann nun seine Anschlagketten bzw. Anschlagmittel entsprechend einsetzen. Ohne diesen erforderlichen Freiraum zwischen den Bunden wäre nur noch die Entladung mit einem Magnet möglich.

Praxisbeispiele Ladungssicherung — Band 4

Stückgut

Stückgut kann als Einzelgut und im Sammeltransport mit anderen Stückgütern zusammen transportiert werden. Werden Stückgüter einzeln auf einem Lkw transportiert, sind mindestens folgende Informationen zur Sicherung der Ladung erforderlich:

- Masse (Gewicht) der Ladung
- Länge
- Breite
- Höhe
- Schwerpunktlage im einzelnen Stückgut
- Art der Verpackung (Kiste, Karton etc.)
- Gleit-Reibbeiwert
- Verkehrsträger (Straße, Schiene, See)
- Sicherungsmethode (evtl. Vorgabe vom Absender)
- Hilfsmittel zur Ladungssicherung (evtl. Vorgabe vom Absender)

Wenn alle Angaben bekannt sind, kann die Ladung unter Einhaltung der zulässigen Lastverteilung auf den Lkw gestellt entsprechend gesichert werden. Im vorliegenden Beispiel sind folgende Informationen bekannt:
Masse = 4000 kg
Länge = 3,0 m, Breite = 1,9 m, Höhe = 2,3 m
Der Schwerpunkt liegt genau in der Mitte der Ladung.
Als Verpackung wird eine stabile Holzkiste eingesetzt.

Zunächst muss die Standsicherheit berechnet werden.
In Längsrichtung: L/H = 3,0 m / 2,3 m = 1,3 standsicher
In Querrichtung: B / H = 1,9 m /2,3 m = 0,82 standsicher

Die Ladung muss also nur gegen Rutschen gesichert werden. Die Ladung muss mit Zurrgurten durch Niederzurren gesichert werden. Es wird RHM mit einem Gleit-Reibbeiwert von 0,6 eingesetzt. Die S_{TF} der Zurrgurte beträgt 500 daN. Der Zurrwinkel beträgt 60°. Die Ladung darf nur mit dem Lkw transportiert werden, ein kombinierter Verkehr Straße/Schiene ist nicht zulässig (Absendervorgabe). In der folgenden Tabelle, diese ist für Ladungsgüter mit einer Masse von 4000 kg und einem Gleit-Reibbeiwert von 0,6 ausgelegt, finden Sie die Zahl 2. Im vorliegenden Beispiel muss die Ladung mit mindestens zwei Zurrgurten, wobei jeder Zurrgurt eine S_{TF} von mindestens 500 daN haben muss, gesichert werden.

Masse in kg	Zurrwinkel				Vorspannkraft S_{TF}					
	90°	60°	45°	30°	250 daN	400 daN	500 daN	250 daN	400 daN	500 daN
	-	-	-	-	Reibbeiwert 0,2		-	Reibbeiwert 0,6		
4000	X	-	-	-	27	17	14	3	2	2
4000	-	X	-	-	31	19	16	4	3	2
4000	-	-	X	-	37	24	19	5	3	3
4000	-	-	-	X	53	33	27	6	4	3

Anzahl der erforderlichen Zurrmittel bei einem Übertragungsbeiwert K= 1,8.

Praxisbeispiele Ladungssicherung   Band 4

Werden bei der Ladungssicherung keine Antirutschmatten eingesetzt, muss zum Beispiel mit einem Gleit-Reibbeiwert von 0,2 gerechnet werden. Im nachfolgenden Beispiel soll eine Ladung mit einer Masse von 4000 kg, deren Höhe einen Zurrwinkel von 30° ermöglicht, auf einem Lkw transportiert werden. Die mitgeführten Zurrgurte haben eine STF von 400 daN und der Gleitreibbeiwert beträgt wegen fehlender Antirutschmatten nur 0,2. Wenn Sie diese Ladung freistehend nur durch Niederzurren sichern wollen, benötigen Sie 40 Zurrgurte. Das ist nicht praktikabel. Sie können sich die Arbeit dadurch erleichtern, indem Sie auch durch Formschluss sichern. Bei einem Kraftaufnahmevermögen der Stirnwand von 2000 daN und ohne Antirutschmatten benötigen Sie auch jetzt noch 20 Zurrgurte. Auch das funktioniert bei einer Länge der Ladung von 3,0 m nicht. Mit dem Einsatz von Antirutschmatten reduziert sich die Anzahl der Zurrgurte jedoch auf 2. Dieses Beispiel zeigt, wie stark Antirutschmatten auch bei Formschluss zur Ladungssicherung beitragen.

Fassware

In der Transportlogistik werden Fässer auch zum Transport von Flüssigkeiten und Feststoffen verwendet. Neben Flüssigkeiten wie zum Beispiel Farben, Lösungsmitteln und Öl werden auch Feststoffe wie zum Beispiel Fette, Granulat und Putzlappen in Fässern transportiert.

Fässer werden, je nach Verwendungszweck, aus verschiedenen Werkstoffen hergestellt.
Fässer aus Stahl
Fässer aus Kunststoff

Für den Transport werden Fässer (Bild 1) z. B. auf Paletten zu einer Ladeeinheit zusammengefasst. Auf eine CP3-Palette (Bild 2) (Chemiepalette mit den Abmessungen 1140 x 1140 mm) werden maximal vier 200-Liter-Stahlfässer gestellt. Anschließend wird eine zweite Palette auf die Fässer gelegt. Mit einem geeigneten Sicherungsband (Bild 3) wird eine Ladeeinheit, wie in Bild 4 dargestellt, gebildet. Ohne diese Sicherung können die Fässer (Bild 5) aufsatteln und sich dadurch beschädigen (Bild 6). Das Bilden einer transportsicheren Ladeeinheit wird nachfolgend in den Bildern 1-4 dargestellt.

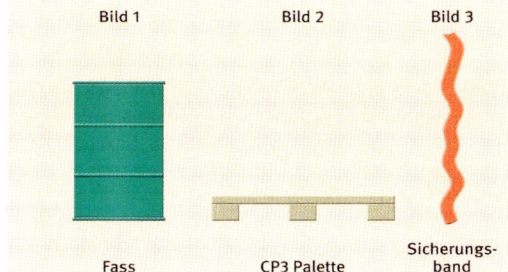

Die so zusammengefasste Ladeeinheit wird anschließend auf das Transportfahrzeug gestellt und gesichert. Es werden rutschhemmende Materialien (RHM) unter die Paletten gelegt, um den Gleit-Reibbeiwert zu erhöhen. Zusätzlich können im Bedarfsfall auch RHM unter die Fässer gelegt werden, falls die Ladeeinheitensicherung nicht ausreichend dimensioniert ist.

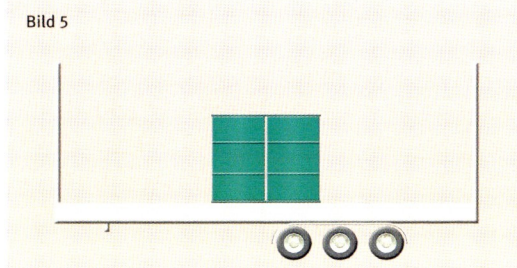

Praxisbeispiele Ladungssicherung — Band 4

Die transportsicheren Ladeeinheiten stehen formschlüssig zueinander sowie formschlüssig an der Stirnwand (Bild 7). Jede Fassreihe wird mit mindestens einem entsprechenden Zurrgurt durch Niederzurren gesichert.

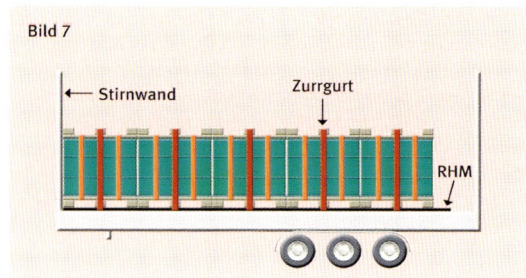

Betonstahlmatten

Betonstahlmatten sind Gitter aus verschweißten Stäben aus Betonstahl. Sie bestehen aus sich kreuzenden Längs- und Querstäben von warm- oder kaltverformten, gerippten Betonstahl. Zur Sicherung der Betonstahlmatten wird mit einem Gleit-Reibbeiwert zwischen den Matten und zwischen Ladeboden und Matte von 0,2 gerechnet. Der Gleit-Reibbeiwert wurde in Fahrversuchen bestätigt und erfordert darum Maßnahmen, die ein Rutschen der Betonstahlmatten verhindern.

Sicherung der Betonstahlmatten

Die Sicherung von Betonstahlmatten ist nicht einfach, da es sich um keine starren und formstabilen Ladegüter handelt. Die Stapel federn dynamisch während des Transports und haben keine festen Anschlagpunkte.

Die Sicherung der Mattenstapel in Fahrzeuglängsachse nach vorne erfolgt mit vier Zurrmitteln und in Längsrichtung nach hinten mit zwei Zurrmitteln durch Direktzurren. Zusätzlich sind die Mattenstapel gegen seitliches Verrutschen durch eine Kombination aus Niederzurren und Direktzurren zu sichern. **Hierbei** werden die Zurrhaken direkt in die Matten eingehängt.

Der nebenstehenden Tabelle ist die Anzahl der Zurrmittel zu entnehmen, die zur seitlichen Sicherung der Mattenstapel erforderlich sind. Die Anzahl der Zurrmittel sollte auf beiden Seiten gleich sein.

Beispiel 1:
Masse 12000 kg, Vorspannkraft des Zurrmittels 750 daN, Anzahl der Zurrmittel 24. Es sind auf jeder Längsseite links und rechts je 12 Zurrmittel einzusetzen.

Masse in kg	Vorspannkraft des Zurrmittels in daN			
	1000	750	500	250
2000	4	4	6	12
4000	6	8	12	24
6000	10	12	18	36
8000	12	16	24	48
10000	16	20	30	60
12000	18	24	36	72

Die Anzahl der erforderlichen Zurrmittel zur Sicherung der Mattenstapel in seitlicher Richtung wurden durch Versuche ermittelt.

Praxisbeispiele Ladungssicherung — Band 4

Die Anzahl der einzusetzenden Zurrmittel kann bei Verwendungen von Steckrungen deutlich reduziert werden. Werden variabel einsetzbare Steckrungen verwendet, kann auf die unterschiedlichsten Breiten reagiert werden und stets Formschluss hergestellt werden. Die Dimensionierung der Steckrungen muss auf die Ladung abgestimmt sein und die erforderlichen Kräfte aufnehmen können. Die Spezifikationen der Spezialauflieger müssen vom Hersteller zur Verfügung gestellt werden. Sind die benötigten zulässigen Belastungen der Steckrungen des Aufliegers nicht bekannt, dürfen sie zur Sicherung nicht berücksichtigt werden.

Sicherung der Ladung in Fahrzeuglängsachse nach vorne durch Steckrungen

Verstellbare Einheit zur Aufname einer Steckrunge

Gesicherte Komplettladung

Eine weitere Möglichkeit zur Sicherung von Baustahlmatten ist das Direktzurren. Die Drahtseilkonstruktion der Firma Dolezych (z. B. das DoUniFlex-System) wird mit textilen Zurrgurten gespannt. Die Zurrgurte werden mit einem Schutzschlauch auch vor Beschädigungen durch die Baustahlmatten geschützt. Die im Bild dargestellte Sicherung ist eine Kombination aus Form- und Kraftschluss. Bei den Zurrgurten handelt es sich um Schwerlastzurrgurte, die in der Lage sind, die auftretenden Kräfte sicher aufzunehmen und in den Fahrzeugaufbau einleiten zu können. Es werden zwei zertifizierte Systeme, in Fahrzeuglängsachse und nach hinten, eingesetzt.

Drahtseilkonstruktion (Quelle: Dolezych)

10. Arbeitssicherheit und Umschlag

Wenn Sie mit Ihrem Lkw zu Ihrem Kunden fahren, denken Sie daran, dass Sie Ihre Arbeitsschutzausrüstung vollständig und intakt mitführen. Oftmals werden bei den Verladern schon beim Pförtner die ersten Hinweise zur Tragepflicht von Arbeitsschuhen, Helm, Sicherheitsweste und Schutzbrille ausgehängt. Legen Sie Ihre Schutzausrüstung an, damit Sie vor Schaden bewahrt bleiben. Beim Umschlag sind noch folgende Dinge zu beachten:

> Als Lkw-Fahrer beim Beladevorgang stets Blickkontakt mit dem Staplerfahrer oder dem Kranfahrer halten. Der Blickkontakt darf nicht abreißen. Hier gilt der Grundsatz, dass jeder auf den anderen aufpasst.

Sie werden gebeten, mit dem Stapler des Verladers Ihren Lkw selbst zu beladen. Sie könnten dabei Standzeit und Wartezeit verkürzen. Sie erhalten alle notwendigen Daten vom Ladegut.

Beachten Sie hierbei:
Voraussetzungen für das Führen eines Gabelstaplers in einem Unternehmen sind unter anderem:
- Ausbildung zum Gabelstaplerfahrer,
- schriftliche Beauftragung,
- Einweisung im Betrieb und im Betriebsablauf,
- Einweisung in den zu bedienenden Gabelstapler.

11. Abkürzungsverzeichnis

ADR	Accord européen relatif au transport international des merchandises Dangereuses par Route
BGB	Bürgerliches Gesetzbuch
BG Verkehr	Berufsgenossenschaft für Transport und Verkehrswirtschaft
CMR	Internationale Beförderungsbedingungen für den grenzüberschreitenden Straßengüterverkehr
CSC	Container Safety Certificate
CTU	Cargo Transport Unit Container Packrichtlinien
DA	Durchführungsanweisung
DIN	Deutsches Institut für Normung
EN	Europanorm
GGVSEB	Gefahrgutverordnung Straße, Eisenbahn und Binnenschifffahrt
HGB	Handelsgesetzbuch
IBC	Intermediate Bulk Container (Großpackmittel)
IMO	International Maritime Organisation
ISO	International Standard Organisation
OWiG	Ordnungswidrigkeitengesetz
RSE	Richtlinien zur Durchführung der GGVSE
StGB	Strafgesetzbuch
StVO	Straßenverkehrs-Ordnung
StVZO	Straßenverkehrs-Zulassungs-Ordnung
UVV	Unfallverhütungsvorschriften
VDI	Verein Deutscher Ingenieure

Schlagwortverzeichnis — Band 4

Arbeitssicherheit	77
Baustahlmatten	76
Berufsgenossenschaft	11, 12
Beschleunigung	17, 18, 19, 20, 27, 28, 36, 41, 48
Bewegungsenergie	22
Blockierkraft	37
Bürgerliches Gesetzbuch	12, 78
Bußgeld	8, 15, 16
CTU-Packrichtlinien	11
Diagonalzurren	34, 43, 53
DIN	6, 7, 13, 14, 25, 28, 29, 35, 41, 43, 50, 51 - 54, 60 - 64, 78
Direktzurren	32, 68 - 70, 74, 76, 79
EN	6, 7, 10, 14, 25, 28, 29, 35, 41, 43, 50 - 54, 60 - 64, 79
Fassware	66, 73
Fliehkraft	21
Formschluss	31, 35, 41, 43, 65, 67, 68, 73, 75
GGVSEB	11, 78
Hilfsmittel zur Ladungssicherung	12, 13, 14, 59, 60 - 67, 72
ISO	7, 14, 54, 78
Kantenschutzwinkel	30, 38, 66, 71
Kippmoment	27, 28
Kombinierte Ladungssicherung	31, 32, 33
Kraftschluss	30, 32, 33, 38, 42, 46, 74, 76, 78, 81
Lastverteilungsplan	14, 55, 57, 58, 59, 70
Massenkraft	17, 36
Niederzurren	30, 31, 38 - 40, 60, 61, 68, 69, 70, 72 - 74
Nutzlast	45, 46, 51, 52
Reibbeiwert	6, 23, 24, 36 - 43, 59, 72, 73, 74
Reibkraft	22, 30, 36, 41
Reibung	6, 22, 23, 24, 30, 36, 38, 41, 61
rutschhemmendes Material	6, 37, 38, 41, 43, 59, 68
Sammelgut	66, 67
Schrägzurren	33, 34, 41, 42
Schwerpunkt	24, 25, 27, 28, 35, 57, 58, 72
Sicherheit	8, 11, 14, 35
Spaltband	69, 70
Spaltring	70
Sperrbalken	59, 65, 67
Staupolster	59, 65
Steckrungen	31, 68, 70, 75
Straßenverkehrs-Ordnung	7, 78
Straßenverkehrs-Zulassungs-Ordnung	8, 46, 78
Stückgut	72
Überwachung	6, 35
VDI-Richtlinien	6, 14
Vorspannkraft	30, 38, 39, 60 - 63, 72, 74
Zurrkraft	34, 43, 55, 60, 63, 70
Zurrmittel	7, 12, 14, 30, 33 - 35, 38, 43, 53, 65, 70, 72, 74, 75
Zurrpunkte	13, 14, 32, 34, 41, 43, 53, 54, 55, 71
Zurrwinkel	34, 35, 39, 40, 41, 42, 43, 72, 73
Zwischenwandverschluss	67

Dirk Wegner

Sozialvorschriften

Band 5

Bildnachweis –
wir danken folgenden Firmen und Institutionen für ihre
Unterstützung:

ACTIA Group
Bundesamt für Güterverkehr (BAG)
Deutsches Rotes Kreuz
EFKON AG
Fahrschule Schölermann
Gehle Fahrschule und Omnibustouristik
GLS
Kötter Security
Lufthansa AG
MAN Nutzfahrzeuge AG
Peter Rohse, Mercedes Benz, Niederlassung Bremen
Scania
Stoneridge
VDO Continental Automotive GmbH
Verkehrsbetriebe Hannover (ÜSTRA)

Autor:
Dirk Wegner

Co-Autor:
Dieter Quentin

Lektorat und Beratung:
Rolf Kroth
Egon Matthias

Ilustrationen:
Sandra Patzenhauer

Band 5

Sozialvorschriften

Inhalt

Sowohl Bus- als auch Speditionsunternehmen stehen häufig unter starkem Wettbewerbsdruck. Das kann dazu führen, dass dieser Druck auf die Berufskraftfahrer übertragen wird. Zu lange Arbeitszeiten und zu wenig Erholung können die Folge sein.

Die Sozialvorschriften verfolgen das Ziel, die Wettbewerbsbedingungen für das Straßenverkehrsgewerbe anzugleichen und die Sicherheit im Straßenverkehr zu erhöhen. Sie schützen die Fahrer vor Übermüdung, indem sie die Arbeitsbedingungen der Berufskraftfahrer regeln. Das Buch behandelt ausführlich die Kontrollgeräte und beinhaltet weitere Vorschriften rund um das Sozialrecht.

Des Weiteren beinhaltet das Buch die wichtigsten Regelungen des Berufskraftfahrer-Qualifikations-Gesetzes und klärt den Berufskraftfahrer über seine Rechte und Pflichten in der Grundqualifikation und Weiterbildung auf.

Der Autor

Dirk Wegner, Jahrgang 1963,
ist Polizeihauptkommissar in Bremen, Diplom-Verwaltungswirt und zertifizierter Moderator. Seit vielen Jahren Dozent für Verkehrsrecht, Sozialvorschriften und Ladungssicherung unter anderem an der Hochschule für Öffentliche Verwaltung in Bremen, bei der Bundeswehr und Fahrlehrerfortbildung in Niedersachsen und Schleswig-Holstein. Seit 2005 ist Dirk Wegner Abschnittsleiter bei der Wasserschutz- und Verkehrspolizei in Bremen.

Inhaltsverzeichnis — Band 5

Sozialvorschriften

1.	Sozialvorschriften	6
1.1	Einleitung	6
1.2	Lenkzeiten	10
1.3	Maximale Lenkzeit bis zur ersten Fahrtunterbrechung	10
1.4	Tägliche Lenkzeit	12
1.5	Wöchentliche Lenkzeit	12
1.6	Bereitschaftszeit	13
1.6.1	Parkplatzsuche	14
1.7	Ruhezeit	14
1.7.1	Ruhezeit	14
1.7.2	Wöchentliche Ruhezeit	15
1.8	Übernahme eines Fahrzeugs, das nicht an der Betriebsstätte steht	16
1.9	Mehrfahrerbetrieb	17
1.10	Anordnung der Unterbrechung Ihrer Fahrtunterbrechung/Ruhezeit	18
1.11	Transport auf der Fähre oder Eisenbahn	18
1.12	Untersagung der Weiterfahrt	19
1.13	Notstandsklausel	19
1.14	Ausnahmen	20
2.	Kontrollgeräte im Straßenverkehr	25
2.1	Einleitung	25
2.2	Einbaupflicht eines Fahrtschreibers in Deutschland gemäß § 57 a StVZO	25
2.3	Analoge Fahrtenschreiber mit Schaublatt (Tachograph)	27
2.3.1	Kompakttachographen	27
2.3.2	Flachtachograph	28
2.3.3	Modularer Fahrtenschreiber	29
2.4	Schaublätter	30
2.4.1	Was wird auf dem Schaublatt aufgezeichnet?	32
2.4.2	Mehrfahrerbetrieb	34
2.4.3	Pflichten des Fahrers bei der Verwendung von EU-Fahrtenschreiber mit Schaublättern	35
2.4.4	Pflichten des Fahrers bei der Verwendung von Fahrtschreibern (nationale Vorschrift)	36
2.4.5	Rückseite des Schaublatts	37
2.4.6	Fahrzeugwechsel	37
2.4.7	Weitere handschriftliche Aufzeichnungen auf der Schaublattrückseite	37
2.4.8	Mitführpflicht	38
2.4.9	Bescheinigung über berücksichtigungsfreie Tage	39
2.4.10	Aufbewahrungspflicht für den Unternehmer	41
2.5	Digitaler Fahrtenschreiber	41
2.5.1	Kurzbeschreibung	42
2.5.2	UTC-Zeit	43
2.5.3	Zugelassene digitale Fahrtenschreiber im Überblick	44
2.5.4	Digitale Fahrtenschreiber der neueren Generation	45
2.6	Fahrtschreiberkarten	47
2.6.1	Fahrerkarte	48
2.6.1.1	Fahrerkarte stecken	49
2.6.1.2	Automatische Warnmeldung im Display	51
2.6.1.3	Entnehmen der Fahrerkarte	52
2.6.1.4	Mitführpflichten	52
2.6.1.5	Nachweise über berücksichtigungsfreie Tage	52
2.6.1.6	Beschädigte bzw. nicht mitgeführte Fahrerkarte	53
2.6.1.7	Defekt am digitalen Fahrtenschreiber	54
2.6.2	Unternehmenskarte	54
2.6.2.1	Aufbewahrungspflichten	55
2.6.2.2	Mietfahrzeuge	56

Inhaltsverzeichnis **Band 5**

2. 6. 3	Werkstattkarte	56
2. 6. 4	Kontrollkarte	57
2. 6. 5	Erneuerung einer Fahrtenschreiberkarte wegen Beschädigung, Fehlfunktion, Verlust oder Diebstahl	58
2. 6. 6	Folgekarte	58
2. 7	Prüfung der Fahrtschreiber und Fahrtenschreiber gemäß § 57 b StVZO	59
2. 8	Plomben und Einbauschilder	59
2. 9	Ausdrucke	60
2. 9. 1	„Tagesausdruck Aktivitäten des Fahrers"	61
2. 9. 2	„Ausdrucke der Ereignisse/Störungen von der Fahrerkarte"	61
2. 9. 3	„Ausdruck der Fahraktivitäten vom Fahrzeug" (Tageswert)	61
2. 9. 4	„Ausdruck der Ereignisse/Störungen vom Fahrzeug"	61
2. 9. 5	„Ausdruck der Geschwindigkeitsüberschreitungen"	61
2. 9. 6	Ausdruck der technischen Daten	62
2. 9. 7	Aufbau der Ausdrucke	62
3.	Arbeitszeit – 2002/15/EG – ArbZG	65
3. 1	Einleitung	65
3. 2	Kurzübersicht über die Arbeitszeiten	66
3. 3	Weitere Pflichten des Unternehmers	67
3. 4	Bußgeld- und Strafvorschriften (Kurzübersicht)	67
4.	Kontrollrichtlinie	68
5.	Sonntagsfahrverbot	69
6.	Ferienreiseverordnung	72

Rechte und Pflichten des Berufskraftfahrers im Bereich der Grundqualifikation und Weiterbildung

1.	Rechte und Pflichten des Berufskraftfahrers im Bereich der Grundqualifikation und Weiterbildung	74
1. 1	Einleitung	74
1. 2	Grundqualifikation	74
1. 3	Umsteiger	76
1. 4	Befähigungsnachweis	77
	Schlagwortverzeichnis	78

Sozialvorschriften — Band 5

1. Sozialvorschriften

1.1 Einleitung

Mit dem Ziel, den europaweiten Wettbewerb im Straßenverkehr einander anzugleichen und vor allem die Arbeitsbedingungen des beruflichen Fahrpersonals festzulegen, wurde bereits 1969 das erste europäische Regelwerk zu den Sozialvorschriften veröffentlicht.
Im Laufe der Zeit machten der technische Fortschritt und die unterschiedlichen Auslegungen eine mehrmalige Erweiterung und Überarbeitung des ursprünglichen Werks erforderlich.

Ziele der Vorschriften:
- Erhöhung der Sicherheit im Straßenverkehr durch Senkung der Unfallzahlen
- Verbesserung der Arbeitsbedingungen des Fahrpersonals durch Regelung der Lenkzeiten und Pausen
- Harmonisierung der Wettbewerbsbedingungen

Neben den Personenschäden mit ihrem damit verbundenem Leid entstehen durch Verkehrsunfälle auch hohe volkswirtschaftliche Schäden, Sachschäden, Sperrungen und Rückstaus.

Die letzte Änderung erfolgte durch die Verordnung (EG) Nr. 561/2006, die im April 2007 die Vorschrift VO (EWG) Nr. 3820/85 abgelöst hat.
Das Ziel, die Erhöhung der Verkehrssicherheit, wird u. a. im Art. 10 Abs. 1 der VO (EG) Nr. 561/2006 deutlich:

> Verkehrsunternehmen dürfen angestellten oder ihnen zur Verfügung gestellten Fahrern keine Zahlungen in Abhängigkeit von der zurückgelegten Strecke oder der Menge der beförderten Güter leisten, auch nicht in Form von Prämien und/oder Lohnzuschlägen, falls diese Zahlungen geeignet sind, die Sicherheit im Straßenverkehr zu gefährden und/oder zu Verstößen gegen diese Verordnung ermutigen.

Auch der deutsche Gesetzgeber hat diese EU-Regelung nahezu wörtlich im Fahrpersonalgesetz übernommen.
Ziele dieser Vorschriften sind die Erhöhung der Verkehrssicherheit und die zeitliche Reglementierung der Arbeitsbelastung für alle gewerblichen Fahrer. Sie dürfen nicht dafür „belohnt" werden, wenn Sie länger als Ihre „gesetzestreuen" Kollegen fahren bzw. arbeiten.

> § 3 Satz 1 des FPersG: Verbot bestimmter Akkordlöhne, Prämien und Zuschläge
> Mitglieder des Fahrpersonals dürfen als Arbeitnehmer nicht nach den zurückgelegten Fahrstrecken oder der Menge der beförderten Güter entlohnt werden, auch nicht in Form von Prämien oder Zuschlägen für diese Fahrstrecken oder Gütermengen.

Sozialvorschriften — Band 5

Artikel 10 der VO (EG) Nr. 561/2006 und § 20 a FPersV verpflichten die Verkehrsunternehmen, die Arbeit für Sie so einzuteilen, dass Sie die Sozialvorschriften einhalten können. Außerdem wird hier festgelegt, dass Sie ordnungsgemäß anzuweisen sind und die Einhaltung Ihrer Lenk- und Ruhezeiten regelmäßig zu überprüfen ist.
Das Unternehmen haftet auch für Verstöße von Fahrern, wenn diese in einem anderen Mitgliedstaat der EU oder in einem Drittstaat begangen wurden.
Die VO (EG) Nr. 561/2006 regelt u. a. die zulässigen Lenkzeiten, die Fahrtunterbrechungen sowie die Ruhezeiten. Sie gilt verbindlich in allen Mitgliedstaaten der EU und steht über dem nationalen Recht.
Die VO (EU) Nr. 165/2014 und VO (EG) Nr. 561/2006 gelten bei Beförderungen im Straßenverkehr

- innerhalb einzelner Mitgliedstaaten der EU oder der EWR-Vertragsstaaten und
- im grenzüberschreitenden Verkehr zwischen den EU- oder EWR-Staaten.

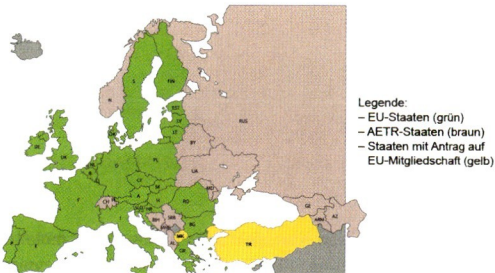

Legende:
– EU-Staaten (grün)
– AETR-Staaten (braun)
– Staaten mit Antrag auf EU-Mitgliedschaft (gelb)

Neben den Sozialvorschriften existiert seit 1970 das „Europäische Übereinkommen über die Arbeit des im internationalen Straßenverkehr beschäftigten Fahrpersonals" (AETR).
Das AETR findet Anwendung bei Transporten im grenzüberschreitenden Verkehr (Transit) in, durch und zwischen

- den AETR-Vertragsstaaten und
- EU-Staaten und AETR-Vertragsstaaten

auf der gesamten Fahrtstrecke.

> **Wichtig:** Also auch für den im EU-Bereich liegenden Teil der Fahrtstrecke.
> Außerdem gilt das AETR für Fahrzeuge aus Drittstaaten (nicht EU- und nicht AETR-Vertragsstaaten) für den Teil der Fahrtstrecke, der im Gebiet der AETR-Vertragsstaaten liegt.

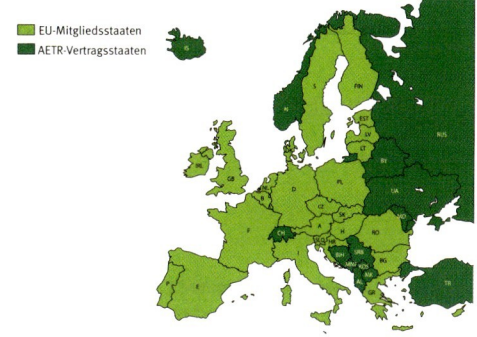

EU-Mitgliedsstaaten
AETR-Vertragsstaaten

Seit Juni 2010 ist der digitale Fahrtenschreiber in allen AETR-Vertragsstaaten eingeführt. (Angleichung des AETR-Rechts an die VO(EU) Nr. 165/2014 bzgl. der Ausrüstung der Fahrzeuge). Die kompletten Regelungen der VO (EG) Nr. 561/2006 wie der zulässigen Lenkzeiten, Fahrtunterbrechungen, täglichen und wöchentlichen Ruhezeiten usw. wurden auch 1:1 ins AETR-Recht übernommen und gelten ab Mitte Oktober 2010 in allen AETR-Vertragsstaaten.
Somit wurde das AETR-Recht in 2010 dem EU-Recht bzgl. der Sozialvorschriften komplett angeglichen.

Dem AETR-Vertrag sind folgende Länder angeschlossen:
- alle EU-Staaten,
- die EWR-Staaten Norwegen, Liechtenstein, Island,
- weitere Staaten wie Albanien, Andorra, Armenien, Aserbaidschan, Bosnien-Herzegowina, Kasachstan, Mazedonien, Moldawien, Monaco, Montenegro, Russische Föderation, San Marino, Schweiz, Serbien, Türkei, Turkmenistan, Ukraine, Usbekistan, Weißrussland (Stand: Juni 2018).

Sozialvorschriften — Band 5

Die zGM dieser Fahrzeugkombination beträgt über 3,5 t. Somit gelten die Sozialvorschriften inkl. der Ausrüstungspflicht mit einem Fahrtenschreiber.

Sowohl die Sozialvorschriften wie auch das AETR-Recht gelten
- für Fahrzeuge zur Güterbeförderung, deren zulässige Gesamtmasse einschließlich Anhänger oder Sattelanhänger 3,5 t übersteigt oder

- für Fahrzeuge zur Personenbeförderung, die für mehr als neun Sitzplätze (einschließlich Fahrer) konstruiert oder dauerhaft angepasst und zu diesem Zweck bestimmt sind und für diesen Transport keine Ausnahmen zur Anwendung kommen.

Die wichtigsten Sozialvorschriften im Überblick
Zu den **internationalen** Sozialvorschriften gehören:
- die VO (EG) Nr. 561/2006 zur Harmonisierung bestimmter Sozialvorschriften im Straßenverkehr
- die VO (EU) Nr. 165/2014 über den Fahrtenschreiber im Straßenverkehr
- das europäische Übereinkommen über die Arbeit des im internationalen Straßenverkehr beschäftigten Fahrpersonals (AETR)
- die Richtlinie 2002/15/EG des Europäischen Parlaments zur Regelung der Arbeitszeit von Personen, die Fahrtätigkeiten im Bereich des Straßentransports ausüben

Sozialvorschriften — Band 5

Die VO (EG) Nr. 561/2006 erlaubt den Mitgliedstaaten, nationale Vorschriften als Ergänzung zu erlassen. Gemeint ist damit z. B. das Festlegen von längeren Fahrtunterbrechungen und Ruhezeiten oder kürzeren Höchstlenkzeiten.
Nationale Ausnahmen sind mit Hilfe eines vorgegebenen europaweiten Kataloges möglich.
In Deutschland wurde mit dem Fahrpersonalgesetz (FPersG) eine Grundlage für weitere Rechtsverordnungen geschaffen, wie etwa die Fahrpersonalverordnung (FPersV).

Zu den **nationalen** Sozialvorschriften gehören:
- das Gesetz über das Fahrpersonal von Kraftfahrzeugen und Straßenbahnen (Fahrpersonalgesetz - FPersG)
- die Verordnung zur Durchführung des Fahrpersonalgesetzes (Fahrpersonalverordnung - FPersV)
- das Arbeitszeitgesetz (ArbZG)

Gem. § 1 (1) FPersV gelten bei deutschen Fahrzeugen die Sozialvorschriften auch für:
- Fahrzeuge zur Güterbeförderung, deren zulässige Gesamtmasse einschließlich Anhänger oder Sattelanhänger mehr als 2,8 t und nicht mehr als 3,5 t beträgt und

- Fahrzeuge zur Personenbeförderung mit mehr als neun Sitzplätzen (einschließlich Fahrer) im Linienverkehr bis zu 50 km.

Sozialvorschriften — Band 5

Somit werden zwei EU-weite Ausnahmen durch nationales Recht eingeschränkt.
Sind diese Fahrzeuge mit Kontrollgeräten ausgerüstet, müssen diese auch den Vorschriften entsprechend betrieben werden.
Sind diese Fahrzeuge nicht mit einem Kontrollgerät ausgerüstet, müssen Sie Ihre täglichen Aufzeichnungen über Lenkzeiten, alle sonstigen Arbeitszeiten, Fahrtunterbrechungen und Ruhezeiten handschriftlich vornehmen. Der Unternehmer ist verpflichtet, Ihnen entsprechende Vordrucke
dafür auszuhändigen. Sie müssen jedes Blatt der Aufzeichnungen mit

- Name und Vorname,
- Datum,
- den amtlichen Kennzeichen der benutzten Fahrzeuge,
- dem Ort des Fahrtbeginns und des Fahrtendes
- sowie den Kilometerständen der benutzten Fahrzeuge bei Fahrtbeginn und Fahrtende versehen.

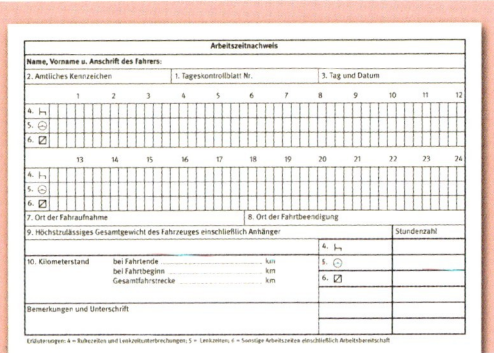

Mustervordruck für handschriftliche Aufzeichnungen

Symbole der verschiedenen Zeitgruppen	
⊝	Lenkzeiten
⊙	(beim digitalen Fahrtenschreiber)
⚒	Andere Arbeiten, die zur Arbeitszeit zählen (wie Be- und Entladetätigkeiten)
▨	Bereitschaftszeit
⊢	Arbeitsunterbrechungen (Pausen) oder Ruhezeiten

1.2 Lenkzeiten

Als Lenkzeit wird die Dauer der Fahrtätigkeit bezeichnet. Sie umfasst auch kürzeres verkehrsbedingtes Warten wie vor einer roten Ampel, vor einer geschlossenen Bahnschranke, im Stop-and-go-Verkehr oder im Verkehrsstau.

Längere, nicht verkehrsübliche Wartezeiten, bei denen Sie Ihren Platz am Lenkrad verlassen können, zählen nicht zur Lenkzeit. Als Faustregel gilt: Solange der Motor läuft, handelt es sich um Lenkzeit.

1.3 Maximale Lenkzeit bis zur ersten Fahrtunterbrechung

Die ununterbrochene Lenkzeit darf höchstens 4,5 Stunden betragen. Spätestens dann ist eine Fahrtunterbrechung von mindestens 45 Minuten einzulegen, sofern Sie keine Ruhezeit beginnen.
Als Fahrtunterbrechung zählt jeder Zeitraum, in dem Sie als Fahrer keine Fahrtätigkeit und keine anderen Arbeiten ausführen dürfen. Über diesen Zeitraum entscheiden Sie selbst und er dient ausschließlich Ihrer Erholung.

Sozialvorschriften — Band 5

Alternativ kann die Fahrtunterbrechung auch in zwei Abschnitten vorgenommen werden:
Zuerst mindestens 15 Minuten und danach mindestens 30 Minuten.
Die Reihenfolge der Fahrtunterbrechung ist zwingend vorgeschrieben.

Beispiel:
Sie nehmen als erste Pause eine Fahrtunterbrechung von 35 Minuten. Dann müssen Sie trotzdem noch eine zweite Fahrtunterbrechung von mindestens 30 Minuten einlegen, denn diese zuerst eingelegten 35 Minuten werden nur als 15-minütige Pause gewertet.

Beträgt die Fahrtunterbrechung insgesamt mindestens 45 Minuten, beginnt danach wieder ein neuer Fahrtabschnitt mit 4,5 Stunden möglicher Lenkzeit.
Während der Fahrtunterbrechung dürfen Sie keine anderen Arbeiten wie Ladetätigkeiten oder Instandsetzungsarbeiten am Fahrzeug durchführen.

Wichtig: Diese Pause darf ausschließlich zur Erholung genutzt werden.

Folgende abweichende nationale Regelung gem. § 1 Abs. 3 FPersV zur Fahrtunterbrechung gilt für die Fahrer von KOM im Linienverkehr bis zu 50 km.

1. Bei einem durchschnittlichen Haltestellenabstand von mehr als 3 km müssen die Fahrer nach 4,5 Stunden Lenkzeit
   - eine Pause von mindestens 30 Minuten oder insgesamt
   - zwei Pausen von mindestens 20 Minuten oder
   - drei Pausen von mindestens 15 Minuten
   einlegen.
   Diese zwei bzw. drei Pausen müssen zumindest teilweise innerhalb der 4,5 Stunden Lenkzeit liegen.

2. Bei einem durchschnittlichen Haltestellenabstand bis zu 3 km genügen
   - Arbeitsunterbrechungen nach dem Dienst-Fahrplan von mindestens zehn Minuten, wenn sie insgesamt 1/6 der vorgesehenen Lenkzeit betragen,
   - Arbeitsunterbrechungen laut Tarifvertrag von mindestens acht Minuten, wenn ein Ausgleich vorgesehen ist.
   - Arbeitsunterbrechungen von mindestens 45 Minuten nach einer ununterbrochenen Lenkzeit von 4,5 Stunden.

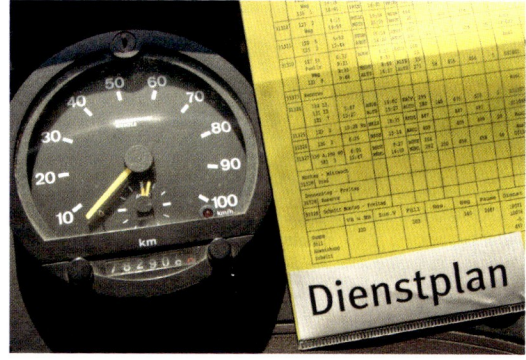

1.4 Tägliche Lenkzeit

Die tägliche Lenkzeit ist die maximale Lenkzeit zwischen zwei Ruhezeiten.
Ihre tägliche Lenkzeit darf neun Stunden nicht überschreiten, zweimal in der Woche darf sie auf zehn Stunden verlängert werden.
Als tägliche Lenkzeit wird die Gesamtlenkzeit zwischen zwei ausreichenden Ruhezeiten verstanden. Sie ist vom Wochentag unabhängig und kann sich unter Umständen bei nicht ausreichenden Ruhezeiten über mehrere Tage addiert erstrecken.

Beispiel:
Nach einer Lenkzeit von insgesamt acht Stunden am Montag legen Sie nur eine achtstündige Ruhezeit ein. Am Dienstag fahren Sie sieben Stunden über den Tag verteilt und legen von Dienstag auf Mittwoch wieder nur eine achtstündige Ruhezeit ein. Erst am Mittwoch beginnen Sie nach einer weiteren achtstündigen Lenkzeit mit der elfstündigen Ruhezeit, die dann bis in den Donnerstag hineinreicht. Da als tägliche Lenkzeit der Zeitraum zwischen zwei ausreichenden Ruhezeiten verstanden wird, sind die Lenkzeiten vom Montag, Dienstag und Mittwoch zu addieren:
8 Std. + 7 Std. + 8 Std. = 23 Std.

Bei einer Kontrolle wird Ihnen dann eine Gesamttageslenkzeit von 23 Stunden vorgeworfen. Somit ergibt sich eine Überschreitung der zulässigen täglichen Lenkzeit von 13 Stunden.
Das ist oft der Grund, wenn in Zeitungen davon berichtet wird, dass Lkw- oder Busfahrer bei Kontrollen mit einer täglichen Lenkzeit von 23 Stunden angetroffen wurden.

Folgende Kombination ist zweimal pro Woche möglich:

| 4,5 Stunden | 45 Min. | 4,5 Stunden | 45 Min. | 1 Std. |

Diese Pausen sind auch in zwei Abschnitte teilbar: Zuerst 15 Minuten und danach 30 Minuten.

1.5 Wöchentliche Lenkzeit

Der Zeitraum zwischen Montag 00.00 Uhr und Sonntag 24.00 Uhr wird als Woche definiert. Aus der summierten Gesamtlenkzeit in dieser Zeit ergibt sich die wöchentliche Lenkzeit.

Die wöchentliche Lenkzeit darf 56 Stunden nicht überschreiten. Die addierte Gesamtlenkzeit von zwei aufeinander folgenden Wochen darf 90 Stunden nicht überschreiten.

Maximale Lenkzeit in der Doppelwoche = 90 Stunden

Beispiel:

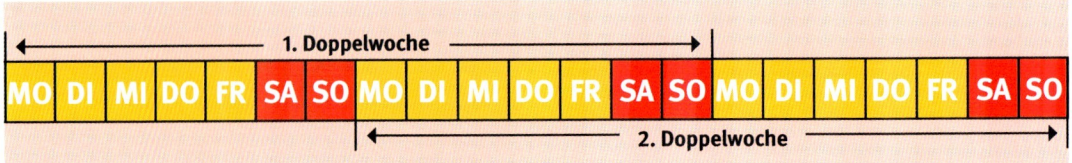

Als Doppelwoche bezeichnet man die beiden direkt aufeinander folgenden Wochen. Es ist nicht möglich, in einem Monat die 1. und 2. und dann die 3. und 4. Woche als alleinige Doppelwoche zu bezeichnen. Bei der 2. und 3. Woche handelt es sich auch um eine Doppelwoche.

1.6 Bereitschaftszeit

Als Bereitschaftszeit zählen Zeiten, in denen Sie nicht verpflichtet sind, sich an Ihrem Bus oder Lkw aufzuhalten. Jedoch müssen Sie sich „bereithalten", um nach etwaigen Anweisungen Ihre Fahrtätigkeit bzw. andere Arbeiten aufzunehmen. Da Sie über diesen gesamten Zeitraum nicht alleine entscheiden können und er somit nicht Ihrer Erholung dienen kann, zählt dieser Zeitraum nicht als Pause oder Ruhezeit. Typische Beispiele für Bereitschaftszeiten sind die Begleitung Ihres Busses oder Lkw auf der Fähre oder einem Zug, die Wartezeit an einer Abfertigungsstelle wie beim Zoll oder an einer Grenze oder die Wartezeit infolge von Fahrverboten.

Diese Zeiten und ihre voraussichtliche Dauer müssen Ihnen aber im Voraus bekannt sein. Ist Ihnen die voraussichtliche Dauer spätestens unmittelbar vor Beginn des betreffenden Zeitraums bekannt, wird diese Bereitschaftszeit gem. § 21 a Abs. 3 ArbZG für Sie nicht als Arbeitszeit gewertet.
Außerdem zählt als Bereitschaftszeit für den zweiten Fahrer die Zeit, welche er während der Fahrt neben dem Fahrer oder in der Schlafkabine verbringt.

Anmerkung: Diese im fahrenden Fahrzeug verbrachte Bereitschaftszeit kann nicht als Ruhezeit gelten, da das Fahrzeug nicht steht. Beträgt dieser Zeitraum aber mehr als 45 Minuten, wird diese als „Fahrtunterbrechung" für den zweiten Fahrer gewertet.

Hinweis: Lt. Auskunft des Bundesministerium für Verkehr, Bau und Stadtentwicklung ist die „gesicherte" (z. B. durch ein Netz) Liegendbeförderung von Personen in einer Schlafkabine in Fahrzeugen des gewerblichen Güterkraftverkehrs zulässig.

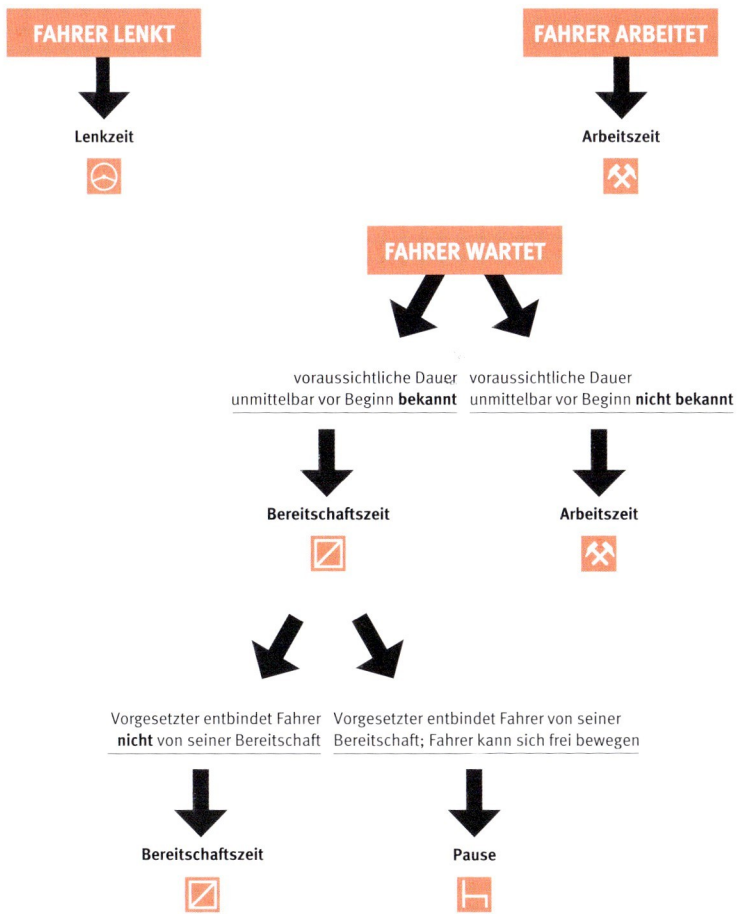

1.6.1 Parkplatzsuche

Die vorhandenen Lkw-Parkplätze an den Autobahnen sind oft schon in den frühen Abendstunden überfüllt. Damit die Suche nach einem Parkplatz nicht zur Glückssache wird, werden verschiedene kostenlose Apps für Smartphones angeboten.
Dank dieser Apps kann man im Vorfeld erkennen, wo noch freie Parkmöglichkeiten vorhanden sind. Somit entfällt die mühsame und oft auch vergebliche Parkplatzsuche.
Zum Teil bieten diese Apps auch die Möglichkeit, die Parkplätze nach ihrer Ausstattung zu filtern. Beispielsweise ob eine Tankstelle, ein Restaurant, Duschen vorhanden sind oder ob der Parkplatz überwacht wird. Diese Apps werden auch mehrsprachig angeboten.
Beispielsweise sei hier die App von VDO genannt. Die kostenlose VDO App „Truck Ya!" bietet allen Fahrern die Möglichkeit ihre Ruhezeit entspannt im Voraus zu planen.

1.7 Ruhezeit

Die Ruhezeiten dienen Ihnen zur Entspannung und zur Freizeitgestaltung. Sie können über diese Zeit frei verfügen, dürfen aber während der Ruhezeit nicht arbeiten.

1.7.1 Ruhezeit

Ab Fahrtantritt beginnt kalendertagunabhängig ein 24-Stunden-Zeitraum, in dem die tägliche Ruhezeit komplett genommen werden muss.
Die regelmäßige tägliche Ruhezeit umfasst mindestens elf Stunden.

| Lenkzeit | FU | Lenkzeit | Ruhezeit 11 Std. |

Nach Ende dieser Ruhezeit beginnt ein neuer 24-Stunden-Zeitraum.

Sie kann auch in zwei Teilen genommen werden, wobei der erste Teil mindestens drei Stunden und der zweite Teil mindestens neun Stunden am Stück umfassen muss.
Die tägliche Ruhezeit erhöht sich in diesem Fall also auf mindestens zwölf Stunden.

| Lenkzeit | FU | Lenkzeit | Ruhezeit 3 Std. | Lenkzeit | Ruhezeit 9 Std. |

Nach Ende dieser Ruhezeit beginnt ein neuer 24-Stunden-Zeitraum.

Die reduzierte tägliche Ruhezeit beträgt mindestens neun Stunden und darf maximal dreimal zwischen zwei wöchentlichen Ruhezeiten eingelegt werden.

> **Wichtig:**
> Legen Sie eine regelmäßige tägliche Ruhezeit (elf Stunden) zu spät ein, so dass nur neun Stunden in den 24-Stunden-Zeitraum ab Fahrtantritt fallen, ist diese Ruhezeit als reduzierte tägliche Ruhezeit zu bewerten.

Jede Ruhezeit muss in einem stehenden Fahrzeug mit geeigneter Schlafmöglichkeit erfolgen. Der Fahrersitz zählt dabei als „nicht geeignete" Schlafmöglichkeit. Auch wenn die Dauer ausreichend sein mag, wird dies nicht als Ruhezeit gemäß den Vorschriften bewertet.

Sozialvorschriften — Band 5

1. 7. 2 Wöchentliche Ruhezeit

Spätestens nach sechs 24-Stunden-Zeiträumen muss die wöchentliche Ruhezeit eingelegt werden. Die regelmäßige wöchentliche Ruhezeit beträgt mindestens 45 Stunden. Die reduzierte wöchentliche Ruhezeit beträgt mindestens 24 Stunden.
In zwei aufeinander folgenden Wochen haben Sie mindestens einzuhalten:
- zwei regelmäßige wöchentliche Ruhezeiten oder
- eine regelmäßige und eine reduzierte wöchentliche Ruhezeit.

Diese erlaubte Reduzierung der Ruhezeit um 21 Stunden wird durch eine gleichwertige Ruhepause ausgeglichen, die ohne Unterbrechung vor dem Ende der dritten Woche nach der betreffenden Woche genommen werden muss.

Jede Ruhepause, die als Ausgleich für eine reduzierte wöchentliche Ruhezeit eingelegt wird, ist an eine andere Ruhezeit von mindestens 9 Stunden anzuhängen. Eine wöchentliche Ruhezeit, die in zwei Kalenderwochen fällt, kann nur für eine der beiden Wochen gezählt werden, nicht aber für beide.

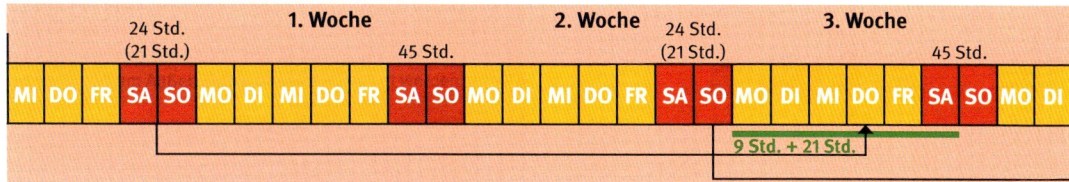

Diese erlaubte Reduzierung der Ruhezeit um 21 Stunden wird durch eine gleichwertige Ruhepause ausgeglichen, die vor dem Ende der dritten Woche nach der betreffenden Woche genommen werden muss. Die Ruhepausen als Ausgleich für eine reduzierte wöchentliche Ruhezeit darf nicht selbständig/alleine genommen werden, sondern muss an eine mindestens neunstündige Ruhezeit gekoppelt sein.

> **Anmerkung:**
> Im Gegensatz zur täglichen und reduzierten wöchentlichen Ruhezeit (mind. 24 Std.) gilt die regelmäßige wöchentliche Ruhezeit (mind. 45 Std.) als nicht eingehalten, wenn diese im Fahrzeug verbracht wird. Die regelmäßige wöchentliche Ruhezeit muss an einem Ort außerhalb des Fahrzeugs mit geeigneter Schlafmöglichkeit erfolgen.
> Das Gesetz enthält keine Beschreibung, wie geeignete Schlafmöglichkeiten beschaffen sein müssen. Hotels, Motels oder Pensionen erfüllen die Voraussetzung. Grundsätzlich sind auch Räumlichkeiten wie extra angemietete Wohnungen als eine geeignete Schlafmöglichkeit denkbar.

Sonderfall: „Zwölf-Tage-Regelung" für Busfahrer
Diese Sonderregelung bzgl. der wöchentlichen Ruhezeit für Busfahrer wurde im Jahr 2007 mit der Einführung der VO (EG) Nr. 561/2006 aufgehoben. Nach zahlreichen europaweiten Protesten hat die EU ab Juni 2010 diese Sonderregelung unter bestimmten Voraussetzungen wieder eingeführt. Allerdings soll die Inanspruchnahme dieser Sonderregel genau überwacht werden.

Unter folgenden Voraussetzungen ist es Ihnen als Berufskraftfahrer nun wieder möglich, die wöchentliche Ruhezeit erst nach 12 aufeinander folgenden 24-Stunden-Zeiträumen (Tagen) einzulegen:
- Direkt vorher müssen Sie eine regelmäßige wöchentliche Ruhezeit von mindestens 45 Stunden eingelegt haben.
- Es muss sich um eine Busreise ins Ausland handeln und Sie müssen sich länger als 24 Stunden durchgehend im Ausland aufhalten.
- Nach den 12 Tagen müssen Sie zwei wöchentliche Ruhezeiten einlegen. Entweder zwei regelmäßige Ruhezeiten von je mindestens 45 Stunden oder eine regelmäßige von mindestens 45 Stunden und eine reduzierte von 24 Stunden, welche dann auch wieder bis vor dem Ende der nachfolgenden dritten Woche ausgeglichen werden muss.

Weiterhin gilt, um diese Sonderregelung in Anspruch nehmen zu können:
- Der Bus muss mit einem digitalen Fahrtenschreiber ausgerüstet sein.
- Für Nachtfahrten (zwischen 22:00 Uhr und 06:00 Uhr) müssen entweder 2 Fahrer im Bus sein oder die Fahrtunterbrechungen müssen bereits nach 3 Stunden Lenkzeit eingelegt werden.

Hinweise:
Die sogenannten „Tagesfahrten" mit dem Bus ins benachbarte Ausland werden von dieser Sonderregelung nicht erfasst, da Sie sich als Busfahrer nicht länger als 24 Stunden durchgehend im Ausland aufhalten.

Die allgemein gültigen Vorschriften wie der Fahrtunterbrechung oder die der höchstzulässigen Lenkzeit je 24-Stunden-Zeitraum, in der Woche oder in der Doppelwoche werden durch die Sonderregelung nicht verändert. Nehmen Sie diese Sonderregelung in Anspruch, beträgt dann für Sie die höchstzulässige Lenkzeit in der Woche auch 56 Stunden und in der Doppelwoche 90 Stunden.

Folgende abweichende nationale Regelung zur wöchentlichen Ruhezeit gilt gem. § 1 Abs. 4 FPersV für Sie als Fahrer von KOM im Linienverkehr bis zu 50 km:
Die wöchentlichen Ruhezeiten müssen nicht zwingend jeweils nach den sechs 24-Stunden-Zeiträumen eingelegt werden.
Sie können auch insgesamt jeweils auf einen 2-Wochen-Zeitraum verteilt werden.

1. 8 Übernahme eines Fahrzeugs, das nicht an der Betriebsstätte steht

Die Anfahrt gilt grundsätzlich als Bereitschaftszeit oder als andere Arbeitszeit, denn die Fahrt dorthin erfolgt im Auftrag Ihres Arbeitgebers. Somit verfügen Sie nicht frei über Ihre Zeit.
Fahren Sie mit einem Bus oder Lkw dorthin, zählt das unstrittig als Lenkzeit für Sie, und Sie müssen ein Schaublatt einlegen bzw. Ihre Fahrerkarte stecken.
Fahren Sie mit einem Fahrzeug, das nicht den Verordnungen über Fahrtenschreiber unterliegt, zum Standort des Fahrzeugs, zählt diese Fahrt als „sonstige Arbeitszeit". Typisches Beispiel dafür wäre der Pkw. Keine Rolle spielt hierbei, ob es sich um einen Mietwagen oder einen Pkw Ihres Arbeitgebers handelt. Laut EU-Recht zählt diese Fahrt nur als Lenkzeit, wenn die Fahrt auch aufgezeichnet werden muss, also ein Fahrzeug mit Fahrtenschreiber genutzt wird.
Fahren Sie mit dem Zug dorthin, handelt es sich in der Regel um Bereitschaftszeit. Gemäß dem allgemein gültigen Grundsatz kann die Anfahrt mit dem Zug oder der Fähre nur als Ruhezeit oder Fahrtunterbrechung gewertet werden, wenn Ihnen eine Schlafkabine oder ein Liegeplatz zur Verfügung steht.
Natürlich müssen Sie bei der Übernahme des Lkw die vorangegangene Zeit als Anfahrt vermerken. Übernehmen Sie dort ein Fahrzeug mit analogem Fahrtenschreiber, bietet sich die Rückseite des Schaublatts mit dem aufgedruckten 24-Stunden-Zeitraum an, um die Anfahrt handschriftlich einzutragen.
Ist das zu übernehmende Fahrzeug mit einem digitalen Fahrtenschreiber ausgestattet, werden Sie beim Stecken Ihrer Fahrerkarte automatisch gefragt, ob Sie nachträglich Zeiten zusätzlich erfassen möchten. Dann müssen Sie diese Anfahrt dort manuell eingeben.
Die o. g. Erklärungen gelten natürlich genauso für die Rückkehr zum Betrieb, wenn Sie Ihren Lkw unterwegs abstellen.

Sozialvorschriften **Band 5**

1.9 Mehrfahrerbetrieb

Als Mehrfahrerbetrieb wird der Einsatz von mindestens zwei Fahrern in einem Fahrzeug zwischen zwei Ruhezeiten bezeichnet. Das bedeutet: Der zweite Fahrer kann in der ersten Stunde nach Fahrtantritt im Fahrzeug anwesend sein, ab der zweiten Stunde nach Fahrtantritt muss er anwesend sein.

Abweichende Regelungen im Mehrfahrerbetrieb:
- Die Pause oder Fahrtunterbrechung kann auch als Beifahrer im fahrenden Fahrzeug erfolgen.
- Jeder Fahrer muss innerhalb eines 30-Stunden-Zeitraums eine Ruhezeit von mindestens neun Stunden einlegen.
- Ein Unterteilen der Ruhezeit in zwei oder mehrere Abschnitte ist nicht erlaubt.

Mögliche maximale Lenkzeit im „Mehrfahrerbetrieb" (2-Fahrer-Besatzung) innerhalb des 30-Stunden-Zeitraums

	1. Stunde	2. Stunde	3. Stunde	4. Stunde	5. Stunde	6. Stunde	7. Stunde	8. Stunde	9. Stunde	10. Stunde
Fahrer 1	4,5 Stunden Lenkzeit					4,5 Stunden Bereitschaftszeit (auch Fahrtunterbrechung)				
Fahrer 2	4,5 Stunden Bereitschaftszeit (auch Fahrtunterbrechung)					4,5 Stunden Lenkzeit				

	11. Stunde	12. Stunde	13. Stunde	14. Stunde	15. Stunde	16. Stunde	17. Stunde	18. Stunde	19. Stunde	20. Stunde
Fahrer 1	4,5 Stunden Lenkzeit				4,5 Stunden Bereitschaftszeit (auch Fahrtunterbrechung)				1 Stunde Lenkzeit	1 Stunde Fahrtunterbrechung
Fahrer 2	4,5 Stunden Bereitschaftszeit (auch Fahrtunterbrechung)				4,5 Stunden Lenkzeit				1 Stunde Fahrtunterbrechung	1 Stunde Lenkzeit

	21. Stunde	22. Stunde	23. Stunde	24. Stunde	25. Stunde	26. Stunde	27. Stunde	28. Stunde	29. Stunde	30. Stunde
Fahrer 1	maximal noch 1 Stunde möglich	9 Stunden Ruhezeit gleichzeitig für Fahrer 1 und Fahrer 2								
Fahrer 2										

Lenkzeit | **Bereitschaftszeit bzw. Fahrtunterbrechung** | **Arbeitszeit** | **Ruhezeit**

Anmerkung:
a) Der Bezugsraum für den „Mehrfahrerbetrieb" (2-Fahrer-Besatzung) beträgt ab Fahrtbeginn 30 Stunden.
b) Gemäß der europäischen Richtlinie 2002/15/EG (Art. 3 a+b) und dem deutschen ArbZG (§ 21 a Abs. 3 Nr. 3) zählt die Zeit, die der zweite Fahrer während des Fahrens neben dem Fahrer in der Fahrerkabine verbringt zwar als Bereitschaftszeit, aber in diesem speziellen Fall nicht als Arbeitszeit. Voraussetzung dafür ist aber, dass es sich auch um einen „echten" 2-Fahrer-Betrieb handelt. Beispiel: Fahrer A bringt mit seinem Lkw/KOM Fahrer B zu dessen Fahrzeug, welches außerhalb der Betriebsstätte steht. Dann übernimmt Fahrer B sein eigenes Fahrzeug und Fahrer A und B fahren jeweils mit ihren eigenen Fahrzeugen weiter. Dann zählt diese Anfahrt für den Fahrer B als Arbeitszeit und muss „aufgezeichnet" werden (Beispiel: Nachtrag im digitalen Fahrtenschreiber).
c) Da die Bereitschaftszeit für den zweiten Fahrer im „echten" 2-Fahrer-Betrieb auch als Fahrtunterbrechung gewertet wird, ist es theoretisch möglich, dass das Fahrzeug bis zu 20 Stunden bewegt werden darf. In diesem Fall haben beide Fahrer ihre max. höchstzulässige „tägliche Lenkzeit" von 10 Stunden ausgeschöpft.
d) In der 21. Stunde ab Fahrtbeginn ist theoretisch noch 1 Stunde Arbeitszeit für beide Fahrer möglich.
e) Ab der 22. Stunde muss spätestens die 9-stündige Ruhezeit von beiden Fahrern eingelegt werden, damit der 30-Stunden-Zeitraum nicht überschritten wird. Da eine gültige Ruhezeit nur bei stehendem Fahrzeug eingelegt werden kann, ist es hier möglich, dass beide Fahrer gleichzeitig ihre vorgeschriebenen Ruhezeiten einlegen.
f) Ab der 30. Stunde bzw. wenn die 9-stündige Ruhezeit vorher eingelegt wurde, beginnt ab Ende der ausreichenden Ruhezeit für beide Fahrer erneut ein 30-Stunden-Zeitraum.

Auch hier gilt:
- Die Ruhezeit muss in einem stehenden Fahrzeug mit geeigneter Schlafmöglichkeit erfolgen.
- Für die Praxis bedeutet dies, dass beide Fahrer ihre Ruhezeit gleichzeitig einlegen werden und das Führerhaus folglich mit zwei Betten ausgestattet sein muss.

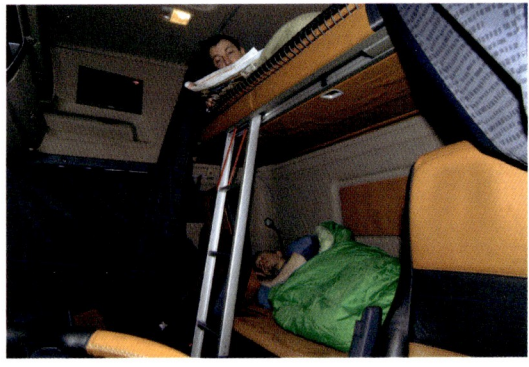

1.10 Anordnung der Unterbrechung Ihrer Fahrtunterbrechung/Ruhezeit

Jede Unterbrechung einer Ruhezeit stellt grundsätzlich einen Verstoß dar, es sei denn, die Regelung bzgl. des Transports auf der Bahn oder Fähre trifft zu. Es kann aber unterwegs ein Notfall eintreten, bei dem Sie Ihr Fahrzeug für wenige Minuten bewegen müssen. Ein Beispiel dafür ist:
Sie versperren auf einem Parkplatz einem Schwertransport die Durchfahrt.
Der entsprechenden Anordnung durch die Polizei oder anderer Behörden (wie Feuerwehr, Straßenverwaltungsbehörde, Zoll, etc.) haben Sie Folge zu leisten.
Diese angeordnete Unterbrechung ist von Ihnen sofort danach handschriftlich festzuhalten und sollte Ihnen, wenn möglich, von den anordnenden Beamten bestätigt werden. In diesem Sonderfall wird diese angeordnete Unterbrechung nicht mit einem Bußgeld geahndet.

1.11 Transport auf der Fähre oder Eisenbahn

Begleiten Sie als Fahrer Ihren Lkw auf der Fähre oder in einem Zug, dürfen Sie Ihre elfstündige Ruhezeit bis zu zweimal für andere Tätigkeiten unterbrechen. Hierunter fällt regelmäßig sowohl das Fahren auf die Fähre als auch das Verlassen der Fähre. Aber Achtung: Diese beiden Unterbrechungen dürfen zusammen eine Stunde nicht überschreiten. Und auch hier gilt der allgemeine Grundsatz, dass für Sie als Fahrer ein Liegeplatz oder eine Schlafkabine zur Verfügung stehen muss. Ansonsten kann der Zeitraum nicht als Ruhezeit gewertet werden.

Anmerkung: Wird die regelmäßige tägliche Ruhezeit in zwei Teilen genommen, gilt die Anzahl der Unterbrechungen (maximal zwei) und Dauer (maximal eine Stunde) für den gesamten Zeitraum der täglichen Ruhezeit und nicht für jeden Teil der beiden Ruhezeitblöcke.

Sozialvorschriften — Band 5

1.12 Untersagung der Weiterfahrt

§ 5 Abs. 1 FPersG:
„Werden bei einer Kontrolle auf Verlangen keine oder nicht vorschriftsmäßig geführte Tätigkeitsnachweise vorgelegt oder wird festgestellt, dass vorgeschriebene Unterbrechungen der Lenkzeit nicht eingelegt oder die höchstzulässige tägliche Lenkzeit überschritten oder einzuhaltende Mindestruhezeiten nicht genommen worden sind, können die zuständigen Behörden die Fortsetzung der Fahrt untersagen, bis die Voraussetzungen zur Weiterfahrt erfüllt sind. Tätigkeitsnachweise oder Fahrtenschreiber, aus denen sich der Regelverstoß ergibt oder mit denen er begangen wurde, können zur Beweissicherung eingezogen werden; ..."

1.13 Notstandsklausel

Der EU-Gesetzgeber räumt Ihnen nach Artikel 12 der VO (EG) Nr. 561/2006 unter speziellen Bedingungen das Recht ein, von den Vorschriften über die Lenkzeiten, Fahrtunterbrechungen und Ruhezeiten abzuweichen.

Artikel 12
Sofern die Sicherheit im Straßenverkehr nicht gefährdet wird, kann der Fahrer von den Artikeln 6 bis 9 abweichen, um einen geeigneten Halteplatz zu erreichen, soweit dies erforderlich ist, um die Sicherheit von Personen, des Fahrzeugs oder seiner Ladung zu gewährleisten. Der Fahrer hat Art und Grund dieser Abweichung spätestens bei Erreichen des geeigneten Halteplatzes handschriftlich auf dem Schaublatt des Fahrtenschreibers oder einem Ausdruck aus dem Fahrtenschreiber oder im Arbeitszeitplan zu vermerken.

Nehmen Sie diese Abweichungsregelung in Anspruch, haben Sie spätestens bei Erreichen des geeigneten Halteplatzes Art und Grund dieser Abweichung handschriftlich auf dem Schaublatt oder auf dem Ausdruck des Fahrtenschreibers oder auf Ihrem Arbeitsplan zu vermerken.
Gründe für die Anwendung der „Notstandsklausel" sind plötzlich und unerwartet auftretende Umstände, die Sie weder beabsichtigt noch erwartet haben. Das jeweilige Abweichen von den Vorschriften muss der daraus eventuell resultierenden Gefahr für Personen, Fahrzeug, Ladung angemessen sein.

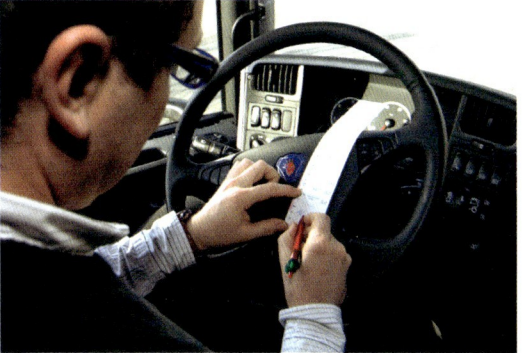

Beispiele für die Anwendung der Notstandsklausel:
- Ausfallen der Kühlung bei Thermofahrzeugen in den Sommermonaten (Ladung droht zu verderben),
- bei Tiertransporten Gefahr für die beförderten Tiere (Versorgungsmangel),
- Vollsperrung auf der Autobahn nach einem Verkehrsunfall,
- Umleitungen auf Grund höherer Gewalt wie Schneeverwehungen, Hochwasser, Bergrutsch,
- eigene Fahrzeugpanne, technischer Defekt am eigenen Fahrzeug,
- Hilfeleistung für andere bei Verkehrsunfällen oder anderen Unglücksfällen,
- unerwartet fehlende Abstellmöglichkeit für das Fahrzeug auf der Strecke.

Volle Parkplätze auf der „Hausstrecke" oder Staulagen bei länger andauernden Baustellen auf den Autobahnen erfüllen diese strengen Voraussetzungen nicht.

1.14 Ausnahmen

EU-weite Ausnahmen von den Sozialvorschriften sind gemäß Artikel 3 der VO (EG) Nr. 561/2006:
- Fahrzeuge, die zur Personenbeförderung im Linienverkehr verwendet werden, wenn die Linienstrecke nicht mehr als 50 km beträgt,
- Fahrzeuge mit einer bauartbedingten Höchstgeschwindigkeit von nicht mehr als 40 km/h,

- Fahrzeuge der Streitkräfte, des Katastrophenschutzes, der Feuerwehr oder der für die Aufrechterhaltung der öffentlichen Ordnung zuständigen Kräfte (wie Polizei),
- Fahrzeuge, die in Notfällen oder bei Rettungsmaßnahmen verwendet werden (auch nichtgewerbliche humanitäre Hilfstransporte),

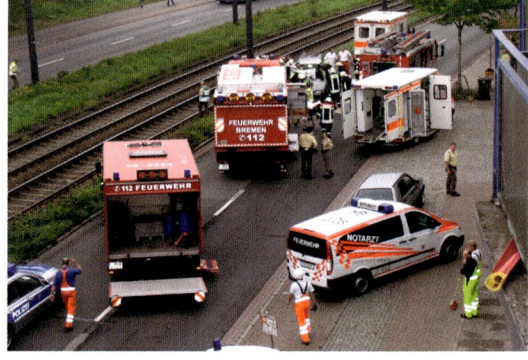

- Spezialfahrzeuge für medizinische Zwecke,

- spezielle Pannenhilfefahrzeuge, die innerhalb eines Umkreises von 100 km um ihren Standort eingesetzt werden,

Sozialvorschriften — Band 5

- Fahrzeuge, mit denen Probefahrten zur technischen Entwicklung oder im Rahmen von Reparatur- oder Wartungsarbeiten durchgeführt werden, sowie noch nicht in Betrieb genommene neue oder umgebaute Fahrzeuge,
- Fahrzeuge oder Fahrzeugkombinationen mit einer zulässigen Gesamtmasse von nicht mehr als 7,5 t, die zur nichtgewerblichen Güterbeförderung verwendet werden,
- Nutzfahrzeuge, die in dem Mitgliedstaat, in dem sie verwendet werden, als historisch eingestuft werden und die zur nichtgewerblichen Güter- oder Personenbeförderung eingesetzt werden.

Gemäß § 1 Abs. 2 und § 18 FPersV sind zusätzlich zu den europaweiten Ausnahmen national folgende Fahrzeuge bzw. Fahrzeugkombinationen von den Sozialvorschriften ausgenommen:

- Fahrzeuge über 2,8 t bis 3,5 t zGM, die bei der Beförderung von Material, Ausrüstungen oder Maschinen, die der Fahrer zur Ausübung seiner beruflichen Tätigkeit benötigt, verwendet werden.
  Voraussetzung ist, dass das Führen des Fahrzeugs für die Fahrer nicht die Haupttätigkeit darstellt (in der Regel bezieht sich diese Ausnahme auf Handwerker, wie z. B. Dachdecker oder Klempner, die mit ihrem Material zur Baustelle fahren),

- Fahrzeuge über 2,8 t bis 3,5 t zGM, die zur Beförderung von Gütern dienen, die im Betrieb, dem der Fahrer angehört, in handwerklicher Fertigung oder Kleinserie hergestellt wurden, oder deren Reparatur im Betrieb vorgesehen ist oder dort durchgeführt wurde. Voraussetzung ist, dass die Lenktätigkeit nicht die Haupttätigkeit des Fahrers darstellt (Handwerksbetriebe, z. B. eine Bäckerei, können somit auch reine Auslieferungen vornehmen. Zum Teil haben diese Betriebe Filialen, die sie beliefern müssen. Außerdem werden Fahrten der Abholung und des Rücktransportes von reparierten Gegenständen mit erfasst),

- Fahrzeuge über 2,8 t bis 3,5 t zGM, die als Verkaufswagen auf örtlichen Märkten oder für den ambulanten (beweglichen) Verkauf verwendet werden und für diese Zwecke besonders ausgestattet sind. Voraussetzung ist, dass die Lenktätigkeit nicht die Haupttätigkeit des Fahrers sein darf,

Sozialvorschriften — Band 5

- anerkannte selbstfahrende Arbeitsmaschinen (SAM),

> Zum abschließenden Katalog gem. § 2 Nr. 17 FZV (Fahrzeug-Zulassungsverordnung) gehören zu den SAM u. a.: Asphaltkocher, Schneepflüge, Betonpumpen, Bohrgeräte, Hebebühnen, Kanal- und Straßenreinigungsfahrzeuge, Spülbohrwagen, Turmwagen und auch Abschleppwagen. Als Faustformel gilt: SAM verdienen ihr Geld im Stand, nicht durch das Fahren.

- Fahrzeuge, die von Behörden für Beförderungen eingesetzt werden und nicht im Wettbewerb mit privatwirtschaftlichen Verkehrsunternehmen stehen,
- Fahrzeuge, die von Landwirtschafts-, Gartenbau-, Forstwirtschafts- oder Fischereibetrieben zur Güterbeförderung, insbesondere auch lebender Tiere, in einem Umkreis von bis zu 100 km vom Standort des Unternehmens verwendet werden,
- land- und forstwirtschaftliche Zugmaschinen, die zu diesem Zweck in einem Umkreis von bis zu 100 km vom Standort des Unternehmens eingesetzt werden,
- Fahrzeuge oder Fahrzeugkombinationen mit einer zulässigen Gesamtmasse von nicht mehr als 7,5 t, die in einem Umkreis von 100 km vom Standort des Unternehmens verwendet werden,

- Fahrzeuge von Postdienstleistern zum Zwecke der Zustellung von Sendungen (um eine Bevorzugung der Deutschen Post AG zu vermeiden und einen chancengleichen Wettbewerb zu gewährleisten, gilt diese Ausnahme auch für andere Postdienstleister) oder

- zur Beförderung von Material, Ausrüstungen oder Maschinen, die der Fahrer zur Ausübung seiner beruflichen Tätigkeit benötigt (auch Verkaufswagen auf öffentlichen Märkten mit besonderer Ausstattung). Das Lenken des Fahrzeugs darf nicht die Haupttätigkeit des Fahrers darstellen. Des Weiteren wird diese Ausnahme auch für die Verkaufsfahrzeuge „rollende Supermärkte" auf bis zu einer zulässigen Gesamtmasse von 7,5 t erweitert. Denn bei diesen Verkaufsfahrzeugen ist nicht der Hauptzweck der Transport von Gütern, sondern der Verkauf der im Fahrzeug mitgeführten Waren an den jeweiligen Zielorten,

- Fahrzeuge, die ausschließlich auf Inseln mit einer Fläche mit nicht mehr als 2.300 qkm Fläche verkehren. Die Insel darf nicht auf dem Landweg mit Kfz zu erreichen sein,

- Fahrzeuge mit Druckerdgas-, Flüssiggas- oder Elektroantrieb, deren zulässige Gesamtmasse einschließlich Anhänger oder Sattelanhänger 7,5 t nicht übersteigt und die im Umkreis von 100 km vom Standort des Unternehmens zur Güterbeförderung verwendet werden,

- Fahrzeuge, die zum Fahrschulunterricht und zur Fahrprüfung zwecks Erlangung der Fahrerlaubnis oder eines beruflichen Befähigungsnachweises (z. B. Fahrlehrererlaubnis oder beschleunigte Grundqualifikation nach dem BKrFQG) dienen, sofern sie nicht für eine gewerbliche Personen- oder Güterbeförderung verwendet werden. (Unabhängig davon müssen gemäß § 5 Abs. 3 und § 12 der Durchführungsverordnung zum Fahrlehrergesetz Ausbildungsfahrzeuge der Klassen C1, C1E, C, CE, D1, D1E, D und DE mit einem Fahrtenschreiber ausgestattet sein),

- Fahrzeuge, die in Verbindung mit Kanalisation, Hochwasserschutz, Wasser-, Gas- und Elektrizitätsversorgung, Straßenunterhaltung und -kontrolle, Hausmüllabfuhr (im Rahmen der Haus-zu-Haus-Sammlung aller im Haushalt anfallenden Abfälle, Wertstoffe und Biotonnenentleerung), Telegramm- und Telefondienstleistungen, Rundfunk und Fernsehen sowie zur Erfassung von Radio- bzw. Fernsehsendern oder -geräten eingesetzt werden.

- Fahrzeuge mit 10-17 Sitzen, die ausschließlich zur nichtgewerblichen Personenbeförderung verwendet werden,

- Spezialfahrzeuge, die zum Transport von Ausrüstungen des Zirkus- oder Schaustellergewerbes verwendet werden,

- speziell für mobile Projekte ausgerüstete Fahrzeuge, die hauptsächlich im Stand zu Lehrzwecken verwendet werden,
- Fahrzeuge, die zum Abholen von Milch bei landwirtschaftlichen Betrieben und zur Rückgabe von Milchbehältern oder zur Lieferung von Milcherzeugnissen für Futterzwecke an diese Betriebe verwendet werden,

- Spezialfahrzeuge für Geld- und Werttransporte,

- Fahrzeuge, die in einem Umkreis von 250 km vom Standort des Unternehmens zum Transport tierischer Nebenprodukte, die nicht mehr für den menschlichen Verzehr geeignet sind und speziellen Hygienevorschriften unterliegen, eingesetzt werden,

- Fahrzeuge, die ausschließlich auf Straßen in Güterverteilzentren wie Häfen, Umschlaganlagen des kombinierten Verkehrs und Eisenbahnterminals verwendet werden (reine Umfuhrfahrzeuge),

Kontrollgeräte im Straßenverkehr — Band 5

- Fahrzeuge, die in einem Umkreis von 100 km für die Beförderung lebender Tiere zwischen den landwirtschaftlichen Betrieben, den lokalen Märkten oder Schlachthäusern eingesetzt werden.

2. Kontrollgeräte im Straßenverkehr

2.1 Einleitung

Um die Einhaltung der Lenk- und Ruhezeiten zu gewährleisten, hat der EU-Gesetzgeber die VO (EU) Nr. 165/2014 erlassen. Diese Verordnung regelt den Pflichteinbau von Fahrtenschreibern, deren Arbeitsweise inklusive der aufzuzeichnenden Einzelheiten, die Bedienung durch das Fahrpersonal und die periodische Überprüfung dieser Aufzeichnungsgeräte.
Aufgabe der Fahrtenschreiber ist es, die gefahrene Geschwindigkeit, die zurückgelegte Wegstrecke, die Lenk-, Bereitschafts-, Arbeits- und Ruhezeiten aufzuzeichnen.

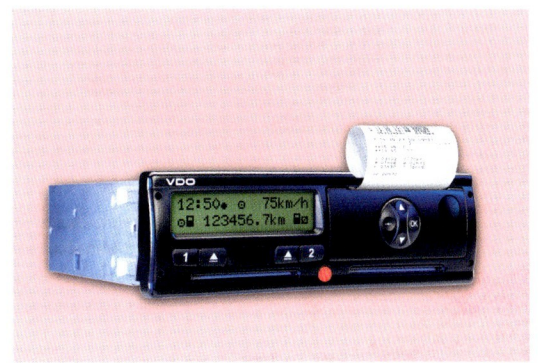

Einbaupflicht in der EU
Ein Fahrtenschreiber muss bei allen Fahrzeugen eingebaut werden,
- die der Personen- oder Güterbeförderung im Straßenverkehr dienen,
- die in einem Mitgliedstaat der EU zugelassen sind und
- deren Fahrer den Sozialvorschriften unterliegen und nicht ausdrücklich ausgenommen sind.

Wichtig: Das Gerät muss auch den Vorschriften entsprechend benutzt werden.

2.2 Einbaupflicht eines Fahrtschreibers in Deutschland gemäß § 57 a StVZO

Für in Deutschland zugelassene
- Kraftfahrzeuge ab 7,5 t zulässiger Gesamtmasse,
- Zugmaschinen ab 40 kW, die nicht ausschließlich für land- oder forstwirtschaftliche Zwecke eingesetzt werden,
- Kraftfahrzeuge, die zur Beförderung von Personen bestimmt sind und mit mehr als neun Sitzplätzen ausgestattet sind,

gilt die Einbaupflicht eines eichfähigen Fahrtschreibers.

Deutschland wollte mit dieser nationalen Vorschrift die Regelung der EU erweitern und schrieb den Einbau eines eichfähigen Fahrtenschreibers vor.
Diese Vorschrift wurde zum 01. Januar 2013 außer Kraft gesetzt. Somit unterliegen Neufahrzeuge ab diesem Datum nur dem EU-Recht bzgl. des Einbaus eines Fahrtenschreibers

Kontrollgeräte im Straßenverkehr — Band 5

Ausgenommen von der Einbaupflicht eines Fahrtschreibers sind:
- Kraftfahrzeuge mit einer bauartbedingten Höchstgeschwindigkeit von nicht mehr als 40 km/h,

- Kraftfahrzeuge der Feuerwehren und der anderen Einheiten und Einrichtungen des Katastrophenschutzes,

- Kraftfahrzeuge der Bundeswehr, wenn es sich nicht um Fahrzeuge der Verwaltung oder um Kraftomnibusse handelt,

- Fahrzeuge, die gem. § 18 Abs. 1 FPersV von den Sozialvorschriften ausgenommen sind,
- Fahrzeuge, die in Art. 3 Buchstabe d, e, f, g und i der VO (EG) Nr. 561/2006 genannt sind,
    d: nichtgewerbliche Transporte für humanitäre Hilfe, die in Notfällen und Rettungsmaßnahmen eingesetzt werden,
    e: Spezialfahrzeuge für medizinische Zwecke,
    f: spezielle Pannenhilfefahrzeuge im Umkreis von 100 km,
    g: Fahrzeuge zur Probefahrt, wie zur technischen Entwicklung, Reparatur oder zu Wartungsarbeiten
    i: Nutzfahrzeuge zur nichtgewerblichen Güter- bzw. Personenbeförderung, die als historisch eingestuft wurden,
- Fahrzeuge, die bereits mit einem Fahrtenschreiber ausgestattet sind.

Kontrollgeräte im Straßenverkehr — Band 5

2.3 Analoge Fahrtenschreiber mit Schaublatt (Tachograph)

2.3.1 Kompakttachographen

Diese Art der aufklappbaren Fahrtenschreiber wurde schon Mitte der Fünfzigerjahre und in leicht abgewandelter Form bis 1991 in fast allen Bussen und Lkw eingebaut.

Ältere Kompakttachographen wurden auch als reine Ein-Fahrer-Geräte gebaut. Bei den Zwei-Fahrer-Geräten erfolgt durch eine Kunststoffklappe getrennt der entsprechende Aufschrieb auf zwei Schaublättern gleichzeitig.

Am Lauf der rot-weißen Scheibe oder an der Bewegung des Sekundenzeigers (falls vorhanden) ist erkennbar, ob das Uhrwerk des Fahrtenschreibers läuft.

Die rote Funktionslampe leuchtet auf, wenn
- das Schaublatt fehlt oder
- der Fahrtenschreiber nicht geschlossen ist.

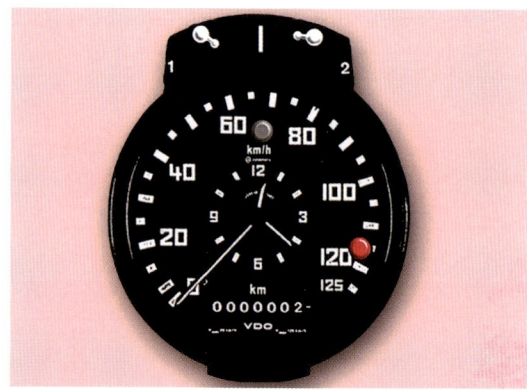

Die andere rote Leuchte zeigt an, dass die eingestellte Geschwindigkeit überschritten wird.

2.3.2 Flachtachograph

Der Flachtachograph ist ein geschlossenes Gerät und unterhalb der Geschwindigkeitsanzeige eingebaut. Die Schaublätter für den Fahrer 1 und 2 werden jeweils in die entsprechend beschrifteten Einzugsschächte eingelegt und dann vom Gerät automatisch eingezogen. Um das Schaublatt auswerfen zu lassen, muss der Zeitgruppenschalter gedrückt werden.
Um ein Überschreiben der Schaublätter zu verhindern, haben einige Flachtachographen einen automatischen Schaublattauswurf nach 24 Stunden.

Kontrollgeräte im Straßenverkehr — Band 5

Für den Kompakt- und Flachtachographen gilt:
Durch einen Zeitgruppendrehschalter müssen Sie und die anderen Fahrer ihre jeweilige Tätigkeit für den unterschiedlichen Aufschrieb auf dem Schaublatt schalten.
Beim Automatikgerät fehlt am Zeitgruppenschalter das Symbol für Lenkzeit (Symbol: Lenkrad). Automatik bedeutet bei diesen Geräten, dass sobald das Fahrzeug fährt, das Gerät automatisch auf „Lenkzeit" umschaltet. Beim anschließenden Stillstand des Fahrzeugs wird wieder automatisch die Zeitgruppe aufgezeichnet, die Sie vorher am Zeitgruppenschalter eingestellt haben.

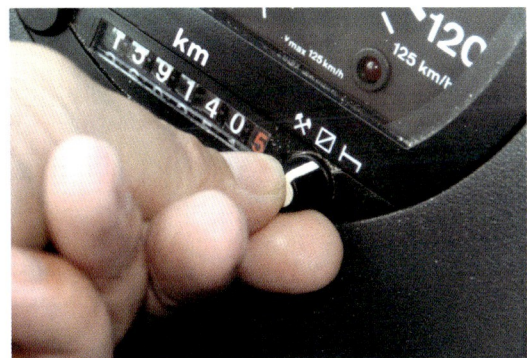

2.3.3 Modularer Fahrtenschreiber

Beim modularen Fahrtenschreiber wird die Geschwindigkeit im Armaturenbrett angezeigt.
Der Aufschrieb der Schaublätter erfolgt jedoch in einem separaten Gerät.
Dieses Gerät hat die Ausmaße eines Standardautoradios und wird im Lkw üblicherweise oberhalb der Windschutzscheibe in eines der dort vorhandenen Radiofächer eingebaut, im Bus links unterhalb des Lenkrades oder in der Mittelkonsole.

Die Anzeige erfolgt zweizeilig auf einem LC-Display. Dort werden in der Grundeinstellung das Datum, die Uhrzeit, die Gesamtkilometer und der aktuelle Schaltzustand des Zeitgruppenschalters (hier per Drucktastenbedienung) angezeigt. Weitere Angaben wie Service- und Diagnosedaten sind über das Display abrufbar.

Kontrollgeräte im Straßenverkehr — Band 5

Die Schaublätter werden in ein Schubfach (ähnlich dem eines CD-Laufwerkes) eingelegt, das manuell zugeschoben wird. Das Öffnen des Schubfaches erfolgt auf Knopfdruck. Dann kann das Schubfach weiter herausgezogen und nach unten abgeklappt werden. Das erleichtert Ihnen die Entnahme bzw. das Einlegen der Schaublätter in Kopfhöhe.

2.4 Schaublätter

Die erforderlichen Aufzeichnungen dieser analogen Fahrtenschreiber erfolgen auf einem Schaublatt. Diese Schaublätter müssen, genau wie die Aufzeichnungsgeräte, den Vorschriften entsprechen. Die Aufzeichnungen erfolgen durch zwei bzw. drei Schreibstifte, die das Schaublatt im Fahrtenschreiber durch leichten Druck an den entsprechenden Stellen schwarz werden lassen. Gleichzeitig dreht ein Uhrwerk das Schaublatt langsam weiter.
So entstehen die durchgehenden Aufschriebe.

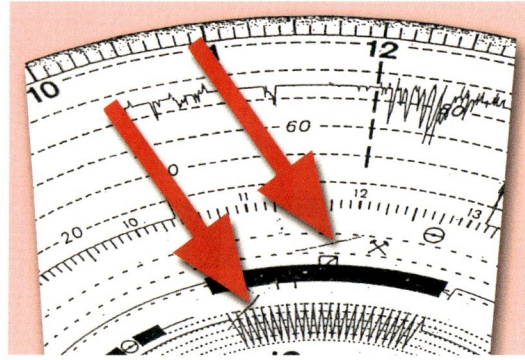

Schaublätter müssen sorgsam verwahrt werden, da durch Druck mit dem Fingernagel o. ä. auch schwarze „Aufzeichnungen" erfolgen

Gemäß Art. 33 Abs. 1 VO (EU) Nr. 165/2014 hat der Unternehmer den Fahrern vor Fahrtbeginn eine ausreichende Anzahl von Schaublättern auszuhändigen. Das Gleiche gilt national gemäß § 1 Abs. 7 FPersV für Fahrzeuge mit Fahrtschreibern. Diese Schaublätter müssen dem amtlichen Baumuster entsprechen und für das entsprechende Aufzeichnungsgerät geeignet sein.

Kontrollgeräte im Straßenverkehr — Band 5

Die auf dem Einbauschild des Fahrtenschreibers aufgeführte „E-Nr." muss sich auf der Rückseite des Schaublattes wiederfinden.

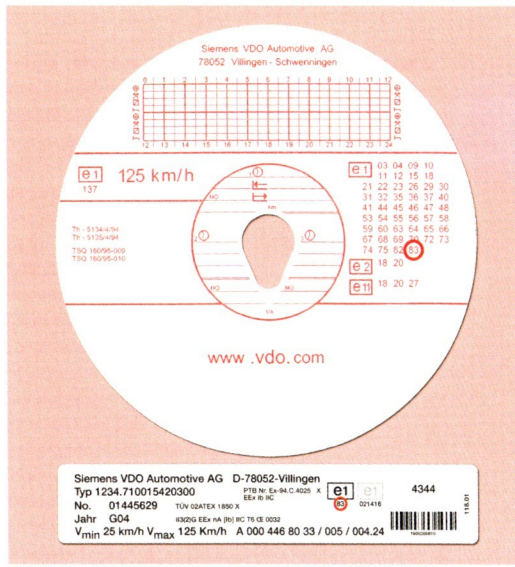

Sowohl auf dem Schaublatt als auch auf dem Einbauschild ist unter „e1" die Zahl „83" aufgeführt.

Der maximale Messbereich des Schaublattes muss mit dem maximalen Messbereich des Fahrtenschreibers übereinstimmen. Der Geschwindigkeitsaufschrieb erfolgt im äußeren Bereich des Schaublattes. Da der Platz im äußeren Bereich des Schaublattes festgelegt ist, liegen die einzelnen Geschwindigkeitsfelder beispielsweise bei einem 180-km/h-Schaublatt dichter zusammen als bei einem 125-km/h-Schaublatt. Immer wenn ein Schaublatt mit einem für das Gerät zu niedrigen Messbereich eingelegt wird, erfolgt das Aufzeichnen einer geringeren Geschwindigkeit. Umgekehrt, beim Einlegen eines Schaublattes mit einem für das Gerät zu hohen Messbereich, erfolgt der Aufschrieb einer höheren als der tatsächlich gefahrenen Geschwindigkeit.

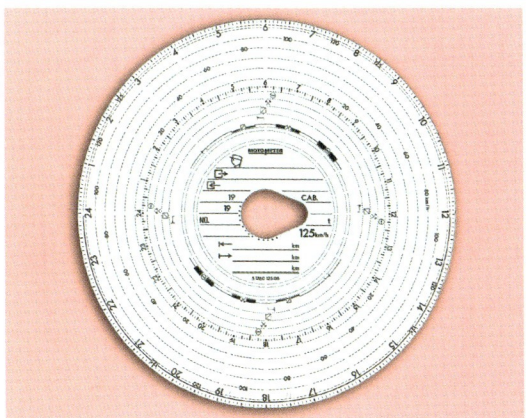

Messbereich 125 km/h

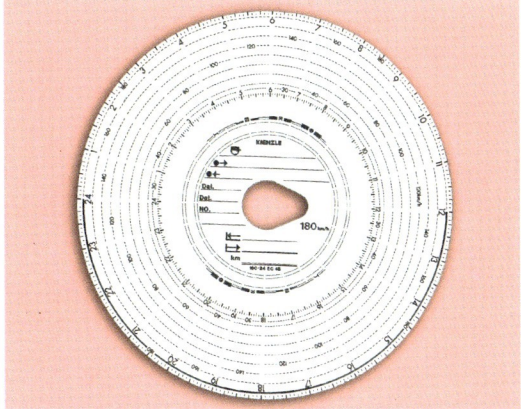

Messbereich 180 km/h

Wichtig:
Das Verwenden von Schaublättern mit einem falschen Messbereich für die Geschwindigkeit, also mit einem falschen Geschwindigkeitsaufschrieb, zieht nicht nur gem. der VO (EU) Nr. 165/2014 i. V. m. dem FPersG und der FPersV ein Bußgeld nach sich, sondern erfüllt in Deutschland gleichzeitig den Straftatbestand nach § 268 des StGB (Strafgesetzbuch) – Fälschung technischer Aufzeichnungen.

Kontrollgeräte im Straßenverkehr — Band 5

Der Straftatbestand nach § 268 StGB ist auch dann erfüllt, wenn Sie den Aufzeichnungsvorgang des Gerätes manipulieren und somit kein ordnungsgemäßer Aufschrieb erfolgt. Beispiele hierfür sind das Verbiegen eines Schreibstiftes oder das Begrenzen des oberen Schreibstiftes durch einen Gegenstand, so dass geringere Geschwindigkeiten auf dem Schaublatt aufgezeichnet werden.

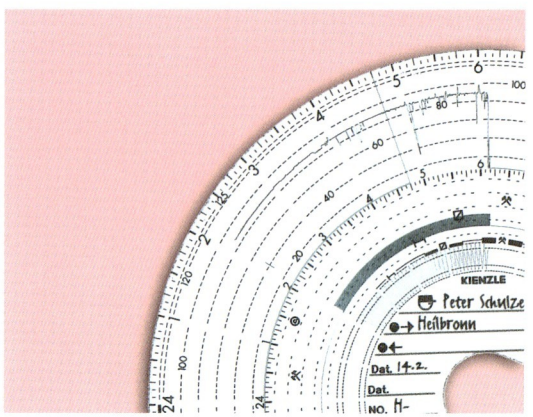

Dieses Schaublatt wurde von 02.05 - 04.45 Uhr in Ruhezeit überschrieben (durchgehende Grundlinie) und dann entnommen (Auswurfmarkierung um 04.45 Uhr).

2. 4. 1 Was wird auf dem Schaublatt aufgezeichnet?

Üblicherweise haben Fahrtenschreiber drei Schreibstifte. Der äußerste/oberste Schreibstift zeichnet die Standzeiten (Grundlinie) und Fahrtzeiten des Fahrzeuges in Form der gefahrenen Geschwindigkeit auf.

> **Schaublatt reicht als Beweismittel**
> Auch ohne Hinzuziehen eines Sachverständigen dürfen die Aufzeichnungen des Fahrtschreibers zur Feststellung einer Geschwindigkeitsüberschreitung verwertet werden. Allerdings sind dann 6 km/h als Toleranz abzuziehen.
> OLG Bamberg, Az: 2 Ss OWi 843/07

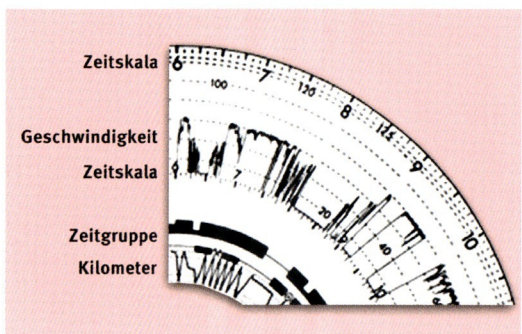

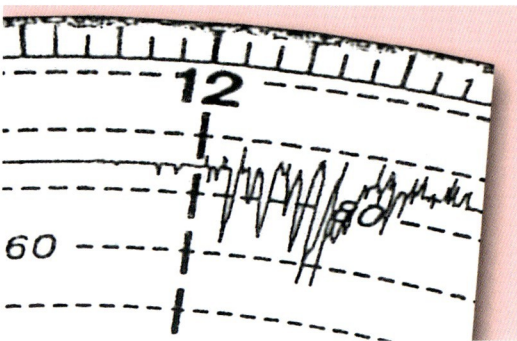

Bei einigen Geräten hat der oberste Schreibstift außerdem die Aufgabe, mit einem Ausschlag bis an den Schaublattrand die Entnahme des Schaublattes und/oder eine Spannungsunterbrechung vom Gerät zu dokumentieren.

Der mittlere Schreibstift zeichnet die Zeitgruppe auf. Das Unterlassen oder falsche Schalten des Zeitgruppenschalters ist bußgeldbewehrt.

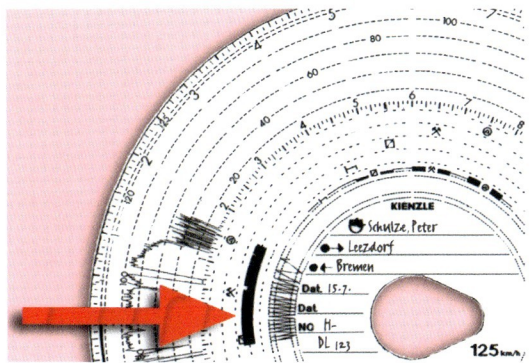

Analoges Automatikgerät: Im Fahrbetrieb schaltet das Gerät automatisch um und schreibt mittels „Rüttelaufschrieb" einen breiten Balken. Bei Stillstand und geschalteter Bereitschafts- oder Arbeitszeit wird ein unterschiedlich dicker Balken geschrieben.

Der innere Schreibstift zeichnet die gefahrene Wegstrecke auf. Im Fahrbetrieb „pendelt" der Schreibstift zwischen einer oberen und unteren Begrenzung. Die gefahrene Wegstrecke dazwischen beträgt 5 km. Je schneller das Fahrzeug fährt, desto dichter liegen die Auf- und Abwärtsbewegungen dieses Schreibstiftes (und somit der vertikale Aufschrieb) zusammen, denn innerhalb von 24 Stunden wird das Schaublatt einmal komplett vom Fahrtenschreiber gedreht.

Bei Stillstand des Fahrzeugs steht auch der Schreibstift für den Wegstreckenaufschrieb still und zeichnet somit auf dem Schaublatt eine horizontale Linie auf.
Wichtig: Bei einigen Fahrtenschreibern erfolgt bei Stillstand des Fahrzeugs kein Wegstreckenaufschrieb.
Durch den Wegstreckenaufschrieb ist es bei Kontrollen immer möglich, die tatsächlich aufgezeichneten Kilometer des Fahrzeugs auf dem Schaublatt nachzuvollziehen.

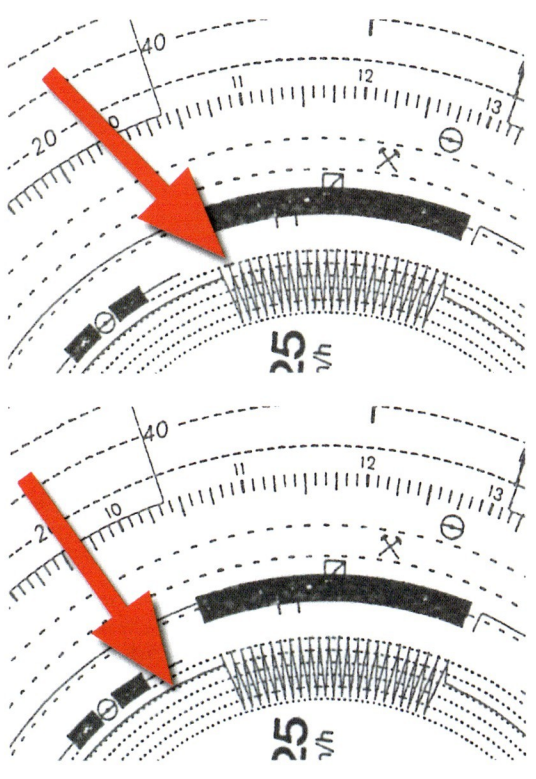

Wenn am Automatikgerät „Pause oder Ruhezeit" geschaltet ist, zeichnet das Gerät bei Stillstand des Fahrzeugs eine dünne Linie auf. Anmerkung zum Automatikgerät: Einige Fahrer machen es sich „einfach" und lassen ihr Automatikgerät fälschlicherweise permanent auf „Ruhezeit" stehen. Trotzdem sind kurze Fahrzeiten auf einem Betriebsgelände oder an einer Rampe durch den breiten Ausschlag des Rüttelaufschriebs vom mittleren Schreibstift zu erkennen. Diese Zeiträume werden nicht als freie verfügbare Pause für den Fahrer gewertet. Erinnerung: Das Nichtschalten des Zeitgruppenschalters ist bußgeldbewehrt.

2.4.2 Mehrfahrerbetrieb

Wenige ältere Fahrtenschreiber wurden als reine Ein-Fahrer-Geräte gebaut. Diese sind von außen daran zu erkennen, dass nur ein Zeitgruppenschalter vorhanden ist.

Beim Zwei-Fahrer-Betrieb müssen vor Fahrtantritt für Sie und den zweiten Fahrer je ein Schaublatt ausgefüllt werden. Auf beiden Schaublättern erfolgt im Fahrtenschreiber gleichzeitig ein Aufschrieb.

Beim Kompakttachographen und beim modularen Fahrtenschreiber wird das Schaublatt für Fahrer 2 – durch eine Kunststoffklappe getrennt – unter Ihr Schaublatt eingelegt. Beim Flachtachographen hat das Schaublatt für den zweiten Fahrer einen eigenen Einzugsschacht.
Der Aufschrieb auf dem Schaublatt für Fahrer 2 erfolgt bei allen Geräten nur mittels eines Schreibstifts im Zeitgruppenfeld.

Kontrollgeräte im Straßenverkehr — Band 5

In diesem Feld wird eine verlaufende Linie mit kurzen senkrechten Begrenzungen am Anfang und am Ende (Zeitpunkt des Einlegens und Herausnehmens vom Schaublatt in bzw. aus Position 2) aufgezeichnet.
Die unterschiedliche Dicke beschreibt genauso wie auf dem Schaublatt in Position 1 die geschaltete Zeitgruppe.
Pause/Ruhezeit = dünner Strich
Bereitschaftszeit = etwas dickerer Aufschrieb
Arbeitszeit = dicker Aufschrieb

> **Wichtig:** Bei einem Fahrerwechsel müssen auch die Schaublätter im Fahrtenschreiber von Position 1 auf Position 2 und umgekehrt gewechselt werden. Wird dieses Wechseln der Schaublätter vergessen, fährt Fahrer 2 mit Ihrem Schaublatt weiter und somit unter einem falschen Namen. Das kann bereits den Straftatbestand der Urkundenfälschung, § 268 StGB, erfüllen.

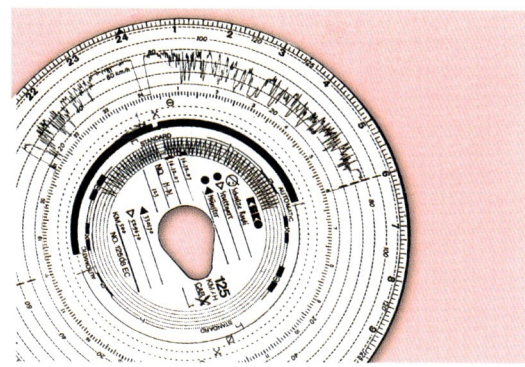

Zwischen ca. 06.05 Uhr bis 17.50 Uhr befand sich dieses Schaublatt in Position 2 des Fahrtenschreibers.

2.4.3 Pflichten des Fahrers bei der Verwendung von EU-Fahrtenschreibern mit Schaublättern

Die Schaublätter in den EU-Fahrtenschreiber sind immer personengebunden.
Überprüfen Sie vor Fahrtantritt,
- ob das Schaublatt zum eingebauten Fahrtenschreiber passt (E-Nummer und Geschwindigkeitsbereich),
- ob die eingestellte Uhrzeit mit der tatsächlichen Uhrzeit übereinstimmt (Sommerzeit, verschiedene Zeitzonen in Europa). Hinweis: Die in Ihrem Blickfeld liegende Uhr hat eine 12-Stunden-Einteilung, während das Schaublatt im Gerät eine 24-Stunden-Unterteilung hat. Wird vorne 7 Uhr angezeigt, kann das Uhrwerk auch um zwölf Stunden verstellt sein und der Aufschrieb bei 19 Uhr beginnen. Während die Kontrolle der richtigen Uhrzeit beim Kompakttachographen relativ einfach ist (die tatsächliche Uhrzeit muss beim korrekt eingelegten Schaublatt „oben" in Höhe der Schreibstifte sein), können Sie die eingestellte Uhrzeit am Flachtachographen nur an einem „Probeaufschrieb" erkennen. Beim modularen Fahrtenschreiber ist diese Überprüfung nicht nötig, da die tatsächliche Uhrzeit in 24-Stunden-Schritten im Display angezeigt werden kann.

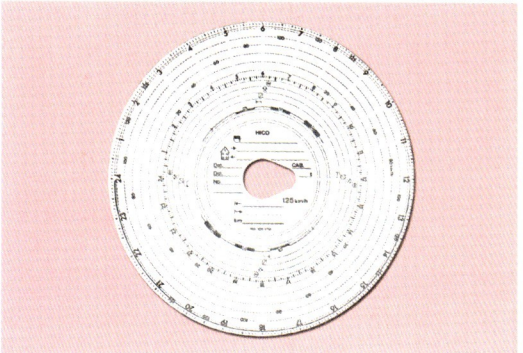

Handschriftliche Eintragungen gehören in die vorgesehenen Pflichtfelder für:
– Name und Vorname,
– Abfahrtsort (Einlegeort des Schaublattes),
– aktuelles Datum,
– amtliches Kennzeichen des Kraftfahrzeugs,
– km-Stand am Abfahrtsort.

Handschriftliche Eintragungen nach Fahrtende:
- Entnahmeort des Schaublattes
- Entnahmedatum
- Endkilometerstand

Wichtig:
Sowohl das Nichteinlegen wie auch das Verwenden eines Schaublattes ohne eingetragenen Vor- und Zunamen ist bußgeldbewehrt und kann zu einem Ordnungswidrigkeitsverfahren führen.

Das Beschriften und Verwenden eines Schaublattes mit einem falschem Namen ist nicht nur bußgeldbewehrt, sondern erfüllt gleichzeitig den Straftatbestand der Urkundenfälschung, § 267 StGB.

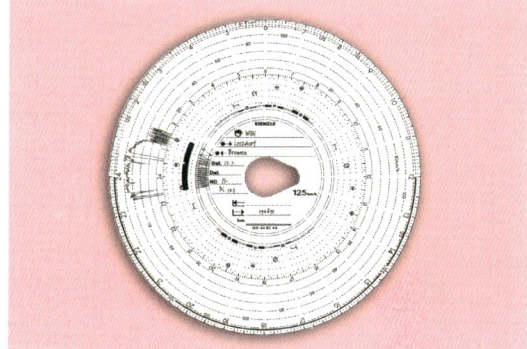

Antwort des Fahrers bei der Kontrolle:
„Bei uns in der Firma weiß doch jeder, wer Willi ist."

2. 4. 4 Pflichten des Fahrers bei der Verwendung von Fahrtschreibern (nationale Vorschrift)

Die Aufzeichnungen von Fahrzeugen, die dem § 57 a StVZO unterliegen, aber gemäß der FPersV ausgenommen sind, sind nicht personengebunden. Insofern unterscheidet sich die nationale von der europäischen Vorschrift.
Ist dieses Fahrzeug mit einem analogen Gerät oder einem Fahrtschreiber ausgestattet, ist aber auch dieses Schaublatt vor Antritt der Fahrt mit Ihrem Namen sowie dem Ausgangspunkt und dem Datum auszufüllen. Verwenden Sie direkt hintereinander mehrere Schaublätter, reicht es aus, wenn das jeweils erste Schaublatt ausgefüllt wird.
Im Falle des Einsatzes von Kraftomnibussen im Linienverkehr bis 50 km können Sie an Stelle Ihres Namens auch das amtliche Kennzeichen oder die jeweilige Betriebsnummer eintragen. Da die Besatzungen der Busse mehrmals täglich wechseln können, entfällt somit das Wechseln der Schaublätter. Bei einer späteren Betriebsprüfung kann dennoch anhand der vorhandenen Einsatzpläne zweifelsfrei festgestellt werden, welcher Fahrer zu welchem Zeitpunkt welches Fahrzeug gelenkt hat.
Ist das Fahrzeug mit einem Fahrtschreiber ausgerüstet, sind von Ihnen zusätzlich gemäß § 1 Abs. 7 FPersV die Schicht und die Pausen jeweils bei Beginn und Ende handschriftlich auf dem Schaublatt zu vermerken.
Ist dieses Fahrzeug mit einem digitalen Fahrtenschreiber ausgestattet, müssen Sie Ihre Fahrerkarte nicht stecken.
Selbstverständlich müssen sowohl der Fahrtschreiber als auch der analoge und der digitale Fahrtenschreiber vom Beginn bis zum Ende der Fahrt ununterbrochen in Betrieb sein und auch die Fahrtunterbrechungen aufzeichnen.
Anmerkung: Diese nationale Vorschrift wurde am 01. Januar 2013 außer Kraft gesetzt. (Weitere Informationen finden Sie im Kapitel 2.2 Einbaupflicht eines Fahrtenschreibers in Deutschland gemäß § 57 a StVZO)

2. 4. 5 Rückseite des Schaublatts

Auf der Rückseite eines jeden Schaublattes sind neben den E-Nummern auch freie Felder für einen eventuellen Fahrzeugwechsel oder für handschriftliche Aufzeichnungen innerhalb eines 24-Stunden-Zeitraums vorgesehen.

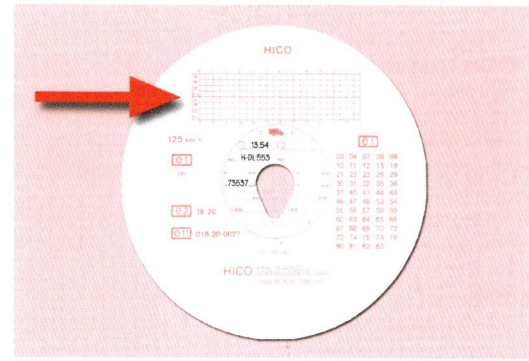

2. 4. 6 Fahrzeugwechsel

Da an jedem Tag möglichst nur ein Schaublatt von Ihnen zu benutzen ist, haben Sie bei einem Fahrzeugwechsel das „neue" Kennzeichen und den „neuen" Kilometerstand im inneren Bereich der Schaublattrückseite einzutragen und dann die Fahrt mit demselben Schaublatt in dem neuen Fahrzeug fortzusetzen.

Achtung: Überprüfen Sie unbedingt, ob beide analogen Fahrtenschreiber auch denselben Geschwindigkeitsbereich aufzeichnen. Ist der Messbereich unterschiedlich (Bsp. 100 km/h und 125 km/h) müssen Sie ein neues und dem Messbereich angepasstes Schaublatt ausführen.

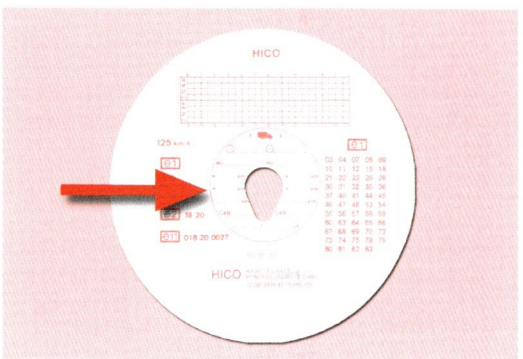

2. 4. 7 Weitere handschriftliche Aufzeichnungen auf der Schaublattrückseite

Kann die automatische Aufzeichnung aus irgendwelchen Gründen auf der Schaublattvorderseite nicht erfolgen, müssen Sie Ihre Aufzeichnungen entsprechend den Zeitgruppen (Arbeits-, Bereitschafts-, Ruhezeiten und Fahrtunterbrechungen) handschriftlich vornehmen. Gründe hierfür können sein: Sie führen vor Fahrtantritt schon „andere Arbeiten" im Betrieb aus. Das Gerät ist defekt und kann deshalb nicht ordnungsgemäß aufzeichnen.

Hierzu eignet sich neben der Rückseite eines Schaublattes auch die Rückseite des Druckerpapiers für den digitalen Fahrtenschreiber. Diese handschriftliche Aufzeichnung, als Ersatz für den digitalen Fahrtenschreiber, müssen Sie zusätzlich mit Ihrem Namen, der Nummer Ihrer Fahrerkarte oder Ihres Führerscheins versehen und anschließend unterschreiben.

Hier wurden handschriftlich nachgetragen:
– Ihre Ruhezeit bis 05.30 Uhr und
– Ihre Arbeitszeit (z. B. Anfahrt zum Fahrzeug, Sicherung der Ladung oder Übernahme des Busses) von 05.30 – 06.30 Uhr. Ab 06:30 Uhr erfolgt dann der Aufschrieb mit dem Fahrtenschreiber.

Kontrollgeräte im Straßenverkehr — Band 5

Sonstige Pflichten, deren Nichtbeachtung im Umgang mit Schaublättern ein Bußgeld nach sich ziehen kann:
- Der Unternehmer und Sie als Fahrer sorgen für die einwandfreie Funktionstüchtigkeit und die ordnungsgemäße Benutzung der Fahrtenschreiber. Zur ordnungsgemäßen Benutzung gehört auch, dass der Fahrer seine Ruhe-, Bereitschafts-, Arbeits- und Lenkzeiten durch den Fahrtenschreiber auf dem Schaublatt aufzeichnen lässt.
- Um eine nachvollziehbare Aufzeichnung zu gewährleisten, dürfen Sie keine angeschmutzten oder beschädigten Schaublätter verwenden.
- Die Schaublätter müssen deshalb in angemessener Weise geschützt verwahrt werden.
- Sie müssen für jeden Tag, an dem Sie lenken, ab Fahrzeugübernahme ein Schaublatt verwenden. Hiermit ist nicht gemeint, dass der Fahrer um 00.01 Uhr sein Schaublatt wechseln muss. Hier ist als „Arbeitstag" ein 24-Stunden-Zeitraum gemeint. Der erste Arbeitstag der Woche kann am Sonntagabend um 22 Uhr beginnen. Den zeitlichen Beginn des ersten Arbeitstages jeder Woche legen Sie fest.
- Um einen lückenlosen Aufschrieb gewährleisten zu können, darf das Schaublatt grundsätzlich nicht während der Arbeitszeit (inkl. Lenkzeit) entnommen werden. Die kurzzeitige Entnahme des aktuellen Schaublattes zur Überprüfung der bereits vorhandenen Lenkzeit (als Beispiel) durch den Fahrer wird von den Kontrollbehörden in der Regel toleriert.
- Kein Schaublatt darf sich länger als 24 Stunden im Fahrtenschreiber befinden, da sich sonst die Aufzeichnungen überschreiben. Eine kurzzeitige Überschreibung durch eine Ruhezeit wird von den Kontrollbehörden in der Regel toleriert. Das lässt sich aber vermeiden, wenn man zu Beginn der Ruhezeit ein neues Schaublatt einlegt. Dann beginnt die Aufzeichnung auf dem neuen Schaublatt mit Ihrer Ruhezeit.

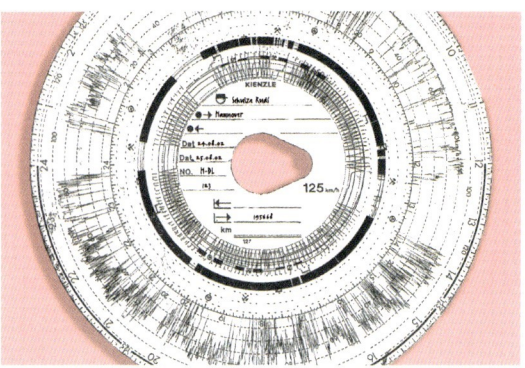

Dieses Schaublatt ist dreimal überschrieben und eine Auswertung ergab, dass über 1450 km auf diesem Schaublatt gefahren wurden.

2. 4. 8 Mitführpflicht

Die Schaublätter und handschriftlichen Aufzeichnungen des laufenden Tages und die der vorausgehenden 28 Kalendertage haben Sie mitzuführen und den zuständigen Kontrollbeamten auszuhändigen.

2.4.9 Bescheinigung über berücksichtigungsfreie Tage

Die Bescheinigung über berücksichtigungsfreie Tage wurde zum 02. März 2015 abgeschafft, wird aber weiterhin akzeptiert und ist gemäß § 20 Fahrpersonalverordnung (FPersV) national weiterhin gültig.
Die vorausgehenden 28 Kalendertage müssen generell als Nachtrag auf der Fahrerkarte im digitalen Fahrtenschreiber bzw. auf der Rückseite des Schaublattes erfolgen. Ist das z. B. aus technischen Gründen, die den digitalen Fahrtenschreiber betreffen nicht möglich, darf zweifelsfrei die Bescheinigung über berücksichtigungsfreie Tage verwendet werden. Nur so ist eine lückenlose Dokumentation möglich. Können Sie als Fahrer die für die vorausgehenden 28 Kalendertage vorgeschriebenen Schaublätter/Nachweise nicht vorweisen, weil Sie an einem oder über mehrere Tage

- ein Fahrzeug gelenkt haben, bei dem keine Nachweispflicht in Form eines Fahrtenschreibers besteht,
- erkrankt waren,
- sich im Urlaub befanden oder
- aus anderen Gründen kein Fahrzeug gelenkt, sondern andere Arbeiten verrichtet haben,

haben Sie bei einer Kontrolle auf Verlangen eine entsprechende Bescheinigung vorzulegen.
Diese Bescheinigung wird häufig fälschlicherweise nur „Urlaubs-

bescheinigung" genannt.
Diese Bescheinigung darf nicht handschriftlich ausgefüllt werden und muss vom Unternehmer, oder seiner beauftragten Person, und von Ihnen unterschrieben sein. Außerdem muss Ihnen vor Fahrtantritt diese Bescheinigung ausgehändigt werden.
Selbständig tätige Fahrer unterzeichnen sowohl als Vertreter des Unternehmens als auch als Fahrer.

Genau wie die Schaublätter muss der Unternehmer auch diese Bescheinigungen ein Jahr aufbewahren. Kann der Unternehmer dem Fahrer den Nachweis nicht vor Fahrtantritt aushändigen, weil die berücksichtigungsfreien Tage unterwegs anfallen, ist die Bescheinigung nachträglich auszustellen und den Behörden vorzulegen. Die Form der Bescheinigung ist in Deutschland nicht vorgeschrieben.

Am 16. Dezember 2009 hat die Europäische Kommission ein neues Formblatt veröffentlicht, das von Fahrern zum Nachweis von Urlaubs-, Krankheitstagen und anderen berücksichtigungsfreien Tagen verwendet werden soll. Dieses Formblatt wird in allen EU-Mitgliedstaaten und AETR-Ländern als Nachweis akzeptiert. Mit dem neuen Formblatt ist nun nicht nur ein einheitlicher Nachweis von Urlaubs- und Krankheitstagen, sondern auch von allen denkbaren anderen Varianten berücksichtigungsfreier Tage möglich (beispielsweise von Tagen, an denen Sie für andere Arbeiten als Lenktätigkeit eingesetzt wurden).

Innerhalb der EU-Länder wird dieses einheitliche Formblatt auch in deutscher Sprache akzeptiert, da die einzelnen Textabschnitte durchnummeriert sind. Einige europäische Länder haben diese Vorlage der EU verbindlich eingeführt. Deshalb sollten Sie bei Fahrten ins Ausland nur die durch die EU-Kommission festgelegte Vorlage verwenden! Achtung: Bei Kontrollen in AETR-Ländern müssen nur Bescheinigungen in englischer oder französischer Sprache akzeptiert werden. Dieses EU-Formblatt kann natürlich in Deutschland als Nachweis für berücksichtigungsfreie Tage eingesetzt werden, wenn Sie ein Fahrzeug von über 2,8 t bis 3,5 t zGM führen.

Anmerkung:
Diese Bescheinigung ist auch erforderlich, wenn der Kilometerstand Ihres Fahrzeugs sich zwischen Freitag und Montag nicht verändert hat. Ein unveränderter Kilometerstand weist lediglich nach, dass das Fahrzeug nicht bewegt wurde. Es kommt aber in dieser Vorschrift nicht auf die Fahrzeuge, sondern auf das Fahrpersonal an, welches ja auch auf einem anderen Fahrzeug eingesetzt werden kann. Insofern bedarf es auch in diesem Fall einer persönlichen Bescheinigung. Auch kann ein Kilometerstand nicht nachweisen, ob Sie beispielsweise in diesem Zeitraum erkrankt waren oder sonstige Arbeiten verrichteten.
In Deutschland (und nur bei innerdeutschem Verkehr!) kann für Sonn- und Feiertage auf diese Bescheinigung verzichtet werden, wenn das Fahrzeug dem Sonn- und Feiertagsverbot unterliegt.
Das gilt beispielsweise für den allgemeinen Stückguttransport, aber nicht, wenn Sie bestimmte Ladungen wie Frischwaren befördern und vom Sonn- und Feiertagsfahrverbot ausgenommen oder Busfahrer sind. Dann brauchen Sie auch eine Bescheinigung für sämtliche Sonn- und Feiertage, wenn Sie für diese Tage Ihre Aktivitäten nicht durch Ihre Fahrerkarte, gefertigte Ausdrucke oder Schaublätter nachweisen können.
Für Samstage ist Ihnen stets eine Bescheinigung vom Unternehmer auszustellen.
Wichtig: Nur die maschinell erstellte und im Original unterschriebene Bescheinigung ist gültig und wird von den Kontrollbeamten anerkannt. Die deutschsprachige Version dieser Bescheinigung und weitere Informationen gibt es auf der Homepage des BAG unter www.bag.bund.de.

ANHANG

BESCHEINIGUNG VON TÄTIGKEITEN[1]
(VERORDNUNG (EG) NR. 561/2006 ODER AETR[2])

Vor jeder Fahrt maschinenschriftlich auszufüllen und zu unterschreiben. Zusammen mit den Original-Kontrollgerätaufzeichnungen aufzubewahren

FALSCHE BESCHEINIGUNGEN STELLEN EINEN VERSTOSS GEGEN GELTENDES RECHT DAR.

Vom Unternehmen auszufüllender Teil

(1) Name des Unternehmens: _____

(2) Straße, Hausnr., Postleitzahl, Ort, Land: _____, _____, _____

(3) Telefon-Nr. (mit internationaler Vorwahl): _____

(4) Fax-Nr. (mit internationaler Vorwahl): _____

(5) E-Mail-Adresse: _____

Ich, der/die Unterzeichnete

(6) Name und Vorname: _____

(7) Position im Unternehmen: _____

erkläre, dass sich der Fahrer/die Fahrerin

(8) Name und Vorname: _____

(9) Geburtsdatum (Tag, Monat, Jahr): _____, _____, _____

(10) Nummer des Führerscheins, des Personalausweises oder des Reisepasses: _____

(11) der/die im Unternehmen tätig ist seit (Tag, Monat, Jahr): _____, _____, _____

im Zeitraum

(12) von (Uhrzeit/Tag/Monat/Jahr): _____/_____/_____/_____

(13) bis (Uhrzeit/Tag/Monat/Jahr): _____/_____/_____/_____

(14) ☐ sich im Krankheitsurlaub befand ***

(15) ☐ sich im Erholungsurlaub befand ***

(16) ☐ sich im Urlaub oder in Ruhezeit befand ***

(17) ☐ ein vom Anwendungsbereich der Verordnung (EG) Nr. 561/2006 oder des AETR ausgenommenes Fahrzeug gelenkt hat ***

(18) ☐ andere Tätigkeiten als Lenktätigkeiten ausgeführt hat ***

(19) ☐ zur Verfügung stand ***

(20) Ort: _____ Datum: _____

Unterschrift: ....

(21) Ich, der Fahrer/die Fahrerin, bestätige, dass ich im vorstehend genannten Zeitraum kein unter den Anwendungsbereich der Verordnung (EG) Nr. 561/2006 oder das AETR fallendes Fahrzeug gelenkt habe.

(22) Ort: _____ Datum: _____

Unterschrift des Fahrers/der Fahrerin: ....

---

[1] Eine elektronische und druckfähige Fassung dieses Formblattes ist verfügbar unter der Internetadresse http://ec.europa.eu
[2] Europäisches Übereinkommen über die Arbeit des im internationales Straßenverkehr beschäftigten Fahrpersonals.
*** Nur ein Kästchen ankreuzen

Kontrollgeräte im Straßenverkehr — Band 5

2.4.10 Aufbewahrungspflicht für den Unternehmer

Die Schaublätter und handschriftlichen Aufzeichnungen der Fahrer sind vom Unternehmer gemäß der VO (EU) Nr. 165/2014 und nach § 1 der FPersV nach Aushändigung durch den Fahrer (Fristbeginn) mindestens ein Jahr in chronologischer Reihenfolge und in lesbarer Form außerhalb des Fahrzeugs aufzubewahren und bei Betriebskontrollen auszuhändigen.
Danach sind sie bis zum 31. März des nachfolgenden Jahres zu vernichten, sofern nicht andere Vorschriften eine längere Aufbewahrungsfrist vorschreiben (siehe Abschnitt „Aufbewahrungspflichten" in diesem Band).

2.5 Digitaler Fahrtenschreiber

Bereits im Herbst 1998 hat der Rat der Europäischen Union die Einführung des digitalen Fahrtenschreibers zur Überwachung des gewerblichen Straßenverkehrs beschlossen. Der analoge Fahrtenschreiber mit Schaublatt wird schrittweise durch den digitalen Fahrtenschreiber ersetzt. Die digitalen Fahrtenschreiber müssen hinsichtlich Bauart, Einbau, Benutzung und Prüfung den Vorschriften der VO (EU) Nr. 165/2014 entsprechen.

Seit dem 01. Mai 2006 müssen alle Fahrzeuge
- mit einer zulässigen Gesamtmasse von mehr als 3,5 t oder
- mit mehr als acht Fahrgastplätzen, die erstmals zum Verkehr zugelassen werden, mit einem digitalen Fahrtenschreiber ausgerüstet sein.

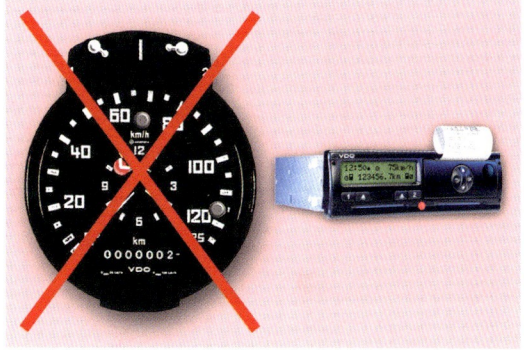

Es besteht keine allgemeine Nachrüstpflicht. Bisherige Fahrtenschreiber dürfen in den Fahrzeugen weiter verwendet werden. Allerdings hat der deutsche Gesetzgeber im § 57 a StVZO eine Austauschverpflichtung verankert. Wird bei Fahrzeugen
- zur Güterbeförderung mit einer zulässigen Gesamtmasse von mindestens 12 t oder
- zur Personenbeförderung mit mehr als acht Fahrgastplätzen und einer zulässigen Gesamtmasse von mehr als 10 t,
- die ab dem 1. Januar 1996 erstmals zum Verkehr zugelassen wurden und
- bei denen die Übermittlung der Signale an den Fahrtenschreiber ausschließlich elektrisch erfolgt,
der analoge Fahrtenschreiber einschließlich seiner Komponenten ausgetauscht, muss dieses durch einen digitalen Fahrtenschreiber ersetzt werden.

Kontrollgeräte im Straßenverkehr — Band 5

- Uhrzeit
- Piktogramm Ort (Ortszeit)
- Betriebsart Lenken
- Geschwindigkeit in km/h
- Aktivität Lenken
- Fahrerkarte 1 gesteckt
- Kilometerstand
- Fahrerkarte 2 gesteckt
- Aktivität Bereitschaft

Die Aufgaben des digitalen Fahrtenschreibers sind das
- Aufzeichnen,
- Speichern,
- Anzeigen,
- Ausdrucken,
- Ausgeben,

von Fahrer- und Fahrzeugdaten.

2.5.1 Kurzbeschreibung

Der digitale Fahrtenschreiber verfügt über
- ein Display zur Anzeige der gespeicherten Informationen,
- Bedientasten zur Menüführung,
- zwei Einzugsschächte mit Chipkartenleser für die vier unterschiedlichen Fahrtenschreiberkarten,
- den Massenspeicher (eingebaute „Festplatte" im Gerät) und
- einen integrierten Drucker.

Die gewünschte Sprache des Gerätes lässt sich vom Fahrer einstellen. Der DTCO 1381 von VDO beispielsweise verfügt über 20 verschiedene Sprachwahlmöglichkeiten.
Anmerkung: Beim Stecken einer höherwertigen Karte wechselt die Sprache der Anzeige.
Beispiel:
Ein deutscher Fahrer wird in Dänemark kontrolliert. Beim Stecken der dänischen Kontrollkarte wechselt die Displaysprache ins Dänische.
Die Datenspeicherung erfolgt fahrzeugbezogen im Massenspeicher mit einer Speicherkapazität von rund einem Jahr. Aufgezeichnet werden neben der Fahrzeugidentifikation (Fahrgestellnummer und amtliches Kennzeichen) auch Lenk-, Arbeits-, Bereitschafts- und Ruhezeiten der Fahrer, Wegstrecke, Drehzahl und Ereignisse oder Störungsmeldungen. Die gefahrene Geschwindigkeit lässt sich sekundengenau nur innerhalb der letzten 168 Stunden Lenkzeit abfragen.
Ältere Daten werden überschrieben und gehen somit verloren, wenn sie nicht vorher extern gesichert wurden.

Fahrerbezogene Daten wie die Lenk- und Ruhezeiten werden zusätzlich auf der jeweiligen persönlichen Fahrerkarte gespeichert. Hingegen dienen Unternehmenskarte, Werkstattkarte und Kontrollkarte nur als „Schlüssel", um die Daten des Massenspeichers auslesen und kopieren zu können.
Bei stehendem Fahrzeug und eingeschalteter Zündung können die gespeicherten Daten je nach Berechtigung der gesteckten Karte mit dem eingebauten Drucker ausgedruckt werden. Bei fehlendem Druckerpapier wird der Ausdruck abgebrochen und nach dem Einlegen einer neuen Papierrolle genau dort wieder fortgesetzt. Der Unternehmer und Sie als Fahrer haben für eine ausreichende Menge Druckerpapier (Ersatzrolle im Fahrzeug) zu sorgen. Da es sich um Thermopapier handelt, müssen das Druckerpapier und die Ausdrucke licht-, wärme- und feuchtigkeitsgeschützt aufbewahrt werden.

Kontrollgeräte im Straßenverkehr — Band 5

Auch das zu verwendende Thermopapier unterliegt einer Typenzulassung.
Über die frontseitige Schnittstelle können die Daten des Massenspeichers heruntergeladen und anschließend ausgewertet werden. Außerdem erfolgt darüber die Kalibrierung des Gerätes.

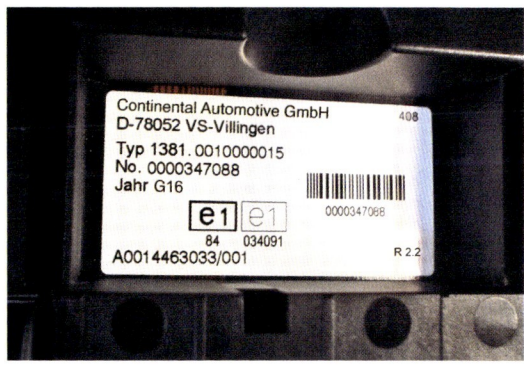

Das Typenschild beim digitalen Fahrtenschreiber befindet sich z. B. bei VDO als Aufkleber im zu öffnenden Papierrollenfach.

2.5.2 UTC-Zeit

In der Vergangenheit kam es mit den analogen Fahrtenschreibern oft zu Problemen, wenn ein Fahrer aus England nach Frankreich oder Deutschland kam.
Oft zeigte sein analoger Fahrtenschreiber noch seine britische Zeit.
Das Problem:
Stellen Sie Ihre Uhrzeit eine Stunde vor, fehlen Ihnen die Aufzeichnungen von einer ganzen Stunde. Oder: Ein anderer Fahrer fährt von Griechenland nach Portugal. Stellt er unterwegs zweimal seine Uhrzeit um eine Stunde zurück, hat er auf einem Schaublatt zweimal Überschreibungen.

Land	Kürzel	Zeitzone
Großbritannien	GB	Zeitzone 0
Irland	IRL	Zeitzone 0
Island	IS	Zeitzone 0
Portugal	P	Zeitzone 0
Belgien	B	Zeitzone +1
Dänemark	DK	Zeitzone +1
Deutschland	D	Zeitzone +1
Frankreich	F	Zeitzone +1
Italien	I	Zeitzone +1
Liechtenstein	FL	Zeitzone +1
Luxemburg	L	Zeitzone +1
Malta	M	Zeitzone +1
Niederlande	NL	Zeitzone +1
Norwegen	N	Zeitzone +1
Österreich	A	Zeitzone +1
Polen	PL	Zeitzone +1
Schweden	S	Zeitzone +1
Schweiz	CH	Zeitzone +1
Slowakei	SK	Zeitzone +1
Slowenien	SLO	Zeitzone +1
Spanien	E	Zeitzone +1
Tschechien	CZ	Zeitzone +1
Ungarn	H	Zeitzone +1
Zypern	CY	Zeitzone +1
Bulgarien	BG	Zeitzone +2
Estland	EST	Zeitzone +2
Finnland	FIN	Zeitzone +2
Griechenland	GR	Zeitzone +2
Lettland	LV	Zeitzone +2
Litauen	LT	Zeitzone +2
Rumänien	RO	Zeitzone +2

Sommerzeit zusätzlich + 1 Std.

Land	Kürzel	Zeitzone
Andorra	AND	
Bosnien-Herzegowina	BIH	
Jugoslawien	YU	Zeitzone +1
Kroatien	HR	
Mazedonien	MK	
Moldawien	MD	Zeitzone +2
Russland	RUS	Zeitzone +2-12
Weißrussland	BY	Zeitzone +2
Türkei	TR	Zeitzone +3
Aserbaidschan	AZ	Zeitzone +4
Kasachstan	KZ	Zeitzone +4-6
Turkmenistan	TM	Zeitzone +5
Usbekistan	ZU	Zeitzone +5

Kontrollgeräte im Straßenverkehr — Band 5

Beim digitalen Fahrtenschreiber erfolgen alle Speicherungen in der UTC-Zeit (UTC =Universal Time Coordinated). Die UTC-Zeit wird auch „koordinierte Weltzeit" genannt und ist die Standardzeit der Zeitzone des Null-Meridians durch den englischen Ort Greenwich. In der EU ist in Großbritannien, Irland und Portugal die Ortszeit gleich der UTC-Zeit. Je weiter östlich Sie sich befinden, desto später wird es.
Deutschland = UTC-Zeit + 1 Stunde.
Während der Sommerzeit, vom letzten Sonntag im März bis zum letzten Sonntag im Oktober, gilt:
Deutschland = UTC-Zeit + 2 Stunden.
Da sämtliche Ausdrucke die Daten der Speicherkarte bzw. des Massenspeichers wiedergeben, sind auch die aufgeführten Zeiten auf den unterschiedlichen Ausdrucken in UTC-Zeit angegeben.
Hinweis: Auf dem Display kann sich der Fahrer die Ortszeit manuell einstellen. Die Speicherung der Daten wird dadurch nicht beeinflusst. Sie erfolgt weiterhin in der UTC-Zeit.

Hier ist am 28. Februar 2018 um 17.24 Uhr in Deutschland (16.24 UTC-Zeit) dieser Tagesausdruck (24 h) der Fahrerkarte (Piktogramm Karte) erfolgt.

2.5.3 Zugelassene digitale Fahrtenschreiber im Überblick

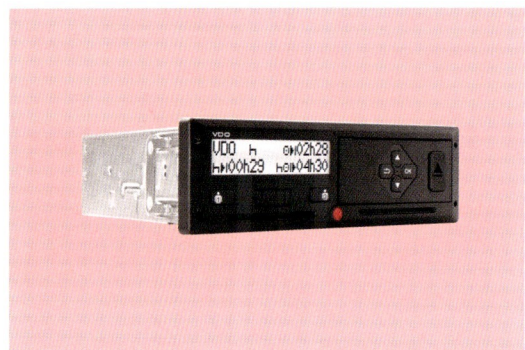

VDO DTCO 1381 (2.2)

2.1

EFAS4

Stoneridge SE5000 Exakt Duo²

2.5.4 Digitale Fahrtenschreiber der neueren Generation

Seit Mai 2006 werden alle Neufahrzeuge mit einer zulässigen Gesamtmasse von mehr als 3,5 zGM oder mit mehr als 8 Fahrgastplätzen mit einem digitalen Fahrtenschreiber ausgerüstet.

Mit der Einführung der digitalen Fahrtenschreiber ergaben sich anfangs erhebliche Umstellungen bei der vorgeschriebenen Aufgabenwahrnehmung für alle Beteiligten. Das betraf zum einen die Unternehmer, die Fahrer, aber auch die Kontrollbehörden. Die zuerst auf dem Markt angebotenen Auslese-, Auswertungs- und Archivierungsprogramme waren teilweise mit hohem Zeit-/Arbeitsaufwand und hohen Kosten verbunden und somit nicht benutzerfreundlich. Ein kompletter Datendownload der Fahrzeugeinheit konnte schon mal bis zu 45 Minuten dauern, abhängig von der gespeicherten Datenmenge im Fahrtenschreiber.

Die Erfahrungen der ersten Jahre im täglichen Umgang mit den digitalen Fahrtenschreibern und der technische Fortschritt machten eine Änderung der technischen Ausstattung der digitalen Fahrtenschreiber notwendig. Durch den Erlass VO (EU) Nr. 1266/2009 der Europäischen Kommission wurden die Hersteller verpflichtet, Fahrtenschreiber auf den Markt zu bringen, welche einerseits den administrativenAufwand verringern und andererseits zuverlässigere und fehlerfreiere Daten/Informationen abspeichern. Ein weiteres Ziel war, die Menüführung/Bedienung der digitalen Fahrtenschreiber benutzerfreundlicher zu gestalten.

Seit dem 1. Oktober 2011 müssen alle Neufahrzeuge mit den digitalen Fahrtenschreibern der neuen Generation ausgerüstet werden. Nachfolgend eine beispielhafte Auflistung der Änderungen bei den Fahrtenschreibern der neuen Generation.

- Nach dem Anhalten des Fahrzeugs schaltet der Fahrtenschreiber automatisch auf „Pause" um. Diese Programmierung war schon bei den Geräten der 1. Generation möglich. Hier kann der Unternehmer zwischen „Arbeitszeit" und „Pause" wählen. Die entsprechende Programmierung kann im Rahmen der wiederkehrenden Fahrtenschreiberprüfung durch die Fachwerkstatt erfolgen.
- Beim DTCO® 1381 Rel. 1.3 von VDO sind schon seit 2010 grafische Ausdrucke möglich. Diese Ausdrucke in Form von Balken- und Kurvendiagrammen zeigen Geschwindigkeitsprofile der letzten 24 Stunden sowie Lenk- und Ruhezeiten der letzten sieben Tage. Des Weiteren ist eine grafische Darstellung von zusätzlichen Ereignissen möglich, wie Ladevorgänge, aktive Zusatzmaschinen (Kehrmaschine als Bsp.) oder eingeschaltete Warnsignale (wie Gelblicht).

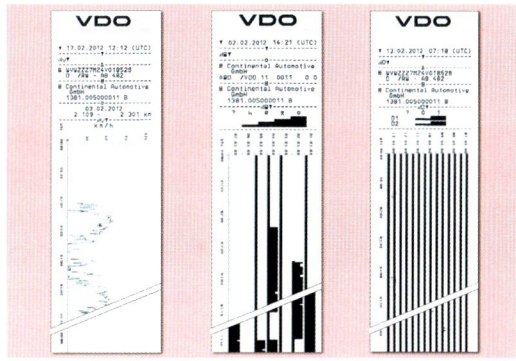

- Die Downloadzeit der gespeicherten digitalen Daten ist erheblich reduziert
- Die Anbindung der digitalen Fahrtenschreiber mit Telematiksystemen wurde verbessert. Der Datendownload und die verschlüsselte Übertragung aller gespeicherten Daten an das Unternehmen über vorhandene Telematiksysteme ist nun gewährleistet.
- Durch eine geänderte Menüführung sind u. a. Nachträge vom Fahrer schneller und einfacher einzugeben.
- Ausdrucke sind auch in Ortszeit möglich.
- Beim VDO-Fahrtenschreiber werden nun die gefahrenen Geschwindigkeitsdaten für 168 Stunden (7 x 24 Fahrstunden) gespeichert.
- Es erfolgt ein Hinweis darauf, ob die gesteckte Fahrerkarte in naher Zukunft abläuft bzw. die regelmäßige Überprüfung des Fahrtenschreibers ansteht.
- Nach der Erstkalibrierung ist mit der Unternehmenskarte die einmalige Eingabe des amtlichen Kennzeichens möglich.
- Die Menüsteuerung ist nun in 29 Sprachen möglich. Durch die Ausgleichung des AETR-Rechts wurden einige osteuropäische Sprachen hinzugefügt.

Kontrollgeräte im Straßenverkehr — Band 5

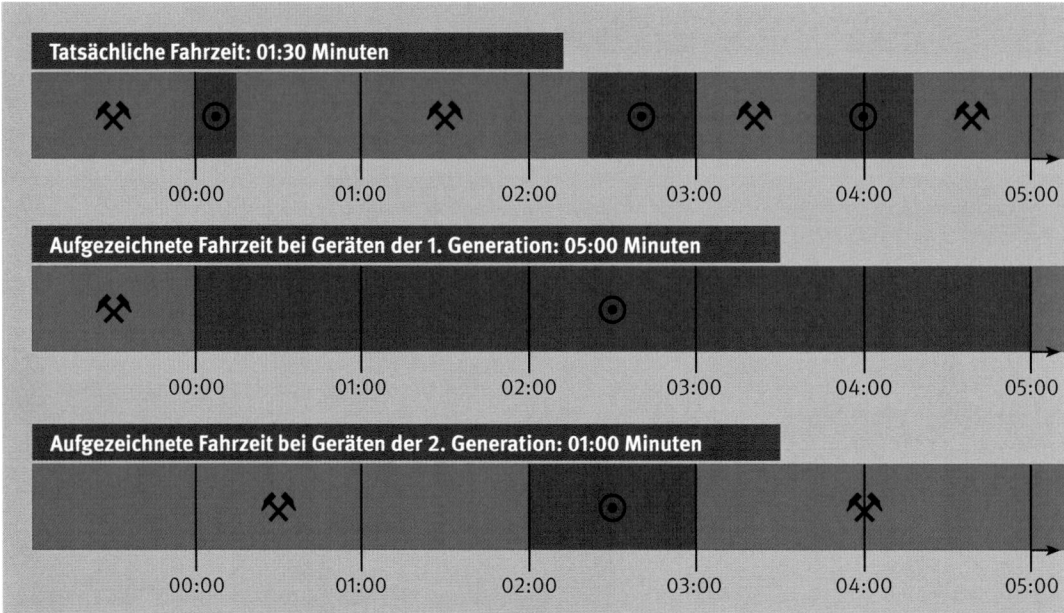

	1. Generation	2. Generation
Fahrzeit	Stopps **kleiner als 2 Minuten** werden als Fahrzeit gesichert.	Stopps **kleiner als 1 Minute** werden als Fahrzeit gesichert.
Ereignis	**Das erste Ereignis** (wie Fahren) innerhalb einer Minute wird auf die volle Minute aufgerundet. Beispiel: 10 Sekunden Fahrt und danach 50 Sekunden Pause = eine volle Minute Lenkzeit.	**Das längste Ereignis** (wie Pause) innerhalb einer Minute wird auf die volle Minute aufgerundet. Beispiel: 25 Sekunden Fahrt und danach 35 Sekunden Pause = eine volle Minute Pause.

Fazit: Je mehr Fahrtunterbrechungen vorhanden sind, desto weniger Lenkzeit wird von den digitalen Fahrtenschreiber der 2. Generation aufgezeichnet. Tatsächliche Fahrzeit bis zu max. 29 Sekunden wird nicht mehr aufgezeichnet. Die eingestellte Tätigkeit (wie Pause, Arbeiten) von 31 Sekunden wird dann auf die volle Minute aufgerundet. Das kurzzeitige Bewegen des Fahrzeugs, wie an einer Laderampe oder beim Umparken auf einem Parkplatz, ist somit möglich, ohne dass Lenkzeit aufgezeichnet wird. Laut Herstellerangaben sind dadurch täglich bis zu 45 Minuten mehr Lenkzeit möglich. Laut übereinstimmenden Herstellerangaben (Randnummer 42) ist eine Nach- bzw. Umrüstung von digitalen Fahrtenschreibern der 1. Generation nicht möglich.

- Ab 2012 muss zusätzlich die Übermittlung elektronischer Daten vom Geschwindigkeitssensor am Getriebe zum digitalen Fahrtenschreiber gegen Manipulationen (z. B. durch einen Magneten) besser geschützt werden. Das wird durch einen zweiten, vom Getriebe unabhängigen, Geschwindigkeitssensor gewährleistet. Der digitale Fahrtenschreiber vergleicht beide ankommenden elektronischen Signale auf Übereinstimmung. Stimmen diese nicht überein, registrieren die Fahrtenschreiber das und speichern eine entsprechende Fehlermeldung ab.
- Die Prüfwerkstätten sind bei einer Kontrolle, Kalibrierung, Reparatur oder Überprüfung der digitalen Fahrtenschreiber verpflichtet, auf diese Fehlermeldung zu achten. Außerdem müssen sie das Vorhandensein von Manipulationsvorrichtungen und das Fehlen oder den Bruch von Plomben überprüfen und darüber Aufzeichnungen führen und diese aufbewahren.
- Auch die digitalen Fahrtenschreiber der 2. Generation speichern nur die geforderten Daten der VO (EG) Nr. 561/2006. Die Reglungen der europäischen Arbeitszeitrichtlinie 2002/15/EG bzw. des deutschen ArbZG werden von den Geräten nicht ausgewertet.

2.6 Fahrtenschreiberkarten

Ausgabe- und Registrierungsstelle für alle Fahrtenschreiberkarten in Deutschland ist das KBA (Kraftfahrt-Bundesamt) in Flensburg. Das KBA führt auch das FKR (Zentrales Fahrtenschreiberkartenregister) für alle in Deutschland ausgestellten Karten und stellt die Verbindung zum europaweiten TACHOnet (EU/EWR-weites Fahrtenschreiberkartenregister) her.
Die Kontrollbehörden wie Polizei und BAG haben Zugriff auf diese Dateien und können vor Ort von jedem Fahrer die Daten überprüfen. Das KBA versendet innerhalb von ca. einer Woche nach Eingang des Antrages die entsprechende Fahrtenschreiberkarte. Zuständig für den Antrag ist die jeweils für den Antragsteller in seinem Wohnsitz zuständige Ausgabestelle (siehe Übersicht).
Die Kosten für eine Fahrtenschreiberkarte liegen, abhängig vom Kartentyp und den unterschiedlichen Gebühren der einzelnen Bundesländer, bei 35 bis 50 €.

	Ausgabestellen für Fahrerkarten	Ausgabestellen für Unternehmenskarten	Ausgabestellen Werkstattkarten
Bayern	TÜV/DEKRA		
Baden-Württemberg	TÜV/DEKRA		
Berlin	Landesamt für Bürger- und Ordnungsangelegenheiten (LABO)		
Brandenburg	Fahrerlaubnisbehörden		
Bremen	Fahrerlaubnisbehörden	Gewerbeaufsicht	
Hamburg	Fahrerlaubnisbehörden (LBV)		
Hessen	TÜH		
Mecklenburg-Vorpommern	Fahrerlaubnisbehörden	Landesamt für Gesundheit und Soziales; Abt. Arbeitsschutz	Gewerbeaufsicht
Niedersachsen	Fahrerlaubnisbehörden	Gewerbeaufsicht	
Nordrhein-Westfalen	Fahrerlaubnisbehörden	Arbeitsschutzämter	
Rheinland-Pfalz	Fahrerlaubnisbehörden	Kreis-/Stadtverwaltung	
Saarland	Gemeinden	Landesamt für Umwelt- und Arbeitsschutz	
Sachsen	TÜV/DEKRA		
Sachsen-Anhalt	TÜV/DEKRA		
Schleswig-Holstein	Fahrerlaubnisbehörden	Kreis-/Stadtverwaltung	
Thüringen	Fahrerlaubnisbehörden	Arbeitsschutzämter	

2.6.1 Fahrerkarte

Auf der Fahrerkarte werden folgende Daten gespeichert:
- Kartenkennung (Kartennummer, Gültigkeitszeitraum, Ausstellungsstaat),
- Karteninhaber inkl. seiner Führerscheindaten,
- Daten der gefahrenen Fahrzeuge (Datum und Uhrzeit des ersten und letzten Fahrzeugeinsatzes, Kilometerstand, amtliches Kennzeichen),
- Fahrertätigkeitsdaten (Datum, zurückgelegte Gesamtstrecke, Lenk-, Arbeits-, Bereitschafts- und Ruhezeiten),
- Ort (hier Staat) und Beginn/Ende des Arbeitstages,
- Status (ob Ein- oder Zwei-Fahrer-Betrieb),
- Ereignis- und Störungsmeldungen wie z. B. Unterbrechung der Stromversorgung, sonstige Datenfehler,
- Datum und Uhrzeit, wann die Fahrerkarte gesteckt und entnommen wurde.

Diese Daten werden für mindestens 28 Tage gespeichert.
- Hinweis auf Geschwindigkeitsüberschreitungen bei
  - › 90 km/h bei Lkw
  - › 105 km/h bei KOM

Diese Speicherung erfolgt nur bei Verstößen, die länger als 60 Sekunden andauern.

Die sekundengenaue Speicherung Ihrer Aktivitäten (wie zum Beispiel die gefahrene Geschwindigkeit) erfolgt rückwirkend nur für die letzten 24 Stunden Fahrzeit. Hiermit sind 24 Stunden „reine Fahrzeit" gemeint. Das dauert bei Ihnen somit regelmäßig mehrere Tage, bis diese Daten wieder überschrieben werden.

Die Gültigkeitsdauer der Fahrerkarte beträgt 5 Jahre.

Unterliegt eine Fahrt den Sozialvorschriften und das Fahrzeug ist mit einem digitalen Fahrtenschreiber ausgerüstet, müssen Sie eine Fahrerkarte besitzen. Ohne Fahrerkarte dürfen Sie nicht eingesetzt werden. Vorraussetzungen für die Erteilung einer Fahrerkarte sind:
- Der Hauptwohnsitz des Antragstellers muss in Deutschland sein (das bedeutet, mindestens während der letzten 185 Tage im Inland gewohnt zu haben).
- Der Antragsteller muss im Besitz eines deutschen Kartenführerscheins oder eines vergleichbaren EU-Führerscheins sein.
- Außerdem muss der Antragsteller seine Identität nachweisen (z. B. durch Personalausweis) und ein Lichtbild vorlegen.

Jeder Fahrer darf nur über jeweils eine Fahrerkarte verfügen. Vor der Ausstellung einer Fahrerkarte werden vom Antragsteller die Führerscheindaten überprüft. Im Zentralen Fahrtenschreiberkartenregister (FKR) sowie im TACHOnet wird abgeglichen, ob dem Antragsteller bereits eine Fahrerkarte ausgestellt wurde.

Kontrollgeräte im Straßenverkehr — Band 5

Wichtig:
Die Fahrerkarte darf keinem Dritten zur Nutzung überlassen werden. Das Fahren auf einer anderen Fahrerkarte als der eigenen kann bereits eine Straftat gemäß § 269 StGB, Fälschung beweiserheblicher Daten, darstellen. Jede missbräuchliche Verwendung wird verfolgt und auch geahndet.

Sie haben Ihre Fahrerkarte während der Fahrt immer mitzuführen und auf Nachfrage auch den Kontrollbeamten zum Auslesen der darauf gespeicherten Daten auszuhändigen. Die Mitführpflicht Ihrer Fahrerkarte gilt auch, wenn Sie ein Fahrzeug mit analogem Fahrtenschreiber lenken.

Die Fahrerkarte ist dem Arbeitgeber auf Verlangen, spätestens jedoch nach 28 Tagen, zum Kopieren der darauf gespeicherten Daten zur Verfügung zu stellen.

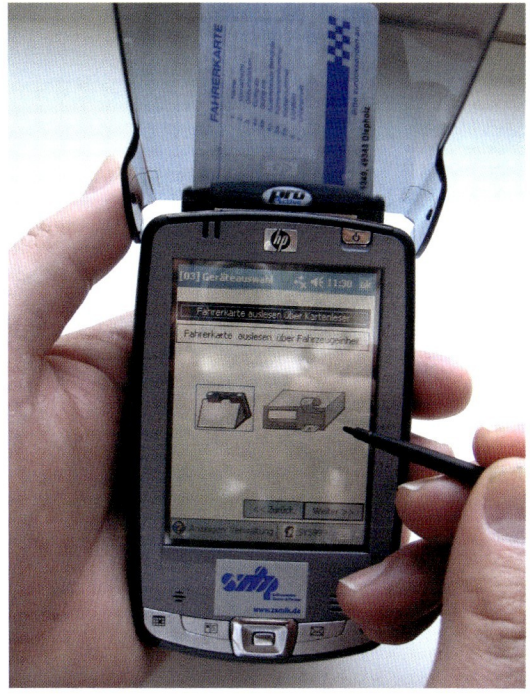

2. 6. 1. 1 Fahrerkarte stecken

Am einfachsten ist es, zu Beginn des Arbeitstages die Fahrerkarte zu stecken. So wird Ihre Arbeitszeit vor Fahrtbeginn bereits automatisch erfasst und muss später nicht manuell eingegeben werden. Diese Arbeitszeit vor Fahrtantritt könnte bestehen aus:
- Beladen eines Fahrzeugs
- Papiere abholen und ausfüllen
- Reinigen eines Busses
- Abfahrtkontrolle.

Kontrollgeräte im Straßenverkehr — Band 5

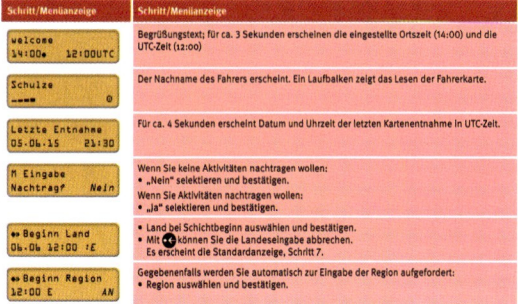

Nach dem Stecken der Karte erscheinen für wenige Sekunden die manuell eingestellte Ortszeit und die UTC-Zeit. Danach zeigt ein Laufbalken an, dass die gesteckte Fahrerkarte vom Gerät eingelesen wird. Ihr Name erscheint dann auf dem Display.
Nach dem Hinweis auf die letzte Entnahmezeit der Karte werden Sie gefragt, ob Sie nachträglich Einträge manuell eingeben möchten.

Wichtig:
Gemäß Art. 4 der VO (EU) Nr. 165/2014 haben sie auch Pausen, Ruhezeiten, Bereitschaftszeiten und andere Arbeiten aufzuzeichnen. Sind diese Zeiten noch nicht auf Ihrer Fahrerkarte gespeichert, müssen Sie diese manuell in UTC-Zeit nachtragen. Entsprechend Art. 6 Abs. 5 der VO (EG) Nr. 561/2006 gilt das auch für Fahrer, die sich mit ihren Fahrzeugen außerhalb der EU-/EWR-Staaten aufhalten. Eine Nichtbeachtung dieser Vorschriften ist bußgeldbewehrt.
Achtung:
- Manuelle Eingaben müssen immer in UTC-Zeit erfolgen.
- Bei neueren Fahrtenschreibern ist der Nachtrag mittlerweile in Ortszeit möglich.
- Bei neueren Fahrtschreibern ist der Nachtrag mittlerweile in Ortszeit möglich.
- Eine nachträgliche Änderung aufgezeichneter Daten ist nicht möglich.

Beispiel:
Da viele Geräte beim Anhalten immer automatisch auf Arbeitszeit umschalten, kann es vorkommen, dass Sie vergessen, manuell auf „Pause" zu schalten. Erst nach der Pause bemerken Sie, dass keine Pause aufgezeichnet wurde. Diese nun „falsche Aufzeichnung" der Arbeitszeit kann nachträglich nicht mehr in Pause umgewandelt werden.

Mittlerweile ist die Zeitgruppe beim Anhalten des Fahrzeugs bei allen Fahrtenschreibern nachträglich programmierbar.

Der nächste Schritt ist, das Land bei Arbeitsbeginn einzugeben. Mit den Pfeiltasten können Sie die alphabetisch geordneten Länderkürzel durchblättern (z. B. D für Deutschland, CH für Schweiz, NL für Niederlande). Die zuletzt eingegebene Länderkennung erscheint als erste auf dem Display. Es kann vorkommen, dass einige Länder zusätzlich die Eingabe der Region erfordern, wie z. B. Spanien.

Nun ist die Eingabe bei Fahrtantritt abgeschlossen und es erscheint die Standardanzeige mit der Uhrzeit (Ortszeit oder UTC-Zeit ist wählbar), dem Kilometerstand und den Piktogrammen für die Kartensteckplätze Fahrer 1 und Fahrer 2.

Drücken Sie während der Fahrt die Menütaste, bekommen Sie im Display Ihre bisherigen Lenkzeiten angezeigt. Für Fahrer 2 wird gleichzeitig die bisherige Bereitschaftszeit angezeigt. Nach einigen Sekunden wechselt die Display-Anzeige automatisch wieder zur Standardanzeige.

Nach dem Losrollen des Fahrzeugs schaltet nun das Gerät automatisch auf „Lenkzeit" für Sie und auf „Bereitschaftszeit" für den Fahrer 2 um.
Drücken Sie während der Fahrt eine beliebige Menütaste, erscheinen bei gesteckter Fahrerkarte folgende Zeiten.
Zeiten von Fahrer 1:
Lenkzeit seit einer Unterbrechung von 45 Minuten und gültige Unterbrechung (additive Pausenzeit, in Teilunterbrechungen von mindestens 15 Minuten).
Zeit von Fahrer 2:
Derzeitige Aktivität Bereitschaftszeit und Dauer der Aktivität.
Bei fehlender Fahrerkarte erscheinen Zeiten, die dem jeweiligen Kartenschacht „1" oder „2" zugeordnet sind.

Datenanzeige während der Fahrt

Kontrollgeräte im Straßenverkehr — Band 5

2. 6. 1. 2 Automatische Warnmeldung im Display

Kommt es während der Fahrt zu Ereignissen oder Störungen, werden diese mit den entsprechenden Warnmeldungen im Display angezeigt. Grundsätzlich müssen alle Meldungen mit der OK-Taste von Ihnen bestätigt werden.
Bei zweimaligem Drücken erlischt die Meldung und es erscheint wieder die Standardanzeige.

Nachfolgend zwei Beispiele:
- Zu hohe Geschwindigkeit:
  Liegt die Geschwindigkeit länger als 1 Min. über 90 km/h bei Lkw bzw. über 105 km/h bei Bussen, erscheint die Warnmeldung, dass die Geschwindigkeit zu hoch ist.

- Überschreitung der Lenkzeit:
  Nach 4 Std. 15 Min. ununterbrochener Lenkzeit erscheint im Display der Hinweis, eine Pause einzulegen. Nach 4 Std. 30 Min. ununterbrochener Lenkzeit erscheint die Warnmeldung, dass die Lenkzeit überschritten ist. Werden diese Meldungen von Ihnen bestätigt, aber dennoch keine Pause eingelegt, erscheint alle 15 Min. eine weitere Warnmeldung.

Wichtig:
Werden die Warnmeldungen bzgl. der Überschreitung der Lenkzeit von Ihnen zwar bestätigt, aber dennoch ignoriert, kann das Weiterfahren und somit der Verstoß als vorsätzlich bewertet werden.

Schritt/Menüanzeige	Erklärung/Bedeutung	Maßnahme
1❚❚1 Pause! 1❚❚04h15 ❚❚00h15	Diese Meldung erscheint nach einer ununterbrochenen Lenkzeit von 04:15 Stunden.	Meldung bestätigen. Planen Sie in Kürze eine Pause ein.
1❚❚1 Pause! 1❚❚04h30 ❚❚00h15	Lenkzeit überschritten! Diese Meldung erscheint nach einer ununterbrochenen Lenkzeit von 04:30 Stunden.	Meldung bestätigen. Legen Sie bitte eine Pause ein.

2.6.1.3 Entnehmen der Fahrerkarte

Sobald das Fahrzeug steht, schaltet der digitale Fahrtenschreiber automatisch bei Ihnen auf „Arbeitszeit" um und bei Fahrer 2 wird weiterhin „Bereitschaftszeit" aufgezeichnet.
Nach dem Drücken der Auswurftaste gibt das Gerät die Karte nicht sofort frei. Ein Laufbalken zeigt an, dass die Daten des Massenspeichers nun auf der Fahrerkarte gespeichert werden. Als nächstes werden Sie aufgefordert, das Land bei Schichtende einzugeben (siehe auch „Verwendung der Fahrerkarte"). Nach dem Speichern der Landeseingabe auf der Fahrerkarte bietet der digitale Fahrtenschreiber nun die Möglichkeit des Tagesausdrucks an. Danach wird die Karte freigegeben und ausgeworfen.

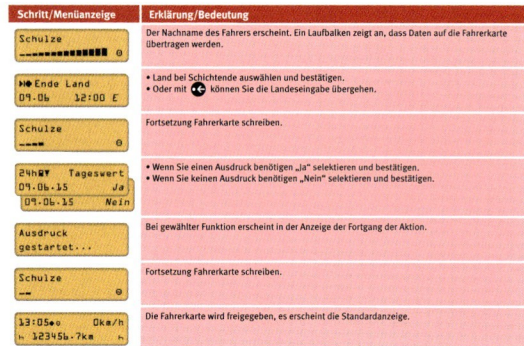

2.6.1.4 Mitführpflichten

Fahren Sie ein Fahrzeug mit analogem Fahrtenschreiber, müssen Sie folgende Dokumente mitführen:
- das Schaublatt des laufenden Tages und die der vorausgehenden 28 Kalendertage,
- Ihre Fahrerkarte, falls Sie im Besitz einer solchen sind,
- die zu erstellenden Ausdrucke, wenn Sie während des o. g. Zeitraums ein Fahrzeug mit digitalem Fahrtenschreiber gelenkt haben und die Fahrerkarte wegen Beschädigung, Fehlfunktion oder Verlusts nicht nutzen konnten,
- die zu erstellenden handschriftlichen Aufzeichnungen, wenn Sie während des o. g. Zeitraums ein Fahrzeug mit defektem Fahrtenschreiber gelenkt haben.

Fahren Sie ein Fahrzeug mit digitalem Fahrtenschreiber, müssen Sie folgende Dokumente mitführen:
- Ihre Fahrerkarte,
- die entsprechenden Ausdrucke, wenn die Daten während des Einsatzes mit einem digital ausgerüsteten Fahrzeug nicht auf Ihrer Fahrerkarte gespeichert wurden,
- Ihre Schaublätter, falls Sie im o. g. Zeitraum ein Fahrzeug mit analogem Fahrtenschreiber gefahren haben,
- die zu erstellenden handschriftlichen Aufzeichnungen, wenn Sie während des o. g. Zeitraums ein Fahrzeug mit defektem Fahrtenschreiber gelenkt haben.

Wenn Sie sowohl Fahrzeuge mit digitalem als auch mit analogem Fahrtenschreiber im Wechsel fahren, empfiehlt es sich am Ende der täglichen Arbeitszeit einen „täglichen Ausdruck der Fahrerkarte" durchzuführen.

Bei Fahrten ins Ausland wir aufgrund nationaler Vorschriften bei Kontrollen oft die Fahrerkarte verlangt. Im grenzüberschreitenden Verkehr benötigt der Fahrer also zwingend eine Fahrerkarte, auch wenn das Fahrzeug mit einem analogen Fahrtenschreiber ausgerüstet sein sollte.

Wichtig:
Kontrollbeamte dürfen Ihre Fahrerkarte während der Gültigkeitsdauer nicht einziehen, es sei denn, es wird festgestellt,
- dass Ihre Karte gefälscht ist oder manipuliert wurde,
- Sie eine fremde Karte verwenden oder
- die Ausstellung Ihrer Karte auf der Grundlage falscher Erklärungen oder gefälschter Dokumente erwirkt wurde.

Mitführungspflicht Sozialversicherungsausweis
Seit dem 01.01.2009 entfällt die Mitführungspflicht des Sozialversicherungsausweises. Stattdessen wurde eine Mitführungspflicht von Ausweispapieren eingeführt. Da durch Ausweispapiere eine schnellere und zweifelsfreie Identifikation ermöglicht wird, ersetzen diese den Sozialversicherungsausweis. Als Ausweispapiere gelten:
- Personalausweis,   • Pass oder   • Ausweis-/Passersatz.

2.6.1.5 Nachweise über berücksichtigungsfreie Tage

Näheres finden Sie im Kapitel „Analoger Fahrtenschreiber" unter dem Thema „Schaublätter" (Nr. 2.4.9).

Kontrollgeräte im Straßenverkehr — Band 5

2. 6. 1. 6 Beschädigte bzw. nicht mitgeführte Fahrerkarte

Wenn die Fahrerkarte beschädigt ist, Fehlfunktionen aufweist oder sich nicht bei Ihnen befindet, haben Sie zu Beginn Ihrer Fahrt die Angaben zum Fahrzeug auszudrucken. Auf der Rückseite des Ausdrucks sind folgende Angaben handschriftlich zu vermerken:
- Ihr Name und Vorname,
- die Nummer Ihrer Fahrerkarte bzw. Ihres Führerscheins,
- die vor Fahrtantritt angefallenen Arbeits-, Bereitschafts- und Ruhezeiten/Pausen,
- Ihre Unterschrift.

Außerdem haben Sie nach Fahrtende die vom Fahrtenschreiber aufgezeichneten Zeiten auszudrucken und folgende Angaben darauf handschriftlich einzutragen:
- Ihr Name und Vorname,
- die Nummer Ihrer Fahrerkarte bzw. Ihres Kartenführerscheins,
- Ihre nicht vom Gerät aufgezeichneten Arbeits-, Bereitschafts- und Ruhezeiten/Pausen,
- Ihre Unterschrift.

Diese Ausdrucke sind auf Verlangen bei einer Kontrolle vorzulegen und vom Unternehmer ein Jahr aufzubewahren.

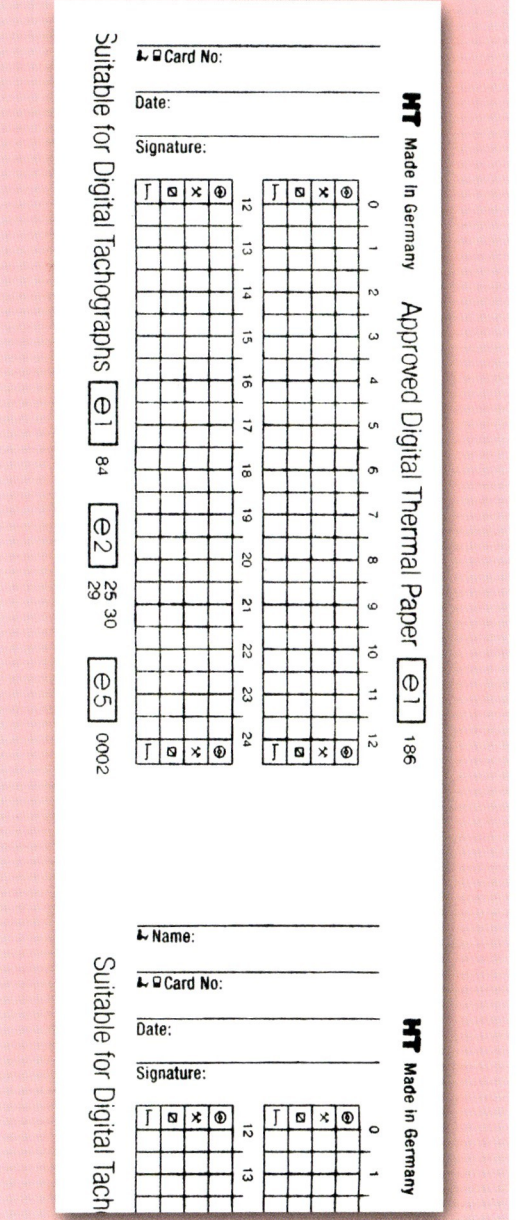

Fahrerkarte verschluckt
Gourmet

Ein italienischer Lkw-Fahrer hat bei einer Kontrolle in Frankreich seine Fahrerkarte verschluckt. Die Polizei stellte aber trotzdem Manipulationen am digitalen Tacho fest. Der 39-jährige Fahrer kam gegen Kaution frei, muss aber im Juni vor Gericht erscheinen. Über Geschmack und Verdaulichkeit der Fahrerkarte ist noch nichts bekannt.

2.6.1.7 Defekt am digitalen Fahrtenschreiber

Kann die automatische Speicherung der Daten aus irgendwelchen Gründen nicht mehr erfolgen, müssen Sie Ihre Zeitgruppen (Arbeits-, Bereitschafts- und Ruhezeiten/Pausen) handschriftlich aufzeichnen. Dazu eignet sich sowohl die Rückseite eines Schaublattes (falls noch eines mitgeführt wird) als auch die Rückseite des Druckerpapiers. Diese handschriftliche Aufzeichnung müssen Sie zusätzlich mit Ihrem Namen, der Nummer der Fahrerkarte oder Nummer Ihres Führerscheins versehen und anschließend unterschreiben.

Bei einer Betriebsstörung oder bei mangelhaftem Funktionieren des Fahrtenschreibers muss der Unternehmer die Reparatur unverzüglich von einer zugelassenen Werkstatt durchführen lassen. Kehrt das Fahrzeug mit dem defekten Fahrtenschreiber erst nach einer Woche oder später zum Sitz des Unternehmens zurück, ist die Reparatur unterwegs vorzunehmen.

Grundsätzlich darf nicht ohne Fahrerkarte gefahren werden. Bei Beschädigung, Fehlfunktion, Verlust oder Diebstahl ist das Fahren ohne Fahrerkarte jedoch maximal 15 Kalendertage erlaubt. Diese 15 Kalendertage setzen sich wie folgt zusammen:
- Innerhalb von sieben Kalendertagen ist eine neue Fahrerkarte zu beantragen.
- Innerhalb von fünf Werktagen ist die Behörde verpflichtet, eine neue Fahrerkarte auszustellen.
- Addiert man das Wochenende dazu, können Sie somit am 15. Kalendertag Ihre neue Fahrerkarte ausgehändigt bekommen.

In Ausnahmefällen, wenn es Ihnen nicht möglich ist zum Heimatort zu fahren, könnten Sie auch nach 15 Kalendertagen weiter nach Hause fahren, um dann dort Ihre bereits ausgestellte Fahrerkarte in Empfang zu nehmen.

2.6.2 Unternehmenskarte

Antragsberechtigt sind alle Unternehmen, die ein kontrollmittelpflichtiges Fahrzeug einsetzen.

Die Unternehmenskarte ermöglicht das Lesen, Ausdrucken und Herunterladen der im Massenspeicher vorhandenen Daten. Zu Beginn und am Ende des Fahrzeugeinsatzes für ein Unternehmen muss die Unternehmenskarte gesteckt werden. Dadurch werden diese Daten dem Unternehmen eindeutig zugeordnet. Für andere Unternehmenskarten, die evtl. gesteckt werden, werden sie in diesem digitalen Fahrtenschreiber gesperrt.

Für ein Unternehmen besteht die Möglichkeit, mehrere Unternehmenskarten zu beantragen. Die Anzahl der erforderlichen Karten richtet sich nach der Größe der Firma und der Anzahl der von ihr eingesetzten Fahrzeuge.

Auf der Unternehmenskarte sind die Kartennummer, die Angaben zum Unternehmen und die letzten 230 Aktivitäten gespeichert. Die Massenspeicherdaten können nicht auf der Unternehmenskarte gespeichert werden.

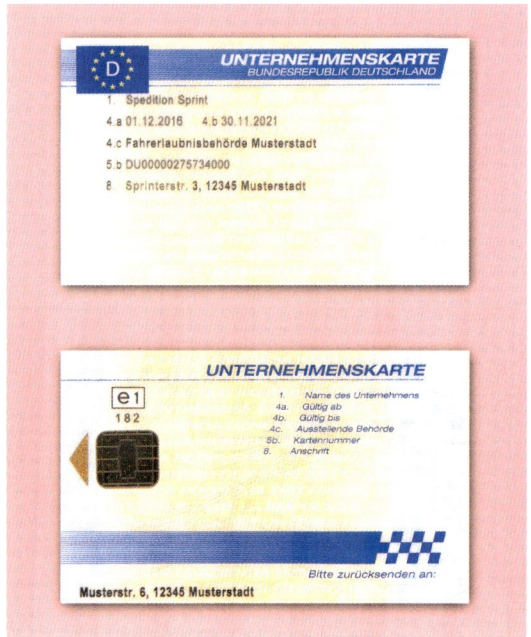

Die Gültigkeitsdauer der Unternehmenskarte beträgt fünf Jahre.

2. 6. 2. 1 Aufbewahrungspflichten

Der Unternehmer muss spätestens
- nach 28 Tagen die Daten Ihrer Fahrerkarte und
- nach 90 Tagen die Daten der Fahrzeugeinheit aus dem Massenspeicher des digitalen Fahrtenschreibers kopieren.
- Diese Fristen beginnen mit der Aufzeichnung eines „Ereignisses" wie eine aufzeichnungspflichtige Fahrt mit dem Fahrzeug. Für die Praxis bedeutet dies, dass mit dem ersten aufgezeichneten Ereignis nach dem letzten Auslesen der Fahrerkarte oder des Fahrtenschreibers die entsprechende Frist zu laufen beginnt.

Anmerkung: Für das Auslesen Ihrer Fahrerkarte müssen Sie dem Unternehmer Ihre Fahrerkarte zur Verfügung stellen. Sie können eine Kopie Ihrer Fahrerkartendaten vom Unternehmer verlangen.

Wie bisher die Schaublätter müssen auch die elektronischen Fahrdaten im Unternehmen aufbewahrt und bei Betriebskontrollen ausgehändigt werden.
Das bedeutet für den Unternehmer, dass er zum Auslesen der Daten neben der Unternehmenskarte auch einen tragbaren PC oder einen an die Schnittstelle des digitalen Fahrtenschreibers passenden Speicherstift („Downloadkey") für den Datentransfer benötigt.
Der Unternehmer hat die von den Fahrerkarten und Massenspeichern kopierten Daten, die Schaublätter und handschriftlichen Aufzeichnungen der Fahrer mindestens ein Jahr (Datum des Herunterladens = Fristbeginn) aufzubewahren und bei Betriebskontrollen auszuhändigen. Danach sind sie bis zum 31. März des nachfolgenden Jahres zu vernichten, sofern nicht andere Vorschriften eine längere Aufbewahrungsfrist vorschreiben (siehe § 4 Abs. 3 FPersG).
Längere Aufbewahrungszeiten können sich z. B. ergeben aus:
- § 16 Abs. 2 und § 21 a Abs. 7 ArbZG: Grundsätzliche Verpflichtung des Arbeitgebers, nur die über die werktägliche Arbeitszeit (im Durchschnitt acht Stunden) hinausgehende Arbeitszeit aufzuzeichnen und spezielle Verpflichtung bei der Beschäftigung im Straßentransport allgemein alle Nachweise mindestens zwei Jahre aufzubewahren.
- § 147 Abs. 1 Nr. 5 i. V. m. Abs. 3 der Abgabenordnung: Aufbewahrungsfrist von sechs Jahren für Unterlagen, die für die Besteuerung von Bedeutung sind.
- § 28 f Abs. 1 Satz 1 des Vierten Buches Sozialgesetzbuches: Aufbewahrungsfrist von Lohnunterlagen.

Empfehlung der Gewerbeaufsichtsämter:
- wöchentliche Archivierung und Überprüfung der Fahrerdaten von der Fahrerkarte
- monatliches Auslesen aus dem Massenspeicher

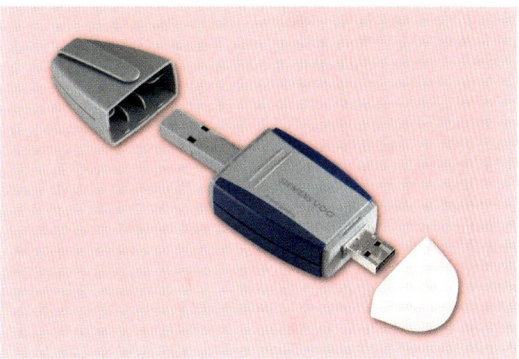

Neben neu errichteten bundesweiten Auslesestationen für Fahrerkarten bieten mittlerweile auch einige Anbieter von Telematiksystemen an, dass die Daten der Fahrerkarte sicher ausgelesen und übertragen werden können. Somit kann das Auslesen und Übertragen der Daten der Fahrerkarte direkt durch den Fahrer an diesen Auslesestationen oder im Fahrzeug, unabhängig von seinem Standort, erfolgen.

Außerdem hat der Unternehmer dafür zu sorgen, dass eine lückenlose Dokumentation der Lenk- und Ruhezeiten gewährleistet ist und die Daten, Schaublätter und Aufzeichnungen gegen Verlust und Beschädigung gesichert sind.
Alternativ zur betrieblichen Auswertung mit eigener Software werden mittlerweile im Internet Dienste zur Analyse und Archivierung von Fahrer- und Massenspeicherdaten angeboten.
Grundsätzlich sollte eine Software zur Archivierung von Fahrerkartendaten und Daten der Fahrzeugeinheit neben der reinen Archivierungsmöglichkeit auch eine Verstoßprüfung enthalten. Denn jeder Unternehmer ist auch verpflichtet, die Lenk- und Ruhezeiten der eingesetzten Fahrer zu kontrollieren und den Fahrer auf eventuelle Verstöße aufmerksam zu machen und dafür zu sorgen, dass sie in Zukunft nicht mehr vorkommen (Planungs-, Kontroll- und Sanktionspflicht des Unternehmers dem Fahrer gegenüber).
Aus Datenschutzgründen darf der Unternehmer seinen Fahrern die Unternehmenskarte nicht aushändigen, um von unterwegs einen Datentransfer aus dem Massenspeicher durchzuführen. Sie hätten so die Möglichkeit, auch Daten von Kollegen einzusehen, die mit dem selben Fahrzeug unterwegs waren. Das verletzt den Datenschutz lt. Auskunft des Bundesministeriums für Verkehr, Bau und Stadtentwicklung.

2.6.2.2 Mietfahrzeuge

Unterliegt die Fahrt mit dem Mietfahrzeug den Sozialvorschriften, hat der das Fahrzeug anmietende Unternehmer zu Beginn und am Ende des Mietzeitraums mit seiner Unternehmenskarte sicherzustellen, dass die Daten ihm zugeordnet werden können. Er muss die Daten wie bei seinen eigenen Fahrzeugen aufbewahren und sichern.
Ist dies in begründeten Ausnahmefällen oder bei einer Mietdauer von nicht mehr als 24 Stunden nicht möglich, ist zu Beginn und am Ende des Mietzeitraums ein Ausdruck wie bei Beschädigung oder Fehlfunktion der Fahrerkarte zu fertigen.
Bei einer „privaten" Nutzung von Fahrzeugen mit einem digitalen Fahrtenschreiber sichert der Vermieter alle drei Monate die Daten des Massenspeichers. Auf Verlangen sowie nach Beendigung des Mietverhältnisses stellt er dem Mieter diese Daten zur Verfügung, wenn der Mieter selbst keinen Zugriff darauf hat.

Für Vermieter wie auch für Unternehmer mit eigenen Fahrzeugen gilt die einjährige Aufbewahrungspflicht.

2.6.3 Werkstattkarte

Nur anerkannte Werkstätten nach § 57 b StVZO können die Werkstattkarte beantragen. Schon im Antrag wird sie einer bestimmten Fachkraft zugewiesen. Diese Fachkraft muss mittels Schulungsnachweis ihre Berechtigung nachweisen, auch Prüfungen der Fahrtschreiber und Fahrtenschreiber durchführen zu dürfen. Die zur Benutzung der Werkstattkarte erforderliche persönliche Identifikationsnummer wird der verantwortlichen Fachkraft durch das KBA an ihre Privatanschrift übersandt.
Die Werkstattkarte ermöglicht das Lesen, Ausdrucken und Herunterladen der Daten auf der Fahrerkarte und der Daten im Massenspeicher. Zusätzlich berechtigt sie den Nutzer, den Fahrtenschreiber zu überprüfen, zu reparieren und zu kalibrieren.
Die Werkstattkarte muss zurückgegeben/eingezogen werden, wenn
- das Arbeitsverhältnis mit der Fachkraft nicht mehr besteht,
- die Fachkraft keine Prüfungsberechtigung mehr für Fahrtschreiber und Fahrtenschreiber hat,
- der Betrieb aufgegeben wird bzw. die notwendige Zuverlässigkeit nicht mehr gegeben ist.

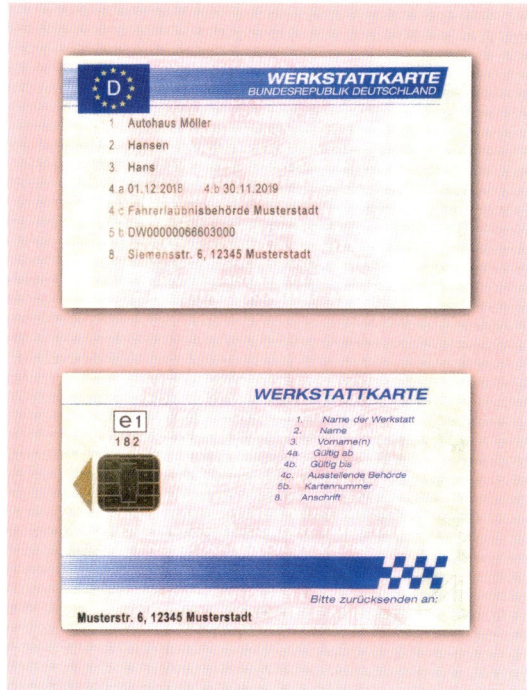

Die Gültigkeitsdauer der Werkstattkarte beträgt ein Jahr.

2.6.4 Kontrollkarte

Die Ausgabe der Kontrollkarte erfolgt über das KBA an die Kontrollbehörden. Sie kann einem bestimmten Kontrollbeamten zugewiesen werden.
Die Kontrollkarte ermöglicht das Lesen, Ausdrucken und Herunterladen der Daten auf der Fahrerkarte und der Daten im Massenspeicher.

Wichtig:
Auf der Kontrollkarte ist keine Speicherung dieser Daten möglich.
Gem. § 4 Abs. 5 FPersG dürfen Kontrollbeamte während der Betriebs- und Arbeitszeit Grundstücke, Betriebsanlagen, Geschäftsräume und Beförderungsmittel betreten und besichtigen. Diese Maßnahmen sind, wenn sie erforderlich sind, von den Unternehmen und ihren Angestellten, einschließlich der Fahrer, zu dulden. Tagesruhezeiten in der Schlafkabine sind keine Arbeitszeiten.

Die Gültigkeitsdauer der Kontrollkarte beträgt fünf Jahre.

Karte	Daten auf der Fahrerkarte	Daten im Massenspeicher
ohne	kein Zugriff	Zugriff auf Fahraktivitäten der letzten 8 Tage ohne Fahreridentifikation
Fahrerkarte	Ausdrucken, Anzeigen	Zugriff nur auf eigene Daten
Unternehmenskarte	Ausdrucken, Anzeigen, Downloaden	Zugriff nur auf Fahraktivitäten des jeweiligen Unternehmens
Kontrollkarte	Ausdrucken, Anzeigen, Downloaden	Vollzugriff
Werkstattkarte	------------------	Vollzugriff

Zugriffsrechte der vier Fahrtenschreiberkarten

2.6.5 Erneuerung einer Fahrtenschreiberkarte wegen Beschädigung, Fehlfunktion, Verlust oder Diebstahl

Mit dem Antrag auf Erneuerung einer Fahrtenschreiberkarte wegen Beschädigung oder Fehlfunktion ist die nicht mehr nutzbare Karte der antragsbearbeitenden Stelle zurückzugeben.
Bei Verlust einer Fahrtenschreiberkarte ist eine schriftliche Erklärung darüber abzugeben.
Im Falle des Diebstahls ist bei der Antragstellung eine Diebstahlsanzeige der Polizei vorzulegen.
Bei einem Diebstahl Ihrer Fahrerkarte müssen Sie die Anzeige in Tatortnähe erstatten. Wird zum Beispiel Ihr Lkw in Italien aufgebrochen und Ihre Fahrerkarte entwendet, müssen Sie in Italien die Anzeige bei der dort zuständigen Polizeibehörde erstatten. Bestehen Zweifel an den Angaben des Antragstellers, kann die antragsbearbeitende Stelle eine eidesstattliche Versicherung verlangen.
Die Ausstellung der Ersatzkarte erfolgt, bei Vorliegen der vollständigen Antragsunterlagen, innerhalb von fünf Werktagen.
Eine wieder aufgefundene Karte ist der Behörde zurückzugeben.

Hinweis:
Wer im Besitz einer Fahrtenschreiberkarte ist, die von ihm als verlustig gemeldet wurde, begeht eine Straftat gem. § 156 StGB, falsche eidesstattliche Erklärung.

2.6.6 Folgekarte

Der Antrag auf eine Folgekarte ist rechtzeitig vor Ablauf der Gültigkeit der alten Karte zu stellen.

Gültigkeit und Antragsfrist für Folgekarten:

Kontrollgerät-kartentyp	Gültigkeits-zeitraum	frühestens	spätestens
Fahrerkarte	5 Jahre	6 Monate	15 Werktage vor Ablauf der Gültigkeit
Unternehmenskarte	5 Jahre	6 Monate	möglichst 15 Werktage vor Ablauf der Gültigkeit
Werkstattkarte	1 Jahr	1 Monat	möglichst 15 Werktage vor Ablauf der Gültigkeit

Wichtig:
Ist Ihre Fahrerkarte zeitlich abgelaufen und Sie haben schon eine neue Fahrerkarte in Gebrauch, müssen Sie die abgelaufene Fahrerkarte noch mindestens 28 Tage mitführen. Hierdurch soll sichergestellt werden, dass bei Straßenkontrollen die Lenk- und Ruhezeiten der zurückliegenden 28 Tage auch kontrolliert werden können.

2.7 Prüfung der Fahrtschreiber und Fahrtenschreiber gemäß § 57 b StVZO

Halter, deren Fahrzeuge mit einem Fahrtschreiber oder Fahrtenschreiber ausgerüstet sein müssen, haben diese Geräte auf eigene Kosten auf vorschriftsmäßigen Einbau, Zustand, Messgenauigkeit und Arbeitsweise überprüfen zu lassen.
Diese Prüfungen dürfen nur anerkannte Werkstätten nach § 57 b StVZO durchführen und müssen
- einmal innerhalb von zwei Jahren,
- nach jeder Reparatur bzw. jedem Austausch der Fahrtenschreiberanlage,
- nach jeder Änderung der Wegdrehzahl oder Wegimpulszahl,
- nach jeder Änderung des Reifenumfangs durchgeführt werden.

Zusätzlich ist beim digitalen Fahrtenschreiber eine neue Kalibrierung notwendig,
- wenn die angezeigte UTC-Zeit mehr als 20 Minuten von der korrekten UTC-Zeit abweicht oder
- wenn sich das amtliche Kennzeichen des Fahrzeugs geändert hat.

Die Werkstatt setzt das Transportunternehmen in Kenntnis, wenn bei Reparatur oder Austausch des digitalen Fahrtschreibers die im Speicher befindlichen Daten heruntergeladen wurden und stellt sie dem Transportunternehmer auf einem Datenträger zur Verfügung.

Die Überprüfung der analogen Fahrtenschreiber durch die anerkannte Werkstatt erstreckt sich über verschiedene Geschwindigkeitsbereiche.

2.8 Plomben und Einbauschilder

Alle Fahrtenschreiber müssen an verschiedenen Stellen durch Plomben gegen unbefugten Zugriff auf die Geräteelektronik geschützt sein. Plomben befinden sich u. a. an den Abdeckungen der Justiervorrichtungen und den Enden der Verbindung vom Fahrzeug zum Fahrtenschreiber. Alternativ können auch Plombierfolien verwendet werden, wie es oft beim Einbauschild der Fall ist.
Vom Fahrzeughersteller wird nach der Einbauprüfung ein Einbauschild am Fahrzeug angebracht. Bei den Überprüfungen alle zwei Jahre durch die zugelassenen Werkstätten wird das Einbauschild erneuert.
Das Einbauschild enthält folgende Angaben:
- Adresse und Kenn-Nummer („App. Nr.") der zugelassenen Werkstatt,
- Datum der letzten Prüfung,
- Fahrzeug-Identifizierungsnummer FIN (die letzten acht Stellen),
- unter „L": wirksamer Reifenumfang in mm,
- unter „W": entweder „U/km" (Umdrehungen des Reifens pro km) oder „Imp/km" (Impulse pro km).

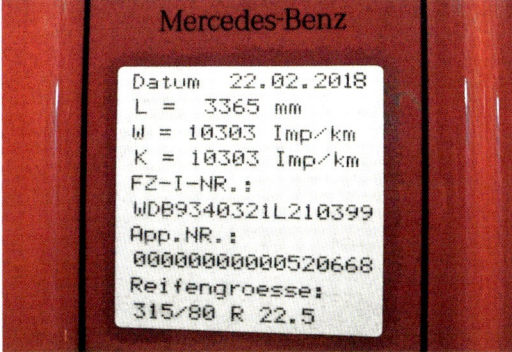

Einbauschild nach einem Ersteinbau bei einem Neufahrzeug

Kontrollgeräte im Straßenverkehr — Band 5

Plombe beim modularen Fahrtenschreiber

Plombe beim Kompakttachographen

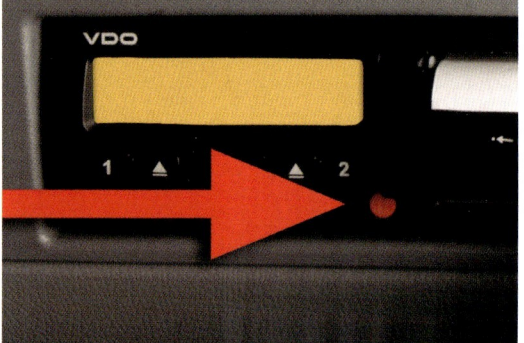
Plombe beim digitalen Fahrtenschreiber (hier VDO) auf der Vorder-seite. Eine weitere Plombe befindet sich auf der Rückseite und schützt das Batteriefach. Diese Batterie dient der „Puffersicherung" beim Trennen der Stromzufuhr von der Fahrzeugbatterie.

Das unerlaubte Entfernen der Plombe kann eine Straftat darstellen.

2.9 Ausdrucke

Über den digitalen Fahrtenschreiber lassen sich verschiedene Ausdrucke erstellen. Die Möglichkeit des Ausdruckens richtet sich, genau wie der Zugriff auf die Daten, nach der Berechtigung der gesteckten Fahrtenschreiberkarte. Die Ausdrucke zeigen grundsätzlich sämtliche Aufzeichnungen in UTC-Zeit an. Erst mit der neuen Generation der digitalen Fahrtenschreiber (seit Oktober 2011) ist es auch möglich, Ausdrucke in Ortszeit zu erstellen.

Kontrollgeräte im Straßenverkehr — Band 5

2.9.1 „Tagesausdruck Aktivitäten des Fahrers"

Wichtig:
„Tagesausdruck" bezieht sich immer auf den Zeitraum von 00.00 bis 24.00 Uhr (UTC-Zeit!).
Hier werden Ihre Aktivitäten, die auf Ihrer Fahrerkarte gespeichert sind, ausgedruckt.
Der Ausdruck umfasst
- Ihre Identifikation (Name, Kartennummer, Gültigkeit der Fahrerkarte),
- Fahrzeugkennung, Fahrzeug-Identifizierungsnummer, zulassender Mitgliedstaat, amtliches Kennzeichen, Zeitpunkt der letzten Kalibrierung, Zeitpunkt der letzten Kontrolle,
- Ihre an diesem Tag gespeicherten Aktivitäten in chronologischer Reihenfolge und ob ein Zweifahrerbetrieb vorlag,
- die mit der Fahrerkarte benutzten Fahrzeuge an diesem Tag einschließlich der entsprechenden Kilometerstände,
- die an diesem Tag manuell eingegebene Landesangabe,
- die tägliche Zusammenfassung aller Aktivitäten,
- eine Auflistung der letzten fünf gespeicherten Ereignisse/Störungen.

2.9.2 „Ausdrucke der Ereignisse/Störungen von der Fahrerkarte"

Auf der Fahrerkarte gespeicherte Ereignisse können sein:
- Spannungsunterbrechungen oder Störungen beim Impulsgeber,
- falsche Handhabung wie das Stecken der Karte nach Fahrtantritt,
- Geschwindigkeitsüberschreitungen.

2.9.3 „Ausdruck der Fahraktivitäten vom Fahrzeug" (Tageswert)

Hier werden die Daten des Massenspeichers zu den Fahraktivitäten am betreffenden Tag ausgedruckt. Sie beinhalten
- die Fahrzeugkennung,
- chronologisch alle Aktivitäten beider Kartenschächte,
- den Zeitraum ohne gesteckte Fahrerkarte,
- eine Übersicht aller Fahrer, die an diesem Tag mit einer Fahrerkarte das Fahrzeug geführt haben,
- die Tageszusammenfassung der zuvor genannten Aktivitäten aller Fahrer,
- eine Auflistung der letzten fünf gespeicherten Ereignisse/Störungen.

2.9.4 „Ausdruck der Ereignisse/Störungen vom Fahrzeug"

Hier werden die im Massenspeicher gespeicherten und aufgelisteten Ereignisse/Störungen ausgedruckt. Dazu zählen auch Geschwindigkeitsüberschreitungen. Treten Störungen immer wieder und regelmäßig auf, kann das ein Hinweis auf einen technischen Defekt sein.

2.9.5 „Ausdruck der Geschwindigkeitsüberschreitungen"

Auf dem Geschwindigkeitsausdruck gespeicherte Daten im Massenspeicher sind
- Fahrer- und Fahrzeugdaten,
- die erste Geschwindigkeitsüberschreitung nach der letzten Kontrolle,
- die erste Geschwindigkeitsüberschreitung nach der letzten Kalibrierung,
- die Anzahl der Überschreitungen seit der letzten Kontrolle,
- die fünf höchsten Überschreitungen der letzten 365 Tage mit Datum, Uhrzeit und Dauer und
- die jeweils letzten zehn Überschreitungen mit Datum, Uhrzeit und Dauer.

2.9.6 Ausdruck der technischen Daten

Dieser Ausdruck vom Massenspeicher enthält Daten
- zur Fahrzeugkennung,
- zur Kennung des Fahrtenschreibers mit Nennung des Herstellers,
- zu seiner Seriennummer,
- zur Version.

Außerdem geht aus dem Ausdruck hervor:
- das Installationsdatum der Software,
- alle Kalibrierdaten,
- die Werkstatt, die die letzte Kalibrierung durchgeführt hat.

2.9.7 Aufbau der Ausdrucke

Jeder Ausdruck besteht aus einem Kopf-, Haupt- und Fußabschnitt. Die einzelnen Datenblöcke sind durch eine gestrichelte Linie voneinander getrennt. Das Piktogramm mittig in der gestrichelten Linie bezeichnet den nächsten Datenblock. Je nach Ausdruckart unterscheidet sich der Hauptteil.

Der Kopfteil enthält Angaben
- zu Datum und Uhrzeit des Ausdrucks,
- zu den Daten zum Fahrer,
- zum Fahrzeug,
- zum Fahrtenschreiber und
- zur kalibrierenden Werkstatt.

Der Kopfteil und der Fußteil mit den Feldern für die Unterschriften sind bei allen Ausdrucken annähernd gleich. Nachfolgend beispielhaft ein Tagesausdruck der Fahrerkarte.

> **Wichtig:**
> Die Länge der Ausdrucke variiert. Einige können sehr lang werden. Deshalb müssen Sie immer ausreichend viele Ersatzrollen mitführen. Um eine spätere Lesbarkeit zu gewährleisten, sind die Ausdrucke des Thermopapiers licht-, wärme- und feuchtigkeitsgeschützt aufzubewahren.

Kopfteil

Kontrollgeräte im Straßenverkehr Band 5

Im Hauptteil sind die Fahreraktivitäten aufgelistet:
- Datum, auf das sich der Ausdruck bezieht,
- Zeitraum ohne gespeicherte Aktivitäten und Bereitschaftszeit,
- Länderkürzel und amtliches Kennzeichen,
- Anfangskilometerstand,
- sonstige Arbeitszeit,
- Lenkzeit,
- Endkilometerstand und gefahrene Strecke,
- Tageszusammenfassung, Beginn und Ende: Uhrzeit, Land und Kilometerstand,
- Geschwindigkeitsüberschreitungen: Datum, Uhrzeit, Überschreitungsdauer,
- gefahrene Höchstgeschwindigkeit.

```
-------------- 🗇 --------------
🗇🗆FIN/ 1 0 0 0 1 9 0   0
🗇 24.02.2018 14:39 🗆⬇🗆
-------------- o --------------
          24.02.2018 804
------------------------------
⊢ 00:00  10h58
------------ 1 ------------
Д  D   /TN TK 162
         6 952 km
⊢ 10:58  00h02
✱ 11:00  00h05
○ 11:05  02h49
✱ 13:54  00h02
⊢ 13:56  00h08
------------------------------
✱ 14:04  00h01
------------ 1 ------------
⊢ 14:05  00h36
         7 191 km;     239 km
------------------------------
⊢ 14:41  09h19
------------ Σ ------------
⊕▷10:58 D
         6 952 km
▷⊕14:41 D
         7 191 km
 ○ 02h49      239 km
 ✱ 00h08  ⊠ 00h00
 ⊢ 21h03  ? 00h00
○○ 00h00
------------ !✕🗆 ------------
!÷        21.09.2017 10:30
                     00h00
Д  D   /TN TK 162
------------------------------
>>   04   24.02.2018 13:26
   (    1)          00h26
○🗆FIN/31000000031380 0 0
------------------------------
```

Hauptteil

Der Fußteil beinhaltet:
- Unterschrift des Fahrers,
- Raum für sonstige Vermerke.

```
🗇+  .....................
🗇   .....................
○   .....................
------------------------------
```

Fußteil

Kontrollgeräte im Straßenverkehr — Band 5

Betriebsarten/ Personen

▲	Unternehmen/Flottenmanager
▯	Kontrolleur
⊙	Fahrer/Fahrbetrieb
T	Werkstatt/Prüfstelle
☐	Fertigungsstand/Hersteller

Aktivitäten des Fahrers

⊘	Bereitschaftszeit
⊙	Lenkzeit
⊢	Pausen- und Ruhezeit
✕	Sonstige Arbeitszeit
▮▮	Gültige Unterbrechung

Geräte/Funktionen

1	Kartenschacht-1
2	Kartenschacht-2
▯	Tachographenkarte
⊕	Uhr, Zeit
⊤	Drucker/Ausdruck
↘	Eingabe
☐	Anzeige
↓	Daten herunterladen
⊓	Sensor
⎕	Fahrzeug/Kontrollgerät
O	Reifengröße
✝	Spannungsunterbrechung

Verschiedenes (Einzelpiktogramme)

!	Ereignis
×	Störung
⸕	Bedienhinweis, Arbeitszeitwarnung
▶	Schichtbeginn
▶|	Schichtende
+	Ort, Ortszeit
🔒	Sicherheit
>	Geschwindigkeit
Σ	Gesamt/Zusammenfassung
M	Manuelle Eingabe
OUT	EG-Kontrollgerät nicht erforderlich
⛴	Fähruberfahrt, Zugfahrt
24h	täglich
I	I wöchentlich
II	II wöchentlich
⧖	Verzögerung

Verschiedenes (Piktogrammkombinationen)

▯+	Kontrollort
⊕→	Anfangszeit
→⊕	Endzeit
→OUT	Kontrollgerät nicht erforderlich – Beginn
OUT→	Kontrollgerät nicht erforderlich – Ende
+▶	Ort bei Beginn des Arbeitstages
▶+	Ort bei Ende des Arbeitstages

Ausdrucke

24h▯⊤	Täglicher Ausdr. Fahreraktivitäten von der FK
!×▯⊤	Ereignisse & Störungen von der FK
»⊤	Geschwindigkeitsüberschreitungen
T⊕⊤	Technische Daten
24h⎕⊤	Täglicher Ausdr. Fahreraktivitäten vom KG
!×⎕⊤	Ausdruck Ereignisse & Störungen vom KG
%v⊤	Geschwindigkeitsprofil
%n⊤	Drehzahlprofil

Karten

⊙▯	Fahrerkarte
▲▯	Unternehmenskarte
▯▯	Kontrollkarte
T▯	Werkstattkarte
▯——	Keine Karte

Lenken

⊙⊙	Teambetrieb
⊙I	Lenkzeit einer Woche
⊙II	Lenkzeit zweier Wochen

Anzeige

24h▯☐	täglicher Ausdruck der Fahreraktivitäten von der FK
!×▯☐	Ausdruck Ereignisse & Störungen von der FK
»☐	Ausdruck der Geschwindigkeitsüberschreitungen
24h⎕☐	täglicher Ausdruck der Fahreraktivitäten vom KG
!×⎕☐	Ausdruck Ereignisse & Störungen vom KG
T⊕☐	Ausdruck Technischer Daten

Störungen

×▯	Kartenfehlfunktion
×⊤	Druckerstörung
×⎕	Interne Störung
×↓	Störung beim Herunterladen
×⊓	Sensorstörung

3. Arbeitszeit – 2002/15/EG – ArbZG

3.1 Einleitung

Europaweit regelt die Richtlinie 2002/15/EG die Arbeitszeiten des Fahrpersonals. Diese Richtlinie gilt auch für selbstständige Kraftfahrer. In Deutschland sind die Arbeitszeiten des Fahrpersonals im Arbeitszeitgesetz (ArbZG) und durch regionale tarifvertragliche Vereinbarungen geregelt.
Als Arbeitszeit gilt für Sie als Fahrer der Zeitraum zwischen Arbeitsbeginn und Arbeitsende, in dem Sie an Ihrem Arbeitsplatz zur Verfügung stehen und Tätigkeiten ausüben. Diese können sein: das Fahren, das Be- und Entladen, die Hilfe beim Ein- und Aussteigen von Fahrgästen, die Bewirtung von Fahrgästen im Bus, die Reinigung und technische Wartung des Fahrzeugs, aber auch alle andere Arbeiten, die dazu dienen, die Sicherheit des Fahrzeugs, der Ladung oder der Fahrgäste zu gewährleisten. Dazu zählen u. a. das Überwachen des Be-/Entladens, die Erledigung von Formalitäten im Zusammenhang mit den Kontrollbehörden, dem Zoll, den Einwanderungsbehörden, aber auch die Zeit des Wartens, wenn Ihnen die voraussichtliche Dauer nicht bekannt ist.
Kurz: Arbeitszeit ist die Zeit, in der Sie sich am Arbeitsplatz aufhalten müssen, aber nicht frei über Ihre Zeit verfügen können.

In der 2002/15/EG und im ArbZG sind auch solche Bereitschaftszeiten festgelegt, die im Gegensatz zum allgemeinen Arbeitsrecht unter bestimmten Voraussetzungen nicht zur Arbeitszeit zählen.
Bereitschaftszeiten, die nicht als Arbeitszeit gelten, sind im Voraus bekannte Zeiten, in denen Sie als Fahrpersonal im Dienst sind und sich in Bereitschaft halten müssen.
Hierzu zählen:
- die Begleitung des Fahrzeugs auf Fähre oder Zug,
- Wartezeiten an den Grenzen und infolge von Fahrverboten,
- Beifahrerzeiten und auch Wartezeiten bei der Be- und Entladung,

wenn die Dauer der Wartezeit Ihnen als Fahrer im Voraus bekannt ist.
Ist die Wartezeit lange genug (z. B. drei Stunden) und ist es Ihnen als Fahrer möglich, sich auszuruhen oder zu schlafen, kann diese Zeit auch als Teil der aufgeteilten Ruhezeit gelten.
Achtung: Es muss eine geeignete Schlafmöglichkeit vorhanden sein, damit es als Ruhezeit zählen kann.

Die reine Arbeitszeit darf im Wochendurchschnitt 48 Stunden betragen.
Sie kann wöchentlich auf bis zu 60 Stunden verlängert werden, wenn innerhalb von vier Monaten (tariflich auf sechs Monate verlängerbar) der Durchschnitt von 48 Stunden nicht überschritten wird.
Dazu kommen die Bereitschaftszeiten, die nicht als Arbeitszeit zählen.

Auch das erforderliche Sichern der Ladung gehört zur Arbeitszeit.

Beispiele für die Praxis:
Nutzen Sie als Fahrer die wöchentliche Lenkzeit voll aus, ergibt dies eine wöchentliche Lenkzeit von 56 Stunden (2 x 10 Stunden und 4 x 9 Stunden). Denn eine wöchentliche Ruhezeit muss erst spätestens am Ende von sechs 24-Stunden-Zeiträumen beginnen. Das bedeutet, dass dem Fahrer dadurch schon ein Ausgleich von acht Stunden gewährt werden muss. Oben wurden nur die maximal zulässigen Lenkzeiten in einer Arbeitswoche addiert. Nicht enthalten sind die regelmäßig weiteren anfallenden Arbeitszeiten in dieser Woche, wie das Be- und Entladen, die Fahrzeugpflege oder sonstige administrative Tätigkeiten.
Die Arbeitszeit in der Doppelwoche darf 2 x 48 Stunden = 96 Stunden betragen. Die VO (EG) Nr. 561/2006 erlaubt in der Doppelwoche eine maximale Gesamtlenkzeit von 90 Stunden. Somit blieben für den Fahrer noch sechs Stunden für andere Arbeiten übrig. Dazu kämen noch die Bereitschaftszeiten, die nicht als Arbeitszeit zählen.
Das ArbZG und die Richtlinie 2002/15/EG fordern vom Unternehmer und Disponenten ausdrücklich, neben den Lenkzeiten auch die sonstigen Arbeitszeiten zu berücksichtigen und dementsprechend die Tourenplanung für Sie vorzunehmen.
EU-Regelungen gehen dem deutschem Recht vor.

Arbeitszeit — Band 5

Seit 01. November 2012 ist das „Gesetz zur Regelung der Arbeitszeit von selbständigen Kraftfahrern" in Deutschland in Kraft getreten. Mit diesem Gesetz werden die Arbeitszeiten der selbständigen Kraftfahrer im Wesentlichen mit den Zeiten von nicht selbständigen Kraftfahrern gleichgesetzt und damit eingeschränkt.

Das neue Gesetz beschränkt die Arbeitszeit der selbstfahrenden Unternehmer analog der Arbeitszeit der angestellten Fahrer auf durchschnittlich 48 Stunden pro Woche beziehungsweise auf bis zu 60 Stunden pro Woche bei einem viermonatigen Ausgleichszeitraum. Als Arbeitszeit gilt die Zeit, in der sich der selbständige Kraftfahrer an seinem Arbeitsplatz befindet, dem Kunden zur Verfügung steht und während der er seine Funktionen und Tätigkeiten ausübt. Die Regelungen über Bereitschaftszeiten, Fahrtunterbrechungen und Ruhezeiten entsprechen denen des ArbZG. Einer der wesentlichsten Punkte, die auch eine Umgehung durch Speditionen mit Auslandssitz und selbständigen ausländischen Fahrern ausschließt, ist die Tatsache, dass das neue Arbeitszeitgesetz nach dem Territorialprinzip für alle Fahrer auf deutschen Straßen gilt. Der Zoll und das BAG können zur Kontrolle der Arbeitszeiten daher auch von ausländischen Fahrern die erforderlichen Nachweise bzw. Aufzeichnungen fordern.

Das neue Arbeitszeitgesetz für selbständige Fahrer bringt durch das Verringern der Gefahren aufgrund zu langer Fahr- bzw. Arbeitszeiten mehr Sicherheit auf Deutschlands Straßen. Durch das Angleichen der maximal zulässigen Arbeitszeiten dämmt es aber auch den seit Jahrzehnten zunehmenden Trend „selbstständiger Fahrer" ein, welche oft als „Scheinselbstständige" für Speditionen oder auch Paket- und Kurierdienste tätig sind.

3.2 Kurzübersicht über die Arbeitszeiten

	ArbZG	VO (EG) Nr. 561/2006
tägliche Arbeitszeit	durchschnittlich 8 Std. mit Ausgleich: Erhöhung auf 10 Stunden möglich	9 Stunden Lenkzeit 2 x wöchentl. = 10 Std.
wöchentliche Arbeitszeit	durchschnittlich 48 Std. mit Ausgleich: Erhöhung auf 60. Std. möglich	56 Std. Lenkzeit
in der Doppelwoche	96 Std. Arbeitszeit	90 Std. Lenkzeit
Pausen	nach 6 Std. = 30 Min. über 9 Std. = 45 Min. (aufteilbar in 15 Min.)	nach 4,5 Std. = 45 Min. (aufteilbar 15 + 30 Min.)
Tagesruhezeit	11 Std. mit Ausgleich: Verkürzung auf 10 Std. möglich	11 Std. oder 12 Std. aufteilbar in 3 + 9 Std. Verkürzung: 3 x 9 Std. pro Woche möglich
bei zwei Fahrern	-/-	innerhalb von 30 Std. 9 Std.
wöchentliche Ruhezeit	-/-	45 Std. mit Ausgleich: Verkürzung auf 24 Std. möglich

Wichtig:
Die Arbeitszeiten bei verschiedenen Arbeitgebern werden zusammengezählt. Arbeitet der Aushilfsfahrer täglich bereits acht Stunden bei seinem Hauptarbeitgeber, kann er an diesen Tagen nicht mehr „nebenbei" arbeiten. Nach dem ArbZG darf die durchschnittliche Arbeitszeit pro Tag nur acht Stunden betragen. Ausnahmsweise sind zehn Stunden zulässig, wenn innerhalb von sechs Monaten der Ausgleich erfolgt.

Bei einem Aushilfsfahrer, der acht Stunden pro Tag in seinem Hauptberuf tätig ist, wird das nicht regelmäßig der Fall sein. Möglich wäre hier lediglich eine Beschäftigung an den Wochenenden, unter Berücksichtigung der maximalen wöchentlichen Arbeitszeit von durchschnittlich 48 Stunden.

Beispiel zur Tabelle:
Beschäftigt ein Unternehmer einen Aushilfsfahrer, ist er verpflichtet, sich von ihm eine schriftliche Auskunft über die Arbeitszeiten, die in dem anderen Arbeitsverhältnis geleistet wurden, einzuholen.

Aufzeichnungs- und Aufbewahrungspflicht
Gem. § 21 a Abs. 7 ArbZG „Beschäftigung im Straßentransport" ist der Arbeitgeber verpflichtet, die Aufzeichnungen über die Arbeitszeit seiner Arbeitnehmer mindestens zwei Jahre aufzubewahren. Die zweijährige Aufbewahrungspflicht gilt auch für selbstständige Kraftfahrer. Sie können als Fahrer von Ihrem Arbeitgeber davon eine Kopie anfordern. Diese Aufzeichnungen muss der Unternehmer nicht selbst erstellen. Er kann dies auch seinen Arbeitnehmern überlassen oder die Aufzeichnung erfolgt automatisch durch die Fahrtenschreiber.

Die europäische Richtlinie Nr. 2002/15/EG regelt u.a. die Arbeitszeiten von Fahrern im Straßentransport und gilt auch für selbständige Lkw- und Busfahrer. Hätte man die freiberuflichen Fahrer von den allgemein gültigen Arbeitszeitregeln ausgenommen, wären viele Fahrer in die „Scheinselbstständigkeit" gedrängt worden, befürchtet die EU. Diese europäische Richtlinie stimmt im Wesentlichen mit dem deutschen ArbZG überein. In der EU gelten die gleichen wöchentlichen Arbeitszeiten von durchschnittlich 48 Stunden. Sie können auf bis zu 60 Stunden pro Woche erhöht werden, wenn der Wochendurchschnitt von 48 Stunden über einen Zeitraum von vier Monaten nicht überschritten wird – wie oben in der Tabelle nach dem ArbZG dargestellt. Allerdings sind derzeit die selbstständigen Fahrer vom deutschen ArbZG (Stand: Dezember 2010) noch nicht erfasst. Deutschland hat diese EU-weite Richtlinie noch nicht ins nationale Recht übernommen.

Anmerkung: Selbstverständlich gelten für selbständige Fahrer auch alle Sozialvorschriften der VO (EG) Nr. 561/2006, der VO (EU) Nr. 165/2014 und der FPersV.

3.3 Weitere Pflichten des Unternehmers

Verkehrsunternehmen haften auch für Verstöße, die von den eigenen Fahrern im Hoheitsgebiet eines anderen Staates begangen wurden.

Verkehrsunternehmen haben
- die Einteilung der Fahrer/Fahrten gemäß den Sozialvorschriften vorzunehmen,
- die Fahrer ordnungsgemäß einzuweisen,
- die Fahrer regelmäßig zu überprüfen.

Gemäß der FPersV haben Unternehmer die Arbeitszeitnachweise wöchentlich zu prüfen und unverzüglich Maßnahmen zu ergreifen, die notwendig sind, um die Einhaltung der gesetzlichen Bestimmungen zu gewährleisten.
Die Einhaltung der Sozialvorschriften hat unbedingt Vorrang vor den kaufmännischen Interessen.

3.4 Bußgeld- und Strafvorschriften (Kurzübersicht)

Das FPersG und die FPersV enthalten Bußgeldvorschriften für Verstöße gegen die VO (EG) Nr. 561/2006 und VO (EU) Nr. 165/2014. Außerdem verfügt das ArbZG noch über eigene Bußgeldvorschriften.
Der Bußgeldrahmen von ArbZG und FPersG beträgt
- für den Unternehmer bis zu 30.000 €,
- für Sie als Fahrer bis zu 5.000 € (Stand: April 2015).

Auch Verlader, Spediteure, Reiseveranstalter, Haupt- und Unterauftragnehmer und Fahrervermittlungsagenturen haben sicherzustellen, dass die Vorschriften über Lenk- und Ruhezeiten eingehalten werden und können mit Bußgeldern belangt werden.
Der europäische Gerichtshof hat bereits 1990 entschieden, dass ein Arbeitgeber bei Verstößen seiner Fahrer gegen die Lenk- und Ruhezeiten auch dann belangt werden kann, wenn ihm in Bezug auf die Zuwiderhandlung weder Vorsatz noch Fahrlässigkeit vorgeworfen werden kann. Jeder Arbeitgeber hat die Arbeit seiner Arbeitnehmer so zu planen, dass die Einhaltung der Sozialvorschriften sichergestellt ist.

Für Sie als Fahrer kommen Straftaten insbesondere in Betracht, wenn
- der Fahrtenschreiber auf irgendeine Art so beeinflusst wird, dass verfälschte Aufzeichnungen erfolgen,
- verfälschte Aufzeichnungen verwendet werden,
- Aufzeichnungen nachträglich verfälscht werden bzw. falsche Eintragungen vorgenommen werden.

Das StGB sieht in solchen Fällen Freiheitsstrafen von bis zu fünf Jahren oder Geldstrafen vor.

Weitere mögliche Straftaten:
Das LG Nürnberg-Fürth hat in seinem Urteil vom 08.02.2006 (2 Ns 915 Js 144710/2003) auch die strafrechtliche Verfolgung von Unternehmen bei Verkehrsunfällen bejaht, wenn Sie als Fahrer durch angeordnete Überschreitung der Lenkzeit und Unterschreitung der Ruhezeit einen Verkehrsunfall verursachen.

Der Fall:
Bei einer Geschwindigkeit von ca. 90 km/h schlief der Lkw-Fahrer infolge Übermüdung nachts am Steuer ein und geriet deshalb mit seinem Lkw nach rechts auf den Seitenstreifen, wo zwei Personen gerade dabei waren, an ihrem VW-Bus eine Reifenpanne zu beheben. Beide wurden von dem Lkw erfasst und erlagen noch am Unfallort ihren Verletzungen.

Der Fahrer wurde zu einer Freiheitsstrafe von einem Jahr auf Bewährung verurteilt, ihm wurde die Fahrerlaubnis entzogen und eine Führerscheinsperre von 18 Monaten verhängt.
Zwei Verantwortliche des Speditionsunternehmens wurden wegen Anstiftung zur vorsätzlichen Gefährdung des Straßenverkehrs in Tateinheit mit fahrlässiger Tötung verurteilt. Die Freiheitsstrafen betrugen zwei Jahre für den Unternehmer und drei

Kontrollrichtlinie Band 5

Monate für den Gesellschafter-Geschäftsführer zur Bewährung. Dem Speditionsunternehmer wurde außerdem für eine Dauer von drei Jahren verboten, das Speditionsgewerbe weiter auszuüben.

Zitat: „Ein Speditionsunternehmer, der seinen Betrieb so organisiert, dass die angestellten Fahrer regelmäßig die zulässigen Lenkzeiten überschreiten und deswegen fahruntüchtig am Straßenverkehr teilnehmen, setzt allein dadurch eine wesentliche Ursache für den Tod Dritter, wenn einer seiner Fahrer übermüdet einen Verkehrsunfall mit tödlichem Ausgang verschuldet."

4. Kontrollrichtlinien

Für die Kontrolle der Sozialvorschriften ergibt sich die Rechtsgrundlage für regelmäßige Straßen- und Betriebskontrollen aus der „Umsetzung der Richtlinie 2006/22/EG".
Danach müssen mindestens 3 Prozent der Arbeitstage der Fahrer durch Kontrollbehörden überprüft werden. Der Anteil von Straßenkontrollen soll mindestens 30 % und der Anteil der Kontrollen auf dem Betriebsgelände von Unternehmen mindestens 50 % betragen.
Eine weitere Rechtsgrundlage für die Kontrolle von Nutzfahrzeugen ist die Richtlinie 2014/47/EU. Danach soll die Verkehrs- und Betriebssicherheit von Nutzfahrzeugen kontrolliert werden. Ziel dieser Vorschrift ist durch technische Unterwegskontrollen die Verkehrssicherheit zu erhöhen, die Fahrzeugemissionen zu verringern und auch Wettbewerbsverzerrungen zu verhindern. In jedem Kalenderjahr sollen die Mitgliedstaaten der EU mindestens 5 % aller zugelassenen Fahrzeuge in ihrem Staat kontrollieren. Erfasst werden von dieser Vorschrift Nutzfahrzeuge mit einer bauartbedingten Höchstgeschwindigkeit von mehr als 25 km/h, mit mehr als acht Sitzplätze zusätzlich zum Fahrersitz, mit einer zulässigen Gesamtmasse von mehr als 3,5 t oder Zugmaschinen mit einer bauartbedingten Höchstgeschwindigkeit von über 40 km/h.

Wichtig:
Gemäß § 4 Abs. 5 FPersG dürfen Kontrollbeamte während der Betriebs- und Arbeitszeit Grundstücke, Betriebsanlagen, Geschäftsräume und Beförderungsmittel betreten und besichtigen. Diese Maßnahmen sind, wenn sie erforderlich sind, von den Unternehmen und ihren Angestellten während der Arbeitszeit, also auch von Ihnen, zu dulden. Tagesruhezeiten in der Schlafkabine sind keine Arbeitszeiten.
Gemäß der Richtlinie 2006/22/EG sind die Mitgliedstaaten verpflichtet, für Betriebskontrollen ein System zur Risikoeinstufung von Unternehmen nach Anzahl und Schwere der begangenen Verstöße zu errichten. Unternehmen mit einer höheren Risikoeinstufung müssen strenger und häufiger geprüft werden.

Mit Einführung der VO (EG) Nr. 561/2006 war es den deutschen Kontrollbeamten und -behörden zum ersten Mal möglich, auch

VO(EG) Nr. 561/2006 Art. 10, Abs. 3
„Das Verkehrsunternehmen haftet für Verstöße von Fahrern des Unternehmens, selbst wenn der Verstoß im Hoheitsgebiet eines anderen Mitgliedstaates oder eines Drittstaates begangen wurde."

im Ausland begangene Ordnungswidrigkeiten im Inland zu verfolgen. Beispiel: Sie verkürzen Ihre Ruhezeit in Spanien und dies wird erst bei einer Kontrolle in Deutschland festgestellt. Dann dürfen die deutschen Kontrollbeamten diesen Verstoß ahnden und ein Verwarnungs- bzw. Bußgeld festsetzen. Anmerkung: Natürlich dürfen Sie nicht „doppelt bestraft" werden. Geraten Sie zwischendurch schon in Frankreich in eine Kontrolle und der Verstoß wird dort geahndet, gilt dieser Verstoß für die deutschen Kontrollbeamten bereits als verfolgt.

Tipp: Immer den Nachweis über eine durchgeführte Kontrolle bzw. die Quittungen für bezahlte „Strafgelder" aufbewahren.

Hinweis: Mit dem im Oktober 2010 in Kraft getretenen Vollstreckungsabkommen ist ab sofort die EU-weite Vollstreckung von allen Geldbußen möglich. Hiervon umfasst sind im EU-Ausland verhängte Geldsanktionen ab einem Betrag von mindestens 70,00 EUR u. a. aus Straßenverkehrsverstößen und Verstößen gegen Lenk- und Ruhezeiten. Der Begriff der Geldsanktionen umfasst dabei sowohl das Bußgeld als auch die Verfahrenskosten, sodass der zu vollstreckende Betrag inkl. etwaiger Verfahrenskosten zu verstehen ist. Das bedeutet, dass die Bagatellgrenze auch dann schon überschritten wird, wenn die Geldbuße 50,00 EUR und die Verfahrenskosten 25,00 EUR, also beides zusammen 75,00 EUR betragen.

5. Sonntagsfahrverbot

Gemäß § 30 Abs. 3 StVO gilt in Deutschland an Sonntagen und Feiertagen in der Zeit von 0 bis 22 Uhr ein Fahrverbot für:
- Lkw über 7,5 t zGM und
- Fahrzeugkombinationen mit Anhängern beliebiger Art (also z. B. auch Wohn- und kleine Lastenanhänger) hinter allen Lkw und
- die zur geschäftsmäßigen oder entgeltlichen Beförderung von Gütern eingesetzt werden, einschließlich der damit verbundenen Leerfahrten

§ 30 Abs. 4 StVO
Feiertage im Sinne des Absatzes 3 sind
- Neujahr,
- Karfreitag,
- Ostermontag,
- Tag der Arbeit (1. Mai),
- Christi Himmelfahrt,
- Pfingstmontag,
- Fronleichnam,
  jedoch nur in Baden-Württemberg, Bayern, Hessen, Nordrhein-Westfalen, Rheinland-Pfalz und im Saarland,
- Tag der Deutschen Einheit (3. Oktober),
- Reformationstag (31. Oktober),
  jedoch nur in Brandenburg, Mecklenburg-Vorpommern, Sachsen, Sachsen-Anhalt und Thüringen,
- Allerheiligen (1. November),
  jedoch nur in Baden-Württemberg, Bayern, Nordrhein-Westfalen, Rheinland-Pfalz und im Saarland,
- 1. und 2. Weihnachtstag.

Wann handelt es sich bei dem Fahrzeug, das Sie fahren, um einen Lkw?
Aus den im Folgenden genannten Grundsatzurteilen geht hervor, dass der bloße Eintrag „Pkw" in den Zulassungspapieren nicht automatisch dazu führt, dass es sich auch wirklich um einen Pkw handelt. Der Eintrag in den Fahrzeugpapieren ist nicht entscheidend. Allein entscheidend ist der Einsatzzweck verbunden mit der konkreten Bauart, der Ausstattung und den Einrichtungen des Fahrzeugs.

Vielfach sind Kastenwagen (sogenannte „Sprinter") als Pkw zugelassen. Aber für die Einordnung eines Kraftfahrzeugs als Lkw oder Pkw ist auf dessen konkrete Bauart, Ausstattung und Einrichtung abzustellen. Diese Eigenschaften des Fahrzeugs sind von maßgeblicher Bedeutung und bestimmen, vor allem bei beladenen Fahrzeugen, das Fahrverhalten des Fahrzeugs. Ist das Fahrzeug mit einer Ladefläche ausgestattet, die durch eine dauerhaft installierte Blechwand von der Fahrgastzelle abgetrennt ist, der Fahrzeugboden im Ladeflächenbereich fest mit Holz versehen, dann handelt es sich hierbei eindeutig um ein Fahrzeug, das nach seiner Bauart und Einrichtung zur Beförderung von Gütern bestimmt ist, also um einen Lkw (siehe § 4 Abs. 4 Nr. 3 PBefG).

Sonntagsfahrverbot

Band 5

§ 4 PBefG Straßenbahnen, Obusse, Kraftfahrzeuge
(4) Kraftfahrzeuge im Sinne dieses Gesetzes sind Straßenfahrzeuge, die durch eigene Maschinenkraft bewegt werden, ohne an Schienen oder eine Fahrleitung gebunden zu sein, und zwar sind
1. ...
2. ...
3. Lastkraftwagen: Kraftfahrzeuge, die nach ihrer Bauart und Einrichtung zur Beförderung von Gütern bestimmt sind.

Beachte:
Gemäß § 18 Abs. 5 StVO beträgt für Kfz mit einer zulässigen Gesamtmasse von mehr als 3,5 t auf Autobahnen die zulässige Höchstgeschwindigkeit 80 km/h. Ausgenommen davon sind Pkw. Für Pkw gilt die Richtgeschwindigkeit von 130 km/h.

Auch für § 18 StVO gilt: Nicht der Eintrag in den Fahrzeugpapieren ist entscheidend (wie oben beschrieben). Handelt es sich gemäß § 4 Abs. 4 Nr. 3 PBefG um ein Kfz, das nach seiner Bauart und Einrichtung zur Beförderung von Gütern bestimmt ist, und die zulässige Gesamtmasse liegt über 3,5 t, beträgt die zulässige Höchstgeschwindigkeit 80 km/h.

Die zulässige Gesamtmasse eines Fahrzeugs ist für die Abgrenzung eines Lkw vom Pkw unerheblich.
(Grundsatzurteile zur Beurteilung, wann es sich um einen Lkw handelt: BayObLG vom 23.07.2003, OLG Karlsruhe vom 25.08.2004, OLG Jena vom 12.10.2004, 1 Ss OWi 272/05 OLG Hamm vom 22.08.2005)

Sattelkraftfahrzeuge zur Lastenbeförderung sind Lkw im Sinne der StVO und unterliegen deshalb dem Sonntagsfahrverbot, wenn ihre zGM 7,5 t übersteigen.
Solo-Sattelzugmaschinen sind von diesem Sonn- und Feiertagsfahrverbot nicht betroffen.

Sonntagsfahrverbot — Band 5

Ausnahmen gemäß § 30 Abs. 3 StVO
Das Verbot gilt nicht für
1. den kombinierten Güterverkehr Schiene-Straße vom Versender bis zum nächstgelegenen geeigneten Verladebahnhof oder vom nächstgelegenen geeigneten Entladebahnhof bis zum Empfänger, jedoch nur bis zu einer Entfernung von 200 km,
1a. den kombinierten Güterverkehr Hafen-Straße zwischen Belade- oder Entladestelle und einem innerhalb eines Umkreises von höchstens 150 Kilometern gelegenen Hafen,

2. die Beförderung von
   a) frischer Milch und frischen Milcherzeugnissen,
   b) frischem Fleisch und frischen Fleischerzeugnissen,
   c) frischen Fischen, lebenden Fischen und frischen Fischerzeugnissen,
   d) leicht verderblichem Obst und Gemüse,
   e) lebenden Bienen
3. Leerfahrten, die im Zusammenhang mit Fahrten nach Nummer 2 stehen,
4. Fahrten mit Fahrzeugen, die nach dem Bundesleistungsgesetz herangezogen werden. Dabei ist der Leistungsbescheid mitzuführen und auf Verlangen zuständigen Personen zur Prüfung auszuhändigen.
   Beispiele für die Anwendung des Bundesleistungsgesetzes:
   Der Verteidigungsfall und die drohende Gefahr für den Bestand oder die freiheitliche demokratische Grundordnung des Bundes oder eines Bundeslandes.

Außerdem sind vom Sonn- und Feiertagsfahrverbots folgende Fahrzeuge ausgenommen:
- Zugmaschinen, die ausschließlich dazu dienen, andere Fahrzeuge zu ziehen,
- Zugmaschinen und Sattelzugmaschinen mit Hilfsladefläche, deren Nutzlast nicht mehr als das 0,4-fache der zulässigen Gesamtmasse beträgt,
- Fahrzeuge, bei denen die beförderten Gegenstände zum Inventar gehören, wie z.B. Ausstellungs-, Film- und Fernsehfahrzeuge sowie Schaustellerfahrzeuge (auch mit Anhänger),
- selbstfahrende Arbeitsmaschinen (SAM); wie Bagger, Betonpumpen, Teermaschinen, Autokrane, Eichfahrzeuge oder Mähdrescher
- Einsatzfahrten von Bergungs-, Abschlepp- und Pannenhilfsfahrzeugen,
- Wohnwagenanhänger und Anhänger, die zu Sport- und Freizeitzwecken hinter Lkw geführt werden
- Hin- und Rückfahrten von Oldtimer-Lkw im Zusammenhang mit besonderen Veranstaltungen, z. B. Messen, Ausstellungen, Märkte, Volksfeste, kulturelle oder sportliche Veranstaltungen.

Sonntagsfahrverbot — Band 5

Laut der Vereinbarung vom 9./10. Oktober 2007 der Bundesländer zur übereinstimmenden Handhabung des Sonn- und Feiertagsfahrverbots gilt das vereinfachte Genehmigungsverfahren für die Ausnahmegenehmigung für die Beförderung folgender Waren und Güter:
- lebende Tiere
  (unabhängig vom jeweiligen Beförderungszweck, also auch die Beförderung von Turnierpferden, Brieftauben und Bienen),
- Schnittblumen und lebende Pflanzen (auch Topfpflanzen, Sträucher und Bäume),
- frische, leicht verderbliche Lebensmittel, soweit sie nicht bereits generell freigestellt sind
  (dazu gehören auch gewaschene Kartoffeln und frische Backwaren),
- landwirtschaftliche Erzeugnisse in deren Erntezeit,
- Ausrüstungs- und Ausstellungsgegenstände sowie Lebensmittel für Messen, Ausstellungen, Märkte, Volksfeste, kulturelle oder sportliche Veranstaltungen,
- Zeitungen und Zeitschriften mit Erscheinungsdatum am Sonn-, Feier- oder am Folgetag,
- Hilfsgüter in oder für Krisen- oder Notstandsregionen,
- Leerfahrten und Rücktransporte im Zusammenhang mit den o. g. Fahrten,

Bei diesem vereinfachten Genehmigungsverfahren ist grundsätzlich bei Beantragung von einer Dringlichkeit auszugehen – es erfolgt keine Einzelfallprüfung.

Ausnahmegenehmigungen für Fahrten zur termingerechten Be- oder Entladung von Seeschiffen oder Flugzeugen erfordern den Nachweis, dass die Benutzung einer bestimmten Schiffs- oder Flugverbindung bzw. ein unmittelbarer Anschlusstransport an Sonn- oder Feiertagen auf der Straße aus Gründen des Allgemeinwohls oder im Interesse des Antragstellers dringend geboten ist.
Die betreffenden Ankunfts- bzw. Abfahrtszeiten der Seeschiffe oder Flugzeuge und die Stellplatzkapazitäten der Häfen oder Flughäfen sind dabei als wichtige Sonderkriterien anzusehen.

Ausnahmegenehmigungen für andere Fahrten erfordern eine spezielle Dringlichkeitsprüfung. Nur wenn
- ein öffentliches Interesse an der Durchführung der Fahrt während der Verbotszeit besteht oder
- die Versagung der Genehmigung eine unbillige Härte für den Antragsteller darstellt und
- der Nachweis erbracht wird, dass eine Beförderung weder mit anderen Verkehrsmitteln noch außerhalb der Verbotszeit möglich ist,

dürfen Ausnahmegenehmigungen erteilt werden.

Ähnliche Vorschriften, die den Verkehr mit Lkw an Sonn- und Feiertagen untersagen, gelten auch in Österreich, der Schweiz und in einigen anderen europäischen Ländern.

Wichtig:
Das deutsche ArbZG verbietet in § 9 grundsätzlich die Beschäftigung von Arbeitnehmern an Sonn- und gesetzlichen Feiertagen. Ausnahmen dazu regelt der § 10 ArbZG. Soweit die Arbeiten nicht an Werktagen vorgenommen werden können, dürfen Arbeitnehmer auch an Sonn- und Feiertagen beschäftigt werden, u. a. beim Transport und Kommissionieren von leicht verderblichen Waren im Sinne des § 30 Abs. 3 Nr. 2 StVO (s. o.).
Allen an einem Sonntag beschäftigten Arbeitnehmern muss innerhalb von zwei Wochen ein Ersatzruhetag gewährt werden (§ 11 Abs. 2 ArbZG).
Weiterhin müssen mindestens 15 Sonntage im Jahr beschäftigungsfrei bleiben. (§11 Abs. 1 ArbZG)

6. Ferienreiseverordnung

Während der Sommerzeit (Schulferien) vom 01. Juli bis zum 31. August gilt die „Verordnung zur Erleichterung des Ferienreiseverkehrs auf der Straße", kurz FerReiseV genannt.

Ferienreiseverordnung — Band 5

Die FerReiseV untersagt im Juli und August an allen Samstagen zwischen 7 bis 20 Uhr
- Lkw über 7,5 t zGM und
- Lkw mit Anhängern
- die zur geschäftsmäßigen oder entgeltlichen Beförderung von Gütern eingesetzt werden, einschließlich der damit verbundenen Leerfahrten
- die Benutzung bestimmer Autobahnstrecken bzw. Bundesstraßen.

Lkw sind Kfz, die nach ihrer Bauart und Einrichtung zur Güterbeförderung bestimmt sind. Der Eintrag in den Zulassungspapieren ist nicht entscheidend (z. B. Kastenwagen mit Pkw-Zulassung). Diese Bundesstraßen und Autobahnstrecken sind in der FerReiseV abschließend aufgelistet und gelten jeweils für beide Fahrtrichtungen.

Die FerReiseV gilt nicht für
- den kombinierten Verkehr Schiene/Straße vom/bis zum nächstgelegenen Verladebahnhof,
- den kombinierten Verkehr Hafen/Straße im Umkreis von max. 150 km,
- die Beförderung von Frischwaren wie Milch, Fleisch, Fisch, Obst und Gemüse,
- den Transport von lebenden Bienen
- Leerfahrten, die mit den o. g. Fahrten stehen
- Fahrzeuge der Polizei, der Feuerwehr, des Katastrophenschutzes, der Bundeswehr und NATO-Truppen,
- Fahrzeuge des Straßendienstes,

- den Einsatz von Bergungs-, Abschlepp- und Pannenhilfsfahrzeugen

Treffen die Ausnahmen vom Sonntagsfahrverbot oder der FerReiseV auf einen Transport nicht zu und soll dieser trotzdem durchgeführt werden, ist vorher eine Ausnahmegenehmigung zu beantragen und beim Transport mitzuführen.

Diese Ausnahmegenehmigungen können mit Auflagen und Bedingungen versehen werden, die bei der Durchführung des Transports zu beachten sind.

Fahrzeuge:
→ Lkw mit einer zGM über 7,5 t

→ Lkw mit Anhänger

→ zur geschäftsmäßigen oder entgeltlichen Beförderung von Gütern einschließlich damit verbundener Leerfahrten

Zeiten:
→ vom 1. Juli bis 31. August
→ an allen Samstagen von 7.00 bis 20.00 Uhr

Strecken:
bestimmte Autobahnen und Bundesstraßen nach § 1 Abs. 2 und 3 Ferienreiseverordnung

Rechte und Pflichten des Berufskraftfahrers — Band 5

1. Rechte und Pflichten des Berufskraftfahrers im Bereich der Grundqualifikation und Weiterbildung

1.1 Einleitung

Ziel des Berufskraftfahrer-Qualifikations-Gesetzes ist die Qualitätssicherung des Straßenpersonen- und Güterkraftverkehrs. Die Verbesserung der Straßenverkehrssicherheit und der Sicherheit des Fahrpersonals im gewerblichen Personen- und Güterkraftverkehr soll durch den Nachweis einer Qualifikation und ständiger Weiterbildungen der Fahrer erreicht werden.

Gleiche Wettbewerbsbedingungen sind durch das Einbinden von Fahrpersonal aus anderen Staaten der EU/EWR und der Staatsangehörigen eines Drittstaates in die gesetzlichen Bestimmungen gewährleistet.
Die Stellung der Kraftfahrer im gewerblichen Güterkraft- und Personenverkehr wird mit der Umsetzung der europäischen Richtlinie 2003/59/EG in das deutsche Berufskraftfahrer-Qualifikations-Gesetz gestärkt.

1.2 Grundqualifikation

Der Erwerb der Grundqualifikation erfolgt durch:
- erfolgreiches Ablegen einer theoretischen und praktischen Prüfung bei einer IHK oder
- Abschluss einer Berufsausbildung als Berufskraftfahrer/Berufskraftfahrerin oder „Fachkraft im Fahrbetrieb".

Die beschleunigte Grundqualifikation wird durch Teilnahme am Unterricht an einer anerkannten Ausbildungsstätte und erfolgreiches Ablegen einer theoretischen Prüfung bei einer IHK erworben.
Die Unterrichtsdauer beträgt mindestens 140 Stunden à 60 Minuten. Es sind alle Kenntnisse und Fertigkeiten aus der Anlage 1 der Berufskraftfahrer-Qualifikations-Verordnung (BKrFQV) zu vermitteln.

Dabei müssen mindestens zehn Stunden à 60 Minuten auf einem Fahrzeug der entsprechenden Klasse gefahren werden. Ist der Teilnehmer nicht im Besitz einer gültigen Fahrerlaubnis für diese Klasse, muss das Fahrzeug außerdem den Bestimmungen der Fahrerlaubnisverordnung Anlage 7 entsprechen (Prüfungsfahrzeug).
Hierzu ist die Begleitung durch einen Fahrlehrer mit der entsprechenden Fahrlehrerlaubnis zwingend vorgeschrieben.

In der 90-minütigen theoretischen Prüfung werden alle in der Anlage 1 der BKrFQV aufgeführten Themen berücksichtigt.

Fahrern, denen die Fahrerlaubnis der Klasse D1, D1E, D oder DE vor dem 10. September 2008 bzw. der Klasse C1, C1E, C oder CE vor dem 10. September 2009 erteilt wurde, müssen keinen zusätzlichen Befähigungsnachweis erbringen.

Rechte und Pflichten des Berufskraftfahrers — Band 5

Mindestalter

Um gewerblich als Kraftfahrer tätig sein zu können, müssen folgende Bedingungen bzgl. des Mindestalters erfüllt sein:

Personenverkehr				
Klasse / Qualifikation	ohne zusätzliche Qualifikation	Lehrgang „Beschleunigte Grundqualifikation"	Theoretische und Praktische Prüfung „Grundqualifikation"	Ausbildung als „Berufskraftfahrer/in" oder „Fachkraft im Fahrbetrieb" oder vergleichbarer Ausbildungsberuf
D1 / D1E	21 Jahre	21 Jahre		18 Jahre
D / DE	24 Jahre	23 Jahre, 21 Jahre im Linienverkehr bis 50 km	21 Jahre	20 Jahre, 18 Jahre im Linienverkehr bis 50 km

Bis zum Erreichen des regulären Mindestalters oder vor dem Abschluss der Ausbildung darf von der Fahrerlaubnis nur bei Fahrten im Inland und im Rahmen der Ausbildung Gebrauch gemacht werden!

Güterkraftverkehr				
Klasse / Qualifikation	ohne zusätzliche Qualifikation (keine gewerbliche Güterbeförderung)	Lehrgang „Beschleunigte Grundqualifikation"	Theoretische und Praktische Prüfung „Grundqualifikation"	Ausbildung als „Berufskraftfahrer/in" oder „Fachkraft im Fahrbetrieb" oder vergleichbarer Ausbildungsberuf
C1 / C1E	18 Jahre	18 Jahre	18 Jahre	18 Jahre
C / CE	21 Jahre	21 Jahre	18 Jahre	18 Jahre

Bis zum Erreichen des regulären Mindestalters oder vor dem Abschluss der Ausbildung darf von der Fahrerlaubnis nur bei Fahrten im Inland und im Rahmen der Ausbildung Gebrauch gemacht werden!

Rechte und Pflichten des Berufskraftfahrers — **Band 5**

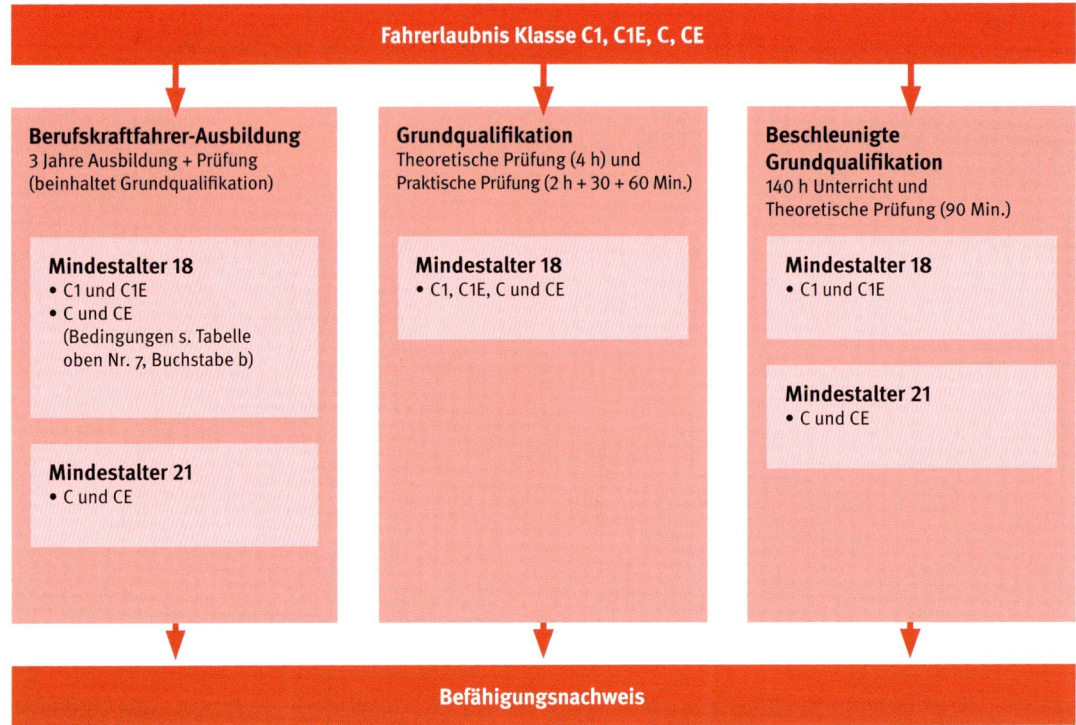

1.3 Umsteiger

Fahrer im Güterkraftverkehr, die ihre Tätigkeit auf den Personenverkehr ausweiten wollen, und die eine Grundqualifikation erworben haben, müssen bei der theoretischen und praktischen Prüfung nur die Teile ablegen, die den Personenverkehr betreffen. Bei Absolvierung der beschleunigten Grundqualifikation beträgt die Unterrichtsdauer 35 Stunden zu je 60 Minuten, von denen 2,5 Stunden auf das Führen eine Kraftomnibusses entfallen müssen.

In der theoretischen Prüfung werden die in Anlage 1 genannten Kenntnisbereiche geprüft, die den Personenverkehr betreffen.

Für Umsteiger von Personenverkehr auf Güterkraftverkehr sind analog die Inhalte für den Güterkraftverkehr in Ausbildung und Prüfung relevant.

1.4 Befähigungsnachweis

Der Befähigungsnachweis wird für deutsche Staatsangehörige durch die Eintragung der Schlüsselzahl 95 in den Scheckkartenführerschein nachgewiesen.
Auszubildende zum Berufskraftfahrer sowie zur Fachkraft im Fahrbetrieb führen als Nachweis eine Kopie des Ausbildungsvertrages mit.
Kraftfahrer, die vorsätzlich oder fahrlässig Fahrten ohne die geforderten Nachweise zur Grundqualifikation oder zur beschleunigten Grundqualifikation durchführen, handeln ordnungswidrig. Dieses kann mit einer Geldbuße bis zu 5000 € geahndet werden.

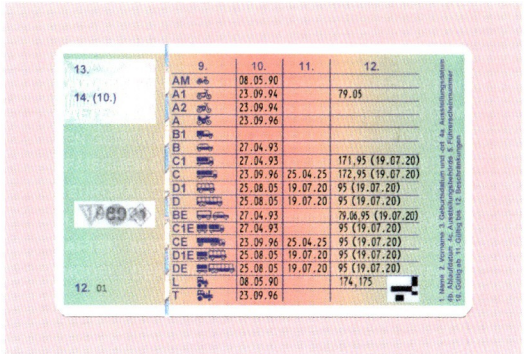

Führerschein seit dem 19.01.2013

Für Fahrer aus EU/EWR-Mitgliedstaaten ist neben der Schlüsselzahl auch der Nachweis über einen Fahrerqualifizierungsnachweis möglich. Fahrer aus Drittstaaten, die im gewerblichen Güterkraftverkehr in einem Unternehmen mit Sitz in einem EU/EWR-Mitgliedstaat beschäftigt oder eingesetzt werden, müssen ihre Befähigung auch über eine gültige Fahrerbescheinigung gem. VO EWG Nr. 881/92 nachweisen.
Fahrer aus Drittstaaten, die im gewerblichen Personenverkehr in einem Unternehmen mit Sitz in einem EU/EWR-Mitgliedstaat beschäftigt oder eingesetzt werden, können ihre Befähigung auch durch eine im Inland oder von einem anderen EU- oder EWR-Mitgliedstaat ausgestellte nationale Bescheinigung nachweisen.

Das Berufskraftfahrer-Qualifikations-Gesetz (BKrFQG) beinhaltet auch Ausnahmen, die im §1Abs.2 BKrFQG nachzulesen sind. Neu seit März 2015 ist, dass Leerfahrten von Autovermietern und allgemeine Leerfahrten mit Kraftfahrzeugen ebenfalls von den Ausnahmen erfasst sind.

Schlagwortverzeichnis — Band 5

AETR	7, 8, 38, 45
Analoger Fahrtenschreiber	52
Arbeitszeit	8, 13, 16, 17, 33, 35, 37, 45, 50, 52, 55, 57, 63, 64, 65, 66, 67
Aufbewahrungspflichten	41, 55, 56, 66
Ausdrucke	39, 42, 44, 45, 52, 53, 54, 60, 61, 62
Befähigungsnachweis	74, 76, 78
Bereitschaftszeit	13, 16, 17, 35, 50, 52, 63, 65, 66
Bußgeld- und Strafvorschriften	67
Digitaler Fahrtenschreiber	41
Einbauschilder	59
Eisenbahn	18
Fähre	16, 18
Fahren ohne Fahrerkarte	54
Fahrerkarte	16, 36, 37, 39, 42, 45, 48 ff
Fahrpersonalgesetz (FPersG)	6, 9
Fahrpersonalverordnung (FPersV)	9
Fahrtenschreiber	9, 10, 11, 13, 15, 16, 17, 25
Fahrtenschreiberkarte	42, 47, 58
Fahrtenschreiberkartenregister	48
Fahrtunterbrechung	10, 11, 13, 15, 16, 17, 18, 36, 37, 46, 66
Fahrzeugwechsel	37
Ferienreiseverordnung	72
Flachtachograph	28, 29, 34, 35
Folgekarte	58
Grundqualifikation	23, 74, 76, 77, 78
Fahrtenschreiber	16, 19, 25, 27-66
Kontrollkarte	42, 57
Kontrollrichtlinie	68
Lenkzeiten	6, 7, 9, 10, 12, 19, 38, 50, 65, 68
Mehrfahrerbetrieb	17, 34
Mietfahrzeuge	56
Mitführpflichten	51
Modularer Fahrtenschreiber	29
Parkplatzsuche	13
Pflichten des Unternehmers	67
Plomben	46, 59
Ruhezeit	7, 9, 10, 12, 13-19, 25, 32, 33, 35, 37, 38, 42, 45, 48, 50-58, 65-68
Schaublätter	27-31, 35, 36, 38, 39, 41, 52, 55
Sonntagsfahrverbot	69, 70, 71, 72, 73
Tägliche Lenkzeit	12, 17, 19
Übernahme eines Fahrzeugs	16
Unternehmenskarte	42, 45, 54, 55, 56
Untersagung der Weiterfahrt	19
UTC-Zeit	16, 43, 44, 50, 59, 60, 61
Warnmeldung	51
Weiterbildung	74, 77
Werkstattkarte	42, 56
Wöchentliche Lenkzeit	12
Zweifahrerbetrieb	61

Volker Weyen

Vorschriften für den Güterkraftverkehr

Bildnachweis –
wir danken folgenden Firmen und Institutionen für ihre Unterstützung:

Daimler AG
Erlau AG
Formularverlag CW Niemeyer
Interessentenkreis „Truckspotter.de"
IHK Hannover
Kraftfahrt-Bundesamt
Landesamt für Bauen und Verkehr, Brandenburg
Landesamt für Umwelt, Naturschutz und Geologie in Mecklenburg-Vorpommern
Mercedes-Benz Nutzfahrzeuge
Mercedes-Benz ProfiTraining
Rud Gruppe
Steinwinter GmbH
Volker Weyen
Siemens AG

Autor:
Volker Weyen

Co-Autor:
Klaus Thielenhaus

Lektorat und Beratung:
Rolf Kroth
Egon Matthias
Christian Weibrecht

Band 6

Vorschriften für den Güterkraftverkehr

Inhalt

Der berufliche Alltag im professionellen Güterkraftverkehr ist geprägt von zahlreichen gesetzlichen Regelungen, nationalen Verordnungen, europäischen Richtlinien und internationalen Übereinkommen, die Sie als Fahrer zu beachten haben.

Dieser Band hilft Ihnen dabei, den Überblick zu behalten, die komplexen juristischen Zusammenhänge zu verstehen und nachzuvollziehen: schwierige Formulierungen der Gesetzestexte werden hier anschaulich, verständlich und praxisnah dargestellt.

Die folgenden Gesetze und Verordnungen werden schwerpunktmäßig behandelt:
- Güterkraftverkehrsgesetz – GüKG
- Handelsgesetzbuch (HGB)
- Vertragsbedingungen für den Güterkraftverkehrs-, Speditions- und Logistikunternehmer (VBGL)
- Allgemeine Deutsche Spediteurbedingungen (ADSp)
- VO (EG) Nr. 1072/2009 (Grenzüberschreitende Verkehre)
- Abkommen EG – Schweiz über den Güterverkehr
- Verordnung über den grenzüberschreitenden Güterkraftverkehr und den Kabotageverkehr – GüKGrKabotageV (Internationale Verkehre)
- Internationale Vereinbarung über Beförderungsverträge auf Straßen (CMR)
- Transports Internationaux Routiers („TIR"- Übereinkommen)
- Abfalltransport-Verordnung (EG) 1013/2006 und Abfallverbringungsgesetz (AbfVerbrG)
- Tierschutztransportverordnung (TierSchTrV) VO (EG) 1/2005
- Viehverkehrsverordnung (ViehVerkV)
- Straßenverkehrs-Zulassungs-Ordnung (StVZO)
- zahlreiche Formulare in diversen Gebieten

Der Autor

Volker Weyen, Jahrgang 1954,
abgeschlossene Ausbildung für das Lehramt an Grund- und Hauptschulen; langjährige Tätigkeit als Fahrlehrer aller Klassen, Aus- und Fortbilder für Fahrlehrer und verantwortlicher Leiter einer Fahrlehrerausbildungsstätte

Inhaltsverzeichnis — Band 6

Zum Band Güterkraftverkehr 9
Vorbemerkung 13

1. Güterkraftverkehrsgesetz – GüKG (Nationale Verkehre) 13
1.1. Geltungsbereich 13
1.2. Definitionen 13
1.3. Struktur und Aufgabenbereiche des GüKG 15
1.4. Nicht erfasste und ausgenommene Transporte 16
1.5. Erweiterung der Struktur und Aufgabenbereiche des GüKG 16
1.6. Gewerblicher Gütertransport – Inlandverkehre durch Unternehmer mit Sitz im Inland/Erlaubnispflicht 17
1.6.1. Antragstellung und Voraussetzungen/Berufszugangsverordnung 17
Arbeitsblatt 1 – Güterkraftverkehrsgesetz (GüKG) 22
1.6.1.1. Vordruck (Beispiel): Antrag auf Erteilung einer Erlaubnis und einer Gemeinschaftslizenz 23
1.6.1.2. Vordruck: Eigenkapitalbescheinigung 26
1.6.1.3. Vordruck: Antrag auf Auskunft aus dem Fahreignungsregister 28
1.6.1.4. Vordruck: An-/Abmeldung/Änderung Werkverkehr beim Bundesamt für Güterverkehr 29
1.6.2. Erteilung/Versagung der Erlaubnis 29
1.6.2.1. Vordruck: Erlaubnis und Erlaubnisausfertigung nach § 3 GüKG 30
1.6.3. Entzug der Erlaubnis 31
1.7. Grenzüberschreitender Gütertransport durch Unternehmer mit Sitz im Inland 31
1.7.1. Europäischer Wirtschaftsraum – EWR-Abkommen 31
1.7.2. Karte: Die EWR-EFTA-Staaten 32
1.8. Grenzüberschreitender Gütertransport durch Unternehmer mit Sitz im Ausland 32
Arbeitsblatt 2 – Grenzüberschreitender Gütertransport – Die EWR-EFTA-Staaten 33
1.9. Allgemeine Vorschriften und Klärung von Begriffen 34
1.9.1. Haftpflichtversicherung gemäß HGB § 425 34
1.9.2. Das ordnungsgemäß beschäftigte Personal 34
1.9.3. Mitzuführende Papiere/Kontrollen 35
1.9.4. Mit-Verantwortung des Auftraggebers 36
1.9.5. Definitionen 36
1.9.6. Organigramm: Speditions- und Frachtvertrag 38
1.9.7. Ausfall des Unternehmers/des Verkehrsleiters 38
1.10. Nicht-gewerblicher Güterverkehr – Werkverkehr 38
1.11. Das Bundesamt für Güterverkehr (BAG) 39
1.11.1. Aufgabenbereich 39
1.11.2. Befugnisse 40
Arbeitsblatt 3 – Bundesamt für Güterverkehr (BAG) 41
1.12. Organigramm: Struktur und Aufgabenbereich des GüKG 42

2. Handelsgesetzbuch (HGB) 42
2.1. Beziehung zwischen GüKG und HGB 42
2.2. Ergänzungen aus dem HGB 42
2.2.1. Definitionen 42
2.2.2. Vordruck: Frachtbrief (für den nationalen Verkehr) nach dem HGB – © Formularverlag CWN 44
2.2.3. Versender und Frachtführer – Rechte/Pflichten 45

3. Allgemeine Deutsche Spediteurbedingungen (ADSp 2017) 47
3.1. Geltungsbereich 47
3.2. Wesentliche Rechte und Pflichten der am Vertrag Beteiligten 47
3.2.1. Der Auftraggeber 47
3.2.2. Der Spediteur 48
3.2.3. Weitere wichtige Regelungen der ADSp 2017 48

Inhaltsverzeichnis — Band 6

4.	**Verkehre innerhalb und mit der Gemeinschaft – VO (EG) Nr. 1072/2009 (Grenzüberschreitender Güterkraftverkehr)**	**49**
4.1.	Geltungsbereiche	49
	Arbeitsblatt 4 – Frachtbrief für den Transport innerhalb Deutschlands	50
4.1.1.	Karte: Die Mitgliedstaaten der Europäischen Union	52
4.2.	Begriffsbestimmungen/Definitionen (Artikel 2)	52
4.3.	Gemeinschaftslizenz und Fahrerbescheinigung (Artikel 3 bis 7)	53
4.3.1.	Vordruck: EU-Gemeinschaftslizenz (Vorderseite)	54
4.3.1.	Vordruck: EU-Gemeinschaftslizenz (Rückseite)	55
4.3.2.	Vordruck: Fahrerbescheinigung (Vorderseite)	56
4.3.2.	Vordruck: Fahrerbescheinigung (Rückseite)	57
5.	**Abkommen EG – Schweiz über den Güterverkehr**	**58**
5.1.	Ziele und Geltung des Übereinkommens (Artikel 2)	58
5.2.	Begriffsbestimmungen/Definitionen (Artikel 3)	58
5.3.	Normierungen und Standards (Artikel 4–7)	58
5.4.	Notwendige Genehmigungen für grenzüberschreitenden Verkehr (Artikel 9)	58
5.5.	„Große Kabotage für die Schweiz" (Artikel 12 und 14)	59
5.6.	Nicht erfasste Beförderungen (Artikel 2)	59
5.7.	Obergrenzen der Tonnage (Anhang 6)	59
5.8.	Sonntags-, Feiertags- und Nachtfahrverbot	59
6.	**Verordnung über den grenzüberschreitenden Güterkraftverkehr und den Kabotageverkehr**	**60**
	– GüKGrKabotageV (Internationale Verkehre)	
6.1.	EG/EU- Gemeinschaftslizenz – Erteilung und Entziehung (§ 1)	60
6.2.	CEMT-Genehmigungen (§§ 4–7 a)	60
6.2.1.	CEMT– Bedeutung	60
6.2.2.	Karte: Die CEMT-Mitgliedstaaten	60
6.2.3.	Geltungsbereich/Charakter der Genehmigung	61
6.2.4.	Antragstellung	62
6.2.5.	Nutzung der Genehmigung/Fahrtenberichtsheft	62
6.2.6.	CEMT-Umzugsgenehmigung	62
6.3.	Bilaterale Genehmigung und Drittstaatengenehmigung	63
6.3.1.	Bilaterale Genehmigung (§ 8)	63
6.3.2.	Drittstaatengenehmigung (§§ 9–12)	64
6.4.	Grenzüberschreitender gewerblicher kombinierter Verkehr (KV) (§§ 13–17)	64
6.4.1.	Definition	64
6.4.2.	Unternehmer mit Sitz in der EU/im EWR	65
6.4.3.	Unternehmer mit Sitz außerhalb der EU/des EWR	65
6.5.	Kabotageverkehr (§ 17 a)	66
6.6.	Fahrzeugeinsatz (§ 18)	66
6.7.	Ausschluss von Unternehmen (§ 19)	66
6.8.	Fahrerbescheinigung nach VO (EG) 1072/2009 (§§ 20–24)	67
6.9.	Entsendebescheinigung (A1-Bescheinigung)	67
7.	**Internationale Vereinbarung über Beförderungsverträge auf Straßen (CMR)**	**68**
7.1.	Regelungsumfang und Bedeutung des Abkommens	68
7.2.	Frachtvertrag und CMR-Frachtbrief	69
7.3.	CMR-Frachtbrief (für den internationalen Verkehr)	70
7.3.1.	Vordruck CMR-Frachtbrief – Beispiel	71
7.3.2.	Elektronischer Frachtbrief (e-CMR)	72
7.4.	Der Empfänger	72
7.5.	Sonstige Regelungen	72

Inhaltsverzeichnis — Band 6

8.	**Transports Internationaux Routiers – „TIR"- Übereinkommen**	**73**
8.1.	Grundlagen und organisatorischer Überbau	73
8.2.	Ablauf des Transports	74
8.3.	Besonderheiten auf EU-Strecken	76
9.	**Abfalltransport – Verordnung (EG) 1013/2006 und Abfallverbringungsgesetz (AbfVerbrG)**	**77**
9.1.	Allgemeines	77
9.1.1.	Die Verordnung (EG) Nr. 1013/2006	77
9.1.2.	Abfallverbringungsgesetz (AbfVerbrG)	79
9.2.	Vordrucke/Formulare	80
10.	**Gewerblicher Tiertransport – gesetzliche Grundlagen**	**88**
10.1.	Verordnung (EG) 1/2005 und Tierschutztransportverordnung (TierSchTrV)	88
10.1.1.	Die Verordnung (EG) Nr. 1013/2006	88
10.2.	Transportunternehmer	88
10.3.	Anforderungen an die Transportfahrzeuge	92
10.4.	Planung von Fahrten	92
10.5.	Begleitpapiere	93
10.6.	Transportfähigkeit von Tieren	93
10.7.	Umgang mit Tieren	94
10.8.	Aufgaben und Pflichten der Behörden	94
10.9.	Viehverkehrsordnung (ViehVerkV)	95
10.10.	Transportunternehmen	95
10.11.	Anforderungen an die Transportfahrzeuge	95
10.12.	Reinigung und Desinfektion von Transportmitteln und Geräten	95
10.13.	Kontrollbücher	96
10.14.	Weitere Anlagen zur ViehVerkV	98
11.	**Der Lkw in der Straßenverkehrs-Zulassungs-Ordnung (StVZO)**	**100**
11.1.	Verantwortung für den Betrieb der Fahrzeuge (§ 31 StVZO/§ 3 FZV)	100
11.2.	Regelmäßige Untersuchungen (§ 29 StVZO und BGV D 29)	101
11.3.	Vorgeschriebene Ausrüstungsteile (§ 31 b)	105
11.4.	Überprüfung von Gewichten/Massen (§ 31 c)	108
11.5.	Achslasten und Fahrzeuggewichte/-massen (§ 34)	110
11.5.1.	Achsen, Achsgruppen und Achslasten	111
11.5.2.	Gesamtmassen von Einzelfahrzeugen	113
11.5.3.	Gesamtmassen von Fahrzeugkombinationen/Zügen	117
11.5.4.	Kombinierter Verkehr – erhöhte zulässige Gesamtmassen	121
11.5.5.	Kabotageverkehr – noch einmal erhöhte zulässige Gesamtmasse	122
11.5.6.	Nach „oben offen" – die Superlative	123
11.5.7.	Lang-Lkw	125
11.6.	Zulässige Abmessungen von Fahrzeugen und Zügen (§ 32)	129
11.6.1.	Breite von Fahrzeugen	129
11.6.2.	Höhe von Fahrzeugen	130
11.6.3.	Längen von Einzelfahrzeugen	131
11.6.4.	Längen von Zügen	131
11.6.5.	Besonders lange Kombinationen	133
11.6.6.	Zuglänge und Abmessungsschild	135
11.7.	BOKraft-Kreis bzw. Vorschriften über die Kurvenläufigkeit (§ 32 d)	136
11.8.	Abschleppen und Schleppen (§ 33 StVZO)	137
11.9.	Mindest-Motorleistung (§ 35)	138
11.10.	Auf- und Abstieg zum und vom Arbeitsplatz, Geländer (§ 35 d)	139
11.11.	Reifen und Räder (§§ 36 und 36 a)	140
11.12.	Gleitschutzeinrichtungen und Schneeketten (§ 37)	144
11.13.	Lenkung (§ 38)	145
11.14.	Automatischer Blockierverhinderer – ABV (§ 41 b)	145

Inhaltsverzeichnis — Band 6

11.15.	Anhängelasten und Leermasse (§ 42)	146
11.16.	Einrichtungen zur Verbindung von Fahrzeugen (§ 43)	148
11.17.	Stützeinrichtung und Stützlast (§ 44)	148
11.18.	Abgasführung und geräuscharme Kraftfahrzeuge (§§ 47 c, 31 e und 49)	149
11.18.1.	Oberleitungs-Lkw	150
11.19.	Beleuchtungseinrichtungen (§ 49 a ff.)	151
11.20.	Hupen und Hörner (§ 55)	157
11.21.	Der Rundumblick – Einrichtungen für indirekte Sicht (§ 56)	157
11.22.	EG-/EU-Kontrollgeräte (§ 57 a und b)	158
11.23.	Geschwindigkeitsbegrenzer (§ 57 d)	159
11.24.	Betätigungseinrichtungen, Kontrollleuchten und Anzeiger (§ 39 a)	160
11.25.	Geschwindigkeitsschilder (§ 58)	160
11.26.	Ausnahmen – Genehmigungen/Erlaubnisse nach StVZO/StVO	161
	Arbeitsblatt 5 – Straßenverkehrs-Zulassungs-Ordnung (StVZO) u. a. – 1	162
	Arbeitsblatt 6 – Straßenverkehrs-Zulassungs-Ordnung (StVZO) u. a. – 2	163
12.	**Anhang**	**164**
12.1.	Definitionen/Erläuterungen einzelner (wiederkehrender) Begriffe	164
12.2.	Abkürzungsverzeichnis	170
	Lösungen Arbeitsblätter	171
	Schlagwortverzeichnis	177

Vorschriften für den Güterkraftverkehr — Band 6

Zum Band Güterkraftverkehr

Ministerialdirigent Christian Weibrecht
Zur Berufskraftfahrer-Qualifikation – Bereich Güterkraftverkehr

Im Jahre 2003 verabschiedete die Europäische Union die Richtlinie 2003/59/EG, die sogenannte „Berufskraftfahrer-Richtlinie". Nach deren Umsetzung in die jeweiligen nationalen Rechtssysteme wurden das Berufsbild und die Qualifikation aller Lkw-Fahrer innerhalb der EU auf eine ganz neue Grundlage gestellt. Zusätzlich zum Erwerb der Fahrerlaubnis wurden neue Qualitätskriterien für den Beruf des Kraftfahrers eingeführt (der Begriff „Berufskraftfahrer" schließt ausdrücklich auch die Frauen mit ein). Dabei setzt die EU auf die Pflicht zu einer Grundqualifikation für alle neuen Berufskraftfahrer und auf die Pflicht zu einer regelmäßigen Weiterbildung. Erklärtes Ziel der EU war und ist vor allem die Verbesserung der Straßenverkehrssicherheit. Darüber hinaus geht es darum, den Beruf attraktiver zu machen. Speditionen und Transportunternehmen klagen über zunehmenden Nachwuchsmangel.
Die Berufskraftfahrer-Qualifikation bedeutet zunächst einmal Aufwand für den angehenden Fahrer. Aber sie sichert ihm auch gute Zukunftsaussichten für die Berufsausübung. Experten rechnen mit einem entsprechend steigenden Einkommen.

Dieses Buch wird Ihnen beim Erwerb des Befähigungsnachweises für die Berufskraftfahrer-Qualifikation und bei der Absolvierung der regelmäßigen Fortbildung helfen.
Ziel ist es, umfassend über die verschiedenen Themenschwerpunkte, die in der EU-Richtlinie, im nationalen Berufskraftfahrer-Qualifikations-Gesetz sowie in der dazu erlassenen Verordnung vorgeschrieben sind, zu informieren, die Themen aufzubereiten und mit Leben zu füllen. Besonderer Wert wird darauf gelegt, die zum Teil schwierigen Regelungen und Vorgaben in verständlichen Worten darzustellen und mit zahlreichen Beispielen anzureichern.

Dazu noch einige Worte zum System und zum Verständnis der Berufskraftfahrer-Qualifikation: Wie bereits gesagt, genügt der Erwerb einer Fahrerlaubnis allein nicht mehr, um im Güterverkehr gewerblich tätig zu sein. Notwendig ist auch ein Befähigungsnachweis, der zusätzlich und ohne Anrechnung der Fahrschulausbildung zu erwerben ist. Erforderlich ist er für Lkw-Fahrer, die nach dem 09. September 2009 die entsprechende Fahrerlaubnis erworben haben (zu den Ausnahmen siehe § 1 Abs. 2 des Berufskraftfahrer-Qualifikations-Gesetzes).
Dies gilt sowohl für selbstständige als auch für angestellte Fahrer. Dabei umfasst der Begriff „gewerbliche Zwecke" auch Fahrten im Werkverkehr. Als Faustformel kann man sich merken, dass Fahrten, die unter das Güterkraftverkehrsgesetz fallen, beim Fahrzeugführer eine Berufskraftfahrer-Qualifikation voraussetzen.

Sie haben drei Möglichkeiten:
1. Die dreijährige Ausbildung zum „Berufskraftfahrer" oder zur „Fachkraft im Fahrbetrieb", wie wir sie auch bei anderen Ausbildungsberufen kennen.
2. Die sogenannte „Grundqualifikation". Der Gesetzgeber hat bei dieser nur Vorgaben zur theoretischen Prüfung (240 Minuten) und zur praktischen Prüfung (210 Minuten) gemacht. Die Erfahrung zeigt, dass diese schwere Prüfung nur nach intensiver Vorbereitung zu bestehen ist.
3. Die sogenannte „Beschleunigte Grundqualifikation", die aus 140 Stunden Unterricht (Praxis und Theorie) und einer Theorieprüfung von 90 Minuten Dauer besteht.

Eine einmal erworbene Qualifikation zum Berufskraftfahrer bleibt im Falle des Ablaufs der Gültigkeit der Fahrerlaubnis wie auch im Falle ihrer Entziehung bestehen (§ 3 Berufskraftfahrer-Qualifikations-Gesetz). Voraussetzung ist allerdings die Teilnahme an der vorgeschriebenen Weiterbildung (§ 5 Abs. 2 Berufskraftfahrer-Qualifikations-Gesetz).

Auszug aus der **Fahrerlaubnis-Verordnung (FeV)**:

§ 10 Mindestalter
(1) Das für die Erteilung einer Fahrerlaubnis maßgebliche Mindestalter bestimmt sich nach der folgenden Tabelle:

lfd. Nr.	Klasse	Mindestalter	Auflagen
6	C1, C1E	18 Jahre	

7	C, CE	a) 21 Jahre,
		b) 18 Jahre
		    aa) nach erfolgter Grundqualifikation nach § 4 Absatz 1 Nummer 1 des Berufskraftfahrerqualifikationsgesetzes …
		    bb) für Personen während oder nach Abschluss einer Berufsausbildung nach
		        aaa) dem staatlich anerkannten Ausbildungsberuf „Berufskraftfahrer/ Berufskraftfahrerin",
		        bbb) dem staatlich anerkannten Ausbildungsberuf „Fachkraft im Fahrbetrieb" oder
		        ccc) einem staatlich anerkannten Ausbildungsberuf, in dem vergleichbare Fertigkeiten und Kenntnisse zum Führen von Kraftfahrzeugen auf öffentlichen Straßen vermittelt werden.
			Im Falle des Buchstaben b Doppelbuchstabe bb ist die Fahrerlaubnis mit den Auflagen zu versehen, dass von ihr nur bei Fahrten im Inland und im Rahmen des Ausbildungsverhältnisses Gebrauch gemacht werden darf. Die Auflagen entfallen, wenn der Inhaber der Fahrerlaubnis das 21. Lebensjahr vollendet oder die Berufsausbildung nach Buchstabe b Doppelbuchstabe bb vor Vollendung des 21. Lebensjahres erfolgreich abgeschlossen hat.

Abweichend von den Nummern 7 … der Tabelle … beträgt im Inland das Mindestalter für das Führen von Fahrzeugen der **Klasse C 18 Jahre** … im Falle

1. von Einsatzfahrzeugen der Feuerwehr, der Polizei, der nach Landesrecht anerkannten Rettungsdienste, des Technischen Hilfswerks und sonstiger Einheiten des Katastrophenschutzes, sofern diese Fahrzeuge für Einsatzfahrten oder vom Vorgesetzten angeordnete Übungsfahrten sowie Schulungsfahrten eingesetzt werden, und

2. von Fahrzeugen, die zu Reparatur- oder Wartungszwecken in gewerbliche Fahrzeugwerkstätten verbracht und dort auf Anweisung eines Vorgesetzten Prüfungen auf der Straße unterzogen werden.

Vorschriften für den Güterkraftverkehr — Band 6

Zusammengefasst ergibt sich folgendes Bild:

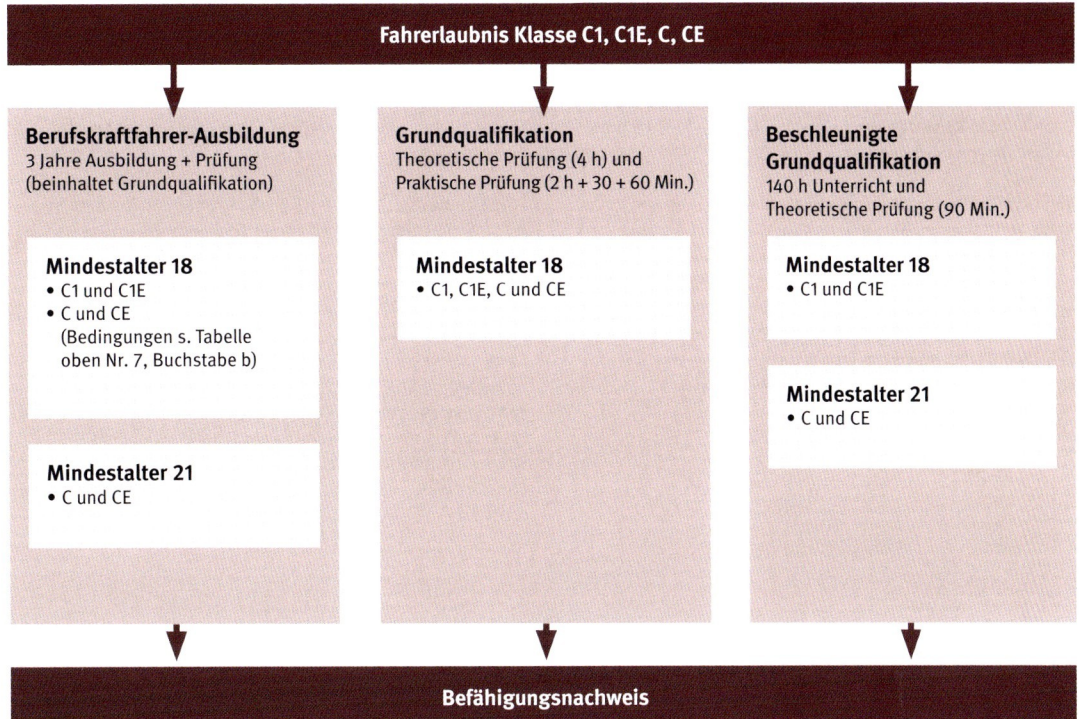

Die notwendigen Kenntnisbereiche sind durch die EU-Richtlinie klar vorgegeben. Es geht z. B. um Ladungssicherheit, Sicherheitsausstattungen, Bremsanlagen, umweltfreundliches und rücksichtsvolles Fahren, Umgang mit Fahrgästen, Optimierung des Kraftstoffverbrauchs, Sozialvorschriften, Genehmigungen, Müdigkeit, Verhalten in Notfällen bis hin zu Logistik, Marktordnung, Arbeitsunfällen, Verkehrsunfallstatistiken und Besonderheiten im internationalen Verkehr.
Auch Themen wie die Schleusung illegaler Einwanderer, gesundheitliche Risiken und ausgewogene Ernährung finden sich in der Liste von Mindestanforderungen an Aus- und Weiterbildung.

Anerkannte Ausbildungsstätten für die „Beschleunigte Grundqualifikation" und für die Weiterbildung sind Fahrschulen mit einer Fahrschulerlaubnis der Klassen CE oder DE, Ausbildungsbetriebe, die eine Berufsausbildung durchführen dürfen, und Bildungseinrichtungen nach dem Berufsbildungsgesetz.
Andere Ausbildungsstätten müssen sich für die „Beschleunigte Grundqualifikation" und die Weiterbildung von den zuständigen Landesbehörden anerkennen lassen. Da das Recht für die „Grundqualifikation" keine besondere Ausbildung verlangt, können hier auch andere geeignete Unternehmen, Fahrschulen und Institutionen aktiv werden.

Für die Prüfungen verantwortlich sind die Industrie- und Handelskammern. Alleiniges Kriterium für das Bestehen der Prüfungen sind „ausreichende Leistungen".

Eine der wichtigsten neuen Regelungen ist zudem die Pflicht zur regelmäßigen Weiterbildung. Sie dient der Wiederholung, Vertiefung und Aktualisierung des erworbenen Wissens.
Die erste Weiterbildung ist spätestens fünf Jahre nach dem Zeitpunkt des Erwerbs der Qualifikation abzuschließen und innerhalb der folgenden Fünfjahresfristen zu wiederholen. Sie erfolgt in Lehrgängen mit 35 Unterrichtsstunden.
Eine Aufteilung in „Blöcke" von jeweils mindestens sieben Stunden ist möglich. Die Verteilung innerhalb der Fünfjahreszeiträume kann ebenfalls flexibel erfolgen.
Damit wurde die Möglichkeit geschaffen, auf aktuelle Entwicklungen – z. B. wichtige Rechtsänderungen – schnell reagieren zu können.
Bei aller Freiheit in der organisatorischen Ausgestaltung gilt: Die Weiterbildung ist verpflichtend und muss in einer zugelassenen Ausbildungsstätte erfolgen.

Dieses gilt auch für Fahrer, bei denen auf den Erwerb eines Befähigungsnachweises verzichtet wird (Erwerb der Lkw-Fahrerlaubnis vor dem 10. September 2009). Sie mussten ihre erste Weiterbildung bis zum September 2016 absolviert haben.

Der Nachweis der Grundqualifikation beziehungsweise der Weiterbildung wird durch den Eintrag der Schlüsselzahl „95" in Spalte 12 des Kartenführerscheins oder auf einer besonderen Bescheinigung dokumentiert.

In dieser Einführung können nicht alle Rechtsfragen zur Berufskraftfahrerqualifikation und zur Weiterbildung angesprochen werden. Ihre Industrie- und Handelskammer, die zuständige Landesbehörde und die anerkannten Ausbildungsstätten sind in diesem Zusammenhang wichtige Ansprechpartner. Das vorliegende Werk bereitet die Inhalte des Güterkraftverkehrsrechts allgemeinverständlich auf und bildet damit eine solide Grundlage für Ihren beruflichen Werdegang.

Ministerialdirigent Christian Weibrecht, geboren am 12.11.1960 in Düsseldorf, ist Jurist und war lange Jahre Referats- und Unterabteilungsleiter im Bundesministerium für Verkehr, Bau und Stadtentwicklung. Zu seinen Aufgaben- und Zuständigkeitsbereichen gehörten unter anderem das Güterkraftverkehrsrecht, nationale und europäische Vorschriften zur BKF-Ausbildung, das Fahrerlaubnis- und Führerscheinwesen, das Fahrlehrerrecht, die Aufsicht über das KBA in Flensburg und das Zulassungsrecht.

Christian Weibrecht leitete ab 2010 die Unterabteilung Z1 im Bundesministerium für Verkehr und digitale Infrastruktur (BMVI) und war zuständig für Haushalt, Personal, Organisation und Beteiligungen, bevor er im Mai 2013 zum Leiter der Unterabteilung LA 2 (Straßenverkehr) bestellt wurde; dort war er unter anderem zuständig für die Themen Fahrzeugtechnik, Straßenverkehrsrecht, Zulassung von Fahrzeugen, Straßenverkehrsordnung sowie Straßenverkehrssicherheit. Weitere Kompetenzen kommen seit Juni 2014 hinzu: Zu diesem Zeitpunkt hat er die Leitung der Unterabteilung „Straßenbaupolitik, Straßenplanung und Straßenrecht" des BMVI übernommen. Christian Weibrecht ist Autor und Herausgeber von Fachartikeln, Fachbüchern sowie von Buchbeiträgen.

Vorschriften für den Güterkraftverkehr — **Band 6**

- Sie finden in diesem Band Textpassagen, die gelb hinterlegt sind. Dabei handelt es sich um wörtliche oder sinngemäße Wiedergaben von Gesetzes- oder Verordnungstexten.
- Sie finden in diesem Band auch Textpassagen, die hellbraun hinterlegt sind. Dabei handelt es sich um Erläuterungen oder Hinweise.

Vorbemerkung

„Die vielen gesetzlichen Regelungen machen uns Fahrern nur das Leben schwer."
Spontan möchte man zunächst zustimmen. In der Tat sind im Bereich des gewerblichen Gütertransports viele Regelungen zu beachten, Papiere vorzubereiten und mitzunehmen, unterwegs Formalien zu beachten u. v. m.
Wer jedoch die Entwicklung des Transportrechts in den letzten zwanzig Jahren beobachtet hat, weiß, dass bereits vieles vereinfacht und „Ballast" abgeworfen wurde (1.6.).

Die verbliebenen Regeln und Gesetze haben durchaus ihren Sinn:
Das Transportwesen soll jedem Unternehmer die gleichen Chancen bieten und dabei
- gegen ruinösen Wettbewerb geschützt werden,
- in geordnete und damit nachvollziehbare und überprüfbare Bahnen gelenkt werden.

Wobei diese beiden Zielsetzungen nur dem Hauptanliegen dienen:
Der Verkehr soll für alle Verkehrsteilnehmer sicher ablaufen.
Dahinter steckt auch die Überlegung, dass nur ein wirtschaftlich arbeitendes Unternehmen langfristig überlebensfähig und in der Lage ist, z. B. seinen Fuhrpark entsprechend zu warten, seine Fahrer angemessen zu entlohnen, weiterzubilden usw.

Dabei ist in den vergangenen Jahren der Einfluss des internationalen Rechts, insbesondere der Europäischen Union immer größer geworden. Das heißt, das Rechtssystem, in dem der Güterverkehr erfasst wird, hat sich zunehmend dem Einfluss der nationalen Gesetzgeber entzogen.
Sehr deutlich ist diese Entwicklung in den Nebenbereichen des Transportrechts zu beobachten, beispielsweise bei den Sozialvorschriften (Lenk- und Ruhezeiten) und im Bereich der technischen Vorgaben. Verblieben sind allerdings noch viele nationale Gesetze, Verordnungen und Richtlinien, nach denen sich Unternehmer und Mitarbeiter zu richten haben.
Das nationale „Grundgesetz" des Gütertransports ist dabei das Güterkraftverkehrsgesetz.

1. Güterkraftverkehrsgesetz – GüKG (Nationale Verkehre)

1.1. Geltungsbereich

So umfassend, wie der Name des Gesetzes es vermuten lässt, ist auch sein Geltungsbereich:
Das Güterkraftverkehrsgesetz regelt den gesamten Güterkraftverkehr in Deutschland, nimmt allerdings bestimmte Formen des Verkehrs im Nachhinein wieder von den Regelungen aus. Und es gibt Transportfälle, die nur unter internationales Recht fallen.

1.2. Definitionen

Einleitend werden im GüKG wichtige Begriffe festgelegt.

> Es kommt durchaus vor, dass in verschiedenen Gesetzen unter ein und demselben Ausdruck Verschiedenes verstanden wird. Hilfreich ist es also, wenn die Ausdrücke, die im Gesetzestext verwendet werden, zu Beginn zunächst festgelegt (definiert) werden. Werden keine Definitionen geliefert, lässt sich manchmal eine Klärung über die Rechtsprechung, also über Urteile, vornehmen oder ein anderes Gesetz aus demselben Rechtsgebiet liefert zumindest Hinweise.

Güterkraftverkehr

> Güterkraftverkehr ist die geschäftsmäßige oder entgeltliche Beförderung von Gütern mit Kraftfahrzeugen, die einschließlich Anhänger ein höheres zulässiges Gesamtgewicht als 3,5 Tonnen haben.
> (aus § 1 Abs. 1 GüKG)

Vorschriften für den Güterkraftverkehr — Band 6

Hier werden zur Klärung Begriffe verwendet, die selbst erst einmal geklärt werden müssen:
- **Geschäftsmäßig** ist eine Tätigkeit dann, wenn ihre regelmäßige Wiederholung geplant ist.
- **Entgeltlich** ist eine Tätigkeit dann, wenn sie auf Gegenleistung gleich welcher Form abzielt. Auch dann also, wenn z. B. gar nicht an eine direkte finanzielle Zuwendung gedacht ist, wenn vielleicht „nur eine Hand die andere wäscht", handelt es sich um eine solche Tätigkeit.

Dabei spricht der Text alternativ von entgeltlicher **oder** geschäftsmäßiger Beförderung. Es reicht aus, wenn **einer der beiden** Begriffe bei der Durchführung einer Fahrt zutrifft.
Ist dieser Fall gegeben, wird im weiteren Text des Bands Nr. 6 „Vorschriften für den Güterkraftverkehr" die Rede von gewerblicher Güterbeförderung sein.

- **Güter** sind Dinge, die nicht zur Ausrüstung eines Fahrzeugs gehören, man könnte auch von **Ladung** sprechen (keine Güter sind z. B. Hilfsmittel für die eigene Ladungssicherung oder Unterlegplatten für die hydraulischen Stützfüße eines Lkw, der über einen eigenen Ladekran verfügt),
- **Kraftfahrzeuge** sind gemäß StVG (Straßenverkehrsgesetz (StVG)) Landfahrzeuge, „die durch Maschinenkraft bewegt werden, ohne an Bahngleise gebunden zu sein". Die FZV (Fahrzeug-Zulassungsverordnung) spricht von „nicht dauerhaft spurgeführten Landfahrzeugen, die durch Maschinenkraft bewegt werden",
- **Anhänger** sind gemäß FZV „zum Anhängen an ein Kraftfahrzeug bestimmte und geeignete Fahrzeuge",

Wird ein Kraftfahrzeug mit einem Anhänger oder mehreren Anhängern (Zugmaschine als Zugfahrzeug bei zwei Anhängern) verbunden, spricht man von einem **Zug**, manchmal auch von einer **Kombination**.

- zulässige Gesamtmasse zGM (zulässiges Gesamtgewicht) ist die Masse, die unter Berücksichtigung der Werkstoffbeanspruchung und der Vorschriften der StVZO (u. a. zulässige Achslasten, Tragfähigkeit der Bereifung) nicht überschritten werden darf. Anders ausgedrückt: zGM = Leermasse des Fahrzeugs zuzüglich Nutzlast, also der gesetzlich erlaubten Zuladung.

Zur Verwendung der **Begriffe „Gewicht"** und **„Masse"**: Beide sind physikalisch voneinander zu unterscheiden. In den Texten der Gesetze und Verordnungen wird deshalb zunehmend der Begriff des „Gewichtes" durch den genaueren der „Masse" 1:1 ersetzt (z. B. in der neueren FZV grundsätzlich, in der StVZO im Rahmen von Änderungen des Textes). Von daher ist die Wortwahl in den Quellentexten z. T. uneinheitlich.

Die zulässige Gesamtmasse zGM ist bei einem Einzelfahrzeug dem Fahrzeugschein bzw. der Zulassungsbescheinigung Teil I zu entnehmen. Bei Zügen muss sie somit errechnet werden. Die Vorgehensweise wird unter 12.5.3. ausführlich dargestellt.

Werkverkehr

Werkverkehr ist Güterkraftverkehr für eigene Zwecke eines Unternehmens, wenn folgende Voraussetzungen erfüllt sind:
1. Die beförderten Güter müssen Eigentum des Unternehmens oder von ihm verkauft, gekauft, vermietet, gemietet, hergestellt, erzeugt, gewonnen, bearbeitet oder instand gesetzt worden sein.
2. Die Beförderung muss der Anlieferung der Güter zum Unternehmen, ihrem Versand vom Unternehmen, ihrer Verbringung innerhalb oder – zum Eigengebrauch – außerhalb des Unternehmens dienen.
3. Die für die Beförderung verwendeten Kraftfahrzeuge müssen vom eigenen Personal des Unternehmens geführt werden oder von Personal, das dem Unternehmen im Rahmen einer vertraglichen Verpflichtung zur Verfügung gestellt worden ist (z. B. Fahrer von Zeitarbeitsfirmen).
4. Die Beförderung darf nur eine Hilfstätigkeit im Rahmen der gesamten Tätigkeit des Unternehmens darstellen.
(§ 1 Abs. 2 GüKG)

Aus der Zuordnung einer Transportform zum Begriff des Werkverkehrs ergeben sich Erleichterungen für die Durchführung. Darauf wird später noch näher eingegangen. Entfällt auch nur eine der oben genannten vier Voraussetzungen bei einem Transport, handelt es sich um gewerblichen Güterverkehr.

Ebenfalls den vereinfachten Vorschriften des Werkverkehrs unterliegt der Transport von Gütern durch Handelsvertreter, Handelsmakler und Kommissionäre. Vorausgesetzt wird dabei, dass
1. deren geschäftliche Tätigkeit sich auf diese Güter bezieht,
2. die Voraussetzungen nach Absatz 2 Nr. 2 bis 4 vorliegen und
3. ein Kraftfahrzeug verwendet wird, dessen Nutzlast einschließlich der Nutzlast eines Anhängers 4 Tonnen nicht überschreiten darf. (aus § 1 Abs 3 GüKG)

Das GüKG klärt die Bezeichnungen „Handelsvertreter, Handelsmakler und Kommissionäre" nicht. Da es Begriffe aus dem Handelsrecht sind, führt hier ein Blick ins *Handelsgesetzbuch (HGB)* weiter:

Handelsvertreter

Handelsvertreter ist, wer als selbständiger Gewerbetreibender ständig damit betraut ist, für einen anderen Unternehmer ... Geschäfte zu vermitteln oder in dessen Namen abzuschließen.
(aus § 84 HGB)

Handelsmakler

Wer gewerbsmäßig für andere Personen, ohne von ihnen auf Grund eines Vertragsverhältnisses ständig damit betraut zu sein, die Vermittlung von Verträgen über Anschaffung oder Veräußerung von Waren oder Wertpapieren, über Versicherungen, Güterbeförderungen, Schiffsmiete oder sonstige Gegenstände des Handelsverkehrs übernimmt, hat die Rechte und Pflichten eines Handelsmaklers.
(aus § 93 HGB)

Kommissionär

Kommissionär ist, wer es gewerbsmäßig übernimmt, Waren oder Wertpapiere für Rechnung eines anderen (des Kommittenten) in eigenem Namen zu kaufen oder zu verkaufen.
(aus § 383 HGB)

Zusammengefasst stellt sich § 1 GüKG demnach so dar:
- Zunächst unterliegt ganz allgemein jeder geschäftsmäßige oder entgeltliche Transport von Gütern mit Kraftfahrzeugen oder Zügen mit einer zGM › 3,5 t (unabhängig von der Art der Zulassung des verwendeten Fahrzeugs!) den Vorschriften des Gesetzes.
- unter Einhaltung bestimmter Voraussetzungen sind Gütertransporte dem Begriff/Sonderfall des Werkverkehrs zuzuordnen. Für solche Transporte gelten besondere, d. h. vereinfachte Vorschriften.
- Transporte durch Handelsvertreter, Handelsmakler und Kommissionäre sind dem Werkverkehr zuzuordnen, wenn bestimmte Voraussetzungen vorliegen.
- Das Gesetz kennt nur zwei **Hauptgruppen des Gütertransports**. Kommt die Zuordnung eines Transports zum Begriff des Werkverkehrs nicht in Frage, handelt es sich automatisch um gewerblichen Güterkraftverkehr.

Schematisch dargestellt ergibt sich daraus folgendes Organigramm.

1.3. Struktur und Aufgabenbereiche des GüKG

1.4. Nicht erfasste und ausgenommene Transporte

Das Güterkraftverkehrsgesetz nimmt in § 2 von den zuvor allgemein erfassten Transporten eine ganze Reihe von Fällen wieder aus. Beispiele aus der Auflistung:

1. die gelegentliche, nichtgewerbsmäßige Beförderung von Gütern durch Vereine für ihre Mitglieder oder für gemeinnützige Zwecke,
2. die Beförderung von Gütern durch Körperschaften, Anstalten und Stiftungen des öffentlichen Rechts im Rahmen ihrer öffentlichen Aufgaben,
3. die Beförderung von beschädigten oder reparaturbedürftigen Fahrzeugen aus Gründen der Verkehrssicherheit oder zum Zwecke der Rückführung,
4. die Beförderung von Gütern bei der Durchführung von Verkehrsdiensten, die nach dem Personenbeförderungsgesetz genehmigt wurden (also Reisegepäck),
5. die Beförderung von Medikamenten, medizinischen Geräten und Ausrüstungen sowie anderen zur Hilfeleistung in dringenden Notfällen bestimmten Gütern,
6. die Beförderung von Milch und Milcherzeugnissen für andere zwischen landwirtschaftlichen Betrieben, Milchsammelstellen und Molkereien durch landwirtschaftliche Unternehmer,
7. die in land- und forstwirtschaftlichen Betrieben übliche Beförderung von land- und forstwirtschaftlichen Bedarfsgütern oder Erzeugnissen
   a) für eigene Zwecke,
   b) für andere Betriebe dieser Art
   aa) im Rahmen der Nachbarschaftshilfe oder
   bb) im Rahmen eines Maschinenringes oder eines vergleichbaren wirtschaftlichen Zusammenschlusses, sofern die Beförderung innerhalb eines Umkreises von 75 Kilometern in der Luftlinie um den regelmäßigen Standort des Kraftfahrzeugs, den Wohnsitz oder den Sitz des Halters im Sinne der Fahrzeug-Zulassungsverordnung mit steuerbefreiten Zugmaschinen oder Sonderfahrzeugen durchgeführt wird,
8. die im Rahmen der Gewerbeausübung erfolgende Beförderung von Betriebseinrichtungen für eigene Zwecke sowie
9. die Beförderung von Postsendungen im Rahmen von Universaldienstleistungen durch Postdienstleister gemäß Post-Universaldienstleistungsverordnung.

Das GüKG kennt also
1. Transporte, die **gar nicht erst erfasst werden** – Transporte mit Kraftfahrzeugen und Zügen, deren zGM ≤ 3,5 t, und
2. Transporte, die **erfasst werden**, sich dem Gesetz aber über **Ausnahmeregelungen** wieder entziehen.

Das Organigramm „Struktur und Aufgabenbereiche" kann demnach erweitert werden.

1.5. Erweiterung der Struktur und Aufgabenbereiche des GüKG

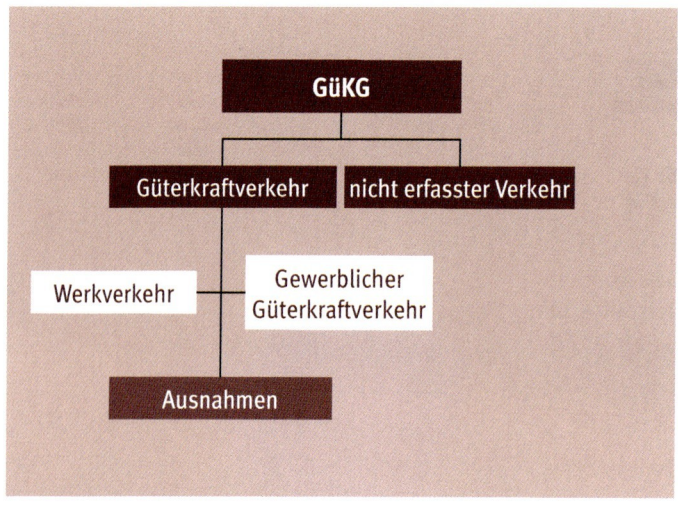

Vorschriften für den Güterkraftverkehr **Band 6**

1.6. Gewerblicher Gütertransport – Inlandverkehre durch Unternehmer mit Sitz im Inland/Erlaubnispflicht

Der gewerbliche Güterkraftverkehr ist erlaubnispflichtig, soweit sich nicht aus dem unmittelbar geltenden europäischen Gemeinschaftsrecht etwas anderes ergibt.
(Auszug aus § 3 GüKG)

Die in früheren Jahren für bestimmte Transportformen („Fernverkehr") vorgesehene **Genehmigung** ist durch eine **Erlaubnis** ersetzt worden. Hinter dieser Änderung verbirgt sich mehr als nur einfach eine andere Begriffswahl.
Um in den Besitz einer Erlaubnis zu kommen, muss der Antragsteller bestimmte überprüfbare Voraussetzungen erfüllen. Ist das der Fall, hat er einen Rechtsanspruch auf den Erhalt einer Erlaubnis.
Möchte jemand eine Genehmigung erhalten, müssen ebenfalls zunächst überprüfbare Voraussetzungen erfüllt werden; darüber hinaus macht die Antragsbehörde aber die Zuteilung der Genehmigung vom Vorliegen weiterer Gegebenheiten abhängig, auf die der Antragsteller gar keinen Einfluss hat.

Beispiel: Zu Zeiten des oben erwähnten Fernverkehrs war die Zahl der in diesem Verkehr zu vergebenden Genehmigungen begrenzt. War zum Zeitpunkt der Antragstellung keine Genehmigung frei, konnte somit keine vergeben werden.

Das Gesetz fordert also eine Erlaubnis zur Ausübung eines gewerblichen Güterkraftverkehrs und weist zugleich darauf hin, dass sich aus **Gemeinschaftsrecht** im Einzelfall oder generell andere Regelungen ergeben können. Nach derzeitigem Stand (EU-VO 1072/2009) darf ein Mitgliedsland der Europäischen Union nur noch den Güterverkehr eigenständig regeln, der sich ausschließlich innerhalb seiner Grenzen abspielt und dabei nicht mit EU-Regeln kollidiert.
Es zeigt sich hier der eingangs (1.1.) erwähnte Vorrang des EG- bzw. EU-Rechts. Welche Voraussetzungen muss ein Interessent nun erfüllen und wie hat er vorzugehen?

Mit Wirkung vom 04.12.2011 traten im EU-Bereich die drei Verordnungen des sog. **„Road Package"** in Kraft. Das Paket stellt eine Überarbeitung wichtiger gemeinschaftlicher Grundregeln für den Güter- und den Personenverkehr dar.

1.6.1. Antragstellung und Voraussetzungen/Berufszugangsverordnung

Zum 04.12.2011 trat das sogenannte ‚Road Package', ein Paket neuer EU-Verordnungen (VO [EG] 1071/2009, 1072/2009 und 1073/2009), auch für die Bundesrepublik Deutschland in Kraft.
Da sich das nationale Recht über den Güterkraftverkehr nach den übergeordneten Bestimmungen der EU zu richten hat, wurden in der Folge die Bestimmungen des GüKG und der auf dem GüKG basierenden Verordnungen an die neuen EU-Bestimmungen angepasst.
Die grundlegenden Bestimmungen über den Zugang zum Beruf des Güter-Kraftverkehrsunternehmers, aber auch zur Ausübung einer solchen Tätigkeit enthält die **EU-Verordnung 1071/2009**. Diese Verordnung wurde durch die Änderungen im GüKG in deutsches Recht umgesetzt.
Die auf dem GüKG basierende nationale ‚**Berufszugangsverordnung für den Güterkraftverkehr (GBZugV)**' musste – als ausführende Verordnung zum GüKG – in der Folge an dessen geänderten Wortlaut angepasst werden. Die GBZugV beschäftigt sich mit wichtigen Ergänzungen zu den genannten Bestimmungen, mit Detailregelungen und Begrifflichkeiten.
Da das Regelwerk nicht vom ‚Unternehmer', sondern nur vom ‚**Unternehmen**' spricht, sei die amtliche Erläuterung des Begriffs hier vorangestellt.

Definition „Unternehmen" (aus Art. 2 der EG-VO, verkürzt):
„entweder jede natürliche Person, jede juristische Person mit oder ohne Erwerbszweck, jede Vereinigung oder jeder Zusammenschluss von Personen ohne Rechtspersönlichkeit und mit oder ohne Erwerbszweck sowie jede amtliche Stelle …, die bzw. der die Beförderung von Personen durchführt, oder jede natürliche oder juristische Person, die die Beförderung von Gütern zu gewerblichen Zwecken durchführt."

Vergleichbar äußern sich die Verwaltungsvorschriften – VwV – zum GüKG (Nr. 8).

Der Weg zur Erlaubnis führt für den angehenden Kraftverkehrsunternehmer über die zuständige Behörde. Dort muss er einen entsprechenden Antrag stellen (s. Kap. 1.6.1.1.).

Vorschriften für den Güterkraftverkehr — Band 6

Zuständig für die Bearbeitung des Antrags ist die Erlaubnisbehörde, in deren Zuständigkeit das Unternehmen des Antragstellers seinen Sitz im Sinne des GüKG errichten will bzw. bereits errichtet hat. Für **ein** Unternehmen gibt es im Inland grundsätzlich nur **eine örtlich zuständige Behörde** (Nr. 2 der Verwaltungsvorschriften – VwV – zum GüKG). Um welche Behördenebene und um welche Behörde es sich im einzelnen Fall handelt, regeln die Bundesländer. Darum kann das GüKG als Bundesgesetz die jeweils zuständige Behörde der Länder nicht namentlich benennen.

> In NRW ist z. B. die untere Verwaltungsebene (Straßenverkehrsämter/Ordnungsämter) zuständig, in Hamburg die Baubehörde.

Der Antrag kann nur dann erfolgreich sein, wenn das den Antrag stellende Unternehmen folgende Voraussetzungen erfüllt (§ 3 GüKG unter Einbeziehung der VO (EG) 1071/2009 sowie der GBZugV):

1. Vorhandensein einer **tatsächlichen und dauerhaften Niederlassung** (EU-VO Art. 5).

Eine solche Niederlassung ist in einem Mitgliedstaat der EU, hier also in der Bundesrepublik, nachzuweisen. Um dem Problem von Schein- und Briefkastenfirmen vorzubeugen, stellt die EU-VO folgende konkrete Anforderungen:

   a) Es müssen **Räumlichkeiten** existieren, in denen die wichtigsten Unternehmensunterlagen aufbewahrt werden. Dazu gehören insbesondere Buchführungsunterlagen, Personalverwaltungsunterlagen, Dokumente mit den Daten über die Lenk- und Ruhezeiten der Fahrer sowie alle sonstigen Unterlagen, zu denen die zuständige Behörde Zugang haben muss, um die Erfüllung der in der EU-VO festgelegten Voraussetzungen überprüfen zu können.
   b) Das zugelassene Unternehmen muss über **mindestens ein Fahrzeug** verfügen, das
      – sein Eigentum ist oder sich aufgrund eines sonstigen Rechts (Mietkauf- oder Miet- oder Leasingvertrag) in seinem Besitz befindet und
      – in dem betreffenden Mitgliedstaat zugelassen ist.
   c) Das zugelassene Unternehmen muss seine **Tätigkeit** mit den genannten Fahrzeugen **tatsächlich und dauerhaft** ausüben. Dazu müssen die erforderliche verwaltungstechnische und eine angemessene technische Ausstattung in/an der betreffenden Betriebsstätte vorhanden und einsatzbereit sein.

2. Ein **Verkehrsleiter** ist benannt/verpflichtet (EU-VO Art. 4).

Für das Unternehmen des Antragstellers muss ein Verkehrsleiter benannt sein, der im Regelfall zum Unternehmen gehört, also eine feste (angestellte) Bindung zum Unternehmen besitzt.

Es kann es sich somit auch um einen benannten Direktor, einen Anteilseigner, einen Angestellten mit entsprechender Fachkundebescheinigung oder um den Eigentümer selbst handeln.

Der Verkehrsleiter muss nicht zwingend Unternehmer sein oder Prokura besitzen; er muss jedoch fachlich geeignet und zuverlässig sein (s. Pkt. 3). Darüber hinaus muss er seinen ständigen Aufenthalt in der EU haben.

Sein Arbeitsbereich umfasst „die tatsächliche und dauerhafte Leitung der Verkehrstätigkeiten des Unternehmens" (VwV GüKG Nr. 10). Er beschäftigt sich u. a. mit logistischen Aufgaben im weitesten Sinne. Dazu gehören z. B. grundlegende Rechnungsführung, Prüfung von Transportverträgen, Beschaffung von notwendigen Transportdokumenten, Fahrzeugplanung und Fahrerdisposition. Der Verkehrsleiter besitzt Weisungsbefugnis, erhält eine dem Grad der Verantwortung entsprechende Vergütung und ist während der Geschäftszeiten ausreichend am Niederlassungsort anwesend.

Die Größe des Fuhrparks und der damit zusammenhängende Umfang seiner Tätigkeit ist in der Verordnung für einen solchen ‚**internen' Verkehrsleiter nicht begrenzt.**

Sollte ein Unternehmen nicht ausreichend fachlich qualifiziert im Sinne der EU-Vorgaben sein und von daher auch selbst keinen Verkehrsleiter benennen können, **kann** die zuständige Behörde ihm dennoch die Zulassung als Kraftverkehrsunternehmen erteilen. Voraussetzung ist dann allerdings die Benennung eines **externen Verkehrsleiters** (offizielle Bezeichnung).

Zwischen Unternehmen und externem Verkehrsleiter muss eine vertragliche Bindung/Vereinbarung bestehen, die dessen Tätigkeitsumfang und Verantwortlichkeiten genau festlegt (s. o.). Die EU-VO gibt außerdem vor, dass die festgelegten Aufgaben ausschließlich im Interesse des Unternehmens wahrgenommen werden dürfen.

Im Unterschied zum ‚internen' Verkehrsleiter ist für den externen die Anzahl der Unternehmen und der Fahrzeuge, die er betreuen darf, begrenzt. Er darf für **höchstens vier Unternehmen** mit einer Flotte von **insgesamt höchstens 50 Fahrzeugen** zuständig sein.

Vorschriften für den Güterkraftverkehr — Band 6

Bei beiden Arten des Verkehrsleiters muss es sich um eine natürliche Person handeln, deren Aufgabe darin besteht, „tatsächlich und dauerhaft die Verkehrstätigkeiten des Unternehmens zu leiten" (sinngemäß aus Art. 2 EU-VO 1071/2009).

Und: eine zum Verkehrsleiter bestellte Person, gleich ob in- oder extern, muss vom Unternehmen der zuständigen Behörde gemeldet werden.
Die Benennung oder Verpflichtung eines Verkehrsleiters ist in Unternehmen, die lediglich Werkverkehr betreiben, nicht vorgeschrieben.

3. Das Unternehmen und der Verkehrsleiter sind **zuverlässig** (EU-VO Art. 6).

Das GüKG und die integrierte EU-Verordnung fordern für das Unternehmen/den Unternehmer, für den in- wie externen Verkehrsleiter sowie für alle weiteren maßgeblichen Personen, die das Unternehmen darstellen, die Charaktereigenschaft der Zuverlässigkeit. Verhaltensweisen des genannten Personenkreises, welche die eigene Zuverlässigkeit in Frage stellen, wirken sich daher direkt auf die Beurteilung der ganzen Firma aus.
Besonders kritisch zu bewerten sind bei Unternehmen und Verkehrsleitern folgende Verfehlungen (Beispiele):
– schwerwiegende Verstöße (mit Verurteilungen oder Sanktionen) gegen Bestimmungen des einzelstaatlichen Handels- und Insolvenzrechts, gegen Entgelt- und Arbeitsbedingungen, gegen das Recht des Straßenverkehrs (u. a. StVO, StVZO, Pflichtversicherungsgesetz) sowie die Gefährdung oder Schädigung der Allgemeinheit beim Betrieb des Unternehmens;
– schwerwiegende Verstöße (mit Verurteilungen oder Sanktionen) gegen Bestimmungen des EU-Verkehrsrechtes im weitesten Sinne (Sozialrecht, Transportrecht, Recht der beruflichen Aus- und Weiterbildung der Fahrer, Gefahrgutbestimmungen, Zulassungs- und Betriebsbestimmungen für Fahrzeuge sowie das Berufsrecht).

Die „**Liste der schwersten Verstöße**" (offizielle Bezeichnung) gemäß Artikel 6 enthält **Anhang IV zur EG-VO**. Der deutsche Gesetzgeber hat dazu im Verkehrsblatt eine ‚Auslegungshilfe' veröffentlicht (VkBl. Nr. 4/2012).
Seit dem 01.01.2017 werden die Regelungen durch die detaillierte **Verordnung (EU) 2016/403** mit ihrer „Liste der schwerwiegenden Verstöße" ergänzt.
Hier werden z. B. definierte Fehlverhaltensweisen aus folgenden Bereichen zugeordnet:
– Lenk- und Ruhezeiten (sog. Sozialvorschriften),
– Einbau und Betrieb der Kontrollgeräte bzw. Fahrerkarten,
– Fahrzeugmassen und ihre Abmessungen,
– Betrieb des Geschwindigkeitsbegrenzers.

Unterschieden wird dabei zwischen **„schwerwiegenden, sehr schwerwiegenden und schwersten Verstößen"**.
Dabei ergeben drei schwerwiegende Verstöße pro Jahr und Fahrer in der Summe einen sehr schwerwiegenden Verstoß. Drei sehr schwerwiegende Verstöße ergeben einen schwersten Verstoß. Dieser wiederum führt zu einem Verfahren, in dem die Überprüfung der Zuverlässigkeit des Unternehmens erfolgt. Als Ergebnis drohen letztlich der Entzug der Lizenz und weitere Rechtsfolgen. Verbindlichkeiten gegenüber dem Finanzamt dürfen nicht bestehen. Die zuständigen Behörden können Strafregisterauszüge der Bewerber anfordern (Art. 20).

4. Die **finanzielle Leistungsfähigkeit** des Unternehmens ist gegeben (EU-VO Art. 7)

Grundsätzlich fordert die EU-Verordnung:

> Um die Anforderung … zu erfüllen, muss ein Unternehmen jederzeit in der Lage sein, im Verlauf des Geschäftsjahres seinen finanziellen Verpflichtungen nachzukommen.
> (aus Art. 7 der EU-VO)

Konkret bedeutet dies, dass ständig eine finanzielle Reserve von mindestens **9.000 € für das erste** Fahrzeug und **5.000 € für jedes weitere genutzte Fahrzeug** (Zugfahrzeug und Anhänger zählen hier jeweils als ein Fahrzeug!) zwingend vorhanden sein muss. Der Nachweis über das Vorhandensein einer solchen Reserve erfolgt über Jahresabschlüsse, die von einem Rechnungsprüfer oder einer ordnungsgemäß akkreditierten Person geprüft worden sind.

5. Die **fachliche Eignung** des Unternehmens ist gegeben (EU-VO Art. 8 und 9)

Auch für die hier geltenden Anforderungen bestimmt die EU-VO die wesentlichen Inhalte und Kriterien. Es bleibt den Mitgliedstaaten überlassen, nicht nur eine erfolgreiche Prüfung vom Bewerber zu verlangen, sondern auch die Teilnahme an einer vorgeschalteten Ausbildung vorzuschreiben.
Es ist im Regelfall mindestens eine schriftliche **Prüfung** vorgesehen, die aus zwei Teilen besteht:
  a) Fragen sind im Multiple-Choice-Verfahren und/oder über Fragen mit direkten Antworten zu bearbeiten (Mindestdauer zwei Zeitstunden);
  b) schriftliche Übungen/Fallstudien sind zu bearbeiten (ebenfalls Mindestdauer zwei Zeitstunden).

Vorschriften für den Güterkraftverkehr — Band 6

Gegenstand der Prüfung sind die folgenden Rechts- und Technikgebiete:
A. Bürgerliches Recht
B. Handelsrecht
C. Sozialrecht
D. Steuerrecht
E. Kaufmännische und finanzielle Leitung des Unternehmens Güterkraftverkehr
F. Marktzugang
G. Normen und technische Vorschriften
H. Straßenverkehrssicherheit

Eine mündliche Prüfung kann ergänzend gefordert werden.

Die Artikel 8 und 9 der Verordnung enthalten allerdings auch umfangreiche Ausnahmeregelungen bzw. Anerkennungsmöglichkeiten für Inhaber bestimmter beruflicher Qualifikationen.

Die Berufszugangsverordnung (GBZugV) nennt hier z. B.
- die Abschlussprüfung zum Speditionskaufmann,
- die Abschlussprüfung zur Fortbildung zum Verkehrsfachwirt.

Der Bewerber muss allerdings eine solche Ausbildung vor dem 04.12.2011 begonnen haben. Auch eine mindestens zehnjährige leitende Tätigkeit in einem EU-Unternehmen des Güterkraftverkehrs gilt als ausreichende Qualifikation, wenn der Betreffende diese Tätigkeit
- **vor dem 04.12.2011** und
- **ohne Unterbrechung** durchgeführt hat.

Details zu Prüfungsanforderungen, zur Organisation der Prüfungen und zu den bestehenden Alternativen sind dem **Anhang I zur VO (EG) 1071/2009** und der **Berufszugangsverordnung** (GBZugV) zu entnehmen.

Nach erfolgreich bestandener Prüfung ist dem Bewerber eine Bescheinigung über seine fachliche Eignung auszustellen (s. Abb.).

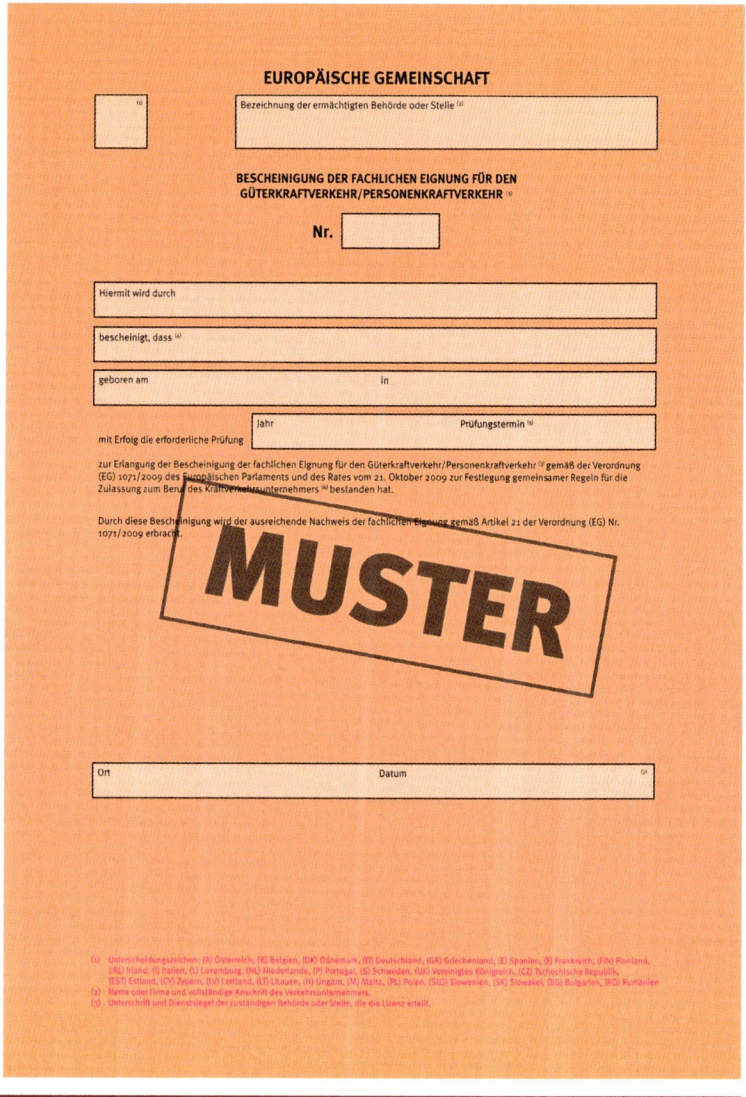

Gemäß Berufszugangsverordnung sind der Behörde zur Entscheidungsfindung weitere
Angaben zu machen und ggf. Nachweise über diese Angaben zu erbringen (in Auszügen):
- Name und Rechtsform des Unternehmens,
- Anschrift des Sitzes,
- Telefon-/Faxnummern sowie E-Mail-Adresse,
- persönliche Angaben zum Verkehrsleiter,
- Anzahl/Art der eingesetzten Fahrzeuge,
- Führungszeugnis (nicht älter als drei Monate),
- Auskunft aus dem Gewerbezentralregister (nicht älter als drei Monate).

Die hier als Voraussetzungen für einen erfolgreichen Antrag genannten Bedingungen müssen auch in der Folge, also dem täglichen Betrieb eines Unternehmens erfüllt werden. Die Behörde muss regelmäßig **(mindestens alle zehn Jahre)** überprüfen, ob die notwendigen Voraussetzungen nach wie vor gegeben sind.

Eine von der zuständigen Behörde vor dem 04.11.2011 ausgestellte Bescheinigung über eine bestehende fachliche Eignung eines Bewerbers behält ihre Gültigkeit, falls nicht der in Artikel 8 genannte Tatbestand zutrifft (länger als fünf Jahre kein Transportunternehmen mehr geführt). Dieser kann die Behörde veranlassen, eine ‚**Wissensauffrischung**' (Art. 8 Abs. 6 der EU-VO) vom Inhaber der Bescheinigung zu fordern.

Arbeitsblatt 1 – Vorschriften für den Güterkraftverkehr — Band 6

Arbeitsblatt 1 – Güterkraftverkehrsgesetz (GüKG)

a) „Güterkraftverkehr ist die **geschäftsmäßige** oder **entgeltliche** Beförderung von Gütern mit Kraftfahrzeugen, die einschließlich Anhänger ein höheres zulässiges Gesamtgewicht als 3,5 Tonnen haben." (aus § 1 Abs. 1 GüKG)

Erläutern Sie:

geschäftsmäßig _____

_____

entgeltlich _____

_____

b) Ordnen Sie folgende fünf Transportfälle den drei Spalten der Tabelle zu und begründen Sie Ihre Ansicht (in Stichworten):

1 Fahrzeughersteller A transportiert mit eigenen Fahrzeugen von ihm selbst produzierte Lkw-Fahrgestelle vom eigenen Werk zum Aufbauhersteller B.

2 Aufbauhersteller B transportiert für den Fahrzeughersteller A die fertigen Lkw zu dessen Verkaufs-Niederlassung. B setzt dabei eigenes Personal auf gemieteten Fahrzeugen ein.

3 Ein angestellter Fahrer von B erkrankt und fällt mehrere Monate lang aus; ein Ersatzfahrer steht nicht zur Verfügung. Für die Transporte nach Nr. 2 setzt Firma B deshalb einen selbstfahrenden Unternehmer mit eigenem Transportfahrzeug ein.

4 Ein Bauunternehmen erhält einen Auftrag in einem anderen Bundesland. Zur Einrichtung der Baustelle werden Geräte- und Aufenthaltscontainer mit eigenen Lkw vom Standort der Firma zum Baugelände transportiert.

5 Ein Automobilclub bringt ein defektes Urlauberauto auf einem Lkw zurück zum Standort.

Nr.	gewerblicher Güterkraftverkehr	Werkverkehr	vom GüKG ausgenommener Transport	Begründung der Zuordnung
1				
2				
3				
4				
5				

1.6.1.1. Vordruck (Beispiel): Antrag auf Erteilung einer Erlaubnis und einer Gemeinschaftslizenz

Antrag auf Erteilung einer

☐ Erlaubnis für den gewerblichen Güterkraftverkehr (§ 3 Abs. 1 GüKG)

☐ Gemeinschaftslizenz für den grenzüberschreitenden Güterkraftverkehr (Art. 4 VO (EG) Nr. 1072/2009)

1. Antragstellendes Unternehmen

Name bzw. Firma und Rechtsform	
Registergericht (sofern im Handelsregister eingetragen)	Register-Nr.

1.1 Ort der Niederlassung

Straße und Hausnummer		PLZ und Ort
Telefon	Telefax	E-Mail

1.2 Ort des Hauptsitzes im handelsrechtlichen Sinne (soweit abweichend von Nr. 1.1)

Straße und Hausnummer		PLZ und Ort
Telefon	Telefax	E-Mail

1.3. Weitere Niederlassungen

Sind für das Unternehmen weitere Niederlassungen errichtet?

☐ nein

☐ ja (bitte geben Sie **alle** Niederlassungen ggf. in einer ergänzenden Anlage an)

Straße und Hausnr.	PLZ und Ort
Telefon/Telefax	E-Mail
Straße und Hausnr.	PLZ und Ort
Telefon/Telefax	E-Mail

(Änderungen vorbehalten)

2. Antragstellender Unternehmer und Verkehrsleiter
2.1 Angaben über den/die Inhaber, gesetzlichen Vertreter einer Gesellschaft
(geschäftsführender Gesellschafter, Geschäftsführer)

A.

Vorname	Nachname	ggf. abweichender Geburtsname
Geburtstag		Geburtsort / -staat
Geschlecht (ankreuzen) ☐ männlich ☐ weiblich		Staatsangehörigkeit
Anschrift		Stellung im Unternehmen
Nr. der Bescheinigung der fachlichen Eignung (soweit gleichzeitig Verkehrsleiter)		Ausgestellt am

B.

Vorname	Nachname	ggf. abweichender Geburtsname
Geburtstag		Geburtsort / -staat
Geschlecht (ankreuzen) ☐ männlich ☐ weiblich		Staatsangehörigkeit
Anschrift		Stellung im Unternehmen
Nr. der Bescheinigung der fachlichen Eignung (soweit gleichzeitig Verkehrsleiter)		Ausgestellt am

Bei einer Gesellschaft sind die weiteren vertretungsberechtigten Personen entsprechend, ggf. in einer ergänzenden Anlage, anzugeben (Gesellschafter und die Geschäftsführer; Vorstände; Miterben bei einer Erbengemeinschaft; gesetzlichen Vertreter bei einem Minderjährigen).

2.2 Angaben über den Verkehrsleiter
(diese Angaben sind auch dann zu machen, wenn die Person bereits als Unternehmer unter Nr. 2.1 genannt ist)

Vorname	Nachname	ggf. abweichender Geburtsname
Geburtstag		Geburtsort / -staat
Geschlecht (ankreuzen) ☐ männlich ☐ weiblich		Staatsangehörigkeit
Anschrift		Stellung im Unternehmen
Tätigkeit als Verkehrsleiter in <u>weiteren</u> Unternehmen (bitte ankreuzen) ☐ nein ☐ ja (bitte in einer separaten Aufstellung benennen)		
Nr. der Bescheinigung der fachlichen Eignung		Ausgestellt am

3. Anzahl der Fahrzeuge

Anzahl der im gewerblichen Güterkraftverkehr eingesetzten Kraftfahrzeuge, deren zulässige Gesamtmasse einschließlich der Gesamtmasse der Anhänger 3,5 t übersteigt:

4. Anzahl der benötigten Ausfertigungen/beglaubigten Kopien

Anzahl der beantragten Ausfertigungen/ beglaubigte Kopien:

Verfügen Sie bereits über eine Gemeinschaftslizenz in einem anderen Mitgliedstaat oder haben Sie eine solche beantragt?

☐ nein

☐ ja, bitte geben Sie die Anzahl der beglaubigten Abschriften und die Anschrift der Erteilungsbehörde an, ggf. in einer ergänzenden Anlage

☐ Erlaubnis mit _____ Ausfertigungen,   ☐ Gemeinschaftslizenz mit _____ beglaubigten Abschriften:

Nummer	Datum der Erteilung
Gültigkeitszeitraum	Erteilungsbehörde

Hiermit wird bestätigt, dass die vorstehenden Angaben wahrheitsgemäß erteilt worden sind:

_____   _____
Ort, Datum   Rechtsverbindliche Unterschrift(en)

Hinweise zum Datenschutz:

Die Verwaltungsbehörde ist nach § 15 des Güterkraftverkehrsgesetzes (GüKG) in Verbindung mit Artikel 11 Absatz 2 der Verordnung (EG) Nr. 1071/2009 des europäischen Parlaments und des Rates vom 21. Oktober 2009 zur Festlegung gemeinsamer Regeln für die Zulassung zum Beruf des Kraftverkehrsunternehmers und zur Aufhebung der Richtlinie 96/26/EG des Rates verpflichtet, Angaben über Inhaber von Berechtigungen für den gewerblichen Güterkraftverkehr sowie über die Personen der geschäftsführungs- und vertretungsberechtigten Gesellschafter, der gesetzlichen Vertreter und des Verkehrsleiters in einem Unternehmen des Güterkraftverkehrs einschließlich Angaben über die Bescheinigung der fachlichen Eignung des Verkehrsleiters nach Maßgabe des § 2 Absatz 1 der Verkehrsunternehmensdatei-Durchführungsverordnung (VUDat-DV) in Verbindung mit Artikel 16 Absatz 2 der Verordnung (EG) 1071/2009 an die Verkehrsunternehmensdatei beim Bundesamt für Güterverkehr zu übermitteln.
Es wird darauf hingewiesen, dass die in § 2 Abs. 3 VUDat-DV in Verbindung mit Artikel 16 Absatz 2 der Verordnung (EG) 1071/2009 aufgeführten Informationen im öffentlich zugänglichen Bereich der Verkehrsunternehmensdatei gespeichert und für Jedermann über das Internet unter www.verkehrsunternehmensdatei.de einsehbar sind.
Die Verwaltungsbehörde ist im Falle der Untersagung der Führung von Güterkraftverkehrsgeschäften nach § 17 Absatz 5 Satz 2 GüKG verpflichtet, die Untersagung mit Identifizierungsdaten über die Person des Betroffenen an das Bundesamt für Güterverkehr als nationale Kontaktstelle nach Artikel 18 Absatz 1 der Verordnung (EG) Nr. 1071/2009 zu übermitteln.
Das Bundesamt für Güterverkehr ist als nationale Kontaktstelle nach Maßgabe des § 17 Absatz 5 Satz 1 GüKG verpflichtet, auf Anfrage Auskunft über Personen, denen eine deutsche Behörde die Führung von Güterkraftverkehrsgeschäften untersagt hat an nationale Kontaktstellen anderer Mitgliedstaaten zu erteilen, sofern dies für die Prüfung von Berufszugangsvoraussetzungen erforderlich ist.

Kenntnis genommen:

_____   _____
Ort, Datum   Rechtsverbindliche Unterschrift(en)

1.6.1.2. Vordrucke: Eigenkapitalbescheinigung

Eigenkapitalbescheinigung nach § 2 Abs. 2 Nr. 2 der Berufszugangsverordnung für den Güterkraftverkehr

Das Unternehmen

verfügt am **Stichtag** _____

über folgendes Eigenkapital:

I.	Kapital	_____
II.	Kapitalrücklage	_____
III.	Gewinnrücklagen:	_____
	1. gesetzliche Rücklage	_____
	2. Rücklage für eigene Anteile	_____
	3. satzungsmäßige Rücklagen	_____
	4. andere Gewinnrücklagen	_____
IV.	Gewinnvortrag/ Verlustvortrag	_____
V.	Jahresüberschuß/ Jahresfehlbetrag	_____

Eigenkapital   ========================

Auf Grund der vorgelegten Unterlagen wird hiermit das ausgewiesene Eigenkapital bestätigt. Von der Ordnungsmäßigkeit der Unterlagen habe ich mich/haben wir uns überzeugt.

Ort, Datum

(Stempel und Unterschrift des Wirtschaftsprüfers, vereidigten Buchprüfers, Steuerberaters, Steuerbevollmächtigten, Fachanwalts für Steuerrecht, der Wirtschaftsprüfungs-, Buchprüfungs- oder Steuerberatungsgesellschaft oder des Kreditinstituts)

Zusatzbescheinigung nach § 2 Abs. 3
der Berufszugangsverordnung für den Güterkraftverkehr

für das Unternehmen

Dem Eigenkapital, das gemäß § 2 Abs. 2 Nr. 2 der Berufszugangsverordnung für den Güterkraftverkehr nachgewiesen ist, sind folgende Beträge hinzuzurechnen:

1. Nicht realisierte Reserven im
   a) unbeweglichen Anlagevermögen
   b) beweglichen Anlagevermögen

   Summe..

2. Darlehen/Bürgschaften mit Eigenkapitalfunktion im Sinne des § 2 Abs.3 Nr. 2 der Berufszugangsverordnung für den Güterkraftverkehr
   a) _____ (Person)
   b) _____ (Person)
   c) _____ (Person)

   Summe..

3. Unbelastetes Privatvermögen der persönlich haftenden Unternehmer
   a) Grundstücke   Verkehrswert
      _____ (Person)   _____
      _____ (Person)   _____
      _____ (Person)   _____
   b) Bankguthaben
      _____ (Person)   _____
      _____ (Person)   _____
      _____ (Person)   _____
   c) Forderungen (nicht Gesellschafterdarlehen)
      _____ (Person)   _____
      _____ (Person)   _____
      _____ (Person)   _____
   d) sonstige Vermögensgegenstände (bitte bezeichnen)
      _____   _____
      _____   _____
      _____   _____

   Summe..

4. Zugunsten des Unternehmers beliehene Gegenstände des Privatvermögens der Gesellschafter:
   a) Grundstücke   Höhe der Beleihung
      _____ (Person)   _____
      _____ (Person)   _____
      _____ (Person)   _____
   b) Sicherungsübereignungen
      _____ (Person)   _____
      _____ (Person)   _____
      _____ (Person)   _____
   c) Sicherungsabtretungen
      _____ (Person)   _____
      _____ (Person)   _____
      _____ (Person)   _____

   Summe..

Gesamtsumme aus 1 bis 4.:   ========================

Die oben aufgeführten Beträge wurden dem Unterzeichner sowohl dem Gunde nach als auch in der Höhe
☐ nachgewiesen
☐ plausibel gemacht. Stichtag ist der _____

Ort, Datum	(Stempel und Unterschrift des Wirtschaftsprüfers, vereidigten Buchprüfers, Steuerberaters, Steuerbevollmächtigten, Fachanwalts für Steuerrecht, der Wirtschaftsprüfungs-, Buchprüfungs- oder Steuerberatungsgesellschaft oder des Kreditinstituts)

1.6.1.3. Vordruck: Antrag auf Auskunft aus dem Fahreignungsregister

Formular wird nicht gesendet, nur zum Ausfüllen und Drucken geeignet.

FAER

Kraftfahrt-Bundesamt
24932 Flensburg

Antrag auf Auskunft aus dem Fahreignungsregister

Ich beantrage, mir Auskunft über die zu meiner Person im Fahreignungsregister gespeicherten Entscheidung(en) zu erteilen.

Geburtsdatum

Geburtsname

Familienname (nur bei Abweichung vom Geburtsnamen)

Sämtliche Vornamen

Geburtsort

Postleitzahl   Wohnort

Straße und Hausnummer

☐ Als **erforderlichen Identitätsnachweis** füge ich eine Kopie meines gültigen Personalausweises (Vorder- und Rückseite) oder meines Reisepasses bei.*

Datum, Unterschrift Antragsteller/in

oder

☐ Als **erforderlichen Identitätsnachweis** habe ich meine Unterschrift von einer siegelführenden Stelle beglaubigen lassen.*

* Zutreffendes bitte ankreuzen

Datum, Unterschrift Antragsteller/in

Die/der Beglaubigende hat sich von der Identität der Antragstellerin/des Antragstellers überzeugt. Die Unterschrift ist echt und wurde im Beisein der/des Beglaubigenden vollzogen bzw. wird anerkannt. Die Beglaubigung gilt nur zur Vorlage beim Kraftfahrt-Bundesamt.

Name der siegelführenden Stelle, Ort, Datum und Unterschrift

Dienstsiegelabdruck

FormularFAER_Mai2014_ohne.doc

1.6.1.4. Vordruck: An-/Abmeldung/Änderung: Werkverkehr beim Bundesamt für Güterverkehr

[Formular: An-/Abmeldung/Änderung Werkverkehr beim Bundesamt für Güterverkehr]

1.6.2. Erteilung/Versagung der Erlaubnis

Sind die Voraussetzungen für den Berufszugang nicht vollständig erfüllt bzw. werden die benötigten Nachweise nicht erbracht, wird die Erteilung einer Erlaubnis **versagt**, also verweigert.

Auch wenn die Behörde von Tatbeständen Kenntnis erhält, die aus ihrer Sicht Zweifel an der (charakterlichen) Zuverlässigkeit von Unternehmer oder Verkehrsleiter rechtfertigen, kann diesen die Führung von Güterkraftverkehrsgeschäften untersagt werden.

Das Gesagte gilt sinngemäß auch für Unternehmer oder Verkehrsleiter, die bereits im Besitz einer Erlaubnis sind.

Werden die in Kapitel 1.6.1 unter Nr. 1 – 5 genannten Voraussetzungen erfüllt und wird die Eintragung des Unternehmens in das Handels- oder Genossenschaftsregister nachgewiesen, erteilt die Antragsbehörde eine Erlaubnis zur Führung eines Betriebes des Güterkraftverkehrs; falls es aus Sicht der Behörde notwendig ist, in Verbindung mit Befristungen, mit Bedingungen oder mit Einschränkungen.

Die Erlaubnis wird auf maximal **10 Jahre** befristet.

Neben dem Unternehmen ist auch die Erlaubnisbehörde verpflichtet, die zuständige Berufsgenossenschaft über die Erteilung der Erlaubnis zu informieren.

Das Unternehmen kann als Erlaubnisinhaber neben der eigentlichen Erlaubnis weitere **Erlaubnisausfertigungen** (offizielle Bezeichnung) beantragen. Eine solche Ausfertigung kommt für jedes weitere Fahrzeug in Betracht, das dem Unternehmen – finanzielle Leistungsfähigkeit vorausgesetzt – für seine Tätigkeit zur Verfügung steht.

Auf ihre Erteilung besteht ein Rechtsanspruch, d. h. die Erlaubnisbehörde muss dem Antrag stattgeben.

1.6.2.1. Vordruck: Erlaubnis und Erlaubnisausfertigung nach § 3 GüKG

ERLAUBNISURKUNDE FÜR DEN GEWERBLICHEN GÜTERKRAFTVERKEHR

Ausfertigung Nr.

Nummer   Land   Bezeichnung der zuständigen Behörde

Dem Unternehmen
Name, Rechtsform und Anschrift

wird auf Grund des § 3 des Güterkraftverkehrsgesetzes (GüKG) die Erlaubnis für den gewerblichen Güterkraftverkehr erteilt.

Besonderheiten

MUSTER

Diese Urkunde ist bei allen Beförderungen mitzuführen und Kontrollberechtigten auf Verlangen zur Prüfung auszuhändigen. Sie ist nicht übertragbar.

Ändern sich unternehmerbezogene Angaben, die in der Erlaubnisurkunde genannt sind, so sind das Original und die Ausfertigungen der Erlaubnisbehörde vorzulegen.

Diese Erlaubnis gilt ☐ **unbefristet**
☐ **befristet vom** _____ **bis zum** _____

Erteilt in _____ am _____

_____
Unterschrift der Erlaubnisbehörde und Dienstsiegel

1.6.3. Entzug der Erlaubnis

Der Unternehmer unterliegt im Weiteren der Überwachung der Erlaubnisbehörde.
Wird nachträglich bekannt, dass die Erlaubnis hätte versagt werden müssen oder entfällt eine der notwendigen Voraussetzungen, kann ein Erlaubnisentzug z. B. auch bei größeren Steuerrückständen erfolgen.

1.7. Grenzüberschreitender Gütertransport durch Unternehmer mit Sitz im Inland

Ist der inländische Unternehmer im Besitz einer EU-Gemeinschaftslizenz für den grenzüberschreitenden Güterkraftverkehr innerhalb der EU nach Artikel 3 und 4 der Verordnung (EG) Nr. 1072/2009, so gilt diese als Erlaubnis nach § 3 des GüKG.
Der Besitz einer Gemeinschaftslizenz ermöglicht auch Transporte zwischen dem Inland und der Schweiz, **nicht** aber Beförderungen zwischen dem Inland und einem Staat, der weder Mitglied der Europäischen Union noch Vertragsstaat des Abkommens über den Europäischen Wirtschaftsraum (EWR) ist.

1.7.1. Europäischer Wirtschaftsraum – EWR-Abkommen

Ein Abkommen aus dem Jahre 1992, ausgehandelt zwischen den damaligen Mitgliedsländern der EFTA und den Mitgliedsländern der EG.

EFTA: engl. Abkürzung für „European Free Trade Association" – europäische Freihandelszone

Durch den späteren Wechsel der meisten EFTA-Staaten in die EG/EU besteht die heutige EFTA nur noch aus vier Staaten: Norwegen, Island, Schweiz und Liechtenstein.
Im zweiseitigen EWR-Abkommen bilden drei Vertragsländer der EFTA (Island, Liechtenstein, Norwegen) die eine Seite – die sogenannten EWR-EFTA-Staaten – und die derzeit 27 Länder der Europäischen Gemeinschaft die andere Seite.
Das EFTA-Land Schweiz hat das EWR-Abkommen nicht ratifiziert.

Ratifizieren: einem Abkommen beitreten.

Die wirtschaftliche Zusammenarbeit der EWR-Länder ist im Laufe der Jahre sehr intensiv geworden. Daraus ergibt sich in einzelnen wirtschaftlichen Bereichen sogar eine gemeinsame Verfahrensweise. Das gilt u. a. auch in der Auslegung und Handhabung von Verordnungen, die den grenzüberschreitenden Verkehr mit Kraftfahrzeugen betreffen.

1.7.2. Karte: Die EWR-EFTA-Staaten

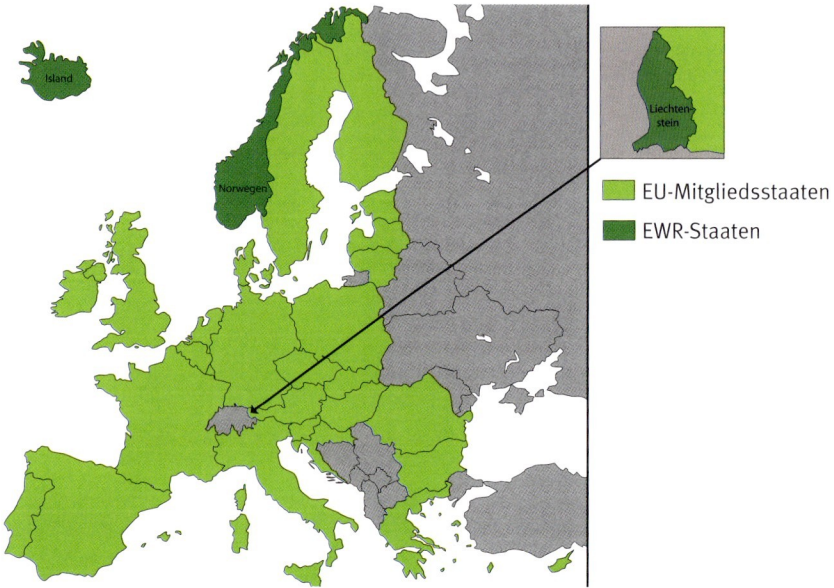

1.8. Grenzüberschreitender Gütertransport durch Unternehmer mit Sitz im Ausland

Auswärtige Unternehmer, die grenzüberschreitenden gewerblichen Güterkraftverkehr mit einem Unternehmen in der Bundesrepublik betreiben (wollen) und im Besitz einer jeweils dazu erforderlichen **Berechtigung** sind, benötigen keine Erlaubnis nach § 3 GüKG.
Als eine solche Berechtigung kommen alternativ in Frage:
1. die bereits angesprochene **Gemeinschaftslizenz** (5.),
2. eine **CEMT-Genehmigung** für grenzüberschreitenden Güterkraftverkehr (7.2.),
3. eine **CEMT-Umzugsgenehmigung** (7.2.6.),
4. eine **Schweizerische Lizenz** für den gewerblichen Güterkraftverkehr aufgrund eines gemeinsamen Abkommens zwischen der EG und der Schweiz (6.) oder
5. eine **Drittstaatengenehmigung** (Abkommen zwischen einzelnen Staaten und der Bundesrepublik Deutschland) (7.3.2.).

Neben seinen persönlichen Unterlagen (z. B. Pass) und den allgemeinen Fahrzeugpapieren muss der Fahrzeugführer einen für das eingesetzte Fahrzeug vorgeschriebenen Nachweis über die Erfüllung bestimmter Technik-, Sicherheits- und Umweltanforderungen mitführen (bei Fahrzeugen mit deutscher Zulassung ist die Zulassungsbescheinigung I ausreichend).

Hinzu kommen entsprechende schriftliche Nachweise über die bestehenden Berechtigungen zur Durchführung von Transporten. Abhängig von den jeweils zugrunde liegenden Transportvorschriften, könnte erforderlich sein

- die Erlaubnis nach § 3 GüKG oder eine Erlaubnisausfertigung,
- eine beglaubigte Kopie der Gemeinschaftslizenz oder der Schweizerischen Lizenz,
- eine CEMT-Genehmigung,
- eine CEMT-Umzugsgenehmigung oder
- eine Drittstaatengenehmigung.

Auch hier gilt wieder das Laminierungsverbot für die schriftlichen Unterlagen.

Auskunft über das Ladegut, den Be- und Entladeort sowie den Auftraggeber gibt das Begleitpapier. Dieses Papier oder ein ähnlich aussagekräftiges Dokument (z. B. Lieferschein) ist ebenfalls mitzuführen.
Da sich der Gesetzgeber moderner Technik jedoch nicht verschließt, besteht mittlerweile die Möglichkeit, das Begleitpapier oder dessen Alternative dem Überwachungsbeamten ‚auf andere geeignete Weise' zugänglich zu machen. Eine Darstellung z. B. auf einem mitgeführten Laptop durch den Fahrer(!) reicht also aus. Voraussetzung ist allerdings eine genügend große Abbildung der Papiere.

Arbeitsblatt 2 – Vorschriften für den Güterkraftverkehr — Band 6

Arbeitsblatt 2 – Grenzüberschreitender Gütertransport – Die EWR-EFTA-Staaten

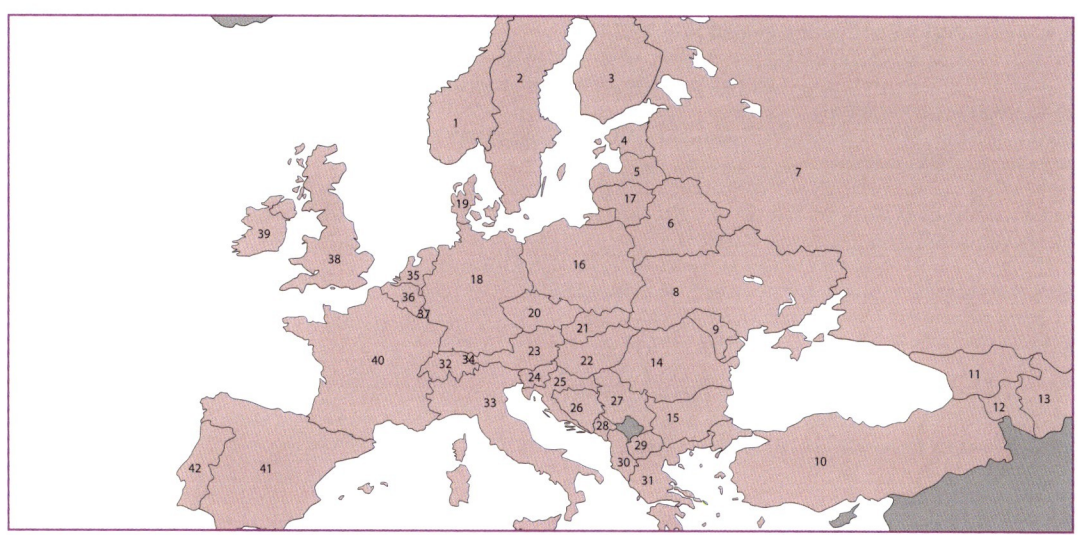

Bitte füllen Sie die folgende Tabelle aus:

Nr.	Bezeichnung des Landes	EU	EWR-EFTA	Nr.	Bezeichnung des Landes	EU	EWR-EFTA
1				23			
2				24			
3				25			
4				26			
5				27			
6				28			
7				29			
8				30			
9				31			
10				32			
11				33			
12				34			
13				35			
14				36			
15				37			
16				38			
17				39			
18				40			
19				41			
20				42			
21				43			
22							

1.9. Allgemeine Vorschriften und Klärung von Begriffen

1.9.1. Haftpflichtversicherung gemäß HGB § 425

Aus dem Namen geht hervor, dass es sich um eine **vorgeschriebene Versicherung** handelt. Zuständig für den Abschluss einer solchen Versicherung ist der **Frachtführer** (Unternehmen, das für den Transport der Ware eingesetzt ist).
Diese Haftpflichtversicherung deckt Risiken ab, die im Zusammenhang mit den zu transportierenden Gütern und den sogenannten **Verspätungsschäden** entstehen.
Damit sind Schäden gemeint, die während der Zeit von der Übernahme zur Beförderung bis zur Ablieferung entstehen und/oder (Folge-)Schäden durch Überschreitung der Lieferfrist. Nicht abgedeckt werden Risiken, die vom Fahrzeug ausgehen. Hierfür besteht die Kfz- und die Anhänger-Haftpflichtversicherung.
Die Mindestversicherungssumme beträgt nach GüKG (§ 7a) 600.000 € je Schadenereignis.
Sowohl das Handelsgesetzbuch (§ 431/s. Kap. 2.) im Bereich des nationalen Verkehrs als auch das CMR (s. Kap. 7.) im internationalen Verkehr legen eine Haftungs-Obergrenze für ein Schadenereignis im Bereich der Güterbeförderung fest: 8,33 Sonderziehungsrecht pro Kilogramm des Rohgewichts der Sendung (inklusive Gewicht der Verpackung).

> Mit „**Sonderziehungsrecht**" (SZR) wird eine **Recheneinheit** des IWF (Internationaler Währungsfonds) bezeichnet. Diese Einheit basiert auf wichtigen Weltwährungen, zu denen auch der Euro gehört. Der tatsächliche und genaue Wert dieser abstrakten Recheneinheit wird täglich neu festgesetzt; sein Wert liegt derzeit (März 2017) bei etwa 1,28 €.

Das Bundesamt für Güterverkehr (BAG) wird über den Abschluss und den Wegfall einer solchen Haftpflichtversicherung vom Versicherer informiert. Auf diese Weise wird es bei seiner Überwachungsaufgabe unterstützt. Es wird z. B. tätig werden, wenn ein Unternehmer die nötige Versicherung nicht mehr besitzt, seinen Betrieb aber dennoch weiter aufrecht erhält. Da hier eine Voraussetzung zur Durchführung von gewerblichem Güterkraftverkehr weggefallen wäre, stünde sofort die (Betriebs-)Erlaubnis auf dem Spiel. Der Nachweis über eine bestehende Haftpflichtversicherung ist im Fahrzeug mitzuführen und bei Straßenkontrollen auf Verlangen der Überwachungsbehörden, wie Polizei und BAG (Bundesamt für Güterverkehr; s. Kap. 1.11.), auszuhändigen.

1.9.2. Das ordnungsgemäß beschäftigte Personal

Gemäß den Vorschriften bzw. Vergünstigungen der Gemeinschaft (Union) herrscht auf dem europäischen Arbeitsmarkt „**Freizügigkeit**". Jeder Arbeitnehmer darf seinen Wohnort und auch seinen Beschäftigungsort frei wählen.
So kann z. B. der deutsche Kraftfahrer ohne Probleme mit einem niederländischen Fuhrunternehmer einen Arbeitsvertrag abschließen. Dahinter steckt auch die Überzeugung, dass eine Ausbeutung des Arbeitnehmers, z. B. durch Unterschreitung von Mindeststandards bei Arbeitsbedingungen („Sozialdumping") und beim Gehalt („Lohndumping"), kaum zu vermuten ist, da in den einzelnen Mitgliedsländern, bezogen auf gesetzliche und tarifvertragliche Regelungen, ein Mindestniveau gesichert sein sollte.
Genau dieses Mindestniveau wird aber häufig nicht eingehalten, wenn ein europäisches (hier: deutsches) Unternehmen einen Arbeitnehmer beschäftigt, der nicht aus einem EG/EU-Land oder der Schweiz, also aus einem **Drittland**, kommt. Abführung von Sozialabgaben durch das Unternehmen, Gestaltung von Anstellungsverträgen u. v. m. ist kaum zu überprüfen und schon gar nicht zu beeinflussen. Der Unternehmer kann auf diese Weise auf Kosten seiner eigenen Beschäftigten und letztlich auf Kosten des gesamten Gewerbes mit niedrigen Preisen den gesetzestreuen Konkurrenten vom Markt verdrängen.
Hier setzt die EU-VO 1072/2009 – und dementsprechend das nationale GüKG – mit **Schutzvorschriften** an.
Beschäftigte aus den oben genannten Drittländern müssen bei Beschäftigung durch ein Unternehmen mit Sitz in der Bundesrepublik bei **Fahrten im Inland** (alternativ) besitzen:
a) einen Aufenthaltstitel nach § 4 Abs. 3 des Aufenthaltsgesetzes,
b) eine Aufenthaltsgestattung,
c) eine Duldung,
die jeweils zur Aufnahme einer solchen Tätigkeit berechtigen.
Eine von einer inländischen Behörde ausgestellte gültige Fahrerbescheinigung nach Artikel 5 der Verordnung (EG) Nr. 1072/2009 (bei der Erlaubnisbehörde zu beantragen; Kap. 4.3) steht den unter a) – c) genannten Papieren gleich.

> Mit der Fahrerbescheinigung wird bestätigt, dass der darin genannte Fahrer unter folgenden Bedingungen beschäftigt ist:
> – Der Fahrer ist weder ein Staatsangehöriger eines Mitgliedstaats noch ein langfristig Aufenthaltsberechtigter im Sinne der Richtlinie 2003/109/EG.
> – Er wird durch den Verkehrsunternehmer rechtmäßig beschäftigt oder
> – er wird dem Verkehrsunternehmer rechtmäßig zur Verfügung gestellt. (sinngemäß aus VO (EG) 1072/2009; Art. 5)

Vorschriften für den Güterkraftverkehr — Band 6

Die entsprechenden Nachweise bzw. die Fahrerbescheinigung sind mitzuführen und auf Verlangen zur Kontrolle auszuhändigen.

Siehe zum Thema **Fahrerbescheinigung** auch Kapitel 5.

Der Arbeitgeber ist für die **(schriftliche!) Belehrung** des Fahrpersonals über die Mitnahmepflicht persönlicher Papiere verantwortlich! Das Mitglied des Fahrpersonals muss die Belehrung unterschreiben. Der schriftliche Nachweis muss während der Gesamtdauer der Zugehörigkeit des Fahrpersonal-Mitglieds zum Unternehmen aufbewahrt werden und bei Kontrollen im Unternehmen vorgelegt werden können.

1.9.3. Mitzuführende Papiere/Kontrollen

Bezüglich mitzuführender schriftlicher Unterlagen und Nachweise bei Fahrten im Bereich der Bundesrepublik Deutschland kennt das Gesetz (die „Norm") zwei „Normadressaten" (das sind diejenigen, die sich nach der Norm richten müssen):
- zum einen den **Unternehmer/das Unternehmen** und
- zum anderen den **Fahrer**.

Beide stehen in der **Verantwortung**.

Die (finanziellen) Auswirkungen für den Fall, dass bei einer Kontrolle eine vorgeschriebene Unterlage nicht an Bord ist, können erheblich sein.
In der Regel wird das Fahrzeug an der Weiterfahrt gehindert. Das wiederum führt zu nicht fristgerechter Abholung oder Ablieferung der Ladung mit allen Konsequenzen.
Für das Vorhandensein der Unterlagen haben sowohl der Unternehmer als auch der Fahrer vor Fahrtantritt zu sorgen, soweit die Fahrt im Inland durchgeführt wird und im Einzelfall keine abweichenden Vorgaben gelten.
Im Folgenden werden die benötigten Unterlagen aufgelistet.

In die folgende Auflistung fließen der Vollständigkeit halber auch Mitführungsvorschriften aus anderen Gesetzen bzw. Verordnungen ein.

Für alle schriftlichen Unterlagen gilt: Sie dürfen nicht laminiert oder anderweitig mit einer Schutzhülle überzogen sein.

Persönliche Dokumente (bezogen auf die **Person des Fahrers**):
- Führerschein,
- Ausweis/Personalausweis,
- Fahrerkarte bzw. vorgeschriebene Diagrammscheiben sowie ggf. Nachweis über berücksichtigungsfreie Tage.

Die besonderen Unterlagen für Fahrpersonal aus Drittstaaten:
- Pass, ggf. Passersatz oder Ausweisersatz/andere Dokumente, die zum Grenzübertritt berechtigen,
- ‚langfristige Aufenthaltsberechtigung-EG' (offizielle Bezeichnung für langfristige Aufenthaltsberechtigte gemäß Richtlinie 2003/109/EG),
- Aufenthaltsgestattung oder Duldung.

Unterlagen, die zur Ausübung der Beschäftigung berechtigen:
- bezogen auf das **Fahrzeug**, mit dem der Transport durchgeführt wird:
  - Fahrzeugschein oder Zulassungsbescheinigung Teil I,
  - alle vorschriebenen und geforderten Unterlagen, aus denen die Erfüllung bestimmter Technik-, Sicherheits- und Umweltanforderungen für das eingesetzte Fahrzeug hervorgeht,
  - je nach Landesrecht, falls der Fahrzeugführer nicht gleichzeitig auch der Halter ist: ein vom Halter ausgestellter Berechtigungsnachweis (Ermächtigung) zur Nutzung des Kraftfahrzeugs.

Unterlagen, die sich auf die Fahrt/das **Transportvorhaben** und das **Ladegut** beziehen:
- Nachweis einer bestehenden Berechtigung zur Durchführung des Transports (Erlaubnis, Gemeinschaftslizenz, CEMT-Genehmigung, CEMT-Umzugsgenehmigung, Schweizerische Lizenz oder Drittstaatengenehmigung),
- Ausnahmegenehmigungen und Erlaubnisse nach § 70 StVZO und § 46 StVO,

- geeignete Nachweise, aus denen hervorgeht:
  - das beförderte Gut (Frachtbrief, Lieferschein, auch elektronische Nachweise; s. HGB § 408 Abs. 3),
  - der Be- und Entladeort und
  - der Auftraggeber,
- Bescheinigung über eine bestehende und ausreichende Haftpflichtversicherung (1.9.1.).

Alle Unterlagen müssen im Falle einer Überprüfung durch Berechtigte (Zoll, Polizei, BAG) auf Verlangen zur Prüfung ausgehändigt werden.

1.9.4. Mit-Verantwortung des Auftraggebers

Das GüKG nimmt neben den Durchführenden eines Transportes auch den – gewerblichen – Auftraggeber in die Verantwortung (1.9.5.). Eine Verantwortung, vor der dieser gerne einmal die Augen verschließt, die aber auch aus verwandten Rechtsgebieten durchaus bekannt ist, wie z. B. im Bereich der Ladungssicherung; auch hier kann ein Auftraggeber sich nicht einfach aus der eigenen Verantwortlichkeit „ausklinken" (2.2.1.). Im Einzelnen bestimmt der **§ 7 c des GüKG**:

> Wer zu einem Zwecke, der seiner gewerblichen oder selbständigen beruflichen Tätigkeit zuzurechnen ist, einen Frachtvertrag oder einen Speditionsvertrag mit einem Unternehmen abgeschlossen hat, darf Leistungen aus diesem Vertrag nicht ausführen lassen, wenn er weiß oder fahrlässig nicht weiß, dass der Unternehmer
> 1. nicht Inhaber einer Erlaubnis nach § 3 oder einer Berechtigung nach § 6 oder einer Gemeinschaftslizenz ist, oder die Erlaubnis, Berechtigung oder Lizenz unzulässig verwendet,
> 2. bei der Beförderung Fahrpersonal einsetzt, das die Voraussetzungen (s. Kap. 1.9.2) des § 7 b Abs. 1 Satz 1 nicht erfüllt, oder für das er nicht über eine Fahrerbescheinigung nach den Artikeln 3 und 5 der Verordnung (EG) Nr. 1072/2009 verfügt,
> 3. einen Frachtführer oder Spediteur einsetzt oder zulässt, dass ein solcher tätig wird, der die Beförderungen unter der Voraussetzung von
>   a) Nummer 1
>   b) Nummer 2
>   durchführt.
> Die Wirksamkeit eines zu diesem Zwecke geschlossenen Vertrages wird durch einen Verstoß gegen Satz 1 nicht berührt.

Zu Punkt 2 siehe auch 1.9.2.

Besonderen Nachdruck erhalten diese Bestimmungen dadurch, dass der Auftraggeber für den Fall eines Verstoßes ein **Bußgeld in Höhe von bis zu 200.000 € (!)** zahlen muss.

1.9.5. Definitionen

Im Folgenden werden häufig verwendete Begriffe des Gütertransportrechtes geklärt. Die Reihenfolge orientiert sich dabei am Ablauf eines einfachen Transportvorgangs (siehe auch das Organigramm im folgenden Kapitel).

Versender
Versender ist derjenige, der den Versand/die Beförderung eines Gutes in Auftrag gibt.
Der Vertrag, den der Versender mit dem Spediteur abschließt, wird Speditionsvertrag (s. u.) genannt.
Auch die umfangreichen Aufgaben des Versenders werden im HGB, hier § 455, festgelegt (siehe auch Kapitel 3.):

- Verpackung des Gutes,
- Kennzeichnung/Beschriftung des Gutes,
- Urkunden (Begleitpapiere; s. „Frachtbrief" unter 2.2.1. und 2.2.2.) beibringen und Auskünfte über das Gut geben, die der Spediteur zur Erfüllung seiner Aufgaben benötigt.

Folgende Verhaltensweisen des Versenders führen zu der Verpflichtung, dem Spediteur entstandene Schäden und sonstige Kosten zu ersetzen – und zwar auch dann, wenn den Versender keine Schuld trifft(!):

- ungenügende Verpackung oder Kennzeichnung des Gutes,
- Unterlassen der Mitteilung über die Gefährlichkeit des Gutes,

- Fehlen, Unvollständigkeit oder Unrichtigkeit der Urkunden oder Auskünfte, die für eine amtliche Behandlung des Gutes erforderlich sind.

Ist der Versender „Verbraucher", gilt die Verpflichtung zum Ersatz eines entstandenen Schadens nur bei schuldhaftem Verhalten.

> **§ 13 BGB Verbraucher**
> Verbraucher ist jede natürliche Person, die ein Rechtsgeschäft zu einem Zwecke abschließt, der weder ihrer gewerblichen noch ihrer selbständigen beruflichen Tätigkeit zugerechnet werden kann.

Verlader
Verlader kann derjenige sein, der sich um die Verladung eines Gutes bewirbt und dadurch im nächsten Schritt der Auftraggeber für eine Transportleistung wird (bei einem Transporteur/Frachtführer). Damit ist er gleichzeitig derjenige in der Transportkette, **der eine Ladung erstmals aufgibt**.
Die Vergabe eines Transportauftrags (und damit die Verladung auf ein Transportmittel) kann aber auch z. B. durch den Hersteller oder Verkäufer eines Gutes selbst erfolgen. Hier spricht man dann von der „verladenden Wirtschaft". Damit ist ein Verlader auf jeden Fall auch derjenige, **der im Besitz eines Gutes ist und dieses dem Frachtführer zur Beförderung übergibt**.

Speditionsvertrag
Ein Vertrag zwischen Versender und Spediteur (s. u.) über die Versendung von Frachtgut für den Versender.

Spediteur
Spediteur ist derjenige, der gewerbsmäßig die Versendung von Gütern durch Frachtführer für Rechnung eines anderen (des Versenders) im eigenen Namen besorgt.
Die (allerdings rechtlich nicht bindenden) Allgemeinen Deutschen Spediteurbedingungen (ADSp 2017) sehen die Aufgaben eines Spediteurs nach Nr. 4 ‚Rechte und Pflichten des Spediteurs' grundsätzlich so: „**4.1** Der Spediteur hat die Interessen des Auftraggebers wahrzunehmen." (s. Kap. 3)

Gemäß § 454 HGB liegen die Aufgaben in der **Organisation der Beförderung**, insbesondere (in Stichworten) in
- der Bestimmung des Beförderungsmittels und des Beförderungsweges,
- der Auswahl ausführender Unternehmer,
- dem Abschluss der für die Versendung erforderlichen Fracht-, Lager- und Speditionsverträge sowie der Erteilung von Informationen und Weisungen an die ausführenden Unternehmer,
- der Sicherung von Schadensersatzansprüchen des Versenders,
- der Versicherung des Gutes,
- der Verpackung des Gutes,
- der Kennzeichnung des Gutes und
- dessen Zollbehandlung.

Ein Spediteur ist berechtigt, gemäß § 460 HGB ein Gut zusammen mit den Gütern weiterer Versender in einer **Sammelladung** zu versenden. Der Abschluss der erforderlichen Verträge mit einem Frachtführer (Frachtvertrag; s. u.) erfolgt im eigenen Namen des Spediteurs oder, sofern er hierzu bevollmächtigt ist, im Namen des Versenders. Der Spediteur ist an die Weisungen des Versenders gebunden.

> Spediteure im reinen Sinne des Wortes existieren allerdings kaum noch. Meist verfügen sie über eigene Fahrzeuge und treten dann gleichzeitig als Frachtführer auf (**„Selbsteintritt"**).

Frachtvertrag
Hierbei handelt es sich um den Vertrag zwischen Spediteur und Frachtführer über den Transport von Gütern gegen Entgelt zu einem vom Absender bestimmten Empfänger.

> Durch den Frachtvertrag wird der Frachtführer verpflichtet, das Gut zum Bestimmungsort zu befördern und dort an den Empfänger abzuliefern. (aus § 407 HGB)

Frachtführer
Aus dem HGB ergibt sich sinngemäß die folgende Definition:
„Unternehmen, das für den Transport der Ware eingesetzt ist".
Zu seinen Aufgaben gehört nach § 412 HGB u. a. die betriebssichere Verladung des Gutes, dessen Versicherung u. a.

1.9.6. Organigramm: Speditions- und Frachtvertrag

Vorgang: **Versendung eines Gutes vom Versender A zum Empfänger B**

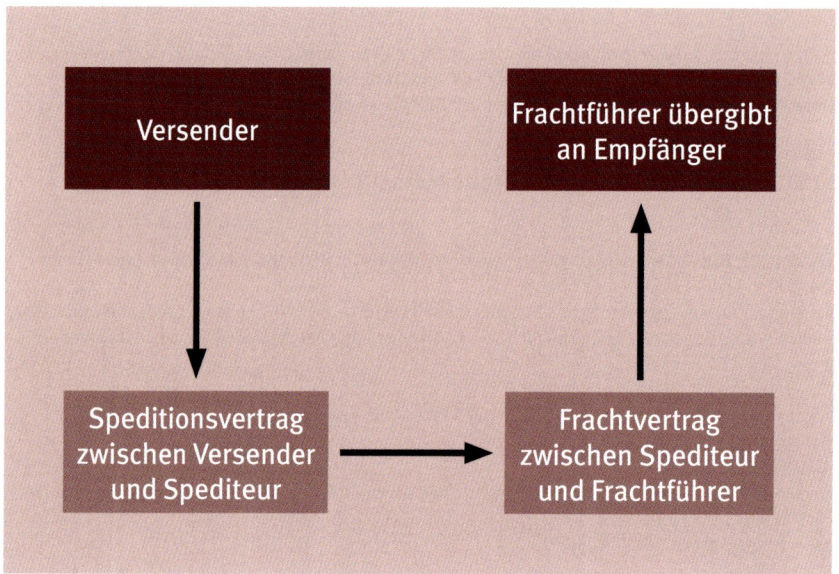

1.9.7. Ausfall des Unternehmers/des Verkehrsleiters

Zwei denkbare Fälle behandelt das GüKG:
- Der Unternehmer oder der Verkehrsleiter wird **erwerbs- oder geschäftsunfähig**.
  Die Führung der Geschäfte darf durch einen Vertreter, der **noch nicht** die geforderten Voraussetzungen für eine solche Tätigkeit erfüllt, für eine Zeitdauer von höchstens **sechs Monaten** erfolgen. Eine einmalige Fristverlängerung um drei Monate ist möglich.
- Der Unternehmer **verstirbt**. Dem Erben wird eine Bedenkfrist von drei Monaten zugestanden, gerechnet vom Ablauf der für die Ausschlagung der Erbschaft vorgesehenen Frist (nach derzeitigem Rechtsstand i. d. R. sechs Wochen nachdem der Erbe Kenntnis vom Erbfall erlangt hat). Nach Ablauf dieser Frist hat er weitere drei Monate Zeit, die Geschäfte zu führen und die Erlaubnis zu beantragen. Nachlassverwalter, Testamentsvollstrecker und andere in § 8 GüKG näher bezeichnete Personen dürfen nach ihrer offiziellen Amtsübernahme die Geschäfte **drei Monate** lang weiter führen, müssen allerdings innerhalb dieser Zeit die (normale) Erlaubnis beantragen, d. h. auch, dass sie die Voraussetzungen erfüllen müssen.

1.10. Nicht-gewerblicher Güterverkehr – Werkverkehr

Gütertransport, der unter den Begriff des „Werkverkehrs" fällt (1.2.), unterliegt keiner Erlaubnis- und keiner Versicherungspflicht. Jedoch ist jeder Unternehmer, der Werkverkehr mit Lkw, Zügen (Lkw und Anhänger) und Sattelkraftfahrzeugen mit einer zGM von mehr als 3,5 t betreibt, verpflichtet, sein Unternehmen vor Beginn der ersten Beförderung beim Bundesamt anzumelden. Dazu sind genau vorgeschriebene Angaben zu machen.
Wird kein Werkverkehr mehr durchgeführt, hat er sein Unternehmen unverzüglich beim Bundesamt abzumelden.
Das Amt kann so die zu führenden Statistiken über Werkverkehr mit großen Fahrzeugen und Zügen immer auf aktuellem Stand halten (1.11.1.).

Vorschriften für den Güterkraftverkehr — Band 6

1.11. Das Bundesamt für Güterverkehr (BAG)

Das Bundesamt für Güterverkehr ist eine selbstständige Bundesoberbehörde mit zahlreichen Aufgaben rund um den Güterkraftverkehr.

> Das Bundesamt für Güterverkehr (...) ist eine selbständige Bundesoberbehörde im Geschäftsbereich des Bundesministeriums für Verkehr und digitale Infrastruktur.
> (aus § 10 GüKG)

1.11.1. Aufgabenbereich

Die Aufgaben des BAG sind in § 11 des GüKG festgelegt. Im Folgenden werden einige (verkürzt dargestellte) Beispiele genannt:

Die zentrale Aufgabe ist die **Überprüfung**

- aller am Beförderungsvertrag **Beteiligten** im Hinblick auf die Erfüllung ihrer gesetzlichen Pflichten (hierzu gehört z. B. auch die Überprüfung im Hinblick auf eine bestehende Haftpflichtversicherung; vgl. 1.9.1.),
- der Beschäftigung und der Tätigkeiten des **Fahrpersonals** auf Kraftfahrzeugen einschließlich der aufenthalts-, arbeitsgenehmigungs- und sozialversicherungsrechtlichen Vorschriften,
- der zulässigen **Abmessungen** sowie der zulässigen Achslasten und **Gesamtmassen** von Kraftfahrzeugen und Anhängern,
- der **Abgaben**, die für das Halten oder Verwenden von Fahrzeugen zur Straßengüterbeförderung sowie für die Benutzung von Straßen anfallen,
- der Entrichtung von **Umsatzsteuer**, die für die Beförderung von Gütern im Binnenverkehr durch ausländische Unternehmer oder mit nicht im Inland zugelassenen Fahrzeugen anfällt,
- der Einhaltung aller Vorschriften bei der **Beförderung gefährlicher Güter** auf der Straße,
- der Beschaffenheit, Kennzeichnung und Benutzung von Beförderungsmitteln und Transportbehältnissen zur **Beförderung von Lebensmitteln**,
- der **Beförderung von Abfall** mit Fahrzeugen zur Straßengüterbeförderung,
- der zulässigen Werte für **Geräusche** und für verunreinigende Stoffe im **Abgas** von Kraftfahrzeugen zur Güterbeförderung,
- der Ladung und ihrer Sicherung,
- von **Kraftomnibussen** im Hinblick auf die Einhaltung von Rechtsvorschriften über die Beschäftigung und die Tätigkeiten des Fahrpersonals auf Kraftfahrzeugen, soweit dies einzelne Bundesländer (für ihren Bereich) beantragt haben,
- der **Erlaubnis- und Ausweispflicht** beim Führen von Kraftfahrzeugen zur Straßengüterbeförderung,
- des **Sonn- und Feiertagsverbots** sowie der Ferienreiseverordnung.

Kurz: Die Kontrollen erstrecken sich auf alle Rechtsvorschriften, welche die rechtlichen Grundlagen von Transportvorgängen allgemein, das eingesetzte Fahrpersonal und dessen Verhalten, die Ladung und die eingesetzten Fahrzeuge betreffen. Stellt das Bundesamt fest, dass Abgaben im weitesten Sinne oder fällige Umsatzsteuern nicht oder nicht vollständig entrichtet wurden, hat es von sich aus den zuständigen Finanzbehörden die zur Sicherung der Besteuerung notwendigen Daten zu übermitteln.

Daneben fallen dem Bundesamt noch weitere Aufgaben zu.
In Stichworten:

- die **Marktbeobachtung** im Güterverkehr, weshalb der gesamte Markt, also auch der Eisenbahnverkehr und die Binnenschifffahrt sowie die Logistik, in Zusammenarbeit mit den statistischen Ämtern beobachtet wird,
- die Erteilung von **CEMT-Genehmigungen** (7.2.),
- die **Erstellung von Dateien** über Unternehmen, Werkverkehre und abgeschlossene Bußgeldverfahren,
- die Erstellung von **Prognosen** zum Güter- und Personenverkehr,
- die Durchführung von Beihilfeprogrammen gemäß entsprechenden EU-Verordnungen (zurzeit ‚Aus- und Weiterbildung' und ‚De-minimis' – s. Kasten),
- der Austausch von Informationen mit den anderen Mitgliedsländern der EU über Verstöße durch ausländische Unternehmer im Inland und durch deutsche Unternehmer im Ausland (im Rahmen der Funktion als ‚nationale Kontaktstelle' § 17 GüKG). Zu diesem Zweck ist das Bundesamt zur Führung einer Verkehrsunternehmerdatei verpflichtet (zur Aufgabenstellung siehe VUDat-DV).

> Mit der Marktbeobachtung sollen Entwicklungen auf dem Verkehrsmarkt frühzeitig erkannt werden. (aus § 14 GüKG)

> **‚De-minimis'-Beihilfen (Formen von Subventionen)**
> Zahlungen eines Nationalstaates an Unternehmen oder gar ganze Wirtschaftszweige zur Unterstützung, z. B. bei der Anschaffung von Industriegütern, unterliegen grundsätzlich dem EU-Recht, wenn sie den Wettbewerb des gemeinsamen Marktes verzerren können. Sie bedürfen der Genehmigung durch die EU-Kommission.
> De-minimis-Beihilfen werden im EU-Recht als geringfügig angesehen, wirken sich also nicht verzerrend aus. In der Folge unterliegen sie zwar nicht den Wettbewerbsregeln der EU, sind nicht genehmigungspflichtig, können aber durchaus von der Kommission überwacht werden.
> Solche finanziellen Hilfen werden in Deutschland im Antragsverfahren nach genauen Richtlinien z. B. für die Investition in abgasärmere oder sicherheitsoptimierte Lkw (zGM ≥ 12 t) gezahlt.

1.11.2. Befugnisse

Die im vorangegangenen Kapitel genannten Überwachungsaufgaben darf das Amt nur im Rahmen dieser Befugnisse ausüben. Falls notwendig (beispielsweise zur Verfolgung von Straftätern) muss Unterstützung durch die Polizei angefordert werden.

Wenn es zur Erfüllung der o. g. Aufgaben notwendig ist, ist das BAG zu folgenden Maßnahmen berechtigt:
- Durchführung von **Überwachungsmaßnahmen** in Form von Stichproben **auf Straßen, auf Autohöfen und an Tankstellen**. Dazu gehören Maßnahmen wie
  - das **Anhalten von Kraftfahrzeugen** zur Güterbeförderung. Dabei ist theoretisch kein Polizeieinsatz notwendig, da das Haltesignal des BAG-Beamten – mit Kelle oder Leuchtstab – bereits eine **zwingende Anordnung** darstellt. In der Praxis ist die Polizei jedoch an solchen Einsätzen beteiligt. Auf diese Weise können mögliche eskalierende Auseinandersetzungen beendet und auch weitere Maßnahmen ergriffen werden, die der Polizei vorbehalten sind. Der § 12 GüKG unterscheidet dabei zwischen „Zeichen" (an eine Vielzahl von Verkehrsteilnehmern gerichtet) und „Weisungen" (ergehen immer an einzelne Verkehrsteilnehmer). Beide Formen von Anordnungen sind, wenn sie von BAG-Beamten gegeben werden, zu beachten,
  - die Feststellung der Identität des Fahrpersonals durch Überprüfung der mitgeführten **Ausweispapiere**,
  - die Überprüfung der **Zulassungsdokumente** des Fahrzeugs,
  - die Überprüfung des **Führerscheins** des Fahrpersonals,
  - die Überprüfung der nach diesem Gesetz oder sonstigen Rechtsvorschriften bei Fahrten im Güterkraftverkehr mitzuführenden **Nachweise**, Berechtigungen oder Bescheinigungen.

  Das Fahrpersonal muss die Beamten bei ihrer Tätigkeit unterstützen. Das bedeutet, dass zu kontrollierende Unterlagen nicht nur vorgezeigt, sondern zur Prüfung **ausgehändigt** werden müssen. Das bedeutet auch, dass wahrheitsgemäße Auskünfte gegeben werden müssen. (Ausnahme: der Gefragte würde sich durch seine Auskunft selbst belasten. Diese Regelung ist ein rechtsstaatlicher Grundsatz und gilt bei jeder anderen Form von Befragung auch.)
  Der Fahrer wird im Gesetz ausdrücklich verpflichtet, Hilfsdienste zu leisten. Gegen die Aufforderung, z. B. den Aufbau des Lkw zu öffnen, damit ein Beamter dort den Frachtbrief auf Richtigkeit oder die Ladungssicherung kontrollieren kann, ist also Widerspruch zwecklos. Auch eine gern geführte Diskussion ist überflüssig, da mittlerweile im Gesetz geklärt: Der Fahrer muss Kontrollbeamten den Zutritt zu seinem Führerhaus und natürlich auch zu den Laderäumen gestatten!

- Durchführung von **Überwachungsmaßnahmen bei Eigentümern und Besitzern von Kraftfahrzeugen zur Güterbeförderung** und allen an der Beförderung oder an den Handelsgeschäften über die beförderten Güter Beteiligten. Dazu gehören
  - das Betreten von Grundstücken und Geschäftsräumen innerhalb der üblichen Geschäfts- und Arbeitsstunden sowie
  - die Einsichtnahme in die Bücher und Geschäftspapiere einschließlich der Unterlagen über den Fahrzeugeinsatz.

  Auch hier sind die genannten Personen wieder zur Mitwirkung verpflichtet.
  Werden Verstöße festgestellt, leitet das Amt die notwendigen Maßnahmen ein, wie z. B. die Weitergabe von Informationen an zuständige weitere Ämter.

- **Untersagung der Weiterfahrt** eines Fahrzeugs. Von dieser einschneidenden Maßnahme darf das BAG nur in genau festgelegten Fällen Gebrauch machen. In anderen Fällen (z. B. bei Vorliegen von Verkehrsunsicherheit eines überprüften Fahrzeugs) kann nur die Polizei die Weiterfahrt bis zur Beseitigung des Mangels, hier der Verkehrsunsicherheit, untersagen.
  Die Fälle im Einzelnen:
  - Die Weiterfahrt wird untersagt, um den BAG-Beamten die nötige Zeit zur **Überprüfung** von Unterlagen zu geben.
  - Werden Nachweise über die „ordnungsgemäße Beschäftigung" des Fahrpersonals (1.9.2.), z. B. die Fahrerbescheinigung, nicht oder nicht im Original erbracht, darf die Weiterfahrt bis zum Eintreffen der benötigten **Unterlagen** untersagt werden.
  - Das Gleiche gilt, wenn Unterlagen über die Berechtigung, den Transport durchzuführen, z. B. die Erlaubnis, nicht vorgelegt werden (können).
  - **Sicherheitsleistungen**, die das Gesetz über Ordnungswidrigkeiten (OWIG) oder die Strafprozessordnung (StPO) vorsehen, werden nicht gezahlt. Das gilt insbesondere für Unternehmer mit Sitz im Ausland.

Quelle: BAG

Sollte gegen die Untersagung der Weiterfahrt von Betroffenen ein Widerspruch eingelegt oder sogar eine Anfechtungsklage eingereicht werden, hat eine solche Maßnahme dennoch keine aufschiebende Wirkung.

Arbeitsblatt 3 – Bundesamt für Güterverkehr (BAG)

Kreuzen Sie bitte an:

Nr.	Behauptung	ja	nein
1	Beamte des BAG dürfen Lkw ohne Polizeibegleitung anhalten.		
2	Zu Kontrollen darf das Gelände einer Tankstelle benutzt werden.		
3	Meinen Führerschein brauche ich bei einer Kontrolle nicht aus der Hand zu geben.		
4	Beamte des BAG dürfen mir - begründet - die Weiterfahrt verbieten.		
5	Meine persönlichen Ausweispapiere (z. B. mein Personalausweis) dürfen von Beamten des BAG kontrolliert werden.		
6	Auch in der Werkstatt einer Spedition darf das EG-Kontrollgerät eines Lkw von Beamten des BAG ausgelesen werden.		
7	Ich bin **grundsätzlich** verpflichtet, den Beamten des BAG wahrheitsgemäße Antworten auf ihre Fragen zu geben.		
8	Sollte ich mich durch eine Antwort auf die Frage eines BAG-Beamten selbst belasten, darf ich schweigen.		
9	Will ein Lkw-Fahrer vor einer Kontrolle flüchten, dürfen BAG-Beamte auch von der Schusswaffe Gebrauch machen.		
10	Folgende Unterlagen müssen bei einer Kontrolle auf der Straße den Beamten des BAG ausgehändigt werden:		
a	Zulassungsdokumente von Kfz und Anhänger,		
b	Dokumente über Art und Gewicht der Ladung,		
c	Kaufvertrag des Lkw,		
d	Nachweis über entrichtete Maut bei Benutzung einer entsprechenden Strecke		

1.12. Organigramm: Struktur und Aufgabenbereich des GüKG

Aus den vorangegangenen Kapiteln ergibt sich nunmehr ein vollständiger Überblick über Struktur und Aufgabenbereiche des GüKG:

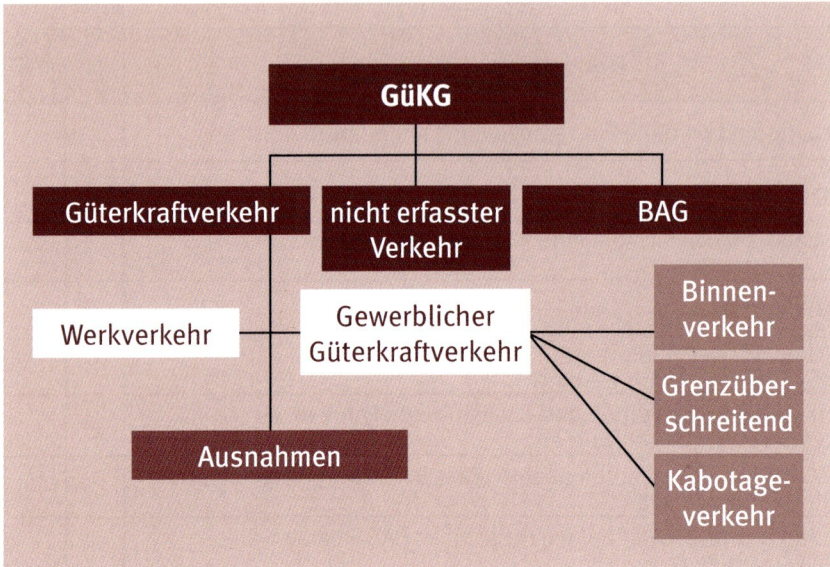

Zum Begriff **Kabotage** siehe Kap. 6.2.3. und 11.5.5.

2. Handelsgesetzbuch (HGB)

2.1. Beziehung zwischen GüKG und HGB

Die folgende Auseinandersetzung mit einigen Vorschriften des Gesetzes ist notwendig, da diese sowohl Definitionen und Erläuterungen zum Verständnis des GüKG liefern als auch direkte Vorschriften für die Abwicklung von Warenumschlag und Gütertransport enthalten. Man kann von einer gegenseitigen Ergänzung oder sogar von Verzahnung der beiden Gesetze sprechen.

2.2. Ergänzungen aus dem HGB

2.2.1. Definitionen

Ergänzend zu den Definitionen in den Kapiteln 1.2. und 1.9.5. ist hier noch der Begriff „Frachtbrief" als Begriff des Transportrechtes aus dem HGB und dessen Beweiskraft zu klären. Dazu sagt das Gesetz (§ 409):

(1) Der von beiden Parteien unterzeichnete Frachtbrief dient bis zum Beweis des Gegenteils als Nachweis für Abschluss und Inhalt des Frachtvertrages sowie für die Übernahme des Gutes durch den Frachtführer.

(2) Der von beiden Parteien unterzeichnete Frachtbrief begründet ferner die Vermutung, dass das Gut und seine Verpackung bei der Übernahme durch den Frachtführer in äußerlich gutem Zustand waren und dass die Anzahl der Frachtstücke und ihre Zeichen und Nummern mit den Angaben im Frachtbrief übereinstimmen. 2Der Frachtbrief begründet diese Vermutung jedoch nicht, wenn der Frachtführer einen begründeten Vorbehalt in den Frachtbrief eingetragen hat; …

Inhalt des Frachtbriefs (1.9.5.):

(1) Der Frachtführer kann die Ausstellung eines Frachtbriefs mit folgenden Angaben verlangen:

1. Ort und Tag der Ausstellung;
2. Name und Anschrift des Absenders;
3. Name und Anschrift des Frachtführers;
4. Stelle und Tag der Übernahme des Gutes sowie die für die Ablieferung vorgesehene Stelle;
5. Name und Anschrift des Empfängers und eine etwaige Meldeadresse;
6. die übliche Bezeichnung der Art des Gutes und die Art der Verpackung, bei gefährlichen Gütern ihre nach den Gefahrgutvorschriften vorgesehene, sonst ihre allgemein anerkannte Bezeichnung;
7. Anzahl, Zeichen und Nummern der Frachtstücke;
8. das Rohgewicht oder die anders angegebene Menge des Gutes;
9. die bei Ablieferung geschuldete Fracht und die bis zur Ablieferung anfallenden Kosten sowie einen Vermerk über die Frachtzahlung;
10. den Betrag einer bei der Ablieferung des Gutes einzuziehenden Nachnahme;
11. Weisungen für die zoll- und sonstige amtliche Behandlung des Gutes;
12. eine Vereinbarung über die Beförderung in offenem, nicht mit Planen gedecktem Fahrzeug oder auf Deck (Schiffstransport). In den Frachtbrief können weitere Angaben eingetragen werden, die die Parteien für zweckmäßig halten.

(2) Der Frachtbrief wird in drei Originalausfertigungen ausgestellt, die vom Absender unterzeichnet werden. Der Absender kann verlangen, daß auch der Frachtführer den Frachtbrief unterzeichnet. Nachbildungen der eigenhändigen Unterschriften durch Druck oder Stempel genügen. Eine Ausfertigung ist für den Absender bestimmt, eine begleitet das Gut, eine behält der Frachtführer.

(§ 408 HGB)

Hingewiesen werden muss einmal mehr auf die besondere Verantwortung des Absenders/Verladers, der u. a. für alle Konsequenzen haftbar gemacht werden kann, die sich aus unvollständigen oder unrichtigen Angaben im Frachtbrief ergeben (§ 414 HGB; 1.9.5.).

Vorschriften für den Güterkraftverkehr **Band 6**

2.2.2. Vordruck: Frachtbrief (für den nationalen Verkehr) nach dem HGB – © Formularverlag CWN

2.2.3. Versender und Frachtführer – Rechte/Pflichten

Ergänzend zu den Kapiteln 1.9.4. und 1.9.5. werden an dieser Stelle die Rechte und Pflichten des Versenders/Verladers sowie des Frachtführers nach den Vorschriften des HGB dargestellt.

Verpackung und Kennzeichnung der Versandgüter

> Der Absender hat das Gut, soweit dessen Natur unter Berücksichtigung der vereinbarten Beförderung eine Verpackung erfordert, so zu verpacken, dass es vor Verlust und Beschädigung geschützt ist und dass auch dem Frachtführer keine Schäden entstehen. Soll das Gut in einem Container, auf einer Palette oder in oder auf einem sonstigen Lademittel, das zur Zusammenfassung von Frachtstücken verwendet wird, zur Beförderung übergeben werden, hat der Absender das Gut auch in oder auf dem Lademittel beförderungssicher zu stauen und zu sichern. Der Absender hat das Gut ferner, soweit dessen vertragsgemäße Behandlung dies erfordert, zu kennzeichnen.
> (§ 411 HGB)

An dieser Stelle kommen **Ladehilfsmittel** wie Fässer, Paletten und Gitterboxen, aber auch speziell (aufwändig) angefertigte Ladegestelle, Stützen usw. ins Spiel. Dinge, die Zeit und Geld kosten und deren Beschaffung bzw. Herstellung ein Versender/Verlader im Einzelfall gern dem Frachtführer – deutlicher: dem Fahrer – zu Unrecht (!) aufbürden möchte.
Sollte es sich bei den Versand- bzw. Frachtgütern sogar um gefährliche Stoffe im Sinne der Gefahrgut-Verordnung Straße, Eisenbahn und Binnenschifffahrt (GGVSEB) handeln, gilt neben den sehr genauen Vorschriften dieser Verordnung auch § 410 HGB:

> (1) Soll gefährliches Gut befördert werden, so hat der Absender dem Frachtführer rechtzeitig in Textform die genaue Art der Gefahr und, soweit erforderlich, zu ergreifende Vorsichtsmaßnahmen mitzuteilen.

Verstößt der Versender/Verlader gegen diese Pflichten, drohen ihm Konsequenzen. Entdeckt der Frachtführer nämlich nicht angegebenes Gefahrgut, darf er die ihm drohende Gefahr abwenden:

> (2) Der Frachtführer kann, sofern ihm nicht bei Übernahme des Gutes die Art der Gefahr bekannt war oder jedenfalls mitgeteilt worden ist,
> 1. gefährliches Gut ausladen, einlagern, zurückbefördern oder soweit erforderlich, vernichten oder unschädlich machen, ohne dem Absender deshalb ersatzpflichtig zu werden, und
> 2. vom Absender wegen dieser Maßnahmen Ersatz der erforderlichen Aufwendungen verlangen.

Verpackung und Kennzeichnung der Versandgüter

Auch das HGB (§ 412) beschäftigt sich – allerdings nur unter dem Gesichtspunkt der Zuweisung von Verantwortung – mit dem umfangreichen Gebiet der Ladungssicherung:

> (1) Soweit sich aus den Umständen oder der Verkehrssitte nicht etwas anderes ergibt, hat der Absender das Gut beförderungssicher zu laden, zu stauen und zu befestigen (verladen) sowie zu entladen.
> Der Frachtführer hat für die betriebssichere Verladung zu sorgen.

Unterschieden werden hier zwei Begriffe:

1. die **beförderungssichere Verladung** durch den Versender/Verlader,
2. die **betriebssichere Verladung** durch den Frachtführer.

Beförderungssichere Verladung bedeutet in diesem Zusammenhang, dass das Ladegut im Beförderungsmittel oder auf der Ladefläche so zu verstauen oder zu befestigen ist, dass es einen normal verlaufenden Transport unbeschadet übersteht. (Zum Beispiel durch Verrutschen des Gutes in seinem Transport-Behältnis oder Bruch von empfindlichem Ladegut.) Zur beförderungssicheren Verladung gehört auch, dass das Ladegut beförderungssicher entladen wird.
Betriebssichere Verladung bedeutet, dass zumindest hinsichtlich der Ladung die Verkehrssicherheit garantiert ist. Der Frachtführer hat die Verladung so vorzunehmen, dass weder die Sicherheit des Fahrzeugs und des Fahrpersonals noch die des übrigen Verkehrs in Frage gestellt ist – eine Aufgabe, die mit der Wahl des richtigen, also für den Transport **dieser** Ladung geeigneten Fahrzeugs beginnt.

> Siehe hierzu besonders Band 4 „Ladungssicherung".

Mit den Standzeiten eines Transportfahrzeugs im Zusammenhang mit Be- und Entladevorgängen beschäftigen sich die Absätze 2 und 3 des § 412:

(2) Für die Lade- und Entladezeit, die sich mangels abweichender Vereinbarung nach einer den Umständen des Falles angemessenen Frist bemißt, kann keine besondere Vergütung verlangt werden.

(3) Wartet der Frachtführer auf Grund vertraglicher Vereinbarung oder aus Gründen, die nicht seinem Risikobereich zuzurechnen sind, über die Lade- oder Entladezeit hinaus, so hat er Anspruch auf eine angemessene Vergütung (Standgeld).

Hier wird deutlich, dass nach Ansicht des Gesetzgebers, falls keine andere Abmachung getroffen wurde, „normale" Ladezeiten nicht gesondert in Rechnung gestellt werden können. In diesem Sinne rechnen selbstverständlich auch Tätigkeiten, die der Sicherung der Ladung dienen, zur Ladetätigkeit und die dafür benötigte Zeit zur Ladezeit.
Anders sieht die Sachlage in Absatz 3 aus: Muss der Lkw z. B. auf Begleitpapiere warten, die der Versender/Verlader noch nicht vorbereitet hatte oder fällt dessen Kran beim Beladen aus, entstehen dem Frachtführer Kosten, die er weitergeben darf.

Schäden am Ladegut/Verspätungsschäden
Der Gesetzgeber weist die Verantwortung zunächst und grundsätzlich erst einmal dem Frachtführer zu:

(1) Der Frachtführer haftet für den Schaden, der durch Verlust oder Beschädigung des Gutes in der Zeit von der Übernahme zur Beförderung bis zur Ablieferung oder durch Überschreitung der Lieferfrist entsteht.
(aus § 425 HGB)

Nur für den Fall der Mitverantwortung für Schäden oder Verzögerung wird der Versender in die Haftung mit einbezogen:

(2) Hat bei der Entstehung des Schadens ein Verhalten des Absenders oder des Empfängers oder ein besonderer Mangel des Gutes mitgewirkt, so hängen die Verpflichtung zum Ersatz sowie der Umfang des zu leistenden Ersatzes davon ab, inwieweit diese Umstände zu dem Schaden beigetragen haben.
(aus § 425 HGB)

Im Falle des eingetretenen Schadens muss der Empfänger (im Einzelfall auch der Versender/Verlader) aktiv werden und dabei sehr genau auf die Einhaltung von Fristen achten.
Auf jeden Fall muss eine **Schadensanzeige** (§ 438) formuliert werden; schriftlich oder – falls der Schaden bei Ablieferung beim Empfänger sofort erkannt wird – mündlich gegenüber dem, der das Gut abliefert.

Zu den Fristen im Falle der **Beschädigung** oder des **Verlustes** sagt das HGB:

(1) Ist ein Verlust oder eine Beschädigung des Gutes äußerlich erkennbar und zeigt der Empfänger oder der Absender dem Frachtführer Verlust oder Beschädigung nicht spätestens bei Ablieferung des Gutes an, so wird vermutet, dass das Gut in vollständig und unbeschädigt abgeliefert worden ist. Die Anzeige muß den Schaden hinreichend deutlich kennzeichnen.

(2) Die Vermutung nach Absatz 1 gilt auch, wenn der Verlust oder die Beschädigung äußerlich nicht erkennbar war und nicht innerhalb von sieben Tagen nach Ablieferung angezeigt worden ist.
(aus § 438 HGB)

Bei einem **Verspätungsschaden** gilt:

(3) Ansprüche wegen Überschreitung der Lieferfrist erlöschen, wenn der Empfänger dem Frachtführer die Überschreitung der Lieferfrist nicht innerhalb von einundzwanzig Tagen nach Ablieferung anzeigt.
(aus § 438 HGB)

3. Allgemeine Deutsche Spediteurbedingungen (ADSp 2017)

3.1. Geltungsbereich

Die komplett überarbeiteten Vertragsbedingungen kommen seit Anfang 2017 im Geschäftsverkehr zwischen Spediteur und Auftraggeber als **Allgemeine Geschäftsbedingungen** zur Anwendung. Sie ersetzen ältere ADSp-Versionen, die Deutschen Transport- und Logistikbedingungen **(DTLB)** und die Vertragsbedingungen für den Güterkraftverkehrs-, Speditions- und Logistikunternehmer **(VBGL)**. Es handelt sich um Empfehlungen, so dass alternativ auch Abweichungen von ihrem Wortlaut oder die Verwendung komplett anderer Geschäftsbedingungen denkbar sind.
Allerdings erfahren die ADSp 2017 eine sehr hohe Akzeptanz in der Branche. Zu den Verbänden, die ihre Anwendung empfehlen, gehören der
- Bundesverband der Deutschen Industrie (BDI),
- Bundesverband Großhandel, Außenhandel, Dienstleistungen (BGA),
- Bundesverband Güterkraftverkehr Logistik und Entsorgung (BGL),
- Bundesverband Möbelspedition und Logistik (AMÖ),
- Bundesverband Wirtschaft, Verkehr und Logistik (BWVL),
- Deutsche Industrie- und Handelskammertag (DIHK),
- Handelsverband Deutschland (HDE) sowie der
- Deutsche Speditions- und Logistikverband (DSLV).

Nach eigener Darstellung sind das ca. 90% der Verbände der Logistikbranche, sodass an dieser Stelle auf die Bedingungen in Auszügen eingegangen werden soll.

Die ADSp gelten für alle Verkehrsverträge des Spediteurs als Auftragnehmer. Ausgenommen sind Verkehrsverträge mit Verbrauchern im Sinne von § 13 BGB „Verbraucher" („…ist jede natürliche Person, die ein Rechtsgeschäft zu Zwecken abschließt, die überwiegend weder ihrer gewerblichen noch ihrer selbständigen beruflichen Tätigkeit zugerechnet werden können.")

Die ADSp **gelten** u. a. ausdrücklich **nicht** für
- Verpackungsarbeiten,
- die Beförderung von Umzugsgut oder dessen Lagerung,
- die Beförderung und Lagerung von abzuschleppenden oder zu bergenden Gütern,
- Schwer- oder Großraumtransporte, die eine Ausnahmegenehmigung erfordern.

3.2. Wesentliche Rechte und Pflichten der am Vertrag Beteiligten

3.2.1. Der Auftraggeber

Unterrichtung des Spediteurs u. a. über
- Art und Beschaffenheit des Gutes, Rohgewicht (inklusive Verpackung und vom Auftraggeber gestellte Lademittel), Anzahl und Art der Packstücke, besondere Eigenschaften des Gutes (wie lebende Tiere, Pflanzen, Verderblichkeit), Warenwert (z. B. für zollrechtliche Zwecke), Lieferfristen;
- öffentlich-rechtliche, z. B. zollrechtliche, außenwirtschaftsrechtliche (insbesondere auf Waren-, auf Personen- oder auf Länder bezogene Embargos) und sicherheitsrechtliche Verpflichtungen;
- besondere technische Anforderungen an das Beförderungsmittel und spezielle Ladungssicherungsmittel, die der Spediteur zur Verfügung stellen soll;
- die Geltung besonderer gefahrgut- oder abfallrechtlicher Vorschriften (z. B. Klassifizierung eines Gutes nach Gefahrgutrecht) bei entsprechenden Gütern;
- **beförderungssichere Verpackung** des Ladegutes und seine Kenntlichmachung (das Ladegut ist im Beförderungsmittel oder auf der Ladefläche so zu verstauen oder zu befestigen, dass es einen normal verlaufenden Transport unbeschadet übersteht. Es darf z. B. in seinem Transportbehältnis nicht verrutschen, empfindliches Ladegut darf nicht brechen usw.);
- eine Gestaltung der Verpackung, die einen **unbefugten Zugriff** auf das Ladegut leicht erkennbar macht.

3.2.2. Der Spediteur

- Wahrnehmung der **Interessen des Auftraggebers**;
- Einsatz lärmarmer und energiesparender Fahrzeuge;
- Einsatz von technisch **einwandfreien Fahrzeugen**, Lademitteln, insbesondere Ladungssicherungsmitteln, die „den im Verkehrsvertrag gestellten Anforderungen für das Gut entsprechen" (die Gestellung von Paletten gehört ausdrücklich nicht zu seinen Aufgaben);
- Einsatz von qualifiziertem Personal;
- Übernahme der Ladung gegen Ausstellung einer Quittung für den Auftraggeber;
- bei Zuständigkeit für die Beladung beförderungssichere Unterbringung des Ladeguts (Begriff s. o.);
- Sicherstellung der Ladungssicherung bei mehr als einer Be- oder Entladestelle;
- Durchführung von Kontrollen des Ladegutes an jeder Schnittstelle (jede Übergabe des Gutes von einer Rechtsperson auf eine andere, jede Umladung von einem Fahrzeug auf ein anderes, jede [Zwischen-]Lagerung);
- zollamtliche Behandlung des beförderten Gutes bei grenzüberschreitendem Verkehr;
- Beachtung von Haus- und Betriebsordnungen auf fremdem Gelände;
- Verlangen einer Ablieferungsquittung vom Empfänger des Gutes (u. a. sind dazu geeignet Lieferscheine, Fracht- und Seefrachtbriefe).

3.2.3. Weitere wichtige Regelungen der ADSp 2017

Die **Be- und Entladung** des Gutes ist, wenn keine abweichenden Absprachen bestehen, die Aufgabe des Versenders bzw. des Empfängers. Bei einer Entladestelle wird zur Entladung eines 40-t-Zuges ein Zeitaufwand von zwei Stunden zugrunde gelegt (Schutt- bzw. Massengüter sind von der Regelung ausgenommen). Für diese Zeit erhält der Frachtführer keine gesonderte Vergütung. Nimmt der Entladevorgang mehr Zeit in Anspruch, wird ein sog. Standgeld fällig.

Ein **Zeitfenster** (vereinbarter Leistungszeitraum für die Ankunft des Spediteurs an der Be- oder Entladestelle) kann abgesprochen werden. Bei Nicht-Einhaltung dieser Vereinbarung (z. B. kommt der Spediteur zu spät oder der Empfänger entlädt das Fahrzeug zu spät) entstehen für den jeweils Verantwortlichen zusätzliche Kosten.

Wert gelegt wird auch auf die **Kommunikation** zwischen Auftraggeber und Spediteur. Dies gilt insbesondere bei Problemen, die während des Transports auftreten und z. B. zu verspätetem Eintreffen des Fahrzeugs am Zielort führen werden. Der Versender oder Empfänger ist in einem solchen Fall zu kontaktieren, auch um Weisungen zur weiteren Verfahrensweise des Spediteurs/des Fahrpersonals einzuholen.

Eine **Lagerung** des Gutes durch den Spediteur ist unter festgelegten Voraussetzungen möglich.

Für die **Versicherung** des Gutes ist im Regelfall der Spediteur zuständig (Transport- oder auch Lagerversicherung).

Für Schäden an Gütern, die der Spediteur in seiner Obhut hat, haftet er gemäß § 431 Abs. 1 und § 4 HGB (so die ADSp, der Paragraf ist allerdings mittlerweile weggefallen). Seebeförderungen sind von dieser **Haftpflicht** ausgenommen.
Ist der Spediteur Frachtführer im Sinne von § 407 HGB oder ein selbsteintretender Spediteur (s. **Kap. 1.9.5.**) ist die Höhe der Haftung begrenzt auf 8,33 Sonderziehungsrechte (s. **Kap. 1.9.1.**) für jedes Kilogramm des Gutes.
Die ADSp enthalten umfangreiche weitere Regelungen zu diesem Thema.

Um die berechtigten Haftungsansprüche seiner Geschäftspartner befriedigen zu können, ist der Spediteur zum Abschluss einer **Haftpflichtversicherung** verpflichtet. Diese muss mindestens eine Deckungssumme aufweisen, die den gesetzlichen Vorschriften und den Vorgaben der ADSp entspricht.

Unter der Überschrift ‚**Compliance**' (Nr. 32 ff. der ADSp) nennen die Speditionsbedingungen weitere Selbstverpflichtungen des Spediteurs.
Hier werden u. a. die sozialen Mindestbedingungen festgehalten, die für das eingesetzte Fahrpersonal gelten (Zahlung von Mindestlohn, Einhaltung der Sozialvorschriften usw.).

Weitere Bestimmungen sind dem Text der ADSp 2017 zu entnehmen.

4. Verkehre innerhalb und mit der Gemeinschaft – VO (EG) Nr. 1072/2009 (Grenzüberschreitender Güterkraftverkehr)

4.1. Geltungsbereiche

Die Verordnung gilt für folgende Verkehre:
- für den grenzüberschreitenden gewerblichen Güterkraftverkehr auf den im Gebiet der Gemeinschaft zurückgelegten Wegstrecken (gemeint sind die Verkehre zwischen Staaten, die der Gemeinschaft angehören),
- bei Beförderungen aus einem Mitgliedstaat in ein Drittland und umgekehrt. Die Verordnung ist dann anzuwenden für die in den Mitgliedstaaten zurückgelegte „Wegstrecke", die im Transit durchfahren wird.
  Sie gilt nicht für die im Hoheitsgebiet des Mitgliedstaats der Be- oder Entladung zurückgelegte Wegstrecke, wenn das hierfür erforderliche Abkommen zwischen der Gemeinschaft und dem betreffenden Drittland (noch) nicht geschlossen wurde. Bis zu einem solchen Zeitpunkt verbietet das EU-Recht bilaterale Abkommen zwischen den betroffenen Staaten nicht;
- für den Kabotageverkehr (innerstaatlicher Güterkraftverkehr, der von einem gebietsfremden Verkehrsunternehmer nach festgelegten Bedingungen zeitweilig durchgeführt wird; s. Kap. 6.5.).

Drittland: ein Staat, der nicht zur EG/EU gehört.

Arbeitsblatt 4 – Frachtbrief für den Transport innerhalb Deutschlands

Füllen Sie bitte diesen Frachtbrief – soweit möglich – unter Verwendung der Angaben auf der Rückseite aus!

A Absender - Name und Postanschrift	B Versandort / Beladestelle
C Empfänger - Name und Postanschrift	D Bestimmungsort / Entladestelle
Meldeadresse	F Weitere Beladestellen
E Erklärungen, Vereinbarungen (ggf. Hinweise auf Spezialfahrzeuge)	G Weitere Entladestellen
	KFZ-Wechsel in
Beförderung mit offenem Fahrzeug ☐ ja ☐ nein	

FRACHTBRIEF für den gewerblichen Güterkraftverkehr NR.

- Amtl. Kennz. LKW | Nutzlast
- Anhänger | Nutzlast
- Fahrzeugführer
- Begleiter
- N Entfernung km
- Beladung Fahrzg. bereitgestellt Tag | Stunde
- Beladung beendet Tag | Stunde
- Entladung Fahrzg. bereitgest. Tag | Stunde
- Entladung beendet Tag | Stunde

H Bezeichnung der Sendung

Anzahl, Art, Verpackung	Zeichen Nr.	Offiz. Benennung f. d. Beförderung Inhalt	Bruttogewicht kg/ Volumen m³
UN-Nummer UN	Ben. s. oben	Gefahrzettelmuster-Nr.	Verp.-Gruppe	Tunnelbeschränkungscode	I Freivermerk
					K Nachnahmebetrag

Sondervorschriften

L Ort und Tag der Ausstellung	M Empfang der Sendung bescheinigt	O Gut und Frachtbrief übernommen Tag _____ Stunde _____
Unterschrift des Absenders	Unterschrift des Empfängers	Anschrift und Unterschrift des Frachtführers

Vorbehalte bei Übernahme durch den Frachtführer | kurze Begründung | Ort/Datum/Unterschrift

P Frachtberechnung

frachtpfl. Gew. kg	Bezeichnung	vereinbarte Fracht Betrag	zusätzliche Vereinbarungen	Betrag	Summe

Paletten – Absender –				Paletten – Empfänger –					
Art	Anzahl	Kein Tausch	Tausch	Art	Anzahl	Kein Tausch	Tausch	Zwischensumme	
Euro-Palette				Euro-Palette				Nebenleistungen	
Gitterbox-Palette				Gitterbox-Palette					
								Nettobetrag	
Bestätigung des Empfängers/Datum/Unterschrift				Bestätigung des Fahrers/Datum/Unterschrift				+ ___ % Umsatzsteuer	
								Beförderungsentgelt, Gesamtsumme	

Für die Beförderung gelten die Bestimmungen des HGB §§ 407 ff

Blatt 1 weiß = Absender
Blatt 2 gelb = Empfänger
Blatt 3 rosa = Frachtführer

10043 (250.73.1) 04.11 ADR 2009

Arbeitsblatt 4 Teil 2 – Angaben für den Frachtbrief

Band 6

Frachtbrief für den Transport innerhalb Deutschlands

Am 05.04. des Jahres erhält Ihre Firma, die „Hans Streuer Transport GmbH" mit Sitz in 46118 Aheim, Lastenstraße 9, einen Auftrag.

Es sollen 10 m3 Kies (abgetropft; lose Schüttung) vom Erzeuger zu einer Baustelle transportiert werden. 1 m3 wiegt rund 2 t.

Sie benutzen für den Transport ein Sattelkraftfahrzeug, zu dem folgende Zulassungsbescheinigungen (in Auszügen) gehören:

Zugmaschine, amtl. Kennzeichen „AHM ST 718"

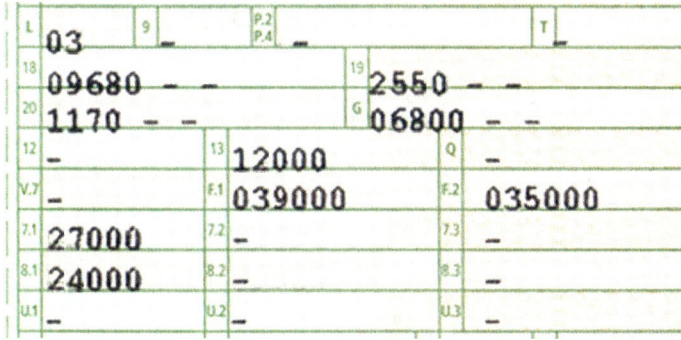

Sattelauflieger, amtl. Kennzeichen „AHM ST 719"

Am 08.04. holen Sie die Ladung um 7:30 Uhr am Sitz der Erzeuger-Firma in 46143 Bhausen, Steinweg 39 ab.

Der zugehörige Frachtbrief ist lückenhaft ausgefüllt. Deshalb vervollständigen Sie ihn - in Vertretung des Versenders - ausnahmsweise selbst.

Empfänger ist die Hochbau AG mit Sitz in 46120 Choven.

Der Kies soll zu einer Baustelle der Hochbau AG in der Drosselgasse 15 in 46121 Neu-Choven transportiert werden.

Um 8:45 Uhr entladen Sie - nach Rücksprache mit dem zuständigen Vorarbeiter Müller - an der vorgegebenen Adresse.

4.1.1. Karte: Die Mitgliedstaaten der Europäischen Union

Die 28 Mitgliedstaaten der Europäischen Union – in der Landessprache

A	Österreich
B	Belgien – België, Belgique
BG	Bulgarien – Bulgaria
CY	Zypern – griech. Kýpros, türk. Kıbrıs
CZ	Tschechien – Ceská republika
D	Deutschland
DK	Dänemark – Danmark
E	Spanien – España mit den Kanaren
EST	Estland – Eesti
F	Frankreich – France mit Guadeloupe, Martinique, Réunion und Guyana
FIN	Finnland – Suomi Finland
GB	Vereinigtes Königreich – United Kingdom (England, Schottland, Wales – diese bilden Großbritannien – und Nordirland)
GR	Griechenland – Elláda
H	Ungarn – Magyar Köztársaság bzw. Magyarország
HR	Kroatien – Republika Hrvatska
I	Italien – Italia
IRL	Irland – Ireland
L	Luxemburg – Luxembourg
LT	Litauen – Lietuva
LV	Lettland – Latvija
M	Malta
NL	Niederlande – Nederland
P	Portugal mit den Azoren und Madeira
PL	Polen – Polska
RO	Rumänien – România
S	Schweden – Sverige
SK	Slowakei – Slovensko
SLO	Slowenien – Slovenija

4.2. Begriffsbestimmungen/Definitionen (Artikel 2)

Im Sinne dieser Verordnung gilt als
- **Fahrzeug**: ein in einem Mitgliedstaat amtlich zugelassenes Kraftfahrzeug oder eine Fahrzeugkombination, bei der zumindest das Kraftfahrzeug in einem Mitgliedstaat amtlich zugelassen ist, sofern sie ausschließlich für die Güterbeförderung verwendet werden;
- **grenzüberschreitender Verkehr**:
  a) eine **beladen** zurückgelegte Fahrt eines Fahrzeugs mit oder ohne Transit durch einen oder mehrere Mitgliedstaaten oder ein oder mehrere Drittländer, bei der sich der Ausgangspunkt und der Bestimmungsort in zwei verschiedenen Mitgliedstaaten befinden,
  b) eine **beladen** zurückgelegte Fahrt eines Fahrzeugs von einem Mitgliedstaat in ein Drittland oder umgekehrt, mit oder ohne Transit durch einen oder mehrere Mitgliedstaaten oder ein oder mehrere Drittländer,
  c) eine **beladen** zurückgelegte Fahrt eines Fahrzeugs zwischen Drittländern mit Transit durch das Hoheitsgebiet eines oder mehrerer Mitgliedstaaten oder
  d) eine **Leerfahrt** in Verbindung mit Beförderungen gemäß den Buchstaben a), b) und c);

- **Aufnahmemitgliedstaat**: ein Mitgliedstaat, in dem ein Verkehrsunternehmer tätig ist und der ein anderer als sein Niederlassungsmitgliedstaat ist;
- **gebietsfremder Verkehrsunternehmer**: ein Verkehrsunternehmer, der in einem Aufnahmemitgliedstaat tätig ist;
- **Fahrer**: jede Person, die ein Fahrzeug führt, sei es auch nur kurzzeitig, oder in einem Fahrzeug in Wahrnehmung ihrer Aufgaben befördert wird, um es bei Bedarf führen zu können;
- **Kabotage**: gewerblicher innerstaatlicher Verkehr, der im Einklang mit dieser Verordnung zeitweilig in einem Aufnahmemitgliedstaat durchgeführt wird;
- **schwerwiegender Verstoß gegen Gemeinschaftsvorschriften im Bereich des Straßenverkehrs**: ein Verstoß, der zur Aberkennung der Zuverlässigkeit gemäß Artikel 6 Absätze 1 und 2 der Verordnung (EG) Nr. 1071/2009 und/oder zum befristeten oder dauerhaften Entzug einer Gemeinschaftslizenz führen kann.

4.3. Gemeinschaftslizenz und Fahrerbescheinigung (Artikel 3 bis 7)

Grenzüberschreitender Verkehr erfordert das Vorhandensein einer Gemeinschaftslizenz und ggf. einer Fahrerbescheinigung. Eine nationale Lizenz für grenzüberschreitenden Verkehr innerhalb der Union gibt es nicht mehr. Die EU-VO lässt nationale Lizenzen (‚Erlaubnis' in der Bundesrepublik) nur noch für die Fälle zu, in denen ein Unternehmen einzig im Gebiet seines Niederlassungslandes Güterkraftverkehr betreiben will.

Da die deutschen Zugangsvoraussetzungen zum Beruf des Güterkraftverkehrsunternehmers, der grenzüberschreitenden Verkehr betreiben will, sich nicht mehr von den EU-Vorschriften unterscheiden, sei an dieser Stelle auf die Kapitel 1.6.1. – 1.6.3. und 7.1. (Darstellung Antragsverfahren/Berufszugang) verwiesen.

Die **Gemeinschaftslizenz** wird Unternehmern erteilt, die
- in einem Mitgliedstaat ansässig („Niederlassungsmitgliedstaat") und
- im Besitz einer Genehmigung für grenzüberschreitenden Verkehr sind.

Ausgestellt wird sie als nicht übertragbare **Originallizenz** von den Behörden des Niederlassungslandes (‚Niederlassungsmitgliedstaat'). Sie ist in den Geschäftsräumen des Unternehmens sorgfältig aufzubewahren. Für jedes Fahrzeug, das dem Unternehmen für seine Geschäftstätigkeit innerhalb des Lizenzumfangs zur Verfügung steht, fertigt die Behörde eine **beglaubigte Kopie** an; Fahrzeuge aus Ratenkauf, Miet- oder Leasingverträgen werden ausdrücklich in die Regelung einbezogen.
Die entsprechende Kopie (nicht das Original!) ist im Fahrzeug mitzuführen. Sie gilt für den gesamten Zug, schließt also auch ggf. einen (Sattel-)Anhänger ein, selbst wenn der auf den Lizenzinhaber nicht zugelassen ist.
Die Geltungsdauer der Lizenz beträgt **10 Jahre**.

> **Die Dokumente oder Nachweise ... dürfen nicht in Folie eingeschweißt oder in ähnlicher Weise mit einer Schutzschicht überzogen werden. (aus § 7 Abs. 1 GüKG)**

Die **Fahrerbescheinigung** wird von einem Mitgliedstaat den Unternehmern auf Antrag erteilt, die
- Inhaber einer Gemeinschaftslizenz sind und
- die in diesem Mitgliedstaat Fahrer, die **Staatsangehörige eines Drittlandes** sind (langfristig Aufenthaltsberechtigte werden in diesem Zusammenhang EU-Bürgern gleichgestellt), rechtmäßig beschäftigen oder Fahrer rechtmäßig einsetzen, die Staatsangehörige eines Drittstaates sind und Ihnen als Arbeitskraft gemäß den Bestimmungen zur Verfügung gestellt werden, die in diesem Mitgliedstaat für die Beschäftigung und die Berufsausbildung von Fahrern durch
    - Rechts- und Verwaltungsvorschriften und
    - gegebenenfalls Tarifverträge nach den in diesem Mitgliedstaat geltenden Vorschriften festgelegt wurden (vgl. 1.9.2).

Fahrerbescheinigungen werden im grenzüberschreitenden Verkehr zwischen der EU und der Schweiz nicht mehr benötigt.

Die Bescheinigung ist **Eigentum des Unternehmens** und wird dem Fahrpersonal im Bedarfsfall ausgehändigt. Ihre Geltungsdauer beträgt maximal **fünf Jahre**; der ausstellende Mitgliedstaat kann einen anderen Zeitraum festsetzen. Sie bescheinigt, dass der bei Fahrten im Rahmen der Gemeinschaftslizenz eingesetzte Fahrer unter Beachtung aller für ihn geltenden Beschäftigungsvorschriften, also rechtmäßig, beschäftigt wird. Eine beglaubigte Kopie verbleibt im Unternehmen, während das Original, das auf den Namen des Fahrers ausgestellt ist, diesem vor Fahrten im Rahmen der Gemeinschaftslizenz zu übergeben ist. Bei Kontrollen ist die Fahrerbescheinigung auszuhändigen.

Für **Lizenz und Bescheinigung** gilt, dass beide einer **regelmäßigen Überprüfung** durch die zuständige Behörde des Mitgliedstaates unterliegen. Im Falle der Lizenz wird überprüft, ob der Verkehrsunternehmer (weiterhin) die notwendigen Voraussetzungen erfüllt; im Falle der Fahrerbescheinigung wird überprüft, ob die Bedingungen (noch) erfüllt werden. Bei gravierenden Verstößen gegen Beförderungsbestimmungen bzw. Missbrauch droht Entzug der Lizenz bzw. der Bescheinigung.

4.3.1. Vordruck: EU-Gemeinschaftslizenz (Vorderseite)

EUROPÄISCHE GEMEINSCHAFT

Bezeichnung der zuständigen Behörde oder Stelle

LIZENZ Nr. _____ (oder) **BEGLAUBIGTE KOPIE Nr.** _____

für den grenzüberschreitenden gewerblichen Güterkraftverkehr

Diese Lizenz berechtigt (2)

auf allen Verkehrsverbindungen für die Wegstrecken im Gebiet der Gemeinschaft zum grenzüberschreitenden gewerblichen Güterkraftverkehr im Sinne der Verordnung (EG) Nr. 1072/2009 des Europäischen Parlaments und des Rates vom 21. Oktober 2009 über gemeinsame Regeln für den Zugang zum Markt des grenzüberschreitenden Güterkraftverkehrs und nach Maßgabe der allgemeinen Bestimmungen dieser Lizenz.

Besondere Bemerkungen:

MUSTER

Die Lizenz gilt vom _____ bis zum _____

Erteilt in _____ am _____

(1) Unterscheidungszeichen: (A) Österreich, (B) Belgien, (DK) Dänemark, (D) Deutschland, (GR) Griechenland, (E) Spanien, (F) Frankreich, (FIN) Finnland, (IRL) Irland, (I) Italien, (L) Luxemburg, (NL) Niederlande, (P) Portugal, (S) Schweden, (UK) Vereinigtes Königreich, (CZ) Tschechische Republik, (EST) Estland, (CY) Zypern, (LV) Lettland, (LT) Litauen, (H) Ungarn, (M) Malta, (PL) Polen, (SLO) Slowenien, (SK) Slowakei, (BG) Bulgarien, (RO) Rumänien
(2) Name oder Firma und vollständige Anschrift des Verkehrsunternehmers.
(3) Unterschrift und Dienstsiegel der zuständigen Behörde oder Stelle, die die Lizenz erteilt.

4.3.1. Vordruck: EU-Gemeinschaftslizenz (Rückseite)

ALLGEMEINE BESTIMMUNGEN

Diese Lizenz wird gemäß der Verordnung (EG) Nr. 1072/2009 erteilt.

Sie berechtigt auf allen Verkehrsbedingungen für die Wegstrecken im Gebiet der Gemeinschaft, gegebenenfalls unter den in der Lizenz festgelegten Bedingungen, zum grenzüberschreitenden gewerblichen Güterkraftverkehr für Beförderungen
- bei denen sich Ausgangspunkt und Bestimmungsort in zwei verschiedenen Mitgliedstaaten befinden, mit oder ohne Transit durch einen oder mehrere Mitgliedstaaten oder ein oder mehrere Drittländer;
- von einem Mitgliedstaat in ein Drittland oder umgekehrt, mit oder ohne Transit durch einen oder mehrere Mitgliedstaaten oder eines oder mehrere Drittländer;
- zwischen Drittländern mit Transit durch einen oder mehrere Mitgliedstaaten

sowie zu Leerfahrten in Verbindung mit diesen Beförderungen.

Bei Beförderungen von einem Mitgliedstaat nach einem Drittland und umgekehrt gilt diese Lizenz für die Wegstrecke im Hoheitsgebiet der Gemeinschaft. In dem Mitgliedstaat, in dem die Be- und Entladung stattfindet, gilt diese Lizenz erst, nachdem das hierzu erforderliche Abkommen zwischen der Gemeinschaft und dem betreffenden Drittland gemäß der Verordnung (EG) Nr. 1072/2009 geschlossen worden ist.

Die Lizenz ist persönlich und nicht übertragbar.

Sie kann von der zuständigen Behörde des Mitgliedstaats, der sie erteilt hat, insbesondere dann entzogen werden, wenn der Lizenzinhaber
- nicht alle Bedingungen für die Verwendung der Lizenz erfüllt hat;
- zu Tatsachen, die für die Erteilung bzw. Erneuerung der Lizenz erheblich waren, unrichtige Angaben gemacht hat.

Das Original der Lizenz ist vom Verkehrsunternehmer aufzubewahren.

Eine beglaubigte Kopie der Lizenz ist im Fahrzeug mitzuführen (1). Bei Fahrzeugkombinationen ist sie im Kraftfahrzeug mitzuführen. Sie gilt für die gesamte Fahrzeugkombination auch dann, wenn der Anhänger oder Sattelanhänger nicht auf den Namen des Lizenzinhabers amtlich zugelassen oder zum Verkehr zugelassen ist oder wenn er in einem anderen Staat amtlich zugelassen oder zum Verkehr zugelassen ist.

Die Lizenz ist den Kontrollberechtigten auf Verlangen vorzuzeigen.

Der Lizenzinhaber ist verpflichtet, im Hoheitsgebiet jedes Mitgliedstaats die im jeweiligen Staat geltenden Rechts- und Verwaltungsvorschriften, insbesondere für Beförderungen und für den Straßenverkehr, einzuhalten.

(1) Als „Fahrzeug" ist ein in einem Mitgliedstaat amtlich zugelassenes Kraftfahrzeug oder eine Fahrzeugkombination zu verstehen, bei der zumindest das Kraftfahrzeug in einem Mitgliedstaat amtlich zugelassen ist, sofern sie ausschließlich für die Güterbeförderung bestimmt sind.

4.3.2. Vordruck: Fahrerbescheinigung (Vorderseite)

EUROPÄISCHE GEMEINSCHAFT

Bezeichnung der zuständigen Behörde oder Stelle

FAHRERBESCHEINIGUNG Nr.

für den gewerblichen Güterkraftverkehr im Rahmen der Gemeinschaftslizenz

(Verordnung (EG) Nr. 1072/2009 des Europäischen Parlaments und des Rates vom 21. Oktober 2009 über gemeinsame Regeln für den Zugang zum Markt des grenzüberschreitendes Güterkraftverkehrs)

Hiermit wird bescheinigt, dass angesichts der Unterlagen, die von

(2)

vorgelegt worden sind, der folgende Fahrer:

Name und Vorname

Geburtsdatum und Geburtsort   Staatsangehörigkeit

Art und Nummer des Ausweises

ausgestellt am   in

Nummer der Fahrerlaubnis

ausgestellt am   in

Nummer der Sozialversicherung

gemäß den Rechts- und Verwaltungsvorschriften und gegebenenfalls, je nach den Vorschriften des nachstehend genannten Mitgliedstaats, gemäß den Tarifverträgen über die in diesem Mitgliedstaat geltenden Bedingungen für die Beschäftigung und Berufsausbildung von Fahrern beschäftigt wird, um dort Beförderungen im Güterkraftverkehr vorzunehmen:

(3)

Besondere Bemerkungen

Die Bescheinigung gilt vom   bis zum

Ausgestellt in   am

(4)

MUSTER

(1) Nationalitätskennzeichen der Mitgliedstaaten: (B) Belgien, (BG) Bulgarien, (CZ) Tschechische Republik, (DK) Dänemark, (D) Deutschland, (EST) Estland, (IRL) Irland, (GR) Griechenland, (E) Spanien, (F) Frankreich, (I) Italien, (CY) Zypern, (LV) Lettland, (LT) Litauen, (L) Luxemburg, (H) Ungarn, (M) Malta, (NL) Niederlande, (A) Österreich, (PL) Polen, (P) Portugal, (RO) Rumänien, (SLO) Slowenien, (SK) Slowakei, (FIN) Finnland, (S) Schweden, (UK) Vereinigtes Königreich.
(2) Name oder Firma und vollständige Anschrift des Verkehrsunternehmers.
(3) Name des Mitgliedstaats, in dem der Verkehrsunternehmer ansässig ist.
(4) Unterschrift und Dienstsiegel der ausstellenden zuständigen Behörde oder Stelle.

4.3.2. Vordruck: Fahrerbescheinigung (Rückseite)

ALLGEMEINE BESTIMMUNGEN

Diese Bezeichnung wird gemäß der Verordnung (EG) Nr. 1072/2009 erteilt.

Es wird bescheinigt, dass der Fahrer, dessen Name auf der Bescheinigung angegeben ist, gemäß den Rechts- und Verwaltungsvorschriften und gegebenenfalls, je nach den Vorschriften des nachstehend genannten Mitgliedstaats, gemäß den Tarifverträgen über die in diesem Mitgliedstaat geltenden Bedingungen für die Beschäftigung und Berufsausbildung von Fahrern beschäftigt wird, um dort Beförderungen im Güterkraftverkehr vorzunehmen.

Die Fahrerbescheinigung ist Eigentum des Verkehrsunternehmers, der sie dem hier genannten Fahrer zur Verfügung stellt, wenn dieser Fahrer ein Fahrzeug[1] mit einer dem Verkehrsunternehmer erteilten Gemeinschaftslizenz führt. Die Fahrerbescheinigung ist nicht übertragbar. Die Fahrerbescheinigung gilt nur, solange die Bedingungen, unter denen sie ausgestellt wurde, weiterhin erfüllt sind; sie ist unverzüglich vom Verkehrsunternehmer an die ausstellende Behörde zurückzugeben, wenn die Bedingungen nicht mehr erfüllt sind.

Sie kann von der zuständigen Behörde des Mitgliedstaats, der sie ausgestellt hat, insbesondere dann entzogen werden, wenn der Lizenzinhaber
– nicht alle Bedingungen für die Verwendung der Bescheinigung erfüllt hat;
– zu Tatsachen, die für die Ausstellung bzw. Erneuerung der Bescheinigung erheblich waren, unrichtige Angaben gemacht hat.

Eine beglaubigte Abschrift der Bescheinigung ist vom Verkehrsunternehmer aufzubewahren.

Das Original der Bescheinigung ist im Fahrzeug mitzuführen und den Kontrollberechtigten vom Fahrer auf Verlangen vorzuzeigen.

(1) „Fahrzeug" ist jedes in einem Mitgliedstaat amtlich zugelassene Kraftfahrzeug oder jede Fahrzeugkombination, bei der zumindest das Kraftfahrzeug in einem Mitgliedstaat amtlich zugelassen ist, sofern sie ausschließlich für die Güterbeförderung bestimmt sind.

5. Abkommen EG – Schweiz über den Güterverkehr

Die vollständige Bezeichnung des Abkommens lautet:
Abkommen zwischen der Schweizerischen Eidgenossenschaft und der Europäischen Gemeinschaft über den Güter- und Personenverkehr auf Schiene und Straße.

5.1. Ziele des Übereinkommens (Artikel 2)

Folgende Zielsetzungen wurden mit dem Abschluss des Übereinkommens verfolgt:
- Förderung des Handels und der Zusammenarbeit,
- Gewährung des gegenseitigen Zugangs zu den jeweiligen Verkehrsmärkten,
- Entwicklung einer abgestimmten Verkehrspolitik, die „den Anliegen von Umweltschutz und Effizienz der Verkehrssysteme insbesondere im Alpenraum Rechnung trägt und die Nutzung umweltfreundlicherer Güter- und Personenverkehrsmittel fördert" (Zitat aus den allgemeinen Vorbemerkungen).

(1) Dieses Abkommen gilt für den bilateralen Güter- und Personenverkehr auf der Straße zwischen den Vertragsparteien, für den Transit durch das Gebiet der Vertragsparteien ... sowie für den Güter- und Personenverkehr im Dreiländerverkehr und die große Kabotage für die Schweiz. (aus Art. 2)

5.2. Begriffsbestimmungen/Definitionen (Artikel 3)

- **Transit**: die Beförderung von Gütern oder Personen (ohne Be- oder Entladung) sowie Leerfahrten durch das Gebiet einer Vertragspartei.
- **Dreiländerverkehr mit Drittländern**: Beförderungen von Gütern oder Personen von einem Ausgangsort im Gebiet einer Vertragspartei zu einem Bestimmungsort im Gebiet eines Drittlands und umgekehrt mit einem im Gebiet der anderen Vertragspartei zugelassenen Fahrzeug, unabhängig davon, ob das Fahrzeug auf derselben Fahrt und auf der gewöhnlichen Route durch das Gebiet des Zulassungsstaats fährt oder nicht.
- **Große Kabotage für die Schweiz**: Beförderungen von Gütern im gewerblichen Verkehr von einem Mitgliedstaat der Gemeinschaft in einen anderen Mitgliedstaat mit einem in der Schweiz zugelassenen Fahrzeug, ...

5.3. Normierungen und Standards (Artikel 4–7)

Die Voraussetzungen in der Schweiz zur Ausübung des Berufes eines Kraftverkehrsunternehmers, die Anforderungen an die Sozialvorschriften (Lenk- und Ruhezeiten) sowie die Anforderungen an technische Normierungen bei den verwendeten Fahrzeugen sind nach Jahren der Übergangsvorschriften mittlerweile an EG/EU-Standards angeglichen. Das war insbesondere im Bereich der zulässigen Gesamtmassen der Fahrzeuge ein langwieriger Prozess.
Notwendige Genehmigungen für grenzüberschreitenden Verkehr (Artikel 9) sind zwischen den Parteien des Übereinkommens weitestgehend angeglichen worden; auf das Mitführen von Fahrerbescheinigungen (Kap. 4.3.) durch Fahrer aus EU-/EWR-Ländern einerseits und der Schweiz andererseits wird einvernehmlich verzichtet. Die gleiche Regelung gilt für schweizerische Fahrer in EU-/EWR-Ländern.
Ausführliche Informationen zu den Absprachen enthält der ‚Beschluss Nr. 1/2010 des Gemischten Landverkehrsausschusses Gemeinschaft/Schweiz' v. 22.10.2010.

5.4. Notwendige Genehmigungen für grenzüberschreitenden Verkehr (Artikel 9)

Der EU-Unternehmer benötigt seine EU-Gemeinschaftslizenz, der schweizerische Unternehmer eine fast identische schweizerische Lizenz. Diese Lizenzen ersetzen frühere Genehmigungen, die im Rahmen von bilateralen Übereinkommen zwischen einzelnen Mitgliedstaaten der Europäischen Gemeinschaft und der Schweiz ausgegeben wurden.
Sie ersetzen auch die auf den Gebieten der Vertragsstaaten ansonsten notwendigen nationalen Genehmigungen. Auch Leerfahrten werden abgedeckt. Die Bestimmungen über Erteilung, Benutzung, Erneuerung und den Entzug der Lizenzen unterliegen den EU-Bestimmungen bzw. gleichwertigen schweizerischen Vorschriften.

5.5. „Große Kabotage für die Schweiz" (Artikel 12 und 14)

Hinter dem Begriff der Kabotage steht nicht von ungefähr der Zusatz „für die Schweiz" (vgl. 6.2.). Es geht also um eine besondere Form der Kabotage. Der schweizerische Unternehmer ist berechtigt, mit seiner entsprechenden Lizenz für den Verkehr mit der Gemeinschaft Kabotage in Gemeinschaftsländern durchzuführen.

Einschränkend wird in Artikel 14 des Abkommens jedoch festgehalten, dass Beförderungen zwischen zwei Orten im Gebiet eines Mitgliedstaats der Gemeinschaft mit einem in der Schweiz zugelassenen Fahrzeug sowie die Beförderungen zwischen zwei Orten im Gebiet der Schweiz mit einem in einem Mitgliedstaat der Gemeinschaft zugelassenen Fahrzeug nach dem Abkommen unzulässig sind. Als Schlussfolgerung lassen die Spezialvorschriften demnach nur eine Kabotage über Ländergrenzen hinweg zu. Es handelt sich also um eine Schutzmaßnahme für die Schweiz, die ansonsten einer Übermacht gemeinschaftlicher Verkehrsunternehmer auf ihrem Territorium ausgeliefert wäre.

5.6. Nicht erfasste Beförderungen (Artikel 2)

Liste der Beförderungen, die von allen die Lizenz betreffenden Regelungen und sonstigen Genehmigungspflichten befreit sind:
1. Die Beförderung von Postsendungen im Rahmen öffentlicher Versorgungsdienste.
2. Die Beförderung von beschädigten oder reparaturbedürftigen Fahrzeugen.
3. Die Beförderung von Gütern mit Kraftfahrzeugen, deren zulässiges Gesamtgewicht, einschließlich des Gesamtgewichts der Anhänger, 6 t nicht übersteigt oder deren zulässige Nutzlast, einschließlich der Nutzlast der Anhänger, 3,5 t nicht übersteigt. (Anmerkung: zum 1.1.2016 hat die Schweiz mit einer Übergangsfrist bis Ende 2017 die Grenze von 3,5 t zGM für lizenzfreien gewerblichen Gütertransport eingeführt.)
4. Die Beförderung von Gütern mit Kraftfahrzeugen, sofern folgende Voraussetzungen erfüllt sind:
    a) Die beförderten Güter müssen Eigentum des Unternehmens oder von ihm verkauft, gekauft, vermietet, gemietet, erzeugt, gewonnen, bearbeitet oder wieder instand gesetzt worden sein;
    b) die Beförderung muss der Anlieferung der Güter zum Unternehmen, ihrem Versand ab dem Unternehmen, ihrer Verbringung innerhalb oder – zum Eigengebrauch – außerhalb des Unternehmens dienen;
    c) die für die Beförderung verwendeten Kraftfahrzeuge müssen vom eigenen Personal des Unternehmens geführt werden;
    d) die Güter befördernden Fahrzeuge müssen dem Unternehmen gehören oder von ihm auf Abzahlung gekauft oder gemietet sein, wobei sie in letzterem Fall die Voraussetzungen der Richtlinie 84/647/EWG des Rates vom 19. Dezember 1984 über die Verwendung von ohne Fahrer gemieteten Fahrzeugen im Güterkraftverkehr erfüllen müssen.
    Dies gilt nicht bei Einsatz eines Ersatzfahrzeugs für die Dauer eines kurzfristigen Ausfalls des sonst verwendeten Kraftfahrzeugs;
    e) die Beförderung darf nur eine Hilfstätigkeit im Rahmen der gesamten Tätigkeit des Unternehmens darstellen.
5. Die Beförderung von Medikamenten, medizinischen Geräten und Ausrüstungen sowie anderen zur Hilfsleistung in dringenden Notfällen (insbesondere bei Naturkatastrophen) bestimmten Gütern.

Punkt 4 listet die bekannten Anforderungen an den **Werkverkehr** auf, der damit ebenfalls von jeder Genehmigungspflicht befreit ist.

5.7. Obergrenzen der Tonnage (Anhang 6)

Nach dem Ablauf von Übergangszeiträumen sind die Tonnagegrenzen zwischen der EU und der Schweiz nun angeglichen. Sofern nicht einzelne Zolldienststellen der Schweiz aus straßenbautechnischen Gründen eine niedrigere zulässige Gesamtmasse vorschreiben, gilt im gemeinsamen Güterverkehr die **40-t-Grenze**. Beim Transport von **40-Fuß-ISO-Containern** dürfen **44 t zGM** erreicht werden. Noch höhere Tonnagen können unter festgelegten Bedingungen gewährt werden.

5.8. Sonntags-, Feiertags- und Nachtfahrverbot

Neben dem Sonn- und Feiertagsverbot gibt es in der Schweiz auch ein **Nachtfahrverbot**. Von den Fahrverboten sind betroffen:
- **Lastkraftwagen** mit einer zulässigen Gesamtmasse von **mehr als 3,5 t**,
- **Sattelkraftfahrzeuge** mit einer zulässigen Gesamtmasse von **mehr als 5 t** und
- Fahrzeuge, die einen **Anhänger** mit einer zulässigen Gesamtmasse von **mehr als 3,5 t** mitführen. (**Anmerkung:** zum 1.1.2016 hat die Schweiz mit einer Übergangsfrist bis Ende 2017 die Grenze von 3,5 t zGM für lizenzfreien gewerblichen Gütertransport eingeführt.)

Das Sonn- und Feiertagsfahrverbot gilt von **00.00 bis 24.00 Uhr**, das Nachtfahrverbot von **22.00 bis 05.00 Uhr**.

Vorschriften für den Güterkraftverkehr — **Band 6**

6. Verordnung über den grenzüberschreitenden Güterkraftverkehr und den Kabotageverkehr – GüKGrKabotageV (Internationale Verkehre)

Nach dem üblichen Gesetzgebungsverfahren bedarf eine Verordnung eines „Grundlagen"-Gesetzes. Im Falle der GüKGrKabotageV handelt es sich um das GüKG. Die Verordnung beschäftigt sich mit Einzelheiten des Gesetzes und liefert genauere Ausführungsvorschriften. Anhand der Verordnung soll auch ein Überblick über weitere internationale Abkommen gegeben werden.

6.1. EG/EU- Gemeinschaftslizenz – Erteilung und Entziehung (§ 1)

Die deutschen Vorgaben im GüKG für die Vergabe, die Versagung und die Entziehung einer Güterverkehrs-Erlaubnis stammen aus der **EU-VO 1071/2009**. Gravierende Unterschiede zwischen Erlaubnis und Lizenz bestehen von daher nicht mehr. Deshalb kann der nationale Vordruck „Antrag auf Erteilung einer Erlaubnis" (Kap. 1.6.1.1) gleichermaßen genutzt werden zur Beantragung der **Gemeinschaftslizenz nach der VO (EG) 1071/2009** (Ankreuzverfahren).

Zum Thema **VO (EG) 1071/2009** s. auch Kap. 4.

6.2. CEMT-Genehmigungen (§§ 4–7 a)

6.2.1. CEMT – Bedeutung

Das Kürzel CEMT steht für „Conférence Européenne des Ministres des Transports", die französische Bezeichnung für den **„Ministerrat der Europäischen Verkehrsminister-Konferenz"**. Die Konferenz versteht sich seit ihrer Gründung 1953 in Brüssel als verkehrspolitisches und verkehrswissenschaftliches Forum, das keine verbindlichen Beschlüsse fassen kann, aber Initiativen entwickelt und Denkanstöße liefert. Mitglieder sind neben den EU-Staaten – außer Zypern – weitere europäische Länder.

6.2.2. Karte: Die CEMT-Mitgliedstaaten

Die 43 **Mitgliedstaaten des CEMT**, in denen die Genehmigungen anerkannt werden (vgl. Kap. 6.2.3; Stand 10/2016):

Albanien (AL), Armenien (ARM), Aserbaidschan (AZ), Belgien (B), Bosnien und Herzegowina (BIH), Bulgarien (BG), Dänemark (DK), Deutschland (D), Estland (EST), Finnland (FIN), Frankreich (F), Georgien (GE), Griechenland (GR), Irland (IRL), Italien (I), Kroatien (HR), Lettland (LV), Liechtenstein (FL), Litauen (LT), Luxemburg (L), Malta (M), Mazedonien (MK bzw. ERYM, FYROM), Moldawien (MD), Montenegro (MNE), Niederlande (NL), Norwegen (N), Österreich (A), Polen (PL), Portugal (P), Rumänien (RO), Russische Föderation (RUS), Schweden (S), Schweiz (CH), Serbien (SRB), Slowakische Republik (SK), Slowenien (SLO), Spanien (E), Tschechische Republik (CZ), Türkei (TR), Ukraine (UA), Ungarn (H), Vereinigtes Königreich (England, Schottland, Wales – diese drei bilden Großbritannien – und Nordirland) (UK), Weißrussland (Belarus) (BY).

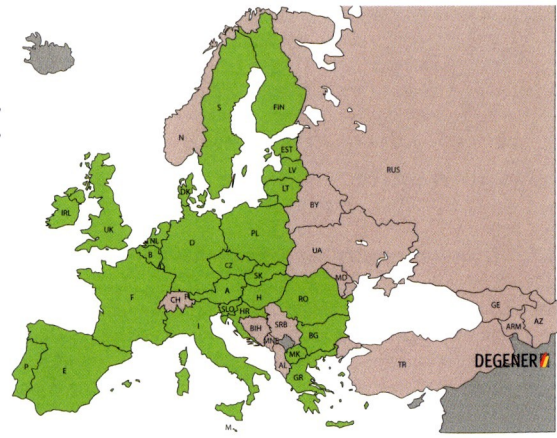

(Quelle: BAG ‚Merkblatt für Inhaber von CEMT-Genehmigungen 2017')

6.2.3. Geltungsbereich/Charakter der Genehmigung

Seit dem Jahr 2006 gilt zusätzlich die sogenannte ‚2+3-Regelung'. Sie besagt, dass mit Fahrzeugen nach der ersten beladenen oder leeren Fahrt zwischen dem Zulassungsland (Mitgliedstaat des Abkommens) und einem anderen Mitgliedstaat höchstens noch drei weitere beladene Fahrten unternommen werden dürfen. Bei diesen Fahrten darf das Zulassungsland des Fahrzeugs nicht berührt werden. Im Anschluss an die letzte Fahrt muss das Fahrzeug beladen **oder leer** in sein Zulassungsland zurückkehren.
Die früher akzeptierten Transitfahrten durch das Zulassungsland werden also als Rückfahrt nicht mehr anerkannt.

Jede weitere Beförderung zwischen CEMT-Staaten ohne Rückkehr in den Zulassungsstaat wird als „ungenehmigter Güterkraftverkehr" bezeichnet und kann mit einem deftigen Bußgeld geahndet werden. Zu diesen Änderungen (zuvor war der Aufenthaltszeitraum begrenzt) sah man sich gezwungen, da Genehmigungen immer häufiger zu – verbotenen – Kabotage-Fahrten missbraucht wurden. Gemäß Mitteilung des Bundesamtes für den Güterverkehr (BAG) vom Dezember 2011 lehnen Italien, Griechenland und Österreich die Erleichterung einer Leerfahrt zu Beginn der ‚2+3-Fahrten' allerdings ab. CEMT-Fahrten im Dreiländerverkehr in diesen Ländern muss demnach eine beladene Einfahrt vorausgegangen sein.
Auch Finnland hielt es im Jahr 2013 für angebracht, sein Transportrecht zu überarbeiten und nur noch drei Kabotagefahrten (Transporte) innerhalb von sieben Tagen und 10 Fahrten innerhalb von drei Monaten zu erlauben.

Kabotage: Fahrten/Transporte (auch grenzüberschreitend)
- im Gebiet eines oder mehrerer ausländischer Staaten,
- beladen mit Gütern, die in diesen Ländern ge- **und** entladen werden. (Details siehe Kapitel 12.5.5.)

Auf der deutschen Teilstrecke gilt die Genehmigung als Ersatz für die ansonsten erforderliche nationale Erlaubnis für den Güterkraftverkehr. Es werden zwei Formen der Genehmigung unterschieden, die
- **Jahresgenehmigung** (Geltung vom Zuteilungsdatum bis zum Ende des betreffenden Jahres) und die
- **Kurzzeitgenehmigung** (Geltungsdauer max. 30 Tage).

Pro Genehmigung darf nur ein Fahrzeug eingesetzt werden, dabei muss es sich nicht immer um dasselbe handeln. Zum Einsatz dürfen nur noch Fahrzeuge kommen, die mindestens der Norm Euro IV entsprechen. Genehmigungen für Österreich werden nur für Fahrzeuge ausgegeben, die die Norm „Euro V sicher" oder höher erfüllen (entsprechend der CEMT-Resolution des Ministerrates der Europäischen Konferenz der Verkehrsminister (CEMT) vom 19. Januar 2015 zum **Leitfaden für Regierungsbeamte und Transportunternehmer für die Verwendung des Multilateralen CEMT-Kontingents**). Entsprechende technische Nachweise (in der Form genau vorgeschrieben!) müssen mitgeführt werden:

Für das Kraftfahrzeug:
- CEMT-Nachweis der Übereinstimmung mit den (sicherheits-)technischen Anforderungen;
- es ist der Nachweis mitzuführen, welcher vom Kraftfahrzeughersteller ausgestellt wurde. Dieser ist solange gültig, wie am Kfz keine wesentlichen Änderungen vorgenommen wurden;
- gedruckt auf hellgrünem Papier.

Für einen Anhänger/Sattelanhänger:
- CEMT-Nachweis der Übereinstimmung eines Anhängers mit den (sicherheits-)technischen Anforderungen;
- es ist der Nachweis mitzuführen, welcher vom Fahrzeughersteller ausgestellt wurde. Dieser ist solange gültig, wie am Fzg keine wesentlichen Änderungen vorgenommen wurden;
- gedruckt auf hellgelbem Papier.

Für beide Fahrzeugarten:
- CEMT-Nachweis der technischen Überwachung für Kraftfahrzeuge und Anhänger, gedruckt auf weißem Papier.

Dieser Nachweis ist jährlich von der Überwachungsorganisation (TÜV, DEKRA, GTÜ usw.) neu auszufüllen. Die Übersetzungshilfe (grün, gelb, weiß) in Englisch und Französisch ist unausgefüllt mitzuführen.

Weiterhin werden in Österreich, Italien, Griechenland und in der Russischen Föderation manche der erteilten Genehmigungen nicht anerkannt.

6.2.4. Antragstellung

Die Erteilung einer solchen auf ein Unternehmen bzw. **auf den Unternehmer bezogenen** und nicht übertragbaren Genehmigung kommt in Frage für Interessenten, die **Inhaber einer Erlaubnis** im Sinne des § 3 des Güterkraftverkehrsgesetzes **oder einer Gemeinschaftslizenz** im Sinne des Artikels 3 der Verordnung (EG) 1071/2009 sind und die Voraussetzungen dafür erfüllen, dass die Genehmigung **hinreichend genutzt** (7.2.5.) wird.
Der Antrag auf Erteilung einer Genehmigung ist in Form eines ausgefüllten Vordrucks bei den regional jeweils zuständigen **Außenstellen des BAG** einzureichen.

> Das BAG (Hauptsitz in Köln) verfügt über acht Außenstellen – Dresden, Erfurt, Hannover, Mainz, München, Münster, Schwerin, Stuttgart – mit festgelegten **räumlichen Zuständigkeiten**. Hinzu kommen drei Außenstellen mit **Schwerpunktaufgaben** in Bremen, Kiel und Saarbrücken. Zuständig für das Land NRW ist z. B. die Außenstelle Münster, für die Länder Niedersachsen und Bremen die Außenstelle Hannover.

Vordrucke sind im **Internet** unter der Adresse www.bag.bund.de einzusehen, auszufüllen und abzusenden. Die Antragstellung muss bei Jahresgenehmigungen bis spätestens zum 1. Oktober eines Jahres erfolgen, bei Kurzzeitgenehmigungen höchstens vier, mindestens zwei Wochen vor Transportbeginn. Wie an anderer Stelle bereits erwähnt, drückt der Begriff „Genehmigung" aus, dass der Antragsteller aus der Erfüllung von Voraussetzungen noch kein Recht auf Erteilung oder Zuteilung einer solchen Genehmigung ableiten kann. Die Erteilung hängt von weiteren Faktoren ab. Bei der CEMT-Genehmigung liegt eine Kontingentierung, also zahlenmäßige Beschränkung vor (bei Genehmigungen für Transporte in bestimmte Länder kommen sogar noch spezielle Bedingungen hinzu.)
Um einen Eindruck zu vermitteln: Für das Jahr 2017 standen Deutschland 1275 CEMT-Jahresgenehmigungen zur Verfügung.
(Quelle: BAG ‚Merkblatt für Inhaber von CEMT-Genehmigungen 2017')

> Die genauen Verfahrensweisen bei der Genehmigungsvergabe sind der Richtlinie für das Verfahren zur Erteilung der CEMT-Genehmigungen zu entnehmen.

Die Mitgliedsländer haben sich dazu verpflichtet, bis zum Jahr 2018 eine 2015 gemeinsam beschlossene Qualitätscharta in ihr nationales Recht zu überführen. Dies betrifft insbesondere die Angleichung der rechtlichen Standards im Bereich der Ausbildung/Fortbildung von Berufskraftfahrern sowie der sozialen Standards für das Fahrpersonal (Sozialvorschriften). Vermutlich wird man sich am bestehenden EU-Recht orientieren.

6.2.5. Nutzung der Genehmigung/Fahrtenberichtsheft

Zusätzlich zu den üblichen Frachtpapieren (§ 7 GüKG), Fahrzeug- und Fahrerpapieren muss sich an Bord eines Fahrzeuges, das im CEMT-Verkehr unterwegs ist, die CEMT-Genehmigung und ein **Fahrtenberichtsheft** befinden. Wie andere Unterlagen auch, sind beide auf Ersuchen von Kontrollberechtigten diesen auszuhändigen.
In das Heft müssen alle im Rahmen der Genehmigung durchgeführten Fahrten (Beförderungen und Leerfahrten) in zeitlicher Reihenfolge in deutscher Sprache eingetragen werden, wobei die Eintragungen, so weit möglich, **vor Beginn der Fahrt** vorgenommen werden müssen. Pro Genehmigung darf nicht mehr als ein Fahrzeug zur gleichen Zeit eingesetzt werden.

> Ein **Merkblatt für Inhaber einer CEMT-Genehmigung** ist unter www.bag.bund.de einzusehen. Das Merkblatt gibt auch Hilfestellungen zur Ausfüllung des Fahrtenberichtsheftes.

Die Hefte sind erhältlich beim BAG in Berlin.

Drei unterschiedliche Rückgabe- bzw. Ablieferungsfristen sind zu beachten:
1. Die **vierwöchige Frist**.
   Innerhalb von vier Wochen nach Monatsabschluss müssen bei Jahresgenehmigungen die Blattdurchschriften beim Bundesamt vorgelegt werden.
2. Die **zweiwöchige Frist**.
   Hefte, deren Gültigkeitszeitraum abgelaufen ist, müssen innerhalb von zwei Wochen nach Ablaufdatum vorgelegt werden.
3. Die **unverzügliche Rückgabe** („ohne schuldhaften Verzug").

Sie gilt für Kurzzeitgenehmigungen nach Ablauf des Gültigkeitszeitraumes.

Da die Wiedererteilung einer Genehmigung auch von deren möglichst intensiver Nutzung abhängt, schmälert eine Fehlanzeige natürlich die Chancen auf eine solche. Führt der Antragsteller jedoch mit der Genehmigung insgesamt mindestens zwölf Beförderungen durch, bei denen der Be- oder Entladeort in einem Mitgliedstaat liegt, in dem die Gemeinschaftslizenz nicht gilt, wird dem Antrag auf Wiedererteilung grundsätzlich stattgegeben. Sollte eine Genehmigung drei Monate lang überhaupt nicht genutzt worden sein, kann sie entzogen werden. Bei Änderungen am Namen oder Sitz der Firma sind Genehmigungen und Hefte unverzüglich dem BAG vorzulegen. Wird der Betrieb eingestellt, ist beides zurückzugeben.

Der Begriff **„unverzüglich"** taucht in unseren Rechtsvorschriften immer wieder auf. Die Rechtsprechung versteht darunter **„ohne schuldhaften Verzug"**. Es handelt sich also um eine Verspätung, die zwar objektiv eingetreten ist, die man demjenigen, der „unverzüglich" handeln soll, aber mangels schuldhaften Verhaltens nicht vorwerfen kann.

6.2.6. CEMT-Umzugsgenehmigung

Es handelt sich um eine besondere Form der CEMT-Genehmigung, sodass deren grundsätzliche Bedingungen, Zugangsvoraussetzungen usw., die in den vorangegangenen Kapiteln beschrieben wurden, sehr wohl auch gelten. Allerdings enthalten die Vorschriften im Vergleich zur „normalen" Genehmigung Erleichterungen:
- die Genehmigungen sind nicht kontingentiert,
- sie sind auf fünf Jahre befristet,
- es entfällt die Anforderung, möglichst intensiven Gebrauch von der Genehmigung zu machen.

Bei Antragstellung ist eine Güterkraftverkehrs-Erlaubnis oder eine Gemeinschaftslizenz vorzulegen.

6.3. Bilaterale Genehmigung und Drittstaatengenehmigung

6.3.1. Bilaterale Genehmigung (§ 8)

Bilaterale Genehmigung: eine Genehmigung, die sich auf den Verkehr zwischen zwei beteiligten Staaten bezieht.

Ausgangssituation:
- Ein **Unternehmer mit Sitz im Inland** will grenzüberschreitenden gewerblichen Güterverkehr nach oder von einem bzw. durch einen Staat betreiben, der kein EU/EWR-Mitgliedstaat ist.
- Der Unternehmer erfüllt die Berufszugangsvoraussetzungen nach dem GüKG (§ 3; Kap. 1.6.1).

Die zuständige Behörde erteilt in der Folge – auf Antrag – die entsprechende bilaterale Genehmigung, welche auf der deutschen Teilstrecke die eigentlich notwendige Erlaubnis für den Güterkraftverkehr ersetzt.

EU-Mitgliedsländer: siehe 5.1.1.

EWR (Europäischer Wirtschaftsraum): siehe 1.7.1.

6.3.2. Drittstaatengenehmigung (§§ 9–12)

Drittstaatengenehmigung: Abkommen zwischen einzelnen Staaten und der Bundesrepublik Deutschland.

Ausgangssituation:
- Ein **Unternehmer mit Sitz im Ausland** will grenzüberschreitenden gewerblichen Güterkraftverkehr nach oder von einem bzw. durch einen Staat betreiben, der kein EU/EWR-Mitgliedstaat ist.
- Der Unternehmer ist in dem Land, in dem er seinen Betriebssitz hat, **zum gewerblichen grenzüberschreitenden Güterkraftverkehr zugelassen**.
- Es bestehen keine Bedenken gegen die **persönliche Zuverlässigkeit** des Unternehmers.
- Der Unternehmer verfügt über **keine alternative Lizenz oder Genehmigung**, um den inländischen Streckenteil zu befahren.

    Geeignete Alternativen sind:
    - die EU-Gemeinschaftslizenz,
    - eine CEMT-Genehmigung,
    - eine CEMT-Umzugsgenehmigung oder
    - eine schweizerische Lizenz.

Das Bundesministerium für Verkehr und digitale Infrastruktur erteilt in Einklang mit EU-Recht in der Folge – auf Antrag – die entsprechende Drittstaatengenehmigung. Ausgegeben wird sie, falls sich der Sitz des Unternehmens in einem EU/EWR-Land befindet, von der dort zuständigen Stelle, in anderen Fällen von einer durch das Verkehrsministerium bestimmten Stelle.

EU-Mitgliedsländer: siehe 5.1.1.

EWR (Europäischer Wirtschaftsraum): siehe 1.7.1.

Nur Unternehmer, deren Sitz sich in einem EU/EWR-Land oder in der Schweiz befindet, dürfen für die erteilte Genehmigung ein beliebiges Fahrzeug einsetzen **(unternehmerbezogene Drittstaatengenehmigung)**. Unternehmer mit Betriebssitz außerhalb dieser Länder müssen für die Nutzung der Genehmigung ein genau bezeichnetes Fahrzeug verwenden **(fahrzeugbezogene Drittstaatengenehmigung)**. In jedem Fall jedoch darf im Rahmen einer Genehmigung jeweils nur ein Fahrzeug eingesetzt werden.

6.4. Grenzüberschreitender gewerblicher kombinierter Verkehr (KV) (§§ 13–17)

Für diese Verkehrsart sind **Erleichterungen** für den durchführenden Unternehmer festgelegt.

6.4.1. Definition

Als grenzüberschreitender gewerblicher kombinierter Verkehr gelten Güterbeförderungen, bei denen
1. das Kraftfahrzeug, der Anhänger, der Fahrzeugaufbau, der Wechselbehälter oder der Container von mindestens sechs Meter Länge einen Teil der Strecke auf der Straße und einen anderen Teil der Strecke mit der Eisenbahn oder dem Binnen- oder Seeschiff (mit einer Seestrecke von mehr als 100 Kilometer Luftlinie) zurücklegt,
2. die Gesamtstrecke zum Teil im Inland und zum Teil im Ausland liegt und
3. die Beförderung auf der Straße im Inland lediglich zwischen Be- oder Entladestelle und
    a) dem nächstgelegenen geeigneten Bahnhof oder
    b) einem innerhalb eines Umkreises von höchstens 150 Kilometern Luftlinie gelegenen Binnen- oder Seehafen durchgeführt wird (An- oder Abfuhr). (§ 13)

Dabei ist der **nächstgelegene geeignete Bahnhof** derjenige, der folgende Merkmale aufweist (aus § 14):
- Er verfügt über Einrichtungen der notwendigen Umschlagart des kombinierten Verkehrs,
- von ihm aus wird regelmäßiger kombinierter Verkehr der entsprechenden Art und Richtung durchgeführt und
- er hat die kürzeste verkehrsübliche Straßenverbindung zur Be- oder Entladestelle.

Auf Antrag des Unternehmers und wenn es der Förderung des kombinierten Verkehrs dienlich ist, kann ein anderer als der in § 13 geforderte Bahnhof festgelegt werden. Eine entsprechende Bescheinigung ist dann im Fahrzeug mitzuführen.

6.4.2. Unternehmer mit Sitz in der EU/im EWR

Unternehmer mit Sitz in der EU/im EWR benötigen bei Fahrten im kombinierten Verkehr in Deutschland weder eine Güterkraftverkehrs-Erlaubnis noch eine Gemeinschaftslizenz. Sie müssen lediglich die beruflichen **Zugangsvoraussetzungen des GüKG** (1.6.1.) für den Erhalt einer nationalen Erlaubnis und damit für den Erhalt einer Gemeinschaftslizenz nachweisen (§ 15).
Zum Nachweis erforderliche Unterlagen sind im Fahrzeug mitzuführen und bei Kontrollen zur Prüfung auszuhändigen.

6.4.3. Unternehmer mit Sitz außerhalb der EU/des EWR

EU-Mitgliedsländer: siehe 5.1.1.

EWR (Europäischer Wirtschaftsraum): siehe 1.7.1.

Hier stellt sich die Situation anders dar.
Es gibt für den Unternehmer zwei alternative Möglichkeiten, Kombinierten Verkehr (KV) durchzuführen (aus § 16):
- Er ist aufgrund internationaler Abkommen im Besitz einer **besonderen Genehmigung** für derartige Verkehre im Inland, oder
- er ist von der Genehmigungspflicht im Inland durch die Erfüllung bestimmter Bedingungen **befreit**.

Die Bedingungen:
- Im **unbegleiteten KV** überfährt das Fahrzeug bei An- oder Abfahrt die deutsche Grenze.
- Im **begleiteten KV** überfährt das Fahrzeug während der Mitbeförderung auf Eisenbahn, Binnen- oder Seeschiff bei An- oder Abfahrt die Grenze.
  Dabei wird nur eine An- oder Abfuhr durchgeführt.
  Im Verkehr Schiene/Straße (Rollende Landstraße), erfolgt diese An- oder Abfuhr nur zwischen Be- oder Entladestelle und einem innerhalb eines Umkreises von 150 Kilometer Luftlinie gelegenen geeigneten Bahnhof.

In jedem Fall muss der **Unternehmer** folgende Voraussetzungen erfüllen:
- Er ist in seinem Heimatstaat zum grenzüberschreitenden Güterkraftverkehr für andere zugelassen
  und
- es liegen über ihn keine Tatsachen vor, aus denen sich Bedenken gegen seine persönliche Zuverlässigkeit ergeben.

Die entsprechenden Nachweise – dazu gehören bei der Anfuhr auch Reservierungen für Fährfahrten und Eisenbahnfahrten und bei der Abfuhr Nachweise über benutzte Bahnhöfe bzw. Entladehäfen – sind während der Durchführung der Fahrten im Fahrzeug mitzuführen und bei Kontrollen den Berechtigten auszuhändigen.

Begleiteter kombinierter Verkehr: Der Fahrer begleitet das Fahrzeug, das komplett auf einen Güterwaggon oder in ein Schiff verladen wurde, in einem Personenabteil des Zuges bzw. Schiffes.

‚**Rollende Landstraße (RoLa)**': Im Unterschied zum unbegleiteten kombinierten Verkehr, bei dem nur Ladungsträger (Container/WAB) oder Sattelauflieger durch Hubwagen oder Kräne (vertikal) verladen und dann mit der Bahn transportiert werden, handelt es sich hier um eine horizontale Verladung – das komplette Fahrzeug/der komplette Zug rollt aus eigener Kraft über spezielle Rampen auf Niederflur-Güterwaggons. Der Fahrer verbringt die Zeit während der Fahrt in einem Personenwaggon, ggf. einem Schlafabteil. Der Transport wird also fortgesetzt, während der Fahrer ruhen kann.
Die Transportform umgeht Fahrverbote auf Straßen, spart Kraftstoff ein, reduziert den Verschleiß am Fahrzeug und vermeidet Mautgebühren.

6.5. Kabotageverkehr (§ 17 a)

Regelungen zur Durchführung eines solchen Verkehrs (Begriff „Kabotage" s. Kap.11.5.5) enthält sowohl das EU-Recht als auch – wie der Name schon sagt – die GüKGrKabotageV.

Die nationale Verordnung legt in Übereinstimmung mit den EU-Regeln folgende **Bedingungen** fest:
1. Der Güterkraftverkehrsunternehmer, der eine Gemeinschaftslizenz besitzt, darf weder Sitz noch Niederlassung in Deutschland haben;
2. er darf im Anschluss an eine grenzüberschreitende Beförderung nach Deutschland mit demselben Fahrzeug im Anschluss an eine teilweise oder vollständige Entladung bis zu **drei** Kabotagebeförderungen durchführen;
3. er muss die letzte Entladung vor dem Verlassen Deutschlands innerhalb von **sieben** Tagen nach der ersten teilweisen oder vollständigen Entladung durchführen.

Der Unternehmer muss außerdem dafür sorgen, dass das Fahrpersonal folgende **Dokumente** während der Dauer der Beförderung mitführt:
1. Nachweise über die grenzüberschreitende Beförderung (z. B. CMR-Frachtbrief) und
2. Nachweise über jede einzelne durchgeführte Kabotagebeförderung.
3. Die Fahrerbescheinigung(en) nach der VO (EG) 1072/2009 muss/müssen mitgeführt werden, wenn das Fahrpersonal aus einem Drittland stammt.

Die Nachweise müssen folgende Angaben enthalten:
- Name, Anschrift und Unterschrift des Absenders,
- Name, Anschrift und Unterschrift des Güterkraftverkehrsunternehmers,
- Name und Anschrift des Empfängers sowie nach erfolgter Entladung die Unterschrift des Empfängers mit Datum der Entladung,
- Ort und Datum der Übernahme der Ware sowie die Anschrift der Entladestelle,
- die übliche Beschreibung der Art der Ware und ihrer Verpackung,
- die Bruttomasse der Güter oder eine sonstige Mengenangabe,
- amtliches Kennzeichen des Kraftfahrzeugs oder Aufliegers (tatsächlicher Wortlaut).

Ein Formblatt wird nicht vorgegeben. Auch elektronische Aufzeichnungen werden akzeptiert. Wie üblich sind die Unterlagen Kontrollberechtigten auf Verlangen auszuhändigen bzw. in anderer geeigneter Weise zugänglich zu machen.

6.6. Fahrzeugeinsatz (§ 18)

Es sind zwei Ausgangslagen zu unterscheiden:
1. Der Unternehmenssitz befindet sich **in einem EU- oder EWR-Land**:
   Das eingesetzte Kraftfahrzeug muss in einem dieser Länder zugelassen sein.
2. Der Unternehmenssitz befindet sich **weder in einem EU- noch in einem EWR-Land**:
   Das eingesetzte Fahrzeug muss in dem Land zugelassen sein, in dem sich der Unternehmenssitz befindet.

Für eingesetzte Anhänger gibt es keine Vorgaben.

6.7. Ausschluss von Unternehmen (§ 19)

Nur für Unternehmer, die ihren **Sitz nicht in EU- oder EWR-Ländern** haben, sieht die Verordnung des Bundesverkehrsministeriums Disziplinierungsmaßnahmen vor:
Bei wiederholten Verstößen gegen Vorschriften, die im Inland für die Beförderung von Gütern auf der Straße, den Verkehr mit Kraftfahrzeugen, die Steuern oder die Kraftfahrzeughaftpflichtversicherung gelten, können Unternehmer bis zu sechs Monaten vom inländischen Güterverkehr oder dem Verkehr mit dem Inland ausgeschlossen werden.
Handelt es sich um wiederholte grobe Verstöße oder Straftaten, kann der endgültige Ausschluss festgelegt werden.

6.8. Fahrerbescheinigung gemäß VO (EG) 1072/2009 (§§ 20–24)

Der **Artikel 5** der EU-Verordnung beschäftigt sich ausführlich mit der Fahrerbescheinigung (Kap. 4.3.).

> Die Fahrerbescheinigung wird von einem Mitgliedstaat gemäß dieser Verordnung jedem Verkehrsunternehmer ausgestellt, der
> - Inhaber einer Gemeinschaftslizenz ist und der
> - in diesem Mitgliedstaat entweder einen Fahrer, der weder ein Staatsangehöriger eines Mitgliedstaats noch ein langfristig Aufenthaltsberechtigter im Sinne der Richtlinie 2003/109/EG … ist, rechtmäßig beschäftigt **oder** einen Fahrer rechtmäßig einsetzt, der weder ein Staatsangehöriger eines Mitgliedstaats noch ein langfristig Aufenthaltsberechtigter im Sinne der genannten Richtlinie ist und dem Verkehrsunternehmer gemäß den Bestimmungen zur Verfügung gestellt wird, die in diesem Mitgliedstaat für die Beschäftigung und die Berufsausbildung
>   - durch Rechts- und Verwaltungsvorschriften und gegebenenfalls
>   - durch Tarifverträge nach den in diesem Mitgliedstaat geltenden Vorschriften
>   festgelegt wurden.
> (sinngemäß aus Artikel 5)

Die Verordnung enthält dazu eine Reihe von Vorschriften (1.9.2.): Bei der Beantragung muss der Antragsteller unter anderem Angaben zum Unternehmen und zur Person des Fahrers machen (§ 20). Außerdem müssen Unterlagen, wie z. B. die dem Unternehmen erteilte Gemeinschaftslizenz oder die Arbeitsgenehmigung des Fahrers, beigebracht werden.

Wird dem Antrag stattgegeben, wird die Bescheinigung in der Regel für eine Gültigkeitsdauer von fünf Jahren ausgestellt. Sollte die Arbeitsgenehmigung des betreffenden Fahrers zeitlich beschränkt sein, wird die Fahrerbescheinigung in der Regel bis zum Ablauf der Arbeitsgenehmigung befristet.
Änderungen in den persönlichen Verhältnissen des Fahrers oder auch den Gegebenheiten der Firma verpflichten – zwecks Änderung – zur Vorlage der Bescheinigung bei der Behörde. Treffen Bedingungen, unter denen eine Fahrerbescheinigung erteilt wurde, nicht mehr zu, so ist die Bescheinigung unverzüglich an die ausstellende Behörde zurückzugeben.

6.9. Entsendebescheinigung (A1-Bescheinigung)

Bei der vorgesehenen Entsendung von Arbeitnehmern ins EU/EWR-Ausland oder in die Schweiz ist darüber hinaus gemäß der europäischen **Entsende-Richtlinie 96/71/EG** und der dazu ergangenen **Durchsetzungs-Richtlinie 2014/67/EU** eine sog. **A1-Bescheinigung** mitzuführen. Anhand der Bescheinigung wird der Nachweis geführt, dass deren Inhaber Mitglied der jeweiligen nationalen Sozialversicherung bleibt. Für deutsche Fahrer/Beifahrer gilt also weiterhin das deutsche Sozialversicherungsrecht.
In einzelnen EU-Mitgliedsländern sind dazu besondere Vorschriften zu beachten.

So müssen z. B. bei der vorgesehenen Entsendung von Fahrern nach Österreich alle Fahrer vorab in Wien gemeldet werden. Detaillierte Anweisungen zum Ausfüllen der entsprechenden Meldebescheinigung sind einem Info-Blatt zu entnehmen, das von der Internetseite des österreichischen Ministeriums für Arbeit, Soziales und Konsumentenschutz herunter geladen werden kann.
Die Fahrer unterliegen für die Dauer der Entsendung dem österreichischen Mindestlohn.

Frankreich fordert eine elektronische Entsendebescheinigung, die über das **Online-Portal SIPSI** (Système d'information sur les prestations de service internationales) erstellt und herunter geladen werden kann.

Für Fahrten ins europäische Ausland sind die Details der einzelstaatlichen Regelungen also unbedingt vorab zu klären!

Auch für das sog. „vertragslose Ausland" (Länder, mit denen keine Abkommen auf bilateraler oder europäischer Ebene über soziale Sicherheit bestehen) kann das deutsche Sozialversicherungsrecht weiterhin gelten. Entsprechende Bescheinigungen sind mitzuführen.

7. Internationale Vereinbarung über Beförderungsverträge auf Straßen (CMR)

Im Folgenden werden einige wichtige **Auszüge** aus dem umfangreichen Abkommen, das zu den wichtigsten im Transportrecht gehört, wiedergegeben.

> CMR ist die Abkürzung des französischen Titels der Vereinbarung:
> *„Convention relative au contrat de transport international de marchandises par route."*

Unterzeichner der Vereinbarung sind
Albanien, Armenien, Aserbaidschan, Belgien, Bosnien-Herzegowina, Bulgarien, Dänemark, Deutschland, Estland, Finnland, Frankreich, Georgien, Griechenland, Großbritannien, Iran, Irland, Italien, Kasachstan, Kirgisistan, Kroatien, Lettland, Libanon, Litauen, Luxemburg, Marokko, Mazedonien, Moldawien, Mongolei, Niederlande, Norwegen, Österreich, Polen, Portugal, Rumänien, Russland, Schweden, Schweiz, Serbien-Montenegro, Slowakei, Slowenien, Spanien, Tadschikistan, Tschechien, Tunesien, Turkmenistan, Türkei, Ungarn, Usbekistan, Weißrussland, Zypern.

7.1. Regelungsumfang und Bedeutung des Abkommens

Der Text des Abkommens (Art. 1) bemerkt dazu Folgendes:

> (1) Dieses Übereinkommen gilt für jeden Vertrag über die entgeltliche Beförderung von Gütern auf der Straße mittels Fahrzeugen, wenn der Ort der Übernahme des Gutes und der für die Ablieferung vorgesehene Ort, wie sie im Vertrage angegeben sind, in **zwei verschiedenen Staaten** liegen, von denen mindestens einer ein Vertragsstaat ist. Dies gilt ohne Rücksicht auf den Wohnsitz und die Staatsangehörigkeit der Parteien.
> (2) Im Sinne dieses Übereinkommens bedeuten „Fahrzeuge" Kraftfahrzeuge, Sattelkraftfahrzeuge, Anhänger und Sattelanhänger, wie sie in Artikel 4 des Abkommens über den Straßenverkehr vom 19. September 1949 umschrieben sind.
> (4) Dieses Übereinkommen gilt **nicht**
> a) für Beförderungen, die nach den Bestimmungen internationaler Postübereinkommen durchgeführt werden;
> b) für die Beförderung von Leichen;
> c) für die Beförderung von Umzugsgut.

Das Abkommen beschäftigt sich mit der Abwicklung von internationalen Gütertransporten und den damit zusammenhängenden **Haftungsfragen**. Dabei ist es dem **HGB übergeordnet**.

Die grundsätzliche Verantwortung liegt beim **Frachtführer**:

> Der Frachtführer haftet, soweit dieses Übereinkommen anzuwenden ist, für Handlungen und Unterlassungen seiner Bediensteten und aller anderen Personen, derer er sich bei Ausführung der Beförderung bedient, wie für eigene Handlungen und Unterlassungen, wenn diese Bediensteten oder andere Personen in Ausübung ihrer Verrichtungen handeln. (Artikel 3)

7.2. Frachtvertrag und CMR-Frachtbrief

Der CMR-Frachtbrief ist der schriftliche Beförderungsvertrag und wird in **dreifacher Ausfertigung** ausgestellt. Ihm kommt eine zentrale Bedeutung zu. Die Ausfertigungen werden vom Absender und vom Frachtführer unterzeichnet (oder auch abgestempelt), dann verbleibt eine beim Absender, die zweite beim Frachtführer und die dritte begleitet das Frachtgut. Sollte eine Ausfertigung abhanden kommen, fehlerhaft ausgestellt sein oder aus einem anderen Grund fehlen, bleibt der Vertrag dennoch gültig.

Entstehen dem Frachtführer Kosten durch falsche Angaben des Absenders, haftet der Absender. Der Frachtführer hat zwar im Normalfall gemäß Artikel 8
- die Richtigkeit der Angaben im Frachtbrief über die Anzahl der Frachtstücke und über ihre Zeichen und Nummern sowie
- den äußeren Zustand des Gutes und seiner Verpackung

zu überprüfen, nicht immer aber stehen ihm die nötigen Mittel zur Verfügung. Ist das der Fall, trägt er im Frachtbrief **„Vorbehalte"** ein. Unterlässt er dies, ist nach dem Beweis des ersten Anscheins davon auszugehen, dass das Gut bei Übernahme in jeder Hinsicht einwandfrei, d. h. den Angaben im Frachtbrief entsprechend war und auch die Verpackung den Anforderungen entsprach.

Die notwendigen **Angaben im CMR-Frachtbrief**:
a) Ort und Tag der Ausstellung,
b) Name und Anschrift des Absenders,
c) Name und Anschrift des Frachtführers,
d) Stelle und Tag der Übernahme des Gutes sowie die für die Ablieferung vorgesehene Stelle,
e) Name und Anschrift des Empfängers,
f) die übliche Bezeichnung der Art des Gutes und die Art der Verpackung, bei gefährlichen Gütern ihre allgemein anerkannte Bezeichnung,
g) Anzahl, Zeichen und Nummern der Frachtstücke,
h) Rohgewicht oder die anders angegebene Menge des Gutes,
i) die mit der Beförderung verbundenen Kosten (Fracht, Nebengebühren, Zölle und andere Kosten, die vom Vertragsabschluss bis zur Ablieferung anfallen),
j) Weisungen für die Zoll- und sonstige amtliche Behandlung,
k) die Angabe, dass die Beförderung trotz einer gegenteiligen Abmachung den Bestimmungen dieses Übereinkommens unterliegt.

7.3. CMR-Frachtbrief (für den internationalen Verkehr) © Formularverlag CWN

Vorschriften für den Güterkraftverkehr — **Band 6**

7.3.1. CMR-Frachtbrief (für den internationalen Verkehr) – Beispiel

1 Absender (Name, Anschrift, Land)	Elektra, Ostpark 28, D-54634 Bitburg, Deutschland
	INTERNATIONALER FRACHTBRIEF / LETTRE DE VOITURE INTERNATIONAL — Diese Beförderung unterliegt trotz einer gegenteiligen Abmachung den Bestimmungen des Übereinkommens über den Beförderungsvertrag im internationalen Straßengüterverkehr (CMR).
2 Empfänger (Name, Anschrift, Land)	Elektro-Handel, Franz Albert, Radingerstraße 75, A-5010 Salzburg, Österreich
16 Frachtführer (Name, Anschrift, Land)	Komm-An Transporte, Mühlenstraße 148, D-54296 Trier, Deutschland
3 Auslieferungsort des Gutes	Ort/Lieu: A-5010 Salzburg; Land/Pays: Österreich
17 Nachfolgende Frachtführer	—
4 Ort und Tag der Übernahme des Gutes	Ort/Lieu: D-54634 Bitburg; Land/Pays: Deutschland; Datum: 07.08.2008
5 Beigefügte Dokumente	Lieferschein – Nr. 1098
18 Vorbehalte und Bemerkungen der Frachtführer	

6 Kennzeichen u. Nummern	7 Anzahl der Packstücke	8 Art der Verpackung	9 Offiz. Benennung f. d. Beförderung	10 Statistiknummer	11 Bruttogewicht in kg	12 Umfang in m³
	30	EURO-Paletten	Elektrogeräte 500 Karton á 48 kg		24000	

CMR

UN-Nummer	Ben. s. Nr. 9	Gefahrzettelmuster-Nr.	Verp.-Gruppe	Tunnelbeschränkungscode
UN				

19 zu zahlen vom:	Absender	Währung	Empfänger
Fracht			
Ermäßigungen	—		
Zwischensumme			
Zuschläge			
Nebengebühren			
Sonstiges			
Zu zahlende Gesamtsumme			

13 Anweisungen des Absenders: —

14 Rückerstattung: —

15 Frachtzahlungsanweisungen: frei Haus

20 Besondere Vereinbarungen: —

21 Ausgefertigt in	am
D-54634 Bitburg	06.08.2008

22	23	24 Gut empfangen
Elektra, Ostpark 28, D-54634 Bitburg	Komm-An Transporte, Mühlenstraße 148, D-54296 Trier	Elektro-Handel Franz Albert, Radingerstraße 75, A-5010 Salzburg

25 Angaben zur Ermittlung der Entfernung mit Grenzübergängen

von	bis	km

Paletten-Absender	Anzahl	Kein Tausch	Tausch	Paletten-Empfänger	Anzahl	Kein Tausch	Tausch
Euro-Palette				Euro-Palette			
Gitterbox-Palette				Gitterbox-Palette			
Einfach-Palette				Einfach-Palette			

26 Vertragspartner des Frachtführers

27	Amtliches Kennzeichen	Nutzlast in kg
Kfz	TR – XY 1	9400
Anhänger	TR – XY 2	15450

Benutzte Gen.-Nr.: ☐ National ☐ Bilateral ☒ EG ☐ CEMT

© DEGENER

7.3.2. Elektronischer Frachtbrief (e-CMR)

Zur Einsparung von Kosten haben Frankreich und Spanien für den zwischenstaatlichen Gütertransport versuchsweise die befristete Einführung eines elektronischen Frachtbriefs (e-CMR) beschlossen. Er ersetzt die Papierform.
Die Benelux-Staaten wollen sich zu einem späteren Zeitpunkt dem Versuch anschließen.

7.4. Der Empfänger

Der Absender behält die Verfügungsgewalt über das versandte Gut bis zum Zeitpunkt der Übergabe des Frachtbriefes (Zweitschrift), der die Ladung begleitet hat. Dann geht die Verfügungsberechtigung auf den Empfänger über.
Das kann auch vorher schon der Fall sein, wenn nämlich vom Absender vor dem Transport bereits ein entsprechender Vermerk in den Frachtbrief eingetragen wurde (Details siehe Artikel 12 des Abkommens).

> Nach **Ankunft** des Gutes an dem für die Ablieferung vorgesehenen Ort ist der Empfänger berechtigt, vom Frachtführer zu verlangen, daß ihm gegen Empfangsbestätigung die zweite Ausfertigung des Frachtbriefes übergeben und das Gut abgeliefert wird. Ist der Verlust des Gutes festgestellt oder ist das Gut innerhalb der (...) vorgesehenen Frist nicht angekommen, so kann der Empfänger die Rechte aus dem Beförderungsvertrag im eigenen Namen gegen den Frachtführer geltend machen. (aus Artikel 13)

Auf die **Aushändigung** der Zweitschrift und des Gutes hat der Empfänger einen Rechtsanspruch (gegen Empfangsbestätigung).
Das ist nicht der Fall, wenn er zur Zahlung der Kosten, die der Frachtbrief ausweist, nicht bereit oder in der Lage ist.

> Nimmt der Empfänger das Gut an, ohne dessen Zustand gemeinsam mit dem Frachtführer zu überprüfen und ohne unter Angaben allgemeiner Art über den Verlust oder die Beschädigung an den Frachtführer Vorbehalte zu richten, so wird bis zum Beweise des Gegenteils vermutet, daß der Empfänger das Gut in dem im Frachtbrief beschriebenen Zustand erhalten hat; die Vorbehalte müssen, wenn es sich um äußerlich erkennbare Verluste oder Beschädigungen handelt, spätestens bei der Ablieferung des Gutes oder, wenn es sich um äußerlich nicht erkennbare Verluste oder Beschädigungen handelt, spätestens binnen sieben Tagen, Sonntage und gesetzliche Feiertage nicht mitgerechnet, nach der Ablieferung gemacht werden. Die Vorbehalte müssen schriftlich gemacht werden, wenn es sich um äußerlich nicht erkennbare Verluste oder Beschädigungen handelt. (aus Artikel 30)

7.5. Sonstige Regelungen

Die weiteren Artikel des Übereinkommens beschäftigen sich mit annähernd jedem Detail eines Gütertransportes und daraus resultierender Ansprüche, Gegenansprüche, Ersatzleistungen und den juristischen Möglichkeiten der Beteiligten. Auf diese Regelungen wird hier nicht weiter eingegangen.

8. Transports Internationaux Routiers – „TIR"- Übereinkommen

8.1. Grundlagen und organisatorischer Überbau

Rechtliche Grundlage des TIR-Verfahrens ist das „Übereinkommen über den internationalen Warentransport mit Carnet TIR", kurz „TIR-Übereinkommen", aus dem Jahre 1975.
Es ermöglicht einen **vereinfachten grenzüberschreitenden Versand von Waren**, die nicht umgeladen werden müssen, mit Straßenfahrzeugen und ggf. zusätzlich der Bahn. Die Anzahl der Grenzübertritte spielt dabei keine Rolle.
Nicht über das Verfahren abgewickelt werden Transporte zwischen EU-Mitgliedsländern.
Ziel ist es, **Zollformalitäten** auf ein Minimum zu beschränken. Eine Kontrolle der Ladung an den einzelnen Grenzübergängen erfolgt nicht mehr. Vom Transportunternehmer werden keine Sicherheiten für evtl. anfallende Zölle oder weitere Abgaben verlangt. Nur noch das Herkunfts- und das Zielland haben mit der Verzollung zu tun. Das bedeutet in der Praxis eine erhebliche Beschleunigung der Transporte an den Grenzübergängen.
Was sich zunächst sehr einfach anhört, erfordert in der praktischen Durchführung jedoch einen größeren „organisatorischen Überbau".
So reicht es nicht aus, wenn ein Land sich schlicht dem Übereinkommen anschließt. Es muss in dem Land ein national **zugelassener Verband** bestehen, der Ansprechpartner und vor allem **Bürge** im Falle von Unregelmäßigkeiten bei der Abwicklung der Transporte ist. Nach dem Beitritt Chinas haben sich dem Übereinkommen fast 70 Staaten angeschlossen, aber längst nicht alle können derartige Verbände vorweisen; TIR-Transporte mit diesen „verbandslosen" Ländern gibt es also nicht.
Die Ausgabe der Berechtigungsnachweise für die Durchführung von Transporten nach dem Übereinkommen **(Carnets)** erfolgt durch die in Genf ansässige **Internationale Straßentransportunion (IRU** – International Road Transport Union/Union International des Transports Routiers).
Von dort werden sie an die einzelnen von den nationalen Zollstellen anerkannten Verbände weitergegeben. Die Verbände ihrerseits teilen die Carnets an die Transporteure aus.
In Deutschland sind dafür anerkannt und zuständig:
- die Landesorganisationen des Bundesverbandes Güterkraftverkehr, Logistik und Entsorgung **(BGL)** e. V. in Frankfurt am Main und
- die Arbeitsgemeinschaft zur Förderung und Entwicklung des internationalen Straßenverkehrs **(AIST)** e. V. in Berlin.

Carnet TIR ist ein Dokument für den Warentransit auf der Straße.
Elektronische Behandlung
Ein elektronischer Datenaustausch soll zukünftig generell eingeführt werden. Für die Beförderungsstrecken im Zollgebiet der EU gilt er bereits.
Der Carnet-Inhaber übermittelt die Daten des TIR-Verfahrens an die jeweilige Zollstelle auf elektronischem Weg; die Zollstellen untereinander verfahren auf die gleiche Weise (Ausnahme: Das System des EDV-gestützten Versandverfahrens der Zollbehörden funktioniert nicht).

8.2. Ablauf des Transports

Start im Herkunfts-/Abgangsland
Das Verfahren sieht u. a. vor, dass
- Lkw und ggf. Wechselbehälter (Container/Wechselaufbauten) verwendet werden, die über einen anerkannten **Zollverschluss** verfügen müssen (schriftlicher Nachweis ist im Fahrzeug mitzuführen); sie werden nach der Beladung von der Abgangszollstelle verplombt (Das TIR-Verfahren ist eröffnet.),

> **Zollverschluss**: eine Schließvorrichtung des Aufbaus/der Plane eines Lkw oder eines Wechselbehälters, die Zugriffe auf die Ladung sofort erkennbar macht.
> Bei Festaufbauten kein Problem, bei Planaufbauten wird mit durchgehenden Leinen/Bändern gearbeitet. Sie werden durch Ösen, die in kurzen Abständen am Aufbau angebracht sind, geführt. Ähnliche Vorgehensweise bei einem Silo-Aufbau, bei dem mit einem Band die Schraubverschlüsse verplombt werden. Mit Wirkung vom 01.01.2017 haben sich die Anforderungen an die Aufbauten und Behälter, die über verschiebbare Planendächer und Planenwände verfügen (Curtainsider), geändert. Es müssen Zugangsmöglichkeiten zum Laderaum nach der Verplombung weitestgehend ausgeschlossen bzw. so gestaltet sein, dass ein unbefugtes Eindringen im Nachhinein leicht zu erkennen ist.
> Die sehr detaillierten Vorschriften sind dem Amtsblatt L 321 der EU vom 29.11.2016 zu entnehmen.

- die Fahrzeuge (also auch ggf. mitgeführte Anhänger) mit einer TIR-Tafel (25 x 40 cm groß) bzw. Tafeln gekennzeichnet sind,

- Begleitpapiere **(Carnet TIR)** zu Kontrollzwecken ausgestellt/ausgefüllt, während des Transports mitgeführt und bei Kontrollen vorgelegt werden.

Das Carnet hat Heftform und besteht aus
- zwei Umschlagblättern,
- einem nicht für Zollzwecke bestimmten Blatt (orange/gelb),
- den für die Fahrt benötigten Trenn-Abschnitten Nr. 1 und 2 (weiß und grün mit blattweise durchgehender Nummerierung) und
- einem Protokoll (orange/gelb) für Umladungen und Ereignisse während des Transports.

Die oberen Teile der Trennabschnitte verbleiben jeweils
- beim Abgangsland,
- bei jedem Durchgangsland,
- ggf. bei jeder weiteren Abgangs- oder Bestimmungszollstelle,
- beim Ziel-/Bestimmungsland.

Der untere Teil verbleibt als **Stammblatt** im Heft und darf nicht entfernt werden.

Für einen ganzen Lastzug ist nur **ein Heft** erforderlich.
Die vorgegebene **Gültigkeitsfrist** auf dem Carnet ist zu beachten, wobei ein Transportabschluss nach Ablaufdatum allerdings noch möglich ist.

Vorschriften für den Güterkraftverkehr — Band 6

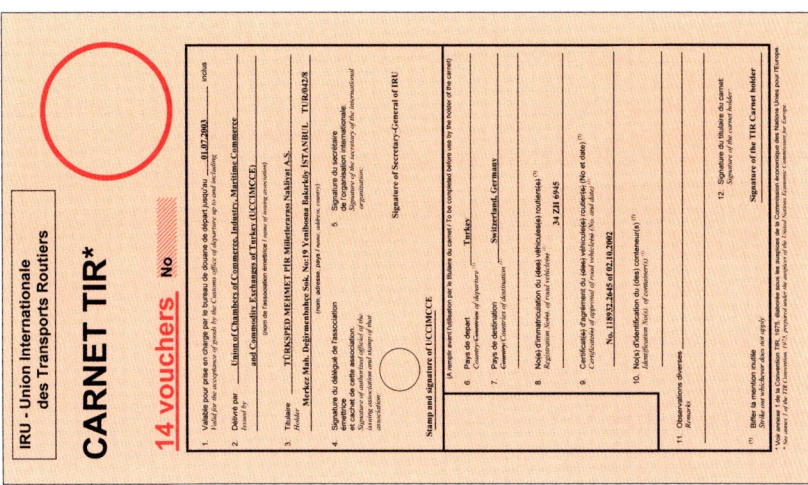

Während der Fahrt
Der Transport darf über maximal **vier Abgangs- und Ankunftzollstellen** durchgeführt werden.
Das Fahrzeug/der Behälter ist der Abgangs-, der Ankunft- und jeder Durchgangszollstelle mit dem dazu gehörenden Carnet vorzuführen. Die Unversehrtheit der Plomben wird dort überprüft. Von jedem Carnet wird ein Trennabschnitt einbehalten und aufbewahrt. Die Zollverschlüsse am Fahrzeug werden in jedem Land anerkannt, sodass die Ladung grundsätzlich nicht beschaut wird. In Ausnahmefällen (z. B. bei Verdacht auf Betrug) darf der Zoll die Waren beschauen. In diesem Fall muss der betreffende Zoll neue Plomben anbringen und den Vorgang im Protokoll vermerken.
Das gilt auch für den Fall, dass die Plomben beschädigt werden, z. B. durch einen Unfall. Der Warenführer, sprich Fahrzeugführer, muss sich dazu unverzüglich an die nächste Zollstelle oder, falls keine erreichbar ist, an eine andere zuständige Behörde (z. B. Polizei) wenden.
Sollte unterwegs eine Umladung erforderlich werden, z. B. bei Fahrzeugausfall, darf diese nur unter Aufsicht des Zolls durchgeführt werden.
Lediglich bei drohender Gefahr darf der Fahrzeugführer **zunächst** selbst aktiv werden.
Unverzügliche Meldung im Nachhinein beim zuständigen Zoll ist erforderlich.

Abschluss der Fahrt/Ankunft an der letzten Bestimmungszollstelle
Intakte Verplombungen werden entfernt, ein grüner Trennabschnitt wird als Bestätigung für den Abschluss des TIR-Verfahrens **(Erledigungsbescheinigung)** einbehalten und an die Abgangszollstelle gesandt.
Zur weiteren Verfahrensweise sieht das Übereinkommen im Kommentar zu Art. 28 des Übereinkommens vor:

Kommentare zur Erläuterung einzelner Bestimmungen sind Bestandteile des Übereinkommens

Es muss betont werden, dass die unverzügliche Zurücksendung des Carnets TIR, ob ordnungsgemäß oder mit Vorbehalt erledigt, zu den wesentlichen Aufgaben der Bestimmungszollstelle gehört. Dies erleichtert nicht nur die Kontrolle durch die IRU, sondern ermöglicht darüber hinaus der IRU, nach Zurücksendung des Carnets TIR, ein neues Carnet an das Transportunternehmen auszugeben, da die Anzahl der sich zur gleichen Zeit im Verkehr befindlichen Carnets TIR beschränkt ist.

Geht innerhalb von **zehn Wochen** keine Erledigungsbescheinigung bei der Abgangszollstelle ein, kommt es zum **Suchverfahren**. Zuständig sind die **Zentralstellen Such- und Mahnverfahren (ZSM)**. Dabei geht es u. a. um die Klärung der Frage, in welchem Land es zu den möglichen Unregelmäßigkeiten kam, die dahinter zu vermuten sind. Das betreffende Land wäre nämlich für die Abgabenerhebung bzw. Ahndung zuständig.
Lässt sich der Sachverhalt auch nach **15 Monaten** nicht aufklären, wird von der zuständigen ZSM ein **Erhebungsverfahren** eingeleitet. Zahlt der ermittelte Schuldner nicht, kommt es zur Zahlungsaufforderung an den bürgenden Verband.

8.3. Besonderheiten auf EU-Strecken

Auf den innerhalb der EU zurückgelegten Strecken gelten Besonderheiten. Zur Vereinfachung der internen Abläufe und zur Erhöhung der Sicherheit haben die EU-Zollbehörden beschlossen, die zollinternen Mitteilungen über in der EU beendete TIR-Versandverfahren auf elektronischem Wege vorzunehmen (Stichtag: 1.1.2009). Dadurch entfällt die Rücksendung des grünen Trennabschnitts auf dem Postweg. Dessen Inhalte werden jetzt elektronisch übermittelt.
Der Inhaber des Carnet-TIR hat sich um die Übermittlung der notwendigen Daten zum Abgangszollamt und deren korrekte Erfassung beim Amt zu kümmern, bevor er das Transportgut und sein Fahrzeug zur Verplombung und zur Eröffnung des Carnet-TIR-Verfahrens vorführt. Durch diese Verfahrensweise ist das Papierdokument jedoch nicht bedeutungslos geworden. Nach wie vor muss es bei den Abgangs-, Transit und Bestimmungszollstellen abgestempelt werden. Beigefügt wird ein Ausdruck der auf elektronischem Wege übermittelten Daten, also ein zusätzliches Transportdokument.

9. Abfalltransport – Verordnung (EG) 1013/2006 und Abfallverbringungsgesetz (AbfVerbrG)

9.1. Allgemeines

Der Transport von Abfällen unterliegt im Wesentlichen folgenden Vorschriften
- der **Verordnung (EG) Nr. 1013/2006** vom 14.06.2006 (VVA) und
- dem **Abfallverbringungsgesetz (AbfVerbrG)** vom 19.07.2007 (Änderung 01.11.2016), als Ausführungsgesetz zur oben genannten EG-Verordnung,
- dem Kreislaufwirtschaftsgesetz (KrWG) vom 24.02.2012 (Änderung 08.04.2013),
- der Anzeige- und Erlaubnisverordnung (AbfAEV) vom 05.12.2013,
- der Entsorgungsfachbetriebeverordnung (EfbV) vom 10.09.1996 (Änderung 05.12.2013),
- der zweiten Verordnung zur Fortentwicklung der abfallrechtlichen Überwachung vom 02.12.2016.
  Zu dieser Verordnung, sowie zu den §§ 53 und 54 des KrWG, erging die „Vollzugshilfe Anzeige- und Erlaubnisverfahren". Sie dient als Orientierungshilfe und Information für die Länderbehörden, die für den Vollzug der Verordnung zuständig sind und für Firmen, die in diesem Geschäftsbereich tätig sind.

Dabei handelt es sich um zahlreiche Rechtsvorschriften, von denen nur einige wesentliche Aussagen im Folgenden wiedergegeben werden.

Nach dem KrWG haben Sammler, Beförderer, Händler und Makler von **(ungefährlichen) Abfällen** die Aufnahme ihrer Tätigkeit der zuständigen Behörde zuvor in der Regel einmalig bei der zuständigen Behörde (s. Kap. 9.2. Vordrucke/Formulare) oder online bei einer zentralen Stelle anzuzeigen. Die Vollzugshilfe Anzeige- und Erlaubnisverfahren bietet Erläuterungen zu den Begriffen „Sammler, Beförderer" und anderen. Der Nachweis von Zuverlässigkeit und bestehender Fach- und Sachkunde kann im Nachhinein verlangt werden. Sind **gefährliche Abfälle** Gegenstand ihrer Tätigkeit, bedarf der genannte Personenkreis vor Aufnahme seiner Tätigkeit sogar einer behördlichen Erlaubnis (s. Kap. 9.2. Vordrucke/Formulare). Die Behörde verlangt bei dieser Transportart auf jeden Fall **den Nachweis von Zuverlässigkeit und bestehender Fach- und Sachkunde**.

Aus dem Kreislaufwirtschaftsgesetz (§ 1 Abs. 1) stammt folgende Definition des Begriffs ‚Abfall':
‚Abfälle im Sinne dieses Gesetzes sind alle Stoffe oder Gegenstände, derer sich ihr Besitzer entledigt, entledigen will oder entledigen muss. Abfälle zur Verwertung sind Abfälle, die verwertet werden; Abfälle, die nicht verwertet werden, sind Abfälle zur Beseitigung.'

Die **Verordnung zur Umsetzung des Europäischen Abfallverzeichnisses (AVV)** gliedert den Oberbegriff Abfall in verschiedene einzelne Bereiche und Stoffe. Sie kennt 20 übergeordnete Kapitel mit 111 Abfall-Gruppen und legt letztlich 839 Abfallarten fest. Von diesen sind 405 als gefährlich eingestuft, sodass bei deren Entsorgung zusätzlich andere gesetzliche Bestimmungen, wie z. B. die GGVSEB bzw. das ADR (Europäisches Übereinkommen über die internationale Beförderung gefährlicher Güter auf der Straße), beachtet werden müssen.

9.1.1. Die Verordnung (EG) Nr. 1013/2006

Die Verordnung wurde zwischenzeitlich durch eine Vielzahl von weiteren Verordnungen geändert (VO [EU] Nr. 308/2009, 255/2013 und 660/2014).
Sie…

> … gilt für die Verbringung von Abfällen:
> a) zwischen Mitgliedstaaten innerhalb der Gemeinschaft oder mit Durchfuhr durch Drittstaaten;
> b) aus Drittstaaten in die Gemeinschaft;
> c) aus der Gemeinschaft in Drittstaaten;
> d) mit Durchfuhr durch die Gemeinschaft von und nach Drittstaaten. (aus Artikel 1, Abs. 2)

In der Verordnung werden Begriffe verwendet, von denen einige auch für Sie als Fahrzeugführer von Bedeutung sein können:

- **Erzeuger**: jede Person, durch deren Tätigkeit Abfälle anfallen („Ersterzeuger"), und/oder jede Person, die Vorbehandlungen, Vermischungen oder sonstige Behandlungen vornimmt, die eine Veränderung der Natur oder der Zusammensetzung dieser Abfälle bewirken (sog. „Neuerzeuger") …,
- **Besitzer**: der Erzeuger der Abfälle oder die natürliche oder juristische Person, in deren Besitz sich die Abfälle befinden …

- **Notifizierender**:
  a) im Falle einer **Verbringung, die in einem Mitgliedstaat beginnt**, eine der Gerichtsbarkeit dieses Mitgliedstaates unterliegende natürliche oder juristische Person, die beabsichtigt, eine Verbringung von Abfällen durchzuführen oder durchführen zu lassen, und zur Notifizierung verpflichtet ist.
  Der Notifizierende ist eine der nachfolgend aufgeführten Personen oder Einrichtungen in der Rangfolge der Nennung:
- der Ersterzeuger oder
- der zugelassene Neuerzeuger, der vor der Verbringung Verfahren durchführt, oder
- ein zugelassener Einsammler, der aus verschiedenen kleinen Mengen derselben Abfallart aus verschiedenen Quellen Abfälle für eine Verbringung zusammengestellt hat, die an einem bestimmten, in der Notifizierung genannten Ort beginnen soll, oder
  b) im Falle der **Einfuhr in** oder der **Durchfuhr durch die Gemeinschaft** von nicht aus einem Mitgliedstaat stammenden Abfällen jede der folgenden der Gerichtsbarkeit des Empfängerstaats unterliegenden natürlichen oder juristischen Personen, die eine Verbringung von Abfällen durchzuführen oder durchführen zu lassen beabsichtigen oder durchführen ließen, d. h. entweder
- die von den Rechtsvorschriften des Empfängerstaats bestimmte Person oder in Ermangelung einer solchen Bestimmung
- die Person, die während der Ausfuhr Besitzer der Abfälle war;

Der Begriff „Notifizierung" beinhaltet u. a. die Anmeldung eines Abfalltransports bei der zuständigen Behörde des Versandortes unter Verwendung vorgeschriebener und sorgfältig ausgefüllter Formblätter. Die Behörde informiert die zuständige Behörde des Empfangsortes über den bevorstehenden Transport. Die Bestimmungsstelle (z. B. eine Müllverbrennungsanlage) muss ihrerseits den Eingang der Ladung auf dem vorgesehenen Formular bestätigen und die zuständige Behörde entsprechend informieren. Auf diese Weise soll eine lückenlose Überwachung der Transportkette gewährleistet sein.

> Seit dem 01.04.2010 erfolgt der Datenaustausch zwischen Wirtschaft und Behörden im Rahmen des elektronischen Abfallnachweisverfahrens (eANV), also nur noch auf elektronischem Wege über die Zentrale Koordinierungsstelle (ZKS). Entsorger, Behörden, Erzeuger und Beförderer müssen bei einem solchen Austausch eine „qualifizierte elektronische Signatur" (digitaler Fingerabdruck mit Rechtsverbindlichkeit) verwenden.

Für Sie als Fahrer ist die Beachtung von Vorschriften/Auflagen bei der Durchführung des Transports sowie die korrekte Ausfüllung durch die o. g. Verantwortlichen und die Mitführung der vorgeschriebenen Begleitpapiere (10.2.) von besonderer Bedeutung.
Sie sind zumindest als „Besitzer" der Ladung, vielleicht sogar als „Neuerzeuger" – bei verbotswidriger Vermischung von Abfällen, wie in Artikel 19 beschrieben – während des Transports auch Ansprechpartner für die zuständigen Überwachungsbehörden (z. B. das BAG)!
Das nationale Abfallverbringungsgesetz regelt weitere Details bei der Transportabwicklung.

9.1.2. Abfallverbringungsgesetz (AbfVerbrG)

(Gesetz zur Ausführung der Verordnung [EG] Nr. 1013/2006 und des Basler Übereinkommens vom 22. März 1999 über die Kontrolle der grenzüberschreitenden Verbringung gefährlicher Abfälle und ihrer Entsorgung)

Fahrzeuge, die Abfall im Sinne der EG-Verordnung Nr. 1013/2006 (Kap. 9.1.1.) befördern, müssen gekennzeichnet sein.

AbfVerbrG § 10 Kennzeichnung der Fahrzeuge
(1) Beförderer und den Transport unmittelbar durchführende Personen haben Fahrzeuge, mit denen sie Abfälle auf öffentlichen Straßen befördern, vor Antritt der Fahrt mit zwei rechteckigen, rückstrahlenden, **weißen Warntafeln** von mindestens 40 Zentimetern Breite und mindestens 30 Zentimetern Höhe zu versehen. Die Warntafeln müssen in schwarzer Farbe die **Aufschrift „A"** (Buchstabenhöhe 20 Zentimeter, Schriftstärke 2 Zentimeter) tragen. Die Warntafeln müssen während der Beförderung außen am Fahrzeug deutlich sichtbar angebracht sein, und zwar vorn und hinten. Bei Zügen muss die hintere Tafel an der Rückseite des Anhängers angebracht sein.

Einzelheiten sind der EG-Verordnung und dem AbfVerbrG zu entnehmen.

Die Bestimmungen der AbfAEV gelten auch im Falle von grenzüberschreitenden Abfallverbringungen nach der Verordnung (EG) Nr. 1013/2006. Die Vorschriften der EG-VO, des AbfVerbrG und der AbfAEV sind **nebeneinander anzuwenden**.

9.2. Vordrucke/Formulare

© Landesamt für Umwelt, Natur und Geologie in Mecklenburg-Vorpommern

☐ Passer für EDV Seite ① von ④ **Formblatt Anzeige nach § 53 KrWG**

Anzeige von Sammlern, Beförderern, Händlern und Maklern von Abfällen

Zutreffendes bitte ankreuzen ☒ oder ausfüllen.

☐ Erstmalige Anzeige

☐ Änderungsanzeige   Vorgangsnummer (sofern von der Behörde erteilt)

1 Anzeigender (Hauptsitz des Betriebes)

1.1 Firma / Körperschaft

1.2 Straße   Hausnr.

1.3 Bundesland (2-stellig) PLZ Ort

1.4 Staat (2-stellig)

1.5 Für Anzeigende, die keinen Hauptsitz im Inland haben: Ort der erstmaligen Sammler-, Beförderer-, Händler- oder Maklertätigkeit.
     Bundesland (2-stellig) PLZ Ort

1.6 Telefon Telefax USt-Identnr.

1.7 Mobiltelefon E-Mail

1.8 Gewerbeanmeldung Datum der Anmeldung zuständige Behörde Aktenzeichen (sofern bekannt)

1.9 Eintrag in das Handels-, Vereins- oder Genossenschaftsregister (sofern ein Eintrag erfolgt ist) Registernummer (HRA, HRB etc.) Registergericht

Bitte verwenden Sie diese Schreibweise:
A B C D E F G H I J K L M N O P Q R
S T U V W X Y Z 1 2 3 4 5 6 7 8 9 0

2 Folgende abfallwirtschaftliche Tätigkeiten werden angezeigt:

2.1 ☐ Sammeln. Sammler- oder Beförderernummer nach § 28 NachwV (sofern bereits erteilt)

2.2 ☐ Befördern. Beförderernummer nach § 28 NachwV (sofern bereits erteilt)

2.3 ☐ Handeln. Händlernummer nach § 28 NachwV (sofern bereits erteilt)

2.4 ☐ Makeln. Maklernummer nach § 28 NachwV (sofern bereits erteilt)

3 Art der Tätigkeit

3.1 ☐ Gewerbsmäßig.
     Unternehmenszweck ist ganz oder teilweise das entgeltliche Sammeln, Befördern, Handeln oder Makeln von Abfällen für Dritte.

3.2 ☐ Im Rahmen wirtschaftlicher Unternehmen.
     Unternehmenszweck ist eine anderweitige gewerbliche oder wirtschaftliche Tätigkeit, die nicht auf das Sammeln, Befördern, Handeln oder Makeln von Abfällen gerichtet ist.

4 Befreiung von der Erlaubnispflicht

4.1 ☐ Nur nicht gefährliche Abfälle (dann weiter unter 5)

     ☐ Auch gefährliche Abfälle (dann weiter unter 4.2)

BARCODEFELD 75x15mm

Fortsetzung: 4 Befreiung von der Erlaubnispflicht - Seite 2

☐ Passer für EDV   Seite ② von ④   Formblatt Anzeige nach § 53 KrWG

4 Fortsetzung von Seite 1: Befreiung von der Erlaubnispflicht

4.2 Das Sammeln, Befördern, Handeln und Makeln von gefährlichen Abfällen ist nach § 54 Absatz 1 Satz 1 KrWG grundsätzlich erlaubnispflichtig. Der Betrieb ist auf Grund einer oder mehrerer der genannten Tatbestände aber von der Erlaubnispflicht befreit und daher nach § 53 Absatz 1 Satz 1 KrWG nur anzeigepflichtig:

- 4.2.1 ☐ auf Grund der Eigenschaft als öffentlich-rechtlicher Entsorgungsträger (§ 54 Absatz 3 Nummer 1 KrWG),
- 4.2.2 ☐ auf Grund der Eigenschaft als für die angezeigte Tätigkeit zertifizierter Entsorgungsfachbetrieb (§ 54 Absatz 3 Nummer 2 KrWG),
    - 4.2.2.1 ☐ Zertifikat ist beigefügt
- 4.2.3 ☐ auf Grund der Eigenschaft als Sammler, Beförderer, Händler und Makler von Elektro- und Elektronikaltgeräten im Rahmen der Durchführung des Elektro- und Elektronikgerätegesetzes (§ 2 Absatz 3 Satz 1 ElektroG),
- 4.2.4 ☐ auf Grund der Eigenschaft als Sammler, Beförderer, Händler und Makler von Altbatterien im Rahmen der Durchführung des Batteriegesetzes (§ 1 Absatz 3 Satz 1 BattG),
- 4.2.5 ☐ auf Grund der Eigenschaft als Sammler, Beförderer, Händler und Makler von gefährlichen Abfällen, der im Rahmen wirtschaftlicher Unternehmen tätig ist (§ 12 Absatz 1 Nummer 1 AbfAEV),
- 4.2.6 ☐ auf Grund der Eigenschaft als Sammler, Beförderer, Händler und Makler von gefährlichen Abfällen, der solche Abfälle sammelt, befördert, mit diesen handelt oder diese makelt, die von einem Hersteller oder Vertreiber freiwillig oder auf Grund einer Rechtsverordnung zurückgenommen werden (§ 12 Absatz 1 Nummer 2 AbfAEV),
- 4.2.7 ☐ auf Grund der Eigenschaft als Sammler, Beförderer, Händler und Makler von Altfahrzeugen im Rahmen ihrer Überlassung nach § 4 Absatz 1 bis 3 der Altfahrzeug-Verordnung (§ 12 Absatz 1 Nummer 3 AbfAEV),
- 4.2.8 ☐ auf Grund der Eigenschaft als für die angezeigte Tätigkeit zertifizierter EMAS-Betrieb (§ 12 Absatz 1 Nummer 4 AbfAEV),
    - 4.2.8.1 ☐ Registrierungsurkunde ist beigefügt
- 4.2.9 ☐ auf Grund der Eigenschaft als Sammler und Beförderer von gefährlichen Abfällen, der die Abfälle mittels Seeschiffen sammelt oder befördert (§ 12 Absatz 1 Nummer 5 AbfAEV),
- 4.2.10 ☐ auf Grund der Eigenschaft als Sammler und Beförderer von gefährlichen Abfällen, der im Rahmen von Paket-, Express- und Kurierdiensten Abfälle sammelt oder befördert (§ 12 Absatz 1 Nummer 6 AbfAEV).

5 Betriebsinhaber

- 5.1 Name / Vorname
- 5.2 Geburtsdatum / Geburtsort

Weiterer Betriebsinhaber (sofern vorhanden)
- 5.3 Name / Vorname
- 5.4 Geburtsdatum / Geburtsort

Für weitere Personen verwenden Sie bitte ein separates Beiblatt.

6 Für die Leitung und Beaufsichtigung des Betriebes verantwortliche Person (sofern nicht mit dem Betriebsinhaber identisch)

- 6.1 Name / Vorname
- 6.2 Geburtsdatum / Geburtsort

Weitere für die Leitung und Beaufsichtigung des Betriebes verantwortliche Person (sofern vorhanden)
- 6.3 Name / Vorname
- 6.4 Geburtsdatum / Geburtsort

Für weitere Personen verwenden Sie bitte ein separates Beiblatt.

☐ Passer für EDV   Seite ③ von ④   Formblatt Anzeige nach § 53 KrWG

7 **Frei für Vermerke des Anzeigenden** (Angaben freiwillig)

7.1

8 **Versicherung und Unterschrift**

8.1 Es wird versichert, dass
- die Anzeige nach bestem Wissen ausgefüllt und unter dem unten genannten Datum an die zuständige Behörde übersandt wurde,
- bei der Tätigkeit des Sammelns, Beförderns, Handelns oder Makelns von Abfällen alle einschlägigen Vorschriften, insbesondere die Vorgaben des Kreislaufwirtschaftsgesetzes und der auf Grund dieses Gesetzes ergangenen Rechtsverordnungen, eingehalten werden,
- die Anforderungen an Sammler, Beförderer, Händler und Makler von Abfällen nach Abschnitt 2 der Anzeige- und Erlaubnisverordnung eingehalten werden.

8.2 Ort   Unterschrift

8.3 Datum (TT.MM.JJJJ)

Bitte verwenden Sie diese Schreibweise:
A B C D E F G H I J K L M N O P Q R
S T U V W X Y Z 1 2 3 4 5 6 7 8 9 0

BARCODEFELD 75x15mm

Vorschriften für den Güterkraftverkehr — Band 6

☐ Passer für EDV Seite ④ von ④ Formblatt Anzeige nach § 53 KrWG

9 Bestätigung des Eingangs der vollständigen Anzeige (von der Behörde auszufüllen)

Anzeigender

Bestätigende Behörde

Vorgangsnummer:

9.1 Hiermit wird der Eingang der vollständigen Anzeige bestätigt.

9.2 Es wird folgende Sammlernummer nach § 28 NachwV erteilt:

9.3 Es wird folgende Beförderernummer nach § 28 NachwV erteilt:

9.4 Es wird folgende Händlernummer nach § 28 NachwV erteilt:

9.5 Es wird folgende Maklernummer nach § 28 NachwV erteilt:

9.6 Frei für Vermerke der Behörde

9.7 Ort

Unterschrift

9.8 Datum (TT.MM.JJJJ)

Bitte verwenden Sie diese Schreibweise: A B C D E F G H I J K L M N O P Q R S T U V W X Y Z 1 2 3 4 5 6 7 8 9 0

BARCODEFELD 75x15mm

10 Hinweise

10.1 Je nach Landesrecht ist die behördliche Bestätigung des Eingangs der vollständigen Anzeige gebührenpflichtig. Ist dies der Fall, ergeht ein gesonderter Gebührenbescheid.

10.2 Sammler und Beförderer von Abfällen haben bei Ausübung ihrer Tätigkeit eine Kopie oder einen Ausdruck dieser von der Behörde bestätigten Anzeige mitzuführen, soweit sie nicht von der Mitführungspflicht befreit sind. Sofern die Behörde die Anzeige noch nicht bestätigt hat, ist dies von dem Anzeigenden auf der Kopie oder dem Ausdruck der Anzeige zu vermerken. In diesem Fall ist die mit dem Vermerk versehene Kopie oder der mit dem Vermerk versehene Ausdruck der Anzeige mitzuführen. Entsorgungsfachbetriebe haben zusätzlich eine Kopie des jeweils gültigen Zertifikats mitzuführen. EMAS-Betriebe haben zusätzlich eine Kopie der jeweils gültigen Registrierungsurkunde mitzuführen.

10.3 Ändern sich wesentliche Angaben, so ist die Anzeige erneut zu erstatten. Wesentliche Angaben sind die Felder 1.1 bis 1.4 und 2 bis 6.

Notifizierungsformular, Vorderseite – © Formularverlag CWN

Notifizierungsformular für grenzüberschreitende Verbringungen von Abfällen		**EU**
1. Exporteur - Notifizierender Registriernummer: Name: Anschrift: Kontaktperson: Tel.: Fax: E-Mail:	**3. Notifizierung Nr.:** **DE 1350 / 169101** Notifizierung betreffend: A. (i) Einmalige Verbringung: ☐ (ii) Mehrmalige Verbringungen: ☐ B. (i) Beseitigung (1): ☐ (ii) Verwertung: ☐ C. Verwertungsanlage mit Vorabzustimmung (2,3) Ja ☐ Nein ☐	
	4. Vorgesehene Gesamtzahl der Verbringungen:	
2. Importeur - Empfänger Registriernummer: Name: Anschrift: Kontaktperson: Tel.: Fax: E-Mail:	**5. Vorgesehene Gesamtmenge** (4): Tonnen (Mg): m³:	
	6. Vorgesehener Zeitraum für die Verbringung(en) (4): Erster Beginn: Letzter Beginn:	
	7. Verpackungsart(en) (5): Besondere Handhabungsvorschriften (6): Ja ☐ Nein ☐	
8. Vorgesehene(s) Transportunternehmen Registriernummer: Name (7): Anschrift: Kontaktperson: Tel.: Fax: E-Mail: Transportart (5):	**11. Beseitigungs-/Verwertungsverfahren** (2) D-Code / R-Code (5): Angewandte Technologie (6): Grund für die Ausfuhr (1;6):	
	12. Bezeichnung und Zusammensetzung des Abfalls (6):	
9. Abfallerzeuger (1;7,8) Registriernummer: Name: Anschrift: Kontaktperson: Tel.: Fax: E-Mail: Ort und Art der Abfallerzeugung (6):	**13. Physikalische Eigenschaften** (5):	
	14. Abfallidentifizierung (einschlägige Codes angeben) i) Basel Anlage VIII (oder IX, falls anwendbar): ii) OECD-Code (falls abweichend von i): iii) EU-Abfallverzeichnis:	
10. Beseitigungsanlage (2): ☐ oder **Verwertungsanlage** (2): ☐ Registriernummer: Name: Anschrift: Kontaktperson: Tel.: Fax: E-Mail: Ort der tatsächlichen Beseitigung/Verwertung:	iv) Nationaler Code im Ausfuhrland: v) Nationaler Code im Einfuhrland: vi) Sonstige (bitte angeben): vii) Y-Code: viii) H-Code (5): ix) UN-Klasse (5): x) UN-Kennnummer: xi) UN-Versandname: xii) Zollnummer(n) (HS):	

15. a) Betroffene Staaten, b) Codenummern der zuständigen Behörden, sofern zutreffend, c) Ein- und Ausfuhrorte (Grenzübergang oder Hafen)

	Ausfuhrstaat/Versandstaat	Durchfuhrstaat(en) (Ein- und Ausgang)	Einfuhrstaat/Empfängerstaat
a)			
b)			
c)			

16. Eingangs- und/oder Ausgangs- und/oder Ausfuhrzollstellen (Europäische Gemeinschaft):
Eingang: Ausgang: Ausfuhr:

17. Erklärung des Exporteurs – Notifizierenden/Erzeugers (1):
Ich erkläre hiermit, dass die obigen Informationen nach meinem besten Wissen vollständig sind und der Wahrheit entsprechen.
Ich erkläre ferner, dass rechtlich durchsetzbare vertragliche Verpflichtungen schriftlich eingegangen wurden und alle für die grenzüberschreitende Verbringung erforderlichen Versicherungen oder sonstigen Sicherheitsleistungen abgeschlossen bzw. hinterlegt wurden oder werden.
Name des Exporteurs/Notifizierenden: Datum: Unterschrift:
Name des Erzeugers: Datum: Unterschrift:

18. Anzahl der beigefügten Anhänge

VON DEN ZUSTÄNDIGEN BEHÖRDEN AUSZUFÜLLEN

19. Bestätigung der zuständigen Behörde des Einfuhrstaats – Empfängerstaats/Durchfuhrstaats (1) / **Ausfuhrstaats – Versandstaats** (9): Land: Eingang der Notifizierung am: Eingang bestätigt am: Name der zuständigen Behörde: Stempel und/oder Unterschrift:	**20. Schriftliche Zustimmung** (1;8) der Verbringung durch die zuständige Behörde von (Land): Zustimmung erteilt am: Zustimmung gültig vom: bis: Besondere Auflagen: Nein ☐ Falls Ja, siehe Nr. 21 (6): ☐ Name der zuständigen Behörde: Stempel und/oder Unterschrift:

21. Besondere Auflagen für die Zustimmung zu der Verbringung oder Gründe für die Erhebung von Einwänden:

(1) Gemäß dem Basler Übereinkommen erforderlich.
(2) Bei R12/R13- oder D13-D15-Verfahren auch einschlägige Informationen zu den evtl. nachfolgenden R12/R13- oder D13-D15-Anlagen und den nachfolgenden R1-R11- oder D1-D12-Anlagen beifügen, sofern erforderlich.
(3) Bei Verbringungen innerhalb der OECD auszufüllen, falls B.ii) anwendbar.
(4) Bei mehrmaligen Verbringungen detaillierte Liste beifügen.
(5) Siehe Liste der Abkürzungen und Codes auf der folgenden Seite.
(6) Erforderlichenfalls Einzelheiten angeben.
(7) Liste beifügen, falls mehr als ein Transportunternehmen bzw. Erzeuger.
(8) Wenn aufgrund nationaler Rechtsvorschriften erforderlich.
(9) Falls gemäß dem OECD-Beschluss erforderlich.

Notifizierungsformular, Rückseite – © Formularverlag CWN

Verzeichnis der im Notifizierungsformular verwendeten Abkürzungen und Codes

BESEITIGUNGSVERFAHREN (Nr. 11)

- D1 Ablagerung in oder auf dem Boden (z. B. Deponien usw.)
- D2 Behandlung im Boden (z. B. biologischer Abbau von flüssigen oder schlammigen Abfällen im Erdreich usw.)
- D3 Verpressung (z. B. Verpressung pumpfähiger Abfälle in Bohrlöcher, Salzdome oder natürliche Hohlräume usw.)
- D4 Oberflächenaufbringung (z. B. Ableitung flüssiger oder schlammiger Abfälle in Gruben, Teiche oder Lagunen usw.)
- D5 Speziell angelegte Deponien (z. B. Ablagerung in abgedichteten, getrennten Räumen, die verschlossen und gegeneinander und gegen die Umwelt isoliert werden, usw.)
- D6 Einleitung in ein Gewässer mit Ausnahme von Meeren/Ozeanen
- D7 Einleitung in Meere/Ozeane, einschließlich Einbringung in den Meeresboden
- D8 Biologische Behandlung, die nicht an anderer Stelle in dieser Liste beschrieben ist und durch die Endverbindungen oder Gemische entstehen, die mit einem der in dieser Liste aufgeführten Verfahren entsorgt werden
- D9 Chemisch/physikalische Behandlung, die nicht an anderer Stelle in dieser Liste beschrieben ist und durch die Endverbindungen oder Gemische entstehen, die mit einem der in dieser Liste aufgeführten Verfahren entsorgt werden (z. B. Verdampfen, Trocknen, Kalzinieren usw.)
- D10 Verbrennung an Land
- D11 Verbrennung auf See
- D12 Dauerlagerung (z. B. Lagerung von Behältern in einem Bergwerk usw.)
- D13 Vermengung oder Vermischung vor Anwendung eines der in dieser Liste aufgeführten Verfahren
- D14 Rekonditionierung vor Anwendung eines der in dieser Liste aufgeführten Verfahren
- D15 Lagerung bis zur Anwendung eines der in dieser Liste aufgeführten Verfahren

VERWERTUNGSVERFAHREN (Nr. 11)

- R1 Verwendung als Brennstoff (außer bei Direktverbrennung) oder andere Mittel der Energieerzeugung (Basel/OECD) – Hauptverwendung als Brennstoff oder andere Mittel der Energieerzeugung (EU)
- R2 Rückgewinnung/Regenerierung von Lösemitteln
- R3 Verwertung/Rückgewinnung organischer Stoffe, die nicht als Lösungsmittel verwendet werden
- R4 Verwertung/Rückgewinnung von Metallen und Metallverbindungen
- R5 Verwertung/Rückgewinnung von anderen anorganischen Stoffen
- R6 Regenerierung von Säuren oder Basen
- R7 Wiedergewinnung von Bestandteilen, die der Bekämpfung der Verunreinigung dienen
- R8 Wiedergewinnung von Katalysatorbestandteilen
- R9 Altölraffination oder andere Wiederverwendungsmöglichkeiten von Altöl
- R10 Aufbringung auf den Boden zum Nutzen der Landwirtschaft oder der Ökologie
- R11 Verwendung von Rückständen, die bei einem der unter R1 bis R10 aufgeführten Verfahren gewonnen werden
- R12 Austausch von Abfällen, um sie einem der unter R1 bis R11 aufgeführten Verfahren zu unterziehen
- R13 Ansammlung von Stoffen, die für eines der in dieser Liste aufgeführten Verfahren vorgesehen sind

VERPACKUNGSARTEN (Nr. 7)

1. Trommel/Fass
2. Holzfass
3. Kanister
4. Kiste/Kasten
5. Sack/Beutel
6. Verbundverpackung
7. Druckbehälter
8. Schüttgut
9. Sonstige (bitte angeben)

TRANSPORTART (Nr. 8)

- R = Straße
- T = Schiene
- S = Seeweg
- A = Luftweg
- W = Binnenwasserstraßen

PHYSIKALISCHE EIGENSCHAFTEN (Nr. 13)

1. Staub- oder pulverförmig
2. Fest
3. Pastös/breiig
4. Schlammig
5. Flüssig
6. Gasförmig
7. Andere Erscheinungsformen (bitte angeben)

H-CODE und UN-KLASSE (Nr. 14)

UN-Klasse	H Code	Eigenschaften
1	H1	Explosivstoffe
3	H3	Entzündbare Flüssigkeiten
4.1	H4.1	Entzündbare Feststoffe
4.2	H4.2	Selbstentzündbare Stoffe oder Abfälle
4.3	H4.3	Stoffe oder Abfälle, die bei Berührung mit Wasser entzündbare Gase entwickeln
5.1	H5.1	Oxidierende Stoffe
5.2	H5.2	Organische Peroxide
6.1	H6.1	Giftige Stoffe (mit akuter Wirkung)
6.2	H6.2	Infektiöse Stoffe
8	H8	Ätzende Stoffe
9	H10	Freisetzung toxischer Gase bei Kontakt mit Luft oder Wasser
9	H11	Toxische Stoffe (mit verzögerter oder chronischer Wirkung)
9	H12	Ökotoxische Stoffe
9	H13	Stoffe, die auf irgendeine Weise nach der Entsorgung andere Substanzen erzeugen können, wie etwa Sickerstoffe, die eine der vorstehend aufgeführten Eigenschaften besitzen

Weitere Informationen – insbesondere zur Abfallidentifizierung (Nr. 14), d.h. den Anhängen VIII und IX des Basler Übereinkommens, den OECD-Codes und den Y-Codes, – können den Handbüchern entnommen werden, die bei der OECD und dem Sekretariat des Basler Übereinkommens erhältlich sind.

Notifizierungsformular, Vorderseite – © Formularverlag CWN

Begleitformular für grenzüberschreitende Verbringungen von Abfällen — EU

☐ Passer für EDV

1. Entspricht der Notifizierung Nr. DE 1350 / 169101

2. Fortlaufende Nummer/Gesamtzahl der Verbringungen: /

3. Exporteur - Notifizierender Registriernummer:
Name:
Anschrift:
Kontaktperson:
Tel.: Fax:
E-Mail:

4. Importeur - Empfänger Registriernummer:
Name:
Anschrift:
Kontaktperson:
Tel.: Fax:
E-Mail:

5. Tatsächliche Menge: Tonnen (Mg) m^3:

6. Tatsächliches Datum der Verbringung:

7. Verpackung Art(en) *(1)* Anzahl der Frachtstücke:
Besondere Handhabungsvorschriften *(2)*: Ja ☐ Nein ☐

8. a) 1. Transportunternehmen *(3)*:
Registriernummer:
Name:
Anschrift:
Tel.: Fax:
E-Mail:

8. b) 2. Transportunternehmen:
Registriernummer:
Name:
Anschrift:
Tel.: Fax:
E-Mail:

8. c) Letztes Transportunternehmen:
Registriernummer:
Name:
Anschrift:
Tel.: Fax:
E-Mail:

--- *Vom Beauftragten des Transportunternehmens auszufüllen* --- Mehr als drei Transportunternehmen *(2)* ☐

Transportart *(1)*:
Übergabedatum:
Unterschrift:

Transportart *(1)*:
Übergabedatum:
Unterschrift:

Transportart *(1)*:
Übergabedatum:
Unterschrift:

9. Abfallerzeuger *(4;5;6)*: Registriernummer:
Name:
Anschrift:
Kontaktperson:
Tel.: Fax:
E-Mail:
Ort der Abfallerzeugung *(2)*:

10. Beseitigungsanlage ☐ **oder Verwertungsanlage** ☐
Registriernummer:
Name:
Anschrift:
Kontaktperson:
Tel.: Fax:
E-Mail:
Ort der tatsächlichen Beseitigung/Verwertung *(2)*:

11. Beseitigungs-/Verwertungsverfahren
D-Code / R-Code *(1)*:

12. Bezeichnung und Zusammensetzung des Abfalls *(2)*:

13. Physikalische Eigenschaften *(1)*:

14. Abfallidentifizierung *(einschlägige Codes angeben)*:
i) Basel Anlage VIII (oder IX, falls anwendbar):
ii) OECD-Code (falls abweichend von i):
iii) EU-Abfallverzeichnis:
iv) Nationaler Code im Ausfuhrland:
v) Nationaler Code im Einfuhrland:
vi) Sonstige (bitte angeben):
vii) Y-Code:
viii) H-Code *(1)*:
ix) UN-Klasse *(1)*:
x) UN-Kennnummer:
xi) UN-Versandname:
xii) Zollnummer(n) (HS):

15. Erklärung des Exporteurs – Notifizierenden/Erzeugers *(4)*:
Ich erkläre hiermit, dass die obigen Informationen nach meinem besten Wissen vollständig sind und der Wahrheit entsprechen.
Ich erkläre ferner, dass rechtlich durchsetzbare vertragliche Verpflichtungen schriftlich eingegangen wurden, alle für die grenzüberschreitende Verbringung erforderlichen Versicherungen oder sonstigen Sicherheitsleistungen abgeschlossen bzw. hinterlegt wurden und alle erforderlichen Zustimmungen der zuständigen Behörden der betreffenden Staaten vorliegen.
Name: Datum: Unterschrift:

16. Von sonstigen an der grenzüberschreitenden Verbringung beteiligten Personen auszufüllen, falls zusätzliche Informationen verlangt werden:

17. Eingang beim Importeur – Empfänger (falls keine Anlage):
Datum: Name: Unterschrift:

VON DER BESEITIGUNGS-/VERWERTUNGSANLAGE AUSZUFÜLLEN

18. Eingang bei der Beseitigungsanlage ☐ **oder Verwertungsanlage** ☐
Eingangsdatum: in Empfang genommen: ☐ Empfang verweigert* ☐
In Empfang genommene Menge: Tonnen (Mg) m^3:
* *zuständige Behörden unverzüglich informieren*
Ungefähres Datum der Beseitigung/Verwertung:
Beseitigungs-/Verwertungsverfahren *(1)*:
Name:
Datum:
Unterschrift:

19. Ich bescheinige hiermit, dass die oben beschriebenen Abfälle beseitigt/verwertet worden sind.
Name:
Datum:
Unterschrift und Stempel:

(1) Siehe Liste der Abkürzungen und Codes auf der folgenden Seite.
(2) Erforderlichenfalls Einzelheiten angeben.
(3) Bei mehr als drei Transportunternehmen sind die unter Nr. 8 a), b) c) verlangten Informationen beizufügen.
(4) Gemäß dem Basler Übereinkommen erforderlich.
(5) Liste beifügen, falls mehr als ein Abfallerzeuger.
(6) Wenn aufgrund nationaler Rechtsvorschriften erforderlich.

Vorschriften für den Güterkraftverkehr — **Band 6**

Notifizierungsformular, Rückseite – © Formularverlag CWN

VON DER ZOLLSTELLE AUSZUFÜLLEN (gemäß nationalen Rechtsvorschriften)

20. Ausfuhrstaat/Versandstaat oder Ausgangszollstelle
Die in diesem Begleitformular beschriebenen Abfälle wurden aus dem Land ausgeführt am:
Unterschrift:
Stempel:

21. Einfuhrstaat/Empfängerstaat oder Eingangszollstelle
Die in diesem Begleitformular beschriebenen Abfälle wurden in das Land eingeführt am:
Unterschrift:
Stempel:

22. Stempel der Zollstellen der Durchfuhrstaaten

Name des Staates:		Name des Staates:	
Eingang:	Ausgang:	Eingang:	Ausgang:

Name des Staates:		Name des Staates:	
Eingang:	Ausgang:	Eingang:	Ausgang:

Verzeichnis der im Begleitformular verwendeten Abkürzungen und Codes

BESEITIGUNGSVERFAHREN (Nr. 11)

- D1 Ablagerung in oder auf dem Boden (z. B. Deponien usw.)
- D2 Behandlung im Boden (z. B. biologischer Abbau von flüssigen oder schlammigen Abfällen im Erdreich usw.)
- D3 Verpressung (z. B. Verpressung pumpfähiger Abfälle in Bohrlöcher, Salzdome oder natürliche Hohlräume usw.)
- D4 Oberflächenaufbringung (z. B. Ableitung flüssiger oder schlammiger Abfälle in Gruben, Teiche oder Lagunen usw.)
- D5 Speziell angelegte Deponien (z. B. Ablagerung in abgedichteten, getrennten Räumen, die verschlossen und gegeneinander und gegen die Umwelt isoliert werden, usw.)
- D6 Einleitung in ein Gewässer mit Ausnahme von Meeren/Ozeanen
- D7 Einleitung in Meere/Ozeane, einschließlich Einbringung in den Meeresboden
- D8 Biologische Behandlung, die nicht an anderer Stelle in dieser Liste beschrieben ist und durch die Endverbindungen oder Gemische entstehen, die mit einem der in dieser Liste aufgeführten Verfahren entsorgt werden
- D9 Chemisch-physikalische Behandlung, die nicht an anderer Stelle in dieser Liste beschrieben ist und durch die Endverbindungen oder Gemische entstehen, die mit einem der in dieser Liste aufgeführten Verfahren entsorgt werden (z. B. Verdampfen, Trocknen, Kalzinieren usw.)
- D10 Verbrennung an Land
- D11 Verbrennung auf See
- D12 Dauerlagerung (z. B. Lagerung von Behältern in einem Bergwerk usw.)
- D13 Vermengung oder Vermischung vor Anwendung eines in dieser Liste aufgeführten Verfahren
- D14 Rekonditionierung vor Anwendung eines in dieser Liste aufgeführten Verfahren
- D15 Lagerung bis zur Anwendung eines in dieser Liste aufgeführten Verfahren

VERWERTUNGSVERFAHREN (Nr. 11)

- R1 Verwendung als Brennstoff (außer bei Direktverbrennung) oder andere Mittel der Energieerzeugung (Basel/OECD) – Hauptverwendung als Brennstoff oder andere Mittel der Energieerzeugung (EU)
- R2 Rückgewinnung/Regenerierung von Lösemitteln
- R3 Verwertung/Rückgewinnung organischer Stoffe, die nicht als Lösungsmittel verwendet werden
- R4 Verwertung/Rückgewinnung von Metallen und Metallverbindungen
- R5 Verwertung/Rückgewinnung von anderen anorganischen Stoffen
- R6 Regenerierung von Säuren und Basen
- R7 Wiedergewinnung von Bestandteilen, die der Bekämpfung der Verunreinigung dienen
- R8 Wiedergewinnung von Katalysatorbestandteilen
- R9 Altölraffination oder andere Wiederverwertungsmöglichkeiten von Altöl
- R10 Aufbringung auf den Boden zum Nutzen der Landwirtschaft oder der Ökologie
- R11 Verwendung von Rückständen, die bei einem der unter R1 bis R10 aufgeführten Verfahren gewonnen werden
- R12 Austausch von Abfällen, um sie einem der unter R1 bis R11 aufgeführten Verfahren zu unterziehen
- R13 Ansammlung von Stoffen, die für eines der in dieser Liste aufgeführten Verfahren vorgesehen sind.

VERPACKUNGSARTEN (Nr. 7)

1. Trommel/Fass
2. Holzfass
3. Kanister
4. Kiste/Kasten
5. Sack/Beutel
6. Verbundverpackung
7. Druckbehälter
8. Schüttgut
9. Andere Erscheinungsformen (bitte angeben)

TRANSPORTART (Nr. 8)

- R = Straße
- T = Schiene
- S = Seeweg
- A = Luftweg
- W = Binnenwasserstraßen

PHYSIKALISCHE EIGENSCHAFTEN (Nr. 13)

1. Staub- oder pulverförmig
2. Fest
3. Pastös/breiig
4. Schlammig
5. Flüssig
6. Gasförmig
7. Andere Erscheinungsform (bitte angeben)

H-CODE UND UN-KLASSE (Nr. 14)

UN-Klasse	H-Code	Eigenschaften
1	H1	Explosivstoffe
3	H3	Entzündbare Flüssigkeiten
4.1	H4.1	Entzündbare Feststoffe
4.2	H4.2	Selbstentzündliche Stoffe oder Abfälle
4.3	H4.3	Stoffe oder Abfälle, die bei Berührung mit Wasser entzündbare Gase entwickeln
5.1	H5.1	Oxidierende Stoffe
5.2	H5.2	Organische Peroxide
6.1	H6.1	Giftige Stoffe (mit akuter Wirkung)
6.2	H6.2	Infektiöse Stoffe
8	H8	Ätzende Stoffe
9	H10	Freisetzung toxischer Gase bei Kontakt mit Luft oder Wasser
9	H11	Toxische Stoffe (mit verzögerter oder chronischer Wirkung)
9	H12	Ökotoxische Stoffe
9	H13	Stoffe, die auf irgendeine Weise nach der Entsorgung andere Substanzen erzeugen können, wie etwa Sickerstoffe, die eine der vorstehend aufgeführten Eigenschaften besitzen

Weitere Informationen – insbesondere zur Abfallidentifizierung (Nr. 14), d.h. den Anhängen VIII und IX des Basler Übereinkommens, den OECD-Codes und den Y-Codes, – können den Handbüchern entnommen werden, die bei der OECD und dem Sekretariat des Basler Übereinkommens erhältlich sind.

10. Gewerblicher Tiertransport – gesetzliche Grundlagen

Es geht zwar auch beim Transport von lebenden Tieren juristisch um den Transport von Gütern, dennoch sind besondere Anforderungen an die Transportunternehmen, die Fahrzeuge, die Be- und Entladestellen sowie generell an den Umgang mit Lebewesen zu stellen.
Dem wollen verschiedene Gesetze und Verordnungen Rechnung tragen.

Quelle: Finkl-Fahrzeugbau

Gesetzliche Grundlagen für den Transport sind u. a. folgende Verordnungen, deren Darstellung sich im Folgenden allerdings auf die wesentlichen Anforderungen beschränkt:
- die **Verordnung (EG) Nr. 1/2005** vom 22. Dezember 2004 über den Schutz von Tieren beim Transport und damit zusammenhängenden Vorgängen (auch Aus- und Einfuhr von Tieren über die Außengrenzen der EU),
- die nationale **Tierschutztransportverordnung (TierSchTrV)** vom 11.02.2009 zum Schutz von Tieren beim Transport und zur Durchführung der zuvor genannten EG-Verordnung,
- die nationale **Viehverkehrsverordnung (ViehVerkV)** vom 06.07.2007 mit dem vollständigen Titel „Verordnung zum Schutz gegen die Verschleppung von Tierseuchen im Viehverkehr"; sie wurde auf Basis des Tierseuchengesetzes erlassen.

Wie immer bleiben dem nationalen Gesetzgeber nur in solchen Bereichen Regelungsmöglichkeiten, in denen die EG/EU-Verordnung – als unmittelbar anzuwendendes Recht – dafür Spielräume lässt.

10.1. Verordnung (EG) 1/2005 und Tierschutztransportverordnung (TierSchTrV)

Gegenstand der Regelungen

Die EU-VO regelt im Wesentlichen jeden **gewerblichen Transport** von Wirbeltieren.
Für Beförderungen im landwirtschaftlichen Bereich gelten dabei Ausnahmen von bestimmten Vorschriften.

10.2. Transportunternehmer

Transportunternehmer bedürfen der Zulassung durch die zuständige Behörde.
Eine solche kommt nur in Frage, wenn
- das Unternehmen in dem Land ansässig ist, in welchem es die Zulassung beantragt,
- die Existenz von entsprechend geschultem Personal und entsprechender Ausrüstung nachgewiesen wird und
- der Bewerber innerhalb der letzten drei Jahre vor Antragstellung keine gravierenden Verstöße gegen Tierschutzbestimmungen begangen hat.

Jedem Transportunternehmer wird eine Zulassungsnummer erteilt, anhand derer er bei Überprüfungen/Verstößen usw. leicht zu identifizieren ist.

Vorschriften für den Güterkraftverkehr — Band 6

Erteilte Zulassungen gelten für **maximal fünf Jahre** und **schließen** sogenannte **lange Beförderungen nicht ein**.

Unternehmen, die solche langen Beförderungen durchführen wollen, müssen neben den genannten Bedingungen noch folgende weitere erfüllen (Art. 11 Abs. 1):
- Es müssen Nachweise über **Schulungen**, die einen artgerechten Umgang mit den Tieren ermöglichen sollen, für alle an den Transporten beteiligten Personen vorgelegt werden. Die Inhalte und Anforderungen dieser Schulungen sind in den Anhängen I und II der EU-VO beschrieben.
- Einzelheiten zu den Verfahren, mit denen Transportunternehmer die Bewegungen der ihrer Verantwortung unterstehenden Straßenfahrzeuge verfolgen und aufzeichnen, sowie ständigen Kontakt mit den auf langen Beförderungen eingesetzten Fahrern halten können (**GPS-Ortungssysteme**), müssen eingereicht werden.
- **Notfallpläne** müssen dargelegt werden.
- Besondere **Anforderungen an die Transportmittel** müssen erfüllt und nachgewiesen werden (s. nächstes Kapitel).

> **Lange Beförderung**: eine Beförderung, die ab dem Zeitpunkt der Bewegung des ersten Tieres der Sendung **acht Stunden** überschreitet. Die Transportzeit umfasst auch die Verladezeit. (Bundestags-Drucksache 17/13006 v. 09.04.2013)

(...) Die Lehrgänge gemäß Nummer 1 betreffen mindestens die technischen und administrativen Aspekte der Gemeinschaftsvorschriften zum Schutz von Tieren beim Transport und insbesondere folgende Punkte:
a) ...
b) die Physiologie von Tieren, insbesondere Fütterungs- und Tränkbedürfnisse, Verhaltensweisen und Stressbewältigung;
c) praktische Aspekte des Umgangs mit Tieren;
d) die Auswirkungen des Fahrverhaltens auf das Wohlbefinden der Tiere im Transportmittel und auf die Fleischqualität;
e) erste Hilfe für Tiere;
f) Sicherheit des mit Tieren umgehenden Personals.
(Auszug aus Anhang IV)

Für bestimmte Transportformen und Entfernungen gelten von diesen Vorschriften allerdings wieder Ausnahmen (Art. 6).

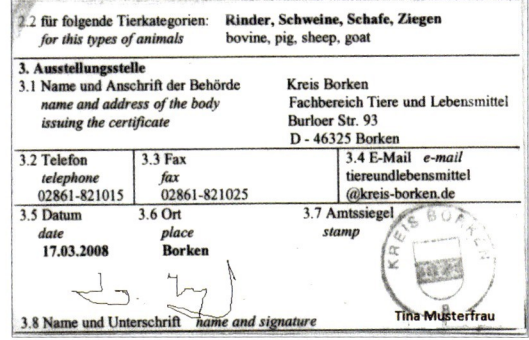

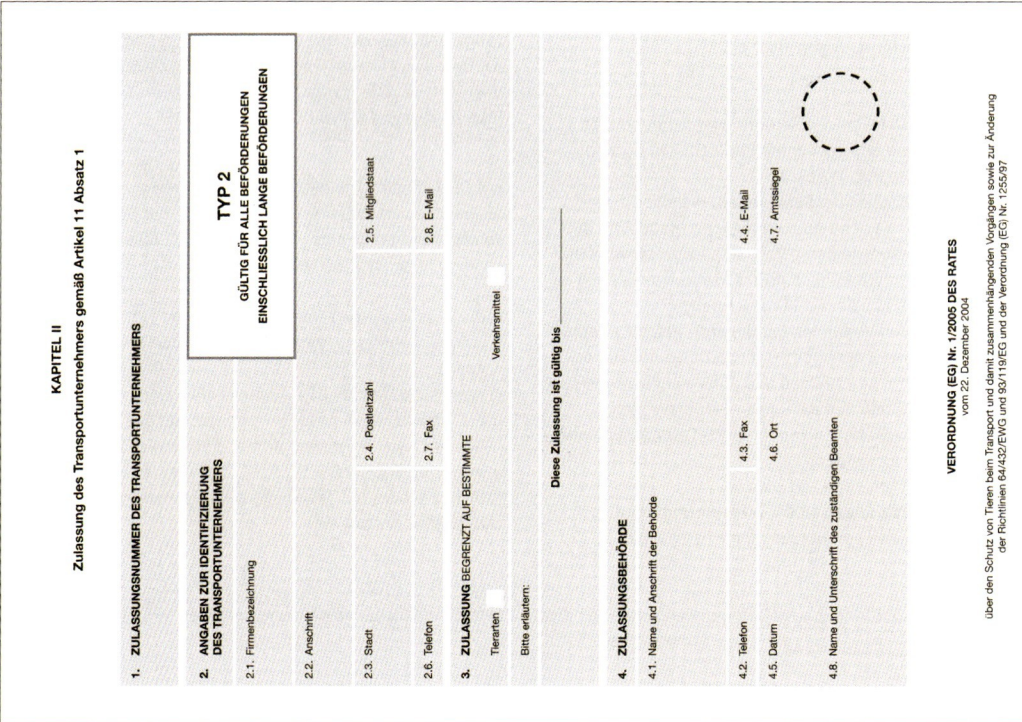

Vorschriften für den Güterkraftverkehr — Band 6

KAPITEL III
Befähigungsnachweis für Fahrer und Betreuer gemäß Artikel 17 Absatz 2

1. ANGABEN ZUR IDENTIFIZIERUNG DES FAHRERS/BETREUERS (¹)

1.1. Familienname

1.2. Vorname

1.3. Geburtsdatum

1.4. Geburtsland und Geburtsort

1.5. Staatsangehörigkeit

2. NUMMER DES BEFÄHIGUNGSNACHWEISES

2.1. Diese Urkunde ist gültig bis

3. AUSSTELLUNGSSTELLE

3.1. Name und Anschrift der den Befähigungsnachweis ausstellenden Stelle

3.2. Telefon

3.3. Fax

3.4. E-Mail

3.5. Datum

3.6. Ort

3.7. Amtssiegel

3.8. Name und Unterschrift

(¹) Nichtzutreffendes streichen.

VERORDNUNG (EG) Nr. 1/2005 DES RATES
vom 22. Dezember 2004

über den Schutz von Tieren beim Transport und damit zusammenhängenden Vorgängen sowie zur Änderung der Richtlinien 64/432/EWG und 93/119/EG und der Verordnung (EG) Nr. 1255/97

KAPITEL IV
Zulassungsnachweis für Straßentransportmittel für lange Beförderungen gemäß Artikel 18 Absatz 2

1. AMTLICHES KENNZEICHEN

1.1. Navigationssystem vorhanden: JA   NEIN

2. Für den Transport zugelassene Tierarten

3. FLÄCHE IN M²/LADEDECK

4. Diese Urkunde ist gültig bis

5. AUSSTELLUNGSSTELLE

5.1. Name und Anschrift des den Zulassungsnachweis ausstellenden Stelle

5.2. Telefon

5.3. Fax

5.4. E-Mail

5.5. Datum

5.6. Ort

5.7. Amtssiegel

5.8. Name und Unterschrift

VERORDNUNG (EG) Nr. 1/2005 DES RATES
vom 22. Dezember 2004

über den Schutz von Tieren beim Transport und damit zusammenhängenden Vorgängen sowie zur Änderung der Richtlinien 64/432/EWG und 93/119/EG und der Verordnung (EG) Nr. 1255/97

10.3. Anforderungen an die Transportfahrzeuge

Grundsätzlich ist eine Zulassung für jedes einzelne Fahrzeug erforderlich.
Die Fahrzeuge müssen, um eine solche Zulassung zu bekommen, u. a. folgende Ausstattungsmerkmale aufweisen (Ausnahmen für Transporte innerhalb der Bundesrepublik Deutschland legt die TierSchTrV in § 3 fest):
- ein Navigationsgerät mit einer entsprechenden Ortungsmöglichkeit,
- Transportbehältnisse/Aufbauten, welche die nach den Anlagen 1 und 2 zur TierSchTrV vorgegebenen Mindestabmessungen bei der Unterbringung von Tieren einhalten, die vorgeschriebenen Abtrennungen besitzen und den festgelegten Raumbedarf verschiedener Tierarten berücksichtigen,
- Transportbehältnisse/Aufbauten, welche darüber hinaus folgende Eigenschaften bzw. Einrichtungen besitzen (Auszug aus Kap. II des Anhangs I und Anlage I der TierSchTrV):
  - Eine Überdachung muss vorhanden sein.
  - Fütterungs- und Tränkungsmöglichkeiten müssen bei bestimmten Transporten vorhanden sein.
  - Ein Temperaturüberwachungssystem mit Datenschreiber muss vorhanden sein. Die auf die Tiere einwirkende Temperatur muss ständig im Bereich zwischen 5° und 30° C liegen (Toleranz von ± 5° C).
  - Eine leichte Reinigung/Desinfizierung muss möglich sein.
  - Eine ausreichende Frischluftzufuhr muss gewährleistet sein.
  - Der Boden muss rutschfest sein.
  - Eine Lichtquelle zur Kontrolle unterwegs muss vorhanden sein.
  - Kot/Urin darf nicht ausfließen können.
  - Angemessene Be- und Entladevorrichtungen müssen vorhanden sein.
  - Fahrzeuge müssen mit einem deutlichen Hinweis auf die Beladung mit lebenden Tieren versehen sein.

Lang-Lkw dürfen zum Transport von lebenden Tieren nicht eingesetzt werden.

Quelle: Zordel Fahrzeugbau

10.4. Planung von Fahrten

Bereits vor dem Beginn von Transporten müssen Überlegungen angestellt werden, die darauf abzielen, den Stress für die beteiligten Tiere in engen Grenzen zu halten. So werden Vorgaben über die Verweildauer an Sammelstellen, deren Ausgestaltung, Fütterungs- und Tränkungsmöglichkeiten gemacht. Die vorgesehene Streckenführung muss möglichst direkt zum Ziel führen und die dafür benötigte Fahrzeit in begrenztem Rahmen gehalten werden.

> Die Organisatoren tragen bei jeder Beförderung dafür Sorge, dass das Wohlbefinden der Tiere nicht durch eine unzulängliche Koordinierung der verschiedenen Beförderungsabschnitte beeinträchtigt wird, dass die Witterungsbedingungen berücksichtigt werden (...)
> (aus Kap. II, Art. 5)

Während die EU-Vorschriften zeitliche und entfernungsmäßige Obergrenzen für Fahrten nur in wenigen Fällen kennen, begrenzt die TierSchTrV zumindest die innerstaatlichen Fahrten grundsätzlich auf maximal acht Stunden. Allerdings gelten auch für diese Vorschrift wiederum zahlreiche Ausnahmen (Art. 10).

10.5. Begleitpapiere

Für jeden Transport sind Begleitpapiere erforderlich. Dazu sagt die EU-VO:

(1) Personen, die Tiere transportieren, sind verpflichtet, im Transportmittel Papiere mitzuführen, aus denen Folgendes hervorgeht:
a) Herkunft und Eigentümer der Tiere;
b) Versandort;
c) Tag und Uhrzeit des Beginns der Beförderung;
d) vorgesehener Bestimmungsort;
e) voraussichtliche Dauer der geplanten Beförderung.
(2) Der Transportunternehmer stellt die Papiere gemäß Absatz 1 der zuständigen Behörde auf Verlangen zur Verfügung.
(Kap. II, Art. 4)

Für die Personen, die eine **lange Tierbeförderung** planen, gelten folgende Bestimmungen (Auszug):
- Anlage eines Fahrtenbuchs, in dem jede einzelne Seite abzustempeln und zu unterzeichnen ist,
- Unterteilung des Fahrtenbuchs in die Abschnitte
  Abschnitt 1 — Planung
  Abschnitt 2 — Versandort
  Abschnitt 3 — Bestimmungsort
  Abschnitt 4 — Erklärung des Transportunternehmers
  Abschnitt 5 — Formular zur Meldung von Unregelmäßigkeiten
  (Vordrucke sind der Anlage zu entnehmen),
- Zuteilung einer individuellen Kennnummer für jedes Fahrtenbuch,
- Abzeichnung der Einträge durch die jeweils Zuständigen,
- Beachtung der Aufbewahrungsfrist von drei Jahren für das Fahrtenbuch.

10.6. Transportfähigkeit von Tieren

Grundsätzlich dürfen Tiere nur dann befördert werden, wenn sie transportfähig sind und abzusehen ist, dass ihnen unnötige Verletzungen und Leiden erspart bleiben.
Das Kapitel I des Anhangs I enthält eine sehr detaillierte Auflistung von Fällen, in denen Tiere als nicht transportfähig angesehen werden müssen (Beispiele):
- Schmerzfreies Bewegen ist nicht möglich.
- Es sind große Wunden vorhanden.
- Es handelt sich um hochträchtige Tiere.
- Es handelt sich um genau definierte Jungtiere verschiedener Tierarten.

Beruhigungsmittel dürfen im Regelfall nicht und im Ausnahmefall nur von einem Tierarzt verabreicht werden!

10.7. Umgang mit Tieren

Sehr detaillierte Anweisungen des Kap. III in Anhang I (VO [EG] Nr. 1/2005) regeln den Umgang aller am Transport Beteiligten mit den Tieren, die zur Ladung des Lkw gehören. Auf diese Regeln soll hier deshalb mit Nachdruck verwiesen werden!

Hier einige Beispiele:

Es ist verboten,

> a) Tiere zu schlagen oder zu treten;
> b) auf besonders empfindliche Körperteile Druck auszuüben, der für die Tiere unnötige Schmerzen oder Leiden verursacht;
> c) Tiere mit mechanischen Mitteln, die am Körper befestigt sind, hoch zu winden;
> d) Tiere an Kopf, Ohren, Hörnern, Beinen, Schwanz oder Fell hoch zu zerren oder zu ziehen oder so zu behandeln, dass ihnen unnötige Schmerzen oder Leiden zugefügt werden;
> e) Treibhilfen oder andere Geräte mit spitzen Enden zu verwenden;
> ...
> 1.9. Die Verwendung von Elektroschockgeräten ist möglichst zu vermeiden.
> Sie dürfen allenfalls bei ausgewachsenen Rindern und bei ausgewachsenen Schweinen eingesetzt werden, die jede Fortbewegung verweigern, und nur unter der Voraussetzung, dass die Tiere genügend Freiraum zur Vorwärtsbewegung haben. Es dürfen nur Stromstöße von maximal einer Sekunde in angemessenen Abständen und nur an den Muskelpartien der Hinterviertel verabreicht werden. Sie dürfen nicht wiederholt werden, wenn das Tier nicht reagiert.
> ...
> 1.11. Tiere dürfen auf keinen Fall an Hörnern, Geweih, Nasenringen oder Beinfesseln angebunden werden ...
> (Kap. III, 1.8.)

Neben Vorschriften an die Adresse von Tierhaltern und Tiersammelstellen enthält die Verordnung noch eine Fülle von Vorgaben für die zuständigen Behörden.

10.8. Aufgaben und Pflichten der Behörden

Auf zwei der zahlreichen Aufgaben (Art. 22 u. 23) sei hier besonders hingewiesen. Zunächst trifft die zuständige Behörde alle erforderlichen Vorkehrungen, um Transportverzögerungen oder das Leiden von Tieren zu verhüten bzw. auf ein Mindestmaß zu beschränken, wenn „unvorhersehbare Umstände die ordnungsgemäße Anwendung dieser Verordnung verhindern" (aus Art. 22).
Dazu gehört eine bevorzugte Abfertigung von Tiertransporten an Grenzübergängen.
Es gilt grundsätzlich, dass Tiertransporte (auch im normalen Straßenverkehr) nicht aufgehalten werden dürfen, es sei denn, dies läge im Interesse der Tiere oder im Interesse der öffentlichen Sicherheit.

Des Weiteren hat die Behörde bei der Feststellung von Verstößen gegen diese Verordnung(en) Maßnahmen zu ergreifen, die das Wohlergehen der betroffenen Transporttiere gewährleisten. Entstehende Kosten werden später beim Verursacher eingefordert.
Der Katalog der denkbaren Maßnahmen ist dabei umfangreich (Beispiele):
- Wechsel des Fahrers oder Betreuers;
- vorläufige Reparatur des Transportmittels, um unmittelbare Verletzungen der Tiere zu vermeiden;
- Umladen der Sendung oder eines Teils der Sendung auf ein anderes Transportmittel;
- Rücksendung der Tiere auf **kürzestem Weg** an ihren Versandort oder ihre Weiterbeförderung auf direktestem Weg an ihren Bestimmungsort;
- das Entladen der Tiere und ihr Unterbringen an einem geeigneten Ort, wobei ihre Pflege gewährleistet sein muss, bis das ursächliche Problem gelöst ist.

Scheiden andere Möglichkeiten, das Wohlbefinden der Tiere zu gewährleisten, aus, so sind die Tiere gemäß den rechtlichen Vorgaben des Tierschutzes zu töten.

10.9. Viehverkehrsordnung (ViehVerkV)

Wie bereits erwähnt, basiert die Verordnung auf dem Tierseuchengesetz (TierSG). Die Viehverkehrsordnung hat demnach schwerpunktmäßig andere Schutzfunktionen, als die zuvor behandelte VO (EG) 1/2005 und die Tierschutztransportverordnung. Zum Schutz von Mensch und Tier soll durch technische Maßnahmen, regelmäßig stattfindende Desinfektionen und mit Hilfe einer ebenso regelmäßigen Überwachung durch Behörden der Verbreitung von Krankheiten vorgebeugt werden.

10.10. Transportunternehmen

Ein Betrieb, der darauf gerichtet ist, Rinder, Schweine, Schafe, Ziegen, Pferde oder Geflügel gewerbsmäßig (...) zu transportieren oder Dritten für gewerbsmäßige Transporte dieser Tiere Transportmittel zur Verfügung zu stellen (Transportunternehmen), bedarf der Zulassung durch die zuständige Behörde.
(aus § 13 ViehVerkV)

Vor der Erteilung wird überprüft, ob bestimmte Voraussetzungen, welche die Viehverkehrsordnung nennt, eingehalten werden (11.2.).

10.11. Anforderungen an die Transportfahrzeuge

§ 1 Viehtransportfahrzeuge (ViehVerkV)
(1) Fahrzeuge und Anhänger, die zur Beförderung lebenden Viehs benutzt werden (Viehtransportfahrzeuge), sowie für eine solche Beförderung benutzte Behältnisse müssen
  1. so beschaffen sein, dass tierische Abgänge, Einstreu oder Futter während des Transportes nicht heraussickern oder herausfallen können und
  2. leicht zu reinigen und zu desinfizieren sein.
(...)
(2) Für die Einhaltung der Anforderungen nach Absatz 1 Satz 1 und 3 haben zu sorgen:
  1. bei Viehtransportfahrzeugen der Halter,
  2. bei Behältnissen der Benutzer,
(...)

10.12. Reinigung und Desinfektion von Transportmitteln und Geräten

§ 17 Transportmittel (ViehVerkV)
Viehtransportfahrzeuge sowie alle bei der Beförderung lebenden Viehs benutzten Behältnisse und Gerätschaften sind nach jedem Transport, spätestens jedoch nach Ablauf von 29 Stunden seit Beginn des Transportes, zu reinigen und zu desinfizieren. (...)

Darüber hinaus müssen die Fahrzeuge, mit denen Vieh zu Lade-, Sammel- oder Schlachtstätten verbracht worden ist, vor dem Verlassen dieser Orte gereinigt und desinfiziert werden.
In Zeiten erhöhter Tierseuchengefahr kann die zuständige Behörde eine häufigere Reinigung und Desinfektion fordern.
Für die ordnungsgemäße Reinigung und Desinfektion der benutzten Fahrzeuge ist auch hier der Fahrer verantwortlich.
Reinigung und Desinfektion der verwendeten Behältnisse fallen in den Verantwortungsbereich von deren Benutzern.

§ 19 Dung, Streumaterial und Futterreste (ViehVerkV)
Der für die Reinigung und Desinfektion nach den §§ 17 und 18 jeweils Verantwortliche hat anfallenden Dung, anfallendes Streumaterial und anfallende Futterreste unschädlich zu beseitigen oder beseitigen zu lassen oder so zu behandeln oder so behandeln zu lassen, dass Tierseuchenerreger abgetötet werden.

10.13. Kontrollbücher

§ 21 Transportkontrollbücher (ViehVerkV)
(2) Während des Transportes ist ein Transportkontrollbuch mitzuführen, das die (...) erforderlichen Angaben über die jeweils transportierten Tiere sowie Abfahrtszeit und Fahrtziel, zusammen mit nach anderen Vorschriften erforderlichen Bescheinigungen über die Tiergesundheit, enthält. Die Eintragungen sind (...) vor Beginn des Transportes vorzunehmen.

Folgende Angaben über die jeweils transportierten Tiere sind in das Transportkontrollbuch aufzunehmen:
- bei Rindern die Ohrmarkennummer,
- bei Schweinen Stückzahl, ungefähres Alter, Kennzeichnung,
- bei Schafen und Ziegen Stückzahl, Kennzeichnung,
- bei Pferden Geschlecht, Farbe, ungefähres Alter, Abzeichen, Markierungen,
- bei Geflügel Stückzahl, Rasse, ungefähres Alter.

(siehe Muster „Transportkontrollbuch")

Viehverkehrsverordnung, Anlage 3 (zu §25 Abs. 1), Muster für Kontrollbücher

B. Transportkontrollbuch					
1	2	3	4	5	6
a) Ort und Datum der Übernahme b) Uhrzeit des Verladebeginns c) Abfahrtszeit d) voraussichtliche Dauer der Beförderung	Name und Anschrift des bisherigen Tierhalters	bei Rindern Ohrmarkennummer; bei Schweinen Stückzahl, ungefähres Alter, Kennzeichnung; bei Schafen und Ziegen Stückzahl, Kennzeichnung; bei Pferden Geschlecht, Farbe, ungefähres Alter, Abzeichen, Markierungen; bei Geflügel Stückzahl, Rasse, ungefähres Alter	Datum und Zeitpunkt der Übergabe	Fahrtziel Name und Anschrift des Übernehmers	gegebenenfalls Nummer der Bescheinigung

§ 22 Desinfektionskontrollbuch (ViehVerkV)
(1) Der Fahrer eines Viehtransportfahrzeuges, für das (...) eine Reinigung und Desinfektion vorgeschrieben ist, hat für jedes Fahrzeug gesondert ein Desinfektionskontrollbuch mitzuführen, das folgende Angaben enthält:
  1. Tag des Transportes,
  2. Art der beförderten Tiere,
  3. Ort und Tag der Reinigung und Desinfektion des Fahrzeuges,
  4. Handelsname des verwendeten Desinfektionsmittels.
(2) Der Viehhandelsunternehmer, der Transportunternehmer und der Betreiber einer Sammelstelle oder einer Schlachtstätte haben über Art und Verbrauch des verwendeten Desinfektionsmittels schriftliche Aufzeichnungen zu machen.

(siehe Muster „Desinfektionskontrollbuch", Anlage 3 zu § 25 Abs. 1)

C. Desinfektionskontrollbuch

1	2	3	4	5
Datum des Transports	Art der beförderten Tiere	Datum der Desinfektion	Ort der Desinfektion	Desinfektionsmittel/ eingesetzte Konzentration

Neben den genannten Kontrollbüchern müssen bei entsprechenden Transporten weitere Begleitpapiere vom Fahrer mitgeführt werden:

Der Rinderpass (§ 30)

(1) Rinder dürfen in einen Mitgliedsstaat nur verbracht oder in ein Drittland nur ausgeführt werden, wenn sie von einem Rinderpass begleitet sind, der den Bestimmungen nach Artikel 6 Absatz 1 der Verordnung (EG) Nr. 911/2004 und dem Muster der Anlage entspricht.

(Anlage 7, siehe 11.14. Weitere Anlagen zur ViehVerkV)

Das Begleitpapier für Schafe bzw. Ziegen (§ 36)

(1) Das Begleitpapier für Schafe oder das Begleitpapier für Ziegen ... ist vom Tierhalter zu erstellen und muss dem Muster der Anlage 10, 31. Dezember 2010 mit Ausnahme der Angabe des Kennzeichens, entsprechen.
(2) Das Begleitpapier ist dem Empfänger der Übergabe der Schafe und Ziegen auszuhändigen ...

(Anlage 10, siehe 11.14. Weitere Anlagen zur ViehVerkV)

Das Begleitpapier für Schweine (§ 41)

(1) Schweine dürfen zu einem Viehmarkt oder zu einer Sammelstelle oder von einem Viehmarkt oder von einer Sammelstelle nur verbracht werden, wenn sie von einem Begleitpapier, das auch in elektronischer Form erstellt werden kann, begleitet sind.

Das Begleitpapier muss
   1. Angaben zu dem Namen und der Anschrift des abgebenden Tierhalters oder die Registriernummer seines Betriebes,
   2. die Angabe der Anzahl der verbrachten Schweine und
   3. die Kennzeichnung
enthalten.

Satz 1 gilt nicht, soweit die Schweine mit einem nach anderen tierseuchenrechtlichen Vorschrift vorgeschrieben oder einem sonstigen Dokument begleitet sind, das die Angaben nach Satz 2 enthält.

(2) Das Begleitpapier nach Absatz 1 oder eine Ablichtung des Dokuments nach Absatz 1 Satz 3 ist dem Empfänger bei der Übergabe der Schweine auszuhändigen ...

Die meisten Tiere unterliegen außerdem einer Kennzeichnungspflicht (Einzelheiten s. § 34 der Verordnung).
An dieser Stelle ist die Aufmerksamkeit des Kraftfahrers gefordert, der den Transport durchführt: Da der Empfänger der Tiere diese nur dann übernehmen darf, wenn ihre Kennzeichnungen einwandfrei sind, sollten die „vierbeinigen Gäste" bereits vor der Verladung auf den Lkw genau auf das Vorhandensein von Tätowierungen, Ohrmarken oder Ähnlichem überprüft werden.

10.14. Weitere Anlagen zur ViehVerkV

Anlage 1 (Auszug)

Voraussetzung für die Zulassung eines Viehhandelsunternehmens, eines Transportunternehmens oder einer Sammelstelle

...

3. Für die Transportfahrzeuge, die im Rahmen des Viehhandels- oder Transportunternehmens oder des Betriebs einer Sammelstelle verwendet werden sollen, müssen ein geeigneter Platz zum Waschen mit unter Druck stehendem warmen Wasser und eine geeignete Desinfektionsvorrichtung vorhanden sein, soweit nicht der Nachweis erbracht wird, dass die Reinigung und Desinfektion der Transportfahrzeuge durch Dritte besorgt werden. Die Desinfektionseinrichtung muss das ganze Jahr über eine ausreichende Desinfektion gewährleisten. Der Boden des Waschplatzes muss befestigt und flüssigkeitsundurchlässig sein und Gefälle zu einem Abfluss haben, der in eine Einrichtung zur Sammlung des Abwassers mündet.

...

5. Viehhandelsunternehmer, Transportunternehmer und Betreiber einer Sammelstelle müssen über einen schriftlichen Plan für die Reinigung und die Desinfektion
    a) der Transportfahrzeuge,
    b) der Stallungen und Verkehrswege
    verfügen.
    Aus dem Plan müssen die Art und Weise und die Häufigkeit der Reinigung und Desinfektion sowie das vorgesehene Desinfektionsmittel ersichtlich sein. Der Plan ist der zuständigen Behörde auf Anforderung jederzeit vorzulegen.
6. Auf dem Betriebsgelände müssen alle Verkehrswege, auf denen Tiere transportiert werden sollen, sowie alle Plätze zum Ver- und Entladen von Tieren befestigt, leicht zu reinigen und desinfizierbar sein.

...

Anlage 2 (Auszug)

Anforderungen an den Betrieb eines Viehhandelsunternehmens, eines Transportunternehmens oder einer Sammelstelle

...

2. Rinder, Schweine, Schafe, Ziegen, Pferde oder Geflügel dürfen nur gehandelt, transportiert oder auf andere Weise verbracht werden, wenn die Tiere keine Anzeichen aufweisen, die auf eine übertragbare Krankheit hinweisen, es sei denn, die Tiere werden mit Genehmigung der zuständigen Behörde unmittelbar zur Tötung und unschädlichen Beseitigung verbracht.
3. Zucht- und Nutztiere dürfen nicht zusammen mit Schlachttieren aus einem anderen Betrieb, und Zucht- und Nutztiere verschiedener Tierarten dürfen nicht zusammen in einem Fahrzeug transportiert werden.
4. Zucht- und Nutztiere dürfen nach Verlassen des Betriebes oder der Sammelstelle auf dem Transport bis zur Ankunft am Bestimmungsort nicht mit Tieren in Berührung kommen, die keinen gleichwertigen Gesundheitsstatus haben.

Vorschriften für den Güterkraftverkehr — Band 6

Anlage 10 (Auszug)

Begleitpapier

für Schafe ☐   für Ziegen ☐

Angaben zum abgebenden Betrieb

Name:
Anschrift:
Registriernummer:

Angaben zum Bestimmungsbetrieb (Tierhalter/Schlachthof) [1]

Name:
Anschrift:
oder Registriernummer:
bei Wanderschafherden: Bestimmungsort oder Ablichtung der Genehmigung nach § 10 Absatz 1 [2]

Angaben zu den zu verbringenden Tieren

Anzahl Schafe [3]:   Anzahl Ziegen [3]:
Kennzeichen:

Angaben zum Transportmittel

Transportunternehmen:
Name:
Anschrift:
Registriernummer:
Transportmittel:
Kraftfahrzeugkennzeichen:

Ort, Datum

Unterschrift des abgebenden Tierhalters

[1] Nicht zutreffenden Bestimmungsbetrieb streichen.
[2] Nicht Zutreffendes streichen.
[3] Nicht zutreffende Tierart streichen.

MUSTER

Anlage 7 (Auszug)

Ausgebende Stelle	**Rinderpass** nach § 30/Stammdatenblatt nach § 31 der Viehverkehrsverordnung	
(Logo)	(Passnummer)	Ohrmarkennummer
	(Barcode)	
Datum der Ausgabe	(Barcode)	Registrier-Nr. nach § 26 der Viehverkehrsverordnung

Tierhalter (Name, Vorname, Anschrift):

1. Tierdaten
Geburtsdatum:
Geschlecht:
Rasse:
Ohrmarkennummer des Muttertieres:

2. Herkunft des Tieres, sofern nicht aus dem Ursprungsbetrieb:
aus folgendem Mitgliedstaat der EU:
aus folgendem Drittland eingeführt:
vom Drittland vergebene Ohrmarkennummer:

3. Angaben zu den Vorbesitzern des Tieres:
Registriernummer: .... Datum des Abgangs:
Datum des Zugangs:
Registriernummer: .... Datum des Abgangs:
Datum des Zugangs:
Registriernummer: .... Datum des Abgangs:
Datum des Zugangs:

4. Ort, Datum, Unterschrift des letzten Tierhalters

MUSTER

11. Der Lkw in der Straßenverkehrs-Zulassungs-Ordnung (StVZO)

Im Folgenden wird aus der Fülle der technischen Vorschriften der StVZO eine Auswahl wesentlicher Bestimmungen für den Lkw getroffen. Daneben werden auch andere Schwerfahrzeuge im Einzelfall berücksichtigt.

Das Ordnungsprinzip der Verordnung wird dabei weitestgehend beibehalten.

11.1. Verantwortung für den Betrieb der Fahrzeuge (§ 31 StVZO/§ 3 FZV)

Sowohl in der StVZO selbst als auch in der neueren Fahrzeug-Zulassungsverordnung (FZV) lässt der Gesetzgeber keinen Zweifel daran aufkommen, welche Personen für den Betrieb eines einzelnen Fahrzeugs oder den Verbund mehrerer Fahrzeuge, den sogenannten Zug, verantwortlich sind:

> **§ 31 StVZO Verantwortung für den Betrieb der Fahrzeuge**
> (1) Wer ein Fahrzeug oder einen Zug miteinander verbundener Fahrzeuge führt, muss zur selbständigen Leitung geeignet sein.
> (2) Der Halter darf die Inbetriebnahme nicht anordnen oder zulassen, wenn ihm bekannt ist, oder bekannt sein muss, dass der Führer nicht zur selbständigen Leitung geeignet oder das Fahrzeug, der Zug, das Gespann, die Ladung oder die Besetzung nicht vorschriftsmäßig ist oder dass die Verkehrssicherheit des Fahrzeugs durch die Ladung oder die Besetzung leidet.

Beispiel für die Verantwortung des Fahrzeug-Halters:

> **§ 3 FZV Notwendigkeit einer Zulassung**
> (4) Der Halter darf die Inbetriebnahme eines nach Absatz 1 zulassungspflichtigen Fahrzeugs nicht anordnen oder zulassen, wenn das Fahrzeug nicht zugelassen ist.

Bei den Verantwortlichen handelt es sich zum einen um Sie als Fahrzeugführer, also den, der gemäß Definition das Fahrzeug oder den Zug in **eigener Verantwortung** lenkt. Diese Verantwortung kann Ihnen niemand abnehmen; Sie können sie auch nicht auf eine andere Person (z. B. Disponent, Beifahrer) übertragen.
Es handelt sich zum anderen um den Fahrzeughalter, also den, der gemäß Definition „den wirtschaftlichen Nutzen aus dem Gebrauch eines Fahrzeugs zieht, der aber auch zuständig ist für dessen Wartung und Unterhaltskosten".
Wer jetzt meint, damit sei er als Fahrer ja zumindest für den Bereich Technik, Verkehrssicherheit und Beladung nicht mehr in der Verantwortung, weil diese beim Fahrzeughalter liege, der irrt.

Beispiel:
An Ihrem Lkw unterschreiten die Reifen der Antriebsachse die gesetzlich vorgeschriebene Mindestprofiltiefe von 1,6 mm. Sie fallen diesbezüglich bei einer Überprüfung auf oder, noch schlimmer, verursachen dadurch einen Unfall.
Sowohl **Sie** als Fahrzeugführer als auch **Ihr Chef** als Fahrzeughalter (oder als dessen Bevollmächtigter) müssen sich für den Zustand der Reifen und die daraus resultierenden Folgen verantworten.
Haben Sie Ihren Chef zuvor über die abgefahrenen Reifen informiert und – leider vergeblich – neue verlangt, ändert sich an den Verantwortungen dadurch nichts. Sie hätten den Lkw gar nicht mehr in Betrieb nehmen dürfen, und der Chef als Halter hätte die Fahrt mit diesen Reifen unterbinden müssen.
In diesem Beispiel handelt es sich um eine grundsätzlich geteilte Verantwortung, nur dass hier die Teilung der 100%igen Verantwortung nicht 50% für jeden der beiden Beteiligten, sondern **100% jeweils** für Fahrzeugführer und Fahrzeughalter bedeutet. Eine Rechnung, die für Mathematiker unrichtig sein mag, für Juristen jedoch kein Problem darstellt.
In dem oben wiedergegebenen Text ist aber auch die Rede von der „Eignung" des Fahrzeugführers. Dieser Begriff ist sehr umfassend zu verstehen. Sicher setzt er zunächst einmal die notwendige Fahrerlaubnis voraus.

> Aus der Verantwortung als Fahrzeughalter ergibt sich nach geltender Rechtsprechung für Ihren Chef (oder seinen Bevollmächtigten) nicht nur die Berechtigung, sondern sogar die Verpflichtung, sich von Ihnen regelmäßig Ihren gültigen Führerschein vorlegen zu lassen.

Gemeint ist aber auch die körperliche und geistige Fitness, also insgesamt die gesundheitliche Eignung (Medikamente/Alkohol/Krankheit usw.). Außerdem reicht eine Fahrerlaubnis zum Führen von Kraftfahrzeugen bestimmter Klassen nicht aus – der Fahrzeugführer muss sein Fahrzeug auch kennen und vor allem beherrschen.

Ein praktisches Beispiel:
Nachdem Sie in Ihrem Fuhrunternehmen seit Jahren ausschließlich einen Lkw mit einer zulässigen Gesamtmasse von 9 t ohne Anhänger im Nahbereich Ihres Betriebssitzes fahren, müssen Sie für einen plötzlich erkrankten Kollegen einspringen. In diesem Fall soll das von einer Minute auf die andere eine Fahrt nach Griechenland mit einem 40-t-Gliederzug bedeuten.
Die nötige Fahrerlaubnis besitzen Sie seit vielen Jahren – sind Sie unter den genannten Voraussetzungen aber auch tatsächlich geeignet?
Die Frage darf man wohl mit einem relativ klaren Nein beantworten. Ohne ein entsprechendes Training auf einem solchen Fahrzeug kann von einer Eignung keine Rede sein. Eine Meinung, die im Falle eines Falles auch ein Richter vertreten könnte.

11.2. Regelmäßige Untersuchungen (§ 29 StVZO und BGV D29)

Die Halter von Kraftfahrzeugen und Anhängern mit eigenem amtlichen Kennzeichen haben die Pflicht, ihre Fahrzeuge einer regelmäßigen technischen Untersuchung unterziehen zu lassen.
In Abhängigkeit von der Fahrzeugart gemäß Eintrag im Fahrzeugschein bzw. in der Zulassungsbescheinigung I und der zulässigen Gesamtmasse (ebenfalls dort zu finden) sind die Untersuchungsarten und die zeitlichen Abstände zwischen den einzelnen regelmäßig wiederkehrenden Untersuchungen festgelegt.

Als vorgeschriebene Untersuchungsformen kommen dabei in Betracht:

- die **Untersuchung nach BGV D 29** (Vorschrift Nr. 29 der Berufsgenossenschaft für Transport und Verkehrswirtschaft). Die Vorschrift legt die betroffenen Fahrzeuge, deren Ausrüstung, den Inhalt und den Umfang der Untersuchung fest (Details sind der BGV D 29 zu entnehmen). Der Halter des Fahrzeugs muss sie in jährlichen Abständen von einem Sachkundigen durchführen und dokumentieren lassen. Diese Nachweise sind bis zur nächsten Untersuchung aufzubewahren. Nach zufriedenstellender Überprüfung erhält das Fahrzeug eine Prüfplakette.
  In der Untersuchung hat der Sachkundige zu beurteilen, ob die in der BGV festgelegten technischen Eigenschaften und die Anforderungen an die Fahrzeuge vorliegen bzw. erfüllt werden (Untersuchung der Verkehrs- und Arbeitssicherheit).
  Beispiel: An Tank- und Autotransportfahrzeugen sind Laufstege mit (ggf. klappbaren) Geländern vorgeschrieben. Deren Vorhandensein, Abmessungen, baulicher Zustand und Funktion werden überprüft.

- die **Hauptuntersuchung (HU)**

  > Bei einer Hauptuntersuchung werden die Fahrzeuge ... auf ihre Verkehrssicherheit, ihre Umweltverträglichkeit sowie auf Einhaltung der für sie geltenden Bau- und Wirkvorschriften untersucht.
  > (aus Anlage VIII a zu § 29 StVZO)

  Zur leichteren Überprüfung „auf den ersten Blick" bekommen die Fahrzeuge nach erfolgreich abgeschlossener Hauptuntersuchung die **HU-Plakette** für das hintere Kennzeichen. Eine HU-Prüfplakette darf nur dann zugeteilt werden, wenn alle Vorschriften der **Anlage VIII zu § 29 StVZO** im Wesentlichen eingehalten werden.

- die **Sicherheitsprüfung (SP)**

    Die Sicherheitsprüfung hat eine Sicht-, Wirkungs- und Funktionsprüfung des Fahrgestells und Fahrwerks, der Verbindungseinrichtung, Lenkung, Reifen, Räder und Bremsanlage des Fahrzeugs ... zu umfassen.
    (aus Anlage VIIIa zu § 29 StVZO)

    Nach erfolgreich abgeschlossener Sicherheitsprüfung wird die **SP-Marke** auf das **SP-Schild** am Fahrzeug geklebt (Monat und Jahr der nächsten Überprüfung werden angezeigt).

- die (im Regelfall in die HU integrierte) **Abgasuntersuchung (AU)**
    Die AU ist Bestandteil der Hauptuntersuchung, kann aber auf Wunsch ausgegliedert werden. Der Fahrzeughalter als Verantwortlicher kann somit den AU-Bestandteil der Hauptuntersuchung und die ‚Rest'- HU in zwei verschiedenen Werkstätten durchführen lassen. Bei einer solchen Verfahrensweise ist die zuvor erfolgreich abgelegte AU durch Vorlage einer Bescheinigung zu belegen. Das Ergebnis und die durchführende Werkstatt werden dann im HU-Prüfbericht vermerkt. Die Zuteilung einer besonderen Plakette für die AU erfolgt nicht.

Nähere Informationen zu den Inhalten der Untersuchungen sind dem **§ 29** sowie insbesondere den Anlagen zu entnehmen.

Zuständig für die Einhaltung der Termine ist zwar in erster Linie der Fahrzeughalter, das enthebt aber nicht den Fahrzeugführer seiner Verantwortung für den Zustand des Fahrzeugs (12.1.).

Anlage VIII zum §29 Untersuchung der Fahrzeuge (HU+SP; Auszug)

...

Art der Fahrzeuge		HU (Monate)	SP (Monate)
2.1.4	Kraftfahrzeuge, die zur Güterbeförderung bestimmt sind, selbstfahrende Arbeitsmaschinen, Zugmaschinen		
2.1.4.1	mit einer bauartbestimmten Höchstgeschwindigkeit von nicht mehr als 40 km/h oder einer zulässigen Gesamtmasse ≤ 3,5 t	24	---
2.1.4.2	mit einer zulässigen Gesamtmasse > 3,5 t ≤ 7,5 t	12	---
2.1.4.3	mit einer zulässigen Gesamtmasse > 7,5 t ≤ 12 t		
2.1.4.3.1	bei erstmals in den Verkehr gekommenen Fahrzeugen in den ersten 36 Monaten	12	
2.1.4.3.2	für die weiteren Untersuchungen	12	6
2.1.4.4	mit einer zulässigen Gesamtmasse > 12 t		
2.1.4.4.1	bei erstmals in Verkehr gekommenen Fahrzeugen in den ersten 24 Monaten	12	---
2.1.4.4.2	für die weiteren Untersuchungen	12	6
2.1.5	Anhänger, einschließlich angehängte Arbeitsmaschinen		
2.1.5.1	mit einer zulässigen Gesamtmasse ≤ 0,75 t oder ohne eigene Bremsanlage		
2.1.5.1.1	bei erstmals in den Verkehr gekommenen Fahrzeugen für die erste Hauptuntersuchung	36	---
2.1.5.1.2	für die weiteren Hauptuntersuchungen	24	---
2.1.5.2	die entsprechend § 58 für eine zulässige Höchstgeschwindigkeit von nicht mehr als 40 km/h gekennzeichnet sind oder mit einer zulässigen Gesamtmasse > 0,75 t ≤ 3,5 t	24	---
2.1.5.3	mit einer zulässigen Gesamtmasse > 3,5 t ≤ 10 t	12	---
2.1.5.4	mit einer zulässigen Gesamtmasse > 10 t		
2.1.5.4.1	bei erstmals in den Verkehr gekommenen Fahrzeugen in den ersten 24 Monaten	12	---
2.1.5.4.2	für die weiteren Untersuchungen	12	6

Vorschriften für den Güterkraftverkehr — Band 6

Folgende gesetzliche Regelungen sind zusätzlich zu beachten:

§ 29 StVZO Untersuchung der Kraftfahrzeuge und Anhänger

(10) Der Halter hat den Untersuchungsbericht mindestens bis zur nächsten Hauptuntersuchung und das Prüfprotokoll mindestens bis zur nächsten Sicherheitsprüfung aufzubewahren. Der Halter oder sein Beauftragter hat den Untersuchungsbericht, bei Fahrzeugen nach Absatz 11 (*SP-pflichtige Fahrzeuge*) zusammen mit dem Prüfprotokoll und dem Prüfbuch, zuständigen Personen und der nach Landesrecht zuständigen Behörde auf deren Anforderung hin auszuhändigen. Kann der letzte Untersuchungsbericht oder das letzte Prüfprotokoll nicht ausgehändigt werden, hat der Halter auf seine Kosten Zweitschriften von den prüfenden Stellen zu beschaffen oder eine Hauptuntersuchung oder eine Sicherheitsprüfung durchführen zu lassen (...)

(11) Halter von Fahrzeugen, an denen (...) Sicherheitsprüfungen durchzuführen sind, haben ab dem Tag der Zulassung Prüfbücher nach einem im Verkehrsblatt mit Zustimmung der zuständigen obersten Landesbehörden bekanntgemachten Muster zu führen. Untersuchungsberichte und Prüfprotokolle müssen mindestens für die Dauer ihrer Aufbewahrungspflicht nach Absatz 10 in den Prüfbüchern abgeheftet werden.

(12) Der für die Durchführung von Hauptuntersuchungen oder Sicherheitsprüfungen Verantwortliche hat ihre Durchführung unter Angabe des Datums, bei Kraftfahrzeugen zusätzlich unter Angabe des Kilometerstandes, im Prüfbuch einzutragen.

(13) Prüfbücher sind bis zur endgültigen Außerbetriebsetzung der Fahrzeuge von dem Halter des Fahrzeugs aufzubewahren.

Besonderes Augenmerk wird bei der HU auf die Funktion der Fahrer-Assistenzsysteme (FAS) gerichtet. Mittels des 2012 eingeführten **'HU-Adapters'** wird eine sog. **'Verbauprüfung'** durchgeführt. Das heißt, durch Einführen des Diagnosesteckers in die bei neueren Fahrzeugen vorhandene OBD-Steckdose (Steckdose für die **O**n-**B**oard-**D**iagnose) erkennt der Adapter, welche FAS verbaut wurden. Im Anschluss erfolgt auf gleichem Wege die Funktionskontrolle der Systeme.
Eine Überprüfung des programmierten maximalen Geschwindigkeitswerts (Begrenzer!) erfolgt zusätzlich.

Werden Mängel festgestellt, hängt es von deren Schwere und den zu erwartenden Auswirkungen ab, ob das untersuchte Fahrzeug eine Plakette erhält oder nicht.
Unterschieden werden dabei folgende Mängelklassen: „geringfügige", „erhebliche" Mängel und Mängel, die zur „Verkehrsunsicherheit" führen.

- **OM** – Ohne festgestellte Mängel
- **GM** – Geringe Mängel => Plakette nur, wenn ‚baldige Beseitigung der Mängel zu erwarten'
- **EM** – Erhebliche Mängel => keine Plakette
- **VU** – Verkehrsunsicher => keine Plakette

Beispiele aus dem ‚Beurteilungskatalog von Mängeln':

Dauerbremsanlage	fehlt/ohne Funktion	EM
Luftpresser	Füllzeit zu lang	EM
Bremstrommel-/Bremsscheibe	unmittelbare Bruchgefahr	VU
Drehschemel ANH	eine einzelne Schraube lose	GM

Die immer wieder vertretene Meinung, der untersuchende Sachverständige könne ein Fahrzeug bei extremen Sicherheitsmängeln stilllegen, stimmt in dieser Form nicht. Das kann nur die Zulassungsstelle, und bei Gefahr im Verzug (die dann ja sicherlich vorliegt) kann die Polizei den weiteren Betrieb untersagen.

Grundsätzliches zur Technik, z. B. zur Überprüfung von Bremsanlagen und möglichen Defekten an diesen Systemen, siehe u. a. Band 3 „Bremsanlagen".

Aber nicht nur der Sachverständige bzw. eine anerkannte Werkstatt muss regelmäßige Untersuchungen an einem Fahrzeug vornehmen. Auch der Fahrzeugführer muss vor Antritt einer Fahrt, und bei längeren Touren auch zwischendurch, sein ihm zugeteiltes Fahrzeug zumindest auf die wichtigen Punkte der Betriebs- und Verkehrssicherheit hin überprüfen.

Betriebssicherheit: die technischen Einrichtungen eines Fahrzeugs, die zur Aufrechterhaltung seines Betriebes notwendig sind (z. B. Ölvorrat, Kraftstoffvorrat)

Verkehrssicherheit: die für die sichere Verkehrsteilnahme wesentlichen technischen Einrichtungen (z. B. Bremsen, Lenkung)

Vorschriften für den Güterkraftverkehr — Band 6

Genannt werden muss in diesem Zusammenhang auch die grundsätzliche Vorschrift der StVZO, nach der ein Fahrzeug so gebaut und ausgerüstet sein muss, dass es den Anforderungen der aktiven und der passiven Sicherheit gerecht wird.

Aktive Sicherheit: Die Teile eines Fahrzeugs, die das Zustandekommen eines Unfalles verhindern sollen (z. B. automatische Blockierverhinderer, Spurassistenten, Abstandswarner)

Passive Sicherheit: Die Teile eines Fahrzeugs, die bei einem Unfall Personenschäden verhindern bzw. verringern sollen (z. B. Airbags, Knautschzonen)

Dabei handelt es sich sicher in erster Linie um Vorgaben für den Hersteller des Fahrzeugs. Der Betreiber, also auch der Fahrzeugführer, hat aber manchmal entscheidenden Einfluss darauf, ob ein solcher Schutz weiterhin besteht oder nicht.

Werden z. B. Kunststoffverkleidungen, Karosserie- oder Anbauteile ein- oder abgerissen und dadurch scharfe Kanten, Schrauben, Halterungen oder Ähnliches freigelegt, ist es auch Aufgabe des Fahrers, für eine Beseitigung dieser Gefährdungen zu sorgen. Dazu müssen sie aber im Rahmen von Routineüberprüfungen erst einmal entdeckt werden – hier ist auch wieder der Fahrer gefragt. Das Gleiche gilt für eigene Anbauten oder Veränderungen.

Auch die Kontrolle des Zustandes von Planen und deren Befestigung gehört zu den Aufgaben des Kraftfahrers.

Vorschriften für den Güterkraftverkehr **Band 6**

11.3. Vorgeschriebene Ausrüstungsteile (§ 31 b)

Auch bei den vorgeschriebenen (nicht mit dem Fahrzeug fest verbundenen) Ausrüstungsteilen hängt es von der Art des Fahrzeugs und seiner zulässigen Gesamtmasse ab, welche Dinge in welcher Anzahl mitgeführt werden müssen. Bei einer Kontrolle müssen sie auf Wunsch vorgelegt werden.

Erste-Hilfe-Material (§ 35 h)
Mitzuführen ist ein Verbandkasten, dessen Inhalt der Norm DIN 13164 von Januar 1998 entspricht. Im Verbandkasten finden Sie
- eine Liste zur Überprüfung des Inhalts auf Erfüllung der Norm,
- ein Verfallsdatum für die meisten Inhalte, welches zu beachten ist!

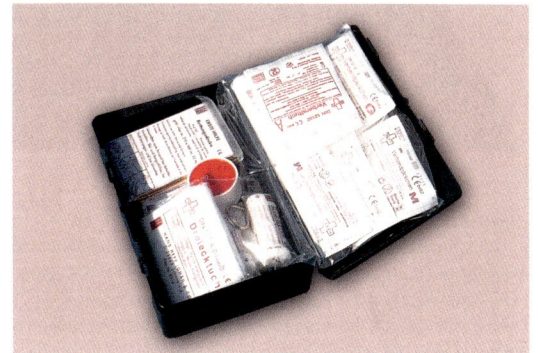

Warndreiecke, Warnwesten und Warnleuchten (§ 53 a und § 53 b)
Da es sich um eine lichttechnische Einrichtung handelt, muss das Warndreieck bestimmte Anforderungen erfüllen, also bauartgenehmigt sein.
Eine Warnweste ist in jedem Lkw und in jeder Zugmaschine (also auch in einer Sattelzugmaschine) mitzuführen.
Hat das Kraftfahrzeug eine zulässige Gesamtmasse von mehr als 3,5 t, muss zusätzlich eine Warnleuchte mitgeführt werden. Die Warnleuchte gibt regelmäßige Leuchtsignale ab. Als lichttechnische Einrichtung muss auch sie bauartgenehmigt sein.

Fast alle lichttechnischen Einrichtungen an Fahrzeugen bedürfen einer Bauartgenehmigung. Das gilt auch für das zuvor genannte Warndreieck. Die Existenz einer Bauartgenehmigung wird alternativ über eine der folgenden drei Kennzeichnungsmöglichkeiten (**Prüfzeichen**) nachgewiesen:

a) ∿∿∿ **K 13797** Prüfzeichen, vergeben nach deutschen Vorgaben (hier an einem Warndreieck):

b) Prüfzeichen, vergeben nach EU-Vorgaben (hier an einer Zugeinrichtung/Deichsel):

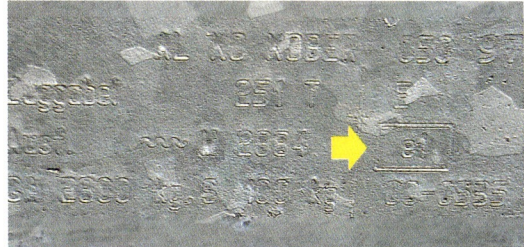

c)   Prüfzeichen, vergeben nach ECE-Vorgaben (UNO) (hier an einem Warndreieck):

Die vollständige Sammlung aller Fahrzeugteile, die der Bauartgenehmigungspflicht unterliegen, enthält § 22 a der StVZO.

Funktion der Warnleuchte:
Es reicht nicht aus, dass die Warnleuchte beim Einschalten funktioniert. Zur Überprüfung der noch vorhandenen Lebensdauer der eingesetzten Batterien muss die Lampe auch in der **Test-Stellung** (spezielle Schalterstellung; auf dem Gerät angegeben) noch arbeiten. Falls nicht, müssen neue Batterien eingesetzt werden!
Es kommt leider vor, dass ausgelaufene Batterien die komplette Leuchte ruinieren. Hat der betroffene Fahrer nun die Idee, die Batterien der neuen Leuchte separat, also außerhalb der Leuchte aufzubewahren, begeht er eine – teure – Ordnungswidrigkeit, weil die Leuchte als nicht mehr einsatzbereit gilt. Eine Argumentation, die jeder bestätigen wird, der selbst schon einmal schnellstmöglich eine Pannen- oder Unfallstelle absichern wollte.

Tragbare Blinkleuchten (§ 53 b)
Diese Leuchte ist als Ersatz-Kenntlichmachung von Hubladebühnen gedacht, „bei denen fest angebaute Blinkleuchten mit dem Verwendungszweck oder der Bauweise der Hubladebühne unvereinbar sind und bei Fahrzeugen, bei denen eine Nachrüstung mit zumutbarem Aufwand nicht möglich ist".

Feuerlöscher (§ 35 g)
Beim Transport von Gefahrgut müssen Feuerlöscher mitgeführt werden.

Vorgeschriebene Geräte müssen mittels einer Halterung gegen Fahrbewegungen gesichert, aber dennoch leicht zu entnehmen sein. Das verbietet beispielsweise – bei Außenanbringung des Löschers – eine Sicherung gegen Diebstahl über ein Vorhängeschloss! Um die Geräte im Brandfalle einsetzen zu können, muss das Fahrpersonal in ihre Benutzung umfassend eingewiesen worden sein. Damit die vorgeschriebenen Feuerlöscher eines Gefahrgut-Fahrzeugs im Ernstfall funktionieren, müssen sie mindestens **alle 2 Jahre** durch Fachkundige überprüft werden. Für andere vorgeschriebene Löscher (Kraftomnibus) gelten mindestens **jährliche Untersuchungsabstände**. Einem Schild am Gerät müssen das Datum der Überprüfung und der Name des Prüfenden zu entnehmen sein.

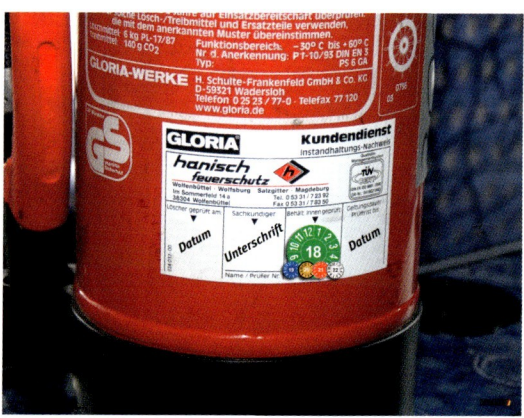

- Bei Fahrten ins Ausland gelten die dortigen Ausrüstungsvorschriften!
- Auf deutschen Fahrzeugen befindliche Feuerlöschgeräte aus dem Ausland unterliegen den Prüffristen des Herkunftslandes (so der Bund-Länder-Fachausschuss für diesen Bereich)!

Unterlegkeile (§ 41)

Kraftfahrzeuge mit einer zulässigen Gesamtmasse von mehr als 4 t und Anhänger mit einer zulässigen Gesamtmasse von mehr als 750 kg müssen mit Unterlegkeilen ausgerüstet sein.
Die benötigte Anzahl hängt von der Zahl ihrer Achsen ab.

Kraftfahrzeug:
- Hat es nicht mehr als zwei Achsen, genügt ein Keil. An einem Rad der Antriebsachse angelegt, reicht diese Form der Sicherung aus.
- Besitzt das Fahrzeug mehr als zwei Achsen (und damit eine entsprechend hohe zGM), muss es mit zwei Keilen ausgerüstet sein.

Anhänger:
- Handelt es sich um einen Drehdeichselanhänger (Vorderachse an einem Drehkranz befestigt und damit unabhängig vom restlichen Fahrwerk drehbar um die Hochachse des Fahrzeugs), gelten die gleichen Vorschriften wie beim Kraftfahrzeug.
- Bei Starrdeichselanhängern und Sattelaufliegern sind wegen der Gefahr des Wegdrehens grundsätzlich zwei Keile vorgeschrieben.

Ausrüstungspflicht mit Unterlegkeilen in der tabellarischen Übersicht

	Ausrüstungspflicht, falls	Vorgeschriebene Anzahl
Kraftfahrzeuge	zGM ≥ 4 t	
bis 2 Achsen mehr als 2 Achsen		1 2
Anhänger	zGM ≥ 750 kg	

Drehdeichselanhänger
    bis 2 Achsen
    mehr als 2 Achsen
		
		1
		2

Starrdeichselanhänger/ Sattelauflieger		2

Unterlegkeile müssen sicher zu handhaben und im oder am Fahrzeug leicht zugänglich angebracht sein. Damit sie nicht verlorengehen oder umherfliegen, ist darauf zu achten, dass die Unterbringung bzw. Halterung einwandfrei ist. Verlorene Keile führen immer wieder zu schweren Unfällen.
Es existiert zum Thema „Unterbringung von Unterlegkeilen" sogar eine eigene Richtlinie. Die Richtlinie verbietet ausdrücklich die Aufhängung an Ketten als einzige Halterung; zusätzlich zur normalen Sicherung ist sie jedoch erlaubt. Auch in Führerhäusern sind Keile in eigenen Befestigungseinrichtungen unterzubringen, damit sie nicht z. B. unters Bremspedal rutschen.

Vorschriften für den Güterkraftverkehr — Band 6

Warnwesten

Die Pflicht zur Ausrüstung mit Warnwesten für alle Mitglieder des Fahrpersonals (also ggf. auch für Beifahrer) war ursprünglich nur auf Vorschriften der Berufsgenossenschaft zurückzuführen. Seit dem 01.07.2014 schreibt nun allerdings auch die StVZO (§ 53 a) in Pkw, Lkw, Zug- und Sattelzugmaschinen das Vorhandensein einer solchen genormten Weste vor (DIN EN 471:2003+A1:2007, Ausgabe März 2008). Bei Arbeiten und bei durch Notfall bedingtem Aufenthalt im Verkehrsraum müssen die Westen getragen werden. Sie sollten also mit einem Griff erreichbar sein.

> Im **Ausland** gelten ggf. abweichende Bestimmungen über die Art und die Verwendung von Warnwesten!

Leuchten und Rückstrahler (§ 53 b)

Anbaugeräte, die seitlich mehr als 400 mm über den äußersten Punkt der leuchtenden Flächen der Begrenzungs- oder der Schlussleuchten des Fahrzeugs hinausragen, müssen mit Begrenzungsleuchten (§ 51 Abs. 1), Schlussleuchten (§ 53 Abs. 1) und Rückstrahlern (§ 53 Abs. 4) ausgerüstet sein.

Ragen sie nach hinten mehr als 1.000 mm über die Schlussleuchten des Fahrzeugs hinaus, müssen sie mit einer Schlussleuchte (§ 53 Abs. 1) und einem Rückstrahler (§ 53 Abs. 4) ausgerüstet sein.

Diese zusätzlichen lichttechnischen Einrichtungen dürfen (ausnahmsweise) abnehmbar sein und brauchen unter Bedingungen, unter denen das Einschalten von Beleuchtung nicht vorgeschrieben ist, auch nicht angebracht zu sein. Sie müssen jedoch mitgeführt werden.

11.4. Überprüfung von Gewichten/Massen (§ 31 c)

Ein schwieriges Thema, vor allem bei Transporten von Gütern, deren Gewicht beim Verladen ohne technische Hilfsmittel (automatische Anzeige der einzelnen Achslasten im Fahrzeug; Waagen) schwer zu bestimmen ist (z. B. Bauschutt/Aushub).

Die Verantwortungskette beginnt zwar beim Absender, sie endet aber letztlich beim Fahrer – und der ist der erste Ansprechpartner bei einer Kontrolle.

Vermutet ein Beamter des BAG oder der Polizei, dass die zulässige Gesamtmasse Ihres Fahrzeugs oder Zuges oder eine zulässige Achslast überschritten wird, steht eine Wägung an. Wenn keine Radlastwaagen zur Verfügung stehen, ist ohne Rücksicht auf Terminedruck und Ärger für den Fahrer eine Fahrt zur nächsten geeigneten Waage fällig, auch an Feiertagen um 3.00 Uhr morgens. Die Länge des Umweges, den Sie dazu fahren müssen, ist dabei durch die Verordnung nicht begrenzt. Sie erhalten eine Bestätigung über die Wägung.

> Zum Thema Ladungssicherung siehe Band 4 „Ladungssicherung".

Ist der Verdacht des Beamten unbegründet, entstehen für den Fahrzeugführer und den Halter des Fahrzeugs keine weiteren Kosten. Stellt sich heraus, dass das Fahrzeug tatsächlich überladen oder die Achslast überschritten ist, zahlt der Fahrzeughalter (neben weiteren Folgen) die Kosten der Wägung.

Aber damit ist es nicht getan. Polizei und BAG begnügen sich nicht mit der Feststellung einer Ordnungswidrigkeit oder der Erstattung einer Anzeige, sondern bestehen darauf, dass die gefährliche Überladung des Fahrzeugs oder Zuges an Ort und Stelle beseitigt wird. Man braucht nicht viel Fantasie, um sich vorzustellen, welche Probleme daraus für Sie als Fahrer und Ihren Arbeitgeber entstehen können: Ein weiteres Fahrzeug wird gebraucht, das einen Teil der Ladung übernimmt. Und wer kann schon T-Träger oder tonnenschwere Kisten mit den Händen umladen? Also wird ein entsprechendes Arbeitsgerät benötigt usw.

Sonderfall Container:
Ungenaue oder falsche Gewichtsangaben bei diesen Behältern führen zur Überladung oder zu falscher Beladung (Schwerpunktlage!) insbesondere von Seeschiffen. Um die daraus resultierende Gefährdung von Hafenarbeitern, Schiffsbesatzungen sowie aller weiteren am Transport Beteiligten zu vermeiden, schreibt die IMO (International Maritime Organization) mit Wirkung vom 01.07.2016 die **Erfassung und die Dokumentierung** der Bruttomasse der Behälter vor der Beladung auf ein Schiff zwingend vor. Die Vorschrift basiert auf dem ‚Internationalen Übereinkommen zum Schutz des menschlichen Lebens auf See (SOLAS)' von 1976.
Die SOLAS-Richtlinien verstehen unter **„Bruttomasse"** eines Containers:
„Die Gesamtmasse aus dem Eigengewicht eines Containers und den (Einzel-)Gewichten aller Versandstücke und Ladungsgegenstände einschließlich Paletten, Staumaterial und sonstigen Verpackungs- und Sicherungsmaterialien, die in den Container gepackt werden."

Die Behälter müssen gemäß SOLAS-Richtlinien verwogen werden. Auch ein Berechnen der Bruttomasse mit Hilfe eines speziellen Verfahrens ist zulässig. Vor der Beladung muss die Reederei über die ermittelten Werte informiert werden. Fehlt diese Information, darf eine Verladung auf ein Schiff nicht stattfinden.

11.5. Achslasten und Fahrzeuggewichte/-massen (§ 34)

Die Verordnung unterscheidet zwischen zulässigen und tatsächlich vorhandenen Achslasten/Fahrzeugmassen.

Die Obergrenzen **zulässiger** Tonnagen bestimmt zunächst der Gesetzgeber. Der Hersteller eines Fahrzeugs kann seinem Produkt zulässige Achslasten bzw. Gesamtmassen innerhalb dieser vorgegebenen Grenzen zuweisen. Fahrzeuge oder Fahrzeugteile (Achsen), die für höhere Belastungen gebaut werden, sind entweder für den (genehmigungspflichtigen) Bereich der Schwertransporte bestimmt, oder sie werden nur in Ländern eingesetzt, die auf ihrem Territorium höhere Tonnage-Grenzwerte zulassen.
Zu den Ländern, die für Züge höhere zGM zulassen, gehören z. B. Frankreich, Italien, Spanien (44 t zGM), Großbritannien, die Benelux-Staaten (44 – 50 t zGM, Schweden, Finnland (74 t zGM!) und Norwegen (74 t zGM mit Einschränkungen).

Die z. T. in deutsches Recht übernommene Richtlinie 96/53/EG (zukünftig ersetzt durch die Richtlinie [EU] 2015/719 – s. Kap. 11.6.) mit ihren Aktualisierungen legt die Maximalmassen und -abmessungen von Fahrzeugen und Zügen im innerstaatlichen und innergemeinschaftlichen Verkehr fest. Kein Mitgliedstaat darf ein Fahrzeug an der Grenze zurückweisen, das dieser Richtlinie entspricht.
Wohlgemerkt: Es geht hier um zulässige Lasten und Massen, also Werte, die **maximal** erreicht werden dürfen. Ihre Höhe hängt von verschiedenen Voraussetzungen ab. Entscheidend sind u. a. die Belastbarkeit der verwendeten Werkstoffe, deren Formgebung, die Bremsanlage, die Tragfähigkeit der Reifen u. a.
Auch spielt der Fahrzeughalter insofern eine Rolle, als er den Verwendungszweck des Fahrzeugs im Auge hat. Transportiert er überwiegend voluminöse Güter, die aber nicht viel wiegen, wird er vielleicht die technisch mögliche Höchstlast gar nicht in Anspruch nehmen wollen und seinem Fahrzeug eine niedrigere zulässige Gesamtmasse zuweisen. Schließlich sinkt dadurch auch die steuerliche Belastung, die das Fahrzeug für ihn bedeutet.
Klarheit über die wirklich zulässigen Massen bei einem konkreten Fahrzeug bringt für den Fahrer nur der Blick in dessen Fahrzeugschein bzw. in die Zulassungsbescheinigung Teil I.
Angaben zu den Achslasten enthält die Spalte 16 im Fahrzeugschein, die Spalte 8 in der Zulassungsbescheinigung; zulässige Gesamtmassen finden sich in Spalte 15 bzw. F1/F2; Aufliege-/Sattel-/Nutzlasten in Spalte 9 bzw. 13 (Stützlast).

Die Zulassungsbescheinigung I unterscheidet bei den zulässigen Achslasten die
- Spalten **7.1 bis 7.3** (Angabe zur **technisch** maximal zulässigen Achslast der jeweiligen Achse des betreffenden Fahrzeugs) und die
- Spalten **8.1 bis 8.3** (Angabe zu der **im Zulassungsland** des Fahrzeugs geltenden maximal zulässigen Achslast des betreffenden Fahrzeugs).

Die gleiche Verfahrensweise gilt für die Angaben der maximal zulässigen Gesamtmassen des Fahrzeugs (zGM) in der ZB I:
- Spalte F1 gibt die **technisch** zulässige Gesamtmasse an,
- Spalte F2 die im **Zulassungsland** des Fahrzeugs geltende zGM.

Zur Verdeutlichung:
Auch wenn ein Fahrzeug über Achsen verfügt, die technisch für eine Tragkraft von z. B. 12 t ausgelegt sind (Spalten 7.1 bis 7.3), können unter 8.1 bis 8.3 zulässige Achslasten von z. B. nur 10 t eingetragen sein. Dies würde in einem Zulassungsland wie der Bundesrepublik geschehen, weil dort die maximal zulässige Last einer nicht angetriebenen Achse bei 10 t liegt (s. Tabelle).

Deutschland, als Durchreiseland Nr. 1 in Europa, begrenzt die zulässigen maximalen Achslasten und die zGM für in- und ausländische Fahrzeuge stärker als mancher Nachbarstaat. Fahrbahnbeläge, Brücken, Kanalisation u. a. sollen so vor zu hoher Belastung und vor entsprechend frühzeitigem Verschleiß geschützt werden.

In manchen europäischen Nachbarländern, wie in Frankreich oder in den Niederlanden, betrachtet man das Thema gelassener. Dort sind z. T. erheblich höhere Achslasten und Gesamtmassen für technisch entsprechend ausgelegte Fahrzeuge zulässig.

Bei zwei technisch gleichen Fahrzeugen, von denen eins im europäischen Ausland und das andere in Deutschland zugelassen ist, können so in der deutschen ZB I unter F2 z. B. 26 t eingetragen sein, in den Papieren des anderen Fahrzeugs kann man ggf. 28 t oder sogar 30 t finden. Beiden Fahrzeugen wird jedoch unter F1 eine technisch zulässige Gesamtmasse von 30 t bescheinigt – sie sind ja technisch gleichwertig! (s. dazu auch Kap. 11.5.5.)

*Ein Einzelfahrzeug mit **50 t** zGM in den Niederlanden!*

Schwerverkehre, also Transporte, deren Massen über die eigentlich zulässigen Tonnage-Grenzen hinausgehen, sind ein besonderes Thema (s. Kap. 11.26.).

Klarheit über tatsächliche Achslasten und Gesamtgewichte/-massen erhält man im Einzelfall durch Berechnung, in der Regel aber durch Verwiegen des Fahrzeugs.

11.5.1. Achsen, Achsgruppen und Achslasten

Die für alle neu zugelassenen Fahrzeugtypen geltende EG-VO 1230/2012 definiert eine Achse als

> „…gemeinsame Drehachse von zwei oder mehr kraftbetriebenen oder frei drehbaren Rädern, die aus einem oder mehreren Abschnitten bestehen kann… (Auszug)

Daraus ergeben sich folgende mögliche Bauformen einer Einzelachse:

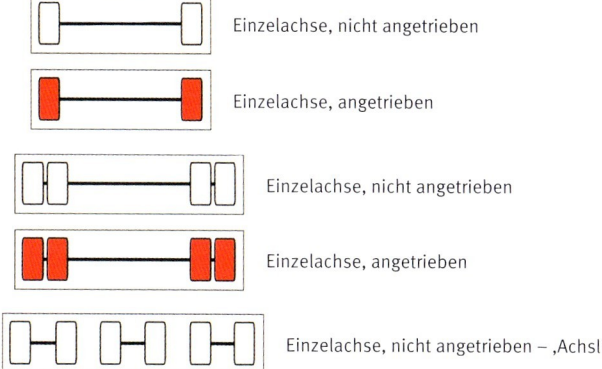

Einzelachse, nicht angetrieben

Einzelachse, angetrieben

Einzelachse, nicht angetrieben

Einzelachse, angetrieben

Einzelachse, nicht angetrieben – ‚Achslinie'

> Auch Achsen, die nicht (wie üblich) hintereinander, sondern nebeneinander liegen (vielfach bei Schwerlast-Tiefladern), bilden nach der EG-Definition eine Achse. Eine solche Konstruktion bezeichnet man auch als ‚**Achslinie**'. (s. Abb. oben)

Neben dem Begriff der Einzelachse kennen die Zulassungsvorschriften den Begriff der **Achsgruppe**. Die o. g. EG-VO definiert ihn wie folgt:

> Die Achsgruppe bezeichnet mehrere Achsen, die einen Achsabstand aufweisen, der höchstens so groß sein darf wie einer der in Anhang I der Richtlinie 96/53/EG als Abstand „d" bezeichneten Achsabstände und die aufgrund der spezifischen Konstruktion der Aufhängung zusammenwirken; bei zwei Achsen wird die Gruppe als Doppelachse, bei drei Achsen als Dreifachachse bezeichnet. (Die **Richtlinie 96/53/EG** wird zukünftig ersetzt durch die **Richtlinie (EU) 2015/719**. – s. Kap. 11.6.)

Der in der Definition genannte **Abstand d** legt maximale Achslasten für **Achsgruppen** fest, deren zugehörige Einzelachsen unterschiedliche Abstände zueinander haben. Es sind Abstände von weniger als einem Meter bis zu 1,8 m denkbar (s. u. die Auflistung der zulässigen Achslasten). Gemessen werden dabei die Abstände zwischen den Mittelpunkten der Radnaben von zwei benachbarten Achsen.

Grundsätzlich geht es bei der Festlegung der Abstände um den Schutz von Fahrbahndecken und Unterbauten. Deshalb gilt: Je größer die Zahl der vorhandenen Achsen und vor allem je weiter die einzelnen Achsen einer Achsgruppe voneinander entfernt sind, desto größer darf die Masse werden, welche die Gruppe auf die Fahrbahn überträgt.

Vorschriften für den Güterkraftverkehr — **Band 6**

Man kennt das von Seen, die mit einer dünnen Eisschicht überzogen sind. Ein stehender Mensch bricht aufgrund der hohen punktuellen Belastung durch das Eis, während sich ein Retter, der sein Gewicht z. B. über eine Leiter verteilt, dem Eingebrochenen problemlos nähern kann.

Beispiele für Achsgruppen:

Doppelachsgruppen

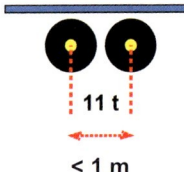
11 t
< 1 m

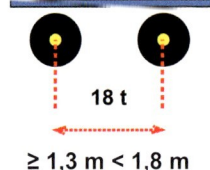
18 t
≥ 1,3 m < 1,8 m

Dreifachachsgruppe

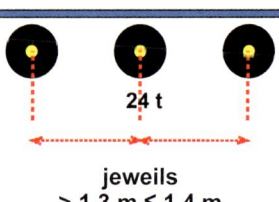
24 t
jeweils
> 1,3 m ≤ 1,4 m

Wie erwähnt, ist eine Unterscheidung zwischen zulässigen und tatsächlichen Achslasten vorzunehmen.

> Die (tatsächliche) **Achslas**t ist die Masse, die von den Rädern einer Achse/Achsgruppe auf die Fahrbahnoberfläche übertragen wird. (sinngemäß aus **VO-EG 1230/2012 und § 34 StVZO**)

In Anlehnung an diese Formulierung könnte man die zulässige Achslast definieren als „Masse, die von den Rädern einer Achse/Achsgruppe auf die Fahrbahnoberfläche übertragen werden darf".

> Die **Summe der zulässigen Achslasten** eines Fahrzeugs ist meist höher als dessen zulässige Gesamtmasse. Anders ausgedrückt: Nutzt man die zulässige Achslast jeder einzelnen Achse eines Fahrzeugs aus, ist das Fahrzeug in der Regel überladen!

Die Summe aller zulässigen bzw. tatsächlichen Radlasten einer Achse bildet deren zulässige bzw. tatsächliche Achslast. Es sind also alle Massen zu berücksichtigen, die die Fahrbahn an dieser Stelle belasten (könnten) – auch der Massenanteil einer ggf. vorhandenen Ladung.

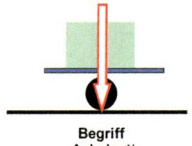
Begriff ‚Achslast'

Vorschriften für den Güterkraftverkehr — **Band 6**

Bei Kraftfahrzeugen und Anhängern mit Luftreifen oder den in § 36 Abs. 3 für zulässig erklärten Gummireifen – ausgenommen Straßenwalzen – darf die zulässige Achslast folgende Werte nicht übersteigen:

1.	**Einzelachslast**	
	a) Einzelachsen	10,00 t
	b) Einzelachsen (angetrieben)	11,50 t
2.	**Doppelachslast von Kraftfahrzeugen unter Beachtung der Vorschriften für die Einzelachslast**	
	a) Achsabstand weniger als 1,0 m	11,50 t
	b) Achsabstand 1,0 m bis weniger als 1,3 m	16,00 t
	c) Achsabstand 1,3 m bis weniger als 1,8 m, wenn die Antriebsachse mit Doppelbereifung oder einer als gleichwertig anerkannten Federung nach Anlage XII ausgerüstet ist oder jede Antriebsachse mit Doppelbereifung ausgerüstet ist und dabei die höchstzulässige Achslast von 9,50 t je Achse nicht überschritten wird,	18,00 t
	d) Achsabstand 1,3 m bis weniger als 1,8 m, wenn die Antriebsachse mit Doppelbereifung und Luftfederung oder einer als gleichwertig anerkannten Federung nach Anlage XII ausgerüstet ist oder jede Antriebsachse mit Doppelbereifung ausgerüstet ist und dabei die höchstzulässige Achslast von 9,50 t je Achse nicht überschritten wird	19,00 t
3.	**Doppelachslast von Anhängern unter Beachtung der Vorschriften für die Einzelachslast**	
	a) Achsabstand weniger als 1,0 m	11,00 t
	b) Achsabstand 1,0 m bis weniger als 1,3 m	16,00 t
	c) Achsabstand 1,3 m bis weniger als 1,8 m	18,00 t
	d) Achsabstand 1,8 m oder mehr	20,00 t
4.	**Dreifachachslast unter Beachtung der Vorschriften für die Doppelachslast**	
	a) Achsabstände nicht mehr als 1,3 m	21,00 t
	b) Achsabstände mehr als 1,3 m und nicht mehr als 1,4 m	24,00 t

(aus § 34 Abs. 4)

Eine automatische Überwachung der Achslasten von luftgefederten Achsen oder eine Überwachung/Anzeige der tatsächlichen Gesamtmasse des Fahrzeugs ist nur vorgeschrieben für die zu einem Lang-Lkw gehörenden Fahrzeuge.

Spezielle Vorschrift **für den internationalen Verkehr**:
Bei Lastkraftwagen, Sattelkraftfahrzeugen und Lastkraftwagenzügen müssen im grenzüberschreitenden Verkehr mindestens **25% der Gesamtmasse** des Fahrzeugs oder der Fahrzeugkombination auf der oder auf den Antriebsachsen liegen.

11.5.2. Gesamtmassen von Einzelfahrzeugen

Die Gesamtmasse ist immer die Summe aus der Leermasse des Fahrzeugs und dem **Wert X**.
Dabei ist die Leermasse wie folgt definiert:

„Das Leergewicht (die Leermasse) ist das Gewicht (die Masse) des betriebsfertigen Fahrzeugs ohne austauschbare Ladungsträger (Behälter, die dazu bestimmt und geeignet sind, Ladungen aufzunehmen und auf oder an verschiedenen Trägerfahrzeugen verwendet zu werden, wie Container, Wechselbehälter), aber mit zu 90 % gefüllten eingebauten Kraftstoffbehältern und zu 100 % gefüllten Systemen für andere Flüssigkeiten (ausgenommen Systeme für gebrauchtes Wasser) einschließlich des Gewichts aller im Betrieb mitgeführten Ausrüstungsteile (z.B. Ersatzräder und -bereifung, Ersatzteile, Werkzeug, Wagenheber, Feuerlöscher, Aufsteckwände, Planengestell mit Planenbügeln und Planenlatten oder Planenstangen, Plane, Gleitschutzeinrichtungen, Belastungsgewichte, (...) zuzüglich 75 kg als Fahrergewicht.
(StVZO § 42 Abs. 3)

Vorschriften für den Güterkraftverkehr — Band 6

Um zu wissen, was hinter **X** steckt, muss man klären, von welcher Gesamtmasse man spricht.
Hier sind nämlich zwei Fälle zu unterscheiden:

1. die **tatsächliche Gesamtmasse tGM**:
Sie errechnet sich aus der Summe von Leermasse und dem, was sich tatsächlich auf oder in dem Fahrzeug an Personen (Besetzung) oder Gegenständen (Ladung) befindet.
Der Wert X steht hier also für **Besetzung** und/oder **Ladung**.

2. die **zulässige Gesamtmasse zGM**:
Sie errechnet sich aus der Summe von Leermasse und dem, was sich auf oder in dem Fahrzeug an Besetzung oder Ladung befinden dürfte, also der **theoretischen Zuladung/Besetzung**, der sogenannten **Nutzlast**.

Vereinfacht zusammengefasst:
- tGM = Leermasse + Ladung/Besetzung
- zGM = Leermasse + Nutzlast

Die z. T. in deutsches Recht übernommene **Richtlinie 96/53/EG** mit ihren Fortschreibungen legt die Maximalmassen und -abmessungen von Fahrzeugen und Zügen im innerstaatlichen und innergemeinschaftlichen Verkehr fest (die Richtlinie 96/53/EG wird zukünftig ersetzt durch die Richtlinie (EU) 2015/719 – s. Kap. 11.6.). Kein Mitgliedstaat darf ein Fahrzeug an der Grenze zurückweisen, das dieser Richtlinie entspricht.
Ein entsprechendes Einbauschild am bzw. im Fahrzeug gibt (neben den Fahrzeugpapieren) u. a. Auskunft über die zulässige Gesamtmasse und die zulässigen Achslasten, die für das Fahrzeug gelten.

Gemäß § 34 StVZO darf bei Kraftfahrzeugen und Anhängern – ausgenommen Sattelanhänger und Starrdeichselanhänger (einschließlich Zentralachsanhänger) – die zulässige Gesamtmasse unter Beachtung der Vorschriften für die Achslasten folgende Werte nicht überschreiten:

	Bei Kraftfahrzeugen und Anhängern – **ausgenommen Sattelanhänger und Starrdeichselanhänger** (einschließlich Zentralachsanhänger) – ...darf das zulässige Gesamtgewicht **unter Beachtung der Vorschriften für die Achslasten** folgende Werte nicht übersteigen:		
1.	Fahrzeuge mit nicht mehr als 2 Achsen – Kraftfahrzeuge und Anhänger jeweils		18,00 t
2.	Fahrzeuge mit mehr als 2 Achsen – ausgenommen Kraftfahrzeuge nach Nummern 3 und 4 –		
	a)	Kraftfahrzeuge	25,00 t
	b)	Kraftfahrzeuge mit einer Doppelachslast...nach...Nr. 2 Buchstabe d (der vorherigen Auflistung „Achslasten")	26,00 t
	c)	Anhänger	24,00 t
	d)	Kraftomnibusse, die als Gelenkfahrzeug gebaut sind	28,00 t
3.	Kraftfahrzeuge mit mehr als 3 Achsen – ausgenommen Kraftfahrzeuge nach Nummer 4 –		
	a)	Kraftfahrzeuge mit 2 Doppelachsen, deren Mitten mindestens 4,0 m voneinander entfernt sind	32,00 t
	b)	Kraftfahrzeuge mit 2 gelenkten Achsen und mit einer Doppelachslast...nach...Nr. 2 Buchstabe d (siehe Tabelle „Achslasten") und deren höchstzulässige Belastung, bezogen auf den Abstand zwischen den Mitten der vordersten und der hintersten Achse 5,00 t je Meter nicht übersteigen darf, nicht mehr als	32,00 t
4.	Kraftfahrzeuge mit mehr als 4 Achsen unter Beachtung der Vorschriften in Nummer 3		32,00 t

Wie oben erwähnt, sind Starrdeichselanhänger und Sattelauflieger vom System, das die zulässige Gesamtmasse eines Fahrzeugs von der Zahl seiner Achsen abhängig macht, ausgenommen.

Vorschriften für den Güterkraftverkehr — Band 6

Sattelanhänger bzw. Sattelauflieger:
Anhänger, die mit einem Kraftfahrzeug so verbunden sind, dass sie teilweise auf diesem aufliegen und ein **wesentlicher Teil ihres Gewichts** oder ihrer Ladung von diesem getragen wird.
(aus der Fahrzeug-Zulassungsverordnung FZV § 2)

Starrdeichselanhänger:
Anhänger mit einer Achse oder Achsgruppe, bei dem
- die winkelbewegliche Verbindung zum ziehenden Fahrzeug über eine Zugeinrichtung (Deichsel) erfolgt,
- diese Deichsel nicht frei beweglich mit dem Fahrgestell verbunden ist und deshalb Vertikalmomente übertragen kann und
- nach seiner Bauart **ein Teil** seines Gesamtgewichtes von dem ziehenden Fahrzeug getragen wird.

(aus dem VkBl. 8/95 bzw. 20/96)

Das bedeutet, dass ein dreiachsiger Auflieger in der Praxis durchaus auf eine zulässige Gesamtmasse von 33 bis 39 t kommen kann – im „normalen", genehmigungsfreien Straßenverkehr. Zu berücksichtigen ist dabei die fehlende eigene Vorderachse des Anhängers (s. obige Definition), die durch die ziehende Sattelzugmaschine ersetzt wird. Deren maximal zulässige Stützlast variiert je nach Fahrzeug, sodass der Hersteller des Aufliegers nur dessen maximal zulässige Stützlast unter Berücksichtigung der verwendeten Materialien und deren Stärke festlegen kann.

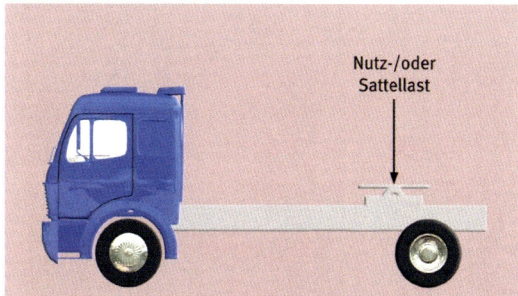

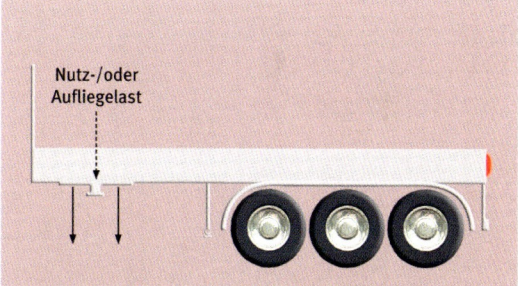

Zulässige Sattellast: die (Nutz-)Last, die eine Sattelzugmaschine im Punkt der Sattelkupplung aufnehmen darf.
Zu entnehmen
- im Fahrzeugschein unter Ziffer 9 „Nutz- oder Aufliegelast",
- in der Zulassungsbescheinigung Teil I unter Ziffer 13 „Stützlast".

Zulässige Aufliegelast: die (Nutz-)Last, mit der sich ein Sattelauflieger auf der Zugmaschine abstützen darf.
Zu entnehmen
- im Fahrzeugschein unter Ziffer 9 „Nutz- oder Aufliegelast",
- in der Zulassungsbescheinigung Teil I unter Ziffer 13 „Stützlast"

Die zulässige Sattel- bzw. Aufliegelast bzw. Stützlast ist immer **Bestandteil der zulässigen Gesamtmasse** des Fahrzeugs!

Vorschriften für den Güterkraftverkehr — Band 6

Sinngemäß gelten die gleichen Überlegungen auch für Starrdeichselanhänger (SDAH) und deren Zugfahrzeuge. Auch der Starrdeichselanhänger stützt sich mit einem gewissen Massenanteil auf dem Zugfahrzeug ab (12.17.). Man spricht hier jedoch sowohl beim Zugfahrzeug als auch beim Starrdeichselanhänger von „Stützlast". Natürlich sind auch die jeweiligen Stützlasten Bestandteile der zulässigen Gesamtmasse der betreffenden Fahrzeuge (s. Anmerkungen 12.5.3).

Anmerkung: Die Zulassungsbescheinigung Teil 1 (als Nachfolger des Fahrzeugscheins) unterscheidet nicht zwischen Sattel-, Aufliege- und Stützlast. Es findet nur noch der zusammenfassende Begriff der „Stützlast" Verwendung (Ziffer 13).

11.5.3. Gesamtmassen von Fahrzeugkombinationen/Zügen

Bei Fahrzeugkombinationen (Züge und Sattelkraftfahrzeuge) darf die zulässige Gesamtmasse unter Beachtung der Vorschriften für Achslasten, Anhängelasten und Einzelfahrzeuge folgende Werte nicht übersteigen:

1.	Fahrzeugkombinationen mit weniger als 4 Achsen		28,00 t
2.	Züge mit 4 Achsen – zweiachsiges Kraftfahrzeug mit zweiachsigem Anhänger		36,00 t
3.	zweiachsige Sattelzugmaschine mit zweiachsigem Sattelanhänger		
	a)	bei einem Achsabstand des Sattelanhängers von 1,3 m und mehr	36,00 t
	b)	bei einem Achsabstand des Sattelanhängers von mehr als 1,8 m, wenn die Antriebsachse mit Doppelbereifung und Luftfederung oder einer als gleichwertig anerkannten Federung (...) ausgerüstet ist	38,00 t
4.	andere Fahrzeugkombinationen mit vier Achsen		
	a)	mit Kraftfahrzeug nach Absatz 5 Nr. 2 Buchstabe a	35,00 t
	b)	mit Kraftfahrzeug nach Absatz 5 Nr. 2 Buchstabe b	36,00 t
5.	Fahrzeugkombinationen mit mehr als 4 Achsen		40,00 t
6.	Sattelkraftfahrzeug, bestehend aus dreiachsiger Sattelzugmaschine mit zwei- oder dreiachsigem Sattelanhänger, das im kombinierten Verkehr im Sinne der Richtlinie 92/106/EWG des Rates vom 7. Dezember 1992 über die Festlegung gemeinsamer Regeln für bestimmte Beförderungen im kombinierten Güterverkehr zwischen Mitgliedstaaten (ABl. EG Nr. L 368 S. 38) einen ISO-Container von 40 Fuß befördert		44,00 t

(aus § 34 Abs. 6)

Anmerkung zu Nr. 5: Züge mit **mehr als fünf Achsen** sind zwar (entgegen häufig vertretener Meinung) erlaubt, im normalen Güterverkehr aber unwirtschaftlich. Die Leermasse steigt, während die zGM auf 40 t begrenzt bleibt. Es sinkt also die Nutzlast.

Die von der StVZO angegebenen Obergrenzen sind die absoluten Obergrenzen, die in Deutschland gelten. Für einzelne Fahrzeugkombinationen können niedrigere Grenzen gelten. Die höchste zulässige Gesamtmasse hängt z. B. von der zulässigen Gesamtmasse der einzelnen Zugfahrzeuge, der zulässigen Anhängelast und der Motorisierung des Zugfahrzeugs ab.
Die zulässige Gesamtmasse einer Fahrzeugkombination muss man mithilfe der Fahrzeugpapiere errechnen.

Dabei gilt es, drei Kombinationen zu unterscheiden:
1. **Gliederzügen mit Drehdeichselanhängern**,
2. **Sattelkraftfahrzeuge**,
3. **Gliederzüge mit Starrdeichselanhängern**.

Vorschriften für den Güterkraftverkehr — Band 6

Zu 1) Zulässige Gesamtmasse des Gliederzugs mit Drehdeichselanhänger

Ein **Drehdeichselanhänger** ist ein Anhänger, bei dem die Vorderachse(n) mittels eines Drehschemels mit dem restlichen Fahrgestell verbunden ist/sind. Die Deichsel ist ihrerseits am Drehschemel vertikal frei beweglich befestigt (Mindest-Bodenfreiheit von 20 cm beachten!).

Berechnung:
Da jedes der beteiligten Fahrzeuge für sich allein auf dem Untergrund steht, ohne sich auf dem anderen abzustützen, werden lediglich die zulässigen Gesamtmassen der beiden Fahrzeuge addiert.

Die zulässige Gesamtmasse kann man im Fahrzeugschein unter der Ziffer 15 bzw. in der Zulassungsbescheinigung Teil I unter der Ziffer F.2 ablesen.

Beispiel:
Der Lkw hat eine zulässige Gesamtmasse von 25 t, der Drehdeichselanhänger eine zulässige Gesamtmasse von 18 t. Dementsprechend sieht die Berechnung bei nachfolgendem Zug folgendermaßen aus:

Rein rechnerisch ergibt sich eine zulässige Gesamtmasse von 43 t, die aber durch die Vorgabe der StVZO auf 40 t als absolute Obergrenze beschnitten wird.

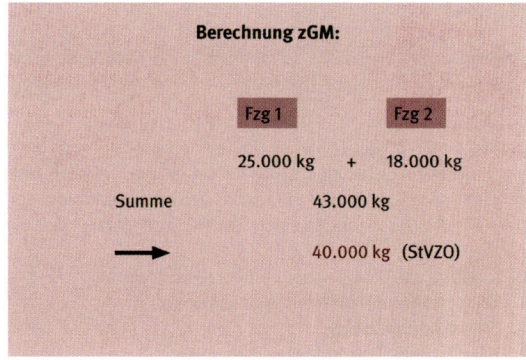

Vorschriften für den Güterkraftverkehr — Band 6

Zu 2) Zulässige Gesamtmasse des Sattelkraftfahrzeugs

Ein Fahrzeug (der Sattelauflieger) stützt sich auf dem anderen (der Sattelzugmaschine) ab. Das muss sich auf die Berechnung auswirken. Sie sieht daher folgendermaßen aus:

Beispiel:
zulässige Gesamtmasse Sattelzugmaschine (SZM): 18 t
zulässige Sattellast/Stützlast: 10 t
zulässige Gesamtmasse Sattelauflieger: 33 t
zulässige Aufliegelast/Stützlast: 9 t

Sattelkraftfahrzeug bezeichnet die Kombination aus einer Sattelzugmaschine (als Sonderfall der Zugmaschine) und einem Sattelauflieger (als Sonderfall des Anhängers).

Die zulässige Sattellast und die Aufliegelast können unter Ziffer 9 im Fahrzeugschein/unter Ziffer 13 der Zulassungsbescheinigung Teil I, d. h. unter „Stützlast", abgelesen werden.

Die Begriffe **Aufliegelast** und **Sattellast** waren ursprünglich von dem der **Stützlast** sauber zu trennen. Diese begriffliche Trennung wurde jedoch mit Einführung der Zulassungsbescheinigung I aufgegeben. Alle Werte finden sich in Ziffer 13 unter „Stützlast".

1. Schritt:
Zunächst werden beide Werte, wie beim Gliederzug, addiert. In den sich ergebenden 51 t zulässiger Gesamtmasse sind nun allerdings 10 t + 9 t = 19 t Aufliege- bzw. Sattellast bzw. Stützlast enthalten. Um das in diesem Punkt schwächere der beiden Fahrzeuge nicht zu überladen, dürfen aber nur **9 t** (der niedrigere Wert) ausgenutzt werden! Es muss also ein weiterer Rechenschritt vorgenommen werden:

2. Schritt:
Der jeweils höhere Wert der Aufliege- bzw. Sattellast bzw. Stützlast muss abgezogen werden.

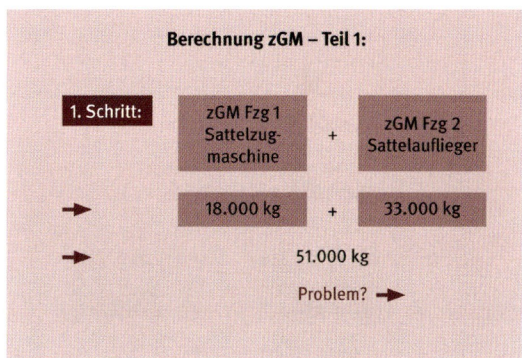

Vorschriften für den Güterkraftverkehr — Band 6

Sollten zufällig beide gleich hoch sein, wird eine der beiden Lasten abgezogen. Entsteht eine Gesamtmasse von mehr als 40 t, muss wieder automatisch auf die StVZO-Höchstgrenze von 40 t abgerundet werden.

Ein **Sattelkraftfahrzeug zur Lastenbeförderung** (es gibt ja auch andere) gilt im Sinne der StVO als ein Solo-Lkw (Verwaltungsvorschrift zu § 3 StVO)!
Das heißt, wenn Vorschriften der StVO, z. B. das Sonntagsfahrverbot, für Lkw oberhalb einer bestimmten zulässigen Gesamtmasse gelten, muss spätestens dann der Fahrzeugführer die zulässige Gesamtmasse seines Sattelkraftfahrzeugs kennen.
Im Sinne aller anderen Gesetze und Verordnungen, also auch der StVZO, gilt das Sattelkraftfahrzeug als Zug mit allen Konsequenzen.

Zu 3) Zulässige Gesamtmasse des Gliederzuges mit Starrdeichselanhänger

Ein **Starrdeichselanhänger** ist ein Anhänger mit einer Achse oder Achsgruppe, bei dem
- die winkelbewegliche Verbindung zum ziehenden Fahrzeug über eine Zugeinrichtung (Deichsel) erfolgt,
- diese Deichsel nicht frei beweglich mit dem Fahrgestell verbunden ist und deshalb Vertikalmomente übertragen kann und
- nach seiner Bauart ein Teil seiner Gesamtmasse vom ziehenden Fahrzeug getragen wird.

Parallelen im „Verhalten" des Anhängers zwischen einem Sattelkraftfahrzeug und einem Lastzug, bestehend aus Lkw und Starrdeichselanhänger, führen zu einer annähernd gleichen Berechnungsweise der zulässigen Gesamtmasse des Zuges. Lediglich die Begriffe „Sattellast" und „Aufliegelast" werden (falls in den Fahrzeugpapieren noch vorhanden) in beiden Fällen durch „Stützlast" ersetzt.

Beispiel:
zulässige Gesamtmasse Lkw: 25 t
zulässige Stützlast: 2 t
zulässige Gesamtmasse Starrdeichselanhänger (SDAH): 19 t
zulässige Stützlast 1 t

Daraus ergibt sich folgende Vorgehensweise:

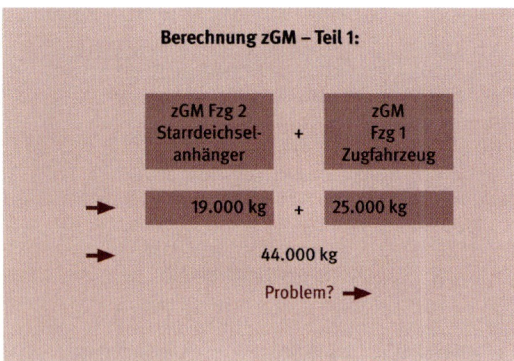
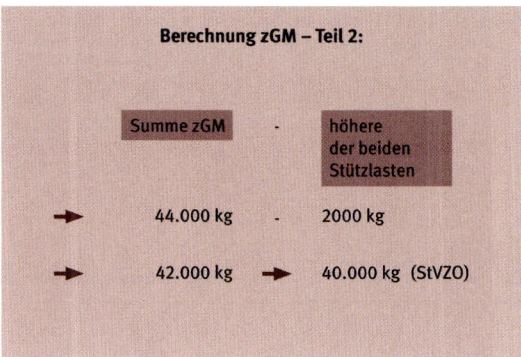

Zusammengefasst ergeben sich folgende **Berechnungsformeln** für die zulässigen Gesamtmassen der unterschiedlichen Fahrzeugkombinationen:
- **Gliederzug mit Drehdeichselanhänger**:
  zGM 1 + zGM 2, max. 40 t.
- **Sattelkraftfahrzeug**:
  (zGM 1 + zGM 2) – höherem Wert der Sattel- bzw. Aufliegelast bzw. Stützlast, max. 40 t.
- **Gliederzug mit Starrdeichselanhänger**:
  (zGM 1 + zGM 2) – der höheren der beiden Stützlasten, max. 40 t.

11.5.4. Kombinierter Verkehr – erhöhte zulässige Gesamtmassen

Bereits in Kapitel 5 war die Rede vom Kombinierten Verkehr. Die dort gegebene Definition bezieht sich auf den Grenzüberschreitenden Verkehr. Für die folgenden Vorschriften über Erhöhung der zulässigen Achslasten bzw. Gesamtmassen im „Kombinierten Verkehr" (KV) liegt eine **Definition** aus einem Erlass des Bundesministeriums für Verkehr und digitale Infrastruktur (BMVI) zu Grunde:

„Kombinierter Verkehr im Sinne dieser Vorschriften sind Güterbeförderungen, bei denen der Lastkraftwagen, der Anhänger, der Sattelanhänger mit oder ohne Zugmaschine, der Wechselbehälter oder der Container von mindestens 20 Fuß Länge die Zu- und Ablaufstrecke auf der Straße und den übrigen Teil der Strecke auf der Schiene oder auf einer Binnenwasserstraße oder auf See zurücklegt (KV-Transportkette)." (aus der 53. Ausnahme-Verordnung StVZO)

Handelt es sich um eine solche Transportform, werden (unter Beachtung der zulässigen Achslasten und zulässigen Gesamtmassen der beteiligten Fahrzeuge sowie der Vorgaben des Herstellers) die zulässigen Gesamtmassen folgender Fahrzeuge und Züge angehoben (53. Ausnahme-Verordnung zur StVZO):

- **Zweiachsiger Anhänger**:
  von 18 t auf 20 t
- **Lastzug mit mehr als vier Achsen** (i. d. R. dreiachsiger Lkw mit zweiachsigem Anhänger):
  von 40 auf 44 t
- **Sattelkraftfahrzeug mit mehr als vier Achsen**: (zwingend **dreiachsige SZM** mit zwei- oder dreiachsigem SAH)
  von 40 auf 44 t

ISO-genormte Ladegefäße, also Container und Wechselbehälter, spielen im kombinierten Verkehr eine zentrale Rolle. Lange Zeit betrug deren größte Länge 40 Fuß (12 m; 1 Fuß = 30 cm). Mittlerweile liegt die Obergrenze für die Länge bei 45 Fuß, also 13,50 m. Für den Transport derart großer Gefäße kommt natürlich nur noch ein Sattelkraftfahrzeug in Frage.
Die aus den Überlängen resultierenden größeren Überhänge (s. nebenstehendes Bild) werden durch ausziehbare Fahrgestelle abgestützt.

Seit Juli 2014 müssen kranbare Sattelauflieger und Container/Wechselaufbauten mit dem **ILU-Code** („Intermodal Loading Units-Code") gekennzeichnet sein, wenn der Betreiber sicher sein will, dass seine Fahrzeuge/Behälter uneingeschränkt am Kombinierten Verkehr (KV) teilnehmen können. Die Vorschrift basiert auf der Norm EN13044. Sie ist kompatibel mit der ISO-Norm.

Die elfstellige Kennzeichnung enthält drei Elemente:
– einen vierstelligen Eigentümerschlüssel,
– eine sechsstellige Registriernummer und
– eine einstellige Prüfziffer.

11.5.5. Kabotageverkehr – noch einmal erhöhte zulässige Gesamtmasse

Die EU steht unter anderem für freien Markt innerhalb der Gemeinschaft. Bezogen auf die Thematik „zulässige Massen" müssten also alle am Transport Beteiligten von gleichen Voraussetzungen, also z. B. Tonnagen und Nutzlasten ausgehen können. Das ist jedoch nicht der Fall. So steht, wie gerade dargelegt, dem deutschen Unternehmer im Normalfall eine zulässige Gesamtmasse von maximal 40 t zur Verfügung; eingesetzt wird dabei ein fünfachsiger Zug. Dem niederländischen Fuhrunternehmer z. B. stehen bei gleicher Achsenzahl bereits 44 t zur Verfügung. Die daraus resultierenden Nutzlasten (12.5.2.) liegen für den deutschen Lastzug bei etwa 25–27 t, für den niederländischen also 4 t (!) höher. Technisch sind beide Züge absolut vergleichbar.
Noch extremer ist der Unterschied bei Einsatz eines sechsachsigen Zuges: Für den deutschen Zug bleibt die Obergrenze der zulässigen Gesamtmasse bei 40 t, für den niederländischen wird sie auf 50 t angehoben. Dementsprechend steigt die Nutzlast.
Kommt der Niederländer nach Deutschland, gelten auch für ihn ab der Grenze 40 t. Fährt der Deutsche in die Niederlande – gelten für ihn weiterhin 40 t, denn nach Fahrzeugpapieren ist sein Zug, obwohl technisch durchaus für höhere Belastungen ausgelegt, für keine größere Tonnage amtlich zugelassen. Bei einem Transport, der z. B. nur in den Niederlanden abgewickelt würde, wäre dies eine klare Benachteiligung und mit der Zielsetzung des freien Marktes nicht vereinbar.

Die EG begegnet dem Problem mit besonderen Regeln für den „Kabotageverkehr":
Kabotage-Fahrten (nach VO [EG] Nr. 1072/2009) sind Fahrten
- durch EU-Mitgliedsländer (auch grenzüberschreitend), aber **außerhalb der Grenzen des Zulassungslandes**,
- mit Fahrzeugen/Zügen, die in einem EU-Land zugelassen sind,
- beladen mit Gütern, die in diesen Ländern ge- **und** entladen werden,
- unter Ausnutzung der in diesen Ländern geltenden Obergrenzen der zulässigen Gesamtmassen, die höher liegen als im Zulassungsland, **wenn das Kfz/der Zug dafür technisch ausgelegt ist**,
- unter Mitführung eines entspr. Nachweises.

Zu diesem Nachweis bemerkt die Richtlinie 96/53/EG (215/719/EG) – Auszug aus Art. 6:

> (1) Die Mitgliedstaaten treffen die erforderlichen Maßnahmen, um sicherzustellen, daß die (...) genannten Fahrzeuge (...)
> mit einem der unter den Buchstaben a), b) und c) genannten Nachweise versehen sind:
> a) einer Kombination aus den folgenden beiden Schildern
> – dem „Fabrikschild", das gemäß der Richtlinie 76/114/EWG erstellt und angebracht wird,
> – dem (...) gemäß der Richtlinie 76/114/EWG erstellten und angebrachten Abmessungsschild;
> b) einem einzigen erstellten und angebrachten Schild, das die Angaben der beiden unter Buchstabe a) genannten Schilder enthält;
> c) einem einzigen Dokument (...). Dieses Dokument muß die gleichen Rubriken und die gleichen Angaben wie die unter a) genannten Schilder aufweisen (...).

(Abbildung in Kapitel 12.6.6.)

Der Vordruck der Zulassungsbescheinigung Teil I berücksichtigt im Unterschied zu den früheren Fahrzeugscheinen bzw. -briefen, dass sich die technisch maximal zulässigen Gesamtmassen und Achslasten von den gesetzlich maximal zulässigen unterscheiden können.

Es sind getrennte Angabenfelder vorgesehen:
Zeile **F. 1 Technisch zulässige** Gesamtmasse in kg,
Zeile **F. 2 Im Zulassungsmitgliedstaat zulässige** Gesamtmasse in kg.

Unter Einhaltung der Kabotage-Voraussetzungen gelten also auch für z. B. den deutschen Unternehmer im europäischen Ausland die **gleichen Bedingungen**, hier also 44 bzw. 50 t zulässiger Gesamtmasse. Auch nationale Vorschriften sind im Einzelfall zu beachten.

Nähere Informationen finden Sie im Internet z. B. unter www.bag.bund.de, geben Sie einfach den Begriff Kabotage in die Suchmaske ein.

> Verstöße gegen die Regeln der Kabotage werden in einzelnen EU-Ländern hart geahndet. Dies kann eine Beschlagnahmung des Fahrzeugs/Zugs bedeuten (z. B. in England).

11.5.6. Nach „oben offen" – die Superlative

Europaweit in der Diskussion (und in einigen Ländern seit Langem im Einsatz) befinden sich Fahrzeugkombinationen, die mit dem herkömmlichen Verständnis von Lastzügen hierzulande nicht in Einklang zu bringen sind.

Abgesehen von Zugmaschinen darf nach deutschem Recht kein Fahrzeug mehr als einen Anhänger haben. Außerdem ist bei einer Länge von 16,50 m bei Sattelkraftfahrzeugen, 18,75 m bei Lastzügen (s. Kap. 11.6.) und jeweils einer zGM von 40 t im Normalverkehr bzw. 44 t im Kombinierten Verkehr bei einer Höchstbreite von jeweils 2,55 m das Maximum des gesetzlich Erlaubten erreicht.

Diese Grenzwerte gelten lediglich nicht (und sind dann ‚nach oben offen'; s. auch Kap. 11.26) für genehmigungspflichtige
- Großraumverkehre (das sind die über die allgemeingültigen Abmessungsgrenzen der StVZO und/oder Straßenverkehrsordnung StVO hinausragenden Transporte),
- Schwerverkehre (das sind über die allgemeingültigen Gewichtsgrenzen der StVZO hinausragenden Transporte).

Nicht nur in Australien, auch bei unseren europäischen Nachbarn werden Fahrzeug-Kombinationen eingesetzt, die in der Bundesrepublik im regulären, also erlaubnis-/genehmigungsfreien Gütertransport, niemals zum Einsatz kommen dürfen.

Das galt ursprünglich auch für die in den Niederlanden verbreiteten ‚**Combi-Trailer**':
eine, wie der Name schon sagt, Kombination aus Trailern, also Anhängern. Üblicherweise wird dabei der Sattelauflieger eines Sattelkraftfahrzeugs mit einem meist dreiachsigen Starrdeichselanhänger (SDAH) starr verbunden. Dazu führt man die Deichsel des SDAH – in der Regel ein Doppel-T-Träger – in eine im Rahmen des Sattelaufliegers liegende Aufnahmevorrichtung ein.
Der SDAH bleibt also abkuppelbar.

Die Achse(n) des Sattelaufliegers wird/werden anschließend angehoben, sodass die Kombination der Anhänger von der Sattelkupplung der Zugmaschine und den Achsen des SDAH getragen wird.

Mittlerweile ist die Verbindung mehrerer Anhänger in einer solchen Form allerdings auch in Deutschland anzutreffen.

Auch das hier abgebildete Extrem-Exemplar – eine gewagt erscheinende Kombination, bestehend aus vier Fahrzeugen mit insgesamt elf Achsen – kann einem begegnen.

Vorschriften für den Güterkraftverkehr — Band 6

> **„Dolly-Achse"**: ein Drehschemel mit Achse(n), der nicht in herkömmlicher Weise mit dem Anhängerrahmen verbunden wird (über einen kugelgelagerten Drehkranz), sondern über eine Sattelkupplung. Der Anhänger muss also über einen Zugsattelzapfen/Königszapfen verfügen, wie das bei einem Sattelauflieger der Fall ist. Auf diese Weise wird aus einem Sattelauflieger ein (meist überlanger) Anhänger.

Der Hilfe einer Dolly-Achse bedient man sich ebenfalls häufiger. Zu bedenken ist dabei, dass es sich bei einem solchen „Dolly" um einen zulassungspflichtigen Anhänger handelt. Die Kombination Dolly/Sattelauflieger ist demnach eine Kombination aus zwei Anhängern. Solche Kombinationen dürfen nach deutschem Zulassungsrecht nur von (Sattel-)Zugmaschinen gezogen werden, nicht von Lkw oder Sattelkraftfahrzeugen.
Ausnahmen von diesen Einschränkungen gelten für bestimmte Versionen des Lang-Lkw (s. Kap. **11.5.7.**).

Dolly

Dolly-Achsen werden auch in der Form eines Sattelaufliegers bei Schwertransporten eingesetzt. Der beladene (zweite) Auflieger verteilt auf diese Weise seine übergroße Stützlast auf zwei Fahrzeuge.

Die Verwendung von **Dolly-Achsen** ist insbesondere bei sogenannten Road-Trains üblich, wie sie im Überlandverkehr in Australien eingesetzt werden. Aber auch in Europa finden sie regelmäßige Verwendung. In den Niederlanden werden z. B. seit Jahren Fahrzeugkombinationen, bestehend aus einer Sattelzugmaschine und zwei Sattelaufliegern, eingesetzt.

Vorschriften für den Güterkraftverkehr — Band 6

Die im Ausland geltenden, zum Teil sehr viel höheren Grenzen der zGM und manchmal auch der Abmessungen für Fahrzeuge oder Züge, sind auf Deutschland nicht übertragbar. Internationale Abkommen gestatten es den einzelnen Staaten, ihre diesbezüglichen Obergrenzen selbst festzulegen.

Der aus dem Ausland anreisende Fahrzeugführer muss also die deutschen **Tonnage- und Abmessungsgrenzen auf deutschem Gebiet strikt einhalten**.

Die Frage, ob die Motorisierung eines herkömmlichen Lkw für Massen von 40 bis 60 t überhaupt ausreicht, beantwortet das Kapitel 12.9.

11.5.7. Lang-Lkw

Während im nordeuropäischen Bereich bereits seit Längerem mit **90-t-Kombinationen(!)** experimentiert wird, ist in Deutschland eine Anhebung von Abmessungen/Tonnagen für Züge politisch umstritten. Trotz nicht endender Diskussion um Sinn und Unsinn von ‚Gigalinern', ‚Eurocombis' oder auch ‚Monstertrucks', also von größeren Lastzügen, startete im Frühjahr 2012 ein **Feldversuch ‚Lang-Lkw'** (offizielle Bezeichnung der verschiedenen Fahrzeugkombinationen). Der Versuch endete mit Ablauf des Jahres 2016 und wurde von der Bundesanstalt für Straßenwesen (BASt) begleitet und im Herbst 2016 abschließend ausgewertet.

Das Verkehrsministerium kam im Ergebnis zu einer positiven Gesamtbeurteilung des fünfjährigen Versuchs. Nach seiner Ansicht sind als Ergebnis der Auswertung folgende Punkte besonders hervorzuheben:
- Der Einsatz zweier Lang-Lkw ersetze drei Fahrten mit herkömmlichen Lkw.
- Die Kraftstoffersparnis liege dabei im Bereich zwischen 15 und 25 %.
- Ein erhöhter Erhaltungsaufwand für die Infrastruktur sei nicht festzustellen.
- Der vor Beginn des Versuchs befürchtete Verlagerungseffekt des Güterverkehrs von der Schiene auf die Straße sei nicht zu beobachten.

Die Diskussion über den Einsatz solcher Fahrzeugkombinationen ging jedoch auch nach Abschluss des Versuchs weiter.

Dennoch erließ das Ministerium eine Änderungs-Verordnung zur ‚Überführung des Lang-Lkw in den **streckenbezogenen Regelbetrieb'** („**LKWÜberlStVAusn V**" – Siebte Verordnung zur Änderung der Verordnung über Ausnahmen von straßenverkehrsrechtlichen Vorschriften für Fahrzeuge und Fahrzeugkombinationen mit Überlänge").

Jeder Güterkraftverkehrsunternehmer kann nun solche überlangen Fahrzeuge bzw. Kombinationen einsetzen.
Allerdings ist eine Fülle von Voraussetzungen bei den teilnehmenden Fahrzeugen, der Ladung, der Fahrtstrecke und nicht zuletzt auf Seiten der Fahrzeugführer zu erfüllen.
Hier einige der wichtigsten Anforderungen nach derzeitigem Stand (März 2017) in Stichworten:

1. zGM (Zug/Kombination)

40 t; 44 t nur im Vor- u. Nachlauf zum Kombinierten Verkehr KV
(Definition s. unter Kap. B a.)!
(Zahl d. Achsen kann geringer sein als auf den Abb.)

Zwei verbundene Sattelauflieger, auch bekannt als „B-Double"

2. zulässige Fahrzeuge/Kombinationen

A. Kombinationsmöglichkeiten und Längen:
- herkömmliche SZM mit (verlängertem) SAH;
  zul. Gesamtlänge ≤ 17,80 m
  (dabei SAH-Teillänge Achse Zugsattelzapfen bis zur hinteren Begrenzung ≤ 13,30 m).

Geltung Ausnahmegenehmigung nur bis 31.12.2023.

für die folgenden Kombinationen gilt:
nur zum überwiegenden Transport von Ladung mit einem begrenzten Volumen-Masse-Verhältnis (Dichte) im Rahmen von
- Punkt-zu-Punkt-Verkehren (insbesondere Transportketten mit aufeinander folgenden Be- oder Entladepunkten);
- Transportumläufen (auch Leerfahrt mit anschließender Last- u. abschließender Leerfahrt).

- SKFZ mit 1 SDAH/ZAH,
  zul. Gesamtlänge ≤ 25,25 m

Ausnahmegenehmigung gilt nur bis 31.12.2017.

- Lkw mit Dolly (Untersetzachse) und 1 SAH,
  zul. Gesamtlänge ≤ 25,25 m

- SKFZ und 1 weiterer SAH,
  zul. Gesamtlänge ≤ 25,25 m

- LKW mit 1 ANH,
  zul. Gesamtlänge ≤ 24,00 m

a) Verwendbarkeit im Kombinierten Verkehr;

Vorschriften für den Güterkraftverkehr **Band 6**

B. Liste von techn. Anforderungen (Auszüge!):

a) Verwendbarkeit im KV [hier definiert als: „Transport von Gütern in einer Ladeeinheit (Container, Wechselbrücke, Sattelanhänger mit oder ohne Zugmaschine, Lastkraftwagen, Anhänger), die mit Geräten umgeschlagen wird, ohne das Transportgut selbst umzuschlagen, wenn der Transport auf einem Teil der Strecke mit der Eisenbahn, dem Binnen-, Küsten- oder Seeschiff oder auf einem anderen Teil mit dem Kraftfahrzeug durchgeführt wird"];
b) Übereinstimmungsnachweis mit Ausn.-VO u. § 32 d StVZO wird mitgeführt;
c) Anhänger verfügen über Spurhalteleuchten nach § 51 Abs. 4 StVZO;
d) Luftfederung (außer auf den Lenkachsen);
e) Differenzialsperre oder Antriebsschlupfregelung (ASR);
f) Elektronisch gesteuertes Bremssystem (EBS);
g) Scheibenbremsen und Retarder im Zugfahrzeug;
h) automatische Achslastüberwachung mit Anzeige im Fahrerhaus für luftgefederte Achsen;
i) Spurhaltewarnsystem;
j) Elektronisches Fahrdynamiksystem (ESP);
k) Abstandstempomat oder Notbremsassistenzsystem
l) Einrichtungen für indirekte Sicht nach der EU-Richtlinie 2003/97/EG;
m) Kamera-System am Heck der Fzg-Kombination sowie zugehöriger Monitor im Blickfeld des Fahrers für die Sicht nach hinten;
n) Konturmarkierungen nach § 53 Abs. 10 Nr. 3 StVZO;

Vorschriften für den Güterkraftverkehr — Band 6

o) Rückwärtige Kenntlichmachung durch retroreflektierendes Schild in Anlehnung an die UN/ECE Regelung Nr. 70 mit der Aufschrift „Lang-Lkw" (Schrifthöhe 130 mm);
p) EG-Kontrollgerät nach Anhang I B der VO (EWG) Nr. 3821/85, die zuletzt durch die Verordnung (EU) Nr. 126612009 vom 16. Dezember 2009 (ABl. L 339 vom 22.12.2009, S. 3) geändert worden ist.

Gutachten/Kopie ist mitzuführen/auszuhändigen.

3. Ladung

a) darf nicht nach hinten hinausragen;
b) keine „flüssigen Massengüter in Großtanks";
c) kein Gefahrgut;
d) keine lebenden Tiere;
a) keine Güter, „die freischwingend befestigt sind und aufgrund ihrer Masse die Fahrstabilität beeinträchtigen" (gilt nicht für best. nach ADR nicht kennzeichnungspflichtige Güter)

4. Straßenbenutzung

a) grundsätzliches Überholverbot;
b) Ausnahme: Zeichen ‚Fzge oder Züge, die nicht schneller als 25 km/h fahren können oder dürfen'

5. befahrbare Straßen

SKfz mit einer Länge bis zu 17,80 m:
flächendeckende Verkehrsteilnahme in den Bundesländern Bayern, Hamburg, Hessen, Niedersachsen, NRW, Sachsen, Schleswig-Holstein und Thüringen.
Geltung bis 32.12.2023

übrige Kombinationen:
a) nur festgelegte Strecken gemäß Anlage;
b) Kontrolle der Befahrbarkeit (Sperrungen/Umleitungen) vor Fahrtantritt;
c) bei plötzlicher Sperrung (Unfall o. ä.) gilt § 36 StVO ‚Zeichen und Weisungen der Polizeibeamten' – ggf. an geeigneter Stelle abwarten oder Fahrt entkoppelt fortsetzen;
d) keine Sonderregelungen für winterliche Straßenverhältnisse(!)

6. Anforderungen an die Fahrer

a) **≥ 5 Jahre** ununterbrochen im Besitz FE CE;
b) **≥ 5 Jahre** Berufspraxis im Straßengüter- oder Werkverkehr (Belege, wie Arbeitszeugnisse, Arbeitsverträge oder sonstige Nachweise/beglaubigte Abschriften während der Fahrt mitführen);
c) Einweisungsfahrt **≥ 2 Stunden** durch Hersteller/Beauftragten vor 1. Fahrt (Training besonderer Fahreigenschaften; Kurven- u. Rückwärtsfahren - Bescheinigung mitführen).

7. Anzeigepflicht

– Jeder Unfall, insbesondere, wenn in der Länge d. Fzge begründet, muss gemeldet werden;
– Schwierigkeiten bei der Befahrbarkeit von Strecken müssen gemeldet werden.

11.6. Zulässige Abmessungen von Fahrzeugen und Zügen (§ 32)

Bei den folgenden Breiten- und Längenangaben bleibt das Thema „überstehende Ladung" (nach hinten, nach vorn, zur Seite, aber durchaus auch – in der Land- oder Forstwirtschaft – nach oben) unberücksichtigt, da dieses der Straßenverkehrs-Ordnung StVO zuzuordnen ist (§§ 17 und 22).

> Sowohl Maximal-Maße als auch Maximal-Massen der Einzelfahrzeuge und Züge im innerstaatlichen und innergemeinschaftlichen Verkehr werden derzeit noch durch die z. T. in deutsches Recht übernommene **Richtlinie 96/53/EG** bestimmt. Spätestens bis zum 07.05.2017 hätte die bereits verabschiedete neue **Richtlinie (EU) 2015/719**, welche die Richtlinie 96/53/EG ändert, in die jeweiligen nationalen Rechte umgesetzt worden sein müssen. Die Umsetzung ist jedoch noch nicht erfolgt. Es bleibt abzuwarten, welche konkreten Änderungen sich in der StVZO ergeben werden.

11.6.1. Breite von Fahrzeugen

Bei Kraftfahrzeugen und Anhängern einschließlich mitgeführter austauschbarer Ladungsträger darf die höchstzulässige Breite über alles – ausgenommen bei Scheeraumgeräten und Winterdienstfahrzeugen – folgende Maße nicht überschreiten:

1. allgemein	2,55 m
2. bei land- oder forstwirtschaftlichen Arbeitsgeräten und bei Zugmaschinen und Sonderfahrzeugen mit auswechselbaren land- oder forstwirtschaftlichen Anbaugeräten sowie bei Fahrzeugen mit angebauten Geräten für die Straßenunterhaltung	3,00 m
3. bei festen oder abnehmbaren Aufbauten von klimatisierten Fahrzeugen, die für die Beförderung von Gütern in temperaturgeführtem Zustand ausgerüstet sind und deren Seitenwände einschließlich der Wärmedämmung mindestens 45 mm dick sind *(Kühl- und Wärmetransporter)*	2,60 m

(aus § 32, Abs. 1)

Dabei werden u. a. **nicht berücksichtigt**:
- Befestigungs- und Schutzeinrichtungen für Zollplomben,
- Einrichtungen zur Sicherung der Plane und Schutzvorrichtungen hierfür,
- lichttechnische Einrichtungen (z. B. seitlich angebrachte Rückfahrscheinwerfer),
- Ladebrücken in Fahrtstellung, Hubladebühnen und vergleichbare Einrichtungen in Fahrtstellung, sofern sie nicht mehr als 10 mm seitlich über das Fahrzeug hinausragen,
- Spiegel und andere Systeme für indirekte Sicht,
- Reifenschadenanzeiger,
- Reifendruckanzeiger.

Gemessen wird bei **geschlossenen Türen und Fenstern** und bei **Geradeausstellung der Räder**.

11.6.2. Höhe von Fahrzeugen

Die Höhe aller Fahrzeuge ist auf 4 m beschränkt. Nicht berücksichtigt werden dabei nachgiebige Antennen.
Bei Fahrzeugen mit Achshubeinrichtung ist die Auswirkung dieser Einrichtung (also Veränderung der Höhe durch Anheben von Liftachsen) bei der Bemessung der Höhe zu berücksichtigen.
Zu berücksichtigen ist auch, dass Sattelauflieger, die bei waagerechter Stellung die zulässigen 4 Meter nicht überschreiten, bei Mitnahme durch eine entsprechend hohe Sattelzugmaschine (Blattfederung oder falsche Fahrwerkseinstellung) zu hoch werden können. Wohl auch aus diesem Grund hat der Gesetzgeber mittlerweile in die Höhenvorschrift von 4 m ausdrücklich auch Züge, also die Kombination aus einem Kfz mit einem Anhänger/Sattelanhänger, aufgenommen.

Bei der Höhe gelten im Ausland (hier England) manchmal andere Höchstgrenzen.

*Es gibt **keine Reserve** bei Höhenangaben!*

11.6.3. Längen von Einzelfahrzeugen

Lässt man den Spezialfall Kraftomnibus außer acht, liegt die Längengrenze grundsätzlich für alle Fahrzeuge bei 12 m. Eingerechnet werden dabei mitgeführte austauschbare Ladungsträger, also Container und Wechselaufbauten, und alle im Betrieb mitgeführten Ausrüstungsteile.

> Unter „austauschbaren Ladungsträgern" versteht man **Container** und **Wechselaufbauten (WAB)**.
> **Unterschied**: Der Wechselaufbau verfügt über eigene Stützfüße und kann ohne fremde Hilfe auf- und abgeladen und abgestellt werden. Für den Ladevorgang eines Containers wird ein Hilfsmittel, z. B. ein fahrzeugeigener Kran benötigt.

> **Hinweis**: Beim Abstellen von Wechselaufbauten (aber auch von Sattelaufliegern) sollten die Stützen, um Beschädigungen des Untergrundes vorzubeugen, grundsätzlich auf Unterlegplatten (z. B. mitgeführten Hartholzplatten) stehen. Auf speziellen Stellflächen ist der Untergrund manchmal aber auch auf die besonderen Anforderungen vorbereitet.

Ein Sonderfall ist der **Sattelauflieger**. Für ihn gelten zunächst keine Längenbegrenzungen. Lediglich beim Thema „zulässige Längen eines Sattel**kraftfahrzeuges**" (12.6.4. und 12.6.5.) gelten gegebenenfalls Einschränkungen.

11.6.4. Längen von Zügen

Auch wenn in der Verkehrspraxis viele Ausnahmen erteilt werden (siehe § 70 StVZO), gelten nach wie vor zwei Grenzen:

- für **Sattelkraftfahrzeuge 15,50 m**,

> Für den an einer solchen Kombination beteiligten Sattelauflieger gilt – anders als bei einem 16,50 m langen Sattelkraftfahrzeug (11.6.5. Besonders lange Kombinationen) –
> keine Längenbegrenzung. Theoretisch kann er also genauso lang werden wie die ganze Kombination. Das allerdings setzt eine Zugmaschine voraus, die komplett unter dem Auflieger „verschwindet". Eine solche Konstruktion gibt bzw. gab es; sie setzte sich jedoch nicht durch.

Vorschriften für den Güterkraftverkehr — Band 6

- für **Gliederzüge** (Zugfahrzeuge mit Dreh- oder Starrdeichselanhänger) **18,00 m**; das gilt auch bei Mitnahme von zwei Anhängern hinter Zugmaschinen. Werden hinter diesen Fahrzeugen jedoch zwei Anhänger mitgeführt, erhöht sich die zulässige Gesamtlänge auf **18,75m** (Zugmaschinen sind die einzigen Fahrzeuge, die **zwei Anhänger** mitführen dürfen). (Besonderheit: siehe weiter unten unter „Besonders lange Kombinationen").

Sonderfall: Bei Fahrzeugkombinationen nach „Art von Zügen" (meist sind die Fahrzeuge nicht über normale Anhängerkupplungen verbunden, sondern über Verschraubungen/Splinte) zum **Transport von Fahrzeugen** gilt:
- für Sattelkraftfahrzeuge 16,50 m,
- für Gliederzüge 18,75 m.

Solange Ladestützen verwendet werden und die Ladung, also die Fahrzeuge, über das Ende dieser Stützen hinausragt, bleiben diese bei den beteiligten Einzelfahrzeugen und der ganzen Kombination unberücksichtigt.

Sowohl bei Einzelfahrzeugen als auch bei Zügen werden u. a. **nicht berücksichtigt**:
- Wischer- und Waschereinrichtungen,
- vordere und hintere Kennzeichenschilder,
- Befestigungs- und Schutzeinrichtungen für Zollplomben,
- Einrichtungen zur Sicherheit der Plane und ihre Schutzvorrichtungen,
- lichttechnische Einrichtungen,
- Spiegel und andere Systeme für indirekte Sicht,
- Längsanschläge für Wechselbauten,
- Trittstufen und Handgriffe,
- Stoßfängergummis und ähnliche Vorrichtungen,
- Hubladebrücken, Ladebrücken und vergleichbare Einrichtungen in Fahrtstellung,
- Verbindungseinrichtungen bei Kraftfahrzeugen,
- bei anderen Fahrzeugen als Sattelkraftfahrzeugen (bei diesen also zu berücksichtigen) Kühl- und andere Nebenaggregate, die sich vor der Ladefläche befinden sowie
- äußere Sonnenblenden.

„Einrichtungen, die bei Fahrzeugkombinationen hinten am Zugfahrzeug oder vorn am Anhänger angebracht sind, sind dagegen bei den Längen oder Teillängen von Fahrzeugkombinationen mit zu berücksichtigen; sie dürfen diesen Längen nicht zugeschlagen werden."
(aus § 32 StVZO Abs. 6)

11.6.5. Besonders lange Kombinationen

Um dem Wunsch der Transportwirtschaft nach mehr Ladefläche/Laderaum und gleichzeitig dem des Fahrpersonals nach mehr Bewegungsfreiheit im Fahrerhaus gerecht zu werden, gelten unter bestimmten Voraussetzungen größere Gesamtlängen für bestimmte Kombinationen:

- beim Sattelkraftfahrzeug 16,50 m, wenn folgende Teillängen eingehalten werden:

- Entfernung zwischen der Achse des Zugsattelzapfens bis zur hinteren Begrenzung max. 12,00 m und
- vorderer Überhangradius max. 2,04 m.

> Siehe zu diesem Thema auch Kapitel 12.5.7.
>
> Die Berechnung des Maximalmaßes bei einem klassisch rechteckigen Sattelauflieger (Breite 2,55 m) ergibt eine Gesamtlänge von **13,60 m**. Zieht man dieses Maß von der Zuglänge 16,50 m ab, verbleiben (abzüglich des Freiraums zwischen vorderer Begrenzung Auflieger und hinterer Begrenzung Fahrerhaus) noch ca. **2,90 m Tiefe für das Fahrerhaus**. Damit haben Transportwirtschaft und Fahrpersonal Raum hinzu gewonnen.

Der Sattelauflieger beim 16,50 m Sattelkraftfahrzeug.

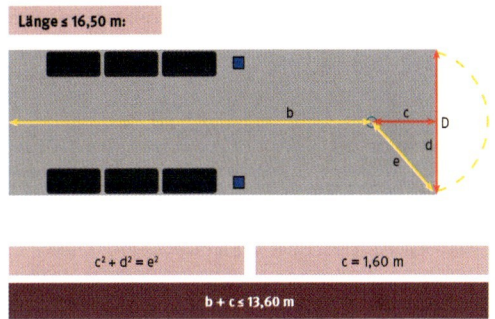

Berechnung der Länge des (rechteckigen) Sattelaufliegers beim 16,50 m Sattelkraftfahrzeug.

- beim **Lastzug** (nur die **Kombination Lkw + Anhänger zur Güterbeförderung!**) 18,75 m, wenn folgende Maße eingehalten werden:

- größter Abstand zwischen dem vordersten äußeren Punkt der Ladefläche hinter dem Führerhaus des Lastkraftwagens und dem hintersten äußeren Punkt der Ladefläche des Anhängers der Fahrzeugkombination, abzüglich des Abstands zwischen der hinteren Begrenzung des Kraftfahrzeugs und der vorderen Begrenzung des Anhängers **15,65 m** und
- größter Abstand zwischen dem vordersten äußeren Punkt der Ladefläche hinter dem Führerhaus des Lastkraftwagens und dem hintersten äußeren Punkt der Ladefläche des Anhängers der Fahrzeugkombination **16,40 m** (die **Systemlänge**).

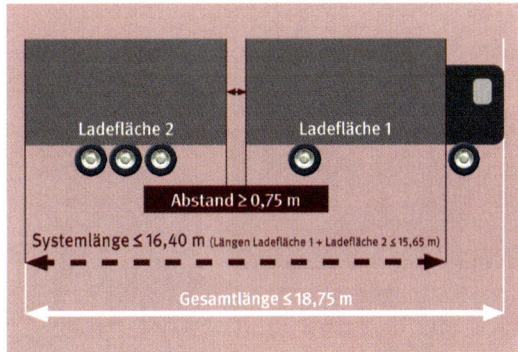

Vorschriften für den Güterkraftverkehr — Band 6

Daraus ergibt sich ein **Mindestabstand** der beiden Fahrzeuge zueinander (Auswirkung auf Deichsellänge!) von **0,75 m**, was in der Konsequenz auf eine Beseitigung der Kurzkuppelsysteme hinausläuft.

Allerdings legte der Gesetzgeber mit Erhöhung der beiden Maximalmaße auch fest, dass auf diese **keinerlei Toleranzen** gewährt werden dürfen! Und da Sie als Fahrzeugführer für die Zusammenstellung eines Zuges auch bei der Einhaltung von Längenvorschriften die volle Verantwortung tragen, ist es gar nicht so abwegig, bei wechselnden Anhängern ständig ein Metermaß an Bord zu haben!

> Zur zulässigen Gesamtlänge der sogenannten Lang-LKW siehe 11.5.7.

Über den Mindestabstand von 0,75 m beim Lastzug (also Lkw + Lastanhänger) wurden die technisch anfälligen und wartungsintensiven **(Ultra-) Kurz-Kupplungen** weitgehend beseitigt, denn wer solche Kombinationen weiterhin einsetzt, muss sich mit der Gesamtlänge von 18 m bescheiden.

Zum Hintergrund:
Das Festlegen eines Maximalmaßes für Lastzüge führte dazu, dass innerhalb dieses vorgegebenen Maßes die „unnützen" Bereiche immer weiter verkürzt wurden. Das heißt die Tiefe des Fahrerhauses ging immer weiter zurück („stehender Fahrer") und der Abstand zwischen Motorwagen und Anhänger wurde bis auf Minimalmaße, manchmal nur noch 18 cm, reduziert. So wurde eine Verlängerung der „nützlichen" Längen, also der Längen der Ladeflächen, erreicht.

Nur, mit 18 cm Abstand der beiden Fahrzeuge zueinander kann kein Zug mehr mit vertretbarem Platzbedarf abbiegen oder rangieren. Es war also der Einsatz aufwändiger Technik notwendig, um das Problem zu lösen. Eine durchaus gängige Lösung bestand darin, dass sich der Abstand zwischen beiden Fahrzeugen mit beginnendem Knicken des Zuges vergrößerte und mit beginnendem Streckvorgang wieder verkürzte **(selbsttätige Längenveränderung)**. Da das Längenmaß eines Zuges im gestreckten Zustand gemessen wird, war das vom Zulassungsrecht her problemlos möglich.

Es gibt auch heute noch Anhänger-Zuggabeln oder Deichseln, die von Hand in der Länge veränderlich einstellbar sind **(manuelle Einrichtungen)**. Auf diese Weise kann der Fahrer, wenn es um Zentimeter geht, Einfluss nehmen auf die Gesamtlänge des Zuges.

> Der **Mindestabstand** zwischen der letzten Achse des Zugfahrzeugs und der ersten Achse eines Anhängers muss bei Gliederzügen mindestens 3 m betragen, bei Sattelkraftfahrzeugen 2,5 m.

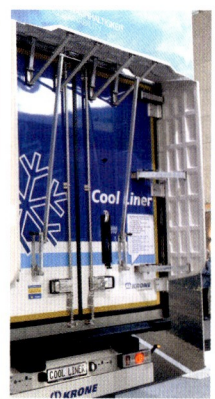

Rear Flaps (Beispiel)

Die zu erwartende Änderung der Richtlinie (EG) 96/53, die Richtlinie 2015/719, gestattet in Zukunft zum Zwecke besserer aerodynamischer Gestaltung eine Verlängerung von Fahrzeugen und Zügen, wenn sie mit sog. „Rear Flaps" ausgerüstet sind (s. Foto). Die Einrichtungen sorgen für eine bessere Aerodynamik der Fahrzeuge und damit für einen geringeren Kraftstoffverbrauch. Eine Umsetzung in nationales Recht muss jedoch noch erfolgen.

11.6.6. Zuglänge und Abmessungsschild

Zur besseren und schnelleren Überprüfbarkeit der Gesamtlänge eines von Ihnen zusammengestellten Zuges sieht die EG-Richtlinie 86/364 vor, dass der Fahrer Informationen über die wichtigen Längen der beteiligten Fahrzeuge erhält. Dabei sind nicht nur die jeweiligen Einzellängen (Gesamtlängen) von Bedeutung, sondern insbesondere
- beim **Zugfahrzeug** der Abstand der Verbindungseinrichtung (Kupplung bzw. Sattelkupplung) bis zur vorderen Begrenzung – das **a-Maß**,
- beim **Sattelauflieger/Anhänger** der Abstand der Verbindungseinrichtung (Zugsattelzapfen bzw. Zugöse) bis zum hinteren Ende des Fahrzeugs – das **b-Maß**,

weil nur diese Maße eine Errechnung der Länge einer Fahrzeugkombination zulassen.

Die Richtlinie sieht alternativ **drei Möglichkeiten** einer solchen Information vor.

1. eine **Kombination** aus den folgenden beiden Schildern:
   - das **Fabrikschild**, das gemäß der Richtlinie 76/114/EWG erstellt und angebracht wird,
   - das gemäß EG-Richtlinie erstellte und angebrachte **Abmessungsschild**;
2. ein einziges, gemäß der Richtlinie 76/114/EWG erstelltes und angebrachtes **Schild**, das die Angaben der beiden unter Buchstabe a) genannten Schilder enthält;
3. ein einziges **Dokument**, das von der zuständigen Behörde des Mitgliedstaats ausgestellt wird, in dem das Fahrzeug zugelassen oder in Betrieb genommen wurde. Dieses Dokument muss die gleichen Rubriken und die gleichen Angaben wie die unter Buchstabe a) genannten Schilder aufweisen. Es muss an einer für die Kontrolle leicht zugänglichen und gut geschützten Stelle mitgeführt werden.

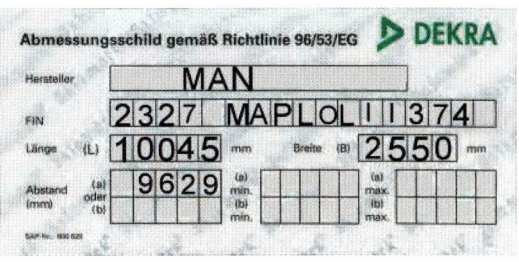

Sollte eine Sattelzugmaschine über eine verstellbare Sattelkupplung verfügen, müssen die maximalen Verstellbereiche in den Spalten (a) min und (a) max angegeben werden. Das gleiche gilt für den Wert b sinngemäß, wenn Sattelauflieger/Anhänger über verstellbare Zugsattelzapfen/Zugösen verfügen.

Erläuterung anhand einer Sattelzugmaschine/eines Sattelaufliegers bzw. eines Sattelkraftfahrzeugs:

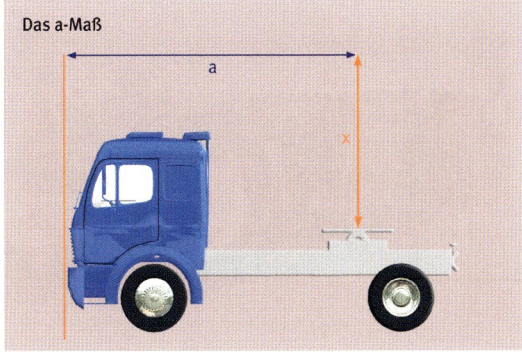
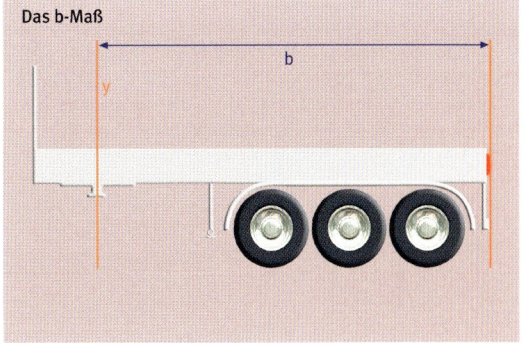

Vorschriften für den Güterkraftverkehr — **Band 6**

11.7. BOKraft-Kreis bzw. Vorschriften über die Kurvenläufigkeit (§ 32 d)

Auch Vorschriften der StVZO, die sich auf den ersten Blick so lesen, als habe der Fahrer mit ihnen nun wirklich nichts zu tun, sind bei einer Zug-Zusammenstellung zu beachten, u. a. der BOKraft-Kreis.

Jedes Fahrzeug im öffentlichen Straßenverkehr muss in der Lage sein, Kreise zu durchfahren oder Abbiegevorgänge vorzunehmen, die verkehrsüblichen Radien aufweisen.
Von daher ist die Überprüfung einer solchen Fähigkeit des Einzelfahrzeugs Bestandteil des Verfahrens zur Erteilung einer Betriebserlaubnis bzw. – in der Wortwahl der EU – einer nationalen (Fahrzeug-)Typgenehmigung.
Die gleichen **Voraussetzungen gelten aber auch für Züge**. Und genau da setzt die Verantwortung des Fahrzeugführers ein.
Bei Lang-Lkw z. B. muss sogar ein entsprechender Nachweis (Kopie eines Gutachtens) immer mitgeführt werden.
Das **Prüfverfahren** im Einzelnen:

1. Das zu untersuchende Fahrzeug/der Zug fährt aus der gestreckten Stellung heraus in eine Kreisbahn ein. Die vordere rechte bzw. linke Ecke des Aufbaus wird auf dem Radius geführt. Das Fahrzeug, noch stärker der Zug, wird mit dem Ende zum Mittelpunkt des Kreises hin einlaufen („Kurveneinlauf"). Der dabei maximal benötigte Raum, die „überstrichene Ringfläche", ist festgelegt.
2. Mit Beginn der Einfahrt in den Kreis schwenkt der Heckbereich nach außen. Der maximal zulässige „Schwenkbereich" ist ebenfalls definiert.

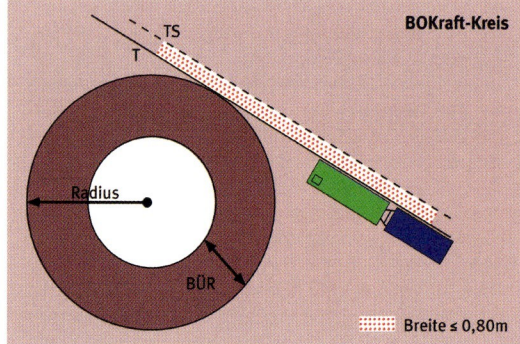

Radius r = 12,50 m; BÜR ≤ 7,20 m; T = tangierende Gerade; TS = Paralleltangente Schwenkbereich

Kann ein Fahrzeug/ein Zug die genannten Maße nicht einhalten, ist die Teilnahme am normalen Straßenverkehr verboten. Um das Fahrzeug/den Zug legal in den Verkehr zu bringen, müssen hier die Vorschriften über Großraumverkehr angewendet werden (11.5.6.).

> Die maximal zulässige Breite des Schwenkbereiches von 0,80 m gilt bei Anwendung der Vorgaben des BOKraft-Kreises. Ist ein Fahrzeug jedoch in der Lage, einen Kreis mit einem geringeren Radius zu durchfahren, fällt der Schwenkbereich unter Umständen wesentlich größer aus!

Vielfach können lange Fahrzeuge, wie z. B. Sattelauflieger, die Vorgaben des BOKraft-Kreises mit starren Achsen nicht erfüllen. Die Lösung des Problems besteht in einer Lenkung an ihren (Hinter-)Achsen. Die Wendigkeit des Fahrzeugs erhöht sich dadurch erheblich. Das Fahrzeug hat bei Kurvenfahrten mit dem Heck einen geringeren Einlauf, benötigt allerdings in der Folge viel mehr Platz in Richtung Außenseite der Kurve ('Schwenkbereich').

11.8. Abschleppen und Schleppen (§ 33 StVZO)

Abschleppen

Unter **Abschleppen** versteht die Rechtsprechung das Verbringen eines liegengebliebenen Fahrzeugs/Zugs - also auch eines Anhängers - aus einer **Notsituation** heraus („Notstandsbeseitigung").
Aus dem vorrangigen Ziel, diese Notsituation zu beseitigen, folgen Vergünstigungen, aber auch Vorgaben. Beispiele:

- Nur der Führer des ziehenden Fahrzeugs braucht eine Fahrerlaubnis für sein Fahrzeug, der Führer des gezogenen Fahrzeugs benötigt keine Fahrerlaubnis, er muss jedoch geeignet sein. Das bedeutet u. a., dass er mit den wichtigsten Bedienungselementen des abzuschleppenden Fahrzeugs vertraut sein muss.
- An die Eignung des Zugfahrzeugs werden keine speziellen Anforderungen gestellt, auch zulässige Anhängelasten sind unbeachtlich (siehe Ausführungen zu § 42 der StVZO).
- An die Eignung des Zugmittels werden selbst für den Bereich der Schwerfahrzeuge keine speziellen Anforderungen gestellt. Es versteht sich jedoch aus sicherheitstechnischer Sicht von selbst, dass im Regelfall nur geeignete Mittel, wie die sog. ‚Brillen' von entsprechend dimensionierten Abschleppfahrzeugen (s. Bilder) oder Abschleppstangen, zur Anwendung kommen sollten.
- Wenn nicht anders machbar, darf sogar ein ganzer Zug auf einmal aus einem Gefahrenbereich abgeschleppt werden.
- **Fahrtziele** sind festgelegt:
  - zur nächsten **geeigneten Werkstatt** (Eignung abhängig von der Art des Schadens),
  - zur eigenen **Garage/Firma**,
  - zum nächsten **Bahnhof** mit Verladestation für Fahrzeuge; auch das Abholen vom Ankunftbahnhof und das weitere Verbringen von dort aus zur Werkstatt ist statthaft,
  - zur **Verschrottung**.
- Zulassung des gezogenen Fahrzeugs ist nicht Voraussetzung.
- Längenvorschriften (§ 32 StVZO) gelten für die Verbindung aus ziehendem und gezogenem Fahrzeug nicht.
- Der lichte Abstand zwischen beiden Fahrzeugen darf nicht mehr als fünf Meter betragen.

Beim **Schleppen** handelt es sich um den **Missbrauch eines Kraftfahrzeugs als Anhänger**. Der Vorgang ist, da keine Notlage vorliegt, grundsätzlich verboten. Sollte dennoch – nach Antragstellung – eine Ausnahmegenehmigung erteilt worden sein, müssen die Durchführenden eines solchen Manövers die entsprechenden Auflagen (Fahrstrecke, Uhrzeit, beteiligte Personen, Fahrzeuge usw.) genau einhalten.

> Das Thema „Abschleppen" wird in der StVO in den §§ 15 a und 18 angesprochen. Die Informationen der beiden Paragrafen sind jedoch nicht ausreichend.
> Unbedingt zu berücksichtigen ist auch die zum Thema ergangene Rechtsprechung!

Tipp: Achten Sie darauf, dass der herausnehmbare Bolzen Ihrer Abschleppvorrichtung immer an Bord ist (s. nebenstehendes Bild)!

11.9. Mindest-Motorleistung (§ 35)

Um ein relativ zügiges und gleichmäßiges Vorankommen zu garantieren, werden Anforderungen an die Mindestmotorisierung von Kraftfahrzeugen und Zügen gestellt. Betroffen sind:
- Lastkraftwagen,
- Lastkraftwagenzüge und
- Sattelkraftfahrzeuge,
- Omnibusse (die hier aber nicht behandelt werden).

Abhängig vom Erstzulassungsdatum gelten unterschiedliche Mindestvorgaben.
Für Lkw und Lkw-Züge liegt der aktuelle Wert für Neufahrzeuge bei 5 kW je Tonne zulässiger Gesamtmasse **des ziehenden Lkw** und evtl. vorhandener **tatsächlicher Anhängelast**.
Bei Sattelkraftfahrzeugen gilt der gleiche Wert für die zulässige Gesamtmasse der **gesamten Kombination**
(zur Berechnung der zulässigen Gesamtmasse von Sattelkraftfahrzeugen siehe 11.5.3.).

Beispiele
1. **Solo-Lkw**:
Der Lkw hat eine zGM von 18 t. Die Rechnung heißt also: 18 x 5 = 90 kW.

2. **Lkw mit Drehdeichselanhänger**:
Der Lkw als Zugfahrzeug hat eine zulässige Gesamtmasse von 18 t, der Anhänger von 12 t. Da nur teilbeladen, wiegt der Anhänger im Moment der Mitnahme effektiv jedoch nur 8 t (ob der Lkw beladen ist oder nicht, wirkt sich auf die Rechnung nicht aus).
Hier muss die Mindestmotorisierung ausgelegt sein auf 18 t + 8 t = 26 t. Die Rechnung heißt also: 26 x 5 = 130 kW.

3. **Lkw mit Starrdeichselanhänger**:
Der Lkw als Zugfahrzeug hat eine zulässige Gesamtmasse von 18 t, der Anhänger von 12 t. Der Anhänger ist voll beladen.
Von seiner Masse stützt sich eine Tonne auf dem Zugfahrzeug ab.
Hier muss die Mindestmotorisierung ausgelegt sein auf 18 t + 11 t = 29 t. Die Rechnung heißt also: 29 x 5 = 145 kW.

Allerdings sind dies für Sie als Fahrer rein theoretische Berechnungen, denn im Fahrzeugschein/Zulassungsbescheinigung Teil I eines Lkw ist, wenn für das Fahrzeug überhaupt vorgesehen, die zulässige Anhängelast angegeben. Seine Motorisierung ist dementsprechend auf die Summe aus seiner eigenen zulässigen Gesamtmasse und der zugelassenen maximalen Anhängelast ausgelegt. Wer diese Werte beachtet, liegt bzgl. geforderter Mindestmotorleistung also immer im sicheren Bereich.

Ganz anders die **Sattelzugmaschine**. Bei ihr sucht man in den Fahrzeugpapieren vergeblich nach Angaben zur Anhängelast.
Wollen Sie z. B. mit Ihrer Sattelzugmaschine einen für Sie unbekannten Auflieger abholen, müssen Sie entscheiden, ob Sie das mit Ihrem Zugfahrzeug dürfen oder nicht.
Neben der Beurteilung von vielen anderen Punkten (Gesamtlänge/Schwenkbereich/Abstand zwischen Führerhaus und Auflieger, Sattel-/Aufliegelast bzw. Stützlast usw.), ist es Ihre Aufgabe, zu berechnen (11.5.3.), wie hoch die zulässige Gesamtmasse der gesamten Kombination ist und ob die Motorleistung dafür ausreicht.

Die **Rechnung** heißt also: zulässige Gesamtmasse des Sattelkraftfahrzeugs (in t) x 5 (kW).

Ihre tatsächliche Motorleistung (siehe Angaben im Fahrzeugschein/in der Zulassungsbescheinigung Teil I) muss so hoch wie die errechnete kW-Zahl sein oder höher, dann sind Sie auch hier bzgl. geforderter Mindestmotorleistung im sicheren Bereich.

11.10. Auf- und Abstieg zum und vom Arbeitsplatz, Geländer (§ 35 d)

Dass Fahrzeuge mit sicheren Aufstiegsmöglichkeiten für das Fahrpersonal ausgestattet sein müssen, ist zunächst eine Bau- bzw. Ausrüstungsvorschrift für Konstrukteure.

Sie als Fahrer müssen dafür sorgen, dass die vorhandenen Aufstiege auch sicher bleiben. Das betrifft zum einen die **bauliche Beschaffenheit**. Krumm gefahrene Trittstufen, die als Einstieg ins Führerhaus dienen, sind nicht selten. An Baustellenfahrzeugen sind die Trittstufen in der Regel elastisch aufgehängt (z. B. über kurze Stahlseile). Also muss die Aufhängung überprüft werden.

Zum anderen leidet die **Gebrauchsfähigkeit** gegebenenfalls durch die Art des Fahrzeugeinsatzes. Riffel- oder Lochbleche setzen sich im Baustellenbetrieb gern mit Matsch und Schnee zu. Es ist (auch nach den Vorgaben der Berufsgenossenschaft) Ihre Aufgabe, die Stufen sauber zu halten.

Das gilt genauso für **Aufstiege zu Geräten**, die am Lkw fest angebracht sind (z. B. Kräne), und für Aufstiege zu Arbeits- oder Kontrollplattformen und sich evtl. anschließende Laufstege, wie bei Tank-, Silo- und Autotransportfahrzeugen. Geländer, die gegebenenfalls angebracht sind, müssen in gebrauchsfähigem Zustand erhalten und – auch bei Zeitmangel – benutzt werden.

Und noch eins: die hier angesprochenen **Auf**stiege sind auch als **Ab**stiege gedacht. Das immer wieder praktizierte Abspringen vom Lkw mag Zeit sparen – die aber muss anschließend im Krankenhaus und in der Reha ausreichend zur Verfügung stehen. Und selbst wenn es nicht gleich zu großen Verletzungen kommt, werden doch die beteiligten Sehnen und Gelenke dauernd über die Maße beansprucht, was garantiert zu Langzeitschäden am Bewegungsapparat führt. Schäden, die als Berufskrankheit für einen Lkw-Fahrer im Regelfall nicht anerkannt werden!
Ein Wort noch zum **Schuhwerk** des Fahrpersonals: Die rutschhemmende Wirkung von Riffel- oder Lochblechen von Gummiauflagen o. Ä. kommt nur dann zur Geltung, wenn ergänzend geeignetes Schuhwerk getragen wird. Die Berufsgenossenschaft fordert stabile, fest am Fuß sitzende Schuhe, die vor allem die **Ferse umschließen**. Offene pantoffelartige „Latschen" oder Sandalen ohne Fersenriemen sind verboten, weil sehr gefährlich. Das gilt auch für Holz- oder Gummiclogs – auch, wenn sie im Ausland manchmal erlaubt sind.

11.11. Reifen und Räder (§§ 36 und 36 a)

Mischbereifung

An Kraftfahrzeugen mit einer zulässigen Gesamtmasse von mehr als 3,5 t und einer bbH ≤ 40 km/h, ausgenommen Pkw, und auch an ihren Mehrachsanhängern ist eine sogenannte „Mischbereifung" erlaubt.
Darunter ist eine Bereifung zu verstehen, bei der unterschiedliche Bauarten, nämlich Diagonalreifen und Radialreifen (Gürtelreifen) zum Einsatz kommen dürfen. Der Begriff Mischbereifung meint also nicht die Ausrüstung mit Reifen unterschiedlicher Profile.
Die Reifen auf den einzelnen Achsen müssen allerdings von gleicher Bauart sein (s. Abb.).
Derartige Bereifung ist zwar nicht empfehlenswert, dennoch aber auf besagten Fahrzeugen erlaubt.

Über die Art der zu verwendenden Bereifung entscheiden letztlich die **Fahrzeugpapiere** (Fahrzeugschein/Zulassungsbescheinigung Teil I/COC-Bescheinigung als Nachweis einer bestehenden EU-Typgenehmigung). Über die Auswahl des Herstellers und des Profils können die Zuständigen noch frei entscheiden. Auch die Frage „neu oder runderneuert?" kann frei entschieden werden. Das alles hängt nicht zuletzt von der Art des Reifeneinsatzes ab. Die Anforderungen, die an einen Reifen für den Gelegenheitsverkehr gestellt werden, sind andere als die Anforderungen, denen er beim Einsatz im innerstädtischen Linienverkehr gerecht werden muss.

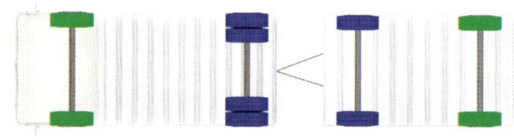

(erlaubte) Mischbereifung, also Reifen unterschiedlicher Bauart

Mindestprofiltiefe

Interessanterweise macht die StVZO bei der erforderlichen Mindestprofiltiefe des Reifens recht große Zugeständnisse an die Sparsamkeit – was nichts aussagt über das Vernünftige! Unabhängig von der Reifenbauart gilt zunächst für alle Fahrzeuge der Güterbeförderung:

> Luftreifen an Kraftfahrzeugen und Anhängern müssen am ganzen Umfang und auf der ganzen Breite der Lauffläche mit Profilrillen oder Einschnitten versehen sein.

Die bekannte Mindestprofiltiefe von 1,6 Millimetern jedoch wird nur gefordert für das Hauptprofil des Reifens.

> Als Hauptprofil gelten dabei die breiten Profilrillen im mittleren Bereich der Lauffläche, der etwa 3/4 der Laufflächenbreite einnimmt.
> (aus § 36 StVZO)

Zur schnellen Überprüfung befinden sich in der Regel im Hauptprofil des Reifens **Verschleißindikatoren**. Das sind Stege bzw. Erhebungen in Profilrillen mit der Höhe von 1,6 Millimetern. Ist das Profil im Umfeld auch nur eines einzigen Indikators bereits auf dessen Höhe abgefahren, darf der Reifen so nicht weiter benutzt werden (zum Nachschneiden s. u.).
Angezeigt werden die Fundstellen dieser Indikatoren - je nach Reifenhersteller - mit dem Schriftzug TWI oder Symbolen, wie z. B. dem „Michelin-Männchen" oder einem Dreieck außen an den Reifenflanken (Seitenwände des Reifens).

Reifenkennung

Als beispielhafte Reifenkennzeichnung/-beschriftung an den Reifenflanken soll die folgende dienen:

| 305/80 | R 22,5 | 156/152 L | reinforced | regroovable |

alternativ folgende (ältere) Bezeichnung:

| 12/80 | R 22,5 | 156/152 L | reinforced | regroovable |

Vorschriften für den Güterkraftverkehr — Band 6

Dabei bedeuten:

305 alternativ 12	Breite des Reifens – nicht der Lauffläche (!) – von Flanke zu Flanke (Seitenwand) • in **mm** beim Wert 305, • in **Zoll** beim Wert 12 (1 Zoll = 2,54 cm)
/80	**Breiten-/Höhenverhältnis** des Reifens (hier: die Höhe des Reifens – gemessen von seiner Wulst bis zur Lauffläche – beträgt 80% seiner Breite; es handelt sich um einen Niederquerschnittreifen)
R	**Bauart** Radialreifen
22,5	**Innendurchmesser** des Reifens (gemessen von Wulst zu Wulst) und damit auch der Felgendurchmesser in Zoll
156/152	**Tragfähigkeitsindex** des Reifens, „Load Index"; Tragfähigkeit hier: 4000 kg. **156** gilt bei Verwendung des Reifens als Einzelreifen, der niedrigere Wert **152** gilt, falls der Reifen Bestandteil einer Zwillingsbereifung ist
L	**Geschwindigkeitsindex** des Reifens, „Speed Index"; bauartbedingte Geschwindigkeit hier: 120 km/h
reinforced	verstärkter Reifen
regroovable	nachschneidbar

Unter **Tragfähigkeitsindex** (Load Index) bzw. **Geschwindigkeitsindex** (Speed Index) versteht man die durch die Bauart vorgegebene Höchst-Tragfähigkeit bzw. Höchstgeschwindigkeit eines Reifens, die in einer entsprechenden Liste festgelegt wurde und dort nachlesbar ist. Werden freiwillig Reifen aufgezogen, die eine höhere Tragfähigkeit bzw. Geschwindigkeit ausweisen als vorgeschrieben, ist das zulässig. Es handelt sich schließlich, technisch gesehen, um einen höherwertigen Reifen.

Für manche Fahrzeuge werden auch Alternativen im Verhältnis zwischen Tragfähigkeits- und Geschwindigkeitsindex angegeben. Dann werden z. B. Reifen zugelassen, die über eine niedrigere Tragfähigkeit, dafür aber eine höhere Geschwindigkeitsqualifikation verfügen oder umgekehrt. Die alternativen Werte sind dabei genau benannt.

Zu den Alternativen:
- **Reifenbreite in Zoll statt in mm**: Entspricht die Zoll-Angabe der mm-Angabe, wie im o. g. Beispiel, ist die Ausrüstung mit einem solchen Reifen zulässig. Das Gleiche gilt für den umgekehrten Fall.
- **PR-Zahl statt Load Index**: PR steht für „ply rating" (Zahl der Gürtellagen). Es handelt sich jedoch um eine Verhältniszahl. So hat ein 8-PR-Reifen nicht etwa acht Gürtellagen, sondern eine Tragfähigkeit, die acht Gürtellagen entspricht. Entspricht ein PR-Wert dem eigentlich geforderten LI - oder umgekehrt -, darf der Reifen verwendet werden (siehe Tabelle).

PR-Zahl	Load Index LI	Lastbereich kg
6	88 – 100	560 – 775
8	97 – 115	730 – 1215
10	101 – 120	825 – 1400
12	116 – 128	1250 – 1800
14	122 – 146	1500 – 3000
16	132 – 154	2000 – 3750
18	140 – 160	2500 – 4500

Winterreifen

Die Pflicht, Winterreifen unter bestimmten Witterungs- und Fahrbahnverhältnissen zu benutzen, regelt die StVO (§ 2). Sie legte auch bisher als ausreichende Qualifikation für Winterreifen die Kennzeichnung mit dem Schriftzug ‚M & S' (Mudder & Snow/ Matsch & Schnee) fest. Die M&S-Kennung sagt nach Ansicht von Fachleuten über die Winterqualitäten eines Reifens allerdings nicht genug aus. Deshalb wird **ab dem 01.10.2024** die Benutzung

von Winterreifen vorgeschrieben, die gemäß § 36 der StVZO (ggf. zusätzlich) mit dem ‚**Alpine-Symbol**' gekennzeichnet sind. Bis zu diesem Datum ist die Nutzung von solchen M&S-Reifen statthaft, die bis zum 31.12.2017 hergestellt wurden.

Kraftfahrzeuge der Klassen N2 und N3, also alle Kfz zur Güterbeförderung mit einer zGM > 3,5 t, müssen bei entsprechenden Witterungsbedingungen spätestens **ab dem 01.07.2020 auf den ständig angetriebenen Achsen und auf den vorderen Lenkachsen** mit entsprechenden Winterreifen ausgerüstet sein. In Abhängigkeit von den Ergebnissen einer laufenden Untersuchung kann dieses Datum ggf. auch noch vorgezogen werden.

Von einer in Deutschland unbekannten Regelung kann der Kraftfahrer im Ausland überrascht werden: dem Winterreifenverbot. So ist die Verwendung solcher Reifen in Italien vom 15. Mai bis zum 14. Oktober eines Jahres verboten, wenn die Geschwindigkeitsqualifikation (Kennbuchstabe) des Reifens unter der bauartgemäßen Höchstgeschwindigkeit des Fahrzeugs liegt.

Nachschneiden von Reifen

Das Nachschneiden von Reifen unterliegt besonderen Vorschriften, ist aber grundsätzlich bei Kraftfahrzeugen über 3,5 t zulässiger Gesamtmasse und ihren Anhängern erlaubt.

Näheres bestimmt die folgende Richtlinie für das Nachschneiden von Reifen an Nutzfahrzeugen

1. Anwendungsbereich
   Die Richtlinie dient der Sicherstellung einheitlicher Voraussetzungen für das Nachschneiden der Reifen von Nutzfahrzeugen, um die Verkehrssicherheit solcher nachgeschnittener Reifen zu gewährleisten.
   ...
3. Voraussetzungen
   Reifen dürfen nur nachgeschnitten werden, wenn sie auf den Seitenwänden die Zusatzkennzeichnung „REGROOVABLE" oder das entsprechende Symbol (gemäß 3.1.9 der ECE-R 54 in der Fassung der 2. Ergänzung vom 3. September 1989) tragen.
4. Inspektion der Reifen
   Vor dem Nachschneiden ist zu prüfen, ob die Reifen Verletzungen aufweisen. Bei größeren Schnittverletzungen oder Profilausbrüchen ist die weitere Verwendung der Reifen fachgerecht zu überprüfen sowie festzustellen, ob ein Nachschneiden noch vertretbar ist.
5. Durchführen der Arbeiten
   5.1 Das Nachschneiden von Reifen darf nur durch qualifiziertes und sachkundiges Personal durchgeführt werden.
   5.2 Reifen dürfen nur nach den von den Reifenherstellern oder Runderneuerern herausgegebenen Anleitungen nachgeschnitten werden, die detaillierte Angaben zur Reifengröße und zum Profil vorgeben. Das Nachschneiden ist nur bis zu einer Grundgummistärke oberhalb des Zwischenbaus bzw. des Gürtels von mindestens 2 mm zulässig.
   5.3 Vor dem Nachschneiden ist am Reifenumfang die Stelle mit der geringsten Profiltiefe der für das Nachschneiden zulässigen Profilrillen des Reifens zu ermitteln. In Abhängigkeit von dieser Profiltiefe ist die Nachschneidtiefe am Schneidwerkzeug nach den Anleitungen des Reifenherstellers oder des Reifenrunderneuerers einzustellen.
   5.4 Das Nachschneiden darf nur mit heizbaren Schneidwerkzeugen durchgeführt werden. Es sind nur abgerundete Messerformen nach Angaben der Reifenhersteller oder der Reifenrunderneuerer zulässig.
   5.5 Das Nachschneiden ist in jeder dafür vorgesehenen Profilrille nur einmal zulässig.

Vorschriften für den Güterkraftverkehr — Band 6

Seit November 2014 müssen neu zugelassene Kraftfahrzeuge mit **Reifendruck-Kontrollsystemen** ausgerüstet sein. Eine Nachrüstung älterer Fahrzeuge ist nicht erforderlich.
Die Systeme informieren den Fahrzeugführer über (gefährlichen) Druckabfall in einem oder mehreren Reifen seines Fahrzeugs. Zur Anwendung kommen dabei direkte oder indirekte Systeme.

Direkte Systeme arbeiten mit Sensoren an jedem Reifen, die bei relevantem Abfall des Reifeninnendrucks über Funk das entsprechende Signal zum Fahrerplatz übermitteln.

Indirekte Systeme nutzen die Drehzahlsensoren eines vorhandenen ABS- oder ESP-Systems zur Errechnung eines Druckabfalls in einem Reifen.

Ideal ist ein System an Nutzfahrzeugen, welches den abfallenden Druck eines Reifens nicht nur registrieren und melden, sondern auch selbsttätig nachfüllen kann (Foto).

Ein kümmerliches und vergessenes Dasein führt häufig der **Reservereifen**.
Der Reifen ist ein Mittel zur Notstandsbeseitigung und als solches sind die Anforderungen an ihn tatsächlich denkbar gering. Sein Zustand muss nur gut genug sein, das Fahrzeug aus der Notsituation heraus zu manövrieren. Er braucht also lediglich zu passen. Auch bezüglich Tragfähigkeits- und Geschwindigkeitsindex sowie Profiltiefe werden keine besonderen Anforderungen an ihn gestellt. Dementsprechend sehen Reservereifen auch vielfach aus.

Allerdings: Sie, als verantwortlicher Fahrzeugführer, müssen sich bei Ausrüstung Ihres Fahrzeugs mit einem solchen „Schlappen" darüber im Klaren sein, dass Ihre Fahrt, wenn dieser Reifen tatsächlich zum Einsatz kommen sollte, nach dem Verlassen des Gefahrenbereiches, allerspätestens mit der Ankunft in einer geeigneten (Reifen-)Werkstatt zu Ende ist! Dann muss wieder eine Bereifung in gesetzlich vorgeschriebener Ausführung aufgezogen werden. Wer also nicht mitten in der Nacht – mit Terminladung auf dem Wagen ... – vor dem verschlossenen Hof eines Reifenhändlers sein Lager aufschlagen möchte, der sollte ein vollwertiges und einwandfreies Ersatzrad mitführen.

Vorschriften für den Güterkraftverkehr — Band 6

Apropos „mitführen": Das Mitführen eines Reserverades setzt eine geeignete Halterung voraus, die die gesetzlichen Vorschriften erfüllt: Das Rad muss **gegen Verlieren doppelt gesichert** sein. Jede dieser Sicherungen muss in der Lage sein, falls die andere Sicherung ausfällt, das Rad allein festzuhalten. Gegebenenfalls vorhandene Winden sind im Sinne dieser Vorgaben keine Sicherungen, sie dienen nur dem Bedienungskomfort!
Üblich als Unterbringung/Sicherung sind Mehrfachverschraubungen, Bügel oder Wannen.

Radabdeckungen

Im Normalfall müssen Kotflügel bzw. Radkästen Reifen so weit abdecken, dass keine Gefahr von ihnen ausgehen kann. Sattelzugmaschinen können meist den oberen Teil ihrer Hinterachs-Radkästen/Kotflügel entfernen, damit sie beim Mitführen eines Aufliegers diese nicht beschädigen.
Der Fahrzeugführer muss die **Abdeckung der Hinterräder** wieder komplettieren, wenn eine Fahrt ohne Auflieger ansteht.

Zum Thema „Reifen" siehe insbesondere Band 2.

11.12. Gleitschutzeinrichtungen und Schneeketten (§ 37)

Die Begriffe sind zu unterscheiden.

Gleitschutzeinrichtungen:
Vorrichtungen zum kurzzeitigen Gebrauch, um auf nicht griffigem Untergrund wieder Kraftschluss (Reibung) herzustellen. Deshalb fallen die Einrichtungen auch unter den Begriff „**Anfahrhilfen**".

Bekannt sind Greifvorrichtungen, die außen an den Rädern befestigt werden oder auch Schleuderketten, bei denen fortlaufend kurze Kettenstücke unter die Antriebsräder „geschleudert" werden. Der Antrieb erfolgt über Reibrollen, die fest an die Antriebsräder gedrückt werden. Der Fahrer kann sie per Knopfdruck im Führerhaus aktivieren.

Schneeketten:
Als „Einrichtungen, die das sichere Fahren auf schneebedeckter oder vereister Fahrbahn ermöglichen sollen (Schneeketten)", definiert sie die StVZO (§ 37). Sie umschließen das Rad/die Räder komplett und zwar so, dass bei jeder Stellung des Rades ein Teil der Kette die ebene Fahrbahn berührt.

Sind also Schneeketten über Beschilderung vorgeschrieben, müssen die hier beschriebenen Einrichtungen verwendet werden.

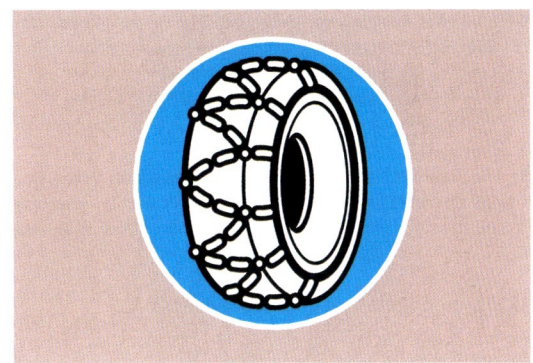

11.13. Lenkung (§ 38)

Die technische Ausgestaltung der Lenkanlage wird durch Vorschriften geregelt.
Aufgrund der hohen Kräfte, die der Fahrer ansonsten aufbringen müsste, sind Fahrzeuge heute in aller Regel mit Lenkunterstützungen - Hilfskraft- oder **Servolenkungen** - ausgerüstet. Im Bereich der Pkw oft nur ein Zugeständnis an den Komfort, im Bereich der Nutzfahrzeuge zwingend erforderlich, um Sicherheitsansprüchen zu genügen.
Kennzeichnend für eine Servolenkung ist, dass bei Totalausfall der Unterstützungseinrichtung die Lenkfähigkeit des Fahrzeugs (bei wesentlich höherem Kraftaufwand!) erhalten bleibt.
Diese Eigenschaft unterscheidet sie von **reinen Fremdkraftlenkungen**. Wie der Name schon sagt, ist hier nur eine fremde (vom Fahrer nur dosierte) Kraft am Werk, welche die Dreh-Arbeit an den Rädern übernimmt. Ein mechanischer Zugriff des Fahrers auf die zu lenkenden Räder besteht also nicht. Der Ausfall der Fremdkraft bedeutet den Ausfall der Lenkung. Bei „normalen" Straßenfahrzeugen dürfen sie daher nicht verwendet werden.

11.14. Automatischer Blockierverhinderer – ABV (§ 41 b)

Ein automatischer Blockierverhinderer ist der Teil einer Betriebsbremsanlage, der selbsttätig den Schlupf in der Drehrichtung des Rades an einem oder mehreren Rädern des Fahrzeugs während der Bremsung regelt.
(aus § 41 b)

Unter **Schlupf** wird eine sogenannte Weg-Dreh-Differenz verstanden, also ein Missverhältnis zwischen der Zahl der Umdrehungen des Rades und dem tatsächlich zurückgelegten Weg.

Beispiel: Das Rad eines Fahrzeugs hat einen Umfang von 3 Metern. Mit jeder Umdrehung müsste also eine Wegstrecke von exakt 3 m zurückgelegt werden. Legt das Fahrzeug bei einer Bremsung einen Weg von 300 m zurück, müsste das besagte Rad 100-mal abgerollt sein. Sollte es z. B. nur 90-mal abgerollt sein, läge hier ein Schlupf von 10 % vor.

Der Sinn des ABV besteht darin, die Lenkbarkeit des Fahrzeugs zu erhalten, da nur rollende Räder Lenkkräfte bzw. Seitenführungskräfte auf die Fahrbahn übertragen können.
Der automatische Blockierverhinderer (ABV) wird häufig als Anti-Blockiersystem (ABS) bezeichnet. Dabei handelt es sich jedoch um die geschützte Bezeichnung eines ganz bestimmten Blockierverhinderers, dem der Hersteller diesen Namen gab.

Mit einem ABV **ausgerüstet sein müssen**:
- Lastkraftwagen und Sattelzugmaschinen mit einer jeweils zulässigen Gesamtmasse von mehr als 3,5 t,
- Zugmaschinen mit einer zulässigen Gesamtmasse von mehr als 3,5 t,
- Anhänger mit einer zulässigen Gesamtmasse von mehr als 3,5 t; das gilt für Sattelanhänger nur dann, wenn die um die Aufliegelast/Stützlast verringerte zulässige Gesamtmasse 3,5 t übersteigt,
- Kraftomnibusse.

Ist kein ABV vorhanden, was bei älteren Fahrzeugen durchaus vorkommen kann, muss das Fahrzeug aber zumindest über eine andere, einfachere Form der Bremskraftregelung verfügen; im Nutzfahrzeugbereich ist das in aller Regel die **ALB** (siehe Band 3).
Es könnte also in der Praxis das Problem der Kombination unterschiedlich ausgerüsteter Lkw und Anhänger geben.

Dazu folgende **Beispiele von denkbaren Zug-Zusammenstellungen**:
1. Lkw mit ABV ausgerüstet, Anhänger nicht, aber mit ALB:
   Kombination zulässig, da die Bremskräfte im Anhänger zumindest über die ALB geregelt werden.
2. Lkw ohne ABV, Anhänger **mit ABV und ALB** ausgerüstet:
   ABV des Anhängers kann nicht angesteuert werden. Kombination dennoch **zulässig**, da die Bremskräfte im Anhänger zumindest über die ALB geregelt werden.
3. Lkw ohne ABV, Anhänger **mit ABV aber ohne ALB** ausgerüstet:
   ABV des Anhängers kann nicht angesteuert werden. Regelung über ALB scheidet ebenfalls aus, da nicht vorhanden. Kombination **unzulässig**, da keinerlei Regelung der Bremskräfte im Anhänger!

11.15. Anhängelasten und Leermasse (§ 42)

Zur Leermasse (Leergewicht)

> Das **Leergewicht** ist das Gewicht des betriebsfertigen Fahrzeugs ohne austauschbare Ladungsträger (Behälter, die dazu bestimmt und geeignet sind, Ladungen aufzunehmen und auf oder an verschiedenen Trägerfahrzeugen verwendet zu werden, wie Container, Wechselbehälter), aber mit zu 90 % gefüllten eingebauten Kraftstoffbehältern und zu 100 % gefüllten Systemen für andere Flüssigkeiten (ausgenommen Systeme für gebrauchtes Wasser) einschließlich des Gewichts aller im Betrieb mitgeführten Ausrüstungsteile (z. B. Ersatzräder und -bereifung, Ersatzteile, Werkzeug, Wagenheber, Feuerlöscher, Aufsteckwände, Planengestell mit Planenbügeln und Planenlatten oder Planenstangen, Plane, Gleitschutzeinrichtungen, Belastungsgewichte), (...) zuzüglich 75 kg als Fahrergewicht.
> (aus § 42)

Schwierigkeiten bei dieser Formulierung bereitet immer wieder die Zuordnung der berücksichtigten 75 kg für die ‚Masse' des Fahrers.
Es gilt: Die pauschal angesetzten **75 kg sind Bestandteil der Leermasse**.
Ohne Fahrer ist ein Kraftfahrzeug im Regelfall nicht unterwegs, deshalb wollte der Gesetzgeber wenigstens ein **pauschales** Fahrergewicht in der Leermasse des Fahrzeugs berücksichtigen, auch wenn das in einigen Fällen etwas knapp bemessen sein dürfte ...
Betrachten wir es einmal ganz theoretisch, aber dennoch auf die Praxis bezogen:
Die Zulassungsbescheinigung eines Lkw gibt 10 t Leermasse für das Fahrzeug an. Stünde das Fahrzeug unbeladen und ohne Fahrer auf einer Waage, dürfte die Waage nur 9.925 kg anzeigen – die fehlenden 75 kg sind die, die pauschal für den Fahrer in der Leermasse berücksichtigt werden.
Angenommen der Fahrer wöge aber tatsächlich 100 kg und würde sich nun in den Lkw setzen, dann müsste die Waage jetzt 10.025 kg oder 10,025 t anzeigen.

Im Alltag geben die Fahrzeugpapiere zwar über die Leermasse eines Fahrzeugs Auskunft, die Angaben sind aber erfahrungsgemäß mit Vorsicht zu genießen. Hersteller geben gern immer den gleichen Wert für eine ganze Baureihe von Kraftfahrzeugen an, ohne dass sie eine ggf. vorhandene umfangreiche Sonderausstattung berücksichtigen würden. Leicht kommen da zusätzliche Massen zusammen, die auch bei einem Nutzfahrzeug eine nicht unerhebliche Rolle bei der Gesamtmasse spielen können.

Vorschriften für den Güterkraftverkehr — Band 6

Wichtig ist für den Fahrer, dass gewöhnliche **Container und Wechselaufbauten** nicht zur Leermasse gehören. Verbinden sie jedoch ihre Trägerfahrzeuge (Container liegt mit seinem Vorderteil auf dem Zugfahrzeug auf und mit dem Hinterteil auf einem Nachläufer), sind sie sehr wohl Fahrzeugbestandteil!
Das gilt erst recht, wenn der Container sogar Zugkräfte überträgt, weil er (neben Elektrokabeln und Luftschläuchen) die einzige Verbindung zwischen Motorwagen und Anhänger darstellt.

> Austauschbare Ladungsträger, die Fahrzeuge miteinander verbinden oder Zugkräfte übertragen, sind Fahrzeugteile.
> (aus § 42)

Das Eigengewicht eines Containers oder Wechselaufbaus muss von außen ablesbar, also für jedermann leicht erkennbar sein (meist ‚T' für ‚Tara' - Verpackung). Fachverbände beklagen jedoch, dass diese Angaben zum Teil stark untertreiben oder gleich ganz fehlen. Die Risiken, die sich daraus für alle am Transport Beteiligten ergeben können, liegen auf der Hand. Bei entsprechender Stückzahl können solche falsch deklarierten Behälter sogar Schiffe in Schwierigkeiten bringen.

Zu den **Anhängelasten**:
In Kapitel 12.9. „Mindest-Motorleistung" wurde bereits erwähnt, dass die maximal zulässigen Anhängelasten in den Fahrzeugpapieren angegeben sind (verbindliche Vorgaben des Herstellers, die niedriger ausfallen können, als der Wert, den die StVZO gemäß den folgenden Berechnungen theoretisch zuließe).
Die Fundstelle für die Berechnung der Werte befindet sich in § 42. Dabei handelt es sich, wie immer bei den Angaben der StVZO, um die maximal zulässigen Werte, die entsprechende verwendete Materialien und Bauweisen voraussetzen.

Es werden ins Verhältnis gesetzt
die zulässige Gesamtmasse (zGM) des Zugfahrzeugs zur tatsächlich vorhandenen Anhängelast (tA).

Anders ausgedrückt: zGM : tA

Für sogenannte **durchgehende Bremsanlagen** im Lastzug gilt dann die Formel **1 : 1,5**.
Ohne eine solche Anlage im Zug beträgt die Verhältniszahl **1 : 1**.

Um von „durchgehender Bremsanlage" sprechen zu können, muss die Anlage zwei Voraussetzungen erfüllen:

> 1. Die Bremsen des ziehenden und des gezogenen Fahrzeugs müssen sich vom Führersitz aus durch dieselbe Einrichtung abstufbar betätigen lassen.
>
> 2. Die zum Bremsen des ziehenden und des gezogenen Fahrzeugs erforderliche Energie muss von derselben Energiequelle geliefert werden. Die Betätigungskraft des Führers darf bei der Bremsung des ziehenden Fahrzeugs mitwirken.
> (Richtlinie zu § 42)

Bezug dieser Theorie auf die Praxis, also auf Fahrzeugkombinationen, wie sie im Alltag vorkommen:
1. Für den Lkw mit druckluftunterstützter Bremse und auflaufgebremstem Anhänger bedeutet das eine Verhältniszahl von **1 : 1**.
2. Für den Lkw mit Druckluftbremse und auflaufgebremstem Anhänger bedeutet das eine Verhältniszahl von **1 : 1**.
3. Für den Lkw mit druckluftunterstützter Bremse und druckluftgebremstem Anhänger bedeutet das eine Verhältniszahl von **1 : 1**.
4. Für den Lkw mit Druckluftbremse und druckluftgebremstem Anhänger bedeutet das eine Verhältniszahl von **1 : 1,5**.

Auflaufbremse: Eine Bremsanlage, welche die bei einer Bremsung des Zugfahrzeugs „schiebende" Masse des Anhängers nutzt, um dessen Bremsen zu betätigen.

Hat also der Lkw im dritten Beispiel eine zulässige Gesamtmasse von 8 t, darf der mitgeführte Anhänger – völlig unabhängig von seiner zulässigen Gesamtmasse – eine tatsächliche Masse von 8 t haben.
Bei 18 t zulässiger Gesamtmasse des Lkw im vierten Beispiel darf der Anhänger rein rechnerisch auf eine tatsächliche Masse von 27 t kommen. In der Praxis wird es ein Anhänger mit einer zulässigen Gesamtmasse von 24 t sein, also der Maximalmasse eines Anhängers. Auf diese Weise entsteht dann ein 40-t-Zug.

11.16. Einrichtungen zur Verbindung von Fahrzeugen (§ 43)

Anhängekupplungen müssen im Regelfall selbsttätig sein. Das bedeutet, dass beim Ankuppeln durch leichten Gegendruck der Zugöse einer Anhängerdeichsel die bis dahin geöffnete Anhängekupplung eines Lkw **ohne weiteres Zutun des Fahrpersonals** schließen muss. Die Deichsel wird dabei über das Kupplungsmaul auf dem letzten Stück Weg zwangsgeführt. Sinngemäß gilt das auch für das Aufsatteln.

Außerdem müssen die Deichseln von Mehrachsanhängern nicht nur Bodenfreiheit haben (20 cm), sondern auch über eine Höheneinstellvorrichtung verfügen. So wird auch hier niemand benötigt, der die Deichsel auf Höhe der Kupplung hält: (siehe Bilder) manuelle, automatische Höheneinstellvorrichtung über Federn, mit Feinjustierung.

Manuelle Höheneinstellvorrichtung

Automatische Höheneinstellung

Mit Hilfe dieser technischen Einrichtungen wird der gefährliche und deshalb verbotene **Aufenthalt von Menschen zwischen zwei anzukuppelnden Fahrzeugen** vermieden. Dass er dennoch praktiziert wird – und so immer wieder Personal ums Leben kommt – liegt nicht nur an Unkenntnis, sondern meist an defekten bzw. schwergängigen Einrichtungen. Hier ist Wartung, also Schmierung vonnöten. Entweder von Hand mit der Fettpresse oder über automatische (intakte!) Zentral-Schmieranlagen.

Die **„Krönung" des Leichtsinns** sind Kuppelvorgänge, bei denen der anzukuppelnde Anhänger auf das Zugfahrzeug aufläuft und die Deichsel von Fahrer/Beifahrer zum Lenken des Anhängers gehalten und geführt wird. Ein kleiner Stein reicht, um die Vorderachse des Anhängers einseitig abzubremsen; der Drehschemel und damit die Deichsel schlägt blitzartig zur gebremsten Seite aus und bricht dem machtlosen Führer der Deichsel die Knochen.

Merke: Kuppelvorgänge grundsätzlich mit dem Motorwagen durchführen; dabei befindet sich niemand zwischen den Fahrzeugen, auch kein Sicherungsposten!

11.17. Stützeinrichtung und Stützlast (§ 44)

Hierbei handelt es sich um Spezialvorschriften für Sattelauflieger und Starrdeichselanhänger.

Sattelauflieger

Sattelauflieger müssen lediglich mit **Aufnahmevorrichtungen** für Stützfüße ausgerüstet sein. Die meisten Auflieger haben aber eigene fest montierte Stützen. Sollte ein Fahrzeug mit selbsttätigen Verbindungsvorrichtungen für die Elektrik und die Druckluftleitungen ausgestattet sein, müssen beim Ankuppelvorgang auch die Stützen selbsttätig hochfahren.

Notfall-/Werkstattstütze

Vorschriften für den Güterkraftverkehr — Band 6

Starrdeichselanhänger

Auch Starrdeichselanhänger müssen eine in der Höhe veränderliche Stützvorrichtung haben – nicht unbedingt ein Stützrad –, wenn die zulässige Stützlast mehr als 50 kg beträgt.

Der **Stützlast** fällt beim Starrdeichselanhänger eine wichtige Rolle zu. Bereits bei der Berechnung der zulässigen Gesamtmasse eines Zuges mit Starrdeichselanhänger war sie zu berücksichtigen. Dort war allein von der zulässigen Stützlast die Rede, hier geht es aber auch um die tatsächliche.

Jeder Hersteller gibt für sein Produkt eine **maximal zulässige Stützlast** vor, die im Betrieb einzuhalten ist. Bei älteren Fahrzeugen ist sie (wenn man Glück hat) aus dem Typschild am Anhänger zu entnehmen, bei neueren aus dem Fahrzeugschein unter „Vorderachslast", bei neuen Fahrzeugen mit einer Zulassungsbescheinigung Teil I aus der Eintragung in der entsprechenden Spalte 13.
Die Einhaltung der Vorgaben hängt im praktischen Betrieb von der Art und Weise der Beladung ab. Wenn es mit den Vorschriften über Ladungssicherung in Einklang zu bringen ist, kann die **tatsächliche Stützlast** durch Verschieben der Ladung in Längsrichtung des Fahrzeugs verändert werden.
Ein Starrdeichselanhänger muss immer „kopflastig" sein; er muss sich zwingend mit einem Teil seines Gewichtes auf dem Zugfahrzeug abstützen, um eine Entlastung von dessen Hinterachse(n) zu vermeiden. Dazu sagt die StVZO:

Mindeststützlast
Bei Starrdeichselanhängern (...) mit einem zulässigen Gesamtgewicht von mehr als 3,5 t darf die vom ziehenden Fahrzeug aufzunehmende Mindeststützlast nicht weniger als 4 vom Hundert (also 4 %) des tatsächlichen Gesamtgewichts des Anhängers betragen, sie braucht jedoch nicht mehr als 500 kg zu betragen. (aus § 44)

Maximalstützlast
Die maximal zulässige Stützlast darf bei diesen Anhängern . höchstens 15 vom Hundert (also 15 %) des tatsächlichen Gesamtgewichts des Starrdeichselanhängers (...) aber nicht mehr als 2,00 t betragen.
(aus § 44)

11.18. Abgasführung und geräuscharme Kraftfahrzeuge (§§ 47 c, 31 e und 49)

Die Mündungen von Auspuffrohren dürfen nur nach oben, nach hinten, nach hinten unten oder nach hinten links bis zu einem Winkel von 45° zur Fahrzeuglängsachse gerichtet sein; sie müssen so angebracht sein, daß das Eindringen von Abgasen in das Fahrzeuginnere nicht zu erwarten ist. Auspuffrohre dürfen weder über die seitliche noch über die hintere Begrenzung der Fahrzeuge hinausragen.
(aus § 47 c)

Auspuffanlagen unterliegen der **Bauartgenehmigungspflicht** oder müssen alternativ eine EG-Typgenehmigung haben. Dabei geht es insbesondere um die Geräuschentwicklung. Das gilt auch für sogenannte Stand-Pipes (stehend) oder Side-Pipes (parallel zum Fahrzeug liegend; siehe Bilder).

Vorschriften für den Güterkraftverkehr — Band 6

Ausländische Kraftfahrzeuge, die zur Geräuschklasse G 1 im Sinne der Nummer 3.2.1 der Anlage XIV gehören, gelten als geräuscharm; sie dürfen mit dem Zeichen „Geräuscharmes Kraftfahrzeug!" gemäß Anlage XV (siehe Abb.) gekennzeichnet sein. Für andere ausländische Fahrzeuge gilt § 49 Abs. 3 Satz 2 und 3 entsprechend.
(§ 31 e)

Weitere umweltbezogene Kennzeichnungen:

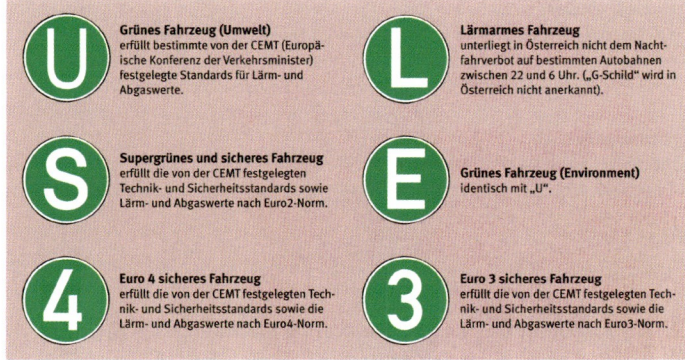

Umweltbezogene Kennzeichnungen

11.18.1. Oberleitungs-Lkw

Seit einigen Jahren beschäftigt sich die Industrie mit der Idee, Lastkraftwagen als Oberleitungs-Fahrzeuge zu betreiben. Mittlerweile hat diese Idee konkrete Formen angenommen. In den Vereinigten Staaten gibt es eine Teststrecke, auf der sich die Fahrzeuge im Alltagseinsatz bewähren müssen.
In Deutschland werden zwei vom Bundesumweltministerium geförderte Strecken für den Feldversuch eingerichtet. Betroffen sind die Autobahnen A1 und A5. Elektrifiziert werden jeweils 5,5 km, um den Lübecker Hafen mit einem Logistik-Center bzw. den Frankfurter Flughafen mit einem Gewerbegebiet zu verbinden. Die Oberleitungen verlaufen in einer Höhe von 5,5 m. Der Betrieb soll in 2019 aufgenommen werden.

Quelle: www.siemens.com/presse

Die Fahrzeuge verfügen über einen Dieselmotor, dessen Aufgabe nach dem Anheben des Stromabnehmers von einem Elektromotor übernommen wird. Der verbaute Stromspeicher des Lkw wird durch die Oberleitung so weit gefüllt, dass die Strecken zwischen Autobahn und Zielort mit dem Elektroantrieb bewältigt werden können.

11.19. Beleuchtungseinrichtungen (§ 49 a ff.)

Wie für alle anderen Fahrzeuge auch gelten für die in der Güterbeförderung eingesetzten Kraftfahrzeuge und ihre Anhänger zwei wichtige Grundsätze:
1. Es dürfen nur **die** Beleuchtungseinrichtungen (lichttechnische Einrichtungen) angebaut werden, die in der StVZO entweder ausdrücklich gefordert oder **ausdrücklich gestattet** werden,
2. die angebrachten (auch die nicht vorgeschriebenen!) Beleuchtungseinrichtungen müssen **funktionieren**.

Daraus ist der Rückschluss zu ziehen, dass eine Leuchtenart, die in der StVZO bzw. in den EU- und in den ECE-Regelungen weder ausdrücklich gefordert noch gestattet ist, automatisch verboten ist. Außerdem unterliegen Beleuchtungseinrichtungen im Regelfall der Bauartgenehmigungspflicht.

> Die Bedeutung von nationalen und auch EG/EU-Beleuchtungsvorschriften geht zurück. Es findet eine Angleichung an die ECE-Regelungen statt (ECE: Kürzel für „Wirtschaftskommission der Vereinten Nationen für Europa").
> Eine grundlegende Funktion übernimmt bei der Beleuchtung die Regelung **ECE R 48 (UN R 48): „Einheitliche Bedingungen für die Genehmigung der Fahrzeuge hinsichtlich des Anbaus der Beleuchtungs- und Lichtsignaleinrichtungen".**
> Typgenehmigungen für Fahrzeuge der Klassen M (Fzg zur Personenbeförderung), N (Fzg zur Güterbeförderung), und O (Anhänger) dürfen ab dem 18. November 2017 nur noch dann erteilt werden, wenn die Beleuchtungseinrichtungen der ECE R 48./R 48.06. entsprechen.

Beim Anblick des einen oder anderen Lastzuges kommen allerdings Zweifel auf, ob denn die gerade genannten Grundsätze wohl noch Gültigkeit haben: Batterien von Zusatzleuchten an Bügeln vor oder über dem Führerhaus, Spoiler zigfach durchlöchert, um Platz für Zusatzlampen zu schaffen, mehrere Sätze von Mehrkammerleuchten an der Rückseite der Fahrzeuge montiert usw.

Die Zielsetzung der Beleuchtungsvorschriften ist zum einen „**sehen und gesehen werden**". Letzteres wird durch übermäßig viele Leuchten sicher erreicht. Zum anderen ist aber das Ziel auch die Schaffung von „optischen Signalbildern". Das bedeutet ganz einfach, dass andere Verkehrsteilnehmer in die Lage versetzt werden sollen, bei Dunkelheit aus der Platzierung, der Farbe, der Größe und der Anzahl der Beleuchtungseinrichtungen Rückschlüsse auf die Breite, die Höhe und die Länge eines Fahrzeugs zu ziehen. Diese Be-obachtungen lassen für erfahrene Verkehrteilnehmer letztlich Rückschlüsse auf die Art des Fahrzeugs oder der Kombination zu und wirken sich (manchmal unbewusst) auf eigene Verhaltensweisen aus.
Wenn man sich als Verkehrsteilnehmer also nicht mehr sicher sein kann, ob man sich einem Lastzug oder der Landebahn eines Flughafens nähert – welchen Sinn macht dann eine solche Information bzw. Beleuchtung?

Vorschriften für den Güterkraftverkehr — Band 6

Hinzu kommen Probleme bei Verkehrskontrollen und den regelmäßigen Untersuchungen der Fahrzeuge. Prüfingenieure berichten von verbotenen Leuchten, die aus Angst vor Beanstandungen vor der Hauptuntersuchung oder Sicherheitsprüfung ausgebaut werden. Das wiederum führt zu Löchern in der Karosserie oder in Anbauteilen, die i. d. R. auch nicht akzeptiert werden können.

Die folgenden Tabellen sollen einen Überblick über vorgeschriebene und zusätzlich erlaubte Beleuchtungseinrichtungen nach StVZO und den ECE-Regelungen geben. Im Einzelfall bestehen wesentliche **Unterschiede** in den Vorschriften.
Auf Grund der Fülle von Detailregelungen, die für die Verwendbarkeit, die Anbringung und die Schaltung der einzelnen Einrichtungen gelten, kann hier jeweils nur auf die Quellen hingewiesen werden, in denen der interessierte Leser weitere Informationen zu diesen Themen erhalten kann.

Welche lichttechnischen Einrichtungen sind nun für Lkw und ihre Anhänger **vorgeschrieben**?

a) Nach **vorn** wirkend:

Nr.	Art der Einrichtung	Quelle StVZO §	Quelle ECE R 48/R 48.06. Nr.
1.	Begrenzungsleuchten	51	6.9.
2.	Fahrtrichtungsanzeiger	54	6.5.
3.	Rückstrahler	51	6.16.
4.	Scheinwerfer für Abblendlicht	50	6.2.
5.	Scheinwerfer für Fernlicht	50	6.1. ff/6.2.
6.	Spurhalteleuchten	nur ANH v. Lang-Lkw	–
7.	Tagfahrleuchten	49a	6.19.
8.	Umrissleuchten	51b	6.13.
9.	Warnblinkanlage (vorderer Teil)	53a	6.6. ff.

Erläuterungen

Zu Nr. 1: Häufig fälschlich als „Standlicht" bezeichnet; unter dieser Lichtstufe versteht man jedoch alle lichttechnischen Einrichtungen, die in der ersten Stellung des Lichtschalters arbeiten – Begrenzungsleuchten sind also ein Bestandteil des Standlichts.

Zu Nr. 8: Denkbar sind kombinierte Umrissleuchten, hinten außen an den Fahrzeugen angebracht, sodass der Fahrer bei Dunkelheit über das Ende seines Fahrzeugs/Zuges orientiert ist. Die auf diese Art am Anhänger angebrachte kombinierte Umrissleuchte übernimmt dann gleichzeitig für den Fahrer die Funktion einer Spurhalteleuchte.

Fahrtrichtung links

Fahrtrichtung rechts

b) Zur **Seite** wirkend:

Erläuterung
Zu Nr. 13:
Unter Einhaltung bestimmter Bedingungen dürfen die Seitenmarkierungsleuchten von Kfz und Anhängern festgelegter Klassen als Fahrtrichtungsanzeiger (Blinker) - parallel zu den vorhandenen Blinkern – arbeiten (Quelle: **ECE R 48.06**).

Nr.	Art der Einrichtung	Quelle StVZO §	Quelle ECE R 48/R 48.06. Nr.
10.	Fahrtrichtungsanzeiger	54	6.5.
11.	Konturmarkierungen/ Werbung reflektierend	53	6.21.
12.	Rückstrahler	51a	6.17.
13.	Seitenmarkierungsleuchten/gelbes retroreflektierendes Material	51a	6.18.
14.	Warnblinkanlage (seitlicher Teil)	53a	6.6.

c) Nach **hinten** wirkend:

Eräuterungen
Zu Nr. 15:
Außer den Blinkleuchten sind auch (elastische) Warntafeln an den Hubladebühnen vorgeschrieben.

Zu Nr. 16:
Aufgrund der großen Verzögerungswirkung von modernen Retardern und Wirbelstrombremsen dürfen diese auch an die Bremsleuchten angeschlossen werden.

Nr.	Art der Einrichtung	Quelle StVZO §	Quelle ECE R 48/R 48.06. Nr.
15.	Blinkleuchten für Hubladebühnen	53b	–
16.	Bremsleuchten	53	6.7.
17.	Fahrtrichtungsanzeiger	54	6.5.
18.	Kennzeichenbeleuchtung	49a/52	
19.	Konturmarkierungen	53	6.21.
20.	Nebelschlussleuchte	53d	6.11.
21.	retroreflektierendes Schild „Lang-Lkw"	Lang-Lkw-Ausnahmeverordnung	70
22.	Rückfahrscheinwerfer	52a	6.4.
23.	Rückstrahler	53 (Kfz + ANH)	6.14. (Kfz)/ 6.15. (ANH)
24.	Schlussleuchten	53	6.10.
25.	Umrissleuchten	51b	6.13.
26.	Warnblinkleuchten (hinterer Teil)	53a	6.6.

Vorschriften für den Güterkraftverkehr — Band 6

d) Folgende lichttechnische Einrichtungen sind **zusätzlich** zulässig:

Erläuterung zu Nr. 11:

Neben dem gesetzlich geforderten hinten anzubringenden einen Rückfahrscheinwerfer, der in der Praxis meist um einen weiteren (zulässigen) ergänzt wird, ist für Kraftfahrzeuge mit einer zulässigen Gesamtmasse über 3,5 t und für bestimmte Anhänger (s. Tabelle d) an den Längsseiten jeweils ein weiterer derartiger Scheinwerfer zulässig.
Eine solche Ausrüstung ist gerade bei langen Lkw und Zügen sehr vorteilhaft. Auf diese Weise können die Randbereiche des Verkehrsraums bzw. der Lauf der Hinterachsen der Fahrzeuge beim Rangieren in der Dunkelheit viel besser beobachtet werden.

Nr.	Art der Einrichtung	Quelle StVZO §	Quelle ECE R 48/R 48.06. Nr.
1.	Arbeitsscheinwerfer	52	–
2.	Begrenzungsleuchten	51	6.10.2.1/6.9.
3.	Bremsleuchten	53	6.7.
4.	Kennzeichnung für lange/schwere Fzg	53	ECE R 70
5.	Kennzeichen selbst leuchtend	49a	–
6.	Konturmarkierungen	53	6.21.
7.	Nebelscheinwerfer	52	6.3.
8.	Nebelschlussleuchte	52	6.11.
9.	Parkleuchte	51c	6.12.
10.	Parkwarntafel	51c	–
11.	Rückfahrscheinwerfer	52a	6.4.
12.	Rückstrahler	51 (vorn)/51a (seitl.)	6.16./6.17.
13.	Rundumleuchten gelb/blau	52	–
14.	Scheinwerfer für Fernlicht	50	–
15.	Schlussleuchten	53	6.10.
16.	Seitenmarkierungsleuchten	51a	6.18.
17.	Spurhalteleuchten	51	
18.	Suchscheinwerfer	52	–
19.	Tagfahrleuchten	49a	
20.	Türsicherungsleuchten	52	–
21.	Umrissleuchten	51b	6.13.
22.	Abbiegescheinwerfer	–	6.20.
23.	Adaptives Frontbeleuchtungssystem (AFS)	–	6.22.
24.	Notbremssignal	–	6.23.
25.	Ein-/Ausstiegsleuchte	–	6.24.
26.	Auffahrunfall-Alarmsignal	–	6.25.
27.	Manövrierscheinwerfer	–	6.26.

Rückstrahlende Tafeln/Folien nach den internationalen ECE-Richtlinien

Reflektierende Folien und Tafeln sind ebenso wie Rückstrahler lichttechnische Einrichtungen. Die ECE normiert solche Fahrzeugteile, beschäftigt sich in ihren Richtlinien aber auch mit deren Anbringung und Verwendung.

Deutschland hat eine große Anzahl der Richtlinien akzeptiert. Diese Richtlinien gelten deshalb auch für in der Bundesrepublik zugelassene Fahrzeuge. Unterscheiden sich die Inhalte von StVZO und ECE-Vorgaben im Einzelfall, hat der Halter eines Fahrzeugs mit einer vor dem 18.11.2017 datierten Typgenehmigung bei der Ausrüstung seines Fahrzeugs dann sogar die Wahl zwischen beiden Rechtsnormen.

Übersicht über die in der Tabelle ‚Wichtige ECE-Tafeln/Folien in der StVZO' genannten EG/ECE-Fahrzeugklassen:

Klasse M2:	Für die Personenbeförderung ausgelegte und gebaute Kraftfahrzeuge mit mehr als acht Sitzplätzen außer dem Fahrersitz und einer zulässigen Gesamtmasse bis zu 5 Tonnen.
Klasse M3:	Für die Personenbeförderung ausgelegte und gebaute Kraftfahrzeuge mit mehr als acht Sitzplätzen außer dem Fahrersitz und einer zulässigen Gesamtmasse von mehr als 5 Tonnen.
Klasse N:	Für die Güterbeförderung ausgelegte und gebaute Kraftfahrzeuge mit mindestens vier Rädern.
Klasse N1:	Für die Güterbeförderung ausgelegte und gebaute Kraftfahrzeuge mit einer zulässigen Gesamtmasse bis zu 3,5 Tonnen.
Klasse N2:	Für die Güterbeförderung ausgelegte und gebaute Kraftfahrzeuge mit einer zulässigen Gesamtmasse von mehr als 3,5 Tonnen bis zu 12 Tonnen.
Klasse N3:	Für die Güterbeförderung ausgelegte und gebaute Kraftfahrzeuge mit einer zulässigen Gesamtmasse von mehr als 12 Tonnen.
Klasse O2:	Anhänger mit einer zulässigen Gesamtmasse von mehr als 0,75 Tonnen bis zu 3,5 Tonnen.
Klasse O3:	Anhänger mit einer zulässigen Gesamtmasse von mehr als 3,5 Tonnen bis zu 10 Tonnen.
Klasse O4:	Anhänger mit einer zulässigen Gesamtmasse von mehr als 10 Tonnen.

Vorschriften für den Güterkraftverkehr — Band 6

Wichtige ECE-Tafeln/Folien in der StVZO

betroffene Fahrzeuge	Art/Ausgestaltung der Tafel bzw. Markierung	zulässig/ unzulässig	Quellen	Beispielbilder
Kfz mit bbH[1] ≤ 30 km/h und ihre Anhänger	dreieckige Tafel mit abgeflachten Ecken hinten, Spitze oben – fluoreszierende Mitte (rot) und retroreflektierende Ränder (rot)	zulässig	§ 53 Abs. 10 Nr. 1 StVZO; ECE-Regelung Nr. 69	
schwere und lange Kfz und Anhänger	rechteckige Tafel - fluoreszierende Mitte (gelb) und Rand (rot)	zulässig	§ 53 Abs. 10 Nr. 2 StVZO; ECE-Regelung Nr. 70	
Fzg der Klasse N2 mit zGM[2] > 7,5 t Fzg der Klassen N, O3, O4, Breite > 2,10 m oder Länge > 6,0 m	weiße oder gelbe auffällige Markierungen (rückstrahlend) seitlich; rote oder gelbe Markierungen (rückstrahlend) hinten: retroreflektierende (bunte) Werbung auf Seitenflächen	‚Konturmarkierungen' (ggf. Abwandlungen); vorgeschrieben; rückstrahlende Werbung zulässig	§ 53 Abs. 10 Satz 2 und 3 StVZO; ECE-Regelung Nr. 48	
Fzg der Klasse O2 Fahrgestelle mit Fahrerhaus unvollständige Fahrzeuge Sattelzugmaschinen Fzg der Klasse N2 mit zGM ≤ 7,5 t Fzg der Klassen N, O3, O4, Breite ≤ 2,10 m oder Länge ≤ 6,0 m	weiße oder gelbe auffällige Markierungen (rückstrahlend) hinten; reflektierende oder gelbe Markierungen (rückstrahlend) hinten; retroreflektierende (bunte) Werbung auf Seitenflächen	‚Konturmarkierungen' (ggf. Abwandlungen); zulässig; wenn Konturmarkierung, dann rückstrahlende Werbung zulässig	§ 53 Abs. 10 Nr. 3 StVZO; ECE-Regelung Nr. 48	

[1] durch die Bauart bedingte Höchstgeschwindigkeit
[2] zulässige Gesamtmasse

Anmerkung: Für ältere Fahrzeuge können andere Ausrüstungsvorschriften gelten!

Beispiel für die reflektierende Wirkung von Folien.

Aufgabe des Fahrers ist es, die lichttechnischen Einrichtungen sauber zu halten und auf Funktion und Beschädigungen zu kontrollieren. Das gilt z. B. auch bei Schneetreiben. Die Rechtsprechung verlangt dann ggf. eine regelmäßige Fahrtunterbrechung zur Säuberung der Einrichtungen.

11.20. Hupen und Hörner (§ 55)

Schwere Lkw haben neben der herkömmlichen Hupe meist noch ein weiteres, manchmal recht Respekt einflößendes Drucklufthorn. Unter der Voraussetzung, dass es sich um eine bauartgenehmigte Ausführung handelt, hat die StVZO dagegen nichts einzuwenden. Die Fahrzeuge müssen dann einen Umschalter haben, der die Benutzung mal der einen, mal der anderen „Einrichtung für Schallzeichen" erlaubt; dabei ist an eine Benutzung der herkömmlichen (leiseren) Hupe innerorts und der Hörner außerorts gedacht.

11.21. Der Rundumblick – Einrichtungen für indirekte Sicht (§ 56)

> Kraftfahrzeuge müssen (...) Spiegel oder andere Einrichtungen für indirekte Sicht haben, die so beschaffen und angebracht sind, dass der Fahrzeugführer nach rückwärts, zur Seite und unmittelbar vor dem Fahrzeug – auch beim Mitführen von Anhängern – alle für ihn wesentlichen Verkehrsvorgänge beobachten kann.
> (aus § 56 StVZO)

Die Beobachtungsmöglichkeiten müssen (bei neuen Fahrzeugen) mittlerweile auch den Bereich vor den Fahrzeugen erfassen. Neben Spiegeln werden zur Beobachtung immer häufiger Kameras eingesetzt.

Kameras als Ersatz für Spiegel

Vorschriften für den Güterkraftverkehr — Band 6

Die Auflistung der bei großen Lkw erforderlichen Spiegel macht deutlich, um wie viele Spiegel sich der Fahrzeugführer zu kümmern hat, wie viel Information er sich also beschaffen und dann auch verarbeiten muss:

- „normale" großflächige Rückspiegel links und rechts, welche die weite Sicht nach hinten geben,
- einen „Kurvenspiegel" mit entsprechender Krümmung des Spiegelglases, der (rechts montiert) die Beobachtung des kompletten Zuges bei der Kurvenfahrt ermöglicht,
- einen „Anfahrspiegel" (meist rechts oben an der Beifahrertür montiert), der den Bereich neben dem rechten Vorderrad bzw. rechts vom Führerhaus wiedergeben soll,
- einen „Nahbereichsspiegel", der den Bereich um die rechte Ecke des Führerhauses, seitlich und vorn, überschaubar machen soll.

Beispiele für die Umsetzung unterschiedlicher Spiegelsysteme auf der rechten Seite.

An Lang-Lkw muss am letzten Fahrzeug eine Heck-Kamera installiert sein, die dem Fahrzeugführer eine Überwachung des Bereichs hinter dem Fahrzeug ermöglicht (mit Monitor am Fahrerplatz).

Auch die Sauberhaltung all dieser Einrichtungen obliegt dem Fahrer. Wohl dem, der beheizbare Spiegel hat, denn zur Sauberhaltung gehört auch vor Antritt der Fahrt die Enteisung der Glasflächen.

11.22. EG-/EU-Kontrollgeräte

Zum Thema Sozialvorschriften siehe Band 5.

Wird bei Fahrzeugen zur Güterbeförderung mit einer zulässigen Gesamtmasse von mindestens 12 t (...), die ab dem 1. Januar 1996 erstmals zum Verkehr zugelassen wurden und bei denen die Übermittlung der Signale an das Kontrollgerät ausschließlich elektrisch erfolgt, das Kontrollgerät ausgetauscht, so muss dieses durch ein Gerät nach Anhang I B der Verordnung (EWG) Nr. 3821/85 ersetzt werden. Ein Austausch des Kontrollgerätes im Sinne des vorangegangenen Satzes liegt nur dann vor, wenn das gesamte System bestehend aus Registriereinheit und Geschwindigkeitsgeber getauscht wird.
(aus StVZO § 57 a Abs. 3)

Mittlerweile dürften nur noch recht wenige Fahrzeuge mit analogen EG-Kontrollgeräten unterwegs sein.

Die Regel-Kontrolle der Geräte muss alle zwei Jahre, spätestens mit Ablauf des Monats, in dem vor zwei Jahren die letzte Überprüfung erfolgte, vorgenommen werden. Hinzu kommen außerplanmäßige Untersuchungen nach:

- jedem Einbau,
- jeder Reparatur der Fahrtschreiber- oder Kontrollgeräteanlage,
- jeder Änderung der Wegdrehzahl oder der Wegimpulszahl,
- jeder Änderung des wirksamen Reifenumfangs des Kraftfahrzeugs,
- jeder Änderung des amtlichen Kennzeichens des Kfz.

Wird bei digitalen Kontrollgeräten festgestellt, dass die UTC-Zeit von der korrekten Zeit um mehr als 20 Minuten abweicht, muss ebenfalls eine erneute Abnahme durchgeführt werden.

Selbstfahrende Arbeitsmaschinen – auch mit einer zGM über 3,5 t – waren immer schon von der Pflicht zur Ausrüstung mit einem EG-Kontrollgerät befreit. Bei einer zGM ≥ 7,5 t musste jedoch ein Fahrtschreiber eingebaut sein und entsprechend benutzt werden. Für alle derartigen Fahrzeuge, die nach dem 01.01.2013 erstmals in den Verkehr kamen, ist nun auch die Pflicht zur Ausrüstung mit einem Fahrtschreiber und damit jede Möglichkeit, gefahrene Geschwindigkeiten über Aufzeichnungen zu kontrollieren, entfallen.

11.23. Geschwindigkeitsbegrenzer (§§ 57c und d)

Die Ausrüstung mit automatischen Geschwindigkeitsbegrenzern ist für alle Lastkraftwagen, Zugmaschinen und Sattelzugmaschinen mit einer zulässigen Gesamtmasse von jeweils mehr als 3,5 t vorgeschrieben. Die Geräte sind für diese Fahrzeuge auf eine Höchstgeschwindigkeit von 90 km/h eingestellt.

Nach
- jedem Einbau,
- jeder Reparatur,
- jeder Änderung der Wegdrehzahl (Änderungen von Untersetzungen im Antriebsstrang),
- jeder Änderung des wirksamen Reifenumfanges des Kraftfahrzeugs (z. B. Änderung von Normal- auf Niederquerschnittbereifung) oder
- der Kraftstoffzuführungseinrichtung

hat der Fahrzeughalter den Regler im Hinblick auf seinen Einbau, Zustand und seine Arbeitsweise überprüfen zu lassen.
Die Überprüfung erfolgt alternativ durch:

- die Fahrzeughersteller,
- die Hersteller von Geschwindigkeitsbegrenzern selbst,
- Beauftragte der Hersteller oder
- qualifizierte Werkstätten.

Eine **Bescheinigung** über die erfolgreiche Untersuchung muss von Ihnen, als Fahrzeugführer, im Fahrzeug mitgeführt werden.

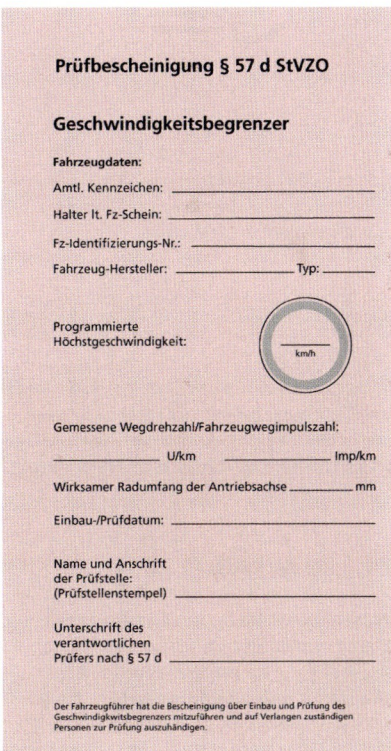

11.24. Betätigungseinrichtungen, Kontrollleuchten und Anzeiger (§ 39 a)

Für die Sicherheit der Fahrt entscheidend sind auch die Kontrollmöglichkeiten des Fahrzeugführers über technische Abläufe und Zustände und (sich ankündigende) Defekte. Aus diesem Grund sind die verwendeten Symbole und die Farben wichtiger Kontrollleuchten mittlerweile genormt.

Beispiele einfacher Kontrolleinrichtungen:

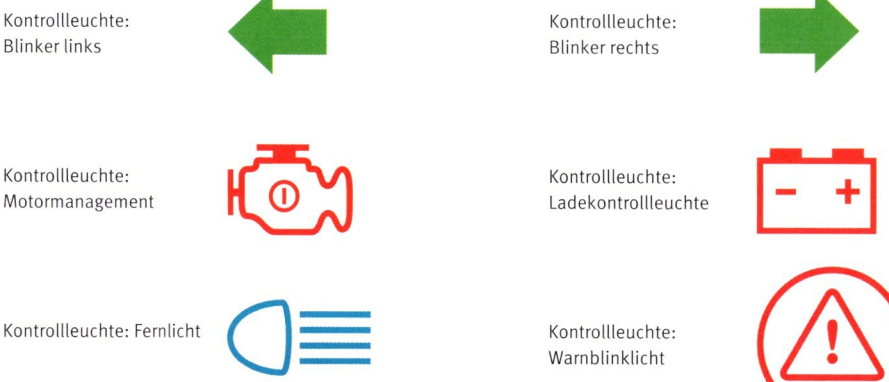

Kontrollleuchte: Blinker links

Kontrollleuchte: Blinker rechts

Kontrollleuchte: Motormanagement

Kontrollleuchte: Ladekontrollleuchte

Kontrollleuchte: Fernlicht

Kontrollleuchte: Warnblinklicht

Darüber hinaus weisen große Nutzfahrzeuge eine Vielzahl von weiteren (speziellen) Kontrollleuchten und akustischen Warneinrichtungen auf, deren Bedeutung der Fahrer genau kennen muss. Es empfiehlt sich wieder ein sehr genauer Blick in das – hoffentlich vorhandene – Bedienungshandbuch des Fahrzeugs.

> Verlorene Bedienungshandbücher lassen sich wieder beschaffen; auch bei älteren Modellen zeigen sich Hersteller sehr bemüht um Ersatz.

Moderne Lkw und Zugmaschinen verfügen über leistungsfähige Bordcomputer, die zum Teil oder komplett die Systemüberprüfung vor der Abfahrt und die Überwachung während der Fahrt erledigen. Solche Computer verfügen in der Regel auch über die Möglichkeit, den Fahrer mittels **abgestufter Dringlichkeitsanzeigen** über Defekte zu informieren. So sieht der Fahrer z. B. über verschiedene Farbtöne der Anzeige, ob eine Wartung/Instandsetzung umgehend erledigt werden muss oder aber ob er damit bis zur Rückkehr in die Firma warten kann.

11.25. Geschwindigkeitsschilder (§ 58)

Neue Anhänger müssen normalerweise für eine bauartgemäße Höchstgeschwindigkeit von 100 km/h ausgelegt sein (§ 30 a), was nicht bedeutet, dass diese auf der Straße auch gefahren werden darf. Ist eine solche Auslegung nicht gegeben, muss das Fahrzeug hinten und an den Längsseiten mit großen Plaketten gekennzeichnet sein, die Aufschluss über die tatsächliche bauartbedingte Höchstgeschwindigkeit geben (z. B. „80"). Bei Anhängern, die über besondere Lenkungen (hydraulisch, elektrisch und andere Formen) verfügen, wie das bei speziellen Tiefladern häufiger der Fall ist, wird diese Vorschrift z. B. angewendet.

11.26. Ausnahmen – Genehmigungen/Erlaubnisse nach StVZO/StVO

Regelmäßig müssen darauf spezialisierte Firmen ‚richtig dicke oder schwere Brocken' bewegen. Solche Transporte müssen naturgemäß die gesetzlichen Obergrenzen bei den Fahrzeug- oder Gesamtmaßen (mit überstehender Ladung) bzw. die Grenze von 40 Tonnen bei der zulässigen Gesamtmasse sprengen.

Für alle Regeln, also auch für die bei solchen Transporten zu beachtenden Maximalmaße und -massen, kennt § 70 der StVZO eine Möglichkeit der Abweichung - die Ausnahmegenehmigung. Diese muss im Bedarfsfall beantragt werden.
Die Entscheidungsbefugnisse liegen, je nach Fall, bei den örtlichen Behörden, den obersten Landesbehörden, dem Bundesministerium oder dem Kraftfahrt-Bundesamt KBA.

Aus der Formulierung des Paragrafen „Ausnahmen **können** genehmigen", lässt sich jedoch ableiten, dass ein Antragsteller keinen Rechtsanspruch auf Gewährung der von ihm gewünschten Ausnahmeregelung hat. Beispielsweise würde die zuständige Behörde bei einem Antrag auf Großraumverkehr kritisch begutachten, ob das zu transportierende Gut eine ‚unteilbare Ladung' darstellt. Falls nicht, würde der Antrag auf Erteilung einer Genehmigung in aller Regel abgelehnt.
Wird eine Ausnahme erteilt, sind unter Umständen Auflagen zu beachten.

Werden die allgemein gültigen Grenzen der StVZO bei der Höhe, Breite oder Länge überschritten, spricht man von **Großraumverkehr**. Die Überschreitung der allgemein gültigen Tonnage-Grenzen (zGM) bei einem Fahrzeug/Zug führt begrifflich zum **Schwerverkehr**.

Neben der StVZO beschäftigt sich aber auch die StVO mit Großraum- und Schwerverkehren (§ 29). Zu beachten ist in diesem Zusammenhang das Regelungsgebiet der jeweiligen Verordnung. Wie die Namen schon sagen, regelt die StVO die Verhaltensweisen im Straßenverkehr, während die StVZO sich mit dem Zulassungsrecht beschäftigt.

Ein praktisches Beispiel:
Der Bau einer vierachsigen Sattelzugmaschine wird von einem Unternehmen in Auftrag gegeben. Das Fahrzeug soll eine zulässige Gesamtmasse von 40 Tonnen haben – acht zu viel für ein vierachsiges Kraftfahrzeug, denn § 34 StVZO lässt für einen Vierachser maximal 32 Tonnen zu. Aus Gründen der höheren Nutzlast möchte der Käufer jedoch unbedingt die höhere zulässige Gesamtmasse für sein Fahrzeug genehmigt bekommen. Nach den Regeln des § 70 StVZO wäre im Verfahren auf Erteilung der notwendigen Typ- oder Einzelgenehmigung (Betriebserlaubnisformen) **auf Antrag** an die Erteilung einer **Ausnahmegenehmigung** zu denken, einer Genehmigung, die ausnahmsweise ein Abweichen von den Vorschriften des § 34 StVZO (Massen von Fahrzeugen/Zügen) gestattet.

Wird dem Antrag stattgegeben, darf das Fahrzeug aber dennoch unter Umständen nicht beliebig am Verkehr teilnehmen. Es hat zwar jetzt eine Betriebserlaubnis, könnte jedoch im Straßenverkehr z. B. eine Gefahr für Brückenbauwerke darstellen.

Aus diesem Grund sagt die **StVO** (§ 29 Abs. 3):

> Einer Erlaubnis bedarf der Verkehr mit Fahrzeugen und Zügen, deren Abmessungen, Achslasten oder Gesamtgewichte die gesetzlich allgemein zugelassenen Grenzen tatsächlich überschreiten. Das gilt auch für den Verkehr mit Fahrzeugen, deren Bauart dem Führer kein ausreichendes Sichtfeld läßt.

Das heißt, die Zugmaschine darf beliebig am Verkehr teilnehmen, wenn ihre tatsächliche Masse die übliche Grenze von 32 t für vierachsige Kraftfahrzeuge nicht überschreitet. Für derartige Fahrzeuge sind Straßen und Unterbauten ausgelegt.

Führt das Fahrzeug einen entsprechenden Auflieger mit und überschreitet die 32-t-Grenze durch die tatsächliche Sattellast/Stützlast, ist nach § 29 StVO eine zusätzliche Erlaubnis für die Fahrt erforderlich.
Bestandteil der erteilten Erlaubnis können Auflagen wie z. B. Fahrzeiten, (polizeiliche) Begleitung durch Fahrzeuge und vorgeschriebene Wegstrecken sein, um genau das Problem der Überlastung nicht geeigneter Fahrbahnen und Brücken erst gar nicht entstehen zu lassen. Die Zuständigkeiten für solche Erlaubnisse sind in § 46 StVO geregelt.
Die Nicht-Einhaltung von Auflagen führt ggf. zur Verweigerung von weiteren Erlaubnissen bei Folgeanträgen oder zum Entzug einer auf Dauer ausgelegten Erlaubnis.

Arbeitsblatt 5 – Vorschriften für den Güterkraftverkehr

Band 6

Arbeitsblatt 5 – Straßenverkehrs-Zulassungs-Ordnung (StVZO) u. a. - 1

a) Kreuzen Sie bitte an:

Nr.	Behauptung	ja	nein
1	Nicht nur der Halter, auch der Fahrzeugführer ist verantwortlich für den technischen Zustand des Fahrzeugs.		
2	Nicht nur der Halter, auch der Fahrzeugführer ist verantwortlich für die Eignung eines Fahrzeugs zur Mitnahme einer Ladung.		
3	Nicht nur der Fahrzeugführer, auch der Halter eines Fahrzeugs ist verantwortlich für dessen korrekte Beladung.		
4	Auf einem Lkw mit Pritschenaufbau (keine Twistlocks vorhanden) soll ein Container befördert werden. Da das Fahrzeug über extrem hohe Ladebordwände verfügt, ist der Transport zulässig.		
5	Wegen eines technischen Mangels an Ihrem Lkw kommt es zu einem Unfall: fremder Sachschaden i. H. v. 500,– €; Bußgeld i. H. v. 100,– €. Zahlt Ihre Kfz-Haftpflichtversicherung die 600,– €?		
6	An Ihrem Lkw ist der Auspuff durchgerostet und veranstaltet einen „Höllenlärm". Ist die Betriebserlaubnis des Fahrzeugs erloschen?		

b) Ein Fahrzeugführer soll geeignet sein und sein Fahrzeug beherrschen.
   Was hat man sich darunter vorzustellen?

_____

_____

_____

c) Wodurch wird die Eignung des Fahrzeugführers garantiert verringert oder sogar völlig beseitigt?
   Nennen Sie mindestens drei Beispiele:

1 _____ 2 _____

3 _____ 4 _____

d) Auf einem Anhänger wird ein Reifen mit einer Profiltiefe von 1,0 mm montiert. Diese Montage kann erlaubt sein, kann aber auch zum Erlöschen der Betriebserlaubnis führen. Erklären Sie diesen scheinbaren Widerspruch!

_____

_____

_____

Arbeitsblatt 6 – Vorschriften für den Güterkraftverkehr

Band 6

Arbeitsblatt 6 – Straßenverkehrs-Zulassungs-Ordnung (StVZO) u. a. - 2

a) Kreuzen Sie bitte an:

Nr.	Anforderung	ja	nein
1	Der Halter Ihres Lkw ist nicht nur berechtigt, nein, er ist sogar verpflichtet, sich Ihren Führerschein regelmäßig zeigen zu lassen.		
2	Eine Hauptuntersuchung (HU) ersetzt eine Sicherheitsprüfung (SP).		
3	Zur Ausrüstung eines Sattelaufliegers gehört immer mindestens **ein** Unterlegkeil.		
4	Die Polizei ordnet eine Wägung Ihres Lkw an. Sie müssen dazu einen Umweg von mehr als 6 km zur Waage in Kauf nehmen.		
5	Die maximale Länge eines ISO-Containers liegt bei 40 Fuß (12 m).		
6	Die maximale **zulässige** Länge eines Gliederzuges hängt auch von der Bauart/Konstruktion der beiden beteiligten Fahrzeuge ab.		
7	Ein Sattelkraftfahrzeug darf immer 16,50 m lang sein.		

b) Vervollständigen Sie bitte die Sätze:

Die Tanks Ihrer Sattelzugmaschine fassen 800 Liter Diesel.
Ein Liter Diesel wiegt etwa 830 g.
Die Leermasse Ihres Fahrzeugs gibt der Hersteller mit 8000 kg an.

1 Darin enthalten sind _____ % des Tankvolumens in kg.

2 In diesen 8000 kg Leermasse sind also rechnerisch _____ kg für den getankten Diesel enthalten.

c) Sie führen einen Lastzug.

Die tatsächliche Gesamtmasse des Zuges beträgt 32 t.
Wie hoch muss die tatsächliche Achslast der Antriebsachse im grenzüberschreitenden Verkehr mindestens sein?

_____ t

d) Die zulässige Gesamtmasse (zGM) eines zweiachsigen Anhängers liegt bei maximal 18 t.
Im kombinierten Verkehr erhöht sich die zGM automatisch bei jedem derartigen Anhänger auf 20 t.
Stimmt diese Behauptung? Begründen Sie Ihre Ansicht!

_____

_____

_____

_____

Anhang

12. Anhang

12.1. Definitionen/Erläuterungen einzelner (wiederkehrender) Begriffe

Achsgruppe	Die Achsgruppe bezeichnet …mehrere Achsen, die einen Achsabstand aufweisen, der höchstens so groß sein darf wie einer der in Anhang I der Richtlinie 96/53/EG als Abstand „d" bezeichneten Achsabstände und die aufgrund der spezifischen Konstruktion der Aufhängung zusammenwirken;…
Auflaufbremse	Eine Bremsanlage, welche die bei einer Bremsung des Zugfahrzeugs „schiebende" Masse des Anhängers nutzt, um dessen Bremsen zu betätigen.
Aufliegelast (zulässige/tatsächliche)	(Nutz-)Last, mit der sich ein Sattelauflieger auf der Zugmaschine abstützen darf bzw. tatsächlich abstützt. Ein Begriff, der mittlerweile durch den der „Stützlast" abgelöst wurde.
austauschbarer Ladungsträger (ATL)	Container und Wechselaufbauten WAB. Unterschied: Der WAB verfügt über eigene Stützfüße und kann ohne fremde Hilfe auf- und abgeladen und abgestellt werden. Für den Ladevorgang eines Containers wird ein Hilfsmittel, z. B. ein auf dem Fahrzeug montierter Kran benötigt.
Automatischer Blockierverhinderer (ABV)	Ist der Teil einer Betriebsbremsanlage, der selbsttätig den Schlupf in der Drehrichtung des Rades an einem oder mehreren Rädern des Fahrzeugs während der Bremsung regelt.
BAG	Bundesamt für Güterverkehr
Bauartgenehmigung	Amtlich genehmigte Bauart eines Fahrzeugteils (gemäß Vorgabe d. § 22 a StVZO); erkennbar am Prüfzeichen.
Begleiteter Kombinierter Verkehr	Der Fahrer begleitet das Fahrzeug, das komplett auf einen Güterwaggon oder in ein Schiff verladen wurde, in einem Personenabteil des Zuges bzw. Schiffes.
Begleitpapier(e)	Nachweis, aus dem hervorgehen • das beförderte Gut, • der Be- und Entladeort und • der Auftraggeber wie Urkunden/Carnet TIR.
Behördenstruktur	Verschiedene Ebenen der Behörden („welche Behörde ist welcher anderen über- bzw. untergeordnet").
Betriebspflicht	Allgemein: Pflicht zur Aufrechterhaltung des Betriebes/Durchführung von Verkehren (s. § 21 PBefG).
Betriebssicherheit (eines Fahrzeugs)	Technische Einrichtungen eines Fahrzeugs, die zur Aufrechterhaltung seines Betriebes notwendig sind (z. B. Ölvorrat, Kraftstoffvorrat).

Anhang

Band 6

Brückenzug	Eine Kombination aus Lkw und Anhänger (Nachläufer), die manchmal über eine Anhängerdeichsel, in jedem Falle aber über die Ladung miteinander verbunden sind. Die Ladung stützt sich also immer auf beiden Fahrzeugen ab.
Dolly-Achse	Ein Drehschemel mit Achse(n), der nicht in herkömmlicher Weise mit dem Anhängerrahmen verbunden wird (über einen kugelgelagerten Drehkranz), sondern über eine Sattelkupplung. Der Anhänger muss also über einen Zugsattelzapfen/Königszapfen verfügen, wie das bei einem Sattelauflieger der Fall ist. Auf diese Weise wird aus einem Sattelauflieger ein (meist überlanger) Anhänger.
Drehdeichselanhänger (DDAH)	Die Vorderachse des Anhängers ist an einem Drehkranz befestigt und damit unabhängig vom restlichen Fahrwerk drehbar um die Hochachse des Fahrzeugs.
Durchgehende Bremsanlage	Zwei Voraussetzungen müssen erfüllt sein, um von einer solchen Anlage sprechen zu können: 1. Die Bremsen des ziehenden und des gezogenen Fahrzeugs müssen sich vom Führersitz aus durch dieselbe Einrichtung abstufbar betätigen lassen. 2. Die zum Bremsen des ziehenden und des gezogenen Fahrzeugs erforderliche Energie muss von derselben Energiequelle geliefert werden. Die Betätigungskraft des Führers darf bei der Bremsung des ziehenden Fahrzeugs mitwirken.
entgeltlich	ist eine Tätigkeit dann, wenn sie auf eine Gegenleistung gleich welcher Form abzielt. Auch dann, wenn z. B. an keine finanzielle Zuwendung gedacht ist.
EU-Typgenehmigung	Das EU-Gegenstück zur deutschen Allgemeinen Betriebserlaubnis (ABE).

fachliche Eignung (des Unternehmers)	... nachgewiesen durch entweder
	• angemessene (mindestens zehnjährige leitende und noch weitere Bedingungen erfüllende) Tätigkeit in einem Unternehmen, das Güterverkehr betreibt oder
	• Ablegung einer Prüfung vor der IHK oder
	• durch in etwa gleichwertige Berufsabschlüsse wie z. B.
	  – eine Abschlussprüfung zum Speditionskaufmann/ zur Speditionskauffrau,
	  – eine Abschlussprüfung zur Fortbildung zum Verkehrsfachwirt/zur Verkehrsfachwirtin,
	  – im EU/EWR-Ausland erworbene Berufsabschlüsse.

Fahrtenberichtsheft	Zusätzlich zu den üblichen Frachtpapieren, Fahrzeug- und Fahrerpapieren muss sich in einem Fahrzeug, das im CEMT-Verkehr unterwegs ist, ein Fahrtenberichtsheft befinden.
Fahrzeugführer	Derjenige, der ein Fahrzeug in eigener Verantwortung führt; im Regelfall (außer z. B. bei Fahrschulen) identisch mit dem Fahrer.
Fahrzeughalter	Derjenige, der den wirtschaftlichen Nutzen aus dem Gebrauch eines Fahrzeugs zieht, der aber auch zuständig ist für dessen Wartung und Unterhaltskosten.

Anhang

Frachtbrief	Nachweis für Abschluss und Inhalt des Frachtvertrages, Übernahme des Gutes durch den Frachtführer und die begründete Vermutung, dass das Gut und seine Verpackung bei der Übernahme durch den Frachtführer in äußerlich gutem Zustand waren.
Frachtführer	Unternehmen, das für den Warentransport eingesetzt ist/den Transport tatsächlich durchführt.
Frachtvertrag	Vertrag zwischen Spediteur und Frachtführer über den Transport von Waren bzw. Gütern gegen Entgelt zu einem vom Absender bestimmten Empfänger. Durch den Frachtvertrag wird der Frachtführer verpflichtet, das Gut zum Bestimmungsort zu befördern und dort an den Empfänger abzuliefern.
Gemeinschaftsrecht	Recht der Europäischen Gemeinschaft(en) bzw. der Europäischen Union.
geschäftsmäßig	... ist eine Tätigkeit dann, wenn ihre regelmäßige Wiederholung geplant ist.
Geschwindigkeitsindex	Bauartgemäße Eignung eines Reifens für eine bestimmte Geschwindigkeit; Kennzeichnung am Reifen über einen Kennbuchstaben, dessen exakte Bedeutung in einer Liste nachlesbar ist.
gewerbliche Güterbeförderung	Entgeltliche und/oder geschäftsmäßige Güterbeförderung.
Großraumverkehr	Über die allgemein gültigen Abmessungsgrenzen der StVZO und/oder StVO hinausgehende Transporte.
Güterkraftverkehr	Geschäftsmäßige oder entgeltliche Beförderung von Gütern mit Kraftfahrzeugen, die einschließlich Anhänger ein höheres zulässiges Gesamtgewicht als 3,5 Tonnen haben.
Halter	siehe Fahrzeughalter
Handelsmakler	Handelsmakler ist, wer gewerbsmäßig für andere Personen, ohne von ihnen auf Grund eines Vertragsverhältnisses ständig damit betraut zu sein, die Vermittlung von Verträgen über Anschaffung oder Veräußerung von Waren oder Wertpapieren, über Versicherungen, Güterbeförderungen, Schiffsmiete oder sonstige Gegenstände des Handelsverkehrs übernimmt.
Handelsvertreter	Handelsvertreter ist, wer als selbständiger Gewerbetreibender ständig damit betraut ist, für einen anderen Unternehmer Geschäfte zu vermitteln oder in dessen Namen abzuschließen. Selbständig ist, wer im wesentlichen frei seine Tätigkeit gestalten und seine Arbeitszeit bestimmen kann.
Hauptprofil (des Reifens)	Die breiten Profilrillen im mittleren Bereich der Lauffläche, der etwa 3/4 der Laufflächenbreite einnimmt.
Intermodaler Verkehr	Transport von Gütern in standardisierten Transporteinheiten (Container, Wechselaufbauten, Sattelanhänger)
Kabotageverkehre	Durchführung von Transporten mit Fahrzeugen • die in einem Mitgliedstaat zugelassen sind, • außerhalb der Grenzen des Zulassungslandes,

Anhang — Band 6

- deren Ladung wird in einem anderen Mitgliedstaat aufgenommen wurde,
- deren Ladung in demselben oder in einem weiteren Mitgliedstaat (der nicht der Zulassungsstaat des Fahrzeuges sein darf!) wieder abgesetzt wird.

Kombinierter Verkehr	Intermodaler Verkehr mit überwiegendem Streckenanteil von Schienenfahrzeug, See- oder Binnenschiff; Vor- und Nachlaufverkehre auf der Straße werden so kurz wie möglich gehalten.
Kommissionär	Kommissionär ist, wer es gewerbsmäßig übernimmt, Waren oder Wertpapiere für Rechnung eines anderen (des Kommittenten) in eigenem Namen zu kaufen oder zu verkaufen.
Kommittent	Kommittent ist derjenige, für dessen Rechnung der Kommissionär an- oder verkauft.
Kraftfahrzeuge	Nicht dauerhaft spurgeführte Landfahrzeuge, die durch Maschinenkraft bewegt werden (aus § 2 der FZV); Straßenfahrzeuge, die durch eigene Maschinenkraft bewegt werden, ohne an Schienen oder eine Fahrleitung gebunden zu sein (aus § 4 PBefG).
Leermasse	Gewicht (die Masse) des betriebsfertigen Fahrzeugs ohne austauschbare Ladungsträger, aber mit zu 90 % gefüllten eingebauten Kraftstoffbehältern und zu 100 % gefüllten Systemen für andere Flüssigkeiten (ausgenommen Systeme für gebrauchtes Wasser) einschließlich des Gewichts aller im Betrieb mitgeführten Ausrüstungsteile ... zuzüglich 75 kg als Fahrergewicht. (aus § 42 StVZO; verkürzt)
Leistungsfähigkeit	siehe Sicherheit
Mischbereifung	Bereifung, bei der unterschiedliche Bauarten, nämlich Diagonalreifen und Radial- bzw. Gürtelreifen zum Einsatz kommen.
Multimodaler Verkehr	Beförderung von Personen oder Transport eines Gutes mit zwei oder mehr verschiedenartigen Beförderungsmitteln
Nicht-Diskriminierungs-Grundsatz	Keine Diskriminierung auf Grund von Staatsangehörigkeit oder Sitz eines Unternehmers/Unternehmens.
Niederquerschnittreifen	Reifen, deren Breiten-/Höhen-Verhältnis weniger als 88 % beträgt.
Normadressat	Normadressat ist derjenige, an dessen Adresse die Norm, also die Vorschrift, ergeht; derjenige, der sich nach ihr richten muss.
Positivnetz	Straßen, die von Lang-Lkw genutzt werden dürfen. Die Straßen werden ständig im Hinblick auf ihre Eignung begutachtet, die entsprechende Karte wird entsprechend aktualisiert.
Reifenflanke	Seitenwand des Reifens
Reifenwulst	Stabiler Bauteil im inneren Ring des Reifens/ Kontaktbereich des Reifens mit der Felge.

Anhang — Band 6

Rollende Landstraße	Transport eines Lkw, (Sattel-)Anhängers oder kompletten Zuges auf einem Güterwaggon.
Sammelladung	Versendung eines Gutes zusammen mit den Gütern weiterer Versender.
Sattelanhänger/-auflieger (SAH)	Anhänger, die mit einem Kraftfahrzeug so verbunden sind, dass sie teilweise auf diesem aufliegen und ein wesentlicher Teil ihres Gewichts oder ihrer Ladung von diesem getragen wird.
Sattelkraftfahrzeug	Kombination aus einer Sattelzugmaschine (als Sonderfall der Zugmaschine) und einem Sattelauflieger (als Sonderfall des Anhängers).
Sattellast (zulässige/tatsächliche)	Die (Nutz-)Last, die eine Sattelzugmaschine im Punkt der Sattelkupplung aufnehmen darf bzw. aufnimmt. Der Begriff wird mittlerweile durch den der 'Stützlast' ersetzt.
Schlupf	Weg-Dreh-Differenz, also ein Missverhältnis zwischen der Zahl der Umdrehungen des Rades und dem tatsächlich zurückgelegten Weg.
Schnittstelle	Schnittstelle ist jeder Übergang der Packstücke von einer Rechtsperson auf eine andere sowie die Ablieferung am Ende jeder Beförderungsstrecke.
Sicherheit und Leistungsfähigkeit eines Betriebes	ist gegeben, bei Existenz von: • ausreichender Kapitaldecke (die also Zahlungsfähigkeit garantiert), • geeignetem Personal, • entsprechenden (auch in der Anzahl ausreichenden) Fahrzeugen, • entsprechenden Örtlichkeiten.
Speditionsvertrag	Ein Vertrag zwischen Versender und Spediteur über die Versendung von Frachtgut für den Versender.
Starrdeichselanhänger (SDAH)	Ein Starrdeichselanhänger ist ein Anhänger mit einer Achse oder Achsgruppe, bei dem • die winkelbewegliche Verbindung zum ziehenden Fahrzeug über eine Zugeinrichtung (Deichsel) erfolgt, • diese Deichsel nicht frei beweglich mit dem Fahrgestell verbunden ist und deshalb Vertikalmomente übertragen kann und • nach seiner Bauart ein Teil seines Gesamtgewichtes von dem ziehenden Fahrzeug getragen wird.
Systemlänge	Größter Abstand zwischen dem vordersten äußeren Punkt der Ladefläche hinter dem Führerhaus des Lastkraftwagens und dem hintersten äußeren Punkt der Ladefläche des Anhängers der Fahrzeugkombination.
Tragfähigkeitsindex	Bauartgemäße Eignung eines Reifens für eine bestimmte Traglast; Kennzeichnung am Reifen über Ziffern, deren exakte Bedeutungen in einer Liste nachlesbar sind.

Anhang — Band 6

Transit(-verkehr/-fahrten)	Verkehr zwischen zwei Ländern unter Benutzung des Gebietes eines Drittlandes.
Verkehrsblatt	Offizielles Mitteilungsblatt des Verkehrsministeriums.
Verkehrsleiter	Leitet die Verkehrstätigkeiten eines Unternehmens tatsächlich und dauerhaft.
Verkehrssicherheit (eines Fahrzeugs)	Die für die sichere Verkehrsteilnahme wesentlichen technischen Einrichtungen (z. B. Bremsen, Lenkung).
Verkehrsunternehmer	• natürliche Person (Unternehmer XY) oder • juristische Person (Personenmehrheit wie ein rechtsfähiger Verein oder auch eine Kapitalgesellschaft). • Verkehr muss im eigenen Namen, unter eigener Verantwortung und für eigene Rechnung betrieben werden.
Verschleißindikatoren	Stege bzw. Erhebungen in Profilrillen mit der Höhe von 1,6 Millimetern (zum Vergleich mit der übrigen Profiltiefe).

Werkverkehr	Werkverkehr ist durch folgende Eigenarten gekennzeichnet:
	• beförderte Güter sind Eigentum des Unternehmens oder von ihm gekauft, verkauft, vermietet, gemietet, hergestellt, erzeugt, gewonnen, bearbeitet, instand gesetzt worden,
	• Transport der Güter dient
	  – der Anlieferung zum oder dem Versand vom Unternehmen,
	  – ihrer Verbringung innerhalb oder - zum Eigengebrauch - außerhalb des Unternehmens,
	• Transport ist Hilfstätigkeit im Rahmen der Gesamttätigkeit des Unternehmens,
	• Fahrzeugführer gehört zu den Beschäftigten des Unternehmens oder zu Personal, das dem Unternehmen im Rahmen einer vertraglichen Verpflichtung zur Verfügung gestellt worden ist.

Zug	Die Verbindung aus einem Kraftfahrzeug und einem Anhänger oder mehreren Anhängern. Eine Mehrheit miteinander verbundener Fahrzeuge.
zulässiges Gesamtgewicht/zulässige Gesamtmasse (zGM)	Das technisch zulässige Gesamtgewicht/die zulässige Gesamtmasse (zGM) ist das Gewicht, das unter Berücksichtigung der Werkstoffbeanspruchung und der Vorschriften der StVZO (u. a. zulässige Achslasten) nicht überschritten werden darf; anders ausgedrückt: zGM = Leermasse des Fahrzeugs inklusive Nutzlast, also gesetzlich zulässiger Zuladung; aus steuerlichen Gründen kann die zGM auch reduziert sein.
Zuverlässigkeit (des Unternehmers)	Nur gegeben, falls kein Vorliegen von z. B. • bereits erfolgten Verurteilungen, • groben Verstößen gegen strafrechtliche, abgabenrechtliche oder verkehrsrechtliche Bestimmungen (Sozialvorschriften!).

12.2. Abkürzungsverzeichnis

≤	kleiner gleich (also maximal)
≥	größer gleich (also mindestens)
Abb.	Abbildung
abh.	abhängig
Abs.	Absatz
ABV	Automatischer Blockierverhinderer
AU	Abgasuntersuchung
BAG	Bundesamt für Güterverkehr
DDAH	Drehdeichselanhänger
BGB	Bürgerliches Gesetzbuch
FZV	Fahrzeug-Zulassungsverordnung
GüKG	Güterkraftverkehrsgesetz
HGB	Handelsgesetzblatt
HU	Hauptuntersuchung
IHK	Industrie- und Handelskammer
KOM	Kraftomnibus
kW	Kilowatt
PBefG	Personenbeförderungsgesetz
SAH	Sattelauflieger/Sattelanhänger
SDAH	Starrdeichselanhänger
SP	Sicherheitsprüfung
StVG	Straßenverkehrsgesetz
StVO	Straßenverkehrs-Ordnung
StVZO	Straßenverkehrs-Zulassungs-Ordnung
u.U.	unter Umständen
	Vk Verkehr
VkBl	Verkehrsblatt (offizielles Mitteilungsblatt des Bundesverkehrsministeriums)
VO	Verordnung
VwV	Verwaltungsvorschriften (richten sich an die Adresse der ausführenden Behörden)
zGM	zulässige Gesamtmasse/zulässiges Gesamtgewicht

Lösungen Arbeitsblätter **Band 6**

Arbeitsblatt 1

Güterkraftverkehrsgesetz (GüKG)

a) „Güterkraftverkehr ist die **geschäftsmäßige** oder **entgeltliche** Beförderung von Gütern mit Kraftfahrzeugen, die einschließlich Anhänger ein höheres zulässiges Gesamtgewicht als 3,5 Tonnen haben." (aus § 1 Abs. 1 GüKG)

Erläutern Sie:

geschäftsmäßig _ist eine Tätigkeit dann, wenn ihre regelmäßige Wiederholung geplant ist._

entgeltlich _ist eine Tätigkeit dann, wenn sie auf Gegenleistung gleich welcher Form abzielt._

b) Ordnen Sie folgende fünf Transportfälle den drei Spalten der Tabelle zu und begründen Sie Ihre Ansicht (in Stichworten):

Nr.	gewerblicher Güterkraftverkehr	Werkverkehr	vom GüKG ausgenommener Transport	Begründung der Zuordnung
1		X		geforderte Bedingungen treffen zu
2		X		geforderte Bedingungen treffen zu
3	X			weil Transport entgeltlich/geschäftsmäßig
4		X		geforderte Bedingungen treffen zu
5			X	§ 2 Abs. 1 Nr. 1 oder 3 GüKG („Beförderung f. Vereinsmitglieder; Beförderung v. defekten Fahrzeugen")

Lösungen Arbeitsblätter — Band 6

Arbeitsblatt 2

Grenzüberschreitender Gütertransport – Die EWR-EFTA-Staaten

Nr.	Bezeichnung des Landes	EU	EWR-EFTA	Nr.	Bezeichnung des Landes	EU	EWR-EFTA
1	Norwegen		X	23	Österreich	X	
2	Schweden	X		24	Slowenien	X	
3	Finnland	X		25	Kroatien	X	
4	Estland	X		26	Bosnien-Herzigowina	–	–
5	Lettland	X		27	Serbien	–	–
6	Weißrussland	–	–	28	Montenegro	–	–
7	Russland	–	–	29	Mazedonien	–	–
8	Ukraine	–	–	30	Albanien	–	–
9	Moldawien	–	–	31	Griechenland	X	
10	Türkei	–	–	32	Schweiz		X
11	Georgien	–	–	33	Italien	X	
12	Armenien	–	–	34	Liechtenstein		X
13	Aserbaidschan	–	–	35	Niederlande	X	
14	Rumänien	X		36	Belgien	X	
15	Bulgarien	X		37	Luxembourg	X	
16	Polen	X		38	Großbritannien	X	
17	Litauen	X		39	Irland	X	
18	Deutschland	X		40	Frankreich	X	
19	Dänemark	X		41	Spanien	X	
20	Tschechien	X		42	Portugal	X	
21	Slowakei	X		43	Marokko	–	–
22	Ungarn	X					

Lösungen Arbeitsblätter — Band 6

Arbeitsblatt 3

Das Bundesamt für Güterverkehr (BAG)

Nr.	Behauptung	ja	nein
1	Beamte des BAG dürfen Lkw ohne Polizeibegleitung anhalten.	X	
2	Zu Kontrollen darf das Gelände einer Tankstelle benutzt werden.	X	
3	Meinen Führerschein brauche ich bei einer Kontrolle nicht aus der Hand zu geben.		X
4	Beamte des BAG dürfen mir - begründet - die Weiterfahrt verbieten.	X	
5	Meine persönlichen Ausweispapiere (z. B. mein Personalausweis) dürfen von Beamten des BAG kontrolliert werden.	X	
6	Auch in der Werkstatt einer Spedition darf das EG-Kontrollgerät eines Lkw von Beamten des BAG ausgelesen werden.	X	
7	Ich bin **grundsätzlich** verpflichtet, den Beamten des BAG wahrheitsgemäße Antworten auf ihre Fragen zu geben.	X	
8	Sollte ich mich durch eine Antwort auf die Frage eines BAG-Beamten selbst belasten, darf ich schweigen.	X	
9	Will ein Lkw-Fahrer vor einer Kontrolle flüchten, dürfen BAG-Beamte auch von der Schusswaffe Gebrauch machen.		X
10	Folgende Unterlagen müssen bei einer Kontrolle auf der Straße den Beamten des BAG ausgehändigt werden:		
a	Zulassungsdokumente von Kfz und Anhänger,	X	
b	Dokumente über Art und Gewicht der Ladung,	X	
c	Kaufvertrag des Lkw,		X
d	Nachweis über entrichtete Maut bei Benutzung einer entsprechenden Strecke	X	

Lösungen Arbeitsblätter — **Band 6**

Arbeitsblatt 4

Frachtbrief für den Transport innerhalb Deutschlands

FRACHTBRIEF für den gewerblichen Güterkraftverkehr
NR.

A Absender – Name und Postanschrift	Kieswerk, Steinweg 39, 46143 Bhausen
B Versandort / Beladestelle	Steinweg 39, 46143 Bhausen
C Empfänger – Name und Postanschrift	Hochbau AG, 46120 Choven
D Bestimmungsort / Entladestelle	Baustelle, Drosselgasse 15, 46121 Neu-Choven
Amtl. Kennz. LKW	AHM ST 718
Nutzlast	9785
Anhänger	AHM ST 719
Nutzlast	28200
Fahrzeugführer	Sie
N Entfernung km	10
Beladung Fahrzg. bereitgestellt	8.4.12 / 7.30 h
Beladung beendet	8.4.12 / 7.45 h
Entladung beendet	8.4.12 / 8.45 h
H Bezeichnung der Sendung	Anzahl/Art/Verpackung: lose; Benennung: Kies; Bruttogewicht: 20 t / 10 m³
UN-Nummer	UN
L Ort und Tag der Ausstellung	Bhausen, 8.4.12
M Empfang der Sendung bescheinigt	Müller
O Gut und Frachtbrief übernommen	Tag 8.4.12, Stunde 7.45 h; Hans Streuer Transport GmbH, Lastenstraße 9, 46118 Aheim; Sie

Blatt 1 weiß = Absender
Blatt 2 gelb = Empfänger
Blatt 3 rosa = Frachtführer

Lösungen Arbeitsblätter **Band 6**

Arbeitsblatt 5

Straßenverkehrs-Zulassungs-Ordnung (StVZO) u. a. - 1

a) Kreuzen Sie bitte an:

Nr.	Behauptung	ja	nein
1	Nicht nur der Halter, auch der Fahrzeugführer ist verantwortlich für den technischen Zustand des Fahrzeugs.	X	
2	Nicht nur der Halter, auch der Fahrzeugführer ist verantwortlich für die Eignung eines Fahrzeugs zur Mitnahme einer Ladung.	X	
3	Nicht nur der Fahrzeugführer, auch der Halter eines Fahrzeugs ist verantwortlich für dessen korrekte Beladung.	evtl.	X
4	Auf einem Lkw mit Pritschenaufbau (keine Twistlocks vorhanden) soll ein Container befördert werden. Da das Fahrzeug über extrem hohe Ladebordwände verfügt, ist der Transport zulässig.		X
5	Wegen eines technischen Mangels an Ihrem Lkw kommt es zu einem Unfall: fremder Sachschaden i. H. v. 500,– €; Bußgeld i. H. v. 100,– €. Zahlt Ihre Kfz-Haftpflichtversicherung die 600,– €?		X
6	An Ihrem Lkw ist der Auspuff durchgerostet und veranstaltet einen „Höllenlärm". Ist die Betriebserlaubnis des Fahrzeugs erloschen?		X

b) Ein Fahrzeugführer soll geeignet sein und sein Fahrzeug beherrschen. Was hat man sich darunter vorzustellen?

Die benötigte Fahrerlaubnis ist vorhanden. Sie sind körperlich/geistig fit, stehen nicht unter Einfluss von Alkohol, Drogen und Medikamenten, welche die Fahreignung herabsetzen. Sie „kennen" Ihr Fahrzeug/Ihren Zug, seine Bedienung und speziellen Eigenarten (auch während der Fahrt). Sie können auch in schwierigen Situationen mit dem Fahrzeug/Zug sicher umgehen.

c) Wodurch wird die Eignung des Fahrzeugführers garantiert verringert oder sogar völlig beseitigt? Nennen Sie mindestens drei Beispiele:

1. *Krankheit*
2. *Alkoholeinfluss*
3. *Einfluss bestimmter Medikamente*
4. *Psychische (Über-)Belastung*

d) Auf einem Anhänger wird ein Reifen mit einer Profiltiefe von 1,0 mm montiert. Diese Montage kann erlaubt sein, kann aber auch zum Erlöschen der Betriebserlaubnis führen. Erklären Sie diesen scheinbaren Widerspruch!

*Bei einer solchen Montage erfolgt eine **bewusst vorgenommene Veränderung** am Fahrzeug, die zu einer Gefährdung und damit grundsätzlich zum Erlöschen der Betriebserlaubnis führt.*

*Handelt es sich bei der Reifenmontage um die **Beseitigung eines Notstandes** (z. B. Liegenbleiben an einer gefährlichen Stelle), erlischt die Betriebserlaubnis dann nicht, wenn die Fahrt an der nächsten geeigneten Werkstatt (z. B. einem Reifendienst) endet.*

Lösungen Arbeitsblätter **Band 6**

Arbeitsblatt 6

Straßenverkehrs-Zulassungs-Ordnung (StVZO) u. a. - 2

a) Kreuzen Sie bitte an:

Nr.	Anforderung	ja	nein
1	Der Halter Ihres Lkw ist nicht nur berechtigt, nein, er ist sogar verpflichtet, sich Ihren Führerschein regelmäßig zeigen zu lassen.	X	
2	Eine Hauptuntersuchung (HU) ersetzt eine Sicherheitsprüfung (SP).		X
3	Zur Ausrüstung eines Sattelaufliegers gehört immer mindestens **ein** Unterlegkeil.		X
4	Die Polizei ordnet eine Wägung Ihres Lkw an. Sie müssen dazu einen Umweg von mehr als 6 km zur Waage in Kauf nehmen.	X	
5	Die maximale Länge eines ISO-Containers liegt bei 40 Fuß (12 m).		X
6	Die maximale **zulässige** Länge eines Gliederzuges hängt auch von der Bauart/Konstruktion der beiden beteiligten Fahrzeuge ab.	X	
7	Ein Sattelkraftfahrzeug darf immer 16,50 m lang sein.		X

b) Vervollständigen Sie bitte die Sätze:

Die Tanks Ihrer Sattelzugmaschine fassen 800 Liter Diesel.
Ein Liter Diesel wiegt etwa 830 g.
Die Leermasse Ihres Fahrzeugs gibt der Hersteller mit 8000 kg an.

1 Darin enthalten sind ___90___ % des Tankvolumens in kg.

2 In diesen 8000 kg Leermasse sind also rechnerisch ___597,6___ kg für den getankten Diesel enthalten.

c) Sie führen einen Lastzug.

Die tatsächliche Gesamtmasse des Zuges beträgt 32 t.
Wie hoch muss die tatsächliche Achslast der Antriebsachse im grenzüberschreitenden Verkehr mindestens sein?

___8___ t

d) Die zulässige Gesamtmasse (zGM) eines zweiachsigen Anhängers liegt bei maximal 18 t.
Im kombinierten Verkehr erhöht sich die zGM automatisch bei jedem derartigen Anhänger auf 20 t.
Stimmt diese Behauptung? Begründen Sie Ihre Ansicht!

Die Behauptung stimmt in dieser Form nicht.

Die zGM von 20 t ist nur dann gegeben, wenn der Hersteller - unter Berücksichtigung der zulässigen Achslasten - für das

Fahrzeug eine solche technisch zulässige Gesamtmasse ausweist (ZB I Spalte F1).

Schlagwortverzeichnis — Band 6

Abfalltransport	77, 78
Abgasuntersuchung	102, 170
Abmessungen	19, 39, 92, 101, 110, 114, 125, 129, 161
Abschleppen	137
ABV	145, 146, 164, 170
Achsgruppe	111, 112, 115, 120, 164, 168
Achslasten	14, 39, 108, 110, 111, 112, 113, 114, 117, 121, 122, 161, 169, 176
Achslinie	111
Anhängelast	117, 137, 138, 146, 147
Anhängerkupplungen	132
Arbeitsgenehmigung	39, 67
Ausnahmegenehmigungen	35
Batterien	106, 151
Bauart	115, 120, 140, 141, 147, 156, 161, 163, 164, 167, 168, 176
Bauartgenehmigung	105, 164
Begleitpapiere	36, 46, 74, 78, 93, 97
Beladung	48, 74, 92, 100, 109, 149, 162, 175
Beleuchtungseinrichtung	151, 152
Berufsgenossenschaft	29, 101, 108, 139
Berufszugangsverordnung	17, 20, 21
Betriebspflicht	164
Betriebssicherheit	103, 164
Breite	79, 123, 129, 133, 136, 140, 141, 151, 156, 161, 166, 167
Brückenzug	165
Bundesamt für Güterverkehr	29, 34, 39, 41, 164, 170, 173
CEMT	32, 35, 39, 60, 61, 62, 63, 64, 165
CMR	34, 66, 68, 69, 70, 71, 72
Combi-Trailer	123
Container	22, 45, 59, 64, 65, 74, 109, 113, 121, 127, 131, 146, 147, 162, 163, 164, 166, 175, 176
Deichsel	105, 115, 118, 120, 123, 134, 148, 168
Diagonalreifen	140, 167
Dolly	121, 122, 158
Drehdeichselanhänger	107, 117, 118, 120, 138, 165, 170
Dreiländerverkehr	58, 61
Drittland	34, 49, 52, 53, 58, 66, 97, 169
Drittstaatengenehmigung	32, 35, 63, 64
durchgehende Bremsanlagen	147
Eignung	19, 20, 21, 100, 101, 137, 162, 165, 166, 167, 168, 175
Empfangsbescheinigung	49
Entgeltlich	13, 14, 15, 22, 68, 165, 166, 171
Entladung	48, 49, 58, 66
Erhebungsverfahren	76
Erlaubnisbehörde	18, 29, 31, 34
Erlaubnispflicht	17
Erledigungsbescheinigung	76
EWR	31, 32, 33, 58, 63, 64, 65, 66, 67, 165, 172
Fahrerbescheinigung	34, 35, 36, 40, 53, 56, 57, 58, 66, 67
Fahrerlaubnis	9, 10, 11, 12, 100, 101, 137, 175
Fahrtenberichtsheft	62, 165
Fahrzeugkombination	52, 113, 117, 120, 123, 124, 125, 132, 133, 135, 147, 168
Feldversuch	125, 150
Feuerlöscher	106, 113, 146
Finanzielle Leistungsfähigkeit	19, 29
Frachtvertrag	36, 37, 38, 42, 69, 166
Freizügigkeit	34
Gemeinschaftsrecht	17, 166
geschäftsmäsig	13, 14, 22, 166, 171

Schlagwortverzeichnis — Band 6

Geschwindigkeitsbegrenzer	19, 159
Geschwindigkeitsindex	141, 143, 166
Geschwindigkeitsschilder	160
GGVSEB	45, 77
Gleitschutzeinrichtung	113, 144, 146
Gliederzug	101, 117, 118, 119, 120, 132, 134, 163, 176
Großraumverkehre	123
Gürtelreifen	140, 167
Haftpflichtversicherung	34, 36, 39, 48, 66, 162, 175
Haftung	2, 34, 46, 48, 49, 68
Handelsgesetzbuch	15, 34, 42
Handelsmakler	14, 15, 166
Handelsvertreter	14, 15, 166
Hauptprofil	166
Hauptuntersuchung	101, 102, 103, 152, 163, 170, 176
Hubladebühnen	106, 129, 153
Hupen	157
Intermodaler Verkehr	150
Jahresgenehmigung	61
Juristische Person	17, 77, 78, 169
Kabotage	42, 49, 52, 58, 59, 60 61, 66, 122, 166
Kabotageverkehr	49, 60, 66, 122, 166
Kombination	14, 113, 119, 122, 123, 124, 125, 126, 127, 128, 129, 130, 131, 132, 133, 134, 135, 138, 146, 151, 165, 168
Kombinierter Verkehr	64, 65, 121, 164, 167
Kommissionär	14, 15, 167
Kontrollgeräte	19, 158
Kurz-Kupplungen	134
Kurzzeitgenehmigung	61, 62, 63
Ladegut	32, 35, 45, 46, 47, 48
Ladehilfsmittel	45
Ladezeiten	46
Ladungssicherung	14, 36, 40, 45, 47, 48, 108, 149
Lagerung	47, 48
Längenveränderung	134
Lang-Lkw	92, 113, 124, 125, 128, 134, 136, 152, 153, 158, 167
Leerfahrten	58, 62
Leergewicht	s. Leermasse
Leermasse	14, 113, 114, 117, 146, 147, 163, 167, 169, 176
Leistungsfähigkeit	19, 29, 167, 168
Lenkung	102, 103, 136, 145, 160, 169
Mangel	40, 46, 77, 103, 162, 175
Mangelklassen	103
Mindestmotorleistung	138
Mindestniveau	34
Mindestprofiltiefe	100
Mindeststützlast	149
Mischbereifung	140, 167
Mitgliedstaaten	19, 49, 52, 58, 60, 77, 122, 119
Motorleistung	138, 147
Multimodaler Verkehr	167
Nachschneiden	140, 142
Nachtfahrverbot	59
Notstandsbeseitigung	137, 143
Nutzlast	14, 59, 110, 114, 117, 122, 161
PBefG	164, 167
Personal	14, 18, 22, 34, 35, 36, 39, 40, 41, 45, 48, 53, 59, 66, 62, 66, 88, 89, 106, 108, 133, 139, 142, 148, 168, 169
Personenverkehr	17, 39, 58

Schlagwortverzeichnis — Band 6

Plakette	101, 102, 103, 160
Polizei	10, 34, 36, 40, 41, 76, 103, 108, 128, 163, 176
Positivnetz	167
Profiltiefe	142, 143, 162, 169, 175
Prüfung	3, 9, 10, 11, 18, 19, 20, 36, 40, 53, 65, 165
Prüfzeichen	105, 106, 164
Radabdeckung	144
Rechtsanspruch	17, 29, 72, 161
Reservereifen	143
Rückfahrscheinwerfer	129, 153, 154
Rückstrahler	108, 152, 153, 154, 155
Sammelladung	37, 168
Sattelkraftfahrzeug	29, 38, 51, 59, 68, 113, 117, 119, 120, 121, 123, 124, 131-135, 138, 163, 168, 176
Sattellast	115, 119, 120, 161, 168
Sattelzugmaschine	105, 108, 115, 119, 124, 130, 135, 138, 144, 146, 156, 159, 161, 163, 168, 176
Schadensanzeige	46
Schleppen	137
Schlupf	145, 164, 168
Schneeketten	144, 145
Schweiz	31, 32, 34, 35, 53, 58, 59, 60, 64, 67, 68, 172
Selbsteintritt	37
Sicherheitsleistungen	40
Sicherheitsprüfung	102, 103, 152, 163, 170, 176
Sonderziehungsrecht	34, 48
Sozialvorschriften	11, 13, 19, 48, 58, 62, 158, 169
Spediteur	36, 37, 47, 48, 166, 168
Speditionsvertrag	36, 37, 168
Spiegel	129, 132, 157, 158
SP-Marke	102
SP-Schild	102
Staatsangehörigkeit	68, 167
Starrdeichselanhänger	107, 114, 115, 116, 117, 120, 122, 123, 127, 132, 138, 148, 149, 168
Stützeinrichtung	148
Stützlast	110, 115, 116, 119, 120, 124, 138, 146, 148, 149, 161, 164, 168
Test-Stellung	106
TIR-Übereinkommen	73
Tragfähigkeit der Bereifung	14
Tragfähigkeitsindex	141, 168
Transit	49, 52, 58, 61, 73, 76, 169
Transportkette	37, 78, 121, 126
Türen	125
Typgenehmigung	136, 140, 149, 151, 155, 165
Überhangradius	133
Überlängen	121
Überwachung	31, 61, 77, 78, 95, 113, 158, 160
Umrissleuchten	152, 153, 154
Unterlagen	18, 32, 35, 36, 40, 41, 62, 65, 66, 67, 173
Unterlegkeile	107
Untersuchung	101, 102, 103, 141, 152, 158, 159
Verbandkasten	105
Verbraucher	37, 47
Verkehrsleiter	18, 19, 21, 29, 38, 169
Verkehrssicherheit	16, 45, 100, 101, 103, 142, 169
Verlader	37, 43, 45, 46
Verladung	37, 38, 45, 65, 97, 109
Verpackung	34, 36, 37, 42, 43, 45, 47, 66, 69, 147, 166
Verschleißindikatoren	140, 169

Schlagwortverzeichnis

Versender	36, 37, 38, 45, 46, 48, 51, 168
Verspätungsschäden	34, 46
Verstöße	19, 39, 40, 53, 66, 88, 94, 122
Verurteilung	19
Verwiegen	111
Warndreieck	105, 106
Warnleuchte	105, 106
Warnweste	105, 108
Wechselaufbauten	74, 121, 131, 147, 164, 166
Werkverkehr	9, 14, 15, 19, 22, 29, 38, 39, 59, 124, 128, 162, 164, 169, 171
Wettbewerb	13, 39
Zahlungsfähigkeit	168
Ziel	9, 58, 73, 74, 96, 137, 151
Zoll	36, 69, 76, 141
Zollverschluss	74, 76
Zug	14, 17, 18, 20, 53, 65, 100, 108, 118, 122, 125, 134, 136, 137, 146, 147, 169, 175
zulässige Aufliegelast	115, 119
zulässige Gesamtmasse	4, 59, 105, 108, 110, 112, 114, 115, 117-122, 138, 146, 147, 161, 163, 169, 176
Zulassungsbescheinigung Teil 1	14, 32, 35, 101, 110, 115, 116, 118, 119, 122, 138, 140, 149
Zulassungsland	61, 110, 122, 166
Zulassungsstelle	103
zuständige Behörde	17, 18, 53, 63, 76, 78, 88, 94, 95, 161

Ralf Sick · Dirk Wegner

Pannen, Unfälle, Notfälle & Kriminalität

Band 7

Bildnachweis –
wir danken folgenden Firmen und Institutionen für ihre
Unterstützung:

BG Verkehr
DAF Trucks Deutschland GmbH
Deutsche Bahn AG/Michael Niehaus
Deutscher Verkehrssicherheitsrat e.V.
Gehle Fahrschule und Omnibustouristik
FUNKE Foto Service/Günter Blaszczyk
Hauptzollamt Frankfurt/Oder
Johanniter-Unfall-Hilfe e.V.
Bereich Bildung und Erziehung
MAN Nutzfahrzeuge Gruppe
Scania Deutschland GmbH
Tim Schaarschmidt
Volvo Trucks Corporation
Wasserschutzpolizei Bremen

Autoren:
Ralf Sick
Dirk Wegner

Lektorat und Beratung:
Rolf Kroth
Egon Matthias

Band 7

Pannen, Unfälle, Notfälle & Kriminalität

Inhalt

Berufskraftfahrer verbringen den Großteil ihrer Arbeitszeit im Straßenverkehr. Es kann schnell passieren, dass der Fahrer in einen Unfall verwickelt wird, eine Panne am Fahrzeug hat oder sonst eine Notsituation meistern muss. Von den Unfallursachen liegen annähernd 90 % im vermeidbaren Fehlverhalten der Fahrzeugführer. Ein schwerer Arbeitsunfall kann vor allem für das Opfer, aber auch für unmittelbar beteiligte Kollegen, Augenzeugen und Ersthelfer ein psychisch traumatisierendes Ereignis sein.

Dieser Band beinhaltet zusätzlich die Grundlagen zur Ersthelfer-Ausbildung nach dem Ausbildungskonzept der Johanniter-Unfall-Hilfe. Um in einer Notsituation zu wissen, was zu tun ist und die notwendigen Maßnahmen sicher zu beherrschen, ist das praktische Training in Aus- und Weiterbildung wichtig. Damit die Erste-Hilfe-Kenntnisse auch in einigen Jahren noch in Erinnerung sind, ist es notwendig, das Erlernte alle zwei bis drei Jahre in Erste-Hilfe-Trainings aufzufrischen.

Der Bereich Kriminalität informiert über mögliche Folgen krimineller Handlungen und gibt Tipps zur Verhinderung von Ladungs- und Fahrzeugdiebstahl und zur Sicherung von Fahrzeugen. Zudem klärt dieser Band über die Gefahren und Folgen durch Schleusung illegaler Einwanderer auf. Um gar nicht erst in eine Notsituation zu geraten und die Gefahr möglichst gering zu halten, informiert das Kapitel Fahrsicherheit & Sicherheitssysteme über spezielle schwierige Fahrmanöver wie z. B. das Durchfahren von Kurven. Des Weiteren werden moderne Assistenzsysteme kurz vorgestellt.

Die Autoren

Ralf Sick, Jahrgang 1964,
stammt beruflich aus der Pädagogik und der Betriebswirtschaft und fand über das Ehrenamt den Kontakt zur Johanniter-Unfall-Hilfe e. V. Als Lehrrettungsassistent ist er dort in Rettungsdienst, Katastrophenschutz und Ausbildung aktiv. Seit vielen Jahren leitet er das Johanniter-Bildungswerk, das für die Johanniter bundesweit Ausbildungskonzepte entwickelt und deren Umsetzung vorantreibt. So hat er auch maßgeblich an dem neuen Erste Hilfe-Konzept der Johanniter mitgewirkt, das innovative Wege in dieser Ausbildung beschreitet. Seit 2003 hat er die Johanniter-Akademie mit ihren Bildungsinstituten aufgebaut, die Bildungsangebote von Pflege bis Rettungsdienst und Management für einen ständig wachsenden Interessentenkreis umsetzt.

Dirk Wegner, Jahrgang 1963,
ist Polizeihauptkommissar in Bremen, Diplom-Verwaltungswirt und zertifizierter Moderator. Seit vielen Jahren Dozent für Verkehrsrecht, Sozialvorschriften und Ladungssicherung unter anderem an der Hochschule für Öffentliche Verwaltung in Bremen, bei der Bundeswehr und Fahrlehrerfortbildung in Niedersachsen. Seit 2005 ist Dirk Wegner Abschnittsleiter bei der Verkehrspolizei in Bremen.

Inhaltsverzeichnis — Band 7

Kriminalität und Schleusung illegaler Einwanderer
1. Kriminalität und Schleusung illegaler Einwanderer ... 7
1.1 Ladungsdiebstahl ... 7
1.1.1 Ladungsdiebstahl im Lager- oder Umschlagbereich ... 7
1.1.2 Ladungsdiebstahl vom Lkw bzw. Fahrzeugdiebstahl ... 8
1.2 Diebstahl aus Fahrzeugen ... 11
1.3 Überfälle auf Kraftfahrer ... 12
1.4 Schmuggel von Waren mit Lkw und Bussen ... 14
1.5 Schleusung von Personen ... 15
1.6 Gewalttaten im Personenverkehr ... 18

Risiken & Arbeitsunfälle
1. Bewusstseinsbildung für Risiken des Straßenverkehrs und Arbeitsunfälle ... 20
1.1 Verkehrsunfälle ... 20
1.1.1 Anschnallpflicht ... 29
1.1.2 Statistiken ... 31
1.2 Arbeits- und Wegeunfälle, Berufskrankheiten ... 32
1.2.1 Wegeunfälle ... 32
1.2.2 Arbeitsunfälle ... 32
1.2.3 Berufskrankheiten ... 36
1.2.4 Berufsgenossenschaft ... 36
1.3 Menschliche, materielle und finanzielle Auswirkungen eines Arbeitsunfalls ... 37
1.4 Versicherungsschutz bei Hilfeleistung ... 38

Pannen, Unfälle und Notfälle
1. Pannen, Unfälle und Notfälle ... 39
1.1 Notfälle ... 39
1.2 Pannen ... 40
1.3 Unfälle ... 42
1.4 Weitere Maßnahmen am Unfallort ... 42
1.5 Rettungsgasse ... 43

Verhalten bei Unfällen und Notfällen
1. Erste-Hilfe-Material und Ausrüstungsgegenstände ... 45
1.1 Einschätzung der Lage ... 46
1.2 Absichern der Unfallstelle ... 47
1.3 Sicherheit der Fahrgäste ... 48
1.4 Überblick über die Situation verschaffen ... 49
1.5 Verständigung und Kommunikation mit Hilfskräften ... 49
1.6 Sofortmaßnahmen am Unfallort ... 51
1.7 Pflichten der Unfallbeteiligten bei Verkehrsunfällen ... 52
1.8 Wildunfall ... 52
1.9 Unfallbericht ... 54
1.10 Verhalten im Tunnel ... 56
2. Verhalten bei einem Brand ... 59
2.1 Brandklassen ... 59
2.2 Verwendung von Feuerlöschern ... 60

Inhaltsverzeichnis

Band 7

Ersthelfer-Ausbildung

1. Einladung zur Erste-Hilfe-Lernreise 65
1.1 Erste Hilfe – Helfen bis der Arzt kommt 65
2. Was immer richtig und wichtig in der Ersten Hilfe ist 66
3. Erste-Hilfe-Lerninsel 1 „Nicht erweckbar" 76
4. Erste-Hilfe-Lerninsel 2 „Keine Atmung" 80
5. Erste-Hilfe-Lerninsel 3 „Probleme in der Brust" 84
6. Erste-Hilfe-Lerninsel 4 „Verletzungen" 86
7. Erste-Hilfe-Lerninsel 5 „Probleme im Kopf" 95
8. Erste-Hilfe-Lerninsel 6 „Probleme im Bauch" 97
9. Besonderheiten 98

Fahrsicherheit & Sicherheitssysteme

1. Fahrsicherheit 101
1.1 Einfluss der Fahrgeschwindigkeit 101
1.2 Befahren von Kurven 102

2. Sicherheitssysteme 105
2.1 Antiblockiersystem (ABS) 105
2.2 Antriebsschlupfregelung (ASR) 106
2.3 Elektronisches Bremssystem (EBS) 107
2.4 EBS im Anhänger/Trailer 108

3. Bauteile im EBS-System 109
3.1 EBS-Zentralmodul 109
3.2 Anhängersteuerventil 109
3.3 Achsmodulator 109
3.4 Proportional-Relaisventil 110
3.5 Bremswertgeber 110
3.6 Redundanzventil Hinterachse (optional) 110
3.7 TEBS E-Modulator 111
3.8 Park-Löse-Sicherheitsventil 111

4. Funktionen für intelligente Trailer 112
4.1 Fahrzeug-Effizienz 112
4.2 Fahrer-Effektivität und höhere Sicherheit für Trailer 113
4.3 Telematik 114

5. Kontrollen, Wartung und Pflege der Druckluftbremsanlage 116
5.1 Erkennen und Beseitigen von Störungen in der Bremsanlage 117
5.2 Grenzen des Einsatzes der Bremsanlage und der Dauerbremsanlage 118

Kriminalität und Schleusung illegaler Einwanderer — Band 7

1. Kriminalität und Schleusung illegaler Einwanderer

1.1 Ladungsdiebstahl

Jeder kennt die guten alten Western-Filme. Darin werden Postkutschen und Planwagen von maskierten Räubern überfallen und ausgeraubt.
Heute haben sich zwar die Transportmittel verändert, aber Ladungen bzw. komplette Fahrzeuge verschwinden immer noch. Speditions- und Logistikunternehmen befördern täglich Waren im Wert von mehreren Milliarden Euro über die Straßen.

Durch das häufige Umschlagen der Ladung innerhalb der gesamten Logistikkette wird vielen Personen der Zugriff ermöglicht. Unter Ladungsdiebstahl fallen Delikte, bei denen gelagerte oder beförderte Waren entwendet werden. Laut Kriminalstatistik nimmt die Anzahl der Diebstähle und Unterschlagungen von Ladungen ständig zu. Die komplexen Strukturen und Vernetzungen aller an der Logistik beteiligten Unternehmen erschweren erforderliche Sicherheitsmaßnahmen.

1.1.1 Ladungsdiebstahl im Lager- oder Umschlagbereich

Nicht nur einzelne Pakete und Paletten verschwinden spurlos, sondern auch komplette Lkw-Ladungen.
Sicherheitskontrollen im Lager-, Umschlag- und Transportbereich durch geschulte und geprüfte Sicherheitskräfte können effektiv Diebstähle verhindern. Bislang haben nur wenige Unternehmen auf diese wachsende Kriminalitätsform reagiert: Sie setzen intern präventive Maßnahmen um. Oftmals wird die Entlassung der einzelnen überführten Täter als ausreichend angesehen. Sinnvoller wäre es jedoch, auch interne Abläufe zu überprüfen und Sicherheitslücken zu beseitigen.

Tipps zur Verhinderung von Ladungsdiebstahl aus dem Lager- oder Umschlagbereich:

- technische Sicherung des Geländes, wie durch einen hohen Zaun, Bewegungsmelder, Außenbeleuchtung
- Zugangskontrollen des Geländes für Anlieferer und Abholer
- abgetrennte Bereiche mit besonderer Zutrittsberechtigung schaffen
- für Wertsachen eine besondere Wertdeklaration verwenden
- besonders gesicherte Werträume einrichten
- Umladeverbot bzw. Non-Stop-Transport prüfen
- wechselnde Mehrfahrerbesatzungen
- Einsetzen eines Sicherheitsdienstes
- Sicherheitstests
- Alarmanlage mit Aufschaltung zur Polizei

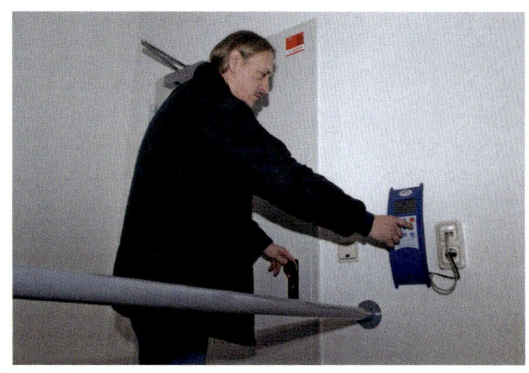

- Vergittern von Fenstern, Verwenden von Stahltüren etc., um Einbrüche zu verhindern
- Videoüberwachung
- Unterlassen der Produktinformation auf der Außenverpackung
- Führen eines lückenlosen Nachweises über den Warenumschlag

1. 1. 2 Ladungsdiebstahl vom Lkw bzw. Fahrzeugdiebstahl

Mittlerweile haben sich Ladungs- und Fahrzeugdiebstahl zu einem gewinnbringenden Bereich der organisierten Kriminalität entwickelt. Selten geworden ist der Einzeltäter, der eine günstige Gelegenheit nutzt. Oftmals stecken vernetzte Strukturen hinter den Diebstählen – es wird auf Bestellung gestohlen. Das setzt Wissen über die Art der Ladung, den Fahrweg bzw. Abstellort des Fahrzeugs und somit Tipps von Insidern voraus.

Zum Kreis der Informanten gehören oft Fahrer, Beschäftigte oder ehemalige Beschäftigte sowie Tramper und Prostituierte, die auf Autohöfen ihre Dienste anbieten.

Die Anzahl von Ladungsdiebstählen ist in den letzten Jahren leicht angestiegen. Außerdem ist ein Anstieg von Kraftstoffdiebstahl zu verzeichnen. Seit Einführung der elektronischen Wegfahrsperre ist der Diebstahl von Fahrzeugen im Gegensatz zum Ladungsdiebstahl leicht rückläufig. Überwiegende Tatorte sind Park- und Rastplätze an Autobahnen sowie firmeneigene Betriebshöfe. Besonders stark betroffen sind die Bundesländer Nordrhein-Westfalen, Niedersachsen und Bayern speziell in Grenzregionen, im Umland von Häfen und im Bereich der Transitautobahnen.

> **Langfinger sind auf Lkw-Ladungen scharf**
>
> Die Verluste durch Raub und Diebstahl von Lkw-Ladungen belaufen sich in der EU jährlich auf 8,2 Mrd. Euro. Eu-weit würden dabei 90.000 Fahrer überfallen. Mit 1,53 Mrd. Euro Verlustsumme ist Deutschland inzwischen europaweit auf Platz zwei hervorgerückt. Die Überfälle auf Lkw-Ladungen werden zum überwiegenden Teil im Auftrag durchgeführt und es lagen Insider-Informationen über die Art der Ladung vor. Die Ware wird dann vor Ort auf eigene Fahrzeuge umgeladen und das betreffende Land wird so schnell wie möglich verlassen.

Quelle: www.dvz.de

Kriminalität und Schleusung illegaler Einwanderer — Band 7

Diebstahl von 158 Computern verschlafen – Lkw-Fahrer haftet

Das Oberlandesgericht Köln entschied, dass die Übernachtung auf einem unbewachten Parkplatz in Frankreich grob fahrlässig war und machte den Lkw-Fahrer für den Schaden verantwortlich.

Ein deutscher Fernfahrer verbrachte die Nacht in seiner Fahrerkabine auf einem unbewachten Parkplatz an der französischen Nationalstraße 330, obwohl in einem Umkreis von 30 km zwei bewachte Parkplätze hätten angefahren werden können. Die, dem Fahrer bekannte, Ladung bestand aus 158 Notebooks. Am nächsten Morgen war die Ladung weg. Der Fahrer wurde nach eigener Aussage mehrmals die Nacht durch kurze Stöße wach, war dann aber wieder eingeschlafen, weil er glaubte, sich getäuscht zu haben. Der Fahrer habe grob fahrlässig gehandelt, entschied das OLG Köln (Az. 3U 143/02) und machte den Fahrer für den Verlust der Ladung verantwortlich. „Weil der Mann erst ausstieg, als die Diebe weg waren, war die Situation keine andere, als wenn der Lkw völlig unbeaufsichtigt auf einem unbewachtem Parkplatz gestanden hätte", befanden die Richter. Der Fahrer hätte zumindest durch Dauerhupen aus seiner sicheren Kabine heraus seine Kollegen in den daneben stehenden Fahrzeugen alamieren müssen.

Quelle: www.transportonline.de

Der durch Transportkriminalität allein in Deutschland angerichtete Schaden für die Allgemeinheit liegt nach Schätzungen des Gesamtverbandes der Versicherungswirtschaft (GDV) im mehrstelligen Millionenbereich. Europaweit wird der jährliche Schaden auf acht Milliarden Euro geschätzt.

Aufgrund des ansteigenden Güterverkehrs auf der Straße wird die Parkplatzsuche zunehmend schwieriger. Bei einer ausreichenden Größe dieser Parkplätze wird so nicht nur der Transportkriminalität vorgebeugt. Gleichzeitig wird auch kein Fahrer mehr gezwungen, übermüdet weiterzufahren. Das senkt die Unfallgefahr und fördert gleichzeitig die Verkehrssicherheit.

Kriminalität und Schleusung illegaler Einwanderer — Band 7

Angesichts dieser steigenden Transportkriminalität fordern nicht nur die Versicherer schon seit Jahren entlang der deutschen Fernstraßen das Einrichten bewachter Parkplätze. Der Abstand dieser bewachten und beleuchteten Parkplätze sollte nicht mehr als vier Lkw-Fahrstunden auseinanderliegen.

Bereits 2007 stellte die EU jährlich Fördermittel zur Verfügung, um bestehende Lkw-Parkplätze sicherer zu machen. Im Jahr 2013 wurden mit der EU-Verordnung Nr. 885/2013 die Mitgliedsländer verpflichtet, gemäß den dort festgelegten Sicherheitsrichtlinien sichere Lkw-Parkplätze zu planen und zu bauen.

Nach Öffnung der EU-Binnengrenzen war ein Anstieg der Transportkriminalität zu verzeichnen. Ladungen mit Textilien, Spirituosen, Computern und Handys sowie andere technische Kleingeräte (Digitalkameras, Fernseher) sind vermehrt Ziele der auch grenzüberschreitend agierenden Straftäter.

Angesichts steigender Kriminalität will die EU-Kommission die Sicherheit auf Lkw-Parkplätzen erhöhen.
Unter dem Namen „Setpos" hat die Europäische Union Sicherheitsstandards für Lkw-Parkplätze festgelegt. In Europa soll ein Netz von Sicherheitsparkplätzen entstehen. Zwei sichere Parkplätze sollen in Zukunft nicht weiter als 100 km auseinander liegen. Geplant ist auch, Lkw-Fahrer von einem besetzten Parkplatz zu freien, sicheren Parkplätzen umzuleiten. Ziel ist, das „wilde Parken" zu verhindern. Mittlerweile gibt es in Deutschland vier solcher Plätze: den Autohof Uhrsleben an der A 2 zwischen Hannover und Berlin, den Euro Rastpark Himmelkron an der A 9, den Autohof Wörnitz nördlich vom Autobahnkreuz A 6 / A 7 und bei den Stadtwerken Waldshut-Tiengen im Gewerbepark unmittelbar an der Schweizer Grenze. Benutzen Sie nach Möglichkeit diese Parkplätze. Sie verfügen neben einer Videoüberwachung auch über Zugangskontrollen, Abgrenzungen und eine gute Ausleuchtung. Europaweit werden diese Sicherheitsparkplätze durch blaue EU-Flaggen bzw.-Schilder gekennzeichnet. Eine europaweite Auflistung sicherer Parkplätze finden Sie unter anderem unter www.uta.com

Tipps:
- Bei regelmäßigen Beförderungen von Ladungen mit erheblichem Wert wechseln Sie öfter die Fahrstrecke.
- Vorsicht beim Kontakt mit fremden Personen! Sprechen Sie nicht über Ladung und Fahrstrecke – auch nicht über Funk.
- Nehmen Sie keine Anhalter mit.
- Überprüfen Sie Ihr Fahrzeug vor jeder Weiterfahrt.
- Bei verdächtigem Verhalten von Personen verständigen Sie die Polizei.
- Setzten Sie möglichst geschlossene Aufbauten für diebstahlgefährdete Waren ein und sichern Sie die Türen mit zusätzlichen Schlössern.
- Verwenden Sie Diebstahlschutzeinrichtungen für Wechselbrücken, Anhänger und Auflieger.
- Parken Sie möglichst rückwärts, dicht an einer Wand, um ein unkontrolliertes Öffnen der Hecktüren zu verhindern.
- Hinterlegen Sie nie den Fahrzeugschlüssel für einen anderen Fahrer außen am Fahrzeug.

Einige Tricks, um an Ihren Lkw/Ihre Ladung zu kommen:
- Sie werden an eine andere (falsche) Anlieferadresse umgeleitet.
- Kurz vor der eigentlichen Anlieferadresse müssen Sie angeblich umgeladen werden, man hilft Ihnen (freundlicherweise) auch dabei.
- Sie werden bei Zwischenstopps an Ampeln, Kreuzungen auf offene Türen, Beschädigungen am Lkw oder Anhänger angesprochen. Sie steigen aus, lassen den Motor laufen bzw. Zündschlüssel stecken und wenn Sie sich den angeblichen Schaden ansehen, fährt Ihr Lkw ohne Sie davon.

1.2 Diebstahl aus Fahrzeugen

Bei Diebstählen aus dem Führerhaus haben es die Diebe vor allem auf Autoradios, Auto- bzw. Mobiltelefone und Navigationsgeräte abgesehen. Aber auch andere im Führerhaus zurückgelassene Wertgegenstände wie Schecks, Kreditkarten und Bargeld sind begehrt.

Tipps zur Sicherung von Fahrzeugen
- Auch bei kurzzeitigem Verlassen des Fahrzeugs, z. B. an Tankstellen oder beim Be- oder Entladen, immer den Zündschlüssel abziehen. Nur so wird die Wegfahrsperre aktiviert.
- Auch bei kurzzeitigem Verlassen des Fahrzeugs die Fenster und Türen verschließen. Führen Sie, nach Möglichkeit, einen Zweitschlüssel mit! Falls es aus technischen Gründen gerade nicht möglich ist den Motor abzustellen, können Sie trotz dem das Führerhaus abschließen.
- Immer das Lenkradschloss einrasten lassen.

- Keine Wertsachen, wie Brieftasche, Handy oder Laptop, sichtbar im Fahrzeug liegen lassen.
- Ausweise und andere Papiere mit Ihrer Wohnanschrift und den Wohnungsschlüssel nie zusammen im Fahrzeug lassen: Während Sie sich gerade über den Aufbruch Ihres Fahrzeugs ärgern, wird sonst zeitgleich auch noch Ihre Wohnung leer geräumt.
- Nützlich: Eine Hüfttasche für Papiere, Brieftasche und Handy.

Quelle: MAN Nutzfahrzeuge Gruppe

- Fertigen Sie schon im Vorfeld Kopien Ihrer Ausweis- und Fahrzeugpapiere an und führen Sie diese getrennt mit.
- Verwahren Sie PIN-Nummern und die dazu gehörigen Karten immer getrennt auf.

Kriminalität und Schleusung illegaler Einwanderer — Band 7

- Vorhandene Autoalarmanlagen einschalten. Der Fachhandel bietet diese Diebstahlsicherungen auch zum Nachrüsten an.
- Entscheiden Sie sich für ein Neufahrzeug mit elektronischer Wegfahrsperre. Mittels eines codierten Eingriffs in das Motormanagement wird ein unbefugtes Wegfahren verhindert.

- Wählen Sie Autoradio- und Autotelefonmodelle, die beispielsweise durch Codiersystem, Sicherungskarte oder abnehmbares Display besonders gegen Diebstahl geschützt sind.
- Lassen Sie mobile Navigationsgeräte niemals sichtbar im Fahrzeug liegen. Für sie gibt es keine Diebstahlsicherung. Entfernen Sie nach dem Gebrauch die Saugnapfabdrücke des mobilen Navigationsgerätes.
- Wählen Sie möglichst bewachte, belebte und beleuchtete Parkplätze.
- Seien Sie vorsichtig, wenn Fremde Ihnen spontan ihre Hilfe anbieten – auch bei dem Hinweis, dass mit Ihrem Fahrzeug etwas nicht in Ordnung sei.

1.3 Überfälle auf Kraftfahrer

Leider kommen Überfälle auf Kraftfahrer nicht nur in Süd- und Osteuropa, sondern auch vereinzelt in Deutschland vor. Ziele der Täter sind in der Regel abseits stehende Fahrzeuge auf Autobahnrastplätzen, wie Wohnmobile oder Lkw. In einigen Fällen wurden die Insassen dabei durch das Einleiten von Gas betäubt. Danach wurde die vom Laternenlicht abgewandte Tür aufgebrochen (aufgehebelt). Früher wurde oft Chloroform verwendet, neuerdings sprühen die Täter K.-o.-Spray ins Wageninnere.

Lkw-Fahrer leben gefährlich
Laut einer gemeinsamen Studie des Internationalen Straßentransport-Verbands (IRU) und des Internationalen Transport Forums (ITF) ist bereits einer von sechs Lkw-Fahrern schon einmal Opfer eines Überfalls gewesen.
Die Auswertung von 2.000 Befragungen ergab folgendes Ergebnis: 17 % der Fahrer gaben an, im Zeitraum von 2000 bis 2005 Opfer eines Angriffs gewesen zu sein. Von diesen betroffenen Fahrern gaben 60 % an, dass das Ziel die Ladung bzw. das Fahrzeug war. Weitere 40 % meldeten den Verlust von persönlichen Gegenständen. 66 % der Übergriffe fanden in der Zeit zwischen 22 Uhr und 6 Uhr statt. Laut diesem Bericht ist, gemessen am Transportvolumen im internationalen Verkehr, Rumänien das Land, in dem die meisten der berichteten Überfälle stattfanden, gefolgt von Ungarn, Polen und der russischen Föderation.

Kriminalität und Schleusung illegaler Einwanderer — Band 7

Um Lkw-Fahrer vor Einbrüchen und Raubüberfällen in ihren Fahrerhäusern zu schützen, hat DAF eine Nachtverriegelung für die Türen eingeführt. Diese mechanische Verriegelung wird innen an der Fahrerhauswand montiert und verfügt über einen Stift aus gehärtetem Stahl, der in die Türarmlehne gleitet.

Damit der Fahrer in Notsituationen das Fahrerhaus dennoch schnell verlassen kann, genügt ein Druck auf den roten Knopf und die Verriegelung wird sofort entriegelt. Ein spezieller Aufkleber auf dem Türgriff warnt Personen außerhalb des Lkw davor. Wenn sie verriegelt wird, ist es selbst mit einem Brecheisen unmöglich, die Fahrzeugtür zu öffnen.

Quelle: www.daf.eu

Tipps:
- Vermeiden Sie abgelegene dunkle Ecken des Parkplatzes. Nutzen Sie lieber eine Lücke zwischen anderen parkenden Lkw.
- Schließen Sie die Seitenfenster.
- Verriegeln Sie die Türen. Um das ungewollte Öffnen der Türen zu verhindern, verbinden Sie die Fahrer- und Beifahrertür mit einem Zurrgurt.
- Im Zubehörhandel sind geprüfte Geräte erhältlich, die vor einem Gasangriff warnen.
- Da es sich in der Regel um reisende Täter handelt, ist die Polizei auf Hinweise der Kraftfahrer angewiesen. Nur so kann ein Profil der Täter erstellt werden. Notieren Sie sich Merkmale auffälliger Personen und Fahrzeuge und melden Sie diese der Polizei.
- Nehmen Sie keine Anhalter mit. Sprechen Sie mit Fremden nie über Ladung und Fahrziel.
- Kommt es zu einem Überfall, bewahren Sie einen klaren Kopf. Gehen Sie auf die Forderungen der Täter ein. Zivilcourage ist lobenswert – vermeiden Sie jedoch, den Helden zu spielen. Ein gestohlener Lkw, Laptop und Bargeld, das alles ist ersetzbar – Ihre Gesundheit nicht!
- Der Einsatz von CS-Gas, Pfefferspray o. ä. zum Selbstschutz im Führerhaus ist nicht in jedem Fall sinnvoll. Nach der Verwendung müssen auch Sie die Fahrerkabine verlassen und könnten einem Komplizen dabei direkt in die Arme laufen.
- Ruhe bewahren, Täter nicht provozieren.
- Sind Sie Opfer einer Straftat geworden, erstatten Sie unbedingt Anzeige bei der Polizei.

1.4 Schmuggel von Waren mit Lkw und Bussen

Seit Jahren fahren Privatleute ins benachbarte Ausland wie Luxemburg oder Polen, um dort legal Kraftstoff, Kaffee, Alkohol oder Zigaretten zu kaufen. Aber auch im Inland ist ein verändertes Kaufverhalten zu beobachten. Ob Flohmarkt oder Internet-Schnäppchen – teilweise handelt es sich hier um Diebesgut oder speziell für den europäischen Markt gefertigte Plagiate.

Plagiate sind überwiegend minderwertige Produktfälschungen, die der Laie nur schwer vom Original unterscheiden kann. Neben den Plagiaten werden vor allem Zigaretten nach und durch Deutschland geschmuggelt. Schätzungen zufolge wurden bereits 2004, nach Öffnung der Grenzen zu Polen und Tschechien, rund fünf Prozent aller in Deutschland konsumierten Zigaretten illegal eingeführt.
Lt. Gesetz dürfen aus allen Ländern, die nicht der EU angehören, und einigen EU-Staaten (neuere Beitrittsländer) max. 200 Zigaretten pro Person eingeführt werden. Alles darüber ist strafbar. Ab 800 Zigaretten kann bei der Einfuhr (auch) aus den anderen EU-Staaten ein gewerblicher Hintergrund angenommen werden und die Zigaretten müssen bei der Einfuhr zusätzlich versteuert werden.
Durch den Handel mit gefälschten und geschmuggelten Zigaretten beträgt der volkswirtschaftliche Schaden durch den jährlichen Steuerausfall in Deutschland rund 4,2 Milliarden Euro.
Steigendes Verkehrsaufkommen durch die EU-Osterweiterung und damit die Verlegung der EU-Außengrenzen weiter in Richtung Osten machen es den Schmugglern leichter als vorher.
Folgende Zahlen sprechen für sich: Der Flughafen Frankfurt/Main hat ein tägliches Passagieraufkommen von knapp 150.000 Personen sowie ein tägliches Frachtaufkommen von über 5.000 t. Der Containerumschlag im Hamburger Hafen erreichte im Jahr 2015 insgesamt 8,8 Millionen TEU (20-Fuß-Standardcontainer). Das macht bis zu 25.000 pro Tag im Durchschnitt. An manchen Autobahnzollämtern werden zu Spitzenzeiten fast minütlich die Lkw abgefertigt.

Eine oft genutzte Verkaufsplattform für geschmuggelte oder entwendete Sachen ist das Internet. Manchmal werden ganze Lkw-Ladungen als „Sonderangebote" versteigert.
Beachte: An Diebesgut kann man, auch durch Bezahlen eines Kaufpreises, kein Eigentum erwerben.

Gerade der Zigarettenschmuggel boomt seit der Erhöhung der Tabaksteuer in vielen EU-Ländern. Hinter diesem lukrativen Schmuggel stecken oft professionell organisierte Kriminalitätsstrukturen. Deutschland wird dabei in vielen Fällen als Transitland für den Schmuggel genutzt.

Quelle: Hauptzollamt Frankfurt/Oder

Quelle: Hauptzollamt Frankfurt/Oder

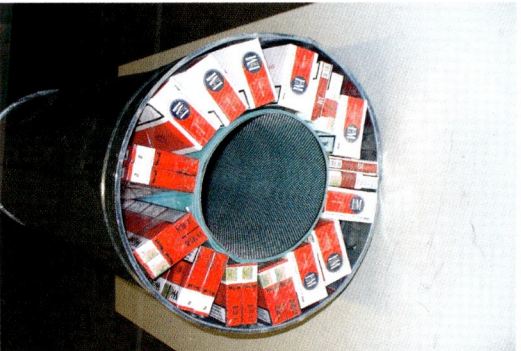

Quelle: Hauptzollamt Frankfurt/Oder

Kriminalität und Schleusung illegaler Einwanderer — Band 7

Geschmuggelt werden diese Waren in erster Linie mit Lastkraftwagen. Hier kommen angebliche Leerfahrten genauso zum Einsatz wie „Tarnladungen", in denen Zigaretten versteckt sind. Diese Ladungen bestehen zum Beispiel aus ordnungsgemäß deklarierten Industrieprodukten, wie in diesem Fall Ventilationsfilter aus Aluminium. In Wirklichkeit sind sie nur Mittel zum Zweck: Insgesamt wurden hier fast 500.000 Zigaretten sichergestellt.

Seltener kommen speziell präparierte Fahrzeuge zum Einsatz.
Allein vom Zoll Hamburg wurden 2014 insgesamt 46,7 Mio. illegal eingeführte Zigaretten beschlagnahmt. Mehr als 40 % dieser beschlagnahmten Zigaretten stammten aus dem asiatischen Raum. Sie waren gefälscht und damit auch von verminderter Qualität. Zigaretten sind mit einem Anteil von 37 % die mit Abstand am häufigsten gefälschte Ware in der Europäischen Union.
Leisten Sie als Lkw-Fahrer Beihilfe zum Zigarettenschmuggel, kann dies eine mehrjährige Freiheitsstrafe zur Folge haben.

1.5 Schleusung von Personen

Eine Begleiterscheinung der Globalisierung ist die unerlaubte Migration. Unter Migration wird die Wanderungsbewegung zwischen Bevölkerungen aus verschiedenen Ländern verstanden. Dabei handelt es sich einerseits um Flüchtlinge auf der Suche nach Sicherheit, nach Asyl. Zum anderen sind es Menschen, die aus wirtschaftlichen Gründen einreisen wollen. Oft wollen sie dort (illegal) arbeiten. Auch in Deutschland gibt es einzelne Branchen, in denen häufig illegal Beschäftigte anzutreffen sind, z. B.: Bauwesen, Haushalte, Gastronomie und einige Bereiche der Landwirtschaft.
Ungenaue Schätzungen gehen davon aus, dass sich in Deutschland über 500.000 illegal eingewanderte Personen aufhalten. Da die Grenzkontrollen immer besser werden, verlassen sich viele illegale Einwanderer auf „professionelle" Hilfe von sogenannten Schleusern.
Hinter den Schleusern stecken oft gut organisierte kriminelle Strukturen, die unter dem Deckmantel der vermeintlichen Humanität („Fluchthilfe") mit der „Ware Mensch" viel Geld verdienen. Deutschland ist nicht nur Ziel, sondern auch ein Haupttransitland in Europa. Deshalb gehen Schätzungen der deutschen Polizei davon aus, dass jährlich mehrere hunderttausende Menschen durch Deutschland geschleust werden – die Mehrzahl in Fahrzeugen.

Die Polizei kontrolliert vermehrt auch die Ladungen.

Bereits seit vielen Jahren führen die britischen Kontrollbehörden umfangreiche Fahrzeugkontrollen durch. Ziel: Das Auffinden von illegalen Migranten.
Hier kommen hoch empfindliche Geräte zum Einsatz, die sowohl den Kohlendioxidgehalt im Laderaum messen, aber auch den Herzschlag von Personen auf der Ladefläche feststellen können. Britische Gesetze sehen Bußgelder von bis zu 2000 £ pro aufgefundenem illegalen Migranten sowohl für den Lkw-Fahrer als auch für den Unternehmer vor.

> **Holländischer Lkw-Fahrer muss 14 Jahre hinter Gitter**
>
> Auf der Fahrt nach England waren 58 chinesische Flüchtlinge in einem Transporter jämmerlich erstickt. Ein britisches Gericht verurteilte den niederländischen Lkw-Fahrer jetzt wegen Totschlags zu 14 Jahren Haft.
>
> Der Fahrer und sein chinesischer Mitangeklagter wurden zudem des Menschenschmuggels und der Verschwörung zum Menschenschmuggel für schuldig befunden, teilte das Gericht Maidstone im Süden Englands mit. Richter Alan Moses habe den Chinesen zu sechs Jahren Haft verurteilt. Die illegalen Einwanderer waren in einem Container des Lastwagens bei der Schiffsüberfahrt von Zeebrügge nach Dover erstickt. Nur zwei der insgesamt 60 Flüchtlinge überlebten.

Kriminalität und Schleusung illegaler Einwanderer — Band 7

Der illegale Aufenthaltsstatus stellt in Deutschland einen Straftatbestand dar. Der deutsche Gesetzgeber sieht im Schlepperwesen den äußerst verwerflichen und menschenunwürdigen, sozialschädlichen Hintergrund mit dem puren Gewinnstreben der Schleuser. Deshalb machen sich auch Hilfeleistende, wie Sie als Lkw-Fahrer, der das illegale Einreisen ermöglicht hat, strafbar. Zusätzlich können Sie für die anfallenden Kosten der Abschiebung haftbar gemacht werden.

Zehn Jahre Freiheitsentzug sind die Höchststrafe für bandenmäßige Schleusung, fünf bis sechs Jahre die Regel.

Die polnischen und deutschen Gerichte haben sich in der Ahndung der illegalen Grenzübertritte und Schleusungen angeglichen. Häufig werden die Schleuser bereits beim ersten Verstoß zu einer Freiheitsstrafe verurteilt. Davon betroffen sind also nicht nur die illegalen Migranten, die ohnehin abgeschoben werden können und bei denen die Strafe auch zur Bewährung ausgesetzt werden kann. Hauptsächlich trifft es die an der Schleusung unmittelbar Beteiligten.

> **§ 96 AufenthG** – Einschleusen von Ausländern
> (1) Mit Freiheitsstrafe bis zu fünf Jahren oder mit Geldstrafe wird bestraft, wer einen anderen zu einer der in § 95 Abs. 1 Nr. 1, 2 oder 3 oder Abs. 2 bezeichneten Handlungen anstiftet oder ihm dazu Hilfe leistet und
> 1. dafür einen Vermögensvorteil erhält oder sich versprechen lässt oder
> 2. wiederholt oder zu Gunsten von mehreren Ausländern handelt.
> (2) Mit Freiheitsstrafe von sechs Monaten bis zu zehn Jahren wird bestraft, wer in den Fällen des Absatzes 1
> 1. gewerbsmäßig handelt,
> 2. als Mitglied einer Bande, die sich zur fortgesetzten Begehung solcher Taten verbunden hat, handelt,
> 3. (...)
> 4. (...)
> 5. den Geschleusten einer das Leben gefährdenden, unmenschlichen oder erniedrigenden Behandlung oder der Gefahr einer schweren Gesundheitsschädigung aussetzt.
> (3) Der Versuch ist strafbar.

Tipps

Vor dem Beladen:
- Funktionieren der Verschlüsse und Schlösser überprüfen,
- Plane und Dach auf Risse und Löcher überprüfen.

Während der Fahrt, insbesondere vor Grenzübertritt:
- Erneutes Überprüfen von Plane und Dach auf neue Risse und Löcher.
- Manuelles Überprüfen der Schlösser. Oftmals werden die Schlösser aufgebrochen und, was auf den ersten Blick nicht erkennbar ist, dann wieder nur zugeklebt.
- Sind noch dieselben Plomben und Siegel vorhanden?
- Führen Sie regelmäßige Kontrollen nach einer Fahrtunterbrechung durch und protokollieren Sie diese.
- Sprechen Sie nicht mit Fremden über Ihr Ziel und vermeiden Sie möglichst Aufschriften am Fahrzeug, die das Ziel Großbritannien angeben.
- Legen Sie vor der Überfahrt nach Großbritannien möglichst weit vor dem Fährhafen Ihre letzte Pause ein.
- Ist das nicht möglich, nehmen Sie einen Umweg in Kauf und rasten Sie auf der Gegenseite der Autobahn (aus Richtung Großbritannien kommend).
- Achten Sie auf auffällige Personen und Fahrzeuge im Umkreis Ihres Lkw.

Kriminalität und Schleusung illegaler Einwanderer — Band 7

- Stellen Sie „blinde Passagiere" fest, informieren Sie sofort die Polizei. Nur so besteht in Verbindung mit Ihren vorher gefertigten Kontrollaufzeichnungen die Möglichkeit, straffrei auszugehen.

Lkw bieten eine Vielzahl von Versteckmöglichkeiten.
Die häufigsten sind:
- neben der Ladefläche,
- Windabweiser und Spoiler,
- der Bereich um die Sattelkupplung, das Fahrgestell bzw. die Achsen am Anhänger und Auflieger,
- im Reserverad,
- Staukästen und sonstige Hohlräume unterhalb des Fahrzeugs.

Beispiel:
Nach acht Tagen Überfahrt erreichte der Container in Bremen seinen Zielort. Die acht Personen in dem Container hatten für ihre Überfahrt als Verpflegung Datteln und Kekse zur Verfügung. Außerdem hatten sie zwei Zehn-Liter-Kanister mit Wasser zum Trinken. Da sie sich bereits einen Tag vor dem Ablegen des Schiffes in dem Container versteckt hatten, ergibt das pro Person ca. 3 l Wasser für neun Tage. Während der Überfahrt verrichteten sie ihre Notdurft hinter dem provisorisch aufgehängten Vorhang in zwei Kanistern. Bei der Ankunft in Bremen waren alle illegal eingereisten Personen völlig mittellos und in einem verwahrlosten Zustand. Selbst ihre Kleidung war durch Exkremente stark verschmutzt.

1.6 Gewalttaten im Personenverkehr

Mit der allgemein steigenden Kriminalität häufen sich auch Straftaten gegen das Fahrpersonal im Kraftomnibusbereich. Gerade Busfahrer im Linienverkehr können Opfer eines Übergriffs werden. Fahrgäste (nicht nur angetrunkene) verhalten sich oft provozierend. Das kann zu Handgreiflichkeiten führen, bei denen der Busfahrer dann schnell zum Opfer wird. Diese Übergriffe sind für den Busfahrer oft nicht vorhersehbar, kommen völlig überraschend. Neben baulichen Veränderungen im Bus, wie Videokameras oder eine durch Scheiben geschützte Fahrerkabine, ist ein „Deeskalationstraining" für die Fahrer von Bussen im ÖPNV empfehlenswert. Man erlernt und übt dort richtige Verhaltensweisen, um sich in diesen unvermittelt auftretenden Situationen richtig zu verhalten.

> **Busfahrer überfallen**
>
> TRIER (eju) • Ein unbekannter Mann hat in der Nacht zum Mittwoch auf dem Trierer Bahnhofsvorplatz einen Busfahrer überfallen und im Gesicht schwer verletzt.
>
> Wie die Trierer Polizei mitteilte, wollte der 53-jährige Fahrer gerade sein Fahrzeug abschließen, als der Räuber ihm ins Gesicht schlug und Pfefferspray ins Auge sprühte. Anschließend entwendete der etwa 20 Jahre alte Täter die Kasse des Busses. Wie viel Geld sich in der Kasse befand, war zunächst unklar. Der Busfahrer wurde mit Verätzungen am Auge ins Krankenhaus gebracht.

Folgende Einstiegsregelung hat sich in einigen Kommunen bei ÖPNV-Bussen bereits bewährt: Hat ein Linienbus beispielsweise drei Türen, dann wird die hintere Tür nachts gar nicht mehr geöffnet, die mittlere Tür nur zum Aussteigen. Somit ist ein „kontrollierter" Einstieg an der ersten Tür, am Fahrer vorbei, gewährleistet. Günstiger Nebeneffekt: Auch das „Schwarzfahren" wird dadurch erschwert.

Kommen Sie als Busfahrer trotzdem in eine gefährliche Situation, können Ihnen folgende Tipps helfen:
- Reagieren Sie ruhig und besonnen auf den Täter.
- Bedenken Sie, dass alkoholisierte Personen zu erhöhter Aggressivität neigen.
- Werden Sie mit Gewalt oder mit Waffen bedroht, gehen Sie auf die Forderungen des Täters ein. Ansonsten riskieren Sie Ihre Gesundheit oder Ihr Leben und eventuell auch das Ihrer Fahrgäste.
- Verständigen Sie sofort über Ihre Leitstelle die Polizei.
- Fahren Sie nicht weiter.
- Wenn möglich, halten Sie den Täter fest.
- Merken Sie sich die Täterbeschreibung.
- Veranlassen Sie Zeugen vor Ort zu bleiben. Notfalls notieren Sie sich Namen und Anschrift der Zeugen.

Risiko Zivilcourage

Sind Sie „nur" Zeuge einer Straftat, stellt sich die berechtigte Frage: Werde ich tätig oder schaue ich nur zu? Zivilcourage ist lobenswert. Jedoch wird das Risiko vergrößert, durch das Einschreiten selbst zum Opfer zu werden. Das führt dazu, dass eine Mehrzahl von Unbeteiligten einfach wegschaut. Der richtige Weg kann das nicht sein.
Es gibt keine Faustformel, wann und wie Zivilcourage richtig eingesetzt wird. Die Einzelsituationen und jeweiligen Rahmenbedingungen sind zu unterschiedlich. Jedoch muss jedem klar sein, dass das bewusste Wegsehen/Zuschauen häufig als Bestätigung auf den Täter wirkt und ihn ermuntert, weiterzumachen.
- Helfen Sie, ohne sich selbst in Gefahr zu bringen.
- Beobachten Sie genau und **merken Sie sich die Beschreibung des Täters**.
- Sorgen Sie für Hilfe (Notruf: 110, 112).
- Helfen Sie dem Opfer.
- Stellen Sie sich als Zeuge zur Verfügung.

Kriminalität und Schleusung illegaler Einwanderer — Band 7

Untenstehend ein Handlungsleitfaden zum Thema Zivilcourage. Herausgeber: Opferperspektive e.V. mit Sitz in Potsdam.

Zehn Punkte für Zivilcourage
Die Initiative „Augen auf!" hat den Handlungsleitfaden „Zehn Punkte für Zivilcourage" erarbeitet, der weithin verwendet wird und viele Denkanstöße enthält:

1. Seien Sie vorbereitet
Denken Sie sich eine Situation aus, in der ein Mensch belästigt, bedroht oder angegriffen wird (z. B.: Ein Schwarzer wird in der Bahn von zwei glatzköpfigen Männern angepöbelt).
- Überlegen Sie, was Sie in einer solchen Situation fühlen würden.
- Überlegen Sie, was Sie in einer solchen Situation tun würden.

2. Bleiben Sie ruhig
- Konzentrieren Sie sich darauf, das zu tun, was Sie sich vorgenommen haben.
- Lassen Sie sich nicht ablenken von Gefühlen wie Angst oder Ärger.

3. Handeln Sie sofort
- Reagieren Sie immer sofort, erwarten Sie nicht, dass ein anderer hilft. Je länger Sie zögern, desto schwieriger wird es, einzugreifen.

4. Holen Sie Hilfe
- In der Bahn: Nehmen Sie Ihr Handy und rufen Sie die Polizei oder ziehen Sie die Notbremse.
- Im Bus: Alarmieren Sie die Busfahrerin/den Busfahrer.
- Auf der Straße: Schreien Sie laut.

5. Erzeugen Sie Aufmerksamkeit
- Sprechen Sie andere ZuschauerInnen persönlich an.
- Ziehen Sie sie in die Verantwortung: »Sie in der gelben Jacke, können Sie bitte den Busfahrer rufen?«.
- Sprechen Sie laut. Ihre Stimme gibt Ihnen Selbstvertrauen und ermutigt andere zum Einschreiten.

6. Verunsichern Sie die TäterInnen
- Schreien Sie laut und schrill. Das geht auch, wenn die Stimme versagt.

7. Halten Sie zum Opfer
- Nehmen Sie Blickkontakt zum Opfer auf. Das vermindert seine Angst.
- Sprechen Sie das Opfer direkt an: »Ich helfe Ihnen«.

8. Wenden Sie keine Gewalt an
- Spielen Sie nicht die Heldin/den Helden und begeben Sie sich nicht unnötig in Gefahr.
- Setzen Sie keine Waffen ein, dies führt häufig zur Eskalation.
- Fassen Sie die TäterInnen niemals an, sie oder er kann dann schnell aggressiv werden.
- Lassen Sie sich selbst nicht provozieren, bleiben Sie ruhig.

9. Provozieren Sie die TäterInnen nicht
- Duzen Sie die TäterInnen nicht, damit andere nicht denken, Sie würden sie oder ihn kennen.
- Starren Sie den AngreiferInnen nicht direkt in die Augen, das könnte sie noch aggressiver machen.
- Kritisieren Sie das Verhalten einer Täterin/eines Täters, nicht aber ihre/seine Person.

10. Rufen Sie die Polizei
- Beobachten Sie genau und merken Sie sich Gesichter, Kleidung und Fluchtweg der TäterInnen.
- Erstatten Sie Anzeige und melden Sie sich als Zeuge.

Rechtliche Grundlagen der Selbsthilfe

§ 127 StPO
(1) Wird jemand auf frischer Tat betroffen oder verfolgt, so ist, wenn er der Flucht verdächtig ist oder seine Identität nicht sofort festgestellt werden kann, jedermann befugt, ihn auch ohne richterliche Anordnung vorläufig festzunehmen.

§ 32 StGB – Notwehr
(2) Notwehr ist die Verteidigung, die erforderlich ist, um einen gegenwärtigen rechtswidrigen Angriff von sich oder einem anderen abzuwenden.

Die Selbsthilfe darf nicht weiter gehen, als es zur Festnahme oder Abwehr einer Gefahr notwendig ist.
Wer es unterlässt, eine Gefahr abzuwenden oder eine Straftat zu verhindern, kann sich unter Umständen selber strafbar machen.

§ 323c StGB – Unterlassene Hilfeleistung
Wer bei Unglücksfällen oder gemeiner Gefahr oder Not nicht Hilfe leistet, obwohl dies erforderlich und ihm den Umständen nach zuzumuten, insbesondere ohne erhebliche eigene Gefahr und ohne Verletzung anderer wichtiger Pflichten möglich ist, wird mit Freiheitsstrafe bis zu einem Jahr oder mit Geldstrafe bestraft.

Risiken & Arbeitsunfälle — Band 7

Risiken & Arbeitsunfälle

1. Bewusstseinsbildung für Risiken des Straßenverkehrs und Arbeitsunfälle

Der mittlerweile auch internationale Konkurrenzdruck im Personen- und Güterkraftverkehr geht nicht spurlos an Ihnen vorbei. Rechtliche und tarifliche Spielräume werden ausgenutzt und verändern die Arbeitsbedingungen. Die Anzahl des Personals in jedem Betrieb wird möglichst niedrig gehalten. Somit ist jeder von Ihnen stärker gefordert.
Sie sind längst nicht mehr nur Lkw- oder Busfahrer.

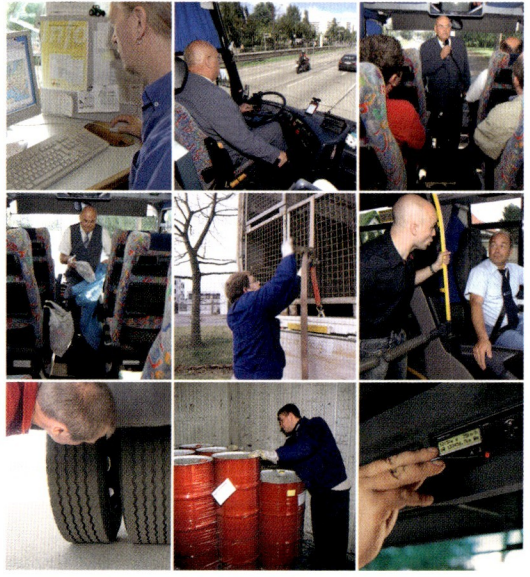

Die Spanne Ihrer Tätigkeiten umfasst heute:
- das Be- und Entladen des Fahrzeugs,
- die Kontrolle des ordnungsgemäßen Zustands Ihres Fahrzeugs,
- das Durchführen von kleineren Reparaturen,
- die optimale Routenplanung,
- das Zurechtfinden in fremden Städten,
- das Erstellen von Lieferscheinen oder Begleitpapieren.

Was Sie „nebenbei" noch beachten müssen:
- nationale und internationale Vorschriften wie Fahrverbote an Feiertagen,
- die Einhaltung der Arbeits-, Lenk- und Ruhezeiten,
- die vorgeschriebene Sicherung Ihrer Ladung,
- Vorschriften über den richtigen Umgang mit Gefahrgut.

Und selbstverständlich leisten Sie als Busfahrer auch noch einen umfassenden „Bordservice" und übernehmen Reiseleiterfunktionen.
Ein stets freundlicher Umgang mit den Fahrgästen wird ebenso vorausgesetzt wie entsprechende Hilfsbereitschaft.
Diese Aufzählung, die sicherlich nicht vollständig ist, soll einen Eindruck davon vermitteln, dass Sie als Berufskraftfahrer eine Allroundkraft sind, die eine hohe Verantwortung trägt.

1.1 Verkehrsunfälle

Jedes Jahr registriert die Polizei ca. 2,3 Millionen Verkehrsunfälle in Deutschland. Bei den meisten Unfällen entstehen „nur" Sachschäden.
Doch bei etwa jedem fünften Unfall werden Personen verletzt. Über 430.000 Verletzte und knapp 5.000 Verkehrstote pro Jahr sind die erschreckenden Folgen des Straßenverkehrs.
(Quelle: Gesamtverband der Deutschen Versicherungswirtschaft e. V. – GDV)

Drei Faktoren bestimmen die Verkehrssicherheit:
- der Mensch,
- die Straße,
- das Fahrzeug.

Die Unfallursachen sind zu fast 90 % auf vermeidbares Fehlverhalten der Fahrzeugführer und nur zu 5 % auf die Straßenverhältnisse (Schnee, Eis oder Regen) zurückzuführen. Nur selten haben die Unfälle technische Ursachen.

Betrachtet man die fahrerbedingten Unfallfaktoren genauer, stellt sich heraus, dass es nur wenige Ursachen sind, die eine Vielzahl von Verkehrsunfällen auslösen können:

Risiken & Arbeitsunfälle — Band 7

Abstand und Geschwindigkeit

An erster Stelle in den Unfallstatistiken stehen dabei Abstand und Geschwindigkeit. Typisch sind Auffahrunfälle im Berufsverkehr oder im Baustellenbereich.

Zu geringer Mindestabstand zum Vorausfahrenden und zu knappes Ein- bzw. Ausscheren vor oder nach dem Überholvorgang sind hierbei die häufigsten Fahrfehler.

Dabei sind die gesetzlichen Vorschriften eindeutig:

Quelle: Kreiszeitung Syke

§ 4 StVO

(1) Der Abstand von einem vorausfahrenden Fahrzeug muss in der Regel so groß sein, dass auch dann hinter ihm gehalten werden kann, wenn es plötzlich gebremst wird. (. . .)

(2) Kraftfahrzeuge, für die eine besondere Geschwindigkeitsbeschränkung gilt, sowie Züge, die länger als 7 m sind, müssen außerhalb geschlossener Ortschaften ständig so großen Abstand von dem vorausfahrenden Kraftfahrzeug halten, dass ein überholendes Fahrzeug einscheren kann. Das gilt nicht,
1. wenn sie zum Überholen ausscheren und dies angekündigt haben,
2. wenn in der Fahrtrichtung mehr als ein Fahrstreifen vorhanden ist oder
3. auf Strecken, auf denen das Überholen verboten ist.

(3) Lastkraftwagen mit einem zulässigen Gesamtgewicht über 3,5 t und Kraftomnibusse müssen auf Autobahnen, wenn ihre Geschwindigkeit mehr als 50 km/h beträgt, zu vorausfahrenden Fahrzeugen einen Mindestabstand von 50 m einhalten.

Tipp:
Auf deutschen Autobahnen stehen die Leitpfosten üblicherweise im Abstand von 50 m.

Risiken & Arbeitsunfälle — Band 7

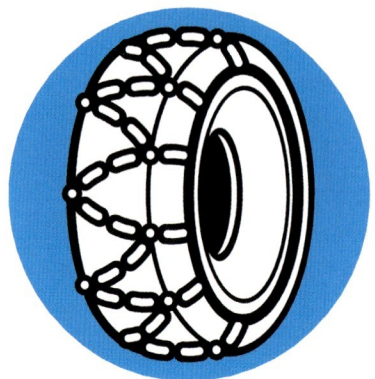

Die zulässige Höchstgeschwindigkeit beträgt für Kraftfahrzeuge mit Schneeketten auch unter günstigen Umständen 50 km/h.

§ 3 Abs. 1 StVO
(1) Der Fahrzeugführer darf nur so schnell fahren, dass er sein Fahrzeug ständig beherrscht. Er hat seine Geschwindigkeit insbesondere den Straßen-, Verkehrs-, Sicht- und Wetterverhältnissen sowie seinen persönlichen Fähigkeiten und den Eigenschaften von Fahrzeug und Ladung anzupassen. Beträgt die Sichtweite durch Nebel, Schneefall oder Regen weniger als 50 m, so darf er nicht schneller als 50 km/h fahren, wenn nicht eine geringere Geschwindigkeit geboten ist. Er darf nur so schnell fahren, dass er innerhalb der übersehbaren Strecke halten kann. Auf Fahrbahnen, die so schmal sind, dass dort entgegenkommende Fahrzeuge gefährdet werden könnten, muss er jedoch so langsam fahren, dass er mindestens innerhalb der Hälfte der übersehbaren Strecke halten kann.

Beträgt die Sichtweite durch Nebel, Schneefall oder Regen weniger als 50 m, dürfen Fahrer von Kraftfahrzeugen mit einer zulässigen Gesamtmasse über 7,5 t nicht mehr überholen (§ 5 Abs. 3a StVO).

Mit einer angepassten Geschwindigkeit und einem richtig gewählten Abstand können Sie die meisten Verkehrsunfälle verhindern.

Sehen und gesehen werden – Sichtfeld
„Sehen und gesehen werden" gehört zu den Grundvoraussetzungen im Straßenverkehr.
Im Vergleich zum Pkw ist der Sichtschatten, auch „toter Winkel" genannt, bei Lkw und KOM größer: Denn als Fahrer von hohen Fahrzeugen sitzen Sie nicht auf Augenhöhe mit den Fußgängern oder Radfahrern und Sie sind deshalb oft allein auf Ihre Spiegel angewiesen.

Insbesondere die unzureichende Sicht direkt vor und rechts neben dem Fahrzeug wird Ihnen immer wieder Probleme bereiten.
Bei jedem fünften im Straßenverkehr Getöteten handelt es sich um einen Radfahrer oder Fußgänger. Ein Teil von ihnen wird von rechts abbiegenden Fahrzeugen erfasst und überrollt. Bereits 1995 reagierte der Gesetzgeber darauf mit der Einführung des seitlichen Anfahrschutzes für alle Lkw, Zugmaschinen und Anhänger. Um Ihr Sichtfeld zu vergrößern, trat 2003 eine EU-Richtlinie in Kraft, die verbindliche Vorschriften für alle Fahrzeugklassen bezüglich der Ausstattung mit Außenspiegel und dessen Krümmungsradius (Sichtfeld) vorgibt.
Diese Vorschrift gilt seit 2007 für alle Lkw über 3,5 t zGM und KOM.
Seit Januar 2010 gelten erweiterte Vorschriften für Pkw und andere Fahrzeuge unter 3,5 t zGM.

Risiken & Arbeitsunfälle — Band 7

Spiegel

Die Rundumsicht ist bei Nutzfahrzeugen oft durch Aufbauten oder die Ladung eingeschränkt. Der Fahrer kann sich nach hinten und zur Seite normalerweise nur mit Hilfe von Spiegeln orientieren. Die Spiegelsicht bezeichnet man als indirekte Sicht. Bestimmte Bereiche rund um das Fahrzeug sind auch mittels Spiegel nicht oder nur schwer einsehbar, die so genannten „toten Winkel". Dazu gehören z. B. der Raum direkt hinter oder rechts neben dem Lkw, in dem Fußgänger und Radfahrer besonders gefährdet sind.

Im linken Hauptspiegel kann man beobachten, was sich in den Fahrstreifen links neben dem Fahrzeug abspielt. An den Fahrbahnmarkierungen und am Seitenabstand zu anderen Fahrzeugen lässt sich erkennen, ob der Lkw oder der Zug in der Spur läuft.

Im rechten Hauptspiegel kann man den Abstand zum Fahrbahnrand, zu parkenden Fahrzeugen oder zu anderen Hindernissen beobachten. In Rechtskurven kann man das Heck des Anhängers oder den Raum dahinter beobachten.

Zusätzliche Außenspiegel verbessern die Sicht und erhöhen damit die Sicherheit. Sie sind in der Regel „weitwinklig" ausgeführt und helfen dadurch, tote Winkel zu verkleinern bzw. weitgehend auszuschalten. Im linken Weitwinkelspiegel kann man z. B. überholende Fahrzeuge im benachbarten Fahrstreifen beobachten.

Der weitwinklige rechte Außenspiegel erlaubt die Sicht auf Verkehrsteilnehmer neben dem Fahrzeug, z. B. auf Radfahrer. Trotzdem kann man diese aus den Augen verlieren, wenn sie in den toten Winkel hineinfahren. Dieser Gefahr lässt sich am besten vorbeugen, indem man den rückwärtigen Verkehr in kurzen Zeitabständen beobachtet, auch bei Geradeausfahrt.

Risiken & Arbeitsunfälle — Band 7

Im Anfahrspiegel (Bordsteinspiegel) auf der Beifahrerseite kann man erkennen, was sich unmittelbahr neben dem Fahrerhaus abspielt.
Beim Warten an Ampeln sind z. B. Radfahrer erkennbar, die sich dicht neben dem Fahrerhaus aufhalten. Außerdem wird so der Abstand zum Bordstein einsehbar, was beim Rangieren oder Einparken von Vorteil ist.

Bei hohen Lkw-Fahrerhäusern ist der tote Winkel im Bereich der vorderen Stoßstange und dem rechten seitlichen Nahfeld sehr groß.
Ein zusätzlicher Weitwinkelspiegel rechts an der Frontscheibe bedeutet einen weiteren Sicherheitsgewinn.
Dieser Frontspiegel macht den Bereich vor dem Lkw einsehbar, ohne dass der Fahrer aufstehen muss.

Neue Spiegel bringen Sicht in den „toten Winkel". Besonders die Sicht zur Seite ist in den letzten Jahren durch zusätzliche Spiegel und spezielle Oberflächen stark verbessert worden. Außerdem kommen vermehrt Videosysteme (Rückfahrkamera) zum Einsatz, die den Raum hinter dem Fahrzeug einsehbar machen.
Ebenfalls ein Sicherheitsgewinn sind elektrisch verstellbare und beheizbare Spiegel. Sie lassen sich optimal auf den Fahrer einstellen und verhindern ein Beschlagen oder Vereisen.

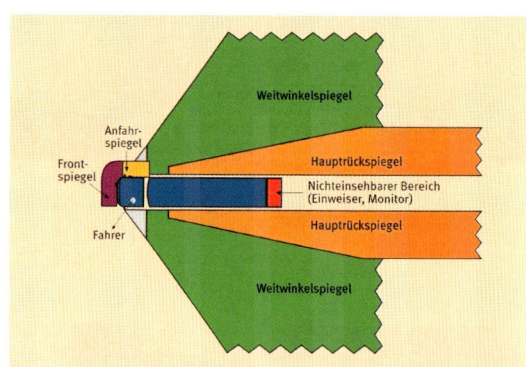

Verbesserungen schaffen auch Lösungen, die von Nutzfahrzeugherstellern zusätzlich angeboten werden. Dazu zählt ein weiteres Fenster bei „hochbeinigen" Baustellenfahrzeugen im unteren Bereich der Beifahrertür.

Risiken & Arbeitsunfälle — Band 7

Weitwinkelkameras über der Beifahrertür oder am Heck eines Omnibusses mit Überwachungsmonitor im Führerhaus oder Radarsensoren, die den rechten Seitenraum des Lkw überwachen und den Fahrer bei Gefahr akustisch vorwarnen, sind ebenfalls erhältlich.

Obwohl diese fahrzeugtypische und bauartbedingte Sichtbehinderung ohnehin schon Probleme mit sich bringt, schränken viele Fahrer ihr Sichtfeld durch diverse Gegenstände wie selbst gebaute Ablagetische, Aschenbecher, Kaffeemaschine, Aufkleber oder Wimpel unbewusst noch zusätzlich ein.

Und nach einem Verkehrsunfall kann diese selbst geschaffene Sichtbehinderung sogar für die Klärung der Schuldfrage entscheidend sein. Ihnen als Kraftfahrer muss unbedingt bewusst sein, dass Sie dadurch Ihr Sichtfeld verringern. Die oben genannten Gegenstände haben in Ihrem Sichtfeld nichts zu suchen! Das dient nicht nur dem Schutz anderer, sondern auch Ihrer eigenen Sicherheit. Neben der Sichtbehinderung bergen viele dieser Gegenstände eine weitere Gefahr: Beim Kurvenfahren oder starken Abbremsen können sie schnell zu gefährlichen Geschossen werden.

Intakte Außenspiegel mit der richtigen Einstellung und saubere Scheiben mit freier Sicht müssen für Sie als verantwortungsvollen Fahrer selbstverständlich sein.

Übermüdung – die unterschätzte Gefahr
Die Unfallstatistik ist alarmierend. Von der Bundesanstalt für Straßenwesen (BASt) wurde in einer Untersuchung festgestellt, dass bei fast jedem fünften Lkw-Unfall Übermüdung die Ursache ist. Insider vermuten allerdings eine wesentlich höhere Dunkelziffer. Eine Befragung der Uni Tübingen ergab, dass 43 % aller befragten Fernfahrer innerhalb der letzten zwölf Monate mindestens einmal während der Fahrt kurz eingenickt waren.

Der unfallreichste Tag ist Montag. Besonders kritisch sind die Zeiten nachts zwischen 0 und 6 Uhr und nachmittags zwischen 14 und 17 Uhr. Das Abkommen von der Fahrbahn oder das ungebremste Auffahren auf erkennbare Hindernisse (z. B. Sicherungsanhänger der Autobahnmeisterei oder Stauende) weisen eindeutig auf Übermüdung hin.
Ihre Arbeitsbedingungen mit unregelmäßigen Arbeits-, Schlaf- und Essenszeiten, Termindruck, aber auch die oft monotone Fahrtätigkeit und mangelnde Erholungsmöglichkeiten sind eine extreme körperliche Belastung und führen zu Stress. Deshalb schreiben Ihnen gesetzliche Regelungen vor, wann Sie eine Pause einzulegen oder zu schlafen haben. Ihr individueller Biorhythmus wird dabei allerdings nicht berücksichtigt.
In Kombination mit dem Fahren über längere Zeit auf einer bekannten Strecke, dem stetigen Geräuschpegel im Niedrigfrequenzbereich und der Wärme im Führerhaus führt dies unweigerlich zu Schläfrigkeit.

Risiken & Arbeitsunfälle — Band 7

Der müde werdende Fahrer weiß in der Regel um seinen Zustand und könnte durchaus durch Pausen Vorsorge vor möglichen Unfällen treffen. Aber die Müdigkeit wird von vielen nicht als bedrohlich und gefährlich wahrgenommen. Denn schließlich hat man diese Situation ja schon öfter gemeistert und es ist nichts passiert.

Körperliche Anzeichen der beginnenden Müdigkeit:
- Gähnen
- Tränen der Augen
- Augenzwinkern
- Herabfallen der Augenlider
- eingeschränktes Sichtfeld – Tunnelblick
- Blendempfindlichkeit
- Verspannungen im Nackenbereich
- nachlassende Konzentration
- nachlassende Sehschärfe (ein konzentriertes Ausgleichen beschleunigt den Ermüdungsprozess)

Wie gefährlich Übermüdung am Steuer ist, zeigt folgender typischer Ablauf:
Die Konzentration lässt nach, es kommt zu falschen Einschätzungen von Geschwindigkeiten und Entfernungen. Die eigene Reaktion verzögert sich. Fahrmanöver anderer kommen dann überraschend und Sie selbst reagieren zu spät, zu heftig oder ganz falsch – also nicht mehr überlegt.

Achtung:
Ist der Tempomat aktiviert und Sie nicken ein, fährt Ihr Lkw mit unverminderter Geschwindigkeit weiter.

Das Radio lauter zu stellen oder das Fenster zu öffnen, um frische kalte Luft zu spüren, sind nur kurzfristige Lösungen. Auch Kaffee, Cola, Zigaretten, Traubenzucker und andere „Muntermacher" putschen nur kurzzeitig auf. Anschließend ist die Müdigkeit noch größer, da Ihr Körper noch mehr leisten musste.

Der Müdigkeit können Sie nur mit Schlaf entgegenwirken!

Siehe hierzu auch Band 1 „Gesundheit & Fitness".

Alkohol
Die Deutschen konsumieren pro Kopf und Jahr über 150 Liter an Bier, Wein, Sekt und Spirituosen. Bei vielen Gelegenheiten wird Alkohol „selbstverständlich" angeboten und getrunken. Er wirkt vom ersten Schluck an. Schon relativ geringe Mengen machen sich bemerkbar und verändern die Fahrweise. Der Mut zu riskanterer Fahrweise steigt. Und das, obwohl die gefahrenen Geschwindigkeiten und die Entfernungen genau wie bei der Übermüdung falsch eingeschätzt werden.
Dem Alkohol sind Drogen und Medikamente rechtlich gleichgestellt.

Achtung:
Im Gegensatz zur allgemeinen 0,5-Promillegrenze gelten bei der Fahrgastbeförderung und bei kennzeichnungspflichtigen Gefahrguttransporten 0,0 Promille. Das bedeutet: Wenn Sie unter dem Einfluss von Alkohol oder anderer beeinträchtigenden Mittel stehen, dürfen Sie die Fahrt nicht antreten!

Risiken & Arbeitsunfälle — Band 7

Beachten Sie: Sind Sie unter Alkohol- oder Drogeneinfluss an einem Verkehrsunfall beteiligt, wird Ihnen in der Regel eine gewisse Teilschuld zugemessen. Sie können dadurch sogar Ihren Versicherungsschutz in der Fahrzeug-, Kasko- und Unfallversicherung verlieren.

Der Gesetzgeber erwartet von Ihnen als Kraftfahrer, dass Sie Ihr Fahrzeug ständig und unter allen Umständen beherrschen. Wenn Sie das – aus welchen Gründen auch immer – nicht mehr gewährleisten können, müssen Sie Ihr Fahrzeug stehen lassen.

Beachten Sie:
Nicht nur grob verkehrswidriges Verhalten und Fahren unter Alkoholeinfluss können bei einem Unfall als grob fahrlässig angesehen werden. Auch wer trotz deutlich erkennbarer Anzeichen am Steuer einschläft, handelt grob fahrlässig. Das kann dazu führen, dass Ihr Versicherungsschutz erlischt.

Beispiel:
Ein Lkw-Fahrer war am Lenkrad kurz eingenickt und von der Fahrbahn abgekommen. Der Sachschaden betrug knapp 38.000 Euro. Die Kaskoversicherung zahlte zuerst die Reparaturkosten, verlangte dann aber den Betrag vom Fahrer zurück. Das Landgericht Stendal gab der Versicherung Recht. Der Fahrer wurde in Regress genommen, musste den Schaden also ersetzen. Wer die Alarmsignale ignoriere, handle im besonderen Maße sorgfaltswidrig, argumentierten die Richter. „Denn ein ermüdeter Fahrer muss damit rechnen, dass er in Folge eines Sekundenschlafs die Kontrolle über sein Fahrzeug verliert und es dadurch zu erheblichen Schäden kommen kann." (Landgericht Stendal, An: 23 O 67/02 vom 04.12.2002)

Außer der zivilrechtlichen Rückforderung des Schadens vom Versicherer droht dem Fahrer noch eine Strafanzeige wegen Straßenverkehrsgefährdung (§ 315 c StGB) ggf. sogar in Tateinheit mit fahrlässiger Körperverletzung oder fahrlässiger Tötung. Geld oder Freiheitsstrafe, der Entzug der Fahrerlaubnis oder sieben Punkte im Verkehrszentralregister sind dann die Folgen.

Auszug der Tilgungsfristen der Punkte beim Kraftfahrt-Bundesamt:
- 2 Jahre bei einer Ordnungswidrigkeit,
- 5 Jahre bei Straftaten, die nicht im Zusammenhang mit Alkohol oder Drogen stehen,
- 10 Jahre bei Straftaten, die im Zusammenhang mit Alkohol und Drogen stehen.

Siehe hierzu auch Band 1 „Gesundheit & Fitness".

Körperliche Voraussetzungen
Viel Kaffee, viele zuckerhaltige Getränke – wenig Obst, Gemüse, Milch- und Vollkornprodukte. So sieht oftmals die Ernährung von Lkw-Fahrern aus.
Eine abwechslungsreiche Ernährung hält fit und erhöht die Leistungs- und Konzentrationsfähigkeit. Gerade im Straßenverkehr ist das besonders wichtig.
Ihr Beruf bringt aber auch unterschiedliche Arbeits- und Schlafzeiten während der Woche mit sich. Das zieht nach sich, dass Sie auch die Mahlzeiten zu unregelmäßigen Tageszeiten einnehmen oder ganz ausfallen lassen.
Regelmäßige Pausen und mehrere kleinere Mahlzeiten am Tag können das Wohlbefinden erheblich steigern.

Die ideale Zwischenmahlzeit:
- Obst, wie Bananen, Äpfel oder Birnen,
- fettarme Milchprodukte wie Joghurt oder Buttermilch,
- Rohkost,
- fettarm belegte Vollkornbrötchen.

Siehe hierzu auch Band 1 „Gesundheit & Fitness".

Ablenkung
Vermeidbar für Sie ist zum Beispiel unnötige Ablenkung. Schnell passiert ist das beim Telefonieren oder beim Suchen der Beschilderung in fremden Städten. Aber auch Rauchen während der Fahrt und der damit verbundene kurze Blick zum Aschenbecher fallen darunter.

Risiken & Arbeitsunfälle — Band 7

1.1.1 Anschnallpflicht

StVO § 21 a – Sicherheitsgurte, Schutzhelme

(1) Vorgeschriebene Sicherheitsgurte müssen während der Fahrt angelegt sein. Das gilt nicht für
1. Taxifahrer und Mietwagenfahrer bei der Fahrgastbeförderung,
2. Personen beim Haus-zu-Haus-Verkehr, wenn sie im jeweiligen Leistungs- oder Auslieferungsbezirk regelmäßig in kurzen Zeitabständen ihr Fahrzeug verlassen müssen,
3. Fahrten mit Schrittgeschwindigkeit wie Rückwärtsfahren, Fahrten auf Parkplätzen,
4. Fahrten in Kraftomnibussen, bei denen die Beförderung stehender Fahrgäste zugelassen ist,
5. das Betriebspersonal in Kraftomnibussen und das Begleitpersonal von besonders betreuungsbedürftigen Personengruppen während der Dienstleistungen, die ein Verlassen des Sitzplatzes erfordern,
6. Fahrgäste in Kraftomnibussen mit einer zulässigen Gesamtmasse von mehr als 3,5 t beim kurzzeitigen Verlassen des Sitzplatzes.

In Lkw und KOM besteht Anschnallpflicht. Obwohl viele Lkw-Fahrer bei Unfällen schwer oder sogar tödlich verletzt werden, weil sie nicht angegurtet waren, ist die Anschnallquote immer noch gering. Untersuchungen der Europäischen Kommission gehen davon aus, dass etwa 42 % aller Todesfälle von Lkw-Fahrern durch das Anlegen des Sicherheitsgurtes vermieden werden könnten.

Trotz der Zunahme des Transitverkehrs durch Deutschland und der Anzahl der zugelassenen Kraftfahrzeuge in Deutschland sind die Unfallzahlen in den Jahren 2010 – 2014 annähernd gleich hoch. In diesen Jahren ereigneten sich in Deutschland über 2,4 Mio. Verkehrsunfälle. Lediglich 1998 ereigneten sich in Deutschland zuvor mehr als 2,4 Mio. Verkehrsunfälle. 2015 wurde erstmalig die Grenze von 2,5 Mio. polizeilich gemeldeten Verkehrsunfällen überschritten.

Dieser Fahrer war nicht angeschnallt und wurde beim Umkippen seines Fahrzeuges durch das Beifahrerfenster hinaus geschleudert und unter seinem Führerhaus begraben. Er verstarb noch an der Unfallstelle.

Quelle: Polizei Bremen

Die Sicherung der Ladung mit Gurten ist für alle Fahrer eine Selbstverständlichkeit. Die eigene Sicherung mit Gurten leider noch nicht.
Hatten Sie als Geschädigter eines Verkehrsunfalls den Sicherheitsgurt nicht angelegt bzw. als Motorradführer keinen Schutzhelm auf, müssen Sie mit Abzügen beim Schadensersatz und Schmerzensgeld rechnen.

Aus dem Führerhaus hinausgeschleudert zu werden, ist häufig mit extrem schweren Verletzungen verbunden. Berufsunfähigkeit und Invalidität sind oft die Folge. Der Sicherheitsgurt verhindert aber nicht nur, dass Sie aus dem Fahrzeug geschleudert werden. Da der Sicherheitsgurt Sie auf dem Sitz hält, werden auch Verletzungen an Knien, Brustkorb und Kopf vermieden, die beim Aufprall gegen Lenkrad, Armaturenbereich und Frontscheibe entstünden.

Dieser Fahrer stieg unverletzt aus seinem Führerhaus. Er war angeschnallt. Quelle: Polizei Bremen

Unfallstudien haben eindeutig bewiesen, dass der Sicherheitsgurt bei über 80 % der schweren Unfälle die Verletzung von Lkw-Insassen vermindern oder gar ganz vermeiden kann.
Die Festigkeit der modernen Führerhäuser und das korrekte Anlegen des Sicherheitsgurtes können Ihnen ausreichenden Schutz bieten, um schwere Verletzungen zu vermeiden.

In KOM, die im Gelegenheitsverkehr eingesetzt werden, dürfen Sie nicht mehr Personen befördern, als Sitzplätze in der Zulassungsbescheinigung angegeben sind.

Auch im KOM gilt der Grundsatz, dass vorgeschriebene Sicherheitsgurte angelegt werden müssen. Seit Oktober 1999 ist die Ausrüstung mit Sicherheitsgurten für Reisebusse vorgeschrieben. Hintergrund: Untersuchungen haben ergeben, dass rund zwei Drittel aller tödlich Verletzten bei Busunfällen aus dem umstürzenden Bus herausgeschleudert worden waren. Weitere schwerste Verletzungen werden durch Herumschleudern im Bus verursacht.
Sicherheitsgurte schützen nicht nur bei einem Front- oder Heckaufprall, sondern auch, wenn der Bus sich überschlägt.

StVZO § 34 a – Besetzung, Beladung und Kennzeichnung von Kraftomnibussen
(1) In Kraftomnibussen dürfen nicht mehr Personen und Gepäck befördert werden, als in der Zulassungsbescheinigung Teil I Sitz- und Stehplätze eingetragen sind und die jeweilige Summe der im Fahrzeug angeschriebenen Fahrgastplätze sowie die Angaben für die Höchstmasse des Gepäcks ausweisen.
StVO § 21 – Personenbeförderung
(1) In Kraftfahrzeugen dürfen nicht mehr Personen befördert werden, als mit Sicherheitsgurten ausgerüstete Sitzplätze vorhanden sind. Abweichend von Satz 1 dürfen in Kraftfahrzeugen, für die Sicherheitsgurte nicht für alle Sitzplätze vorgeschrieben sind, so viele Personen befördert werden, wie Sitzplätze vorhanden sind. Die Sätze 1 und 2 gelten nicht in Kraftomnibussen, bei denen die Beförderung stehender Fahrgäste zugelassen ist.

Risiken & Arbeitsunfälle — Band 7

Gemäß § 8 Abs. 2 a BOKraft besteht für Sie als Busfahrer die Verpflichtung, vor Fahrtantritt auf die Anschnallpflicht hinzuweisen. Gemäß § 21 Abs. 2 BOKraft müssen KOM, für die Sicherheitsgurte vorgeschrieben sind, geeignete Informationseinrichtungen haben, die den Fahrgästen anzeigen, wann Sicherheitsgurte anzulegen sind.

Das Nichtbeachten dieser Vorschriften stellt sowohl für den Fahrer als auch für die Fahrgäste eine Ordnungswidrigkeit dar.

Als Informationseinrichtungen gelten optische oder akustische Signale wie eine blinkende Anzeige (ähnlich wie im Flugzeug) oder ein entsprechender Aufkleber am Sitzplatz. Aber es kommen auch entsprechende Durchsagen vor Fahrtantritt in Betracht.

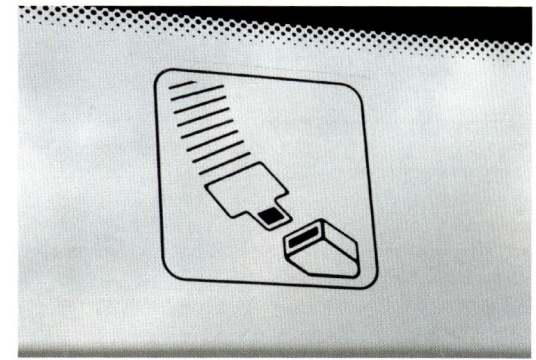

Im KOM-Bereich gelten folgende Ausnahmen von der Gurtpflicht:
- bei Fahrten in Kraftomnibussen, bei denen die Beförderung stehender Fahrgäste zugelassen ist,
- für Fahrgäste in Kraftomnibussen mit einer zulässigen Gesamtmasse von mehr als 3,5 t beim kurzzeitigen Verlassen des Sitzplatzes (Gang zur Toilette, Bordküche),
- für Betriebspersonal in Kraftomnibussen und für Begleitpersonal von besonders betreuungsbedürftigen Personengruppen während der Dienstleistungen, die ein Verlassen des Sitzplatzes erfordern. Hier käme der Service vom zweiten Fahrer für die Fahrgäste oder die notwendige Betreuung von behinderten Fahrgästen in Betracht.

1. 1. 2 Statistiken

Während die Passagierzahlen der beförderten Personen im Linien- und Gelegenheitsverkehr in den letzten Jahren relativ konstant waren, ist der Straßengüterverkehr in den letzten Jahren stetig angestiegen. Er wird auch in den nächsten Jahren noch erheblich zunehmen. Trotz der Zunahme des Transitverkehrs durch Deutschland und der Anzahl der zugelassenen Kraftfahrzeuge in Deutschland sind die Unfallzahlen im Straßenverkehr rückläufig.

Nebenstehende Zahlen sprechen allerdings für sich. Grundlage dieser jährlichen Statistik sind die von der Polizei aufgenommenen **Verkehr**sunfälle. Die Unfälle mit kleinen Sach- oder Personenschäden, bei denen keine Polizei hinzugezogen wird, wurden damit nicht erfasst.

Verkehrsunfallstatistik 2010 für Deutschland	
Jede Minute	ereignen sich 4,6 Unfälle.
Jede Stunde	werden 42 Personen bei Verkehrsunfällen verletzt.
Jeden Tag	sterben 10 Personen bei Verkehrsunfällen.
Während Sie das lesen, hat sich gerade wieder ein Verkehrsunfall ereignet.	

1.2 Arbeits- und Wegeunfälle, Berufskrankheiten

1.2.1 Wegeunfälle

Als Wegeunfälle werden Unfälle bezeichnet, die auf direktem Weg zwischen Wohnung und Arbeitsplatz verursacht werden. Der Wegeunfall ist dem Arbeitsunfall versicherungstechnisch gleichgestellt. Der Versicherungsschutz ist dabei unabhängig vom gewählten Beförderungsmittel. Sowohl zu Fuß als auch mit Fahrrad, Motorrad, Pkw, im öffentlichen Nahverkehr oder in Mietwagen und Taxi sind Sie versichert.
Das gilt auch für notwendige Umwege, die im beruflichen Interesse stehen.
Beispiele:
- Kinder wegbringen, damit sie während der Arbeitszeit untergebracht sind,
- Fahrgemeinschaften,
- Nutzen eines längeren Weges zur Arbeitsstelle aus vernünftigen Gründen. Das können die bessere Verkehrsanbindung, die Verkehrsdichte oder auch die Witterungsverhältnisse sein.

Private Erledigungen vor der Arbeitszeit fallen nicht darunter. Fahren Sie aus privaten Gründen einen Umweg, um zum Beispiel noch vor der Arbeit einzukaufen oder bei der Bank Geld abzuholen, sind Sie während dieser Zeit nicht versichert. Wird innerhalb von zwei Stunden der unmittelbare Weg wieder fortgesetzt, besteht wieder Versicherungsschutz. Unterbrechen Sie für mehr als zwei Stunden den direkten Weg, haben Sie sich rechtlich endgültig „vom Betrieb gelöst" und es besteht kein gesetzlicher Versicherungsschutz mehr.

1.2.2 Arbeitsunfälle

Durchschnittlich ereignet sich in Deutschland
- alle 18 Sekunden ein Arbeitsunfall,
- alle 8 Minuten ein schwerer Autounfall,
- alle 2,5 Stunden ein tödlicher Arbeitsunfall.

Arbeitsunfälle sind Unfälle, die während der beruflichen Tätigkeit am Arbeitsplatz oder auf Dienstwegen außerhalb des Betriebssitzes verursacht werden.
Für Sie bedeutet das: Ein Unfall beim Beladen Ihres Lkw auf dem firmeneigenen Gelände, der Verkehrsunfall mit dem Lkw auf dem Weg zur Entladestelle oder auch der, der beim Entladen am Zielort auf dem Firmengelände des Empfängers verursacht wird – all das sind Arbeitsunfälle. Versichert sind Sie darüber hinaus auch bei der Teilnahme an betrieblichen Gemeinschaftsveranstaltungen, wie etwa bei einer Weihnachtsfeier vom Arbeitgeber. Rund 97% aller Arbeitsunfälle ereignen sich bei innerbetrieblichen Tätigkeiten, also nicht auf Dienstwegen, wozu auch der Straßenverkehr zählt.

Risiken & Arbeitsunfälle — Band 7

Im Nutzfahrzeugbereich kommt es oft zu Unfällen beim An- und Abkuppeln von Anhängern oder beim Auf- und Absatteln von Sattelanhängern.
Arbeitsunfälle werden sehr häufig durch unsachgemäßen Umgang mit Arbeitsmitteln oder aber durch den Umgang mit Arbeitsgeräten, die nicht den Vorschriften entsprechen, verursacht.

> **Arbeitsunfall**
>
> NEU WULMSTORF (dpa) • Bei einem Arbeitsunfall ist gestern bei einer Spedition in Neu Wulmstorf im Kreis Harburg ein 21 Jahre alter Angestellter getötet worden. Der Mann sei von einem ins Rollen gekommenen Auflieger eines Sattelzuges erdrückt worden, teilte die Polizei mit. Der 21-Jährige hatte den Hänger zuvor von der Zugmaschine abgekoppelt. Er stand zwischen Auflieger und einer Laderampe.

Um Arbeitsunfälle zu vermeiden, werden von den Berufsgenossenschaften regelmäßig Unfallverhütungsvorschriften erlassen und aktualisiert. Für die BG Verkehr findet man im Internet eine ausführliche Vorschriftensammlung unter hhtp://kompendium.bg-verkehr.de.
Als Beispiel nachfolgend ein Auszug aus der DGUV Vorschrift 70 - Fahrzeuge

> Die DGUV Vorschrift 70 - Fahrzeuge (alt BGV D 29) Fahrzeuge besagt:
> **§ 41** – Besteigen, Verlassen und Begehen von Fahrzeugen
> (1) Versicherte müssen zum Erreichen oder Verlassen der Plätze für Fahrzeugführer, Beifahrer und Mitfahrer sowie der Arbeitsplätze auf Fahrzeugen Aufstiege und Haltegriffe benutzen.
> Zu § 41 Abs. 1:
> Diese Forderung ist auch erfüllt, wenn zum Erreichen und Verlassen von Ladeflächen Leitern nach § 25 Abs. 3 Nr. 4 benutzt werden. Das Auf- und Absteigen über Reifen, Felgen oder Radnaben sowie das Abspringen ist somit unzulässig; (...)

In einer Auflistung der unfallträchtigsten Berufsgruppen rangiert der Berufskraftfahrer an vierter Stelle – unmittelbar hinter den Maschinenmechanikern und -schlossern, den Baukonstruktionsberufen wie Maurer und Zimmerer und den Ausbauberufen wie Klempner, Elektriker und Dachdecker. Unfälle im öffentlichen Straßenverkehr sind hierbei nicht berücksichtigt worden. Der vierte Platz resultiert damit allein aus betrieblichen Tätigkeiten.

Typisch sind Verletzungen beim Be- und Entladen durch sich bewegende Ladung oder das Einklemmen von Fingern beim Öffnen bzw. Schließen der Ladebordwände. Gemeinsam mit Stolpern, Ausrutschen und Umknicken auf Treppen, Ladeflächen oder an der Rampe machen sie rund zwei Drittel aller gemeldeten Arbeitsunfälle aus. Das restliche Drittel verteilt sich auf andere Ursachen wie Rangierarbeiten auf dem Firmengelände oder Wegeunfälle. Oft stehen Personen im Sichtschatten (toten Winkel) und werden dann von rangierenden Fahrzeugen an- bzw. umgefahren. Ein Einweiser kann diese Unfälle verhindern.

Absturz
Bei Betrachtung aller Unfallursachen fällt folgendes auf:
Der Absturz ist, insbesondere auf die schweren und tödlichen Arbeitsunfälle bezogen, ein wesentlicher Unfallschwerpunkt. Rund 30 % aller tödlichen Arbeitsunfälle sind darauf zurückzuführen. Etwa 40 % aller Absturzunfälle ereignen sich von Leitern. Hier ist insbesondere das Wegrutschen von Anlegeleitern, wie zum Beispiel beim Öffnen bzw. Schließen der Planenverschlüsse, und das Umkippen von Stehleitern ursächlich.

Risiken & Arbeitsunfälle — Band 7

Tipps zum richtigen Umgang mit Anlegeleitern:
- Die Leiter sollte mindestens einen Meter über den zu erreichenden Punkt hinausragen, sodass man nie auf der obersten Stufe stehen muss.
- Sie sollte niemals gegen eine bewegliche, lockere oder zerbrechliche Fläche gelehnt werden.
- Das seitliche Hinauslehnen kann zum Umkippen der Leiter führen.
- Auf eine feste und ebene Standfläche achten.
- Festes Schuhwerk und saubere Schuhsohlen vermindern die Rutschgefahr auf den Sprossen.
- Farb-, Ölreste u. ä. auf den Sprossen erhöhen die Abrutschgefahr.
- Beschädigte Leitern müssen ersetzt werden.
- Bei starkem Wind ist die Leiter durch eine weitere Person oder durch einen Zurrgurt zu sichern.
- Achten Sie auf eine rutschfeste Unterlage für die Leiterfüße. Wasser, Schnee, Eis und Öl bringen jede Leiter irgendwann ins Rutschen.
- Wichtig ist auch der richtige Anlegewinkel. Er sollte zwischen 65° und 75° Grad liegen.

Die DGUV Vorschrift 70 - Fahrzeuge (alt BGV D 29) besagt:

> **§ 44** – Fahr- und Arbeitsweise
> (2) Der Fahrzeugführer muss zum sicheren Führen des Fahrzeuges den Fuß umschließendes Schuhwerk tragen.

Zum sicheren Führen von Fahrzeugen sind z. B. Sandaletten, Clogs oder das Fahren nur mit Socken nicht geeignet.

Über 10 % aller Absturzunfälle ereignen sich vom Lkw. Unfallschwerpunkte sind hier der Einstieg ins Führerhaus und das Abstürzen von der Ladefläche. Trotz der verhältnismäßig geringen Höhe kommt es aufgrund äußerst ungünstiger Umgebungsbedingungen auch hier immer wieder zu Todesfällen.

Stolper-, Rutsch- und Sturzunfälle
In Abgrenzung zu den Absturzunfällen liegt hier aber kein Sturz in die Tiefe vor. Gemeint sind Stolperunfälle auf Treppen, das Ausrutschen auf der nassen Ladefläche oder auf der regennassen Hubladebühne. Die Folgen von Stolper-, Rutsch- und Sturzunfällen sind allerdings oft schwerwiegender als man vermuten könnte. Immerhin entfallen 25 % aller Arbeitsunfälle mit einer Rentenzahlung durch die Berufsgenossenschaft als Folge auf diese Unfallart.
Beachten Sie:
Durch das Tragen von Sicherheitsschuhen können viele dieser Stolperunfalle von vornherein vermieden werden. Und im Fall eines Unfalls bleibt der Fuß dadurch weitgehend von Verletzungen verschont.

Anfahrunfälle
Abschließend sei noch der Anfahrunfall erwähnt. Daran sind mit über 50 % die Flurförderzeuge (Gabelstapler, Hubwagen) beteiligt. Ein Schwerpunkt liegt hier auf rückwärts fahrende Gabelstapler, die andere Personen anfahren oder sogar überrollen.
Lkw, Pkw, KOM, Bagger, Schienenfahrzeuge etc. rangieren in der Tabelle der an Anfahrunfällen beteiligten Fahrzeuge ziemlich weit hinten.
Bei dieser Unfallart liegen die Fußverletzungen mit rund 70 % unangefochten an der Spitze. (Quelle: HVBG, Hauptverband der gewerblichen Berufsgenossenschaften, Arbeitsunfallstatistik 2002)

Hinweis:
Jeder Unternehmer darf gemäß § 7 der BGV D 27 nur geeignete und ausgebildete Personen mit dem selbstständigen Steuern von Flurförderzeugen beauftragen. Diese Ausbildung wird durch den Fahrausweis nachgewiesen. Die Ausbildung dazu beinhaltet eine Prüfung in Theorie und Praxis und schließt mit einem Nachweis ab.

Tipps zum richtigen Umgang mit Gabelstaplern:
- Beachten Sie die Betriebsanweisungen für das Führen des Gabelstaplers.
- Beachten Sie die Betriebsanleitung des Herstellers.
- Fahren Sie nicht ohne die vorgeschriebene Ausbildung.
- Es dürfen nur freigegebene Wege befahren werden.
- Die Mitnahme und das Hochfahren von Personen ist nur mit geeigneten Vorrichtungen zulässig.

Risiken & Arbeitsunfälle — Band 7

Wenn Sie als Fahrer beim Be-/Entladen mithelfen, achten Sie auf:
- verrutschende oder herabfallende Ladung. Achten Sie dabei auf das Einhalten von Sicherheitsabständen,
- Ihre Hände (Quetschungsgefahr),
- rückwärts fahrende Stapler – das Sichtfeld des Staplerfahrers ist stark eingeschränkt.

BG Verkehr	2014	2015	2016
Anzahl der Mitgliedsunternehmen	194.936	195.676	194.944
Anzahl der Versicherten	1.349.298	1.267.301	1.659.086
Meldepflichtige Unfälle (Arbeitsunfähigkeit mindestens drei Kalendertagen)	61.260	63.069	79.749
– davon Arbeitsunfälle	56.148	57.722	71.986
– davon Wegeunfälle	7.004	5.347	7.763
– davon tödliche Unfälle	111	117	102

Quelle: BG Verkehr

Meldepflichtige Unfälle
Im langfristigen Trend ist die Anzahl der meldepflichtigen Unfälle bei der BG Verkehr zwar rückläufig, in den letzten drei Jahren stiegen die Zahlen jedoch deutlich an.
Nach einem Rückgang 2014 um 2,6 % ist die Zahl der meldepflichtigen Unfälle 2015 um 2,9 % und zu 2016 um weitere 16.680 meldepflichtige Unfälle gestiegen.
Insgesamt verzeichnete die BG Verkehr 79.749 meldepflichtige Unfälle in 2016.
Von den meldepflichtigen Unfällen im Vergleich 2016 zu 2015 entfielen 71.986 auf Arbeitsunfälle, das ist ein Anstieg um 26 %.
Auch bei den Unfällen auf dem Weg von und zur Arbeit (Wegeunfälle) ist ein Plus zu verzeichnen und zwar um 8,1 %.
Anmerkung: Die erhöhten Versichertenzahlen ab 2016 ergeben sich aus dem Zusammenschluss der Unfallkasse Post und Telekom und der BG Verkehr. Um ein aussagekräftiges Bild zur Entwicklung des Unfallgeschehens über viele Jahre zu gewinnen, wird das Unfallrisiko berechnet. Dabei wird die Zahl der Arbeitsunfälle in Bezug zur Anzahl der Versicherten gesetzt.
2016 kamen rechnerisch auf 1000 Versicherte 48,06 Arbeitsunfälle, 2015 lag der Wert bei 49,75 und 2014 bei 45,4. Das Unfallrisiko ist somit gegenüber 2014 gestiegen und nur leicht rückläufig gegenüber 2015.

Unfallmeldung
Ein Arbeitsunfall ist dann meldepflichtig, wenn er eine Ausfallzeit von mehr als drei Tagen zur Folge hat. Der Unfalltag zählt nicht mit, wohl aber Sonn- und Feiertage. Beispiel:
- Unfalltag 1.12.,
- Fristbeginn 2.12.,
- ab dem 5.12. muss Unfallanzeige erstattet werden.

Senden Sie die Unfallanzeige umgehend an die Bezirksverwaltung der für Sie zuständigen Berufsgenossenschaft (BG). Alles Weitere veranlasst Ihre Berufsgenossenschaft. Ein Durchschlag ist für das Amt für Arbeitsschutz bzw. Gewerbeaufsichtsamt bestimmt.

Arbeitsunfälle sind vermeidbar. In den meisten Fällen bildet der Mensch mit seinem Verhalten die Ursache. Unzureichende Aufmerksamkeit bzw. Konzentration gepaart mit grober Fahrlässigkeit führen eindeutig die Statistik an. Hintergründe können Zeitdruck, Stress, aber auch eine sich allmählich einschleichende Routine sein. Nicht umsonst lautet ein Kernsatz aus der Unfallverhütung: „In der Routine liegt die Gefahr."
Auch die Ladung kann gefährlich sein: Achten Sie deshalb beim Einsatz von Staplern auf das Ladepersonal und schützen Sie auch sich selbst durch Sicherheitsschuhe, Handschuhe und evtl. einen Schutzhelm.

Abgesehen von dem jährlichen volkswirtschaftlichen Schaden von über 30 Milliarden Euro muss auch das menschliche Leid der Verunfallten berücksichtigt werden. Dazu zählen nicht nur der Verlust an Gesundheit, Geld, Lebensqualität und vielleicht des Arbeitsplatzes. Bei einem tödlichen Arbeitsunfall sind auch die verbleibenden Familienangehörigen betroffen.

1. 2. 3 Berufskrankheiten

Die Einordnung einer Erkrankung als Berufskrankheit erfolgt grundsätzlich nach einer Liste für bestimmte Berufsgruppen. Als Berufskrankheiten werden nur bestimmte Erkrankungen anerkannt. Diese müssen nach medizinischen Erkenntnissen durch besondere Einwirkungen verursacht worden sein, denen bestimmte Personengruppen durch ihre Arbeit in erheblich höherem Maß als die übrige Bevölkerung ausgesetzt sind.

Die sogenannten Volkskrankheiten wie Muskel-, Skelett- oder Herz-Kreislauf-Erkrankungen können deshalb grundsätzlich keine Berufskrankheit sein. Nur im begründeten Einzelfall ist ein Abweichen von den „starren" Listen möglich. Typische Beispiele für anerkannte Berufskrankheiten sind beispielsweise Infektionskrankheiten bei Beschäftigten im Gesundheitsdienst und Hauterkrankungen durch häufiges Händewaschen oder Tragen von Schutzhandschuhen.

Seit 1993 werden auch bandscheibenbedingte Erkrankungen der Lenden- oder Halswirbelsäule bei bestimmten Berufsgruppen als Berufskrankheit anerkannt. Das sind u. a. Fahrer von Baustellen-Lkw, land- und forstwirtschaftlichen Schleppern, von Baggern, Dumpern, Muldenkippern oder Militärfahrzeugen im Gelände, aber auch Versicherte, die regelmäßig schwere Lasten heben und tragen. Voraussetzung ist allerdings auch hier eine langjährige, außergewöhnlich starke Belastung der Wirbelsäule. In der Regel sind das zehn Jahre. Fahrer von Taxen, Lkw und KOM mit schwingungsgedämpften Fahrersitzen fallen nicht darunter.

1. 2. 4 Berufsgenossenschaft

Da viele Betriebe die finanziellen Folgen von Arbeitsunfällen und Berufskrankheiten nicht aus eigenen Mitteln tragen können, bildet die gesetzliche Unfallversicherung neben der gesetzlichen Kranken-, Arbeitslosen-, Renten- und Pflegeversicherung einen Teil der sozialen Sicherheit in Deutschland.
Die BG Verkehr ist zuständiger Versicherungsträger u. a. für das straßengebundene Verkehrsgewerbe. In rund 200.000 Mitgliedsunternehmen sind mehr als 1,8 Millionen Beschäftigte gegen die Folgen eines Arbeitsunfalls und einer Berufskrankheit versichert.
Ein Versicherungsfall liegt dann vor, wenn der Unfall im Zusammenhang mit einer versicherten Tätigkeit steht.
Ist eine Arbeitsunfähigkeit von mehr als drei Tagen oder der Tod die Unfallfolge, ist dieser Unfall der Berufsgenossenschaft (BG) vom Arbeitgeber zu melden.

Tritt ein Versicherungsfall ein, besteht ein Anspruch an die jeweilige BG. Er bezieht sich allerdings ausschließlich auf den Personenschaden. Für den entstandenen Sachschaden haftet allein der Verursacher nach den zivilrechtlichen Vorschriften.

Da die Berufsgenossenschaften direkt mit den behandelnden Ärzten abrechnen, brauchen Sie auch ihre Versichertenkarte nicht vorlegen. Die Leistungen der Berufsgenossenschaften sind in der Regel besser als die der Krankenkassen, u. a. entfällt auch die Zuzahlung für Arznei-/Hilfsmittel. Das kann auch die häusliche Krankenpflege anstelle einer stationären Behandlung sein – oder die Haushaltshilfe, wenn Sie allein nicht imstande sind, Ihren Haushalt weiterzuführen. Ist es zur Durchführung der Heilbehandlung erforderlich, werden auch die Fahrtkosten übernommen. Während der medizinischen Heilbehandlung und der Arbeitsunfähigkeit besteht ein Anspruch auf Verletztengeld und ggf. später auf das gestaffelte Übergangsgeld.

Haben Sie als Versicherter durch den Arbeits- oder Wegeunfall Ihren Arbeitsplatz verloren, tritt die BG für Leistungen zur Erlangung eines neuen Arbeitsplatzes, Berufsvorbereitungen oder Fortbildungen, Ausbildungen und Umschulungen ein. Im schlimmsten Fall, bei Verlust der gesamten Erwerbsfähigkeit, wird eine Unfallrente ausgezahlt.

1.3 Menschliche, materielle und finanzielle Auswirkungen eines Arbeitsunfalls

Menschliche Auswirkungen eines Arbeitsunfalls

Ein schwerer Arbeitsunfall kann vor allem für das Opfer, aber auch für unmittelbar beteiligte Kollegen, Augenzeugen und Ersthelfer ein psychisch traumatisierendes Ereignis sein. Plötzlich und unerwartet wird man aus seinem gewohnten Arbeitsalltag herausgerissen. Man fühlt sich unendlich hilflos und die Minuten bis zum Eintreffen des Rettungsdienstes dauern eine Ewigkeit. Nach der oft lang andauernden und schmerzhaften Heilbehandlung wird man wieder arbeitsfähig. Posttraumatische Belastungsstörungen können jedoch zurückbleiben.

Oft können Betroffene über ihr inneres Erleben oder Leiden nicht sprechen. Sie haben Angst, Schwäche zu zeigen oder ihnen fehlt die soziale Unterstützung. Schlafstörungen mit Traumata, Gleichgültigkeit, übermäßige Schreckhaftigkeit und emotionale Abstumpfung können die Folgen sein. Das schlimme Ereignis muss verarbeitet werden. Dafür braucht jeder Mensch unterschiedlich viel Zeit und bedarf einer individuellen psychologischen Betreuung.

> Deutschland:
> 2015 haben sich knapp 836.000 Arbeiter und Angestellte am Arbeitsplatz verletzt.
> Europa:
> Jährlich müssen 435.000 Beschäftigte nach einem Arbeitsunfall in eine andere Tätigkeit wechseln.
> Etwa 300.000 Beschäftigte tragen bleibende Schäden unterschiedlicher Schwere davon.
> Etwa 15.000 Beschäftigte können nie wieder einer Arbeit nachgehen.

Finanzielle Auswirkungen eines Unfalls

Gerade die Folgen von Verkehrs- und Arbeitsunfällen, wie Einschränkung der Erwerbsfähigkeit, verletzungsbedingte Behandlung und Behinderung oder gar Pflegebedürftigkeit, belasten die Gesellschaft. Immer neue Generationen von Verkehrsteilnehmern mit wenig Erfahrung am/im Fahrzeug, neue Rahmenbedingungen im Verkehr und die EU-Erweiterung stellen uns alle vor neue Herausforderungen. Deshalb ist die Verbesserung der Verkehrs- und Arbeitssicherheit, auch durch gezielte Aufklärung, eine bleibende Aufgabe und Herausforderung für den Staat und alle gesellschaftlichen Gruppen. Sie kann zu einer deutlichen Kostensenkung beitragen. Bei immerhin über 90 % aller Unfälle ist der Faktor Mensch die Unfallursache.

Arbeitsschutz und Wirtschaftlichkeit sind keine Gegensätze, sondern stehen in direktem Bezug zueinander. Das Interesse jedes Unternehmens muss darin liegen, die Unfallhäufigkeit zu reduzieren, da die Aufwendungen bzw. Einbußen für Unfälle auch den Ertrag des Unternehmens schmälern.

Im Jahr 2009 betrugen die volkswirtschaftlichen Kosten allein bei Straßenverkehrsunfällen 30,5 Milliarden Euro. Diese entfallen zu annähernd gleichen Anteilen auf Personen- und Sachschäden. Berücksichtigt wurden bei den Personenschäden alle Unfallfolgen, wie Arbeitsausfall, Behandlung, Invalidität und Tod. Davon haben die gesetzlichen Krankenversicherungen rund 9,5 Milliarden Euro übernommen.

Aber auch für den Betrieb entstehen durch den Arbeitsunfall Kosten. Insbesondere für
- den zeitlichen Ausfall und die Lohnfortzahlung,
- eine Ersatzkraft,
- den Produktionsausfall, damit verbundene Sachschäden, Lieferverzögerung, Unfallsachbearbeitung und Prämienverluste,
- Nachzahlungen an die Berufsgenossenschaft bzw. an den Haftpflicht- oder Sachversicherer.

Betrachtet man beispielsweise die berufsgenossenschaftlichen Folgekosten bei den Stolper-, Rutsch- und Sturzunfällen, kommt man zu folgendem Ergebnis:
Die durchschnittlichen Kosten betrugen je Unfall mit Stehleitern 2.200 Euro, auf Treppen 1.400 Euro und auf ungeeigneten Aufstiegen 2.000 Euro.
Je Lkw-Unfall entstehen dem einzelnen Betrieb bis zu 500 Euro Kosten pro Tag.

Bezogen auf die Industrie liegen die betrieblichen Kosten für einen Arbeitsunfall mit einer durchschnittlichen Arbeitsunfähigkeit von 15 Tagen bei etwa 8.000 Euro. Gesteht man jedem Unternehmen einen Gewinn am Ende des Jahres zu, müssen diese innerbetrieblichen Unfallkosten zusätzlich mit erwirtschaftet werden. Der wirtschaftliche Erfolg eines Unternehmens hängt somit auch vom Wissen und Einsatzwillen seiner Mitarbeiter ab. Der innerbetriebliche Arbeitsschutz verhindert nicht nur Leid für den Betroffenen und seine Familie, er kann neben dem Imagegewinn auch finanziell zum Überleben eines Unternehmens beitragen.

1.4 Versicherungsschutz bei Hilfeleistung

Die gesetzliche Unfallversicherung gewährt bei Unglücksfällen nicht nur den Beschäftigten bzw. Versicherten nachträgliche Leistungen.
Auch Personen, „... die bei Unglücksfällen oder gemeiner Gefahr oder Not Hilfe leisten oder einen anderen aus erheblicher gegenwärtiger Gefahr für seine Gesundheit retten" (§ 2 Abs. 1 SGB VII) sind versichert.
Hintergrund dieser Regelung ist das öffentliche Interesse daran, dass Personen bei Unfällen den Verunglückten helfen.

Beispiele:
- Bei einem Verkehrsunfall bergen Sie einen Verletzten. Dabei ziehen Sie sich eine tiefe Schnittwunde zu.
- Sie leisten an einer Brandstelle Hilfe, rutschen aus und brechen sich den Fußknöchel.

Der Versicherungsschutz bei diesen Hilfeleistungen gehört zur öffentlichen Unfallfürsorge. Zuständig ist der Unfallversicherungsträger des jeweiligen Bundeslandes.
Anmerkung: Obwohl für einen erfahrenen Kraftfahrer die Hilfeleistung eine Selbstverständlichkeit ist, wird der Vollständigkeit halber auf folgenden Paragrafen hingewiesen:
Nach § 323 c StGB wird mit Freiheitsstrafe bis zu einem Jahr oder mit Geldstrafe bestraft, wer bei Unglücksfällen, gemeiner Gefahr oder Not zumutbare Hilfeleistungen unterlässt.

Pannen, Unfälle und Notfälle

1. Pannen, Unfälle und Notfälle

Notfälle, Pannen und Unfälle sind Ausnahmesituationen, mit denen Sie als Fahrer im Lauf Ihres Berufslebens mit hoher Wahrscheinlichkeit irgendwann konfrontiert werden.
Da diese im täglichen Fahrbetrieb plötzlich auftreten, verlangt das von allen Verkehrsteilnehmern ein besonderes Verhalten.

Beherzigen Sie die wichtigen Verhaltensregeln im Straßenverkehr, lassen sich einige dieser Situationen schon im Voraus erkennen und vermeiden.
Ist es aber trotzdem zu einem Notfall, einer Panne oder einem Unfall gekommen, müssen Sie wissen, was dann zu tun ist. Sei es der geplatzte Reifen, der kranke Fahrgast im Reisebus oder der Unfall auf der Autobahn: Entsprechend vorbereitet können Sie in der Ausnahmesituation richtig reagieren und verhindern damit Nachfolgeunfälle, ausgelöst z. B. durch nicht vorschriftsmäßiges Absichern einer Unfallstelle oder Panikreaktionen bei Fahrgästen.

1.1 Notfälle

Notfälle kommen in den unterschiedlichsten Formen vor. Sie können allein, aber auch im Zusammenhang mit Pannen oder Unfällen auftreten.
Das können plötzliche Erkrankungen von Fahrzeugführer oder Fahrgästen ebenso wie gewaltsame Übergriffe auf das Fahrpersonal sein. Aber auch der Ausbruch eines Brandes im oder am Fahrzeug und der Verkehrsunfall mit Verletzten zählen dazu.

Pannen, Unfälle und Notfälle — Band 7

In Form einer Weiterbildung erhalten Sie Kenntnis über die Erste-Hilfe-Maßnahmen. Das Mitführen einer vollständigen Notfallausrüstung ist besonders wichtig.
Notfälle treten meist plötzlich und unerwartet auf. Wichtig ist deshalb, dass Sie als Fahrzeugführer umfassend darauf vorbereitet sind.

1.2 Pannen

Als Panne bezeichnet man einen technischen Defekt am Fahrzeug während des Fahrbetriebes.
Die häufigsten Pannenursachen sind Schäden an der Bereifung, an der Beleuchtung und am Antrieb. Einige Pannen lassen sich leicht von Ihnen selbst beheben.

Das Austauschen einer defekten Sicherung oder eines Leuchtmittels etwa erfordert relativ wenig Aufwand. Bei umfangreicheren Defekten benötigen Sie Unterstützung von Pannenhilfsdiensten.
Manchmal hilft dann nur noch das Abschleppen in eine Fachwerkstatt.

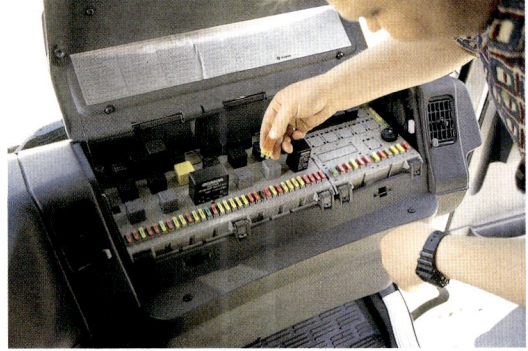

Technischen Defekten kann vorgebeugt werden durch:
- verantwortungsvollen und schonenden Umgang mit dem Fahrzeug,
- vorschriftsmäßige Abfahrtkontrollen,
- regelmäßige Wartung,
- rechtzeitige und sachgerechte Reparaturen.

Pannen, Unfälle und Notfälle — Band 7

Abschleppen oder Schleppen?
Diese beiden Begriffe werden oft verwechselt. Dabei sind sie zwei rechtlich getrennte Bezeichnungen für das Ziehen von Kraftfahrzeugen durch andere Kraftfahrzeuge.

Abschleppen ist das Ziehen eines betriebsunfähigen Fahrzeugs im Rahmen der Nothilfe mit dem Ziel der Ortsveränderung zur Behebung der Betriebsunfähigkeit (nächstgelegene Werkstatt) oder zur Verwertung des Fahrzeugs (nahegelegener Schrottplatz). Ein Fahrzeug mit einer Panne wird also regelmäßig abgeschleppt. Grundsätzlich dürfen Kraftfahrzeuge nicht als „Anhänger" genutzt werden. Das Abschleppen aus dem Nothilfegedanken heraus ist davon ausgenommen. Für das abgeschleppte Kraftfahrzeug gelten weder die Zulassungs-, Kennzeichnungs-, Versicherungs- noch die Steuerpflicht, wie sie sonst für einen „Anhänger" gelten würden.
Gemäß § 15a StVO ist beim Abschleppen eines auf der Autobahn liegengebliebenen Fahrzeugs die Autobahn an der nächsten Ausfahrt zu verlassen.

Hier wird ein Lkw mit einem technischen Defekt durch einen anderen unter Zuhilfenahme von zwei Zurrgurten aus dem Baustellenbereich abgeschleppt.

Schleppen gemäß § 33 StVZO bedeutet, ohne den Nothilfegedanken ein Kraftfahrzeug hinter einem Kraftfahrzeug zu ziehen. Da beim Schleppen das hintere Kraftfahrzeug entgegen der Vorschrift als „Anhänger" betrieben wird, ist für das Schleppen eine Ausnahmegenehmigung erforderlich. Für das geschleppte Kraftfahrzeug gelten dann auch Vorschriften, die auch für einen regulären Anhänger gelten.

Bei der Verwendung von Abschleppstangen oder Abschleppseilen darf der lichte Abstand vom ziehenden zum gezogenen Fahrzeug nicht mehr als 5 m betragen. Abschleppstangen und Abschleppseile sind ausreichend erkennbar zu machen, zum Beispiel durch einen roten Lappen (§ 43 Abs. 3 StVZO)

Welche Fahrerlaubnis (FE) ist wann erforderlich?
Beim Abschleppen für das
- ziehende Fahrzeug: die FE für dieses Fahrzeug,
- abgeschleppte Fahrzeug: keine;
  der „Lenker" muss nur geeignet sein.

Beim Schleppen für das
- ziehende Fahrzeug: die FE für diesen „Zug" mit Anhänger (mindestens BE),
- geschleppte Fahrzeug: die FE für das geschleppte Fahrzeug.

1.3 Unfälle

Unfälle sind plötzlich eintretende Ereignisse, die verursacht werden und Personen- oder Sachschäden zur Folge haben.
Bei einem Unfall, der im ursächlichen Zusammenhang mit dem öffentlichen Straßenverkehr und seinen Gefahren steht, spricht man von einem Verkehrsunfall.

Ein Verkehrsunfall zieht für die beteiligten Personen besondere Pflichten nach sich.
Arbeitsunfälle können auch innerhalb des Straßenverkehrs verursacht werden.

1.4 Weitere Maßnahmen am Unfallort

- Zündung des Fahrzeugs ausschalten, aber Schlüssel stecken lassen.
- Vorsicht bei nicht ausgelösten Airbags. Auch nach einem Unfall können diese zeitlich versetzt noch unbeabsichtigt auslösen.
- Festsitzende Sicherheitsgurte, wenn nötig, durchtrennen.
- Auf auslaufende Flüssigkeiten achten. Eventuell eindeichen. Durch diese schnell selbst errichteten Sperren aus Sand oder Erdreich können Sie verhindern, dass Öl, Diesel, Benzin oder andere Flüssigkeiten in die Kanalisation gelangen oder in der Erde versickern.
- Für Gefahrguttransporte können die „Schriftlichen Weisungen" (Unfallmerkblätter) das Mitführen einer Gullyabdeckplane erfordern.
- Ein Liter Öl verseucht bis zu einer Million Liter Trinkwasser!

Pannen, Unfälle und Notfälle — Band 7

1.5 Rettungsgasse

Auch wenn Sie nicht direkt an einem Unfall beteiligt sind oder als Ersthelfer aktiv, können Sie helfen. Die Bildung einer Rettungsgasse hilft den Rettungskräften an den Unfallort zu gelangen und kann Leben retten.

Wie funktioniert die Bildung einer Rettungsgasse?

Zweispurige Fahrbahnen:
- Fahrzeuge auf der linken Fahrspur weichen nach links aus.
- Fahrzeuge auf der rechten Fahrspur weichen nach rechts aus.

Dreispurige Fahrbahnen:
- Fahrzeuge auf den linken Fahrspuren weichen nach links aus.
- Fahrzeuge auf der rechten und mittleren Fahrspur weichen nach rechts aus.

Vierspurige Fahrbahnen:
- Fahrzeuge auf der linken Fahrspur weichen nach links aus.
- Fahrzeuge auf den anderen Fahrspuren weichen nach rechts aus.

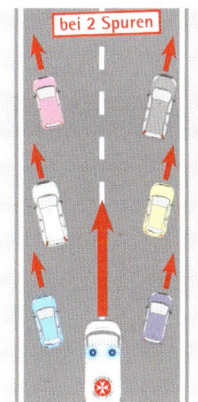 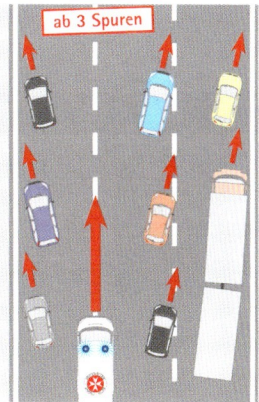

Grafik: Johanniter

Bei diesen Situationen gilt:
Ich nähere mich einem Stauende...
 ›› Rettungsgasse bilden!
Der Verkehr kommt ins Stocken...
 ›› Rettungsgasse bilden!
Der Verkehr fließt in Schrittgeschwindigkeit...
 ›› Rettungsgasse bilden!

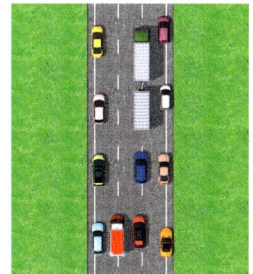 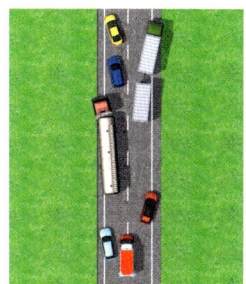

Freie Fahrt für Rettungsfahrzeuge!   **Kein Durchkommen!**

(2) Sobald Fahrzeuge auf **Autobahnen** sowie auf **Außerortsstraßen** mit **mindestens zwei Fahrstreifen für eine Richtung** mit **Schrittgeschwindigkeit** fahren oder sich die Fahrzeuge im **Stillstand** befinden, müssen diese Fahrzeuge für die Durchfahrt von Polizei- und Hilfsfahrzeugen zwischen dem äußerst linken und dem unmittelbar rechts daneben liegenden Fahrstreifen für eine Richtung **eine freie Gasse bilden.**

(§ 11 Abs. 2 StVO)

Pannen, Unfälle und Notfälle — Band 7

Beschreibung	Bußgeld	Punkte	Fahrverbot
Sie bildeten auf einer Autobahn oder Außerortsstraße keine freie Gasse zur Durchfahrt von Polizei- oder Hilfsfahrzeugen, obwohl der Verkehr stockte.	200€	2 Punkte	–
...mit Behinderung	240€	2 Punkte	1 Monat
...mit Gefährdung	280€	2 Punkte	1 Monat
...mit Sachbeschädigung	320€	2 Punkte	1 Monat
Sie unterließen es, einem Einsatzfahrzeug mit blauem Blinklicht und Martinshorn nicht sofort freie Bahn zu schaffen.	240€	2 Punkte	1 Monat
...mit Gefährdung	280€	2 Punkte	1 Monat
...mit Sachbeschädigung	320€	2 Punkte	1 Monat

Verstoß	Bußgeld	Punkte
verbotswidriges Rechtsüberholen innerhalb geschlossener Ortschaften	30€	–
... und Unfall verursacht	35€	–
verbotswidriges Rechtsüberholen außerhalb geschlossener Ortschaften	100€	1 Punkt
... und andere gefährdet	120€	1 Punkt
... und Unfall verursacht	145€	1 Punkt

Verhalten bei Unfällen und Notfällen

1. Erste-Hilfe-Material und Ausrüstungsgegenstände

Um in allen bisher genannten Situationen richtig und angepasst reagieren zu können, müssen die nachfolgend aufgeführten Ausrüstungsgegenstände vorhanden sein:

- ein Verbandkasten nach DIN 13164, vorgeschrieben nach § 35 h StVZO für alle Kraftfahrzeuge und KOM mit bis zu 22 Sitzplätzen,
  Ausnahmen:
  - Krankenfahrstühle,
  - Krafträder,
  - land- oder forstwirtschaftliche Zug- oder Arbeitsmaschinen,
  - einachsige Zug- oder Arbeitsmaschinen,
- zwei Verbandkästen in KOM mit mehr als 22 Sitzplätzen,

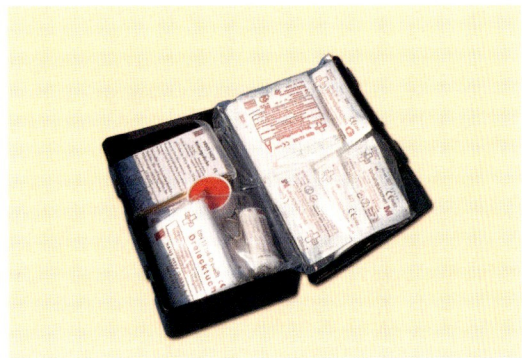

- ein Warndreieck, vorgeschrieben nach § 53 a StVZO,
  Ausnahmen:
  - Krankenfahrstühle,
  - Krafträder,
  - einachsige Zug- oder Arbeitsmaschinen,
- eine Warnleuchte (gelbes Blinklicht) bei allen Kraftfahrzeugen über 3,5 t zGM, vorgeschrieben nach § 53 a StVZO,
- eine Warnweste, vorgeschrieben nach § 31 der Berufsgenossenschaftlichen Vorschrift BGV D29 „Fahrzeuge" für gewerblich genutzte, mehrspurige Kraftfahrzeuge; geeignete Warnwesten entsprechen der DIN EN 471,
- zwei Warnwesten in Fahrzeugen, die mit einem Beifahrer besetzt sind,
- windsichere Handlampe in KOM,
- ein Feuerlöscher in KOM bzw.
- zwei Feuerlöscher in Doppeldeckfahrzeugen.

Die vorgeschriebenen Feuerlöscher in Kraftomnibussen müssen mit einer Füllmasse von jeweils 6 kg in betriebsfertigem Zustand mitgeführt werden.
Der Feuerlöscher ist in unmittelbarer Nähe des Fahrersitzes unterzubringen, bei Doppeldeckern der zweite Feuerlöscher auf der oberen Fahrgastebene.

In Omnibussen, die vor dem 13.02.2005 erstmals in den Verkehr gekommen sind, gilt § 35 g Abs. 1 Satz 1 und 2 in der Fassung vor dem 1.11.2003. Diese alte Regelung besagt, dass mindestens ein Feuerlöscher in betriebsfertigem Zustand mitgeführt werden muss. Ein Feuerlöscher muss an gut sichtbarer und leicht zugänglicher Stelle untergebracht sein, ein Löscher in unmittelbarer Nähe des Fahrzeugführers. Doppeldeckfahrzeuge werden hier nicht erwähnt.

Als Fahrer müssen Sie mit der Handhabung der Feuerlöscher vertraut sein.
Für die Wartung und Überprüfung der vorgeschriebenen Feuerlöscher ist der Fahrzeughalter verantwortlich. Die Feuerlöscher in Kraftomnibussen müssen jährlich überprüft werden, die von Gefahrgutfahrzeugen alle zwei Jahre. Die Überprüfung muss auf dem Schild des Feuerlöschers vermerkt werden.

Verhalten bei Unfällen und Notfällen — Band 7

Darüber hinaus sind besondere Ausrüstungsvorschriften für Gefahrguttransporte zu beachten.

Neben den bestehenden gesetzlichen Vorschriften sollten „für alle Fälle" mitgeführt werden:
- mindestens ein Feuerlöscher,
- eine Handleuchte bzw. Taschenlampe,
- nützliches Bordwerkzeug.

Nur eine funktionierende, vollständige und gut erreichbare Ausrüstung kann im Notfall helfen.

Bei jeder Fahrt ist die Ausrüstung Ihres Fahrzeugs den jeweiligen Straßen- und Witterungsverhältnissen anzupassen. Wenn es die Umstände angezeigt erscheinen lassen, sind
- Winterreifen,
- Schneeketten,
- Spaten und Hacke,
- Abschleppseil oder -stange

mitzuführen.

Die o. g. Vorschriften über die Ausrüstung und Beschaffenheit von Fahrzeugen gelten national. Für Fahrten im grenzüberschreitenden Verkehr können in anderen Ländern andere Vorschriften gelten. Beispiel: Winterreifenpflicht in vielen europäischen Ländern.
Um eventuelle Bußgelder und Schwierigkeiten im Ausland zu vermeiden, sollten Sie sich vor der Fahrt über die entsprechenden Vorschriften in diesen Ländern informieren.

1.1 Einschätzung der Lage

Verschaffen Sie sich zunächst einen Überblick über Art und Umfang des eingetretenen Ereignisses:
Handelt es sich um einen Notfall, einen Unfall oder um eine Panne?
Ist Hilfe notwendig, gilt es zunächst die Unfallstelle abzusichern.

Wichtig: Ruhe bewahren und nicht hektisch reagieren!

Maßnahmen am Unfallort
1. Überblick verschaffen (Lage einschätzen)
2. Absichern der Unfallstelle (Nachfolgeunfälle vermeiden)
3. Notruf absetzen
4. Erste Hilfe leisten

Verhalten bei Unfällen und Notfällen — Band 7

1.2 Absichern der Unfallstelle

Die Absicherung der Unfallstelle ist eine der wichtigsten Aufgaben bei der Hilfeleistung. Es kommt immer wieder vor, dass Personen, die bei einem Verkehrsunfall helfen wollen, durch den nachfolgenden Verkehr gefährdet, verletzt oder sogar getötet werden. Grundsätzlich gilt:
Erst sich selbst sichern – dann anderen helfen!
Nach § 34 StVO besteht für Unfallbeteiligte die Pflicht, die Unfallstelle zu sichern bzw. bei geringfügigen Schäden unverzüglich beiseite zu fahren und verletzten Personen zu helfen.
Aber auch für nichtbeteiligte Personen besteht die Pflicht zur Hilfeleistung.
Eine zumutbare Hilfeleistung, die unterlassen wurde, kann strafrechtlich verfolgt werden (siehe § 323c Strafgesetzbuch – Unterlassene Hilfeleistung wird mit Freiheitsstrafe bis zu einem Jahr oder mit Geldstrafe bestraft).

Absichern einer Unfallstelle und das Leisten von Erster Hilfe müssen für Sie als Berufskraftfahrer selbstverständlich sein.

Beim Abstellen und Verlassen des eigenen Fahrzeugs sind zunächst einige wichtige Punkte zu beachten:
- Schalten Sie sofort Warnblinklicht am eigenen Fahrzeug ein.
- Sichern Sie die Unfallstelle und sich selbst wenn möglich mit dem eigenen Fahrzeug ab.
- Fahren Sie nicht zu dicht an die Unfallstelle heran.
- Blockieren Sie keinesfalls den freien Zugang für die eintreffenden Rettungskräfte!

- Legen Sie vor dem Verlassen des Fahrzeugs die Warnweste an.
- Achten Sie beim Verlassen des Fahrzeugs auf den fließenden Verkehr.

Die Absicherung der Unfallstelle erfolgt in der Regel durch das Aufstellen eines Warndreiecks und einer Warnleuchte.

Lkw-Fahrer nach Panne von Pkw überrollt – Lebensgefahr!

Lkw war nach Panne mitten auf Autobahn liegengeblieben - Fahrer will Schaden begutachten und wird überrollt

Datum: Mittwoch, 08. Februar 2006, ca. 06:00 Uhr
Ort: BAB 2 Richtung Berlin in Höhe Helmstedt, Niedersachsen
(cd) • Zweiter schwerer Unfall auf der A2 innerhalb von drei Stunden: ein Lkw-Fahrer wurde nach einer Panne von einem Pkw überrollt und lebensgefährlich verletzt.

Nach ersten Angaben befuhr der polnische Lkw die A2 in Richtung Berlin, als es in Höhe Helmstedt zu einer Panne kam. Der Lkw blieb auf der dreispurigen Autobahn zwischen dem mittleren und dem linken Fahrstreifen liegen. Der 25-jährige polnische Fahrzeugführer stieg aus, um sich den Defekt anzusehen. In diesem Moment befuhr ein 40-jähriger Führer eines VW Golf aus Wolfsburg den linken Fahrstreifen und erkannte die Situation zu spät. Der Fahrzeugführer fuhr noch an dem Sattelzug links vorbei, touchiert dabei die Mittelschutzplanke und überfuhr den vor dem Sattelzug stehenden Fahrzeugführer aus Polen. Dieser wurde mit lebensgefährlichen Verletzungen ins Kreiskrankenhaus Helmstedt verbracht.

Die A 2 musste in Richtung Berlin auf zwei Fahrstreifen gesperrt werden. Die Polizei hat die Ermittlungen zur Unfallursache aufgenommen.

Verhalten bei Unfällen und Notfällen — Band 7

Das Aufstellen des Warndreiecks sollte gerade auf Autobahnen und Kraftfahrstraßen sowie an schlecht einsehbaren Unfallstellen so schnell wie möglich erfolgen, um Nachfolgeunfälle zu vermeiden.
Am ungefährlichsten ist es, mit dem aufgeklappten Warndreieck vor dem Körper am äußersten Fahrbahnrand bzw. hinter der Schutzplanke dem Verkehr entgegenzulaufen.
Durch Armbewegungen kann man die entgegenkommenden Fahrzeuge auf die Gefahrenstelle aufmerksam machen.

Beim Aufstellen des Warndreiecks ist die richtige Entfernung zur Unfallstelle einzuhalten. Maßgeblich dabei ist die Geschwindigkeit des fließenden Verkehrs:
Auf Autobahnen oder Schnellstraßen gilt ein Abstand von bis zu 150 m (drei Leitpfosten), auf Landstraßen etwa 100 m und in der Stadt ca. 50 m. Liegt der Unfallort an einer unübersichtlichen Stelle, z. B. hinter einer Bergkuppe oder einer Kurve, muss das Warndreieck unbedingt davor aufgestellt werden.
Die Warnblinkleuchte wird zur zusätzlichen Absicherung zwischen der Unfallstelle und dem Warndreieck oder direkt vor der Gefahrenstelle platziert.

> Wer bei einem Verkehrsunfall ein Verkehrsschild beschädigt, muss die übrigen Verkehrsteilnehmer entsprechend warnen und selbst die Verkehrssicherung übernehmen. Erst mit dem Eintreffen der Polizei an der Unfallstelle endet diese Pflicht.
> (Quelle: LG Dortmund, Urteil vom 22.03.2007, Az: 4 S 134/06)

> Erst wenn Sie als Ersthelfer die Unfallstelle ausreichend abgesichert haben, kehren Sie zurück und leisten weitere Hilfe. Das gilt für Verkehrsunfälle, Pannen und Notfälle gleichermaßen.

1.3 Sicherheit der Fahrgäste

Sind mit Fahrgästen besetzte Reise- oder Linienbusse von einer Panne oder einem Notfall betroffen bzw. an einem Unfall beteiligt, sind für Sie als Busfahrer besondere Verhaltensmaßnahmen und Pflichten zu beachten.
Gerade als Busfahrer haben Sie Ihren Fahrgästen gegenüber eine besondere Fürsorgepflicht. Deshalb ist es besonders wichtig, dass Sie als Fahrer Ruhe bewahren, dafür sorgen, dass keine Panik ausbricht und den Fahrgästen klare Anweisungen geben.

Verhalten bei Unfällen und Notfällen — Band 7

Auf Autobahnen und Kraftfahrstraßen sieht man Reisebusse, die gerade eine Panne haben. Nicht selten verlassen dabei die Fahrgäste das Fahrzeug und befinden sich dann auf der Fahrbahn bzw. auf dem Seitenstreifen. Das gilt es unter allen Umständen zu vermeiden:
Sie könnten von vorbeifahrenden Fahrzeugen erfasst und verletzt werden.
Ist Ihr Fahrzeug nach einer Panne oder einem Notfall noch fahrbereit, versuchen Sie unbedingt, den nächstgelegenen Parkplatz oder die nächste Ausfahrt zu erreichen. Ist das nicht mehr möglich, halten Sie möglichst weit rechts auf dem Seitenstreifen.
Sind Fahrgäste gefährdet, wenn sie im KOM verbleiben, müssen diese sich sofort nach dem Verlassen des Fahrzeugs in einen sicheren Bereich begeben. Der Fahrer sichert mit angelegter Warnweste die Personen nach hinten ab. Als ungefährlich gilt der Bereich hinter der Leitplanke.
Erst wenn das Fahrzeug abgesichert ist und sich alle Fahrgäste in nicht gefährdeten Bereichen befinden, kümmert sich der Fahrer um andere Unfallbeteiligte oder verletzte Personen.

1.4 Überblick über die Situation verschaffen

Nach dem Absichern der Unfallstelle ist es ratsam, sich einen genaueren Überblick über die Situation zu verschaffen:
- Was ist passiert? Unfall – Panne – Notfall?
- Gibt es verletzte Personen? Wenn ja – wie viele?
- Sind sie schwer oder leicht verletzt?
- Sind Personen eingeklemmt?
- Wessen Hilfe benötige ich? Polizei – Feuerwehr – Rettungsdienste?
- Gehen von den verunfallten Fahrzeugen weitere Gefahren aus? Feuer? Rauch? Kraftstoffverlust mit Explosionsgefahr? Gefahren durch die Ladung – Gefahrstoffunfall?

1.5 Verständigung und Kommunikation mit Hilfskräften

Anschließend wird über eine der Notrufnummern Feuerwehr, Polizei oder Rettungsdienst verständigt, in Deutschland unter folgenden Nummern:
- Feuerwehr/Rettungsdienste: 112
- Polizei: 110

Vergewissern Sie sich vor Fahrten ins Ausland über die entsprechenden Notruf-Nummern und notieren Sie sich diese.
Anmerkung: In allen EU-Ländern ist mittlerweile die einheitliche Notrufnummer 112 eingeführt.

Auch bei Mobiltelefonen ist das nahezu europaweit kostenlos möglich. Bei vielen Mobiltelefonen muss für die Anwahl des Notrufs in Deutschland keine Pin-Nummer eingegeben werden. Das spart Zeit und ermöglicht auch die Benutzung eines fremden Telefons, das z. B. an der Unfallstelle liegt.

Verhalten bei Unfällen und Notfällen — Band 7

Das Absetzen des Notrufs ist aber auch über eine Notrufsäule möglich.

In Gegenden ohne Notrufsäulen hilft der „Handy-Notruf". Unter der gebührenfreien Telefonnummer 0800 NOTFON D (0800 668366 3) erreichen Sie auch Mitarbeiter der Notrufzentrale der Autoversicherer (wie beim Benutzen von Notrufsäulen). Außerdem können Sie beim Benutzen dieser leicht zu merkenden „Buchstabenwahl" mit Zustimmung geortet werden. Wichtig: Bei Unfällen mit Verletzten wählen Sie immer die 112.

Zur nächstgelegenen Notrufsäule weisen Richtungspfeile auf den Leitpfosten. Die dort eingehenden Anrufe sammeln sich bei einem Zentralruf, der die Informationen an die Rettungsdienste weitergibt.

Benötigen Sie mehrere Hilfsdienste gleichzeitig, z. B. bei einem größeren Verkehrsunfall mit verletzten Personen auf der Autobahn, ist es nicht entscheidend, ob zuerst die Feuerwehr oder die Polizei angerufen wird: Die Rettungsleitstellen informieren sich gegenseitig und leiten die erforderlichen Maßnahmen ohnehin zeitgleich und gemeinsam ein.

Anhand der so genannten sechs W-Sätze lässt sich das richtige Absetzen des Notrufes leicht merken:

- Wo geschah es?
  Möglichst genaue Angaben über den Unfallort ersparen den Hilfsdiensten unnötiges Suchen und eine lange Anfahrt. Auf Autobahnen und Kraftfahrstraßen ist die Angabe der Fahrtrichtung wichtig.
  Auf abgelegenen fremden Landstraßen können Sie vielleicht ein Navigationsgerät in einem der beteiligten Fahrzeuge zur Ortsbestimmung benutzen.

> Auf der A2 zwischen den Anschlussstellen Hannover-Bothfeld und Hannover-Lahe, ungefähr bei km 221 in Fahrtrichtung Berlin ...

Verhalten bei Unfällen und Notfällen — Band 7

- Was ist passiert?
  Durch die Beschreibung der Unfallsituation können Rettungsleitstelle oder Polizei die richtigen Maßnahmen einleiten (z. B. Einsatz von Rettungs-, Notarzt- oder Bergefahrzeugen).
  Warntafel? Ist ein Lkw mit Gefahrgut beteiligt? Falls möglich, die UN-Nummer durchgeben.

  > ...ist ein schwerer Verkehrsunfall passiert. Zwei Lkw und ein Pkw sind beteiligt. Der Verkehr steht...

- Wie viele Verletzte?
  Die Angabe der Anzahl von Verletzten ist wichtig für die Entsendung ausreichender Rettungsmittel wie Notarzt oder Krankenwagen.

  > ...Es sind mehrere Personen verletzt. Zwei davon schwer. Ein Fahrer ist nicht ansprechbar. Er ist in seinem Lkw eingeklemmt.

- Welche Art von Verletzungen?
  Wichtig ist die Schilderung insbesondere von lebensbedrohlichen Verletzungen, damit der Notarzt mit entsandt wird. Dabei muss unbedingt erwähnt werden, ob Verletzte ansprechbar und ob Personen in Fahrzeugen eingeklemmt sind.

  > ...Einige haben nur leicht blutende Wunden. Der eingeklemmte Fahrer atmet nicht mehr und blutet stark am Kopf...

- Wer meldet?
  Angabe des eigenen Namens!

  > ...Mein Name ist Heinz Meier...

- Warten auf Rückfragen!
  Es ist wichtig, auf die Bestätigung der Leitstelle zu warten, dass alle Angaben richtig verstanden wurden. Nur so ist gesichert, dass der Einsatz schnell und reibungslos abläuft. Eventuell hat die Leitstelle noch Nachfragen oder benötigt weitere Angaben, um die Rettungskräfte mit den richtigen Rettungsmitteln heranzuführen.

  > Der Gesprächspartner gegenüber am Telefon könnte jetzt antworten: „Ich habe das alles notiert. Unsere Fahrzeuge sind unterwegs. Die Polizei weiß auch Bescheid. Sie kommt ebenfalls. Bleiben Sie bitte bei dem eingeklemmten Fahrer und leisten Erste Hilfe. Haben Sie die Unfallstelle abgesichert?"

> Dabei gilt:
> Nur Ihr Gegenüber am Notruftelefon darf das Gespräch beenden!

1.6 Sofortmaßnahmen am Unfallort

Schon bevor die Hilfskräfte von Polizei und Feuerwehr eintreffen, kann es notwendig sein, geeignete Erstmaßnahmen einzuleiten. Das können sowohl Maßnahmen bei verletzten Personen als auch solche an den betroffenen Fahrzeugen sein.

Sind Personen verletzt, ist das Leisten von Erster Hilfe erforderlich. Die Kenntnisse dazu werden in speziellen, für den Erwerb einer Fahrerlaubnis vorgeschriebenen Kursen vermittelt.
Daneben bieten viele Verbände auch freiwillige Erste-Hilfe-Kurse an.

> Auch als Unbeteiligter an einem Verkehrsunfall sind Sie verpflichtet, Erste Hilfe zu leisten.

Verhalten bei Unfällen und Notfällen — Band 7

Gegebenenfalls zu treffende Erstmaßnahmen:
Vorrangig ist es in jedem Fall, zuerst die schwer verletzten Personen zu versorgen. Wer von ihnen braucht meine Hilfe am dringendsten? Der Ersthelfer sollte dabei möglichst ruhig bleiben und überlegt handeln. Schaffen Sie nicht alles alleine, holen Sie sich Hilfe von anderen dazu.
Tipp: Sprechen Sie die Umherstehenden gezielt an!
„Kommen Sie mit. Ich brauche Ihre Hilfe . . .",,

> Wie Sie bei welchen Verletzungen richtig vorgehen, finden Sie im Kapitel „Ersthelfer-Ausbildung" in diesem Band.

1.7 Pflichten der Unfallbeteiligten bei Verkehrsunfällen

Der § 34 StVO regelt die Pflichten der an einem Verkehrsunfall Beteiligten.
Wer an einem Unfall beteiligt ist, muss auf Folgendes achten:
- Unfallstelle absichern,
- bei geringen Schäden beiseite fahren,
- über Unfallfolgen vergewissern,
- Verletzten Erste Hilfe leisten,
- anderen Beteiligten und Geschädigten auf Verlangen Namen und Anschrift mitteilen,
- am Unfallort verbleiben, bis die Feststellung seiner Personalien, seines Fahrzeugs und die Art seiner Beteiligung erfolgt ist,
- eine nach den Umständen angemessene Zeit an der Unfallstelle warten und seine Personalien dort hinterlassen, wenn eine Feststellung anders nicht möglich war.

Beteiligt an einem Unfall ist jeder, dessen Verhalten nach den Umständen zum Unfall beigetragen haben kann.
Unfallspuren dürfen nicht beseitigt werden, bevor die notwendigen Feststellungen getroffen wurden.
Entfernen Sie sich nicht vom Unfallort. Neben den strafrechtlichen Konsequenzen müssen Sie als Unfallbeteiligter auch mit einer Regressforderung von Seiten der Versicherung rechnen.

1.8 Wildunfall

Immer wieder kommt es zu Wildunfällen. In den letzten Jahren haben sich weit über 200.000 Verkehrsunfälle mit Wildbeteiligung pro Jahr auf deutschen Straßen ereignet.
Neben den schwer verletzten oder gar getöteten Wildtieren sind regelmäßig auch hohe Sachschäden das Ergebnis dieser Unfälle. Bei ca. 10 % aller Kollisionen mit Wild werden auch die Insassen des beteiligten Fahrzeugs verletzt.
Das liegt zum einen an der gefahrenen Geschwindigkeit. Annähernd 90 % aller Wildunfälle ereignen sich in den Nachtstunden auf Landstraßen außerhalb geschlossener Ortschaften. Die Masse eines Tieres (beim Aufprall) vervielfacht sich überproportional zur gefahrenen Geschwindigkeit.
Beispiel: Schon bei 50 km/h entspricht das Aufprallgewicht in etwa dem 25-fachen Körpergewicht des Tieres. Ein 20 kg schwerer Rehbock entspricht dann einem Aufprallgewicht von ca. 500 kg. Zum anderen kommen größere Schäden durch Ausweichmanöver zustande. Fast bei jedem zweiten Wildunfall kommt das beteiligte Fahrzeug dadurch von der Straße ab.

Verhalten bei Unfällen und Notfällen — Band 7

Tipps zum Vermeiden von Wildunfällen:
- Nehmen Sie die Gefahrzeichen ernst. Sie stehen an Stellen, an denen es schon häufiger zu Wildunfällen gekommen ist.
- Vor allem in der Brunftzeit (Oktober bis Januar) und in der Zeit der Revierkämpfe (April bis Juni) kommt es in den frühen Abend- und Morgenstunden zu den häufigsten Wildwechseln und Verkehrsunfällen.
- Sind Sie zu diesen Zeiten unterwegs, fahren Sie mit angemessener Geschwindigkeit. Sie verringern dadurch nicht nur die Aufprallwucht und somit auch die Schäden an Ihrem Fahrzeug. Sie verkürzen damit auch Ihren Bremsweg.
- Beispiel: Bei 60 km/h ist Ihr Bremsweg nur noch halb so lang wie bei 90 km/h.
- Behalten Sie, möglichst mit Fernlicht, den Fahrbahnrand im Auge.
- Fahren Sie ohne Gegenverkehr nicht äußerst rechts. So schaffen Sie sich mehr Handlungsspielraum, wenn das Wild von rechts kommt.
- Können Sie Wild erkennen, verringern Sie sofort Ihre Geschwindigkeit und wechseln Sie von Fern- auf Abblendlicht, denn das grelle Licht verwirrt die Tiere. Sie können die Orientierung verlieren und auf die Lichtquelle zulaufen oder auf der Straße stehen bleiben.
- Gleichzeitiges mehrmaliges Hupen kann die Tiere verscheuchen.
- Halten Sie das Lenkrad mit beiden Händen fest.
- Hat ein Tier die Straße bereits überquert, kann es sich dabei um das Leittier gehandelt haben. Das bedeutet, dass weitere Tiere folgen können.
- Beachten Sie: Durch Ausweichen, gerade bei Kleintieren wie Hase oder Fuchs, können Sie unter Umständen einen schlimmeren Verkehrsunfall verursachen, als wenn Sie in Ihrem Fahrstreifen bleiben.
- Beispiele: Sie weichen in einen Bach neben der Straße aus, Sie befahren gerade eine Alleestraße mit Bäumen in kurzen Abständen, neben oder versetzt hinter Ihnen fährt jemand, der gerade überholen will, Sie gefährden den Gegenverkehr.

Richtiges Verhalten nach einem Wildunfall:
- Absichern der Unfallstelle. Schalten Sie Ihr Warnblinklicht ein und stellen Sie Ihr Warndreieck in ausreichender Entfernung auf.
- Fahren Sie weiter und das angefahrene Tier leidet, kann hier eine Straftat nach dem Tierschutzgesetz vorliegen.
- Verständigen Sie in diesem Fall sofort die Polizei, die dann den zuständigen Jagdpächter informiert.
- Liegt das Tier auf der Straße, muss es nicht tot sein. Halten Sie Abstand zu dem angefahrenen Tier. Die Nähe von Menschen kann bei einem verletzten Tier zu panikartigen Reaktionen wie Aufspringen und Austreten oder Beißen führen.
- Sollte das verletzte Tier weglaufen, bleiben Sie an der Unfallstelle und gehen auf keinen Fall hinterher. Das ist die Aufgabe des Jagdpächters. Ist Ihr Fahrzeug in diesem Fall noch fahrbereit, fahren Sie es an die Seite. Auf der Straße stehend ist es für den nachfolgenden Verkehr immer eine Gefahrenquelle.
- Nehmen Sie auf keinen Fall ein verunfalltes Tier mit – Sie würden damit den Straftatbestand der Wilderei erfüllen.
- Machen Sie Fotos von der Unfallstelle. Das kann für Ihre Ansprüche gegenüber Ihrer Versicherung wichtig sein. Falls Sie keine Kamera im Auto haben – viele Handys verfügen bereits auch über diese Funktion.

1.9 Unfallbericht

Wird keine Polizei zur Unfallaufnahme hinzugezogen, weil dies aufgrund des geringen Sachschadens nicht erforderlich ist, ist es hilfreich, einen eigenen Unfallbericht anzufertigen. Als Standard hat sich hier der einheitliche Europäische Unfallbericht durchgesetzt. Er wurde in Absprache mit Versicherungen erarbeitet und ist als Vordruck bei Automobilclubs oder im Internet als Datei zum Herunterladen erhältlich. Die Anfertigung dieses Berichtes wird sogar von einigen Versicherungen gefordert.
Der Unfallbericht gehört in jedes Fahrzeug. Damit können die Unfallbeteiligten den genauen Unfallhergang schriftlich dokumentieren. Zusätzlich sollten Beschädigungen an Fahrzeugen mit einer Kamera festgehalten werden.
Im Zweifelsfall tragen Unfallbericht und Fotos maßgeblich zur Schadensregulierung und Ursachenermittlung bei.

Ist Ihnen die Versicherung des Unfallgegners nicht bekannt, können Sie diese über den kostenfreien Zentralanruf der Autoversicherer 0800 250 2600 oder aus dem Ausland unter der Telefonnummer +49 (0)40 300 330 300 erfragen. Dies gilt auch für im Ausland versicherte Fahrzeuge.

Ist das gegnerische Fahrzeug im Ausland zugelassen, fragen Sie nach der grünen Versicherungskarte. Fahrzeuge aus den EU-Ländern und einigen anderen europäischen Ländern müssen diese nicht mehr mitführen. Anmerkung: Bei einigen Ländern ist der Versicherungsnachweis im Bereich der Frontscheibe aufgeklebt.

Bei Schäden durch unversicherte oder durch nicht ermittelte Fahrzeuge (Unfallflucht) oder vorsätzlicher Handlung des Verursachers (ein Fahrzeug wird als „Waffe" benutzt) zahlt die Verkehrsopferhilfe, als wäre der Schuldige mit den gesetzlichen Mindestdeckungssummen versichert. Das sind bis zu 7,5 Millionen Euro für Personenschäden und bis zu 1 Million Euro für Sachschäden. Außerdem wird Ihnen hier bei einem unverschuldeten Unfall im Ausland geholfen.

Der Verein Verkehrsopferhilfe ist der gemeinsame Entschädigungsfonds der deutschen Versicherer (Verkehrsopferhilfe e.V., Wilhelmstr. 43 in 10117 Berlin, www.verkehrsopferhilfe.de).

Verhalten bei Unfällen und Notfällen — **Band 7**

VERKEHRSUNFALLBERICHT

| 1. Datum des Unfalls | Zeit | 2. PLZ, Ort | 3. Verletzte, einschl. Leichtverletzte nein ☐ ja ☐ |

4. Sachschäden an		5. Zeugen: Namen, Anschriften, Telefon
anderen Fahrzeugen als A und B: nein ☐ ja ☐	anderen Gegenständen als Fahrzeugen: nein ☐ ja ☐	

FAHRZEUG A | 12. UNFALLUMSTÄNDE | FAHRZEUG B

Kreuzen Sie jeweils das entsprechende Feld an, um die Skizze zu präsentieren
A ↓ ↓ B
Nicht zutreffenden Text streichen

6. Versicherungsnehmer/Versicherter (Siehe Versicherungsbescheinigung)
- NAME:
- Vorname:
- Anschrift:
- Postleitzahl: .... Land:
- Telefon oder E-Mail:

7. Fahrzeug

KRAFTFAHRZEUG	ANHÄNGER
Marke, Typ	
Amtliches Kennzeichen	Amtliches Kennzeichen
Land der Zulassung	Land der Zulassung

8. Versicherungsunternehmen (Siehe Versicherungsbescheinigung)
- NAME:
- Vertragsnummer:
- Nummer der Grünen Karte:
- Versicherungsbescheinigung oder Grüne Karte gültig vom: .... bis: ....
- Geschäftsstelle (Büro oder Makler):
- NAME:
- Anschrift:
- .... Land:
- Telefon oder E-Mail:
- *Sind die Sachschäden am Fahrzeug aufgrund des Vertrags versichert?* nein ☐ ja ☐

9. Fahrer (Siehe Führerschein)
- NAME:
- Vorname:
- Geburtsdatum:
- Anschrift:
- .... Land:
- Telefon oder E-Mail:
- Führerschein-Nr.:
- Klasse (A, B, ...):
- Führerschein gültig bis:

Unfallumstände (mittlere Spalte):
1. ☐ A — parkte / hielt — ☐ B 1
2. ☐ — verließ einen Parkplatz / öffnete eine Wagentür — ☐ 2
3. ☐ — parkte ein — ☐ 3
4. ☐ — verließ einen Parkplatz, ein privates Grundstück, einen Weg — ☐ 4
5. ☐ — begann, in einen Parkplatz, ein privates Grundstück, einen Weg einzufahren — ☐ 5
6. ☐ — fuhr in einen Kreisverkehr ein — ☐ 6
7. ☐ — fuhr in einem Kreisverkehr — ☐ 7
8. ☐ — prallte beim fahren in der gleichen Richtung und in der gleichen Kolonne auf das Heck auf — ☐ 8
9. ☐ — fuhr in der gleichen Richtung und in einer anderen Kolonne — ☐ 9
10. ☐ — wechselte die Kolonne — ☐ 10
11. ☐ — überholte — ☐ 11
12. ☐ — bog nach rechts ab — ☐ 12
13. ☐ — bog nach links ab — ☐ 13
14. ☐ — setzte zurück — ☐ 14
15. ☐ — wechselte auf die Gegenfahrbahn — ☐ 15
16. ☐ — kam von rechts (auf einer Kreuzung) — ☐ 16
17. ☐ — hatte ein Vorfahrtzeichen oder eine rote Ampel missachtet — ☐ 17

☐ ← **Geben Sie die Anzahl der angekreuzten Felder an** → ☐

Unbedingt von BEIDEN Fahrern zu unterzeichnen
Stellt keine Anerkennung der Haftung dar, sondern eine Feststellung der Identität und der Umstände, die der Beschleunigung der Regulierung dient.

13. Skizze des Unfalls zum Zeitpunkt des Aufpralls 13.
Bitte angeben: 1. den Verlauf der Fahrspuren 2. die Fahrtrichtung der Fahrzeuge A, B (durch Pfeile) 3. Ihre Position zum Zeitpunkt des Aufpralls 4. die Verkehrszeichen 5. die Straßennamen

10. Markieren Sie die ursprüngl. Aufprallstelle am Fahrzeug A durch einen Pfeil →

11. Sichtbare Schäden am Fahrzeug A

12. Eigene Bemerkungen:

15. Unterschriften der Fahrer 15.
A .... B ....

(Rechte Spalte FAHRZEUG B spiegelbildlich mit denselben Feldern 6.–12.)

© DEGENER — *Pannen, Unfälle, Notfälle & Kriminalität* | **Die BKF-Bibliothek**

Verhalten bei Unfällen und Notfällen — Band 7

1.10 Verhalten im Tunnel

Vor dem Einfahren

Vor dem Tunnel immer **Abblendlicht** einschalten – auch am Tage und auch wenn der Tunnel gut beleuchtet ist. Das gilt auch für Fahrzeuge mit Tagfahrlicht.

Klappen Sie gegebenenfalls die Sonnenblende zurück und setzen Sie die Sonnenbrille ab.

Schalten Sie Ihr Autoradio ein. Im Tunnel kann oft nur der Sender empfangen werden, über den die Tunnelüberwachung im Notfall wichtige Mitteilungen macht.

Merken Sie sich die Länge des Tunnels und Ihren Kilometerstand, damit Sie im Tunnel beurteilen können, wie lange die Durchfahrt noch dauert. Tunnelfahrten können sehr lang erscheinen.

In Deutschland gibt es rund 300 Straßentunnel mit einer Gesamtlänge von 240 km. Sie machen extreme Steigungen oder Gefälle unnötig und kürzen Wege ab. Beim Durchfahren sind einige Regeln zu beachten.

 Das Verkehrszeichen „Tunnel" bedeutet immer: Abblendlicht einschalten, Wenden verboten!

Die meisten größeren Tunnel, vor allem Autobahntunnel, haben getrennte Röhren für die beiden Fahrtrichtungen.

Einfache Straßentunnel bestehen nur aus einer Röhre mit einem Fahrstreifen je Fahrtrichtung.

Fahren im Tunnel

Orientieren Sie sich an den Markierungen auf der rechten Seite. Überfahren Sie auf keinen Fall die durchgezogene Mittellinie. Beachten Sie das Überholverbot, halten Sie Abstand und fahren Sie nicht schneller als vorgeschrieben.

Verhalten bei Unfällen und Notfällen — Band 7

Gefahren im Tunnel

Ablenkung

Der hohe Lärmpegel im Tunnel kann belasten und vom Fahren ablenken. Schließen Sie gegebenenfalls Fenster und Schiebedach. In Tunneln mit einer Röhre für beide Richtungen können die Lichter des Gegenverkehrs durch Reflexionen blenden und irritieren. Richten Sie dann Ihren Blick zum rechten Fahrbahnrand.

Stau, Panne oder Unfall

Kommt es zu Stockungen oder Staus, **Warnblinklicht** einschalten und Sicherheitsabstand zum Vordermann. Achten Sie auf Radio- oder Lautsprecherdurchsagen und folgen Sie den Anweisungen des Tunnelpersonals.

Wenn Sie selbst eine Panne haben, schalten sie das Warnblinklicht ein und versuchen Sie eine Pannenbucht zu erreichen. Rechnen Sie aber damit, dass dort bereits ein Fahrzeug stehen kann.
Falls Sie einen Unfall bemerken oder selbst an einem Unfall beteiligt sind, informieren Sie die Notdienste über eine **Notrufstation** in der Pannenbucht oder am Fahrbahnrand.
Ganz gleich welcher Art die Behinderung ist: **Wenden** ist im Tunnel grundsätzlich verboten!

 Bei starker Rauchentwicklung oder einem Brand das Fahrzeug mit Warnblinklicht anhalten, Motor abstellen, Zündschlüssel stecken lassen und einen Fluchtweg suchen. Möglichst andere Verkehrsteilnehmer warnen und gegebenenfalls den Feuermelder betätigen.

Sicherheitstechnik

Neue Straßentunnel sind nach EU-Sicherheitsstandards gebaut und ausgestattet. Ältere Tunnel werden entsprechend nachgerüstet.

Ausstattung

(1) **Tunnelbeleuchtung**
    Notausgänge und -einrichtungen
    zusätzlich mit Notbeleuchtung
(2) **Belüftungssysteme** können im
    Brandfall Rauch absaugen
(3) **Videoüberwachung** wird durch Alarm und
    Notruf aktiviert
(4) **Notausgänge** zu den Fluchtwegen (alle 25 m)
(5) **Notrufstationen** mit Feuermelder und
    Feuerlöschern

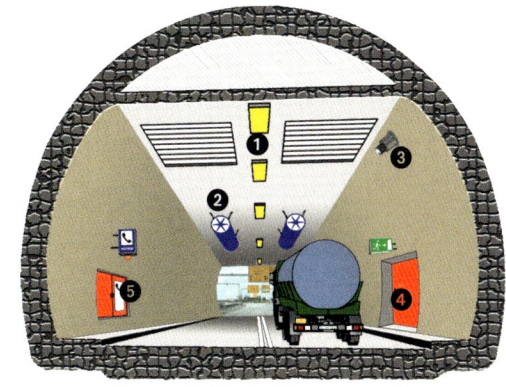

Mautpflichtige Tunnel

Von privaten Unternehmen betriebene Tunnel sind in der Regel für alle Fahrzeuge mautpflichtig.
Gesonderte Fahrstreifen für die verschiedenen Zahlweisen beschleunigen die Abfertigung.

2. Verhalten bei einem Brand

2.1 Brandklassen

Die Einteilung erfolgt durch die europäische Normung EN 2 in fünf unterschiedliche Brandklassen. Sie werden durch genormte Symbole gekennzeichnet.

Als Brandklassen bezeichnet man die Einteilung der Brände nach ihrem brennbaren Stoff. Diese Einteilung ist erforderlich, um die richtige Auswahl der Löschmittel treffen zu können.

Klasse A
Brände fester Stoffe, hauptsächlich organischer Natur, die normalerweise unter Glutbildung verbrennen.
Beispiele: Holz, Kohle, Papier, Textilien, einige Kunststoffarten, Autoreifen.
Löschmittel: Wasser, Schaum, Pulver, Kohlendioxid.

Klasse B
Brände von flüssigen und flüssig werdenden Stoffen.
Beispiele: Benzin, Dieselkraftstoff, Alkohol, Wachs, viele Kunststoffe, Lacke.
Löschmittel: Schaum, Pulver, Kohlendioxid.

Klasse C
Brände von Gasen.
Beispiele: Wasserstoff, Erdgas, Propan, Acetylen.
Löschmittel: Pulver.
Brände durch Schließen (Abschiebern) der gasführenden Leitung löschen.

Verhalten bei einem Brand — Band 7

Klasse D
Brände von Metallen
Beispiele: Aluminium, Magnesium, Natrium.
Löschmittel: Metallbrandpulver (D Pulver), trockener Sand, trockener Zement.

Klasse F
Die Brandklasse F steht für Öl- und Fettbrände und kann in diesem Zusammenhang vernachlässigt werden.

2.2 Verwendung von Feuerlöschern

Als universelles Löschmittel für alle häufiger entstehenden Brände wurde das Löschpulver entwickelt. Es ist in den meisten Handfeuerlöschern enthalten und wird durch bereits gespeicherten oder bei Inbetriebnahme erzeugten Druck ausgestoßen.

Verhalten bei einem Brand

Da die gebräuchlichsten Feuerlöscher die Brandklassen A, B und C abdecken, werden sie auch ABC-Pulverlöscher genannt. ABC-Pulverlöscher haben eine kühlende, erstickende und antikatalytische Löschwirkung. Antikatalytischer Löscheffekt bedeutet, dass das Löschmittel selbst unverändert wieder aus der Reaktion hervorgeht, also selbst nicht verbraucht wird. Pulverlöscher haben eine große Löschwirkung in den auf dem Feuerlöscher angegebenen Brandklassen. Nachteilig ist allerdings die Verschmutzung der Umgebung durch das Löschpulver. An Kraftfahrzeugen kommen häufig 2- und 6-kg-Pulverlöscher (PG2 und PG6) zum Einsatz.

Für Beförderungseinheiten bei Gefahrguttransporten und für KOM sind Feuerlöscher vorgeschrieben.

Für Lkw ohne Gefahrgutladung ist kein Feuerlöscher vorgeschrieben, es sollte aber mindestens ein 6-kg-Löscher mitgeführt werden.
Die Feuerlöscher sind stets griffbereit und schnell zugänglich unterzubringen. Bei Sattelzugmaschinen sind sie häufig direkt hinter der Fahrerkabine auf der Fahrerseite angebracht. An Sattelkraftfahrzeugen befinden sich die Halterungen oder Behälter für die Löscher häufig im Bereich des Aufliegers auf der Fahrerseite.

Die vorgeschriebenen Feuerlöscher in Kraftomnibussen müssen mit einer Füllmasse von jeweils 6 kg in betriebsfertigem Zustand mitgeführt werden. Der Feuerlöscher ist in unmittelbarer Nähe des Fahrersitzes und in Doppeldeckerfahrzeugen der zweite Feuerlöscher auf der oberen Fahrgastebene unterzubringen.

> Als Fahrer müssen Sie mit der Handhabung der Feuerlöscher vertraut sein!

Für die Wartung und Überprüfung der vorgeschriebenen Feuerlöscher ist der Fahrzeughalter verantwortlich. Die Feuerlöscher in Kraftomnibussen müssen jährlich und von Gefahrgutfahrzeugen alle zwei Jahre überprüft werden. Die Überprüfung muss auf dem Schild des Feuerlöschers vermerkt werden.

Verhalten bei einem Brand — Band 7

Sollten die Feuerlöscher durch Klappen oder Aufbauten verdeckt sein, sind gut sichtbare Piktogramme anzubringen.

Die Kennzeichnung der Feuerlöscher erfolgt durch die europäische Normung EN 3 bzw. durch die DIN 14406.
Auf jedem Feuerlöscher sind fünf Schriftfelder abgebildet. Das erste Feld enthält das Wort „Feuerlöscher" mit der Angabe des Inhaltes. Das zweite Feld enthält eine Kurzbedienanleitung und die Brandklassen, für die der Feuerlöscher geeignet ist. Das dritte Feld warnt vor der Anwendung bei elektrischen Anlagen. Im vierten Feld folgen weitere Hinweise zur Funktion und zur Wartung. Im fünften Feld (auf der Abb. leer) ist der Hersteller angegeben.

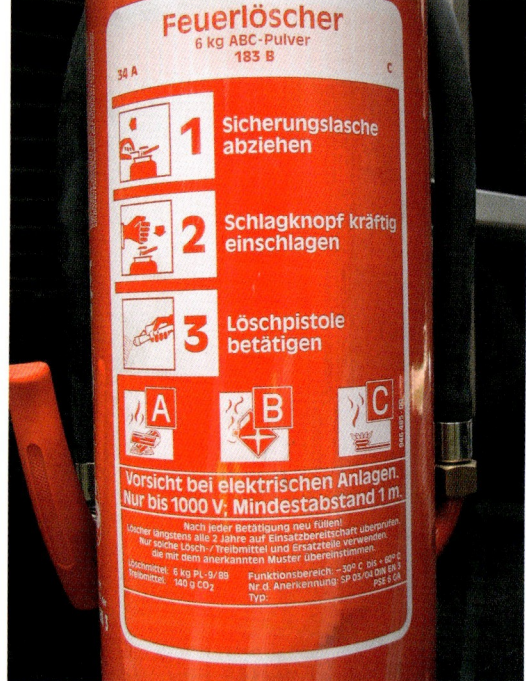

Um eine Gefährdung der anwendenden Person zu vermeiden und einen Löscherfolg zu erzielen, müssen beim Einsatz von Feuerlöschern folgende grundsätzliche Hinweise beachtet werden:
- Zuerst an die Sicherheit der eigenen Person denken.
- Feuerlöscher erst am Brandherd betätigen.

Verhalten bei einem Brand

Band 7

- Unter Beachtung der Windrichtung immer mit dem Wind im Rücken vorgehen.
- Beginnend an der Brandwurzel und von vorn nach hinten den Brand bekämpfen.

Falls nur ein Feuerlöscher zur Verfügung steht, sorgsam benutzen und den Inhalt portionsweise verwenden, wenn der Löscherfolg dadurch nicht gefährdet wird. Löscherfolg abwarten. Bei erneuter Rückzündung weitere kurze Löschstöße nachsprühen.

- Mehrere Feuerlöscher gleichzeitig, nicht nacheinander einsetzen.
- Tropfbrände werden von oben nach unten gelöscht, damit brennende Tropfen das Feuer nicht wieder neu entzünden.
- Bereits verwendete Feuerlöscher unverzüglich wieder bei einem Fachbetrieb neu befüllen lassen.

Beim Löschen von Feuer unbedingt auf die eigene Sicherheit achten! Rauch, entstehende Hitze und Flammen stellen eine Gefahr für die eigene Gesundheit dar.

Achten Sie im Falle eines Brandes bei einem Lkw auch auf ihre Mitfahrer, als Busfahrer auf ihre Fahrgäste:
Beim Brand eines KOM sind oft mehrere Personen gleichzeitig sichtbaren, manchmal aber auch unsichtbaren Gefahren ausgesetzt. Und das meist ohne Vorwarnung und in ungewohnter Umgebung.
Der entstehende Rauch und die Hitze bedeuten oft Lebensgefahr für die Fahrgäste.
Bei einem Fahrzeugbrand müssen alle Personen unverzüglich das Fahrzeug verlassen.

Verhalten bei einem Brand — Band 7

Die Bauart von KOM, Sichtbehinderung durch Rauchentwicklung und Panikreaktionen erschweren oftmals eine Evakuierung des Omnibusses.
Bereits nach knapp zwei Minuten kann die Entwicklung von giftigen Rauchgasen ein lebensgefährliches Maß erreichen.
Mit zunehmender Branddauer steigt auch die Erstickungsgefahr durch die Bildung von Rauchgasen im Fahrzeuginneren.
Evakuieren Sie das Fahrzeug zügig und ohne Panik. Fahrzeugbrände im Inneren müssen schnellstmöglich gelöscht werden.

© FUNKE Foto Service/Günter Blaszczyk

Notausstiege in Kraftomnibussen sollen in Notfällen den Insassen ein schnelles Verlassen des Fahrzeugs ermöglichen.
Zu den Notausstiegen zählen Notfenster, Notluken und Nottüren. Diese müssen entsprechend innen und außen am Fahrzeug gekennzeichnet sein und sich leicht nach außen öffnen lassen.

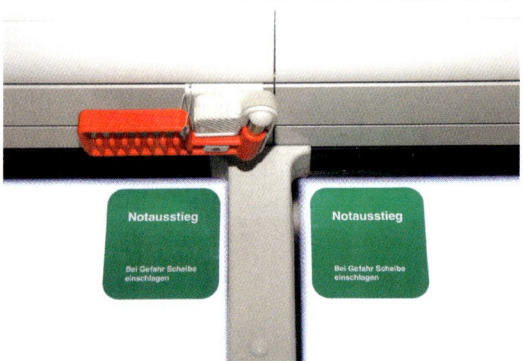

In Kraftomnibussen müssen Notausstiege vorhanden sein, deren Mindestanzahl untenstehender Tabelle zu entnehmen ist.
Anmerkung: Bei Gelenkfahrzeugen ist jedes starre Fahrzeugteil und bei Doppeldeckerbussen jedes Fahrzeugdeck als Einzelfahrzeug anzusehen.

Kraftomnibusse	Notfenster oder Nottür je Fahrzeuglängsseite	Notluke		Notfenster oder Nottür an der Fahrzeugvorder- oder -rückseite
mit bis zu 16 Fahrgastplätzen	1	1	oder	1
mit bis zu 22 Fahrgastplätzen	2	1		1
mit bis zu 35 Fahrgastplätzen	2	1		1
mit bis zu 50 Fahrgastplätzen	3	1		1
mit bis zu 80 Fahrgastplätzen	3	2		2
mit mehr als 80 Fahrgastplätzen	4	2		2

Kontrollieren Sie bereits vor Fahrtantritt die Notausstiege und das Vorhandensein der Notfalleinrichtungen. Notfenster, Notluken und Nottüren müssen immer gut zugänglich sein. Achten Sie darauf, dass sie nicht durch Gepäck o. ä. verdeckt oder versperrt werden. Machen Sie sich mit der Funktionsweise der Notausstiege rechtzeitig vertraut, damit Sie diese auch in Stresssituationen schnell und richtig öffnen können. Im Reiseverkehr informieren Sie vor Antritt der Fahrt die Fahrgäste über die Benutzung der Sicherheitsgurte, über Notausstiege und über das Verhalten bei Notfällen.

Einladung zur Erste-Hilfe-Lernreise — **Band 7**

Ersthelfer-Ausbildung

1. Einladung zur Erste-Hilfe-Lernreise

1.1 Erste Hilfe – Helfen bis der Arzt kommt ...

Herzlich willkommen!
Wir gratulieren Ihnen, dass Sie sich entschlossen haben, ein fitter, motivierter Ersthelfer zu werden. Sie befinden sich damit in allerbester Gesellschaft.
Wir möchten Ihnen den Weg dahin so angenehm und leicht wie möglich machen. Deshalb haben wir für Sie die Erste-Hilfe-Inhalte als kleine Reise von einer Erste-Hilfe-Lerninsel zur anderen gestaltet.

Was erwartet Sie auf unserer Erste-Hilfe-Lernreise?
Zu Anfang lernen Sie kennen, **was immer richtig und wichtig in der Ersten Hilfe ist**, und erhalten Antworten auf Fragen wie:
- Wie ist für meine Sicherheit als Ersthelfer gesorgt und was muss ich selber hierzu beachten?
- Wie gehe ich vor, wenn ich auf einen Notfall stoße?
- Gibt es Maßnahmen, die immer richtig sind?

Anschließend starten Sie zu sechs Lerninseln, auf denen Sie jeweils ein wichtiges **Leitsymptom** kennenlernen. Das ist ein Anzeichen, das Ihnen beim Eintreffen am Notfallort am stärksten „ins Auge springt" oder über andere Sinneskanäle auffällt.
Zu jedem Leitsymptom erfahren Sie, mit welchem **Maßnahmenpaket** Sie auf dieses am besten reagieren können.

Die Leitsymptome in der Übersicht:
1. nicht erweckbar,
2. keine Atmung,
3. Probleme in der Brust,
4. Verletzungen,
5. Probleme im Kopf,
6. Probleme im Bauch.

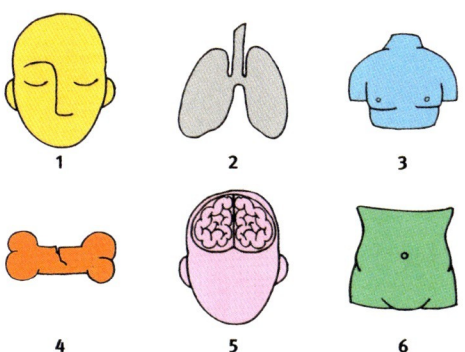

Das Leitsymptom tritt bei vielen unterschiedlichen Notfällen gleichermaßen auf. Deshalb würde das Maßnahmenpaket bei diesen in der Regel auch schon alleine ausreichen.
Trotzdem werden Sie auf jeder Insel einzelne dieser Notfälle im Detail entdecken. So werden Sie feststellen, dass manche von ihnen zusätzliche Kennzeichen aufweisen und Sie die eine oder andere zusätzliche Maßnahme durchführen können.

Was immer richtig und wichtig in der Ersten Hilfe ist — Band 7

2. Was immer richtig und wichtig in der Ersten Hilfe ist

Um für die Lernreise gerüstet zu sein, lernen Sie hier im „Hafen" kennen, **was in der Ersten Hilfe immer richtig und wichtig ist**. So wissen Sie anschließend, wie Sie grundsätzlich im Notfall und am Notfallort vorgehen müssen.

Ihre Aufgaben als Ersthelfer
Ihre Aufgaben als Ersthelfer lassen sich dabei kurz und knapp zusammenfassen:
Schützen … uns, den Betroffenen und andere Menschen im Umfeld
Melden … z. B. über den Notruf
Helfen … also alle Erste-Hilfe-Maßnahmen in der Reihenfolge nach Wichtigkeit

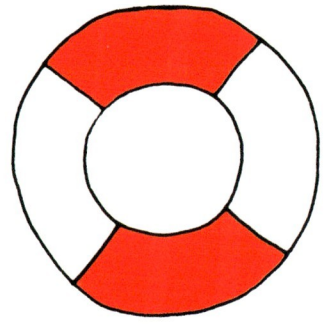

Und so sieht der Ablauf von Maßnahmen im Notfall aus:

1. Auf den ersten Blick: Überblick über die Situation verschaffen, Lage einschätzen
2. Eigenschutz und Fremdschutz: Absichern und Eigensicherung; Vermeidung von Nachfolgeunfällen
3. ggf. Retten aus dem Gefahrenbereich

4. Notruf; Verständigung und Kommunikation mit den Hilfskräften

5. Maßnahmen am Betroffenen

5.1 Diagnostischer Block und Ganzkörperuntersuchung
  – Kontrolle von Bewusstsein und Atmung
  – Ganzkörperuntersuchung: Kontrolle auf Verletzungen

5.2 Erste Hilfe-Maßnahmen in der reihenfolge ihrer Wichtigkeit

5.3 Das PAKET – Vier Maßnahmen, die immer richtig sind

Schützen! – Vorgehen am Notfallort
Viele Informationen zum Vorgehen am Notfallort haben Sie bereits im Kapitel „Situationsgerechtes Verhalten bei Notfällen, Pannen und Unfällen" erhalten. Deshalb wird manches nachfolgend nur kurz wiederholend angerissen und nur neue Maßnahmen werden im Detail erläutert.

Was immer richtig und wichtig in der Ersten Hilfe ist — Band 7

2.1 Auf den ersten Blick
Überblick verschaffen
Bewahren Sie Ruhe. Sammeln Sie sich, damit Sie ihre Nervosität, Unsicherheit oder Angst nicht auf den Betroffenen übertragen.
Verschaffen Sie sich bei der Annäherung an die Unfallstelle einen Überblick.

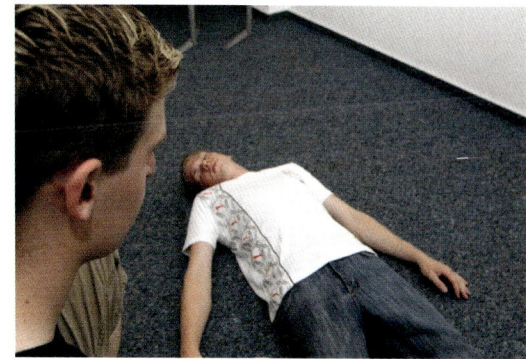

2.2 Eigen- und Fremdschutz
Absichern und Eigensicherung
Sicherheit muss im Notfall großgeschrieben werden.
Von Ihnen wird als Ersthelfer kein falsches Heldentum erwartet. Sie müssen genauso Ihre Grenzen kennen.
So kann in manchen Fällen – wie bei Starkstromunfällen, Unfällen mit Gas – der unverzügliche Notruf, mit dem Sie schnellstmögliche technische Hilfe o. ä. herbeiholen, die einzige Maßnahme sein, die Sie ohne erhebliche eigene Gefahr durchführen können.
Grundsätzlich gehen Maßnahmen des Absicherns und der Eigensicherung Maßnahmen am Betroffenen vor.
Die Sicherheit vieler – z. B. nach einem Verkehrsunfall – geht der Rettung eines Einzelnen vor.

2.3 Retten
Retten aus dem Gefahrenbereich
Nicht abzuwendende Zusatzgefahren, die Sie als Ersthelfer und den Betroffenen bedrohen (z. B. Feuer, Rauch) machen es erforderlich, dass Sie (mit weiteren Helfern) den Betroffenen aus dem Gefahrenbereich retten. Als Hilfe kann hier der Rautek-Rettungsgriff dienen. Dieser kann auch vom Ersthelfer angewendet werden, um eine bewusstlose Person aus dem Auto zur richtigen Versorgung umzulagern.

Wenn der Betroffene auf dem Rücken liegt:

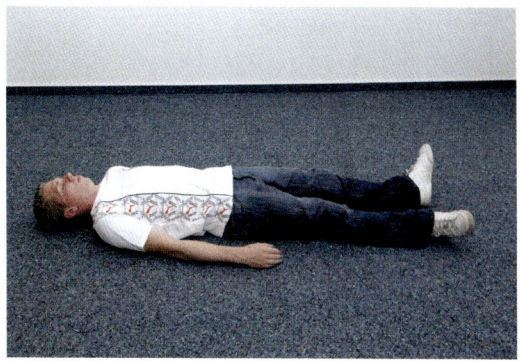

Was immer richtig und wichtig in der Ersten Hilfe ist — Band 7

- Hocken Sie sich ans Kopfende.
- Greifen Sie mit beiden Händen weit unter Kopf, Hals und Schulter des Betroffenen und richten Sie seinen Oberkörper mit genügend Schwung auf.

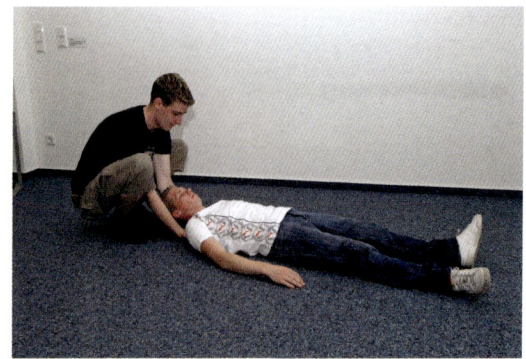

- Stützen Sie ihn in dieser Position mit Ihrem Bein ab.

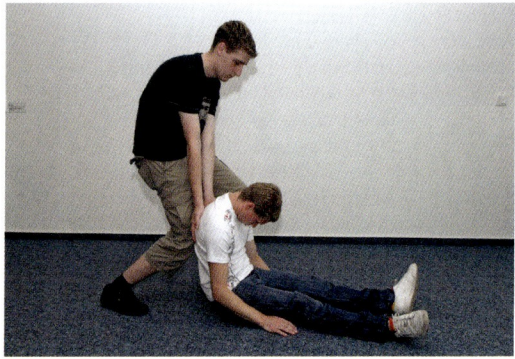

- Greifen Sie unter seinen Achseln durch und umfassen Sie einen möglichst unverletzten Arm mit beiden Händen. Achten Sie dabei darauf, dass Sie mit allen Fingern (inkl. Daumen) von oben überhaken (Affengriff) und dass Ihre Hände möglichst weit auseinander liegen (Zugkraft auf den Arm verteilen).

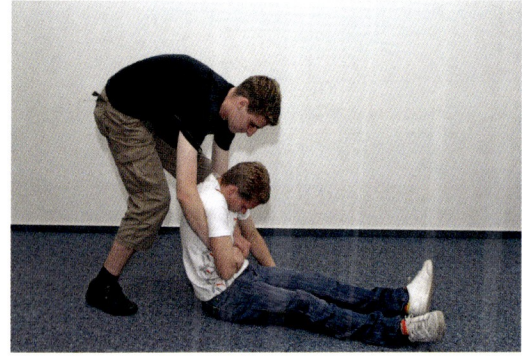 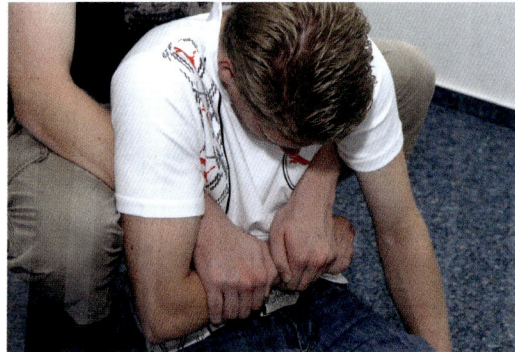

Was immer richtig und wichtig in der Ersten Hilfe ist — Band 7

- Gehen Sie leicht in die Knie und ziehen Sie dann den Betroffenen mit Schwung auf Ihr Bein. Beim Anheben des Betroffenen gehen Sie aus den Knien nach oben. Legen Sie ihn schnell auf einem Ihrer Beine ab, um Ihre Wirbelsäule zu entlasten.

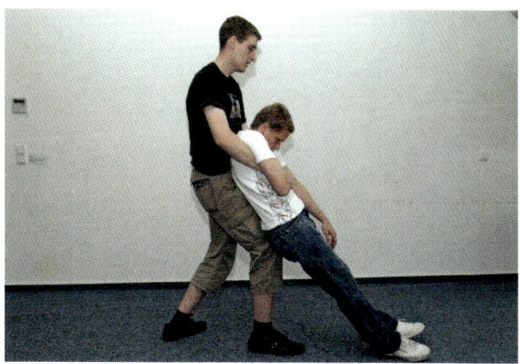

- Tragen Sie den Betroffenen gemeinsam mit einem zweiten Helfer zu einem sicheren Ort und legen Sie ihn auf einen flachen, sicheren Untergrund, wenn möglich auf eine Rettungsdecke.

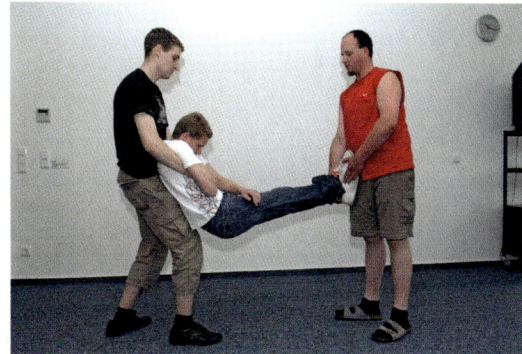

Wenn der Betroffene im Fahrzeug sitzt:
- Airbag beachten! Da dieser auch verzögert auslösen kann, sollten Sie den Raum zwischen Lenkrad und dem Betroffenen meiden.
- Motor ausschalten.
- Handbremse anziehen.
- Eingeklemmte Füße des Betroffenen befreien.

Was immer richtig und wichtig in der Ersten Hilfe ist — Band 7

- Sicherheitsgurt lösen, gegebenenfalls mit einem Messer durchtrennen (Gurtmesser).

- Den Betroffenen im Sitz mit dem Rücken zu sich drehen. Dazu mit einer Hand am Rücken vorbei an der fernen Hüfte fassen und ziehen, mit der anderen Hand gegen das nahe Knie drücken.

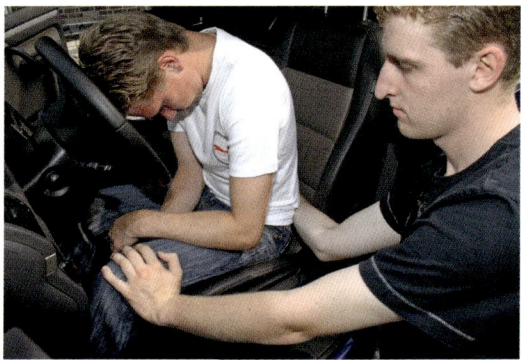

- Greifen Sie unter den Achseln des Betroffenen durch und umfassen Sie einen möglichst unverletzten Arm mit beiden Händen im Affengriff.

Was immer richtig und wichtig in der Ersten Hilfe ist — Band 7

- Gehen Sie leicht in die Knie und ziehen Sie den Betroffenen möglichst waagerecht auf Ihr Knie. Der zweite Helfer hält und führt dabei die Beine des Betroffenen.

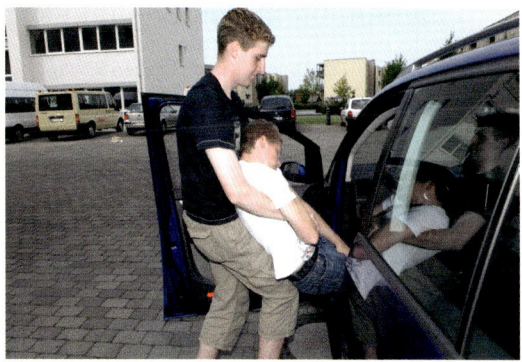

- Tragen Sie den Betroffenen gemeinsam mit einem zweiten Helfer zu einem sicheren Ort und legen Sie ihn auf einen flachen, sicheren Untergrund, wenn möglich auf eine Rettungsdecke.

2.4 Melden! – Der Notruf

Notruf 112/110
Sind Menschen verletzt oder akut erkrankt, sind sie bewusstlos oder gar ohne Atmung und Kreislauf, ist eine frühzeitige medizinische Hilfe dringend nötig. Der Notruf durch Sie oder eine weitere anwesende Person hält die Rettungskette zusammen. Machen Sie, wenn möglich, folgende Angaben:
Wo ist es passiert?
Was ist passiert?
Wie viele Verletzte/Erkrankte?
Welche Verletzungen/Erkrankungen?
Warten Sie auf Rückfragen!

Bei Unfällen auf Autobahnen oder Kraftfahrstraßen nennen Sie bitte auch die Fahrtrichtung und Straßenkilometerangabe. Pfeile auf den Begrenzungspfosten zeigen Ihnen den Weg zur nächstgelegenen Notrufsäule.

2.5 Helfen! – Maßnahmen am Betroffenen

2.5.1 Diagnostischer Block und Ganzkörperuntersuchung
Kontrolle von Bewusstsein und Atmung

Auf den ersten Blick
Aussehen, Position und Verhalten des Betroffenen liefern Ihnen erste Informationen über seinen Zustand.

Bewusstsein?
Können Sie eine reglose Person durch lautes Ansprechen und leichtes Rütteln an der Schulter nicht erwecken, dann ist diese Person bewusstlos.
- Laut um Hilfe rufen.
- Atemwege freimachen.

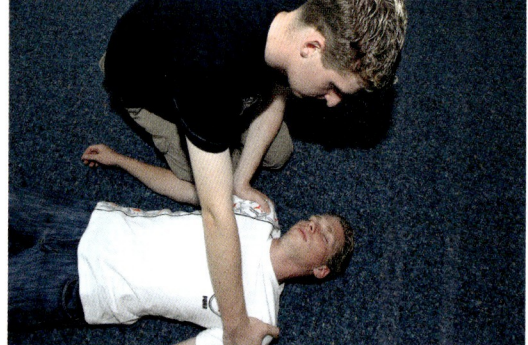

Atmung?
Ist die Person bewusstlos, beugen Sie sich zu ihr nieder und prüfen Sie ihre Atmung:
Sie spüren an Ihrer Wange die Ausatemluft?
Sie hören Ausatemgeräusche und Sie sehen, wie sich der Brustkorb hebt und senkt?
- Hat der Betroffene eine normale Atmung, wird er in die stabile Seitenlage gebracht (Maßnahmenpaket „nicht erweckbar").
- Hat der Betroffene keine normale Atmung, führen Sie die Wiederbelebung so durch, wie im Maßnahmenpaket „keine Atmung" beschrieben.

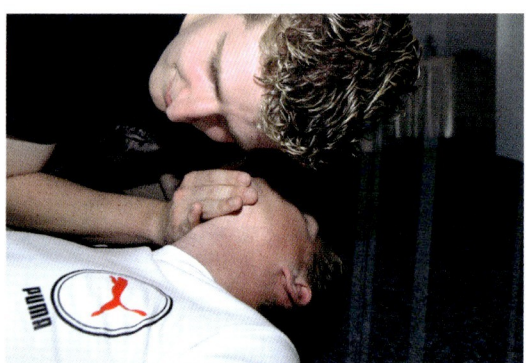

Was immer richtig und wichtig in der Ersten Hilfe ist

Ganzkörperuntersuchung: Kontrolle auf Verletzungen
Sind Bewusstsein und Atmung des Betroffenen vorhanden, führen Sie eine Ganzkörperuntersuchung durch, um Verletzungen oder Zeichen einer akuten Erkrankung zu erkennen.
Suchen Sie den Körper des Betroffenen durch Sehen und Fühlen von Kopf bis Fuß auf Veränderungen ab (z. B. Wunden, Schwellungen, Fehlstellungen, Veränderungen der Hautfarbe).
Beachten Sie bei dieser Kontrolle die Schmerzäußerungen des Betroffenen.

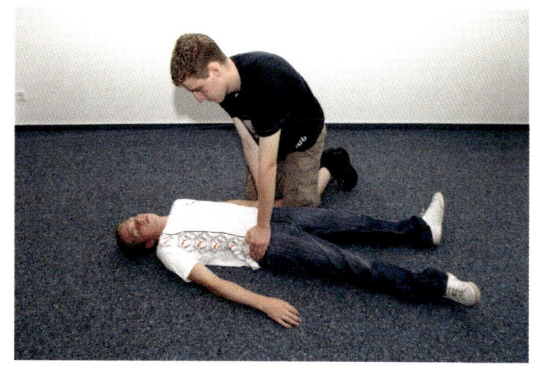

2.5.2 Erste-Hilfe-Maßnahmen (in der Reihenfolge ihrer Wichtigkeit)
Vorne an stehen Erste-Hilfe-Maßnahmen, die lebenswichtige Funktionen wie z. B. die Atmung sichern:

- Stabile Seitenlage

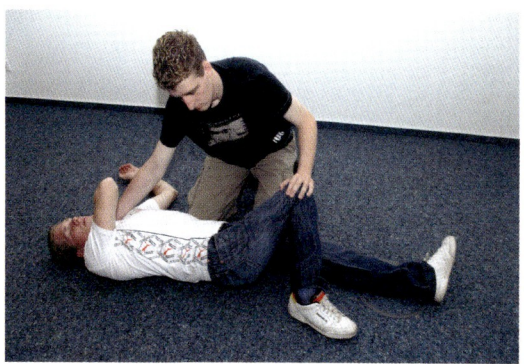

- Herz-Lungen-Wiederbelebung

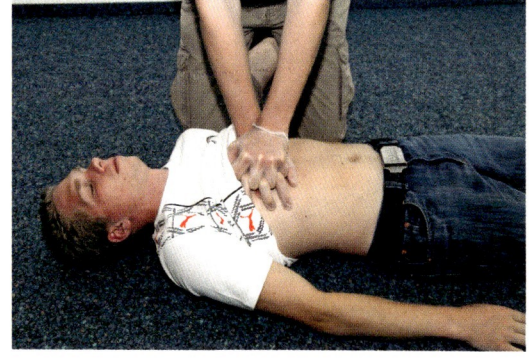

Was immer richtig und wichtig in der Ersten Hilfe ist

Band 7

- Beatmung

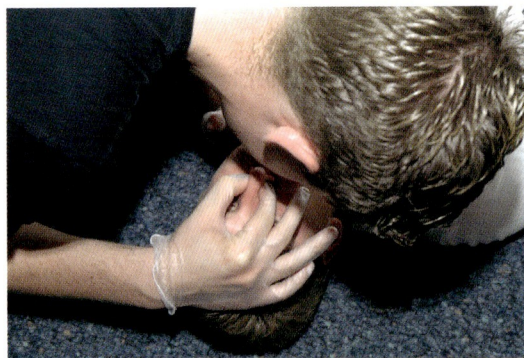

- Stillung bedrohlicher Blutungen

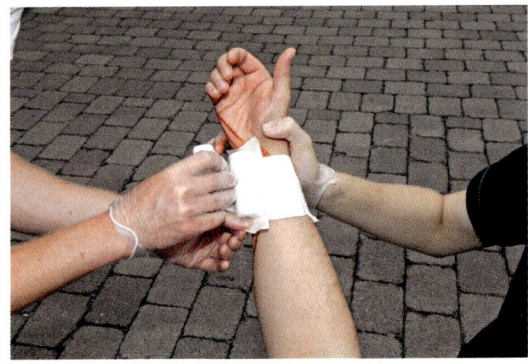

- Schocklage

2.5.3 Das PAKET – Vier Maßnahmen, die immer richtig sind!

Basismaßnahmen: das Paket

Unabhängig von der spezifischen Notfallsituation sind nachfolgende Maßnahmen immer richtig:

Vitalfunktionen sichern

Um Änderungen der Vitalfunktionen frühzeitig festzustellen und zeitnah reagieren zu können, ist eine engmaschige Kontrolle dieser Funktionen erforderlich.

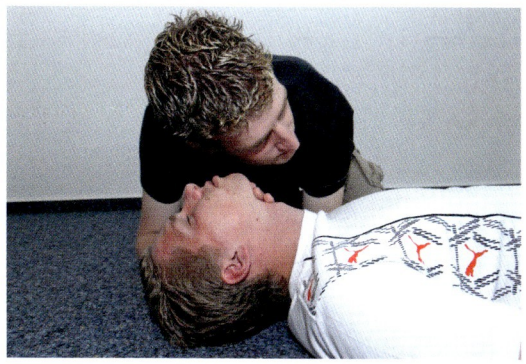

Notruf tätigen

Die frühe Alarmierung des Rettungsdienstes sichert die schnelle medizinische Versorgung des Betroffenen und erhöht seine Heilungschancen.

Eigenwärme erhalten

Schützen Sie den Betroffenen vor Wärmeverlust. Das Umhüllen mit einer Rettungsdecke hat zudem eine beschützende und beruhigende Wirkung.

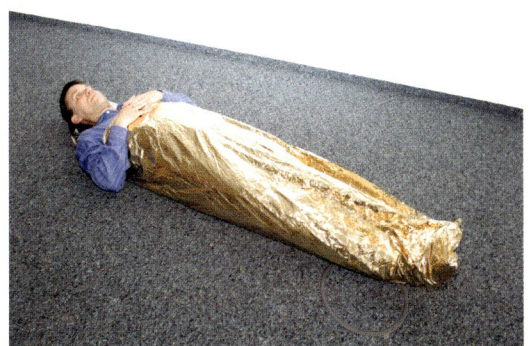

Erste-Hilfe-Lerninsel 1 „Nicht erweckbar" — Band 7

Trösten und Betreuen
Durch ihre Ruhe und Zuwendung nehmen Sie dem Betroffenen Angst und Belastung und stärken somit auch seine Vitalfunktionen, selbst bei einem Bewusstlosen.

Vier Regeln zur psychischen Betreuung (nach Lasogga und Gasch)
Sagen Sie, dass Sie da sind und dass etwas geschieht!
Suchen Sie vorsichtigen Körperkontakt!
Schirmen Sie den Verletzten ab!
Sprechen Sie mit dem Betroffenen und hören Sie ihm zu!

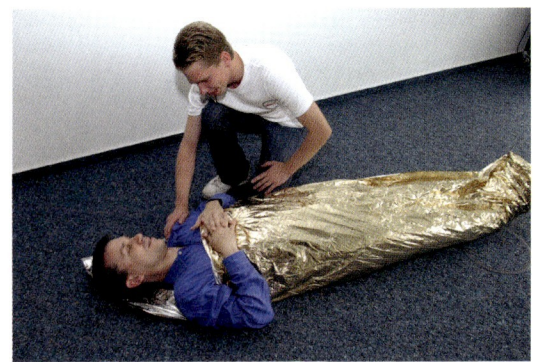

3. Erste-Hilfe-Lerninsel 1 „Nicht erweckbar"

Was stellen wir fest?
- Der Betroffene ist auch bei Ansprechen und leichtem Rütteln an den Schultern nicht erweckbar.
- Er atmet.

Diesen Zustand nennen wir auch „bewusstlos".
Unser Maßnahmenpaket „Nicht erweckbar":
- Stabile Seitenlage
- Das PAKET: ständige Kontrolle der Vitalfunktionen; Notruf; Eigenwärme erhalten; psychische Betreuung auch bei Bewusstlosen

Die stabile Seitenlage
Der Betroffene ist nicht erweckbar, aber atmet normal!
Jetzt ist es wichtig, dass Sie ihn von der Rückenlage in die sogenannte stabile Seitenlage bringen. Diese ermöglicht, dass Flüssigkeiten wie Erbrochenes oder Speichel abfließen und verhindert, dass die Zunge die Atemwege blockiert.

Folgende Schritte sind dafür nötig:

- Knien Sie seitlich neben dem Bewusstlosen.
- Vergewissern Sie sich, dass beide Beine ausgestreckt sind.
- Legen Sie den Arm, der Ihnen am nächsten ist, rechtwinklig zum Körper, den Ellenbogen angewinkelt und mit der Handfläche nach oben.

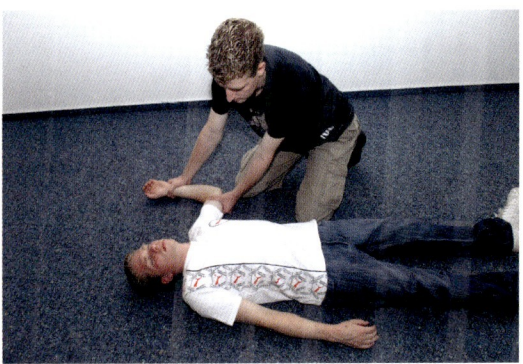

Erste-Hilfe-Lerninsel 1 „Nicht erweckbar"

- Legen Sie den entfernt liegenden Arm über den Brustkorb und halten Sie den Handrücken gegen die Ihnen zugewandte Wange des Betroffenen.

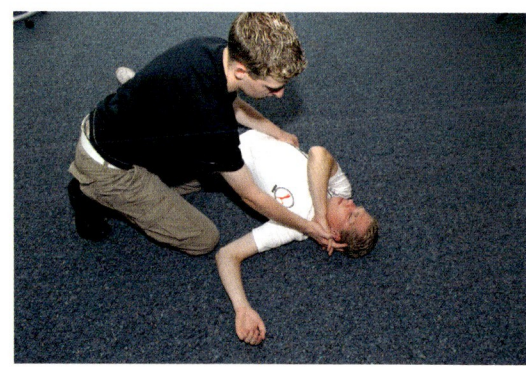

- Greifen Sie mit Ihrer anderen Hand das entfernt liegende Bein knapp über dem Knie und ziehen Sie es hoch, wobei der Fuß auf dem Boden bleibt.
- Während Sie die Hand des Verletzten weiterhin gegen die Wange gedrückt halten, ziehen Sie am entfernt liegenden Bein und rollen Sie die Person zu Ihnen heran.
- Richten Sie das oben liegende Bein so aus, dass Hüfte und Knie jeweils rechtwinklig angewinkelt sind.

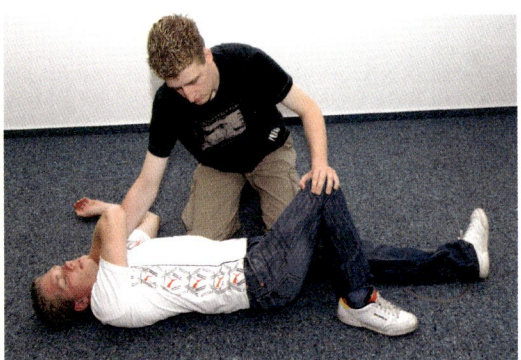

- Wenden Sie den Kopf des Bewusstlosen nach hinten, um sicherzustellen, dass der Atemweg frei bleibt.

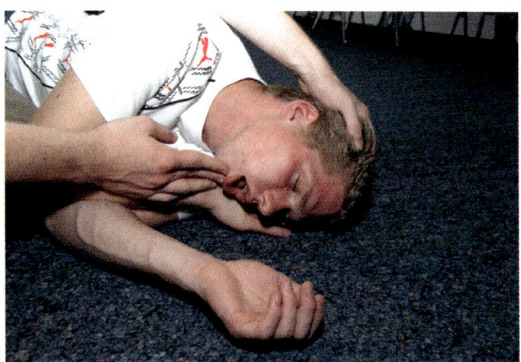

- Richten Sie die Hand unter der Wange, wenn nötig, so aus, dass der Hals überstreckt ist und der Mund geöffnet bleibt.
- Überprüfen Sie regelmäßig die Atmung.

Hinweis:
Der geöffnete Mund muss der tiefste Punkt des Körpers und der Kopf leicht zum Nacken geneigt sein. So wird ein mögliches Ersticken verhindert.

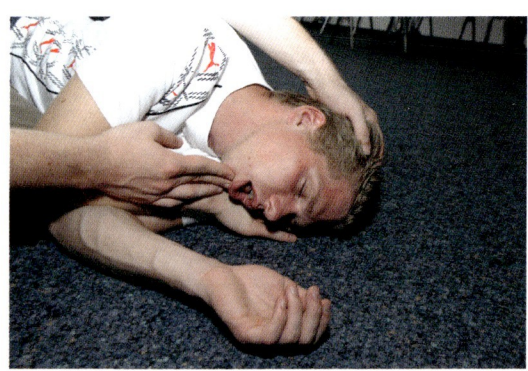

Besonderheiten bei Stürzen, z. B. eines Motorradfahrers
<u>Helmabnahme</u>
Nehmen Sie bei erkannter Bewusstlosigkeit einem verunfallten Motorradfahrer den Helm ab. Bringen Sie ihn dazu in die Rückenlage. So handeln Sie als Ersthelfer in seinem Interesse und können die weiteren Kontrollen und Maßnahmen der Hilfeleistung durchführen. Arbeiten Sie bei der Helmabnahme wenn möglich zusammen mit einem zweiten Helfer.

Ablauf mit zwei Helfern:
- Helfer A kniet am Kopfende und hält Kopf und Helm des Betroffenen mit beiden Händen fest und ruhig.
- Helfer B kniet seitlich auf Schulterhöhe, öffnet das Visier und nimmt dem Betroffenen gegebenenfalls die Brille ab.

- Helfer B hebt das Visier an und öffnet den Helmverschluss bzw. den Kinnriemen (ggf. durchschneiden).

Erste-Hilfe-Lerninsel 1 „Nicht erweckbar"

Band 7

- Helfer B stabilisiert die Kopflage. Dazu stützt er den Kopf des Betroffenen direkt an dessen Unterkiefer und Hinterkopf.

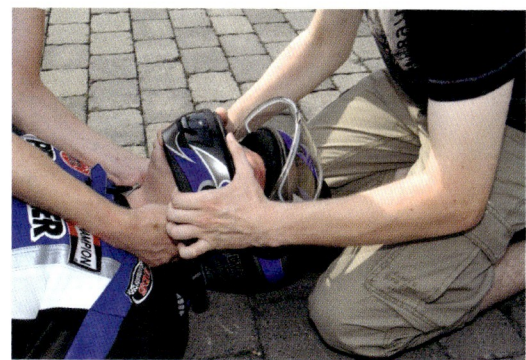

- Helfer A fasst mit beiden Händen in die Helmöffnung und zieht den Helm vorsichtig mit gleichmäßiger Bewegung zu sich ab.

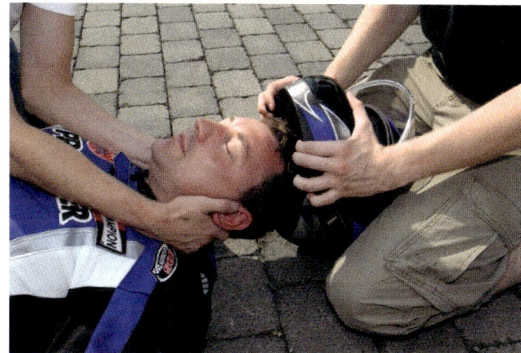

- Helfer A legt den Helm zur Seite ab und übernimmt die Stabilisierung des Kopfes mit seinen Händen.

Erste-Hilfe-Lerninsel 2 „Keine Atmung" Band 7

Für die Gesamtdauer der Helmabnahme sowie für die anschließende Lageänderung des Betroffenen (z. B. stabile Seitenlage bei vorhandener Eigenatmung des Betroffenen) ist die Stabilisierung des Kopfes sicherzustellen.

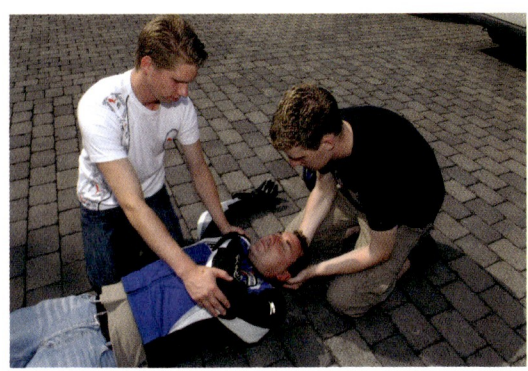

Besonderheiten bei Krampfanfällen:
- Betroffenen und Helfer schützen: Gefährliche Gegenstände aus dem Umfeld des Krampfenden entfernen; Polster unter den Kopf des Betroffenen legen.
- Krampfen lassen: Nicht versuchen, ihn festzuhalten!
- Im „Nachschlaf": Maßnahmenpaket wie oben.

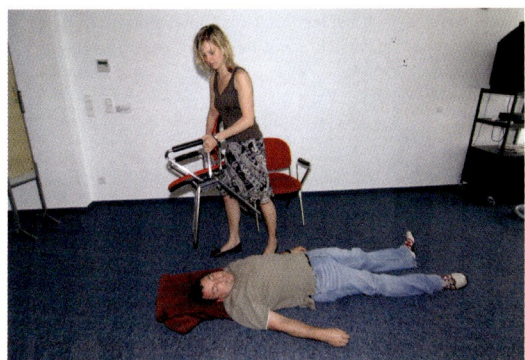

4. Erste-Hilfe-Lerninsel 2 „Keine Atmung"

Was stellen wir fest?
- Der Betroffene ist nicht erweckbar.
- Wir können KEINE normale Atmung und Lebenszeichen feststellen.
- Wir sehen eine blasse, gegebenenfalls blau-graue Hautfarbe.

Unser Maßnahmenpaket „Keine Atmung"
- Herzdruckmassage und Beatmung (Herz-Lungen-Wiederbelebung)!
- Ggf. Defibrillator (AED) anwenden!
- Das PAKET

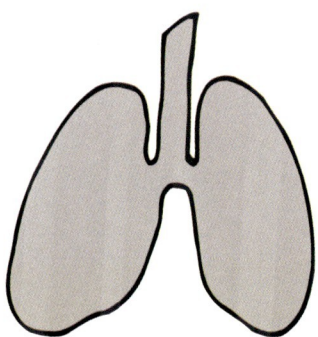

Freimachen der Atemwege
Sie haben eine bewusstlose Person gefunden, die auf die Ansprache und Rütteln an den Schultern nicht reagiert? Sie haben laut um Hilfe gerufen, um andere Personen auf die Situation aufmerksam zu machen? Dann müssen Sie jetzt die Atemwege des Betroffenen frei machen.
Ursache für einen Atemstillstand ist oft die Blockade der Atemwege durch die Zunge oder Hindernisse wie Erbrochenes oder Zahnprothesenteile.

Erste-Hilfe-Lerninsel 2 „Keine Atmung"

Lebensrettender Handgriff

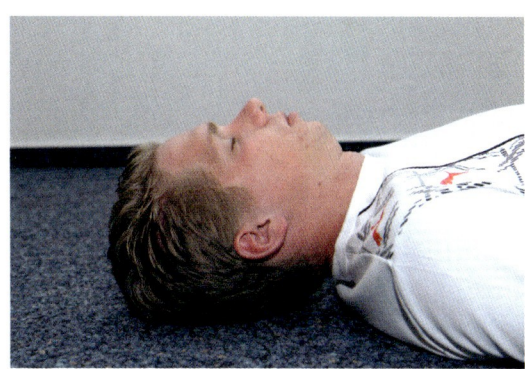

- Eine Hand an die Stirn legen und mit der anderen den Unterkiefer fassen.
- Den Kopf des Bewusstlosen vorsichtig nach hinten beugen und gleichzeitig seinen Unterkiefer nach oben ziehen. Durch die Überstreckung des Kopfes werden bei einem Bewusstlosen die erschlaffte Zunge angehoben und die Atemwege wieder frei.

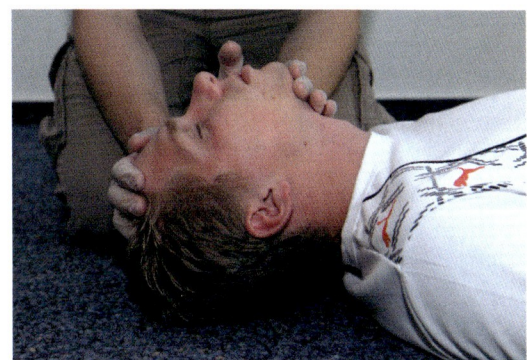

Freimachen des Mundraumes
- Öffnen Sie den Mund des Betroffenen.
- Drehen Sie den Kopf des Betroffenen zur Seite.

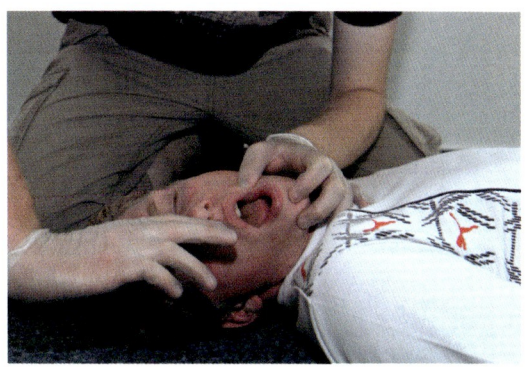

Erste-Hilfe-Lerninsel 2 „Keine Atmung"

- Entfernen Sie alle sichtbaren losen Behinderungen aus dem Mundraum.

Atemkontrolle
Halten Sie den Kopf der bewusstlosen Person überstreckt und beugen Sie sich zum Prüfen der Atmung wieder. Die Atemkontrolle erfolgt durch Hören, Spüren und Sehen. Hierzu müssen Sie Ohr und Wange mit nur wenigen Zentimetern Abstand direkt über Mund und Nase des Betroffenen halten. Dabei blicken Sie auf die Brust des Betroffenen. So können Sie die Ausatmung an der Wange spüren, mit dem Ohr hören und die Bewegung des Brustkorbes sehen. Die Atemkontrolle darf höchstens zehn Sekunden in Anspruch nehmen.

Herz-Lungen-Wiederbelebung
Sie haben beim Bewusstlosen keine oder nicht normale Atmung festgestellt und den Notruf schon abgesetzt. Nun müssen Sie schnellstmöglich mit der Herz-Lungen-Wiederbelebung beginnen. Vor dieser Art der Hilfestellung brauchen Sie keine Angst zu haben. Als Regel gilt: 30 x den Brustkorb drücken, 2 x beatmen.

Brustkorbkompressionen
- Der Betroffene muss auf dem Rücken liegen.
- Knien Sie neben dem Betroffenen und machen Sie seinen Oberkörper frei
- Platzieren Sie eine Ihrer Hände mit dem Ballen in der Mitte des Brustkorbes. Die zweite Hand wird auf die erste aufgelegt.
- Drücken Sie nun senkrecht von oben und mit durchgestreckten Armen 6–7 cm tief.
- Wenn Sie ca. zweimal pro Sekunde drücken, erreichen Sie die erforderliche Frequenz von 100/min.
- Nach 30 Kompressionen wechseln Sie zur Beatmung.

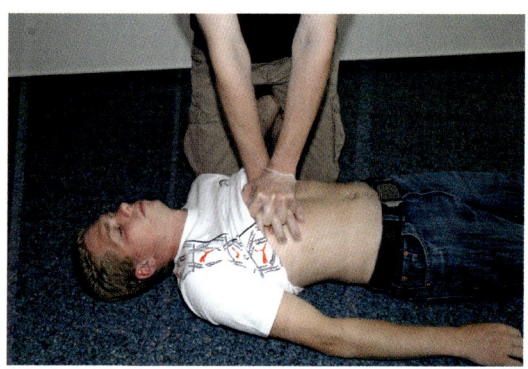

Erste-Hilfe-Lerninsel 2 „Keine Atmung"

Band 7

Beatmung

Für die nun folgende Beatmung verschließen Sie mit Daumen und Zeigefinger die Nase des Betroffenen. Dann atmen Sie normal ein, umschließen mit Ihren Lippen den Mund des Betroffenen und beatmen ihn gleichmäßig etwa eine Sekunde lang. Nach dem Zurücksinken des Brustkorbes die zweite Beatmung durchführen. Zwischen den Beatmungen wird die Überstreckung des Kopfes beibehalten.

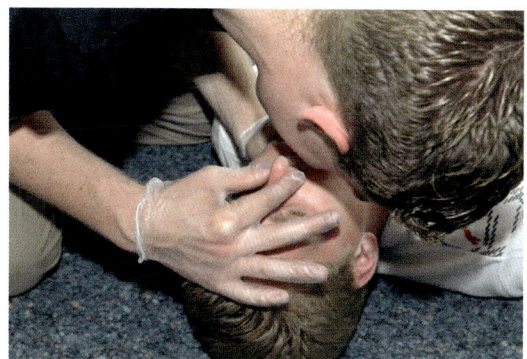

Achtung!

Es sollen immer nur zwei Beatmungsversuche durchgeführt werden, bevor wieder mit den Brustkorbkompressionen begonnen wird.
Ist eine Mund-zu-Mund-Beatmung aufgrund von Verletzungen nicht möglich, kann alternativ auch eine Mund-zu-Nase-Beatmung angewendet werden. Dafür muss mit einer Hand der Mund geschlossen und mit den Lippen die Nase des Verletzten verschlossen werden.
Beenden Sie die Herz-Lungen-Wiederbelebung erst dann, wenn der Betroffene wieder selber normal atmet.

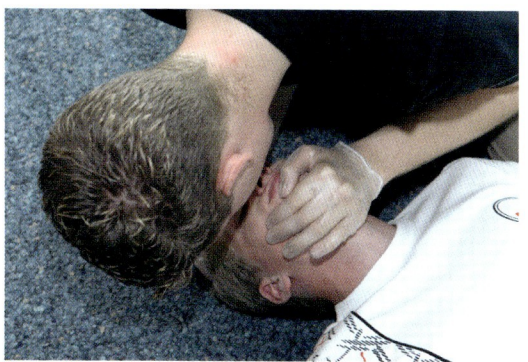

Einsatz eines Automatischen externen Defibrillators (AED)

In den meisten Fällen eines plötzlichen Herzversagens tritt sogenanntes Herzkammerflimmern auf. Dieses kann durch einen Stromstoß aus einem Defibrillator (AED-Gerät) unterbrochen werden, sodass das Herz anschließend wieder in seinem normalen, eigenen Rhythmus schlägt.
Diese Geräte sind eine wertvolle Ergänzung zur Herz-Lungen-Wiederbelebung durch Ersthelfer.

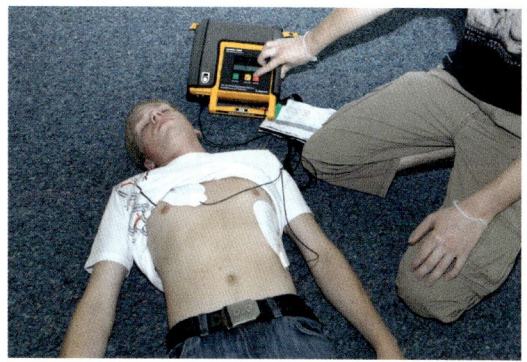

Erste-Hilfe-Lerninsel 3 „Probleme in der Brust"

Band 7

Besonderheiten beim Ertrinkungsunfall:
- Rettung sichern und Erste Hilfe leisten!
Also: Eigenschutz geht vor und deshalb technische Hilfe durch einen Notruf herbeirufen!

Besonderheiten beim Stromunfall:
- Eigenschutz beachten und Hilfe leisten!

Also: Stromzufuhr unterbrechen bzw. unterbrechen lassen, Rettung sicherstellen und dann weitere Maßnahmen gemäß Symptomatik.

5. Erste-Hilfe-Lerninsel 3 „Probleme in der Brust"

Was stellen wir fest?
Einzelne oder mehrere der folgenden Erkennungszeichen:
- Atemnot
- Schmerzen in der Brust
- Angst/Panik
- Veränderte Atemgeräusche
- Plötzliche Hustenattacken
- Schneller, ggf. unregelmäßiger Puls
- Blasse, ggf. blau-graue Hautfarbe
- Übelkeit/Erbrechen

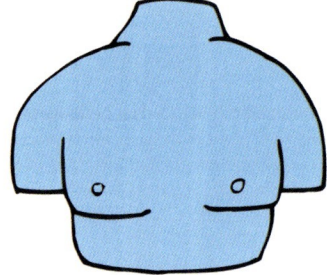

Unser Maßnahmenpaket „Probleme in der Brust"
- Lagerung mit erhöhtem Oberkörper
- Beengende Kleidung lockern
- Frischluft zuführen (Fenster öffnen)
- Das PAKET: z. B. Atemanweisungen bei der psychischen Betreuung

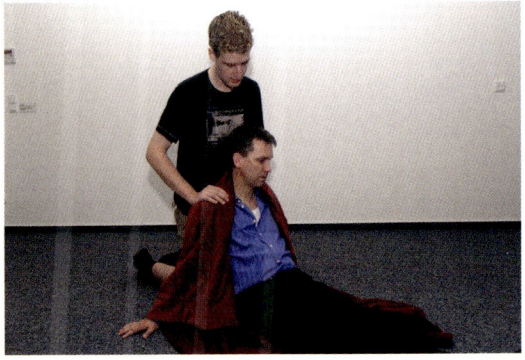

Erste-Hilfe-Lerninsel 3 „Probleme in der Brust" — Band 7

Besonderheiten bei Herzinfarkt/Herzmuskelschwäche
(erkennbar u. a. am Schmerz hinter dem Brustbein, der z. B. in den linken Arm strahlen kann)
- Wenn der Betroffene ein vom Arzt verordnetes Nitropräparat (meist Spray) besitzt, können Sie dieses auf Wunsch des Betroffenen anreichen. In diesem Fall ist das „Problem in der Brust" schon früher bekannt gewesen und vom Arzt behandelt worden.

Besonderheiten bei Asthma
(Asthma ist vor allem an den rasselnden Atemgeräuschen besonders in der Ausatemphase erkennbar.)
- Bei den Atemanweisungen Lippenbremse oder Flötenatmung vorgeben!
- Wenn der Betroffene ein vom Arzt verordnetes Dosieraerosol („Asthma-Spray") besitzt, können Sie dieses auf Wunsch des Betroffenen anreichen.

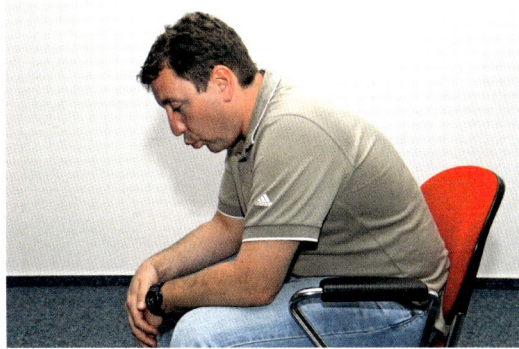

Besonderheiten bei einem Insektenstich im Mund-Rachen-Raum
- Von innen und außen kühlen!

Besonderheiten bei einem Fremdkörper in den Atemwegen
- Betroffenen zum Husten auffordern!
- Bei Misserfolg: Schläge zwischen die Schulterblätter! Dabei wird der Oberkörper des Betroffenen tief gehalten!
- Bei Misserfolg: Oberbauchkompressionen („Heimlich-Handgriff")

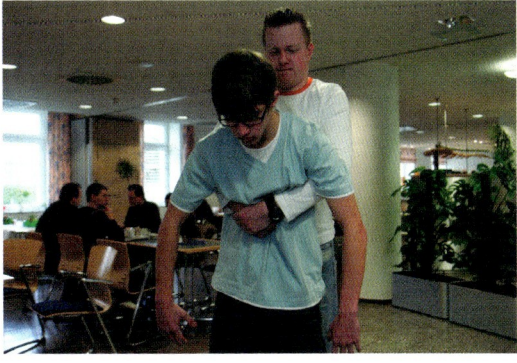

6. Erste-Hilfe-Lerninsel 4 „Verletzungen"

Was stellen wir fest?
- Wunden
- Blutungen
- Schwellung und/oder Schmerzen an Muskeln, Knochen oder Gelenken

Leitfrage 1 auf der Lerninsel „Verletzungen": „Wunde?"

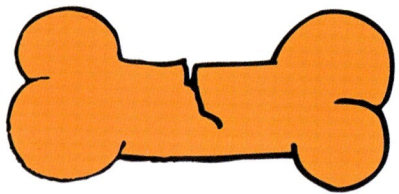

Wunden sind das bei Weitem häufigste Notfallereignis.
Sie gehen mit drei Gefahren einher: Schmerz, Blutverlust und Infektion.
Mit allen Maßnahmen versuchen wir, diese Gefahren auszuschalten oder zu minimieren.

Unser Maßnahmenpaket bei Wunden:
- Schutzhandschuhe tragen. Also: Eigenschutz beachten!
- Verband anlegen! Also keimarme/-freie Wundbedeckung mit geeignetem Verbandmaterial aufbringen und fixieren.

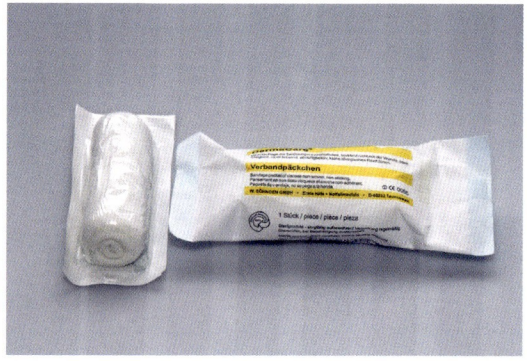

Erste-Hilfe-Lerninsel 4 „Verletzungen" — Band 7

Besonderheiten bei nicht stark blutenden Wunden
- Verschmutzte bzw. infektionsgefährdete Bagatellverletzungen (z. B. Schürfwunden), die nicht ärztlich versorgt werden müssen, sollten vorher gereinigt werden. Steht ein Wundantiseptikum zur Verfügung, kann dieses angewendet werden. Treten im weiteren Verlauf Veränderungen an der Wunde auf, die auf eine Wundheilungsstörung/Infektion hindeuten, sollte unverzüglich ein Arzt aufgesucht werden.

Die Schutzimpfung gegen Wundstarrkrampf (Tetanus) muss regelmäßig aufgefrischt werden.

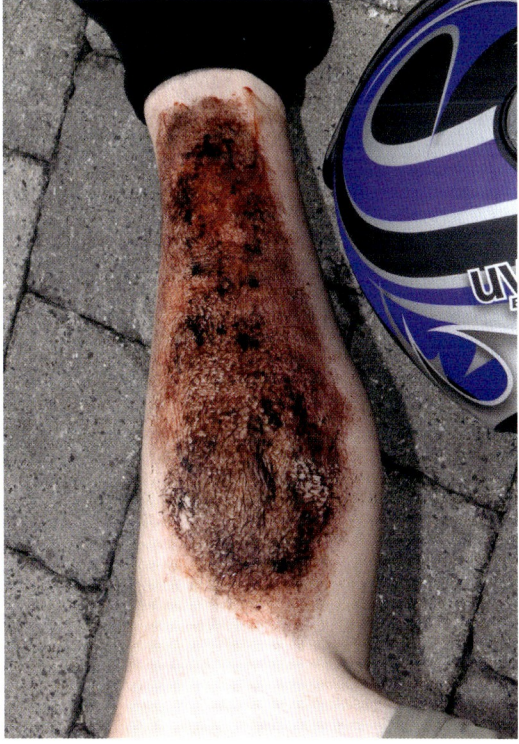

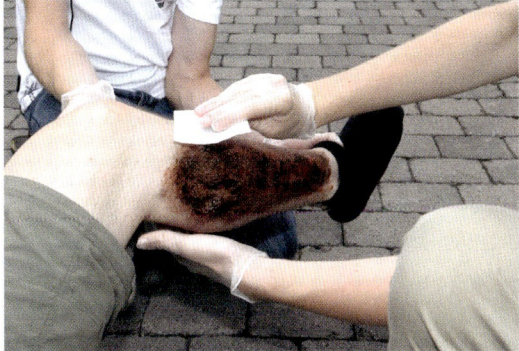

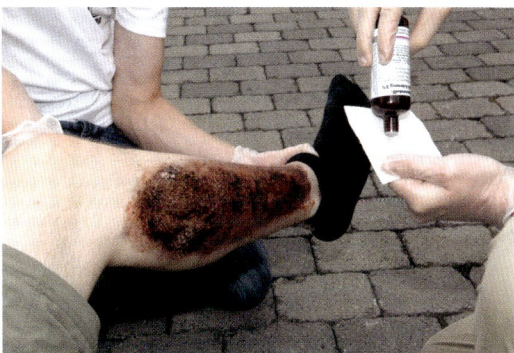

Erste-Hilfe-Lerninsel 4 „Verletzungen"

Band 7

Starke, bedrohliche Blutung?
Druck auf Wunde ausüben (Druckverband)!
Besonderheiten bei stark blutenden Wunden
- Verletzten hinlegen,
- Arm/Bein hochlagern,
- zuführende Arterie abdrücken: je nach betroffener Extremität am Oberarm oder in der Leistenbeuge Kopf nach vorne beugen,

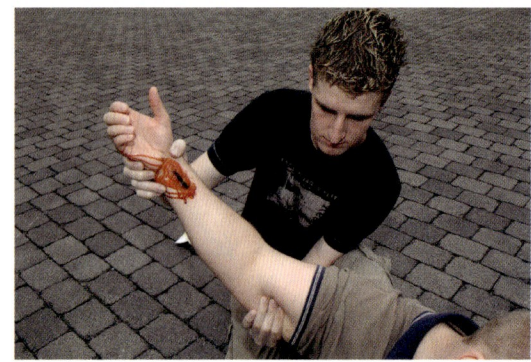

- entweder: Druckverband anlegen oder
- ggf. direkt mit Wundauflage fest auf Wunde drücken/pressen (wenn z. B. kein Druckverband angelegt werden kann) oder
- wenn sonst keine Blutstillung möglich: Arm/Bein abbinden,
- das PAKET,

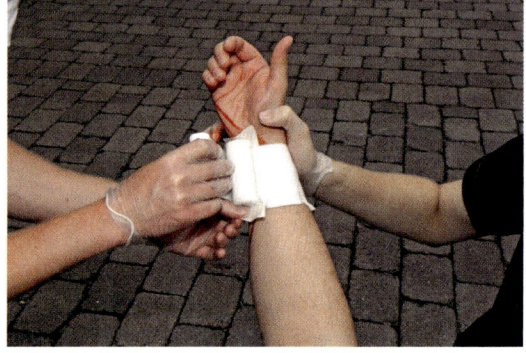

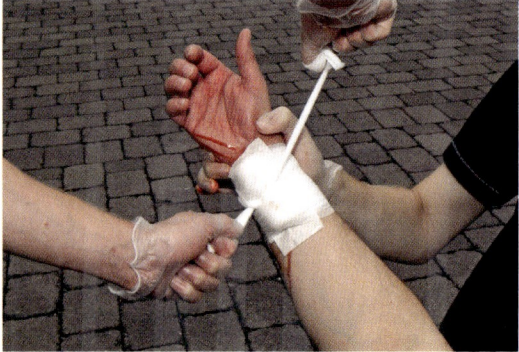

Erste-Hilfe-Lerninsel 4 „Verletzungen"

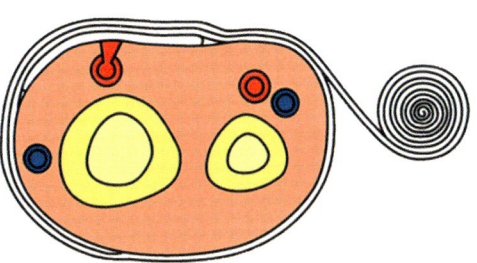

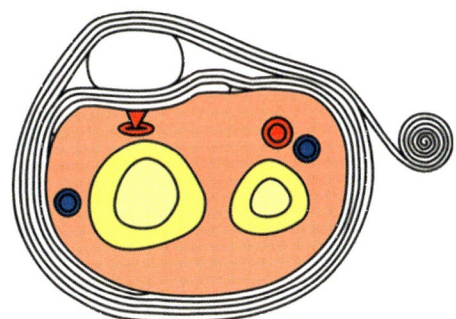

- Schocklagerung.

Besonderheiten bei Nasenbluten

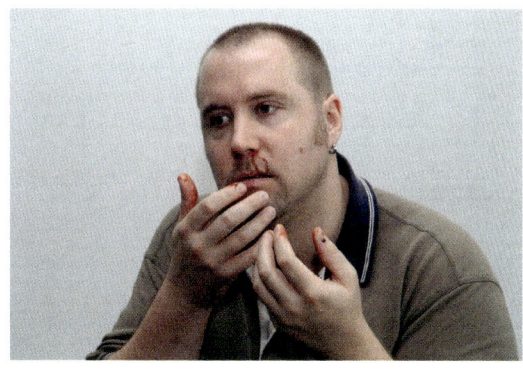

- Beide Nasenflügel für 5-10 Minuten fest zusammendrücken,
- Kühlen von Stirn und Nacken,
- das PAKET und ggf. Schocklage.

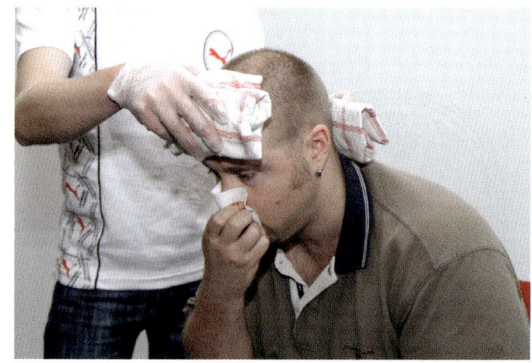

Schock
Was stellen wir fest?
- Schockzeichen wie blasse, kalte Haut; Schwindel; Übelkeit; schneller, schwacher Puls

Unsere Maßnahmen beim Schock:
- Wenn möglich, die Ursache beseitigen: also z. B. die Blutung stillen.
- Schocklage: Wenn keine Probleme in der Brust feststellbar sind (Herzerkrankung) und keine schweren Verletzungen (z. B. an Kopf, Brustkorb, Bauch, Becken, Beinen oder Wirbelsäule) dagegen sprechen, lagern wir den Betroffenen flach auf den Rücken und heben die Beine ein wenig an (ca. 25–30 Grad).
- Das PAKET

Besonderheiten bei Fremdkörpern in Wunden
Bei kleinen, nicht tief sitzenden Fremdkörpern:
- Fremdkörper vorsichtig mit einer Pinzette (Zeckenzange) entfernen,
- anschließend weiter wie bei nicht stark blutenden Wunden vorgehen (falls bei Betroffenem vorhanden, Antiseptikum aufbringen; Wunde keimfrei bedecken),
- lässt sich der Fremdkörper nicht problemlos entfernen oder verbleiben Reste in der Wunde, Maßnahmen wie bei größeren, tief sitzenden Fremdkörpern,
- das PAKET nach Bedarf.

Bei größeren, tief sitzenden Fremdkörpern:
- Fremdkörper belassen und stabilisieren,

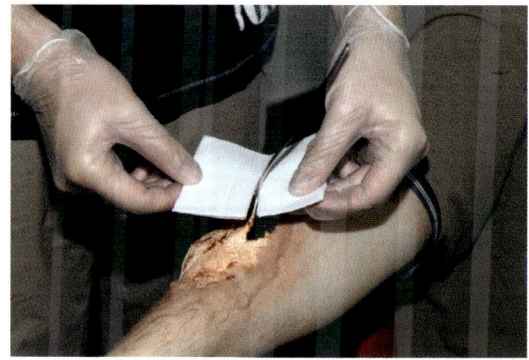

Erste-Hilfe-Lerninsel 4 „Verletzungen"

- Fremdkörper gegebenenfalls umpolstern und in die Wundbedeckung/den Verband einbeziehen,

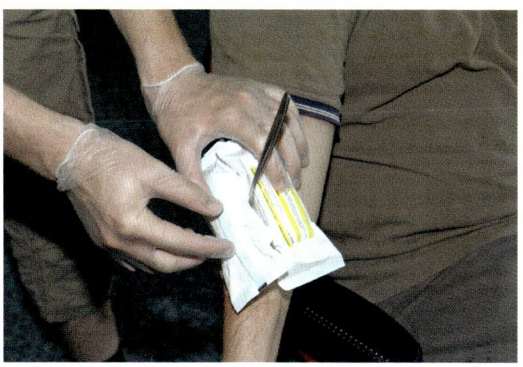

- bei starker Blutung aus dieser Wunde (an Arm/Bein) Abbindung anlegen,
- das PAKET.

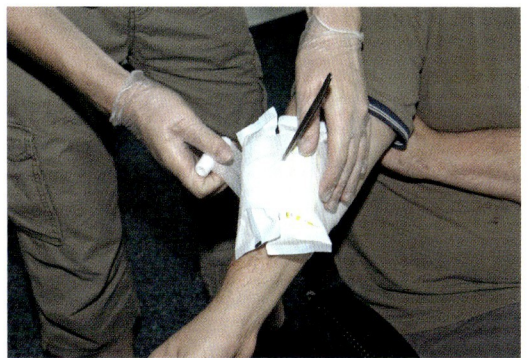

Bei Fremdkörpern im Auge:
- Fremdkörper unter dem Oberlid:
    - Betroffenen auffordern, kräftig zu blinzeln,
    - Oberlid vorsichtig nach unten über das Unterlid ziehen und loslassen.
- Andere Fremdkörper dürfen nur vom Augenarzt entfernt werden.

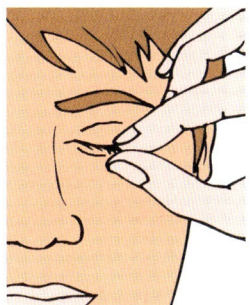

Bei Fremdkörpern im Auge:
- Kleine Fremdkörper (Insekten, Staubkörner, Wimpern etc.) können vorsichtig entfernt werden.
- Fremdkörper unter dem Unterlid:
    - Betroffenen nach oben schauen lassen,
    - Unterlid vorsichtig nach unten ziehen,
    - mit einer Kompresse (o. ä.) die Lidinnenseite Richtung Nase austupfen.

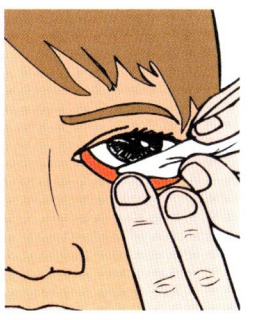

Erste-Hilfe-Lerninsel 4 „Verletzungen" — Band 7

Besonderheiten bei abgetrennten Körperteilen (Amputationen)
- Blutstillung + Schocklage + Das PAKET,
- abgetrenntes Körperteil keimfrei einwickeln und möglichst kühl halten/kühlen.

Zwei-Beutel-Methode:
- Amputat wird in einem wasserdichten Plastikbeutel aufbewahrt.
- Der Plastikbeutel ist von einem Beutel mit Eis und Wasser (1:1) umschlossen.

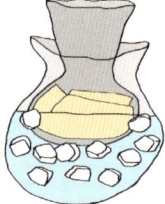

Ein-Beutel-Methode:
- Großer Plastikbeutel wird fest um das Amputat verschlossen.
- Anschließend wird der Beutel umgeschlagen, mit Wasser und Eis (1:1) gefüllt und verschlossen.

Besonderheiten bei Verbrennungen/Verbrühungen:
- Keim- und druckfrei abdecken!
- Um Schmerzen zu lindern, können kleinflächige Verbrennungen sofort ca. 2 Minuten gekühlt werden. Größere verbannte Körperoberflächen wegen der Gefahr der Unterkühlung nicht kühlen!

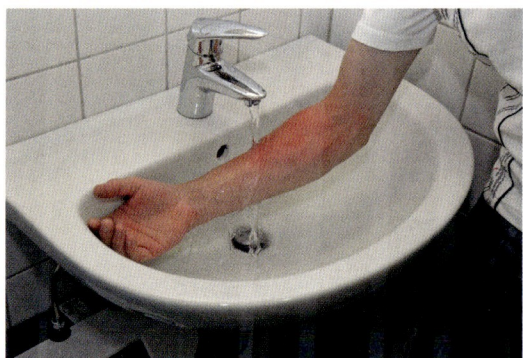

- Keim- und druckfreie Wundbedeckung nicht mit der Wundfläche verklebendem Verbandmaterial (Verbandtuch) verbinden.
- Schocklage + Das PAKET

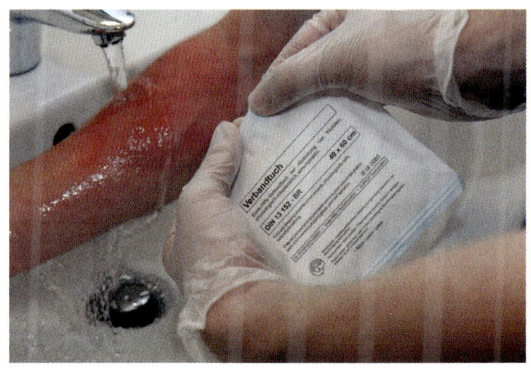

Erste-Hilfe-Lerninsel 4 „Verletzungen" — Band 7

Besonderheiten bei Säuren-/Laugenverletzungen:
- Eigen-/Fremdschutz beachten.
- Sofort die betroffenen Körperstellen mit fließendem Wasser (Raumtemperatur) ausgiebig auf dem kürzesten Weg vom Körper weg spülen (also z. B. im Gesicht von der Nasenwurzel nach außen).
- Keim- und druckfreie Wundbedeckung.
- Das PAKET

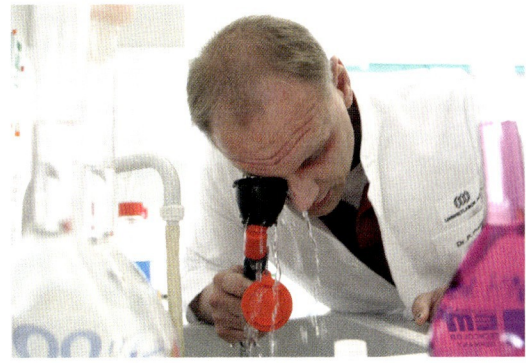

Besonderheiten bei Unterkühlung und/oder Erfrierung:
Bei der Erfrierung ist durch die Kälte maßgeblich nur eine umschriebene Körperregion geschädigt, bei der Unterkühlung ist der gesamte Organismus durch eine Absenkung der Körperkerntemperatur betroffen!
Diese beiden Notfallbilder treten oft in Kombination auf.
Deshalb reagieren wir wie folgt:
- Betroffenen möglichst ins Warme bringen und für trockene Kleidung sorgen.
- Warme, gezuckerte Getränke reichen (d. h. der Betroffene hält den Becher selber und führt ihn auch selbst zum Mund!).
- Bei leichten Erfrierungen: Betroffene Körperstellen durch eigene Körperwärme (des Betroffenen) anwärmen.
- Bei schweren Erfrierungen: keim- und druckfreie Wundbedeckung.
- Das PAKET

> Leitfrage 2 auf der Lerninsel „Verletzungen":
> „Schwellung, Schmerzen an Muskeln, Knochen, Gelenken?"
> Unser Maßnahmenpaket bei Verletzungen an Muskeln, Knochen und Gelenken:
> - Ruhig stellen und kühlen!

- Betroffene Körperstellen möglichst nicht bzw. so wenig wie möglich bewegen.
- Ruhigstellung:
  Diese muss die beiden benachbarten Gelenke des verletzten Bereichs einschließen, um wirksam zu sein. Auch dürfen keine Schmerzen durch Druck oder Zug auf den verletzten Bereich ausgeübt werden.
  Fehlstellungen dürfen nicht verändert werden, sondern müssen enstprechend abgepolstert/unterpolstert werden.
- Betroffene Körperstellen kühlen (z. B. mit Kühlkompressen oder Eis in der Plastiktüte).
- Bei offenen Knochenbrüchen: keim- und druckfreie Wundbedeckung.
- Das PAKET

Erste-Hilfe-Lerninsel 4 „Verletzungen"

Band 7

Ruhigstellung am betroffenen Arm mit dem Dreiecktuch:
Das Armtragetuch
Der Betroffene kann den betroffenen Arm selber mit dem anderen Arm in einer Schonhaltung stützen.

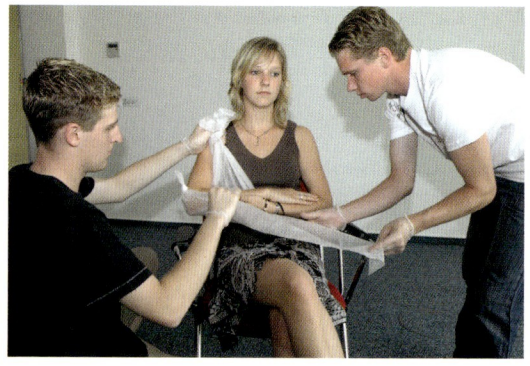

Der Helfer schiebt das Dreiecktuch unter den verletzten Arm und zieht das hintere Ende durch den Ellbogen-Winkel und führt es auf der „betroffenen Seite" nach oben zum Hals.

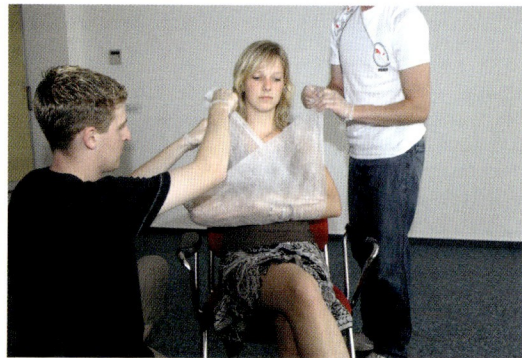

Das vordere Ende wird auf die „nicht betroffene Seite" hochgeführt, um den Hals des Betroffenen geführt und mit dem anderen Ende verknotet.

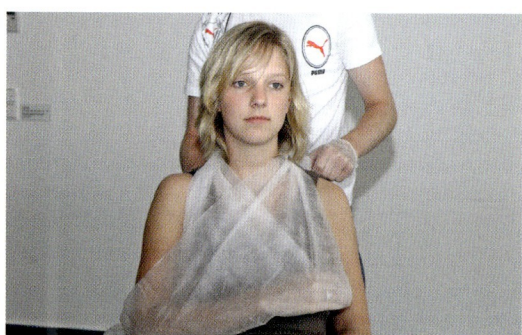

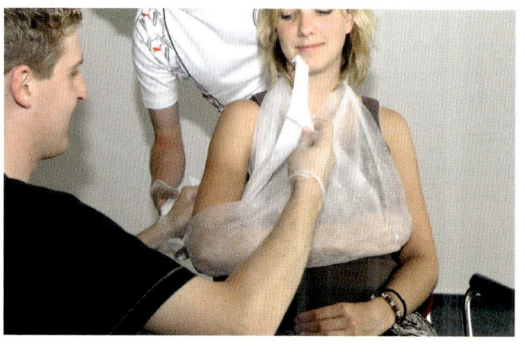
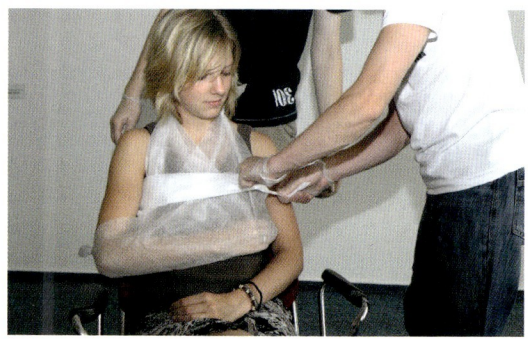

7. Erste-Hilfe-Lerninsel 5 „Probleme im Kopf"

Was stellen wir fest?
- Schmerzen im Kopf,
- Störungen der Steuerung des Körpers aus dem Gehirn wie z. B. Erinnerungslücken, Halbseitenlähmung, Schwindel, Übelkeit, Erbrechen,
- Verletzungen am Kopf.

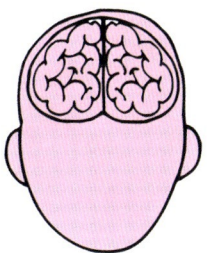

Unser Maßnahmenpaket „Probleme im Kopf":
- Oberkörper hoch lagern! + Das PAKET

Besonderheiten bei Schädel-Hirn-Verletzungen:
Was stellen wir fest?
- Sichtbare Kopfverletzungen, Kopfschmerzen, Erinnerungslücke, Schwindel, Übelkeit, Erbrechen

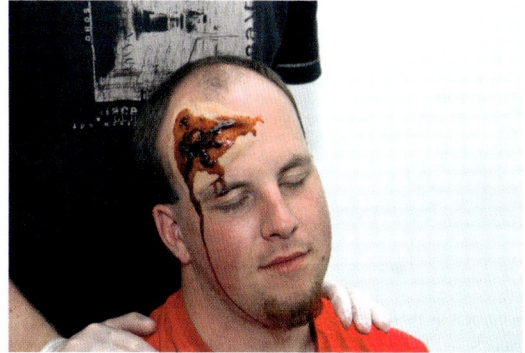

Unsere Maßnahmen zusätzlich zum o. g. Maßnahmenpaket:
- Wundversorgung:
  Bei größeren, offenen Schädel-Hirn-Verletzungen wird mit einem Verbandtuch gearbeitet, das locker auf die Wunde gelegt wird. Darauf wird ein Polsterring, der aus einem Dreiecktuch gewickelt wird, aufgebracht, der einen Druck auf die Wunde vermeiden soll. Über diesen Polsterring wird die Befestigung des Verbandes geführt: entweder Mullbinden oder ein Dreiecktuch, das als „Kopfhaube" gestaltet wird.

Erste-Hilfe-Lerninsel 5 „Probleme im Kopf"   Band 7

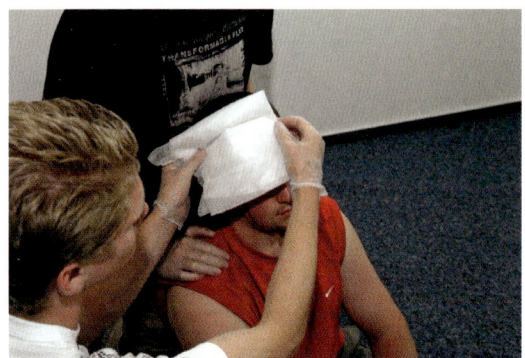
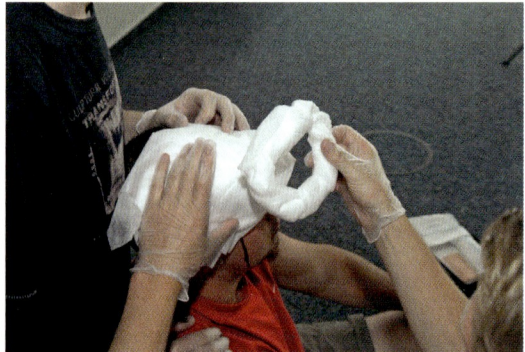
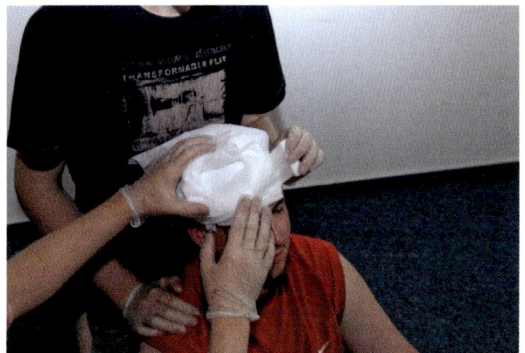
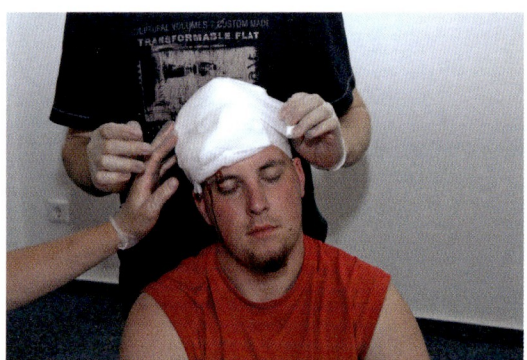
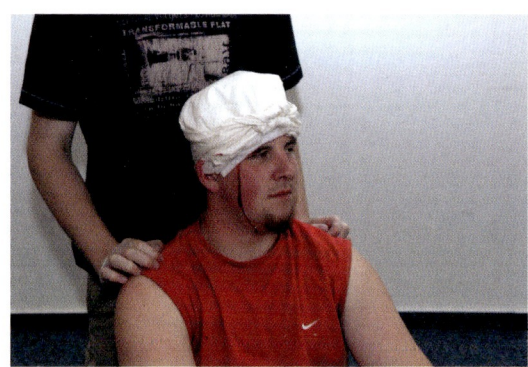

Besonderheiten bei Schlaganfall
Was stellen wir fest?
- Kopfschmerzen, Seh-, Sprachstörungen, Schwindel, Übelkeit, Erbrechen, ggf. Halbseitenlähmung (Gesicht, Arm, usw.)

Unsere Maßnahmen zusätzlich zum o. g. Maßnahmenpaket:
- Polsterung/Fixierung gelähmter Körperteile

Erste-Hilfe-Lerninsel 6 „Probleme im Bauch"

Band 7

Besonderheiten bei Sonnenstich und Hitzschlag
Was stellen wir fest?
- Beim Sonnenstich: Kopf-, Nackenschmerzen; Schwindel, Übelkeit, Erbrechen; roter, heißer Kopf.
- Beim Hitzschlag: roter, heißer Kopf; rote, heiße, trockene Haut (Fieber); Schwindel, Übelkeit.

Unsere Maßnahmen zusätzlich zum o. g. Maßnahmenpaket:
- Betroffenen in den Schatten bringen.
- Kühlen: Bei Sonnenstich nur am Kopf; bei Hitzschlag am Körper von außen nach innen (z. B. mit feuchten Umschlägen oder Wadenwickel).

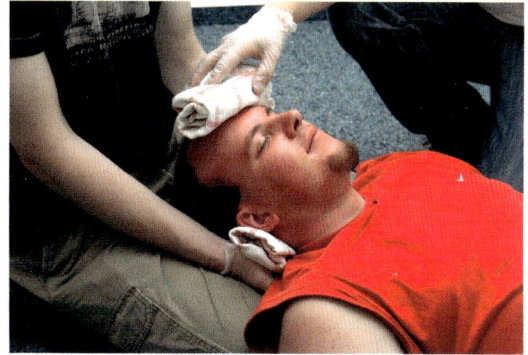

8. Erste-Hilfe-Lerninsel 6 „Probleme im Bauch"

Was stellen wir fest?
- Schmerzen im Bauchraum
- Verletzungen im Bauchraum

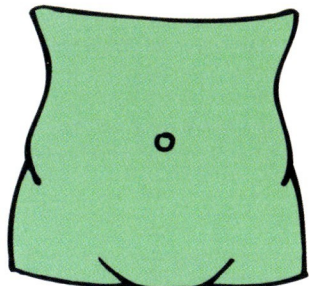

Unser Maßnahmenpaket „Probleme im Bauch":
- Lagerung mit Knie-/Nackenrolle
- Hilfestellung beim Erbrechen
- Wundversorgung (bei offener Bauchverletzung)
- Das PAKET

Besonderheiten bei einer Unterzuckerung (im Rahmen einer Diabetes-Erkrankung)
Was stellen wir fest?
- Betroffener ist insulinpflichtiger Diabetiker; Heißhunger, Schweißausbruch, Schwindel, Übelkeit, Verhaltensänderungen, Bewusstseinsstörungen

Unsere Maßnahmen zusätzlich zum o. g. Maßnahmenpaket:
- Traubenzucker zuführen!

Besonderheiten — Band 7

Besonderheiten bei Vergiftungen
Was stellen wir fest?
- Typische Notfallsituation mit Giftresten, Bauchschmerzen, Übelkeit, Erbrechen, Verhaltensänderungen, Bewusstseinsstörungen

Unsere Maßnahmen zusätzlich zum o. g. Maßnahmenpaket:
- Eigen-/Fremdsicherung!
- Giftreste sicherstellen und dem Rettungsdienst übergeben.
- Gegebenenfalls Giftinformationszentrale anrufen!

9. Besonderheiten

Fahrten ins Ausland
Bei Reisen ins Ausland sollte man entsprechend vorbereitet starten: Die langen Fahrten, die Temperaturschwankungen, die fremde Kost und viele andere Faktoren können Ursache für Erkrankungen oder sogar für Notfälle werden.
Das gilt besonders, wenn man als Fahrer in einem Reisebus die Verantwortung für viele Menschen, oftmals höheren Alters und teils mit diversen Vorerkrankungen, übernehmen muss.

Möglichkeiten der Vorbeugung und der Vorbereitung für den Notfall:
- Pausenplanung: Regelmäßig Pausen einlegen, in denen man sich ausreichend bewegt.
- Leichte Kost und genügend trinken! Bei warmen bis heißen Umgebungstemperaturen sollte man pro Tag 1,5 bis 2 l Flüssigkeit zu sich nehmen. Besonders ältere Menschen lassen dies außer Acht, um so mehr müssen Sie bei Ihren Fahrgästen darauf achten!
- Reiseapotheke: Zur Grundausstattung des großen Erste-Hilfe-Kastens gesellen sich Mittel gegen typische Erkrankungen und gesundheitliche Probleme im Ausland. Hierzu gehören Mittel gegen Durchfall, Sonnenbrand, Allergien, Verbrennungen, Prellungen, Verstauchungen, Insektenstiche, Schmerzen und Fieber etc. Hinzu kommen Sonnen- und Insektenschutzmittel. Je nach Fahrtziel können weitere Präparate sinnvoll sein. Hierzu können Sie Ihr Arzt oder Apotheker beraten. Grundsätzlich sollten alle Medikamente in der Originalverpackung mit dem Beipackzettel mitgenommen werden. Schützen Sie die Medikamente vor großen Temperaturschwankungen: Also kühl und trocken lagern.
- Wichtig ist, dass alle individuellen Medikamente, die ein Arzt gezielt aufgrund einer bestehenden Erkrankung verschrieben hat, in ausreichender Stückzahl in Originalverpackung mit Beipackzettel mitgeführt werden. Um vor bösen Überraschungen gefeit zu sein, fragen Sie ihre Fahrgäste vor Fahrtantritt hiernach.
- Impfungen für Menschen und mitgeführte Haustiere: Da die notwendigen Impfungen je nach Zielland unterschiedlich sind, fragen Sie hierzu Ihren Arzt oder ein Tropeninstitut.

Lange Fahrten, Staus ... in Hitze und Kälte
Sicher ist sicher: Gut vorbereitet!
Kilometerlange Staus in sengender Sommerhitze oder Stillstand im Schneechaos mit Ungewissheit, wann es weiter geht.
Das stellt nicht nur eine psychische Belastung für Fahrer und evtl. Fahrgäste, sondern auch eine körperliche Belastung und besonders für Vorerkrankte ein ernst zu nehmendes Risiko dar.
Wie kann man hier körperlichen Belastungen und Notfällen vorbeugen und sich auf solche Problemfälle vorbereiten?

Besonderheiten — Band 7

Bei Hitze wichtig:
- Sonnenschutz,
- Kopfbedeckungen,
- atmungsaktive, leichte Kleidung, die empfindliche Körperregionen vor Sonneneinstrahlung schützt,
- Sonnenbrillen,
- Sonnenschutzmittel,
- leichte Kost,
- genügend Flüssigkeit aufnehmen:
besonders wichtig sind dabei Elektrolyte und Spurenelemente wie Calcium und Magnesium („gute Mineralwasser" oder Fruchtschorlen); bei Hitze pro Tag möglichst 1,5 bis 2 l,
- körperliche Belastung einschränken oder nach Möglichkeit vermeiden.

Hinweis: Medikamente wie Antihistaminika (diese werden von Allergikern genommen) können das Risiko für einen Wärmestau im Körper mit Hitzschlag erhöhen!

Bei Kälte wichtig:
- genügend Decken (hier sind auch Rettungsdecken sehr geeignet. Ihre Vorteile: Sie halten Eigenwärme sehr gut zurück und lassen sich auf kleinstem Raum verstauen),
- (chemische) Wärmepacks,
- richtige Kleidung: witterungsangepasst und feuchtigkeitsabweisend, warm, aber nicht beengend (z. B. in Stiefeln nicht mehrere Socken tragen, bis es richtig eng ist; keine „abschnürenden" Bündchen z. B. an Socken),
- warme zuckerhaltige Getränke; Traubenzucker als Energielieferant,
- kein Alkohol und nicht Rauchen!

Band 7

Fahrsicherheit & Sicherheitssysteme

Sportliche Beschleunigung, „geschnittene" Kurven, herumfliegende Ladung oder ein ausbrechender Anhänger – all das sind Risiken, die Sie vermeiden können. Im heutigen schnelllebigen Alltag und im dichten Straßenverkehr sind Ihre Aufmerksamkeit und Vorausplanung besonders gefordert. Je umsichtiger Sie fahren und je besser Sie Ihr Fahrzeug kennen, desto besser kommen Sie „mit Sicherheit" ans Ziel.

Eine situationsangepasste Fahrweise und moderne elektronische Assistenzsysteme tragen dazu bei, Gefahren rechtzeitig zu erkennen und das Schlimmste – einen Verkehrsunfall – zu verhindern.

Was Sie während der Fahrt besonders beachten müssen, um eine gefährliche Situation zu meistern oder sie gar nicht erst entstehen zu lassen, wird auf den folgenden Seiten kurz erklärt.

Fahrsicherheit & Sicherheitssysteme — Band 7

1. Fahrsicherheit

1.1 Einfluss der Fahrgeschwindigkeit

Die Fahrgeschwindigkeit eines Fahrzeugs beeinflusst alle Fahrsituationen und Fahrmanöver und damit die Sicherheit des Fahrzeugs.
Die Ladung möchte die bisherige Bewegung und deren Richtung beibehalten.
Bei zu schneller Kurvenfahrt, „sportlicher" Beschleunigung oder Bremsung wirken die Trägheitskräfte. Dadurch wird die Ladung bei schneller Kurvenfahrt nach außen, beim Bremsen nach vorn gedrückt.
Ist die Ladung nicht oder nur unzureichend gesichert, können Schäden durch herumfliegende Ladung entstehen. Die Ladung selbst kann aber auch bei richtiger Sicherung beschädigt werden.

Seitenwind ist umso gefährlicher, je stärker der Wind, je höher die Geschwindigkeit und je seitenwindempfindlicher Ihr Fahrzeug ist. Die hohen Aufbauten Ihres LKW bieten dem Wind eine größere Angriffsfläche. Ihr Fahrzeug kann sogar bei trockener, gerader Straße seitwärts ausbrechen, wenn es bei hoher Geschwindigkeit seitlich von einer Windböe erfasst wird. Dann müssen Sie sofort langsamer fahren und zur Windseite hin gegenlenken.
Seitenwind ist besonders gefährlich:
- Beim Befahren von Brücken
- Beim Vorbeifahren an Waldschneisen
- Hinter Geländeeinschnitten
- Am Ende von Lärmschutzwänden

Fahrsicherheit & Sicherheitssysteme — Band 7

Im Winter reicht die Haftreibung zwischen Reifen und Fahrbahn oft nicht aus, um bei Schnee und Eis
- Beschleunigungskräfte,
- Bremskräfte und
- Lenkkräfte

sicher zu übertragen.
Die Fahrzeuge sind den jeweiligen Straßen- und Witterungsverhältnissen anzupassen (§ 18 BOKraft).
Auf winterlichen Fahrbahnen sorgen Winterreifen durch ihre spezielle Materialmischung und Profilgestaltung für eine gute Traktion.
Trotzdem sind Schneeketten vor allem in Steigungen und Gefällen oft unentbehrlich.

1.2 Befahren von Kurven

Beim Kurvenfahren müssen Sie die Verkehrssituation über die Außenspiegel ständig kontrollieren.
Beachten Sie die Überhänge und den Radstand Ihres Fahrzeugs und passen Sie die Fahrgeschwindigkeit der jeweiligen Situation an.

In engen Kurven müssen Sie die Fahrspur Ihres Fahrzeugs mental „vorausplanen".
Deshalb ist es besonders wichtig, dass Sie das Fahrverhalten sowie Länge und Breite des Fahrzeugs genau kennen.

Um in einer Rechtskurve nicht auf den Randstreifen zu geraten, ist es für den Fahrer einer Kombination wichtig, den vorhandenen Raum im Fahrstreifen voll auszunutzen. Er muss sich deshalb der Fahrbahnmitte so weit wie möglich nähern. Der Anhänger durchfährt einen kleineren Bogen als der Lkw. Er kann ausscheren.
Dabei durchläuft das kurveninnere Rad den kleinsten Bogen und ist deshalb zu beobachten. Je enger die Kurve ist, desto mehr Platz benötigt der Zug. Besonders beim Rechtsabbiegen darauf achten, dass sich keine Radfahrer rechts neben dem Zug befinden und Fußgänger auf dem Gehweg oder am Fahrbahnrand nicht gefährdet werden. Das gilt bei landwirtschaftlichen Zügen mit zwei Anhängern insbesondere für den hinteren Anhänger.

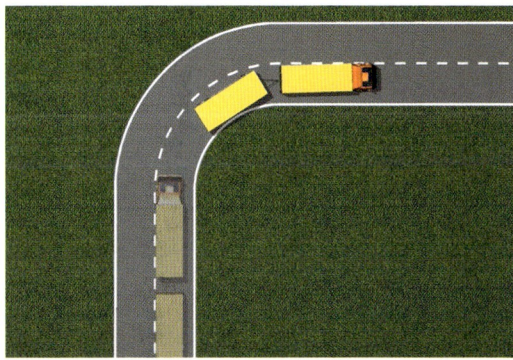

Um in einer Linkskurve nicht in den Gegenverkehr zu geraten, muss sich der Fahrer einer Kombination dem Fahrbahnrand so weit wie möglich nähern, um auch hier den vorhandenen Platz voll auszunutzen. Auch hier kommt der Anhänger mit einem engeren Radius um die Kurve als der Lkw, er kann die Kurve schneiden. Das kurveninnere Rad durchläuft wieder den kleinsten Bogen und muss beobachtet werden.

Sowohl für Rechts- als auch für Linkskurven gilt: Beim Bremsen oder Beschleunigen in einer Kurve sind zusätzliche Lenkkorrekturen notwendig. Deshalb alle Kurven so durchfahren, dass weder beschleunigt noch gebremst wird.

Besonders das Rechtsabbiegen verlangt aufgrund des engen Kurvenradius viel Umsicht von Ihnen. Eine besondere Fahrtechnik und angepasste Geschwindigkeit sind dabei erforderlich.

Fahrsicherheit & Sicherheitssysteme

Band 7

In bestimmten Situationen müssen Sie auch ein weites Ausholen in den Gegenverkehr durchführen, um rechts nicht „anzuecken".
Bei mehrstreifigem Rechtsabbiegen kann es zweckmäßiger sein, den linken Fahrstreifen zu benutzen.

Das Rechtsabbiegen ist aufgrund des engeren Kurvenradius schon etwas schwieriger. Hier kann man nach zwei unterschiedlichen Methoden vorgehen:

Bei der Einen holt man auf der Straße, von der man abbiegen will, nach links aus und biegt anschließend in weitem Bogen nach rechts ab. Dabei kann vorher ein Fahrstreifenwechsel nach links notwendig werden, der entsprechend angezeigt werden muss. Voraussetzung ist, dass das Platzangebot diese Art des Rechtsabbiegens zulässt.

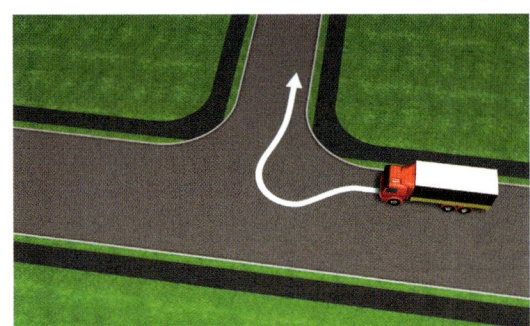

Die andere Methode bietet sich an, wenn zum Ausholen wenig Raum vorhanden ist. Zunächst fährt man geradeaus weiter bis fast zum linken Fahrbahnrand der Straße, in die abgebogen werden soll. Dann lenkt man so stark wie möglich nach rechts und fährt mit diesem Lenkeinschlag in Richtung des rechten Fahrbahnrandes zurück. Anschließend wird nach links gegengelenkt, bis der Lkw im rechten Fahrstreifen wieder geradeaus fährt.

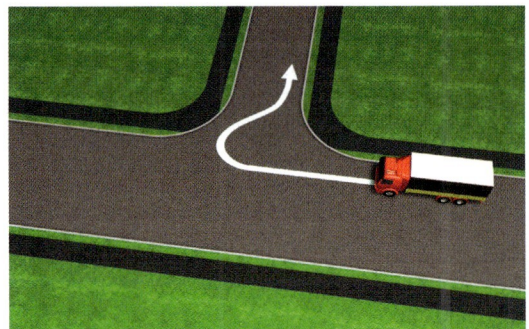

Auch beim Linksabbiegen dürfen Sie die Kurve nicht schneiden. Ordnen Sie sich so weit wie möglich nach links (linke Fahrstreifenbegrenzung) ein und beobachten Sie im Spiegel auch das Heck des Fahrzeugs, damit auch der Anhänger keine anderen Verkehrsteilnehmer oder Gegenstände gefährden kann.

Fahrsicherheit & Sicherheitssysteme — Band 7

2. Sicherheitssysteme

2.1 Antiblockiersystem (ABS)

ABS (auch bekannt als Automatischer Blockierverhinderer, ABV) verhindert das Blockieren der Räder, und zwar unabhängig von der Masse der Ladung und vom Fahrbahnzustand.

ABS-Regelkreis
Das System besteht aus:
- Radsensor (1) und Impulsrad (2), die die Drehgeschwindigkeit des Rades messen,
- einem elektronischem Steuergerät (3), das die gemessenen Daten auswertet und
- dem Drucksteuerventil (4), das den Bremsdruck zwischen Motorwagenbremsventil und Bremszylinder regelt.

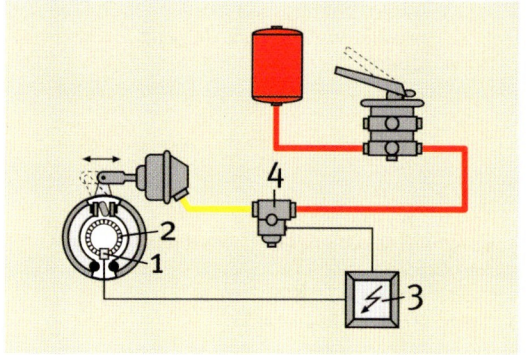

Wirkungsweise:
Die Radsensoren erfassen die Drehbewegung der einzelnen Räder. Das elektronische Steuergerät wertet die von den Radsensoren gemessenen Drehzahlen anhand vorgegebener Ansprechwerte aus. Tritt an einem Rad Blockierneigung auf, gibt das elektronische Steuergerät den Befehl an das Drucksteuerventil, den Druckaufbau im Bremszylinder zu stoppen bzw. den Druck abzubauen, bis die Blockiergefahr beseitigt ist. Damit die Bremswirkung an diesem Rad nicht zu gering wird, muss der Bremsdruck erneut aufgebaut werden. Während eines Bremsvorganges wird ständig die Radbewegung kontrolliert und durch zyklische Folgen von Druckabbau, Druckhalten und Druckaufbau eine maximale Bremskraft übertragen. Der Fahrer bemerkt das Einsetzen des Systems am „pulsierenden" Pedal.

Funktionskontrolle
Eine Sicherheitsschaltung kontrolliert das System bei Fahrtantritt und während der Fahrt. Kontrolllampen informieren den Fahrer über die Betriebsbereitschaft. Eine rote Warnlampe ist für die Überwachung des Motorwagens zuständig. Sie leuchtet nach dem Einschalten der Zündung auf. Eine zweite rote Warnlampe dient zur Überwachung des Anhängers. Sie leuchtet nach dem Einschalten der Zündung aber nur auf, wenn ein Anhänger angekuppelt ist.
Das Erlöschen der Warnlampen nach dem Losfahren zeigt an, dass die Anlage voll funktionsfähig ist. Erlischt die Lampe nicht oder leuchtet sie während der Fahrt auf, liegt eine Störung vor. Der Fahrer muss sich dann darauf einstellen, dass der Lkw auf herkömmliche, ungeregelte Art gebremst wird und dass die Räder beim Bremsen blockieren können.

> **Hinweis:**
> Trotz Blockierverhinderer muss sich der Fahrer bei der Wahl seiner Geschwindigkeit und seines Sicherheitsabstandes weiterhin den gegebenen Fahrbahn- und Verkehrsverhältnissen anpassen. Die Verantwortung für die Verkehrssicherheit kann ihm das ABS nicht abnehmen.

2.2 Antriebsschlupfregelung (ASR)

Die Antriebs-Schlupf-Regelung (ASR) verhindert das Durchdrehen der Antriebsräder beim Anfahren auf glatter Fahrbahn, in Steigungen und in Kurven. Nur wenn die Räder nicht durchdrehen, lassen sich Vortriebs- und Seitenführungskräfte übertragen. Die Fahrstabilität bleibt erhalten. Die ASR ist eine Fortentwicklung und Ergänzung des ABS. Es werden die gleichen Bauteile verwendet. Darüber hinaus sind lediglich ein erweitertes elektronisches Steuergerät und einige zusätzliche Komponenten erforderlich.

Aufbauschema ABS/ASR für einen zweiachsigen Omnibus
1 Impulsrad
2 Drucksteuerventil
3 Elektronisches Steuergerät ABS
4 ABS-Funktionskontrolle
5 ASR-Steuerventil
6 ASR-Regelventil
7 Zweiwegeventil
8 Motor-Regelventil
9 Stellzylinder
10 ASR-Funktionskontrolle

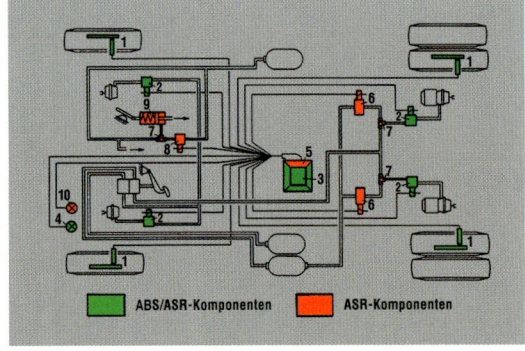

Funktionskontrolle:
Das System überwacht sich selbst und informiert den Fahrer mittels Signalleuchte oder Displayanzeige über den Betriebszustand:
- Beim Einschalten der Zündung zeigt die Funktionskontrolle an, dass das System betriebsbereit ist.
- Während der Fahrt zeigen kurze Signale der Funktionskontrolle an, dass die Antriebs-Schlupf-Regelung einsetzt.
- Ein Dauersignal zeigt an, dass eine Störung vorliegt.

Wirkungsweise:
Das System besteht aus einem Bremsregelkreis und einem Motorregelkreis. Das elektronische Steuergerät vergleicht die von den Radsensoren gemessenen Drehzahlen der angetriebenen und der nicht angetriebenen Räder. Die Bremsregelung setzt ein, wenn ein Antriebsrad durchdreht. Dann wird so viel Bremsdruck aufgebaut, dass das betreffende Rad nicht mehr durchdrehen kann. Die Motorregelung setzt ein, wenn beide Antriebsräder durchdrehen. Dann wird die Motordrehzahl unabhängig von der Gaspedalstellung reduziert.
Sobald sich die Raddrehzahlen wieder angeglichen haben, werden Bremse und Motordrehzahl in kleinen Stufen wieder freigegeben.

> **Hinweis:**
> Die ASR-Motorregelung kann bei Geschwindigkeiten bis 15 km/h ausgeschaltet werden, wenn es zweckmäßig ist, mit durchdrehenden Rädern zu fahren, z. B. im Tiefschnee oder mit Gleitschutzketten.

2.3 Elektronisches Bremssystem (EBS)

Das elektronisch geregelte Bremssystem EBS für Nutzfahrzeuge hat das Ziel, den Antriebs- und Bremsvorgang zu optimieren. Das Bremssystem besteht aus den Funktionsgruppen
- Elektropneumatische Bremsanlage (ELB),
- ABS und
- Antriebsschlupfregelung (ASR).

Durch die Vernetzung der gesamten Fahrzeugelektronik (CAN = Controller Area Network) können zwischen EBS und anderen elektronischen Systemen Daten ausgetauscht werden. Die Abstimmung untereinander verbessert die Wirkung.
Die Bremskraft wird nach wie vor durch Druckluft erzeugt, die Ansteuerung der Bremsventile erfolgt aber elektronisch. Bei einer Störung der Elektronik wird die Bremsung auf herkömmliche Art gesteuert.

Vorteile:
- schnelleres Ansprechen
- kürzerer Bremsweg
- gleichmäßigere Bremswirkung
- gleichmäßigerer Belagverschleiß
- einfachere Wartung
- größere Wirtschaftlichkeit
- Pedalgefühl wie im Pkw

Wirkungsweise:
Das Einschalten des Fahrschalters aktiviert die elektronische Bremsanlage. Nach dem Erlöschen der Kontrollleuchten ist das System betriebsbereit. Wenn der Fahrer das Betriebsbremsventil betätigt, setzt der Bremswertgeber die Pedalbewegung in ein elektrisches Signal um. Dieser Bremswunsch geht an das Zentralsteuergerät, das aus dem Signal des Bremswertgebers sowie aus den Daten der Radsensoren (via CAN- Datenbus) und des Lastsensors einen Bremsbefehl errechnet.
Der Bremsbefehl geht über den CAN-Datenbus an die Druckregelmodule, die einen optimalen Bremsdruck in die Bremszylinder einleiten. Sobald Fahrstabilitätssysteme wie ABS, ASR oder ESP aktiv werden, regeln diese den Bremsdruck entsprechend mit – unabhängig vom Bremswunsch des Fahrers.
Ein weiterer CAN-Datenbus überträgt Daten bzw. Bremsbefehle zwischen Zentralsteuergerät und elektronischem Anhängerbremssystem. Eine Störung der Elektronik wird durch Kontrollleuchten angezeigt. In diesem Fall arbeitet die Bremsanlage mit pneumatischer Steuerung, der Bremsweg verlängert sich entsprechend.

Fahrsicherheit & Sicherheitssysteme — Band 7

Aufbau und Funktion:
1. Druckluftbeschaffungsanlage
2. Betriebsbremsventil mit Bremswertgeber, der den Pedalweg in ein elektrisches Signal umsetzt
3. Druckregelmodule (Baugruppe bestehend aus Magnetventilen zur Steuerung des Bremsdrucks, Relaisventil, Drucksensor und eigener Elektronik), die den elektrischen Befehl in pneumatischen Druck umwandeln
4. Bremszylinder
5. Radsensor und Impulsrad, die die Drehbewegungen der Räder erfassen
6. Lastsensor, der den Beladezustand anzeigt
7. Zentralsteuergerät zur Überwachung des EBS, das die Signale vom Bremswertgeber empfängt, die Daten der Raddrehzahlen und Achslasten auswertet und Bremsbefehle an die Druckregelmodule übermittelt
8. CAN-Datenbus zur Datenübertragung (CAN = Controller Area Network), der den Verkabelungsaufwand reduziert und eine Vernetzung mehrerer Elektronik-Systeme ermöglicht
9. Anhängersteuerventil
10. Kupplungskopf Vorrat
11. Kupplungskopf Bremse
12. EBS-Steckverbindung, die zur Datenübertragung zwischen Motorwagen und Anhänger dient

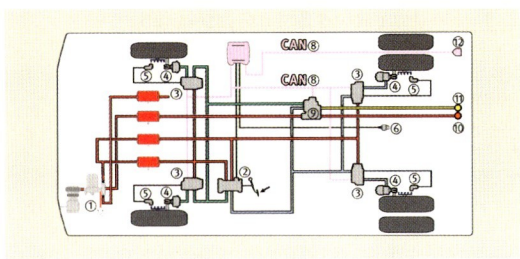

2.4 EBS im Anhänger/Trailer

Das System Trailer EBS E ist eine elektronisch gesteuerte Bremsanlage mit lastabhängiger Bremsdruckregelung und automatischem Blockierverhinderer.

Das Trailer EBS E besteht aus:
- einem Park-Löse-Sicherheitsventil (PREV),
- einer elektropneumatischen Regeleinheit mit einem integrierten elektronischen Steuergerät (TEBS E Modulator mit integrierten Drucksensoren und integriertem Redundanzventil),
- der Verkabelung und Verrohrung der Komponenten.

1. Spannungsversorgung über ISO 7638
2. Bremsleitung
3. Vorratsleitung
4. Stopplichtversorgung über ISO 1185 (optional)
5. TEBS E-Modulator
6. Park-Löse-Sicherheitsventil (PREV)
7. Überlastungsschutzventil
8. Behälter
9. Sensoren

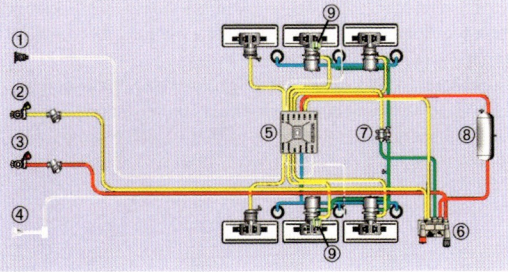

Fahrsicherheit & Sicherheitssysteme — Band 7

Das Anhängefahrzeug ist über die beiden Kupplungsköpfe für Vorratsdruck und Steuerdruck mit dem Zugfahrzeug verbunden. Über das Park-Löse-Sicherheitsventil (PREV) wird der Steuerdruck zum Trailer EBS E geleitet.
Der Trailer EBS E-Modulator steuert die Betriebsbremsteile der Federspeicherzylinder an. Zur Sensierung der Raddrehzahlen sind mindestens zwei ABS-Drehzahlsensoren angeschlossen.

Diese Konfiguration – für den typischen Sattelanhänger – wird, je nach Anzahl der Drehzahlsensoren, als 2S/2M- bzw. 4S/2M-System bezeichnet.

3. Bauteile im EBS-System

3.1 EBS-Zentralmodul

Das Zentralmodul steuert und überwacht das elektronisch geregelte Bremssystem. Es ermittelt die Sollverzögerung des Fahrzeugs aus dem Signal des Bremswertgebers. Die Sollverzögerung und die Radgeschwindigkeiten, die durch die Drehzahlsensoren gemessen werden, bilden gemeinsam das Eingangssignal für die elektropneumatische Regelung. Aus dem Eingangssignal berechnet das Zentralmodul die Drucksollwerte für die Vorderachse, die Hinterachse und für das Anhängersteuerventil.

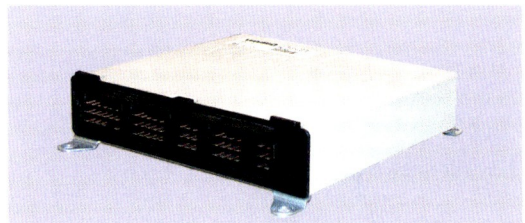

3.2 Anhängersteuerventil

Das Anhängersteuerventil steuert mit einem elektropneumatischen und einem pneumatischen Kreis das Bremsverhalten des Anhängers.
Die Solldrücke empfängt es dabei von der EBS-Elektronik.

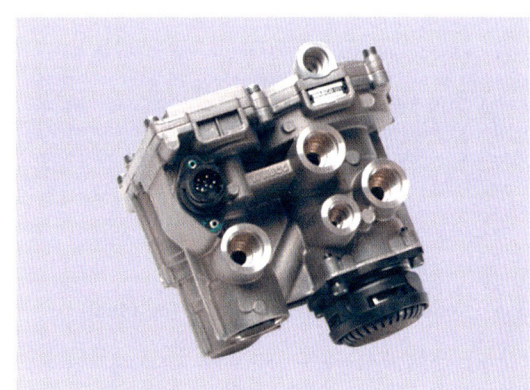

3.3 Achsmodulator

Der Achsmodulator regelt den Bremszylinderdruck auf beiden Seiten einer oder zweier Achsen. Er verfügt über zwei pneumatisch unabhängige Druckregelkreise (Ausgang A und B) mit jeweils einem Belüftungs- und Entlüftungsventil, jeweils einem Bremsdrucksensor und einer gemeinsamen Regelelektronik.

Über Drehzahlsensoren erfasst der Achsmodulator die Radgeschwindigkeiten, wertet sie aus und sendet sie an das Zentralmodul, das daraufhin die Solldrücke ermittelt. ABS-Regelungen nimmt der Achsmodulator eigenständig vor. Bei Blockier- oder Durchdrehneigung modifiziert der Achsmodulator den vorgebenden Solldruck. Der Anschluss von zwei Sensoren zur Ermittlung des Belagverschleißes ist vorgesehen.

3.4 Proportional-Relaisventil

Das Proportional-Relaisventil wird im elektronisch geregelten Bremssystem als Stellglied zum Aussteuern der Bremsdrücke an der Vorderachse eingesetzt. Es besteht aus Proportional-Magnetventil, Relaisventil und Drucksensor. Die elektronische Ansteuerung und Überwachung erfolgt durch das Zentralmodul.

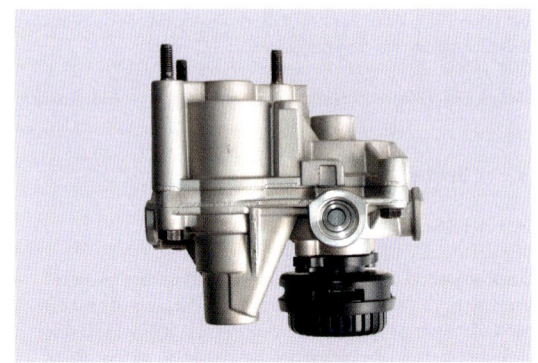

3.5 Bremswertgeber

Der Bremswertgeber erhält den Verzögerungswunsch des Fahrers über das Bremspedal und erzeugt daraufhin elektronische Signale und pneumatische Drücke zum Be- und Entlüften der Aktuatoren. Das Gerät ist zweikreisig elektronisch und zweikreisig pneumatisch aufgebaut.
Bei Betätigung des Bremspedals werden zunächst innerhalb eines Leerweges zwei elektrische Schaltsignale erzeugt, die an zwei voneinander getrennte und den elektronischen Kreisen zugeordnete Stecker ausgegeben werden und zur Einleitung und Überwachung des Bremsvorgangs dienen. Die Betätigung der Schalter erfolgt mechanisch. Nach Durchfahren des Leerweges wird der Betätigungsweg von zwei Sensoren erfasst und als pulsweitenmoduliertes Signal (PWM) ebenfalls über die Stecker ausgegeben.

3.6 Redundanzventil Hinterachse (optional)

Das Redundanzventil dient zur schnellen Be- und Entlüftung der Bremszylinder an der Hinterachse im Redundanzfall und besteht aus mehreren Ventileinheiten, die u.a. folgende Funktionen erfüllen müssen:
- 3/2-Wegeventilfunktion, um den pneumatischen Anschluss bei intaktem elektropneumatischen Bremskreis wegzuschalten
- Relaisventilfunktion, um das Zeitverhalten der Redundanz zu verbessern
- Druckrückhaltung, um bei Ausfall des elektropneumatischen Kreises den Beginn der Druckaussteuerung an Vorder- und Hinterachse zu synchronisieren
- Druckreduzierung, um im Redundanzfall ein Überbremsen der Hinterachse zu verhindern.

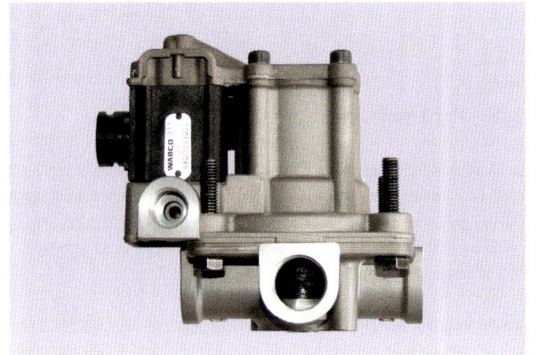

3.7 TEBS E-Modulator

Das TEBS E regelt und überwacht die elektropneumatische Bremsanlage. Es regelt seitenabhängig die Drücke der Bremszylinder von bis zu drei Achsen. Die Kommunikation mit dem Motorwagen erfolgt bei erweiterter ISO 7638-Steckvorrichtung über die elektrische Anhängerschnittstelle nach ISO 11992 (2003-04-15).

Der TEBS E-Modulator wird in der elektropneumatischen Bremsanlage zwischen Vorratsbehälter bzw. Park-Löse-Sicherheitsventil und Bremszylinder eingebaut. Er verfügt über zwei pneumatisch unabhängige Druckregelkanäle mit je einem Belüftungs- und Entlüftungsventil, einem Drucksensor und einem gemeinsamen Redundanzventil sowie einer Regelelektronik.

Die Sollverzögerung des Fahrzeuges wird mit einem integrierten Drucksensor durch Messung des pneumatischen Steuerdrucks vom Zugfahrzeug und elektronischer Anhängerschnittstelle über den CAN-Sollwert ermittelt.

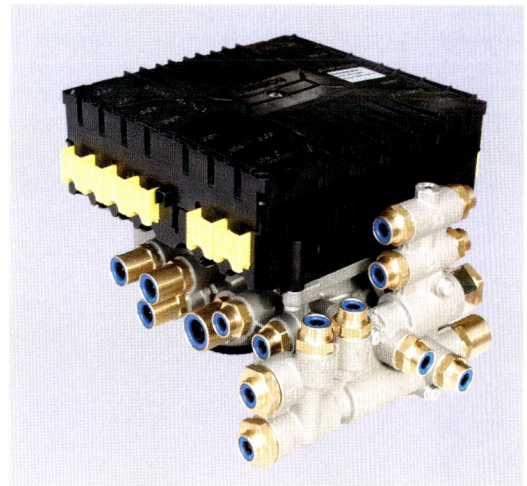

Das TEBS E verfügt über einen integrierten Achslastsensor. Zusätzlich kann ein separater Achslastsensor angeschlossen werden, um z.B. bei hydraulischen Federungen einen Drucksensor mit größerem Messbereich verwenden zu können. In Abhängigkeit der Beladung des Fahrzeuges wird die Bremskraft modifiziert (Lastabhänge Bremskraftverteilungsfunktion).

Zusätzlich werden die Radgeschwindigkeiten über bis zu vier Drehzahlsensoren erfasst und ausgewertet. Bei Blockierneigung wird der für die Bremszylinder vorgegebene Bremsdruck durch den Druckregelkreis reduziert.

Das TEBS E verfügt über einen elektrischen Anschluss für ein ABS- oder EBS-Relaisventil. Über diesen Anschluss können die Bremszylinderdrücke einer Achse separat geregelt werden.

3.8 Park-Löse-Sicherheitsventil

Das Park-Löse-Sicherheitsventil erfüllt die Funktionen der Notbremsung bei Abriss der pneumatischen Vorratsleitung und die Funktion des Doppellöseventils. Mit dem schwarzen Betätigungsknopf (Löseknopf der Betriebsbremsanlage) kann die Betriebsbremsanlage nach einer automatischen Bremsung bei abgestelltem Fahrzeug ohne Druckluftversorgung von Hand gelöst werden, wenn ausreichender Vorratsdruck im Behälter vorhanden ist. Mit dem roten Betätigungsknopf (Betätigung der Feststellbremsanlage) kann die Parkbremse, durch Entlüften der Federspeicher, eingelegt bzw. wieder gelöst werden.

Fahrsicherheit & Sicherheitssysteme — Band 7

4. Funktionen für intelligente Trailer

Die wichtigsten Funktionen für den Bau eines wirklich intelligenten Anhängefahrzeuges sind in der unten stehenden Übersicht dargestellt. Alle vier unten aufgeführten Blöcke stellen das Intelligent Trailer Program dar. Das Zero Accident Program als ein Teil des Intelligent Trailer Program wird durch den Block ADVANCED SAFETY repräsentiert.

4.1 Fahrzeug-Effizienz und Umwelt für Trailer

Fahrzeug-Effizienz

	TrailerGUARD™ Telematik	Die Anhänger Telematiklösung von dem Anhänger Technologiespezialisten (eine ausführliche Beschreibung auf den folgenden Seiten)
	Memoryniveau	Programmierbarer Speicher für verschiedene Fahrzeugniveaus
	Immobilizer	Schließen Sie Ihren Anhänger mit einem PIN-Code ab
	OptiLoad™	Verhindert automatisch eine Überlastung der Truck Antriebsachse (eine ausführliche Beschreibung auf den folgenden Seiten)
	MultiVolt	Verbinden Sie 12V und 24V Trucks ohne Konverter mit Ihrem Anhänger
	Life Axle Control	Die Liftachse wird automatisch angehoben, wenn der Anhänger leer ist
	Notebook	Speichern von fahrzeugbezogenen Daten im EBS

Umwelt

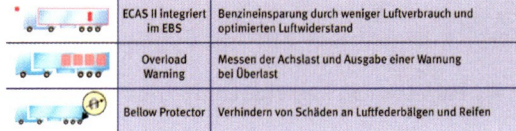

	ECAS II integriert im EBS	Benzineinsparung durch weniger Luftverbrauch und optimierten Luftwiderstand
	Overload Warning	Messen der Achslast und Ausgabe einer Warnung bei Überlast
	Bellow Protector	Verhindern von Schäden an Luftfederbälgen und Reifen

Fahrsicherheit & Sicherheitssysteme — Band 7

4.2 Fahrer-Effektivität und höhere Sicherheit für Trailer

Fahrzeug-Effektivität

	OptiTurn™	Optimiertes Fahrverhalten des Anhängers im Kreisverkehr und bei Kurvenfahrten (eine ausführliche Beschreibung auf den folgenden Seiten)
	Trailer Remote Control	Eine in der Fahrerkabine installierte Fernbedienung um die Anhängerfunktionen zu bedienen
	Return To Ride	Bringt den Anhänger nach dem Be-/Entladen automatisch zurück in das Fahrniveau
	Traction Help	Verbessert das Anfahren des Fahrzeuges auf glattem Untergrund durch eine erhöhte Traktion
	Operating Data Recorder	Wie bei einer Flugzeug Black Box nimmt die Anhänger Black Box alle Fahrdaten auf. Das Fahrverhalten und die Nutzung können damit analysiert und optimiert werden.
	Finisher Brake	Synchronisiert den Anhänger beim Entladen mit einem Asphaltfertiger

Höhere Sicherheit – ZERO ACCIDENT PROGRAM

	TrailGUARD™	Überwachen des toten Winkels mit automatischer Einbremsfunktion. Erhältlich in vier verschiedenen Systemkonfigurationen.
	Emergency Brake Alert	Die Bremsleuchten blinken bei Notbremsungen automatisch auf, um folgende Fahrzeuge zu warnen damit diese langsamer fahren
	Rollover Stability Support (RSS)	Bei drohender Kippgefahr automatisches Abbremsen des Anhängers in Kurvenfahrten mit erhöhter Geschwindigkeit
	ABS (Anti Lock Braking System)	Der Anhänger bleibt bei Notbremsungen kontrollierbar indem das Blockieren der Räder verhindert wird
	Tilt Alert	Warnt den Fahrer, wenn das Kippfahrzeug einen kritischen Neigungswinkel erreicht hat, um das Umkippen zu verhindern.
	Router	Optimale Funktionalität von EBS Systemen bei mehreren aneinander gehängten Anhängefahrzeugen
	Forklift Control	Optimale Balancierung des Gewicht bei Anhängefahrzeugen mit Mitnahmegabelstapler
	Bounce Control	Verhindert das Aufspringen des Anhängers nach Entladevorgängen

OptiLoad™

Intelligente Verteilung des Ladegewichts zwischen den Achsen von Lkw und Sattelauflieger, ohne Veränderung der Ladungsposition.

  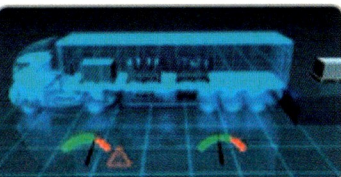

OptiLoad™ verteilt automatisch das Gewicht der Ladung über die vorhandenen Achsen der Lkw-Sattelauflieger Kombination.

Wird eine Anhängerladung über mehrere Abladepunkte verteilt, kann es dadurch zu einer ungleichmäßig verteilten Teilbeladung auf dem Sattelauflieger kommen. Eine Folge kann die Überschreitung der zulässigen Achslast der Lkw-Antriebsachse sein.

OptiLoad™ verteilt mit Hilfe des Trailer EBS E1 Premium und des Luftfedersystems automatisch die Belastung auf die Lkw- und Aufliegerachsen neu, ohne die Position der Ladung zu verändern. Es unterstützt somit Flotten und Lkw-Fahrer aktiv, die gesetzlichen Anforderungen an Achslasten einzuhalten und somit eine Überlastung der Lkw-Antriebsachse zu verhindern.

OptiLoad™ arbeitet in einem Beladungsbereich bis 24 t und ist in allen Geschwindigkeitsbereichen aktiv.

Vorteile
- Vermeidung erhöhter Achslast an Lkw-Antriebsachse
- Vermeidung von Beschädigung der Lkw-Antriebsachsen durch überhöhte Achslast
- Vermeidung von Bußgeldern durch erhöhte Achslast der Lkw-Antriebsachsen
- Verminderung von Reifenverschleiß

OptiTurn ™

Die intelligente Unterstützung für eine bessere Kurvenlauffähigkeit

OptiTurn™ verbessert wesentlich die Kurvenlauffähigkeit von Lkw-Sattelauflieger-Kombinationen, was ein optimales Durchfahren von Kurven und Kreisverkehren oder auch eine verbesserte Manövrierfähigkeit an Laderampen ermöglicht.

Enge Straßen, Kurven und Kreisel im Stadtverkehr sowie begrenzter Platz zum Manövrieren an Laderampen sind heutzutage Alltag im Leben eines Berufskraftfahrers. OptiTurn™ unterstützt aktiv den Fahrer bei dem Meistern dieser Aufgaben, reduziert den Reifenverschleiß am Anhänger bei gleichzeitiger Erhöhung der Kurvenlauffähigkeit.

OptiTurn™ erkennt automatisch enge Kurven und Kreisverkehre und entlastet oder liftet die dritte Achse des Sattelaufliegers. Durch die Verschiebung des Anhänger-Drehpunktes wird die Kurvenlauffähigkeit erhöht, so dass Reifenabrieb (Radieren der Räder) und Beschädigung an Reifenflanken (Kontakt mit Bordstein) verhindert werden. Nach Beendigung der Kurvenfahrt wird die Achse automatisch wieder in die Ausgangsposition gebracht.

In vielen Fällen ist OptiTurn™ auch eine kostengünstige Alternative zu Lenkachsen.

Vorteile
- Reduzierung von Reifenverschleiß und Reifenflankenschäden
- Einfacheres Abbiegen an Kreuzungen und Kreisverkehren
- Weniger Achsverspannung
- Optimierte Routenplanung
- In vielen Fällen Ersatz der Lenkachse

4.3 Telematik

TrailerGUARD™ Telematics

Der Begriff Telematik ist aus den Wörtern „Telekommunikation" und „Informatik" zusammengesetzt. Telematik beschreibt die Möglichkeit, Informationen zu verarbeiten und gleichzeitig über eine Distanz zu transportieren. Als Anwendung in der Nutzfahrzeugindustrie und dem Anhängefahrzeug ermöglicht Telematik, Daten und Informationen, die im Anhängefahrzeug sensiert werden, über eine drahtlose Verbindung auf einen Computer zu transportieren und dort weiter zu bearbeiten. In der Regel erfolgt der Zugriff auf die Informationen über ein Internetportal.
Die Verwendung dieser Informationen ist sehr vielschichtig und hängt von den Geschäftsabläufen des Anwenders ab. Einsatzgebiete für ein Trailer-Telematik-System können sein:
- Standortbestimmung des Anhängefahrzeugs
- Dokumentation der Ladegutkonditionen, wie z.B. der Temperatur im Anhängefahrzeug
- Überwachung der technischen Eigenschaften des Anhängefahrzeugs, z.B. den Reifendrücken

Systemaufbau

Ein Telematik-System besteht im Wesentlichen aus vier Systembausteinen:

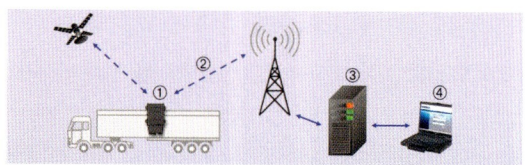

1 Fahrzeug-Hardware
2 Datenübertragung
3 Datenmanagement
4 Benutzerschnittstelle

Fahrsicherheit & Sicherheitssysteme — Band 7

Funktion der Systemkomponenten

Die im Fahrzeug verbauten Komponenten bestimmen, welche Informationen von der TTU übermittelt werden können.

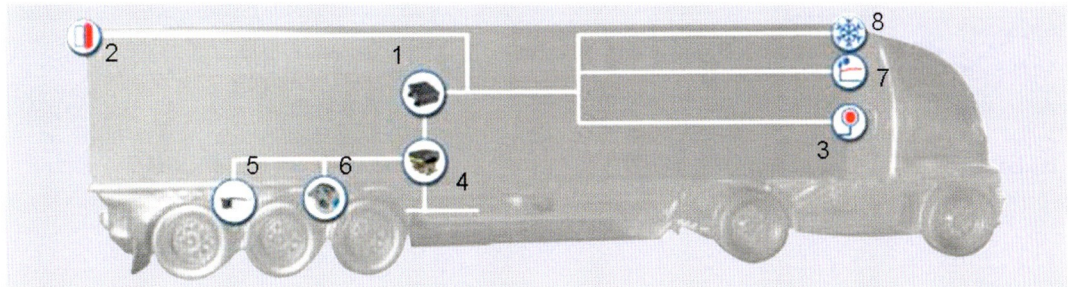

Komponente	Erfasste Daten/Funktion
1 - Trailer Telematic Unit (TTU)	Aktuelle Position als Koordinaten Datum und Uhrzeit (GMT) zu den einzelnen Informationen Start-/Zielposition, Start-/Zielzeit, Dauer, Länge, Stillstandszeit
2 - Türsensor	Tür auf / zu, Anzahl der Türöffnungen/-schließungen
3 - Koppelsensor	Anhängefahrzeug an-/abgekoppelt
4 - WABCO Trailer EBS (ab Version T EBS D1 Premium)	Aktuelle Geschwindigkeit, gemessen in der Trailer EBS, Maximalgeschwindigkeit, Durchschnittsgeschwindigkeit Laufleistung der Trailer EBS Aggregatelast Fahrten ohne gesteckten EBS-Stecker (24N Versorgung)
5 - IVTM	Bis zu 6 von IVTM gemessene Drücke der Räder und einem Reserverad
6 - BVA	Status des Bremsbelags (ok/nicht ok)
7 - Temperaturschreiber	Aktuelle Temperatur, Minimale, maximale und durchschnittliche Temperatur
8 - Kühlgerät	Status des Kühlgeräts Betriebsstunden Abtauzyklus (An/Aus)

Telematik-Portal

Das Telematik-System besteht neben den Komponenten im Fahrzeug auch aus der Datenübertragung, dem Datenmanagement und der Benutzerschnittstelle. Datenmanagement und Benutzerschnittstelle sind im Telematik-Portal zusammengefasst. Die Datenübertragung erfolgt im Hintergrund und kann nur indirekt beeinflusst werden.

Das Telematik-Portal ist eine Internetbasierte Applikation, in der die im Fahrzeug aufgezeichneten Daten und Informationen angezeigt und verarbeitet werden können. Es ist über die Internetadresse http://www.wabco-telematics.com zu erreichen.

5. Kontrollen, Wartung und Pflege der Druckluftbremsanlage

Bauteil	Kontrolle	Wartung und Pflege
Luftpresser	Luftfilterkontrollanzeige beobachten. Anschlüsse der Leitungen auf Dichtheit prüfen. Keilriemenspannung prüfen. Bei eigener Ölschmierung Ölstand prüfen. Fülldauer beachten.	Luftfilter reinigen. Betriebsanleitung beachten. Kühlrippen des Luftpressers sauber halten.
Druckregler	Abschaltdruck kontrollieren – das Erreichen des Abschaltdrucks lässt sich an den Zeigern des Druckmessers ablesen.	Eventuell vorhandene Filter reinigen.
Frostschutzeinrichtung	Einstellung auf Sommer- oder Winterbetrieb kontrollieren. Flüssigkeitsstand im Winter täglich prüfen.	Frostschutzpumpen müssen zum Schutz vor Korrosion auch im Sommer mit Frostschutzmittel befüllt sein. Nur vom Hersteller freigegebene Frostschutzmittel verwenden.
Lufttrockner	Funktion des Lufttrockners an den Entwässerungsventilen der Vorratsbehälter überprüfen. Hat sich Wasser angesammelt, muss die Kartusche ausgetauscht werden.	Austausch der Granulatkartusche nach Vorschriften des Herstellers. Betriebsanleitung beachten.
Luftbehälter	Sichtprüfung auf Verformung, Risse, Korrosion durchführen.	Behälter regelmäßig entwässern (im Winter täglich). Bei automatischen Entwässerungsventilen Funktionen überwachen.
Membran-Bremszylinder	Fahrzeuge mit Membran-Bremszylinder haben meist automatische Gestängesteller. Kontrolle der Belagstärke besonders wichtig. Staubmanschetten überprüfen.	Ohne automatische Gestängesteller das Bremsgestänge regelmäßig nachstellen lassen.
Kolbenzylinder	Hub der Kolbenstange prüfen. Bei einer Vollbremsung dürfen die Kolbenstangen maximal zwei Drittel des gesamten Hubs ausfahren. Staubmanschetten überprüfen.	Kolbenstangen sauber halten, verbogene Kolbenstange auswechseln. An den vorgesehenen Stellen abschmieren.
Bremsbeläge	Stärke der Bremsbeläge regelmäßig an allen Rädern kontrollieren. Mindeststärke der Beläge 5 mm.	Bei Erreichen der Mindestbelagstärke müssen die Bremsbeläge sofort erneuert werden.
Druckluftbeschaffungsanlage	Dichtheitsprüfung: Motor laufen lassen, bis Druckregler abschaltet. Motor abstellen. Anlage kann als dicht angesehen werden, wenn der Druckabfall innerhalb von 10 Minuten nicht mehr als 0,1 bar beträgt.	
Betriebsbremsanlage	Bei einer Teilbremsung – ca. 1/2 Pedalweg – darf der Druckabfall nach 3 Minuten höchstens 0,3 bar betragen.	

5.1 Erkennen und Beseitigen von Störungen in der Bremsanlage

Aggregat	Störung	Ursache	Beseitigung
Kompressor	Geringe Förderleistung, lange Füllzeit	Rutschender Keilriemen verschmutzter Luftfilter undichte Anschlüsse Kolbenverschleiß	Keilriemen spannen Luftfilter reinigen Anschlüsse abdichten Werkstatt aufsuchen
	Sehr kurze Füllzeit	Kondenswasser im Vorratsbehälter	Vorratsbehälter entwässern Lufttrockner überprüfen
Frostschutzeinrichtungen	Vereisung der nachgeschalteten Bauteile	Kein Frostschutzmittel in der Anlage	Frostschutzmittel auffüllen und Frostschutzeinrichtungen nach Angaben des Herstellers betätigen.
Lufttrockner	Ansammlung von Wasser in den Vorratsbehältern	Granulatkartusche hat keine Wirkung.	Kartusche austauschen.
Mehrkreis-Schutzventil	Abschaltdruck wird nicht erreicht.	Ein am Mehrkreisschutzventil angeschlossener Druckluftkreis ist undicht.	Anschlüsse abdichten. Werkstatt aufsuchen.
Vorratsbehälter	Hoher Druckabfall bei einer Bremsung	Wasser in den Behältern	Vorratsbehälter entwässern.
ALB	Geringe Bremswirkung bei voll beladenem Fahrzeug	Federbalg gerissen, Gestänge zwischen Bremskraftregler und Aufbau gebrochen.	Werkstatt aufsuchen.
Bremszylinder	Zu großer Arbeitshub	Abgenutzte Bremsbeläge, verschlissene Bremstrommeln, ausgeschlagene Bremsgestänge	Bremse muss überholt werden.

5.2 Grenzen des Einsatzes der Bremsanlage und der Dauerbremsanlage

Trommelbremsen galten lange Zeit als optimale Radbremse für Nutzfahrzeuge. Die Bauweise der Bremse ist geschlossen. Sie sind gegen Nässe und Schmutz geschützt.
Zum Vergleich der Effektivität der Radbremsen verwendet man den Bremsenkennwert C*.
Je höher der Bremsenkennwert C* ist, umso weniger Spannkraft ist für einen Bremsvorgang notwendig.
Die Spannkraft (FSp), die Kraft, mit der die Bremsbacken an die Trommel gepresst werden, setzt man ins Verhältnis zur Bremskraft (FU):

$$C^* = \frac{F_U}{F_{Sp}}$$

(U steht für Umfang, weil die Bremskraft am Radumfang gemessen wird.)

Der Bremsenkennwert liegt bei Trommelbremsen:
$C^* \sim 2{,}5$

Bei starker Erwärmung verringert sich der Reibungswert zwischen Bremsbelag und Bremstrommel.
Die Wärme kann nicht schnell genug abgeführt werden.
Der Bremsenkennwert C* fällt ab.
Das führt zum Nachlassen der Bremswirkung, dem Fading.

Bei der Scheibenbremse ist der Bremsenkennwert C* wesentlich niedriger:
$C^* \sim 0{,}8$

Das bedeutet, dass die Spannkraft (FSp) bei einer vergleichbaren Bremsung mit einer Scheibenbremse höher sein muss als mit einer Trommelbremse.

Das Kennwertverhalten der Scheibenbremse ist relativ konstant, daher ist die Fadingneigung gering.
Scheibenbremsen haben eine geringere Belagstandzeit und haben meist höhere Anschaffungs- und Betriebskosten.
Scheibenbremsen bewältigen die bei hohen Geschwindigkeiten auf Autobahnen erforderlichen Anpassungsbremsungen besser, d.h. mit weniger Fading und geringerer Rissbildungstendenz.

Dauerbremse
Auch bei Dauerbremsanlagen liegt das Hauptproblem in der Abführung der Wärme beim Bremsvorgang.

Motorbremse mit Auspuffklappe
Zur Steigerung der Bremsleistung im unteren und mittleren Drehzahlbereich sorgt ein Druckregelventil im Bypass der Abgasleitung. Bei höheren Drehzahlen verhindert das Druckregelventil den Druckanstieg, der zu einer Gefährdung der Ventile bzw. des Ventiltriebes führen könnte.

Hydrodynamischer Retarder
Hohe thermische Belastung. Die Bewegungsenergie muss in Wärme umgewandelt werden, diese wiederum wird über den Kühlkreislauf abgeführt.
Bei niedrigen Drehzahlen fällt das Bremsmoment stark ab.

Elektrodynamischer Retarder
Bei starker Erwärmung des Rotors nimmt die Bremsleistung deutlich ab. Im Gegensatz zum hydrodynamischen Retarder steht im unteren Drehzahlbereich ein hohes Bremsmoment zur Verfügung, das sich aber im oberen Drehzahlbereich verringert.

Margarete Piekulla · Ass. jur. Uwe Zdarsky

Unternehmensbild & Marktordnung

Band 8
Güterkraftverkehr

Bildnachweis –
wir danken folgenden Firmen und Institutionen für ihre Unterstützung:

Bundesamt für Güterverkehr
Daimler AG
Dirk Rossmann GmbH
Fraunhofer-Institut
Hapag-Lloyd AG
Krone
Lufthansa AG
LüLüDü GmbH & Co. KG
Map & Guide GmbH
Markus Göppel GmbH & Co. KG
Meyer Entsorgung
Polizei Niedersachsen
RST Transport Logistik GmbH
RUD Ketten Rieger & Dietz GmbH u. Co. KG
Scania
Spedition Döpke
Spedition W. Rüdebusch GmbH
Zoll

Autoren:
Margarete Piekulla
Ass. jur. Uwe Zdarsky

Lektorat und Beratung:
Rolf Kroth
Egon Matthias

Illustrationen:
Sandra Patzenhauer

Band 8

Unternehmensbild & Marktordnung (Güterkraftverkehr)

Inhalt

Band 8 „Unternehmensbild & Marktordnung" führt Sie in die Grundlagen der Wirtschaft und Organisation im Güterkraftverkehr ein. Die Kenntnisse über die Zusammenhänge Ihrer Verhaltensweisen als Fahrer sind im Güterkraftverkehr von zentraler Bedeutung. Dieser Band stellt dar, wie wichtig ein positives Image ist, und gibt zudem Tipps für den Umgang in verschiedenen Situationen. Weitere Themen sind Marktordnung im Güterverkehr, Image des Fahrers und Gesundheit & Fitness.

Die Autoren

Margarete Piekulla, Jahrgang 1970
Speditionskauffrau und Verkehrsfachwirtin. Gefahrgutbeauftragte für den Straßengüterverkehr. Dozentin in den Bereichen Speditionsbetriebslehre, kundenorientiertes Verhalten bei Logistikbetrieben, Gefahrguttransporte auf der Straße und für die Ausbildung zum Fachlagerist/in.

Ass. jur. Uwe Zdarsky, Jahrgang 1967
Studium der Rechtswissenschaften und mehrjährige Tätigkeit als Rechtsanwalt. Seit 2001 Dozent für Recht und Verkehrsrecht in der Fahrlehrerausbildung und Fahrlehrerfortbildung. Seit 2006 Leiter der Fahrlehrerausbildung an einer Verkehrsfachschule.

Inhaltsverzeichnis — Band 8

Unternehmensbild und Marktordnung im Güterkraftverkehr

1. Unternehmensbild im Güterkraftverkehr ... 6
1.1. Bedeutung der Qualität der Leistung des Lkw-Fahrers ... 6
1.1.1. Berufliche Qualifikation ... 6
1.1.2. Weiterbildungen ... 7
1.1.3. Erscheinungsbild und Auftreten ... 7
1.1.4. Zusammenarbeit ... 8
1.1.5. Zuverlässigkeit ... 8
1.1.6. Kundenzufriedenheit ... 9
1.1.7. Konfliktbewältigung ... 9
1.1.8. Ziele des Unternehmens ... 10
1.2. Rollen des Berufskraftfahrers ... 10
1.3. Gesprächspartner des Berufskraftfahrers ... 11
1.4. Arbeitsorganisation ... 15
1.4.1. Ziele der am Transport Beteiligten ... 15
1.4.2. Auftragsplanung ... 16
1.4.3. Tourenplanung ... 17
1.4.4. Beförderungs- und Ablieferungshindernisse während der Transportdurchführung ... 18
1.5. Kommerzielle Konsequenzen eines Rechtsstreits für das Transportunternehmen ... 20
1.5.1. Konsequenzen auf Kundenebene ... 20
1.5.2. Reduzierung des Marktanteils ... 21
1.5.3. Finanzielle Konsequenzen ... 21
1.5.4. Negatives Unternehmensimage ... 21

2. Marktordnung im Güterkraftverkehr ... 22
2.1. Kraftverkehr im Verhältnis zu anderen Verkehrsträgern ... 22
2.1.1. Einleitung ... 22
2.1.2. Lastkraftwagen ... 22
2.1.3. Eisenbahn ... 23
2.1.4. Flugzeug ... 24
2.1.5. Binnenschiff ... 24
2.1.6. Seeschiff ... 25
2.1.7. Kombinationen der Verkehrsträger ... 25
2.2. Tätigkeiten im Güterkraftverkehr ... 26
2.2.1. Gewerblicher Güterkraftverkehr ... 26
2.2.2. Werkverkehr ... 27
2.2.3. Zusätzliche Dienstleistungen/Transporthilfstätigkeiten ... 27
2.3. Organisation von Verkehrsunternehmen ... 28
2.3.1. Rechtsformen ... 28
2.3.2. Spedition ... 31
2.3.3. Frachtführer ... 32
2.3.4. Werkverkehr ... 32
2.4. Spezialisierung ... 32
2.5. Weiterentwicklung der Branche ... 36
2.5.1. Prognosen der Marktforschung für den Logistikmarkt in Deutschland ... 37
2.5.2. Trend zur Spezialisierung im Logistikgeschäft ... 38

Kommerzielle und finanzielle Konsequenzen eines Rechtsstreits

1. Kommerzielle und finanzielle Konsequenzen eines Rechtsstreits ... 40
1.1. Einleitung ... 40
1.2. Zivilrechtliche Rechtsstreite ... 40
1.3. Arbeitsrechtsstreite ... 42
1.4. Ordnungswidrigkeiten- und Strafverfahren ... 43
1.5. Zusammenfassung ... 45

Inhaltsverzeichnis — Band 8

Gesundheit und Fitness
1. Ergonomie – Gesundheitsgerechte Bewegungen und Haltungen 48
2. Richtiger Umgang mit Lasten! 49
3. Ernährung 50
4. Müdigkeit 51
5. Stress 53

Glossar 56
Schlagwortverzeichnis 57

Unternehmensbild im Güterkraftverkehr — Band 8

1. Unternehmensbild im Güterkraftverkehr

Fuhrmannseid

Ich schwöre einen Eid zu Gott,
dass ich das Gut,
das mir zu fahren aufgeladen wird,
für billigmäßige Belohnung dahin fahren,
treulich verwahren und redlich überliefern will,
kein Stück verfahren oder irgend anderswo
hinbringen als mir aufgegeben ist,
was mir etwa an Geld und Wechseln
zurück zubringen gereicht wird,
aufrichtig und mich in allen so betragen will,
wie einem redlichen, aufrichtigen
und getreuem Fuhrmann gebührt.
(aus dem Jahr 1691 überliefert)

1.1. Bedeutung der Qualität der Leistung des Lkw-Fahrers

In der Dienstleistungskette von heute kommt Ihnen als Kraftfahrer eine wichtige Bedeutung zu:
Mit der korrekten und planmäßigen Durchführung der Transporte sind Sie maßgeblich am Erfolg des Unternehmens beteiligt.
Der Wettbewerb unter den Logistikdienstleistern erfordert Transporte, die zur Zufriedenheit des Kunden und gleichzeitig auch für den wirtschaftlichen Erfolg des Unternehmens durchgeführt werden. Dabei sind immer auch die geltenden Gesetze und Vorschriften zu berücksichtigen.
Sie als Fahrer stellen die Verbindung zwischen dem Unternehmer und dem Kunden dar. Somit tragen Sie maßgeblich zum Erfolg, zur Sicherung der Marktposition des Unternehmens und letztendlich auch zur Sicherung Ihres Arbeitsplatzes bei.

1.1.1. Berufliche Qualifikation

Mit dem Erwerb der Fahrerlaubnisklasse C1, C1E, C oder CE und der (beschleunigten) Grundqualifikation zum EU-Berufskraftfahrer schaffen Sie die Basis für Ihre berufliche Tätigkeit.
Sie können auch eine Ausbildung zum Berufskraftfahrer absolvieren. Während dieser dreijährigen Ausbildung müssen Sie die Fahrerlaubnisklassen C und CE erwerben, um die Abschlussprüfung ablegen zu können.
In der Ausbildung zum Erwerb der Fahrerlaubnis lernen Sie die Gesetze, Regeln und Verhaltensweisen für die sichere Teilnahme am Straßenverkehr sowie die Fertigkeiten zur Bedienung und Beherrschung des Fahrzeugs kennen.
Während der Qualifikation oder Ausbildung zum Berufskraftfahrer werden Ihnen weiterführende Kenntnisse in den Bereichen Technik, Vorschriften und Gesetze sowie in den Themengebieten Gesundheit, Verkehrssicherheit und Umweltschutz, Dienstleistung und Logistik vermittelt.
Im Arbeitsalltag müssen Sie diese in Theorie und Praxis erworbenen Kenntnisse anwenden können. So kennen Sie z. B. die einzelnen Vorgänge der Abfahrtkontrolle und müssen diese täglich durchführen. Schließlich sollen weder Sie noch andere oder Ihre Ladung durch Mängel am Fahrzeug gefährdet werden. Fehler oder Schäden am Fahrzeug können Sie rechtzeitig erkennen und beheben.

Sie erkennen die Zusammenhänge der logistischen Planung des Disponenten, die eine bestimmte Reihenfolge der Ladung gewährleistet.
Während der Ausbildung wird Ihnen auch vermittelt, wie die Ladung gegen Verrutschen oder Herabfallen vom Fahrzeug zu sichern ist.
In der täglichen Praxis stehen Sie als Kraftfahrer vor ständig neuen Herausforderungen. Durch zunehmende Berufserfahrung erwerben Sie ständig neues Wissen und bekommen Routine bei der Durchführung Ihrer Arbeit.

1.1.2. Weiterbildungen

Ihre Berufserfahrung und der Austausch mit Kollegen allein reichen aber nicht aus, um immer auf dem neuesten Stand zu sein. Deshalb sind Sie verpflichtet, regelmäßig an einer Weiterbildung nach dem BKrFQG teilzunehmen. Hier können Sie neue Erkenntnisse erweben, zum Beispiel zu den Themen:
- Verkehrssicherheit,
- energiesparendes Fahren,
- Recht,
- Technik oder
- Gesundheit.

Themenschwerpunkte, die Sie bei Ihrer Arbeit benötigen oder für die Sie sich besonders interessieren, lassen sich ebenfalls vertiefen, beispielsweise:
- Dienstleistung,
- Logistik,
- Verhalten in Konfliktsituationen,
- Stressbewältigung.

Wollen Sie Ihre Einsatzmöglichkeiten als Kraftfahrer erweitern, bieten sich Ihnen verschiedene Möglichkeiten, Ihre Kompetenzen durch Schulungen und Seminare zu erhöhen, zum Beispiel:
- ADR-Bescheinigung für die Beförderung gefährlicher Güter auf der Straße,
- Ladungssicherungs-Seminare nach VDI 2700a,
- Sicherheitstraining für den sicheren Umgang mit Ihrem Fahrzeug,
- Energiespartraining/wirtschaftliches Fahren,
- Meisterbrief (Kraftverkehrsmeister),
- Fahrausweises für Gabelstaplerfahrer gemäß BGV D 27,
- betriebsspezifische oder betriebsinterne Schulungen.

1.1.3. Erscheinungsbild und Auftreten

In vielen Fällen sind Sie der einzige Mitarbeiter Ihres Unternehmens, der in persönlichem Kontakt mit dem Kunden steht. Somit repräsentieren Sie das Unternehmen nach außen. Daher kommt Ihrem äußeren Erscheinungsbild und Ihrem Auftreten eine wichtige Bedeutung zu.
Angemessene Kleidung und ein gepflegtes Äußeres sind selbstverständlich. Schmutzige, ungepflegte Kleidung und mangelnde körperliche Hygiene geben ein schlechtes Bild ab.
Es ist daher wichtig, saubere Kleidung zum Wechseln mitzuführen. Legen Sie sich einfach ein Arbeitshemd für Arbeiten mit Schmutz und ein sauberes Hemd für das Erscheinen beim Kunden oder auch fürs Restaurant während der Pausen bereit. So können Sie ohne großen Aufwand schnell die Kleidung wechseln, treten ordentlich auf und hinterlassen einen positiven Eindruck. Bei ungeeigneter Kleidung wie zum Beispiel offene Sandalen kann es außerdem dazu kommen, dass sich der Kunde bei Ihrem Arbeitgeber beschwert. Aufgrund des ungeeigneten Schuhwerks könnte er Schwierigkeiten beim Fahren vermuten. Deshalb müssen Sie immer fest am Fuß sitzende Schuhe tragen. Das gilt besonders für die Arbeitssicherheit bei Tätigkeiten am Fahrzeug und hinsichtlich der Verkehrssicherheit beim Fahren. Bei Transporten mit Gefahrgut ist eine bestimmte Schutzausrüstung gesetzlich vorgeschrieben.
Einzelheiten können Sie dem Unfallmerkblatt „schriftliche Weisungen" entnehmen.

Beim Kunden treten Sie stets höflich und kompetent auf. Wählen Sie eine ruhige und freundliche Sprache, insbesondere wenn es zu Unstimmigkeiten mit dem Kunden kommt.
Halten Sie sich nur in den Bereichen auf, in denen für Sie der Zutritt gestattet ist. In der Regel sind das Warenannahme und Laderampe. Wenn Sie andere Einrichtungen wie Kantine oder Dusche nutzen möchten, sollten Sie vorher fragen. In der Regel wird niemand Einwände dagegen haben.

1.1.4. Zusammenarbeit

Als Kraftfahrer haben Sie mit den unterschiedlichsten Personen zu tun. Sie alle sind auf Kooperation und gegenseitige Unterstützung angewiesen. Daher ist gute Zusammenarbeit eine wichtige Voraussetzung für einen reibungslosen Transportablauf. Ein gutes Klima innerhalb und außerhalb des Betriebes ist wichtig für den Erfolg des Unternehmens.
Ihr wichtigster Ansprechpartner ist der Disponent. In der Regel erhalten Sie von ihm Ihre Aufträge. Bereits vor dem Transport stimmen Sie alle wichtigen Punkte bezüglich Abhol- und Lieferadressen, Route, Zeiten und Besonderheiten mit dem Disponenten ab. Mit ihm ist eine gute Zusammenarbeit besonders wichtig – insbesondere wenn Unvorhersehbares geschieht oder einem Beteiligten ein Fehler unterläuft.
Während der Beförderung ist der Disponent der Partner an Ihrer Seite. In Zusammenarbeit mit ihm stellen Sie eine erfolgreiche Beförderung sicher. Wenn Ihnen die einzelnen Handlungsabläufe beim Kunden bekannt sind, können Sie ihm wertvolle Hilfe für die Planung der Transporte leisten.

Auch Sie werden im Laufe Ihres Berufslebens in Situationen kommen, in denen Sie auf Hilfe und Unterstützung von Kollegen angewiesen sind.
Beispiele:
- Sie erhalten Tipps über die Besonderheiten beim Kunden wie Anfahrt, Abladestelle oder Abladezeiten.
- Eine kurzfristig aufgenommene Abholstelle liegt auf der Route eines Kollegen, der noch Platz hat. Er erspart Ihnen damit einen großen Umweg.
- Sie können eine Schicht mit einem Kollegen tauschen, damit Sie an Ihrem Hochzeitstag abends zu Hause sind.

Gute Zusammenarbeit und Hilfsbereitschaft unter Fahrerkollegen sollten selbstverständlich sein. Häufig erleichtern sie den Arbeitsalltag und werden sich deshalb immer auszahlen.
Neuen Mitarbeitern können Sie die Abläufe in Ihrem Unternehmen näher erklären und wertvolle Tipps geben. Eine freundliche und faire Einarbeitung ist oft die Grundlage für kollegiales Verhalten und ein gutes Betriebsklima.
An der Beladestelle wird das Fahrzeug vom Lagerpersonal beladen.
Anhand Ihrer Planung ist Ihnen bekannt, welche Kunden in welcher Reihenfolge von Ihnen beliefert werden. Weisen Sie deshalb das Ladepersonal ein, das Fahrzeug in der entsprechenden Reihenfolge zu beladen. Dabei muss unbedingt auf die gleichmäßige Verteilung der Last auf dem Fahrzeug (Lastverteilungsplan) geachtet werden. Sie kümmern sich darum, dass Ihnen die nötigen Beförderungsdokumente übergeben werden. Diese prüfen Sie auf Richtigkeit und Vollzähligkeit.
Effektive, vertrauensvolle Zusammenarbeit und konstruktive Kommunikation sind wichtige Faktoren für einen reibungslosen Transport.

1.1.5. Zuverlässigkeit

Mit Ihrer Arbeit sorgen Sie für einen reibungslosen Warenfluss zwischen Lieferant und Empfänger der Ware. Sie tragen zum großen Teil die Verantwortung dafür, dass die Waren pünktlich und unversehrt beim Empfänger ankommen. Sie sind für die Betriebs- und Verkehrssicherheit des Fahrzeugs verantwortlich.
In Ihrem beruflichen Alltag reagieren Sie der jeweiligen Situation angepasst unter Beachtung der Gesetze und Vorschriften.

1. 1. 6. Kundenzufriedenheit

Ihr Unternehmen verkauft die Dienstleistung „Transport", für die der Kunde bezahlt. Dafür erwartet er eine pünktliche und unbeschädigte Zustellung der Güter. Das allein reicht aber noch nicht aus, um den Kunden zufriedenzustellen.
Mindestens genauso entscheidend sind Ihr Erscheinungsbild und Ihr Verhalten dem Kunden gegenüber. Der erste Eindruck ist für den Verlauf eines Gespräches und die Entwicklung der Geschäftsbeziehung von besonderer Bedeutung.
Ein schlechter erster Eindruck kann nur sehr schwer wieder ausgeräumt werden.

1. 1. 7. Konfliktbewältigung

Besonders in Konfliktsituationen sind Ihre sozialen und kommunikativen Kompetenzen gefragt.
Sollte sich während des Entladevorgangs herausstellen, dass Ware beschädigt worden ist, müssen Sie neutral den Tatbestand erfassen.
Das kann sich schwierig gestalten, wenn der Kunde die beschädigte Ware dringend benötigt und sie nun nicht verwenden kann.
Zunächst klären Sie mit dem Kunden die weitere Vorgehensweise und stellen dann sicher, dass er damit einverstanden ist.
Ein weiterer Konflikt kann durch verspätete Abholung bzw. Anlieferung von Waren zustande kommen. Sie müssen in der Lage sein, dem Kunden den Grund für Ihre Verspätung verständlich zu erklären. Wertvolle Hilfe kann hier der Disponent leisten, wenn Sie ihn informieren, sobald sich eine Verzögerung abzeichnet.
Der Disponent kann sich daraufhin mit dem Kunden in Verbindung setzen, um Ihre Verspätung anzukündigen. Gegebenenfalls wird er auch gleich die weitere Vorgehensweise mit dem Kunden abklären.
Gründe für einen verzögerten Transport können beispielsweise ein Verkehrsstau oder eine Verzögerung bei einer vorangegangenen Entladestelle sein.
Natürlich ist es wichtig, die Kundenvorgaben während eines Transportes zu erfüllen. Das jedoch nur, ohne mit dem Gesetz in Konflikt zu geraten und ohne die Planungsfähigkeit des eigenen Unternehmens zu gefährden.

1.1.8. Ziele des Unternehmens

Die obersten Ziele Ihres Arbeitgebers sind Kundenzufriedenheit und ein hoher Qualitätsstandard bei gleichzeitiger Kostensenkung.
Sie können durch Ihre Arbeitsweise, Ihr Verhalten und Ihr Auftreten einiges für die Wirtschaftlichkeit, die Konkurrenzfähigkeit und damit für den Erfolg Ihres Unternehmens tun.
Ihr vorbildliches Verhalten wirkt sich positiv auf Ihre Position im Unternehmen aus und Sie selbst sichern somit langfristig Ihren Arbeitsplatz.

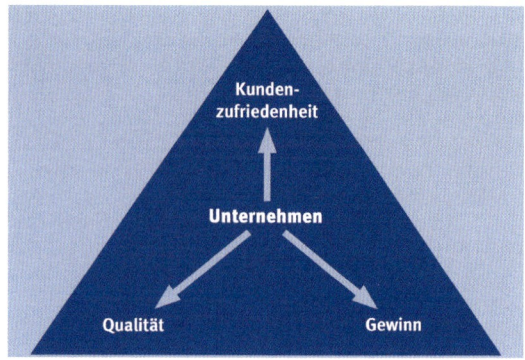

1.2. Rollen des Berufskraftfahrers

Als Berufskraftfahrer nehmen Sie in Ihrem beruflichen Alltag verschiedene Rollen wahr. Dabei kommunizieren Sie mit vielen unterschiedlichen Gesprächspartnern.

Rolle als Arbeitnehmer
Bereits beim Einstellungsgespräch mit Ihrem zukünftigen Arbeitgeber unterstreichen Sie Ihre Kompetenz und Zuverlässigkeit. Sie präsentieren Ihre Fähigkeiten und Fachkenntnisse und stellen damit wichtige Weichen für Ihre berufliche Zukunft.

Rolle als Berufskraftfahrer im Unternehmen
Mit dem Disponenten, der die Touren plant und die Transportabläufe überwacht, arbeiten Sie eng zusammen. Gemeinsam mit ihm sorgen Sie dafür, dass die täglichen Transporte vereinbarungsgemäß ablaufen.
Diese Zusammenarbeit bedarf einer effizienten Kommunikation miteinander. Abholzeiten bzw. -orte müssen abgestimmt und Beförderungsdokumente korrekt und vollständig an Sie übergeben werden. Im Gespräch mit dem Disponenten klären Sie auch Fragen des Transportablaufs.
Die Vertragsvereinbarungen, Ihre Möglichkeiten als Kraftfahrer sowie die Einsatzmöglichkeiten Ihres Fahrzeugs müssen bei der Planung berücksichtigt werden.

Rolle als Kollege im Unternehmen
Zusammenarbeit mit anderen Kraftfahrern
Hin und wieder kann es vorkommen, dass bereits geplante Touren wegen Unfällen, Krankheiten oder anderer Zwischenfälle geändert werden müssen. Kollegiales Verhalten zwischen den Kraftfahrern ist eine wichtige Voraussetzung für eine angemessene Lösung.

Zusammenarbeit mit dem Lagerpersonal
Das Lagerpersonal unterstützt Sie bei Ihrer Arbeit, indem es die Waren nach den Vorgaben des Lagermeisters auf Ihr Fahrzeug verlädt.
Eine gute Zusammenarbeit bildet hier die Grundlage für eine ordnungsgemäße Beladung und für ein problemloses, zeitsparendes Abladen der Güter bei den jeweiligen Empfängern der Waren.

Rolle als Verkehrsteilnehmer
Sie fahren vorausschauend und nehmen Rücksicht auf andere Verkehrsteilnehmer, die häufig auch die deutlich schwächeren Partner im Straßenverkehr sind. Ihre Geschwindigkeit passen Sie im Rahmen der gesetzlichen Vorschriften dem Verkehrsfluss an.
Denken Sie daran, dass Sie als Berufskraftfahrer für viele Verkehrsteilnehmer eine Vorbildrolle innehaben. Ihr Verkehrsverhalten ist oftmals prägend für das der anderen.

Rolle als Aushängeschild Ihres Unternehmens
Sie sind das „Aushängeschild" Ihres Unternehmens. Ein gepflegtes Äußeres, höfliche Umgangsformen, fachliche Kompetenz und Hilfsbereitschaft sollten deshalb selbstverständlich für Sie sein.
Ein verkehrs- und betriebssicheres, gepflegtes Fahrzeug rundet den guten Gesamteindruck ab.

Rolle als Kunde
Bei einer Werkstatt oder auf dem Rasthof sind Sie in der Rolle des Kunden. Als Kunde bringen Sie Ihr Anliegen freundlich und sachlich vor. Durch Ihre Fachkenntnisse sind Sie in der Lage, Unstimmigkeiten und Fehler bei der Leistungserstellung zu erkennen und diese in angemessener Weise zu beanstanden. Sie bestehen auf Beseitigung der Mängel oder auf Ersatz.

1. 3. Gesprächspartner des Berufskraftfahrers

Personalleiter
Der Personalleiter oder Personalreferent ist schon beim Vorstellungsgespräch einer der ersten Ansprechpartner im Unternehmen. Der Personalleiter hat die Aufgabe, unter den Bewerbern um einen Arbeitsplatz die richtige Auswahl für das Unternehmen zu treffen. Ihm gegenüber machen Sie bei der Bewerbung nicht nur Ihre beruflichen Fähigkeiten und Erfahrungen deutlich, sondern zeigen auch, dass Sie sich auf das Gespräch vorbereitet haben, indem Sie gezielte Fragen zu der neuen Tätigkeit stellen und ebenfalls Ihr Interesse an den anderen Bereichen der Firma zeigen.
Ehrliches Interesse ist die Basis für Ihr späteres Engagement. Höflichkeit und Kommunikationsfähigkeit, die nicht nur auf Fachgespräche begrenzt ist, vermitteln dem Personalleiter, dass Sie später als Mitarbeiter die Firma nach außen angemessen vertreten können.
Mit dem Personalleiter besprechen Sie alles rund um Ihren Arbeitsvertrag und Ihr Beschäftigungsverhältnis: Änderungen, Einstellung und Kündigung. Die Personalabteilung ist in der Regel auch Ansprechpartner für Zeiterfassung, Überstunden, Lohn und Gehalt und Spesenabrechnung.

Disponent
Gemeinsam mit dem Disponenten sorgen Sie für einen vereinbarungsgemäßen Ablauf der geplanten Transporte. Von ihm erhalten Sie die dafür erforderlichen Informationen. Er ist auch Ihr Ansprechpartner, wenn es um die Ausrüstung Ihres Fahrzeugs, Reparaturen und anfallende Prüftermine geht. Sie beide sind verpflichtet, gemeinsam dafür Sorge zu tragen, dass Ihre Lenkzeit nicht überschritten wird und Sie Ihre Pausen ordnungsgemäß einhalten können.
Der Disponent übergibt Ihnen auch die erforderlichen Beförderungsdokumente. Sie überprüfen diese auf Richtigkeit und Vollständigkeit.

Lagerpersonal

- **im eigenen Unternehmen**
  Der zuständige Lagerarbeiter bekommt vom Lagermeister die Vorgaben, in welcher Reihenfolge die Waren auf Ihr Fahrzeug verladen werden sollen.
  Sie als Fahrer müssen bei der Beladung des Fahrzeugs anwesend sein, um die Richtigkeit der Vorgaben zu kontrollieren.

- **beim Versender oder Absender der Waren**
  Um die Waren beim Versender oder Absender zu erhalten, melden Sie sich mit den entsprechenden Dokumenten, die Sie zur Abholung berechtigen, beim Lagerpersonal an der Warenausgabe. Dort bekommen Sie weitere Anweisungen bezüglich der Beladung Ihres Fahrzeuges (z. B. Rampennummer, Uhrzeit etc.).
  Auch hier überprüfen Sie das Verladen der Waren durch das Lagerpersonal. Achten Sie insbesondere darauf, dass die Versandstücke vollständig und in einwandfreiem Zustand sind. Nach der Beladung quittieren Sie die Übernahme der Versandstücke auf dem dafür vorgesehenen Frachtbrief oder Beförderungspapier. Eine Durchschrift verbleibt beim Versender/Absender der Waren.

- **beim Empfänger der Waren (Unternehmen)**
  Beim Empfänger der Waren melden Sie sich mit dem entsprechenden Warenbegleitdokument beim zuständigen Lagermeister bzw. dem Lagerpersonal an der Warenannahme. Von ihnen erhalten Sie weitere Anweisungen bezüglich der Entladung.
  Die Entladung erfolgt durch das Lagerpersonal des Empfängers. Bei der Entladung können folgende Mängel festgestellt werden:
  - Falsche Ware wurde angeliefert.
  - Die Versandstücke sind nicht vollzählig.
  - Die Versandstücke sind beschädigt
    oder wurden während der Entladung beschädigt.
  Ihre Aufgabe ist es, diese Mängel im Frachtbrief zu dokumentieren. Um die Beweiskraft zu sichern, ist zusätzlich die Unterschrift des Lagermeisters erforderlich.

Empfänger der Waren (Privatperson)
Die Zustellung der Waren an Privatpersonen erfordert manchmal das Kassieren des Nachnahmebetrages für die Lieferung vor Ort. Bei Unstimmigkeiten wenden Sie sich an den zuständigen Disponenten.
Achtung: Sie sind nicht berechtigt, Versandstücke, für die noch ein Nachnahmebetrag zu entrichten ist, ohne vorherige Anweisung dem Empfänger zu überlassen.

Fuhrparkleiter

Der Fuhrparkleiter ist für den ordnungsgemäßen Zustand, das heißt für die Verkehrs- und Betriebssicherheit der Fahrzeuge zuständig. Sobald Sie Mängel am Fahrzeug feststellen, weisen Sie ihn darauf hin, damit er umgehend für deren Beseitigung sorgen kann.
Der Fuhrparkleiter hat dafür zu sorgen, dass Sie immer in einem verkehrssicheren Fahrzeug unterwegs sind.

Zollbeamte

Nach der Beladung der Güter kann es erforderlich sein, die Ladeeinheit und die darin enthaltenen Güter gegen unbefugten Zugriff Dritter zu schützen. Sie führen in diesem Fall die Ladeeinheit dem zuständigen Zollamt vor.
Der zuständige Zollbeamte überprüft die Richtigkeit der Beförderungsdokumente und vergleicht sie mit der Ware im Fahrzeug. Anschließend wird die Ladeeinheit verplombt, das heißt der Zollbeamte bringt an ihr eine Sicherung an. Die Verplombung kann auch durch eine andere befugte Person am Ladeort erfolgen. Die Plombe wird durch einen Zollbeamten oder eine andere befugte Person erst wieder am Entladeort entfernt. Während des Transportes hat somit keine unbefugte Person Zugang zu den Gütern.
Im Rahmen des am weitesten verbreiteten gemeinschaftlichen/gemeinsamen Versandverfahrens mit Versandschein T1 bzw. T2 erlauben die auf Antrag möglichen Vereinfachungen „Zugelassener Versender" und „Zugelassener Empfänger" auch Personen dieser Zulassungsinhaber das Anlegen bzw. Abnehmen von Zollverschlüssen.

Während des Transportablaufs kommt es zu Kontrollen durch die Beauftragten des BAG (Bundesamt für Güterverkehr). Sie sind ermächtigt, unter anderem

- Ihre Beförderungsdokumente bezüglich der Ware,
- Ihre persönlichen Dokumente wie z. B. den Führerschein und
- das Fahrzeug mit den dazugehörigen Ausrüstungsgegenständen (z. B. bei Gefahrguttransporten)

zu kontrollieren. Außerdem werden andere Schulungsbescheinigungen, die Sie zu bestimmten Transporten befähigen (z. B. die GGVSEB/ADR-Schulungsbescheinigung), auf Ihre Korrektheit und Gültigkeit überprüft.

Sie sind verpflichtet, die mitzuführenden Nachweise, Berechtigungen oder Bescheinigungen den Beauftragten zur Prüfung auszuhändigen. Bei einer solchen Kontrolle wird auch das Fahrzeug technisch überprüft. Schwerpunkte dabei sind z. B.
- Reifenbeschaffenheit,
- Schäden am Fahrzeug,
- Überladung der Ladeeinheit,
- Sicherung der Ladung.

Um die Überladung der Ladeeinheit festzustellen, wird das Fahrzeug zu einer Waage gebracht. Zusätzlich überprüfen die Beamten, ob die Ladung korrekt und ausreichend auf der Ladeeinheit gesichert ist.
Werden Mängel festgestellt, müssen diese vor der Weiterfahrt behoben werden. Bis zu deren Beseitigung kann Ihnen die Weiterfahrt untersagt werden.
Sie haben die Zeichen und die Weisungen der Beauftragten des BAG zu befolgen, ohne dass Sie dadurch von Ihrer Sorgfaltspflicht entbunden sind.

GüKG § 12 Befugnisse (1) Soweit dies zur Durchführung der Aufgaben nach § 11 Abs. 2 erforderlich ist, kann das Bundesamt insbesondere auf Straßen, auf Autohöfen und an Tankstellen Überwachungsmaßnahmen im Wege von Stichproben durchführen. Zu diesem Zweck dürfen seine Beauftragten Kraftfahrzeuge zur Güterbeförderung anhalten, die Identität des Fahrpersonals durch Überprüfung der mitgeführten Ausweispapiere feststellen sowie verlangen, dass die Zulassungsdokumente des Fahrzeugs, der Führerschein des Fahrpersonals und die nach diesem Gesetz oder sonstigen Rechtsvorschriften bei Fahrten im gewerblichen Güterkraftverkehr mitzuführenden Nachweise, Berechtigungen oder Bescheinigungen zur Prüfung ausgehändigt werden. Das Fahrpersonal hat den Beauftragten des Bundesamtes unverzüglich die zur Erfüllung der Überwachungsaufgaben erforderlichen Auskünfte wahrheitsgemäß nach bestem Wissen und Gewissen zu erteilen. Es kann die Auskunft auf Fragen verweigern, deren Beantwortung es selbst oder einen der in § 383 Abs. 1 Nr. 1 bis 3 der Zivilprozessordnung bezeichneten Angehörigen der Gefahr strafgerichtlicher Verfolgung oder eines Verfahrens nach dem Gesetz über Ordnungswidrigkeiten aussetzen würde.
(2) Zur Überwachung von Rechtsvorschriften über die Beschäftigung und die Tätigkeiten des Fahrpersonals auf Kraftfahrzeugen können Beauftragte des Bundesamtes auf Antrag eines Landes auch Kraftomnibusse anhalten.
(3) Das Fahrpersonal hat die Zeichen und Weisungen der Beauftragten des Bundesamtes zu befolgen, ohne dadurch von seiner Sorgfaltspflicht entbunden zu sein.
(4) Soweit dies zur Durchführung der Aufgaben nach § 11 Abs. 2 Nr. 1 und 2 sowie Nr. 3 Buchstabe d (Rechtsvorschriften über die Abgaben für die Benutzung von Straßen) erforderlich ist, können Beauftragte des Bundesamtes bei Eigentümern und Besitzern von Kraftfahrzeugen zur Güterbeförderung und allen an der Beförderung oder an den Handelsgeschäften über die beförderten Güter Beteiligten
1. Grundstücke und Geschäftsräume innerhalb der üblichen Geschäfts- und Arbeitsstunden betreten sowie
2. Einsicht in die Bücher und Geschäftspapiere einschließlich der Unterlagen über den Fahrzeugeinsatz nehmen.
   Die in Satz 1 genannten Personen haben diese Maßnahmen zu gestatten.
(5) Die in Absatz 4 genannten und für sie tätigen Personen haben den Beauftragten des Bundesamtes auf Verlangen alle für die Durchführung der Überwachung nach § 11 Abs. 2 Nr. 1 und 2 sowie Nr. 3 Buchstabe d (Rechtsvorschriften über die Abgaben für die Benutzung von Straßen) erforderlichen
1. Auskünfte zu erteilen,
2. Nachweise zu erbringen sowie
3. Hilfsmittel zu stellen und Hilfsdienste zu leisten.
   Absatz 1 Satz 3 und 4 gilt entsprechend.
(6) Stellt das Bundesamt in Ausübung der in den Absätzen 1 und 2 genannten Befugnisse Tatsachen fest, die die Annahme rechtfertigen, dass Zuwiderhandlungen gegen
1. §§ 142, 263, 266a, 267, 268, 315c oder § 316 des Strafgesetzbuches,
2. § 21 oder § 22 des Straßenverkehrsgesetzes,
2a. § 10 oder § 11 des Schwarzarbeitsbekämpfungsgesetzes,
2b. § 404 Abs. 2 Nr. 3 und 4 des Dritten Buches Sozialgesetzbuch,
2c. § 111 Abs. 1 Nr. 6 des Vierten Buches Sozialgesetzbuch,
3. § 24 des Straßenverkehrsgesetzes, die nach dem auf Grund des § 26a des Straßenverkehrsgesetzes erlassenen Bußgeldkatalog in der Regel mit Geldbußen von mindestens fünfzig Euro geahndet werden,
4. § 24a oder § 24c des Straßenverkehrsgesetzes,
5. § 18 Abs. 1 Nr. 3 Buchstabe a des Tierschutzgesetzes oder
6. § 61 Abs. 1 Nr. 5 und Abs. 2 Nr. 10 des Kreislaufwirtschafts- und Abfallgesetzes, bei denen das Bundesamt nicht Verwaltungsbehörde im Sinne des § 36 Abs. 1 Nr. 1 des Gesetzes über Ordnungswidrigkeiten ist, begangen wurden, übermittelt es derartige Feststellungen den zuständigen Behörden. Bei Durchführung der Überwachung nach den Absätzen 4 und 5 gilt Gleiches für schwerwiegende Zuwiderhandlungen gegen die in § 11 Abs. 2 Nr. 3 genannten Rechtsvorschriften.
   Das Recht, Straftaten oder Ordnungswidrigkeiten anzuzeigen, bleibt unberührt.

Anhalter
Während des Transports werden Sie, insbesondere auf Rasthöfen, gelegentlich Anfragen von Anhaltern bezüglich deren Mitnahme erhalten. Solche Bitten müssen Sie jedoch ablehnen, da diese Personen während der Fahrt über keinen Versicherungsschutz verfügen. Bei Gefahrguttransporten ist dies ohnehin generell gesetzlich untersagt.

Werkstatt
Durch Ihr Fachwissen und Ihre Berufserfahrung sind Sie in der Lage, Fehler oder Mängel bei der Leistungserstellung in einer Werkstatt zu erkennen. Sie weisen den zuständigen Werkstattleiter auf den Fehler oder Mangel hin und fordern Nachbesserung bzw. Ersatz.

1. 4. Arbeitsorganisation

1. 4. 1. Ziele der am Transport Beteiligten

Die Ziele der am Transport Beteiligten können sich voneinander unterscheiden. Eine gute Arbeitsorganisation ermöglicht jedoch eine für alle erfolgreiche Abwicklung.

Ziele des Kunden
Termineinhaltung
Der Kunde Ihres Unternehmens erwartet eine vereinbarungsgemäße Abholung und Zustellung seiner Güter.
Im Speditionsvertrag zwischen Versender und Spedition sind Liefer- und Abholtermin festgelegt. Sie sind derjenige, der diese Terminvorgaben in Zusammenarbeit mit dem Disponenten umsetzt.

Eine nicht vereinbarungsgemäße (zu frühe oder zu späte) Abholung oder Anlieferung der Ware kann für den Spediteur folgende Konsequenzen haben:
- Bei der Lade- oder Entladeadresse ist die Warenannahme bzw. Warenausgabe geschlossen. Die Ware kann nicht ge- bzw. entladen werden. Folge: Nach Absprache mit dem zuständigen Disponenten müssen Sie den Transportablauf ändern.
- Eine vorzeitige Anlieferung von Waren kann zu längeren Wartezeiten beim Empfänger führen.
- Bei verspäteter Anlieferung kann es beim Empfänger der Ware zu Produktionsverzögerungen kommen:
  - Für den Spediteur/Transporteur ist das laut Vertragsvereinbarung mit hohen Kosten verbunden.
  - Außerdem muss der Spediteur/Transporteur mit dem Verlust von Nachfolgeaufträgen rechnen.
- Kosten können dem Spediteur/Transporteur auch durch zusätzlich nötige Sonderfahrten entstehen, wenn die Ware nicht rechtzeitig verladen wurde.

Unversehrtheit der Güter
Die Güter, die Sie befördern, sind z. B. für den Verkauf oder für die Produktion vorgesehen. Werden sie beschädigt, kann es weit reichende Folgen haben.
Bereits bei der Abholung müssen Sie darauf achten, dass Sie nur unbeschädigte Versandstücke übernehmen. Ihre Anwesenheit bei der Beladung ist deshalb unbedingt erforderlich. Achten Sie besonders darauf, dass die Ladung korrekt gesichert ist. Sie sind dafür verantwortlich!
Nasse oder beschädigte Paletten oder Kartons dürfen Sie nur dann mitnehmen, wenn feststeht, dass die Ware nicht beschädigt ist. Das gilt jedoch nicht für Gefahrguttransporte.
Informieren Sie im Zweifelsfall Ihren Disponenten.
Nach der Beladung des Fahrzeugs bestätigen Sie mit Ihrer Unterschrift den ordnungsgemäßen Erhalt der Ware.

Transportkostenoptimierung
Der Absender hat unterschiedliche Möglichkeiten, seine Ware transportieren zu lassen:
- durch den eigenen Fuhrpark,
- durch Speditionen,
- durch Frachtführer,
- mit Bahn, Schiff, oder Flugzeug.

Frachtkosten und Lieferzeit sind dabei entscheidende Kriterien.

Ziele des Unternehmers

Wettbewerbsfähigkeit
Der Unternehmer befindet sich in einem ständigen Konkurrenzkampf mit anderen Spediteuren und anderen Verkehrsträgern. Mit der Qualität Ihrer Leistung als Kraftfahrer tragen Sie Tag für Tag zum Erfolg des Unternehmens bei.

Kostenreduzierung
Ihr Arbeitgeber hat das Ziel, die Wirtschaftlichkeit des Unternehmens zu sichern. Erreichen kann er dieses Ziel langfristig nur, wenn er in der Lage ist, einen größeren Anteil seiner Einnahmen in seine Firma zu investieren, um wettbewerbsfähig zu bleiben.
Fuhrpark, Werkstatt, Lager und Verwaltung auf aktuellem technischen Stand zu halten, erleichtert dem Personal die Arbeit und vermeidet Ausfallzeiten. Die so gewonnene Wettbewerbsfähigkeit sichert natürlich auch Arbeitsplätze.
Der zuständige Disponent sorgt für die optimale Auslastung der Fahrzeuge und plant deren Einsatz. Er achtet darauf, dass Leerfahrten vermieden werden und dass Sie Ihre Transporte auch in der Ihnen zur Verfügung stehenden Lenkzeit ausführen können.
Zufriedene Kunden geben ihren positiven Eindruck über den gelungenen Transportablauf weiter. Dadurch erweitert sich auch der Kundenstamm Ihrer Spedition.
Sie als ausgebildeter Kraftfahrer tragen besonders dazu bei. Durch Ihre Arbeitsweise können Sie zur deutlichen Kostenreduzierung in Ihrem Unternehmen beitragen.
Das gilt insbesondere für Ihr Fahrverhalten und den schonenden Umgang mit Ihrem Fahrzeug, dem Aufbau, den Ladungssicherungsmitteln und Ladungshilfsmitteln.
Sorgfältige Handhabung führt zu längerer Nutzungsdauer. Hinzu kommt die regelmäßige fachgerechte Fahrzeugwartung.

1. 4. 2. Auftragsplanung

Abholung des Beförderungsgutes
Der Auftraggeber (Versender oder Empfänger der Waren) beauftragt den Transporteur mit deren Abholung.
Die Avisierung (Anmeldung) erfolgt durch den zuständigen Disponenten. Anschließend erhalten Sie von diesem die nötigen Informationen:
- Abholzeit,
- Ort der Abholung,
- Abholnummer der Waren,
- Informationen über Besonderheiten bei der Beladung (z. B. Kranbeladung).

Erforderliche Hilfsmittel
Der zuständige Disponent teilt Ihnen mit, welche Hilfsmittel Sie für den jeweiligen Transport benötigen, z. B.:
- Mittel zur Ladungssicherung: Art und Anzahl der Mittel wie z. B. Zurrgurte, Zurrketten, Kantenschützer oder Antirutschmatten.
- Gefahrgutausrüstung: Fahrzeugausrüstung sowie Ihre persönliche Schutzausrüstung (siehe Unfallmerkblatt/schriftliche Weisungen).

Zustellung des Beförderungsgutes

Auch bei der Zustellung müssen Sie darauf achten, zu welcher Zeit Sie die Waren abliefern dürfen. Die Information erhalten Sie vom zuständigen Disponenten.

Wichtig ist, dass Sie beim Entladen anwesend sind. Nur so können Sie Unregelmäßigkeiten wie z. B. Fehlmengen oder Beschädigungen sofort erkennen.

Bei den Abladetätigkeiten vor Ort können ebenfalls Beschädigungen an der Ware verursacht werden. Deshalb ist es wichtig, dass genau abgegrenzt werden kann, wo im Beförderungsverlauf der Schaden entstanden ist.

Alle Unregelmäßigkeiten dokumentieren Sie in den entsprechenden Warenbegleitpapieren (z. B. im Frachtbrief). Die Eintragungen muss der verantwortliche Mitarbeiter des Empfängers unterzeichnen, damit sie als Beweisdokument verwendet werden können.

Just-in-Time-Lieferungen

Viele Unternehmen haben sich aus Kostengründen entschieden, ihre Lager zu reduzieren oder komplett abzubauen.

Die zur Produktion benötigten Waren rechtzeitig zu liefern, stellt für die Spediteure – und somit auch für Sie als Fahrer – eine besondere Herausforderung dar:

Das bestellte Material muss zu einem fest vereinbarten Zeitpunkt angeliefert werden. Der Produktionsfluss des Herstellers darf dabei nicht unterbrochen werden. Bei unvorhergesehenen Ereignissen müssen Sie den zuständigen Disponenten informieren, damit er mit dem Auftraggeber weitere Vorkehrungen und Absprachen treffen kann.

1. 4. 3. Tourenplanung

Die optimale Fahrzeugauslastung verlangt von den zuständigen Disponenten große Flexibiliät und genaue Kenntnis der marktrelevanten Daten, z. B. Frachtpreis und Behandlung besonderer Güter.

Dem Transportunternehmen sind in der Regel 30-60 % der Transportaufträge für den zu planenden Arbeitstag im Voraus bekannt. Diese resultieren aus den Transportaufträgen des Vortages und den terminierten Aufträgen.

Weitere Transportaufträge erhält das Unternehmen jeweils aktuell durch Kunden. Teilweise werden auch über Frachtbörsen Transportaufträge anderer Transportunternehmen übernommen. Der Disponent ordnet die Frachtaufträge den verschiedenen Fahrzeugen zu.

Diese Vorgehensweise kann für Sie als Fahrer bedeuten:
- längere Wegstrecke,
- Zeitverlust,
- ungenutzte Transportkapazitäten.

Auch während des Transports können sich Änderungen für Sie ergeben, z. B.:
- Geplante Frachtaufträge werden durch den Kunden abgesagt.
- Der Kunde verweigert die Annahme des Gutes.
- Neue Frachtaufträge werden angemeldet.

Unternehmensbild im Güterkraftverkehr — Band 8

Als Nahverkehrsfahrer planen Sie den aktuellen Tag – als Fahrer im Fernverkehr gleich mehrere Tage hintereinander.
Dazu stehen Ihnen neben den Auskünften des Disponenten und den Beförderungsdokumenten und der Tipps von Fahrerkollegen verschiedene Hilfsmittel zur Verfügung:
- Straßenkarten,
- Routenprogramme,
- GPS (Global Position System).

Ihre Kollegen können Ihnen bei der Planung ebenfalls eine wertvolle Hilfe sein – Sie haben die Lade- bzw. Entladeorte eventuell bereits selbst angefahren und kennen möglicherweise schon die Gegebenheiten vor Ort.
Die Reihenfolge der Transportaufträge ersehen Sie aus den Beförderungsdokumenten.
Zunächst ermitteln Sie unter Beachtung von Terminen, Staus, Baustellen, Umleitungen etc. die Reihenfolge der anzufahrenden Stellen.
Wichtig: Berücksichtigen Sie dabei auch mögliche Schwierigkeiten beim Befahren von Brücken, Tunneln und engen Straßen.
Die gesetzlichen Vorgaben über Lenk- und Ruhezeiten müssen Sie ebenfalls in Ihre Planung mit einbeziehen.

1. 4. 4. Beförderungs- und Ablieferungshindernisse während der Transportdurchführung

Vorkommnisse, die es dem Transportunternehmen erschweren oder unmöglich machen, seinen Beförderungsvertrag vereinbarungsgemäß zu erfüllen, werden Beförderungs- bzw. Ablieferungshindernisse genannt. Sie können vor oder während des Transportes auftreten.
Sie können z. B. durch das Transportunternehmen selbst, den Auftraggeber, die Verkehrsverhältnisse oder durch Behörden verursacht werden.
Stellen Sie vor oder während des Transportes fest, dass Sie den Transport nicht planungsgemäß durchführen können, informieren Sie unverzüglich den zuständigen Disponenten.
Der Disponent wird sich dann bezüglich der weiteren Vorgehensweise an den Verfügungsberechtigten des Gutes wenden. Dieser muss das Transportunternehmen in angemessener Zeit über die weitere geplante Vorgehensweise informieren.

Erhält das Transportunternehmen keine oder nicht rechtzeitig eine solche Weisung, ist es unter Berücksichtigung der Interessen des Verfügungsberechtigten befugt, selbstständig zu handeln. In diesem Fall kann das Gut an einem Lager entladen und auf Rechnung des Auftraggebers eingelagert werden.
Das Transportunternehmen hat auch die Möglichkeit, das Gut auf Kosten des Auftraggebers an ihn zurückzubefördern. Handelt es sich um verderbliches Gut, kann die Ware zu Gunsten des Verfügungsberechtigten verkauft werden. Unverwertbares Gut kann das Transportunternehmen ebenfalls auf Kosten des Auftraggebers vernichten lassen.

Unternehmensbild im Güterkraftverkehr — Band 8

Beförderungshindernisse
Hier finden Sie eine Auswahl der üblichen Beförderungshindernisse vor und während des Transportes:

Vorfall	Folgen
Falsche Tourenplanung durch den Disponenten. Dadurch zu frühe oder zu späte Anlieferung beim Empfänger.	Der Empfänger ist nicht mehr anwesend, die Ware kann nicht abgeladen werden – dadurch entstehen Probleme bei der Übernahme weiterer Güter anderer Auftraggeber.
Fehlerhafte Beladung des Fahrzeugs – die geplante Reihenfolge der Be- und Entladung wurde durch das Lagerpersonal nicht berücksichtigt.	Probleme beim Entladen der Güter bei den einzelnen Empfängern.
Defekt beim eingeplanten Lastkraftwagen.	Wartezeit in der Werkstatt behindert den weiteren Transportablauf.
Krankmeldung des vorgesehenen Kraftfahrers – ein Ersatzfahrer muss eingewiesen werden.	Zeitliche Verzögerung der geplanten Transporte.
Ungünstige Verkehrsverhältnisse (Staus, Baustellen, Umleitungen).	Verzögerungen während der Tour.
Schlechte Wetterverhältnisse.	Erhöhte Unfallgefahr.
Unfall eines Lastkraftwagens.	Verzögerung und/oder Ausfall der geplanten Beförderungen mit diesem Fahrzeug.
Behördliche Auflagen wie z. B. das Untersagen der Weiterfahrt durch das Bundesamt für Güterverkehr.	Nicht eingeplantes Umladen/Abladen eines Teils der Güter.

Auf einige der oben genannten Ereignisse haben Sie als Fahrer nur geringen Einfluss. Ist ein Beförderungshindernis aufgetreten, nimmt der Disponent in Absprache mit Ihnen und den Auftraggebern der noch ausstehenden Anlieferungen bzw. Abholungen eine neue Tourenplanung vor. Das geschieht auch unter Berücksichtigung Ihrer verbleibenden Arbeitszeit.

Ablieferhindernisse
Folgende Erschwernisse führen dazu, dass das Gut dem Empfänger nicht oder nicht rechtzeitig zugestellt werden kann:

Vorfall	Folgen
Unvollständige oder fehlerhafte Adressenangaben – Sie sind nicht in der Lage, die Güter rechtzeitig an den Empfänger zu liefern.	Die Suche kostet Sie wertvolle Arbeitszeit, was wiederum bei anderen Empfängern zu Anlieferproblemen führen kann.
Der Empfänger verweigert aus unterschiedlichen Gründen (z. B. falsche Güter, Güter nicht bestellt) die Annahme der Güter. Die Güter können nicht abgeladen werden.	Die nachfolgenden Aufträge können aus Platzgründen nicht oder nicht vollständig übernommen werden.
Weigerung des Empfängers, die vereinbarten Kosten (z. B. Frachtkosten oder Nachnahmekosten) bei Ihnen zu begleichen. In diesem Fall wird der Disponent den Sachverhalt mit dem Auftraggeber klären und Ihnen die weitere Vorgehensweise kurzfristig mitteilen.	Das Gut wird bis zur Klärung der Unstimmigkeiten nicht beim Empfänger abgeladen. Das hat für Sie zur Folge, dass Frachtaufträge, die anschließend anfallen, aus Platzgründen nicht oder nicht komplett übernommen werden können.

1. 5. Kommerzielle Konsequenzen eines Rechtsstreits für das Transportunternehmen

Ein Rechtsstreit kann verschiedene kommerzielle Konsequenzen für das Transportunternehmen nach sich ziehen. Einige der Konsequenzen betreffen unmittelbar die Beziehung der Kunden zum Transportunternehmen. Andere haben Auswirkungen auf das Verhalten der Mitarbeiter im Unternehmen und die Zusammenarbeit mit Kooperationspartnern (z. B. Frachtführern), anderen Unternehmen und Behörden.

1. 5. 1. Konsequenzen auf Kundenebene

Verlust des Kunden (Gegenpartei im Rechtsstreit)
Ist der Kunde des Transportunternehmens mit der erbrachten Leistung des Transportunternehmens nicht oder nicht vollkommen einverstanden, steht ihm der Rechtsweg zur Durchsetzung seiner Interessen offen. Bis zur vollständigen Klärung ist die Geschäftsbeziehung zwischen den beiden Parteien zunächst blockiert.
Das führt für den Transportunternehmer zu einem Rückgang seiner Umsätze für diesen Kunden. Der Ausgang des Rechtsstreits ist für die weitere Zusammenarbeit beider Unternehmen entscheidend.
Sind im Rechtsstreit die Interessen beider Unternehmen ausreichend berücksichtigt worden, kann die Geschäftsbeziehung einen neuen Anfang nehmen. Fühlt sich jedoch eine der Parteien benachteiligt, kann die Geschäftsbeziehung damit beendet sein.

Veränderungen im Personalbereich des Transportunternehmens
<u>Personalabbau</u>
Werden durch den Verlust des Kunden die Transporte erheblich reduziert, kann dies zu Lasten von Arbeitsplätzen gehen. Der Arbeitsplatzabbau zieht sich dann durch verschiedene Bereiche des Transportunternehmens.
Gewerbliches Personal, Kraftfahrer, aber auch Mitarbeiter in der Verwaltung können davon betroffen sein.

<u>Kündigung durch den Mitarbeiter</u>
Ändert sich die Situation im Unternehmen (z. B. durch Personalabbau oder Umsatzrückgang), führt dies oft dazu, dass sich Mitarbeiter beruflich neu orientieren.
Durch negative Entwicklungen im Unternehmen scheint die Sicherheit des Arbeitsplatzes nicht mehr gewährleistet.
Verlassen qualifizierte Mitarbeiter das Unternehmen, kann es dadurch zu erneuten Umsatzeinbußen kommen. Neues Personal kann erst nach einer Einarbeitungszeit voll in den Arbeitsprozess integriert werden.

Reduzierung der Kooperationspartner
Auch die Kooperationspartner (z. B. Frachtführer), die mit dem betreffenden Transportunternehmen in Geschäftsbeziehung stehen, können unter den Folgen eines Kunden- und/oder Mitarbeiterverlusts leiden.
Der Bedarf an Kooperationspartnern kann sich dadurch reduzieren, dass weniger Transporte durchzuführen sind. Die Reduzierung kann von Seiten des Transportunternehmens veranlasst werden, oder sie erfolgt auf Wunsch des Kooperationspartners, der eine lukrativere Alternative sucht.

Konsequenzen bei Behörden
Verlust von Genehmigungen
Werden Tatbestände wie
- mangelhafte Leistung,
- Fahrlässigkeit oder Vorsatz,
- Verlust der Liquidität

im Gerichtsverfahren festgestellt, können dem Transportunternehmen seitens der Behörden bereits erteilte Genehmigungen ganz oder teilweise für einen bestimmten Zeitraum entzogen werden. Das führt dazu, dass der Transportunternehmer bestimmte, auf Genehmigungen basierende Transporte nicht mehr durchführen darf.

1. 5. 2. Reduzierung des Marktanteils

Verlust oder Reduzierung von Dienstleistungsfeldern
Häufig ist das Transportunternehmen durch die Folgen des Rechtsstreits (z. B. Verlust von Genehmigungen) nicht mehr in der Lage, die Verträge mit den Kunden (Speditionsvertrag oder Frachtvertrag) zu erfüllen. Zwangsläufig wenden sich diese dann an einen anderen Anbieter.
Das Transportunternehmen verliert somit einen Teil seines Marktsegments.
Auch wenn noch andere Dienstleistungen für diese Kunden durchgeführt werden, ist der Fortbestand der Geschäftsbeziehung gefährdet: Der Kunde könnte sich auch komplett auf den neuen Dienstleister einstellen.

1. 5. 3. Finanzielle Konsequenzen

Konventionalstrafe (= Vertragsstrafe)
Eine Konventionalstrafe ist eine dem Vertragspartner (Kunden, Kooperationspartner) fest zugesagte Geldsumme für den Fall, dass der Versprechende seine vertraglichen Verpflichtungen nicht oder nicht vollständig erfüllt. Das Verhängen einer Konventionalstrafe ist nicht davon abhängig, ob ein Schaden entstanden ist und wie groß er tatsächlich ist.

Beispiel:
Das Unternehmen soll Waren zu einer Baustelle liefern, an der sich Monteure befinden. Die genauen Vorgaben (Datum der Anlieferung, Uhrzeit etc.) sind dem Transportunternehmen bekannt. Es ist jedoch nicht zum vereinbarten Zeitpunkt vor Ort. Für diesen Vertragsverstoß kann eine Konventionalstrafe vorab im Vertrag vereinbart werden.

Schadensersatzforderung
Hier ist ein Ausgleich für den entstandenen, messbaren Schaden zu zahlen.

Beispiel:
Aufgrund verspäteter Anlieferung von Zubehör ist eine Weiterproduktion eines Artikels nicht mehr möglich. Die Schadensersatzforderung kann in diesem Fall genau berechnet werden.
Die Begleichung der Schadensersatzforderung wirkt sich nachhaltig auf die Liquidität des Transportunternehmens aus. Daraus folgt, dass das Transportunternehmen unter Umständen seinen eigenen Verbindlichkeiten nicht fristgerecht nachkommen kann.
Geschäftspartner können daraufhin in Erwägung ziehen, die Geschäftsbeziehung zu beenden, oder darauf bestehen, dass die Vertragsinhalte zu Ungunsten des Transportunternehmens geändert werden.

1. 5. 4. Negatives Unternehmensimage

Das Unternehmensimage ist das Bild, das sich Kunden, Mitarbeiter, Kooperationspartner und die Öffentlichkeit von einem Unternehmen machen. Ein positives Unternehmensimage und wirtschaftlicher Erfolg sind eng miteinander verknüpft.
Daraus resultiert, dass sich ein negatives Image auf viele Bereiche im Unternehmen ungünstig auswirkt, z. B.:
- erschwerte Neukundenaquise,
- ungünstiger Verhandlungsspielraum bei Kunden und Kooperationspartnern,
- schlechtere Vertragskonditionen bei Lieferanten,
- qualifiziertes Personal verlässt das Unternehmen,
- Mangel an geeigneten Bewerbern beim Besetzen neuer Arbeitsstellen.

Das Unternehmensimage beruht unter anderem auf der Qualität der Leistung, die erbracht wird. Unzufriedene Kunden geben ihren negativen Eindruck an andere Unternehmen weiter.
Werden Inhalte eines Rechtsstreits an die Öffentlichkeit gebracht, erhalten am Rechtsstreit Unbeteiligte unter Umständen Einblick in die internen Abläufe oder in die vertraglichen Inhalte der beteiligten Unternehmen. Sind diese Inhalte negativer Natur, kann das dem positiven Unternehmensimage nachhaltigen Schaden zufügen.

Marktordnung im Güterkraftverkehr — Band 8

2. Marktordnung im Güterkraftverkehr

2.1. Kraftverkehr im Verhältnis zu anderen Verkehrsträgern

2.1.1. Einleitung

Zu wie viel Prozent ist der Lkw in Deutschland/EU an der Güterbeförderung beteiligt? Wie hoch ist der Anteil der anderen Verkehrsträger? Wie sieht die Prognose für die weitere Entwicklung aus? Die verschiedenen Verkehrsträger (Güterkraftverkehr, Schienenverkehr, Binnenschifffahrt, Luftfracht, Seeschifffahrt) mit ihren Verkehrsmitteln können für die unterschiedlichen Bedürfnisse eingesetzt werden.

Verkehrsträger	Gütermenge			Verkehrsleistung [1]		
	Jahr 2005	Jahr 2006	Veränderungen in % [2]	Jahr 2005	Jahr 2006	Veränderungen in % [2]
	in Mio. t			in Mrd. tkm		
Eisenbahnen [3]	317,3	342,8	+ 8,0	95,4	105,8	+ 10,8
Binnenschifffahrt	236,8	243,5	+ 2,8	64,1	64,0	− 0,2
Straßengüterverkehr deutscher Unternehmen [4]	2748,0	2904,5	+ 5,7	271,8	288,9	+ 6,3
- Gewerblicher Verkehr	1652,8	1746,7	+ 5,7	212,6	226,2	+ 6,4
- Werkverkehr	1095,2	1157,8	+ 5,7	59,2	62,7	+ 5,9
- Verkehr im Nahbereich [5]	1585,8	1669,7	+ 5,3	25,6	27,3	+ 6,6
- Verkehr im Regionalbereich [5]	555,3	589,8	+ 6,2	49,9	52,7	+ 5,7
- Verkehr im Fernbereich [5]	606,9	645,0	+ 6,3	196,3	208,9	+ 6,4
Gesamter Güterverkehr [6]	3302,1	3490,8	+ 5,7	431,3	458,7	+ 6,4

1) Verkehrsleistung in der Bundesrepublik Deutschland.
2) Die Veränderungsraten sind aus den mehrstelligen Originalwerten und nicht auf Basis der gerundeten Tabellenwerte errechnet.
3) Korrigierte Werte.
4) Binnen- und grenzüberschreitender Verkehr, ohne Kabotage.
5) Gewerblicher Güterverkehr und Werkverkehr zusammen.
6) Ohne Straßengüterverkehr ausländischer Unternehmen.

Quellen: Statistische Mitteilungen des Bundesamtes für Güterverkehr und des Kraftfahrt-Bundesamtes, Reihe 8; Statistisches Bundesamt, Fachserie 8, Reihe 2 und 4.

Je nach Art, Umfang und Gewicht der einzelnen Ladung lassen sich die verschiedenen Verkehrsmittel optimal einsetzen. Nachfolgend erhalten Sie eine Übersicht über die einzelnen Verkehrsmittel mit ihren spezifischen Leistungsmerkmalen. Zu den wichtigsten Leistungsmerkmalen zählen:

- Kapazität,
- Frequenz,
- Beförderungskosten,
- Dauer der Beförderung,
- Sicherheit und
- Umweltverträglichkeit.

2.1.2. Lastkraftwagen

Vorteile:
Durch ein dichtes Straßennetz und die Anzahl der Kooperationspartner im Güterkraftverkehr ergeben sich gleich mehrere Vorteile, die eine Beförderung mit dem Lastkraftwagen bietet:
- Lieferung von Haus zu Haus.
- Abgelegene Orte können oft mit dem Lastkraftwagen noch erreicht werden.

Durch den Sammelladungsverkehr können
- die Auftraggeber auch kleinere Mengen an Gütern versenden,
- je nach Verkehrsverhältnissen und Kundenwünschen verschiedene Transportrouten gewählt werden,
- die Fahrzeuge durch unterschiedliche Aufbauten den Erfordernissen der Güter angepasst werden,
- die Transportwünsche der Kunden individuell und flexibel berücksichtigt werden,
- Transportabläufe berechenbar geplant werden,
- Änderungen im Transportablauf kurzfristig umgesetzt werden,
- hohe Kooperationsfähigkeiten mit anderen Verkehrsmitteln geboten werden,
- vielfältige Möglichkeiten der Zusammenarbeit mit anderen Verkehrsmitteln – z. B. Lkw wird auf eine Fähre oder auf die Bahn verladen – oder nur die Ladung wird auf ein anderes Verkehrsmittel umgeladen.

Nachteile:
- Kapazitätsgrenzen,
- Verspätungen durch Verkehrsbehinderungen auf den Straßen möglich,
- abhängig von Witterungsbedingungen,
- bestimmte Straßen oder Tunnel für spezielle Transporte, z. B. Gefahrgut, nicht oder nur zu bestimmten Zeiten freigegeben,
- Fahrverbote an Sonntagen, Feiertagen und an Samstagen in Zeiten von Schulferien,
- höhere Unfallquote als bei anderen Verkehrsmitteln,
- höhere Umweltbelastung als bei Eisenbahn und Binnenschiff, jedoch geringer als beim Flugzeug.

2. 1. 3. Eisenbahn

Vorteile:
- Hohe Ladekapazitäten, sehr gut für Massengüter geeignet (Schüttgüter, Gase, Flüssigkeiten),
- unterschiedliche Waggontypen ermöglichen den Transport von besonders großen, schweren und gefährlichen Gütern,
- durch Fahrpläne hohe Berechenbarkeit der Transportzeiten und -dauer,
- geringes Schadensrisiko,
- umweltschonender Gütertransport.

Nachteile:
- Begrenzte Anzahl von Be- und Entladestellen,
- Zustellung und Abholung der Güter erfolgen oft mit Lastkraftwagen, daher ist eine aufwändigere Organisation des Transportes erforderlich. Das Ladegut muss umgeladen werden, was zu Transportschäden führen kann,
- in der Regel höhere Transportkosten als beim Transport mit Lastkraftwagen,
- durch die eingeschränkte Flexibilität der Eisenbahn (Fahrpläne) möglicherweise längerer Transport als mit dem Lastkraftwagen.

2.1.4. Flugzeug

Vorteile:
- Weltweite Beförderungen,
- kurze Transportzeit,
- durch Flugpläne hohe Berechenbarkeit der Transportzeiten und -dauer,
- wertvolle, verderbliche und empfindliche Güter werden schnell und sicher transportiert,
- geringere Verpackungskosten,
- schonende Behandlung des Gutes vor und während des Flugtransportes, daher geringe Schadensquote,
- Termingüter, wie z. B. Zeitschriften, erreichen schnell den Empfänger,
- Expresslieferungen, erreichen weltweit schnell ihr Ziel.

Nachteile:
- Begrenzte Anzahl von Be- und Entladestellen,
- begrenzte Ladekapazitäten,
- Zustellung und Abholung der Güter erfolgt häufig durch Lastkraftwagen (Luftfrachtersatzverkehr, Feederverkehr). Dadurch können zeitliche Verzögerungen bei der Abfertigung der Luftfracht erfolgen,
- bestimmte Güter können oder dürfen nicht per Flugzeug befördert werden,
- wesentlich höhere Beförderungskosten als bei den anderen Verkehrsmitteln,
- Nachtflugverbot,
- hohe Umweltbelastung durch Lärm und Abgase.

2.1.5. Binnenschiff

Vorteile:
- Hohe Kapazität, daher sehr gut geeignet für Massengüter sowie schwere und sperrige Güter,
- große Sicherheit,
- geringe Transportkosten,
- geringer Energieverbrauch und wenig Umweltbelastung durch Lärm und Abgase,
- für den Transport werden teilweise natürliche Verkehrswege genutzt.

Nachteile:
- Begrenzte Anzahl von Be- und Entladestellen,
- längere Transportzeiten,
- Umladungen auf Lastkraftwagen oft erforderlich,
- eingeschränkter Verkehr bei Hochwasser, Niedrigwasser und Eisgang.

2.1.6. Seeschiff

Vorteile:
- Sehr große Kapazität,
- regelmäßige, weltweite Verkehre,
- geringe Beförderungskosten.

Nachteile:
- Sehr geringe Anzahl von Be- und Entladestellen,
- lange Transportdauer,
- hohe Verpackungskosten,
- Umladungen auf Lastkraftwagen meistens erforderlich.

2.1.7. Kombinationen der Verkehrsträger

Kombinierter Verkehr

Beim kombinierten Verkehr werden in der Transportkette mehrere Verkehrsträger genutzt. Der Hauptteil der Wegstrecke wird per Bahn, See- oder Binnenschiff zurückgelegt, der Vor- und Nachlauf auf der Straße wird so kurz wie möglich gehalten. Die transportierten Güter werden in standardisierten Transporteinheiten wie Container, Wechselbehälter oder Sattelauflieger umgeschlagen.

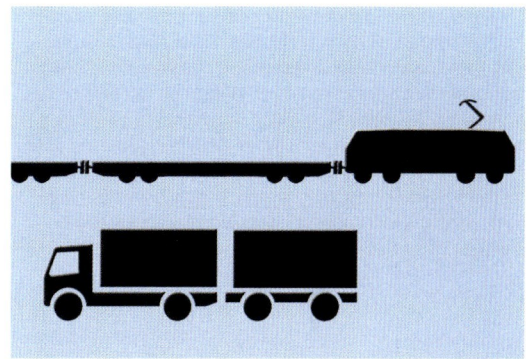

Huckepackverkehr

Im Huckepackverkehr werden komplette Lkw auf Züge oder Fähren verladen. Im Bahnverkehr werden spezielle Niederflurwagen eingesetzt, die Fahrer reisen im Liegewagen mit.

- Rollende Landstraße
  Verladung von Lkw auf Züge

- RoRo-Verfahren (Roll-on / Roll-off)
  Verladung von Lkw auf Fähren

2. 2. Tätigkeiten im Güterkraftverkehr

2. 2. 1. Gewerblicher Güterkraftverkehr

Bei dieser Tätigkeit handelt es sich um gewerbsmäßig ausgeübten Güterkraftverkehr mit Fahrzeugen oder Zügen ab 3,5 t zGM. Laut Statistik des Bundesamtes für Güterverkehr (Struktur der Unternehmen des gewerblichen Güterkraftverkehrs und des Werkverkehrs) haben knapp 45000 Unternehmen (ca. 80 %) ihren geschäftlichen Schwerpunkt im erlaubnispflichtigen Güterkraftverkehr. Die restlichen 20 % der Betriebe beschäftigen sich mit den Bereichen Spedition, Lagerei, Logistikdienstleistung, Frachtumschlag und Kurier-, Express- und Paketdienste (KEP-Dienste).

Der gewerbliche Güterkraftverkehr ist erlaubnispflichtig, soweit sich nicht aus dem unmittelbar geltenden europäischen Gemeinschaftsrecht etwas anderes ergibt.
Die Erlaubnis wird einem Unternehmer, dessen Unternehmen seinen Sitz im Inland hat, für die Dauer von zehn Jahren erteilt, wenn
1. der Unternehmer und die zur Führung der Güterkraftverkehrsgeschäfte bestellte Person zuverlässig sind,
2. die finanzielle Leistungsfähigkeit des Unternehmens gewährleistet ist und
3. der Unternehmer oder die zur Führung der Güterkraftverkehrsgeschäfte bestellte Person fachlich geeignet ist.

Ausstellende Behörden sind die zuständigen Verkehrsbehörden in den Ordnungsämtern oder in den Landratsämtern.
Bei erneuter Beantragung wird die Erlaubnis unbefristet erteilt, sofern die oben genannten Voraussetzungen nach wie vor gegeben sind. Diese Erlaubnis ist auf allen Fahrten mitzuführen und den Kontrollberechtigten auf Verlangen zur Prüfung auszuhändigen. Der gewerbliche Güterkraftverkehr unterliegt den Bestimmungen des Güterkraftverkehrsgesetzes (GüKG). Für Beförderungen innerhalb der Staaten der Europäischen Union ist eine Gemeinschaftslizenz zu beantragen. Die Voraussetzungen für die Erteilung dieser Lizenz sind identisch mit denen für die Erteilung der nationalen Erlaubnis.

2.2.2. Werkverkehr

Als Werkverkehr wird der Transport auf öffentlichen Straßen und Wegen für eigene Zwecke bezeichnet. Die Voraussetzungen für den Werkverkehr sind erfüllt, wenn die beförderten Güter Eigentum des Unternehmens sind.
Die Beförderung muss eine Hilfstätigkeit im Rahmen der Gesamttätigkeit des Unternehmens darstellen. Alle Unternehmen, die Werkverkehr mit Fahrzeugen oder Zügen mit einer zulässigen Gesamtmasse von mehr als 3,5 t betreiben, müssen sich vor Beginn der ersten Beförderung beim Bundesamt für Güterverkehr (BAG) anmelden.
In Deutschland unterliegt der Werkverkehr den Bestimmungen des GüKG. Der Werkverkehr ist nicht erlaubnispflichtig, es besteht keine Versicherungspflicht.

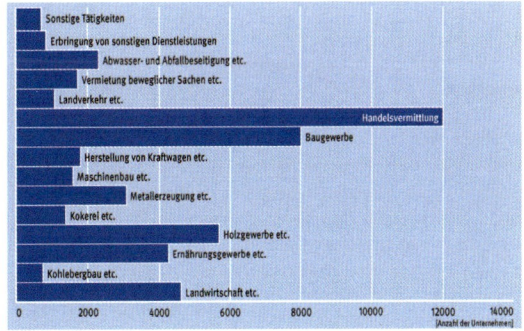

2.2.3. Zusätzliche Dienstleistungen/Transporthilfstätigkeiten

Über die eigentliche Transportdienstleistung hinaus können die Transportunternehmen auch weitere Dienstleistungen anbieten. In Zusammenarbeit mit dem Auftraggeber werden Dienstleistungspakete vereinbart, die den Gütertransport ergänzen.

Beschaffungslogistik
Darunter versteht man die wirtschaftliche Versorgung mit Vorprodukten, Halbfabrikaten und Handelswaren an die Industrie sowie an den Handel.
Die Auftraggeber der Transportunternehmen verlagern folgende Tätigkeiten an die Transportunternehmen:
- Annahme und Prüfung der Ware (Wareneingang),
- Lagerhaltung und Verwaltung,
- Lagerdisposition,
- Planung, Steuerung und Kontrolle des Material- und Informationsflusses.

Distributionslogistik
Dieser Begriff steht für Lagerung und Verteilung von Konsumgütern an die Empfänger. Zusätzlich dazu können die Transportunternehmen auch andere Dienstleistungen anbieten wie zum Beispiel:
- Kommissionierung der Güter, das heißt Zusammenstellung der Bestellungen für den Empfänger,
- Warenpflege/Warenmanipulation wie z. B. Preisauszeichnung, Sortierung und Verpackungsarbeiten,
- Lagerbestandsverwaltung.

Die Kunden des Auftraggebers können je nach Vereinbarung direkt beim Transportunternehmen ihre Bestellungen abgeben.

Marktordnung im Güterkraftverkehr — Band 8

Entsorgungslogistik
Die Entsorgungslogistik umfasst das
- Sammeln,
- Sortieren,
- Verpacken,
- Lagern,
- Transportieren und
- Entsorgen

aller im Zusammenhang mit der Herstellung, dem Betrieb und dem Vertrieb anfallenden Nebenprodukte. Darunter fallen beispielsweise Leergut, Einwegverpackungen und Retouren. Auch die Entsorgung chemischer Stoffe (Gefahrgut) mit speziellen Fahrzeugen und Behältnissen kann darin eingeschlossen sein. Das Transportunternehmen plant, koordiniert und realisiert die vereinbarten Abläufe.

Containerlogistik
Die Containerlogistik befasst sich mit
- dem Transport sowie dem Umschlag der Güter in Containern,
- der Vermietung von Containern an andere Transportunternehmen sowie an die Industrieunternehmen,
- der Reinigung und Instandhaltung von Containern,
- der Verwaltung der eingesetzten Container.

Je nach Anbieter können noch andere Dienstleistungen in Anspruch genommen werden:
- Lagerung der Container,
- Packen der Container,
- Zollabfertigung,
- Erstellen der Begleitpapiere.

Die Auftraggeber im Bereich der Containerlogistik sind:
- Reedereien,
- Spediteure,
- Industrieunternehmen.

2. 3. Organisation von Verkehrsunternehmen

2. 3. 1. Rechtsformen

Rechts- oder Gesellschaftsformen sind juristische Organisationsformen in der Wirtschaft. Das Handelsgesetzbuch (HGB) gestattet eine Vielzahl von Rechts- oder Gesellschaftsformen. Die unterschiedlichen Rechtsformen wirken sich unterschiedlich auf die Haftungsfragen und auf das Recht zur Geschäftsführung aus. Es gibt Einzelunternehmen, Personengesellschaften und Kapitalgesellschaften.

Im **Einzelunternehmen** führt die Person selbst die Geschäfte und haftet für entstehende Schulden.
In der **Personengesellschaft** haften die Gesellschafter persönlich für die Schulden und führen einzeln oder gemeinsam die Geschäfte.
In der **Kapitalgesellschaft** haften die Mitglieder nicht persönlich, ihre Mitarbeit bei der Führung der Geschäfte ist nicht notwendig.
Jedes Unternehmen hat dabei die freie Wahl. Die einmal gewählte Rechtsform kann jederzeit in eine andere umgewandelt werden, was jedoch mit Kosten und juristischem Aufwand verbunden ist.

Rechtsform	Beschreibung
Einzelunternehmen	Wenn ein Unternehmer ohne die Beteiligung einer weiteren Person tätig wird und auch keine Kapitalgesellschaft gründet, so ist er Einzelunternehmer. Er kann als Kaufmann nach § 1 Abs. 1 HGB bzw. § 2 HGB oder auch als Kleingewerbetreibender nach § 1 Abs. 2 HGB tätig werden. In allen genannten Fällen haftet er persönlich mit seinem gesamten Vermögen, das Privatvermögen eingeschlossen. Ist der Einzelunternehmer als Kaufmann im Sinne des HGB tätig, ist er zur Buchführung und Bilanzierung verpflichtet. Er muss sich ins Handelsregister eintragen lassen.

Einzelunternehmen

Personengesellschaften	
Rechtsform	**Beschreibung**
Gesellschaft bürgerlichen Rechts (GbR)	Eine GbR entsteht, wenn zwei oder mehr Personen einen Gesellschaftsvertrag abschließen, in dem sie vereinbaren, zu einem gemeinsamen Zweck tätig zu werden. Die Gesellschafter sind an Gewinn und Verlust beteiligt. Im Innenverhältnis richtet sich der Anteil in der Regel nach der Höhe der Einlage. Nach Außen haften die Gesellschafter einer GbR grundsätzliche gesamtschuldnerisch, d. h. jeder Gesellschafter haftet unbegrenzt (ggf. auch mit seinem Privatvermögen) für die Verbindlichkeiten der GbR. Die GbR wird nach dem bürgerlichen Gesetzbuch (BGB) geführt. Kleinere Unternehmer wählen diese Form häufiger.
Die offene Handelsgesellschaft (oHG)	Eine oHG wird durch mindestens zwei Gesellschafter gebildet, die einen Gewerbebetrieb gemeinsam leiten. Die Gesellschafter können auch juristische Personen oder Personengesellschaften (außer GbR) sein. Die Gesellschafter haften persönlich und gesamtschuldnerisch für die Verbindlichkeiten der oHG. Eine oHG muss im Handelsregister angemeldet werden.
Die Kommanditgesellschaft (KG)	Die KG ist der oHG ähnlich. Bei der Gründung ist kein Mindestkapital erforderlich. Die Gesellschafter werden in Komplementäre und Kommanditisten unterteilt. Der Komplementär haftet persönlich und unbeschränkt, der Kommanditist mit der Höhe seiner Einlage gemäß Gesellschaftsvertrag. Die Geschäftsführung erfolgt nur durch den (die) Komplementär(e), die Kommanditisten sind von der Geschäftsführung und von der Vertretung ausgeschlossen. Eine KG muss im Handelsregister angemeldet werden.
Die GmbH & Co. KG	Die GmbH & Co. KG ist eine besondere Form der KG. Der Komplementär ist dabei keine natürliche Person, sondern eine GmbH (eine juristische Person). Da die Gesellschafter einer GmbH nur beschränkt haften, haften sie in diesem Falle als Komplementär auch nur beschränkt wie der Kommanditist. Damit gibt es eine faktische Haftungsbeschränkung aller Gesellschafter. Die Firma ist im Handelsregister anzumelden.

Personengesellschaften

Marktordnung im Güterkraftverkehr — Band 8

Kapitalgesellschaften	
Rechtsform	**Beschreibung**
Gesellschaft mit beschränkter Haftung (GmbH)	Die GmbH unterliegt dem GmbH-Gesetz. Sie ist eine häufig angewandte Rechtsform. Eine GmbH kann durch natürliche oder auch juristische Personen gegründet werden. Auch die Gründung durch eine Einzelperson ist möglich. Als Kapitalgesellschaft muss ein Stammkapital von mindestens 25.000 €, das sich aus den Einlagen der Gesellschafter zusammensetzt, hinterlegt werden. Diese Einlage kann zum Teil auch aus Sacheinlagen bestehen (gemischte Einlage). Die Haftung ist auf das Gesellschaftsvermögen beschränkt. Handelnde Organe sind der (die) Geschäftsführer und die Gesellschafterversammlung. Die GmbH ist im Handelsregister anzumelden.
Unternehmergesellschaft (haftungsbeschränkt) (UG (haftungsbeschränkt))	Bei der UG (haftungsbeschränkt) handelt es sich um eine besondere Form der GmbH. Für ihre Gründung ist lediglich ein Mindeststammkapital von 1 € nötig, deshalb wird die UG (haftungsbeschränkt) umgangssprachlich auch als „Mini-GmbH" oder „1-Euro-GmbH" bezeichnet. Eine Anmeldung im Handelsregister ist erforderlich und darf erst erfolgen, wenn das Stammkapital in voller Höhe von den Gesellschaftern eingezahlt wurde. Sacheinlagen sind nicht zulässig. Vom Jahresgewinn müssen 25% solange in eine gesetzliche Rücklage eingezahlt werden, bis das Mindestkapital einer „echten" GmbH von 25.000 € erreicht ist. Dann steht es der UG (haftungsbeschränkt) frei in eine „GmbH" umzufirmieren.
Aktiengesellschaft (AG)	Die Aktiengesellschaft unterliegt dem Aktiengesetz. Das gesetzliche Mindestkapital beträgt 50.000 €. Die Gesellschafter sind Aktionäre. Die Organe sind die Hauptversammlung, der Vorstand und der Aufsichtsrat (mindestens drei Personen). Eine AG hat einen hohen organisatorischen Aufwand, da diese drei Gremien nebeneinander arbeiten. Der Bestand einer Aktiengesellschaft ist unabhängig vom Mitgliederwechsel oder dem Tod eines oder mehrerer Aktionäre gewährleistet.

Kapitalgesellschaften

Weitere Rechtsformen	
Rechtsform	**Beschreibung**
Eigenbetriebe	Gehören Landkreisen oder Städten und unterliegen dem Landes- und dem Haushaltsrecht. Für diese Verkehrsbetriebe gibt es Unterschiede im Steuerrecht.
Genossenschaften	Unterliegen dem Genossenschaftsgesetz.
Anstalt des öffentlichen Rechts (AöR)	Durch Bundes- oder Landesgesetz errichtet. Sie ist ein Instrument zur Vermeidung von Privatisierungen. Eine Beteiligung von Privateigentum ist deshalb nicht möglich. Im Gegensatz zum Eigenbetrieb kann die AöR rechtlich selbstständig sein. Organe sind entweder der Vorstand, der Verwaltungsrat, der Aufsichtsrat oder die Gewährträgerversammlung.

Weitere Rechtsformen

2. 3. 2. Spedition

Eine Spedition hat laut § 453 HGB die Aufgabe, die Versendung der Güter zu besorgen.
Diese Pflicht umfasst die Organisation der Beförderung, insbesondere

- die Wahl des geeigneten Beförderungsmittels sowie des Beförderungsweges,
- den Abschluss der erforderlichen Fracht-, Lager- und Speditionsverträge mit den gewählten Frachtführern im eigenen Namen,
- die Sicherung von Schadenersatzansprüchen des Versenders.

Der Spediteur hat bei der Erfüllung seiner Pflichten das Interesse des Versenders wahrzunehmen und dessen Weisungen zu befolgen. Moderne Speditionen beschäftigen sich heute nicht nur mit einzelnen Beförderungsleistungen, sondern bieten ihren Kunden eine Vielzahl von Zusatzdienstleistungen an, zum Beispiel:

- Erstellung der Beförderungsdokumente,
- (Zwischen-)Lagerung der Ware,
- Zollabwicklung,
- Abschluss der Transportversicherung,
- Einziehen von Nachnahmen,
- Kommissionierung bzw. Verpackung der Güter,
- Etikettierung der Güter oder
- Retourenmanagement.

Dem Spediteur werden im HGB verschiedene Möglichkeiten der Transportdurchführung eingeräumt:

Der Selbsteintritt (§ 458 HGB)
Der Spediteur ist dadurch berechtigt, die Transporte, die er organisiert, auch mit eigenen Fahrzeugen durchzuführen.
Macht er von diesem Selbsteintrittsrecht Gebrauch, hat er zusätzlich zu seinen Rechten und Pflichten als Spediteur noch die Rechte und Pflichten des Frachtführers zu beachten.

Spedition zu festen Kosten (§ 459 HGB)
Der Spediteur ist hierdurch berechtigt, mit seinen Kunden einen festen Frachtpreis für die komplette Organisation und Durchführung der Beförderung zu vereinbaren. Der Frachtpreis bezieht sich auf den Transport vom Versender zum Empfänger.

Sammelladungsspediteur (§ 460 HGB)
Der Sammelladungsspediteur fasst Sendungen mehrerer Versender zu einer Ladung zusammen. Das Sammeln (Vorlauf) und das Verteilen (Nachlauf) der Güter erfolgt in speziell dafür eingesetzten eigenen Nahverkehrsfahrzeugen oder durch Beauftragung von Frachtführern. Im Lager des Versandspediteurs werden die Sendungen zu Ladungen für bestimmte Relationen gebündelt. Der Transport (Hauptlauf) wird entweder durch den Spediteur selbst erledigt (Selbsteintritt) oder durch einen dafür beauftragten Frachtführer übernommen. Hier kommen Fernverkehrsfahrzeuge zum Einsatz. Beim Empfangsspediteur erfolgt die Feinverteilung der Güter an die einzelnen Empfänger. Sammelladungsverkehr kann durch die Speditionen auch als überseeischer Verkehr mit Sammelcontainer oder Luftfracht durchgeführt werden.

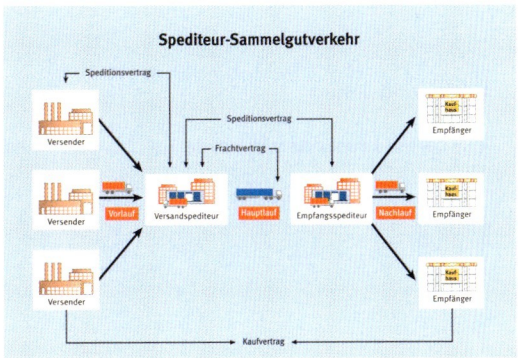

2.3.3. Frachtführer

Als Frachtführer wird die Person (Selbstfahrer) oder das Unternehmen bezeichnet, das den Transport des Gutes tatsächlich durchführt.

Der Frachtführer schließt mit seinem Auftraggeber (Spedition, Industrie- oder Handelsunternehmen) einen Frachtvertrag ab. Die §§ 407 bis 450 des HGB enthalten die Vorschriften für den Frachtführer.
Hier finden sich unter anderem Regelungen zu:
- Frachtbrief,
- Gefahrgut,
- Verpackung und Kennzeichnung des Gutes,
- Verladen und Entladen des Gutes,
- nachträglichen Weisungen,
- Haftung des Frachtführers und
- besonderen Haftungsausschlussgründen.

Bei anderen Verkehrsträgern wird der Frachtführer entsprechend gesondert bezeichnet:
- Seebeförderung = Verfrachter
- Luftfracht = Carrier

Frachtführer, die mit Fahrzeugen (einschließlich Anhänger) über 3,5 t zGM im Rahmen einer gewerblichen Güterbeförderung Transporte durchführen, benötigen
- für nationale Transporte eine Erlaubnis (GüKG §1),
- für internationale Transporte eine Gemeinschaftslizenz,
- für Fahrzeuge (einschließlich Anhänger) unter 3,5 t zGM eine Gewerbeanmeldung.

2.3.4. Werkverkehr

Die Organisation und Durchführung des Transportes obliegt dem Unternehmen, das den Werkverkehr betreibt. Intern stimmen sich die Abteilungen darüber ab, wann welche Transporte durchgeführt werden sollen. Der Transport wird mit eigenem Fahrpersonal durchgeführt.
Der Fahrer erhält die Fahranweisungen sowie die Beförderungsdokumente von der Logistikabteilung seines Unternehmens. Die Logistikabteilung koordiniert den Warenfluss und disponiert die anfallenden Transporte der Güter.
Werkverkehr kann innerhalb eines Unternehmens zwischen einzelnen Betriebsstätten durchgeführt werden oder auch von der Produktionsanlage direkt zum eigenen Verkauf, z. B. indem eine Großbäckerei die eigenen Verkaufseinrichtungen beliefert.

2.4. Spezialisierung

Auf dem Güterverkehrsmarkt zeigt sich der Trend zur Spezialisierung in der Transportbranche auf einzelne Sparten des Güterverkehrs.
Nachfolgend stellen wir Ihnen einige Formen von Spezialisierung im Güterkraftverkehr vor.

Marktordnung im Güterkraftverkehr — Band 8

Nationaler Güterkraftverkehr
Unternehmen, die sich darauf spezialisiert haben, führen Transporte auf nationaler Ebene durch. Der Be- und Entladeort des Gutes liegt innerhalb der Grenzen Deutschlands. Durch Kooperation mit anderen Transportunternehmen können sie ihren Kunden eine flächendeckende Transportdienstleistung anbieten.

Internationaler Güterkraftverkehr
Diese Transportunternehmen bieten ihren Kunden Transporte über die Landesgrenzen hinaus an. Natürlich kann auch eine Spezialisierung auf einzelne Länder erfolgen, die vom Transportdienstleister beliefert werden.
Auf jeden Fall benötigen diese Unternehmen spezielle Kenntnisse über die in den entsprechenden Ländern geltenden rechtlichen Bestimmungen. Häufig verfügen sie über gute persönliche Kontakte, die durch Mitarbeiter mit Fremdsprachenkenntnissen aufgebaut und erhalten werden.

Komplettladungsverkehre
Der Transportdienstleister erhält von seinem Kunden den Auftrag, bei diesem selbst oder an einem anderen Ladeort eine komplette Lastkraftwagenladung zu übernehmen und an den genannten Empfänger auszuliefern.
In diesen Fällen werden pro Lastkraftwagen nur Güter eines Auftraggebers befördert.
Bevorzugte Produktgruppen sind:
- Holz,
- Stahl,
- Papier,
- Baustoffe,
- Getränke.

Quelle: RUD

Marktordnung im Güterkraftverkehr — Band 8

Kombinierter Ladungsverkehr (KLV)
Hierbei handelt es sich um einen Transport von Gütern in einer Ladeeinheit, in einem Behälter oder in einem Straßenfahrzeug mit mehreren Verkehrsträgern, z. B.: Straße – Schiene – Straße.

Teilladungsverkehr
Güter verschiedener Auftraggeber werden gesammelt und zu kompletten Lkw-Ladungen gebündelt.

Sammelguttransporte
Für Kunden des Transportunternehmens, die mit ihren Gütern keine vollständige Auslastung der gesamten Ladefläche des Lastkraftwagens erreichen, bieten Transportunternehmen die Möglichkeit an, geringere Mengen in Sammelgutverkehren zu befördern.
Bei Sammelguttransporten muss auf die richtige Lastverteilung geachtet werden, wenn Teilladungen abgeladen werden.

Siehe auch Band 4 „Ladungssicherung".

Massenguttransporte
Mit speziellen Lastkraftwagen, je nach Eigenart des Produktes, werden Güter in großem Umfang befördert. Es handelt sich bei den Gütern um Massengüter wie Sand, Zement oder Kies.

Marktordnung im Güterkraftverkehr — Band 8

Großraum- und Schwertransporte
Überschreiten die zu transportierenden Güter bestimmte Abmessungen oder Gewichte, werden für den Transport spezielle Lastkraftwagen eingesetzt. Für diese Transporte sind besondere Genehmigungen erforderlich (§ 29 StVO).

Temperaturgeführte Transporte
Für Güter, die unter bestimmten Temperaturbedingungen befördert werden müssen, werden Fahrzeuge mit einem Temperatursystem eingesetzt.
Folgende Fahrzeugtypen können eingesetzt werden:
- Thermowechselkoffer mit Doppelstocktechnik,
- Mehrtemperaturfahrzeuge.

Diese Systeme müssen die Einhaltung vorgegebener Temperaturen für das Transportgut sicherstellen.
Hierzu zählen Transporte mit folgenden Produktgruppen:
- Lebensmittel,
- Blumen und Pflanzen,
- Chemieprodukte,
- Farben, Lacke,
- Kosmetika,
- Pharmaprodukte,
- Flüssigmetalle.

Transporte mit Gefahrgut
Bei Gefahrguttransporten gibt der Gesetzgeber vor, unter welchen Bedingungen Gefahrguttransporte durchgeführt werden dürfen.
Die Fahrzeuge und deren Ausrüstung müssen den Anforderungen für das jeweilige Gefahrgut entsprechen. Das Fahrpersonal muss für solche Transporte eine Fahrzeugführerschulung mit anschließender Erfolgskontrolle vor der zuständigen IHK absolvieren. Ziel der Gefahrgutverordnung Straße/Eisenbahn (GGVSE) ist der Schutz der Umwelt, der am Transport beteiligten Personen und der Allgemeinheit.

Umzugsverkehr

Zum Standardangebot eines Dienstleisters für Umzugsverkehr gehören:
- Stellung des Umzugspersonals und des erforderlichen Verpackungsmaterials (Umzugskisten, Kleiderboxen),
- Verladung und Transport des Umzugsgutes mit einem geeigneten Lastkraftwagen,
- Entladung des Umzugsgutes in die neuen Räumlichkeiten.

Nach Absprache können zusätzliche Dienstleistungen in Anspruch genommen werden, zum Beispiel:
- besenreine Wohnungsübergabe,
- Vermittlung von Handwerkern,
- Demontage und Montage von Möbelstücken,
- Lagerung von Umzugsgut,
- Entsorgung von Altgeräten,
- Aktenvernichtung.

Der Umzugsverkehr wird national oder grenzüberschreitend durchgeführt.

Möbeltransporte

Hier handelt es sich um die Auslieferung von Möbeln und Einrichtungsgegenständen zu festgelegten Zeiten durch einen Logistikdienstleister an einen (gewerblichen oder privaten) Empfänger. Auftraggeber dieser Transporte sind zum Beispiel:
- Möbelhäuser,
- Versandhäuser.

2. 5. Weiterentwicklung der Branche

Die Logistik ist – nach Handel und Automobilindustrie – zu Deutschlands drittgrößter Branche aufgestiegen. Seit Mitte der 90er Jahre verzeichnet die Logistik sowohl beim Umsatz als auch bei den Beschäftigtenzahlen ein kontinuierliches Wachstum.
Durch den Beitritt osteuropäischer Staaten zur Europäischen Union ist Deutschland aufgrund seiner zentralen Lage und der sehr guten Infrastruktur zur Logistik-Drehscheibe Europas geworden.
Mit Transport- und Logistikleistungen erwirtschaften ca. 2,6 Millionen Beschäftigte einen geschätzten Umsatz von etwa 150 Milliarden Euro, das entspricht 7 % des Bruttoinlandsprodukts.
50 % der Leistungen werden als Werklogistik von den Unternehmen der Industrie, des Handels und der verladenden Wirtschaft selbst erbracht. Die anderen 50 % werden durch Outsourcing erwirtschaftet, d. h. durch Auslagerung von Dienstleistungen an externe Logistikunternehmen.

Der Güterverkehrsmarkt der letzten Jahrzehnte war vom überproportionalen Wachstum des Straßengüterverkehrs bestimmt. Gründe des Wachstums sind:
- Anstieg des Transportbedarfs hochwertiger Halb- und Fertigprodukte,
- erhöhte Bedeutung betrieblich angepasster Transportabläufe,
- steigende Nachfrage nach logistischen Dienstleistungen und
- sinkende Transportpreise aufgrund gestiegener Konkurrenz.

2. 5. 1. Prognosen der Marktforschung für den Logistikmarkt in Deutschland

Untersuchungen des Marktes haben ergeben, dass der Transitverkehr in Deutschland aufgrund der geographischen Lage starke Wachstumsraten verzeichnen wird.

Die wesentliche Veränderung besteht seit einigen Jahren in der Spezialisierung des Dienstleistungsangebotes unter den Speditionen. Zur eigentlichen Kernaufgabe, der Organisation des Gütertransports, kommt die Annahme und Umsetzung von Zusatzdienstleistungen wie Güterlagerung, Kommissionierung und Verpackungstätigkeiten.
Die Zusatzdienstleistungen zielen auf die Entlastung der Auftraggeber ab und bestehen aus:
- Planung und Entwicklung betrieblicher Logistikkonzepte,
- Übernahme der Zollformalitäten,
- Vermietung von Containern und Wechselbrücken und
- Entsorgung.

Im Bereich der Zusatzdienstleitungen sind ebenfalls Zuwachsraten zu erwarten.

Die just-in-time-gerechte Lagerhaltung hat sich inzwischen in eine just-in-sequence-Lieferung gewandelt. Das bedeutet, die Transporte werden zeitlich noch präziser durchgeführt. Zum Beispiel die Anlieferung von Sitzen in der Automobilindustrie exakt in der Reihenfolge, wie diese in Fahrzeugen verbaut werden.

Das größte Wachstum werden die Outsourcing-Vergaben der Industrie an die Logistikunternehmen verzeichnen. Hierbei liegt ein großes Wachstumspotenzial in höherwertigen Logistikdiensten wie z. B. dem Prozess- und Supply-Chain-Management. Das Prozess- und Supply-Chain-Management beschäftigt sich mit der Planung, Steuerung und Kontrolle von Prozessen und Informationen innerhalb der Logistikkette.

Das Ziel heißt hier, diese Prozesse zu optimieren. Gewinner dieser Entwicklung ist die Kontraktlogistik. Sie ist eine Form des Outsourcings logistischer Leistungen. Hierbei werden von den Logistikunternehmen Dienstleistungen auf Basis langfristiger Vertragsbeziehungen für deren Auftraggeber geplant und durchgeführt.
Kontraktlogistik findet man in folgenden Bereichen:
- Distributions-,
- Produktions- und
- Beschaffungslogistik.

Deren Marktvolumen dürfte sich in Deutschland in den kommenden Jahren zweistelligen Wachstumsraten erhöhen.
Entsprechend positiv sind die Perspektiven für Firmen, die sich auf die längerfristige und individualisierte Fremdvergabe von Logistikdienstleistungen spezialisiert haben und diese anbieten.

Hingegen wird die Situation für Unternehmen, deren Kernaktivitäten im standardisierten Transportgeschäft liegen, schwieriger werden. Die Lkw-Maut und die steigenden Treibstoffkosten lassen sich aufgrund der wachsenden osteuropäischen Konkurrenz kaum an die Auftraggeber weiterleiten.

2.5.2. Trend zur Spezialisierung im Logistikgeschäft

Eine wesentliche Veränderung auf dem Güterverkehrsmarkt besteht seit einigen Jahren in der Differenzierung und Spezialisierung des Dienstleistungsangebotes unter den Logistikunternehmen.

Spezialisierung bedeutet, dass sich ein Logistikunternehmen nur auf bestimmte Tätigkeitsbereiche konzentriert, zum Beispiel:
- Gefahrguttransporte,
- Tanktransporte,
- Kühlguttransporte,
- Silotransporte,
- Tiertransporte.

Der Auftraggeber hat hier die Gewissheit, dass die Transporte mit größtmöglichem Know-how durchgeführt werden.
Für die Logistikunternehmen bedeutet die Spezialisierung:
- weniger Konkurrenz durch andere Anbieter,
- Bündelung des Know-how der Mitarbeiter.

Somit entsteht ein hoher Qualitätsstandard bei der Transportdurchführung. Dieser Trend wird sich auch in Zukunft weiter fortsetzen.

Band 8

Folgen eines Rechtsstreits

Kommerzielle und finanzielle Folgen eines Rechtsstreits — Band 8

1. Kommerzielle und finanzielle Konsequenzen eines Rechtsstreits

1.1. Einleitung

Die Flut an Gesetzen und Verordnungen, die die verschiedensten rechtlichen Sachverhalte erfassen sollen, ist selbst für Juristen schwer überschaubar. Je nachdem, welcher Lebenssachverhalt vorliegt, hat dieser die unterschiedlichsten rechtlichen Konsequenzen und kann zudem mehrere Rechtsgebiete berühren.
Führt ein solcher Lebenssachverhalt dazu, dass nach der Gesetzeslage eine rechtliche Auseinandersetzung vor Gericht unvermeidbar wird, hat dieses nicht unerhebliche kommerzielle und finanzielle Folgen für alle Beteiligten.
Das gilt natürlich auch im Verhältnis zwischen Berufskraftfahrer und Fuhrunternehmer.
Die nachfolgenden Ausführungen sollen einen Überblick über die entsprechenden Rechtsgebiete und deren Auswirkungen geben.

1.2. Zivilrechtliche Rechtsstreite

Bedeutung und Gegenstand zivilrechtlicher Rechtsstreite
Das Zivilrecht umfasst sämtliche Rechtsbeziehungen zwischen Privatleuten. Hierzu zählen sowohl natürliche Personen als auch sogenannte Rechtssubjekte, wie beispielsweise Gesellschaften, Eigentümergemeinschaften und Vereine.
Hiervon abzugrenzen ist das öffentliche Recht, welches das Verhältnis zwischen Staat und Bürger regelt.

Rechtsgebiete, die vom Zivilrecht erfasst werden
Das Zivilrecht ist gesetzlich in das allgemeine und das besondere Schuldrecht unterteilt, welches insbesondere die vertraglichen Beziehungen zwischen den Parteien regelt. Darüber hinaus werden die rechtlichen Sachverhalte abgedeckt, welchen keine vertraglichen Beziehungen zugrunde liegen; so z. B. das sogenannte Deliktsrecht, das hauptsächlich Schadenersatzansprüche behandelt.
Nachfolgend sind die am häufigsten vorkommenden Bereiche aufgezählt, die im Zusammenhang mit der Tätigkeit als Berufskraftfahrer berührt werden können.

Unfallschäden
Der Beruf des Kraftfahrers ist zwangsläufig mit einem erhöhten Unfallrisiko verbunden. Unfallschäden gehören zum Bereich des Schadenersatzrechtes. Da der Hergang eines Verkehrsunfalls häufig streitig ist, kommt es in diesem Bereich vermehrt zu gerichtlichen Auseinandersetzungen.
Auf Beklagtenseite verhält es sich so, dass normalerweise sowohl der Fahrer als auch der Halter, also der Fuhrunternehmer und die Haftpflichtversicherung, verklagt werden. Sollte das Unternehmen auf Klägerseite stehen, beschränkt sich die Rolle des Fahrers normalerweise auf die des Zeugen.

Kommerzielle und finanzielle Folgen eines Rechtsstreits — Band 8

Frachtschäden
Zu den Frachtschäden zählen zum einen die Unfallschäden am Frachtgut, die sowohl fremd- als auch eigenverschuldet sein können, und zum anderen der Bereich der Verlade- und sonstigen Transportschäden.
In diesen Bereichen geht es insbesondere darum, wer für aufgetretene Schäden die Verantwortung trägt und die daraus resultierenden Kosten zu übernehmen hat.

Vertragsstrafen
In diesen Bereich fallen Schadenersatzansprüche, die entstehen, wenn vertragliche Vereinbarungen, z. B. zeitliche Vorgaben, nicht eingehalten werden.

Zuständige Gerichte
Für zivilrechtliche Rechtsstreitigkeiten sind die ordentlichen Gerichte zuständig.

Zur ordentlichen Gerichtsbarkeit gehören das Amtsgericht (AG), das Landgericht (LG), das Oberlandesgericht (OLG) sowie der Bundesgerichtshof (BGH).

Bei Streitigkeiten bis zu einem Streitwert von 5000,- € ist als erste Instanz das AG zuständig. Seine Urteile können mittels einer Berufung vor dem LG als zweite Instanz angefochten werden. Dessen Urteile wiederum können durch Einlegung einer Revision durch den BGH als dritte Instanz überprüft werden.

Bei Streitwerten über 5000,- € ist das LG die erste Instanz, das OLG die zweite und der BGH die dritte Instanz.

Kosten

<u>Gerichtskosten</u>
Um einen zivilrechtlichen Rechtsstreits in Gang zu bringen, sind zunächst Gerichtskosten einzuzahlen. Diese richten sich nach der Höhe des sogenannten Streitwerts, also üblicherweise nach der Höhe der geltend gemachten Forderung.
Der Unterliegende eines Rechtsstreits hat die Gerichtskosten, die eigenen Anwaltskosten und die der gegnerischen Partei zu tragen. Im Falle eines teilweisen Obsiegens werden die Kosten im Verhältnis zum Erfolg und Misserfolg geteilt.

<u>Anwaltskosten</u>
Auch die Anwaltskosten berechnen sich nach dem Streitwert. Zwar besteht auch für ein Unternehmen die Möglichkeit des Abschlusses einer Rechtsschutzversicherung, allerdings sind viele Sachverhalte in der gewerblichen Rechtsschutzversicherung ausgeschlossen, so z. B. Vertragsrechtsstreite, mit der Folge, dass der Fuhrunternehmer sämtliche Kosten selbst tragen muss.

Bedeutung für das Unternehmen
Zivilrechtliche Auseinandersetzungen vor Gericht bergen immer ein gewisses Prozessrisiko. Das hängt damit zusammen, dass es meist darauf ankommt, wer welchen Sachverhalt beweisen kann, und es zudem nicht immer vorhersehbar ist, wie ein Richter die Beweismittel, z. B. die Glaubwürdigkeit eines Zeugen, würdigt.
Wenn man einen Zivilrechtsstreit verliert, muss man nicht nur die Forderung der Gegenseite erfüllen, sondern, wie bereits oben erwähnt, auch noch deren Kosten und die eigenen Kosten tragen. So entstehen z. B. bei einem Streitwert von 10.000,00 Euro in der ersten Instanz Gesamtkosten von über 4.000,00 Euro. Geht eine Partei in Berufung können sich die Kosten mehr als verdoppeln. Darüber hinaus können noch weitere Folgekosten entstehen, z. B. bei einem Verkehrsunfall die Kosten für die Höherstufung in der Haftpflichtversicherung.

Kommerzielle und finanzielle Folgen eines Rechtsstreits — Band 8

1.3. Arbeitsrechtsstreite

Bedeutung und Gegenstand eines Rechtsstreits vor dem Arbeitsgericht

Verfahren vor den Arbeitsgerichten betreffen sämtliche Streitigkeiten im Zusammenhang mit dem Arbeitsverhältnis zwischen dem Kraftfahrer und dem Fuhrunternehmer. Überwiegend geht es vor den Arbeitsgerichten um den Bereich der Kündigung des Arbeitsverhältnisses. Vor den Arbeitsgerichten werden aber auch die Fälle verhandelt, in denen der Arbeitgeber Schadenersatzansprüche gegen seinen Arbeitnehmer geltend macht, z. B. im Falle des Diebstahls von Frachtgut.

Haftung des Arbeitnehmers

Voraussetzungen

Der Arbeitnehmer haftet dem Arbeitgeber für Sach- und Vermögensschäden auf Schadenersatz für den Fall einer Pflichtverletzung. Die Tätigkeit, die zu dem Schaden geführt hat, muss durch den Betrieb veranlasst und aufgrund des Arbeitsverhältnisses geleistet worden sein. Aufgrund des Umstandes, dass der Arbeitgeber die Arbeitsbedingungen mitbestimmt, hat die Rechtsprechung den Arbeitnehmern Haftungserleichterungen zugebilligt je nach dem Grad des Verschuldens.

Umfang der Haftungserleichterung

Bei <u>Vorsatz</u> (Wissen und Wollen) haftet der Arbeitnehmer voll und hat in der Regel den ganzen Schaden zu tragen (z. B. Diebstahl von Ladegut).

Auch bei <u>grober Fahrlässigkeit</u> haftet der Arbeitnehmer in der Regel voll. Im Einzelfall können jedoch Haftungserleichterungen eingreifen.

Gemäß einem Urteil des Bundesgerichtshofes (BGH) handelt grob fahrlässig, wer die im Verkehr erforderliche Sorgfalt nach den gesamten Umständen in ungewöhnlich hohem Maße verletzt und unbeachtet lässt, was im gegebenen Fall jedem hätte einleuchten müssen (BGH, 18. Dezember 1996 – IV ZR 321/95 – NJW 1997, 1012 f.).

Dazu zählen zum Beispiel Überschreitung der Zuladungsgrenzen, Sekundenschlaf, Fernsehen während der Fahrt und das Greifen nach einer runtergefallenen Zigarette.

Bei <u>mittlerer Fahrlässigkeit</u> haftet der Arbeitnehmer nach einer Abwägung der Gesamtumstände. Es kommt daher immer auf den Einzelfall an. Mittlere Fahrlässigkeit ist anzunehmen, wenn der Arbeitnehmer die im Verkehr erforderliche Sorgfalt außer Acht gelassen hat, der rechtlich missbilligte Erfolg bei Anwendung der gebotenen Sorgfalt voraussehbar und vermeidbar gewesen wäre (zum Beispiel überhöhte Geschwindigkeit in einer Kurve).

Arbeitnehmerhaftung

Arbeitnehmer handelt mit **Wissen und Wollen**.	Vorsatz	Arbeitnehmer muss den verursachten Schaden in **voller Höhe** ausgleichen.
Arbeitnehmer verletzt die im Verkehr **erforderliche Sorgfalt** nach den gesamten Umständen **in ungewöhnlich hohem Maße** und lässt unbeachtet, was im gegebenen Fall einem jedem hätte einleuchten müssen.	grobe Fahrlässigkeit	Arbeitnehmer muss den verursachten Schaden in **voller Höhe** ausgleichen.
Arbeitnehmer lässt im Verkehr **erforderliche Sorgfalt außer Acht**.	mittlere Fahrlässigkeit	AN : AG — 90:10, 80:20, 70:30, 60:40, 50:50, 40:60, 30:70, 20:80, 10:90. **Aufteilung** des Schadens zwischen **Arbeitnehmer (AN)** und **Arbeitgeber (AG)** (abhängig vom Einzelfall)
Arbeitnehmer handelt schuldlos oder leicht fahrlässig (**Flüchtigkeitsfehler**)	leichteste Fahrlässigkeit	Arbeitnehmer muss den verursachten Schaden **nicht** ausgleichen.

Arbeitnehmerhaftung

Bei leichtester Fahrlässigkeit haftet der Arbeitnehmer nicht. Leichteste Fahrlässigkeit kann vorliegen bei Überlastung oder Zeitdruck, in Konfliktsituationen oder in typischen Fällen des „Sich-Vertuns", „Sich-Versprechens" oder „Sich-Vergreifens".
Zu berücksichtigen ist, dass eventuell ein Versicherer für den Schaden einsteht. Allerdings besteht keine Rechtspflicht des Spediteurs zum Abschluss einer Vollkaskoversicherung.

Kosten
Gerichtskosten
Auch bei den Arbeitsgerichten werden Gerichtskosten nach dem Wert des Streitgegenstandes erhoben. Im Gegensatz zum zivilrechtlichen Klageverfahren müssen diese nicht als Vorschuss eingezahlt werden, sondern werden erst nach Abschluss des Verfahrens fällig.

Anwaltskosten
Im Urteilsverfahren vor dem Arbeitsgericht besteht in der ersten Instanz kein Anspruch der obsiegenden Partei auf Erstattung der eigenen Anwaltskosten, so dass jede Partei ihre Kosten selbst tragen muss. Diese berechnen sich ebenso wie in zivilrechtlichen Verfahren nach dem Streitwert.

Bedeutung für das Unternehmen
Unabhängig vom Umstand, dass auch im Rahmen von arbeitsgerichtlichen Verfahren Anwalts- und Gerichtskosten entstehen, sind auch die weiteren Auswirkungen nicht außer Acht zu lassen. So beinhaltet jede Kündigung für den Unternehmer auch eine wirtschaftliche Komponente.
Unter Umständen muss ein neuer Arbeitnehmer gefunden werden. Eventuell müssen Abfindungen gezahlt werden. Schäden, die ein Arbeitnehmer verursacht hat, die er aber z. B. auf Grund seiner finanziellen Situation nicht bezahlen kann, müssen vom Unternehmer selbst getragen werden.
Aber selbst wenn es nicht um eine Kündigung geht, sondern z. B. um eine Überstundenvergütung, führt dieses Spannungsverhältnis zwischen Arbeitgeber und Arbeitnehmer häufig dazu, dass die Arbeitsleistung darunter leidet und sich auf das wirtschaftliche Gesamtergebnis auswirkt. Das gilt insbesondere für kleinere Unternehmen.

1. 4. Ordnungswidrigkeiten- und Strafverfahren

Gegenstand von Ordnungswidrigkeits- und Strafverfahren
Dieser Bereich erfasst Sachverhalte, bei denen Handlungen eines Einzelnen oder einer Gruppe gesetzlich sanktioniert werden, wobei je nach Schwere des Verstoßes von einer Ordnungswidrigkeit oder von einer Straftat gesprochen wird.

Verkehrsverstöße, die vom Ordnungswidrigkeitsrecht erfasst werden
Zu diesem Bereich gehören sämtliche Verkehrsverstöße, die im Bußgeldkatalog aufgeführt werden. Am häufigsten geht es um Geschwindigkeitsüberschreitungen und Abstandsverstöße, aber auch um Alkohol oder z. B. Fahrzeugsicherheit oder Lenkzeiten. Diese Verstöße werden üblicherweise durch einen Bußgeldbescheid geahndet, der je nach Schwere des Vergehens auch ein Fahrverbot aussprechen kann. Legt man gegen einen Bußgeldbescheid Einspruch ein, entscheidet das Amtsgericht über dessen Rechtmäßigkeit.
Sofern das Bußgeld über 250,- € beträgt, kann die Entscheidung des Amtsgerichtes noch vom Oberlandesgericht überprüft werden.

Kommerzielle und finanzielle Folgen eines Rechtsstreits — Band 8

Verkehrsverstöße, die vom Strafrecht erfasst werden
Die Hauptvergehen im Verkehrsstrafrecht sind das unerlaubte Entfernen vom Unfallort, Trunkenheit im Straßenverkehr, Straßenverkehrsgefährdung und die fahrlässige Körperverletzung. Kommt es zu einer Verurteilung wegen einer der oben genannten Taten, führt dies üblicherweise zu einer Geldstrafe und unter bestimmten Voraussetzungen zur Entziehung der Fahrerlaubnis. Die Dauer der Entziehung hängt von der Schwere der Straftat ab und liegt im Durchschnitt zwischen zehn und zwölf Monaten.

„Ausführliche Informationen zum Thema „Fahrverbot und Entziehung der Fahrerlaubnis" können Sie in dem Band „Recht, Stress und Gesundheitsbalance" finden.

Sonstige strafbare Handlungen
Zu den sonstigen strafbaren Handlungen, die üblicherweise im Verhältnis zwischen Arbeitgeber und Arbeitnehmer auftreten können, gehören Untreue, Unterschlagung, Diebstahl und Betrug. Im Zusammenhang mit diesen Delikten ist zwangsläufig auch gleichzeitig ein arbeitsrechtliches Verfahren zu erwarten, da eine Straftat gegenüber dem Arbeitgeber das Recht zur außerordentlichen Kündigung begründet.

Zuständige Gerichte für die Verfolgung von Straftaten
Strafverfahren werden vor den ordentlichen Gerichten durchgeführt.

Verfahren vor dem Amtsgericht
Das Amtsgericht ist zuständig, sofern die zu erwartende Haftstrafe 4 Jahre nicht übersteigt.

- Mündliche Hauptverhandlung
  Grundsätzlich findet vor dem Amtsgericht eine mündliche Hauptverhandlung statt, die mit einem Urteil endet. Gegen die Entscheidung des Amtsgerichtes kann Berufung oder Revision eingelegt werden. Über die Berufung entscheidet das Landgericht und über die Revision das OLG.

- Strafbefehlsverfahren
  Bei leichteren Delikten, insbesondere bei Verkehrsstraftaten, kann das Amtsgericht auf Antrag der Staatsanwaltschaft auch einen sog. **Strafbefehl** erlassen, mit dem die Strafe ohne Durchführung einer mündlichen Verhandlung festgesetzt wird. Gegen den Strafbefehl kann Einspruch eingelegt werden, woraufhin eine mündliche Verhandlung vor dem Amtsgericht durchgeführt wird, an deren Ende ein Urteil steht. Dieses kann wiederum mit einer Berufung vor dem Landgericht angefochten werden.

Verfahren vor dem Landgericht
Wenn die zu erwartende Haftstrafe über 4 Jahren liegt, dann ist das Landgericht als erste Instanz zuständig. Gegen dessen Urteile ist nur eine Revision möglich, über diese entscheidet grundsätzlich der Bundesgerichtshof.

Kosten
Gerichtskosten
Sowohl im Bußgeldverfahren als auch im Strafverfahren entstehen Kosten, die bei einer Verurteilung der Beschuldigte tragen muss. Zu den Kosten gehören sowohl Gerichtsgebühren als auch Auslagen von Zeugen und sonstige Verfahrenskosten, z. B. die Kosten eines Gutachtens zur Bestimmung des Blutalkohols. Nur bei einem Freispruch sind die Kosten durch die Staatskasse zu tragen.

Kommerzielle und finanzielle Folgen eines Rechtsstreits — Band 8

Anwaltskosten
Die Anwaltskosten in den oben genannten Verfahren berechnen sich, anders als in zivilrechtlichen Verfahren, nach sogenannten Rahmengebühren. Der Anwalt kann je nach Schwierigkeit des Falles innerhalb eines bestimmten Gebührenrahmens für verschiedene Tätigkeiten abrechnen. Die Kosten für ein durchschnittliches Strafverfahren mit einer Hauptverhandlung liegen schnell oberhalb von 900,00 Euro. Auch Anwaltskosten werden nur bei einem Freispruch durch die Staatskasse getragen.

Bedeutung für das Unternehmen
Für ein Transportunternehmen bedeutet ein Fahrverbot oder der Entzug der Fahrerlaubnis eines seiner Kraftfahrer immer auch die Notwendigkeit der Entscheidung, ob das Arbeitsverhältnis fortgeführt werden kann. In den meisten Arbeitsverträgen sind bereits entsprechende Klauseln vorhanden.

In einigen Fällen sind die Unternehmer rechtsschutzversichert, wodurch auch die Fahrer, zumindest was die Verfahrenskosten (Gerichts- und Anwaltskosten) angeht, abgesichert sind. Allerdings ist zu beachten, dass der Versicherungsschutz bei strafrechtlichen Verfahren in der Regel in den Versicherungsbedingungen eingeschränkt wird. So trägt die Rechtsschutzversicherung die Kosten regelmäßig nur dann, wenn die Straftat lediglich fahrlässig begangen wurde, z. B. bei einer fahrlässigen Körperverletzung oder fahrlässigen Tötung. Bei Vorsatzstraftaten, wie z. B. einer Nötigung durch zu dichtes Auffahren, besteht kein Versicherungsschutz. Geht es um Straftaten des Arbeitnehmers gegenüber dem Arbeitgeber, entstehen hierdurch meistens auch noch Vermögensschäden, die wiederum in einem gesonderten zivilrechtlichen Verfahren geltend gemacht werden müssen.

1. 5. Zusammenfassung

Ein Rechtsstreit ist immer mit einem gewissen Prozessrisiko behaftet. Arbeitgeber und Arbeitnehmer sollten dabei Hand in Hand zusammenarbeiten, um bereits im Vorfeld rechtliche Auseinandersetzungen zu verhindern. Das spart nicht nur Kosten, sondern trägt auch zu einer positiven Außendarstellung bei.
Rechtsstreite sind überwiegend öffentlich und können von jedermann als Zuschauer besucht werden, weshalb man als Unternehmen schnell den Ruf bekommen kann, sehr streitfreudig zu sein. Das schreckt möglicherweise potenzielle Kunden, aber auch neue kompetente Mitarbeiter ab.
Sollte ein Rechtsstreit einmal unvermeidbar sein, so gilt, dass auch vor Gericht immer noch die Möglichkeit einer einvernehmlichen Einigung besteht.

Kommerzielle und finanzielle Folgen eines Rechtsstreits — Band 8

	Rechtsstreitigkeiten			
	Zivilrecht	**Arbeitsrecht**	**Ordnungswidrigkeitenrecht**	**Strafrecht**
Art der Streitigkeit	Streitigkeiten zwischen „Privatpersonen" — natürliche Personen (Menschen) / juristische Personen (z.B. AG oder GmbH) aufgrund eines Vertrages oder deliktischer Handlungen	Streitigkeiten zwischen **Arbeitnehmer** und **Arbeitgeber**	Überprüfung der Rechtmäßigkeit eines **Bußgeldbescheides**	Anklage oder Strafbefehl wegen des Vorwurfes einer Straftat
Mögliche Folgen einer Verurteilung	• Zahlung von Schadenersatz für Unfall- oder Frachtschäden • Zahlung von Vertragsstrafen	• Zerstörung des Vertrauensverhältnisses zwischen Arbeitgeber und Arbeitnehmer • Verlust des Arbeitsplatzes • Zahlung von Schadenersatz	• Bußgeld • Fahrverbot • Punkte im Fahreignungsregister (FAER) ——— • ggf. Verlust des Arbeitsplatzes	• Freiheitsstrafe • Geldstrafe ——— • Entziehung der Fahrerlaubnis • Fahrverbot • Punkte im Fahreignungsregister (FAER) ——— • ggf. Verlust des Arbeitsplatzes
Zuständige Gerichte	**Ordentliche Gerichte** • Amtsgericht (AG) (bei Streitwerten bis 5.000 €) • Landgericht (LG) (bei Streitwerten über 5.000 €) • Oberlandesgericht (OLG) • Bundesgerichtshof (BGH)	**Arbeitsgerichte** • Arbeitsgericht (ArbG) • Landesarbeitsgericht (LAG) • Bundesarbeitsgericht (BAG)	**Ordentliche Gerichte** • Amtsgericht (AG) • Oberlandesgericht (OLG)	**Ordentliche Gerichte** • Amtsgericht (AG) (bei Strafen bis zu 4 Jahren Freiheitsentzug) • Landgericht (LG) (bei Strafen über 4 Jahren Freiheitsentzug) • Oberlandesgericht (OLG) • Bundesgerichtshof (BGH)
Kostenrisiko	Gerichts- und Anwaltskosten berechnen sich nach dem Streitwert. Die unterliegende Partei trägt die Gerichtskosten sowie die eigenen und gegnerischen Anwaltskosten.	Gerichts- und Anwaltskosten berechnen sich nach dem Streitwert. In der ersten Instanz trägt jede Partei ihre Anwaltskosten selbst. Ansonsten muss wie im Zivilprozess die unterliegende Partei die Kosten tragen.	Bei einem Freispruch trägt die Staatskasse die Gerichts- und Verteidigerkosten. Ansonsten trägt der Betroffene die Kosten.	Bei einem Freispruch trägt die Staatskasse die Gerichts- und Verteidigerkosten. Bei einer Verurteilung trägt der Angeklagte die Kosten.

Rechtsstreitigkeiten

Gesundheit und Fitness   **Band 8**

Gesundheit & Fitness

„Gesundheit ist nicht alles, aber ohne Gesundheit ist alles nichts!" (Arthur Schopenhauer). Um sicher am Straßenverkehr teilnehmen zu können, müssen Sie geistig und körperlich in guter Verfassung sein – mit anderen Worten: Gesund sein!

Die folgenden Seiten bieten Ihnen einen Einstieg ins Thema „Gesundheit & Fitness". Die wichtigsten Belastungsfaktoren, denen Sie als Berufskraftfahrer ausgesetzt sind werden Ihnen aufgezeigt. Rückenschmerzen durch dauerhaftes und falsches Sitzen, schlechte Ernährung, Müdigkeit und Stress können Ihren Berufsalltag und Ihr Leben beeinträchtigen. Hier finden Sie Anregungen und Tipps, wie Sie Ihre Gesundheit schonen und Gesundheitsschäden vorbeugen können.

Die folgenden Seiten sind dabei lediglich ein Einstieg, ausführliche Ausarbeitungen und Tipps zu richtigen Bewegungen und Haltungen, Übungen, die Sie während der Pausen durchführen können, Grundregeln einer gesunden Ernährung, Auswirkung von Alkohol und Drogen, sowie Vorbeugung von Müdigkeit und Stress finden Sie in Band 1 „Gesundheit & Fitness" der DEGENER BKF-Bibliothek.

Gesundheit und Fitness — Band 8

1. Ergonomie – Gesundheitsgerechte Bewegungen und Haltungen

Die Zahl der Menschen mit Rückenschmerzen und Rückenerkrankungen steigt seit vielen Jahren weiter an. Jede fünfte Krankschreibung erfolgt auf Grund von Rückenproblemen, bei Berufskraftfahrern sogar jede Vierte. Der Rückenschmerz stellt für den Betroffenen eine Einschränkung von Lebensqualität in Beruf und Alltag dar. Für das Gesundheitssystem entstehen enorme Kosten.

Hauptgründe von Rückenschmerzen sind u. a.:
- allgemeiner Bewegungsmangel,
- schlechte Körperhaltung,
- ungenügende Rumpfmuskulatur,
- muskuläre Dysbalancen,
- psychische Dauerbelastungen,
- eingeschränkte Erholungszeiten.

Sitzen bestimmt den überwiegenden Teil Ihrer Tätigkeit als Berufskraftfahrer. Und auch optimales Sitzen will gelernt sein. Nacken- und Rückenschmerzen, ein eingeklemmter Magen und Druckstellen am Oberschenkel – all das sind Folgen einer verkehrten Sitzhaltung und einer falschen Einstellung des Fahrersitzes.

„Ich will hier nur Sitzen!" (Loriot)
Was bei Victor von Bülow so einfach klingt, ist für den Körper anstrengend, denn für Dauersitzen ist der menschliche Organismus nicht gemacht. Sie sollten ihre Haupttätigkeit – das Sitzen – durch kleine Pausen unterbrechen und aktiv mit Bewegungsübungen auflockern. Auch in Ihrer Freizeit gilt: Bleiben Sie in Bewegung!

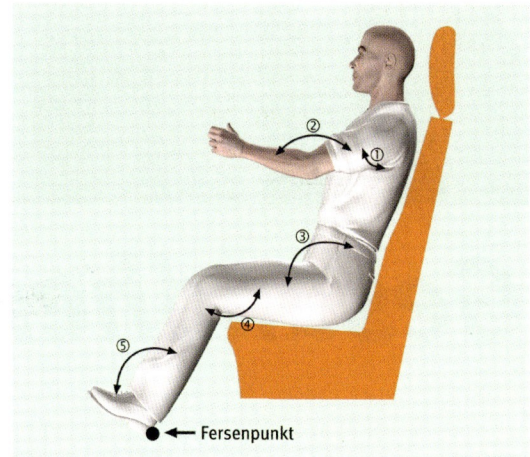

Ergonomisch günstige Winkel:
① Oberarmwinkel 10–40°
② Ellenbogenwinkel 95–135°
③ Hüftwinkel 100–105°
④ Kniewinkel 110–130°
⑤ Fußgelenkwinkel 90°

Gesundheit und Fitness

Band 8

Halten Sie sich fit!
Nutzen Sie jede Gelegenheit, um sich in den Pausen an der frischen Luft zu bewegen, sich zu dehnen, zu strecken oder einfach ein wenig zu gehen. Mit Entspannungsübungen in den Pausen können Sie Anspannung und Stress abbauen. Um den Kreislauf anzuregen, genügen schon kurze Übungen, die Sie mehrmals wiederholen können.

Rückenschmerzen vorbeugen – in Kürze:
- Genügend kurze Erholungspausen und ausgleichende Übungen sind wichtig.
- Bewegen Sie sich rückengerecht und meiden Sie falsche, belastungsstarke Bewegungen und Haltungen.
- Mit speziellen Lockerungs-, Dehnungs- und Kräftigungsübungen halten Sie Ihre Muskeln und ihren Körper in Balance.
- Vermeiden Sie dauerhafte Zwangshaltungen. Bewegen Sie sich auch während ihrer Arbeitstätigkeit ausreichend. Halten Sie sich in der Freizeit mit Herz-Kreislauftraining und/oder Entspannungsübungen fit.
- Nutzen Sie an ihrem Arbeitsplatz alle ergonomischen Einstellmöglichkeiten um die Rückenbelastung so gering wie möglich zu halten.
- Bei schweren körperlichen Tätigkeiten nutzen Sie technische Hilfsmittel und Hebehilfen

Sportanfänger über 35 Jahre und Untrainierte mit chronischen Krankheiten sollten ihren Hausarzt aufsuchen und sich beraten lassen, bevor Sie ins Bewegungstraining einsteigen.

2. Richtiger Umgang mit Lasten!

Als Folge der hohen Druckentwicklung im vorderen Bandscheibenbereich wird der Gallertkern nach hinten verschoben, was einen Hexenschuss oder sogar einen Bandscheibenvorfall auslösen kann. Ein Hexenschuss ist ein plötzlich einschießender Schmerz mit einhergehender starker Muskelverspannung und -verhärtung, so dass der Betroffene sich kaum bewegen kann. Beim Bandscheibenvorfall reißt der äußere Faserring der Bandscheibe und das gallertartige Material fließt aus und verengt den Spinalkanal und drückt auf den Nerv. Folgen können starke Schmerzen, Bewegungseinschränkungen, Taubheitsgefühle und sogar Lähmungserscheinungen sein.

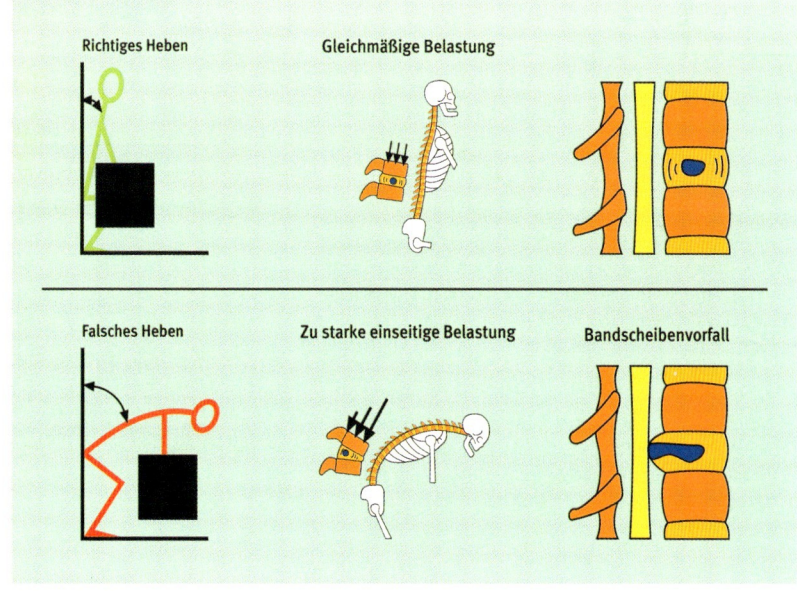

Hebetechnik

Gesundheit und Fitness

3. Ernährung

Fahrpläne, Schichtzeiten, Anlieferdruck bei Sammelfahrten, Reiserouten, Termine zur Bahnverladung oder auf Fähren und mangelnde Parkmöglichkeiten – für Sie als Berufskraftfahrer ist es nicht immer einfach, entsprechend den Ernährungsregeln zu essen. Dennoch braucht jeder Motor Energie, um etwas zu leisten, sowohl Ihr Körper als auch Ihr Fahrzeug brauchen „Kraftstoff".

Frühstück

Wie Sie in den Tag starten, können Sie oft selbst bestimmen. Mit einem kohlenhydratreichen Frühstück können Sie die über Nacht geleerten Energiespeicher füllen. Je größer der Anteil an Vollkornprodukten ist, desto länger wird Sie das Frühstück sättigen. Daher sollten Vollkornbrote oder Müsli einen festen Platz am Frühstückstisch haben. Um das Eisen in den Produkten gut verwerten zu können, ergänzen Sie das Frühstück mit frischen Früchten oder einem Glas Fruchtsaft. Mit Milchprodukten wie einem Joghurt können Sie gut gestärkt in Ihren Alltag starten. Können Sie morgens nicht ausgiebig frühstücken, trinken Sie zumindest ein Glas Fruchtsaft oder Milch und nehmen sich ein fettarm belegtes Vollkornbrot, Obst oder Gemüse und einen Joghurt für eine spätere Pause mit.

Zwischenmahlzeit

Zwischenmahlzeiten am Morgen bzw. am Nachmittag helfen Ihnen, Leistungstiefs zu vermeiden und konzentriert und leistungsfähig zu bleiben.

Es ist von Vorteil, die erste Zwischenmahlzeit schon zu Hause vorzubereiten. Dadurch sind Sie nicht auf das Imbissangebot der Raststätten angewiesen und können dann etwas zu sich nehmen, wenn Sie Hunger haben, z. B. während einer kleinen Pause am Endhaltepunkt.
- Obst und Gemüsestreifen lassen sich in einer Kunststoffbox gut und frisch lagern.
- Milchprodukte wie Buttermilch, Kefir oder Joghurt sind für die erste Pause noch ausreichend gekühlt. Für spätere Pausen brauchen Sie für diese Snacks eine Kühlmöglichkeit.
- Nüsse oder Laugengebäck wie z.B. Salzstangen sind ebenfalls als kleine Zwischenmahlzeit geeignet.

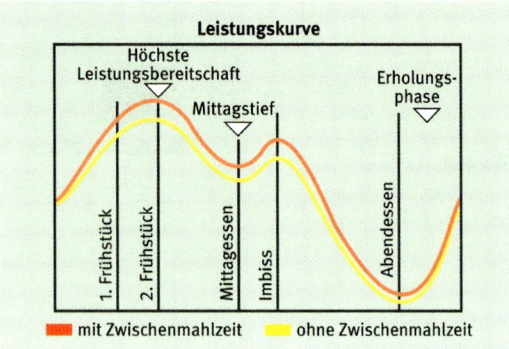

Gesundheit und Fitness — Band 8

Mittagessen
- Unpaniertes Fleisch oder Fisch in der Größe Ihres Handtellers, gegrillt oder gedünstet.
- Sichtbares Fett können Sie einfach wegschneiden. Lassen Sie sich die Soße in einem Extraschälchen geben, damit Sie selber die Menge bestimmen können.
- Dazu kommt eine sättigende Beilage wie Nudeln, Reis oder Kartoffeln. Geben Sie dabei Salz- oder Pellkartoffeln den Vorzug und vermeiden Sie die zusätzliche Fettportion in gebratenen, überbackenen oder frittierten Varianten.
- Eine große Portion können Sie sich bei Gemüse oder Salat gönnen, wobei ebenfalls die Zubereitung entscheidend für die Ausgewogenheit des Essens ist.
- Pures Gemüse oder mit nur wenig Soße ist dem Rahmgemüse gegenüber vorzuziehen.
- Einen großen Salat können Sie mit einem Vollkornbrot ergänzen.

Ungesund	Alternative
Cola	Saftschorle
Currywurst mit Pommes frites	Salat
Schnitzel mit Pommes frites	Unpaniertes Fleisch mit Kartoffeln und Gemüse
Hamburger	Baguette mit Schinken und Käse
Pizza	Pasta

Abends
Am Abend können Sie das ausgleichen, was den Tag über zu kurz gekommen ist.

Reichlich Flüssigkeit
Auch Wasser ist absolut lebensnotwendig. Rund anderthalb Liter braucht Ihr Körper jeden Tag. Bevorzugen Sie kalorienarme Getränke. Alkoholische Getränke sollten nur gelegentlich und in kleinen Mengen konsumiert werden.

10 Regeln der deutschen Gesellschaft für Ernährung

1. Vielseitig essen
2. Reichlich Getreideprodukte und Kartoffeln
3. Gemüse und Obst – Nimm „5 am Tag"
4. Täglich Milch und Milchprodukte, ein bis zweimal in der Woche Fisch; Fleisch, Wurstwaren sowie Eier in Maßen
5. Wenig Fett und fettreiche Lebensmittel
6. Zucker und Salz in Maßen
7. Reichlich Flüssigkeit
8. Schmackhaft und schonend zubereiten
9. Nehmen Sie sich Zeit beim Essen
10. Achten Sie auf Ihr Gewicht und bleiben Sie in Bewegung!

4. Müdigkeit

Etwa sechs bis zehn Stunden des Tages verschläft der Mensch. Unsere „innere Uhr" sorgt zuverlässig dafür, dass wir abends müde werden und zwischen 22 Uhr und 6 Uhr morgens unser Leistungstief erreichen. Schichtarbeit und Nachtfahrten sind in Ihrem Gewerbe jedoch an der Tagesordnung – und Ihre innere Uhr gerät zwangsläufig durcheinander. Denn nachts möchte Ihr Körper schlafen.

Übermüdung steht bei Unfällen mit LKW und KOM in den Statistiken an vorderster Stelle!
Genau wie Ihr Gehirn Hunger und Durst signalisiert, meldet es auch, wenn Ihr Körper eine Auszeit braucht.

Gesundheit und Fitness — Band 8

Müde, wenn Sie...
- ständig gähnen
- Ihre Augenlider brennen
- häufig zwinkern
- Ihre Rücken- und Schultermuskeln verspannt sind
- Sie leichte Kopfschmerzen verspüren
- reizbar sind
- die Bilder wie im Film ablaufen
- den „Tunnelblick" haben
- Abstände schlecht abschätzen können
- permanent auf dem Mittelstreifen fahren
- ruckartig und unnötig lenken
- sich häufig verschalten
- unangemessen und heftig bremsen
- langsamer reagieren
- entscheidungsunfreudig sind
- sich nicht mehr konzentrieren können
- übermäßig euphorisch sind

... dann machen Sie **jetzt** eine Pause! Ihre Energiereserven sind verbraucht und die größte Gefahr stellt der „Sekundenschlaf" dar. Schlafen Sie kurzzeitig ein, fahren Sie blind und reaktionslos, im schlimmsten Fall bei eingeschaltetem Tempomat mit gleich bleibender Geschwindigkeit.

Auch so genannte Wachmacher wie Kaffee, Zigaretten, Energy-Drinks, Traubenzucker, offene Fenster und laute Musik helfen höchstens kurzfristig. Und was hilft wirklich? Ganz einfach: Schlafen! Nur so kann sich der gesamte Organismus vollständig erholen.

Richtig Schlafen – ein paar Regeln für erholsames Schlafen:
- Frische Luft im Schlafraum! Sauerstoff ist gut für Ihre Lungen und Leistungsfähigkeit.
- Die optimale Temperatur liegt zwischen 14° C und 18° C.
- Ruhe! Lärm, z. B. eine laut tickende Uhr, hindert Sie am Einschlafen.
- Ein verstellbarer Lattenrost, eine gut durchlüftete Matratze und genügend Bewegungsfreiheit sind wichtige Faktoren für einen erholsamen Schlaf.
- Ein flaches Kissen und ein nicht zu schweres Oberbett fördern eine gesunde Erholungsphase.

Als Berufskraftfahrer werden Sie nicht immer alles beachten können. Schichtzeiten, Verkehrsbedingungen und Nachtfahrten werden Sie zu Kompromissen zwingen. Um Kraftreserven dennoch wieder auftanken zu können, beherzigen Sie folgende Tipps:

- Cola, Kaffee und schwarzer Tee sind abends nicht geeignet.
- Meiden Sie Alkohol – Ihr Schlaf wird flacher und sie wachen häufiger auf.
- Nehmen Sie kein atemdepressives Medikament, denn es hemmt das Atem- und Hustenzentrum.
- Schauen Sie nicht auf die Uhr, wenn Sie nicht einschlafen können.
- Bleiben Sie liegen und stehen Sie nicht noch einmal auf, um zu essen und zu rauchen.
- Gehen Sie nach Möglichkeit immer zur gleichen Zeit schlafen. Ein regelmäßiger Tagesrhythmus hält Ihre biologische Uhr im Gleichgewicht.
- Aufregende Filme oder Bücher helfen nicht bei der Entspannung.

Auch wenn es Ihnen die heutige Industriegesellschaft mit ihren zeitlichen Zwängen nicht immer leicht macht, versuchen Sie diese Tipps in Ihren Lebensrhythmus einzubauen. Denn Schlaf ist ein biologisches Bedürfnis und damit lebensnotwendig!

Gesundheit und Fitness — Band 8

5. Stress

Stress kennt jeder. Er wirkt auf den gesamten Menschen – das Denken, das Fühlen und das Handeln: Unser Gehirn sendet die Botschaft: Adrenalin ausschütten! Unser Herz schlägt schneller, der Blutdruck steigt, alle Muskeln und Organe sind zur Höchstleistung bereit – zur Flucht oder zum Kampf.

Eine Stressreaktion lässt sich in **drei** Phasen unterteilen:

I. Alarmreaktion
Der Körper bereitet sich auf die Abwehr vor. Die Atmung wird beschleunigt, die Pupillen erweitern sich, der Blutdruck steigt und die für das Überleben unwichtigen Körperfunktionen werden heruntergefahren.

II. Widerstandsphase
Stresshormone werden vom Körper abgebaut. Gelingt ihm das nicht, bleibt er im Alarmzustand und schädliche Folgen können auftreten. Dauert der Widerstand an, tritt die dritte Phase ein.

III. Erschöpfung
Bekommt der Körper keine Gelegenheit, die erschöpften Energievorräte aufzufüllen, leidet die Gesundheit darunter. Im Extremfall kann sogar der Tod eintreten.

Überall können Faktoren auf Sie einwirken, die Sie als störend und stressig empfinden. Diese so genannten „Stressoren" sind der Auslöser für die Alarmreaktion des Körpers. Ihnen entgegen wirken Ihre persönlichen Ressourcen, wie Belastbarkeit, Erfahrung, Koordinationsvermögen und Ihre Fähigkeit, Situationen vorhersehen zu können. Geraten Stressoren und Ressourcen aus dem Gleichgewicht, wird es gefährlich, sowohl Ihre Gesundheit als auch Ihre Fahrtüchtigkeit leiden unter dem Stress! Auf lange Sicht führt Stress zu Unausgeglichenheit, einer schwachen Immunabwehr, Infektionskrankheiten und sogar zu Schäden am Herz-Kreislaufsystem!

Im Straßenverkehr können Informationen nicht mehr richtig verarbeitet werden – es kommt zu Fehlreaktionen. Erkennungs- und Entscheidungsfehler sind Alarmsignale, derer Sie sich in den meisten Fällen zwar nicht bewusst sind, die aber ein großes Gefährdungspotential im Straßenverkehr darstellen!

In Ihrem Beruf können vor allem die äußeren Umstände den Alltag stressig machen. Häufige Stressoren sind z. B.:

Stressoren Arbeitsorganisation

z. B.
- schlecht geplante Touren
- unnötige Umladungen
- eng kalkulierte Reisen
- überraschende Schichtplanwechsel
- Fahrpläne
- Fahrzeugwechsel (ungewohnte Typen)

Stressoren personeller Art

z. B.
- Fahrgäste / Nörgler / Hotelpersonal
- Lager- und Verladepersonal
- ungeduldige Kunden
- Ärger mit Kollegen / Mitarbeitern
- Druck durch den Unternehmer
- Telefon / Betriebs- und Verkehrsfunk
- Ärger in der Familie

Stressoren Verkehrsalltag

z. B.
- Stau / Baustellen / Umleitungen
- Verkehrsdichte
- Suchfahrten
- Wetterbedingungen
- rücksichtslose Verkehrsteilnehmer
- Kontrollen Polizei und BAG
- zugeparkte Haltestellen / Busspur
- Abgase

Gesundheit und Fitness — Band 8

Stresstreppe

Im Straßenverkehr kommen Staus, Fahrzeugschlangen, Lärm, Abgase und die unterschiedlichen Charaktere der Fahrer auf engstem Raum zusammen und begünstigen nicht nur Stress, sondern auch aggressive Reaktionen. Zusätzlich schafft der übermäßige Adrenalinausstoß des Körpers Angriffsimpulse, die durch fehlende Erholungsphasen nicht abgebaut werden können.

Das folgende Beispiel zeigt, wie schon aus einer Mücke der sprichwörtliche Elefant werden kann:

Es ist Freitagmorgen, ein anstrengender Tag wartet auf mich. Aber heute Abend treffe ich mich mit Freunden zum Fußball. Jetzt erstmal in Ruhe frühstücken und Zeitung lesen. Doch die Zeitung ist nicht im Briefkasten. Ich bin schon etwas geladen. Der Verkehr ist eine einzige Katastrophe: Regen, dichter Verkehr und die Ampeln haben sich auch noch alle gegen mich verschworen. Obwohl ich rechtzeitig losgefahren bin, gerate ich langsam unter Zeitdruck.
Am Betrieb angekommen erfahre ich, dass mein Fahrzeug in der Nacht eine Panne hatte und ich auf ein Ersatzfahrzeug ausweichen muss, das auf einem anderen Parkplatz steht. Darüber hätte man mich schon früher informieren können. Nun habe ich schon eine halbe Stunde verloren, obwohl ich noch gar nicht losgefahren bin.
Glücklicherweise ist die Autobahn frei und ich komme noch rechtzeitig bei der Ladestelle an. Dort fahre ich mein Fahrzeug an die Rampe und trinke einen Kaffee in der Kantine.
Als ich zu meinem Fahrzeug zurückkomme, trifft mich fast der Schlag. Wer hat denn die Paletten gepackt? So kann ich die Ladung jedenfalls nicht sichern und auch nicht dafür sorgen, dass sie unbeschadet beim Kunden ankommt. Sie muss umgepackt werden!
Mit einer Stunde Verspätung fahre ich vom Hof. Wie soll ich das wieder reinholen?
Bei der Abladestelle komme ich verspätet an und habe deshalb noch drei andere Lkw vor mir. Es dauert ewig, bis ich abladen kann.
Und einen blöden Kommentar darf ich mir auch noch anhören. Als ich losfahren will, ruft der Disponent an. Er hat für mich noch einen wichtigen Auftrag eines guten Kunden.
Auf der Rückfahrt ist die Autobahn dicht, Auffahrunfall in einer Baustelle. Zum Fußball schaffe ich es nicht mehr. Ich bin schon richtig sauer. Wenn jetzt nicht alles beim Abladen der Ladung klappt, dann ...

Am grünen Pfeil müssen Sie spätestens etwas tun, sonst nimmt das Unheil seinen Lauf. Wenden Sie hierzu Entspannungstechniken an, z. B. eine Atemübung.

Wenn der rote Pfeil erreicht ist, ist es für Maßnahmen meist zu spät. Die Stresshormone haben sich aufgebaut und es dauert mehrere Stunden, bis sie wieder abgebaut sind.

Gesundheit und Fitness — Band 8

Anti-Stress-, Vermeidungs- und Bewältigungsstrategien

Persönliche Fragen, die Sie sich zum Thema Stress stellen können:
- Wie beeinflusst mein Lebensstil mein persönliches Stressempfinden?
- Wie sieht die Balance zwischen Arbeit und Erholung bei mir aus?
- Nehme ich Stresswarnsignale an mir wahr?
- Wie sehen meine persönlichen Auslöser für Stress aus?
- Was fühle ich?
- Welche Gedanken gehen mir durch den Kopf?
- Wie handle ich?
- Welche Bewältigungsmöglichkeiten habe ich?
- Welche Qualifikationen/Fähigkeiten wünsche ich mir?

Kurz- und langfristige Stressbewältigung

Stressoren verringern, vermeiden, ausschalten:
- gedankliche Vorbereitung, Problemlösungen,
- Arbeitsplatzbedingungen betrachten und gegenbenenfalls ändern,
- Unterstützung suchen.

Sich verändern, Belastbarkeit erhöhen (ökonomischere Arbeitsweise):
- Fertigkeiten entwickeln (Zeitmanagement),
- Bewertungen ändern (Glas halbvoll/halbleer),
- Einstellungs- und Glaubenssätze verändern,
- Risikofaktoren abbauen (z. B. Übergewicht, Bewegungsmangel, Rauchen).

Stressreaktion „dämpfen, verringern":
- sich abreagieren,
- Entspannung,
- Kommunikation,
- Gespräche.

Wirkungen von Entspannungsverfahren

In einem tiefen Entspannungszustand schaltet der Körper von Aktivität auf Erholung um. Es passiert das Gegenteil eines gestressten Körperzustandes: Muskelspannung und Atemfrequenz lassen nach, Gefäße erweitern sich, Blutdruck und Sauerstoffverbrauch sinken, die Hirnaktivität verändert sich.

Mit gezieltem Entspannungstraining werden Erregungs- und Spannungszustände abgebaut, die Belastungsfähigkeit erhöht sich – Disstress (negativer Stress: bedrohlich, überfordernd, unangenehm) kann sich in Eustress (positiver Stress) wandeln.

Die Wege zur Entspannung sind unterschiedlich:
Entspannung kann über den Körper (Muskulatur, Atmung) oder über Gedanken erreicht werden.

Ist der Körper entspannt, beruhigt sich auch die Psyche. Wenn die Gedanken zur Ruhe kommen, relaxed auch der Körper.

Glossar — Band 8

BG Verkehr	Berufsgenossenschaft für Transport und Verkehrswirtschaft
BOKraft	Verordnung über den Betrieb von Kraftfahrunternehmen im Personenverkehr
Bundesnetzagentur	Seit 13.07.2005 u. a. für den Wettbewerb in der Telekommunikation verantwortlich, aber auch für die Zuordnung von Funkfrequenzen (Frequenznutzungsplan)
Deeskalation	Verhindern von Konflikten oder sich aufschaukelnden Prozessen
Dialogkarte	Formular, Möglichkeit, z. B. mit einem Beschwerdeführer in Kontakt zu treten, um Unzufriedenheiten z. B. der Fahrgäste klären zu können.
Disponent	Ein Disponent ist für die Zuteilung und Überwachung von Diensten und Waren in einer Organisation zuständig.
Distribution	Die Gesamtheit aller absatzwirtschaftlichen Aktivitäten, die zur Güterübertragung dienen, werden als Distribution bezeichnet.
Fuhrpark	Ein Fuhrpark bezeichnet die Gesamtheit an Fahrzeugen eines Unternehmens, einer Behörde, einer militärischen Einheit usw. Er wird gemeinsam verwaltet und von verschiedenen Fahrern genutzt.
Gestik	Gesamtheit der Bewegungen der Hände und auch der Füße, die zur Unterstreichung des Inhaltes von Äußerungen dienen.
GUVV	Gemeindeunfallversicherungsverband
Image	Das Image ist das Vorstellungsbild der Kunden von dem Unternehmen. Es ist das Spiegelbild des Unternehmens.
Infrastruktur	Alle Einrichtungen, die die Voraussetzungen für ein Funktionieren des Wirtschafssystem gewährleisten, hier: vorrangig Verkehrswege.
Just-in-Time	Terminierte Abholung der Waren beim Verlader mit dem Ziel diese Waren zu einem genau festgelegten Zeitpunkt beim Empfänger anzuliefern.
Mimik	Ausdrucksformen für Gefühle, Stimmungen, Wünsche.
ÖPNV	Öffentlicher Personennahverkehr
Process Chain Management (dt. Prozesskettenmanagement)	Das Process Chain Management hat das Ziel, die Abläufe der Prozesse im Unternehmen zu verbessern.
Regionalverkehr	Im Regionalverkehr werden Städte und Gemeinden durch unterschiedliche Verkehrsträger (Straße/Bus, Schiene/Bahn) verbunden.
Supply Chain Management (dt. Lieferkettenmanagement)	Das Supply Chain Management zielt auf die Verbesserung der Effektivität und Effizienz der Wertschöpfungskette ab.
Vandalismus	Blinde Zerstörungswut, bewusste Zerstörung fremden Eigentums
Warenmanipulation	Unter Warenmanipulation versteht man alle Tätigkeiten, die an Waren mit dem Ziel durchgeführt werden, diese Waren für die Weiterverarbeitung oder den Verkauf verwendungsreif zu machen.

Schlagwortverzeichnis

Band 8

Ansprechpartner	8, 11
Arbeitsorganisation	15
BAG (Bundesamt für Güterverkehr)	13, 27
BAG (Bundesarbeitsgericht)	46
Berufliche Qualifikation	6
Entsorgungslogistik	28
Erscheinungsbild	7, 9
Fahrverhalten	16
Gefahrgut	7, 23, 28, 32, 35
Gesprächspartner	11
GüKG	14, 26, 27, 32
Internationaler Güterkraftverkehr	33
Kleidung	7
Kombinierter Ladungsverkehr	34
Kommerzielle Konsequenzen	20
Kommunikation	8, 10, 53
Komplettladungsverkehre	33
Kundenzufriedenheit	9, 10
Massenguttransporte	34
Nationaler Güterkraftverkehr	33
Rechtsformen	28, 30
Rechtsstreit	20, 21, 44
Rollen des Berufskraftfahrers	10
Sammelguttransporte	34
Schwertransporte	35
Sicherheit	20, 22, 24
Speditionen	15, 31, 37
Tourenplanung	17, 19
Umwelt	35
Verkehrsträger	22, 25, 54
Werkverkehr	22, 27, 32
Zuverlässigkeit	8, 10

Die BKF-Bibliothek

Dieter Quentin · Hartmut Schultz

Fahrpraktische Übungen, Wartung & Pflege

Das Aus- und Weiterbildungssystem für EU-Berufskraftfahrer

Band 9

Bildnachweis –
wir danken folgenden Firmen und Institutionen für ihre Unterstützung:

ADAC Fahrsicherheitszentrum Hannover
Berufsgenossenschaft (BG Verkehr)
Daimler AG
Döpke Transportlogistik GmbH
Gehle Fahrschule und Omnibustouristik
Göttinger Verkehrsbetriebe GmbH
MAN Nutzfahrzeuge AG
NEOPLAN Omnibus GmbH, Plauen
Scania Deutschland GmbH
Scania Fahrer Akademie
VDO (Continental Automotive GmbH)
WABCO Fahrzeugsysteme GmbH

Autoren:
Dieter Quentin
Hartmut Schultz

Vorwort

Liebe Leserin, lieber Leser,

in Ihrem Berufsalltag als Fahrer werden Sie immer wieder schwierige Verkehrssituationen zu bewältigen haben, die für die Bewältigung Ihr Können und Geschick erfordern. Um im Ernstfall auf verschiedene Situationen vorbereitet zu sein, sollten Sie in der (beschleunigten) Grundqualifikation und in der Weiterbildung verschiedene fahrpraktische Übungen durchlaufen. Diese dienen dazu, das Fahrzeug sicher zu beherrschen und auch in schwierigen Verkehrssituationen sicher manövrieren zu können. Sie müssen zum Beispiel eine Gefahrbremsung durchführen oder ohne ausreichend Fahrraum wenden können.

Die regelmäßige Wartung und Pflege des Fahrzeugs trägt zur Verkehrssicherheit bei, Mängel werden rechtzeitig erkannt und können somit beseitigt werden. Ein Kontrollgang um das Fahrzeug hilft Ihnen Schäden frühzeitig zu erkennen.

In diesem Band werden fahrpraktische Übungen, sowie die Wartung und Pflege der Fahrzeuge dargestellt und erläutert. Das Ziel dieser Aus- und Weiterbildung ist zum einen die Erhöhung der Verkehrssicherheit, zum anderen die Entwicklung eines defensiven Fahrstils und eines rationalen Kraftstoffverbrauches.

Das A4-Format, ein übersichtlich gestaltetes Layout, aufgelockert durch zahlreiche erläuternde Abbildungen, sollen Ihnen das Lernen erleichtern.

Aus Gründen der besseren Lesbarkeit werden einige Bezeichnungen nur in der männlichen Sprachform verwendet. Bitte fühlen Sie sich, liebe Leserinnen, lieber Leser, dadurch gleichermaßen angesprochen.

Viel Freude beim Lernen, viel Erfolg bei der Prüfung und Weiterbildung und allzeit gute Fahrt wünschen Ihnen die Autoren

Dieter Quentin
Hartmut Schultz

und das Team des DEGENER Verlags

Inhaltsverzeichnis — Band 9

Fahrpraktische Übungen
1. Fahrpraktische Übungen im Güterkraftverkehr 8
1. 1. 1. Fahrerplatz 8
1. 2. 1. Einweisung in den Fahrerplatz 8
1. 2. 2. Fahrersitz richtig einstellen 9
1. 2. 3. Benutzung von Spiegeln 10
1. 2. 4. Bedienung des Fahrzeugs 13
1. 3. Fahrwiderstände und Kräfte 13
1. 4. Grundzüge der energiesparenden Fahrweise 15
1. 5. Bewältigung kritischer Fahrsituationen 17
1. 5. 1. Einleitung 17
1. 5. 2. Bewertungskriterien beim Prüfungsteil „Kritische Fahrsituationen" 19
1. 6. Fahraufgaben 20
1. 6. 1. Gefahrbremsung 20
1. 6. 2. Zielbremsung 20
1. 6. 3. Wenden unter engen räumlichen Bedingungen 22
1. 6. 4. Durchfahren einer Engstelle 23
1. 6. 5. Vorbeifahren an Hindernissen 25
1. 6. 6. Abbiegen/Wenden ohne ausreichenden Fahrraum 28
1. 6. 7. Slalom 29

2. Fahrpraktische Übungen im Personenverkehr 30
2. 1. 1. Fahrerplatz 30
2. 2. 1. Einweisung in den Fahrerplatz 30
2. 2. 2. Fahrersitz richtig einstellen 32
2. 2. 3. Benutzung von Spiegeln 33
2. 2. 4. Bedienung des Fahrzeugs 35
2. 3. Fahrwiderstände und Kräfte 35
2. 4. Grundzüge der energiesparenden Fahrweise 37
2. 5. Bewältigung kritischer Fahrsituationen 40
2. 5. 1. Einleitung 40
2. 5. 2. Bewertungskriterien beim Prüfungsteil „Kritische Fahrsituationen" 42
2. 6. Fahraufgaben 42
2. 6. 1. Gefahrbremsung 42
2. 6. 2. Zielbremsung 43
2. 6. 3. Wenden unter engen räumlichen Bedingungen 45
2. 6. 4. Durchfahren einer Engstelle 46
2. 6. 5. Vorbeifahren an Hindernissen 48
2. 6. 6. Rechtsabbiegen des Kraftomnibusses ohne ausreichenden Fahrraum 50
2. 6. 7. Slalom 53
2. 6. 8. Heranfahren an Haltestellen 54

Wartung und Fahrzeugpflege
1. Lichttechnische Einrichtungen 57
2. Batterie 59
3. Betriebsbremsanlagen 60
4. Frostschutzeinrichtungen 63
5. Feststellbremsen Zugfahrzeug 63
6. Anhängerbremse 64
7. Reifen 64
8. Radmuttern 66
9. Reserverad 66
10. Federung und Dämpfung 67
11. Felgen 68
12. Fahrzeugschmierung 68
13. Motor 69
14. Kraftstoffanlage 70

Inhaltsverzeichnis

Band 9

15.	Luftfilteranlage	71
16.	Keilriemen	71
17.	Kupplungsflüssigkeit	72
18.	Lenkung	72
19.	Führerhaus und Fahrgastraum (Arbeitsplatz des Fahrers)	73
20.	An- und Aufbauten	76
21.	Ladungsträger	78
22.	Fahrzeugverbindungen	78
23.	Zubehör	80
24.	Zusätzliche Warneinrichtungen	81
25.	Persönliche Schutzausrüstungen	82
26.	Winterbetrieb	82

Schlagwortverzeichnis 83

Fahrpraktische Übungen **Band 9**

Fahrpraktische Übungen

Fahrpraktische Übungen

Band 9

1. Fahrpraktische Übungen im Güterkraftverkehr

Gemäß § 2 BKrFQV müssen Sie als Bewerber für die beschleunigte Grundqualifikation mindestens 10 Fahrstunden à 60 Minuten von einem Fahrlehrer unterrichtet werden.
Das gilt auch dann, wenn Sie die entsprechende Fahrerlaubnis bereits besitzen. Obwohl der Gesetzgeber für Bewerber zur beschleunigten Grundqualifikation keine Fahrerlaubnis voraussetzt, ist davon auszugehen, dass eine Vielzahl der Bewerber die Ausbildung zum Erwerb der Fahrerlaubnis abgeschlossen hat oder diese parallel zum Erwerb der beschleunigten Grundqualifikation erfolgt.
Die zehn Fahrstunden eignen sich gut dazu, die fahrpraktischen Übungen zu trainieren.
Bei den folgenden Ausbildungshinweisen wird davon ausgegangen, dass Sie bereits Grundkenntnisse im Führen von Lastkraftwagen oder Zügen erworben haben.

In den fahrpraktischen Übungen sollen Sie lernen mit Ihrem Fahrzeug auch schwierige Fahrsituationen zu bewältigen: Sei es eine enge Hofeinfahrt, eine schmale Straße mit parkenden Autos oder ein kleiner Hof, in dem Sie wenden müssen.

1. 1. 1. Fahrerplatz

1. 2. 1. Einweisung in den Fahrerplatz

Der Arbeitsplatz des Fahrers hat sich in den letzten Jahren erheblich verändert. Gute Arbeitsbedingungen beugen der Ermüdung vor und schützen auf lange Sicht die Gesundheit des Fahrers.

Fahrpraktische Übungen

Band 9

Fahrerplatz

Die Gestaltung des Cockpits spielt bei modernen Nutzfahrzeugen eine wichtige Rolle. Hierdurch sollen Unfälle vermieden (aktive Sicherheit) bzw. Unfallfolgen gemindert werden (passive Sicherheit).
Vorhandene Rückhaltesysteme wie Dreipunktgurte sollen Verletzungen verhindern und müssen verwendet werden.
Das Armaturenbrett ist aus geschäumtem Material geformt um einen eventuellen Aufprall des Fahrers abzufedern. Im Armaturenbrett befinden sich alle wichtigen Kontrollanzeigen und -leuchten, bei modernen Nutzfahrzeugen werden häufig Displays eingesetzt.

Bedienungs- und Kontrolleinrichtungen

Als Fahrer müssen Sie Ihr Fahrzeug und die Funktionsweise der Bedienungs- und Kontrolleinrichtungen kennen, dazu gehören unter anderem:
- Schalthebel
- Feststellbremse
- Scheibenwischer
- Lichtschalter
- Türbetätigung
- verschiedene Schalter
- Kontrollleuchten

1. 2. 2. Fahrersitz richtig einstellen

Die richtige Sitzposition ist nicht nur für die Gesundheit wichtig, sondern trägt auch zur Verkehrssicherheit bei. Verspannungen und Müdigkeit können durch eine gute und bequeme Sitzposition vorgebeugt werden. Beim Einstellen des Sitzes empfiehlt sich ein schrittweises Vorgehen.
Ausgangsstellung: Lenkrad und Instrumententräger in vorderer Position.

> Eine detaillierte Beschreibung zum Thema „Richtige Sitzposition" finden Sie in Band 1 „Gesundheit & Fitness" der BKF-Bibliothek.

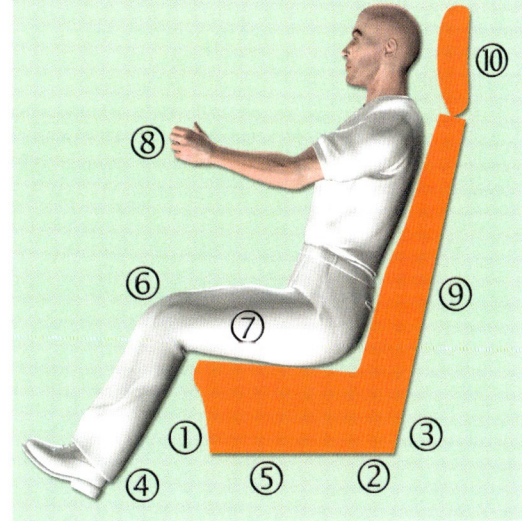

Fahrersitz richtig einstellen.
(1) Sitzflächentiefe
(2) Neigung der Sitzfläche
(3) Neigung der Rückenlehne
(4) Pedalwinkel
(5) Sitzhöhe und Sitzlängsverstellung
(6) Kniewinkel
(7) Lage der Oberschenkel
(8) Lenkrad und Instrumententräger
(9) Lendenwirbelstütze
(10) Kopfstütze

Fahrpraktische Übungen

Band 9

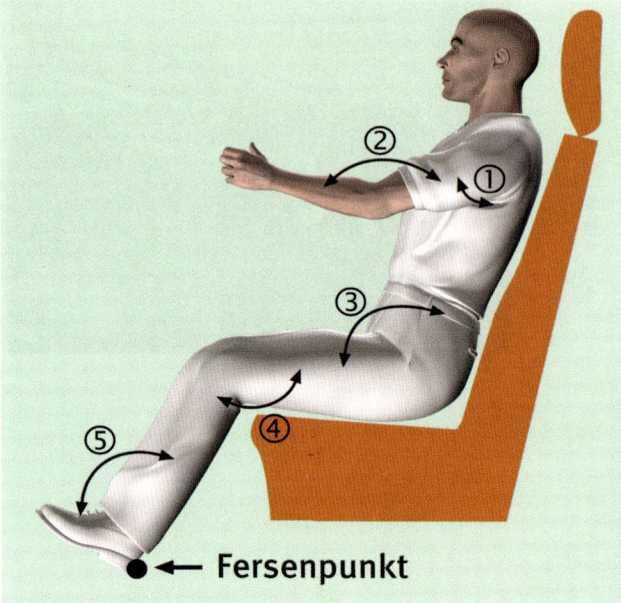

1 Oberarmwinkel 10-40°
2 Ellenbogenwinkel 95-135°
3 Hüftwinkel 100-105°
4 Kniewinkel 110-130°
5 Fußgelenkwinkel 90°

Ergonomisch günstige Winkel

1. 2. 3. Benutzung von Spiegeln

Die Rundumsicht ist bei Nutzfahrzeugen oft durch Aufbauten oder Ladung eingeschränkt. Der Fahrer kann sich nach hinten und zur Seite normalerweise nur mit Hilfe der Spiegel orientieren. Die Spiegelsicht bezeichnet man als indirekte Sicht.
Bestimmte Bereiche rund um das Fahrzeug sind auch mittels Spiegel nicht oder nur schwer einsehbar, die so genannten „toten Winkel". Dazu gehören z. B. der Raum direkt hinter oder rechts neben dem Lkw, in dem Fußgänger und Radfahrer besonders gefährdet sind.

Im linken Hauptspiegel kann man beobachten, was sich in den Fahrstreifen links neben dem Fahrzeug abspielt. An den Fahrbahnmarkierungen und am Seitenabstand zu anderen Fahrzeugen lässt sich erkennen, ob der Lkw oder der Zug in der Spur läuft.

Fahrpraktische Übungen

Im rechten Hauptspiegel kann man den Abstand zum Fahrbahnrand, zu parkenden Fahrzeugen oder zu anderen Hindernissen beobachten. In Rechtskurven kann man des Heck des Anhängers und den Raum dahinter beobachten.

Zusätzliche Außenspiegel verbessern die Sicht und erhöhen damit die Sicherheit. Sie sind in der Regel „weitwinklig" ausgeführt und helfen dadurch, tote Winkel zu verkleinern bzw. weitgehend auszuschalten. Im linken Weitwinkelspiegel kann man z. B. überholende Fahrzeuge im benachbarten Fahrstreifen beobachten.

Der weitwinklige rechte Außenspiegel erlaubt die Sicht auf Verkehrsteilnehmer neben dem Fahrzeug, z. B. auf Radfahrer. Trotzdem kann man diese aus den Augen verlieren, wenn sie in den toten Winkel hineinfahren. Dieser Gefahr lässt sich am besten vorbeugen, indem man den rückwärtigen Verkehr in kurzen Zeitabständen beobachtet, auch bei Geradeausfahrt.

Fahrpraktische Übungen — Band 9

Im Anfahrspiegel (Bordsteinspiegel) auf der Beifahrerseite kann man erkennen, was sich unmittelbar neben dem Fahrerhaus abspielt.
Beim Warten an Ampeln sind z. B. Radfahrer erkennbar, die sich dicht neben dem Fahrerhaus aufhalten. Außerdem wird so der Abstand zum Bordstein einsehbar, was beim Rangieren oder Einparken von Vorteil ist.

Bei hohen Lkw-Fahrerhäusern ist der tote Winkel im Bereich der vorderen Stoßstange und dem rechten seitlichen Nahfeld sehr groß.
Ein zusätzlicher Weitwinkelspiegel rechts an der Frontscheibe bedeutet einen weiteren Sicherheitsgewinn. Dieser Frontspiegel macht den Bereich vor dem Lkw einsehbar, ohne dass der Fahrer aufstehen muss.

Neue Spiegelsysteme bringen Sicht in den „toten Winkel". Besonders die Sicht zur Seite ist in den letzten Jahren durch zusätzliche Spiegel und spezielle Oberflächen stark verbessert worden. Außerdem kommen vermehrt Videosysteme (Rückfahrkamera) zum Einsatz, die den Raum direkt hinter dem Fahrzeug einsehbar machen.
Ebenfalls ein Sicherheitsgewinn sind elektrisch verstellbare und beheizbare Spiegel. Sie lassen sich optimal auf den Fahrer einstellen und verhindern eine Beschlagen oder Vereisen.

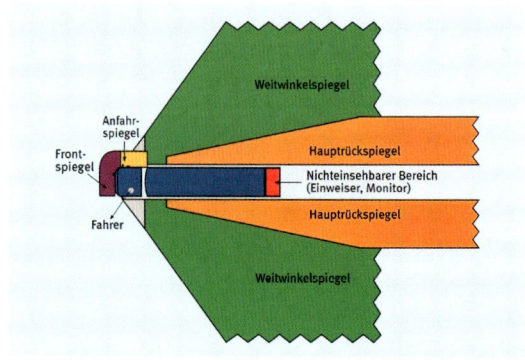

Fahrpraktische Übungen

Band 9

1. 2. 4. Bedienung des Fahrzeugs

Bei der Einweisung in die Fahrzeugbedienung sind die herstellerspezifischen Besonderheiten des Fahrzeugs zu beachten.
- Motor anlassen
- Motor abstellen
- Anfahren
- Bedienung Schalt- /Automatikgetriebe
- Feststellbremse (ggf. Haltestellenbremse)

1. 3. Fahrwiderstände und Kräfte

Der Antriebskraft des Motors wirken verschiedene Kräfte entgegen. Diese Widerstände müssen von der Antriebskraft überwunden werden, um den Lkw in Bewegung setzen und halten zu können. Die Fahrwiderstände sind:
- Rollwiderstand
- Luftwiderstand
- Steigungswiderstand

Rollwiderstand
Der Rollwiderstand entsteht durch die Verformung des Reifens auf der Fahrbahn (Walkarbeit).
Der Rollwiderstand steigt
- mit zunehmender Belastung,
- mit zunehmender Geschwindigkeit,
- mit abnehmendem Reifendruck.

Luftwiderstand
Der Luftwiderstand entsteht durch das Verdrängen der Luft vor dem Fahrzeug. Er ist abhängig
- von der Größe der Stirnfläche,
- von der Formgebung des Lkw, ausgedrückt durch den c_W-Wert,
- von der Fahrgeschwindigkeit.

Wird die Geschwindigkeit verdoppelt, vervierfacht sich der Luftwiderstand – er steigt im Quadrat zur Geschwindigkeit.

Steigungswiderstand

Der Steigungswiderstand entsteht durch die Erdanziehung, die den Lkw talwärts zu ziehen versucht.
Der Steigungswiderstand ist abhängig
- von der Masse des Fahrzeugs,
- von der Größe der Steigungsprozente.

Die Antriebskraft muss durch Zurückschalten stufenweise dem Steigungswiderstand angepasst werden.

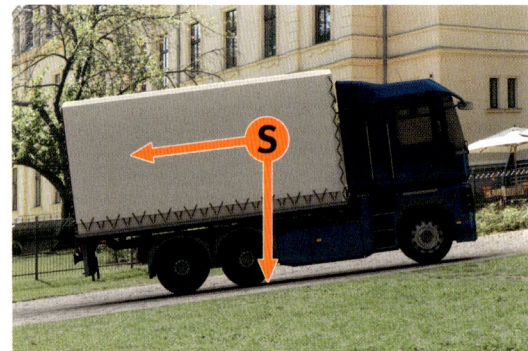

Fliehkraft

Die Fliehkraft entsteht beim Durchfahren einer Kurve. Sie hat das Bestreben, den Lkw nach außen zu ziehen.
Die Fliehkraft ist umso größer,
- je enger die Kurve ist,
- je größer die Masse ist,
- je höher die Geschwindigkeit ist.

Bei doppelter Geschwindigkeit wird die Fliehkraft viermal so groß. Sie steigt im Quadrat zur Geschwindigkeit.

Die Fliehkraft greift im Schwerpunkt an. Je höher der Schwerpunkt liegt, desto größer ist die Kippgefahr.

Kippgefahr besteht auch dann, wenn die Räder seitlich auf einen Widerstand treffen.

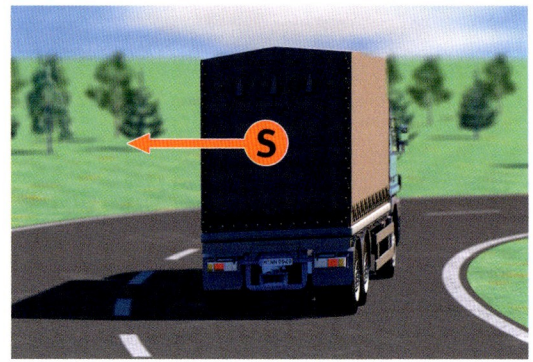

Seitenführungskraft

Die Seitenführungskraft wirkt der Fliehkraft entgegen. Sie ist eine Haftreibung, die sich zwischen Reifen und Fahrbahn aufbaut. Solange die Fliehkraft nicht größer ist als die Seitenführungskräfte der Reifen, bleibt das Fahrzeug lenkfähig und richtungsstabil.

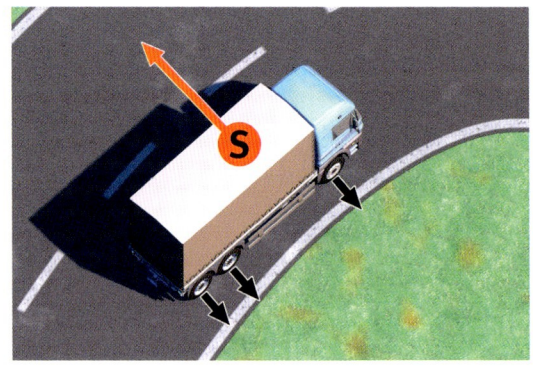

1. 4. Grundzüge der energiesparenden Fahrweise

Als Berufskraftfahrer haben Sie durch Ihre Fahrweise maßgeblichen Einfluss auf die Fahrzeugkosten.
Durch eine energiesparende Fahrweise reduzieren sich neben den Kraftstoffkosten auch die Wartungs- und Reparaturkosten.
Eine Senkung des Kraftstoffverbrauchs ist bereits durch Ergreifen weniger Maßnahmen möglich.
Eine gleichmäßige, vorausschauende und gelassene Fahrweise trägt maßgeblich dazu bei.
Folgende Grundsätze sollten Sie beachten:
- bei niedrigen Drehzahlen schalten und fahren,
- bei automatisierten Antriebsystemen unbedingt Herstellerempfehlungen beachten,
- zügig Fahrgeschwindigkeit erreichen,
- Abstand halten,
- Tempomat nutzen,
- nach Drehzahlmesser fahren,
- frühzeitig Gas wegnehmen,
- unnötige Stopps vermeiden,
- Schubabschaltung nutzen,
- Schwung nutzen,
- Motor abschalten, wo es sinnvoll ist,
- unnötigen Ballast entfernen,
- Reifendruck kontrollieren.

Auch bei Fahrzeugen mit Automatikgetriebe kann durchaus eine hohe Kraftstoffersparnis erreicht werden, denn abgesehen von den Schaltvorgängen kann der Fahrer auf alle anderen Faktoren Einfluss nehmen.

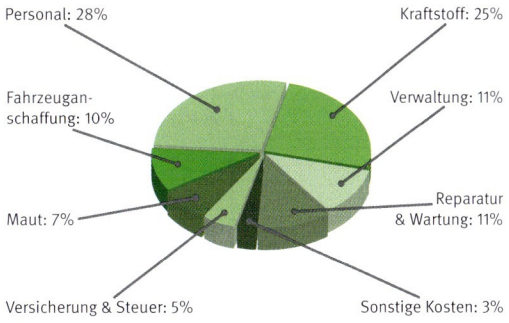

Beispiel für die Betriebskosten eines Lkw

Praktische Ausbildung als Vergleichsfahrt
Die Schulung in energiesparender Fahrweise erfolgt in mehreren Schritten. Das Training könnte so aufgebaut werden, dass nach einer theoretischen Einweisung eine erste praktische Fahrt durchgeführt wird. Der Teilnehmer fährt dabei so, wie er normalerweise im Berufsalltag auch fährt.
Anschließend wird die Fahrt besprochen und es folgt ein theoretischer Unterrichtsblock, in dem die Grundzüge der energiesparenden Fahrweise besprochen werden.

Siehe hierzu Band 2 „Kinematische Kette, Energie & Umwelt" der BKF-Bibliothek.

Anschließend wird die zweite praktische Fahrt durchgeführt. Dabei sollen die im Theorieteil erlernten Kenntnisse angewandt werden.

Fahrprotokoll ausfüllen
Jeder Teilnehmer soll ein Fahrprotokoll ausfüllen, in das persönliche Daten und Fahrzeugdaten eingetragen werden. Nach der ersten praktischen Fahrt werden die Daten vom Messgerät eingetragen. Nach der zweiten Fahrt werden die Daten der zweiten Fahrt eingetragen und mit den Daten der ersten Fahrt verglichen.

Fahrpraktische Übungen — Band 9

Fahrprotokoll

Datum:

Name:

Fahrer-Nr.:

Fahrzeug:

Strecke 1

Lager Ohmstraße
Spedition Schnell
Hauptlager Ikarusallee
Betriebshof

Strecke	1. Fahrt	2. Fahrt	Differenz	Einsparung %
Zeit				
Durchschn.-Geschw.				
Gesamtverbrauch				

Fahrprotokoll

Fahrprotokoll

Datum: *14.07.2016*

Name: *Toni Müller*

Fahrer-Nr.: *71*

Fahrzeug: *MAN 107*

Strecke 1

Lager Ohmstraße
Spedition Schnell
Hauptlager Ikarusallee
Betriebshof

Strecke	1. Fahrt	2. Fahrt	Differenz	Einsparung %
Zeit	26 min.	27 min.	+1 min.	
Durchschn.-Geschw.	31 km/h	29 km/h	-2 km/h	
Gesamtverbrauch	8,19 l	7,05 l	-1,14 l	14 %

Fahrprotokoll ausgefüllt

Verbrauchsmessgeräte

Moderne Verbrauchsmessgeräte werden für die Ermittlung von Verbrauchswerten bei den Vergleichsfahrten benötigt. Die Anzeigemöglichkeiten sind vielfältig:
- momentaner Kraftstoffverbrauch,
- Durchschnittsverbrauch,
- kumulierte Betriebskosten,
- Vergleich der momentanen Fahrweise mit den gespeicherten Durchschnittswerten für Stadt-, Land- und Autobahnverkehr,
- Anzeigen einer besonders wirtschaftlichen Fahrweise über ein Sparsymbol,
- Anzeigen eines Symbols für erhöhten Verbrauch.

VDO Messgerät

Über fahrzeugspezifische Kabelsätze wird das Gerät direkt an die Fahrzeugelektronik angeschlossen. Der Fuhrparkleiter nutzt die Daten für eine fahrer- und fahrzeugbezogene Auswertung hinsichtlich Wirtschaftlichkeit und Fahrweise.

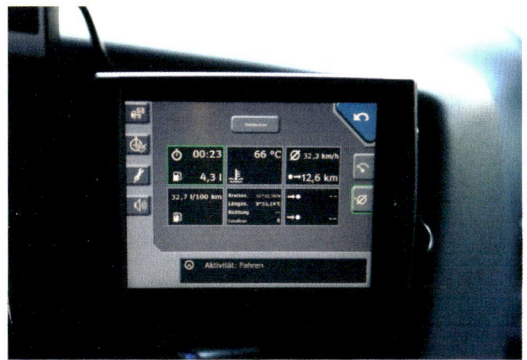

Scania Messgerät

1. 5. Bewältigung kritischer Fahrsituationen

1. 5. 1. Einleitung

Mit der Bewältigung der Fahraufgaben zur Grundqualifikation werden einige wesentliche Bereiche aus der Liste der Kenntnisbereiche (Anlage 1, BKrFQV) abgedeckt. Aus dem Bereich 1 „Verbesserung des rationellen Fahrverhaltens auf der Grundlage der Sicherheitsregeln" sind es die unter Lernziel 1.4 aufgeführten Punkte.

Allgemeine Hinweise

Bei der Prüfung zur Grundqualifikation muss der Prüfling „kritische Fahrsituationen" bewältigen, die als separater Prüfungsteil bewertet werden. Der Prüfer wählt die Fahraufgaben aus einem Katalog aus. Die Prüfungsaufgaben sind in den Richtlinien der Industrie- und Handelskammern festgelegt.

Verhalten beim Rückwärtsfahren

Es ist grundsätzlich ein Sicherungsposten einzuteilen. Er hat folgende Aufgaben:
- Warnung durch Zeichen vor herannahenden Verkehrsteilnehmern,
- Warnung durch Zeichen vor Hindernissen wie z. B. Gebäudeteilen, Fahrzeugen, Gruben oder Materialstapeln.

Eine Hilfestellung in Form von Einweisen oder Warnen bei der Bewältigung der Prüfungsaufgaben ist unzulässig. Hier steht die selbstständige Fahrzeugbeherrschung im Mittelpunkt der Aufgaben.

Rückfahrhilfen

Nicht immer ist ein Sicherungsposten verfügbar, der den Fahrer einweisen kann. Dann können elektronische Systeme Abhilfe schaffen.

Mit einer über dem Heck eingebauten Videokamera lässt sich der Nahbereich hinter dem Lkw überwachen.

Der Fahrer kann den Bereich hinter dem Lkw an einem Monitor einsehen und Hindernisse erkennen.

Ist am Prüfungsfahrzeug eine Rückfahrkamera eingebaut, darf diese auch bei der Prüfung genutzt werden.

Fahrpraktische Übungen

Band 9

Anzahl der zu bewältigenden Aufgaben
Je nach Art der Prüfung ist eine bestimmte Anzahl von Aufgaben zu absolvieren:
- Grundqualifikation = 3
- Grundqualifikation Quereinsteiger = 3
- Grundqualifikation Umsteiger = 2

Die Fahraufgaben werden vom Prüfer ausgewählt.

Bei jeder Prüfung ist entweder eine Gefahrbremsung oder eine Zielbremsung durchzuführen.

1. 5. 2. Bewertungskriterien beim Prüfungsteil „Kritische Fahrsituationen"

	Anzahl Aufgaben	Gesamtpunktzahl	Maximalpunktzahl je Aufgabe	Abzug bei 2 Versuchen	Abzug bei 3 Versuchen	Mindestpunktzahl zum Bestehen der Prüfung
Grundqualifikation (GQ)	3	30	10	2	4	6
GQ - Quereinsteiger	3	30	10	2	4	6
GQ - Umsteiger	2	20	10	2	4	4

Der Prüfling hat maximal drei Versuche pro Aufgabe. Er entscheidet selbst über einen zweiten und dritten Versuch, bei mehreren Versuchen gibt es einen Punktabzug. Es wird immer der letzte Versuch gewertet.
Eine Aufgabe wird im schlechtesten Fall mit null Punkten bewertet.
Für ein erfolgreiches Absolvieren des Prüfungsteils „Bewältigung kritischer Fahrsituationen" muss eine Mindestpunktzahl von 6 Punkten (Grundqualifikation und Grundqualifikation Quereinsteiger) beziehungsweise 4 Punkten (Grundqualifikation Umsteiger) erreicht werden (20-Prozent-Klausel).

Fahrpraktische Übungen — Band 9

1. 6. Fahraufgaben

1. 6. 1. Gefahrbremsung

Bei der Gefahrbremsung soll der Prüfungsteilnehmer unter Beweis stellen, dass er in einer Gefahrensituation sein Fahrzeug mit der größtmöglichen Bremsverzögerung zum Stehen bringen kann.

Prüfungsfahrzeug
Solofahrzeug in Abhängigkeit von der höchsten Fahrerlaubnisklasse des Prüfungsteilnehmers.
Besitzt der Bewerber die Fahrerlaubnis der Klasse C1, so ist ein Fahrzeug der Klasse C1 einzusetzen. Besitzt er die Klasse CE, so ist ein Fahrzeug der Klasse C einzusetzen.

Inhalt
Die Gefahrbremsung erfolgt aus einer Geschwindigkeit von 30 km/h. Es erfolgt eine Kontrolle der Geschwindigkeit durch Prüfer oder Fahrlehrer. Der Prüfungsteilnehmer hat auf kürzestem Wege auf einer Geraden eine Schlagbremsung bis zum Stillstand des Fahrzeugs auszuführen. Die Witterung und der Fahrbahnzustand sind zu beachten.

Fehlerbewertung
Für eine Schlagbremsung und das Erreichen der notwendigen Verzögerung bei einer Ausgangsgeschwindigkeit aus 30 km/h wird die Aufgabe mit 10 Punkten bewertet.
Folgende Punktabzüge sind vorzunehmen:

Fehler	Punktabzug
Nichterreichen einer konstanten Verzögerung	10
Falsche Ausgangsgeschwindigkeit	10
Abwürgen des Motors	10
Kein schlagartiges Betätigen der Betriebsbremse	10

1. 6. 2. Zielbremsung

Der Prüfling soll zeigen, dass er sein Fahrzeug bei einer normalen Bremsung punktgenau zum Stehen bekommt.

Prüfungsfahrzeug
Solofahrzeug in Abhängigkeit von der höchsten Fahrerlaubnisklasse des Prüfungsteilnehmers.

Fahrpraktische Übungen

Band 9

Inhalt

Die Zielbremsung wird aus einer Geschwindigkeit von 30 km/h auf einer Geraden durchgeführt. Es erfolgt eine Kontrolle der Geschwindigkeit durch den Fahrlehrer. Die Anfahrstrecke beträgt 65 m. Die Bremsstrecke beträgt 10 m. Das Fahrzeug muss am definierten Ende der Bremsstrecke zum Halten kommen.

Vorbereitung

Die Darstellung der Bremsstrecke erfolgt durch Verkehrsleitkegel (ca. 50 cm Mindesthöhe). Die Leitkegel sind in geeigneter Form auf mindestens 2 m zu erhöhen (zum Beispiel mit Stangen aus PVC).

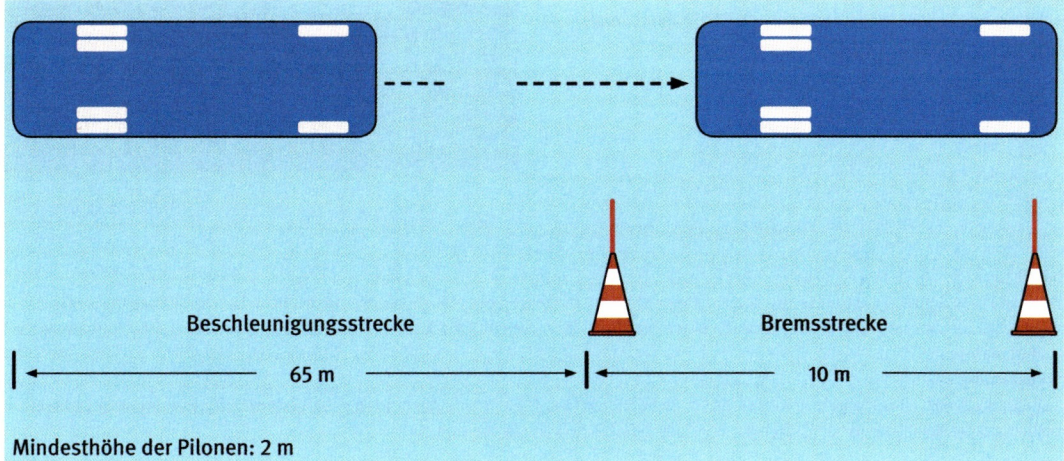

Fehlerbewertung

Es ist auf eine gleichmäßige Bremsung (keine Stotterbremse) zu achten. Eine Schlagbremsung ist nicht zulässig. Ausgangsgeschwindigkeit ist 30 km/h. Der automatische Eingriff von ABS/ABV wird nicht bewertet. 10 Punkte sind erreicht, wenn das Fahrzeug mit einer maximalen Abweichung von einem Meter vor der Ziellinie zum Stehen kommt.

Fehler	Punktabzug
Keine gleichmäßige Bremsung	6
Fahrzeugbug hält mehr als 100 cm vor der Ziellinie	6
Fahrzeugbug hält mehr als 200 cm vor der Ziellinie	8
Fahrzeugbug hält mehr als 300 cm vor der Ziellinie	10
Zu geringe Ausgangsgeschwindigkeit	10
Bremsbeginn vor der Bremsstrecke	10
Fahrzeug kommt hinter der Ziellinie zum Stehen	10
Schlagbremsung	10

Fahrpraktische Übungen

Band 9

1. 6. 3. Wenden unter engen räumlichen Bedingungen

Der Prüfungsteilnehmer soll sein Fahrzeug auch unter engen räumlichen Bedingungen wenden können. Kleine Betriebshöfe, enge Parkplätze oder andere örtliche Gegebenheiten erfordern vom Fahrer ein hohes Maß an Geschick beim Manövrieren seines Lkw. Er muss die Abmessungen seines Fahrzeugs sehr gut kennen, um es auch in schwierigen Situationen wenden zu können.

Prüfungsfahrzeug
Solofahrzeug in Abhängigkeit von der höchsten Fahrerlaubnisklasse des Prüfungsteilnehmers.

Inhalt
Wenden eines Solofahrzeuges um 180 Grad in einem Quadrat mit einer Seitenlänge, die die tatsächliche Fahrzeuglänge um 3,50 m übersteigt. Der Ausgangspunkt liegt außerhalb des Quadrats. Beim Ein- und Ausfahren ist eine 3,20 m breite Durchfahrt gemäß Skizze zu durchfahren.

Vorbereitung
Das Quadrat wird mit Leitkegeln (mindestens 50 cm hoch) gestellt. Die Ein- und Ausfahrten sind für den Prüfungsteilnehmer zu kennzeichnen (zum Beispiel durch PVC-Stangen oder durch farbliche Kennzeichnung).

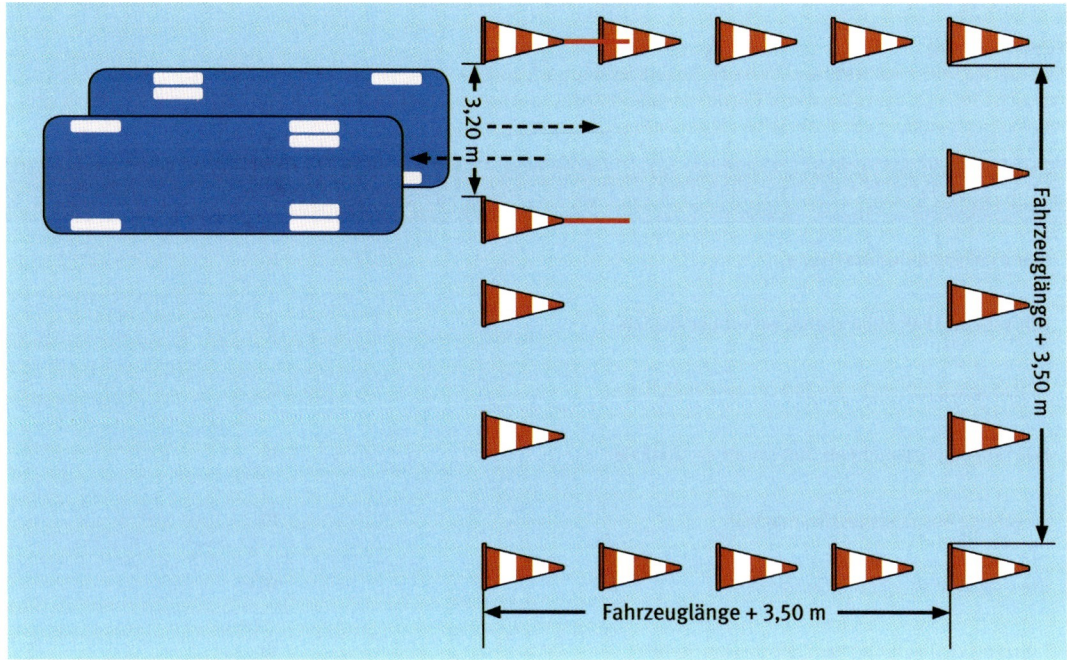

Fehlerbewertung

Eine verkehrsgerechte und Material schonende Fahrweise wird mit 10 Punkten bewertet.

Fehler	Punktabzug
Abwürgen des Motors	2
Lenken auf der Stelle	4
Falsches Gegenlenken	4
Falsche Drehzahl (Drehzahlerhöhung)	4
Festfahren	10
Überfahren der Grenzen des Quadrats (auch mit dem Fahrzeugüberhang)	10
Berühren / Umwerfen eines / mehrerer Kegel bei der Ein- und / oder Ausfahrt	10

1. 6. 4. Durchfahren einer Engstelle

In dieser Aufgabe soll der Prüfungsteilnehmer zeigen, dass er die Fahrzeugbreite seines Fahrzeugs richtig einschätzen kann. Er muss bereits aus einiger Entfernung abschätzen können, ob der Lkw durch eine schmale Hofeinfahrt oder Unterführung durchfahren kann, an der keine Breitenangabe angebracht ist.
Um Unannehmlichkeiten bei Unterführungen, Tunnel oder sonstigen schmalen Durchfahrten zu vermeiden, ist es wichtig, die Breite und Höhe des Lkw zu kennen.

Prüfungsfahrzeug
Solofahrzeug in Abhängigkeit von der höchsten Fahrerlaubnisklasse des Prüfungsteilnehmers.

Fahrpraktische Übungen

Band 9

Inhalt

Das Prüfungsfahrzeug befindet sich 15 m von einer aus zylindrischen Fässern (ca. 90 cm Mindesthöhe) dargestellten 2–4 m breiten Durchfahrt entfernt. Der Prüfungsteilnehmer bestimmt vom Fahrersitz aus, ob und gegebenenfalls in welchem Maß diese Durchfahrtsbreite korrigiert werden soll. Der Prüfling kann dies mündlich oder durch Zeichen mitteilen, er darf dabei das Fahrzeug nicht verlassen. Die Position der Fässer wird von einer Hilfsperson entsprechend der Weisung des Prüfungsteilnehmers verändert. Der Abstand der Fässer darf nach dem erstmaligen Anrollen der Räder nicht mehr verändert werden. Je geringer die tatsächliche Durchfahrtsbreite gewählt wird, desto höher ist die Bewertung beim Durchfahren der Engstelle.
Anstatt Fässer können auch andere Absperrungsgegenstände eingesetzt werden.

Vorbereitung

Kennzeichnungen auf der Fahrbahn sind unzulässig.
Zur Messung ist ein handelsübliches Maßband geeignet.

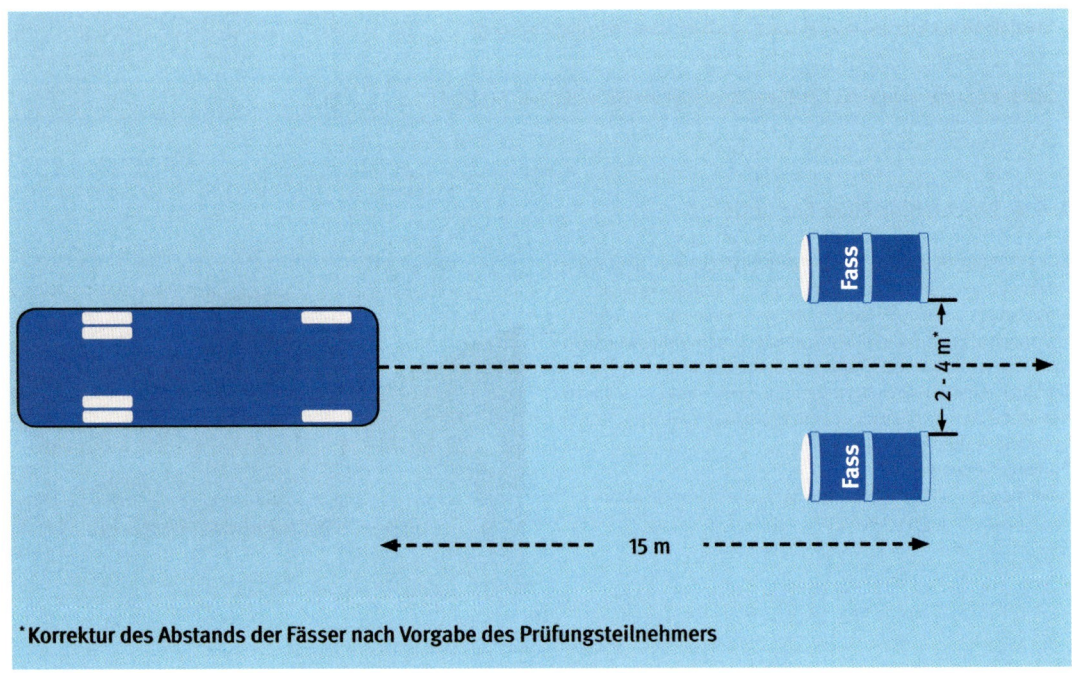

*Korrektur des Abstands der Fässer nach Vorgabe des Prüfungsteilnehmers

Fahrpraktische Übungen — Band 9

Fehlerbewertung
Maßgrundlage ist das lichte Maß zwischen den beiden Fässern an der engsten Stelle.

Fehler	Bewertung in Punkten
Berührungsfreies Durchfahren der Engstelle bei einer Durchfahrtsbreite **Fahrzeugbreite + > 0 - 10 cm**	10
Berührungsfreies Durchfahren der Engstelle bei einer Durchfahrtsbreite **Fahrzeugbreite + > 10 - 20 cm**	8
Berührungsfreies Durchfahren der Engstelle bei einer Durchfahrtsbreite **Fahrzeugbreite + > 20 - 30 cm**	6
Berührungsfreies Durchfahren der Engstelle bei einer Durchfahrtsbreite **Fahrzeugbreite + > 30 - 40 cm**	4
Berührungsfreies Durchfahren der Engstelle bei einer Durchfahrtsbreite **Fahrzeugbreite + > 40 - 50 cm**	2
Berührungsfreies Durchfahren der Engstelle bei einer Durchfahrtsbreite **Fahrzeugbreite + > 50 cm**	0
Festfahren	0
Begrenzung anfahren	0

1. 6. 5. Vorbeifahren an Hindernissen

Der Prüfungsteilnehmer soll zeigen, dass er sein Fahrzeug auch in engen Straßen mit parkenden Fahrzeugen, abgestellten Containern oder anderen Hindernissen sicher manövrieren kann.

Prüfungsfahrzeug
Gliederzug, Sattelkraftfahrzeug, Solofahrzeug (Sattelzugmaschine) in Abhängigkeit von der höchsten Fahrerlaubnisklasse des Prüfungsteilnehmers.
Das Solofahrzeug muss bei dieser Aufgabe einen Radstand von 4,60 m bis 4,80 m haben, andernfalls ist eine Ersatzaufgabe auszuwählen.

Inhalt
Das Fahrzeug hat gemäß Skizze Leitkegel zu umfahren, die parkende Fahrzeuge darstellen. Die Bordsteinbegrenzungen werden durch Holzlatten oder vergleichbar geeignete Materialien dargestellt. Die Leitkegel dürfen mit dem Fahrzeug nicht berührt und mit den Fahrzeugüberhängen nicht überfahren werden. Das Hinauslehnen bei geöffnetem Fahrzeugfenster zur Verbesserung der Sicht beim Manövrieren ist gestattet. Die Aufgabe kann nach Vorgabe des Prüfers entweder rückwärts oder vorwärts geprüft werden.

Vorbereitung
Die Darstellung der geparkten Fahrzeuge erfolgt mit üblichen Leitkegeln (ca. 50 cm Mindesthöhe). Alle der Fahrbahn zugewandten Leitkegel sind auf geeignete Weise auf mindestens zwei Meter zu erhöhen (beispielsweise durch Einstecken von PVC-Stangenrohren). Der Bordstein kann durch Holzlatten oder vergleichbare Begrenzungen markiert werden.

Fahrpraktische Übungen

Band 9

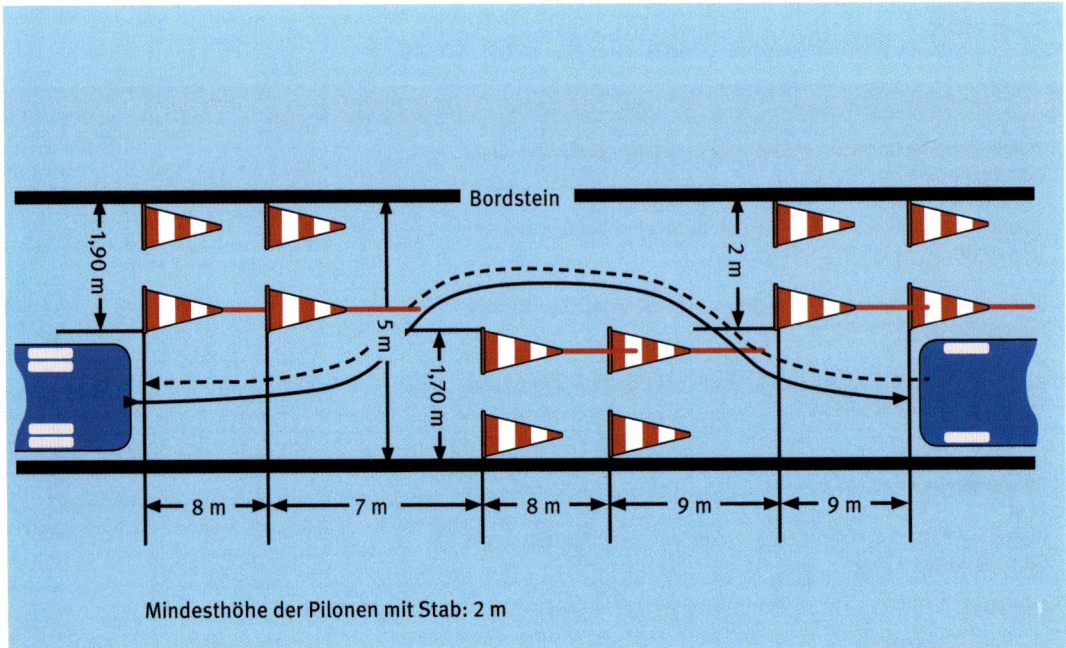

Klasse C1, C

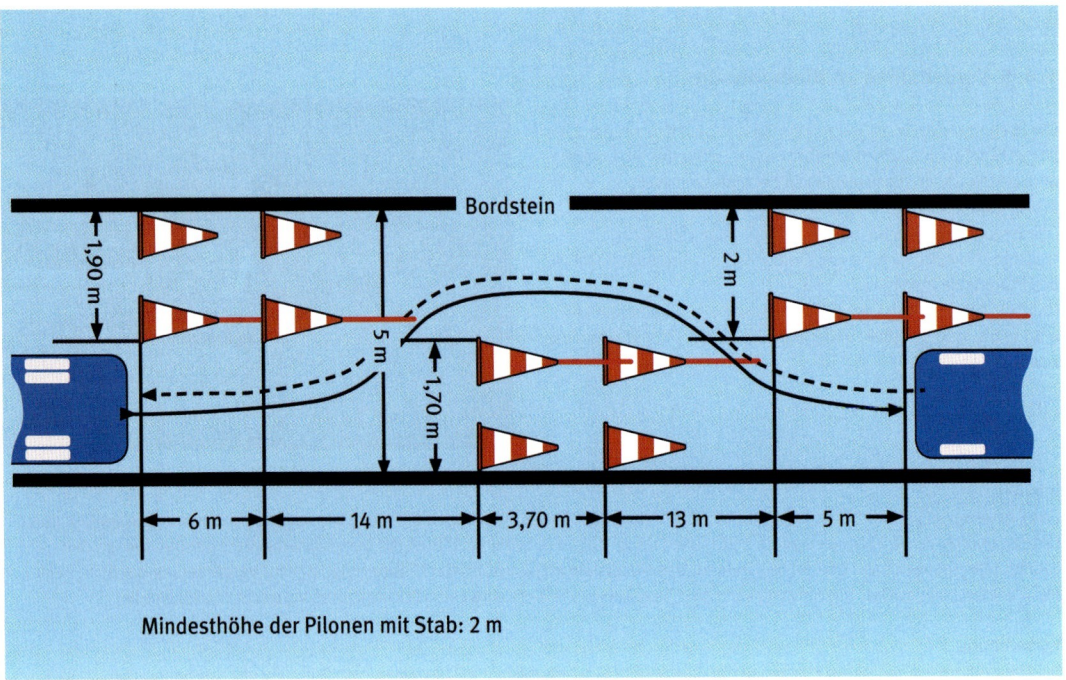

Klasse CE: Sattelkraftfahrzeug/Zug mit Zentralachsanhänger und Klasse C1E: Gliederung/Zug mit Zentralachs- oder Starrdeichselanhänger

Fahrpraktische Übungen

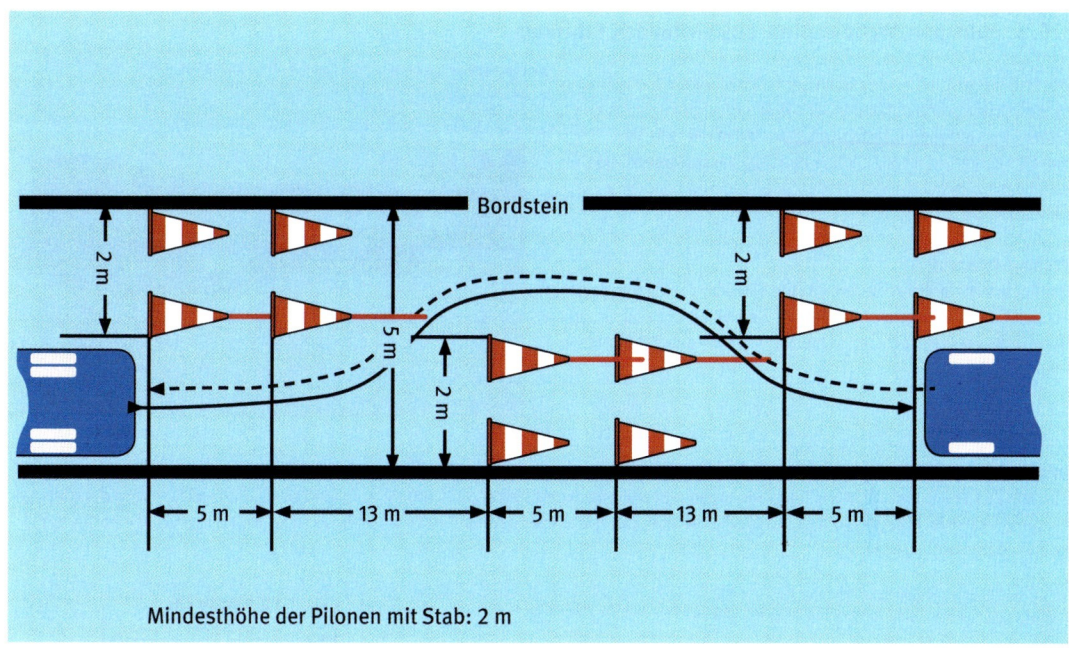

Klasse CE Gliederzug (Anhänger mit eigener Lenkung)

Fehlerbewertung
Das berührungsfreie Durchfahren der Engstelle wird mit 10 Punkten bewertet. Folgende Punktabzüge sind vorzunehmen für:

Fehler	Punktabzug
Lenken im Stand	2
Korrekturzüge (Fahrzeug bewegt sich entgegen der Fahrtrichtung der Übung) je Zug	2
Anfahren eines Leitkegels	6
Über- / Anfahren des Bordsteins mit einem Rad	6
Anfahren zweier oder mehrerer Leitkegel	10
Um- / Überfahren eines Leitkegels	10
Festfahren	10

Fahrpraktische Übungen

Band 9

1. 6. 6. Abbiegen/Wenden ohne ausreichenden Fahrraum

Der Prüfling soll seinen Zug auch unter schwierigen Bedingungen rangieren und wenden können. Er soll lernen, den Zug auch an engen Einmündungen, Einfahrten, Baustellen mit Hilfe von Korrekturzügen zu wenden, ohne den Zug „festzufahren". Das gleiche gilt z. B. auch an Baustellen oder anderen baulichen Hindernissen.

Prüfungsfahrzeug
Abhängig von der Fahrerlaubnisklasse C1E oder CE. Gliederzug, auch mit Zentralachsenanhänger oder Sattelkraftfahrzeug in Abhängigkeit von der höchsten Fahrerlaubnisklasse des Prüfungsteilnehmers.

Inhalt
Mit dem Zug soll in Fahrtrichtung links abgebogen, beziehungsweise gewendet werden. Aufgrund eines Hindernisses wird der Abbiegevorgang nach dem Abbiegen um ca. 90 Grad gehemmt. Der Prüfungsteilnehmer hat daraufhin so zu korrigieren, dass er das Hindernis gemäß Skizze umfahren kann.

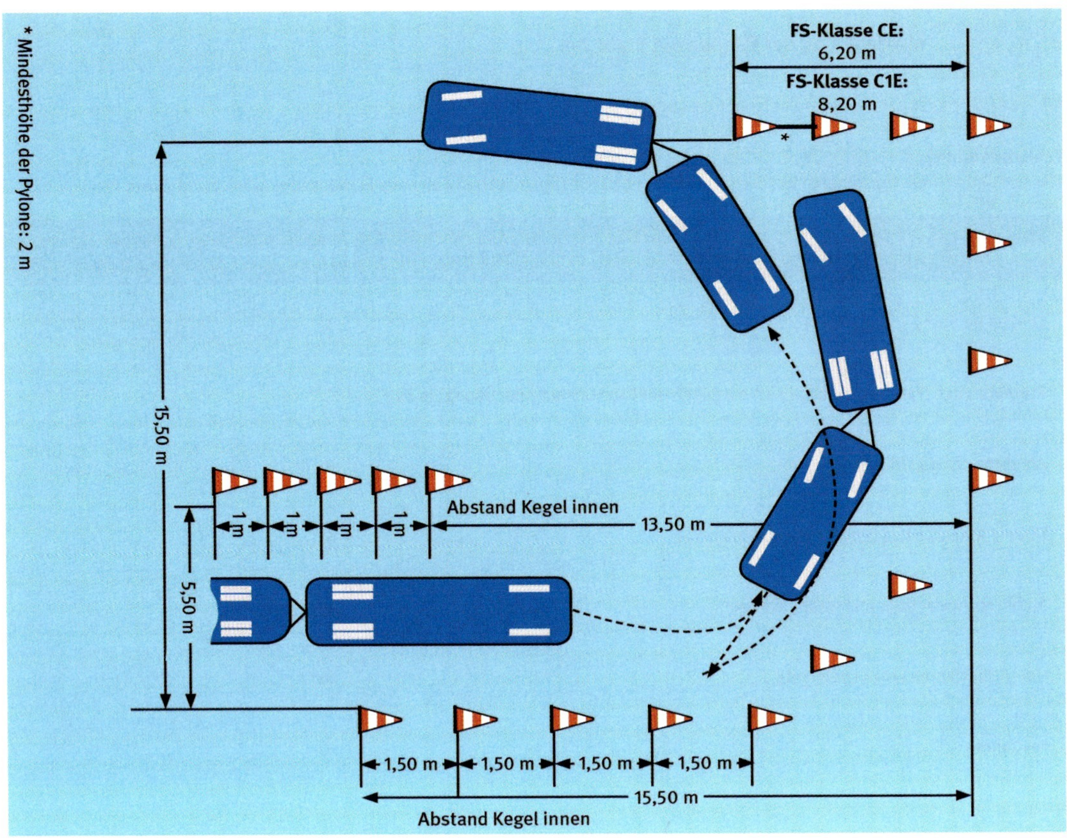

Vorbereitung
Die Begrenzungen werden mit üblichen Leitkegeln (circa 50 cm Mindesthöhe) dargestellt.

Fahrpraktische Übungen

Band 9

Bewertung

Bewertet wird die fahrtechnische Lösung nach dem Abbiegen um 90 Grad bis zur Möglichkeit zu wenden, bzw. das Hindernis zu umfahren. Ein sicheres und wirtschaftliches Fahren bei guter Fahrraumeinteilung wird mit 10 Punkten bewertet. Bis zu zwei Korrekturzüge führen nicht zu Punktabzug.

Fehler	Punktabzug
Abwürgen des Motors	2
Falsche, zu hohe Drehzahl	2
Drei bis vier Korrekturzüge	4
Kein Material schonende / verkehrsgerechte Fahrweise (zum Beispiel Lenken im Stand)	6
Mehr als vier Korrekturzüge	10
Festfahren	10

1. 6. 7. Slalom

Eine weitere Aufgabe, die nicht prüfungsrelevant ist, ist der Slalom. Mit dieser Aufgabe wird insbesondere die richtige Einschätzung der Längs- und Seitwärtsbewegungen des Fahrzeugs trainiert.

Inhalt

Das Fahrzeug soll gemäß Skizze Leitkegel in einem Slalom umfahren. Die Leitkegel dürfen mit dem Fahrzeug nicht berührt oder überfahren werden. Es darf kein Leitkegel ausgelassen werden.

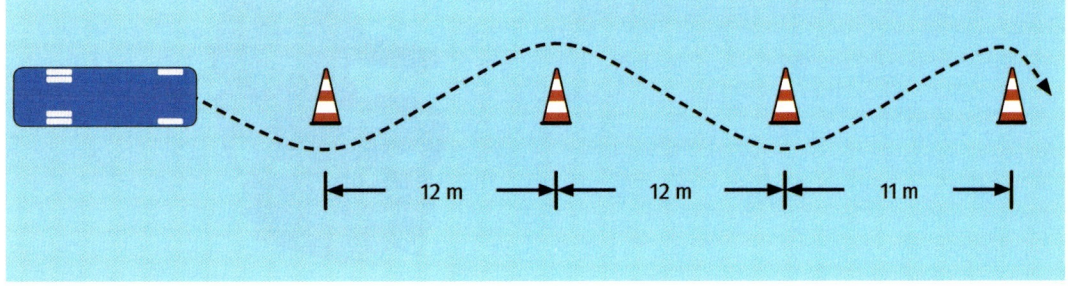

2. Fahrpraktische Übungen im Personenverkehr

Gemäß §2 BKrFQV müssen Sie als Bewerber für die beschleunigte Grundqualifikation mindestens 10 Fahrstunden à 60 Minuten von einem Fahrlehrer unterrichtet werden.
Das gilt auch dann, wenn Sie die entsprechende Fahrerlaubnis bereits besitzen.
Obwohl der Gesetzgeber für Bewerber zur beschleunigten Grundqualifikation keine Fahrerlaubnis voraussetzt, ist davon auszugehen, dass eine Vielzahl der Bewerber die Ausbildung zum Erwerb der Fahrerlaubnis abgeschlossen hat oder der Erwerb der Fahrerlaubnis und der beschleunigten Grundqualifikation parallel erfolgt.
Die zehn Fahrstunden eignen sich gut dazu, die fahrpraktischen Übungen zu trainieren.

Bei den folgenden Ausbildungshinweisen wird davon ausgegangen, dass Sie bereits Grundkenntnisse im Führen von Kraftomnibussen erworben haben.
In den fahrpraktischen Übungen sollen Sie lernen mit Ihrem Fahrzeug auch schwierige Fahrsituationen zu bewältigen: Sei es eine enge Hofeinfahrt, eine schmale Straße mit parkenden Autos oder ein kleiner Hotelparkplatz, in dem Sie wenden müssen.

2. 1. 1. Fahrerplatz

2. 2. 1. Einweisung in den Fahrerplatz

Der Arbeitsplatz des Fahrers hat sich in den letzten Jahren erheblich verändert. Gute Arbeitsbedingungen beugen der Ermüdung vor und schützen auf lange Sicht die Gesundheit des Fahrers.

Fahrpraktische Übungen — Band 9

Fahrerplatz im Linienbus
Häufig wird der Fahrerplatz zur Seite und nach hinten durch Trennwände abgeschirmt.
Die Trennwände
- schützen den Fahrer vor Zugluft beim Öffnen der Vordertüren und
- wirken als Trennung gegenüber den Fahrgästen.

Fahrscheindrucker und Kasse sind so angeordnet, dass der Fahrer ohne große Änderung seiner Sitzhaltung die Fahrgäste bedienen kann.

Fahrerplatz im Reisebus
Der Fahrerplatz ist vom Fahrgastraum nicht getrennt. Der Fahrerplatz des Reisebusses ist meist komfortabler als der eines Linienbusses ausgestattet.

Bedienungs- und Kontrolleinrichtungen
Als Fahrer müssen Sie Ihr Fahrzeug und die Funktionsweise der Bedienungs- und Kontrolleinrichtungen kennen, dazu gehören unter anderem:
- Schalthebel
- Feststellbremse
- Scheibenwischer
- Lichtschalter
- Türbetätigung
- verschiedene Schalter
- Kontrollleuchten

2.2.2. Fahrersitz richtig einstellen

Die richtige Sitzposition ist nicht nur für die Gesundheit wichtig, sondern trägt auch zur Verkehrssicherheit bei. Verspannungen und Müdigkeit können durch eine gute und bequeme Sitzposition vorgebeugt werden.
Beim Einstellen des Sitzes empfiehlt sich ein schrittweises Vorgehen.
Ausgangsstellung: Lenkrad und Instrumententräger in vorderer Position.
Da diese Position das Ein- und Aussteigen mit geschwenktem Sitz wesentlich erleichtert, sollte sie auch beim Verlassen des Arbeitsplatzes eingestellt werden.

> Eine detaillierte Beschreibung zum Thema „Richtige Sitzposition" finden Sie in Band 1 „Gesundheit & Fitness" der BKF-Bibliothek.

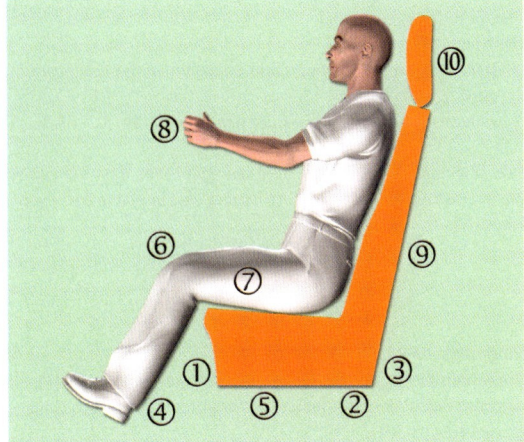

Fahrersitz richtig einstellen.
(1) Sitzflächentiefe
(2) Neigung der Sitzfläche
(3) Neigung der Rückenlehne
(4) Pedalwinkel
(5) Sitzhöhe und Sitzlängsverstellung
(6) Kniewinkel
(7) Lage der Oberschenkel
(8) Lenkrad und Instrumententräger
(9) Lendenwirbelstütze
(10) Kopfstütze

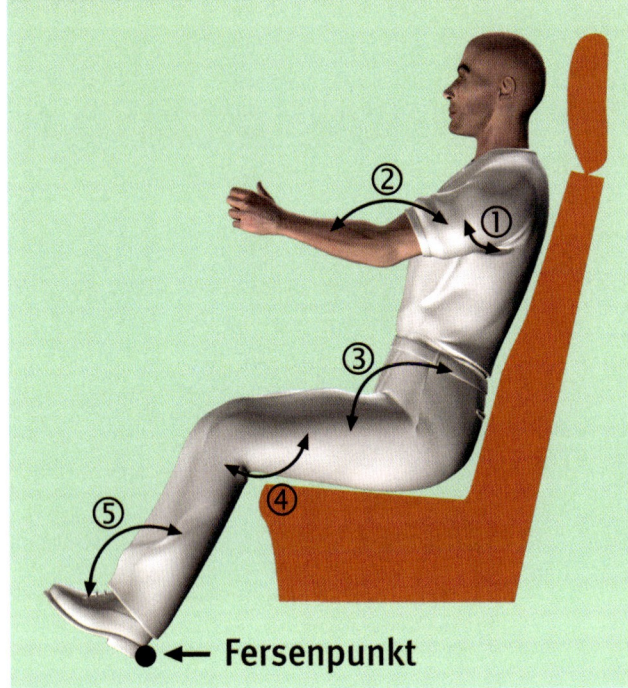

1 Oberarmwinkel 10-40°
2 Ellenbogenwinkel 95-135°
3 Hüftwinkel 100-105°
4 Kniewinkel 110-130°
5 Fußgelenkwinkel 90°

Ergonomisch günstiger Winkel

2. 2. 3. Benutzung von Spiegeln

Die Sichtverhältnisse sind bei Omnibussen eingeschränkt. Nach hinten oder zur Seite können Sie sich nur mit Hilfe der Rückspiegel orientieren. Die Sicht über die Spiegel bezeichnet man als indirekte Sicht.

Bei modernen Reisebussen sind die Spiegel oft zu Einheiten zusammengefasst. Diese „Ausleger" ragen weit nach vorn hinaus, um die toten Winkel zu minimieren.
Omnibusse sind normalerweise ausgerüstet mit:
- je einem Hauptrückspiegel links und rechts,
- einem oder zwei Nahbereichsspiegel/Anfahrspiegel,
- einem großflächigen Innenspiegel.

Zusätzlich können angebaut sein:
- Weitwinkelspiegel,
- Frontspiegel.

Im rechten Außenspiegel kann man den Abstand zum Fahrbahnrand und zu anderen Fahrzeugen beobachten. Die Spiegelfläche ist meist „weitwinklig" ausgeführt und erlaubt bei Geradeausfahrt die Sicht nach hinten auf Verkehrsteilnehmer neben dem Omnibus, z. B. auf Radfahrer.

In Rechtskurven kann man das Heck des Busses und den Raum dahinter beobachten. Auch lässt sich der Seitenabstand zum Bordstein, zu parkenden Fahrzeugen oder zu anderen Hindernissen einsehen.
Trotzdem kann man diese Verkehrsteilnehmer aus den Augen verlieren, wenn sie in den toten Winkel hineinfahren. Dieser Gefahr lässt sich am besten vorbeugen, indem man den rückwärtigen Verkehr in kurzen Zeitabständen beobachtet.

Fahrpraktische Übungen

Band 9

Im linken Hauptspiegel kann man beobachten, was sich in den Fahrstreifen links neben dem Bus abspielt. An den Fahrbahnmarkierungen und am Seitenabstand zu anderen Fahrzeugen lässt sich erkennen, ob der Bus in der Spur läuft. Deshalb sollte man regelmäßig in den linken Hauptspiegel sehen – auch bei Geradeausfahrt.

Im Nahbereichsspiegel/Anfahrspiegel kann man erkennen, was sich unmittelbar neben der Einstiegstür abspielt und den Abstand zum Bordstein einsehen.
Ist der sogenannte Rampenspiegel weit vorn angebracht, ermöglicht er auch die Sicht auf den schwer einsehbaren Raum vor dem Bus. Er hat dann die Funktion eines separaten Frontspiegels und bietet besonders im Schulbusverkehr ein Sicherheitsplus.

Ein großflächiger Innenspiegel ermöglicht die Beobachtung des Fahrgastraums und der Ein- und Ausstiege. Er ist vorgeschrieben bei automatisch betätigten Türen.
Der Fahrer muss nicht nur den Verkehr ständig beobachten, sondern auch die Fahrgäste. Das gilt sowohl beim Ein- und Aussteigen, als auch während der Fahrt.

Fahrpraktische Übungen

Überprüfen Sie die Spiegel regelmäßig auf Beschädigung und Sauberkeit.

2. 2. 4. Bedienung des Fahrzeugs

Bei der Einweisung in die Fahrzeugbedienung sind die herstellerspezifischen Besonderheiten des Fahrzeugs zu beachten.
- Motor anlassen
- Motor abstellen
- Anfahren
- Bedienung Schalt- /Automatikgetriebe
- Feststellbremse (ggf. Haltestellenbremse)

2. 3. Fahrwiderstände und Kräfte

Der Antriebskraft des Motors wirken verschiedene Kräfte entgegen. Diese Widerstände müssen von der Antriebskraft überwunden werden, um den Bus in Bewegung setzen und halten zu können. Die Fahrwiderstände sind:
- Rollwiderstand
- Luftwiderstand
- Steigungswiderstand

Rollwiderstand
Der Rollwiderstand entsteht durch die Verformung des Reifens auf der Fahrbahn (Walkarbeit).
Der Rollwiderstand steigt
- mit zunehmender Belastung,
- mit zunehmender Geschwindigkeit,
- mit abnehmendem Reifendruck.

Fahrpraktische Übungen

Band 9

Luftwiderstand

Der Luftwiderstand entsteht durch das Verdrängen der Luft vor dem Fahrzeug. Er ist abhängig:
- von der Größe der Stirnfläche
- von der Formgebung des Busses, ausgedrückt durch den c_W-Wert.
- von der Fahrgeschwindigkeit.

Wird die Geschwindigkeit verdoppelt, vervierfacht sich der Luftwiderstand – er steigt im Quadrat zur Geschwindigkeit.

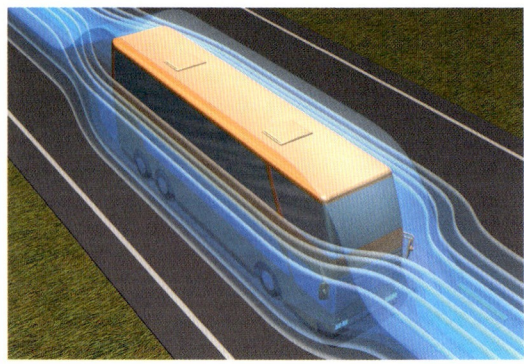

Steigungswiderstand

Der Steigungswiderstand entsteht durch die Erdanziehung, die den Bus talwärts zu ziehen versucht.

Der Steigungswiderstand ist abhängig
- von der Masse des Fahrzeugs,
- von der Größe der Steigungsprozente.

Die Antriebskraft muss durch Zurückschalten stufenweise dem Steigungswiderstand angepasst werden.

Fliehkraft

Die Fliehkraft entsteht beim Durchfahren einer Kurve. Sie hat das Bestreben, den Bus nach außen zu ziehen.
Die Fliehkraft ist umso größer,
- je enger die Kurve ist,
- je größer die Masse ist,
- je höher die Geschwindigkeit ist.

Bei doppelter Geschwindigkeit wird die Fliehkraft viermal so groß. Sie steigt im Quadrat zur Geschwindigkeit.

Die Fliehkraft greift im Schwerpunkt an. Je höher der Schwerpunkt liegt, desto größer ist die Kippgefahr.
Der Schwerpunkt liegt besonders hoch bei einem Doppeldecker mit zwei Fahrgastebenen.
Kippgefahr besteht auch dann, wenn die Räder seitlich auf einen Widerstand treffen.

Fahrpraktische Übungen

Band 9

Seitenführungskraft

Die Seitenführungskraft wirkt der Fliehkraft entgegen. Sie ist eine Haftreibung, die sich zwischen Reifen und Fahrbahn aufbaut. Solange die Fliehkraft nicht größer ist als die Seitenführungskräfte der Reifen, bleibt das Fahrzeug lenkfähig und richtungsstabil.

2. 4. Grundzüge der energiesparenden Fahrweise

Als Berufskraftfahrer haben Sie durch Ihre Fahrweise maßgeblichen Einfluss auf die Fahrzeugkosten.
Durch eine energiesparende Fahrweise reduzieren sich neben den Kraftstoffkosten auch die Wartungs- und Reparaturkosten.
Eine Senkung des Kraftstoffverbrauches ist bereits durch Ergreifen weniger Maßnahmen möglich.
Eine gleichmäßige, vorausschauende und gelassene Fahrweise trägt maßgeblich dazu bei.
Folgende Grundsätze sollten Sie beachten:
- Bei niedrigen Drehzahlen schalten und fahren,
- bei automatisierten Antriebssystemen unbedingt Herstellerempfehlungen beachten,
- zügig Reisegeschwindigkeit erreichen,
- Abstand halten,
- Tempomat nutzen,
- nach Drehzahlmesser fahren,
- frühzeitig Gas wegnehmen,
- unnötige Stopps vermeiden,
- Schubabschaltung nutzen,
- Schwung nutzen,
- Motor abschalten, wo es sinnvoll ist,
- unnötigen Ballast entfernen,
- Reifendruck kontrollieren.

Auch bei Fahrzeugen mit Automatikgetriebe kann durchaus eine hohe Kraftstoffersparnis erreicht werden, denn abgesehen von den Schaltvorgängen kann der Fahrer auf alle anderen Faktoren Einfluss nehmen.

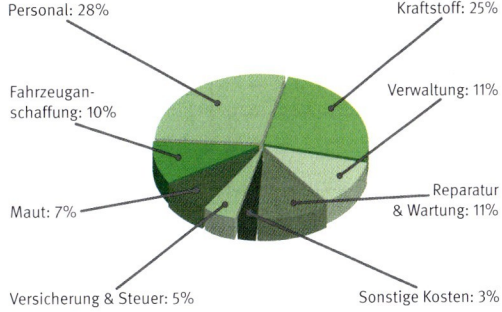

Beispiel für die Betriebskosten eines Busses

Fahrpraktische Übungen — **Band 9**

Praktische Ausbildung als Vergleichsfahrt
Die Schulung in energiesparender Fahrweise erfolgt in mehreren Schritten. Das Training könnte so aufgebaut werden, dass nach einer theoretischen Einweisung eine erste praktische Fahrt duchgeführt wird. Der Teilnehmer fährt dabei so, wie er normalerweise im Berufsalltag auch fährt.
Anschließend wird die Fahrt besprochen und es folgt ein theoretischer Unterrichtsblock, in dem die Grundzüge der energiesparenden Fahrweise besprochen werden.

Siehe hierzu Band 2 „Kinematische Kette, Energie & Umwelt" der BKF-Bibliothek.

Anschließend wird die zweite praktische Fahrt durchgeführt. Dabei sollen die im Theorieteil erlernten Kenntnisse angewandt werden.

Fahrprotokoll ausfüllen
Jeder Teilnehmer soll ein Fahrprotokoll ausfüllen, in das persönliche Daten und Fahrzeugdaten eingetragen werden. Nach der ersten praktischen Fahrt werden die Daten vom Messgerät eingetragen. Nach der zweiten Fahrt werden die Daten der zweiten Fahrt eingetragen und mit den Daten der ersten Fahrt verglichen.

Fahrprotokoll

Datum:
Name:
Fahrer-Nr.:
Fahrzeug:

Strecke 1
BTH über Hetjershausen Großellershausen zur Haltebucht Briefzentrum

Strecke	1. Fahrt	2. Fahrt	Differenz	Einsparung %
Zeit				
Durchschn.-Geschw.				
Gesamtverbrauch				

Fahrprotokoll

Fahrpraktische Übungen — **Band 9**

Fahrprotokoll	Strecke 1				
Datum: 14.07.2016	BTH über Hetjershausen Großellershausen zur Haltebucht Briefzentrum				
Name: Ina Schulz					
Fahrer-Nr.: 623	Strecke	1. Fahrt	2. Fahrt	Differenz	Einsparung %
	Zeit	23 min.	22 min.	-1 min.	
Fahrzeug: Wagen 147	Durchschn.-Geschw.	27 km/h	29 km/h	+2 km/h	
	Gesamt-verbrauch	8,19 l	7,68 l	-0,51 l	6 %

Fahrprotokoll ausgefüllt

Verbrauchsmessgeräte
Moderne Verbrauchsmessgeräte werden für die Ermittlung von Verbrauchswerten bei den Vergleichsfahrten benötigt.
Die Anzeigemöglichkeiten sind vielfältig:
- momentaner Kraftstoffverbrauch,
- Durchschnittsverbrauch,
- kumulierte Betriebskosten,
- Vergleich der momentanen Fahrweise mit den gespeicherten Durchschnittswerten für Stadt-, Land- und Autobahnverkehr,
- Anzeigen einer besonders wirtschaftlichen Fahrweise über ein Sparsymbol,
- Anzeigen eines Symbols für erhöhten Verbrauch.

VDO Messgerät

Fahrpraktische Übungen

Band 9

Über fahrzeugspezifische Kabelsätze wird das Gerät direkt an die Fahrzeugelektronik angeschlossen. Der Fuhrparkleiter nutzt die Daten für eine fahrer- und fahrzeugbezogene Auswertung hinsichtlich Wirtschaftlichkeit und Fahrweise.

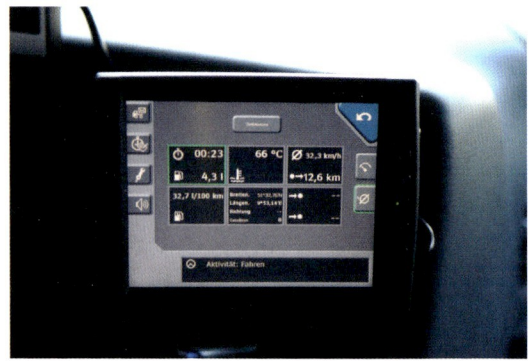

Scania Messgerät

2. 5. Bewältigung kritischer Fahrsituationen

2. 5. 1. Einleitung

Mit der Bewältigung der Fahraufgaben zur Grundqualifikation werden einige wesentliche Bereiche aus der Liste der Kenntnisbereiche (Anlage 1, BKrFQV) abgedeckt. Aus dem Bereich 1 „Verbesserung des rationellen Fahrverhaltens auf der Grundlage der Sicherheitsregeln" sind es die unter Lernziel 1.5 aufgeführten Punkte wie
- richtige Einschätzung der Längs- und Seitwärtsbewegungen des Kraftomnibusses,
- Positionierung auf der Fahrbahn,
- sanftes Abbremsen,
- Beachtung der Überhänge.

Allgemeine Hinweise
Bei der Prüfung zur Grundqualifikation muss der Prüfling „kritische Fahrsituationen" bewältigen, die als separater Prüfungsteil bewertet werden. Der Prüfer wählt die Fahraufgaben aus einem Katalog aus. Die Prüfungsaufgaben sind in den Richtlinien der Industrie- und Handelskammern festgelegt.

Verhalten beim Rückwärtsfahren
Es ist grundsätzlich ein Sicherungsposten einzuteilen. Er hat folgende Aufgaben:
- Warnung durch Zeichen vor herannahenden Verkehrsteilnehmern,
- Warnung durch Zeichen vor Hindernissen wie z. B. Gebäudeteilen, Fahrzeugen, Gruben oder Ladegut.

Eine Hilfestellung in Form von Einweisen oder Warnen bei der Bewältigung der Prüfungsaufgaben ist unzulässig. Hier steht die selbstständige Fahrzeugbeherrschung im Mittelpunkt der Aufgaben.

Fahrpraktische Übungen

Band 9

Rückfahrhilfen
Nicht immer ist ein Sicherungsposten verfügbar, der den Busfahrer einweisen kann. Dann können elektronische Systeme Abhilfe schaffen.
Mit einer über dem Heckfenster eingebauten Videokamera lässt sich der Nahbereich hinter dem Bus überwachen.

Der Fahrer kann den Bereich hinter dem Bus an einem Monitor einsehen und Hindernisse erkennen.
Ist am Prüfungsfahrzeug eine Rückfahrkamera eingebaut, so darf diese auch bei der Prüfung genutzt werden.

Anzahl der zu bewältigenden Aufgaben
Je nach Art der Prüfung, ist eine bestimmte Anzahl von Aufgaben zu absolvieren:
- Grundqualifikation = 3
- Grundqualifikation Quereinsteiger = 3
- Grundqualifikation Umsteiger = 2

Die Fahraufgaben werden vom Prüfer ausgewählt.

Bei jeder Prüfung ist entweder eine Gefahrbremsung oder eine Zielbremsung durchzuführen.

Fahrpraktische Übungen — **Band 9**

2.5.2. Bewertungskriterien beim Prüfungsteil „Kritische Fahrsituationen"

	Anzahl Aufgaben	Gesamtpunktzahl	Maximalpunktzahl je Aufgabe	Abzug bei 2 Versuchen	Abzug bei 3 Versuchen	Mindestpunktzahl zum Bestehen der Prüfung
Grundqualifikation (GQ)	3	30	10	2	4	6
GQ - Quereinsteiger	3	30	10	2	4	6
GQ - Umsteiger	2	20	10	2	4	4

Der Prüfling hat maximal drei Versuche pro Aufgabe. Er entscheidet selbst über einen zweiten und dritten Versuch, bei mehreren Versuchen gibt es einen Punktabzug. Es wird immer der letzte Versuch gewertet.

Eine Aufgabe wird im schlechtesten Fall mit null Punkten bewertet.

Für ein erfolgreiches Absolvieren des Prüfungsteils „Bewältigung kritischer Fahrsituationen" muss eine Mindestpunktzahl von 6 Punkten (Grundqualifikation und Grundqualifikation Quereinsteiger) beziehungsweise 4 Punkten (Grundqualifikation Umsteiger) erreicht werden (20-Prozent-Klausel).

2.6. Fahraufgaben

2.6.1. Gefahrbremsung

Bei der Gefahrbremsung soll der Prüfungsteilnehmer unter Beweis stellen, dass er in einer Gefahrensituation sein Fahrzeug mit der größtmöglichen Bremsverzögerung zum Stehen bringen kann.

Prüfungsfahrzeug
Solofahrzeug in Abhängigkeit von der höchsten Fahrerlaubnisklasse des Prüfungsteilnehmers.
Besitzt der Bewerber die Fahrerlaubnis der Klasse D1, so ist ein Fahrzeug der Klasse D1 einzusetzen. Besitzt er die Klasse DE, so ist ein Fahrzeug der Klasse D einzusetzen.

Inhalt
Die Gefahrbremsung erfolgt aus einer Geschwindigkeit von 30 km/h. Es erfolgt eine Kontrolle der Geschwindigkeit durch Prüfer oder Fahrlehrer. Der Prüfungsteilnehmer hat auf kürzestem Wege auf einer Geraden eine Schlagbremsung bis zum Stillstand des Fahrzeugs auszuführen. Die Witterung und der Fahrbahnzustand sind zu beachten.

Fahrpraktische Übungen — Band 9

Fehlerbewertung
Für eine Schlagbremsung und das Erreichen der notwendigen Verzögerung bei einer Ausgangsgeschwindigkeit aus 30 km/h wird die Aufgabe mit 10 Punkten bewertet.
Folgende Punktabzüge sind vorzunehmen:

Fehler	Punktabzug
Nichterreichen einer konstanten Verzögerung	10
Falsche Ausgangsgeschwindigkeit	10
Abwürgen des Motors	10
Kein schlagartiges Betätigen der Betriebsbremse	10

2. 6. 2. Zielbremsung

Der Prüfling soll zeigen, dass er sein Fahrzeug bei einer normalen Bremsung punktgenau zum Stehen bekommt.
Prüfungsfahrzeug
Solofahrzeug in Abhängigkeit von der höchsten Fahrerlaubnisklasse des Prüfungsteilnehmers.

Inhalt
Die Zielbremsung wird aus einer Geschwindigkeit von 30 km/h auf einer Geraden durchgeführt. Es erfolgt eine Kontrolle der Geschwindigkeit durch den Fahrlehrer. Die Anfahrstrecke beträgt 65 m. Die Bremsstrecke beträgt 10 m. Das Fahrzeug muss am definierten Ende der Bremsstrecke zum Halten kommen.

Vorbereitung
Die Darstellung der Bremsstrecke erfolgt durch Verkehrsleitkegel (ca. 50 cm Mindesthöhe). Die Leitkegel sind in geeigneter Form auf mindestens 2 m zu erhöhen (zum Beispiel mit Stangen aus PVC).

Fahrpraktische Übungen — Band 9

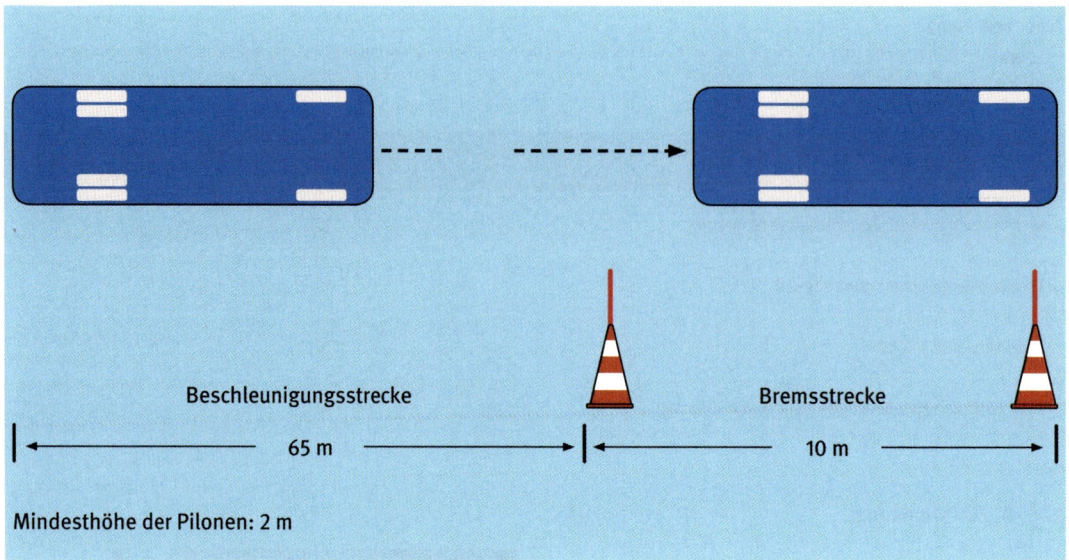

Fehlerbewertung

Es ist auf eine gleichmäßige Bremsung (keine Stotterbremse) zu achten. Eine Schlagbremsung ist nicht zulässig. Ausgangsgeschwindigkeit ist 30 km/h. Der automatische Eingriff von ABS/ABV wird nicht bewertet. 10 Punkte sind erreicht, wenn das Fahrzeug mit einer maximalen Abweichung von einem Meter vor der Ziellinie zum Stehen kommt.

Fehler	Punktabzug
Keine gleichmäßige Bremsung	6
Fahrzeugbug hält mehr als 100 cm vor der Ziellinie	6
Fahrzeugbug hält mehr als 200 cm vor der Ziellinie	8
Fahrzeugbug hält mehr als 300 cm vor der Ziellinie	10
Zu geringe Ausgangsgeschwindigkeit	10
Bremsbeginn vor der Bremsstrecke	10
Fahrzeug kommt hinter der Ziellinie zum Stehen	10
Schlagbremsung	10

Fahrpraktische Übungen

Band 9

2. 6. 3. Wenden unter engen räumlichen Bedingungen

Der Prüfungsteilnehmer soll sein Fahrzeug auch unter engen räumlichen Bedingungen wenden können. Kleine Beriebshöfe, enge Hotelparkplätze oder andere örtliche Gegebenheiten erfordern vom Fahrer ein hohes Maß an Geschick beim Manövrieren seines Busses. Er muss die Abmessungen seines Fahrzeugs sehr gut kennen, um es auch in schwierigen Situationen wenden zu können.

Prüfungsfahrzeug
Solofahrzeug in Abhängigkeit von der höchsten Fahrerlaubnisklasse des Prüfungsteilnehmers.

Inhalt
Wenden eines Solofahrzeuges um 180 Grad in einem Quadrat mit einer Seitenlänge, die die tatsächliche Fahrzeuglänge um 3,50 m übersteigt. Der Ausgangspunkt liegt außerhalb des Quadrats. Beim Ein- und Ausfahren ist eine 3,20 m breite Durchfahrt gemäß Skizze zu durchfahren.

Vorbereitung
Das Quadrat wird mit Leitkegeln (mindestens 50 cm hoch) gestellt. Die Ein- und Ausfahrten sind für den Prüfungsteilnehmer zu kennzeichnen (zum Beispiel durch PVC-Stangen oder durch farbliche Kennzeichnung).

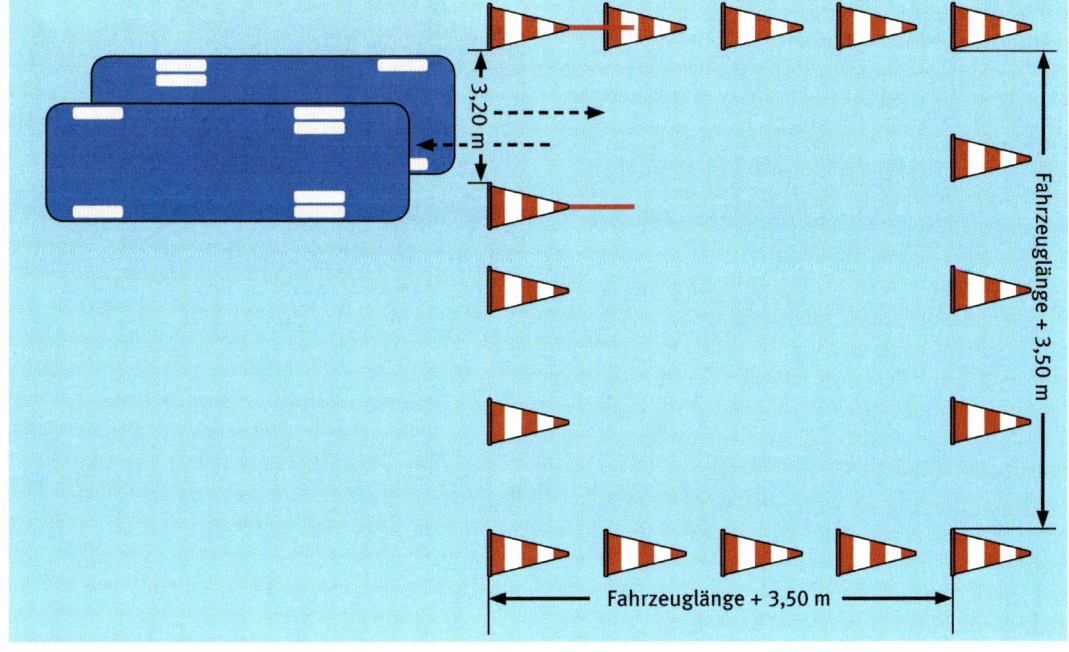

Fahrpraktische Übungen — Band 9

Fehlerbewertung
Eine verkehrsgerechte und Material schonende Fahrweise wird mit 10 Punkten bewertet.

Fehler	Punktabzug
Abwürgen des Motors	2
Lenken auf der Stelle	4
Falsches Gegenlenken	4
Falsche Drehzahl (Drehzahlerhöhung)	4
Festfahren	10
Überfahren der Grenzen des Quadrats (auch mit dem Fahrzeugüberhang)	10
Berühren / Umwerfen eines / mehrerer Kegel bei der Ein- und / oder Ausfahrt	10

2. 6. 4. Durchfahren einer Engstelle

In dieser Aufgabe soll der Prüfungsteilnehmer zeigen, dass er die Fahrzeugbreite seines Fahrzeugs richtig einschätzen kann. Er muss bereits aus einiger Entfernung abschätzen können, ob der Bus durch eine schmale Hofeinfahrt oder Unterführung durchfahren kann, an der keine Breitenangabe angebracht ist.
Um Unannehmlichkeiten bei Unterführungen, Tunnel oder sonstigen schmalen Durchfahrten zu vermeiden, ist es wichtig, die Breite und Höhe des Busses zu kennen.

Prüfungsfahrzeug
Solofahrzeug in Abhängigkeit von der höchsten Fahrerlaubnisklasse des Prüfungsteilnehmers.

Fahrpraktische Übungen

Band 9

Inhalt

Das Prüfungsfahrzeug befindet sich 15 m von einer aus zylindrischen Fässern (ca. 90 cm Mindesthöhe) dargestellten 2–4 m breiten Durchfahrt entfernt. Der Prüfungsteilnehmer bestimmt vom Fahrersitz aus, ob und gegebenenfalls in welchem Maß diese Durchfahrtsbreite korrigiert werden soll. Der Prüfling kann dies mündlich oder durch Zeichen mitteilen, er darf dabei das Fahrzeug nicht verlassen. Die Position der Fässer wird von einer Hilfsperson entsprechend der Weisung des Prüfungsteilnehmers verändert. Der Abstand der Fässer darf nach dem erstmaligen Anrollen der Räder nicht mehr verändert werden. Je geringer die tatsächliche Durchfahrtsbreite gewählt wird, desto höher ist die Bewertung beim Durchfahren der Engstelle.
Anstatt Fässer können auch andere Absperrungsgegenstände eingesetzt werden.

Vorbereitung

Kennzeichnungen auf der Fahrbahn sind unzulässig. Zur Messung ist ein handelsübliches Maßband geeignet.

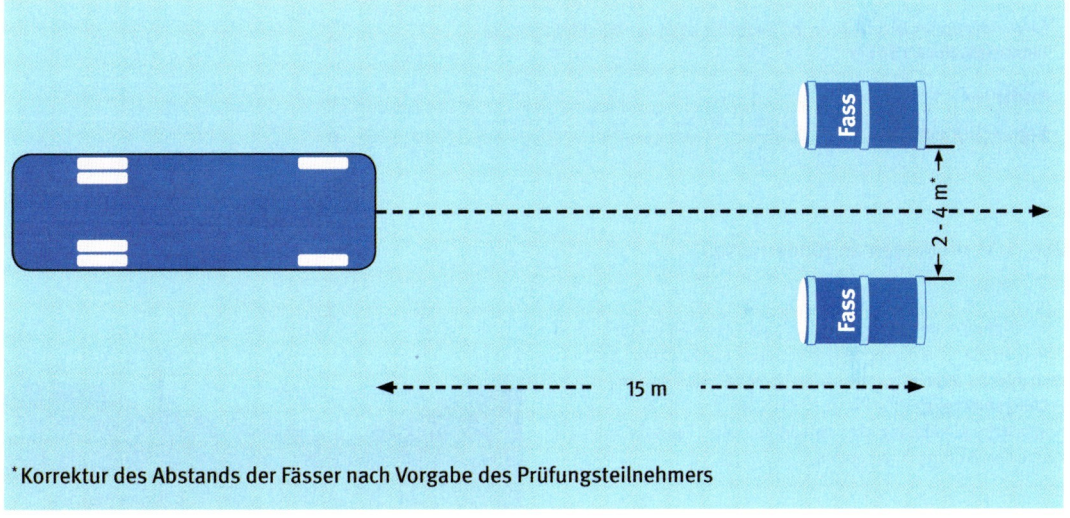

*Korrektur des Abstands der Fässer nach Vorgabe des Prüfungsteilnehmers

Fahrpraktische Übungen — Band 9

Fehlerbewertung
Maßgrundlage ist das lichte Maß zwischen den beiden Fässern an der engsten Stelle.

Fehler	Bewertung in Punkten
Berührungsfreies Durchfahren der Engstelle bei einer Durchfahrtsbreite **Fahrzeugbreite + > 0 - 10 cm**	10
Berührungsfreies Durchfahren der Engstelle bei einer Durchfahrtsbreite **Fahrzeugbreite + > 10 - 20 cm**	8
Berührungsfreies Durchfahren der Engstelle bei einer Durchfahrtsbreite **Fahrzeugbreite + > 20 - 30 cm**	6
Berührungsfreies Durchfahren der Engstelle bei einer Durchfahrtsbreite **Fahrzeugbreite + > 30 - 40 cm**	4
Berührungsfreies Durchfahren der Engstelle bei einer Durchfahrtsbreite **Fahrzeugbreite + > 40 - 50 cm**	2
Berührungsfreies Durchfahren der Engstelle bei einer Durchfahrtsbreite **Fahrzeugbreite + > 50 cm**	0
Festfahren	0
Begrenzung anfahren	0

2. 6. 5. Vorbeifahren an Hindernissen

Der Prüfungsteilnehmer soll zeigen, dass er sein Fahrzeug auch in engen Straßen mit parkenden Fahrzeugen, abgestellten Containern oder anderen Hindernissen sicher manövrieren kann.
Prüfungsfahrzeug
Solofahrzeug in Abhängigkeit von der höchsten Fahrerlaubnisklasse des Prüfungsteilnehmers.

Inhalt
Das Fahrzeug hat gemäß Skizze Leitkegel zu umfahren, die parkende Fahrzeuge darstellen. Die Bordsteinbegrenzungen werden durch Holzlatten oder vergleichbar geeignete Materialien dargestellt. Die Leitkegel dürfen mit dem Fahrzeug nicht berührt und mit den Fahrzeugüberhängen nicht überfahren werden. Das Hinauslehnen bei geöffnetem Fahrzeugfenster zur Verbesserung der Sicht beim Manövrieren ist gestattet. Die Aufgabe kann nach Vorgabe des Prüfers entweder rückwärts oder vorwärts geprüft werden.

Fahrpraktische Übungen

Band 9

Vorbereitung

Die Darstellung der geparkten Fahrzeuge erfolgt mit üblichen Leitkegeln (ca. 50 cm Mindesthöhe). Alle der Fahrbahn zugewandten Leitkegel sind auf geeignete Weise auf mindestens 2 m zu erhöhen (beispielsweise durch Einstecken von PVC-Stangenrohren). Der Bordstein kann durch Holzlatten oder vergleichbare Begrenzungen markiert werden.

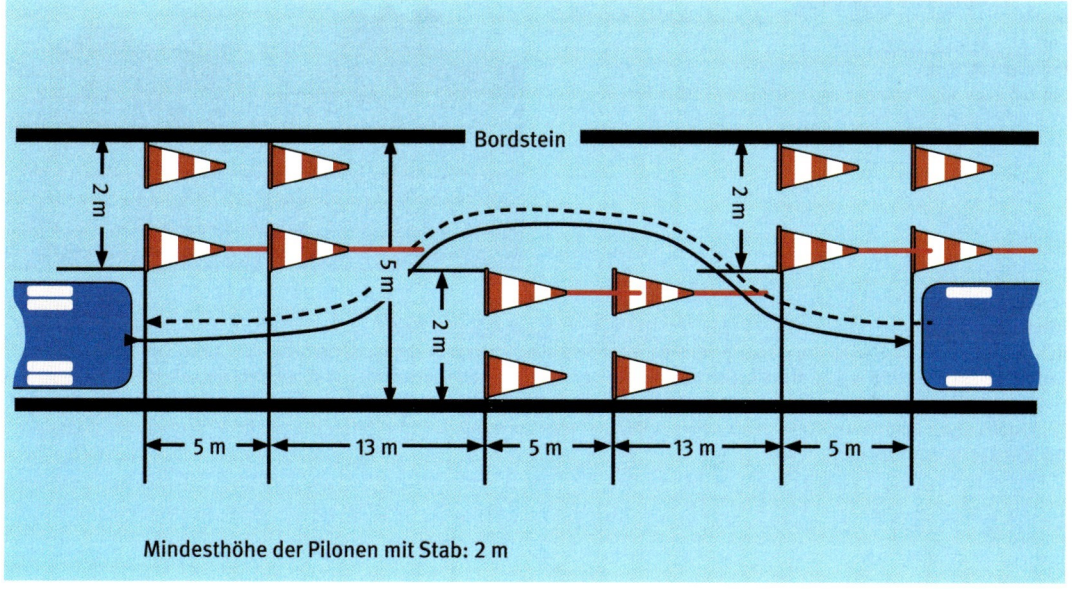

Mindesthöhe der Pilonen mit Stab: 2 m

Fehlerbewertung

Das berührungsfreie Durchfahren der Engstelle wird mit 10 Punkten bewertet. Folgende Punktabzüge sind vorzunehmen für:

Fehler	Punktabzug
Lenken im Stand	2
Korrekturzüge (Fahrzeug bewegt sich entgegen der Fahrtrichtung der Übung) je Zug	2
Anfahren eines Leitkegels	6
Über- / Anfahren des Bordsteins mit einem Rad	6
Anfahren zweier oder mehrerer Leitkegel	10
Um- / Überfahren eines Leitkegels	10
Festfahren	10

Fahrpraktische Übungen

Band 9

2. 6. 6. Rechtsabbiegen des Kraftomnibusses ohne ausreichenden Fahrraum

Der Prüfungsteilnehmer muss seinen Bus auch dann sicher manövrieren können, wenn ihm nur ein begrenzter Fahrraum zur Verfügung steht. Das kann bei engen Kreuzungen der Fall sein, oder wenn der Fahrraum durch Fahrzeuge oder Baustellen verengt ist.

Prüfungsfahrzeug
Solofahrzeug mit 12 m Länge und 2,50 m bzw. 2,55 m Breite.

Inhalt
In Fahrtrichtung rechts abbiegen in einem Quadrat mit einer Seitenlänge von 15 m. Der Ausgangspunkt liegt außerhalb des Quadrats. Eingefahren wird durch eine 2,70 m breite Durchfahrt. Mit einer möglichst geringen Anzahl von Korrekturzügen soll das Fahrzeug so in Position gebracht werden, dass das Quadrat durch eine 3 m breite Ausfahrt gerade (parallel zum Bordstein) verlassen werden kann. Dabei darf nur der Bordstein mit dem Überhang des Fahrzeugs überfahren werden. Eine Berührung mit den Rädern ist nicht zulässig. Die Ausfahrt ist als Gasse darzustellen.

Fahrpraktische Übungen

Band 9

Vorbereitung

Die Begrenzung des Quadrats erfolgt mit üblichen Leitkegeln (ca. 50 cm Mindesthöhe).
Die Ausfahrt flankierenden Kegel sind für den Prüfungsteilnehmer erkennbar zu kennzeichnen (zum Beispiel durch das Einstecken von PVC-Stangenrohren oder farbliche Kennzeichnung). Der Bordstein kann auch durch Holzlatten oder vergleichbare Begrenzungen dargestellt werden.

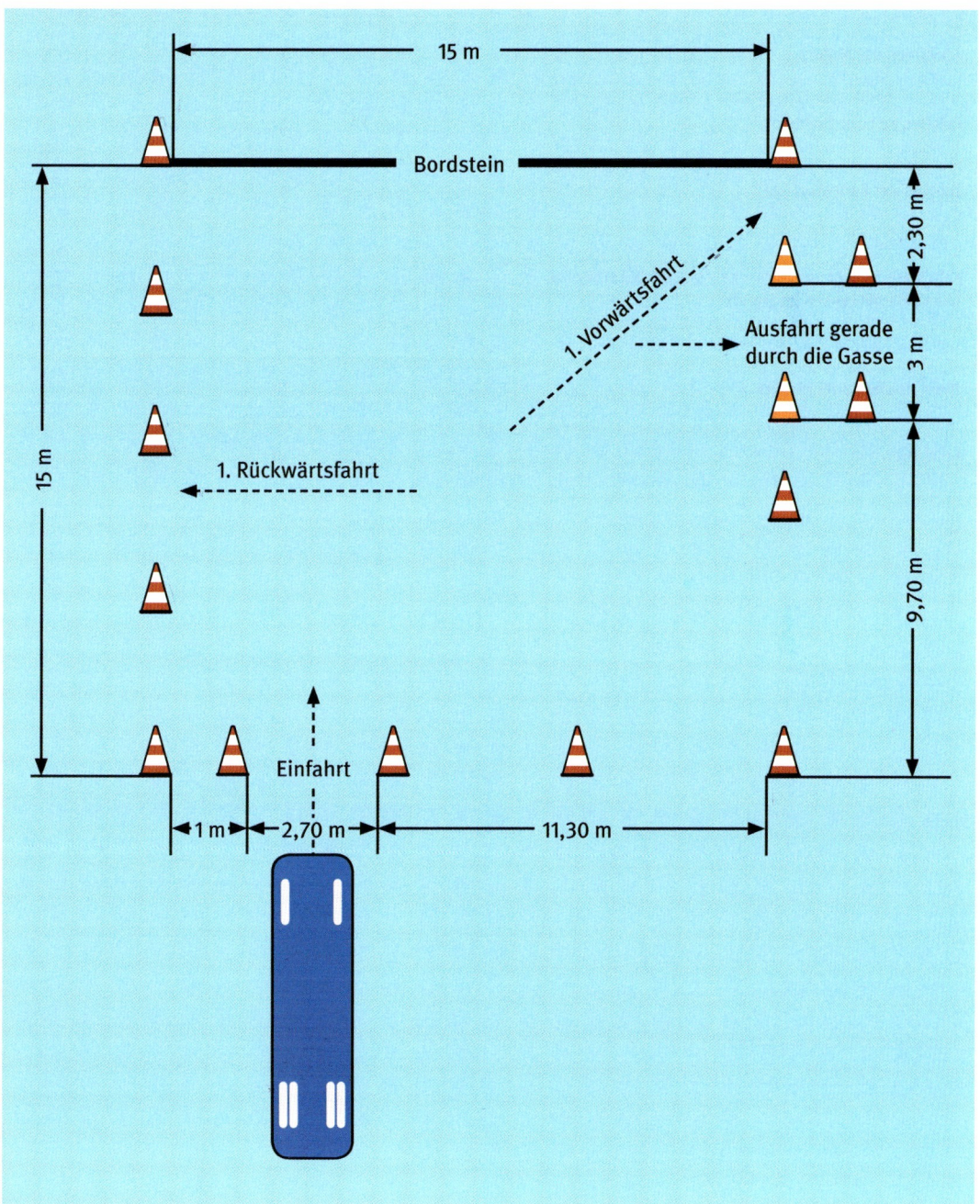

Fahrpraktische Übungen — Band 9

Fehlerbewertung

Ein verkehrsgerechtes und Material schonendes Abbiegen wird mit 10 Punkten bewertet. Nicht verkehrsgerechte und nicht Material schonende Fahrweise führen zu Punktabzügen.

Fehler	Punktabzug
Abwürgen des Motors	2
Falsche, zu hohe Drehzahl	2
Drei bis vier Korrekturzüge	4
Kein Material schonende / verkehrsgerechte Fahrweise (zum Beispiel Lenken im Stand)	6
Mehr als vier Korrekturzüge	10
Festfahren	10

Fahrpraktische Übungen Band 9

2. 6. 7. Slalom

Eine weitere Aufgabe, die nicht prüfungsrelevant ist, ist der Slalom. Mit dieser Aufgabe wird insbesondere die richtige Einschätzung der Längs- und Seitwärtsbewegungen des Fahrzeugs trainiert.

Inhalt
Das Fahrzeug soll gemäß Skizze Leitkegel in einem Slalom umfahren. Die Leitkegel dürfen mit dem Fahrzeug nicht berührt oder überfahren werden. Es darf kein Leitkegel ausgelassen werden.

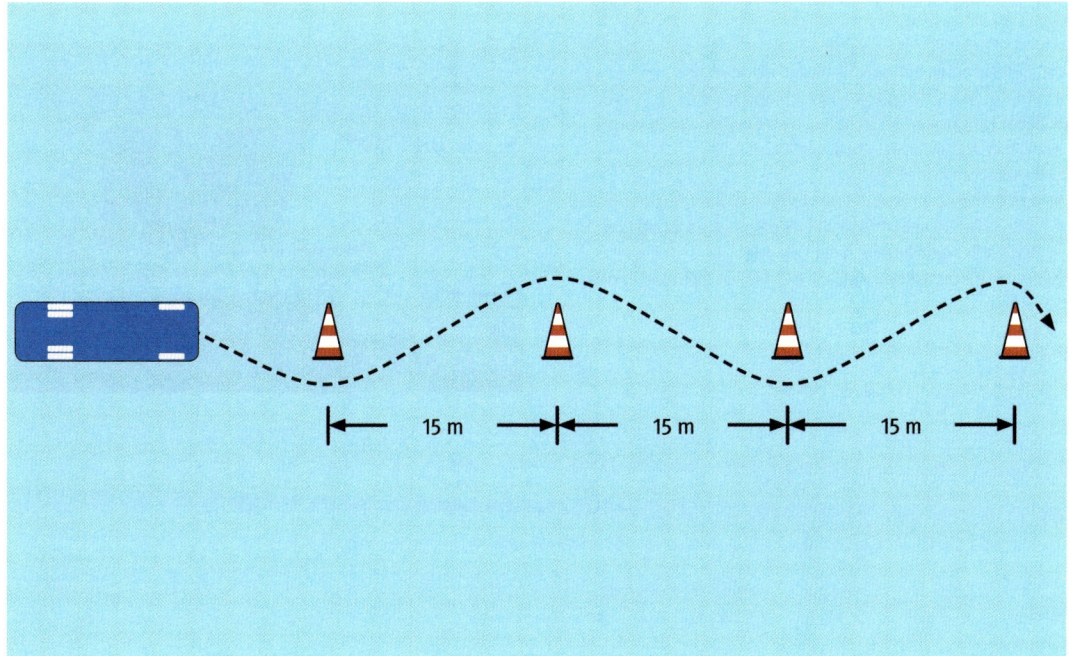

Fahrpraktische Übungen

Band 9

2. 6. 8. Heranfahren an Haltestellen

Eine weitere sinnvolle Übung zur Vorbereitung auf den Berufsalltag ist das Heranfahren an Haltestellen. Dabei sollten Sie verschiedenartige Haltestellen anfahren und deren Besonderheiten kennen lernen, z. B.:
- Haltebuchten,
- unübersichtliche oder enge Haltestellen,
- Haltestellen im Innenstadtbereich,
- Haltestellen an Bahnstationen oder
- größere Omnibusbahnhöfe

Das Heranfahren an Haltestellen erfordert vom Fahrer besondere Aufmerksamkeit. Er muss beim Heranfahren an eine Haltestelle besonders darauf achten, dass er
- die Haltestelle rechtzeitig ankündigt,
- die Geschwindigkeit frühzeitig verringert,
- nicht scharf bremsen muss,
- die wartenden Fahrgäste im Auge behält – besonders im Schülerverkehr,
- die Fahrgäste beim Ein- und Aussteigen beobachtet.

Vor dem Abfahren müssen Sie darauf achten, dass
- alle Türen ordnungsgemäß geschlossen sind,
- jeder Fahrgast einen sicheren Platz eingenommen hat,
- sich niemand vor dem Bus aufhält.

Beim Abfahren dürfen Sie
- den Blinker erst unmittelbar vor dem Losfahren einschalten,
- das Einfädeln in den fließenden Verkehr nicht erzwingen,
- den fließenden Verkehr nicht gefährden,
- an der Haltestelle verbleibende Personen nicht gefährden.

Wartung & Pflege — **Band 9**

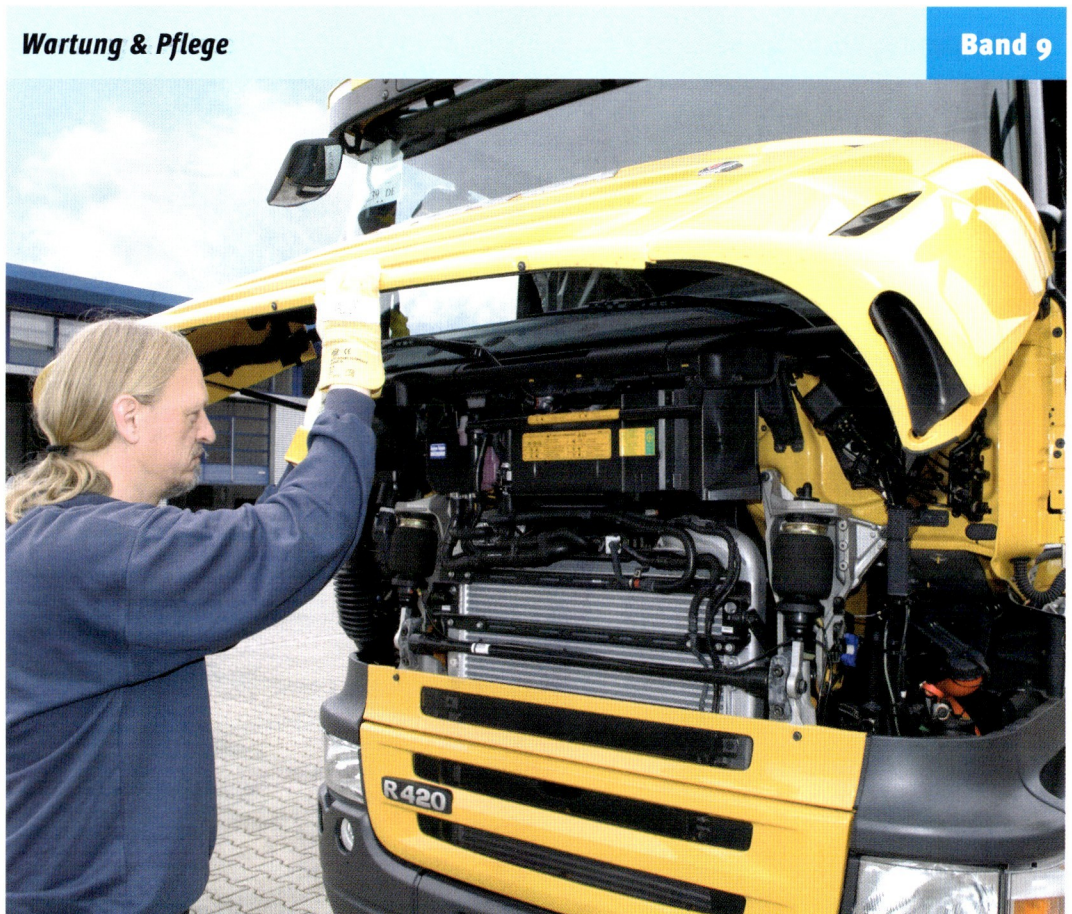

Wartung & Pflege

Wartung und Fahrzeugpflege — Band 9

Wartung und Fahrzeugpflege

Jedes Fahrzeug ist vor Antritt der Fahrt hinsichtlich der Verkehrssicherheit und der Betriebssicherheit zu überprüfen. Diese Kontrollen sind nicht nur vor der Fahrt, sondern bei längeren Fahrten auch bei Fahrtunterbrechungen regelmäßig durchzuführen.
Der Umfang der Prüfungen (Kontrollen) richtet sich nach den betrieblichen und fahrzeugtechnischen Gegebenheiten, insbesondere sind neben den Grundsätzen der Berufsgenossenschaften Betriebsanleitungen und Wartungspläne der Hersteller zu beachten. Entsprechend müssen alle Sicherheitskontrollen stattfinden und in Abhängigkeit von den Einsatzbedingungen wiederholt werden.
Der Fahrzeugführer hat nach der Unfall-Verhütungsvorschrift „Fahrzeuge" (BGV D29) zu Beginn jeder Arbeitsschicht, vor Inbetriebnahme eines Fahrzeuges, die Wirksamkeit der Betätigungs- und Sicherheitseinrichtungen zu prüfen und während der Arbeitsschicht den Zustand des Fahrzeuges auf augenfällige Mängel hin zu beobachten. Festgestellte Mängel hat der Fahrzeugführer dem zuständigen Aufsichtsführenden, bei Wechsel des Fahrzeugführers auch dem Kollegen, mitzuteilen.

Bei Mängeln, die die Betriebssicherheit gefährden, hat der Fahrer den Fahrbetrieb einzustellen. Ebenfalls hängt die Betriebssicherheit von einer ordnungsgemäßen Vorbereitung der Fahrzeuge und der Verteilung und Sicherung der Ladung für die Fahrt ab.
Nicht jede Kontrolltätigkeit am Fahrzeug kann hier erklärt werden, da die Fahrzeuge zu unterschiedlich hergestellt werden und oft mit Zusatzeinrichtungen versehen sind.

Kontrollen vor Antritt der Fahrt

Ist das Fahrzeug für den öffentlichen Straßenverkehr zugelassen und sind alle Plaketten noch für den gesamten Zeitraum des Fahr-/Arbeitsauftrages gültig? Sind diese deutlich erkennbar?
- Kennzeichen vorn und hinten/beleuchtet hinten
- Plakette der Zulassungsstelle
- HU-Plakette
- AU-Plakette (seit 01.01.2010 wird keine separate AU-Plakette mehr ausgegeben, die Abgasmessung ist Bestandteil der HU)
- SP-Plakette

Sind die nötigen Papiere vorhanden?
- Zulassungsbescheinigung Teil I bzw. Fahrzeugschein
- Gegebenenfalls Anhängerverzeichnis
- Beförderungspapiere
- ADR-Bescheinigung und Unfallmerkblätter bei Gefahrguttransporten
- Genehmigungspapiere für den innerstaatlichen bzw. grenzüberschreitenden Verkehr, z. B. Erlaubnisurkunde oder im europäischen Binnenverkehr eine Ausfertigung der Gemeinschaftslizenz
- Betriebsanleitungen und Betriebsanweisungen vom Fahrzeughersteller bzw. Aufbauhersteller
- Betriebsanweisungen des Unternehmers

Wartung und Fahrzeugpflege

Band 9

1. Lichttechnische Einrichtungen

Die Beleuchtungs- und Signaleinrichtungen am Fahrzeug müssen unbeschädigt, sauber und funktionstüchtig sein. Sie müssen gewährleisten, dass wir sehen und gesehen werden.

Begrenzungsleuchten, Abblendlicht, Fernlicht, Lichthupe
Sie müssen durch Einschalten des jeweiligen Schalters und durch eine Sichtkontrolle die Funktion der Begrenzungsleuchten und des Abblendlichtes prüfen. Beachten Sie dabei den vorschriftsmäßigen Verlauf der Hell-Dunkel-Grenze.
Die Funktion des Fernlichtes wird im Fahrerhaus durch eine blau leuchtende Kontrolllampe signalisiert. Bei Betätigung der Lichthupe muss die blaue Fernlichtkontrolllampe leuchten. Bei modernen Nutzfahrzeugen können Sie die Funktion der Beleuchtungseinrichtungen auch mit Hilfe einer Fernbedienung kontrollieren. Kontrolle erfolgt durch den Fahrzeugführer.

Fahrtrichtungsanzeiger, Warnblinklicht
Nach Betätigung des entsprechenden Schalters kontrollieren Sie, ob die Fahrtrichtungsanzeiger und die dazugehörigen Kontrolllampen im Fahrerhaus funktionstüchtig sind.
Die Kontrollleuchten müssen im Fahrerhaus blinken.
Fahrtrichtungsanzeiger, Warnblinklicht müssen am Fahrzeug oder bei einer Fahrzeugkombination synchron blinken.
Ein zu schneller Blinkintervall zeigt, dass eine Glühlampe defekt ist.

Schlussleuchten, Kennzeichenbeleuchtung
Sie müssen prüfen, ob diese Beleuchtung einwandfrei funktioniert.
Die Kennzeichenbeleuchtung erfolgt vielfach durch einen Lichtaustritt an der Unterseite der Schlussleuchte, der schnell verschmutzt und bei der Überprüfung tagsüber leicht übersehen wird.

Bremsleuchten
Die Bremsleuchten müssen beim Betätigen der Bremse und eingeschalteter Zündung aufleuchten. Sind Sie allein bei der Kontrolle, können Sie nach Treten des Bremspedals einen Stab einklemmen, damit das Bremspedal unten bleibt. Einige Fahrzeuge sind auch mit einer Bremslicht-Kontrollleuchte ausgerüstet, die bei einem Defekt aufleuchtet.

Wartung und Fahrzeugpflege

Band 9

Nebelschlussleuchte
Eine gelbe Kontrollleuchte im Fahrerhaus signalisiert Ihnen, dass die Nebelschlussleuchte eingeschaltet ist. Sie prüfen, ob sie heller ist als die Schlussleuchten des Fahrzeugs. Sie kann nur in Verbindung mit eingeschaltetem Licht geprüft werden.

Rückfahrscheinwerfer
Bei abgestelltem Motor, mit eingeschalteter Zündung, eingelegter Feststellbremse und eingelegtem Rückwärtsgang prüfen Sie durch eine Sichtkontrolle die Funktion.

Seitliche Markierungsleuchten, seitliche Rückstrahler
Die seitlichen Markierungsleuchten werden zusammen mit dem Stand- oder Abblendlicht eingeschaltet. Ob alle Leuchten funktionstüchtig sind, kann durch einen Rundgang ums Fahrzeug festgestellt werden. Bei älteren Fahrzeugen sind noch seitliche gelbe Rückstrahler zur Kenntlichmachung erlaubt.

Rückstrahler nach hinten, Zugfahrzeug
Hier müssen Sie prüfen, ob diese Rückstrahler vorhanden, sauber und nicht defekt sind. Am Zugfahrzeug dürfen die Rückstrahler nicht dreieckig sein.

Rückstrahler nach hinten, Anhänger
Die roten Rückstrahler am Anhänger sind dreieckig. Ihre Spitze zeigt nach oben. Sie überprüfen, ob die Rückstrahler vorhanden, sauber und unbeschädigt sind.
Lichttechnische Einrichtungen dürfen nur für ihre Bestimmung eingesetzt werden!

Wartung und Fahrzeugpflege

Band 9

Zusätzliche lichttechnische Einrichtungen
Nebelscheinwerfer
Eine grüne Kontrolllampe im Fahrerhaus zeigt an, ob die Nebelscheinwerfer in Betrieb sind.
Umrissleuchten
Hier müssen Sie überprüfen, ob vorgeschriebene Umrissleuchten vorhanden, sauber und unbeschädigt sind.
Park- und Spurhalteleuchten
Sie müssen kontrollieren, ob die Parkleuchten bei der jeweiligen Einstellung (links/rechts) funktionieren.
Bei Spurhalteleuchten kontrollieren Sie, ob diese nach dem Einschalten der Begrenzungsleuchten (mindestens Standlicht) funktionieren.

Damit die folgenden Beleuchtungseinrichtungen im Bedarfsfall einsatzbereit sind, überprüfen Sie nach dem Einschalten deren Funktion und die Kontrolllampen im Fahrerhaus.

Arbeitsscheinwerfer
– auf zuverlässige Funktion

Kennleuchten für gelbes Blinklicht (Rundumlicht)
– ob diese Leuchten funktionstüchtig sind

Kennleuchten für blaues Blinklicht (Rundumlicht)
– auf Funktion der Kennleuchte/n

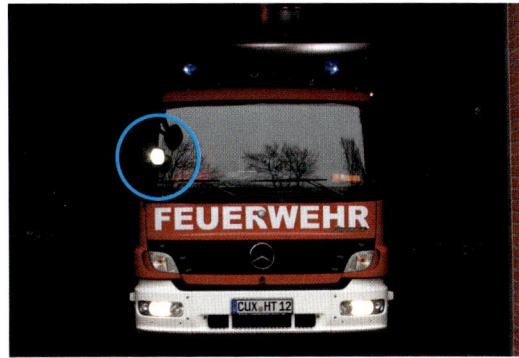

2. Batterie

Beim Arbeiten an der Batterie sind offenes Feuer, Funkenbildung und Rauchen unbedingt zu vermeiden (Explosionsgefahr!).
Beim Umgang mit Schwefelsäure sind Schutzbrille und Handschuhe zu tragen (Verätzungsgefahr!).

Batterien mit Wartungsbedarf (Flüssigkeitsstand)
Bei der Kontrolle des Säurestandes in den einzelnen Zellen ist äußerste Vorsicht geboten. Zum Nachfüllen darf nur destilliertes Wasser verwendet werden.
Der Flüssigkeitsstand ist bei vielen Batterien von außen abzulesen. Er sollte sich zwischen den Markierungen MIN und MAX befinden.
Ist der Flüssigkeitsstand nicht von außen ablesbar, müssen die Verschlusskappen mit Handschuhen geöffnet werden. Bei einer ungünstigen Einbaulage verwenden Sie eine Taschenlampe, um den jeweiligen Flüssigkeitsstand in den Zellen kontrollieren zu können. (Kein offenes Feuer!)
Der richtige Flüssigkeitsstand ist ca. 1 cm über dem Plattenrand. Bei neueren Batterien ist auch oft eine Befüllungsmarkierung (Steg) vorhanden.

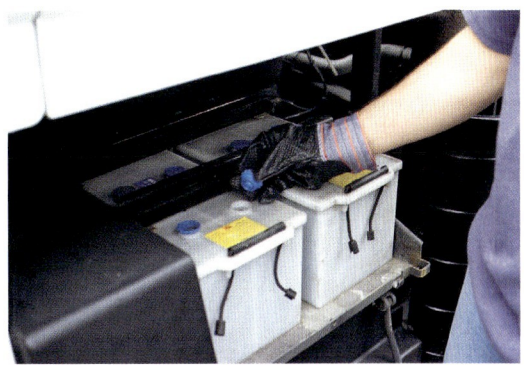

Wartung und Fahrzeugpflege — Band 9

Wartungsfreie Batterie
In vielen Fällen kann der Betriebszustand durch eine Farbanzeige festgestellt werden:
- schwarz: entladen
- gelb: halb geladen
- grün: voll geladen

Befestigungen
Sie müssen kontrollieren, ob die Befestigungen ein Verrutschen verhindern, damit die Batterie nicht zerstört wird (auslaufende Säure verursacht Umweltschäden). Der feste Sitz der Batterie wird durch leichtes Hin- und Herbewegen geprüft.

Anschlüsse
Bei der Kontrolle der Batterie ist darauf zu achten, dass die Verbindungen 1-5 sauber sind und einen festen Sitz haben. Korrodierte Pole oder Polklemmen müssen umweltgerecht gereinigt werden und können mit Polfett geschützt werden.

Batterieschlitten (KOM)
Batterieschlitten müssen voll funktionsfähig und gesichert sein, da sie sonst während der Fahrt gegen die Busklappe drücken und diese öffnen, wenn sie nicht fest verschlossen ist (extreme Unfallgefahr).

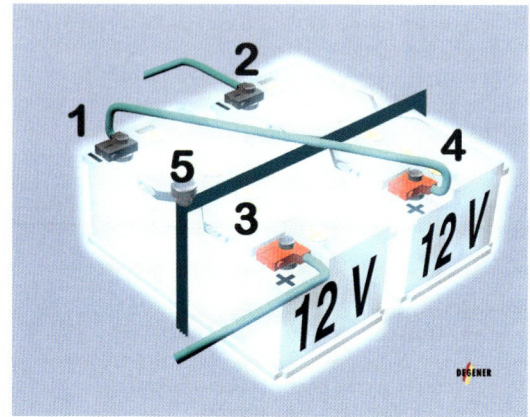

3. Betriebsbremsanlagen

Eine Bremsprobe ist vor jeder Fahrt durchzuführen, damit gewährleistet ist, dass die Bremswirkung am Zugfahrzeug und am Anhänger ausreichend ist. Zusätzlich ist das Ansprechen der Bremsen durch eine Sichtkontrolle zu prüfen (Ausfahren der Gestänge an den Bremszylindern soweit sichtbar.)

Hydraulische Bremsanlage

Prüfen Sie
- den Flüssigkeitsstand im Behälter,
- die Leitungen auf eventuelle Undichtigkeiten,
- den Leerweg des Bremspedals durch Niedertreten, bis Sie einen merklichen Widerstand spüren. Der vertretbare Leerweg liegt im Allgemeinen höchstens bei 1/3 des Gesamtweges vom Bremspedal. Dauerhaftes Niedertreten führt nicht zum Nachgeben des Pedals. Gibt das Pedal dennoch nach, liegt eine Undichtigkeit vor oder es ist Luft in der Bremsanlage.

Wartung und Fahrzeugpflege **Band 9**

Hilfskraft-Bremsanlage (Bremskraftverstärker)
Prüfen Sie die ordnungsgemäße Funktion des Bremskraftverstärkers:
1. Motor aus,
2. mehrmaliges Niederdrücken des Bremspedals, bis ein Widerstand zu spüren ist (Fuß auf dem Bremspedal belassen),
3. Motor starten – wobei das Bremspedal etwas nachgeben muss.

Außerdem prüfen Sie
- Leitungen auf Undichtheiten und
- den Flüssigkeitsstand im Vorratsbehälter.

Hilfskraftbremsanlage mit Druckluft (Kompressor)
Prüfen Sie
- den Vorratsdruck (vor und während der Fahrt am Druckmanometer),
- das Warnsignal (bei stehendem Kraftfahrzeug),
- die Dichtheit der Beschaffungsanlage bei gefüllter Anlage und abgestelltem Motor (Zischgeräusche),
- die Entwässerung der Luftbehälter,
- die Leitungen der Hydraulik auf undichte Stellen,
- den Hydraulikbehälter auf ordnungsgemäßen Flüssigkeitsstand.

Fremdkraftbremsanlage (pneumatisch/hydraulisch)
Prüfen Sie
- den Vorratsdruck etc. (vor und während der Fahrt am Druckmanometer),
- das Warnsignal (bei stehendem Kraftfahrzeug),
- den Druck,
- die Dichtheit der Beschaffungsanlage,
- die Entwässerung der Luftbehälter,
- die Leitungen der Hydraulik auf undichte Stellen,
- die Hydraulikbehälter auf ordnungsgemäßen Flüssigkeitsstand.

Fremdkraftbremsanlage (pneumatisch)
Prüfen Sie
- den Vorratsdruck etc. (vor und während der Fahrt am Druckmanometer),
- das Warnsignal (bei stehendem Kraftfahrzeug),
- die Dichtheit der Beschaffungsanlage,
- die Druckluft,
- die Entwässerung der Luftbehälter.

Überprüfungen der Druckluftbeschaffungsanlage (Vorratskreis)
Diese Überprüfungen sind notwendig, um die Betriebsbereitschaft der Druckluftbeschaffungsanlage festzustellen. Zum Beispiel mittels Druckmanometer oder durch Abschalten des Druckreglers wird überprüft, ob ausreichend Vorratsdruck (Betriebsdruck) vorhanden ist oder aufgebaut wird. Eventuelle Undichtheiten oder Funktionsstörungen können so früher erkannt werden.

Abschaltdruck (Fahrbereitschaft)
Sie müssen den Abschaltdruck prüfen um festzustellen, ob Luftpresser und Druckregler ordnungsgemäß arbeiten. Der Abschaltdruck steht in der Betriebserlaubnis des jeweiligen Fahrzeugs sowie im Fahrzeugschein. In der Zulassungsbescheinigung Teil I fehlt diese Angabe.

Fülldauer der Luftbehälter
Ursachen einer zu langen Befüllung können sein:
- rutschender Keilriemen am Luftpresser,
- verschmutzter Filter am Luftpresser,
- undichte Leitungen der Beschaffungsanlage.

Ursachen einer zu kurzen Befüllung können sein:
- zu viel Wasser in den Vorratsbehältern,
- defekter Druckregler.

Dichtheitsprüfung
Sie prüfen nach Erreichen des Abschaltdrucks und bei abgestelltem Motor bei einem Rundgang um das Fahrzeug bzw. um den Zug, ob Sie Zischgeräusche hören können.

Überprüfungen der Bremsanlage (Bremskreis)
Druckverlust in der Bremsanlage
Dieser wird geprüft durch mehrfaches Treten des Bremspedals (Vollbremsung). Bei einer Vollbremsung darf der Druckabfall nicht mehr als 0,7 bar und bei drei Vollbremsungen nicht mehr als 2 bar betragen. Angaben in der Betriebsanleitung sind zu beachten.
Bei einer Teilbremsung (halber Pedalweg) darf der Druck in
3 Minuten nicht mehr als 0,3 bar abfallen.

Druckwarneinrichtung
Kontrollieren Sie regelmäßig die Druckwarneinrichtung.
So müssen Sie vorgehen:
- Betätigen Sie bei ausreichendem Vorratsdruck das Bremspedal, bis die Warneinrichtung anspricht und
- bauen Sie mit leicht erhöhter Standgasdrehzahl Druck auf, bis die Warneinrichtung ausgeht.

4. Frostschutzeinrichtungen

Lufttrockner
Sie müssen darauf achten, dass der Filter (Granulatkartusche) den Vorgaben des Herstellers entsprechend erneuert wird, bzw. wenn sich Wasser in den Behältern angesammelt hat.

Frostschutzpumpe
Bei der Überprüfung: Vorsicht! Der Behälter steht bei der Einstellung „Winterbetrieb" unter Druck. Vor der Überprüfung ist er auf Sommerbetrieb umzustellen. An der MIN- und MAX-Markierung des Kontrollstabes lesen Sie den Flüssigkeitsstand ab. Zur Prüfung müssen Sie diesen herausdrehen.
Beim Frostschützer (noch vorhanden bei älteren Fahrzeugen) kontrollieren Sie
- den Flüssigkeitsstand im Behälter,
- die Einstellung (Sommer/Winterbetrieb)
- und den mitgeführten Vorrat im Winterbetrieb.

5. Feststellbremse Zugfahrzeug

Ob die Feststellbremse das Fahrzeug wirksam festhält, prüfen Sie durch einen Anfahrversuch mit angezogener Feststellbremse.
Mechanische Feststellbremse
Sie prüfen den Hebelweg. Die Feststellbremse muss spätestens nach der dritten Raste beim Anziehen ansprechen und das Fahrzeug spürbar halten.
Federspeicher-Feststellbremse
Beim Einlegen der Feststellbremse werden die Federspeicher entlüftet, und die Speicherfeder bremst das Fahrzeug. Sie muss im Gefälle das Fahrzeug gegen Wegrollen sichern.
Haltestellenbremse
Die Funktion der Haltestellenbremse überprüfen Sie durch einen leichten Anfahrversuch. Die Bremswirkung muss spürbar sein.

Wartung und Fahrzeugpflege

Band 9

6. Anhängerbremse

Auflaufbremse
Sie müssen prüfen, ob die Handbremse in der angezogenen Stellung bleibt (Bremsstellung) und ob bei angezogener Handbremse die Räder ausreichend gebremst werden. Dieses prüfen Sie durch einen Anfahrversuch mit angezogener Handbremse. Ein starkes Festhalten des Zugfahrzeugs muss zu spüren sein.
Zusätzlich müssen Sie prüfen, ob der Anhänger mit einem Abreißseil ausgestattet ist und im angekuppelten Zustand das Seil um die Kupplung gelegt oder eingehängt wurde. Das Abreißseil bewirkt eine Bremsung, bei einem Abriss des Anhängers vom Zugfahrzeug.

Druckluftbremse und mechanische Feststellbremse
Prüfen Sie die Übertragungseinrichtungen auf Gangbarkeit und Beschädigungen.

Druckluftbremse mit Tristopzylinder
Durch einen Anfahrversuch mit angezogener Feststellbremse des Anhängers überprüfen Sie die Bremswirkung.

7. Reifen

Reifen
Achten Sie darauf, dass die Reifenbezeichnung mit den Angaben im Fahrzeugschein übereinstimmen.
Wichtig:
In der Zulassungsbescheinigung Teil I sind nicht zwingend alle zulässigen Reifengrößen eingetragen.

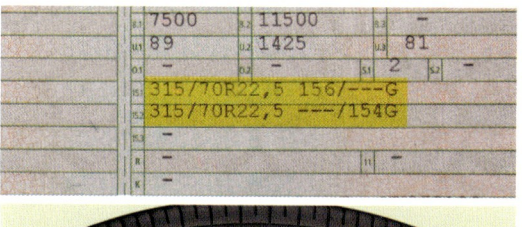

Reifenzustand/Beschädigung
Die Reifen müssen optisch in einem guten Zustand sein:
- Die Flanken dürfen nicht porös sein und dürfen keine Fremdkörper enthalten.
- Schnitte, Brüche oder Beulen dürfen nicht auftreten, denn sie verursachen Reifenplatzer.

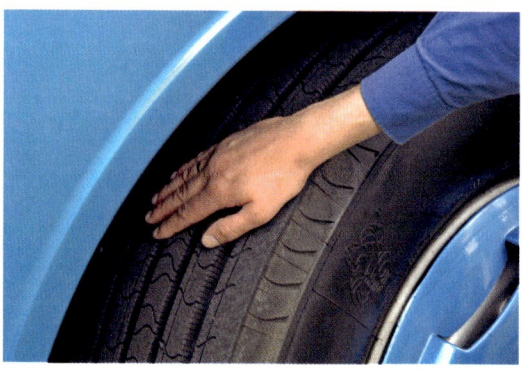

Wartung und Fahrzeugpflege — Band 9

Reifeninnendruck
Prüfen Sie wöchentlich die Reifen auf Druckverlust (auch das Reserverad):
- Unterwegs durch eine Sichtprobe (Reifenfüllung).
- Um sicherzustellen, dass ein ausreichender Reifenluftdruck nach den Angaben in der Betriebsanleitung vorhanden ist, muss in der Werkstatt, an der Tankstelle oder beim Reifendienst der Luftdruck in den Reifen geprüft werden.

Achten Sie unbedingt auf das Vorhandensein von Ventilkappen, die die Ventile vor Schmutz und Beschädigungen schützen.

Reifenprofil

Sie müssen prüfen, ob die vom Gesetzgeber geforderten Mindestwerte eingehalten werden. Das Hauptprofil muss am ganzen Umfang eine Profiltiefe von mindestens 1,6 mm, bei Winterreifen werden 4 mm empfohlen, aufweisen; als Hauptprofil gelten dabei die breiten Profilrillen im mittleren Bereich der Lauffläche, etwa der Laufflächenbreite. Sie können
- ein Profilmessgerät benutzen oder
- am Reifen die TWI-Anzeiger suchen, die die Lage der Messstege in der Lauffläche kennzeichnen.

Bei Winterreifen sollten 4 mm nicht unterschritten werden.

Fremdkörper
Die Reifen sind regelmäßig und auch direkt nach dem Befahren von Baustellen auf Fremdkörper
- im Reifen (z. B. Nägel) und
- zwischen Zwillingsreifen (z. B. Steine) zu prüfen.

8. Radmuttern

Prüfen Sie regelmäßig den festen Sitz der Räder am Fahrzeug durch Sichtkontrollen und Kontrollen mit dem Drehmomentschlüssel.

Sichtkontrolle
Gelöste Radmuttern sind erkennbar an
- Laufnasen unterhalb der Radmutter („Rostnase") bzw. an der Bildung von „Scheuermehl",
- dem Abstand der Radmuttern oder des Radbolzens zur Felge (Radmutter/Radbolzen liegt nicht ganz an der Felge an),
- der Länge des sichtbaren Radbolzen-Gewindes (aber unterschiedliche Länge bei Radkappenbefestigung beachten).

Kontrolle mit dem Drehmomentschlüssel
Zum Prüfen des vorgeschriebenen Anzugsmoments ist ein Drehmomentschlüssel erforderlich.
Bei Überschreitung des Anzugsmoments kann es zu Schäden an den Radbolzen, Bremstrommeln oder Bremsscheiben kommen.

Merke:
Bei einem Reifen- oder Radwechsel nach ca. 50 km Fahrt die Radmuttern unbedingt mit dem vorgeschriebenen Drehmoment (siehe Betriebsanleitung) nachziehen und den Reifeninnendruck überprüfen.

9. Reserverad

Die Sicherung des Reserverades muss durch zwei voneinander unabhängige Einrichtungen erfolgen.

Zustand
Das Reserverad darf keine Beschädigungen aufweisen.
Es muss
- zum Fahrzeug passen,
- mindestens 1,6 mm Profiltiefe, gesetzliche Mindestwerte beachten (Punkt 7. Reifenprofil),
- ausreichenden Reifeninnendruck aufweisen und darf nicht porös sein.

Befestigung
Bei der Wartung müssen Sie auf die Lösbarkeit der Befestigungsschrauben achten. Auch die Zugseile aus Stahl oder Kunststoff zum Herablassen des Rades sollten regelmäßig auf Schäden kontrolliert werden, da es sonst bei der Handhabung zu Verletzungen kommen kann oder dass das Zugseil nicht mehr funktioniert.

10. Federung und Dämpfung

Sie müssen darauf achten, dass

Spiralfedern
- nicht gebrochen sind,
- in den Halterungen sitzen und diese nicht verschlissen sind,
- keine Korrosion aufweisen,

bei Blattfedern
- einzelne Federblätter nicht gebrochen sind oder sich verschoben haben,
- die Auflagen oder Führungen nicht durchgearbeitet sind,
- die Verschraubungen der Federn zur Achse fest sind,
- die Federblätter abgeschmiert wurden (nach Herstellerangaben),
- keine Korrosion vorliegt,

bei der Luftfederung
- die Luftfederbälge optisch sauber und nicht beschädigt sind (keine Risse aufweisen),
- aus ihnen keine Luft entweicht (bei abgestelltem Motor hörbar),
- die Luftbälge je nach Beladungszustand arbeiten (je mehr Ladung, desto härter sind die Federbälge),

Wartung und Fahrzeugpflege — Band 9

die Stoßdämpfer
- kein Öl verlieren (Dichtheit),
- nicht korrodiert sind,
- keine Ausarbeitungen von Verschraubungen zeigen (Halterung, Gummi usw.),
- keine Auswaschungen an den Reifen verursacht haben.

11. Felgen

Prüfen Sie visuell, ob sie
- in einem guten Zustand sind,
- keine Beschädigung aufweisen,
- nicht eingerissen und
- an den Bolzenlöchern nicht ausgeschlagen sind.

Die Felge verliert bei Beschädigung ihren Rundlauf.

12. Fahrzeugschmierung

Zentralschmierung
Es gibt zwei Arten der Zentralschmierung:
a) die automatische und
b) die von Hand betätigte.

In jedem Fall kontrollieren Sie
- die Füllmenge des Behälters,
- die Versorgung der Schmierstellen und
- die Dichtheit der Anlage.

Abschmieren von Hand
Ist das Fahrzeug nicht mit einer Zentralschmieranlage ausgerüstet oder werden von dieser nicht alle Schmierstellen am Fahrzeug versorgt, ist das Abschmieren von Hand in regelmäßigen Abständen mit einer Druckfettpresse nach den Vorgaben der Betriebsanleitung notwendig.

Wartung und Fahrzeugpflege

Band 9

13. Motor

Motoröl

Die Ölstandkontrolle muss bei stehendem Motor erfolgen. Ist das Fahrzeug vorher gefahren, muss sich das Öl erst absetzen, bevor die Messung durchgeführt werden kann. Den meist rot oder gelb gekennzeichneten Ölmessstab langsam aus dem Motor herausziehen. Ein Tuch unter den Messstab halten, damit man diesen abwischen kann und kein Öl auf den Boden tropft (Umweltschutz).

Messstab wieder ganz in den Motor hineinschieben und erneut herausziehen. Beim Ablesen den Stab waagerecht halten, um das Messergebnis nicht zu verfälschen.

Der Ölstand muss sich zwischen der MIN- und der MAX-Markierung befinden.

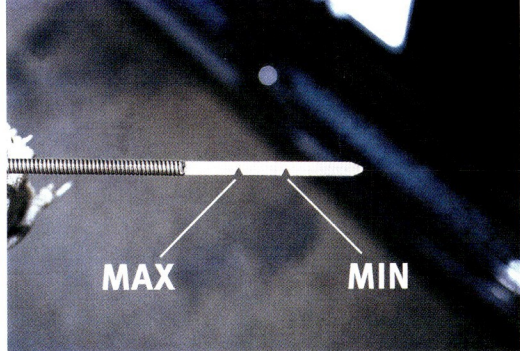

Hinweis:

Einige Fahrzeuge haben keinen Ölmessstab mehr. Der Motorölstand und das nächste Wartungsintervall werden in einem Display angezeigt und können vom Fahrer bequem über ein Menü abgerufen werden.

Kühlflüssigkeit

Bei einigen Fahrzeugen ist der Flüssigkeitsstand nur noch im Display zu kontrollieren. Bei einer beginnenden Überhitzung erhalten Sie eine Warnung im Display. Der Kühlflüssigkeitsstand im Ausgleichsbehälter muss sich zwischen den Markierungen MIN und MAX befinden.

Vorsicht:

Bei warmem Motor steht das Kühlsystem unter Druck (Verbrühungsgefahr). Daher vor dem Öffnen des Ausgleichsbehälters erst den Druck vorsichtig entweichen lassen.
Sie dürfen bei einem heißen Motor kalte Flüssigkeit nie schnell nachfüllen, sonst besteht die Gefahr eines Motorschadens.

Wartung und Fahrzeugpflege

Band 9

Sichtkontrolle Kühlflüssigkeit
Eine Sichtkontrolle auf Dichtheit des Kühlsystems ist regelmäßig durchzuführen.
Hierbei prüfen Sie, ob am Ausgleichsbehälter, am Kühler, aus Kühlleitungen oder an den Verbindungsstellen Kühlflüssigkeit austritt und ob feuchte Stellen vorhanden sind.
Nach längeren Standzeiten können sich auch bei Undichtigkeiten feuchte Flecken unter dem Fahrzeug bilden.

Merke:
Sollte während der Fahrt eine Überhitzung angezeigt werden, ist umgehend mit der nötigen Sorgfalt anzuhalten und der Motor abzustellen, um größere Motorschäden zu vermeiden.

14. Kraftstoffanlage

Sichtkontrolle
Insbesondere am Tank und an den Kraftstoffleitungen müssen Sie kontrollieren, ob feuchte Stellen zu sehen oder zu fühlen sind. Treten Undichtheiten auf, sind diese in der nächsten Werkstatt umgehend zu beseitigen. Beim KOM sind lange Kraftstoffleitungen oft unvermeidbar, da der Motor hinten und der Kraftstofftank vorn angebracht sind.
Sie sollten nach längeren Standzeiten eine Fahrzeuglänge nach vorn fahren, um eventuelle Flecken auf dem Boden zu erkennen.
Den Kraftstoffvorrat prüfen Sie in der Regel mit der Tankanzeige im Führerhaus.
Ist diese defekt, können Sie mit einer Taschenlampe in den Tank hineinleuchten oder mit Hilfe eines Stabes feststellen, wie viel Kraftstoff noch vorhanden ist.

Merke:
Keinesfalls offenes Feuer zur Kontrolle benutzen: Explosionsgefahr!
Bei Austreten von Kraftstoff ist der Umweltschutz zu beachten und eine ordentliche und sachgerechte Entsorgung durchzuführen.

Kraftstoffzusatz (AdBlue)
Einige Fahrzeuge sind mit einem Zusatzbehälter AdBlue ausgerüstet, um bessere Abgaswerte zu erreichen.
Hier prüfen Sie, ob noch ausreichend Flüssigkeit für die nächste Fahrt vorhanden ist.
(Kontrolllampe im Fahrerhaus – Anzeige der Füllmenge)

Wartung und Fahrzeugpflege

15. Luftfilteranlage

Zur Anzeige des Verschmutzungszustandes kann am Armaturenbrett oder in der Nähe des Luftfilters ein Wartungsanzeiger eingebaut sein. Sie müssen darauf achten, dass die Anzeige nicht einen bestimmten Verschmutzungsgrad überschreitet (siehe Betriebsanleitung).
Durch Drücken von oben wird kontrolliert, ob der Anzeiger arbeitet. (Die Markierung geht je nach Verschmutzungsgrad nach oben.)
Der Wartungstermin kann auch auf einem Display rechtzeitig angekündigt werden.
Oft sind die Daten in einem Menü abrufbar.

16. Keilriemen

Zustand
Auch wenn der Keilriemen praktisch
wartungsfrei ist, müssen Sie darauf achten, dass
- er keine Risse oder Schnitte hat,
- nicht porös ist,
- sich keine Gewebeflächen ablösen.

Spannung
Das Prüfen der Keilriemenspannung kann durch einen Daumendruck in der Mitte oder auf der längsten Stelle zwischen den Führungsrollen oder durch Verdrehung des Keilriemens erfolgen.
Zum Beispiel darf im Bus das Spiel ca. 2 cm – entsprechend einer Verdrehung von ca. 90° – betragen, da die Keilriemen bei Bussen meist länger sind als bei Lastkraft- oder Personenkraftwagen.
In der Regel darf das Spiel nur ca. 1 cm – entsprechend einer Verdrehung von ca. 45° – betragen.
Ausschlaggebend sind die Angaben in der Betriebsanleitung.

Merke:
Die Prüfung nur bei stehendem Motor und entfernten Fahrzeugschlüsse durchführen. Bei angestelltem Motor kann sich dennoch ein temperaturgesteuerter Lüfter in Bewegung setzen (Verletzungsgefahr). Moderne Lkw und KOM werden überwiegend mit Flachriemen anstatt Zahnriemen ausgerüstet.

Wartung und Fahrzeugpflege — Band 9

17. Kupplungsflüssigkeit

Prüfen Sie den Flüssigkeitsstand im Behälter, um eventuelle Undichtigkeiten oder Abnutzungen frühzeitig zu erkennen. Der Stand der Flüssigkeit muss sich zwischen der MIN- und der MAX-Markierung befinden. Bei neueren Fahrzeugen wird ein Verlust oder fehlende Flüssigkeit im Display angezeigt.

Achten Sie auf undichte Stellen an den Leitungen oder an den Zylindern.

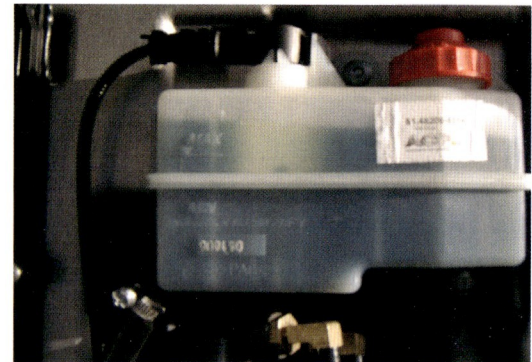

18. Lenkung

Lenkhilfe (Servolenkung)
Ob die Lenkhilfe arbeitet, stellen Sie durch Drehen des Lenkrades beim Starten fest.
Die Prüfung erfolgt
- bei stehendem Motor: Lenkung muss schwergängig sein,
- bei laufendem Motor: Lenkung muss leichtgängig sein.

Ölstand der Servolenkung
Der Ölstand der Servolenkung muss regelmäßig kontrolliert werden, um Undichtigkeiten am Lenksystem zu erkennen. Er ist entsprechend der Betriebsanleitung bei stehendem oder bei laufendem Motor zu prüfen. Bei einigen Fahrzeugen mit Bordcomputer wird der Flüssigkeitsstand im Display angezeigt.
Bei **stehendem Motor** muss sich der Flüssigkeitsstand knapp über der MAX-Markierung befinden, da Öl bei stehendem Motor in den Ölbehälter zurückfließt.
Bei **laufendem Motor** muss sich der Flüssigkeitsstand zwischen der MIN- und der MAX-Markierung befinden, da bei laufendem Motor das Öl vom Behälter in die Aggregate (z. B. in die Filter) gedrückt wird.
Vorsicht:
Bei laufendem Motor besteht **Verletzungsgefahr** durch sich drehende Teile!

Lenkspiel
Prüfen Sie die Lenkung auf ungewöhnliche Geräusche, indem Sie bei abgestelltem Motor das Lenkrad stark hin- und herbewegen.

Das Lenkspiel prüfen Sie bei laufendem Motor (oder bei stehendem Motor – siehe Betriebsanleitung).
Bei Lkw und Bus darf es z. B. 15° (ca. 3 cm, abhängig) am Lenkrad nicht überschreiten.

Merke: Ist das Spiel größer, ist eine Werkstattprüfung unumgänglich.

Wartung und Fahrzeugpflege

Band 9

19. Führerhaus und Fahrgastraum (Arbeitsplatz des Fahrers)

Sicherheitskontrollen in Ihrem Arbeitsbereich sind unumgänglich, da herabfallende Gegenstände den Fahrer verletzen oder bei der Bedienung des Fahrzeugs behindern können.

Befinden sich unter den Pedalen Gegenstände, können Bremse, Kupplung bzw. Gaspedal nicht mehr oder nur noch eingeschränkt betätigt werden – mit unübersehbaren Folgen!

Deshalb müssen Sie vor der Fahrt prüfen, ob die Pedale frei beweglich sind und keine Gegenstände unter sie rollen können.

Sperrige Gegenstände dürfen im Fahrgastraum nicht mitgeführt werden, wenn sie den Fahrbetrieb gefährden können.

Merke:
Gehen für den Fahrbetrieb Gefahren von den mitgeführten Gegenständen der Fahrgäste aus, ist die Mitnahme zu unterlassen. Fluchtwege und Notausstiege dürfen niemals durch Gegenstände blockiert werden.

Kontroll- und Warnlampen
Beim Einschalten der Zündung werden die wichtigsten Kontrolllampen für kurze Zeit aktiviert, damit Sie die Funktionsfähigkeit überprüfen können. Sollte eine Lampe hierbei nicht leuchten, ist der Fehler kurzfristig festzustellen und zu beseitigen. Andernfalls riskieren Sie, eine für die Verkehrs- oder Betriebssicherheit wichtige Warnung nicht zu erhalten.

Notausstiege im Bus
Durch eine Sichtprüfung oder Betätigung müssen Sie feststellen, ob die jeweilige Noteinrichtung vorhanden und funktionstüchtig ist.
Sie prüfen Notausstiege wie Notfenster, Notluken oder Nottüren auf
- deutliche Kennzeichnung,
- schnelle Erreichbarkeit,
- freien Zugang zum Ausstieg,
- offene Verriegelungen an Türen sowie
- die Funktion der Notbetätigung und deren akustisches Signal bzw. optische Anzeige.

Sie überprüfen, ob alle Nothämmer an den gekennzeichneten Notfenstern vorhanden sind.

Warnsignale, Verständigung
Sie prüfen
- die Fahrgasttüren auf
  – ordnungsgemäßes Schließen und Öffnen,
  – Funktion der Signallampen bei geöffneten Türen,
- beim Signal für den Haltestellenwunsch die Funktion der Anzeige beim Fahrer, die optisch oder akustisch erfolgt,
- die Reversier-Einrichtung auf Funktion des Einklemmschutzes.

Wartung und Fahrzeugpflege

Band 9

Kennzeichnung Linienbus/Schulbus
Hier ist von Ihnen die ordnungsgemäße Linienkennzeichnung oder Schulbuskennzeichnung vor Antritt der Fahrt zu prüfen. (Kennzeichnung seitlich sowie an Front und Heck)

Verständigungsanlage
Sie kontrollieren durch Einschalten der Anlage und Hineinsprechen ins Mikrofon, ob diese am Fahrer- und Beifahrerplatz (wenn vorhanden) funktionstüchtig ist und das Fahrermikrofon vorrangig geschaltet ist.

Sichtfeld des Fahrers
Sie haben zu prüfen, ob Ihre Sicht nach außen durch Gegenstände im Fahrerhaus (vom Fahrerplatz) oder beim Bus durch Fahrgäste eingeschränkt ist. Einschränkungen sind vor Antritt der Fahrt zu beseitigen.

Frontscheibe/Seitenscheiben
Sie müssen überprüfen, ob die Scheiben von innen und außen verschmutzt oder beschlagen sind. Die Windschutzscheibe darf im Sichtfeld des Fahrers (Scheibenwischerfläche) nicht durch Steinschlag beschädigt sein und keine Risse haben. Im Winter sind die Scheiben von Schnee und Eis zu befreien.

Scheibenwischer
Bei der Überprüfung der Wischerblätter achten Sie darauf, dass sie nicht eingerissen oder porös sind, damit bei Regen die klare Sicht erhalten bleibt. Die Scheibenwischer müssen gut an der Scheibe anliegen (Federspannung prüfen).

Scheibenwaschanlage/Vorrat
Im Sommer ist der Vorratsbehälter mit Wasser und Reinigungszusätzen und im Winter zusätzlich mit Frostschutzmittel zu befüllen, damit die Anlage nicht einfriert.

Wartung und Fahrzeugpflege

Band 9

Scheibenwischerdüsen
Eine Funktionsprüfung ist erforderlich. Die Reinigung sollten Sie mit einem feinen Draht durchführen, um die Austrittslöcher von Verstopfungen zu befreien. Ist eine Scheinwerferreinigungsanlage vorhanden, ist auch diese auf Funktion zu prüfen.

Heizungsanlage
Sie müssen kontrollieren:
- Gebläsebelüftung (Einstellung),
- Entlüftungsluken und -gebläse bei Bussen,
- Umluftfunktion
  - der Klimaanlage und
  - der Zusatzheizung, wenn vorhanden.

Heizungsanlage in Bussen
Im Reise- oder Linienbus müssen Sie einige zusätzliche Einstellmöglichkeiten auf Funktion überprüfen:
- Fahrerplatzklimatisierung,
- Fahrgastraumheizung/-lüftung,
- Fahrgastraumklimatisierung

Sicherheitsgurt(e)
Bei den Sicherheitsgurten haben Sie zu prüfen, ob diese
- vorhanden,
- unbeschädigt und
- funktionsfähig sind.

Sind Sicherheitsgurte vorgeschrieben, muss an allen Sitzen geprüft werden, ob sie ordnungsgemäß von den Fahrgästen benutzt werden können. Sicherheitsgurte sind nicht vorhanden bei Kraftomnibussen, die sowohl für den Einsatz im Nahverkehr als auch für stehende Fahrgäste gebaut sind (z. B. Linienbusse).

Spiegel
Sie haben zu kontrollieren, ob die Sicht auf die vorgeschriebenen Spiegel frei ist und ob diese auf Ihre Sitzposition richtig eingestellt sind.
Die Spiegel dürfen auch keine Risse oder Sprünge aufweisen und müssen immer sauber sein.

Wartung und Fahrzeugpflege — Band 9

Rückfahrhilfen
- Videokameras und
- Einparksysteme,

die das Rückwärtsfahren erleichtern, sollten Sie aktivieren und auf ihre Funktion prüfen.

20. An- und Aufbauten

Stauklappen
Sie müssen kontrollieren, ob die Klappen von
- Stauräumen,
- Werkzeugkoffern und
- Palettenkästen

geschlossen und gegen ungewolltes Öffnen gesichert sind.

Unterfahrschutz
Hier haben Sie zu prüfen, ob die Verriegelung vorhanden und gegen unabsichtliches Öffnen gesichert ist.

Gepäckklappen
Die Gepäckklappen von Bussen müssen während der Fahrt und nach der Beladung (Diebstahlschutz) geschlossen und verriegelt sein. Sie schließen dann glatt mit der Seitenwand ab. Die Verriegelung erfolgt über einen Schlüssel.
Im Cockpit zeigt eine Kontrolllampe dem Fahrer an, wenn die Klappe nicht verriegelt ist.

Hauben, Türen, Leitern, Geländer
Abdeckhauben (z. B. vom Batteriekasten) sind auf Verriegelung zu kontrollieren. Sie dürfen sich nicht unabsichtlich öffnen können.
Sind Ladetüren mit Schnellverschlüssen vorhanden, müssen Sie auf Verriegelung der Verschlüsse achten. Bei einer Splintsicherung ist die Verriegelung mit einem Splint zu sichern.
Dieses gilt entsprechend auch für mitgeführte Leitern oder Geländer.

Einstiegshilfen
Vor Antritt der Fahrt müssen Sie darauf achten, dass die Einstiegshilfe funktionsfähig ist, wieder in Fahrstellung steht und gesichert ist.

Spriegel – Planenaufbauten
Sie kontrollieren, ob dieser Aufbau in einem guten Zustand ist und fest in seinen Verankerungen sitzt. Der Aufbau darf nicht ausgeschlagen sein und beim Fahren keinen übermäßigen Lärm verursachen.
Dieses gilt auch für Stangen, Platten oder Ketten, die für die Ladungssicherung mitgeführt und am Spriegel befestigt wurden.

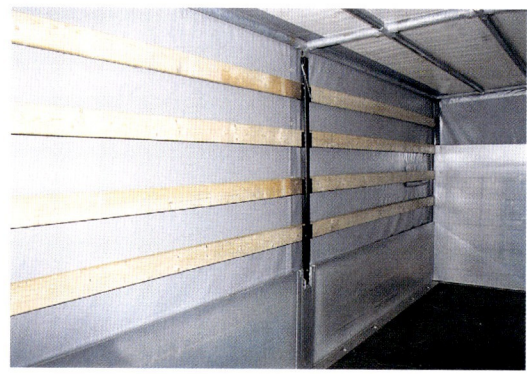

Wartung und Fahrzeugpflege

Band 9

Bordwände und Rungen
Hier müssen Sie prüfen, ob
- die Bordwände glatt an den Rungen anliegen und
- die Verriegelung fest verschlossen ist.

Sie dürfen
- keinen Lärm verursachen und
- keine Löcher, Durchrostungen ausweisen, damit Ladung nicht herabfallen kann.

Plane
Sie müssen kontrollieren, ob die Plane an den vorgesehenen Halterungen gut verzurrt wurde. Weiterhin kontrollieren Sie die Plane und Planenbefestigungen auf Beschädigungen (z. B. Risse).

Ladeeinrichtungen und Auffahrrampen
Vor Antritt der Fahrt müssen Sie sie kontrollieren auf
- Verriegelung und
- Sicherung gegen unabsichtliches Öffnen während der Fahrt.

Ladebordwand und Hubeinrichtungen
Hier ist zu kontrollieren, ob die gelben Blinkleuchten funktionsfähig und die rot-weiß schraffierten Warntafeln angebracht sind.
Vor Antritt der Fahrt kontrollieren Sie, ob die Einrichtungen geschlossen und gesichert sind.

Ladekran
Ist ein Ladekran an Ihrem Fahrzeug angebaut, müssen Sie diesen kontrollieren auf
- eingefahrene Stützen,
- auf Absenken oder auf ordnungsgemäßes Zusammenlegen des Ladekrans sowie
- auf die vorhandenen geschlossenen Sicherungen (Fahrstellung).

Mitnahmestapler
Sie müssen kontrollieren, ob ein Verrutschen und Herabfallen verhindert wird und an der Aufnahmevorrichtung Befestigungselemente durch zusätzliche Ketten oder Gurte gesichert sind.
Auch die ausziehbaren Stützen müssen gegen Herausrutschen aus der Ausnahmevorrichtung gesichert sein.

Wartung und Fahrzeugpflege — Band 9

21. Ladungsträger

Wechselbrücken
An Träger und Fahrzeug müssen Sie prüfen, ob die Schnellwechselsysteme mit der Brücke richtig verbunden und gesichert sind. Ebenfalls ist die zweifache Sicherung der Stützen zu prüfen.

Container
Hier haben Sie ebenfalls die Verbindung sowie die Sicherung auf Vorhandensein und Funktion zu kontrollieren.

Kipp- und Absetzbehälter
Je nachdem, welche Sicherung bei Ihrem Fahrzeug vorhanden ist, müssen Sie auf die Verzurrung oder auch auf das Einrasten des Hakens sowie auf die Verriegelung achten. Die Zurrmittel müssen richtig angebracht und für das mitgeführte Gewicht ausreichend sein. (Ladungssicherung)

22. Fahrzeugverbindungen

Anhänger ohne eigene Bremse
a) im angehängten Zustand:
- Kupplung geschlossen (Anzeige)
- Unterlegkeile entfernt (verstaut)
- Zusatzstützen oben
- elektrische Verbindung zum Anhänger hergestellt
- Beleuchtung am Anhänger auf Funktion prüfen

b) im abgekuppelten Zustand:
- Anhänger gegen Wegrollen gesichert (Unterlegkeile angelegt)
- Stützen herabgesenkt
- Türen am Anhänger verschlossen
- Diebstahlsicherung an der Zugstange vorhanden
- Schutzkappe am Kupplungskopf des Zugfahrzeuges vorhanden

Anhänger mit Auflaufbremse
a) im angehängten Zustand:
- Kupplung geschlossen (Anzeige)
- elektrische Verbindung zum Anhänger hergestellt
- Abreißseil eingehängt am Zugfahrzeug
- Stützrad und Stützen oben und gesichert
- Unterlegkeile entfernt (verstaut)
- Feststellbremse gelöst
- Beleuchtung am Anhänger auf Funktion prüfen
- Funktion der Bremse

b) im abgekuppelten Zustand:
- Feststellbremse betätigt
- Anhänger gegen Wegrollen gesichert (Unterlegkeile angelegt)
- Stützen herabgesenkt
- Türen am Anhänger verschlossen
- Diebstahlsicherung an der Zugstange vorhanden
- Schutzkappe am Kupplungskopf des Zugfahrzeuges vorhanden

Wartung und Fahrzeugpflege — Band 9

Anhänger mit Druckluftbremse
a) im angehängten Zustand:
- Kupplung geschlossen (Anzeige)
- Druckluftanschlüsse zum Zugfahrzeug hergestellt
- elektrische Verbindung vom Anhänger zum Zugfahrzeug hergestellt
- Kupplung geschlossen und gesichert
- Schläuche und Kabel scheuern nicht und hängen nicht bis zum Boden
- Stützrad und Stützen oben und gesichert beim Tandemanhänger
- Unterlegkeile von den Rädern entfernt und sicher verstaut
- Feststellbremse gelöst
- Bremskraftregler auf den Beladungszustand des Anhängers eingestellt
- Beleuchtung am Anhänger auf Funktion prüfen
- Funktion der Bremse

b) im abgekuppelten Zustand:
- Feststellbremse eingelegt oder festgezogen
- Anhänger gegen Wegrollen gesichert (Unterlegkeile angelegt)
- Verbindungskabel und Druckluftleitungen gegen Verschmutzen gesichert
- Zuggabel des Anhängers ist bodenfrei (mindestens 200 mm)

c) vor dem Verbinden:
- Kupplungsbolzen am Fangmaul ist nicht ausgearbeitet
- Handhebel am Fangmaul lässt sich problemlos öffnen (Mechanismus)
- Höheneinstellung der Zuggabel ist funktionsfähig
- Zugöse nicht ausgearbeitet
- Zugöse auf Höhe des Fangmauls der Anhängerkupplung eingestellt
- Bremsanschlüsse des Anhängers passen zum Fahrzeug
- Dichtringe der Kupplungsköpfe sind in einwandfreiem Zustand
- elektrische Verbindungen passen (Anschlüsse und elektrische Spannung)

Auflieger mit Druckluftbremse
a) im aufgesattelten Zustand:
- Kupplung geschlossen (Verriegelung, Sicherung)
- Druckluftanschlüsse zum Auflieger hergestellt
- elektrische Verbindung vom Zugfahrzeug zum Auflieger hergestellt
- Schläuche und Kabel scheuern nicht, hängen nicht durch und sind nicht eingeklemmt
- Stützen sind oben und gesichert
- Unterlegkeile von den Rädern entfernt und sicher verstaut
- Feststellbremse gelöst
- Bremskrafthebel des Anhänger-Bremskraftreglers auf den Beladungszustand des Anhängers eingestellt
- Kupplung geschlossen und gesichert
- Luftbälge am Fahrzeug sind in Fahrstellung
- Beleuchtung am Anhänger auf Funktion prüfen
- Bremsprobe

b) im abgesattelten Zustand:
- Feststellbremse eingelegt oder festgezogen
- Unterlegkeile angelegt
- Verbindungskabel und Druckluftleitungen am Zugfahrzeug gegen Herabfallen gesichert

c) vor dem Verbinden:
- Überhangradius beachten
- Sattelkupplung auf Überhangradius einstellen
- Bremsanschlüsse passen
- Dichtringe der Kupplungsköpfe sind in einwandfreiem Zustand
- elektrische Verbindungen passen (Anschlüsse und Spannung)

Wartung und Fahrzeugpflege — Band 9

23. Zubehör

Unterlegkeile
Sie müssen prüfen, ob die Unterlegkeile herabfallen oder klappern können. Zu diesem Zweck sind sie am oder im Fahrzeug in speziellen Halterungen verstaut. Haken und Ketten sind nicht zulässig. Weiterhin müssen Sie kontrollieren, ob sie ausreichend wirksam und nicht durchgerostet sind, damit sie Ihre Funktion erfüllen können. Die Unterlegkeile müssen zum Radius der Reifen passen.

Verbandkasten
Sie müssen überprüfen:
- Vorhandensein der vorgeschriebenen Verbandkästen,
- den Inhalt auf Vollständigkeit, Sauberkeit, Trockenheit und das Verfallsdatum.

Fahren Sie Omnibus, benötigen Sie
- 1 Verbandkasten bei nicht mehr als 22 Fahrgastplätzen,
- 2 Verbandkästen bei mehr als 22 Fahrgastplätzen.

Fehlende Materialien müssen schnellstmöglich ersetzt werden.

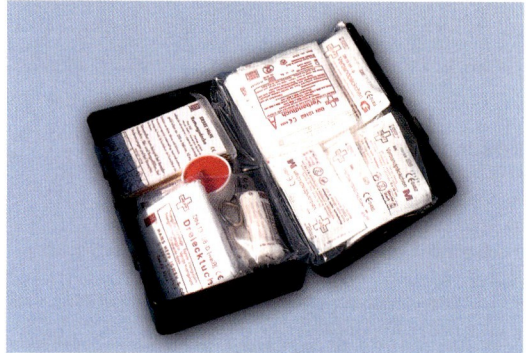

Feuerlöscher
Müssen Feuerlöscher mitgeführt werden (z. B. im Bus), haben Sie zu kontrollieren, ob sie an einer gut erreichbaren Stelle angebracht sind. Weiterhin müssen Sie für Ihr Fahrzeug kontrollieren:
- Stückzahl der Feuerlöscher,
- Füllmasse (Menge),
- Brandklassen (z. B. A-, B-, C-Löscher),
- das Datum des nächsten Prüftermins (Ablaufdatum).

Leitern
Werden Anlegeleitern mitgeführt (z. B. beim Tiertransport), haben Sie zu kontrollieren, ob diese ausreichend lang, ordnungsgemäß verstaut und gegen Herabfallen gesichert sind.
Anbauleitern sind auf Beschädigung, Sicherung (Leiterbefestigung) und Trittfestigkeit (z. B. im Winter auf Eisbildung auf den Stufen) zu kontrollieren.

Wartung und Fahrzeugpflege — Band 9

Hilfsmittel zur Ladungssicherung
Sind zur Ladungssicherung Hilfsmittel erforderlich, müssen Sie prüfen, ob diese unbeschädigt sind und ihre Funktion erfüllen. Dieses gilt für
- Zurrmittel,
- Ladehölzer,
- Antirutschmatten,
- Füllmittel,
- Sperrbalken usw.

24. Zusätzliche Warneinrichtungen

Sie müssen prüfen
beim Warndreieck
- Vorhandensein
- Sauberkeit
- Vorhandensein des Prüfzeichens – beispielsweise
  national: ~ K 23624
  europäisch: E8   27 R 03 9811

bei der Warnleuchte
- das Vorhandensein bei Kraftfahrzeugen über 3,5 t zulässiger Gesamtmasse
- die Bauartgenehmigung (Prüfzeichen),
  hier z. B. ~ K 13932
- Sauberkeit – Standfestigkeit
- Batterien (Akkus) auf Zustand
- Funktion

zwei selbststehende Warnzeichen
- auf Vorhandensein,
- reflektierende Kegel oder
- Warndreiecke oder
- orangefarbene Warnblinkleuchten,
- müssen unabhängig von der elektrischen Ausrüstung des Fahrzeugs sein

bei der Warnkleidung
- Vorhandensein
- Sauberkeit und Zustand
- Eignung (z. B. DIN EN 471 „Warnkleidung")
- Farbe (fluoreszierendes Orange-Rot)
- Stückzahl und Größe – Anpassung an das Fahrpersonal
  (z. B. bei ständiger Fahrer- und Beifahrerbesetzung zwei Warnwesten)

Wartung und Fahrzeugpflege — Band 9

gelbe und rot-weiße Warnmarkierungen
- Sauberkeit und Beschädigungen

orangefarbige Warntafeln bei Gefahrgut-Transporten
- Anbringung oder Vorhandensein vor Antritt der Fahrt
- richtige Kennzeichnung
- Sauberkeit der Tafeln.

25. Persönliche Schutzausrüstungen
Sie sind zusätzlich je nach Art des Transportgutes oder bei Be- und Entladevorgängen erforderlich. Sie müssen diese auf Vorhandensein, Vollständigkeit und Benutzbarkeit prüfen.

26. Winterbetrieb
Wechseln Sie auf Winterreifen, bevor diese erforderlich werden. Kontrollieren Sie Schneeketten und gegebenenfalls Schleuderketten auf Vorhandensein und Funktion.
Die Ausrüstung muss den herrschenden Straßen- und Witterungsverhältnissen angepasst werden. Wenn es die Umstände angebracht erscheinen lassen, sind
- Schneeketten,
- Spaten,
- Hacke,
- Abschleppseil oder Stange

zu kontrollieren.

Schlagwortverzeichnis

Band 9

Anbauten	76
Anhängerbremse	64
Aufbauten	10, 76
Batterie	59, 60
Betriebsbremsanlage	60
Dämpfung	67
Engstelle	23, 24, 27, 46, 47, 49
Fahrerplatz	8, 9, 30, 31, 74
Fahrersitz	9, 24, 32, 47
Fahrgastraum	31, 73
Fahrwiderstände	13, 35
Fahrzeugschmierung	68
Fahrzeugverbindungen	78
Federung	67
Felgen	68
Feststellbremse	9, 13, 31, 35, 58, 63, 64, 78, 79
Frostschutzeinrichtung	63
Führerhaus	70, 73
Gefahrbremsung	19, 20, 41, 42
Haltestelle	54
Hindernisse	18, 41
Keilriemen	62, 71
Kraftstoffanlage	70
Kupplungsflüssigkeit	72
Ladungsträger	78
Lenkung	27, 72
Licht	58
Luftfilteranlage	71
Motor	13, 15, 35, 37, 58, 61, 62, 67, 69, 70, 71, 72
Radmuttern	66
Rechtsabbiegen	50
Reifen	14, 37, 64, 65, 66, 68, 80
Schutzausrüstung	82
Slalom	29, 53
Spiegel	10, 12, 33, 35, 75
Warneinrichtungen	81
Wenden	22, 28, 45
Winterbetrieb	63, 82
Zielbremsung	19, 20, 21, 41, 43
Zubehör	80

IHK-Musterprüfungen

Bildnachweis –
wir danken folgenden Firmen und Institutionen für ihre Unterstützung:

IHK Hannover
DIHK | Deutscher Industrie- und Handelskammertag e.V.

IHK-Musterprüfungen

Inhalt

In diesem Band finden Sie Auszüge aus den IHK-Musterprüfungen, jeweils ein Beispiel für den Güterkraft- und Personenverkehr.

IHK-Musterprüfung

Beschleunigte Grundqualifikation für den Güterkraftverkehr

Auf den folgenden Seiten finden Sie Auszüge aus den IHK-Musterprüfungen.
Mit Hilfe dieser Auszüge sollen Sie ein Gefühl für die Art der Fragestellung in der beschleunigten Grundqualifikation bekommen.
Die kompletten Musterprüfungen der IHK finden Sie auf den Internetseiten vieler IHKs.
Die jeweiligen Lösungen finden Sie am Ende des Buches.

Folgende Hinweise sind bei der Prüfung zu beachten:
Die Bearbeitungszeit beträgt 90 Minuten.
Als Hilfsmittel ist ein netzunabhängiger, nicht kommunikationsfähiger Taschenrechner zugelassen.
Verwenden Sie bei der Bearbeitung ausschließlich dokumentenechtes Schreibmaterial.
Tragen Sie Ihre persönlichen Daten deutlich lesbar und in Druckbuchstaben ein.
Jede Multiple-Choice-Frage enthält nur eine richtige Antwort. Kreuzen Sie nur eine Antwort an.
Bei offenen Fragen fügen Sie die entsprechende Antwort deutlich lesbar ein.
Streichen Sie eine bereits eingetragene Lösung, die Sie ändern wollen, deutlich durch.
Die maximal zu erreichende Punktzahl beträgt 60 Punkte.
Die Prüfung ist bestanden, wenn mindestens 50% bzw. 30 Punkte der Gesamtpunktzahl erreicht wurden.

IHK-Musterprüfung Güterkraftverkehr

1 Lesen Sie aus den abgebildeten Volllastkurven die Motorleistung bei maximalem Motordrehmoment ab. (1 Punkt)

☐ Motorleistung = 200 KW
☐ Motorleistung = 225 KW
☐ Motorleistung = 280 KW
☐ Motorleistung = 325 KW

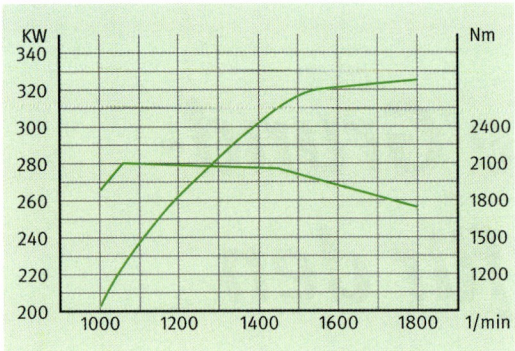

2 Die Anzeige des Drehzahlmessers wandert aus dem grünen Bereich in den Roten. Was muss der Fahrer eines Kraftfahrzeuges jetzt machen? (1 Punkt)

☐ Er schaltet einen Gang hoch, um die Drehzahl zu senken.
☐ Er wählt den nächstniedrigeren Gang.
☐ Er hält sofort an und stellt den Motor ab.
☐ Er schaltet in den Leerlauf und lässt das Fahrzeug rollen.

3 Was geschieht in fahrzeugtechnischer Hinsicht, wenn die Motorbremse vom Fahrer betätigt wird? (1 Punkt)

☐ Eine Klappe im Auspuffkrümmer wird geschlossen und das Einspritzsystem auf Nullförderung gestellt.
☐ Der Einspritzpunkt wird um 180 Grad verschoben.
☐ Eine Klappe im Auspuffkrümmer wird geschlossen, der Einspritzvorgang im Motor wird nicht verändert.
☐ Die Nockenwelle wird soweit verdreht, dass der Ansaugtakt den Arbeitstakt im Motor überlagert.

4 Welche der folgenden Maßnahmen erhöht die schädlichen Abgase eines Kraftfahrzeuges? (1 Punkt)

☐ Fahren im elastischen Drehzahlbereich.
☐ Überspringen der Wechselintervalle des Luftfilters.
☐ Regelmäßige Kontrolle des Luftdruckes.
☐ Einhalten der vorgeschriebenen Höchstgeschwindigkeiten.

5 Welche Aussage über die richtige Gangwahl beim Befahren von ebenen Strecken ist richtig? (1 Punkt)

☐ Eine besondere Gangwahl ist bei den heutigen Fahrzeugen und deren leistungsfähigen Motor-Getriebe-Kombinationen nicht mehr erforderlich.
☐ Im möglichst großen Gang fahren.
☐ Im möglichst kleinen Gang fahren, um die Bremskraft des Motors voll auszunutzen.
☐ Den Gang wählen, bei dem der Motor nach Drehzahlmesser im grünen Bereich dreht.

IHK-Musterprüfung Güterkraftverkehr

6 Welche zulässige Gesamtmasse darf eine Fahrzeugkombination bestehend aus einer zweiachsigen Sattelzugmaschine und einem dreiachsigen Sattelanhänger normalerweise haben? (1 Punkt)

7 Nennen Sie vier Gesichtspunkte für eine verkehrssichere Beladung. (4 Punkte)

8 Unter welcher Bedingung ist der Reifenverschleiß am größten? (1 Punkt)

☐ Wenn der Reifendruck nicht stimmt.
☐ Wenn der Straßenbelag glatt ist.
☐ Wenn häufig gebremst wird.
☐ Wenn das Fahrzeug voll ausgelastet ist.

9 Wie verteilen sich die während eines Transportes auftretenden Kräfte, die im Rahmen der Ladungssicherung maximal gesichert werden müssen? (1 Punkt)

☐ nach vorn 80%, nach hinten 25%, zu den Seiten je 25%.
☐ nach vorn 50%, nach hinten 50%, zu den Seiten jeweils 80%.
☐ nach vorn 50%, nach hinten 25%, zu den Seiten jeweils 25%.
☐ nach vorn 80%, nach hinten 50%, zu den Seiten jeweils 50%.

10 Welche Gültigkeitsdauer hat die ADR-Bescheinigung über die Schulung von Fahrzeugführern? (1 Punkt)

☐ Ein Jahr
☐ Drei Jahre
☐ Fünf Jahre
☐ Zehn Jahre

11 In welchem Zeitraum gilt das Sonn- und Feiertagsfahrverbot gemäß § 30 StVO? (1 Punkt)

☐ Von Samstag 0:00 Uhr bis Sonntag 23:00 Uhr.
☐ Von Samstag 20:00 Uhr bis Sonntag 20:00 Uhr.
☐ An Sonn- und Feiertagen von 0:00 Uhr bis 22:00 Uhr.
☐ An Sonn- und Feiertagen von 10:00 Uhr bis 17:00 Uhr.

IHK-Musterprüfung Güterkraftverkehr

12 Wann und auf welchen Straßen gilt das Fahrverbot gemäß der Ferienreiseverordnung in Deutschland? (2 Punkte)

13 Welche Arbeitszeit darf vom Fahrpersonal pro Woche im Durchschnitt nicht überschritten werden? (1 Punkt)

☐ 36 Stunden
☐ 42 Stunden
☐ 48 Stunden
☐ 50 Stunden

14 Nennen Sie drei Angaben, die in den schriftlichen Weisungen gemäß ADR enthalten sein können. (3 Punkte)

15 Für welche Beförderungen muss die CEMT-Genehmigung eingesetzt werden? (1 Punkt)

☐ Beförderung von Belgien über Deutschland nach Polen
☐ Beförderung von Deutschland über Österreich in die Schweiz
☐ Beförderung von Tschechien über die Slowakei in die Ukraine
☐ Beförderung von Frankreich über Belgien und Deutschland nach Dänemark

16 Sie wollen eine Beförderung mit einem Fahrzeug durchführen, für das die Benutzung des digitalen Kontrollgerätes vorgeschrieben ist. Sie stellen fest, dass Ihre Fahrerkarte beschädigt ist. Welche Verpflichtungen bestehen für Sie, um die vom Kontrollgerät aufgezeichneten und Ihnen zuzuordnenden Zeiten zu dokumentieren? (1 Punkt)

☐ Ich habe keine weiteren Verpflichtungen.
☐ Zu Beginn und am Ende der Fahrt sind Ausdrucke zu erstellen, die ich unterschreiben muss.
☐ Nur am Ende der Fahrt sind Ausdrucke zu erstellen, die ich unterschreiben muss.
☐ Nur zu Beginn der Fahrt sind Ausdrucke zu erstellen, die ich unterschreiben muss.

17 Welche Beförderungsdokumente hat der Fahrer nach dem Güterkraftverkehrsgesetz während der gesamten Fahrt im Kraftfahrzeug mitzuführen? (2 Punkte)

IHK-Musterprüfung Güterkraftverkehr

18 Für den nationalen Frachtbrief ist kein bestimmtes Formular vorgeschrieben. Der Frachtführer kann die Ausstellung eines Frachtbriefes verlangen. Welche Angaben kann er verlangen? Nennen Sie drei Angaben. (3 Punkte)

_____

_____

_____

_____

19 Welches Dokument ist immer zusammen mit der CEMT-Genehmigung mitzuführen? (1 Punkt)

☐ Fahrtenberichtsheft
☐ Zollberechtigung
☐ Tanknachweisheft
☐ Fahrtenbuch

20 Sie haben während eines Transportes im Carnet-TIR-Verfahren einen Unfall, bei dem die Zollsicherung beschädigt wurde. Wie verhalten Sie sich richtig? (1 Punkt)

☐ Ich versuche, den Zollverschluss zu reparieren.
☐ Ich informiere die Polizei und sorge für eine Neuverplombung durch den Zoll.
☐ Ich bitte einen Zeugen, mir die Beschädigung zu bestätigen.
☐ Ich unternehme nichts, weil die Ware offensichtlich unbeschädigt ist.

21 Nach Ankunft am Bestimmungsort verweigert der Empfänger einer Ware die Annahme. Wie verhalten Sie sich in diesem Fall richtig? (1 Punkt)

☐ Ich bringe die Waren ins nächste Lagerhaus und fahre zurück.
☐ Notfalls lade ich Waren selbst ab und trage diesen Vorgang in den Frachtbrief ein.
☐ Ich ziehe die Polizei hinzu und bestehe auf Abnahme der Waren.
☐ Ich informiere mein Unternehmen und hole mir Weisungen ein.

22 Bei einer Beförderung im Carnet-TIR-Verfahren muss das Fahrzeug mit rechteckigen Tafeln (blau mit weißer Aufschrift „TIR") gekennzeichnet sein. Wo sind die Tafeln am Fahrzeug anzubringen? (1 Punkt)

☐ Gut sichtbar jeweils zwei Tafeln seitlich
☐ Gut sichtbar eine Tafel vorn und eine Tafel hinten
☐ Gut sichtbar an der Windschutzscheibe
☐ Gut sichtbar eine Tafel vorn

IHK-Musterprüfung Güterkraftverkehr

23 Nennen Sie vier Pflichten, die Sie als Fahrer nach der Straßenverkehrsordnung als Unfallbeteiligter zu beachten haben. (4 Punkte)

24 Sie fahren 80 km/h auf der Autobahn. Welchen Sicherheitsabstand müssen Sie zum vorausfahrenden Fahrzeug mindestens einhalten? (1 Punkt)

☐ Keinen Abstand, um den Windschatten zu nutzen.
☐ Mindestens 50 Meter
☐ Der Fahrzeugführer kann den Abstand frei wählen.
☐ Eine Fahrzeuglänge Abstand, damit Pkws dazwischen fahren können.

25 Nennen Sie die Faustformel für den Anhalteweg. (2 Punkte)

26 Wo befindet sich der Einweiser beim Ankuppeln eines Anhängers? (1 Punkt)

☐ Zwischen Motorwagen und Anhänger, um dem Fahrer den Abstand zu zeigen.
☐ An der Zuggabel, um sie beim Heranfahren in die Kupplung einzuführen.
☐ Seitlich hinten links am Ende des Anhängers
☐ Seitlich hinten links im Sichtbereich des Fahrers

27 Nennen Sie zwei Gründe, warum Sie immer eine Abfahrtskontrolle durchführen sollten. (2 Punkte)

28 Was versteht man unter dem Begriff „just in time"? (1 Punkt)

☐ Die pünktliche Lohn- und Spesenzahlung
☐ Rechtzeitiges Losfahren, um den Arbeitsplatz zu erreichen.
☐ Pünktliches Bereitstellen einer Ware zur Produktion/zum Verbrauch
☐ Containerverkehre zum Seehafen

29 Was ist unter Huckepackverfahren zu verstehen? (1 Punkt)

☐ Palettenverkehr
☐ Kombinierter Verkehr mit Straße, Bahn und/oder Schiff
☐ Tankwagenverkehr
☐ Containerverkehr

IHK-Musterprüfung

Beschleunigte Grundqualifikation für den Personenverkehr

Auf den folgenden Seiten finden Sie Auszüge aus den IHK-Musterprüfungen.
Mit Hilfe dieser Auszüge sollen Sie ein Gefühl für die Art der Fragestellung in der beschleunigten Grundqualifikation bekommen.
Die kompletten Musterprüfungen der IHK finden Sie auf den Internetseiten vieler IHKs.
Die jeweiligen Lösungen finden Sie am Ende des Buches.

Folgende Hinweise sind bei der Prüfung zu beachten:

Die Bearbeitungszeit beträgt 90 Minuten.
Als Hilfsmittel ist ein netzunabhängiger, nicht kommunikationsfähiger Taschenrechner zugelassen.
Verwenden Sie bei der Bearbeitung ausschließlich dokumentenechtes Schreibmaterial.
Tragen Sie Ihre persönlichen Daten deutlich lesbar und in Druckbuchstaben ein.
Jede Multiple-Choice-Frage enthält nur eine richtige Antwort. Kreuzen Sie nur eine Antwort an.
Bei offenen Fragen fügen Sie die entsprechende Antwort deutlich lesbar ein.
Streichen Sie eine bereits eingetragene Lösung, die Sie ändern wollen, deutlich durch.
Die maximal zu erreichende Punktzahl beträgt 60 Punkte.
Die Prüfung ist bestanden, wenn mindestens 50% bzw. 30 Punkte der Gesamtpunktzahl erreicht wurden.

IHK-Musterprüfung Personenverkehr

1 Wo befindet sich der so genannte „elastische Bereich" eines Kraftfahrzeugmotors? (1 Punkt)

☐ Er liegt oberhalb der maximalen Leistung.
☐ Es gibt ihn nur bei luftgefederten Fahrzeugen.
☐ Er liegt unterhalb des maximalen Drehmomentes.
☐ Er liegt zwischen dem maximalen Drehmoment und der maximalen Leistung

2 In modernen Fahrzeugen sind „variable Drehzahlmesser" eingebaut. In welcher der folgenden Situationen beginnt das grüne Feld zu blinken? (1 Punkt)

☐ Der Motor droht zu überdrehen.
☐ Es liegt eine Störung im Motormanagement vor.
☐ Der Fahrer fährt unwirtschaftlich.
☐ Fehler in der Bremsanlage.

3 Bringen Sie die nachstehend genannten Funktionselemente eines Standardantriebes in die richtige Reihenfolge (kinematische Kette): Differenzialgetriebe, Motor, Steckachsen, Getriebe, Räder, Außenplanetenachse, Kupplung, Gelenkwelle (4 Punkte)

1 _____   5 _____
2 _____   6 _____
3 _____   7 _____
4 _____   8 _____

4 Was ist ein Retarder/Intarder? (1 Punkt)

_____
_____
_____

5 Welche Aufgabe hat die Dauerbremse hauptsächlich? (1 Punkt)

☐ Hilfsbremsanlage für die Feststellbremse.
☐ Den Anhänger abbremsen, damit der Zug gestreckt bleibt.
☐ Sie dient als Feststellbremse.
☐ Schonung der Betriebsbremse auf langen Gefällstrecken.

6 Welche Fahrzeugbewegungen führen hauptsächlich zum Sturz von Fahrgästen? Nennen Sie drei Beispiele. (3 Punkte)

_____
_____
_____

7 Welches Fahrverhalten ist beim Verlassen von Haltebuchten richtig? (1 Punkt)

☐ Keinen Fahrtrichtungsanzeiger setzen, da Busse Vorrang haben, möglichst zügig herausfahren, um den Fahrplan einhalten zu können
☐ Fahrtrichtungsanzeiger setzen, schnittiges Ausfahren um Fahrzeit einzusparen
☐ Fahrtrichtungsanzeiger muss nicht gesetzt werden, möglichst flachen Ausfahrtswinkel wählen.
☐ Fahrtrichtungsanzeiger setzen, nachfolgenden Verkehr beachten, möglichst flachen Ausfahrtswinkel wählen

8 Welche Arbeitszeit darf vom Fahrpersonal pro Woche im Durchschnitt nicht überschritten werden? (1 Punkt)

☐ 36 Stunden
☐ 42 Stunden
☐ 48 Stunden
☐ 50 Stunden

9 Welche Umstände verlangen eine deutliche Reduzierung der Geschwindigkeit beim Annähern an Haltestellen? (1 Punkt)?

☐ Es befinden sich viele Umsteiger unter den wartenden Fahrgästen.
☐ Es befinden sich viele Barzahler unter den Fahrgästen.
☐ Fahrgäste sind zum Ausstieg bereits aufgestanden, auf der Haltestelle befinden sich viele Zusteigewillige, drängeln, ggf. spielende Kinder usw.
☐ Die Polizei überwacht die allgemeine Verkehrssituation.

10 Wie lange darf ein Kraftfahrer, der den EU-Sozialvorschriften unterliegt, ein Fahrzeug ohne Fahrtunterbrechung höchstens lenken? (1 Punkt)

☐ Maximal drei Stunden, 30 Minuten.
☐ Maximal vier Stunden, 30 Minuten.
☐ Maximal neun Stunden.
☐ Maximal zehn Stunden.

11 Welchen Zwecken dienen Busspuren? Nennen Sie zwei Kriterien. (2 Punkte)

_____

_____

_____

12 Sie wollen ein Schaublatt in das EG-Kontrollgerät einlegen und stellen fest, dass dieses an mehreren Stellen stark verschmutzt ist. Dürfen Sie das Schaublatt noch benutzen? (1 Punkt)

☐ Ja, das Schaublatt darf verwendet werden, die verschmutzten Bereiche sind jedoch handschriftlich nachzuzeichnen.
☐ Nein, angeschmutzte Schaublätter dürfen nicht verwendet werden.
☐ Das Schaublatt darf nur für die Zeitabschnitte verwendet werden, für die Aufzeichnungen auf dem Schaublatt noch erkennbar sind.
☐ Ja, das Schaublatt darf verwendet werden.

IHK-Musterprüfung Personenverkehr

13 Sie wollen eine Beförderung mit einem Fahrzeug durchführen, für das die Benutzung des digitalen Kontrollgerätes vorgeschrieben ist. Sie stellen fest, dass Ihre Fahrerkarte beschädigt ist. Welche Verpflichtungen bestehen für Sie, um die vom Kontrollgerät aufgezeichneten und Ihnen zuzuordnenden Zeiten zu dokumentieren? (1 Punkt)

☐ Ich habe keine weiteren Verpflichtungen.
☐ Zu Beginn und am Ende der Fahrt sind Ausdrucke zu erstellen, die ich unterschreiben muss.
☐ Nur am Ende der Fahrt sind Ausdrucke zu erstellen, die ich unterschreiben muss.
☐ Nur zu Beginn der Fahrt sind Ausdrucke zu erstellen, die ich unterschreiben muss.

14 Müssen Kraftomnibusse Unterlegkeile mitführen? (1 Punkt)

☐ Ja, wenn das zulässige Gesamtgewicht mehr als vier Tonnen beträgt.
☐ Nein.
☐ Ja, wenn das Fahrzeug keine Dauerbremse hat.
☐ Ja, aber nur im Gelegenheitsverkehr.

15 Bei einer Fahrt im Linienverkehr sind Verspätungen aufgetreten. Wie hat sich der Fahrer zu verhalten? (1 Punkt)

☐ Um einen Ausgleich zu erreichen, können die vorgeschriebenen zulässigen Höchstgeschwindigkeiten überschritten werden.
☐ Es kann vom festgelegten Fahrtweg abgewichen werden, um die Endstation schneller zu erreichen.
☐ Die Fahrt wird normal fortgesetzt, der aufgetretene Zeitverlust muss hingenommen werden.
☐ Bei geringen Haltestellenabständen können einzelne Haltestellen ausgelassen werden.

16 Ist den Fahrern im Linienverkehr während der Beförderung von Fahrgästen die Benutzung eines Radios gestattet? (1 Punkt)

☐ Ja, aber nur, um die Nachrichten zu hören.
☐ Nein.
☐ Ja, aber nur, um den Verkehrsfunk zu hören.
☐ Ja, aber nur, um den Wetterbericht zu hören.

17 Welches Dokument muss ein Fahrer im Gelegenheitsverkehr mitführen und auf Verlangen vorzeigen? (1 Punkt)

☐ Prüfbuch
☐ Beglaubigte Kopie der Gemeinschaftslizenz oder Auszug aus der Genehmigungsurkunde.
☐ Vorschriften über Beförderungsentgelte und Beförderungsbedingungen.
☐ Fahrplan

18 Welche Ausrüstungsgegenstände müssen in einem KOM mitgeführt werden, um bei Pannen und Unfällen helfen zu können? Nennen Sie sechs. (3 Punkte)

IHK-Musterprüfung Personenverkehr

19 Sie wollen eine Fahrt mit einem Gepäckanhänger durchführen. Worauf haben Sie bei der Beladung des Anhängers vor der Fahrt zu achten? Nennen Sie zwei Aspekte. (2 Punkte)

20 Welchen Einfluss hat die Lage des Schwerpunktes auf das Fahrverhalten eines Kraftfahrzeuges? (1 Punkt)

☐ Beim Abbremsen neigt sich das Kraftfahrzeug nach hinten.
☐ Der Schwerpunkt hat keinen Einfluss auf das Fahrverhalten.
☐ Beim Anfahren neigt sich das Kraftfahrzeug nach vorne.
☐ Bei einem hoch liegenden Schwerpunkt wird die Kippkante des Kraftfahrzeugs schneller erreicht.

21 Worauf müssen Sie als Fahrer achten, wenn die Fahrgäste ihr Gepäck unterbringen? (2 Punkte)

22 Welche speziellen Unterlagen (neben Führerschein und Fahrzeugpapieren) müssen Sie als Fahrer bei Ihrem täglichen Einsatz im Linienverkehr mitführen? Nennen Sie drei. (3 Punkte)

23 Um wie viele Meter ändert sich der Anhalteweg, wenn ich statt 60 km/h 80 km/h fahre? (1 Punkt)

☐ Ca. 14 Meter
☐ Ca. 24 Meter
☐ Ca. 34 Meter
☐ Ca. 44 Meter

IHK-Musterprüfung Personenverkehr

24 Ist es sinnvoll, ein Nutzfahrzeug regelmäßig warten zu lassen? (1 Punkt)

☐ Ja, aber jede zweite Wartung reicht. Dadurch werden die Kosten reduziert.
☐ Ja, durch regelmäßige Wartungen können Schäden vermieden werden. Dies trägt zu mehr Zuverlässigkeit und einer höheren Verkehrssicherheit bei.
☐ Nein, durch Wartungen entstehen nur Kosten, die den Transport verteuern.
☐ Nein, Wartungen sind überflüssig. Lediglich die Werkstätten profitieren hiervon.

25 Nennen Sie die Faustformel für den Anhalteweg. (2 Punkte)

26 Der Gesetzgeber schreibt grundsätzlich die Gurtpflicht vor. Dennoch gibt es hierzu Ausnahmen. Welche Ausnahme zur Gurtpflicht ist richtig? (1 Punkt)

☐ Fahrten in Kraftomnibussen, bei denen die Beförderung stehender Fahrgäste zugelassen ist.
☐ Während Fahrten zwischen bestimmten Haltestellen, bei denen das Fahrzeug nicht schneller als 50 Stundenkilometern bewegt wird.
☐ Fahrten im Ausflugs- und Ferienzielreiseverkehr.
☐ Bei Fahrten, soweit keine Autobahnen und Kraftfahrstraßen befahren werden.

27 Nennen Sie vier Pflichten, die Sie als Fahrer nach der Straßenverkehrsordnung als Unfallbeteiligter zu beachten haben. (4 Punkte)

28 Welche Verhaltensweisen sind am ehesten geeignet, damit Ihr Unternehmen, für das Sie als Fahrer beschäftigt sind, in einem positiven Licht in der Öffentlichkeit erscheint? (1 Punkt)

☐ Ungeduld, Nachlässigkeit, sicheres Auftreten
☐ Ungeduld, ordentliche Kleidung
☐ Sprachgewandtheit, Nachlässigkeit
☐ Sicheres Auftreten, sachkundige Beratung, ordentliche Kleidung

29 Der „Sekundenschlaf" ist in der Regel die Folge von starker Übermüdung. Ermitteln Sie die Wegstrecke, die Ihr Fahrzeug bei einer Geschwindigkeit von 60 km/h zurücklegt, wenn Sie für zehn Sekunden eingeschlafen waren. (Runden Sie das Ergebnis auf eine Stelle nach dem Komma.) (3 Punkte)

Lösungen

IHK Musterprüfung Güterkraftverkehr

1	b	9	d	17	siehe unten	25	siehe unten
2	a	10	c	18	siehe unten	26	d
3	a	11	c	19	a	27	siehe unten
4	b	12	siehe unten	20	b	28	c
5	b	13	c	21	d	29	b
6	siehe unten	14	siehe unten	22	b		
7	siehe unten	15	c	23	siehe unten		
8	a	16	b	24	b		

6   In Deutschland darf die zulässige Gesamtmasse 40 t nicht überschreiten (im Kombinierten Verkehr 44 t).

7   • richtige Sicherung der Ladung
    • Beachten der zulässigen Gesamtmasse
    • Beachten der Achslasten
    • Beachten der Lastverteilung auf der Ladefläche

12 vom 01. Juli bis 31. August von 7:00 Uhr bis 20:00 Uhr an allen Samstagen, auf ausgewählten Autobahnen und Bundesstraßen

14 • Bezeichnung des Gutes
    • Art der Gefahr
    • Gefahrklasse
    • einzuleitende Maßnahmen nach Unfällen
    • Art der Schutzausrüstung

17 • Güterkraftverkehrserlaubnis
    • Versicherungsbestätigung

18 • Name und Anschrift von Absender und Frachtführer
    • Ort und Tag der Ausstellung
    • Tag und Stelle der Übernahme des Gutes
    • Art der Bezeichnung des Gutes und die Art der Verpackung

23 • unverzüglich anhalten
    • Verkehr sichern, bei geringfügigem Schaden zur Seite fahren
    • über die Unfallfolgen vergewissern
    • Verletzen Hilfe leisten
    • anderen am Unfallort anwesenden Beteiligten a) anzugeben, dass man am Unfall beteiligt war. b) auf Verlangen Namen und Anschrift angeben, Führerschein und Fahrzeugschein vorweisen und Angaben zur Haftpflichtversicherung machen
    • am Unfallort bleiben, bis Feststellungen zur Person, Fahrzeug und Art der Beteiligung getroffen wurden
    • unverzüglich Feststellungen nachträglich ermöglichen

25 Anhalteweg = Reaktionsweg + Bremsweg
    Anhalteweg = [(Geschwindigkeit/10) x 3] + [(Geschwindigkeit/10) x (Geschwindigkeit/10)]

27 • Schäden oder Mängel können rechtzeitig erkannt und beseitigt werden.
    • Die Funktionsfähigkeit der verschiedenen Teile wird geprüft. Das dient zur eigenen Sicherheit und zur Sicherheit der anderen Verkehrsteilnehmer

Lösungen

IHK Musterprüfung Personenverkehr

1	d	9	c	17	b	25	siehe unten
2	c	10	b	18	siehe unten	26	a
3	siehe unten	11	siehe unten	19	siehe unten	27	siehe unten
4	siehe unten	12	b	20	d	28	d
5	d	13	b	21	siehe unten	29	siehe unten
6	siehe unten	14	a	22	siehe unten		
7	d	15	c	23	c		
8	c	16	c	24	b		

3
1. Motor
2. Kupplung
3. Getriebe
4. Gelenkwelle
5. Differenzialgetriebe
6. Steckachsen
7. Außenplanetenachse
8. Räder

4 Ein Retarder/Intarder ist eine Dauerbremse, die verschleißfrei arbeitet. Diese Bremse ist unabhängig von der Betriebsbremse.

6
- starkes Abbremsen
- starkes Beschleunigen
- ruckartiges Anfahren
- schnelles Befahren von Kurven
- schnelles Einfahren in Haltestellen

11
- Vorrang des Linienverkehrs vor anderen Verkehrsteilnehmern.
- Einhaltung des Fahrplans durch freie Fahrt insbesondere während der Hauptverkehrszeiten.

18
- Warnweste
- Warndreieck
- Warnleuchte
- windsichere Handlampe
- Verbandkasten
- Nothammer

19
- zulässige Gesamtmasse beachten
- Achslasten beachten
- Stützlasten von Anhängerkupplung und Anhänger beachten
- Lastverteilung im Anhänger beachten
- Ladungssicherung durchführen

21
- Gepäck muss beförderungssicher verstaut werden.
- Sicherheit und Ordnung des Betriebsablaufes müssen gewährleistet sein.
- Druchgänge sowie Ein- und Ausstiege sind freizuhalten.
- Größere Gepäckstücke sind im Reisebus im Stauraum für Gepäck unterzubringen.

22
- geltende Vorschriften über Beförderungsentgelte
- Beförderungsbedingungen
- Fahrpläne

25 Anhalteweg = Reaktionsweg + Bremsweg
Anhalteweg = [(Geschwindigkeit/10) x 3] +
[(Geschwindigkeit/10) x (Geschwindigkeit/10)]

27
- unverzüglich anhalten
- Verkehr sichern, bei geringfügigem Schaden zur Seite fahren
- über die Unfallfolgen vergewissern
- Verletzen Hilfe leisten
- anderen am Unfallort anwesenden Beteiligten a) anzugeben, dass man am Unfall beteiligt war. b) auf Verlangen Namen und Anschrift angeben, Führerschein und Fahrzeugschein vorweisen und Angaben zur Haftpflichtversicherung machen
- am Unfallort bleiben, bis Feststellungen zur Person, Fahrzeug und Art der Beteiligung getroffen wurden
- unverzüglich Feststellungen nachträglich ermöglichen

29 Für den Reaktionsweg wird die Reaktionszeit von einer Sekunde angenommen.
$$\frac{60 \text{ km/h}}{3,6} = 16,67 \text{ m/s}$$
16,67 m/s x 10 s = 166,7 m
Bei einem Zehn-Sekunden-Schlaf würden Sie 166,7 Meter zurücklegen.

Güterkraftverkehr

Rahmenplan für die beschleunigte Grundqualifikation

Auf dieser Seite finden Sie eine Übersicht zu den Themenschwerpunkten der beschleunigten Grundqualifikation für den Güterkraftverkehr gemäß der Liste der Kenntnisbereiche gemäß Anlage 1 der Berufskraftfahrer-Qualifikationsverordnung.

1 Gesundheit und Fitness

Liste der Kenntnisbereiche:

3.3 Ziel: Fähigkeit, Gesundheitsschäden vorzubeugen
3.4 Ziel: Sensibilisierung für die Bedeutung einer guten körperlichen und geistigen Verfassung

2 Kinematische Kette, Energie und Umwelt

Liste der Kenntnisbereiche:

1.1 Ziel: Kenntnis der Eigenschaften der kinematischen Kette für eine optimierte Nutzung
1.3 Ziel: Fähigkeit zu Optimierung des Kraftstoffverbrauchs

3 Bremsanlage

Liste der Kenntnisbereiche:

1.2 Ziel: Kenntnis der technischen Merkmale und der Funktionsweise der Sicherheitsausstattung des Fahrzeugs

4 Ladungssicherung

Liste der Kenntnisbereiche:

1.4 Ziel: Fähigkeit zur Gewährleistung der Sicherheit der Ladung unter Anwendung der Sicherheitsvorschriften und durch richtige Benutzung des Fahrzeugs

5 Sozialvorschriften

Liste der Kenntnisbereiche:

2.1 Ziel: Kenntnis der sozialrechtlichen Rahmenbedingungen und Vorschriften für den Güterkraft- und Personenverkehr

6 Vorschriften für den Güterkraftverkehr

Liste der Kenntnisbereiche:

2.2 Ziel: Kenntnis der Vorschriften für den Güterkraftverkehr

7 Pannen, Unfälle Notfälle und Kriminalität

Liste der Kenntnisbereiche:

3.1 Ziel: Bewusstseinsbildung für Risiken des Straßenverkehrs und Arbeitsunfälle
3.2 Ziel: Fähigkeit, Kriminalität und der Schleusung illegaler Einwanderer vorzubeugen
3.5 Ziel: Fähigkeit zu richtiger Einschätzung der Lage bei Notfällen Verhalten in Notfällen

8 Unternehmensbild und Marktordnung im Güterkraftverkehr, Gesundheit und Fitness

Liste der Kenntnisbereiche:

3.6 Ziel: Fähigkeit zu einem Verhalten, das zu einem positiven Bild des Unternehmens in der Öffentlichkeit beiträgt
3.7 Ziel: Kenntnis des wirtschaftliches Umfelds des Güterkraftverkehrs und der Marktordnung

9 Fahrpraktische Übungen, Wartung und Pflege

LISTE DER KENNTNISBEREICHE

1 Verbesserung des rationellen Fahrverhaltens auf der Grundlage der Sicherheitsregeln

Fahrerlaubnisklassen C1, C1E, C, CE, D1, D1E, D, DE

1.1 Ziel: Kenntnis der Eigenschaften der kinematischen Kette für eine optimierte Nutzung, Drehmomentkurven, Leistungskurven, spezifische Verbrauchskurven eines Motors, optimaler Nutzungsbereich des Drehzahlmessers, optimaler Drehzahlbereich beim Schalten.

1.2 Ziel: Kenntnis der technischen Merkmale und der Funktionsweise der Sicherheitsausstattung des Fahrzeugs, um es zu beherrschen, seinen Verschleiß möglichst gering zu halten und Fehlfunktionen vorzubeugen, insbesondere: Besonderheiten der Zweikreisbremsanlage mit pneumatischer Übertragungseinrichtung, Grenzen des Einsatzes der Bremsanlagen und der Dauerbremsanlage, kombinierter Einsatz von Brems- und Dauerbremsanlage, bestes Verhältnis zwischen Geschwindigkeit und Getriebeübersetzung, Einsatz der Trägheit des Kraftfahrzeugs, Einsatz der Bremsanlagen im Gefälle, Verhalten bei Defekten.

1.3 Ziel: Fähigkeit zur Optimierung des Kraftstoffverbrauchs Optimierung des Kraftstoffverbrauchs durch Anwendung der Kenntnisse gemäß den Nummern 1.1 und 1.2.

Fahrerlaubnisklassen C1, C1E, C, CE

1.4 Ziel: Fähigkeit zur Gewährleistung der Sicherheit der Ladung unter Anwendung der Sicherheitsvorschriften und durch richtige Benutzung des Kraftfahrzeugs, insbesondere: bei der Fahrt auf das Kraftfahrzeug wirkende Kräfte, Einsatz der Getriebeübersetzung entsprechend der Belastung des Kraftfahrzeugs und dem Fahrbahnprofil, Berechnung der Nutzlast eines Kraftfahrzeugs oder einer Fahrzeugkombination, Berechnung des Nutzvolumens, Verteilung der Ladung, Auswirkungen der Überladung auf die Achse, Fahrzeugstabilität und Schwerpunkt, Arten von Verpackungen und Lastträgern, Kenntnisse über die wichtigsten Kategorien von Gütern, bei denen eine Ladungssicherung erforderlich ist, Feststell- und Verzurrtechniken, Verwendung der Zurrgurte, Überprüfung der Haltevorrichtungen, Einsatz des Umschlaggeräts, Abdecken mit einer Plane und Entfernen der Plane.

Fahrerlaubnisklassen D1, D1E, D, DE

1.5 Ziel: Fähigkeit zur Gewährleistung der Sicherheit und des Komforts der Fahrgäste, insbesondere: richtige Einschätzung der Längs- und Seitwärtsbewegungen des Kraftomnibusses, rücksichtsvolles Verkehrsverhalten, Positionierung auf der Fahrbahn, sanftes Abbremsen, Beachtung der Überhänge, Nutzung spezifischer Infrastrukturen (öffentliche Verkehrsflächen, bestimmten Verkehrsteilnehmern vorbehaltene Verkehrswege), angemessene Prioritätensetzung im Hinblick auf die sichere Steuerung des Kraftomnibusses und die Erfüllung anderer Aufgaben, Umgang mit den Fahrgästen, Besonderheiten der Beförderung bestimmter Fahrgastgruppen (Behinderte, Kinder).

1.6 Ziel: Fähigkeit zur Gewährleistung der Sicherheit der Ladung unter Anwendung der Sicherheitsvorschriften und durch richtige Benutzung des Kraftomnibusses, insbesondere: bei der Fahrt auf den Kraftomnibus wirkende Kräfte, Einsatz der Getriebeübersetzung entsprechend der Belastung des Fahrzeugs und dem Fahrbahnprofil, Berechnung der Nutzlast eines Kraftomnibusses oder einer Kombination, Verteilung der Ladung, Auswirkungen der Überladung auf die Achse, Fahrzeugstabilität und Schwerpunkt.

2 Anwendung der Vorschriften

Fahrerlaubnisklassen C1, C1E, C, CE, D1, D1E, D, DE

2.1 Ziel: Kenntnis der sozialrechtlichen Rahmenbedingungen und Vorschriften für den Güterkraft- oder Personenverkehr, insbesondere: höchstzulässige Arbeitszeiten in der Verkehrsbranche; Grundsätze, Anwendung und Auswirkungen der Verordnungen (EWG) Nr. 3820/85 und Nr. 3821/85; Sanktionen für den Fall, dass der Fahrtenschreiber nicht benutzt, falsch benutzt oder verfälscht wird; Kenntnis der sozialrechtlichen Rahmenbedingungen für den Güterkraft- oder Personenverkehr: Rechte und Pflichten der Fahrerinnen und Fahrer von Kraftfahrzeugen im Bereich der Grundqualifikation und der Weiterbildung.

Fahrerlaubnisklassen C1, C1E, C, CE

2.2 Ziel: Kenntnis der Vorschriften für den Güterkraftverkehr, insbesondere: Beförderungsgenehmigungen, Verpflichtungen im Rahmen der Musterverträge für die Güterbeförderung, Erstellen von Beförderungsdokumenten, Genehmigungen im internationalen Verkehr, Verpflichtungen im Rahmen des CMR (Übereinkommen über den Beförderungsvertrag im internationalen Straßengüterverkehr), Erstellen des internationalen Frachtbriefs, Überschreiten der Grenzen, Verkehrskommissionäre, besondere Begleitdokumente für die Güter.

Fahrerlaubnisklassen D1, D1E, D, DE

2.3 Ziel: Kenntnis der Vorschriften für den Personenverkehr, insbesondere: Beförderung bestimmter Personengruppen, Sicherheitsausstattung in Kraftomnibussen, Sicherheitsgurte, Beladen des Kraftomnibusses.

3 Gesundheit, Verkehrs- und Umweltsicherheit, Dienstleistung, Logistik

Fahrerlaubnisklassen C1, C1E, C, CE, D1, D1E, D, DE

3.1 Ziel: Bewusstseinsbildung für Risiken des Straßenverkehrs und Arbeitsunfälle, insbesondere: Typologie der Arbeitsunfälle in der Verkehrsbranche, Verkehrsunfallstatistiken, Beteiligung von Lastkraftwagen/Kraftomnibussen, menschliche, materielle und finanzielle Auswirkungen.

3.2 Ziel: Fähigkeit, der Kriminalität und der Schleusung illegaler Einwanderer vorzubeugen, insbesondere: allgemeine Information, Folgen für die Fahrerin oder den Fahrer von Kraftfahrzeugen, Vorbeugungsmaßnahmen, Checkliste für Überprüfungen, Rechtsvorschriften betreffend die Verantwortung der Unternehmer.

3.3 Ziel: Fähigkeit, Gesundheitsschäden vorzubeugen, insbesondere: Grundsätze der Ergonomie: gesundheitsbedenkliche Bewegungen und Haltungen, physische Kondition, Übungen für den Umgang mit Lasten, individueller Schutz.

3.4 Ziel: Sensibilisierung für die Bedeutung einer guten körperlichen und geistigen Verfassung, insbesondere: Grundsätze einer gesunden und ausgewogenen Ernährung, Auswirkungen von Alkohol, Arzneimitteln oder jedem Stoff, der eine Änderung des Verhaltens bewirken kann, Symptome, Ursachen, Auswirkungen von Müdigkeit und Stress, grundlegende Rolle des Zyklus von Aktivität/Ruhezeit.

3.5 Ziel: Fähigkeit zu richtiger Einschätzung der Lage bei Notfällen Verhalten in Notfällen: Einschätzung der Lage, Vermeidung von Nachfolgeunfällen, Verständigung der Hilfskräfte, Bergung von Verletzten und Leistung erster Hilfe, Reaktion bei Brand, Evakuierung von Bussen und Lastkraftwagen, Gewährleistung der Sicherheit aller Fahrgäste, Vorgehen bei Gewalttaten, Grundprinzipien für die Erstellung der einvernehmlichen Unfallmeldung.

3.6 Ziel: Fähigkeit zu einem Verhalten, das zu einem positiven Bild des Unternehmens in der Öffentlichkeit beiträgt, insbesondere: Verhalten des Fahrers und Ansehen des Unternehmens: Bedeutung der Qualität der Leistung der Fahrerin oder des Fahrers von Kraftfahrzeugen für das Unternehmen, unterschiedliche Rollen der Fahrerin oder des Fahrers von Kraftfahrzeugen, unterschiedliche Gesprächspartner der Fahrerin oder des Fahrers von Kraftfahrzeugen, Wartung des Fahrzeugs, Arbeitsorganisation, kommerzielle und finanzielle Konsequenzen eines Rechtsstreits.

Fahrerlaubnisklassen C1, C1E, C, CE

3.7 Kenntnis des wirtschaftlichen Umfelds des Güterkraftverkehrs und der Marktordnung, insbesondere: Kraftverkehr im Verhältnis zu bestimmten Verkehrsmitteln (Wettbewerb, Verlader) unterschiedliche Tätigkeiten im Kraftverkehr (gewerblicher Güterkraftverkehr, Werkverkehr, Transporthilfstätigkeiten), Organisation der wichtigsten Arten von Verkehrsunternehmen oder Transporthilfstätigkeiten, unterschiedliche Spezialisierungen (Tankwagen, Kühlwagen usw.), Weiterentwicklung der Branche (Ausweitung des Leistungsangebots, Huckepackverkehr, Subunternehmer usw.).

Fahrerlaubnisklassen D1, D1E, D, DE

3.8 Ziel: Kenntnis des wirtschaftlichen Umfelds des Personenverkehrs und der Marktordnung, insbesondere: Personenverkehr im Verhältnis zu den verschiedenen Verkehrsmitteln zur Beförderung von Personen (Bahn, Personenkraftwagen), unterschiedliche Tätigkeiten im Personenverkehr, Überschreiten der Grenzen (internationaler Personenkraftverkehr), Organisation der wichtigsten Arten von Unternehmen im Personenverkehr.